蒋正华文集

人口卷

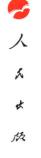

人民出版社

全国人大常委会原副委员长、中国农工民主党中央原主席、人口学家蒋正华同志

2012 年，蒋正华同志在新疆生产建设兵团调研人口和计划生育工作开展情况

目　录

中国家庭生育行为转变的经济学解释理论模型

（1992 年 2 月）

一、中国生育率及家庭规模的变化

　　自古以来，中国社会就有多生孩子的强烈愿望，多子多福是人人欢迎的祝颂词。直到 20 世纪 60 年代以前，中国农村家庭通常都有 6 ~ 7 个孩子。即使是在城市中，一个家庭有 4 到 5 个孩子也属常见。1959 年到 1962 年的三年困难时期曾中断了中国的高生育率，自那时起，中国城市人口的生育率再未恢复到 50 年代的水平，但在农村地区，生育率有十分戏剧性的变化。从 1963 年到 1970 年，婴儿出生高潮震撼了政府和许多有识之士。在此期间，每年约有 3000 万以上的婴儿出生，大多数是在农村，婴儿浪潮推动着政府必须加强计划生育工作。表 1 列出了中国近半个世纪的总和生育率和年龄别生育率，数据表明 70 年代生育率迅速下降而在 80 年代后期生育变化处于停顿。

表 1　中国 1940 年以来的生育率变化年龄别生育率

年份	合计	15 ~ 19 岁	20 ~ 24 岁	25 ~ 29 岁	30 ~ 34 岁	35 ~ 39 岁	40 ~ 44 岁	45 ~ 49 岁
1940	5.251	0.0788	0.2352	0.2394	0.2090	0.1733	0.1008	0.0137
1941	5.317	0.0787	0.2371	0.2414	0.2127	0.1765	0.1021	0.0149

续表

年份	合计	15~19岁	20~24岁	25~29岁	30~34岁	35~39岁	40~44岁	45~49岁
1942	5.001	0.0760	0.2290	0.2230	0.1980	0.1650	0.0950	0.0140
1943	5.300	0.0774	0.2321	0.2406	0.2141	0.1781	0.1028	0.0148
1944	5.187	0.0716	0.2262	0.2355	0.2116	0.1764	0.1017	0.0145
1945	5.295	0.0752	0.2372	0.2393	0.2129	0.1769	0.1027	0.0148
1946	5.514	0.0750	0.2514	0.2481	0.2204	0.1864	0.1070	0.0154
1947	5.840	0.0783	0.2605	0.2663	0.2324	0.2067	0.1145	0.0164
1948	5.509	0.0771	0.2446	0.2479	0.2193	0.1884	0.1091	0.0154
1949	6.139	0.0896	0.2750	0.2750	0.2419	0.2087	0.1203	0.0172
1950	5.813	0.0372	0.2639	0.2593	0.2255	0.1942	0.1139	0.0136
1951	5.699	0.0900	0.2599	0.2587	0.2188	0.1858	0.1094	0.0171
1952	6.472	0.1036	0.2951	0.2964	0.2602	0.2045	0.1178	0.1081
1953	6.049	0.0958	0.2758	0.2867	0.2420	0.1924	0.1016	0.0157
1954	6.278	0.0992	0.2863	0.2976	0.2511	0.1996	0.1055	0.0163
1955	6.261	0.0902	0.2943	0.2993	0.2454	0.1966	0.1089	0.0175
1956	5.854	0.00784	0.2693	0.2857	0.2377	0.1838	0.1007	0.0152
1957	6.405	0.0333	0.3023	0.31000	0.2703	0.2011	0.0999	0.0141
1958	5.679	0.0750	0.2624	0.2715	0.2397	0.1817	0.0931	0.0125
1959	4.303	0.0456	0.1962	0.2220	0.1876	0.1360	0.0654	0.0077
1960	4.015	0.0401	0.1847	0.2048	0.1686	0.1365	0.0618	0.0064
1961	3.287	0.0348	0.1650	0.1749	0.1433	0.0940	0.0408	0.0046
1962	6.023	0.0578	0.2879	0.3240	0.2686	0.1855	0.0711	0.0096
1963	7.502	0.00795	0.3481	0.3736	0.3256	0.2536	0.1080	0.0120
1964	6.176	0.0704	0.2952	0.3088	0.2606	0.1927	0.0963	0.0111
1965	6.076	0.0583	0.2892	0.3111	0.2686	0.1956	0.0924	0.0122
1966	6.259	0.0563	0.2992	0.3217	0.2641	0.2053	0.0939	0.0113

年份	合计	15～19 岁	20～24 岁	25～29 岁	30～34 岁	35～39 岁	40～44 岁	45～49 岁
1967	5.313	0.0425	0.2561	0.2869	0.2263	0.1647	0.0785	0.0074
1968	6.448	0.0529	0.3069	0.3456	0.2811	0.1986	0.0941	0.0103
1969	5.723	0.0458	0.2747	0.3102	0.2404	0.1786	0.0847	0.0103
1970	5.812	0.0453	0.2836	0.3127	0.2476	0.1790	0.0837	0.0105
1971	5.442	0.0403	0.2699	0.3026	0.2307	0.1622	0.0751	0.0076
1972	4.984	0.0319	0.2442	0.2851	0.2133	0.1475	0.0678	0.0070
1973	4.539	0.0281	0.2279	0.2705	0.1925	0.1262	0.0554	0.0073
1974	4.170	0.0242	0.2193	0.2594	0.1710	0.1051	0.0492	0.0058
1975	3.751	0.0200	0.1950	0.2300	0.1400	0.0857	0.0386	0.0050
1976	3.235	0.0162	0.1792	0.2264	0.1184	0.0705	0.0323	0.0039
1977	2.844	0.0119	0.1610	0.1541	0.1018	0.0557	0.0233	0.0040
1978	2.716	0.0125	0.1526	0.1597	0.0956	0.0445	0.0201	0.0038
1979	2.745	0.0121	0.1609	0.2196	0.0955	0.0412	0.0176	0.0022
1980	2.238	0.0098	0.1419	0.1898	0.0645	0.0273	0.0112	0.0031
1981	2.631	0.0153	0.1821	0.2131	0.0705	0.0305	0.0126	0.0021
1982	2.673	0.0165	0.1867	0.2190	0.0704	0.0284	0.0116	0.0021
1984 *	1.846	0.0074	0.1330	0.1551	0.0491	0.0157	0.0065	0.0023
1985 *	1.930	0.0071	0.1464	0.1473	0.0513	0.0196	0.0087	0.0055
1986 *	2.291	0.0087	0.1832	0.1682	0.0668	0.0224	0.0065	0.0024
1989 **	2.117	0.0109	0.1776	0.1613	0.0558	0.0207	0.0056	0.0015

资料来源： * 由国家统计局抽样结果计算而得。

　　　　　** 1990 年调查，其余为 1982 年 1‰妇女生育率的调查结果。

　　表 2 给出的是 1981 年到 1987 年各个区域的生育率数据，这些数据与各地的社会经济发展水平完全吻合。高生育率地区或是少数民族聚居区，或是最贫困的省区，如西藏、新疆、宁夏、广

西、贵州和云南。这些地区有的一直保持着传统的风俗习惯和生活方式，或是发展水平较低。

表2　中国各省区市总和生育率（1981～1987）

年份	1981	1982	1983	1984	1985	1986	1987
总计	2.61	2.86	2.42	2.35	2.20	2.42	2.59
城市	1.40	1.58	1.34	1.22	1.21	1.24	1.36
郊区	2.45	2.81	2.36	2.21	2.22	2.33	2.53
镇区	3.04	3.32	2.78	2.70	2.48	2.77	2.94
城镇	2.53	2.75	2.39	2.36	2.18	2.41	2.54
农村	1.98	2.14	1.69	1.56	1.40	1.68	1.66
北京	1.58	1.78	1.47	1.43	1.32	1.49	1.58
天津	1.74	1.85	1.68	1.52	1.51	1.64	1.69
河北	2.73	2.96	2.47	2.45	2.36	2.48	2.81
山西	2.37	2.92	2.39	2.63	2.40	2.40	2.46
内蒙古	2.72	2.91	2.33	2.32	2.01	1.97	2.22
辽宁	1.82	1.90	1.50	1.18	1.34	1.63	1.88
吉林	1.85	2.10	1.62	1.52	1.52	1.71	1.83
黑龙江	2.11	2.39	1.85	1.69	1.62	1.83	1.94
上海	1.28	1.54	1.23	1.10	1.00	1.36	1.48
江苏	2.02	2.14	1.73	1.61	1.58	1.80	2.04
浙江	1.94	2.37	1.88	1.58	1.40	1.55	1.69
安徽	3.16	3.09	2.76	2.57	2.41	2.39	2.69
福建	2.83	3.40	2.96	2.82	2.44	2.32	2.35
江西	2.75	3.27	2.93	3.16	2.61	2.69	2.90
山东	2.20	2.37	2.09	2.10	1.91	2.56	2.68
河南	2.72	3.05	2.60	2.32	2.11	2.63	3.06
湖北	2.38	2.69	2.52	2.67	2.50	2.57	2.97
湖南	2.91	3.50	2.86	2.54	2.36	2.44	2.73

年份	1981	1982	1983	1984	1985	1986	1987
广东	3.17	3.09	2.98	2.89	2.56	2.70	2.76
广西	4.04	3.88	3.55	4.08	3.68	3.48	3.59
海南	4.36	4.59	4.17	3.62	2.85	2.79	3.07
四川	2.35	2.85	2.07	1.76	1.94	2.65	2.26
贵州	4.25	4.39	3.55	3.87	3.32	3.36	3.69
云南	3.86	4.20	3.44	3.40	3.04	2.97	3.20
西藏	5.23	5.36	5.18	4.76	4.39	4.10	4.26
陕西	2.32	2.70	2.47	2.60	2.64	2.96	2.97
甘肃	2.75	2.94	2.63	2.76	2.55	2.53	2.61
青海	3.97	4.00	3.04	2.83	2.52	2.61	2.72
宁夏	3.95	4.42	3.16	3.41	2.77	2.85	3.12
新疆	4.18	4.21	4.07	4.21	3.66	3.84	3.75

资料来源：国家计划生育委员会规划统计司发布。

国家统计局在 1987 年进行深入的生育力调查，得出了表 3 所列的期望孩子数资料。由表 3 可见，即使是在大城市，半数以上的已婚妇女仍然希望生两个孩子。北京市和辽宁省是两个工业化的地区。1988 年，这两个地区的农业产值仅分别占总产值的 8.3% 和 13.1%。贵州、甘肃在经济发展方面相对落后，农村人口比例很高，有许多人仍希望有 4 个甚至更多的孩子。广东是另一个值得进一步研究的地区，虽然这一地区经济发展很快，却对计划生育工作重视不够，其结果是这里的妇女希望有更多孩子的比例高于辽宁。山东从经济发展的角度来说排在广东、辽宁之后，但政府对控制人口增长过快十分重视，因此在 10 年之内，这个中国第二人口大省人口数的排名降到了第三位。

比较表 2 和表 3 的数据可见，在期望生育率与实际生育率之间存在着强烈的相关关系。因而，研究人口政策、经济发展对期望孩子数的影响并进而研究其对决定生育率的作用，是一项很有意义的工作。特别是宏观决策对微观生育行为，即家庭作出生育决策的影响值得深入研究。在这类研究中，经济理论对分析十分有用。每个家庭都竭力使自己有限的资源达到最优配置，以使自己的效用最大，因此，所有与构成效用函数及优化有限资源分配有关的因素，都将影响对生育率的控制。

表3　按期望孩子数分的已婚妇女百分率（％）

地区	存活孩子数	0	1	2	3	4 +	总计	受调查人数
北京	0	3.5	42.4	53.5	.3	.3	100.0	396
		1.4	31.3	67.0	1.1	.2	100.0	3925
		2.1	3.3	85.1	9.4	2.1	100.0	2047
		3.5	3.2	32.6	54.2	9.5	100.0	758
	4 +	–	2.4	32.9	12.4	52.3	100.0	413
	合计	4	19.9	65.9	9.3	4.5	100.0	7539
辽宁		0.8	30.0	65.6	3.2	.4	100.0	252
		–	26.0	70.2	2.6	1.2	100.0	2826
		2.1	2.0	80.5	11.5	5.9	100.0	1757
	3	–	2.4	30.9	53.5	13.3	100.0	978
	4 +	–	2.1	25.9	14.3	57.8	100.0	680
	合计		13.6	62.3	13.9	10.2	100.0	6494

续表

地区	存活孩子数	0	1	2	3	4 +	总计	受调查人数
山东		1.7	11.8	75.4	8.7	2.4	100.0	289
	1	0	12.5	76.3	9.0	2.2	100.0	1926
		2.1	1.5	72.4	18.1	7.9	100.0	1963
		0	1.1	24.7	59.7	14.5	100.0	1084
	4 +	0	.7	23.9	16.1	59.3	100.0	803
	合计		15.3	58.8	21.9	13.8	100.0	6065
广东	0	.8	6.2	38.8	35.1	19.5	100.0	1379
		–	4.4	52.9	26.3	16.4	100.0	1379
			.3	35.1	37.8	26.8	100.0	1826
		–	.1	7.2	48.4	44.3	100.0	1534
	4 +	–	–	4.2	11.6	84.2	100.0	1542
	合计	0	1.3	25.4	31.6	41.7	100.0	6541
贵州		0.9	4.5	29.3	25.8	39.5	100.0	352
		0.1	5.5	38.9	25.2	30.3	100.0	995
		0.1	.6	32.6	33.1	33.6	100.0	1314
		0.2	.2	6.0	41.3	52.3	100.0	1452
	4 +	0	0	2.8	7.1	90.1	100.0	2263
	合计	.2	1.3	16.7	24.1	57.7	100.0	6376
甘肃		1.0	3.6	41.3	30.3	24.0	100.0	479
	1	–	6.3	49.3	30.4	14.0	100.0	1043
	2	–	.7	42.1	36.0	20.3	100.0	1462
	3	–	.1	7.1	51.1	41.5	100.0	1267
	4 +	–	.6	5.9	9.6	83.8	100.0	1404
	合计	2	1.8	26.5	31.5	40.0	100.0	5655

资料来源：国家统计局深入的生育率调查报告。

在许多情况下可以发现，生育率与家庭的时间配置有关。经济活动繁忙的家庭肯定没有时间去生育大量孩子，而有大量闲暇时间的人也不会在工作中十分活跃。在低发展水平的情况下，这些人没有更多消磨时间的方法，就会多生孩子，孩子成为娱乐的一种替代品。对城市居民而言，消磨闲暇时间有许多可供选择的方式。孩子可以看成是一种特殊的商品，增加一个孩子的效用对各不同孩子是不同的，对各家庭也不相同，因为他们对消费的需求可能不同。因此，可以建立一个一般模型，用来分析家庭时间分配的决定因素及其后果，从而最终决定对孩子数量的需求。有一些政策影响，也可通过对孩子数量需求关键因素的识别而加以分析。

二、家庭时间配置模型

对典型的中国家庭而言，时间可以当作一种稀缺资源。一对夫妇的可支配时间 T 可以分为两个部分，即工作时间与闲暇时间。工作时间可进一步分为市场工作时间 LM 及家庭工作时间 LH。家庭从市场劳动中取得货币收入，从家庭工作中得到影子收入。之所以将这部分收入称为影子收入，是由于只有当家庭工作的边际产出比在市场劳动力的利益更高时才有这部分收入。闲暇时间不产生货币价值，但具有一定的效用，例如睡眠和休息。若一对夫妇欲使家庭的效用最大，则可从约束曲线与效用曲线的切点求得时间分配的解。图 1 中，D 点将时间分为工作及闲暇两部分，而同样地可得到 LM 及 LH 的分配。图中，C 是家庭消费，W 为市场工资率，P 为商品价格，A 为非工作收入，例如社会保险等，其解为 L^*。

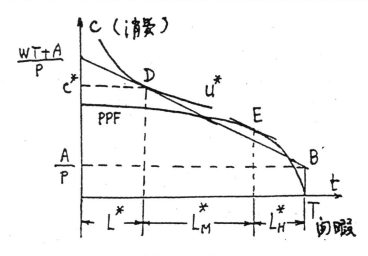

图1　家庭时间配置模型
C：家庭消费
W：市场工资率
P：消费品价格
A：非工作收入

PPF 为一个家庭的生产可能性，对每个家庭都不同。家庭分配时间的原则是：若花费更多的时间于市场工作，则所获得的附加收入将小于家庭工作。这样，平行于约束线的直线与生产可能性曲线 PPF 的切点 E 将工作时间分为 L_M^* 及 L_H^* 两部分。

在点 D 上，最大效用为 u^*（C^*，l^*），其中 C^*，l^* 是货币及非货币消费的最优组合。以数学形式表示，在点 D 上有

$$MRSLC = W P \tag{2.1}$$

其中，MRSLC 为闲暇对工作的边际替代率，WP 为实际市场工资率。

同样，对点 E，家庭工作对市场工作的边际收益即是实际工资率。只要知道一个家庭的效用函数、生产可能性函数、非工作收入、实际工资率及价格，就可以求出该家庭的最优时间配置。反之，若欲影响一个家庭的生育行为，上述参数可以用作控制参数。

三、中国的情况——城市居民及农村居民

中国的城市居民除了作为劳动力之外，别无其他获得货币收入的途径。特别是 20 世纪 60～70 年代，私人所有的企业在中国不存在，因此，工作情况十分单纯，如图 2 中的模型所示。

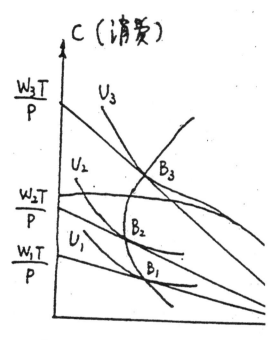

图 2 典型中国城市家庭
时间配置曲线 1：无自谋职业

当工资上升时，在中国沿海较发达的地区可以观察到，家庭闲暇时间在开始时减少，但以后又增加。由于家庭规模的生产力很低，因此，当工资率上升时，家庭工作时间持续地减少。对城镇中的自谋职业者，其 PPF 曲线将如图 3 所示变得陡峭。当市场

工资率降低时，家庭生产的边际收益将高于工资率，劳动者选择在家工作；当市场工资率升高时，家庭生产的边际收益低于工资率，这将会使劳动者从家中被拉出而投入到市场劳动力中。

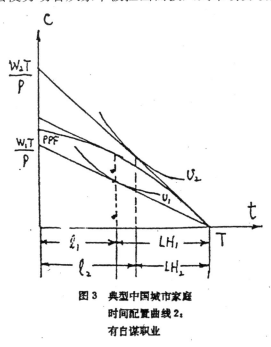

图 3　典型中国城市家庭
时间配置曲线 2：
有自谋职业

　　对农村家庭的分析就研究经济变化影响生育率而言，是更重要的。在中国农村推广责任制之前，农民几乎没有任何家庭生产，家庭中的商品化生产活动均被当作"资本主义尾巴"而被割掉，从生产队获得的收入又很低。这种情况导致了时间分配系统中有更多的闲暇和较少的工作部分，如图 4 所示。

　　20 世纪 80 年代在农村实行责任制后，期望工资率不再存在，每个家庭必须尽力获得最大的收入，时间配置将决定于效用曲线与家庭生产可能曲线的切点。显然，若一个家庭有较高的 PPF，则家庭成员将得到较高的效用及较少的闲暇时间。因此，由不同的生产能力和消费目标出发，不同的家庭时间配置有差别，如图 5 所示。

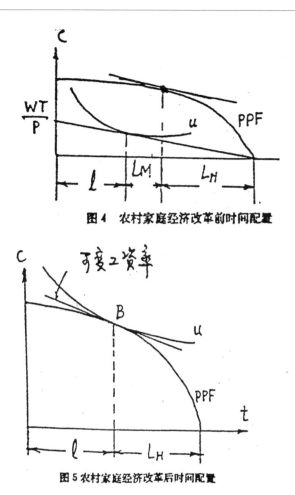

图4 农村家庭经济改革前的时间配置

图5 农村家庭经济改革后时间配置

在更复杂的情况下，若一个家庭有可能选择参与不同产业部门的工作，则必定存在着家庭的最优决策。不同的家庭可能各有其擅长的技术，因此有不同的 PPF 曲线。这种情况下，经典的模型必须进一步扩充。假设各种工作可以获得相应的 PPF 曲线，则约束直线将是某种工作的特殊情况。例如，一个家庭若有图6所示的田间劳动和副业工作的 PPF 曲线，显然，公切线将决定这两种工作的时间配置，在 B 点的右边，副业生产的边际收益大于田间劳动。同样，在 B 点的左边，家庭因利益关系选择田间劳动。若两条 PPF 曲线无公切线，则家庭将只选择有利的一种工作，如图 7 所示。在图 6 和图 7 的两种情况下，闲暇时间和工作时间的分配都由效用函数曲线与 PPF 曲线的切点决定。

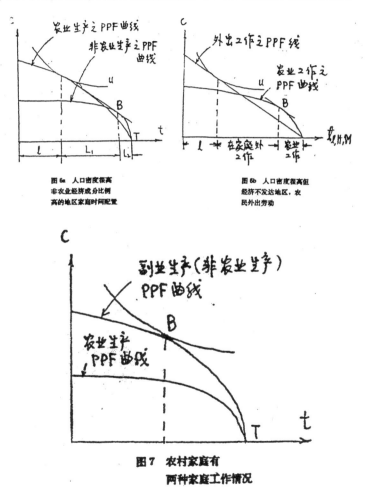

图 6a　人口密度很高非农业经济成分比例高的地区家庭时间配置

图 6b　人口密度很高但经济不发达地区，农民外出劳动

图 7　农村家庭有两种家庭工作情况

该模型也可用于解释收入分配对生产率的影响。若某生产单位的分配很平均，即贡献不同的工作人员工资差别很小，图 8 所示的就是这种情况。曲线 n_1 表示，开始时，工作时间增加可得

到更多的报酬，但很快，更多工作所带来的附加收入急剧下降。曲线 n_2 表示的是一种较好的分配制度，它鼓励劳动者工作得更好以取得更高的报酬。在发达地区，更多的劳动时间不能使劳动者得到更多的享受，因此，可能导致选择更多的闲暇时间而达到更高的效用。然而，在发展程度还不高的社会中，收入平均分配可能导致一种非自愿休闲的状态，如图9所示。隐蔽性失业是非自愿休闲的另一种形式，低工资 W_2 导致较多的闲暇时间、较少的工作时间配置模式。

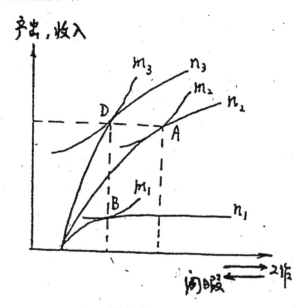

图 8　收入平均分配
　　　m_i：工人的利益曲线
　　　n_i：工人的收入分配曲线

效用函数曲线与孩子所带来利益的认识有关。在城市中，居民依靠工资生活；对老年人来说，养老金制度是他们的保障，但农村的情况完全不同。表4所列是西安交通大学人口与经济研究所同人口理事会合作进行的家庭调查结果，表中数字表明，大多

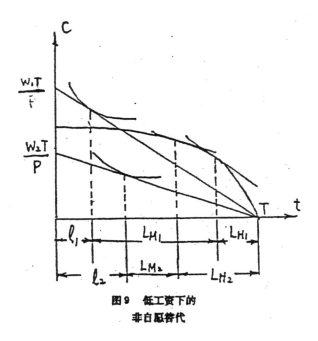

图9　低工资下的
非自愿替代

数家庭的户主相信男孩将给家庭带来经济利益，从 20 世纪 50 年代到 80 年代，将男孩作为老年保险的户主比例有极大改变。60 年代广泛实行的公社制使许多农民相信，他们可以没有孩子而依靠生产队生活。然而，70 年代和 80 年代生孩子的农民中，以男孩作为老年时依靠的比例迅速增长到 74%，这种转变令人吃惊。其原因有二：第一，70 年代和 80 年代出生的孩子数量减少，使他们在赡养双亲方面的重要性增加。第二，经济体制改革使未来的前景不确定性增加，农民希望更加依靠子女减少数十年后的未知风险。令人惊异的是，希望儿子立即带来经济利益的农民比例很小，相反，农民却期望女儿在结婚时能为家庭带来货币收入，对家庭经济更有用。似乎可以说，希望有一个可靠的幸福晚年的强烈意愿压倒了所有其他经济上的考虑，这一点至少在部分农民中是存在的。

表4　按孩子对家庭利益的看法分户主的百分率（%）

男孩子对家庭的利益	孩子出生年代					
老年时有用（%）	1930 年	1940 年	1950 年	1960 年	1970 年	1980 年
对家庭经济有益（%）	50.0	55.0	64.0	51.0	67.0	74.1
感情上的益处（%）	50.0	9.0	5.0	0.0	2.0	9.1
未想过（%）	0.0	0.0	0.0	2.0	0.0	8.1
没有用（%）	0.0	36.0	29.0	44.0	27.0	8.1
	0.0	0.0	2.0	3.0	4.0	1.1
女孩子对家庭的利益	老年时有用（%）					
对家庭经济有益（%）	0.0	0.0	7.0	12.0	10.0	19.0
感情上的益处（%）	2.0	40.0	41.0	33.0	32.0	36.0
未想过（%）	0.0	0.0	2.0	2.0	12.0	16.0
没有用（%）	8.0	47.0	34.0	40.0	44.0	28.0
	0.0	13.0	16.0	13.0	2.0	0.0
开始家庭劳动年龄						
男孩（岁）	7.0	10.4	8.1	10.4	8.5	–
女孩（岁）	4.0	9.0	7.3	9.3	7.0	–
货币收入						
男孩（元/年）	0.0	183.1	126.0	56.7	0.0	–
女孩（元/年）	0.0	0.0	19.0	7.8	16.7	–

资料来源： 西安交通大学人口与经济研究所同人口理事会在咸阳联合调查的结果（农村社区调查）。

四、中国社会中对孩子的需求

历史上，中国社会习惯于大家庭。长期以来，每个家庭的平均人数为 5～6 人。即使是今天，大约 86% 的家庭仍有两代到三代人，其中 20% 为三代或三代以上。相比之下，美国不到半数的家庭由两代人构成，很难找到三代以上的家庭。25% 的美国家庭为"空"家庭，其中 23% 只有一人。从 20 世纪 50 年代到 70 年代，美国人的家庭观念发生了巨大的变化。与此相应，不到 20 年内，妇女的平均生孩子数减少了一半。社会经济条件的迅速变化导致了生活方式的变化，并因此使得父母对孩子数量的需求减少。同样的过程也可在中国不同地区观察到，首先，变化开始于 60 年代的城市，逐渐向较发达的农村地区，特别是向沿海农村发展。因此，对此过程有进行定量分析的迫切需要，以便确定采取正确的行动来加速发展过程。

传统的孩子需求经济模型是：

$$\max U\ (n,\ Zi) \tag{4.1}$$

$$S.\ t.\ Pnn + pzZ = 1 \quad i = 1,\ 2,\ \cdots,\ m$$

此处的 $U\ (n,\ Zi)$ 为效用函数，n 为孩子数量，Zi 为第 i 种消费品，Pn 及 $P2$ 为相应于 n 及 z 的价格。采用勒格朗日乘子法可解式（4.1），勒格朗日函数为：

$$L\ (n,\ Zi)\ = U\ (n,\ Zi)\ - Y\ (Pnn + PzZ)$$

$$i = 1,\ 2,\ \cdots,\ m \tag{4.2}$$

其中，Y 为任意的勒格朗日乘子，问题（4.2）与（4.1）等价，其一价平衡条件为：

$$\partial L\ \partial n = 0 \ 及 \ \partial L\ \partial Z = 0$$

由此得

$$\partial U\ \partial n - YPn = 0 \ 及 \ \partial U\ \partial Zi\ YPm = 0$$

显然有

$$\partial U \partial n / Pn = \partial U \partial Zi / Pzi$$

定义：

$$MUn = \partial U\ (n,\ Zi)\ \partial n \ 及 \ MUzi = \partial U\ (n,\ zi)\ \partial Zi$$

　　它们分别是相应消费品的边际效用，即变化一个单位消费品所造成效用的变化。由此，一阶平衡条件可简化为：

　　MUn Pn = MUzi Pzi

　　只要知道 U（n，Zi）的解析表示式，就可解式（4.3）而求得 n 及 Zi。

　　孩子数量的效用在城市和农村是不同的，不同胎次的孩子效用函数可以有很大的差别。图 10 以图解方式说明了收入相同的城市和农村家庭，对孩子数量需求的不同。农村家庭的效用函数曲线比城市的要陡峭得多，因此，农村家庭即使收入与城市家庭相同，仍然要求生更多的孩子，就可以有一个合理的解释。在图 10 中，直线表示一个家庭的收入约束，其定义同前。

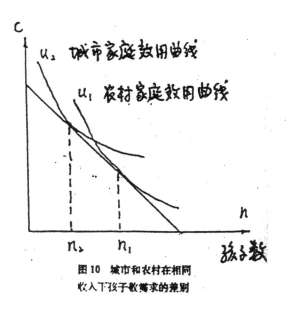

图10　城市和农村在相同收入下孩子数需求的差别

　　对决策者来说，更感兴趣的是如何利用这些规律，引入控制参数以便将生育行为导向所希望的方向。为此，需要详细研究微观经济模型，并通过各时期的调查收集信息以识别模型中的参数。

最重要的是如何通过一些间接的方法而不纯粹靠行政手段来影响家庭对孩子的需求，为此将模型进一步扩充并写成解析形式。

五、收入对孩子数量需求的影响

收入与对孩子的需求之间的关联，在城市及农村地区有很大不同。表5说明，在城市中，收入与家庭规模间存在着很高的负相关联系，零阶相关系数为 -0.9850。

表5 收入水平与中国城市家庭规模（1987）

人均收入（元/年）	595.68	732.84	852.24	991.44	1154.04	351.56	1734.24
每家庭收入（元/年）	2615.0	3063.30	3357.0	3708.0	4054.7	4554.8	5410.8
家庭人数（人/家）	4.39	4.183.94	3.74	3.51	3.37	3.12	

数据来源：1988年《中国统计年鉴》。

对农村地区却不能得到同样的结果，对不同的调查资料进行统计分析后的结果都很一致。大致是，人均收入低于500~1000元/年时，收入与生育率为正相关；而收入更高的家庭中，可以看到这两者呈负相关。为解释上述非线性的关系，下面导出一系列扩展模型。

扩展模型1：

考虑孩子的质量与数量，可以获得下面的模型：

maxU（n，q，z）

s. t. n. q. Pb + Pz · Z = I（5.1）

其中，q为孩子的质量，可用受教育年限表示，也可用受教育年限、健康等综合指标表示。Pb则是为使一个孩子获得一个单位质量所付出的代价。用同样的步骤（5.1）可得

MUn q · Pb = MUq n · Pb = MUz Pz

定义孩子数量的影子价格为增加有确定质量的一名孩子所需代价，故孩子数量的影子价格 $\pi n = q \cdot Pb$ 同样定义 F 可得孩子质量的影子价格 $\pi q = n \cdot Pb$，这意味着孩子的质量与数量之间存在着密切关系，故扩展模型 1 的平衡条件可重写如下：

$$MUn\pi n = MUq \, \pi q \quad MUq \, \pi q = MUn \, \pi n$$

式中 $\pi z = Pz$ 即其他消费品的影子价格。

当收入水平改变时，孩子的数量和质量对收入的替代弹性变更。收入水平低时，数量的收入替代弹性高于质量，这就是低收入时收入与孩子呈正相关的原因。相反的，在高收入家庭中，质量弹性高于数量弹性，故收入与生育率呈负相关。

扩展模型 2：

对于代价确定的情况，模型 1 还可以进一步扩展为如下形式：

$$maxU（n，q，z）$$

$$s \cdot t \cdot Pn \cdot n + Pq + Pb（q）\cdot n \cdot q + PnZ = I \qquad (5.2)$$

此处的 Pn 为孩子数量的固定价格，包括时间的消耗及其他非货币代价。Pq 为孩子质量的固定价格，包括教育等。Pb 为平均可变价格，它是孩子质量的函数，与孩子质量的边际可变价格不同。最优解可由应用拉格朗日函数求出：

$$L = U（n，q，z）+ \lambda（I - PzZ - Pq - Pb（q）\cdot n \cdot q）$$

其中，L 为拉格朗日函数，λ 为拉格朗日乘数，平衡条件为

$$\partial L\partial n = \partial U\partial n\lambda（Pn + Pbq）= 0$$

$$\partial L\partial q = \partial U\partial q - \lambda（Pq + Pbn + \partial Pb\partial q \cdot n \cdot q）= 0$$

$$\partial L\partial Z = \partial U\partial Z - \lambda Pz = 0$$

$$\partial L\partial \lambda = I - Pnn - Pqq - Pb（q）nq - PzZ = 0$$

令孩子数量的固定价格与可变价格比为

$$rn = Pn \, Pb \cdot q$$

孩子质量的固定价格与可变价格比为

$r_q = P_q / P_{bn}$

孩子质量的边际可变价格与平均价格之比为：

$1 + \varepsilon_{pq} = 1 + q / P_b \cdot \partial P_b / \partial q$

由此，影子价格可表示如下：

$\pi_n = P_b q \ (1 + r_n)$

$\pi_q = P_b n \ (1 + r_q + \varepsilon_{pq})$

$\pi_z = P_z$

定义影子收入 R 为：

$R = \pi_q + \pi_n n + \pi_z Z$

可解得 n，q 及 z，某一阶平衡条件为：

$f_0 \ (n, q, z, \lambda, \pi_n, \pi_q, \pi_z, R) = \pi_n n, \pi_q q, \pi_z Z - R = 0$

$f_1 \ (n, q, z, \lambda, \pi_n, \pi_q, \pi_z, R) = MU_n - \lambda \pi_n = 0$

$f_2 \ (n, q, z, \lambda, \pi_n, \pi_q, \pi_z, R) = MU_q - \lambda \pi_q = 0$

$f_3 \ (n, q, z, \lambda, \pi_n, \pi_q, \pi_z, R) = MU_z - \lambda \pi_z = 0$

雅可比行列式为：

$| J | = | \partial f_0 / \partial \lambda \ \partial f_0 / \partial n \ \partial f_0 / \partial q \ \partial f_0 / \partial z$

$\partial f_1 / \partial \lambda \ \partial f_1 / \partial n \ \partial f_1 / \partial q \ \partial f_1 / \partial z$

$\partial f_2 / \partial \lambda \ \partial f_2 / \partial n \ \partial f_2 / \partial q \ \partial f_2 / \partial z$

$\partial f_3 / \partial \lambda \ \partial f_3 / \partial n \ \partial f_3 / \partial q \ \partial f_3 / \partial z | = \ (-1)$

$| 0 \ \pi_n \ \pi_q \ \pi_z$

$\pi_n \ \partial n \ \partial n^2 \ \partial n \ \partial n \partial q \ \partial n \ \partial n \partial z$

$\pi_q \ \partial n \ \partial n q \ \partial n \ \partial q^2 \ \partial n \ \partial n \partial z$

$\pi_z \ \partial n \ \partial n z \ \partial n \ \partial q \partial z \ \partial n \ \partial z |$

式中的 H 称为带边的海森阵。根据最优解的系数条件，H 矩阵在平衡点（n，q，z）为负值，故有

$| J | = \ (-1) \ | H | > 0$

解可表示为：

n = N（πn，πq，πz，R）

q = Q（πn，πq，πz，R）

z = Z（πn，πq，πz，R）

可见，对孩子数量的需求，决定于孩子数量和质量的影子价格、消费品的价格及影子收入。

从决策的观点看，收入很难作为控制参数，短期的控制参数只能是家庭的效用及孩子的价格。对计划外的二胎和三胎或更高胎次的生育行为实行货币惩处的影响见图 11，约束线变成非线性，满意程度降到 Uz。这表明，货币惩处应限制在某个限度上。鼓励家庭少生孩子更好的办法是将刺激与惩处结合起来，此时，约束线提高到 A′C′F，而对父母的效用提高到 Uz。然而，要找到对社会各阶层刺激与惩处的结合都能达到最佳效果的限度是很困难的，更何况，仅就确定效用函数而言，就已是说来容易做来难了。

用下面的模型来了解这一问题，将所有在市场上购置的货物

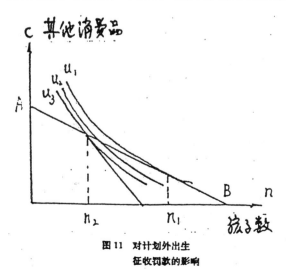

图 11 对计划外出生征收罚款的影响

作为家庭的投资，将时间与市场商品结合起来，家庭可以生产三种产品，只有家庭产品才对家庭产生效用。家庭的产品是：孩子（以 Zc 表示）。生活条件（包括食物、衣服、住房、车等，以 Zi 表示）及非货币的满足（包括享受、健康、地位等，以 Zn 表示），因此，家庭的产品生产函数可表示如下（扩展模型 3.1）：

$$Zc = fc \ (xc, \ tc, \ Ec)$$
$$Zi = fi \ (Xi, \ ti, \ Ei) \hspace{3cm} (5.3)$$
$$Zn = fn \ (xn, \ tn, \ En)$$

其中，Xi，ti，Ei 为市场商品，时间及家庭生产能力配置于相应的家庭产品 i，某些商品无市场价格，其影子价格定义为下列因素的价格：

$$\pi i = Pi \quad Xi \quad Zi + W \ ti \ zi \hspace{2cm} I = c, \ l, \ n$$

此处的 Pi 为第 i 种商品的价格，πi 为影子价格，w 为工资率。与上述模型相应，可得扩展模型 3.2：

$$maxU \ (Zc, \ Zl, \ Zn)$$
$$s. \ t. \quad \pi cZc + \pi lZl + \pi nZn = R$$

应用拉格朗日乘数法，一阶平衡条件为：

$$Muzc\pi 0 = MUzl\pi l = MUzn \quad \pi n$$

将扩展模型 3.1 代入 πc，πi，πn，可得

$$MUzc \ MUtc = \partial U \ \partial Zc \cdot \partial Zc \ \partial Xc \ \partial U \ \partial Zc \cdot \partial Zc \ \partial tc = \partial Zc \ \partial xc \ \partial Zc$$
$$\partial tc = MPzc \ MPtc$$

同样可得

$$MUzc \ MUtc = MPzc \ MPtc$$
$$MUzl \ MUtl = MPzl \ MPtl$$
$$MUzc \ MUzc = MPzc \ MPzc$$

其中，MPxi 为投资商品 i 的边际生产能力，MPti 为投入时间的边际生产能力。这样，物质、时间及其他非货币因素相结

合，即可求得对孩子数量的需求。

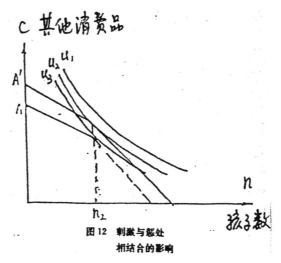

图12 刺激与惩处
相结合的影响

论人口自身再生产的规律与控制

（1993 年 1 月 18 日）

人口自身再生产规律反映的是人口自身再生产过程中，人口与社会经济发展、人口与自然环境改善以及人口自身生产内部各主要因素间的本质联系及其发展变化的必然趋势。这种本质联系和必然趋势客观上是不以人们的意志为转移的，但人们通过认识自身、修正自身的再生产行为，可以更好地利用规律，最终实现人与自然和社会环境和谐相处，以利于人类社会的发展目的。

随着科技进步和社会生产力的快速发展，在现代社会化大生产的目的要求和客观条件下，人类对自身再生产规律的研究在理论和实践方面变得愈来愈迫切，这是因为：（1）关于人口自身再生产长期以来积累的知识构成人口预测工作的科学基础，而这种人口预测必须考虑到社会形态的人口自身再生产基本趋势的形成和实现；（2）有科学根据的人口政策，只能建立在社会经济发展和自然生态平衡要求下的人口自身再生产的规律，以及这些规律在发达的社会生产方式下的目的表现特点的知识基础上。人口的社会本质决定着生物本质，因而，人口再生产规律是社会规律，不是生物规律或超历史的自然规律，这是在人口规律的性质问题上，马克思主义人口理论同资产阶级人口理论的根本区别。在现代社会生产发展的条件下，为了积极有效地控制人口的发展，使之适合物质生产和社会变革需求，有必要从理论和实践相结合的角度，对人口再生产的普遍规律进行再认识，对具体社会发展阶段的人口再生产规律进行再剖析，以便为我国现代社会主义发展阶段的人口控制提供理论依据和方针策略。

一、人口再生产普遍规律的适度演绎与人口控制

人类作为生态系统中的高级动物成员，并没有按照生物繁衍的几何级数生育规律无止境地增延，其阻力不仅在于受到自然生态环境平衡规律的约束，而且更重要的是在于人类在认识自然、开发自动起作用的自然力过程中，受到所创造的物质财富的限制。但人类并没有如同一般动物一样简单地适应自然、自生自灭，而是在认识自然、利用自然的同时，也能够认识自己，控制自身"种的繁衍"，以适应生态的平衡和社会生产的发展。人类的社会存在，客观上决定了人们既要生产物质资料，又要进行"自己生命生产"和"他人生命生产"的人类自身再生产。物质资料生产是人类依靠自身的聪明智慧和强健体力，通过认识自然，开发自动起作用的自然力，而不断创造出满足人类需求的物质财富。人类自身再生产要依赖特有的自然界所能提供的可用资源和环境与已创造的物质财富，再生产出新的生命和生命力。社会生产客观上要求物质资料生产与人口生产在一定时间、空间保持一定的协调比例，要求人口再生产适应于物质生产发展的需要。作为物的生产和种的繁衍之间的这种协调比例或适应程度的本质上的联系与矛盾运动过程，即为任何社会形态所共有的普遍人口规律。实质上，就人口再生产而言，物质生产要求人口再生产保持适度的人口数量和消费规模，以便同生活资料生产和自然资源可利用量相统一；要求保持适度的人口年龄结构，以便提供长期的生产发展需要的劳动力和使近期人口扶养不至于超负荷；要求具有适度的人口素质和人口空间分布，以符合区域社会生产的发展和生态平衡的需要。因此，从人口与物质资料生产和自然

生态环境的本质联系及其内在机制方面看，似乎也存在"一只看不见的手"，调节着人口再生产，使之适应社会经济发展和生态环境的需要。这只"看不见的手"就是适度人口规律，即以适度人口为准则的对人口再生产的调节与控制。

适度人口是指符合社会经济发展和自然环境条件改善要求的满意目标人口。目标因社会生产方式、自然环境条件和社会集团利益追求而各异，因而，适度人口具有多目标性，是一个相对的综合指数集和具有伸缩弹性的合理空间。由于人口再生产与特定时间、空间的经济社会和生态环境密切关联，因而，其内容包括适度的人口数量、质量、年龄状态结构和空间分布。人口数量是特定时空具有一定素质和年龄结构的人口群体规模的集中体现。在特定环境条件约束下，提高人口体能和智能素质，需要控制人口总量的增加；追求较优的人口年龄结构，需要调节人口的年度出生率和机械性变动；为了平衡社会经济发展和自然环境的有效人口承载，亦需要合理的人口空间分布。总之，上述四个方面的适度人口内容是一个有机联系的整体，构成了人口再生产的适度空间，但它又受控于特定时间空间社会生产方式与自然环境条件的需求。因而在表现形式上，可分为经济适度人口、生态适度人口和社会适度人口，但都综合于特定时间空间要求的适度人口空间。

适度人口空间的变化同人类社会产业的发展过程基本相一致。在人类摆脱依靠采集和捕猎谋生的时代进入农业社会之后，适度人口空间随之跃升，人口再生产也由生物性控制转入适应社会生产发展需求的社会利益机制。在一定时空发展域科技进步相对恒定的情况下，当农业发展到一定水平，其生产规模报酬递减至负值时，农业生产需要的劳动力和农业生产资料所能扶养的人口数量相对过剩。这时，由于农业生产力压迫人口，加之农业发展需要其他产业支持，又产生了社会大分工，在原来手工业初步发展基础上，第二产业开始独立于农业而发展。在这一转化初期，劳动力和消费人口超过适度人口数量仍显过剩，只有当第二产业充分发展后，适度人口数量区间递增。一方面，劳动力供给不足；另一方面，社会生产创造的消费资料相对可供养较多的人口，人口年龄结构由传统型向过渡型转移，人口空间分布由分散的农村向工业区或城市集中。但当科技进步又呈现相对恒定状态时，第二产业以至社会生产的边际生产力递减并出现负值，因劳动力投入增多，规模生产的效益相对下降。在人口和产业发展需求的双重压力下，社会再度出现大的分工，第三产业独立于第一、第二产业而初步得到发展。这时，适度人口数量的要求还较低，劳动力供给仍过剩，只有当第三产业充分发展后，适度人口的空间才提高。这一方面是由于第三产业的发展促进了第一、第二产业的勃兴；另一方面，社会分工愈益细化，就业门类增多，社会财富亦迅速增长，因而，既需要更多的劳动力，又可提供更多的消费资料，在提高人均消费水平的同时，还可扶养较多的人口。而且，要求人口素质迅速提高，人口再生产类型向低出生、低死亡和低人口增长方面发展，并要求人口的年龄结构和空间分布渐趋合理。随着社会生产力的发展，当人口压迫生产力，即因消费人口超过生产力增长可能提供的财富与环境空间的现有承载力，以及生产力压迫人口，即要求减少劳动力数量的供给并提高人口质量时，这一矛盾对立运动的过程又要求某一时间空间保持适度人口，随之亦预示着社会需要更高层次的分工，新的产业革命高潮即将到来。同时，开拓新的生存空间，围绕适度人口要求积极有效地控制人口的再生产。因此，从历史上的社会分工和产业革命的变化进程中可以看出，与社会生产力发展相适应的适度人口处于螺旋形发展，而且随着产业革命的发展在转移。往往在相邻的两次产业转变之时，适度人口保持相对稳定。当新的产业得到充分发展和迅速增长时，适度人口空间随之位移，呈现递增趋势。但人口数量的递增幅度逐渐减小，且滞后于社会生产力的发展；人口分布渐趋于相对均衡，人口质量要求愈来愈高，需要超前于社会生产力的发展；人口再生产类型亦向合理化方面转移，人口控制也逐步由生物性控制、社会经济利益控制，向以适度人口规律为要求的自觉控制方面发展。这种发展趋势来自科技进步的推力和拉力，也是适度人口调节规律作用的结果。

由于地球的负荷有限，某一时间空间的自然资源潜力和人类开发能力有限，决定了不同时间空间社会生产力发展所需劳动力和所能承载的人口总量亦有限，因而，客观上总存在一个适度人口数量区间。这个适度人口数量区间，总是伴随着社会经济发展和消费水平的波动而波动。在特定时空里，假定人口消费水平递增为一常数，科技进步相对不变，那么，这个适度人口数量区间则出现在社会边际生产力递减至零值这一范围内。这时，劳动力就业充分，人们的生活水平提高，社会生产及其他事业蓬勃发展，生态环境负荷也相对均衡。在达到此适度空间之前，社会边际生产力持续递增，人口的数量和质量相对不足，或因人口年龄结构与空间分布不能满足生产力的发展需要，而使两种生产未能达到最佳配置状态；当社会边际生产力递减出现负值之后，反映为劳动力供过于求，或因素质不高，出现劳动力过剩，进而亦呈现人口相对过剩、消费不足，或因空间分布不合理，而使生态环境超负荷。伴随着科技进步和社会生产力发展，以及人口再生产状态调整的惯性滞后影响，又会出现适度人口与现实人口的等价时期。总之，现实人口的不足或过剩，都是围绕社会生产力发展所要求的适度人口规模在波动。这犹如商品经济社会中，商品的价格围绕价值波动，价值规律通过商品的价格调节商品的生产和需求一样，人口消费和劳动力的供需总量，以及人口的素质和空间分布，也围绕着社会生产力所要求的适度人口在变动。适度人口规律通过就业矛盾和人们生活水平的变化，调节人口的生命再生产和生命力的再培育，使之适应社会生产力的发展；通过控制人口的出生率，使现实人口趋近于适度人口的总量要求，与社会所能提供的生活资料和自然环境所能提供的资源及能量相适应。通过欲达到适度的人口年龄结构，提供适量和高素质的劳动力，与近远期自然资源的合理开发和物质资料的生产相适应。通过实现适度的人口空间分布，平衡生态系统的承载力和促进社会生产力的地域协调开发。但在不同的社会生产方式下和不同社会制度的国家里，适度人口的目标不同，其规律的表现形式和调节作用，以及围绕适度人口所应采取的控制策略和措施亦不尽相同。

人口再生产不仅要同物质资料生产相适应，而且，这两种生产还应遵循自然生态平衡规律。在人类认识自然、开发自动起作用的自然力和利用自然生态环境过程中，不断提高自然环境的人口承载力并使人类的生存环境日渐优良。倘若物质生产和人类生活消费需求超越一定时间空间生态平衡的承载能力，就会造成自然资源的过度开发并导致生态环境循环链中生物元素功能的退化。因此，相对于生态平衡而言，人口亦应保持适度的数量规模和空间分布。

二、人口再生产具体规律的适度分析与机制

人口再生产的普遍规律是存在于一切社会形态的人口规律，它所反映的是在一切社会形态社会生产力发展中存在的人口现象，以及人口与社会经济、生态环境相互关联并相互适应的共同特征。但是，人口再生产的普遍规律不能脱离一定的社会生产方

式而抽象地起作用。这是由于，存在于不同社会生产方式下的社会生产力既决定社会的生产关系和人口生产力与人口生产的关系，又被社会生产关系和人口生产力与人口生产的关系所影响。一定社会生产方式下人口再生产的具体规律，是普遍人口规律在该社会形态下存在和起作用的特殊形式，是普遍人口规律的具体体现。

在原始社会，十分低下的社会生产力和生产资料的共同占有，决定了劳动人口与生产资料直接结合的生产方式。由于人类在很大程度上依赖自然条件，依靠手工捕猎和采集，或以简陋的生产工具进行简单再生产，因此一方面，有劳动能力的人口为了生存而经常艰苦地进行集体劳动，但获得的生活资料仅能维持人类生命的简单再生产；另一方面，人口再生产过程受生物学规律影响很大，以高出生、高死亡和极缓慢的人口增长，以及平均寿命短、世代更替快为其生育特征。于是，社会劳动人口能够得到充分利用，人口数量与所能扶养的适度人口基本等价，呈现出生物社会自适应的人口再生产规律。这一人口再生产规律受自然生态环境和原始人类所能获得的物质资料制约，以部落自然生育属性和群婚生育为特征的原始公社生产关系的利益机制调节人口的自身再生产，调节部落人口的集体转移，以保障适度的人口与自然环境和低下的物质生产能力相适应。

奴隶社会是以手工劳动为基础的农业经济占统治地位，生产发展仍很缓慢，但已能生产出剩余产品，加之社会分配不公，因而产生了剥削的社会制度。奴隶社会生产关系的基础是奴隶主不仅占有土地和其他生产资料，而且直接占有生产者——奴隶，这是奴隶制区别于其他剥削制度的重要特点。奴隶没有人身自由，劳动的全部产品都归奴隶主占有和支配，只用小部分生活资料维持奴隶生命体的简单再生产。马克思曾指出："我们从未听说古代曾有剩余奴隶。"这是指绝大多数奴隶只是会说话的工具，尽管"过剩人口的发展同剩余劳动的发展是相适应的"，然而真正体现剩余的是那些没有土地、没有生产资料的大量自由民。剩余劳动力并没有体现为失业，而日益变为新的奴隶被奴役。奴隶主占有奴隶，依靠所得的剩余产品进行享受，并扩充兵力，以扩张领地和巩固自己的统治。因此，适度人口在奴隶社会不是与生产资料相适应，而是在生产资料仅能维持奴隶生命体简单再生产基础上，表现为以人口规模显示权力大小的"实力"适度人口，它往往大于生产资料的生产需要和所能扶养的实际人口。人口再生产直接受控于奴隶主统治目的之需求。由于广大奴隶被横征暴敛，食不饱腹，朝不保夕，因此，人口再生产属于高出生、高死亡和极低下的人口自然增长率的传统人口再生产类型。人口迁移是在生产力发展不足的条件下，由相对过剩人口和奴隶主统治目的需求引起的强迫移民。人口素质表现为仅能维持生命延续和超负荷从事简单而繁重的体力劳动的体能与缺乏基本劳动技能培养和文化教育的智能，以及受奴役和压抑的精神状态特征。

封建社会以铁器使用、农业、手工业和商品经济发展，以及城市人口增加，为其生产力发展的主要标志。封建社会生产关系的基础是封建主阶级占有基本生产资料（土地），农民耕种封建主的土地。农民尽管在人身上依附于封建主，但可发展自己的小农私有经济，因此，农民不仅关心自己的劳动成果，同时也关心劳动力的再生产。由于生产以手工劳动为主体，增加生产主要依靠劳动力数量的增加，加之人口生命力的培养费用很低，因而，农民必然趋向早育和多育。封建主为了收租、征税和抽丁，也鼓励多育。由于科技不发达，人们认识和开发自然的能力有限，因此，封建社会的经济和社会实力适度人口目标通常超出特定居住空间生态适度人口的要求。一方面，因土地报酬递减，通过降低生活消费来维持人口生命和生命力的再生产；另一方面，多生多育导致乱垦滥伐，自然生态环境更趋恶化。人口再生产为高出生、高死亡、低人口自然增长的传统类型，亦因生产力发展不足引起人口压迫生产力，导致过剩人口向荒无人烟的地带迁移。

资本的原始积累在使劳动力变为商品的同时，促进了资本主义社会生产力的发展，使资本主义私有制的生产关系得以建立。在资本有机构成提高，创造了大量剩余价值的同时，也使大批相对剩余劳动力充斥市场和街头，正如马克思所说："现在，不是人口压迫生产力，而是生产力压迫人口。""工人人口本身在生产出资本积累的同时，也以日益扩大的规模生产使他们自身成为相对过剩人口的手段。这就是资本主义生产方式所特有的人口规律。"

因劳动力剩余导致人口剩余，这是一切社会发展阶段的特征，但由于社会生产方式不同，因而，剩余劳动力和剩余人口的社会性质以及解决这一问题的措施和可达性亦不同。资本主义生产是社会化的大生产。一方面，随着科技进步和社会生产力的发展，资本的有机构成必然提高，于是要求从事物质生产的劳动力数量相对递减，质量逐渐提高，劳动力结构随产业布局和职业空间构成转移逐步趋于合理。另一方面，随着社会发展和物质财富增多，人口的消费水平亦逐步提高。这不仅表现在维持和扩大生命再生产需要的消费资料水平提高，生活环境日渐优良，以及生活服务增多，也表现在致力于生命力再生产，即智能素质培养和精神道德修养水平提高，因而客观上也要求人口数量增长相对减少，人口素质相对提高，人口年龄状态结构及人口数量的空间分布趋于适度。然而，资本主义追求剩余价值的生产本性和资本家对社会物质财富的贪婪，以及私有制的社会调控机制对人口再生产的无政府性控制，首先表现在超过剩余价值生产需求的劳动力适度数量和质量的人口的过剩。其次，表现在超过社会分配不公条件下生活资料所能扶养的适度人口生命和生命力再生产的过剩。这种相对过剩在资本主义社会的各个发展阶段和不同国家里，表现形式与强度不同。例如在手工业和机器大工业的不同阶段、自由竞争和垄断统治的不同阶段，生产集中的程度不同，资本对劳动力数量和质量的要求也不同；反映在不同国家的人口出生率与劳动生产率的增长幅度协调与否，剩余人口的多少及强度亦不尽相同。就是说，假定我们以某一国在一定时段里，物质生产与人口再生产诸要素的配置为适度，那么，资本主义社会追求剩余价值的本质，必然使生产人口，进而使社会人口呈现为相对过剩人口。其过剩强度取决于该国在既定时段里从事剩余价值生产的强度，以及资本的有机构成水平。倘若人口再生产的数量超过物质生产要求的适度数量，以及因素质不高及空间分布的不适度，产生的过剩人口再加上剩余价值生产所产生的相对过剩人口，则表现为剩余强度增大。另外，我们以某一时间空间生活资料的总供给与人口再生产的总消费需求为适度，那么，因资本家对财富的贪婪和社会分配不公，必然使人口相对过剩，或因此降低工人的生活水平，产生隐性的相对人口过剩，其相对过剩强度取决于资本家对财富的占有量和奢侈度。倘若人口的基本消费总量超过了生活资料的供给和因生活水平提高对生产资料的更多占有，那么，产生的过剩人口再加上因分配不公而产生的相对过剩人口，则表现为剩余强度增大的贫困人口。值得一提的是，过去的相对过剩人口理论，只承认生产资料再生产条件下的过剩，而不承认同生活资料数量相比的过剩。事实上，这只不过是前因后果上的逻辑关系，或在资本主义社会发展初期表现在因上的重要。然而在今天，不可再忽视这一果上的映象。

　　资本主义的过剩人口，不仅来源于社会化大生产的压力，也受资本主义剩余价值规律支配。因此，超过资本主义生产方式要求的过剩人口，逐步由一般普通劳动力数量过剩转入现代化生产需要高素质劳动力要求下的低素质人口的过剩。这反映在工人人口世代的迅速更替上，也因劳动力培育费增加，必然迫使工人家庭控制生育而形成低出生率；反映在人口再生产类型上，由传统和过渡性类型，向低出生、低死亡、低人口自然增长的现代人口再生产类型发展；反映在人口迁移上，其迁移方向和流量随资本的投向与投量，而由农村迁入城市、从内地移向沿海、从一国移往他国、从分散落后地区迁向发达集中地区，其结果在使人口与剩余价值生产相对均衡的同时，亦导致了城乡生态环境的破坏与失衡。因此，资本主义社会人口再生产的数量、质量、年龄结构和空间分布，围绕着剩余价值生产在变化；相对过剩人口迫使人口再生产向资本主义社会要求的适度人口转变。由于资本主义社会的固有矛盾和人口再生产的无政府状态，人口再生产随经济周期性发展而波动，永远不可能达到理想的适度人口，也不可能进行自主的最适度控制，以使经济、生态和社会发展所要求的适度人口达到尽可能的统一。

社会主义作为共产主义的初级阶段，是在资本主义已经达到高度生产力的基础上建立和发展起来的，但不排除一些国家可以超越这一历史进程，或在未达到资本主义生产力高度发展的条件下，率先采用先进的社会形态促进生产力发展的可能和需要，我国和苏联等国就是这种状况。社会主义社会有两个显著的特征，一是实行社会化大生产，二是实行生产资料公有制。因此，社会主义社会可以使生产力的发展与生产关系的界定达到统一与协调。进行社会化大生产，随着劳动生产率和技术装备程度的日益提高，必然"游离"出一定数量的劳动力和不能适应高素质需求的劳动者。在产业和/或职业构成不能吸收这些释放的生产人口时，则形成过剩人口，即超过物质生产所需适度人口数量与质量的过剩人口。另外，人口增长超过物质生产发展需要，超过社会财富支持其生命和生命力再生产的人口，也构成了剩余人口，或降低生活水平和增加生态环境负荷的消费人口亦构成了显性、隐性或权宜性的过剩人口。以上过剩就业人口或消费人口，未免对社会化大生产和不断提高人民的物质与精神生活水平产生滞障，不利于社会生产力的发展和生态环境条件的改善。社会主义社会保障人人就业，只能是在适应物质生产需求的适度人口基础上，而不是在采取降低劳动生产率和人均生活水平权宜之策的前提下。因此，社会主义"用在高度技术基础上使社会主义生产不断增长和不断完善的办法，来保证最大限度地满足整个社会经常增长的物质和文化的需要"的基本经济规律，决定了社会主义社会的人口再生产规律应当是与经济社会和自然环境协调发展的稳态适度人口。这既反映了社会主义社会人口再生产的内部状态结构与外部经济、环境条件在本质联系上需适应，也反映了人口再生产的调节机制应围绕这一适度人口的要求而控制。社会化大生产要求人口、经济、社会和自然环境协调发展，社会主义的公有制和目的追求保障了这一要求实现的可能性。于是，社会发展的普遍性和具体人口再生产规律在社会主义发展阶段可以得到有机结合，以使物质生产与人口再生产在社会化大生产的进程中相互促进，并使人们不断增长的物质和精神生活需求与社会财富的保障和分配相适应。社会主义社会的稳态适度人口规律，在内容上体现为以下几个方面：一是人口和物质资料生产的数量相适应。这主要包括劳动适龄人口与生产资料和自然资源的数量相适应、人口消费与生活资料供给和生态环境平衡相适应。马克思在考察资本的形态变化及其循环时指出："生产资料的数量，必须足以吸收劳动量，足以通过这个劳动量转化为产品。"就是说，相对于物的生产和自然资源的蓄积能量转化，需要适度数量的劳动力。劳动力数量供应不足，势必影响到物质生产和对自然力的有效开发利用；劳动力超过适度数量要求，亦必然因剩余无业人口或隐性失业人口压迫而束缚生产力发展，导致自然资源的过度开发而使生态平衡失调。可见，劳动力不足或过多的不适度，不是造成劳动力资源和自然力的浪费，就是造成生产资料的浪费和生态系统的失衡。人口消费总量取决于人口数量和消费水平。人口消费不足，亦反转影响物质生产的发展。人口消费超过生活资料的供给和生态环境的容量，势必挤占积累资金，影响生产、教育、科技的发展和其他条件的改善，也影响到人均生活消费水平的提高，并导致对自然资源的超度摄取与对环境的破坏。随着人们物质与精神消费水平的提高，在一定消费资料和自然环境条件下，迫使降低人口出生率，以保障与物质生产的平衡。二是人口质量与社会生产力发展需求相适应。在社会化大生产进程中，随着技术进步、资本有机构成提高，产业向纵深和宽幅方面拓展。因此，要求具有与之相适应的高素质的劳动力和社会人口，需要追加"生命力"再生产的投资。在有限的资金供给条件下，需要控制人口总量，降低人口出生率，以保障人口素质的提高与社会生产力的发展相适应。三是人口的空间分布与产业布局和自然资源环境条件相适应。人口在任何时期的发展，都不可能脱离一定的地理空间；而人口在一定地理空间的聚集、扩散与变动，又绝不会离开一定的社会经济发展条件和自然生态环境。人口在地域空间的合理分布，有助于经济的发展和生态环境的改善，有助于人均生活水平的提高和居住环境的优化，亦有助于自然资源的有效利用和生态负荷的平衡及良性循环。社会主义制度本身，提供了保障人口与经济、资源、环境在空间上适度分布的外在条件和内在机制基础。通过利益机制和政策方略，可以调节和控制人口再生产沿着适度人口空间分布发展。四是人口的年龄状态结构应适度。这不仅是上述三个方面适度人口内容的要求，也是未来长期发展的需要。人口再生产的长周期、强惯性特点，导致人口生产的周期性波动和调节与控制的高难度。因此，从经济发展、自然资源利用和环境条件改善的角度，要求人口的年龄状态结构应当平稳发展和适度；从现时人口状态向较适人口状态转移，亦要求调节与控制人口再生产行为的方略应当稳妥和适度。

社会主义社会的稳态适度人口规律，要求人口再生产沿着上述适度人口的内容来调节和控制。借助利益机制和政策杠杆控制人口出生率，进而达到对人口总量的控制并使人口的年龄结构趋于适度；在发展经济和提高人民物质生活水平的同时，努力提高全民的科技、文化和思想道德素质，以适应产业发展和职业构成的需要，从而也为人口的生育控制奠定良好基础，调节人口的城乡结构和地域分布，使经济、人口和生态环境在空间地域尽可能达到最适的协同与结合；在控制人口增长的同时，通过积极发展经济和拓宽就业门路，尽可能地使众多的适龄劳动人口就业，以保障社会发展的稳定。

在全国计划生育基层计算机
管理经验交流会上的讲话

（1993 年 6 月 30 日）

这次，国家计生委在烟台召开专题研究应用微机管理的首次经验交流会，各地参加会议的积极性很高，与会人数超过了预定的两倍多。大家准备了许多有价值的材料，16 位同志在大会上发言，介绍了省、市、县和乡镇各级使用微机提高计划生育工作管理水平的情况。这些经验都很宝贵。可以说，我们已经顺利完成了利用现代化手段推动计划生育工作上新台阶的试点工作，下一步就是要逐步推广这些经验，使这些经验在更大的范围内发挥作用。

一、我国计划生育的巨大成绩

多年来，我国的计划生育工作取得了巨大的成功。中共十一届三中全会以后，邓小平同志多次指出："我们的人口政策是带有战略性的大政策。"中共中央、国务院将计划生育工作提到基本国策的高度，实行计划生育、控制人口增长成为建设中国特色社会主义总体规划的一个重要组成部分。近年来，在原来已经较低的生育率水平上又取得了新的突破，出生率在育龄妇女占总人口比例达到高峰的年份持续下降。各级党政领导高度重视人口工作，人民群众日益认识到控制人口增长对国家、对个人的实际利益，广大计划生育干部在各部门配合下，做了大量的工作，使计划生育呈现出前所未有的好形势。现在，我们正处在迈上一个新台阶的关键时期。社会经济的飞速发展，为计划生育工作带来了新机遇，也带来了一些新问题。计划生育工作的现状是：成绩不小，形势很好，问题不少，需要提高。

根据国家统计局的调查，20 世纪 70 年代以来，我国控制人口增长的工作成效显著。60 年代，全国平均年人口出生率为 33.62‰，最高时曾达到 46‰；70 年代，人口平均年增长率降到 24.16‰；而到 80 年代，更进一步降到了 19.73‰，下降幅度达到 41.3%；考虑到 80 年代中国人口中育龄妇女的比重高于 60 年代，这一成绩的取得就更不容易。若将育龄妇女占人口比重的因素用适当的技术手段除去，则实际生育率的下降幅度更达到 57.4%，超过了一半。根据国家统计局的调查，近 5 年来，在育龄妇女人群不断扩大、占总人口比例不断增加的情况下，出生率持续下降，从 1987 年的 23.33‰ 逐年连续下降到 22.37‰、21.58‰、21.06‰、19.68‰，以至 1992 年的 18.24‰；妇女的平均初婚年龄从 1987 年的 21.80 岁，上升到 1992 年的 22.5 岁；晚婚率从 1987 年的 29.00%，提高到 1992 年的 36.50%；而多孩率和早婚率则分别从 1987 年的 17.30% 和 23.60% 下降到 1992 年的 9.60% 和 12.90%。1992 年，是我国生育旺盛期妇女占总人口比例最高的年份。在邓小平同志视察南方谈话和中国共产党第十四次全国代表大会精神的指引下，各级党委和政府认真贯彻落实中共中央、国务院召开的计划生育工作座谈会和国务院召开的计划生育工作电话会议精神，加强了对计划生育工作的领导；各部门密切配合；计划生育部门积极探索在新形势下做好工作的新路子；广大群众自觉响应政府的号召，投身于经济建设的热潮，争做少生快富的先进分子。在各方面的协同努力下，1992 年的计划生育工作取得了超过我们预计的好成绩：出生率比计划低2.58 个千分点，全国各省、自治区、直辖市都完成了计划。1993 年召开的八届全国人大一次会议上，《政府工作报告》充分肯定了这些年的计划生育工作，指出 5 年来共少生了约 1500 万人，大大地促进了经济增长和社会发展。

从各地区来看，全国 30 个省、自治区、直辖市的计划生育情况大致可分为三类。第一类包括 3 个直辖市、东北 3 省，以及江苏、浙江、山东、四川共 10 个省、直辖市，约 4.44 亿人，占全国总人口的 37.88%。这些地区保持着计划生育的先进地位，各方面工作均稳步前进。上海等地区已经形成了稳定的低出生环境，群众已经形成了坚持计划生育的社会风气。这些地区正在向全面形成计划生育新机制的方向快速前进。新机制最重要的特征就是将计划生育切实地与群众的家庭利益结合起来，使少生成为群众快富的动力，使计划生育的优质服务成为保护妇女健康和儿童福利的基础。在工作方法上，做到"三为主"，即宣传教育为主、避孕为主、经常性工作为主，用文明的方法来实现计划生育这项文明的事业。第三类地区为贵州、云南、新疆以及人口不足700 万的西藏、宁夏、青海、海南，共 7 个省、自治区，总人口为 1.07 亿，约占全国总人口的 9.10%。这些省、区近年来深切体会到人口增长过快给经济发展带来的沉重压力，因此，在计划生育工作方面作出了很大的努力，出生水平比过去人均生 7~8个孩子有很显著的降低。但是，由于这些地区一般经济发展水平较低，广大农村地区的医疗卫生条件不及沿海及内地较发达地区，死亡率较高，有许多地区交通困难、信息不灵，接受教育的机会少，因此，出生率仍比其他地区高。1992 年，第三类地区的出生率平均为 21.82‰，多胎率仍然偏高。这类地区的许多妇女自己并不想多生孩子，但是她们不懂得科学的避孕方法，限制了实现计划孩子数量及安排出生间隔的能力。当我们的宣传教育队伍在一些偏僻山区放映关于计划生育方法的科教片时，有一些饱受多生之苦的妇女甚至质问我们：有这样好的方法，为什么不早告诉我们？这样，我们可以少受多少罪！在这些地区，大力开展宣传教育、健全基层服务网络、健全适合当地需要的科学管理体系，是当务之急。只有通过提高服务能力和管理水平，提高避孕率，才能使这类地区的出生率稳步下降，并保持在低水平上。除了以上两类地区之外的 13 个省、自治区属于第二类，共有 6.18 亿人，占全国总人口的 52.75%，其出生率水平为全国的平均数，工作水平也在上述第一、第三类地区之间，基本上已摆脱了被动的局面，为今后实现稳定的低生育创造了很好的条件。只要坚持不懈，工作就可以转化到十分主动的地位，实现人口增长与社会经济发展、资源合理利用和环境生态保护互相协调的良性循环。

在看到成绩的同时，我们也要清醒地看到工作中还存在着许多问题，其中之一就是计划生育管理和服务的水平不一、计划生育干部管理和服务的水平参差不齐。绝大多数计划生育干部勤勤恳恳、任劳任怨，做了大量的工作。许多人与服务对象建立了深厚的感情，真正掌握了计划生育的规律，能及时地为计划生育工作对象提供优质的服务。但也确实有少数人工作不甚得法，群众有些意见，影响了计划生育工作的稳步发展。计划生育利国利民，是一项文明的事业，我们必须用文明的方法来办好文明的事业。此外，计划生育队伍不断有新的成员参加进来，他们对工作还不很熟悉，特别是 1993 年，许多地区四级同时换届，不少多年从事计划生育工作的老同志离、退休或退居二线，因此，培训干部、提高工作水平是个重要的课题。

解决这些问题最根本的是要解放思想，实事求是。在社会主义建设的新时期，要稳定现行政策，对各地提出计划生育工作目标时既要从严要求，以适应社会经济发展的需要，又要实事求是，使目标经过努力可以达到。对各地要根据情况，分类指导，只要完成我们提出的计划就应当受到表扬，不要追求出生率越低越好，也不搞指标竞赛，而是强调计划生育工作既要抓紧，也要抓好。中共中央和国务院提出"三不变"，即坚持现行的计划生育政策不变，既定的人口控制目标不变，党政一把手亲自抓、负总责不变。这"三不变"是计划生育工作巩固、前进的根本保证。

在工作方法方面，我们强调了"三为主"的方针，即以宣传教育为主、避孕为主、经常工作为主。1993 年是荣城县等地提出"三为主"方针的第十年，这一方针体现了党的群众路线，体现了国家指导与群众自愿相结合的原则，在实践中发挥了很好的作用。1993 年，我们准备在北京召开会议，由国务院表彰做得好的 100 个县，进一步推动贯彻这一方针。

在建立社会主义市场经济体制的新阶段，我们正在不断探索计划生育工作的新机制。近年来，许多地区在扶贫开发、安排就业、承包土地、养老保险等方面给实行计划生育的农户以优待，使他们实现少生快富，用政策来引导群众，用利益导向使农民认识到社会经济发展的方向是依靠科技致富，依靠两种生产一起抓来保证长远、持续的发展。一旦建立起了这样的社会环境，计划生育就可以成为所有人完全自觉的行动。一些先进地区已经实现了这种转变，还有不少地区正在转变过程之中。当然，由于中国的国情，广大农村的发展水平差异很大，一个时期内还不能放弃目标管理的方式。现在，国际上少数人借此攻击我们侵犯人权，这是完全别有用心的。也有一些朋友，对我们的情况不够了解，需要我们多做工作。我们的计划生育正是为了保障广大群众、广大妇女和儿童的生存和发展权利，这是最基本的人权、最重要的人权。只有充分体现了这个人权，中国才能彻底摆脱贫困落后的状态。随着经济的不断发展，社会主义民主和各种权利必将不断扩大。

二、计划生育工作中存在的问题

当前还有一些问题，需要我们努力去解决。

1. 20 世纪 80 年代以来，出生婴儿性别比呈现上升趋势。国际上通常认为，出生婴儿性别比应接近 106 名男婴比 100 名女婴。黑人的出生婴儿性别比较低，约在 103 左右。亚洲许多国家，特别是东方文化系统的国家，出生性别比多在 108 左右，白人则近于 106，其原因众说纷纭，尚无定论。我国出生婴儿性别比在 80 年代初大致在 107 到 108 左右，从 80 年代中期起，迅速上升。1990 年的人口普查结果表明，1989 年的出生婴儿性别比是 111.3，超出正常区间。这段时间不长，对总人口性别比尚无明显影响，但若任其继续下去，可能给今后带来一定的社会问题。造成出生婴儿性别比偏高的原因很多，据国内外一些专家分析，其中 1/2 到 3/4 是由于漏统女婴所致，即部分家庭轻视女孩、有些乡村希望减少提留或将提留款截留等原因，故意不报女婴。这样造成的性别比是假性偏高，可以通过修正统计、查实数字加以纠正。另外，从医务界得到的一些信息说明，也存在利用各种方法鉴别胎儿性别、实施选择性流产的问题。应用 B 超进行查环查孕，原是为了保护妇女健康，有些不法分子却借此检定胎儿性别来赚钱，造成恶劣后果。在极少数地区，也有溺杀女婴的事件发生。尽管政府对这些丑恶的行为三令五申加以制止，还依法处理了一些犯罪分子，但在我们这样一个大国，一些丑恶的事件总是难以完全杜绝。对出生性别比偏高的现象，政府给予了高度重视，正在进一步组织力量进行深入研究，对各种因素的影响程度作定量分析，根据情况还将采取一些有针对性的措施。

2. 流动人口大量增加，增大了城市和农村计划生育管理和服务的困难。经济发展以后，流动人口必然增加，这是客观的规律。计划生育工作必须适应这一新的形势。由于我国农村存在大量剩余劳动力，加之各个地区的发展水平相差很大，因此，流动人口的数量多，流动方向相对稳定，流动达到高潮的时期相对集中。估计目前我国农村的剩余劳动力约有 1.5 亿人，到 2000 年可能达到 2 亿人。流动人口的总数估计接近 1 亿人。城市建设的发展又使拆迁户、空挂户增加。城市人口的增加则使待业人数增加。一些单位进行的调查说明，总体上，流动人口的生育率比流出地低，因此，人口流动有利于生育意识的转变和出生率的下降。但由于各种原因，部分流动人口的出生率特别高。对这些人的服务工作，需要户籍管理、劳动就业、工商税务、社会治安、卫生防疫、城市建设等部门与计划生育部门结合起来，实行综合治理才能做好。现在，有些城市已有很好的流动人口计划生育综合管理典范。这些地方目标明确，责任落实，措施得力，服务规范，受到个体工商户及在私营企业、"三资"企业中就业的流动人员的欢迎。但在不少地区还没有形成流动人口计划生育的有效管理体制，仍需我们在今后的工作中不断探索新的思路和办法。

三、实现计划生育工作的计算机管理

为了提高计划生育工作的水平，使计划生育工作从以行政管理为主的模式转变到提供优质服务，在全国实现"三为主"和孕前型的管理模式，采用微机信息系统作为管理手段，对过去熟悉的手工管理是一项重大革命，由此将给计划生育工作带来一系列的变化。实行微机管理是基于以下需要。

1. 孕前型工作的要求。为妇女服务、为家庭服务、为儿童服务是今后工作的方向。为此，需要大量服务对象的资料，这些资料还要不断更新，这只有应用计算机管理才能做到。

2. 现在，出生率越来越低，与开始实行计划生育时出生率较高、目标容易确定的情况不同。

新的情况要求我们的计划、评估（包括孕前、孕中、孕后）工作更准确、更科学，为此也需要大量的信息作为依据，而目前的手工统计方式显然是无法与之相适应的。我们的工作应按照科学的流程进行，这就是在制定计划时，要进行事前评估；计划执行中，要进行过程评估；计划执行完毕后，要进行事后评估，并根据评估结果制定新一轮的计划，以此推动工作不断前进。这样才能不断改进计划工作，使计划符合实际，不致出现计划与实际相差很大的情况。

3. 规范化的要求。各地区的工作水平差别很大。有些地区的避孕服务及计划管理实施得好，但有些地区的管理水平较差。实施微机管理，可以减少水平不一致的差别，充分利用先进地区的经验，促进工作。对先进地区的工作经验进行科学的总结后，形成规范化的要求，并形成适用的计算机软件，可以在较大范围推广，使工作较后进的地区尽快提高管理水平。推广计算机管理，易于做到规范化，使因人而异的管理方法统一起来，用计算机语言形象地说，这是"软件硬化"。

4. 利用微机，可以减少基层的工作量，减少工作误差，并使工作人员集中力量提高服务水平。

5. 综合利用信息，提高管理的科学化水平。计生工作需要许多部门的合作和计生委内部各部门的协同，需要利用微机收集、管理各方面的信息，以便提高计生工作的协调作用和效率。

四、建立计划生育管理信息系统的有利条件

1. 各级领导对计生工作高度重视，有利于解决该系统建立过程中遇到的问题。

2. 目前，我们的工作正处在转变的关键时期，正在全面地转向孕前管理，群众的生育观念亦随着经济的发展逐步在改变。这一切为我们提供了很好的环境。利用微机可以使我们的工作更有的放矢，更有效率。

3. 所需的投入，可以各级分担。现在，许多地方还有一定剩余资金。

4. 目前，微机的价格大幅度下降，正是我们选购设备的好时机，但也不能一哄而上，还是要在工作有需要、技术人员有保证、领导支持、资金落实的条件下，选好适用的系统。要做到上一个系统，就用好一个系统。希望大家努力创造条件，采取积极、慎重的态度，逐步推广微机管理系统。

微机管理能站住脚，并发挥作用，应当做到四点。

第一，使信息管理系统对群众有用，通过提供信息，使他们得到优质服务。

第二，对基层有用，帮助基层干部减轻工作负担、提高工作质量。这样才能取得基层的支持，积极收集信息、利用信息。

第三，对宏观管理有用，要上下互相配合，把系统用好，使之对领导决策发挥作用。

第四，对社会经济发展有用，使微机信息系统在社会经济发展中起到促进作用，取得更大的效益。

五、几点注意事项

1. 该系统的核心部分要一致，符合全国统一的规范。信息管理系统要有统一的规定和结构，才能满足宏观需要，才有利于进一步建设全国计算机网络。但除此之外，各地也可以有自选部分，以便发挥系统的效益，满足不同地区的特殊需要。

2. 现在，有的系统建在乡级，有的建在县级，从全国来讲，不作统一规定。我们认为，在人口集中、交通方便、管理健全的地方，可建在高一级层次；对于地域广、居住分散、交通不便的地方，可以建在乡一级。这样，可以使信息及时交换、发挥作用。

有的地区自己开发软件有困难，或不愿意重复开发，可以选择这次参加演示的单位，加强合作，开发自己需要的软件，也可以直接引入适用技术。

总之，这次会议交流了经验，各地都有一些好的做法。西安新城地区搞得最早，已经有了数年经验；上海建立的信息系统有许多创造；山东抓得很紧；北京、天津、浙江、江西、四川、福建、甘肃、辽宁等地都建立了适合当地情况的系统；还有许多省、区、市也在做工作；国家计生委与江苏、上海、浙江合作，在太仓搞了试点。这些经验要总结起来，分类指导，做好推广工作。建立微机系统不是目的，用好系统为计划生育工作上新台阶服务才是我们的目的。嘉祥县的计划生育工作在山东是较后进的，自从建立了基层计划生育计算机管理系统，已从第117名上升到第78名，取得了较大的成绩，对后进单位的转变起了示范作用，对我们很有启发。希望大家在推广应用阶段注意积累如何充分发挥微机计划生育信息管理系统作用的经验，下次开会就应当将总结交流应用的经验作为重点。

　　许多同志是搞技术的，可以在软件开发和系统建设方面发挥作用，大家要同心协力把这件事办好。希望大家将这次会议的经验带回去，使它在本地开花结果。

正确认识人口形势，
科学规划发展目标

（1994 年 6 月）

一、关于"九五"人口计划的编制工作

1994 年、1995 年计划生育规划统计部门的一项重要工作，就是编制"九五"人口计划和 2010 年人口规划。这是一项科学性、实践性很强的工作，国家对此十分重视。国家计委和国家计生委从 1993 年年底 1994 年年初就已经开始着手进行编制人口计划前的准备工作，分析数据，研究方法，并召开了几次专家会议听取各方面的意见。《国民经济和社会发展十年规划和第八个五年计划纲要》提出，从 1991 年到 2000 年的 10 年间，力争把平均年人口自然增长率控制在 12.5‰以内；到 2000 年年末，全国大陆总人口力争控制在 13 亿以内。根据许多专家的意见，我们期望在 21 世纪中叶能把总人口控制在 15 亿至 16 亿。为了实现这个人口目标，我们必须继续保持计划生育政策的稳定，不能有丝毫的动摇。人口计划是国民经济总体发展规划的重要组成部分，大家一定要全力以赴，将计划制定得既科学，又便于操作，有利于促进工作。

人口目标的确定是经过多学科专家反复论证的优化选择。为实现中国人口与社会经济协调发展的目标，我们还需继续不懈地

努力，要采取综合措施，制定相应的人口计划，有效地控制人口增长。人口计划是实现人口目标的具体步骤，人口政策是制定人口计划的基本依据，计划生育工作应当围绕着完成人口计划展开。抓住人口计划的制定和实施，就抓住了政府宏观指导计划生育的关键。"八五"人口计划体现了既从严控制人口增长数量，又是经过最大努力可以完成的原则。几年的实践证明，这个计划是可行的，是符合中国实际情况的。通过执行"八五"人口计划，增强了各级政府完成计划的信心和决心，激发了计生部门广大干部、全国人民群众的积极性和工作热情，极大地推动了计划生育工作。

1986年以来，每年都有大批青年男女进入婚育年龄，每年大约有1200万对青年结婚，潜在的生育能力相当强大。这样的婚育水平一直要持续十几年，形成了新中国成立以来规模最大、持续时间最长的第三次潜在人口婚育高峰期。20世纪90年代初是潜在出生高峰的峰顶期。面对严峻的人口形势，各级政府切实加强了对人口计划和计划生育的管理，同时开动脑筋，边摸索，边揣摩计划生育与经济发展，与群众勤劳致富奔小康，与社区利益、家庭利益的结合点，创造出"三为主""三结合""少生快富合作社""三三金桥工程"等经验。各级计生委通过开展卓有成效的计划生育服务，不仅适时地抑制了第三次潜在出生高潮，而且形成了人口持续低速增长的好势头。从执行"八五"人口计划的第一年起，创出了连续3年完成全国人口计划的好成绩，有力地配合了社会主义经济建设的发展，对抑制世界人口过快增长也作出了突出的贡献。

编制"九五"人口计划，首先要分析研究现有的人口和计划生育资料，判断各地的人口现状、实际生育水平以及导致人口状况变化的各种原因，评估不同地区控制人口增长的能力，并在此基础上确定编制计划的基数，并确定各种参数。由于近两年统计中出现了一些弄虚作假行为，使包括人口数据在内的一些统计数据失实，给编制人口计划带来很大困难，因此，要特别注意做好前期的准备工作。国家和省级编制"九五"人口计划和2010年规划时，要注意各省份的不同特点，诸如生育政策、人口结构、民族构成及特点、社会经济发展速度（其中包括城镇化进程、人口迁移）等。此外，在规划中也要充分考虑计划生育工作和其他工作对人口发展已经带来的影响，研究今后应该采取的相应措施。

各省份现行的生育政策，除了大力提倡一对夫妇只生育一个孩子外，在生育二孩的政策上差别较大。有的省份只照顾特殊情况的家庭生育二孩，有的省份允许农村独女户生育二孩，还有的省份在农村地区有计划地安排农户生育二孩。生育政策的差别必然带来生育水平的差别。要正视这种差别，实事求是地、因地制宜地编制地区人口计划。在各省（自治区、直辖市）生育政策还存在差异时，不能用同一个生育水平提出计划指标。

进入20世纪80年代以后，许多地区的出生人口中独生子女的比重逐年加大，尤其是在城镇，独生子女占有相当大的比例。这部分独生子女在21世纪初陆续进入婚育年龄，按照一些省份"夫妻双方均为独生子女的家庭，可以照顾生育第二个孩子"的政策，他们必然会对城镇的生育水平产生一定影响。这在编制2010年人口规划时是个值得注意的问题。

各省份的人口构成有着较大差别。各省份育龄妇女占总人口的比重和处于生育高峰期已婚育龄妇女占总人口的比重，会直接影响出生率的高低。在生育多孩已经得到控制的情况下，由此造成不同年份出生率的上下微动是正常的、允许的，一味追求逐年出生率都要有所降低的做法是不科学的。

少数民族人口占有一定比例的省份，应该考虑到少数民族生育政策与汉族的不同。有些少数民族由于历史原因，长期居住在生存环境恶劣的地区，生活水平较低，生产方式落后，尽管政府从各方面作了许多努力，但与发达地区相比，婴幼儿死亡率相对较高，加之风俗、文化背景不同，更需实事求是地提出他们能够做到的计划生育要求。

社会经济的发展会影响人们的生育观念、生活方式，也会影响计划生育工作。随着我国经济的快速发展和社会主义市场经济体制的建立，新兴的城镇和城镇人口、流动人口也随之不断增加。近年来，小城镇户籍制度改革方案正在加紧酝酿，不久即将出台。这项改革措施无疑对发展生产，繁荣经济，促使人口合理、有序流动起到积极的作用。但是，城镇化进程和人口流动也给计划生育管理提出新的课题。

人口普查结果显示，从1982年到1990年，农村城镇数量增长3.9倍，而镇的平均人口规模却由22953人下降到8867人。20世纪80年代农村城镇化的表现之一是县改市，这种县改市的过程造成了"小城区、大农村"的格局，城镇中非农业人口比重下降，农业人口的比重迅速上升。这种城镇化的结果，并没有把划入城镇区域的农业人口纳入城镇生育政策管理。目前，我们不能把城镇化进程给计划生育工作带来的有利影响估计过高。相反的，人口加速流动会造成许多新的城市人口问题，使城市计划生育工作的难度增加，需要认真加以研究，及时制定对策。

农业人口的产业转移，是一种解放生产力和社会进步的表现。一些地区农村现有的大量剩余劳动力逐步转向需要劳动力的第二、第三产业，总的说来有利于计划生育。但是，目前我们的管理水平还较低，对流动人口的计划生育管理措施还不能适应社会经济的发展。另外，人口迁移对各省份的人口总数和生育水平都会产生直接影响。有些地方,迁移人口和流动人口对人口计划的影响还很大。

在编制人口计划过程中,诸多的影响因素,难以事先全部逐一加以分析,各地应当对影响本地区人口变化的主要因素重点分析研究。在编制人口计划时,应与同级计委经常互通情况,正确地估计可能投入的人力、财力、物力及本级对人口增长的实际控制能力,完成计划所需本部门及其他部门的配套措施,实事求是地确定各项人口计划指标。

二、加强人口形势分析

进行人口形势分析是把握人口计划执行情况,及时为领导提供关于人口与计划生育工作方面的成功经验和遇到的困难,调整工作部署,提出解决问题的意见和建议的前期基础性工作。检查人口计划的执行情况、当好领导的参谋,不能停留在给领导提供直接收集来的数据或测算的预测数字上,还要根据数据作出分析,以便加深对数据的认识。

每年,国家统计局都组织对省级具有代表性的人口变动作抽样调查,很多省份的统计局还扩大了样本量,使之对县级有代表性。近几年来,我们除加强日常的报表统计工作外,也组织了一些专项抽样调查。例如:国家计生委组织进行了样本规模为 38 万人口的、以生育节育为主要内容的抽样调查。1993 年,大部分省(市)的计生委为检查人口与计划生育目标责任制的落实情况,组织的专门抽样调查都对县一级有代表性。还有的省份组织了生育史回顾性调查等等。这些调查对指导、推动计划生育工作发挥了很大作用。然而,这些调查数据资料运用得还很不充分。这些调查花费了大量的人力、财力,所得到的数据非常可贵。国家计生委规划统计司在 1994 年上半年组织力量对 38 万人的调查进行了深入分析，现已有一批研究成果。可是，多数调查的结果往往只汇总出几个数据就被搁置起来，从此无人问津，这是很大的信息资源浪费，令人心痛。各级规划统计部门应该重视对调查资料深层次的开发利用，从中汲取更多的有用信息，供领导同志指导改进工作时参考。

统计分析首先要对数据质量进行评估，在我国是这样，在国外也是如此。统计报表的数据需要评估，抽样调查、普查的数据也都需要评估。调查数据的误差有方案本身设计的原因，有调查过程产生的误差，也有人为制造的干扰。进入 20 世纪 90 年代以来，党和政府加强了对计划生育工作的领导，计划生育被排上各级政府的议事日程，占有了比较重要的地位，与各级党政领导的政绩直接挂钩，受到普遍重视。这一方面提高了对统计数据的精度要求，另一方面也增大了调查人口真实状况的难度。

数据质量的评价、调整，是一项技术性强并需具有一定实践经验的工作。它既需要理论知识，又需要一定的实践经验。一般说来，数据评价有三类基本方法：（1）内部检查；（2）与其他来源的数据对照；（3）间接估计检验。大家都知道，出生婴儿性别比在我国是 108 左右，如果调查结果高于这个数，一般就暗示着女婴有可能漏报。其他年龄组的性别比总体来讲是比较稳定的。如果调查结果有异常，我们应该认真加以复核。这种检验就是内部检查的一种方法。我们用全国"四普"数据对照检验了"三普"数据，发现"三普"时 0～4 岁各年龄人口在 8 年后的存活率均大于 1，这说明"三普"对 0～4 岁人口的调查有一定的漏统。这就是上面说的第二种方法——用其他来源的数据对照。目前，间接估计检验的方法在国内用得还不太多。20 世纪六七十年代，一些外国人口学专家为发展中国家在缺乏完整人口数据情况下，对人口增长情况作出比较可靠的估计的需要，设计了多种间接估计的方法。这些方法都是以一系列的假设为前提，根据一定的经验资料提炼出的不同估计方法，有很强的条件限制。我们如果要直接选用其中的哪一种方法，必须首先检查使用地区是否具备这些条件，不能贸然采用。对于报表来说，目前尚没有一套现成的评价、调整方法可以拿过来用。这就需要我们动脑筋想办法，花上一些时间来研究这个问题。目前，人口统计水分问题比较复杂。这个问题也不是单靠我们计生系统一家单独就可以扭转的，更需要我们具有较强的对数据本身判断、估计的能力。

影响生育率的因素可分为直接影响因素和间接影响因素。结婚、避孕、人流等属于直接影响因素。社会经济、环境是间接影响因素。目前，出生率是人口计划的重要指标，各地目标责任制中的出生率也是一项主要指标，每年人口变动抽样调查得到的生育方面的信息也只有出生率。然而，出生率又不好直接用来进行纵向、横向比较。那么，如何来分析、应用这个指标呢？办法是有的。这就是将出生率标准化。我们可以把出生率分解成人口年龄结构和生育率两个因素，或者选择一个标准的人口年龄结构，或者是用一个标准的生育率分别求得两种标准化出生率。前一种是直接标准化，后一种是间接标准化。

我们还可将出生率的变化，分解为受人口年龄结构、已婚率、已婚生育率三个因素的影响，看它们影响的强度在某一地区不同年份间出生率变化中各个因素分别起了多大作用。我在1993年、1994年举办的主任培训班上都详细讲过这些方法，希望大家都能掌握，并在实际工作中加以运用。

生育政策的实现程度是我们分析的重要方面。近两年，有些地方的出生率很低，但计生率不高，这种反常的现象需要深入分析。

控制人口出生最终要通过避孕、节育来实现，因而，我们分析出生情况不能不与避孕、节育情况相联系。有些地方的目标责任制中不仅设了人口控制指标，而且还有手术量等工作指标。手术量指标与人口控制指标应当是协调一致的，有个别地方应做手术的妇女全部做了手术仍然不能完成手术量指标，可见，这样的计划是不能起到指导工作的目的的。但也有一些地方，过去手术量虚报较多或单纯追求手术数量，大量受术者都是已接近绝经年龄的妇女，因此，工作效果不好。生育与避孕、节育的数量关系比较复杂，但我们总能想办法把握大体关系，并在实际工作中给以比较妥当的处理。

对于影响生育率变化的间接因素进行分析，也是非常有意义的。初婚、避孕、节育状况的变化也会影响生育率上升或下降，但初婚、避孕、节育变化还不能用计划生育工作完全说明。随着社会经济的发展，人们的婚育观念必然要发生变化，按 20 世纪 70 年代初的生育水平计算，20 多年来，全国总共少生了 2 亿多人。严格来讲，这不仅仅是计生工作的结果，还有社会经济发展的影响。社会经济因素影响生育率的定量分析比较复杂，尤其在我国的实际情况下更是如此。过去，我们曾作过一些定量分析，其结果可供大家参考。

目前，省级规划统计人员的文化素质不错，完全有可能把人口形势分析工作搞得很好。我们要善于调动每个成员的积极性，充分利用每个人的专长，拿出更多的、有价值的工作成果。

中国近期区域人口迁移及与
经济发展的关系分析

（1994 年 12 月）

    我国近期进行了两次涉及人口迁移的大规模人口调查——1987 年的 1% 人口抽样调查和 1990 年的人口普查，其汇总资料给出了人口迁移的丰富数据。本文的研究以这些数据为基础。

    本文研究的是区域人口迁移，其中，区域为各省和各自治区（以下简称"省"。因西藏无人口迁移数据，所以，本文内容不包括西藏），不包括北京、天津和上海 3 个直辖市，这是因为它们与其他省相比，城乡成分差异过大。本文研究包括省内和跨省（省内与省外）迁移，不包括省际间（省与省之间）迁移，这是因为在后者中，距离和地理位置等因素是重要的和不可避免的，而本文仅侧重于经济分析。本文研究的迁移人口仅限于人口总量，不涉及性别、年龄和职业等因素。

    本文的内容分为两部分，一是迁移度量的含义及对我国近期人口迁移状况的描述，二是人口迁移与经济发展的关系研究。

一、迁移的度量及其含义分析

    对这些原始数据进行处理的第一步是求迁移率以消除人口总数的影响，因为一般来说，规模较大的人口将有较多的迁移。由以上原始数据可得各省的 4 个迁移率，即内部迁移率 MRa、迁出率 MRout、迁入率 MRin 和净迁入率 MRn。以 P 表示省的人口总数，Pa、Pout 和 Pin 分别表示其内部迁移人数、迁出人数与迁入人数，这 4 个迁移率的定义如下：

MRa = Pa/P，MRout = Pout/P，MRin = Pin/P，MRn = MRin-MRout

其中，各迁移人口是一个时期的迁移人口，而总人口则是一个时点的人口。习惯上，常用的形式是总人口取为迁移时期中点的人口。我们由原始数据得到的不是这种意义的迁移率，因为总人口是迁移时期端点（1987 年的抽样调查）或端点外一年（1990 年的普查）的人口，这是一种后向迁移率。从数值上看，它一般与常用意义的迁移率差别不大。它们的区域差异与时间变化，与常用意义迁移率的区域差异和时间变化的差别就更小了。因而，我们用这种后向迁移率得到的区域差异和时间变化方面的结论，完全可以按照常用意义下的迁移率来理解。值得注意的另一点是，由原始数据得到的迁移率对 1987 年的调查数据，为 1982 年到 1987 年的 5 年后向迁移率，而对 1990 年的普查数据则为 1985 年到 1989 年的 4 年后向迁移率。这些迁移率可看作是对消除了人口总数因素的影响后，其他影响迁移的因素发生作用的描述。要说明其含义，还需讨论迁移的机制。

表1　中国人口迁移的原始数据

| | 迁入 | 1582 | （第？期） | | 迁入 | 1985 | 1980 | （第？期） |
		迁出人	省内人口	总人口？		迁出人	省内人口	总人口115903
河北	3010	2623	5417	571449	19914	63316	88792	6027621
山西	1547	1619	7818	268001	26921	22678	55669	2812671
内蒙古	1579	2046	6696	205503	23954	27788	66281	2116617
辽宁	2130	2306	0721	377337	61728	27281	64348	3098203

续表

| | 1582 | （第？期） | | | 1985 | 1980 | （第？期） |
	迁入	迁出人口	省内人口	总人口？	迁入	迁出人	省内人口	总人口115903
吉林	1651	2391	9236	281954	25399	31581	35513	2514620
黑龙江	19911	4543	8687	339980	13210	50127	98899	34775401
江苏	4771	3247	13404	838438	53900	53648	130347	68167707
浙江	1213	3477	7902	4094172	32320	62627	43872	1884061
安徽	1653	2513	8553	657267	31440	33822	63299	8629451
湖北	903	1078	4038	278212	29623	22763	83286	3061533
江苏	1007	1417	5313	355458	22631	27702	68648	3828173
山东	51880	3386	15128	790387	61160	52332	113530	8834371
河南	8633	3452	3953	792463	49189	57757	126361	8653521
湖北	4741	2239	16160	806560	11231	31847	112167	5476479
湖南	2168	3771	122165	570158	24861	30352	121194	6059657
广东	3010	15404	22308	61317	116533	25025	252299	63320335
？	589	2231	6713	309926	15798	54877	104730	4253293
海南	—	—	—		12373	11169	11770	641710
四川	3881	4715	32803	105906	44524	128735	243583	10637131
贵州	2348	1223	3320	305177	19942	30932	55271	3273214
云南	11158	1828	6416	3511620	23613	22709	76272	3674801
？	2248	2842	2352	30941	39433	33225	69201	3216667
？	1033	1830	4452	299725	16113	26833	41596	2392968
青海	388	1036	616	11957	10467	9821	14491	442321
宁夏	918	334	965	42873	7802	5564	20908	466201
？	21120	2383	4331	211312	33441	27527	35596	1637299

资料来源：①《中国1987年1%人CI抽样调查资料》，中国统计出版社1988年版。

②《中国1990年人口普查100%抽样资料》，中国统计出版社1991年版。

从微观上看，迁移是个人为追求较好生活条件而在一定的约束条件下改变居住地的行为；其中，生活条件包括收入、住房、气候等，而约束条件则包括迁移距离、迁移偏好和迁出迁入地有关迁移的规定等；不同的个人对生活条件的看法和面临的约束条件，是很不相同的。

而从宏观上看，人口迁移是由大量个人迁移组成的，两个宏观人口迁移的约束条件将不像个人迁移那么大，这是因为个体因素将相互抵消。例如有迁移远的，也有迁移近的；有年轻的，也有年老的、有文化程度高的，也有文化程度低的；等等。同样，在对生活条件的看法上，大量的人口将形成对各种因素重要程度的稳定的评价，不像在个体之间比较时那样不稳定。这就使我们可以在约束条件比较稳定和相似的基础上，讨论迁移率反映的迁出迁入地生活条件差异的含义。在本文中，我们用一个地区的经济条件作为对其生活条件的描述。通过这种描述，我们可以了解区域人口迁移与经济发展的关系。当然，这一描述是不全面的，因为虽然宏观上经济条件是对生活条件的较好描述，但在迁移人口中，必然有部分人（通常是少数）是不同意这种描述的，或者说，他们认为决定生活条件的因素中，经济条件并不重要。这部分人的存在和多少，并不影响我们的研究。我们把认为经济条件是生活条件的重要因素的迁移人口，看作经济因素迁移人口；而把持其他看法（多种多样）的迁移人口，作为非经济因素迁移人口。

对经济因素迁移人口来说，迁移是由经济条件较差的地区迁往经济条件较好的地区的过程。在一定时间和两地人口一定的情况下，经济条件差距越大，经济因素迁移人口就越多。但这并不是说，由经济条件较差省或县迁往经济条件较好省或县的人口都是经济因素迁移，其中也有非经济因素迁移。更重要的是，由经济条件较好的省或县向经济条件较差的省或县迁移并不都是非经济因素迁移，其中还有由经济条件较好地区的经济条件较差子区域，向经济条件较差地区的经济条件较好子区域的经济因素迁移。

由于非经济因素迁移与迁入、迁出地的经济条件差别无关，因而可以认为，一般在任何两个地区之间，它们是基本上相互抵消的，或非经济因素不在两地之间引起较显著的净迁移。

两地间的净迁移基本上是经济因素迁移，而且在时间与迁入、迁出地人口一定的情况下，只与两地的经济差别有关，或两地间较显著的净迁移率（消除了时间和人口数的影响），基本上由它们的经济条件差别决定。

两地间相互抵消的迁移中还有一部分经济因素迁移，它们是由两地内部不同子区域的经济条件差别决定的。

由以上分析可以得到的结论是：省内迁移率 MRa 是对消除了时间和人口数因素后的经济和非经济因素发生的作用的度量。在非经济因素引起的迁移率基本不变时，它的高低反映了省内各县、市间经济条件差别的大小和约束条件的强弱。

省内外净迁移率 MRn 的高低，反映了省内外经济条件差别的大小，以及省内外迁移约束条件的强弱。

但是，MRn 尚未完全反映省内外的迁移情况。一方面，它只涉及净迁移，而与相互抵消的迁移无关。另一方面，在上面的分析中我们知道，相互抵消的迁移与非经济因素及省内和省外内部的经济条件差别有关。这里所要解决的，是相互抵消的迁移与省内及省外经济条件内部差别的关系。为此，需要说明省内及省外经济条件的内部差别是如何影响相互抵消的迁移的。

从省内角度来看，这种相互抵消的迁移中的经济因素迁移，是一定量人口由省内经济条件较差地区迁往省外经济条件较好地区，同时，又有等量人口由省外经济条件较差地区迁往省内经济条件较好地区；若不考虑具体个人而只注意省内人口的地理分布变化，则这一经济因素迁移等价于这一定量人口由省内经济条件较差地区向省内经济条件较好地区的迁移。所谓等价的意思是，这种省内迁移只不过是绕道省外而已；同样，相互抵消的迁移中非经济因素迁移里的一定量人口，也可看作等价的、由省内到省内的非经济因素迁移。

上一段强调一定量而非全部，是因为从省外角度看，也应该有另外一定量的、等价的、由省外绕道省内再到省外的迁移。现在的问题是，在一个省的相互抵消的省内外迁移中，等价的省内迁移该占多少。上面的分析表明，等价的省内经济和非经济因素迁移与省内经济和非经济因素迁移的机制是相同的，区别仅在于绕道省外，所以，等价省内迁移应和省内迁移率成正比，等价省外迁移应和省外的内部迁移率成正比，或粗略地说，和全国平均的省内迁移率成正比。这样，某省的等价省内迁移人口 Pa' 为：

$$Pa' = Po \frac{MRa}{MRa + MRa'} \tag{1}$$

式中，Po 指某省相互抵消的省内外迁移。由这一结果，我们可以计算省内总迁移率 $MRta$：

$$MRta = (Pa + Pa') / P \tag{2}$$

省内总迁移率是在等价概念或只注意人口地理分布变化、不考虑具体个人迁移过程的基础上，将省内外迁移中的相互抵消部分转化为等价的省内与省外迁移而得到的。这使得在省内外迁移上可以只考虑净迁移，因为相互抵消部分已转化为等价的省内和省外迁移。MRa 与 $MRta$ 的区别从含义来说就是，前者集中反映省内经济条件差别和非经济因素迁移的强弱，而后者除此之外，还在一定程度上反映了省内外迁移的约束条件，即在两个省的

MRa 一致而 MRta 不同时，有较高 MRta 的省有较高的等价省内迁移率，或者其绕道省外的迁移较为容易。

到此为止，我们讨论了由原始数据可以得到的四个迁移率，其中从数据来源看，有三个是相互独立的，即 MRin、MRout 和 MRn 有一个可由其他两个算出，因而，可以得到的独立的迁移率有三个。具有简单而清楚的含义的直接度量有两个，即省内迁移率 MRa 和净迁移率 MRn；要既完整地利用数据又有清楚的含义，需要建立一个非直接的度量，这就是省内总迁移率 MRta。由这三个度量，不难得到迁出率 MRout 与迁入率 MRin。又由于在含义上，MRa 和 MRta 还有相同成分，使用它们的比 MRta/MRa 可以消除这些成分，所以，本文使用的三个既完整地利用原始数据，又不论从数据来源上还是从含义上都相互独立的三个度量是：省内迁移率 MRa，其经济含义是省内各市县的经济条件差异；省内迁移率比 MRta/MRa，它说明一个省的省内外与省内迁移约束条件相比的强弱；净迁移率 MRn，它反映省内经济条件与省外或全国平均水平的差距。

二、计算结果与简单分析

上面得到的三个度量的计算结果见表 2。

表 2　由迁移原始数据得出的计算结果（%）

	1982～1987 年			1986～1989 年		
	MRa	MBm/MRo	MRn	MRa	MBm/MRa	MRn
河北	1．948	1．167	-388	1．379	11．22a	32a
江西	2．946	1．118	-961	1．986	1．285	-511
内蒙古	2．770	1．169	-179	2．801	1．2311	-182
辽宁	2．576	1．136	-221	2．15	1．808	-613

续表

	1982~1987 年			1986~1989 年		
	MRa	MBm/MRo	MRn	MRa	MBm/MRa	MRn
吉林	3.931	1.118	-298	2.298	1.266	0.363
黑龙江	2.562	1.117	-784	2.843	1.104	0.753
江苏	2.127	1.116	-317	1.014	1.919	-569
浙江	1.929	1.072	-299	2.054	1.191	241
安徽	1.625	1.081	0.61	1.483	1.172	-814
?	1.638	1.089	-0.11	2.729	1.202	-378
江西	1.431	1.019	-1.2	1.793	1.153	-187
山东	1.9	1.193	0.865	1.367	1.233	-105
河南	1.130	1.698	-.460	1.467	1.162	112
湖北	3.190	1.081	-699	2.617	1.188	117
湖南	2.119	1.68	-278	2.600	1.00	-1.421
广东	3.168	-142	-239	3092	-201	-118
广西	1.670	1.037	-289	1.162	-1.092	-319
海南	—	—	—	3.884	1.532	-319
四川	312	-269	-360	-980	1.995	-791
贵州	1.416	1.052	-522	1.525	1.182	-315
云南	1.814	0.074	1.274	0.975	1.165	0.97
?	2.358	1.332	0.15	5151	1.298	-881
?	2.1159	1.332	-1.15	111	1.298	-0311
?	1.458	1.181	1.019	2.273	1.411	-141
宁夏	2.411	1.269	-461	1.148	1.379	-179
西藏	2.21	1.309	292	2.279	1.196	-411

由表 2 可以看出：总体来看，两个时期的迁移情况并没有显著变化。1982~1987 年，就省内迁移而言，全国 5 年的平均值

为2.26%，或年省内平均迁移率为0.45%；省内外净迁移率的全国平均值（净迁移率的绝对值按人口数的加权平均），5年为0.227%，或年均值接近0.045%。为了对迁移率的高低有个大致的概念，我们可以和年粗死亡率的一般取值范围0.5%～1.0%相比，可见在这一时期，迁移较死亡已不算稀少事件。

1985～1989年的迁移率相对于1982～1987年略有上升，但差别不大。同上意义的全国平均4年省内与省内外净迁移率分别达到2.08%和0.22%，或年平均分别为0.52%和0.055%。

观察表2中两个时期的迁移率比可以得到的结论是，在省内迁移约束条件不变的标准下，后一时期的省内外迁移的约束条件略有减弱，或者说，省内外迁移容易了一些，因为迁移率比的均值在前一时期和后一时期分别为1.117和1.237。

三、迁移与经济发展的关系

这里将从人均收入、增长速度和产业结构三个方面来描述宏观经济条件，并研究其与省内外净迁移的关系。宏观上反映收入及产业结构的较好指标为国民生产总值（GNP），本文使用的原始数据见表3。

表3　各省 GNP 原始数据（亿元·当年价格）

	1982 年 GNP			1985 年 GNP			1987 年 GNP		
	第一产业 Y1	第二产业 Y2	第三产业 Y3	第一产业 Y1	第二产业 Y2	第三产业 Y3	第一产业 Y1	第二产业 Y2	第三产业 Y3
河北	85.26	133.86	65.75	120.34	161.26	92.16	146.60	240.21	289.60
陕西	37.33	20.26	20.00	42.20	120.03	49.36	89.117	137.47	69.88
内蒙古	56.38	56.91	39.59	34.03	86.22	59.36	66.78	92.37	64.16

	1982 年 GNP			1985 年 GNP			1987 年 GNP		
	第一产业 Y1	第二产业 Y2	第三产业 Y3	第一产业 Y1	第二产业 Y2	第三产业 Y3	第一产业 Y1	第二产业 Y2	第三产业 Y3
辽宁	51.70	189.70	57.96	71.90	328.10	102.30	109.50	417.00	60.00
吉林	4.59	67.87	29.09	55.74	97.21	41.50	60.57	189.37	63.37
黑龙江	63.79	140.77	29.93	77.11	205.10	61.99	90.93	261.73	88.71
江苏	138.15	185.52	69.50	195.66	339.56	110.90	245.38	461.72	83.54
浙江	84.88	98.44	47.25	123.88	198.91	91.08	159.31	281.47	134.52
安徽	99.97	59.66	32.61	140.97	117.81	58.41	176.35	157.74	83.28
福建	44.24	49.92	77.33	68.13	72.56	50.11	89.21	101.28	68.88
江西	60.00	52.77	29.84	44.06	76.05	47.15	164.33	92.44	64.76
山东	124.01	271.15	92.79	182.93	460.08	136.43	286.11	481.52	179.91
河南	108.18	102.79	52.39	173.43	170.07	186.24	220.22	230.25	159.13
湖北	101.73	94.97	11.83	144.44	174.33	77.47	183.93	224.53	109.25
湖南	102.02	88.33	52.44	144.72	127.08	75.45	188.09	161.81	114.21
广东	168.77	136.00	95.10	171.87	225.44	166.74	218.37	329.11	269.31
广西	62.94	34.72	31.50	77.10	54.69	48.39	69.53	81.80	00.24
海南	—	—	—	21.80	9.30	11.36	2868	10.88	16.31
四川	159.71	137.41	28.01	224.50	242.33	139.48	263.70	300.21	183.03
贵州	37.37	27.62	14.40	50.45	50.18	23.30	66.26	50.48	33.56
云南	44.30	43.68	22.49	66.07	65.41	33.48	69.06	84.38	43.96
陕西	37.03	50.71	24.57	58.39	81.23	46.74	67.84	105.11	67.08
甘肃	19.68	38.51	18.66	33.08	50.81	31.11	45.27	68.41	45.85
青海	6.15	9.57	2.06	8.61	13.39	10.88	11.74	16.61	15.03
宁夏	5.66	7.02	4.83	6.90	12.82	7.84	10.24	15.77	11.78
新疆	28.00	23.80	14.00	13.00	40.00	29.00	26.00	51.00	42.00

资料来源：各省 1991 年统计年鉴。

使用表 3 的数据，首先需消除人口总数的影响，即与表 1 的数据结合，得出各省人均收入（即人均的三次产业收入之和）。其次，我们所要研究的是各省（以 i 表示第 i 省）MRn（i）及其内部人均收入与外部（所有省）人均收入之差 X（<i）的关系，所以，所要使用的经济指标为 X（1）。再次，还需要区别 X（i）的时期。以第二时期为例，使用 1985 年的（早于迁移发生的平均时间）X（<i），是研究迁移与近期历史收入指标 X（i）的关系；使用 1987 年的（与迁移发生的平均时间相同）X（i），是研究迁移与当时收入指标 X（<i）的关系；另外，考虑经济指标时，不仅应有收入水平，还应包括增长速度，而结合水平（如 1987 年）与速度（如 1985～1987 年的平均增长率）可以得到的合理指标，是从 1987 年来看的 1989 年的预期收入指标 X（i）′（并非 1989 年的实际或统计收入），这样研究的是迁移与近期预期收入的关系。最后，需要研究对收入结构的影响，即需要考查 MRn（<i）与各次产业的 Xj（i）（j=1，2，3）的关系。

（一）时期变化分析

MRn 与 X 的方差（VAE）反映各省净迁移率与人均收入的差异，由于均值近似于零，所以，MRn 的方差还反映各省平均净迁移的强弱。方差的计算结果见表 4。

表 4　方差计算结果

	1982～1987 年					1985～1989 年				
	MRn	X	X^c	X^-	平均	MRn	X	X^V	X^+	平均
VAE	0.078	2.13	3.53	8.33	1.00	0.267	4.37	8.41	17.39	16.08

第一和第二时期各省净迁入率的方差分别为 0.220 和 0.267，以方差度量的净迁移，第二时期仅比第一时期增加 21%。而由表 5 得到的结论是，历史、当时与预期人均收入的差异平均增加

152%。很明显，从时期变化来看，收入差异的扩大对净迁移增加的影响很小。一般来说，经济因素中较重要的除了水平（以 X 度量）外，还有结构（通常用三次产业所占比重描述），而在时期变化中，结构变化很小（结构因素的作用主要表现在区域差异上，见由表3得到的表5），所以在这里，VAE（X）基本上可以描述经济因素的变化。因而，这里的结论是，经济因素的变化对两个时期间净迁移变化的影响很小。

表5　经济结构的时期变化与区域差异

三次产能各占比（%）	第一产业	第二产业	第三产业
1985 年全国	20.7	45.2	35.1
1987 年全国	28..4	40.5	25.1
1987 年辽宁省	16.0	60.7	23.3
1987 年广东省	26.8	10.3	32.9
1987 年四川省	33.2	44.1	20.7

（二）各省间差异分析

由于在各省间差异分析中可使用25 个或 26 个样本（远多于时期变化中的两个样本），所以，我们可以得到更多的结论。引入模型：

$$MRn = A + BX + e \qquad (3)$$

其中，假定 e 为零均值正态分布变量，待估计参数为 A 和 B。在此模型中，右边第二项表示 X 对 MRn 的影响（仅是人均收入并非全部经济因素对 MRn 的影响），显然，参数 B 应为正；e 表示除 X 外，其他所有因素对 MRn 的影响；A 包含两个内容，一是除 X 外，其他所有因素对 MRn 的影响接近于零的均值（因为已假定 e 的均值为零）；二是本文所涉及的 26 个省向 3 个直辖市和西藏的净迁入。A 的符号基本上由第二个内容决定，所以应为负。值得注意的是，e 所表示的除 X 外所有因素对 MRn 的影响中，比较重要的有三个：未抵消的非经济迁移，各省间约束条件的差异，以及其他经济因素如经济结构等。在迁移率取百分数时，使用各省统计数据 MRn < （i）和 X （i）及最小二乘得到的上述模型的解，见表6。

表6　模型（3）的最小二乘估计结果

	1982 ~ 1987 年			1985 ~ 1989 年		
	X	X	X	X	X	X
A	− 0. 127	− 0. 128	0. 128	− 0. 865	0. 998	0. 062
L	1. 323	1. 336	1. 332	0. 8368	− 0. 691	0. 664
B	0. 009	0. 034	0. 039	0. 081	0. 0841	0. 054
t	0. 134	0. 081	0. 231	1. 898	1. 992	2. 15
E	0. 817	0. 407	0. 083	0. 817	8. 845	4. 628
Vat （c）	0. 320	0. 230	0. 219	0. 238	0. 230	0. 331

对我们使用的模型与样本数，通过950，置信水平统计检验的统计量（t）的下限为1.7，F 的下限为4.2。通过统计检验的意义是，从统计数据来看，统计量 F 表明模型（3）成立的概率大于9500，参数 B 的统计量 t 表明 X 对 MRn 有影响的概率大于950c；而参数 A 的统计量 t 不能通过统计检验的意义是，尽管最小二乘给出了 A 的一个非零估计，但是从统计数据来看，它与零无显著区别。这说明，上述均值为零的假设是得到统计数据支持的。

由表6得到的结论是，对于人均收入及其增长速度影响净迁入率这一论断，统计检验对它在第一时期的成立是否定的，对它在第二时期的成立是肯定的；而且，在第二时期，净迁入率与预期的人均收入关系最好。

在第一时期，净迁移率与人均收入及其增长速度基本无关。所以可以认为，其中的各省净迁移如果受经济因素影响的话，主要是受经济结构及非经济因素影响。

而在第二时期，净迁入率与预期人均收入有显著关系。这一关系对于解释净迁移中的人均收入及其增长速度因素是很好的，即由 var（e）－0.22、var（MRn）－0.268（表4）和统计检验的意义上，有95%以上的把握说，净迁移率的各省由方差度量的差异中，有16%是由预期人均收入及其增长速度决定的。而如果按照对模型（3）的估计，将第 i 省净迁移中由收入及其增长速度决定的迁移人口表示为 0.05P（i）Xh＜i），则可算出26个省的净经济迁移人口（不区别迁入、迁出）为191万人。对比由表1可得的478万全部净迁移人口（不区别迁入、迁出），可知平均来说，净迁移中至少有（因尚未考虑经济结构）40%是经济因素迁移，这与第一时期相比是一个重要结论。在方差中，收入及其增长因素所单独解释的比例16%，远低于与其对应的迁移人口在全部净迁移人口中的比例。这是因为，在方差中，不仅包含收入及其增长与其他因素的单独作用，还包含它们的联合作用。

但是，方差的16%对于从人均收入及其增长来预报净迁入率，就显得太低。这是因为，其他因素迁移和它们与收入及其增长因素的联合作用，对方差的影响很大（84%）。比如，在省外人均收入不变的基础上，省内总收入每增加1亿元，净迁入人数的均值是4年将增加5万人或每年1.25万人；但由 var＜e＞＝0.229可知，如果要求预报有95%的准确性，则年净迁入人数的变化范围将是从减少93.62万人到增加96.12万人，这就使得预报失去价值。

由于人均收入及其增长速度只是对经济发展水平的度量，尚未涉及经济结构，而表4已表明在区域差异中，结构差别是显著的，所以，下面再讨论结构因素的影响。描述结构分三次产业的国民生产总值原始数据见表3，这里使用的结合水平与结构的指标为，各省人均三次产业收入（不是各次产业的人均收入），与所有省人均三次产业平均收入的差 X（i）1，2，3。它不反映具体个人的收入水平与结构，而是反映以省为单位的人口的收入水平与结构。此时需使用的模型为：

$$MRn = A - f - BIX1 - I - B2X2 + B3X3 + a \qquad (4)$$

对两个时期统计检验最好的最小二乘估计结果，均为使用预期收入 X，（i），见表7。

表7　模型（4）的最小二乘估计结果

	1982～1987 年			1985～1989 年		
A	− 0. 127	− 0. 128	0. 128	− 0. 865	0. 998	0. 062
L	1. 323	1. 336	1. 332	0. 8368	− 0. 691	0. 664
B	0. 009	0. 034	0. 039	0. 081	0. 0841	0. 054
t	0. 134	0. 081	0. 231	1. 898	1. 992	2. 15
E	0. 817	0. 407	0. 083	0. 817	8. 845	4. 628
Vat（c）	0. 320	0. 230	0. 219	0. 238	0. 230	0. 331

此时，模型通过 9500 置信水平统计检验的 F 统计量的下限为 3.1。由表7可见，在第一时期，模型（4）仍远不能通过统计检验；而在第二时期，模型（4）可以很好地通过统计检验。

表7表明，在第二时期，净迁移率都与第一产业（主要是农业）人均收入无关。第二产业（主要为工业和建筑业）系数为负，而第三产业（主要为商业和服务业）系数为正且均通过统计检验，并不说明第二产业人均收入的增长将导致净迁入下降或迁出增长，因为这是由实际数据得到的估计。而实际数据中，第二和第三产业是正相关的；或实际上，第二和第三产业的增长是相互带动的。就是说，不能假设第二产业增长而第三产业不变。它只说明，在第二时期，净迁入率较高的省从经济结构来看，是

第三产业所占比例较大的省。

在第一时期，净迁移与人均收入及其增长速度无关，也和它们与收入结构联合说明的经济条件无关。

而第二时期的净迁移与人均收入及其增长速度有关，它们与收入结构联合说明的经济条件与净迁移的关系则更为显著，它可说明净迁移方差 0.268 中的 49% 或 0.1310。

在第二时期，经济因素迁移人口占净迁移人口的 70%，它可说明净迁移方差的 4900。这虽然已大大高出用收入及其增长因素说明的 16%，但仍然远不如使用经济因素来预报各省的净迁移变化具有实用价值，因为方差中仍有一半由其他因素及它们与经济因素的联合作用决定。

第一时期与第二时期相比，省际净迁移在量上没有显著变化（方差仅由 0.220 增加到 0.267），但在内容上有了显著变化（从几乎没有经济因素迁移人口，到经济因素迁移人口占净迁移人口的 70%）。对这一变化的原因，还需从多方面进行深入的研究。这里，我们提出的解释是，在第一时期，经济因素的差距并不比其他方面的差距大，因而，经济因素迁移人口并不显著；而在第二时期，经济因素的差距比起其他方面的差距已较大，因而，经济因素迁移人口就较显著。但这一变化在微观上，可能只是使本来因其他原因迁移的人口变为因经济原因迁移，而并未使很多本来不迁移的人口迁移（量上无显著变化）。这也许是经济因素差距扩大的初始阶段的情况，至于这种扩大持续下去或增加时，是否会导致很多本来不迁移的人口迁移，还有待于从将来的数据中观察。

四、小结

本文分析了近期中国人口迁移的部分数据所能形成的、相互独立且意义明确的指标：省内迁移率，在约束条件相同的情况下，它的大小反映省内县市间生活条件的差异；迁移率比，反映各省的省内外迁移约束条件与省内约束条件相比的强弱；省内外净迁移率，反映省内与省外生活条件的差异。这些指标的计算结果见表2。

本文由讨论迁移的机制引入了经济因素迁移概念，并提供了确定净迁移中经济因素迁移的方法。在 1985 ~ 1989 年（第二时期），中国省际净迁移人口较 1982 ~ 1985 年（第一时期）没有很大变化。在第一时期，净迁移与经济因素无关。在第二时期，净迁移已与人均收入及其增长速度有关。

虽然本文的定量分析仅涉及省际净迁移，但所提供的方法同样可用于省内市县间的净迁移；而在本文的度量含义分析中，已将一个区域中的迁移分为子区域间的净迁移和各子区域的内部迁移，所以，只要可以定量讨论净迁移与经济发展的关系，就可以靠将子区域不断划小的方法，来更全面地分析区域中人口迁移与经济发展的关系。例如，就本文涉及的 26 个省作为一个区域而言，本文已定量描述了省间净迁移与经济发展的关系，尚未定量讨论的是各省内部迁移与经济发展的关系。如果再对各省内市县间的净迁移作同样讨论，则剩下的是各市县内部的问题。我们对整个区域的人口迁移与经济发展关系的分析，就更加全面了。

实用人口学的发展前景

（1994 年）

　　20 世纪 60 年代以来，实用人口学在西方发达国家悄然兴起，迅速进入政府部门、企业和学术机构，在经济社会的发展决策中，成为一种不可缺少的支持力量。今天，无论是确定社区发展方案、制定销售策略、调整生产结构，还是建设服务网络等各项决策研究中，事实上都少不了实用人口学的帮助。在国外，不少有远见的大企业在自己核心的决策机构中都聘请人口学家，针对本行业的特点进行实用人口学研究，以便为企业扩大业务提供基础资料。许多大学设置专门的课程，研究机构也建立有关课题，加强这一领域人才的培养和对技术知识的及时总结与提高。实用人口学已成为人口学中一颗灿烂的新星，在许多领域正在发挥着越来越大的作用。在我国，随着社会主义市场经济的发展，这一学科也必将愈来愈受到各界的重视。北京大学编辑出版专题杂志，建立有关公司，发展咨询业务，实是有先见的举措。为了推动实用人口学在中国的发展，需要各方面对这门学科有清楚的认识。由于实用人口学至今仍无一致公认的定义，交流经验、多方探索实为必要。为此，笔者不揣浅陋，谨陈管见，以期抛砖引玉，获得读者的指教。

一、社会经济发展是实用人口学建立的基础

　　实用人口学植根于商品经济之中。自从产品不再仅限于自己

的消费而要作为商品出售，生产者就面临着市场的竞争，就必须考虑最大限度地满足购买者的需要。但是，原始的市场是如此狭小，交换方式又是如此简单，以至在商品经济的初期，并没有建立研究消费者的专门学科的必要。古典经济学尊崇的原则是供给创造需求，只要产品精美，不愁没有销路。中国古代的成语中将这条法则简练而又形象化地总结为"酒香不怕巷子深"，这正是生产力低下而市场购买力日增情况下产销关系的特征。

现代技术的发展大大地改变了产销关系，商品在现代化生产条件下大批量、高质量地生产出来，国际性的商业经济使产品到达最终消费者手中之前，要经过复杂的营运网络。竞争的基本原则没有变，谁能使最终消费者最满意，谁就会获胜，但是，如何做到这一点，大大地复杂化了。在当代最热门的企业管理专业中，许多学院注重广泛吸收各国学生。这样，在培养工商管理硕士（MBA）时，学生就有机会了解各国消费者是如何思考的，也可了解到全球市场运作的方式，对人的研究正是这些课程中最核心的要点。美国最有名的哈佛大学和斯坦福大学的企业管理学院、宾州大学的华盛顿学院以及欧洲的五大企业管理学府，无不在这方面下了很大力量。

社会经济发展的宏观管理需求，同样刺激了实用人口学的发展。古罗马设计的城市以 5000 人的规模作为标准，这正符合当时生产、运输、社会结构的特点。随着经济发展，规模很小的城市就显示出生命力弱小的缺点。根据许多学者对实际资料的研究，要使城市有自我发展的生命力，必须有相当规模的市场容量，只有这样，才能维持有自我发展能力的社会经济体系。一些学者提出，有活力的城市的最小规模应当是 25 万人。规模很大的城市则又暴露出另一面的弱点，由于人口过多，城市交通、垃圾处理、淡水供应、市政建设等各方面都存在难以克服的困难。

1986 年在西班牙召开的国际大城市市长会议上，市长们发现，400 万人口以上的大城市都面临着同样的问题。在大城市居住的生活条件，远远不及中小城市。近年来出现的世界性"反城市化"或"反中心化"倾向，即居民从大城市迁出，住在郊区甚至其他中小城市，来大城市上班的现象，反映出这个问题的严重性。一些学者从人口需要与城市管理分析中得出结论，城市人口最好不要超过 200 万，以免面临许多棘手的市政问题。

以上所述的许多事例，说明实用人口学随着社会经济的发展，在政府的宏观管理、企业的业务发展、居民的日常生活中都接受了愈来愈多的课题。在一个商业社会和信息社会中，服务业所占的比重越来越大。许多经济发达的国家里，服务业的产值远远高于制造业和农业。而服务业的特点是顾客的需求与其业务内容非常密切地相联系，实用人口学为此也将愈来愈显示其重要性。可以说，从社会经济发展的方向看，实用人口学将是一切重要业务决策的知识支柱，没有实用人口学的分析就不能作出最优决策。

二、怎样利用实用人口学来开拓业务

为了形象地说明正确运用实用人口学所能达到的惊人效果，不妨介绍一下麦当劳快餐店的发展。今天，全世界麦当劳连锁店已经超过 1 万家。1955 年 4 月 15 日，雷·克罗克在美国伊利诺伊州开设第一家麦当劳汉堡包店时，生意并不很好。但是不到 40 年，今天就连中国和俄罗斯都有了麦当劳快餐店。汉堡包是麦当劳唯一的经营项目，但雷·克罗克看准了一代美国人在特定的社会经济制度下，养成了偏爱快餐的习惯，建立起一套严格的管理制度，用最好的原料、最好的设备，保证全世界所有麦当劳快餐店的产品味道都差不多。这样，美国人到任何地方旅行都可以吃到家乡口味，这使他们备感亲切。由于从儿童开始，对这种食物的偏好就已养成，这些人成为中产阶级后，又把这种口味传给他们的下一代，这样就保证了麦当劳店拥有持久的顾客群。

在开设连锁店、授予特许时，雷·克罗克充分考虑了经营者的思想方式。他的原则是授予特许的加盟店不仅不被吸血，而且帮助加盟店成功。除了以营业额的 1.9% 作为特许加盟费外，加盟店不负担其他费用。同一区域内，不设许多加盟店。这样，避免了自相竞争、降低营业额。做到这一点，需要对消费者的特征作详细分析。

麦当劳连锁店的广告也充分利用了顾客的心理。常常可以看到，一些广告刻意地宣扬自己的产品，反而引起了消费者的反感和抗拒。麦当劳快餐店的一些广告内容却都是美丽的风景，完全不触及汉堡包，然而在不知不觉中，造成了麦当劳在消费者中深刻的印象。除此之外，麦当劳参与了许多公益活动，对有重病儿童的家庭提供各种援助，赞助各种慈善事业，这些都对树立麦当劳的形象起着重要作用。麦当劳连锁店只是一个例子，说明一家企业要成功，必须对服务对象有充分的了解。也有一些企业因缺乏这种分析或分析错误，从而造成业务的崩溃。王安公司曾是一家十分成功的电子计算机公司，其文件系统十分出色。但是，由于这家公司对顾客广泛利用各方面科技成果的心理了解不够，坚持使王安公司的计算机与其他公司的不能兼容，结果失去了大量的顾客，亏损累累。

随着时代的变迁，对不同年龄顾客的需求作深入的实用人口学研究，可以产生种种适合顾客特征的经营思想。在服务业的重要性越来越突出的今天，商品日新月异，消费者的需求变化多端，瞄准一种顾客、巩固市场占有率越来越困难。于是20世纪

80 年代，在日本出现了单品商店，它与超级市场形式的商店相反，不是令顾客走进一家商店可以买到一切，而是在商店中只卖一种商品，但这种商品具备个性各异的品种，可以迎合现代人的口味。例如，"黑岩拖鞋"专门销售拖鞋，这家商店有约 100 种款式独特的拖鞋，每种款式又有 3 种颜色、6 种尺寸，顾客可以满足自己特殊的要求。这家拖鞋店的拖鞋平均单价只有 1500 日元，但年营业额达到 2 亿日元。在日本，还有出售各种新潮产品的单品商店，如"摩登商店"卖袜子，"邮差先生"专卖信纸、信封，"晚礼服专门店"专售各式晚礼服等等。除此之外，日本也有一些老牌单品商店。例如，"山田刷子店"就是三代相传，专卖刷子，号称"天下第一品"，日本全国的工匠都要买这家店的刷子。而卖给普通人和工匠的刷子，价格竟可相差 10 倍。这家店就颇有中国杭州"张小泉剪刀店"之风，竟用一种简单商品，打出名牌，占有市场。可见，实用人口学的效果如何，还要看研究者是否确有真知、富有创造力。

实用人口学中，顾客心理研究是一个重要的侧面。近年在北京，"美国加州牛肉面大王"的招牌十分醒目。笔者常到美国加州，从未见过牛肉面成为特色餐食，还以为是本人孤陋寡闻，故而询问了许多加州朋友，都答复从未见过这样的名牌食品。最后，听一位华侨朋友说，我国一个西北人在加州开设兰州牛肉面店，经营成功，很想借开放之机，回国寻求发展。他有机灵的经营头脑，利用部分中国人猎奇的观念，将牛肉面出口转内销，更名"加州牛肉面"，充分显示了留洋的味道，居然大获成功。尽管不知实情是真是假，但这种思想方法完全符合实用人口学的精神。联想起一个相反的例子：在法国购买葡萄，法国产的要比进口的意大利葡萄贵，然而，中产阶级以上人士仍乐于购买法国葡萄。可见，在经营中不研究不同顾客的需求是没有不失败的，而成功都来自符合国情。

三、中国发展实用人口学的前景

中国正在建立的社会主义市场经济体制，为实用人口学的发展提供了广阔的天地。在宏观管理方面，有许多工作需要实用人口学的支持。例如，城市建筑的设计，就必须以人口的地理分布、家庭结构、人群特征等为基础。城市中的住宅设计以几代人为主、不同结构的住宅应当如何组合，这是与家庭、职业等人口学特征密切有关的问题。为居民生活服务的商业网点布局方面，不同地区商店规格、商品品种的组合等，与人口年龄、消费水平等结合起来，才能使居民感到方便、商店生意兴旺。道路的设计与居民工作场所的分布、交通工具的形式等必须有总体考虑，否则就会产生今天建房、明天修路、互相争地、浪费严重的局面。上海由于解放前租界林立，城市建设各为其政、互不相谋，以致造成今日市政建设中困难重重。许多城市在发展中宁可抛却原有旧城而另建新城，可见在设计阶段充分考虑到人口学因素的重要意义。我国目前的城市政策是限制大城市发展、适当发展中等城市、大力发展小城镇，这是完全符合国情的，但在设计之初就应充分考虑人口特征。

微观的人口资料，即个人资料，对宏观决策也很有用。近年来，上海虹口区建立了个人微机信息管理库。当市长收到人民来信，建议对部分人实施补贴时，上海利用微机人口信息库在两小时内，就查出了符合这一补贴条件的人口数字，从而帮助政府从财政的角度作出了决策。而按照通常的做法，要花两个月的时间和大量财力、物力来进行调查，才能得出同样的结论。在征兵、征税等许多管理决策问题上，人口资料都是必不可少的。

生命表技术是实用人口学最早的应用实例。在技术人口学的发展历史上，由于人寿保险的需要，建立了生命表，也开了技术人口学的先河。这一技术至今仍在许多领域得到应用。在建立社会保障体系时，养老金的提取率必须由生命表和劳动生命表来推算，以保证既不至于发生养老基金不足，又不至于使企业负担过重。生命表技术应用在家庭结构分析上，可以用来预测今后家庭的变化，为许多社会问题的研究提供基础信息。就是在设计医院需要设置多少张病床时，也可根据过去的病人住院记录，用生命表技术计算出每名病人的平均住院时间，从而确定既能满足要求，又不浪费病床的设计方案。

对企业管理方法的选择，与当地人群的特征有着密切关系。美国曾提出泰勒制等管理方式，但近年来遭到严重挑战，其缺点在于弹性太小，不能适应变化的世界，因此，菲德勒提出"权变模式"，在美国原有的法纪思想上加入权变的观念。我国正处在建立现代化企业管理体制的时期，根据中国的民族特点、哲学基础、道德观念、价值准则，来建立适合国情的机制十分重要。

我国正在经济建设的高潮中，产业结构需要调整，经济效益亟待提高，产品花色不断翻新，消费需求变化多端，所有这些，都为实用人口学的研究提供了用武之地。尽管由于种种原因，部分企业目前对此还注意不够，但随着社会主义市场经济体制日益规范，竞争的公平性将会促使企业重视实用人口学的研究。我期待着实用人口学将很快迎来发展的春天，这也必将是市场经济的高潮。

努力巩固成绩，科学规划未来*

（1995 年 2 月）

这次会议有五项议题：一是各省（区、市）汇报 1994 年人口计划执行情况，二是汇总 1994 年度计划生育统计报表，三是研究全国"九五"人口计划方案及分省"九五"人口计划的编制工作，四是研讨进一步改进基层人口计划管理、完善目标责任制考核方法，五是布置 1995 年的计划统计工作。我结合会议的议题讲几点意见。

一、对 1994 年人口形势的认识

1994 年是我国计划生育工作继续稳步前进的一年。虽然已婚育龄妇女，特别是生育旺盛期妇女的人数仍然处于高峰期（与 1993 年基本持平），但人口出生率与 1993 年相比略有下降。根据国家统计局的年度人口变动抽样调查结果，1994 年全国人口出生率为 17.7‰，比 1993 年低 0.4 个千分点。出生率的变动，受总人口中已婚育龄妇女所占的比重，以及已婚育龄妇女中尚未生育孩子的、已经生了一个孩子的人数所占比例等因素影响。各省份的计划生育工作在各个时期重点不同，因此，各种因素对出生率变化所起的作用也不同。以我们这次在山东省调查的 24 个

＊　这是蒋正华同志在全国 1994 年人口形势统计分析工作会议上的讲话。

村为例，因为在 1990 年和 1991 年重点抓了对已经生育两个孩子的妇女落实结扎措施和二孩生育间隔，1992 年与 1990 年相比，出生率下降 9 个千分点，主要是多孩出生和计划外二孩出生大量减少。而自 1992 年起大抓晚婚晚育，妇女的初婚年龄提高，未达到晚婚年龄的妇女结婚人数大幅度减少，初婚人数的总量变化很大，形成 1993 年一孩出生人数显著下降。从 1995 年起，这 24 个村的初婚人数将有较大幅度的回升，逐步恢复到正常水平。这将影响到 1996 年出生的一孩数比前两年有明显增加，而已经推迟生育二孩的妇女也将陆续达到间隔的要求，因此，我们预计 1994 年将是这 24 个村的出生率最低点，到 1996 年将回升到按政策生育所应达到的出生率水平。如果工作没有大的波动，这些村的出生率水平将从 1996 年起基本稳定在 13‰左右。当然，这 24 个村不能完全代表山东全省的情况。各省份也有各自的特点，需要我们具体分析，对人口的现状和将来可能发生的变化进行科学的研究，有一个清醒的认识。

二、编制"九五"人口计划和 2010 年人口规划的思路

1994 年 8 月的嘉峪关会议以后，国家计生委规划统计司做了大量工作，继续深入研究"九五"人口计划和 2010 年人口规划。经多方案测算和多方面论证，提出了全国方案的初稿和草案，并先后提交在 1994 年 11 月召开的国家计生委人口专家委员会和全国"九五"人口计划研讨会讨论，听取了人口专家、有关部门和部分地区计划生育工作者的意见。之后，我们参考他们的意见，又对方案进行了适当的修改。修改后的方案已发给大家征求意见。国家计生委正在研究相应的保证条件，也作为该计划的一个组成部分。1994 年，绝大部分地区按国家要求，编制并

上报了本地"九五"人口计划和 2010 年人口规划的初步方案。其中，有些地区搞得较细致，有些地区的工作却比较粗糙。规划统计司现已开始编制分地区的规划草案，准备在 1994 年 8 月召开的会议上基本确定分地区的规划指标。各地要按国家的时间安排，进一步做好本地的规划工作。只有"九五"人口计划和 2010 年人口规划制定得科学，才能更好地发挥指标管理在计划生育工作中的作用。

（一）关于规划的指导思想

与编制"八五"计划一样，这次编制"九五"人口计划和 2010 年人口规划的基本原则仍然是：使规划既体现严格控制人口增长的要求，又是经过最大努力能够完成的。在未来很长时期内，我们必须坚持计划生育的基本国策，严格控制人口增长，这是由目前我国人口和社会经济发展的现状所决定的。制定计划一定要坚持解放思想、实事求是的思想路线，将主观能动性的发挥建立在尊重客观规律的基础上。"八五"期间，我们一再强调这个原则，但有些地方还是存在脱离客观实际、盲目追求高指标的现象，因而影响了这些地方工作的开展。在近几年取得较大成绩的情况下，我们尤其要保持清醒的头脑，防止盲目攀比，出生率低了还要再低。另外，有的同志对近年来群众生育意愿的变化和计划生育工作基础的加强估计不足，对政策稳定的重要性认识不够，急于大幅度修改政策，任意抬高计划人口数，这也是不科学的。要做好规划，首先就必须对本地区的人口状况进行深入细致的分析。这些年来，各部门、各地区组织了不少调查，积累了许多材料，要充分利用这些资料，对本地区人口变化的情况、影响人口发展的因素和这些因素在未来的变化进行深入的分析，首先把数据搞准，在可靠的数据基础上，把握未来人口发展的规律。同时，要充分考虑到社会接受的程度，使规划为广大群众所认同并自觉执行。

中长期人口计划的制定，要考虑人口发展战略目标的实现。许多科学家的研究成果表明，根据我国自然资源的占有量和目前的科技水平，全国总人口规模不宜超过 16 亿。因此，从目前我们所能把握的条件看，把最高人口总数控制在 16 亿以内或接近 16 亿，是我国实现长期、稳定、持续增长的需要。从经济发展需要分析中国的最优人口数量，总人口还要低得多，但是，由于过去人口高出生率所造成的巨大惯性，在 21 世纪不可能达到经济最优人口的目标，只能争取不要超过最大人口容量，制定"九五"人口计划和 2010 年人口规划应该考虑这个战略目标的实现。技术进步可能会提高最大人口容量，这样就使我们更有充分的回旋余地。有些地区正在研究本地区的长远人口发展目标，这类研究对制订人口规划有重要作用，可以使规划更加科学。

（二）关于生育现状分析

预测 2000 年和 2010 年的人口增长趋势，就要确定人口基数。这是不大容易解决的问题。国家统计局近 3 年公布的全国人口数据都经过修正，是从抽样误差和调查误差两个方面进行修正。他们认为，对调查误差的估计已经是比较充分了。我们在以国家统计局公布的数据作基数进行预测的同时，为了充分地估计漏报出生的影响，根据近年对部分省份调查的结果和有关情况的分析，试算了另两个方案，在国家统计局公布的数字基础上又增加了约 10% 的出生人口，作为计划的上限。国家统计局对各地区的调查数据未作调整，公布的各地数据的合计小于全国数。因此，编制分地区的"九五"人口计划和 2010 年人口规划，首先必须进行数据检验、调整。这件事情最好由计生委和统计局两家共同来做，我们要主动与统计局合作好。

根据国家统计局 1991～1994 年人口变动抽样调查结果和我

们对 1995 年人口变动情况的估计，"八五"期末，全国总人口将达到 12.14 亿，5 年增加人口 7100 万，比计划少 1300 万；5 年出生人口共 10993 万，比计划少 1578 万；计划在"八五"期末，总和生育率降至 2.09，实际预计为 2.0 左右。全国"八五"人口计划可以圆满完成。同"七五"时期比较，"八五"期间，生育旺盛期妇女人数大幅度增加，但出生人数不仅没有增加，却反而减少。形成这种现象的原因，从人口学的角度来看，首先是妇女预期终身生育水平较大幅度降低。同"七五"末期比较，"八五"期间，多孩预期终身生育水平下降近 50%，二孩预期终身生育水平下降得也较明显。其次是平均生育年龄提高，早婚早育、生育间隔得到较好的控制。从各地的情况来看，妇女的婚育特征普遍发生了变化，但变化较大的是第二类地区。这类地区的计划外生育，尤其是不符合孩次政策要求的生育大幅度减少，平均结婚、生育年龄也有很明显的提高。第三类地区的变化主要是计划外多孩生育明显减少，早婚早育也得到进一步控制。第一类地区的生育水平在"七五"末期已接近政策要求，继续不断下降的潜力很少。但是，这类地区中，农业人口比重较大的省、区、市也还存在计划生育工作发展不平衡的现象，这些地方的生育状况在"八五"期间也有较明显的改变。

"八五"期间，计划生育工作的进展确实比我们预期的更快一些，但要清醒地看到，目前的低生育水平既是计划生育取得显著成绩的结果，也有一些暂时性因素的影响，今后几年的生育水平可能略有提高；现在的低生育水平在许多地区主要是依靠行政手段取得的，因而其基础还不稳固。计划生育工作还需要进一步深化，巩固已取得的成绩。

（三）关于未来人口发展趋势和人口规划

从全国范围而言，人口数量的变化取决于生育和死亡这两个人口参数的变动。在未来 5 年、15 年内，人口死亡水平估计不会有大的变化。因而，2000 年和 2010 年人口预测的关键在于生育水平的设定是否合理。由于生育水平的变化受多方面因素的影响，生育参数的确定是件很复杂的事情。首先，在妇女初婚、生育水平很不稳定的条件下，预测期生育水平的确定，不仅要考虑妇女的终身生育水平，而且还要考虑生育的"时期效应"。所谓时期效应简单地说，就是有些按政策应当在现在生育一孩、二孩的妇女，提前在 20 世纪 80 年代中后期生育了。现在想提前生的受到晚婚晚育教育，准备以后再生育，造成了一个低谷。低谷过去的生育率会适当回升，有些地方的 TFR 约增加 0.2 ~ 0.3，相当于 BR 提高 3 个千分点，后者出生率下降的地区如山东等。现行生育政策规定，夫妇双方均为独生子女的家庭可生育两个孩子。在城市，80 年代出生的孩子绝大部分是独生子女。从 2005年起，这部分人陆续进入婚育时期，城市妇女的生育水平很有可能提高一些。随着经济发展，城镇化程度逐步提高。从农村转入城市的妇女，由于所处的经济社会条件改变，并受更严格的计划生育政策的约束，她们生育意愿的转变会快些。所以，我们在预测中有必要考虑城镇化水平、城乡迁移因素的影响。当前，我国经济发展速度很快，但是，"九五"期间还不大可能在全国范围内形成促使人们生育观念发生根本转变的社会经济环境。许多地区需要我们做大量深入细致的工作，才能使农民自觉地满足于只生一个孩子或两个女孩子。为维持较低的生育水平，我们必须作出很大的努力。对目前计划生育工作面临的困难不能低估。在建立社会主义市场经济体制的过程中，计划生育工作又面临许多新情况、新问题，建立适应社会主义市场经济体制的计划生育工作机制是有待研究的大课题。预计全国生育水平不可能再有"八五"期间那样显著的变化。综合分析各方面的影响因素，我们可以比较有把握地设定未来5年的生育水平。我们认为，将"九五"期间的全国平均生育水平设在2比较合适。各省份设定在什么水平，请同志们认真研究。编制"九五"人口计划，还要考虑省际迁移因素。这是编制分地区人口计划的难点。在"八五"计划中，我们未能很好地解决这个问题。这次，我们要下功夫，争取把这个问题解决得好一些。我们现在已经组织有关科研单位进行研究。希望大家在着力解决生育这个人口规划的重点问题前提下，也能对本地区的人口迁移趋势进行科学的研究。

人口规划还应包括保证措施，提出达到人口目标所需要的技术、资金、人力物力投入等。在"八五"计划中，我们特别注意了这个问题，不仅在计划中提出实现"八五"计划目标的保证措施和条件，而且从国家到地方各级计生委都做了许多工作，力争落实相应的保证措施。这次，我们还要继续努力。国家计生委办公厅已组织有关司拟订出初步方案，各地也要抓紧进行这项工作。

另外，在1994年的人口专家年会上，很多专家都建议我们不仅在编制人口规划时要考虑社会经济条件，而且要将同人口规划相应的各种有关社会经济发展的人口指标，如学龄儿童人数、劳动年龄人口、老年人口、抚养比等同时列出，以提高人口规划的实用价值。我们采纳了这个建议，希望各地区在规划中也予以考虑。

三、加强统计工作，提高统计数据质量

提高统计数据的质量已经讲了几年。几年来，计划生育统计工作越来越受到各级领导的重视，这项工作在各级程度不同地都有所加强。统计数据在计划生育工作中发挥着越来越重要的作

用。各地为提高统计数据的质量花费了不少的力气。特别是1993 年10 月国家计生委对河北、湖北进行检查之后，许多省份效仿国家计生委的办法，对本省份的基层单位进行抽查，帮助基层解决问题，并督促工作，效果很好。山东省连续几年把统计数据质量列入目标管理责任制的考核内容，他们还扎扎实实地做好一系列基础工作，从1991 年起，统一了全省的出生统计报告单。现在，山东各地村、乡两级都有完整的已婚育龄妇女卡片和进行日常服务与管理所需的各种档簿，建立了一整套科学、实用的管理规章；特别是各村配备的抓计划生育的村干部能够比较好地负起责任，及时地将人口变动数据收集起来，并按规定如实上报。从这次国家计生委组织12 个省份的调查人员对山东24 个村进行调查的结果看，山东省近几年的统计数据质量逐年提高，目前做到了基本准确，其经验值得各省份学习。当然，就全国而言，统计数据的水分仍然比较大。提高统计数据的质量不是一件容易的事，需要经过一个不断改进的过程。山东省的统计数据质量从不太好到比较好，是通过多年的努力才达到的。有些省份目前的计划生育工作基础比较差，特别是基层工作网络不健全，要想使统计数据的质量达到比较好的水平，需要做更多的工作、花费更长的时间。

1995 年，国家要进行1% 人口抽样调查。这项工作主要由统计部门实施，我们计划生育部门要积极予以配合。这次人口抽样调查对于我们回顾最近几年的人口变化过程，修正历年的人口出生漏报，正确分析人口形势，预计"九五"期间的人口增长趋势，具有重要的作用。各地要利用抽样调查的机会，认真清理一下最近几年的出生漏报，补齐基层空缺的账簿卡和有关信息。要分析影响本地统计数据质量的原因，有针对性地提出解决措施，并且抓紧落实。

四、在条件成熟的地区加速推广计算机管理

近几年来，我国计划生育部门在应用计算机，建设计划生育信息管理系统（简称"计算机管理系统"）方面进展很快。从国家计生委机关办公自动化管理信息系统的建立、试运行，到基层育龄妇女计划生育服务管理信息系统的推广实施，从全国人口抽样调查的数据处理，到日常各级统计报表的汇总上报，从人口规划、统计、分析，到目标责任制考核评估及日常公文处理等方面，计算机管理系统在各级计划生育部门已初具规模，也培养锻炼出一批既懂人口管理，又懂计算机应用的管理人才。

今天，我就进一步推广应用计算机管理系统讲几个具体问题。

（一）管理机构和发展规划

国家计生委于 1995 年 1 月成立了全国计划生育系统微机应用推广领导小组，国家计生委党组决定由我任组长，国家计生委内各司、厅派一名司长任领导小组成员，下设办公室，由张二力同志任办公室主任。建立领导小组的目的，是按照《中国计划生育工作纲要（1995～2000 年）》提出的"到 2000 年，全国县以上各级主管部门（个别地区除外）建成计划生育信息传输网络，多数县实现育龄妇女和计划生育工作信息的微机管理"精神，有组织、有计划、有步骤地推广计算机技术在计划生育系统中的应用。各省份也应成立这样一个机构，以便更好地开展这项工作。

计算机应用在计划生育系统已有多年历史了，在各层次和各个应用领域已形成了一定的规模，但由于全国和各省份至今没有统一的发展规划，使得许多地区在开展计算机管理、应用工作时

带有一定的盲目性。国家计生委拟编制计划生育系统计算机应用发展规划，内容包括计算机应用条件、层次、范围及发展计划以及人员培训、经费保障等内容。我们要求各省份也拟订一个适应本地区的计算机应用发展规划，上报国家计生委，以便国家在拟订此项规划及宏观指导该项工作时能够做到有的放矢，更好地符合各地的实际情况。

（二）推广计算机管理系统过程中应注意的问题

基层计划生育信息管理系统经过几年的试点、推广及深入发展，由原来的单一型统计报表程序到育龄妇女计划生育服务信息管理系统，至今发展成为计划生育工作综合信息管理系统体系结构。据 1994 年嘉峪关会议上统计：有 18 个省（区、市）开展了试点工作，有 6 个省（区、市）在扩大试点范围。可见，这项工作的发展速度很快、涉及范围较广，已在工作中发挥了一定的作用。在推广过程中应注意如下几个方面。

1. 统一思想和认识。开展此项工作是要提高计划生育工作的科学管理水平，使计划生育工作更加规范化，促进各级既抓紧，又要做好工作。计算机管理系统的建设应当与各级改进工作方法，提高服务水平，实现计划生育工作的经常化、制度化、科学化、法制化结合起来，使计算机成为有力的工具，在日常工作中充分地发挥作用。这不是单纯的技术改造，而是一项系统工程。各级各部门，特别是领导同志应予以高度重视，积极创造条件，做好工作。

2. 注意以点带面。基层计划生育信息管理系统的试点工作已开展几年了，在一些省、市已开始逐步推广，形成了规模效应。如山东、江苏两省，已经有数百台微机在各级运行，大大地推进了工作。有的工作后进县，通过抓微机管理系统促计划生育工作，在短期内向先进转化。它们的经验是很宝贵的。那些还没有进行此项工作的省份，应该及时开始试点，以便在本地区取得第一手资料和经验，为将来推广应用打好基础，跟上工作发展的需要。那些已开展了试点工作但未能扩大应用范围的地区，应及时总结经验，有针对性地指导各地稳步前进。国家计生委在全国确定了 6 个试点县，各自在不同的方面进行探索。1995 年，我们还将研制一批应用软件，向全国推荐。

3. 扩大应用范围。计划生育信息管理系统是一个综合管理系统，在当前育龄妇女计划生育服务信息管理系统应用较成熟的地区，应进一步考虑如何扩大其管理应用范围的问题，使之成为一个集育龄妇女服务管理、人口统计分析、人口预测与规划、考核与评估、宣传教育管理、药具管理、技术服务管理、人事干部管理、财务管理、办公自动化及应用数据库等全方位的系列化计划生育服务管理体系。随着各地之间信息的交流量不断增大，还有许多技术问题需要研究。例如，标准化就是其中之一。这几年，我们已逐步摸索了一些经验，提出了一些标准化管理方案，比如下发了《国家计划生育管理信息系统部分指标及其编码（试行稿）》等。现在，我们的计算机室正在进行基层育龄妇女计划生育服务信息管理系统应用软件包的标准化设计工作，1995 年，中还将提出试点工作报告供大家参考。

总之，基层计划生育信息管理系统的规模化、系列化、标准化三大问题是 1995 年度该项工作的重点问题，大家应给予足够的重视。

（三）人才培养问题

引进现代化管理模式，既能提高我们的计划生育工作管理水平，又能促进我们提高管理人员的工作素质。应用好计算机管理系统，要求管理人员有一定的基础技术知识。现在，我们缺少足够的、合格的计算机应用人才，应当加紧培养。国家计生委已责成宣教司协同有关司、厅拟订教学计划，在国家计生委所属院校各专业中增加计算机专业课程。各省（区、市）也应在有条件的地方，有计划地实施人才培训方案。

1995年是"八五"计划的最后一年，我们已进入完成"八五"人口计划的最后阶段，千万不可麻痹大意。国家计生委在下发的1995年工作要点中明确提出，要"进一步深化宣传，改善服务，加强管理，切实加强分类指导，采取多种形式和途径，引导广大群众走少生、快富、文明、奔小康的道路，促进人口与经济社会协调发展"，并把编制"九五"人口计划和2010年人口规划、大力加强和改进农村基层的计划生育工作作为国家计生委1995年的重点工作。我们要根据全国计划生育工作的指导方针，加强和完善基层管理，建立健全各种规章制度，特别是使人口计划的编制、下达、落实更加科学化和规范化，继续完善目标管理责任制，逐步提高统计质量，在有条件的地区继续推广计算机管理。1995年的工作是繁重的，让我们共同努力，使计划生育工作百尺竿头，更进一步。

关于修订分地区"九五"
人口计划的意见*

（1995 年 5 月 16 日）

　　"九五"人口计划和 2010 年人口规划编制工作已经进行一年多了。在此期间，由于国家计生委和各地计生委的领导同志都很重视，编制规划的同志也付出了很大努力，这项工作正在按预定的计划顺利进行。1994 年，国家计生委规划统计司编制的全国"九五"人口计划和 2010 年人口规划草案，经国家计生委党组研究，在 1995 年年初已上报中共中央、国务院。1995 年，规划统计司的主要任务是编制分地区的规划草案。他们在认真分析研究各地于 1994 年上报的建议方案基础上，已经提出了分地区规划方案。在昆明会议后，各地也都进一步研究了本地的规划方案，有的还修改了 1994 年上报的方案。本着决策的科学化、民主化原则，我们要充分听取各地的意见。为此，决定召集三个片会。我们这个会是第一个片会，参加会议的多数是人口大省，总人口占全国的 70%，这些省、区的人口规划做得是否科学，对于全国的影响很大。在这个会上，我们不最后确定计划指标，但要明确修订"九五"人口计划的原则、统一有关测算方案、测算出生和死亡人口的基数、死亡参数等方面的认识，并对生育参数的设定问题充分进行研究。在 8 月份召开的全国 1995 年人口计划执行情况分析会议上，将主要的指标确定下来。在全国 1%人口抽样调查后，根据调查结果再作一些微小的修正。下面，我

---

　　* 这是蒋正华同志在世界与中国论坛上的讲话。

就分地区的"九五"人口计划和 2010 年人口规划编制、修订工作讲几点意见。

一、各地区"八五"人口计划完成情况

根据国家统计局 1994 年人口抽样调查结果,只要 1995 年继续保持 1994 年的势头,预计到会的 14 个省、区都可以完成"八五"人口计划。不过,这里所说的话是留有余地的,因为各地的漏报情况不一样,国家统计局的抽样调查在各地区的调查情况也各不相同。所以,我们做了一些数据的分析工作。根据国家统计局公布的数据,1994 年全国的出生率是 17.7‰。如果我们按照这个出生率水平,来调整各省、区的出生率统计结果的话,那么,全国将有 7 个省、区没有完成 1994 年的人口计划。所以,我们要留有一定的余地。各个省、区调整以后的数据,汇总成全国的出生率到不了 17.7‰,只有 16.06‰,最后的情况到底怎么样,就要看 1995 年 1% 人口抽样调查估计漏报率的程度,才能作出结论。这是我们对"八五"人口计划执行情况的基本估计。当然,总的说来,"八五"期间各省、区、市的工作都有很大的发展,有的省份从实行计划生育以来第一次完成了五年计划。所以,应该讲这个势头还是很好的。但需要说明两点:第一,这里所说的是指人口自然增长计划。虽然国家未直接下达人口自然增长计划,但我们根据当时编制的"八五"人口计划的参数,可以将下达的净增人数分解为自然增长人数和机械增长人数。这几年,国家统计局由人口变动抽样调查结果推算的各地总人口所包含的机械增长人数,只是实际数的一部分,而不是全部。例如:国家统计局公布的广东省 1991～1994 年总人口就没有机械增长,这显然与实际情况不符。因此,根据人口变动抽样调查结果预计

的 1995 年年末总人口，与实际的总人口会有一定的出入，净增人口计划的完成情况也就不好断定。只有 2000 年的人口普查，才能最后说清这些年的人口迁移情况。第二，1991～1994 年每年各地出生人数合计和自增人数合计都小于全国总数。自增人数累计相差 654 万人，预计至 1995 年年末，累计相差至少 700 万人。如果认为国家统计局调整的全国数据是可信的，那么，这几年各地的自然增长人数就不同程度地存在偏低的情况。对于有的地区是否真正完成了"八五"人口计划，我们现在还不好肯定，也要由 1995 年 9 月将要进行的 1% 人口抽样调查给以证实。

在"八五"期间，各地的生育水平都明显下降，全国平均生育水平已降到更替水平以下。我们这 14 个地区，除海南、广西外，生育率均已达到更替水平以下或更替水平，山东、河南、湖南、安徽 4 个省生育水平的下降尤其显著。早婚早育、多孩生育现象普遍明显减少。

各地完成"八五"人口计划的原因有共同之处，这就是：第一，实行了党政一把手亲自抓、负总责，将完成人口计划的情况作为考核党政领导干部政绩的主要依据之一，促使各级党政领导干部重视计划生育工作，做了许多实事。在编制"八五"人口计划时，国家计生委与国家计委等六部委联合制定了《人口计划管理暂行办法》，经过很大的努力，作出了"各级政府承担完成人口计划的主要责任。人口计划执行结果作为考核政府政绩的重要依据之一"的规定。在 1991 年中共中央、国务院召开的第一次计划生育工作座谈会上，中共中央、国务院明确提出党政一把手负总责的原则，这比《人口计划管理暂行办法》中的规定要有力得多。正是由于采取了这项有力的措施，绝大多数地区的计划生育工作取得了比预期更大的进展。第二，稳定了生育政策。这是对我们二十几年来计划生育工作经验教训的总结，也是我们对人口发展规律认识不断深入的结果。第三，有效地实行了人口与计划生育目标管理责任制，加强了人口计划执行情况的检查、考核工作。人口计划是我们设置的一个目标，对于这个目标执行情况的检查、考核是人口计划管理的重要环节。如果没有有效的检查、考核，人口计划就会流于形式，不能发挥它应有的作用。所以，我们在制定人口计划时，反复强调制定人口计划的原则，就是既要严格要求，又要经过最大的努力能够实现。如果不是严格要求的话，那么，这个计划就起不到督促工作的作用；如果不是经过最大努力能够实现的话，那么，就会挫伤我们基层工作者的积极性。近几年来，一些地区在考核方面做了大量的工作，积累了许多好经验，促进了人口计划的完成。

实践证明，"八五"人口计划制定得比较科学，是个很好的计划。它好就好在比较充分地调动了广大干部完成人口计划的积极性；另外，也对社会经济发展起到了很好的配合作用。完成了"八五"人口计划是个很大的成绩，但必须充分认识在执行人口计划过程中出现的问题。其中比较突出的问题，例如不少地方层层扣留计划生育指标，以至在有些地方出现了符合生育政策者没有指标的现象。在人口计划执行中应该按照计划来要求，这个计划是留有一定余地的。在基层执行时，应按照政策来管理。对基层来讲，凡是符合生育政策的夫妇，就应该得到我们提供的良好的计划生育服务，不要因为指标下达、分解得不科学，而限制这些符合政策的夫妇生育。相当多的地区的计划生育工作还未能做到"三为主"，工作方法简单；对人口计划执行情况的考核，普遍存在注重结果、忽视过程的情况，所谓注重结果、忽视过程，就是只注重最终出生率完成情况怎样，对于怎样做好工作达到这个指标，有的根本没有考核，有的只给予很少的注意。经过20多年的计划生育工作，各地都积累了丰富的经验，所以，现在全国的计生工作应该是上一个新台阶的时候了。国家计生委对于怎样根据中央"既要抓紧、又要抓好"的方针，做好计划生育工作，总结了各地的许多经验。1995年，我们在全国抓了5个优质服务试点县，希望通过这5个试点县的工作，推动计划生育工作向着"既要抓紧、又要抓好"这个方向迈出新的步子。我们不仅要考虑完成人口计划，而且要考虑怎样完成计划，使得我们的计划生育工作，能够真正与保障育龄妇女的健康、与家庭的福利、与区域经济的发展、与建设文明幸福的家庭结合起来。在各地的考核中应注意这些问题。虽然各地都采取了很多办法，也有不少改进，但还有许多工作要做；计划生育统计不实的问题仍然比较严重；等等。对于这些问题，我们要在"九五"期间积极努力研究，争取逐步解决。

二、关于修订分地区"九五"人口计划总的想法

修订"九五"人口计划和制定2010年人口规划的基本原则仍然是：使规划既体现严格控制人口增长的要求，又是经过最大努力能够实现的。这项原则是在编制"八五"人口计划时，认真总结了以往的经验教训，反复研究后确定的。这项原则的确立很不容易，这项原则的贯彻也不那么简单。在实际工作中，要使所有有关的领导同志和业务管理干部都真正理解和掌握这个原则，需要我们做一些必要的宣传教育工作。从我们了解到的情况看，在有些地方，仍然存在单纯从主观愿望出发来考虑人口控制问题，不顾人口发展的客观规律，忽视人口计划可行性的情况；在个别地方还存在另一种情况，那就是对控制人口增长工作缺乏紧迫感，没有一个积极的奋斗目标。"八五"计划期间，我们的工作进展比预想的要顺利一些，所以从原则上讲，"九五"人口

计划除非有很特殊的原因，不应该比原来的 10 年人口规划高出很多。我们在座的各位都是直接搞计划生育工作的同志，是计生系统决策的主要参谋者，更应该很好地理解和掌握这个原则，做到解放思想、实事求是。

"九五"人口计划和 2010 年人口规划的时间跨度大，编制工作的难度就相对大些，但"九五"人口计划是关键，如果前 5年的计划搞不好，后 10 年的划划肯定也搞不好。所以，我在这里重点讲"九五"人口计划的问题。"九五"人口计划是修订，不是重新制定。目前，各地的社会经济条件和计划生育工作基础，已与我们在编制"八五"人口计划和 2000 年人口规划时预期的情况有所不同，因而，有必要对原订的"九五"人口计划进行修订。既然是修订计划，就不能脱离原订的计划另搞一套。一般来说，现在计划生育工作的形势比制定"八五"人口计划时更好，党政领导重视、各部门配合，计划生育工作网络建设有很大的进展，广大群众实行计划生育的自觉性提高了，因此，一般不能增加原定自增人口计划指标。如因特殊情况要增加原定自增人口计划指标，必须有相当充分的理由才行。

"九五"人口计划要以出生人数为主。在决定人口增长的出生、死亡和迁移三要素中，我们所能控制的只有出生，因而在人口计划中，死亡和迁移人数实际上就是预测数。如果 5 年人口计划只设总人口和增加人数两项指标，那么，制定人口计划时对死亡和迁移人口进行预测的准确程度，就成为能否完成计划的直接决定因素，这显然是不合理的。国家编制的"八五"人口计划和 2000 年人口规划草案是考虑了各种影响因素，以生育水平为主要参数、以出生人数为主要计划指标计算的，但由于某些原因，只下达了总人口和增加人数两项指标，给我们对"八五"人口计划执行情况的检查、分析工作增加了一定的困难。我的想法是，以后下达的 5 年人口计划不仅要有出生人口指标，而且要以这个指标为主。

编制人口计划，关键的问题在于生育水平参数的合理性。要合理地设定生育参数，首先必须准确地认识生育现状。一个育龄人群的生育行为具有很强的连续性，前期的状况及其变化直接影响后期的生育状况。在有些地区上报的"九五"人口计划和 2010 年人口规划建议方案中，对生育现状的分析不够细，有的地区对起始年份（1994 年或 1995 年）的生育水平估计过高。例如，我手头有一个省的材料，按这个省份估计的生育水平推算，该省 1994 年计划生育统计报表的出生人数误差高达 55%。这不可能是实际的情况。有的省份未做规划就先设想一个 2000 年人口数，要求规划达到这个设想数。如果确定的起始生育水平不是调查值而是估计值，就应有估计的根据，不能为算出主观设定的结果而随意设定基数，本末倒置。

设定生育水平参数要以现行生育政策为依据，我们先要确定按政策生育的生育水平，再给出政策外生育的控制水平。我们可以提出几条评价人口计划制定得合不合理的评估准则。1994 年在省长研讨班上，我给每位省长都发了一张表，就是 1994～2000 年，每一年按这个省的政策来生育的话，政策出生率应该是多少？根据这个，就可以很容易地看出你这个省份的人口计划制定得合理不合理。第一条，可以看每年的出生率，或者可以算"九五"人口计划的平均出生率与政策出生率的差别是多少。从这个差别，就可以算出计划外生育率占多大比例。这个比例至少应该与"八五"末期保持在同一水平上，或者逐年下降。另外，可以看每年的出生率与每年政策生育率的差别有多大。这也可以根据以前发给每个省份的 6 张表作出判断，对于大家做地区的人口规划是有用的。还有一条是，总和生育率的水平，不应高于全国估计的、按照 1994 年全国公布的出生率调整以后的总和生育率。这几年，由于平均婚育年龄较明显的变化，按政策（仅指符合终身生育的孩次规定）生育的时期生育水平发生了较大的变化。譬如："八五"中期，有些地区的一孩总和生育率曾降到 0.80 左右，随后逐步上升，在计划生育工作情况和社会经济条件不发生明显变化时，将升至 0.98 左右稳定下来。如果在 1995 年升到 0.90，那么，在"九五"期间还要上升 0.08 左右。这就是最近大家讲的"反弹"。这种情况只在一部分地区存在，且其程度也各不相同。在这 14 个地区中，1993 年的平均初育年龄比 1990 年提高 1 岁多的地区，有安徽、福建、江西、山东和湖南 5 省，提高半岁以上但不足 1 岁的，有河北、江苏、河南、湖北、广西 5 省、区，其他 4 省的变化不大。如果在 1994 年和 1995 年内，这 5 个省的平均初育年龄仍然没有明显变化，一孩总和生育率为 0.98 左右，那么，"九五"期间基本不存在一孩生育水平回升的问题。二孩生育也存在这种情况，但在量的估计上比较复杂，因为有一个政策规定问题。山东省近几年的总和生育率远远低于按现行生育政策的终身生育水平，因而，这个省的生育水平将在"九五"期间有明显的回升。我们应当注意，按政策生育的时期生育水平，无论如何也不可能升至按现行政策规定的终身生育水平以上。

人口计划的主要任务是控制不符合生育政策规定的生育，也就是人们常说的计划外生育，因而，计划外生育水平是最主要的控制参数。计划外生育水平能降低多少，不仅取决于客观的社会经济条件，而且还取决于主观的努力程度。从这 14 个地区的情况看，目前的生育水平与社会经济发展水平有一定的联系，但是也有例外。比如：安徽省的经济条件算是相对较差的，但在"八五"期间，这个省的生育水平下降幅度，明显大于经济相对发达、期初生育水平基本相同的地区。这就是努力抓紧抓好计划生育工作的结果。我认为，经济发达地区的生育水平没有理由长期高于全国平均水平，经济发达地区必须承担起应有的控制人口增长的社会责任。这些地区的政府应当高度重视人口增长对经济发展的长期影响，为本地区的可持续发展创造良好的人口环境，也为全国控制人口增长作出贡献。设定生育参数时，要全面考虑主观和客观两个方面的情况。"九五"期间计划外生育水平可能下降的幅度，与"九五"初期的水平有关。一般来说，计划外生育水平越高，下降的潜力就越大，反之亦然。

"九五"人口计划的修订，还要尽可能地考虑人口年龄结构的调整问题。在这 14 个地区中，生育旺盛期妇女人数达到峰值的年份不同，有 11 个地区的峰值年在 1992 年，四川是在 1995 年，江西和广西分别在 1998 年和 2000 年才达到。因此，江西和广西控制人口增长的任务就更重些。这两个地区应当更加努力，将"九五"期间的生育水平控制在较低的水平上，抑制潜在的人口出生高峰，调整人口年龄结构。生育旺盛期妇女人数在"八五"期间达到峰值的那 11 个地区，多数已经较好地抑制了潜在的人口出生高峰。这对人口年龄结构的改善，对消除 20 年后另一次潜在的生育高峰，都有很大的作用。

在女性人口年龄结构变化较大的情况下，生育模式的差异对出生人数测算结果的影响较大。这次测算"九五"人口计划指标，大多数地区都采用了"四普"时的 1989 年生育模式。这对有些地区育龄妇女年龄结构比较稳定的还可以，但对许多地区来说，就不大合适了，特别是那些育龄妇女峰值年龄较晚的地区，应当采用 1994 年人口变动调查时的生育模式。这个模式的特点是生育峰值后移。抓住早婚、早育以后，婚育模式就会往后移一点，不然，对出生的估计就会偏高。

在各地上报的建议方案中，死亡参数的设定还有一定的问题。许多地区没有注明死亡参数，但从测算结果可以看出明显的问题，例如：有一个省份的粗死亡率 5 年不变；有的地区的粗死亡率在今后 5 年本该是上升的，却变成下降的了。有些省份测算的死亡人数与国家计生委规划统一司的测算结果有较大出入，需要研究、商量。我认为，根据近 10 年我国人口平均期望寿命变化的情况来看，对未来一些年内死亡水平的下降速度，不能设得过快。

关于实施"九五"人口计划的保证条件和措施问题，我们这次会议不准备讨论，但希望大家回去后能做好我们应做的工作，例如：测算与"九五"人口计划相应的计划生育手术量，等等。

人口与可持续发展

（1995 年 6 月）

一、导言——前所未有的挑战

在人类发展历史上，有三个人口快速增长时期，它们都与社会生产力的革命性发展有密切的联系。

从石器时代以狩猎和采集为特征的生产方式，过渡到以农业和畜牧业为主，造成了第一次人口快速增长，人口年增长率比新石器时代增加了一倍。这一时期，生产力虽比石器时代有了很大的提高，但与可利用的资源相比，仍处在受自然条件支配的阶段，资源似乎是无限的，只要增加劳动力，产出就能相应地增加。人口增长与经济发展是并行的。

历史上的第二个人口快速增长时期，是随着产业革命和科技发展而形成的。这次快速的人口增长主要发生在欧洲，快速的人口增长曾给欧洲带来严重的经济问题。但是这一时期，世界其他地区还有大片未开发的土地，向外移民及掠夺殖民地资源就成为解决人口过剩的办法。

第二次世界大战以后，一个具有完全不同特征的人口快速增长时期迅速形成。许多发展中国家摆脱了殖民统治，稳定的生活造成了高出生率。由于引进了先进的医疗技术和药物，死亡率大幅度降低。因此，第三个人口增长高峰来得突然，人口增长的速度远远超过前两次。其覆盖面广，来势猛烈。从 1950 年至今，世界人口已经翻了一番多，从 25 亿人增加到 56 亿人。

面对着高速增长的人口，人们产生了种种不同的认识。以常识而言，有限的资源显然不能支撑无限增加的人口。但是，今日世界的资源是否已经被最大限度地利用了？人口增长是否已经达到危及人类生存的程度？高技术发展在多大程度上可以解决人口危机？在这些关系到人类命运的大问题上，分歧极大。最乐观的人认为，只要高新技术开发得当，生活水平保持在中等以上，消费方式不极度浪费，则世界可以养活 500 亿人。最悲观的人则认为，如果按发达国家的消费水平估计，这个世界只能养活 21 亿人。这两种估计相差 23 倍。大多数的估计则在两者之间，认为在一种适度的生活水平下，世界大约可养活 150 亿人。这些认识是否真有道理，我们可以以下从几个方面来加以分析。

二、人口增长与食物供给的矛盾

"民以食为天"是中国哲人从无数事实中提炼得到的一条明训。食物供应是研究人口与持续发展关系最根本、最重要的问题。历史上的许多事例表明，当人均粮食生产低于某一个临界值时，社会往往发生动乱。问题是，农业生产力的提高是否能赶得上人口增长的速度？控制人口增长是否能提高人均收入？对这两个问题的回答远远不像看起来那么容易。在中国古代很长时期内，劳动力的增长意味着资源的开发。因此，许多朝代实施过鼓励人口增加的政策。战国时期的人口迁移政策是："远人不服则修文德以来之。既来之，则安之。"不但吸引外来人口迁入，还要创造条件安置他们。生男、生女各有奖励。这些都说明，在资源相对于人口显得丰富时，人口增加有利于经济发展。西汉时期，人均耕地 50 亩，约为现在的 37 倍，人均粮食占有量却与今天差不多。看来，从农业社会发展到工业社会时期，由于人口增长缓慢，技术的发展基本上能赶上需求的增长。但是，即使在这样的情况下，我们也还是不断地听到一些哲学家因土地有限而对人口的增长提出警告。

20世纪，世界人口增长的速度不断加快。特别是第二次世界大战以后，每37年，世界人口就增加1倍，再加上经济高速增长的需求，粮食供应受到前所未有的沉重压力。50年代的绿色革命可以说是一场及时雨，高产良种、水利建设和高效化肥结合起来，为农业增产带来了无限的希望，许多地区在10年内粮食产量翻了一番，无数人曾期待这场革命可以使人类彻底摆脱饥荒的威胁。然而不幸的是，事实恰恰相反。今天，全世界每年要增加9000万人口，而挨饿及营养不良的人则从80年代的近8亿人增加到10亿人。当然，挨饿和营养不良的人增加还与食物分配不公平有关，这不仅是一个经济问题，同时还是社会制度问题和政治问题。但无论如何，这种现象反映了一个无情的现实，即农业技术进步还不足以满足空前未有的人口增长需求。70年代以来，绿色革命的负面效应日益暴露。由于多年来大量使用化肥取得高产，土质恶化的问题愈来愈明显。据美国科学院估计，美国已损失了1/3的表土。而在没有任何干扰的自然情况下，再生25毫米的表土就需要300年。一些国家已被迫将大片耕地转变为森林农场，以保护自然资源，恢复土地肥力。当前，全世界表土储量约为3.5万亿吨，每年减少230亿吨。按此速度，152年后，耕地的表土即将丧失殆尽。如果情况发展到这样的地步，食物的供应就将威胁到全人类的生存。

我国的自然资源形势也与世界相似，甚至更加严峻。中国耕地统计为15亿亩，人均耕地1.3亩，只有世界人均耕地的一半。全国92%的耕地集中在东南部地区，与我国的人口分布相一致。

在一些人口密度低的省、区，若将可以耕种的绿洲地区单独计算，人口密度也接近沿海地区。近年来，农村剩余劳动力日益增多，估计在1亿到1.5亿人之间，到2000年还可能增加到1.9亿人。这充分说明，我国人口增长已达到资源供给匮乏的程度。水土流失更加深了资源不足的严重性。我国每年流入江河的泥沙量多达50多亿吨，涉及11个省、区，主要在黄土高原和南方丘陵地区。黄河水的含沙量为37千克／立方米以上，为世界第一，有人痛心地称之为中华民族大动脉出血。长江的含沙量现在也已达到1千克／立方米，在世界含沙量高的河流中位列第四。长江上游多为红色土壤，土层最薄的地区只有4厘米，土层下是寸草不生的岩石。因此，从农业发展的角度来看，长江流域的水土流失比黄河流域更加危险。

从理论上讲，农业生产可以依靠技术进步而发展。联合国粮农组织（UNFAO）和国际应用系统分析研究所（IIASA）组织的一项研究认为，对农业实行高投入，即作物最佳配套和大规模机械化，可以使绝大多数国家解决吃饭问题，世界人口增长所需的粮食供应可以绰绰有余。但是，技术上可以达到的上限并不是现实可以达到的目标。只有从经济上有利可图，农民才会增加投入。联合国粮农组织最乐观的看法也只是认为，到20世纪末，人均热量摄取量可以提高，但全球仍将有2.6亿~3.9亿人严重营养不良，这实际上就是接近饿死的一种委婉的说法。

另一部分人把希望寄托在遗传工程的成功上，即所谓"树型作物"的研究。其目标是使各种作物能长得高大，多年生，以大大提高产量。从技术上看，这是有可能的，但是至今尚未见到应用于粮食生产的曙光，近期内成功的可能性很小。即使成功，离推广应用也还有相当大的距离。

我国的粮食亩产现已接近世界的最高水平，继续提高产量要依靠技术进步和规模经营。技术进步可能使产量进一步提高，但提高的速度已不可能如以前数十年那样。除了绿色革命时期以外，世界各国粮食产量的年增长速度长期低于1％，今后似乎也没有特别的理由作更高的估计。为了支持经济发展，必须提高人均粮食占有量，降低人口增长速度就是必要的。

三、人口增长与生态环境、经济发展的矛盾

一般来说，人口与经济发展的关系并不是永远以同样的规律联系起来的。人口过分稀少显然对发展经济不利。农业方面，水利系统必须在人口密度达到一定水平以上才能充分发挥效益。工业方面，必须有相当规模的人口才能形成市场，形成促进生产的有效需求；也只有相当数量的人口才能提供充实的劳动力，形成规模经济效应。现代城市经济学认为，少于25万人口的城市缺乏内在的刺激经济发展的动力。但是，人口也绝不是愈多愈好，这一点已为许多历史经验，特别是第二次世界大战以后的经验所证明。

在第二次世界大战结束后的最初20年内，各国政府间曾弥漫着一种乐观的气氛，经济发展顺利，人口不再是一个问题。当时，由于资本主义国家大量掠夺发展中国家的资源，世界经济年增长率达到7％，而人口增长率则约为1.9％，许多人认为，失业、贫困等已经是过去的一场噩梦。20世纪70年代的"石油危机"打破了盲目乐观的气氛，石油输出国联合起来向石油跨国公司斗争的结果，使石油价格一涨再涨，从2美元左右一桶涨到最高时，达33美元一桶。世界经济增长率猛跌到1％～3％，有些经济发达国家在若干年内甚至出现经济负增长，经济滞胀成为许多国家挥之不去的顽症。"人口爆炸"等观点开始引起人们的

注意。许多国家不顾资源保护、片面追求经济总量的恶果也日益显现。国际社会开始认识到，经济增长并不是发展的全部内容。有的学者用综合性指标评价美国的经济福利情况时发现，20 世纪 50 年代初，经济增长与社会福利一致；70 年代后，二者逐渐分离。尽管美国的经济总量仍在上升，可持续经济福利指标却在下降。这与美国人的感觉是一致的。许多年轻的美国人认为，他们的生活不如父辈。人口的许多特征在这些指标中是重要的组成部分。

人口增长过快，可以从报酬递减和资源过度消耗两个方面影响经济发展。同时，还可能在生态环境方面造成威胁人类生存的长期影响。印度的一项研究说明，印度北部人口增长 10% 时，产量相应只提高 6.7%，也就是人均产出下降 3.3 个百分点。其中，最贫困的人群收入下降最多，这就更加剧了贫困化。中国的情况也同样如此。大量剩余劳动力的存在使农业的边际效益降到零，甚至是负数。此外，由于大量剩余劳力必须就地消化，也影响了农业采用新技术和规模经营。

人口增长过快会导致对资源需求过度，从而引起生态环境恶化。这一点表面看来是明显的，也可以举出许多案例来支持这个论点，但要确定一个临界点是十分困难的。有些学者提出，用定量指标来分析人口增长对环境的影响，即

$$I = PAT$$

其中，I 表示人口对环境的影响，P 表示人口数，A 为每人消费，T 为技术影响。I 可以有各种度量。例如，考虑陆地上支持所有动物生存的基础性能量生产能力为人类所直接消费的比例，以这个比例为 I，可以算得为 40%，也许可以考虑作为人口最大数量的依据之一。A 与 T 两个因子很难分别加以计算，可以用人均能源消费作为其积。用这一公式来计算富国和穷国居民对

环境的影响可以得到结论：富国每个人对环境的破坏程度是穷国的 7.5 倍。若以美国和发展中国家相比，美国人对环境的损害更加严重。因此，尽管美国人口只有中国的 1/4，但对世界环境、生态的影响远大于中国。无论如何，从中国本身来看，人口增长对生态环境的损害已使我们触目惊心。

人口增长与经济发展都要占用有限的资金。显然，人口增长过快可能会影响资金分配，从而影响发展。但是，对人口投资不足也会影响长期发展的潜力。据分析，美国在第二次世界大战前后的经济快速成长期内，资本积累只占总收入增长的 15%、人均收入增长的 11%，而总收入增长中的一半和人均收入的 4/5 是由于知识的增加和规模经济效应而取得的。这一时期有很大的特殊性，不能完全用来推论其他国家的情况，但可以看出发展过程中各因素之间关系复杂。一般而论，发展中国家的人口增长率高，储蓄率下降，因而影响了经济发展。只有在收入很高的地区，人口的增长才不致对消费结构有很大影响，对储蓄的影响也不大。但是，即使储蓄率不变，净投资率不变，工人的平均装备资本量也随劳动力快速增长而下降。最后，人均资本降到与投资率相当的水平后稳定下来，达到一个平衡点，此后，人口增长对人均收入不再发生影响。可见，人口增长对人均收入增长的影响是有限的，资本稀释效应在短期内使人均收入下降，长期影响是使人均收入水平稳定在较低的水平上。

中国从 1973 年至今，由于实行计划生育，全国约少生 3 亿人，可节省抚养费用约 3.8 万亿元，其中 3/4 将在今后支出，实际上已节省近 1 万亿元。这些费用有些用于其他消费，只有部分增加储蓄可用于投资，可能有 3000 亿元左右的储蓄是生育率下降的直接经济效果，加强了经济建设的投入。出生率下降也增加了孩子的受教育机会，提高了未来劳动力的素质。特别是女孩，在多子女家庭中往往被剥夺受教育的权利，出生率下降使她们的受教育机会大大增加。

四、人口最大容量及经济最优人口

一个区域的人口最大容量是指，在不降低地区将来的发展能力情况下，可以承载的最大人口总量。人口最大容量与许多条件有关。例如，一个地区居民接受的是高消费生活方式，大量消费能源和资源，其人口最大容量就低。同一地区生活水平降低，就可以养活更多人口。技术进步可以节约资源和能源，因此，可以增加人口最大容量。人口最大容量还可分为生理的最大容量和社会的最大容量，前者指在一定技术条件下可以维持人口长期生存的最大数量，后者则是指在某种社会制度下和相应的资源消耗模式下能长期维持人口生存的最大数量。

要实际计算出最大人口容量，需要考虑许多因素，即使算出结果，仍然争议很多。这里仅列举两种最简单的方法来表明思路。第一个例子是以有些学者对不同技术条件下每平方公里陆地可承载的人口数分析为基础，研究结果是：渔猎时期，土地承载能力是 0.02 ~ 0.03 人/平方公里；畜牧业时期是 0.5 ~ 2.7 人/平方公里；农业时期是 40 人/平方公里；工业时期则为 160 人/平方公里。根据这一估计，世界的人口最大容量为 220 亿人，中国的人口最大容量约为 16 亿人。第二个例子是以稀缺资源的消耗为基础来计算。假设今后每万元产值耗水 160 立方米，人均国民生产总值达到 1 万美元时，工业产值占 90%，由此可算得工业用水为 244 立方米/人·年。又假设人均消费粮食 500 公斤/年，人均农业用水为 505 立方米/年，市区人均生活用水为 176 立方米/年，农村人均用水为 109.5 立方米/年，根据中国大陆地表水资源总量为 2.65 万亿立方米计算，扣除部分不能安全利用的因素，可以算得人口最大容量也为近 16 亿人。更复杂的计算还可考虑许多其他的资源供给限制。各方面专家计算的结果相当一致，大多认为中国的最大人口容量约为 16 亿人，超过 18 亿到 20 亿人以上，将对持续发展产生破坏性影响。

从最有效地利用资源、获得最大经济效益出发，还可以计算出经济最优人口。许多专家建立了不同的数学模型，使用不同的目标和分析方法，所得的结果有较大的差别。有些专家认为，中国的最优人口数量应在 4 亿~5 亿；有的专家认为，7 亿左右较好；也有的专家认为，可在 7 亿~10 亿之间。这些分析有的主要考虑产出最大，有的考虑人均收入最高，也有的考虑综合国力最强，还有许多采用了各种综合指标，可谓仁者见仁、智者见智。最优人口数量不仅要考虑总量，还应该考虑结构问题，可以从不同角度加以研究。不管怎样，看来在相当长的时期内达到最优人口数量是不现实的。由于过去我国长期高出生率所造成的惯性，在今后 40 年内，人口仍将继续增长。我们努力争取将最高人口控制在人口最大容量以内，这是一项艰巨的任务。在相当长时期内，我们必须坚持严格控制人口增长的政策。这是可持续发展的需要，也是中华民族长远利益之所在。

在1995年全国人口形势
统计分析会议上的讲话

（1996年2月）

　　1995年是"八五"计划的最后一年，我国的社会经济建设取得了显著的成绩，计划生育工作也成功地实现了年度和五年计划设置的目标，人口增长的势头得到了有效遏制。中国人口每增加1亿的时间，由5年延长到7年，总和生育率下降到2左右，为胜利实现国家社会经济发展目标提供了有利的人口环境。前不久召开的中共十四届五中全会通过了《中共中央关于制定国民经济和社会发展"九五"计划和2010年远景目标的建议》，为我国今后15年的发展勾画出了振奋人心的宏伟蓝图。《建议》提出，到2000年，将中国人口总量（除台湾省外）控制在13亿以内；到2010年，控制在14亿以内。达到这一人口控制目标，对实现我国社会经济发展的战略目标有很重要的影响。今后15年经济建设的"两个转变"、社会经济事业的发展，为做好计划生育工作提供了良好的机遇，但同时也带来了严峻的挑战。近年来，计划生育工作创造了许多好的经验，但也面临着许多新的问题。"九五"期间将是计划生育工作的一个关键时期。下面，我对有关工作讲几点意见。

一、人口数量过多，在相当长时期内仍将是我国
　　面临的主要问题

　　尽管我国的人口工作已取得巨大的成就，但由于历史上遗留下来的重负，还存在着许多严重的问题。中共十四届五中全会指出 7 个关系全局的重大问题，其中第 5 项就是人口多。而第 1 项农业基础薄弱，不适应人口增加、生活水平提高和经济发展对农产品日益增长的需要，也与人口直接有关。中国的粮食生产在过去 46 年内有了惊人的进步。1949 年，全国粮食产量为 1.1 亿吨，1995 年增长到 4.6 亿吨，增加了 3 倍多。同一时期内，人口增加了 1 倍多。看起来，粮食增长速度超过了人口增长速度，但是，我们仍然感到粮食供应紧张。现在，每年可以出口粮食的省份大大少于 20 世纪 50 年代。1953 年，全国净调出粮食的省、区为 21 个，到 1988 年减少到 5 个，政府必须年年强调保证粮食播种面积。由于比较利益低，农民不愿种粮食是一个原因，但更重要的是工业发展、人口增加、生活水平提高增加了对粮食的需求。1990 年，美国人均年消费 112 公斤肉类，巴西和墨西哥人均消费的肉类也分别达到 47 公斤和 40 公斤，而我国只有 24 公斤。显然，随着经济发展，我国人均肉类的消费还将不断提高。每多消耗 1 斤猪肉就要消费 5 斤粮食，就是 1 斤鸡蛋也要 3 斤粮食才能换来。即使是食草动物，也要消耗大量植物蛋白。营养学家统计，一头中等大小的奶牛要消耗 17 斤植物蛋白，才能生产 1 斤动物蛋白。从理论上讲，只要实行高投入，农业生产就可以大幅度提高，但是，理论上产量的极限不等于实际可以达到的产量，只有经济上合算，农民才会增加对农业的投入。因此，对农业大幅度增产不

应抱过高的期望。特别是农产品需求的价格弹性很低，也就是说，价格变化对消费者购买农产品的数量影响不大，农业研究成果受益的主要是消费者而不是生产者，因而，农业技术研究方面对投入的吸引力不大。这些都会影响农业生产的发展。我国目前的粮食亩产已接近世界最高水平，为了支持经济发展，还需提高人均粮食占有量。按照 2000 年 13 亿、2010 年 14 亿以内的人口控制目标，中国最高人口将在 2040 年前后达到 16 亿。若以人均年消费 800 斤粮食计算，需要生产 6.4 亿吨粮食，比目前的产量要多 1.8 亿吨。这个数字，相当于美国、加拿大、阿根廷、法国、澳大利亚 5 个世界主要粮食出口国粮食出口量的总和。大量增加对国际粮食市场的需求，将导致粮价暴涨。1995 年，世界小麦价格上涨了约 70%，就是俄罗斯等国粮食歉收造成的。因此，从粮食供应的角度来看，增加粮食生产和控制人口增长必须同时紧紧抓住。食物供应还有两个来源，即渔业捕捞和食草动物饲养。但是，与当前全世界每年消费 18 亿吨粮食相比，世界每年捕捞 8000 万吨海洋鱼类的数量只占很小比例。何况，据专家研究，世界海洋渔业的产量极限为 1 亿吨，现在已接近最大的捕捞量，近海区则更达到难以为继的地步。食草动物的饲养业还有一定发展潜力，但与人口增长和生活水平提高的需求相比，仍仅占很小的比例。

　　能源、淡水都是不可缺少的资源，过去曾被认为是取之不尽、用之不竭的，但随着生产力的提高、人口的增加，也发生了危机。当前中国人均年消耗标准煤 0.7 吨，美国却高达 9.4 吨，就连重视节能的日本，年人均耗能也达 3.5 吨标准煤。显然，中国经济的发展必将大大提高人均耗能水平。从 20 世纪 70 年代起，能源供应已成为影响世界经济发展的重要因素。我国的能源供应缺口也相当大，未来还需要依靠部分进口。

淡水也是中国的一项稀缺资源。中国被列入淡水资源缺少国家之列。据统计，每生产 1 吨小麦要消耗 1000 吨水，生产 1 吨稻米要消耗 4000 吨水，生产有机高分子化合物耗水更多。很容易算出，中国若达到 16 亿人口、人均产值 1 万美元，就需要用完长江、黄河、淮河、海河、珠江、辽河六大水系的全部水量。而实际上，这是做不到的，过度使用河流将使环境受到破坏，影响水的自然循环。

综合各方面专家的意见，大多认为中国从有利于经济发展出发，合理的人口数量应在 7 亿到 10 亿之间。超过 18 亿到 20 亿将发生严重的危机，最高人口应控制在 16 亿以内。当然，也有一些专家还有不同的认识。最乐观的专家认为，遗传工程将最终解决吃饭问题，不必为此担忧，世界人口还可以翻几番，就是达到 500 亿也还可以承受。最悲观的专家则认为世界现有人口已经太多，因此灾难不断。对中国的人口问题也同样还有不同认识，也有学者认为不需设定未来的长期人口目标。不过，从决策者的角度看，既应考虑政策能否实行，也要考虑决策对国家的安全是否有保证。因此，一些把握不大的技术进步，例如遗传工程使粮食作物成为木本、多年生、高产量的设想，就不能作为决策的依据。根据现在可以预见到的科学进步确定一个未来的目标还是必要的，随着以后条件的变化，长期目标可以根据当时的新认识再作调整。江泽民总书记在中共十四届五中全会上，深刻阐述今后 15 年我国建设中必须处理好的十二对重大关系时指出，必须把实现可持续发展作为一项重大的战略。根据目前中国的情况，人口降到 7 亿到 10 亿还做不到，在 21 世纪中叶不超过最高人口数应当是做规划时考虑的一个因素。一些省、区、市也已在研究本地区长期的人口容量问题，这样的研究对增进当地可持续发展的认识是有好处的。这些研究都说明，控制人口过快增长在相当长的时期内仍将是我国各地的一项重要任务。

二、总结"八五"经验，做好"九五"工作

"八五"期间，我国的计划生育工作发展势头良好，1991年的全国人口出生率就比计划低 1.18 个千分点，以后逐年完成计划的情况都有所改善。这些数字究竟是否可信、实际的人口状况究竟如何，这些是许多同志常常向我们提出来的问题。

为了说明我国人口的实际情况，近几年来，大家都做了许多工作。各地在加强基层网络建设的同时，普遍加强了对统计账卡的管理。许多地区经过很大的努力，工作从被动转到主动，不少计划生育水平提高很快的地区都从清查人口实数、建立生育秩序入手。国家计划生育委员会在 1992 年组织了生育节育抽样调查，近 3 年来则每年抽查两个省，了解实际情况。国家统计局每年都进行一次人口变动抽样调查，1996 年还进行了 1% 人口抽样调查。许多省份大力加强考核工作，在各个层次进行了多种形式的调查。这些调查的结果都很一致，表明近年来出生率显著下降是可信的。从 1992 年的调查数据看，1987~1992 年，39 岁以上妇女的生育率已降到很低的水平；31 岁的妇女在 1987~1992 年的 5 年内，平均只生 0.14 个孩子；36 岁的妇女在 1987~1992 年的 5 年内只生 0.04 个孩子，这些孩子大多还是在 1988 年和 1989 年生育的。生育孩子大多集中在 22 岁~27 岁。可见，在"八五"的初期，育龄妇女的生育模式有了明显变化。以后 3 年对 6 个省份的抽样调查表明，尽管报表报告的出生人数漏报率相当高，但即使加上这些漏报人口，大多数省、区、市还是很好地完成了计划。1996 年的 1% 人口抽样调查数据说明，每年国家统计局公布的全国出生数和总人口数都已比较充分地估计了漏报的因素，绝

大部分省份的统计数字也对漏报作了足够的估计。总的说来，"八五"期间公布的统计数字是可信的。计划生育工作做得好的地区，统计数字就更准确。

尽管如此，统计中也还有需要我们努力解决的许多问题。一些省份进行了流动人口调查，发现流动人口中的计划生育率较低，管理中的漏洞很多。流入地和流出地对流动人口情况的了解、信息的沟通、管理的协同等方面都有许多困难，对流动人口的生育情况仍是若明若暗。20世纪80年代末，全国每年的流动人口总量只有3000万人，90年代初迅速增加到7000万人，实际数字可能更高。这部分人口中的计划外生育数相当高。上海1993年的247万流入人口中，计划外出生的孩子总数为上海全市计划外出生数的17倍，这还未考虑有些人没有如实报告计划外生育。在一些农村地区，瞒报、漏报、错报观象仍然十分严重。城市地区随着经济发展也出现大量拆迁户、空挂户等，使计划生育管理和服务工作遇到许多障碍。这些情况都需要我们进一步加强工作。

在1995年10月国务院召开的全国计划生育工作"三结合"经验交流会上，彭珮云同志将"八五"期间计划生育工作的经验总结为10条。以后，又精辟地归纳为坚持"三不变"（即现行的计划生育政策不变，既定的人口控制目标不变，各级党政一把手亲自抓、负总责不变），落实"三为主"（即以宣传教育为主、以避孕为主、以经常性工作为主），积极稳妥地推行"三结合"（即农村计划生育工作与发展经济相结合，与帮助农民勤劳致富奔小康相结合，与建设文明、幸福家庭相结合），努力实现"两个转变"（即由单纯就计划生育抓计划生育向与经济社会发展紧密结合，采取综合措施解决人口问题转变；由以社会制约为主向逐步建立利益导向与社会制约相结合，宣传教育、综合服务、科学管理相统一的机制转变）。这是"八五"期间我国计划生育工作者与群众密切结合获得的重大成果，为今后的计划生育工作理清了思路、提出了方法、指明了方向。"九五"期间是我国计划生育工作的一个关键时期。"九五"期间，由我国在 20世纪六七十年代生育高峰期所形成的第二个生育高峰仍在继续。坚持计划生育就能将第二个高峰削平，避免在 20 年后产生第三个生育高峰，使人口年龄结构得到调整。放松计划生育就会功亏一篑，为今后长期的人口数量、结构调整留下无穷的后患。在全国大多数省、区、市，从"九五"中期起，育龄妇女的比重都将开始下降，陆续进入人口结构改善与人口数量控制互相促进的良性循环，但也还有 6 个省、区的育龄妇女比重最高峰在"九五"后期出现，有的地区，这一高峰甚至将在 2000 年出现。因此，我们不可有丝毫的麻痹大意，应当抓住良机，抓紧抓好"九五"时期的计划生育工作，为 21 世纪的人口工作打下良好的基础。"九五"时期做好工作的关键，是在观念、机制和方法上实现"两个转变"。只有这样，才能切实做到坚持"三不变"，落实"三为主"，推行"三结合"，使计划生育工作真正上一个新台阶、有一个全新面貌。

三、加强群众观念，实行优质服务

实行计划生育的最终目的，是达到人口与经济社会发展相适应，与资源利用、环境保护相协调，实现可持续发展。这既是为了中华民族的繁荣兴旺，也是为了每个公民和每个家庭的幸福。计划生育工作归根到底是为群众利益服务的，因此，我们必须从各个方面充分考虑群众的需求，最大限度地使我们的服务对象受益。从这个意义上说，计划生育工作需要经历观念上的变化。从各地的实际工作看，已有许多先进地区达到了很高的水平，正在自觉或不自觉地实行着这种转变。优质服务就是在这个基础上提出来的。

优质服务的根本指导思想就是，要从过去以政府的计划和决策者的要求为中心开展计划生育服务工作，转变到以服务对象的利益和服务对象的需要为中心开展工作，在工作中实现政府的计划和决策者的要求。在经济建设方面实现"两个转变"的同时，计划生育的服务工作也应当有相应的转变。

什么是优质服务、优质服务应当包含哪些内容、如何组织好优质服务、怎样对优质服务进行评估，这些都是各地正在探索的问题。国家计划生育委员会组织了 6 个优质服务试点县（区），我们将通过试点，在一两年内总结出向全国推广的优质服务规范。由于各地情况不同，优质服务应当有基本的要求，这就是：围绕育龄人群的全部生育过程，开展适应群众需要的、高质量的服务工作。各地可以结合本地实际开展工作，这样符合分类指导的深层次要求。通过优质服务，吸引广大群众积极、自觉地实行计划生育，使他们能在友好的氛围中落实最适合自己身体条件的避孕方法，也就是有些同志所说的实现"知情选择"，并在身体发育、结婚、生育等各个时期都得到良好的服务，使母婴健康得到保护。做到这些，必须由宣传教育、科技、政法、规划统计、药具等各个部门协同工作，还需要对我们的队伍进行培训，提高工作人员的服务意识和服务能力。最近，我们编印了农村妇女生殖健康保健手册（征求意见稿）、计划生育技术服务工作制度及工作规范等文件，希望大家在试用的同时提出改进意见，使之不断完善。

已经发现个别地方对优质服务产生误解，认为"知情选择"就不要再去引导育龄对象选择避孕方法，结果导致采取长效避孕措施的人数大大减少。实际上，绝育和放置宫内节育器是对妇女健康最有利的避孕方法，一些经济发达国家也以这两类方法为主。如果宣传教育工作做得好，群众真正了解各种避孕方法的优、缺点，长效避孕措施理所当然地应成为首选的方法。优质服务还可以在生育、生活、生产三个方面进一步多做工作。彭珮云同志在"三结合"经验交流会上讲道，"三结合"工作主要是通过提供生产、生活、生育各方面的优质服务，给予群众更多的物质利益。我们要认真贯彻这一精神，并不断创造出更丰富的经验。

国家计生委提出的"三不变""三为主""三结合"与优质服务是一个有机的整体，不是互相排斥，而是互相促进的。在未来的 15 年内，我国的计划生育既面临着难得的机遇，也面临着严峻的挑战。我们既要充分利用社会主义市场经济体制的建立，加强和完善计划生育的利益导向机制；也要根据中国的国情坚持行之有效的经验，保持原有的社会制约机制。在工作中，要不断提高计划生育系统的人员素质，要把工作思路和工作方法再提高到一个新的层次，为今后的计划生育工作打下一个良好的基础，也使我国计划生育工作的成绩，更容易为国际社会所认同。

四、依靠现代技术，实现科学管理

发展经济需要依靠科技，做好计划生育工作同样需要科学技术。应当认识到计划生育是一项高技术工作，计划生育的工作对象是健康的人，工作的内容则涉及人体的复杂生理过程。一些国家在列出 21 世纪全球十大科技难题时，赫然居于首位的是发明百分之百无副作用、百分之百可恢复、百分之百有效的避孕药具。我国在研究避孕方法上投入了大量人力物力，在男性绝育技术方面已经走在世界前列，国际上出观的一些新方法也很快地得到引进。大力推广新型避孕方法取得了明显的效果，仅就用 T 铜和其他新型活性宫内节育器代替金属单环一项而言，就可使避孕失败率下降 20 个百分点、每年减少意外妊娠约 200 万例，保障了这些妇女的身心健康。正在推广的长效皮下埋植剂、米非司酮、Sulprostone、PG05、早孕诊断试剂等，都可使各类地区的妇女获得适合自己需要的避孕方法。各计划生育科研所和许多医学研究机构，还在积极研究各种新的、有效的避孕方法。我们应当充分应用这些科学研究的成果，使育龄群众在避孕时各得其法，不断提高避孕节育工作的成效。

有了科学的避孕方法，还要有科学的管理使这些方法能够发挥最大的效力。科学技术是第一生产力。科学管理也是科学技术的一部分，也是生产力。"八五"期间，许多地方在科学管理方面创造了很好的经验。除了前面讲到的全程服务等经验外，一些地方利用电子计算机建立起信息管理系统，开始时主要用于改进统计工作，近年来不断推广应用，在办公自动化、药具管理、残疾儿童鉴定、人事管理等许多方面发挥了很好的作用。有的地区将流动人口的全部信息，包括照片都输入电子计算机，并通过通信系统传送这些信息，大大地改进了对流动人口计划生育信息的管理，使信息的传递、交换做到迅速、准确，防止了弄虚作假，还节省了许多费用。随着计算机网络建设的不断发展，我们将在更大范围内推广这些经验。

应用现代化手段提高工作效率是世界性的趋势，一些技术发达国家的信息部门是产值最大的产业部门，办公人员人手一台电子计算机，产生了很大的经济、社会效益。在计划生育部门推广电子计算机应用，特别要注意使其对基层有用，促进基层的优质服务工作。电子计算机系统，应当成为整个计划生育管理体系的一个有机组成部分。应用计算机做好管理工作不是仅仅增加一台设备、设立一套数据系统，而是要通过规范化的管理程序，使日常的计划生育服务工作按每月的节律与信息管理系统合拍地进行。信息系统分析收集到的资料，发出指导基层工作的信息单，基层逐月用很简单的形式向信息系统反馈当月的计划生育情况。这样，计划生育工作就可以做到经常化、规范化、科学化，实现优质服务和科学管理。

在应用计算机信息管理系统的同时要建立健全各项制度，包括：操作人员培训制度，要做到持证上岗；信息变更制度，要做到定时更新信息；信息传递制度，要使信息为基层所充分利用；信息保密、保存制度，避免个人的资料被不恰当地利用或丢失；计算机机房管理制度，保证机房和系统的安全等。在扩充计算机管理系统的应用范围时，要注意积累技术资料，形成用户使用方便的文件。这样，在人员调动、机构调整时，可以保证工作的连续性，将我们许多行之有效的好经验坚持下去。一时还不具备建立电子计算机信息管理系统或不能购置电子计算机的地方，也要根据工作先进地区的经验不断改善、改进管理办法。这样，既可以推动计划生育工作发展，在条件成熟时，就可以立即引进电子计算机信息管理系统。山东的嘉祥县在 1991 年前，统计合格率多年在 80% 以下；1991 年的计划生育工作位次，在山东全省 133个县、市、区内位列第 115 名；1992 年，在上计算机信息系统的同时，大抓了基础资料的清理整顿，统计合格率提高到 95%，工作位次上升到第 78 位，有明显的进步。他们认识到，应用计算机信息系统不仅是统计手段的更新，更重要的是人口计划管理工作的重大改革。全国正在建设以"金卡""金关""金桥"工程为中心的信息高速公路系统，各部门都在努力加入到这一系统中去，我们也要不失时机地在这方面做好工作。优质服务和科学管理就如同计划生育工作的两翼，有了坚强的两翼，计划生育工作一定能在"九五"期间取得更大的成绩。

民国人口统计调查和
资料的研究与评价

（1996 年 3 月）

一、引言

中国的人口调查始于公元前 16 世纪的商代，到公元初才留下全国性的户口统计数字。由于户口登记和统计的主要目的是征收赋税，所以，登记和统计的重点只是人口中与征税对象有关的那部分，其结果是户口统计数，通常不包括全部人口。清康熙五十一年（1712 年）以后，虽然户口登记与赋税征收已不再有直接的联系，但由于赋税制度的长期影响和户籍管理体系的不完备，户口数字与实际人口存在差距的状况仍未改变。清光绪三十四年（1908 年）开始实行的人口调查的目的和要求，已与现代人口普查一致，但由于诸多原因，直到 1953 年第一次全国人口普查为止，中国还没有真正进行过人口普查。由此看来，近代数据中虽不乏较可信的数字，但不能不加分析地作为实际人口数来使用。

二、民国人口调查制度

民国人口登记制度主要有两类：一是警察制，二是保甲制。警察制实行于民国早期，至 1934 年改为保甲制，警察局成为辅助人口登记的部门。

（一）警察制

清光绪二十四年（1898年）百日维新失败以后，创立现代警察体系的要求已公开提出。至清光绪二十八年（1902年），曾经实施的保甲人口登记制正式废止，现代警察人口登记制度开始问世。清光绪三十一年（1905年），创立了巡警部；清光绪三十二年（1906年），改名为民政部或内政部。无论该部的名称如何改变，警察始终在它管辖之下。警察人口登记制度的具体内容，在民国四年（1915年）八月二十日公布的《警察厅户口调查规则》中有明确规定。尽管1927年国民党政府在南京建立，但它的权威是勉强地、逐步地为各省所接受的。此间，警察局辅佐县市政府调查地方人口数目。此外，国民党政府在1928年规定各县应划分为乡、村、闾和邻，选出各单位的首长后，即应负责本单位的人口统计；1927年开始在各县设立保卫团，1929年还公布了关于组织地方保卫团的条例，但一直未能奏效。20世纪30年代初，国民党政府下决心推行保甲制度，以适应地方法和清查户口的需要。

（二）保甲制

民国二十三年（1934年），保甲制度在全国范围内正式恢复，保甲机构又变成了全国唯一的人口登记机构。民国二十六年（1937年），国民党政府公布了保甲条例，从中体现了保甲制的具体内容。保甲制度仍然存在不完备的地方。其中关于壮丁队的编制，就可以使我们看到由于成年男子须承担这种民兵的职责，当时保甲制度下所收集的人口数字，内中必有遗漏的壮丁。这种成年男子在登记中隐漏的现象，反映在保甲人口统计数上。在保甲制恢复前的1928年，江西上报的成年男子数是3477039人。在保甲制实施下的1935年，这项数字仅为2665065人，6年中减

少了 801974 人或 23%，这是完全不可能的。另外，除了在国民
党政府有效控制下的长江中下游数省外，很难找到全省性的保甲
体系。大多数省份直到 1937 年全民族抗战爆发，还没有建立广
泛的保甲体系。此后，从内战爆发到国民党政府覆灭，绝大多数
省份在国民党时期的人口数字都有误差。即使在长江流域的省
份，保甲数目的急剧起落也说明，保甲制远非稳定、正常。

总的看来，无论是民国初期实行的警察人口登记制度，还是
1934～1949 年实行的保甲人口登记制度，都不能真正完全有效
而准确地统计并反映全国乃至地方的人口数及人口的其他特征。
究其根源，警察制和保甲制都存在不完全现象。自始至终，这两
项制度的缺陷导致人口调查缺乏最基本的执行者。地方行政和人
口登记中，缺少能够联系县政府和百姓的地方基层机构。收集数
据的全国性机构较为缺乏。而这一系列原因的根本所在，就是北
洋政府和国民党政府统治的局限性和失衡性。

三、民国历次人口调查统计及其经过

1902～1949 年是中国近代人口统计事业的形成时期，亦即
王士达等人所谓的"新调查举行时期"。这期间，首先是清政府
民政部在宣统年间（1909～1911 年）为预备立宪，举办了全国
规模的人口调查。中华民国建立后，北洋政府内政部也曾举行过
人口调查。国民党政府在确立统计伊始的 1928 年，即下令各省、
市办理调查人口。这以后，全国性的人口普查虽未能举行，但地
方性的人口调查与统计陆续开展。抗日战争胜利以后，国民党政
府再一次打算举行人口普查，但因它发动内战而未能如愿。

（一）清末宣统年间的人口调查

《辛丑条约》签订以后，清王朝已完全堕落为"洋人的朝

廷"。为了适应变化的形势，清政府陆续举办了一些新政。设立巡警、取代保甲，便是新政的重要内容之一。1907 年 9 月，清政府宪政编查馆"奏准在京各部、院均设立统计处，各省设立调查局"。据此，民政部于 1908 年设立了统计处，并制定了"六年调查户口计划"，即第一年颁布调查户口章程；第二年调查各省户数；第三年汇总各省户数，制定户籍法；第四年调查各省人口数；第五年汇总各省人口数，颁布户籍法；第六年实行户籍法。民政部为此拟定了统计表式，共计部表 76 张、省表 72 张，令各省遵照执行。这次调查拟分查户、查口两步，各地方当局奉命调查各地人口的性别、年龄，区别成人与学龄儿童的人数。由于政治形势的变化，这项工作压缩为 4 年完成。1910 年，各省先后进行了户数调查，有的还同时调查了人口数。1911 年，各省又陆续进行了人口数调查，同年，辛亥革命爆发，这次人口调查中断。此后直到清王朝覆灭，仍有部分省份未上报人口数调查的结果。

1911 年，中华民国建立，原民政部改组为内务部。1912 年，内务部将各省在 1911 年上报民政部的报告收集起来，汇总公布。据《清史稿·地理志》载，是年，全国上报的共有 62699185 户、341423897 人。这一结果是明显偏低的。后来，王士达、陈长蘅等人根据原册集，重新对这次调查的结果加以整理、修正，户数上升为 7000 余万户，人口数则增为 3.7 亿余人。王士达对清政府民政部的这次人口调查评价很高，认为它在近代中国人口调查上占有重要位置。就调查方法而论，民政部的户口调查是承上启下的：既结束了相沿已久的保甲制度下的户口编查，同时又给后来的各次人口调查开辟了新的路径，尽管有很多缺点，但还可算是一次真正的人口调查。

虽然民政部在 1907 年就提出分乡分区调查人口，但当时区、乡级政权并未设立。由于社会秩序混乱、人心浮动，大多是草草了事，缺报、漏报现象较为严重。

（二）北洋政府统治时期的人口调查与统计

民国元年（1912 年）也进行了一次人口调查。这次调查的结果，在民国五年（1916 年）、民国六年（1917 年）由内务部陆续出版。调查项目包括现住户口、现住人口的性别及年龄别的各项人数、男女合计数、现住人口的职业分类各项人数等，广东、广西、安徽等省未上报。已上报的各省中，错误最多的是河南的人口统计。据陈长蘅介绍："有一县男女人数完全相等，有一县男子人数多于女子 3 倍、5 倍及至 64 倍以上者。"《中国经济年鉴》公布的是经修正厘订后的数字，内中将未调查的各省、区及河南、湖北都换上清宣统年间的数字，结果为全国共76386074 户、405810967 人。

民国二年（1913 年）五月，内务部公布了《统计表编制暂行规则》9 条，附省、道表式 130 种，县表 90 种。此项表式，共办土地、人口、选举、礼教、警察、土木、卫生、救恤 8 类；并规定每年编制一次，报内务部汇办。其中关于人口的，有省、道表式 13 种，县表 12 种。《统计表编制暂行规则》虽已公布，但其后内乱不息，仅有少数省份曾在比较安定的时期举办了局部人口调查；各大城市则基于维持治安的目的，由警察机关举办了户口调查。所以这一时期，全国人口数多收集各地报告或根据各方的估计来确定，如海关估计、邮局估计及中外学者的各种估计等。至于实际进行的人口调查，仅有少数区域及私人或学术团体的局部调查而已。

民国四年（1915 年），内务部公布了《县治户口编查规则》及《警察厅户口调查规则》，并附户口调查分类程式。根据以上规则，各级官署对所辖境内的户口查报应分为"普通户口""船户户口""寺庙僧道""公共处所"4 类办理；并规定每届年终，各级官署须造具户口变动表呈报。

民国十一年（1922 年），内务部又公布了《内务统计查报规则》。此查报规则是对《统计表编制暂行规则》的修正，并附表式 67 种。其中有关人口的，有统计表式 9 种，市、乡调查票两种。调查票指出生票和死亡票，标志着生命统计被正式列入官方统计内容的开始。

由于 1916 年袁世凯死后，国内政治混乱不堪，北洋政府已无力举办全国人口调查，非官方的人口估计便受到人们的重视。（1）海关报告：据称系"按物品消费量推算"，但只有人数，没有户数和男女分别人数，且实际上大部分根据政府调查报告及其他方面的数据抄袭而来，小部分由各埠海关职员估计。而编制方法也极为简陋，所以并没有实际价值。（2）邮政局的调查统计：中国邮政局于民国八年（1919 年）、九年（1920 年）、十四年（1925 年）、十七年（1928 年），均有中国人口调查报告，也只有人数，没有户数及男女分别人数。其资料来源，是由各地地方官及各邮政局职员调查或估计而来。由于邮区划分与普通行政区不太相符，所以，二者的报告有时不能一致。例如，民国十四年（1925 年）比民国九年（1920 年）约增加 49410000 人，计每年的平均增加率为 21.7‰，不足可信而属于我国半官方人口报告，国外学者在讨论中国的人口问题时，常引用之。（3）中华续行委办会（Chinacontinuation Committee）的人口调查估计：他们从警察和政府官员手中得到各县的人口报告，又请各省教会的代表重新审议是否准确；其所缺部分，则以邮政局的调查数据代替，与同时期邮政局的报告相较。中华续行委办会对四川、福建的人口估计较高。总的来看，数据的可信度也不高，因为大多数报告仍代表了私人的估计。其优点在于，该会是最早以一县为我国人口研究最小单位的机关。

（三）国民党统治时期的人口调查与估计

国民党南京政府内政部于民国十七年（1928 年），拟定户口调查统计规则及表式，通令各省办理调查。截至 1930 年年底，依照内政部颁规则调查完竣的有 13 省；仅调查一部分的有 3 省，其余省份则依据各省过去的资料估计，合计全国人口总数为 474787386 人。由于这次调查的表式本身有缺陷，调查结果明显不真实。后经陈长蘅重新修订及内务部多次修正，最后改为 441849148 人，但这个数字主观估计的色彩依然浓厚。

民国十八年（1929 年），内政部公布了《人事登记暂行条例》。民国二十年（1931 年），国民党政府颁布了户籍法，但因政局混乱始终未能施行。当年五月，内政部举行了各县城及各镇市、各村落人口调查。

1936 年，内政部为筹办国民大会代表选举，需要全国各行政区的人口数字，通电各省、市政府，查报所属各县局户口实数。先后报内政部者，计有 30 个省、市。其资料来源，大部分根据编查保甲户口所得。统计结果为，全国人口总数为 461363646 人。这也是全民族抗战爆发前的最后一次人口统计。但据《中国人口问题之统计分析》（1944 年），1936 年的人口为 479084651 人。

抗战期间，国民党政府为实施征兵制度，决定清理户籍。民国二十八年（1939 年），《县各级组织纲要》公布，保甲制度的性质变更。内政部一方面另定县级保甲户口查编办法，另一方面准备实施户籍法。民国三十年（1941 年），修正了《户籍法施行细则》。1942 年，内政部设置了户政司，掌管人口调查、人口登记、人口政策等项事务。该司设置后举办了户政人员训练班，并督促各省、市亦设置相应机构并开展培训。但是，户籍登记归内政部主管，户口普查归主计处主管，立户查口，标准各异，进行步骤也难协调。加之保甲户口编查及警察机关的户口调查，几方的调查口径支离破碎，很难获得一致的调查结果。为此，内政部在 1944 年 9 月提出了户籍法修正草案，于 1946 年 1 月由国民党政府公布。

抗战胜利后，国民党政府为办理复员，迫切需要各地的人口数字。内政部在督促各省、市举行户口清查、办理户籍登记的同时，还另定了乡镇保甲户口统计表式，通电各省、市政府，根据办理户口清查或户籍登记的结果，将每年 1 月及 7 月的资料整编后上报内政部，汇编全国户口统计。未据查报省、市，则以旧有资料补充。现在所收集到的 1946～1948 年的几次人口统计结果，就是这种城镇保甲户口统计的汇总。1946 年年底的统计为 455592065 人，1947 年年底的统计为 463798093 人，1948 年年底的统计为 465237773 人。虽历次统计中，人口均在增加，但那时国民党统治区已缩小，大多数地区的人口数据只是抄袭抗战前旧有的报告数据，资料的可靠性降低，与实际人口的偏离程度加大了。

国民党统治时期，除了举行了几次全国性的人口调查与统计之外，还在各省、市、县进行了多次地方性人口调查与统计。民国十八年至二十三年（1929～1934 年），各省政府均进行了户口调查，统计结果发表在该省《民政公报》上，或编印成册。编查方法多以内政部在民国十七年（1928 年）颁布的调查规则及表式办理。现将各年编查省份陈列如下：

民国十八年（1929 年）：计有山西、河北、吉林、绥远、察哈尔、热河、宁夏等。

民国十九年（1930 年）：计有湖南、山西、山东、河北、陕西、辽宁、察哈尔、宁夏等。

民国二十年（1931 年）：计有江苏、浙江、福建、广东、广西、贵州、山西、河南、察哈尔、宁夏等。

民国二十一年（1932 年）：计有江苏、浙江、江西、陕西、山西、河南、湖南、广东、云南、察哈尔、宁夏、绥远等。

民国二十二年（1933 年）：计有江苏、安徽、江西、河南、湖北、贵州、广西、宁夏、青海等。

民国十八年至二十三年（1929～1934 年），各市按照内政部在民国十七年（1928 年）所订各市每月户口变动统计表式，将迁入迁出的户口数，以及出生、死亡、婚嫁等男女人数，按月编查，在年终汇总呈报中央。这些市有：南京、上海、北平、青岛、西安、杭州、广州、长沙、汉口、济南、天津、兰州等，及其他各省会，其中，以上海市所编最为详密。此外，自民国十七年（1928 年）以后，各市大多时常举办临时人口调查，挨户填报，以考察静态人口，并将所得结果编成统计报告。这些市有：南京市在民国十七年（1928 年）进行首都第一次户籍调查，上海市在民国十七年（1928 年）十一月进行户口调查，北平市在民国十八年（1929 年）二月进行户口调查，青岛市在民国十九年（1930 年）一月进行户口调查，福州市在民国十七年（1928 年）十二月进行第一次户口大调查，广州市在民国十七年（1928 年）十一月进行户口调查，汉口市在民国十七年（1928 年）进行第一次户口清查、在民国十九年（1930 年）进行第二次户口清查，昆明市在民国十七年（1928 年）进行户口调查，天津市在民国十七年（1928 年）进行第一次户口调查。

（四）民国时期部分民间学术机构团体所作的人口抽样调查

值得一提的是，由于受到西方人口统计的影响，民国时期的一些学术团体曾作过一些人口抽样调查。这些调查的样本数虽然较小，但方法较为详密，所得结果颇有价值，现略述如下（多

采用直接调查法）：（1）河北省定县人口调查：民国十九年
（1930年），平民教育促进会曾在此举行社会及人口调查，采用
抽样调查法，仅在县属第一区实地调查5255家，查得每户平均
人口为5.8人，以此为比例推定全县人口数。1934年9月，还举
办过一次人口调查，经5个月完毕，但因县政府负责人更换，未
印出报告，也没有接着办理人事登记。（2）江苏省句容县农业
及人口调查：民国二十二年（1933年），参谋本部国防设计委员
会与江苏省句容县政府合作，办理该县的人口农业总调查，调查
方法为挨户查询，目的在于考察资源。故而，所查项目以农业为
主、人口为辅。这次普查的结果为，句容一县人口总数为
279455人。但由于定义欠明确，造成统计结果意义含混。（3）
江苏省江阴县峭岐镇调查：在这次普查中，以3月份为普查期
限，所用的人员为一个监察员管辖八名付工资的调查员。普查结
果是：有4579户，总人口为21864人。（4）江苏省江宁县户口
清查：1933年10月，以着重政治工作及社会改良工作为目的，
举行了一次人口普查。此次普查的结果为，江宁县的面积为
2272平方公里，总人口有562063人。这次普查有人与户遗漏、
重复的情形。（5）山东省邹平县1935年的普查工作：由邹平实
验县政府与山东乡村建设研究院合办，把全县分为14个巡区、
33个调查区，有调查员169人。人口普查完毕后，接着办人事
登记，但不久，登记工作停顿。（6）福建省长乐县1935年的人
口普查：长乐县面积为510平方公里，有51545户、1227801人，
将全县分成51个监察区、264个调查区。这次普查似乎是采用
住所制加调查人口，没有明确的定义，因此，全县总人口有许多
混乱的地方。（7）浙江省兰溪县1936年的调查：全县面积为
3034平方公里。普查结束后，接着举办人事登记，但旋即停顿。
（8）四川省成都平原1942年的人口调查：这次人口普查是由国

民党政府主计处与四川省政府合办的，估计面积有 1771 平方公里，总人口为 619471 人。（9）四川省彭县、双流、崇宁等 9 县（1942～1943 年）的示范户口普查：总户数为 378997 户，总人口为 177814500 人。（10）乔启明等人在 1924 年、1931 年先后进行的两次调查：由于范围较广、区域较宽，是比较值得注意的两次重要调查，所得出的结果也极具参考价值。其中，1924 年在安徽、河南、江苏、山西 4 省进行农家调查，4 省之中共选出农家 4216 户，包括人口 22176 人，得到出生率为 42.6‰。1931 年的调查区域包括河北、山东、山西、河南、安徽、湖北、江苏、浙江、福建、广东 10 省的农家 12456 户，出生率为 35.7‰。

四、对现有民国人口统计资料的评价

（一）对人口总数统计的评价

首先要指出的是，不论是民国人口的登记制度、历次人口普查，还是民国人口资料的获得，都不可避免地涉及户口统计和调查的覆盖面问题。在民国不长的 38 年中，从袁世凯当政到军阀割据，从国民党政府建立到抗日战争、解放战争，动荡的时局使得没有一个政府能真正控制全中国偌大的疆域。控制权限的乏力，社会、经济、文化状况的每况愈下，使得 1912 年以后的一次次人口普查因其覆盖面不断缩小，导致部分边远省份的人口调查流于形式，几乎没有进行，从而，所得的全国总人口数往往是偏低的。但是，这里需要指出的是，通过前面的分析，由于清光绪年间（1909～1910 年）的户口调查与民国初年的人口调查曾在大多数省、市得到了贯彻和执行，尽管也存在漏报现象，但相对于民国其他年度的统计数，内政部根据这两次普查统计的 1912 年的人口总数应该说是比较准确的。对于这一点，我们将结合回顾性调查资料与 1953 年的人口普查资料来加以说明。

鉴于 20 世纪初中国人口总数的重要性，不少学者都曾用 1953 年的人口普查数据，评价和估计民国时期的总人口数，结果如下。

表1 民国时期中国人口估计

1909～1910 年	增长率估计	371206489
1912	Waccen H. Cbead 条例	293275600
1912	价维恺估计	411000000
1912	内务部户口统计	4156000700
	W. F. Willeas 统计	461743000
1928～1925 年	马长厨估计	41500448926
	Wacea H. Chenli 估计	415000617
	刘南民估计	471855000

虽然这些估计的准确性并不能令人完全信服，然而，它们都反映了民国人口调查数据中全国人口总数过低的事实。另外，国外的有关研究中，刘大中、叶孔嘉等人曾利用 1953 年的资料对 1933 年的中国人口作了评价、估算，也认为民国时期的人口估计数偏低。

1959 年，联合国经济与社会理事会利用 1953 年的中国人口普查数据和其他有关的生命统计，对 1900～1953 年的中国人口进行了回顾性计算。在它建的两个模式中，一个适用于 45 岁及以上的人口，另一个适用于 44 岁以下的人口。在综合两者的基础上，联合国经社理事会提出对 1900～1953 年中国人口发展的估计：1900 年，中国人口已达到 4.43 亿，1920 年为 4.76 亿，1930 年为 4.93 亿，1940 年为 5.12 亿。这一估算对 1900～1943 年的中国人口采用了固定的增长率，出生率为 37‰。死亡率为 33‰，自然增长率为 3.6‰。这是一个过低的人口增长率。它反映了中国人口在这一期间因战争、饥荒、瘟疫等天灾人祸遭受巨大损失的基本事实，但联合国经社理事会对 1900 年中国人口的估计显然是过高了。

（二）民国时期出生与死亡数据的评价

民国时期，调查制度与统计覆盖面等的局限性，导致女婴漏报与死亡漏报严重，从而使民国时期人口调查中的生命统计资料质量较差，几乎没有使用价值。例如，从附表 2 可以看出，现有民国时期的出生与死亡资料显示的数值差异甚大，且种种迹象表明，这些数据的可信度也不高，但这些数据为进一步研究民国的人口特征奠定了基础。比如，约翰·查尔斯·卡特威尔在其《中国人口的普查户》一文中，曾经利用 1950～1955 年的死亡率推演回去，假定在 20 世纪 40 年代初，死亡率降低很慢，从而得到 1940 年的中国全国人口的出生、死亡状况：总和生育率为 5.25，粗出生率在 40‰左右，粗死亡率在 25‰～30‰左右，自然增长率为每年 14‰，出生预期寿命大约为 37 岁。Thompson 调查的结果（出生率为 45‰，死亡率为 39‰），与乔启明所作两次部分省的人口调查显示的出生率与死亡率数据，以及陈达的估计，也都反映了民国时期高出生、高死亡的人口再生产类型。

（三）利用 1949 年以后的回顾性抽样调查资料，对 1912 年民国政府内政部统计的人口总数进行检验

历次回顾性抽样调查资料，对于民国人口资料的空白无疑是一种较为可靠的填补。例如《1988 年全国生育、节育抽样调查报告集》（生育卷、死亡卷），对 20 世纪 40 年代中国人口的生育率、死亡率作了回溯性调查，完全可以作为进一步复原历史的有力工具。另外，李伯华等人曾利用 1987 年老龄人口调查资料中的回顾性数据，对民国时期三四十年代的总和生育率进行了估计，其结果与约翰·查尔斯·卡特威尔的估计是相似的。

我们根据回顾性抽样调查资料，可以推出 1945～1949 年民国时期的平均人口自然增长率为 8‰，方法如下：（1）利用《死亡卷》中 1945～1949 年的分年龄死亡率数据，计算出 1945～1949 年的 CDR＝36‰。（2）将文中 1945～1949 年的 TFR 值，代入 CBR 和 TFR 之间的线性回归公式，CBR＝0.0002453＋0.0070TFR，得到 1945～1949 年的 CBR 值为：CBR＝44‰。（3）由（1）（2）得出 1945～1949 年的平均年增长率为：r＝8‰。

由于民国时期人口的生育水平仍然受传统生育模式制约，因此，其波动必然较小；而民国时期的人口死亡率则长期受战争与灾害的影响，其波动范围也必然较小。从而，我们有理由认为，民国时期的人口自然增长率也应在 8‰。因此，再根据 1953 年的人口普查资料，可以推得 1912 年的人口总数约为 4.2 亿人。考虑到这两次人口调查中存在的漏报现象，这一估计数应当接近 1912 年的人口总数；同时也说明，清末民初两次调查的资料是可以利用的。

需要指出的是，利用回顾性抽样调查估计的结果，反映出民国时期的人口再生产水平是高出生、高死亡的再生产类型。与附表 2 对比可以看出，与这一估计值比较接近的全国范围的粗死亡率与粗出生率数据，有乔启明、桂田、陈达等学者的统计调查与估计。这一点也说明，民国时期学术团体的一些人口调查资料也是可以加以利用的。

关于民国时期婴儿死亡率数据的评价，则可以结合 1945～1949 年的生命表中的婴儿死亡率加以对比分析。由此，1945～1949 年的平均婴儿死亡率为 201.48‰，进一步可以计算出该时期的婴儿死亡率为 224.05‰，而 0～4 岁的婴儿死亡率为 143.40‰。由于整个民国时期影响婴儿死亡率水平的因素基本是相同的，因此，这一估计可以认为也大致反映了民国时期婴儿死亡率的水平。与之相比较，附表3中与之比较接近的数据有许士廉的调查估计。而其他调查由于其覆盖面的限制，所得数据均难以代表当时全国的婴儿死亡率水平。

总之，1949年以后的抽样调查资料是较为准确和可靠的，只要运用适当，不失为研究民国人口问题的新途径。

附：民国时期人口资料的来源状况总表

附表1　民国时期全国人口总数估计

年份	户数	人数	单位、出处、资料来源
1912	76386074	109810397	内务部户口统计，《中国经济年鉴》（1934年）
1914	—	101735101	统计局《中华民国统计提要》（1935年）
1921	—	123382500	海关《中国经济年鉴》（1934年）
1922	—	123154993	海关《中国经济年鉴》（1934年）
1927	—	149534580	海关《中国经济年鉴》（1934年）
1927	—	457787000	海关《中国经济年鉴》（1934年）
1928	—	474787786	
1929	—	419057800	
1933	33960443	121080937	统计局《中华民国统计提要》（1935年）
1936	88827315	579680056	
1944	81180108	451665731	
1946	94456377	466592065	
1947		463798003	
1948		465272772	

附表 2　民国时期对出生率与死亡率的调查与估计

地区	时间（年）	出生率（‰）	死亡率（‰）	资料来源
22 省农户	1928~1931	35.7	25.0	C. M. CHialeRurulPqpulntion&
河北	1931	37.0	88.7	定县社会概况调查
武汉	1925	32.0	21.0	
山西	1925	18.3	17.7	
山东	1908~1928	24.8	13.5	中国社会学社：《中国人口问题》
江苏	1925	20.11	21.30	
山北	1921	42.2	27.5	Buck. J. LChinere Baron
河北	1928	58.4	37.1	茂荣大学《农学学刊》第 18 号
中国	1923	25.0	23.0	Eayt. E. Mr Mankend al
香港	1922		27.5	Narional Merioel. lang
北平	1921	25.5	13.6	CANAE：SDpekingA
潮州	1918	31.0	34.0	EULPTiHCUNTLifern
中国	1929	40~50	40~50	TLANTRW. Spnrs
北平	1933	31.0	—	
四川	1943	33.8	50.5	
浙江	1933	21.6	13.39	内政部有关材料
上海	1932	12.2	—	
	1933	19.0	—	
	1935	15.74		
	1936	11.76	10.11	
	1937	11.88	10.30	
北平	1929	18.45	17.27	
	1939	18.93	16.93	
	1931	18.41	17.12	
	1933	17.08	14.61	

地区	时间 （年）	出生率 （‰）	死亡率 （‰）	资料来源
	1937	16. 84	14. 91	
	1935	18. 99	13. 64	
	1936	19. 51	16. 30	
	1937	18. 41	25. 68	
汉口	1931	18. 9	16. 81	
	1932	15. 1	16. 30	
	1933	19. 5		
	1934	—	16. 75	
	1935	20. 60	13. 44	
	1936	10. 40	17. 70	
	1937	10. 54	—	
	1937	10. 54	—	

巩固成绩，开拓进取，
促进计划生育工作再上新台阶*

（1998 年 1 月 21 日）

现在，我向大家通报 1997 年 9 月到 12 月实施全国人口与生殖健康调查的基本情况和初步汇总结果。由于时间比较仓促，数据汇总、分析工作还正在进行，只能把先期汇总的结果向大家通报，以利于对全国和分地区情况的研究。

一、调查的基本情况

这次调查是为了回顾"八五"以来全国人口的出生率水平，掌握当前我国育龄人群的避孕情况、生殖健康现状，以及群众对计划生育服务的需求，为今后进一步提高计划生育工作的管理水平和服务质量提供科学依据。调查分两期进行，第一期调查的内容为人口的基本情况和出生历史；第二期调查的内容为育龄妇女的生育、避孕、生殖保健及其需求，还列入了计划生育服务等项目。这次调查共抽取了分布在全国各省、区、市 337 个县的 1041 个样本点。在全国各省、区、市的共同努力下，现场调查进行得十分顺利。第一期共调查登记了 186089 人，其中常住人口 16987 人。第二期调查的对象为第一期调查人口中的部分育龄

---

* 这是蒋正华同志在 1997 年全国人口与计划生育形势分析会议上的讲话。

妇女，共抽取了 16090 人，调查登记了 15213 人，调查率为 95%。为保证调查质量，在第一期调查结束后，国家计生委组织了质量检查以确定调查误差。

由质量检查结果确定的第一期出生率调查误差为 6.47%。根据计算，在 95% 把握度的范围内，这次调查的 1990 年以来历年的出生率抽样误差均小于 4%，1987 年国家统计局 1% 抽样调查的抽样误差为 4.3%，1988 年 2‰抽样调查的抽样误差为 1.3%，1992 年 38 万人调查的抽样误差为 2%。

本次调查推算所得的生育数据，与国家统计局人口变动抽样调查、1995 年 1% 人口调查结果相比基本一致（见表 1）。这些数据可以用来分析全国和各大区域的人口形势。

表1 按照1997年国家计划生育委员会调查的人口年龄结构推算的出生率
与国家统计局公布的出生率及其有关数据的比较 （单位:%）

年份	国家统计局的分布数	国家统计局当年调查的汇总数	按照1990年年末年龄结构推算	按照1995年9月末年龄结构推算	按照1996年年末年龄结构推算	按照1997年9月末年龄结构推算
1982	22.28	21.09	21.99	24.53	23.22	23.02
1983	20.19	18.22	20.13	21.16	20.30	20.48
1984	19.90	17.50	19.73	20.00	20.70	19.49
1985	21.04	17.80	20.62	21.73	20.86	20.76
1986	22.43	20.77	22.41	23.18	24.15	23.27
1987	23.33	21.04	23.33	26.32	26.69	26.59
1988	22.37	20.78	22.44	23.79	24.67	24.16
1989	21.58	20.83	21.55	24.33	24.51	23.97
1990	21.06	21.78	21.78	23.90	24.40	25.28
1991	19.68	17.58	—	18.75	18.13	18.84

续表

年份	国家统计局的分布数	国家统计局当年调查的汇总数	按照1990年年末年龄结构推算	按照1995年9月末年龄结构推算	按照1996年年末年龄结构推算	按照1997年9月末年龄结构推算
1992	18.24	16.28	—	16.33	16.08	16.70
1993	18.09	15.65	—	15.07	15.02	15.43
1994	17.70	15.38	—	12.67	13.93	13.78
1995	17.12	14.30	—	14.36	13.40	13.71
1996	16.98	14.17	—	—	12.47	12.61
1982~1985	20.85	18.65	20.62	21.86	21.86	20.94
1986~1990	22.15	21.04	22.30	24.30	24.88	24.65
1991~1995	18.17	15.84	—	15.44	15.31	15.69

注：1. 1990年年末年龄结构为国家统计局人口变动调查数据，1995年9月末年龄结构为国家统计局1%调查数据，1996年年末和1997年9月末年龄结构均为人口与生殖健康调查数据。

2. 按照1995年9月30日年龄结构数据和1997年9月30日年龄结构数据分别推算的出生率，不是日历年度，而是跨年度的。例如，1992年的出生率，实际上是1991年10月1日至1992年9月30日的出生率。

二、20世纪90年代人口变动趋势

（一）出生率的变化

我们利用本次调查得到的人口年龄结构数据，推算了1990年以后全国历年的出生率（见表2）。与国家统计局公布的数据比较，推算的出生率偏低，特别是1994年后的出生率只略高于报表数，但变动趋势是一致的。大体而言，自1991年以后，全国人口的出生率逐年下降。按照此次调查结果直接推算，全国1997年的出生率比此次调查所得1990年的出生率下降10.09个千分点，为11.94‰。由于调查年的出生率漏报可能高于回推若干年前出生的低估率，上述估计可能过于乐观。其中，1991年和1992年的出生率分别比上一年有较大幅度的下降；1993～1997年，出生率基本稳定，略有下降。

表2　1990～1996年的出生率　　　　　（单位：‰）

年份	第二期估算		第一期估算	计划生育报表	国家统计局公布数
	一期	"四普"			
1990	22.03	22.81	24.40	16.89	21.06
1991	17.23	17.54	18.13	14.90	19.68
1992	15.21	15.39	16.08	13.85	18.24
1993	14.86	15.05	15.02	13.49	18.09
1994	12.88	13.04	13.93	13.41	17.70
1995	12.73	13.94	13.40	12.83	17.12
1996	12.46	12.85	12.47	12.18	16.98

注：第一期估算以第一期调查的人口年龄结构回推估算。第二期估算栏中的"一期"以第一期调查的人口年龄结构和第二期调查的年龄别生育率估算，"四普"以"四普"的人口年龄结构和第二期调查的年龄别生育率估算。

出生率的变化，受妇女占总人口的比例、育龄妇女年龄结构、初婚年龄和已婚妇女总和生育率4个因素影响。全国1997年的出生率比1990年下降10.09个千分点。根据我们的分析，性别和年龄结构的变化使1997年的出生率与1990年相比，减少了1.23个千分点，约占12.2%；而初婚年龄和已婚妇女总和生育率两个因素分别使得出生率减少了1.62个千分点和6.18个千分点，约占 61.2%。全国 1997 年的出生率比 1996 年下降约 0.5 个千分点，主要是受性别和年龄结构变化的影响。

（二）初婚情况

1990 年以来历年的总和初婚率见表 3。由表 3 可知，1991～1994 年，我国妇女的总和初婚率低于 0.9%，最低的年份仅为 0.82%，形成了初婚"低谷"。1995 年，总和初婚率开始回升，接近正常水平（0.98%）。与之相应，自 1990 年以后，我国妇女的平均初婚年龄逐年提高，1995 年较 1990 年提高了 1 岁。同期，早婚率下降，晚婚率上升，也表现出同样的特征。这说明"八五"期间，我国有效地推行晚婚晚育，相当多的妇女推迟结婚。

表 3 女性人口总和初婚率和调查的初婚年龄

年份	1990	1991	1992	1993	1994	1995	1996
总和初婚率（%）	0.98	0.82	0.85	0.82	0.88	0.95	0.93
平均初婚年龄（岁）	21.9	22.2	22.3	22.5	22.7	23.0	23.0

（三）生育水平的变化

自 20 世纪 90 年代以后，全国妇女的平均生育水平明显下降（见表 4）。其中以 1991 年下降幅度最大，总和生育率由本次调查 1990 年的 2.29 降到 1.35，降低了 0.94 个孩子/每名妇女。若按计划生育部门的报表数估计，1990 年的总和生育率为 1.70；按国家统计局公布的出生率估计，1990 年的总和生育率为 2.11；1991 年，总和生育率下降了约 0.35。1992 年、1993 年，生育水平继续下降，1994～1996 年基本稳定。分城乡来看，农村的变化更加显著，1996 年比 1990 年降低 1.07，城市同期降低 0.59。

表4　1990~1996年的总和生育率

（单位：个孩子/每名妇女）

年份	全国	农村	城镇	一孩	二孩	三孩
1990	2.29	2.56	1.46	1.03	0.77	0.49
1991	1.75	1.94	1.14	0.93	0.54	0.28
1992	1.56	1.74	0.07	0.84	0.48	0.25
1993	1.51	1.66	0.99	0.88	0.42	0.20
1994	1.37	1.41	0.94	0.77	0.40	0.15
1995	1.32	1.47	0.84	0.87	0.35	0.10
1996	1.35	1.49	0.87	0.90	03.33	0.12
1997	1.37	1.41	1.23	—	—	—

　　分孩次来看，生育水平的变化也很大。1991~1996年，一孩总和生育率明显地小于1；1994年为最低点，达到0.77。但从同批初婚妇女婚后各年的初育累计比率和递进比率来看，这几年的变化并不大。其原因是，20世纪80年代后期，有一部分妇女已经提前结婚、生育。早婚早育的结果是，20世纪90年代初，各年龄组妇女中能生育一孩的人数减少。婚龄的推迟也同样有这种效果。调查表明，平均生育一孩的年龄在这6年间增加了0.5岁（见表5）。这两种原因互有一定联系，对一孩总和生育率下降的影响大致相当，但在前几年，以前一种因素的影响为主，近年来，第二种因素的影响增大。初婚初育平均间隔有所增大，但不明显。有一部分妇女推迟了初婚年龄，并相应推迟了初育。这也是这几年一孩总和生育率连续小于1的原因之一。

表5　1990～1996年的平均生育年龄和平均生育间隔

年份	平均生育年龄（岁）			平均生育间隔（年）	
	一孩	二孩	三孩	初婚初育	一孩、二孩
1990	23.40	26.46	29.58	1.86	3.76
1991	23.32	25.92	29.60	1.83	3.50
1992	23.24	26.43	29.38	1.90	3.78
1993	23.44	26.69	29.68	1.80	3.92
1994	23.55	26.75	29.35	1.93	4.43
1995	23.63	27.67	29.98	1.93	4.65
1996	23.96	27.08	29.59	1.96	5.12

1991年以后的二孩总和生育率，均低于按现行生育政策规定的二孩生育水平。其原因主要是20世纪80年代，间隔不够生育二孩的现象比较普遍，从"八五"期间开始，政策外生育二孩得到有效的控制。其主要表现是：

1. 1990年，第一个孩子是男孩的妇女中，有70%的妇女生育第二个孩子；1997年，下降到28%（其中包括一部分政策允许的二孩）。

2. 间隔生育的规定落实较好。一孩是女孩、不足4年间隔生育二孩的，1990年为61%，1997年下降到17%左右。

汇总分析数据表明，一孩是女孩的妇女生育二孩的约为56%。除漏统因素和部分城市、农村的妇女按当地有关条例只生一孩外，还有一些可以生育二孩的农村妇女也只想生一个孩子，这是近年来二孩总和生育率比较低的另一个原因。从上述数字还可以看到，大量妇女已有一孩，按照规定的生育间隔，将在"九五"后期生育二孩，二孩总和生育率也将有所回升。

多孩总和生育率在6年间下降了77%。这是有效控制政策外生育的结果。但多孩的计划生育率仅为50%左右，说明生育多孩的家庭的计划生育观念十分淡薄。

从已婚妇女的平均曾生子女数来看，各年龄组都有明显变化。35~39岁组妇女平均生育子女数为2，比1990年同年龄组减少0.48，比1992年同年龄组减少0.28。这批妇女的避孕率为96%，其中采取长效避孕措施的占94%。由此可认为，这批妇女目前的累计生育水平就将是她们的终身生育水平。20~24岁组和25~29岁组妇女平均生育子女数分别为0.76和1.23，分别比1992年同年龄组减少0.13和0.31。与35~39岁组的数据比较，29岁以后总和生育率的相对变化比较平稳。如果计划生育工作持续健康地发展，妇女的终身生育水平将继续降低，但降低的速度减慢。

对农村流动人口的计划生育管理是当前工作的重点。调查表明（见表6），农村流动人口中妇女的年龄集中在20~34岁；流出农村的妇女集中在低年龄组，主要是外出务工；流入农村的妇女集中在20~29岁，婚迁可能是主要原因。无论流出或是流入农村的妇女，她们的总体或分年龄的生育水平都比不流动的低。因此，人口流动是有利于计划生育工作的。

表6　农村流动人口中育龄妇女的年龄结构及生育状况

年龄（岁）	流出农村的育龄妇女			流入农村的育龄妇女			农村育龄妇女	
	年龄分布（%）	占同岁妇女的比例（%）	曾生子女数（个）	年龄分布（%）	占同岁妇女的比例（%）	曾生子女数（个）	年龄分布（%）	曾生子女数（个）
15~19	1.1	50.2	0.23	0.7	12.5	0.12	0.3	0.36
20~24	23.3	26.6	0.68	29.8	13.4	0.64	10.3	0.79
25~29	33.8	19.9	1.14	34.5	7.0	1.09	22.8	1.32
30~34	25.3	13.0	1.68	17.8	3.6	1.64	22.9	1.92

续表

年龄（岁）	流出农村的育龄妇女			流入农村的育龄妇女			农村育龄妇女	
	年龄分布（%）	占同岁妇女的比例（%）	曾生子女数（个）	年龄分布（%）	占同岁妇女的比例（%）	曾生子女数（个）	年龄分布（%）	曾生子女数（个）
35~39	8.9	8.0	2.07	6.2	2.2	2.18	13.1	2.30
40~44	7.3	5.1	2.15	6.6	1.8	2.20	16.8	2.52
45~49	4.3	3.6	2.53	4.4	1.5	2.87	13.8	3.05
合计	100	12.8	1.36	100	4.62	1.27	100	1.97

20世纪90年代以后，全国妇女的生育水平发生上述变化，其原因是多方面的。主要是中共中央、国务院及有关部门高度重视人口问题，决策正确，措施得力；各级党委、政府真抓实干，充实了计划生育工作的力量，增加了经费投入，解决了工作中的许多实际问题；广大人民群众积极支持和参与；计划生育工作者艰苦努力；相关部门齐抓共管。总的来说，计划生育工作正在不断发展。改革开放和经济社会的发展带来人民生活水平和文化教育水平的提高，促进了人们生育观念的转变，为有效地控制人口增长创造了有利条件。

本次调查的结果表明，与20世纪80年代比较，人们的生育意愿确实发生了变化。本次调查中，有29%的育龄妇女选择只生育一个孩子（生育一个男孩的占4.5%，生育一个女孩的占4.7%，不问性别、只要一个孩子的占19.8%），希望有两个孩子的妇女占到了59.1%，希望生育三个及以上孩子的妇女为8.8%，希望生育孩子越多越好的只有0.5%，大多数的育龄妇女希望有两个孩子，部分妇女希望生育一男一女。在性别上，有48%的育龄妇女希望生育一男一女，还有2.7%的妇女希望至少生育一男一女，说明半数以上的育龄妇女追求最理想的仍是有男孩有女孩。

　　未婚及未育的育龄妇女希望生育一个孩子的占 41.7%。有 31.3% 的妇女不在乎孩子的性别；希望生育一个女孩妇女的有 6.1%，高于希望生育一个男孩的 4.3%，说明基本上不存在性别偏好。希望生育两个孩子的妇女占 46.5%，明确表示希望生育一男一女或至少一男一女的妇女占 39%。值得注意的是，还有 1.8% 的妇女不希望要孩子，她们当中，15～29 岁的妇女占了相当的比重，说明当前发达国家流行的现代妇女生活方式在我国已经为越来越多的年轻妇女所接受。现有一个男孩或一个女孩的妇女中，49% 的有男孩的妇女希望生两个孩子，有女孩的妇女中 59.3% 希望生育两个孩子。看来，年轻妇女的生育观念比她们的长辈确实有显著变化。

　　据 1985 年和 1987 年国家统计局对 7 省 2 市进行的深入的生育力调查，群众在不考虑当前人口政策情况下想要的孩子数，平均起来大致是 2.5 个。此次调查为 1.81 个。这一可喜的变化，既是社会经济发展的结果，也是计划生育工作深入发展的结果。

　　过去 7 年出生率的变化表明，我国计划生育工作在 20 世纪 90 年代继续保持良好的发展势头，第三个出生高峰已平稳度过。但同时应当看到，今后我国控制人口出生的压力仍然很大。其一，由于提高婚龄而一度形成的一孩出生数量减少的“低谷效应”已经结束，初婚和一孩出生的人数将逐渐有所回升。在初婚年龄保持不变的情况下，一孩生育水平亦将基本稳定。如果放松鼓励晚婚晚育的努力，初婚年龄下降，则初婚和一孩出生将出现类似于 20 世纪 80 年代初期那样的“堆积”现象，使初婚和初育水平回升。其二，我国已婚育龄妇女现有一孩的人数较之 1992 年增加了约 17.5%，现有一孩妇女中 80.4% 的人采用宫内节育器避孕，随时可以解除措施怀孕生育第二个孩子，加上采用其他短效避孕措施和无避孕措施的妇女，实际上有可能生第二个孩子的妇女人数达9000万，较之1992年增加了18%。一旦生育政策发生变化或计划生育工作有所放松，二孩出生人数将急剧增加。按照现行计划生育政策，由于前几年部分地区抓紧生育间隔控制产生的二孩生育"低谷现象"已经过去，二孩总和生育率也将有所上升。即使未来人口年龄结构发生改变，生育高峰年龄人群的比例下降，我国每年近年出生的人数仍将在1700万以上，人口增长的形势依然不容乐观。

三、避孕节育情况

妇女的避孕节育情况是本次调查的一个重点内容。我们对已婚有偶妇女的首次避孕情况、现避孕情况、为何接受目前采取的避孕方法、丈夫对这种方法的态度，以及妇女们对避孕节育知识的掌握和持有的态度进行了调查；同时，还询问了未避孕妇女不采取措施的原因；对所有妇女询问了避孕失败的情况。经过初步分析，我国育龄人群的避孕情况有如下几个特点：

（一）综合避孕率的水平较高

本次调查显示，已婚育龄妇女的避孕率为87.3%，育龄妇女的综合避孕率为71.8%。与1992年38万人调查相比，已婚育龄妇女的避孕率提高了3.9个百分点。由于调查中核实避孕情况的难度较大，这个数字也可能偏高。

已婚育龄妇女的避孕率，受分年龄的避孕率和已婚育龄妇女年龄结构影响。用因素分解法分析，分年龄的避孕率提高而使得总避孕率提高1.3个百分点（占33.3%），妇女年龄结构使得总避孕率提高2.6个百分点（占66.7%）。

（二）避孕方法仍以长效为主

从避孕方法构成看，绝育占 50.5%，宫内节育器占 42.2%，药具占 6.1%，其他避孕方法占 1.9%。绝育和宫内节育器两项合计占到 92.7%，与 1992 年相比下降了 0.9 个百分点，没有发生太大的变化。其中，男性绝育、女性绝育所占比例略有下降（分别下降了 2.1 个和 0.9 个百分点），宫内节育器所占的比重略有上升（上升了 2.1 个百分点）。

（三）低年龄组的避孕率有较大幅度提高

1997 年的年龄别避孕率与 1992 年相比，25～29 岁及以上各年龄组的避孕率水平基本上没有变化，但 20～24 岁年龄组的避孕率提高了近 10 个百分点。这一方面是近年来避孕的及时率不断提高的结果；另一方面，是部分妇女结婚后为推迟生育时间，主动采取避孕措施的结果。1992 年，无孩妇女的避孕率只有 5.8%，而这次调查的无孩妇女避孕率已达到 20%（其中，60% 以上为城市人口）。低年龄组避孕率的提高，对我们控制生育率和提高妇女的生育健康水平都是十分有益的。

（四）首次避孕起始时间较晚

虽然我国的避孕率很高，但首次避孕起始时间较晚。调查数据表明，93.5% 的妇女在首次性生活时没有采取避孕措施，50.9% 的妇女是生育了第一个孩子之后开始避孕，有 32.5% 的妇女生育了第二个孩子以后才开始避孕。全国只有 8.2% 的妇女在生育第一个孩子之前采取过避孕措施。按照初婚的不同年代进行分析，随着时间的推移，首次性生活时未避孕的比例呈下降趋势，但农村地区的变化并不十分显著。

对首次性生活时没有避孕的原因的分析表明，有 55.6% 的妇女是想要孩子而没有避孕，有 40.7% 的妇女是因为没有想到或不知道要避孕。这说明，还有 2/5 的妇女在进入婚育期后对避孕知识缺乏了解。另外还有 1.4% 的妇女是因为得不到想采用的避孕方法而没有避孕，1.3% 的妇女是因为担心有副作用或影响性生活质量而未避孕。

（五）城乡避孕方法的构成差异较大

从这次调查的结果看，城市、农村的避孕率水平没有明显差别，但它们的构成有较大的不同。

农村中避孕的妇女有 96% 使用长效避孕措施，只有 3% 的妇女使用避孕药具；城市中使用长效避孕措施的妇女为 80.4%，使用避孕药具的妇女达到 17.1%；城市妇女不仅使用避孕药具的比例高于农村，而且人数也多于农村；按照不同孩次划分，城市中无孩妇女的避孕率为 39%，远远高于农村的 12%。

（六）妇女的避孕知识水平和"知情选择"率较低

4600 多名采用宫内节育器的妇女中，有 54% 的妇女不知道自己上的是什么类型的宫内节育器；城市、农村妇女中，不知道的比例分别为 40% 和 60%。

我们在询问妇女"何时同房最容易怀孕"这一问题时，有 42.1% 的妇女回答"不知道"，有 35.5% 的妇女回答正确或基本正确。

在调查的有偶妇女中，有 43% 的妇女是在计生部门要求下才选择自己所用的避孕方法；48.9% 的妇女没有经过专业人员的任何介绍，是自己作出选择的；只有 4.8% 的有偶妇女是经过专业人员的介绍后，由自己作出选择。可见，目前避孕节育措施的"知情选择"推行的范围很小。

（七）避孕的有效率还不高

避孕的有效率是衡量避孕质量的一个重要指标。这次的调查资料显示，有近 1/4（24.3%）的有偶妇女有过避孕失败的经历（主要集中在低文化程度的人群中）；农村中，这项比例为

22.2%，低于城市的32%。这和城乡避孕方法的构成有关。避孕失败按方法分，宫内节育器和药具是失败率最高的两大类，分别占总失败人数的71%和19.5%；绝育占5.8%。

（八）药具供应有待改进

使用避孕药具的育龄群众中，有近60%由计生部门或单位提供；农村使用避孕药具的人群中，到商店等销售网点购买的占17.3%，城市中占35.2%。52.7%的群众得到免费的避孕药具，34.5%的群众需要自费购买。其中，农村使用避孕药具的人群中，自费的比例占28.7%；城市中占38.1%。计生部门或单位能做到免费送避孕药具上门的，只有36.2%。

四、技术服务情况

（一）避孕节育手术的构成情况

1.20世纪90年代计划生育手术构成的变化。1990年以后，各年计划生育手术的构成（见表7）发生了一些变化：女性绝育占当年总手术量的比例呈逐年下降的趋势，从1990年的51.4%下降为1997年的15.1%；放置宫内节育器的手术比重不断上升，从1990年的39.0%上升到1997年的62%。同时，其他类别的手术，例如取出宫内节育器、人工流产以及引产的比例也有不同程度的上升。值得注意的是，已婚育龄妇女人工流产、引产的比例呈上升趋势，由1990年的5%，上升到1997年的9.4%。在被调查者中，20%的农村已婚育龄妇女做过人工流产手术，做过1次以上人工流产手术的比例为4.1%；城市中有50%以上的已婚育龄妇女做过人工流产手术，其中1次以上的比例占15.3%。

表7 1990 年以后各种计划生育手术的分布情况 （单位：%）

年份	女性绝育	绝育复通	皮埋置入	皮埋取出	放宫内节育器	取宫内节育器	人工流产	引产
1990	51.4	0.0	0.0	0.0	39.0	4.5	3.6	1.4
1991	48.7	0.0	0.6	0.1	39.2	4.9	4.6	1.9
1992	34.6	0.1	0.1	0.0	52.5	7.0	4.3	1.4
1993	33.0	0.0	1.5	0.1	55.6	4.0	5.1	0.7
1994	27.2	0.0	2.2	0.6	56.1	5.7	6.5	1.7
1995	21.6	0.5	2.0	0.2	59.7	6.8	7.0	2.1
1996	16.3	0.0	0.8	0.1	65.9	8.0	6.8	2.1
1997	15.1	0.0	0.5	0.3	62.0	12.7	7.0	2.4

注：由于该项调查仅对妇女进行，未含男性手术。

表 8 表明，35 岁以上的已婚育龄妇女一生中平均接受计划生育手术 2.36 次，且城市略高于农村；平均每个年龄在 35 岁以上的已婚育龄妇女放过 1 次宫内节育器。值得注意的是，城市已婚育龄妇女一生中人工流产的次数已接近 1。

表8 35 岁以上育龄妇女接受各种计划生育手术的平均次数

（单位：%）

手术类型	合计	农村	城市
女性绝育	0.50	10.60	10.20
绝育复通	0.00	0.00	0.00
放置皮埋	0.00	0.00	0.00
取出皮埋	0.00	0.00	0.00
放节育器	0.95	0.92	1.03
取节育器	0.36	0.37	0.33
人工流产	0.44	0.31	0.83
引产	0.10	0.12	0.05
合计	2.36	2.33	2.45

2. 20 世纪 90 年代实施计划生育手术的育龄妇女的年龄构成。与 20 世纪 80 年代相比，妇女的绝育年龄呈上升趋势（见表 9）。20 世纪 90 年代，妇女绝育时的平均年龄为 32.6 岁，90% 的受术妇女年龄集中在 25～39 岁，30～34 岁组所占比重最大，占 43.8%。1987 年，妇女绝育时的平均年龄为 28.8 岁，90% 的受术妇女年龄集中在 20～34 岁，25～29 岁组所占比重最大，占 38.1%。女性绝育年龄的上升对女性身心健康有利。20 世纪 90 年代，已婚妇女放置宫内节育器的平均年龄是 29 岁，与 1987 年相比，年龄也呈上升趋势。已婚妇女人工流产的平均年龄是 31.5 岁，平均引产年龄是 31.23 岁。

表 9　20 世纪 90 年代各种计划生育手术的年龄分布　（单位:%）

手术类型		15～19 岁	20～24 岁	25～29 岁	30～34 岁	35～39 岁	40～44 岁	45～49 岁
生殖健康调查*	女性绝育	0.0	1.8	26.6	43.8	16.9	8.9	2.0
	放置皮埋	0.0	8.6	27.6	34.5	12.1	15.5	1.7
	放节育器	0.2	16.5	46.8	24.4	7.6	3.6	0.8
	取节育器	0.0	3.8	25.6	28.9	14.9	11.8	14.7
	人工流产	0.3	11.2	35.9	25.0	11.8	1.0	5.7
	引产	0.0	9.6	33.6	33.6	10.3	8.4	4.7
	女性绝育	0.3	22.6	38.1	30.5	7.1	1.4	
	放节育器	2.1	46.7	31.0	15.2	4.1	1.0	

注：　* 为 1988 年 2‰ 生育节育调查的数据。其中，1.4 和 1.0 分别为 40 岁以上女性节育和放节育器的比例。

3. 少数民族聚居边远地区的计划生育手术构成。这里所说的少数民族聚居边远地区，包含广西、海南、贵州、云南、西藏、青海、宁夏和新疆 8 省、区。1990 年以后，这些地区计划生育手术构成的变化与全国的变化趋势一致，女性做绝育手术的比重也呈逐年下降趋势，而放置宫内节育器的比重逐年上升。以全国实施各种计划生育手术妇女的平均年龄为参照，20世纪90年代，上述地区农村已婚妇女的平均绝育年龄为32.1岁，低于全国平均水平0.5岁；而人工流产的年龄为28.5岁，低于全国平均水平3岁。平均绝育年龄和人工流产年龄，农村比城市都低近4岁；而放置宫内节育器和引产的年龄，城乡差别不大。

（二）群众对技术服务的满意情况

1. 技术服务现状。被调查的育龄妇女中，手术前接受过咨询服务的比例仅为39%，术后接受过避孕、保健咨询和指导的比例为51%，术后接受随访的比例只有23.5%。由此可见，手术前后技术服务的提供与需要的满足之间，还存在相当大的差距。

与优质服务试点县开始试点时调查获得的有关指标作比较，可以清楚地看到，优质服务试点县的几项指标比全国总体水平平均高出20个百分点（见表10）。试点县在增强服务意识、转变思想观念、基层技术服务网络建设和生殖健康教育等方面走在了全国的前列，试点过程中，优质服务水平将进一步提高。因此，全国其他地区各项工作要达到试点县的水平，还需要一定时间；要完全实现工作思路和工作方法的转变，需要的时间就更长。

表10　生殖健康调查县与优质服务试点县相关指标比较（单位:%）

地区	术前的服务			术后的服务			随访时间		
	有	无	记不清	有	无	记不清	随访小于2个用	其他	
试点县	59.7	35.7	4.6	75.2	19.9	4.9	45.4	38.7	15.9
农村	37.8	59.1	3.1	49.9	46.6	3.5	77.3	17.4	5.3
城市	43.7	54.7	1.6	54.7	43.3	2.0	73.6	19.9	6.5
全国	39.1	58.1	2.7	51.0	45.9	3.1	76.5	17.9	5.6

从不同的手术部门来看，计划生育部门的服务意识比其他部门略好，分别有 50% 和 46.7% 的已婚育龄妇女在县、乡计划生育部门接受手术时，术前得到过指导；而县及以上的医院、保健院，这项指标为 41.6%。在计划生育部门接受手术的已婚育龄妇女，手术后得到避孕、保健指导的均在 60% 以上，其他部门则不到 60%。

2. 育龄妇女的满意程度。近年来，广大育龄妇女在生殖健康方面的需求日益增长，希望了解生殖健康方面的知识和得到这方面服务的愿望越来越强烈。在接受过手术前后的服务和指导的已婚育龄妇女当中，超过 3/4 的妇女对提供的服务比较满意。在回答计划生育服务站在哪些方面需要改进的提问时，回答"咨询服务或上门服务"的比例占首位，为 37.4%，远高于其他项目；认为"技术服务人员的业务水平"需要提高的居第二位，占 24.6%；认为需要改进"检查治疗环境""工作态度和工作状况"及"卫生状况"的，分别占 20.5%、19.7%、18.1%。

3. 城乡的技术服务状况。这次调查获得的有关技术服务的数据还反映出另外一个问题，即城乡技术服务水平的差别不显著。育龄妇女在手术前接受过咨询服务、术后接受过避孕和保健咨询指导、术后 2 个月内接受过随访的比例，在城市分别为 43.7%、54.7%、19.9%，在农村分别为 37.8%、49.9%、17.4%。

4. 分地区的技术服务状况。按照计划生育工作水平，我们将全国划分为三类地区。调查结果表明，第三类地区的技术服务状况与第一、第二类地区差异较大。育龄妇女在手术前接受过咨询服务的比例，第一、第二、第三类地区分别为 37.5%、38.5% 和 48.3%；手术后得到过避孕、保健咨询指导的比例，第一、第二、第三类地区分别是 53.5%、47.3% 和 61%；手术后的未随访比例，第一、第二、第三类地区分别是 74.1%、

76.6% 和 84. 8% 。手术前后得到指导的育龄妇女比例在第三类地区明显高于其他两类地区，而手术后未随访的比例在第三类地区高出其他两类地区近 10 个百分点。各类地区被调查的妇女都有很大比例认为，计划生育服务站需要加强"咨询服务或上门服务"，此项比例合计为 36.7% 。

总体来看，在技术服务方面，这次调查的数据显示出，我国育龄妇女的平均绝育年龄有所提高，女性绝育在计划生育手术构成中的比重日趋下降，放置宫内节育器的比重不断上升。这些变化有利于妇女身心健康的改善。但是，调查结果也反映出我国目前的技术服务整体水平还不高，与满足广大育龄妇女在生殖健康方面日益增长的需求还有一定距离。

五、妇女生殖保健情况

本次调查的育龄妇女的平均初潮年龄为 15. 2 岁，城市为 14. 5 岁，农村为 15. 4 岁；调查所得平均绝经年龄，全国为 44. 9 岁，城市为 45. 3 岁，农村为 44. 8 岁。虽然被调查的育龄妇女中的绝大多数已来过初潮，但只有 55.6% 的人在初潮前知道来月经是正常生理现象。其中，15～19 岁组的妇女有此知识的比例最高，但是也不足 70% 。从获知途径来看，无论是按年龄分析，还是按文化程度比较，母亲的作用都占到 30% 以上，其次是女友。学校老师和计生部门在有关初潮等青春期教育方面，发挥的直接作用很小。这一方面与被调查妇女中受教育程度在小学及以下者占到 40% 强有关，另一方面也说明我国正规的青春期教育实际进展缓慢。今后，应该适当加强这方面的宣传教育工作。

受各种客观条件限制，本次调查只询问妇女是否有妇科方面的不适感觉。调查结果表明，妇女在 35 岁以前有不适感的比例，随年龄的增长而迅速增加：15～19岁组有不适感的妇女不足9%，但到30～34岁组，有轻度不适感的妇女已达到26.5%，重度不适感者有6.6%，合计超过30%；35岁以后，有轻、重度不适感的妇女保持在35%左右。然而，各年龄组有妇科不适感的妇女的就诊率只有一半左右，定期或不定期参加过有组织的妇科体检的妇女不到30%。我国妇女的生殖保健工作急需加强。

新婚知识教育和婚前体检，对于婚姻生活的美满以及后代的健康意义重大。虽然计划生育部门在婚前教育方面发挥了相对较大的作用，但教育的覆盖率还不高：在30岁以下已婚青年中，仍有70%～80%的人在婚前未接受过任何部门的婚前教育。夫妇双方婚前均未做过体检的比例在75%以上。现年35岁以上未做婚前体检的已婚妇女中，45%以上是因为结婚时当地还未开展婚检，不知道要做婚检的占32%～36%。35岁以下未做过婚检的妇女中，有40%以上的人回答"不知道要检查"，且年龄越低，不知道要做婚检的比例越高。

全国范围的孕、产妇平均产前检查次数为4.4次，各年龄组无显著差异；平均产前检查次数随母亲受教育程度的提高而上升，但最多不足8次，距离卫生部门的要求还较远。

在被调查的1.2万余名有过怀孕史的已婚妇女中，有34%的人至少做过1次人工流产或引产手术，农村为28%，而城市为54%；做过2次及以上人工流产、引产手术的比例，农村为6.5%，城市为15.4%；但从人工流产、引产手术的构成看，农村引产手术所占的比例大大高于城市。做最后一次人工流产、引产手术的原因中，避孕失败造成意外怀孕的占40%，计划外怀孕的占36%。这就要求在全国范围内，特别是在农村，应进一步加强孕前型管理。

在这次调查中，我们首次在全国范围内调查了有关性生活的内容。被调查的妇女中，有 75% 的人对自己的性生活满意或较满意。在 15 ~ 29 岁的妇女中，绝大多数对自己的性生活满意；而对自己的性生活不满意或较不满意的妇女中，30 岁以上者占相当大的比重。从受教育程度看，对自己的性生活不满意的妇女中，受教育程度为初中、小学及文盲的占相当比重，而高中及以上的则很少。有 29.7% 的被调查者认为，妇女不可以主动提出性生活要求，她们大多是 30 岁以上、受教育程度为初中以下的妇女；有 42.7% 的妇女认为，女方可以提出性生活要求并且可以实现。有 61% 的妇女认为可以拒绝男方的性生活要求；在有大专以上学历的妇女中，持这种看法的比例较高。

对"两人准备结婚，就可发生性行为"这一观点持否定态度的妇女高达 80.3%。当问及"周围是否有人发生婚前性行为"时，回答没有的占 30.8%，而认为有个别、有一些和比较普遍的分别占 23.5%、11.7% 和 14.5%，合计达到 49.7%。这在一定程度上表明，婚前性行为已经在相当广泛的范围内存在。

有 57.3% 的妇女听说过性病或性传播疾病。在文盲和小学文化程度的妇女中，分别有 78.7% 和 52.7% 的妇女没有听说过性病或性传播疾病。有 36.5% 的妇女没有听说过艾滋病；有 52.4% 的妇女听说过艾滋病，但对其内容并不清楚。妇女获得有关性病的知识来源主要为亲友、同事、邻居、广播、电视及报纸、杂志，分别占有这方面知识的妇女的 23.4%，37.4% 和 28.9%。

妇女最希望了解的知识和信息居前三位的是：致富就业的知识、技能和信息占 37.3%，妇幼保健知识占 19.4%，优生优育知识占 17.6%。最希望了解计划生育政策的妇女所占比重为 9.5%，主要集中于初中及以下文化程度者。高中及以下文化程度者，对致富就业知识、技能和信息的需求居第一位。中专、大专及以上文化程度者则认为，妇幼保健知识及优生优育知识是她们最需要的。

我们对于中西部、少数民族聚居边远省、区农村对农民的经济扶持情况进行了调查，结果显示，只有 6.9% 的家庭接受过有关部门经济上的扶持，而其余的家庭则都没有接受过有关部门经济上的扶持。这说明，计划生育"三结合"工作有待进一步深入和加强。在接受过经济扶持的家庭中，最多见的是接受贷款和扶贫资金，占全部接受经济扶持农户的 66.7%。

初步分析，可以得到以下简要的结论。

1. 1997 年，全国的出生率继续下降，比 1996 年降低约 0.5 个千分点，计划生育工作全面、健康发展。

2. 育龄夫妇的生育观念正在逐渐变化，特别是年轻妇女观念的现代化趋势十分明显。由于受教育水平较高、生活方式迅速改变和社会经济发展的多层次影响，她们容易接受少生优生的思想。

3. 总体而言，流动人口的出生率低于流出地。只要做好工作，由经济因素造成的人口流动有利于生育观念的更新，有利于控制人口增长。

4. 与 1990 年相比，地区生育率水平差异的绝对值缩小，分布情况更加分散。1990 年，出生率较高和出生率较低的省、区、市高度集中在两个极端状况。此次调查的结果显示，低生育率地区巩固了成绩，许多在 1990 年普查时出生率高的地区已经加入到低生育水平地区。只有占人口不到 1/5 的地区，出生率仍在20‰，即国际上认为进入低生育水平的界限以上。

5. 尽管计划生育工作已经取得了很大成绩，但潜在的生育率回升因素仍然存在，其潜能相当强大。从调查的生育观念和影响生育因素的分析来看，只要稍有放松，总和生育率就很容易回升到更替水平以上，出生率也可能在数年内回升到 20‰ 以上。

因此，计划生育工作绝不能松懈。

6. 调查结果表明，20世纪90年代以后，计划生育工作的水平全面提高，但在妇女生殖健康、"知情选择"等方面还有许多薄弱环节。部分地区的技术服务还满足不了群众需求，应当大力加强、重点投入，使计划生育基础比较薄弱的地区迅速赶上。基础好的地方的工作要更上一层楼。

7. 调查中发现，各地区的计划生育工作水平普遍提高，"三为主""三结合"在群众中已深入人心。无论经济发达或较发达的地区，干部、群众都对国家计生委提出的"三不变""三为主""三结合""两个转变""一个目标"的方针有强烈的反响。各个地区根据自己的情况，以多种形式贯彻实施"三三三二一"的方针，体现了党和政府关心群众、为群众服务的精神，受到普遍欢迎。这一方针在"九五"时期仍按分类指导的原则，继续贯彻执行。

综上所述，调查结果表明，20世纪90年代以后，我国计划生育工作取得了巨大的成绩：不仅在生育旺盛期（20～29岁）妇女的高峰期有效地控制了人口过快增长，使我国人口发展进入了低生育率、低死亡率、低增长率的时期；而且，计划生育的宣传教育、管理、技术服务和基础工作都有了明显的进步。但是，通过汇总分析，也说明由于我国人口基数庞大，计划生育工作的发展严重不平衡，目前的低生育水平仍然是不稳定的；广大群众的自我保健意识、能力和生殖健康水平、知识还相当低，距我们提出的"为我国社会经济发展提供良好的人口环境"要求还有较大差距。调查的结果，也反映了我们的宣传教育、技术服务、药具供应和管理工作中许多亟待解决的问题。因此，我们必须在大好形势下保持清醒的头脑，锲而不舍地继续抓紧抓好计划生育工作，为建设中国特色社会主义伟大事业作出应有的贡献。

《中国农村男孩偏好文化的
传播与演化研究专辑》序

（1999 年 9 月）

世纪之交的中国人口进入了一个新的发展阶段，同时也面临着处理好人口老龄化，人口结构调整，人口、经济、资源、环境协调发展和可持续发展等重大课题的挑战。中国传统文化中的男孩偏好，在目前低生育率条件下所表现出的出生性别比持续上升和女孩死亡水平相对偏高，以及由此引发的一系列人口与社会问题，是 21 世纪的中国社会所必须解决的重大问题之一。

在人类发展的历史中，男孩偏好是一个比较普遍的文化现象，存在于世界各国的不同发展阶段，并不是中国社会所特有的文化特征。目前，男孩偏好在东亚一些国家，例如韩国和中国，南亚一些国家，例如印度、巴基斯坦、孟加拉国，以及中东的一些国家表现得更为突出一些。男孩偏好文化既与社会体系中的经济和家族制度有密切联系，更与社会体系中的妇女地位有本质的关系，实际上是社会中妇女地位相对较低的现象在儿童阶段的直接反映。促进妇女在社会经济和政治生活中广泛参与，提高妇女地位，是社会文明、进步的表现，也是 20 世纪 80 年代以后国际组织和各国政府的共识，充分体现在 1994 年开罗国际人口与发展大会和 1995 年北京第四次世界妇女大会的行动纲领中。中国政府自新中国成立以来一直提倡男女平等，将提高妇女地位放在重要的位置。因此，研究中国农村男孩偏好文化的传播与演化，以及通过社区发展来建设与传播社会主义新型婚育文化，与中国政府和社会各界的努力方向一致，对于解决 21 世纪中国将面临的一些重大的人口与社会问题有重要的现实意义。

西安交通大学人口与经济研究所和斯坦福大学人口与资源研究所自 20 世纪 80 年代末以来，就建立了长期的学术合作研究关系。这两个所的研究人员定期进行互访，同时也合作完成了一系列的研究项目。本研究专辑所包括的 10 篇论文，是他们近年来合作研究"中国农村男孩偏好文化的传播和演化"课题的初步成果。论文的主要作者们长期从事中国人口问题研究，具有较高的学术造诣。费尔德曼教授是美国科学院院士、国际著名的人口生物学家，他曾经多次访问中国，深入城市和农村，特别是少数民族地区，实地考察中国的人口发展和环境保护工作，积累了丰富的感性认识。这些为本研究项目的完成打下了良好的基础。

自 20 世纪 80 年代中期以后，国内外学者已经从中国全国性人口普查和抽样调查的结果中发现，中国传统文化中的男孩偏好在低生育率条件下有所强化，突出表现为出生性别比在部分地区偏离了正常的范围。偏高的出生性别比破坏了人类固有的自然生物属性，可能给中国社会的发展带来一系列负面影响，例如未来婚姻市场的失衡等。因此，中国的高出生性别比很自然地引起了中国政府、学术界和社会公众的广泛注意。然而，绝大多数研究局限于对出生性别比本身的研究，而对导致高出生性别比的男孩偏好根源的研究不够系统和深入，特别是对男孩偏好演化的动态机制和它对于出生性别比的定量影响等，缺少全面的分析。本研究专辑的作者们，于西安交通大学人口与经济研究所在陕西两个县完成的文化传播抽样调查基础上，引入了学术上居于国际前沿的、由费尔德曼教授等人创立的文化传播理论和模型，按照新的思路研究中国农村男孩偏好的传播、演化、对出生性别比的定量影响，以及招赘婚姻模式和男孩偏好文化的关系，得到了一系列全新和重要的结果。特别是作者们提出的利用社区发展来促进社会主义新型婚育文化和招赘婚姻模式在农村传播，对于在农村社区减少乃至根除男孩偏好文化的影响有重要实践意义。

中国农村的男孩偏好文化既是历史的缩影，又是当前农村一些社会经济问题的反映，需要全社会作出长期的努力。本研究专辑在学术和实践两个方面都有重要价值。希望西安交通大学人口与经济研究所和斯坦福大学人口与资源研究所的研究人员，在这些研究成果的基础上，继续对中国农村男孩偏好文化的传播进行系统、全面、深入的研究，形成更具规律性和可操作性的成果，为降低男孩偏好和出生性别比、解决相应的人口与社会问题，作出新的贡献。

面向 21 世纪的中国人口与
可持续发展

（2000 年 1 月）

中国正面临着两个相互之间有密切关系的两难抉择：经济快速增长与环境、资源保护；人口死亡率迅猛下降，而高生育观念不能相应地即时改变。从理性上讲，人们已普遍认识到节约资源、保护环境和少生优生的重要性，并在宏观上采取了许多有力的措施；但是在微观方面，一些人希望这些正确的政策由别人来实行，对自己能网开一面，以便取得额外的利益。长期与近期利益的矛盾会影响当政者的决策心理，而全局与地方利益之间的矛盾则反映为各方面政策的差异和对问题认识、处理的不同。本文旨在分析这两个两难问题的现状、未来的发展，这两个问题之间的联系，以及对解决问题对策的优化。

一、对人口问题认识的发展

江泽民总书记在中共十四大报告中，明确地将控制人口增长和加强环境保护提到了基本国策的高度，并在 10 项关系全局的主要任务中详细地阐述了贯彻执行这项基本国策的具体任务和要求。每年的《政府工作报告》中，也都有专题阐述这一基本国策的执行情况。越来越多的有识之士看到世界资源有限，中国的资源更比世界人均水平低得多。要发展、要自立于世界民族之林，就必须坚定地控制人口过快增长，深刻认识人口与可持续发展的关系。

早在 1954 年，邓小平同志就指出："我认为避孕是完全必要和有益的，应采取一些有效的措施。"他在 1957 年又明确指出："节育问题，不是个小问题，它涉及到改善我国人民长远生活问题……如果在第三个五年计划末期全国人口能稳定在 7 亿至 8 亿人口上，就是我们在节育工作上的一个大胜利。"这是我们可以看到的、最早的、关于中国人口控制目标的具体表述，也是当时中央领导人的共识。毛主席在 1957 年几次提出要抓人口工作，他说："抓人口问题恐怕也是三年试点，三年推广，四年普遍实行。行不行？十年不搞，将来又增加 8 亿。"周总理特别在农业发展纲要中加入了计划生育的内容。但是，从 20 世纪 50 年代到 60 年代，由于种种原因，计划生育只做了一些试点工作，未能在全国推开。究其原因，除了特殊的环境外，对计划生育的紧迫性、艰巨性尚未形成广泛的社会共识是最重要的因素，国际和国内的情况都是如此。

20 世纪 50 年代初，国际上部分学者在印度聚会，讨论并提出了世界人口增长过快，应当加以控制的呼吁。可是，言者谆谆，听者藐藐。当时，几乎没有一个国家的政府愿意倾听这样的意见，更不用说采取相应的行动了。在此后的一二十年内，世界经济以 5% 的年增长率发展着，农业上的绿色革命也取得了巨大的成功，许多地方的粮食产量在 10 年内增加了 1 倍，而人口增长率却只有不到 2%。物质生产的增长超过了人口增长，以致有些地区由政府向农民付钱，要求他们对部分土地实行休耕，以便保持市场上的粮价。当年，很多人相信，经济的快速增长可以维持下去，完全不用为人口问题操心。

很不幸，这种乐观情绪很快就被残酷的现实所驱散。70 年代初，两件似乎是偶然但有内在必然性的事情发生了。一件是石油输出国家团结起来，组成了欧佩克（石油输出国组织），与操纵着石油工业的跨国公司做斗争，反对经济发达国家对资源的掠夺。过去建立在每桶 2 美元廉价石油基础上虚假的高速经济发展，理所当然地遭到了挫折。欧佩克国家团结斗争的结果，将石油价格提高了 10 多倍，最高时达到 33 美元一桶，以后则长期保持在 18 ~ 20 美元一桶。50 年代世界经济的高速增长已成为过去，经济中的种种问题逐渐暴露出来，世界经济跌入了不景气的滞胀深渊。失业的浪潮席卷了社会各个阶层。在美国，甚至过去从未想象过可能失业的高级职员也失去了职位，大学毕业生找不到工作的情况更是比比皆是，无家可归者的人数在上升，消费能力大大下降，失望的情绪笼罩着整个社会。在一些贫困的发展中国家，高速增长的人口与徘徊不前的经济互相影响，问题更加严重。

另一个事件是 1973 年世界性的粮食歉收。绿色革命为农业带来空前的发展，但也带来了反作用。农作物从过去的多元化变为大量采用高产良种的一元化结构，结果是降低了对特定灾害的抗御能力。同时，大量使用化肥使土地板结，土壤结构变坏的后果也逐渐暴露出来。在那一年，各种粮食作物都遭受了严重的灾害，水稻、小麦、玉米都减产了约 3% ~ 6%。尽管这个比例看起来不算太大，却使世界当年的粮食消费出现了紧张局面，以致要依靠新生产的粮食供给市场，最严重时，粮食贮备只够全世界食用两个月。这一点使得农业部门清醒过来，认识到绿色革命的基础仍然十分薄弱。今天，全世界营养不良或在挨饿的人数已达到 10 亿。从理论上讲，遗传工程的发展也许可以彻底解决吃饭问题，但是实验室研究的进度仍然不大，而且从实验室到实际应用也还有很长的路要走。当今世界上挨饿的人数正在增加而不是减少，问题并没有解决。

世界资源并没有为经济无限制的增长提供动力。据估计，中东的石油只能再开采 30 多年就要枯竭。一旦失去了这个最重要的能源基地，技术发展是否能及时补充代用原料，实在还是一个未知因素。20 世纪 80 年代末，室温核聚变在实验室中有了突破性进展。现在，美国、日本等国都在不断进行试验，它有可能成为新的能源，但是价格可能很昂贵。太阳能的利用也还在初级阶段，价格问题同样成为推广应用的一大障碍。除了能源在减少外，过去数十年内经济发达国家在发展中对环境造成的污染，正日益成为全球性的严重问题。大量消耗能源及某些化工材料使得地球变暖，其结果可能导致冰川融化，淹没大量沿海城市和村庄。学者和各种研究机构估计海平面可能上升 1 米以上，最悲观的估计认为要上升 7 米。海水淹没的地区都是最发达的区域，其后果难以完全确定。土地的沙漠化也要使全世界每年减少大量的可耕地。这样，工业和农业都存在着资源有限、人口增长和需求日增的问题，生产赶不上需求的危机是十分现实的。在 1976 年的布加勒斯特会议上，许多国家的政府还认为，发展是最好的计划生育方法，发展本身就可以解决人口问题。有的学者甚至认为，本来就没有什么人口问题，只是因为政府没有搞好经济工作，就用人口作为失误的挡箭牌。然而，到了墨西哥会议时，几乎所有的发展中国家都将计划生育放到重要的位置上。许多过去不赞成控制人口增长的非洲国家也认识到了节制生育的重要性，向国际社会提出了给予支持的要求。近年来，国际上要求增加对计划生育投资的呼声不断增强，安全的人工流产已在许多国家合法化，就连一直反对人工流产的美国也改变了态度。国际社会在实行计划生育、促进"可持续的稳定发展"方面，已经达成了共识。

与国际上的情况类似，20 世纪 50 年代，中国坚决主张实行计划生育的学者也只有邵力子、马寅初等少数人，这种情况一直持续到 60 年代。在特殊的社会条件下，实行计划生育的社会呼声一直不高，我国的计划生育普遍推广多少有些为形势所迫。毛主席在 1958 年讲：你现在要人家节育，但我们一是工具不够，二是宣传不够。农民连字都不认识，还有早婚的习惯。你强迫他节育，又不行，他不能控制自己。我看要搞到 7 亿人口，就会紧张起来。实际上，我们是到了 8 亿人，才开始全面推广计划生育。毛主席这段话是很有预见性的，也反映了当时发展经济受到人口众多的约束，但少生孩子的社会经济文化环境又未形成，因此造成决心难下的两难境地。

邓小平同志主持中央工作以后，高度重视人口问题，他多次讲中国的国情。1979 年，他说："要使中国实现四个现代化，至少有两个特点是必须看到的：一个是底子薄。帝国主义、封建主义、官僚资本主义长时期的破坏，使中国成了贫穷落后的国家……由于底子太薄，现在中国仍然是世界上很贫穷的国家之一……第二条是人口多，耕地少。现在全国有 9 亿多人，其中 80% 是农民。人多有好的一面，也有不利的一面。在生产还不够发展的条件下，吃饭、教育和就业都成为严重的问题。"这段话很精练、通俗地概括了人口问题的主要方面。他还说："即使若干年后人口不再增加，人口多的问题在一段时间内也仍然存在。"邓小平同志对人口问题的看法是辩证的、科学的，贯穿了解放思想、实事求是的精神，对国情的分析是透彻的，对解决人口问题看得很远，既有一位政治家敏锐的政治敏感，又有一位国家发展总设计师全面、深远的战略目光。他在会见日本前首相福田纠夫时说："国外有些人希望中国不实行计划生育，这是想让中国永远处于贫困状况。"在几个月后会见巴基斯坦总理居内久时，邓小平同志又重复指出："有少数外国人骂我们的人口政策。他们的真正用心是要中国永远处于不发达状态。"他特别强调："我们的人口政策是带有战略性的大政策。"

在邓小平同志的大力推动下，中国的人口、资源、环境、社会经济发展研究有了很大进展。全国进行了国情调查和多项专门调查，调查的结果向社会公布，因此，对我国的人口、社会经济状况从过去地大物博的笼统概念，转而有了比较清醒的认识。以江泽民同志为核心的中共中央在中共第十四次、十五次全国代表大会上，都着重强调了人口、资源、环境相协调的重要性，并将可持续发展确定为我国的发展战略，给予了高度重视。

二、资源对人口总量的制约

人口数量过多将给资源造成沉重的压力。全球有人定居的国土面积总和约为 1.36 亿平方公里；我国国土面积以 960 万平方公里计，约占全球的 7%。世界耕地面积约为 13.7 亿公顷，我国耕地为 1.3 亿公顷，约占世界的 9.5%。世界人口密度约为 44 人/平方公里，我国却达到了 132 人/平方公里，为世界平均数的 3 倍，人多地少的矛盾在许多地区已成为尖锐的问题。由于人多地少，大量森林遭受破坏，或毁林开荒，或过度采伐，以致我国森林面积缩小到只占全球的 3%，人均占有的森林资源只有 0.11 公顷，列世界第 119 位，只有世界平均水平的 17.2%。也因人口压力，在牧区过度放牧已使 90% 的草地正在或已经退化，问题十分严重。

人均能源消耗既是一个国家生产发展的标志，也是人民生活水平的标志。20 世纪 90 年代前后，中国人均消耗标准煤 0.7 吨，而美国却为 9.4 吨，就连重视节能的日本也达到 3.5 吨。但是，就按这样的低消耗标准，我国的能源供应也还是十分紧张。发电、化肥生产、冶金、化工、交通等都要用煤，每年新增需求约为6000万吨，但我们的煤产量每年只能增加4000多万吨，缺口很大。石油是另一种最重要的能源和化工原料。石油工业已经尽了最大的努力，但仍无法满足炼油和石化工业的需求，特别是燃料用油，更是紧张。在一个时期内，由于缺煤，电力紧张，我国曾发生过1/4的生产设备因缺电不能正常运转，有的企业"停二开五"，有的企业"停三开四"，有的地区甚至连煤矿也因停电不能充分发挥生产能力。缺煤造成了缺电，缺电又减少了煤的产量，形成恶性循环，严重地制约着生产的发展和人民生活水平的提高。这些年，国家预算中对能源基础投资每年的增长率都在20%以上，问题得到缓解，但未能根本解决，特别是随着经济建设新高潮而来的，必然有一个能源需求的新高潮。可以预料，在近几年电力供应充裕的背后，能源供应紧张的局面还将持续相当长的时期。

农业是一个国家持续发展的重要支柱。"民以食为天"就是自古以来无数历史经验精辟的总结，在当前经济快速增长的形势下，对粮食的需求更是急剧增加。对粮食需要的增长来自两个方面，一方面是人口增长的消费需求，另一方面则是提高生活水平的需要。1978年以来，我国城乡居民人均猪肉的消费增长了3倍多，食糖则增加1倍。肉类消费量的提高，大大增加了对饲料的需求和人均粮食消费的需求。饮料以及其他工业用粮，同样也随人均消费的增长而增加。我国每年要增加1500多万人口，相当于一个中等规模国家的总人口，这就使上述对粮食及其他农产品的需求加速增加。据估计，我国每年增产粮食和肉类的近一半都被新增人口消费掉，能用于持续发展的农业原料有限。尽管如此，我国的食物消费结构仍在迅速转变之中。人均肉类消费量虽然已有较大提高，但仍只有发达国家的 2/5。因此，未来对粮食和其他农产品的需求仍将继续增加。1953 年，全国粮食净调出省、区为 21 个，到 1988 年减少到 5 个。自 20 世纪 50 年代以来，每年都调出粮食的省只有 1 个。粮食产量年年增加，仍不能满足发展的要求，赶不上人口增长的需求。近年短期内，粮食似乎有了剩余，但在许多地方付出了生态环境恶化的沉重代价。与此同时，经济发展和人口增长都使耕地面积年年缩小，每年减少约 500 万至 700 万亩最好的沃土，形成了对长期稳定发展的一大威胁。

对于确定长期发展战略来说，研究最稀缺资源的配置是一项关键性的工作。最稀缺资源造成对发展目标的制约，也决定了产业结构的方向和投资的分配。对我国来说，最稀缺的自然资源是淡水和土地。在世界各国的自然资源统计资料中，我国被列入淡水资源最稀少国家之列。不管是工业发展或是农业增产，都需要大量淡水。水利部水资源司曾报道，中国人均水资源不到世界平均量的 1/4，名列第 88 位。不但如此，水资源的分布也很不利，与土地资源不相配合。长江流域及以南地区，水资源占 83%，耕地占 38%。特别是黄河、淮河、海河、辽河流域，耕地占 42%，水资源只占 9%。1992 年黄河下游断流所造成的巨大损失是我们大家都记忆犹新的，这与近年长江流域的洪水灾害恰恰成为鲜明的对比。地面水资源的稀缺造成对地下水大量超采，尤其是华北地区，地多水少，地下水超采十分严重。许多地方过去是清泉汹涌，现在却是滴水皆无。据报道，黄河近年来年年断流，一年内的断流时间最长达 224 天，断流长度达 700 公里。许多大城市的缺水现象尤其明显，不少地区已经形成漏斗形的地下水位。京、津、唐漏斗区水位下降最多处已达 40 多米。沧州的地下水位在 10 年内下降了 70 多米。不少地区发生地面沉降，因此造成巨大的经济损失。例如，上海因堤防随地面沉降，导致防洪能力减弱，前些年不得不投资加高防洪坝，仅此一项就花费 8 亿元。这些地区人口日增，生产、生活用水都仍在增加，给已经非常紧张的水资源造成了很大的压力。

许多科学家对中国资源能承载的人口数量进行了研究，结果虽然不完全相同，但都认为中国资源所能承载的合理人口数量大约在 7 亿～10 亿之间。技术进步可能提高资源的承载能力，例如，调整作物结构及耕作技术可以使生产每吨粮食的用水量减少，工业生产技术的提高也可减少能源和水资源的消费量，但许多新技术或是价格太高，或是尚不成熟，离投入大面积应用还很遥远。我们的决策应当建立在安全、可靠的基础上。不少科学家认为，根据淡水、能源、土地、就业、矿产资源、综合国力等诸因素综合分析，中国总人口若超过 18 亿～20 亿，将可能发生严重的危险。为达到我国发展的战略目标，最高的人口数量应当保持在 16 亿以内。农业部根据土地普查资料认为，中国的粮食生产最高可支持的人口容量为 17.3 亿人。由于人口是一个具有很大惯性的系统，过去长期高生育率时期出生的人群在今后会形成新的出生高峰。即使生育率已经降低，但由于育龄人群十分庞大，出生人数仍然很多。这在人口学上称为人口的动量，即出生的高峰有维持在一个时期内形成新高出生的力量，正如一辆高速行驶的汽车不能立刻停止一样。因此，长期目标若设定为 16 亿人口，就决定了中期和近期目标，即到 2000 年约为 13 亿人，到 21 世纪 20 年代约为 15 亿人。只有这样，中国人口达到 16 亿后才会停止增长。过去的 20 年内，我国在控制出生率方面已经取得了举世公认的成绩，但是我国的国情要求我们必须继续抓紧计划生育工作。从现在起的 10 年内是一个十分关键的时期，要求我们建立起有利于小规模家庭提高生活水平的社会经济环境，使生育率稳定到更替水平左右，并在一个时期内略低于更替水平。这样，才能保证在 21 世纪内，全国的人口与资源、环境相适应，与社会经济发展相适应，使千家万户真正实现长久享受安定、富裕生活的理想。

三、人口与社会经济发展

生育率降低，从许多方面使社会经济发展受益。人口学将 60 岁以上老人和 14 岁以下少年儿童的人数之和除以劳动年龄人口，称为抚养系数。各省份按抚养系数由小到大排列，依次为辽宁、浙江、四川、三大直辖市和江苏。这些地方从三方面受益：劳动年龄人口比重增大，使这些地区的生产能力得到充分发挥；少年人数减少，降低了就业压力，使生产向高水平的资金密集型、知识密集型发展；总抚养系数降低，则使人民的生活水平较快地提高。这三个因素的合力，使这些地区成为发展最快的地区。

我国劳动力的产业分布结构很不合理。1990 年普查的调查结果说明，第一、二、三产业就业人数的比例分别为 72.1%、15.2% 和 12.7%。与国际上相当于我国人均收入的国家相比，平均的劳动力结构应当为 48.9%、20.6% 和 30.4%。可见，我国存在大量主要沉积在第一产业，即农业中的剩余劳动力。用不同的方法可以估计，扣除已转移到乡镇企业的近 1 亿农业劳动力，农村还有 1.2 亿左右的剩余劳动力。估计到 20 世纪末，农村的剩余劳动力还将增加到 1.9 亿。大量的剩余劳动力不仅降低了人均收入，更重要的是使农业的生产效率保持在低水平，工农业产品价格的剪刀差不能很快缩小。

对人口增长与经济发展的关系，多年来一直争论不休。人口问题本来是一个中性的问题，近年来被一些人别有用心地与人权和政治问题扯上了关系。国外一篇文章在分析非洲一些国家受灾的情况时认为，这些国家都是人口密度稀少，因此武断地作出结论：人口越密的地区越富；并且将最后的结论高度政治化，提出人类的发展需要一个先决条件，那就是自由。另一篇文章则认为，中国的人口密度只有英国的一半，人口还可以大大增加。这种情况充分说明，邓小平同志关于有些人反对中国计划生育是有政治企图的分析，确实是十分透彻的。

对人口与资源的关系不能单纯只看每平方公里有多少人，还要看这些地区有多少资源。因此，根据不同地区的实际情况，可以容纳的人口数量大不相同。以中国和英国而言，中国的人口密度确实低于英国，然而，中国的人均耕地面积大大低于英国。中国耕地只占国土面积的10%，而许多国家都在40%以上。

对人口与经济发展的关系，在许多严肃的研究中都有类似的结论。

人口增长率降低可以减少孩子的抚养费用，使储蓄和用于发展的投资增加。中国在1971年到1994年因计划生育少生的孩子约为3亿人，节省社会投资近4万亿元，其中部分将在以后支出。到目前为止，已节约费用近1万亿元，直接创造了可观的经济效果。

出生率下降再配合适当的扶贫政策，可以减轻贫困地区的压力，使其早日脱贫致富。一些调查说明，许多特困户长期陷入困境主要是因为孩子多和患有严重疾病。有些农民刚刚脱贫，又因多生孩子，丧失了集中力量发家致富的机会，重新返贫。越生越穷、越穷越生是这部分人不能自拔的重要原因。

出生率下降还有重要的间接经济效益。由于孩子减少，妇女可以有更多时间接受培训、提高技术，并得到更多就业、提升的机会。这些可以提高女性的地位，从长远来说，对社会发展有重要影响。农村妇女少生孩子，学习科技，减少家务拖累，在许多省份涌现了大批"女状元"、女技术能手。

当然，人口过少也对发展不利。城市经济分析发现，城市人口少于 25 万到 30 万时，市场狭小，没有回旋余地，发展受到影响。城市人口多于 200 万时，交通、水源、垃圾处理等许多问题不好解决。因此，我国控制大城市规模、适当发展中等城市、积极发展小城市的城市政策，是符合客观规律的。在农村，人口过少将使水利设施不能充分发挥作用，对农业发展不利；但人口过多则使边际产出（即增加 1 名劳动力所能增加的收入）下降，甚至使边际产出为负，同样不利于经济发展。

我国的人口素质问题也值得重视。总的说来，人口素质应当包括德、智、体、美等各个方面，在新世纪的知识经济时代，尤其要重视创新能力的培养。由于素质的内涵十分丰富，至今还没有一个大家都满意的指标可以综合反映素质水平。经常为国际社会所引用的，是人口生命素质指标（PQLI）和美国健康协会指标（ASHA）。人口生命素质指标包括婴儿死亡率、期望寿命、文化普及率三个因子，美国健康协会指标则包括人均国民收入增长率、就业率、文化普及率和期望寿命四项。这两种指标都采用某些反映社会经济发展的综合指标，并将受教育水平与寿命作为基本因素。中国的人口素质自新中国成立以来有了很大提高，但为适应现代化建设的需要，受教育程度、科技知识的传播、遗传病和地方病的减少、婴儿素质的改善等方面，都还有大量的工作要做。特别是那些经济发展落后的地区，也往往是教育事业落后、生育子女数量多的地区。今后，在政策上采取与社会主义市场经济体制不断完善相配套的措施，例如征收多子女教育税等，可能是必要的。中国的人口素质在受教育程度上远低于世界平均水平，无论是普及义务教育或发展高等教育，都应付出更大的努力。

人口和社会经济发展的关系是复杂的，各国有不同的具体条件，必须根据国情具体分析。依据中国的情况，人口数量与经济发展有以下 7 个方面的实际情况。

1. 目前，中国的出生率已降到较低水平，但各地区的生育率还有较大差别，要稳定低生育率仍需作出很大的努力，放弃计划生育工作将使生育率迅速出现反弹。地区生育率的差别与社会经济发展、计划生育服务网络建设等多种因素有关，这种差别还可能保持一般时间，但经过努力，可以缩小差距。

2. 从可持续发展的角度看，中国的水资源、土地资源、能源是最大的约束因素，中国的最高人口容量为 16 亿，经济发展最优人口为 7 亿到 10 亿。技术发展可能使发展的力量增加，但现在还看不到新技术投入实用的可能，因此，在一个时期内，中国的总和生育率保持在略低于更替水平对发展有利。

3. 中国的老年人口数量将持续增长，这是过去高出生率造成的，而不是计划生育的结果。计划生育使总人口增长变慢，因而，老年人口的比重上升，但没有改变老年人口的总量。不管采取什么人口政策，这部分老年人口已经存在。应当建立适当的社会保障制度，解决老年人口增加带来的社会问题。

4. 中国存在大量剩余劳动力。到 2000 年，除乡镇企业和城市吸纳部分劳动力外，仍将有约 1.9 亿剩余的农村劳动力。城市职工中也还有相当数量的富余人员，这将降低生产效率。应当着力加强劳动力培训，除了培养各类高级人才外，还要发展各种职业教育，使这些人能找到适合自己的工作。人口素质在 21 世纪将是决定中国前途的关键因素。

5. 出生率下降的直接经济效益主要表现为少生孩子节省的

各种费用，至今累计约为 1 万亿元。间接经济效益难以计算，但可以肯定，对社会发展有长期积极的效果。低出生率使父母有更多时间教育孩子，当然，也要防止溺爱、放纵，在优教、优育方面应当加强指导。

6. 控制人口增长有利于消除贫困、提高收入。中国尚属收入比较平等的国家，但近年来，收入分配差距有拉大的趋势。收入过于平等将降低经济效率，收入差距过大则将诱发社会不安定。亟应加强调节收入分配的政策实施，使其充分发挥作用。

7. 没有一项政策是只有优点、没有缺点的，控制人口增长的政策也会产生社会、经济、人口学等方面的负面影响，例如出生婴儿性别比提高、老年人口比重提高、家庭结构变化等等。应当加强研究，制定对策，注意引导。

从总体而言，中国的计划生育对社会发展、经济增长、环境保护、资源利用都是有利的，这项基本国策应当毫不动摇地坚持下去。

四、跨世纪的人口与可持续发展

全球人口在 1950 年为 25.2 亿，到 1999 年 10 月已超过 60 亿。世界人口从 10 亿增加到 20 亿经过了 100 多年，从 20 亿到 30 亿经过了 35 年，从 30 亿增到 40 亿只经过 14 年，而从 40 亿增到 50 亿和从 50 亿增到 60 亿则分别经历了 13 年和 12 年，每增加 10 亿人口的时间迅速缩短。联合国在 1998 年的预测表明，到 2050 年，世界人口至少为 73.43 亿，最高可能达到 106.74 亿，两者相差 36 亿多。全球长期的人口发展及计划生育的影响，引起了许多人的关注。

1993 年 10 月，世界各国的科学院院长在新德里举行了人口最高级会谈，并发表了宣言。在宣言中，科学家们设想了 21 世纪世界人口发展的 3 种可能。

1. 60 年内，终身生育孩子数从 3.3 降到所谓"更替水平"的 2.1。由于过去人口增长过快形成的动量，世界人口将在 21 世纪末最少达到 110 亿，进而稳定下来。

2. 生育率在 21 世纪早期降到 1.7，则全球人口可以在 21 世纪中期达到峰值 78 亿，然后缓慢地降低，这是非常乐观的估计。

3. 终身生育孩子数不能降到 2.5 以下，全球人口到 2100 年将达到 190 亿，2150 年达到 280 亿。

许多专家研究过世界资源究竟能养活多少人。最乐观的估计是 500 亿人，较悲观的估计是 21 亿人，最悲观的看法只有 4.6 亿人，由于对生活水平等方面的标准和未来技术发展前景的认识不同，差距很大。但绝大多数专家的认识比较一致，认为世界最大人口容量在 100 亿到 200 亿之间，平均值为 150 亿。因此，新德里宣言提出的第一种人口发展前景是地球能够承受的，第二种前景对人类生活水平提高有利，第三种前景则很可能产生种种危险的后果。联合国根据各国人口增长情况，于 1992 年作出一项两个世纪的人口预测：1990 年，全球人口为 52.92 亿；到 20 世纪末，可达到 62.61 亿；2050 年，为 100.19 亿；2100 年，为 111.86 亿；而到 2150 年，全球将有 115.43 亿。其中，居住在非洲、拉丁美洲和亚洲的人口，在 1950 年占世界总人口的 70.1%，到 2150 年则将增加到 89.6%，对这些地区的发展形成很大的威胁。

中国政府看到了人口过快增长的危险，从 20 世纪 70 年代起就在全国采取了坚决的行动，大力推行计划生育，取得了巨大的成功。到 90 年代，中国的生育水平已降到 60 年代的 1/3。出生率从 1963 年最高的 46‰下降到 1996 年的 16.98‰；1998 年，人口自然增长率已降到 9.53‰。随着在实施计划生育时期出生的婴儿陆续进入婚育年龄，计划生育观念更加容易为广大群众所接受，出生率还将持续下降。由于 50 年代到 70 年代初持续高出生率的影响，巨大的人口惯性使中国人口还将增长到 21 世纪 30 年代末至 40 年代初，最高人口数量可能达到 15.3 亿左右。此后，人口数量就可能缓慢地下降。如果控制人口增长的政策保持下去，则在 22 世纪可以达到低于 10 亿人的、有利于经济发展的最优人口数量。中国人口占世界总人口的比例，可以从 1950 年的 22.1% 逐渐下降，到 2050 年为 18% 左右，到 2150 年降到 15% 左右。中国仍将是一个人口大国。但印度的总人口数可能在 21 世纪中叶超过中国，"世界第一人口大国"的帽子可以从中国的头上卸去。从人口总量看，只要计划生育工作常抓不懈，最高峰的人口数字就将控制在资源能支持的最大容量以内，有利于中国社会经济发展战略目标的实现。但是，也将出现许多过去未曾遇到的问题。

（一）人口老龄化

20 世纪，医学发展迅速。特别是第二次世界大战以后，由于社会经济发展和医疗条件改善的双重作用，死亡率迅速降低。90 年代中期，全球 60 岁及 60 岁以上的老人已有 5.4 亿，其中发展中国家就有 3.3 亿。由于出生率不断下降，老人占总人口的比例正在上升。许多经济发达的国家中，60 岁以上老人占总人口的比例已超过 10%，65 岁以上老人的比例也超过 7%。在希腊，60 岁以上老人的比例高达 22%，并正在继续上升。到 21 世纪，经济发达国家中 65 岁以上老年人口的比例可能逐步增加到 30%。

按照医学家的估计，遗传工程在 21 世纪将有突破性进展，人类的平均寿命可能延长到 110 岁甚至更高，至少可以延长到

85 岁以上。这将使 21 世纪的人口数量和结构发生戏剧性的变化。寿命延长将使总人口数量增长得更快，同时也使老年人口比例增大。

中国在 20 世纪 30 年代和 40 年代的人口平均寿命只有 35 岁左右。50 年代，由于生活安定、经济发展、医学进步以及开展爱国卫生运动等原因，每年平均寿命提高 1 岁多。目前，中国男子的平均寿命约为 68 岁，女子则超过 70 岁，65 岁以上的老人数量增长很快。特别是当 50 年代到 60 年代高出生率时期出生的人群到 21 世纪进入老龄时，老年人的比例将大大增加。1996 年，中国 65 岁以上老人占全国人口的比例约为 6.27%，21 世纪将逐步增加，并在 2100 年可能达到 26% 左右。

人类寿命的延长本是一件好事。随着健康状况的改善，今天 60 岁到 70 岁的老人在许多地方已被称为"年轻的老人"，他们精力旺盛，经验丰富，在社会生活中起着重要的作用。就是 70 岁以上的老人，也有许多人仍然活跃在各种岗位上。老有所养、老有所乐、老有所为，已成为中国老年人的特征。当然，老龄化的发展也带来许多新的问题。一些老年性疾病对医学提出了挑战。非洲、拉丁美洲和亚洲患老年性痴呆症的人数已超过 2200 万，据估计，到 2025 年可能超过 8000 万。养老保障系统的建立和相应社会机构、服务人员的配置，都需要及早预为之谋。如果在 21 世纪遗传工程和医药研究出现令人意想不到的飞跃进展，例如使人青春常驻的技术和药物的发明，可能使人们的许多观念发生彻底的革命。活到 80 岁也可能仍然是精力充沛的年轻人，是负担主要责任的壮劳力。社会经济生活中的许多关系可能要重新调整。看起来，发生这种变化的可能性不大，但也不是完全不可能。

对今天的决策而言，有现实意义的是 21 世纪头 25 年的预测。中国在 2025 年的老年人口比例可能在 12.5% 左右，到 2050 年略高于 20.24%，大致相当于目前经济发达国家的水平，按照高、中、低三种人口增长方案计算，最高可能达到 24%。届时，中国经济已达到中等发达国家的水平，可能承受赡养老人的负担。由于中国的人口基数很大，尽管生育水平不断降低，每年出生的孩子仍将接近 2000 万人；由于死亡率下降，这些孩子绝大部分可以成长为劳动力。从宏观角度来看，中国绝不会出现劳动力缺乏的现象。相反的，失业现象到 21 世纪中叶仍将长期存在。

（二）人口迁移与城市化

20 世纪 50 年代到 60 年代中期，中国人口的流动方向主要是从沿海向内地和边疆流动，70 年代又有大批青年由城市迁到农村。这些迁移的显著特点是有组织地实施，迁移的原因有政治、经济等许多方面。总的说来，30 年间，城市人口的比例变化很小。

改革开放以来，经济发展很快，促使大量农民进城，从事各种经济活动。据有关部门统计，全国流动人口总数已达到 8000 万，实际数字还不止于此，可能已达到 1 亿左右。近年来，乡镇企业发展很快，吸收了大量农村剩余劳动力，总数已接近 1.2 亿人。许多小城镇迅速发展为小城市，小城市的规模也在不断扩大，城市化的进展大大加快。

城市化过程受到两方面力量的作用：城市的拉力和农村的推力。城市经济不断发展，就业机会增多，增加了对农民的吸引力。道路、工业、水坝、住房等的建设都要占用农田，但农村人口还在不断增长，人均耕地不断减少，农业机械等现代化生产手段的改进，又使农业生产需要的劳动力进一步减少。这些因素都使农村的剩余劳动力增加，形成农村的推力。

经济发展必然引起产业结构的变化，并由此导致城市化和人口迁移。我国实行控制大城市规模、适当发展中等城市、大力发展小城镇的策略，这是符合中国国情的。对比国际数据，低经济收入国家中，农村人口占总人口的比例为72%，农业劳动力占总劳动力的比重为52.6%；中等收入国家中，农村人口占总人口的比例为33%，农业劳动力占总劳动力的31%；高收入国家中，农村人口只占总人口的23%，农业劳动力只占劳动力总数的4.5%；中国在20世纪90年代，这两个数字分别为74%和59.8%，比低收入国家中，平均水平还高，更高于世界的49%和22.9%的水平。可以预料，在21世纪，随着中国经济的发展，城市人口中，比例将大大增加。届时，将会有2亿以上的农村劳动力迁移进城。到21世纪中叶，即使采取限制大城市发展的政策，许多中等城市也将会发展成大城市，而现在人口在400万以上的大城市，有相当大的一部分将会发展成为特大城市，这是不可避免的大趋势。城市人口届时很可能达到占全国总人口的60%～70%之间。

城市化和人口迁移从总体而言对社会经济发展利多弊少。城市化将促进人的观念现代化：生活方式趋于快节奏，追求效率；文化水平提高，更容易接受新事物。也可能使人们个人之间的交往减少，更加依靠现代科技手段沟通。对这些变化的长远影响难以准确地预料。总之，21世纪将是一个信息时代，通信技术、计算机技术以及各种媒体的发展使地球变得更小，各种价值观念和社会文化激荡、碰撞的机会增多。城市是变化的中心，城市化使社会变化以更快的速度扩散到全国。

（三）消灭贫困，实现共同富裕

世界银行报告，1996年，全球有8亿多人在挨饿，5亿多儿童因营养不良而影响了智力和身体的发育，每天约有4万人死于饥饿。这种状况，恰恰与联合国在20世纪80年代初期的预测相反。世界贫困人口的比例在近 15 年内没有减少，反而扩大。贫困的程度也有所加深。根据联合国粮农组织的估计，当时全球生产的粮食应能养活 60 亿人，比实有人口数还多 1 亿多。但是，由于不合理的分配体系等原因，从 80 年代初到现在，挨饿的人口非但没有减少，反而增加了 3 亿人。

中国重视向贫困地区提供各种援助。1978 年，中国有 2.5 亿贫困人口，近年已减少到 4500 万，集中在中西部 18 个连片的深山区、石山区、高寒区、黄土高原区和地方病高发区。这些地区的生态条件恶劣，有的地方只是在石缝中才有小片土地可以种植玉米、荞麦等作物。中国政府从 1994 年起启动"八七"扶贫攻坚计划，加大了扶贫的力度。贫困地区的群众，艰苦奋斗。贵州有的山区农村的人们，劈石造地，多年奋斗，居然创造了人均耕地面积超过全国平均水平的奇迹。两方面的努力结合起来，20 世纪末可以基本消灭贫困。

21 世纪，中国经济进一步发展，国家的财政力量不断加强，经济落后地区的条件也将改善，有可能更有力地推进各项促进共同富裕的计划。虽然从全球范围来看，各种冲突不断，贫困面还在扩大而不是缩小，但中国的情况看起来是乐观的。只要我们锲而不舍，不断努力，保持社会安定，保持经济发展，共同富裕是可以成为现实的。

共同富裕不等于绝对平均。近年来，随着经济发展，居民的收入差距逐渐扩大。从经济学角度看，过去中国的收入分配有绝对平均趋势，适当拉大收入差距有利于实现按劳分配、提高效率。近年来，总体上收入分配的差距已接近公平与效率平衡的最佳点。某些不是依靠诚实劳动暴富的现象，激起公众的不满。在今后不断完善关于收入累进所得税、财产税、遗产税等方面法律的情况下，这种现象可以得到调节。21 世纪中叶，这些法律将与社会保障体系一起，发挥有力的作用，既保证人民的基本需要，又鼓励大众积极劳动、勤劳致富。

五、结论

第一，人口过快增长是一种"慢性病"，短期内的症状并不明显，只是在幼儿入托困难、小学压力加大等局部问题上反映出来，但是在一二十年甚至数十年内，问题就可以积累起来，迟早要达到爆发点。而一旦爆发就很难在短期内加以解决，过量的总人口将使社会负担增加、继续发展的势头削弱，甚至使经济停滞或倒退；大量的剩余劳动力使就业的压力增大，生产效率下降，削弱我国在国际市场上的竞争能力或者增加社会保险的支出；人口数量过多还会削弱在提高人口素质方面增加投资的能力，从各方面影响长期发展实现。因此，对人口问题必须采取有远见的政策，经常注意发生问题的征兆，及时采取相应的政策，防患于未然。当已经有了明显征兆时，应果断地采取措施。一项控制人口过快增长的政策，往往要与问题积累同样长的时间，才能充分发挥效果。冰冻三尺非一日之寒，要溶化冰层也需要决心和耐心。不要因为种种因素的干扰，而在这个问题上发生动摇。需要特别指出的是，由于控制人口过快增长的政策主要是对长期利益起作用，近期却需要一定数量的投入，长期与短期利益在一定程度上存在矛盾。因而，更需要决策者具有远见卓识，确定在国力能够承受的条件下，长期利益与短期利益相适应的发展策略。

第二，人口问题是一个综合性问题，必须兼顾各方面的利益，从不同角度加以分析，制定行动方案。从宏观看、从全局看，中国人口数量过多已经造成对稀缺资源的沉重压力，降低了经济效益，导致就业、升学等种种社会问题，必须加以控制；否则，我们的长期发展战略目标就有落空的危险，群众的根本利益就不能得到可靠的保障。但是，从微观的家庭利益来看，中国各地的发展水平差异很大，在发展初期，主要是依靠劳动力和资金的投入；在增加产出时期，部分家庭因劳动力多而致富，增强了多生的欲望。尽管在不久的将来，随着发展的初级阶段过去，劳动力的质量将成为影响发展生产速度的主要因素，但生育行为的转变与发展水平的提高相比，总有段滞后时间，因此，宏观和微观利益在一定阶段、部分地区存在着矛盾。

第三，根据中国的国情，在相当长的一个时期内，需要严格控制人口数量的增长。目前我们确定的人口数量控制目标，即到 2000 年，全国总人口控制在 13 亿，是既考虑了发展经济的需要，又是经过努力可能做到的。有的人看到近期内个别地区经济发展后劳动力不足，认为在这些地区不需要强调计划生育了，这是一种错误的认识。我国经济发展快的一些地区还处在发展初期，劳动密集型企业较多，经济效率还不高，在社会主义市场经济的条件下，很快就必须向高效率、高技术要竞争能力。

只有高质量的劳动力，才能生产出在世界竞争中站得稳的商品。产业结构的调整是经济发展中必然会经过的阶段，只有把眼光放得远一些，才能保持本地区的持续增长。何况，即使在经济发展快的地区也还有面积不小的落后地区，如何充分利用这些地方的剩余劳动力还有许多工作要做。

第四，注意生育率快速下降带来的负面影响，预为之谋，准备好对策。几乎没有一项政策只有好处而没有副作用。生育率快速下降会导致家庭结构的变化、人口年龄结构的逐渐老化，这些对社会发展和经济增长都有重要的影响，必须充分重视、加强研究。上海已经达到人口零增长，北京、天津的人口零增长也为期不远。研究这些地区的情况，对分析全国趋势有先导意义。

第五，关于人口对可持续发展的影响研究，应当包括人口数量、人口素质和人口结构三个方面。当前，中国最迫切的是人口数量控制问题。随着经济社会的发展，人口素质和人口结构问题也将更加突出。老龄化问题、劳动力素质问题、家庭结构问题等，将对经济增长、社会保障、技术进步以至文化、风俗、价值观念等许多方面产生深刻的影响，需要根据形势的变化，不断关注并跟踪研究，及时提出相应的对策。

中国的社会保障制度

（2001 年 3 月 5 日）

社会保障问题从中华人民共和国建国起就受到政府的高度重视，随着社会和企业成员中老龄化现象的发展，日益引起各方面的关注。特别是在经济体制改革过程中出现了下岗现象，加之20 世纪90 年代人口老龄化速度加快，问题更加凸现出来。本文将简略地介绍中国社会保障制度的历史，着重分析遇到的困难、解决问题的措施及对社会保障制度未来的展望。

一、中国社会保障事业的沿革

中国的社会保障事业发展至今可以分为五个阶段，其中三个阶段在计划经济时期。

初创阶段：1949 ~ 1957 年，新中国成立初期，国家对社会保障给予了特殊的关注。1950 年 5 月 19 日，中央人民政府政务院颁布《救济失业工人暂行办法》，开始了创立中国社会保障制度的工作。1951 年 2 月 25 日，《中华人民共和国劳动保险条例》颁布实施，规定了老年、工伤、生育、遗属等项目的保险办法。以后，又陆续颁布了《中华人民共和国女工保护条例（草案）》《职业病范围和职业病患者处理办法的规定》等法令，构成了企业职工社会保障的框架。同期，还制定了一系列适用于国家机关和事业单位的医疗、女工保护、退休退职、伤亡抚恤等规定。机关和企业两套社会保障体系的待遇大体相同，与当时实行的统收统支的计划经济模式相适应。

第二阶段：1958～1965年，社会保障制度进一步补充、完善。全国人大常委会、国务院通过并发布了大量社会保障方面的规定、通则、办法等法律文件，根据实施中发现的问题和总结的经验，对社会保障框架进行了细化和补充。国家从企业按工资总额提取一定比例的劳动保险基金，机关和事业单位则由财政部门负责所需资金，形成全国统一的社会保险基金征集、管理、调整、使用制度。

第三阶段：1966～1976年的十年动乱。中国的社会保障制度在这一时期遭受严重破坏，最突出的是1969年财政部决定国营企业停止提取劳动保险金，社会保障及其他劳保费用在营业外列支。这完全破坏了社会保障的统筹调剂作用，造成企业间负担失衡，也使积累基金调节人口老龄化负担高峰的职能完全丧失，成为当前面临的社会保障问题的根源。

随着社会主义市场经济体制的建立和不断发展、完善，中国的社会保障制度面临许多新的情况，作出了许多变革，正在逐步形成社会主义市场经济体制下新的社会保障制度。

1978年到1994年是新制度孕育、酝酿的时期，是中国社会保障制度发展的第四阶段。由于市场经济发展过程中的不平衡，地区差别、行业差别等不确定因素日益增加，社会对保障制度的需求也随之增长。根据中国经济社会的发展实际，社会保障制度应当包含社会保险、社会福利、社会救济、优待抚恤四个方面的内容。中国政府把社会保障制度的建立和完善看作现代化建设的重要组成部分，多次组织大规模的调查，进行多方案的人口预测，深入研究各层次人群对社会保障的要求，在一些地区实施不同方案的社会保障制度试点，对社会保障制度改革模式进行定量分析并建立计算机仿真模型。一些研究人员还将人口变动、经济发展、体制转变、劳动就业、生活水平提高等因素综合起来，形成大系统模型，进行系统分析。

1994 年，中国共产党第十四届中央委员会第三次全体会议通过了《中共中央关于建立社会主义市场经济体制若干问题的决定》。这项决定提出：按资金筹集方式、保障目标分类，中国的社会保障体系大致由三大部分构成，含 13 个项目，由国家、工作单位和个人共同负担。第一部分是主要由国家财政支付的保障项目，主要为社会救济、社会福利、优抚安置、社区服务 4 项。第二部分是由法律规定强制实施的社会保险，包括养老、失业、医疗、工伤、生育和住房 6 项。这些项目涉及面广，直接影响人民生活的最基本方面，是中国社会保障制度的主体。第三部分是以自愿为原则的商业保险，主要是个人投保、企业投保和互助性保险 3 项，可以满足社会各方面、各阶层的不同需求，是对社会保障主体部分的一个补充，使中国的社会保障更加灵活、有效、丰富多彩。

在实际工作中，由于近年来人口老龄化过程加速，离退休人员不断增加，企业改革中的下岗人员增加，又受到 20 世纪 60 年代以来生育高峰期的影响，每年新增劳动力的待业人数也在增加，这三个增加形成了对社会保障的巨大压力。因此，20 世纪 90 年代以来，中国政府提出以养老保险制度改革为重点、带动其他社会保险体制改革的方针。许多政府部门发布过一系列有关退休、养老制度、保险工作方面的文件。

1995 年至今是中国社会保障制度变革的第五阶段，这一阶段仍未结束。为了加强对社会保障工作的管理，国务院成立了劳动和社会保障部，并逐步统一了对社会保障基金的管理，从过去分别由各企业、各行业分头征集资金、提供保障的办法，逐步转向社会统筹与个人账户相结合的制度，以便与经济体制的改革相适应，与劳动力跨行业流动扩大的情况相适应，与社会保障基金的需求日益增长的状况相适应。养老资金的管理模式从计划经济下的现收现付制，转变为部分基金制。在全国许多地区的试点工作说明，采用这种新的管理模式是完全必要的，但也存在着许多需要进一步解决的问题。其中最主要的，就是由此引起的双重负担问题、扩大社会保障覆盖面问题及社会保障基金的分摊问题。这些问题的解决涉及正确体现社会保障的劳动属性、分配属性、保障属性、互济属性，同时，还应当解决好社会保障基金来源的可靠性、保值与升值、资金的易分割性等问题，以便有效地用好资金，使之发挥最大的效益，保证社会稳定、人民生活水平提高。

二、中国养老保障的定量分析模型及其结论

中国最早的养老保障数学模型及其仿真研究，由蒋正华、李惠京、张羚广、朱力为等人于1989年完成。该模型包括人口、经济、就业、生活、养老金支付五部分。在该模型中，还建立了中国第一个劳动生命表，作出了动态参数预测。该模型对1988～2050年的发展情况进行了多方案的仿真运算，得出六点结论。

1. 按照当时的生育水平，2000年，中国总人口将超过13亿，因此，必须加强计划生育工作。从实际工作条件分析，当时确定的12.5亿人口目标难以实现，但做好工作可能控制在12.8亿左右。

2. 到2000年，中国将进入老龄化社会，60岁以上人口占总人口的比重达到10.38%～10.60%之间。21世纪，中国的老龄化速度将超过任何国家，中国将面临劳动就业与养老问题同时发

出警报的局面。

3. 就业问题的解决依赖于经济的发展，较高的积累率仍需保持一段时间，同时，主要应依靠科学进步推进经济增长。

4. 到 2000 年，非农业人口中的劳动力约为 2 亿人，农业人口中的劳动力约为 5.4 亿人。同期，生产部门可提供的就业岗位总数为 1.8 亿个；非农业人口中，将有 1500 万～1900 万人不能由国家安置在国有或大集体的企事业单位就业。农业人口在乡镇企业吸收部分劳动力后，仍将有近 1 亿剩余劳动力。

5. 在适当时机提高退休年龄，可以减轻养老负担。

6. 对各种退休金制度的分析结果说明，现收现付制难以应对我国人口老龄化高峰时养老负担的沉重压力。全基金制虽可为组织水平较低的农民、城镇个体劳动者所接受，但易受通货膨胀的冲击，同时，又使国有和城镇集体企业在体制转轨时期承受双重负担。作为折中，部分基金制（逐步基金制）更适应中国国情。只要根据人口老龄化、就业和宏观经济的运行情况，对退休金的基金征收率和退休金的替换率进行调节，就可以在一定程度上综合现收现付制和基金制的优点，而避免和减少其负面影响。

该模型的计算结果表明，若基金复利率为 5%，从 1991 年起逐步提高基金征收率，到 2006 年左右使总征收率达到 20%，即可依靠基金的调节作用，在总征收率稳定在 20% 左右的情况下，兼顾经济发展和人民生活水平提高的要求。

在该模型的分析结论中，还就计划生育，为老龄化社会做准备，努力做到经济持续、稳定、协调发展及合理解决就业问题四个方面提出了政策建议，就养老保障体制改革提出了设想，提出在"八五"期间（1990～1995 年），以普及、提高退休金统筹水平，职工个人直接参与分担退休金负担，从现收现付制向部分基金制过渡，作为三大工作重点。

1994 年，厉以宁等人建立养老金筹集—支付模型，考虑就业政策、经济环境、财政状况和企业效益等各种宏观因素的作用，对工资结构和退休金作了测算，提出了三种退休金计发方案。第一种，以退休时点记录工资为计发基数，工龄在 20 年以上者发 75%，工龄在 15 ~ 20 年者发 70%，工龄在 15 年者发 60%；第二种，以指数化平均工资为基数，工龄满 15 年者发 60%，工龄在 15 年以上者每超过 1 年增发 1%，退休金随上年社会平均工资增长幅度的 80% 调整，在社会平均工资下降的年份，退休金不作调整；第三种，按连续最高工资时段计算，以连续最高 3 年平均工资为基数，基础养老金以平均工资的 50% 计，每工作满 1 年加发 1%。研究表明，在影响退休金变化的因素中，以工资增长系数的影响为最强烈。

1993 年，顾志家在他的硕士学位论文《上海市退休养老保险制度改革的模式研究与仿真》中，以上海退休职工万人调查资料为基础，对上海采取"统账结合"的改革方案进行测算，结果认为该改革方案适合于上海。

复旦大学国际保险研究所于 1999 年完成了《上海市社会保障体系研究》，提出 8 项建议：加快立法步伐；实施优惠政策；规范经办机构行为；加强宣传力度；加快养老金社会化发展步伐；选择适当时机提高退休年龄；降低人口赡养率；大力发展商业保险；开设人寿保险新品种，扩大覆盖面。该研究报告还就方案实施，提出建立、健全上海社会保障体制的 4 条对策。

尽管各方面做了大量研究工作，对中国社会保障体系建立、完善的认识也在不断深化，但仍有许多问题尚待解决。国家计委社会发展研究所在 1997 年完成的调查发现，1992 年以来，基本养老保险基金的收缴率不断下降，各地基本养老保险金替代率平均水平为 83%，普遍高于国家规定的 60% 的水平。各地的改革方案不统一，显现出种种弊端，亟待总结各方面的经验教训，形成全国统一的养老保障制度。

三、养老保险资金征集中的"双重负担"和 "三重负担"问题

在计划经济时期，由于全部企业属于国家，企业的所有利润上缴国家，亏损由国家财政负担，所有资金需求全部按计划由国家支付，因此，不需要建立专门的社会保障基金。社会主义市场经济时期，多种经济所有制使情况复杂化，劳动者在不同经济所有制之间的流动更增添了资金管理的难度。就是国有企业，由于经济体制变革，经营状况的差别也使职工享受社会保障的程度出现巨大差别。人口老龄化在社会保障资金的征收、管理、使用中，增加了另一个困难因素。表1列出了几个国家中人口老龄化的数据。

从表1的数据中可以看到，人口老龄化速度的加快是许多国家的共同趋势，其主要原因也相同，都是出生率下降、平均期望寿命提高的结果。这两个驱动因素在今后相当长的一个时期在中国仍将存在，因此，人口老龄化的趋势也将继续下去。据笔者的预测，中国65岁及65岁以上人口占总人口的比例最高时，将出现在2050年前后。这一数字届时可能达到20%左右，远超过目前世界其他国家的水平。这就形成了所谓"双重负担"问题，即在职的职工不但要负担供养目前的退休人员，还要为今后自己退休积累基金。表2是笔者对今后近100年中国人口发展的预测。表2说明，中国人口老龄化的过程将是长期的。

表1 5个国家的人口数据比较

	1960 年			1985 年			2000 年（估计）		
	CBR（‰）	EXO（年）	65+（%）	CBR（‰）	EXO（年）	65+（%）	CBR（‰）	EXO（年）	65+（%）
中国	39.1（1964 年）	61.7（1963 年）	3.6（1964 年）	21.0（1987 年）	67.9（1982 年）	5.5（1987 年）	14	70	7
美国	24.8	73	9.2	15.7	75	12.0	12	78	14
法国	18.4	73	11.6	13.3	74	15.1	11	76	16
日本	18.1	69	5.7	11.9	75	12.8	10	80	15
捷克	18.5	72	8.6	14.5	72	11.1	14	73	12

注：CBR 为粗出生率，EXO 为平均期望寿命，65+（%）为 65 岁及 65 岁以上人口百分比。

表2 中国人口预测（人口数及百分比）

年份	总计（人）	10~14岁（人）	15~64岁（人）	65岁以上	总计（%）	10~14岁（%）	15~64岁（%）	65+（%）
1991	1158813588	317841628	774990052	65981908	100.00	27.43	66.88	5.69
1992	1173716765	320734186	784935234	68047345	100.00	27.33	66.88	5.80
1993	1187365684	322537427	794621361	70206896	100.00	27.16	66.92	5.91
1994	1201066349	324367501	804278748	72420100	100.00	27.01	66.96	6.03
1995	1214522035	326715517	813108241	74698277	100.00	26.90	66.95	6.15
1996	1227573417	327409839	823344166	76819412	100.00	26.67	67.07	6.26
1997	1240098258	326681342	834246241	79170675	100.00	26.34	67.27	6.38
1998	1253085876	328040323	843312958	81732595	100.00	26.18	67.30	6.52
1999	1265415888	328990941	852244993	84179954	100.00	26.00	67.35	6.65
2000	1277130765	328300562	862268359	86561843	100.00	25.71	67.52	6.78
2001	1288309771	325079605	874342099	88888067	100.00	25.23	67.87	6.90
2002	1299051722	320230634	887713729	91107359	100.00	24.65	68.34	7.01
2003	1309452293	315704879	900630595	93116818	100.00	24.11	68.78	7.11
2004	1319569231	311603321	912986395	94979515	100.00	23.61	69.19	7.20

年份	总计（人）	10~14岁（人）	15~64岁（人）	65岁以上	总计（%）	10~14岁（%）	15~64岁（%）	65+（%）
2005	1329480611	306792309	925732857	96955445	100.00	23.08	69.63	7.29
2006	1339298147	303097369	937218370	98982408	100.00	22.63	69.98	7.39
2007	1349122312	299991757	948291505	100839051	100.00	22.24	70.29	7.47
2008	1359044822	298226723	958118092	102700008	100.00	21.94	70.50	7.56
2009	1369117576	296586693	967678250	104852632	100.00	21.66	70.68	7.66
2010	1379349173	295374388	976652621	107322164	100.00	21.41	70.81	7.78
2011	1389700306	294704774	984690725	110304807	100.00	21.21	70.86	7.94
2012	1400065375	294598455	991734055	113732864	100.00	21.04	70.83	8.12
2013	1410341914	293986432	998897038	117458443	100.00	20.85	70.83	8.33
2014	1420459987	293898998	100431062	0122250369	100.00	20.69	70.70	8.61
2015	1430354824	294247834	100859745	0127509540	100.00	20.57	70.51	8.91
2016	1439985523	294913168	101184351	6133228840	100.00	20.48	70.27	9.25
2017	1449304638	295763278	101367125	4139870106	100.00	20.41	69.94	9.65
2018	1458301566	296698131	101469050	6146912929	100.00	20.35	69.58	10.07
2019	1466975051	297659449	101468114	6154634456	100.00	20.29	69.17	10.54
2020	1475323960	298555754	101491446	9161853736	100.00	20.24	68.79	10.97
2021	1483320779	299254868	101563925	3168426658	100.00	20.17	68.47	11.35
2022	1490946006	299635615	101594161	8175368773	100.00	20.10	68.14	11.76
2023	1498161454	299587322	101813345	8180440674	100.00	20.00	67.96	12.04
2024	1504944085	299038403	102250845	9183397223	100.00	19.87	67.94	12.19
2025	1511285546	297982856	102830578	2184996908	100.00	19.72	68.04	12.24
2026	1517194479	296482693	103365015	7187061628	100.00	19.54	68.13	12.33
2027	1522706548	294664261	103259914	9195443138	100.00	19.35	67.81	12.84
2028	1527864357	292662713	102768941	1207512233	100.00	19.16	67.26	13.58
2029	1532689802	290588887	102387278	0218228134	100.00	18.96	66.80	14.24
2030	1537215251	288546122	102008394	8228585182	100.00	18.77	66.36	14.87
2031	1541461196	286625531	101688847	3237947192	100.00	18.59	65.97	15.44
2032	1545447881	284895193	101378375	9246768929	100.00	18.43	65.60	15.97

续表

年份	总计（人）	10～14岁（人）	15～64岁（人）	65岁以上	总计（%）	10～14岁（%）	15～64岁（%）	65⁺（%）
2033	1549221636	283388616	100868711	9257145900	100.00	18.29	65.11	16.60
2034	1552790502	282112888	100284331	1267834304	100.00	18.17	64.58	17.25
2035	1556156345	281077300	997421893	277657152	100.00	18.06	64.10	17.84
2036	1559315082	280292507	992623859	286398716	100.00	17.98	63.66	18.37
2037	1562245735	279756114	988486485	294003136	100.00	17.91	63.27	18.82
2038	1564947019	279462605	984732611	300751803	100.00	17.86	62.92	19.22
2039	1567395198	279399037	982044426	305951735	100.00	17.83	62.65	19.52
2040	1569614434	279537083	980488812	309588539	100.00	17.81	62.47	19.72
2041	1571619502	279834534	979757768	312027199	100.00	17.81	62.34	19.85
2042	1573370037	280237353	979560153	313572531	100.00	17.81	62.26	19.93
2043	1574905145	280685591	979262367	314957187	100.00	17.82	62.18	20.00
2044	1576239479	281115809	978745179	316378491	100.00	17.83	62.09	20.07
2045	1577354692	281461217	978750780	317142694	100.00	17.84	62.05	20.11
2046	1578192907	281661397	977567194	318964316	100.00	17.85	61.94	20.21
2047	1578548271	281668170	975537767	321342334	100.00	17.84	61.80	20.36
2048	1578383125	281451661	974901700	322029765	100.00	17.83	61.77	20.40
2049	1577828315	281002876	974453144	322372294	100.00	17.81	61.76	20.43
2050	1576954916	280332759	973063483	323558673	100.00	17.78	61.71	20.52

　　看起来似乎互相矛盾的是，在人口老龄化的同时，就业同样在近期成为中国需要解决的重点问题之一。根本原因在于，20世纪50年代至70年代，中国曾经出现过两个生育高峰。那个时期出生的孩子造成了巨大的人口惯性，推动中国人口不断快速增长。这些孩子达到入学年龄时，形成对教育机构的巨大压力；达到劳动年龄时，形成就业压力；达到老年时，则形成老龄化高峰和对社会养老保障的压力。20世纪80年代，每年的劳动力净增

加数量达到 1400 万人。20 世纪 90 年代，由于计划生育工作的成功，劳动力年净增减少到 1000 万人，但仍然相当于一个国家的全国人口总数。可以说，对政府而言，面临的是"三重负担"问题，解决新增劳动力就业所需的投入也是沉重的财政负担。

这些问题的解决办法是，经济上努力实现持续、快速、健康的发展，在社会保障方面建立一个稳定、统一、平衡的体制，实施过程中则需要综合、协调、有前瞻性的科学计划。依靠这三个方面的努力，中国有信心解决上述的"三重负担"，并充分发挥"三重负担"中的积极因素。上述三个方面中，经济发展是基础，体制完善是关键，科学计划是保证。只有发展经济，才能提供就业机会和深化改革所需的资金；只有完善体制，才能使社会保障系统稳定、可靠地运转；只有符合实际的计划，才能在各种条件不断变化的环境中，保持社会的稳定、经济的发展和人民生活水平的不断提高，使社会保障体制能够顺利地逐步完善。

养老金制度改革是中国社会保障体系改革的核心。现收现付制在中国已经明显地不能再维持下去。全基金制对目前在岗的劳动者将造成过高的筹资压力，也是当前经济发展水平难以承受的。唯一可以采取的养老金制度是部分基金制或逐步基金制，根据发展的水平，逐年增加养老金统筹的提取率，使在支付当前需要的资金之外，还有少量积累，为将来的基金做好准备。除此之外，考虑到过去计划经济条件下国家已经将应当储存作为养老基金之用的资金用于投资，政府也计划将减少持有国有企业股票的数量，减持获得的基金将投入社会保障基金。近年来，国家财政收入不断增长，每年增加近 1000 亿元人民币，2000 年的财政收入增加近 2000 亿元，超过年初预算数。超过预算的收入中，很大一部分也投入社会保障基金，从而有力地支持建立一个稳定可靠的社会保障体系。仅 2000 年一年，从超预算的中央财政收入中补充到社会保障系统的资金就达到数百亿元，保证了各项社会保障计划的顺利实施。

中国政府提出了《关于完善城镇社会保障体系的试点方案》，其内容主要包括：

1. 在辽宁全省和其他省份确定的试点地区实行企业缴费入社会统筹基金，个人缴费开设个人账户，两者分账运行。

2. 逐步将国有企业下岗职工基本生活保障并入失业保险。

3. 公务员养老保险制度暂时维持不变。公务员转入企业工作者，执行职工养老保险制度，原在国家机关工作的工龄在退休时按机关社会保险办法予以补偿。

4. 完善城镇职工基本医疗保险制度，建立社会医疗救助制度。

5. 健全城市居民最低生活保障范围，将符合条件的城市贫困人口全部纳入最低生活保障范围。

6. 推动社会保障管理和服务的社会化。养老保险金从原来由原工作单位转到由银行等社会服务机构发放。退休人员逐步实现由职工户口所在地或常年居住的街道居民组织管理，以利于做好服务工作。

该试点方案已在各省、自治区、直辖市实施，根据试点经验和发现的问题，将进一步完善社会保障制度。

中国的社会保障费用支出，包括退休金、在职人员保险福利费、优抚费用，以及城乡贫困救济、孤老残和养老福利院费用、价格补贴费、住宅投资等；其中，养老金约占总支出的一半。20世纪90年代，社会保障费用占当年国内生产总值的比例最高曾达到13.60%，近年来稳定在5%左右。管好、用好这笔规模巨大的资金并保证其保值、增值，是政府十分关注的问题。

四、目前中国养老保障制度的实施情况

中国社会保障制度的改革得到各方面的高度关注。根据中国共产党十四届五中全会的建议，第八届全国人民代表大会第四次全体会议审议通过了《国民经济和社会发展"九五"计划和2010 年远景目标纲要》。《纲要》提出，到 20 世纪末，基本建立起适应社会主义市场经济体制要求的，资金来源多渠道、保障方式多层次、公平和效率相结合、权利与义务相统一、管理体制集中统一、管理服务社会化的社会保障体系框架。建立起适用于各类企业和个体劳动者的，统一制度、统一标准、统一管理、统一调剂使用资金的社会保险制度。为了解决待业人员的生活保障问题，1993 年，国务院发布了《国有企业职工待业保险规定》，对国有企业职工下岗以后的待遇、安置办法作出了决定。1995 年，国务院又发布《关于深化企业职工养老保险改革的决定》，确定企业职工养老保险采取社会统筹和个人账户相结合的办法。1997 年，国务院发布《统一企业职工基本养老保险制度的决定》，具体规定了企业和个人缴费的比例，即：企业按职工工资总额的20% 缴纳统筹的养老金；个人则缴纳本人工资的4%，并逐步提高到8%；个人账户按本人缴费工资的11% 建立。个人所缴费用全部划入本人账户，不足部分由企业缴费补满。该决定还统一了养老金的计发办法；基本养老金由基础养老金与个人账户组成，基础养老金按职工平均工资的20% 计发，个人账户按储蓄额的1/120 计发。

最近几年，各地区、各行业的养老保险制度改革已经全面展开。煤炭行业从1995 年起实行养老金由省级统筹，1996 年起实行全国全行业统筹，有286 家企业参加统筹，在册职工达327 万人、离退休人员有 120 万人，发放养老金数额占工资总额的

29%，由部级统筹后保证了离退休人员按时足额获得养老金。上海市的养老保险改革始于1993年，现已覆盖国有企业、集体企业、"三资"企业、私有企业、个体工商户和机关、事业单位，覆盖面达到97%，保证了社会安定、居民生活水平提高。表3、表4和表5，给出了若干年各种所有制的社会保障、退休与辞职人数、养老金发放的数字。

表3　历年社会保险资金数　　　　（单位：10亿元）

年份	总资金	国有部门资金	集体所有制部门资金	其他所有制部门资金
1978	7.81	6.91	0.90	—
1980	13.64	11.93	1.71	—
1983	21.25	18.27	2.98	—
1984	25.77	21.34	4.34	0.09
1990	93.79	77.73	15.28	0.78
1992	130.95	109.58	19.88	1.49
1993	167.02	138.65	23.86	4.51
1995	236.13	198.04	29.45	8.64
1998	336.07	279.74	32.44	23.47

资料来源：1999年《中国统计年鉴》，中国统计出版社1999年版。

表4　某些年份退休与辞职人数（年成数）　　　　（单位：万人）

年份	总计	国有单位	集体单位	其他所有制单位
1978	314	284	30	—
1980	816	636	178	—
1985	1637	1165	467	5
1990	2301	1742	566	11
1995	3094	2401	621	72
1998	3594	2783	604	204

资料来源：1999年《中国统计年鉴》，中国统计出版社1999年版。

表5　国有单位退休及辞职人员社会保险福利资金

（单位：10 亿元）

项目	1995 年	1996 年	1997 年	1998 年
总计	127.68	151.78	173.36	194.24
熟练退休职工退休金	11.40	12.85	15.21	15.37
退休职工退休金	80.78	99.25	118.39	140.05
辞职职工生活补助	1.07	1.20	1.73	1.70
医疗费	20.32	23.00	24.06	24.61
死者丧葬抚恤金	1.88	2.28	——	——
交通补贴	1.16	1.25	——	——
冬天取暖补贴	0.83	0.88	——	——
其他	10.24	11.10	13.96	12.51

资料来源： 1999 年《中国统计年鉴》，中国统计出版社 1999 年版。

　　由表 3 中的数据可知，中国的社会保障和福利费用支出从 1978 年到 1998 年的 21 年间，由 78.1 亿元增长到 3360.7 亿元，增长 42 倍，远远超过了经济增长速度。其中，国有企业这部分支出增长 39 倍，1998 年占全部社会保障、福利费用的 83.24%，是主要部分。集体所有制的这项支出增加 35 倍；其他所有制的则从无到有，到 1998 年，其支出占总额的约 7%，并且还将继续增加。表 4 的数字显示，同一时期，退休、辞职人数增加 10.45 倍；其中，国有企业这部分人数增加 8.80 倍，城市集体所有制企业这部分人数增加 19.13 倍。表 5 则分项列出了社会保障及福利费用的使用情况，其中最大部分支付了离退休人员的养老金。

　　表 6 分年度按企业所有制列出了养老金支出情况。由表 6 可知，养老金支出从 1980 年到 1998 年增长 40.14 倍，由 50.4 亿元增加到 2073.7 亿元。其中，国有企业支出的养老金占总额的比

例在 1980 年为 86.11%，1998 年降到 83.23%，反映了多种所有制经济在中国发展的情况。

表6　标定年份退休与辞职养老金

（单位：10 亿元）

年份	合作	国有单位年金	城市合作制单位年金	其他所有制单位年金	人均退休金（元）	国有单位人均年金（元）
1980	5.04	4.34	0.70	—	714.0	781.0
1983	8.73	7.40	1.33	—	726.0	787.0
1984	10.61	8.46	2.12	0.03	766.0	815.0
1990	39.62	31.97	7.47	0.18	1760.0	1907.0
1992	57.85	47.43	10.08	0.34	2300.0	2493.0
1993	75.93	62.32	12.39	1.22	2824.0	3029.0
1995	130.56	109.31	18.24	3.01	4335.0	4701.0
1998	207.37	172.60	22.90	11.48	5972.0	6369.0

资料来源：1999 年《中国统计年鉴》，中国统计出版社 1999 年版。

中国农村的社会保障系统发展较城镇滞后，大部分农户仍以家庭为单位进行生产和消费，因此，养老的责任主要仍由子女或其法律责任人承担。这种办法也符合当前农村习俗和中国传统的道德观念，并且得到法律的保护。尽管如此，近年来在一些经济发达的农村地区也已经开始建立社会保障制度，大部分情况下是由村级组织出资，根据村集体经济发展情况，为老人发放养老金、举办养老院等，并在许多方面为村民提供各种福利。在有些富有的村子里，这些福利提供的隐性收入大大超过村民的名义收入。2000 年，中国 60 岁以上人口有 1.26 亿人，65 岁以上的为 8600 万人，其中约 70% 居住在农村地区。照此估计，农村老人中现已由村集体提供养老金的人数不足 2000 万。山东在这方面做得最好，农村养老保障系统覆盖的农村人数达到 1800 万；江苏其次，由农村养老保障系统覆盖的农村人数达到近 900 万，约占江苏农村人口的 1/4 强。这与山东、江苏农村集体经济发展较好和村级组织有力的情况是一致的。随着国家经济实力的增强、农村经济的增长、城市化的发展，中国的社会保障系统无疑将会进一步扩展到目前的农村地区。商业保险也将在这方面发挥有力的辅助和促进作用。

江西财经大学与南昌市劳动局合作，根据国务院 1995 年 6 号文件的规定，于 1997 年完成一项研究，对养老保险基金的来源与结构进行了测算，得到的结果是：当养老金的替代率达到 65％时，养老保险的投入需要本人可支配工资收入的 26％；替代率为 60％时，该项比例应为 24％；替代率为 55％时，比例为 20％。按目标替代率计算，职工个人缴费数额应逐步提高到 10％，企业与个人总征费率不超过工资总额的 30％，可以考虑由企业及个人合计负担 26％ 的工资总额费用，其余部分由国家财政投入。这项研究还设计了养老金计发办法，对不同时期就业的职工的养老金发放标准作了计算，提出了新、老职工养老金计发办法的过渡方案，并对基金的积累提出了建议。

近年来，劳动和社会保障部所属的研究所根据各地试点情况，分析各国社会保障系统的优、缺点，根据中国发展的需要，对社会保障体系的建立和完善正在进行全面、深入的研究。

五、结论

综上所述，中国社会保障制度的情况可以总结为以下几点。

1. 不断提高人民生活水平，是中国政府工作的根本出发点。社会保障事业从中华人民共和国建国起就得到各方面的关注，正在逐步建立比较完善的制度。

2. 随着经济体制的转变，中国的社会保障制度也必须相应地作出调整。社会保障制度转变的标志，是1994年中共十四届五中全会通过的《中共中央关于建立社会主义市场经济体制若干问题的决定》。根据这项决定，1995年，国务院颁发的《关于深化企业职工养老保险制度改革的通知》，明确了一系列具体方针、政策。

3. 中国养老保险由三个部门分工负责：劳动部门负责城镇企业，人事部门负责机关、事业单位，民政部门负责农村（含乡镇企业）。这三部分社会保障制度的改革都在持续进行，推进速度最快的是城镇企业部分。

4. 计划经济下的国家统包、现收现付、不留积累的养老保险制度，将成为制约社会主义市场经济体制建立、完善的障碍，因此，必须进行改革。新的社会保障基金制度由国家、用人单位、个人三方面共同负担费用，总的原则是以支定收、略有节余、适度积累，以兼顾当前和将来的需要。

5. 根据有关部门的调查，中国在职职工平均负担1.6人，退休职工平均负担0.6人，因此，养老金的目标替换率确定在60%左右是适当的。

6. 因人口老龄化而产生的"双重负担"问题引起我们的重视，小心地设计过渡方案，使各代人之间的负担适当平衡，由国家财政给予适当的补贴，将部分国有资产转入养老保险基金，三管齐下，可以解决"双重负担"问题。解决问题的基础是经济的持续、快速、健康发展。

7. 国家重视将尽可能多的人群纳入社会保障体系的覆盖范围之内。各地区、各行业、各部门都在进行试点，已经有了一些很好的经验，将会选择适当时机逐步推广。

8. 尽管中国的社会保障体系改革已经获得突破性的进展，但仍然有许多问题需要深入研究，进一步采取措施，不断加以补充、改进。这些问题包括：基金的征收、管理、保值、增值，城乡养老制度的统一，有计划、有步骤地扩大社会保障体系覆盖面，平衡在职与退休职工的收入水平和生活水平，协调经济发展与社会保障的需求等。这些问题的研究和解决，将进一步推动中国的经济发展，保证社会安定和人民生活水平不断提高。

中国人口普查概况、微观
数据保持及应用示例

(2001 年 12 月 1 日)

一、中国人口普查简介

中国的人口统计有着几千年的历史，但按照统一的标准、统一的调查表式在统一的时间进行的全国范围的人口普查，是在1949 年中华人民共和国成立以后才开始的。迄今为止，中国已先后于 1953 年、1964 年、1982 年、1990 年和 2000 年进行了 5次人口普查，为了解中国人口数量、结构及其变化，制定社会经济发展政策，提供了重要的决策依据。

受当时社会经济发展程度制约，1953 年、1964 年进行的两次人口普查的调查项目比较简单。第一次人口普查的问题表只有6 个项目，主要是为举行人民代表大会的选举做准备；第二次人口普查时也只增加到 9 个问题，资料处理依靠的全部是手工方式，获得的信息量相对较少。1982 年进行的第三次全国人口普查，是中国历史上第一次现代化的人口普查，也是填补世界人口普查空白的一次普查。这次普查以 1982 年 7 月 1 日零时为标准时点，按照常住人口的原则，对具有中华人民共和国国籍并在中国境内常住的人口进行了登记。登记项目包括：姓名、与户主关系、性别、出生年月、民族、户口登记状况、文化程度、行业、职业、不在业人口状况、婚姻状况、曾生和存活子女数，以及普查时点前一年的妇女生育状况。这次普查不但普查标准统一、规范，而且首次使用了电子计算机进行数据录入和汇总，大大提高了普查数据处理的速度和能力。

1990 年，进行了第四次全国人口普查，并规定今后每 10 年进行一次人口普查，在两次普查之间进行一次大规模的人口抽样调查。这次普查在 1982 年登记项目的基础上，增设了 5 年前常住地、迁移原因等内容；同时，调查了普查时点前 18 个月的死亡人口情况。

2000 年的第五次全国人口普查，是中国在社会主义市场经济体制下的第一次人口普查。为了更好地满足社会经济发展对人口信息的需求，与前几次普查相比，这次普查在技术方案上有了不少新的特点。一是普查登记的标准时点调整为 11 月 1 日零时，以更加便于普查员入户登记。二是普查表采用了长表、短表两种。短表包括姓名、与户主关系、性别、出生年月、民族、户口登记状况、户口性质、是否识字以及受教育程度，要求所有普查对象填报；长表中除了包含短表的项目外，与 1990 年相比，又增添了人口的居住条件、出生地、最近一次迁移时间、未工作者生活来源以及初婚年月等信息，抽取了全国 10% 的住户填报。三是利用扫描仪对普查登记表进行了扫描和图像存储，并采用 OCR 技术进行数字识别和录入。另外，普查常住人口的空间标准由 1990 年普查时的本县市区进一步缩小为本乡镇街道，时间标准也由常住一年缩短为半年，以便更准确地反映人口的产业结构和流动情况。

表1　1982年以来三次人口普查基本情况对照表

普查年份	1982年	1990年	2000年
标准时点	7月1日零时	7月1日零时	11月1日零时
普查对象	具有中华人民共和国国籍且在大陆境内常住的人		
登记项目	户信息：6项 个人信息：13项	户信息：6项 个人信息：15项	户信息：23项 个人信息：26项
常住人口标准	空间上：本县市区 时间上：常住一年	空间上：本县市区 时间上：常住一年	空间上：本乡镇街道 时间上：常住半年
普查总人口	10.08亿	11.34亿	12.65亿

二、人口普查微观数据资料及其使用情况

中华人民共和国成立以来的五次全国人口普查，尤其是1982年以来的后三次人口普查，获得了大量关于中国人口状况和特征的信息，普查登记的人口数量分别超过10亿，11亿和12亿。据统计，2000年第五次全国人口普查的登记表超过4亿张，录入的数据字符量超过640亿个。面对如此大量的普查登记信息，国务院人口普查办公室一方面制定了详细的汇总制表计划，利用计算机加工了大量的汇总数据；另一方面，对获取的普查个人原始资料的管理维护及其使用，也作出了具体的安排。

（一）人口普查微观数据的保存

人口普查的微观数据是人口普查获得的宝贵资源，也是普查资料开发利用的基础。1982年和1990年全国人口普查数据录入工作结束后，国务院人口普查办公室都及时布置了人口普查微观数据库的建库工作，从全部普查记录中抽取1%户的个人记录建立了微观数据库，并以磁介质为载体完好地保存下来。遗憾的是，由于受当时计算机技术条件和资源的限制，这两次普查数据

录入后得到的个人记录数据没有全部保留下来。

计算机软、硬件技术的发展，为人口普查的大规模数据处理提供了新的技术手段。2000 年第五次人口普查的数据处理，充分利用了国家统计信息网络工程建设的成果，运用数据库和数据仓库技术，在国家和省一级建立了人口普查数据处理网站，采取 OCR 技术在地市级进行数据录入，数据通过网络载入省级网站，并进行网上在线查询、汇总制表。现代信息技术的运用，使得人口普查的全部微观数据不但得到了更为完善的存储，也为更好地开发利用普查资料打下了基础。

普查登记的原始表格是人口普查重要的档案资料。1982 年的人口普查数据录入完成后，国务院人口普查办公室布置各省份统计局建立了档案资料库，妥善保存了人口普查的全部纸质普查登记表。1990 年人口普查后期，国务院人口普查办公室对普查登记表的保存也作了专门部署。不过，由于各地资料库的容量和技术条件有限，为了更有效地做好普查登记表的保管工作，国务院人口普查办公室对 1982 年人口普查登记表的保管作出了调整，具体方案是抽取了 10% 的登记表继续保留，其余听进行了销毁，腾出资料库空间，保存 1990 年的人口普查登记表。2000 年人口普查开始后，出于类似的原因，对 1990 年人口普查的登记表的保存也作了类似调整，抽取了 1990 年 10% 的登记表继续保留，其余的进行了销毁。

2000 年，由于采用了 OCR 技术，对原始登记表格的保存采取了图像存储的方式。国务院人口普查办公室统一要求各省份对长表登记表的图像利用磁介质进行长期存储；在 2000 年人口普查的数据处理和普查表图像存储工作顺利完成后，对普查登记的纸质表格进行了销毁。

表2　1982年以来三次人口普查微观数据资料情况

普查年份	1982	1990	2000
微观数据保存情况	1%户抽样数据	1%户抽样数据	全部个人数据
普查表保存情况	10%纸质表格保存	10%纸质表格保存	10%电子图像存储

（二）人口普查微观数据的应用

随着电子计算机技术软、硬件技术的不断发展，人口普查的数据处理手段也越来越丰富，并给利用微观数据进一步开发普查资料提供了更为广阔的空间。普查资料的分析已经不再仅局限于对事先由大型计算机加工汇总的表格进行分析，基于微观数据的深入挖掘分析已经越来越成为常用手段。国务院人口普查办公室将普查微观数据的整理和对外提供工作作为人口普查的一项基础性工作给予了高度重视，并列入了有关的人口普查资料开发利用规划之中。

1982年、1990年人口普查的1%户抽样微观数据库，分别在1986年年底和1993年建成。2000年的人口普查数据处理完成后，也专门抽取1%户的个人信息制作了人口普查抽样微观数据库，以方便深入地分析、研究、使用。在以往的三次人口普查中，除了组织对人口普查汇总数据的分析研究外，国务院人口普查办公室同有关大专院校和科研单位合作，利用1%人口微观数据带组织了一系列普查资料的深入分析研究课题，取得了丰富的成果。

人口普查的微观数据资料涉及个人信息。在涉及微观数据的深入开发利用中，必须严格遵照有关法律和普查办法的规定，对个人隐私进行保护。《中华人民共和国统计法》第十五条规定，属于私人、家庭的单项调查资料，非经本人同意，不得泄露。几次人口普查的普查办法中也明确规定，人口普查机构和各级普查工作人员，对各户申报的情况，必须保守秘密，不得向人口普查机构以外的任何单位和个人提供或泄露。严禁公开个人和家庭的登记资料。普查表只作为数据处理和综合汇总使用，人口普查机构必须妥善保管，禁止任何单位和个人，以任何理由查阅普查表。

为了做好个人隐私的保护工作，国务院人口普查办公室在对外提供人口普查微观数据进行科学研究时，采取了非常谨慎的做法。一方面，在对外提供的抽样个人记录中，删除了县级及以下地址代码；另一方面，要求数据使用者签订数据使用协议书。协议书明确规定数据使用者要对微观数据妥善保管，不得向第三方扩散和公布，不得进行涉及个人信息的研究活动。

为了进一步扩大中国人口普查的国际影响，满足国际上涉及中国人口研究项目的需求，中国国家统计局作为第一批成员，参加了由美国明尼苏达大学推动的 IPUMS 项目，提供了 1982 年人口普查微观抽样数据并在 IMUMS 网站正式发布。该抽样数据抽取了 1982 年人口普查 1‰户的个人数据，除删除了县级及以下地址代码外，保留了个人登记项目的全部内容。中国国家统计局对 IPUMS 项目一直保持很大的兴趣，密切跟踪 IMUMS 项目的发展情况，并在探讨进一步向该项目提供后续人口普查微观数据的可行性。

三、普查微观数据应用示例：对中国
当前生育水平的分析

生育水平的高低，是决定人口再生产过程和人口发展趋势的最主要的人口学因素。人口是一个国家的基本国情，而生育水平的数据则是最基本的人口数据。把握 20 世纪 90 年代以来的生育水平，是正确认识当前人口形势，科学判断未来人口发展趋势，

尤其是劳动适龄人口、老龄化与人口年龄构成、总人口等变动态势的基本前提,对于科学认识中国国情、全面评价综合国力,探索人口与经济、社会、资源、环境的互动关系,制定国民经济和社会发展规划,制定符合实际的人口与可持续发展政策,统筹安排人民的物质、文化生活,实现经济社会与人口、资源、环境的协调发展,确保国家全面建设小康社会战略目标的实现,具有极为重要的意义。

(一)全国生育水平

1992 年,国家计划生育委员会进行了全国生育率调查(即著名的"38 万人调查")。结果显示,1991 年和 1992 年中国妇女的总和生育率分别为 1.65 和 1.52,比 1990 年人口普查结果(2.25)有了大幅度下降,从此引发了国内外许多议论和猜测,更激起了有关方面和学者对中国实际生育水平旷日持久的热烈探讨。"中国的生育水平低于更替水平吗?"一般认为,在现有的经济社会发展水平下,加之受传统文化的影响,中国的生育水平在已经接近更替水平的情况下,进一步下降是十分困难的。在这种情况下,人们普遍希望 2000 年第五次人口普查能够揭开中国实际生育水平这个"谜"。但是,从 2001 年 3 月 28 日国家统计局发布第一号 2000 年全国人口普查主要数据公报时起,人们对中国实际生育水平的争论不仅没有平息,反而更趋激烈。第五次人口普查的长表数据汇总结果是,2000 年中国的总和生育率为 1.22。2000 年人口普查登记听出生人口存在严重漏报,由此直接计算的生育水平不能真实地反映中国人口的生育水平,明显表现为时期生育率与终身生育率出现较大背离。

总和生育率只说明假定一批妇女按某年各年龄生育水平生育,平均一个妇女一生可能的生育水平;终身生育率则说明同一批妇女一生的实际生育水平。总和生育率是以某个年度时间横断面（如2000年）描述妇女生育状况的指标，反映当前的生育水平；终身生育率则是从时间纵向对一批相同年龄的妇女生育史进行描述的指标，反映过去的生育水平。在同一年份，总和生育率与终身生育率的数值可能相差很大。例如，由于传统文化习俗的影响，人们对子女出生年份具有很强的选择性。在农历龙年等个别年份，出生的人口多；而在农历羊年等个别年份，出生的人口少。相应的，总和生育率就会起伏波动。生育形势趋于稳定时，总和生育率与终身生育率的水平在数值上应相差不大。严格地讲，只有当妇女度过整个育龄期（年满49岁）后，才能计算其终身生育率。49岁妇女的平均曾生子女数，才是严格意义上的终身生育率。但是，20世纪90年代以来，我国妇女在35岁以后生育的比例很小（见表3），可以忽略不计。从表3还可以看出，35岁以后妇女的曾生子女数存在一定程度的低报。因此，大致把35岁妇女的平均曾生子女数视为终身生育率是合适的。根据第五次人口普查0.95‰的抽样数据汇总，2000年妇女的终身生育率为1.76。全国妇女的2000年总和生育率比终身生育率低30.7%，在生育形势基本平稳的情况下，大致可以认为，2000年人口普查的出生登记漏统率高达30.7%。

表3　35岁以上不同队列妇女的平均曾生子女数

1997年年龄	1997年	2001年	1990年年龄	1990年	2000年
35	2.00	2.02			
36	1.91	1.93			
37	1.94	1.94			
38	2.05	2.09			
39	2.15	2.14			

续表

1997 年年龄	1997 年	2001 年	1990 年年龄	1990 年	2000 年
40	2.14	2.15			
41	2.14	2.18			
42	2.28	2.26	35	2.25	2.20
43	2.30	2.33	36	2.35	2.26
44	2.53	2.42	37	2.49	2.36
45	2.56	2.49	38	2.62	2.46
			39	2.76	2.56
			40	2.93	2.79
			41	3.08	3.10 *
			42	3.23	3.15 *

资料来源： 1997 年、2001 年的数据，分别为 1997 年全国人口与生殖健康调查、2001 年全国计划生育/生殖健康调查的结果。1990 年、2000 年的数据分别为第四、第五次全国人口普查的公布数，其中带"＊"号的数据为 1997 年全国人口与生殖健康调查的结果。

既然从 2000 年人口普查数据中直接汇总总和生育率指标的做法不理想，那么，为把握 20 世纪 90 年代中国人口生育率的真实水平，要么必须使用质量较高的第三方数据进行推算，要么必须抛开总和生育率这个对近期出生漏报非常敏感的指标，改用其他不易漏报的指标。

教育部门的小学入学人数，可用来推算近几年的出生人数。我国已基本普及九年制义务教育，小学适龄儿童的入学率在 99％以上。利用历年小学入学人数，考虑儿童的死亡因素，可以测算近几年的出生人数（见表 4）。据此测算的 1991～1996 年出生人数与国家统计局根据当年人口变动抽样调查公布的数字十分接近，累计出生人数两者相差不到2%。计算表明，此期间我国妇女的总和生育率水平为1.73～1.77。中国人口与发展研究中心的王广州、中国人民大学的王金营等人，还利用间接估计技术等方法，估计1993～2002年的总和生育率水平在1.67～1.77之间，与表4的结果非常接近。综合国家人口计生委发布的有关数据推算，20世纪90年代中后期，中国实际总和生育率水平基本稳定在1.8左右。联合国人口基金会、美国人口咨询局等有关机构估计，我国的妇女生育水平为1.8～1.9。各方面证据充分表明，中国已进入世界低生育水平国家的行列，是唯一在20世纪达到更替水平的发展中人口大国。

表4　基于小学入学人数估计的出生人数和生育水平

（单位：万人、个）

小学入学人数		估计出生人数		国家统计局当年公布的出生人数（万人）	根据估计出生人数推算的TFR（万人）
入学年份	人数（万人）	出生年份	出生人数（万人）		
2002	1953	1996	2016	2067	1.77
2001	1944	1995	2008	2063	1.73
2000	1946	1994	2011	2104	1.73
1999	2030	1993	2098	2126	1.80
1998	2201	1992	2276	2119	1.98
1997	2462	1991	2546	2258	2.25

资料来源： 小学入学人数见教育部发展规划司历年《中国教育事业发展统计概况》，国家统计局当年公布的出生人数见历年《中国统计年鉴》，其余数字由笔者推算。

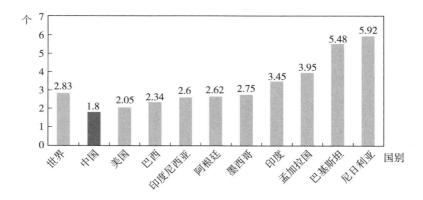

图1　1995～2000 年中国总和生育率与其他人口大国的比较

数据来源： World Population Prospect：The 2002 Revision。

从表 3 还可以看出，不管是人口普查，还是抽样调查，也不管调查的时间，各种调查对 20 世纪 90 年代以后 35 岁以上妇女平均曾生子女数的调查结果高度一致。这就启发我们可以使用终身生育率这个指标来衡量当前的生育水平。使用终身生育率指标，具有四个突出的优点：第一，与时期生育率相比较，终身生育率不易漏报，因而比较准确。中国目前的出生漏报主要体现为较低年龄组的妇女生育子女数漏报。其中，既包括因非法生育而有意瞒报，又包括因人口流动造成出生后难以及时申报。但是，不管是哪种情况，当这些被漏报的孩子到了入托、入学年龄时，一般均会被"发现"。此时，妇女既无必要也不大可能瞒报漏报。第二，中国目前已进入稳定的低生育水平的历史时期，如果没有重大的特殊事件，生育形势不应出现大的波动，终身生育率与时期生育水平理应比较接近，因而，可以较好地反映当前的生育水平。第三，恰如其分地分析、把握各地出生统计漏报，是一件异常艰巨的任务。而使用终身生育率这个指标就可以避免这一问题，能够很简洁地汇总分析各地区的生育水平，以及按各类标准（如民族等）划分的子人口的生育水平。第四，由于终身生育率描述的是妇女经过的整个育龄期的生育水平，因此，可以更确切、更直接地反映我国实施人口与计划生育政策的效果。上面的分析已经表明，我们可以用35岁妇女的平均曾生子女数来作为妇女终身生育率的替代指标。2000年满35岁的妇女，在1980年是15岁，在1990年为25岁，生育过程基本上是在现行生育政策条件下度过的，其平均曾生子女数可以较好地反映现行生育政策条件下妇女的终身生育率，因而可以反映现行生育政策的执行效果。

根据第四次全国人口普查，1990年时，我国35岁妇女的平均曾生子女数为2.25个，与同时期的生育水平——总和生育率基本相同。到2000年，平均每个妇女一生生育的子女数已大幅度下降，达到1.76个。也就是说，2000年平均每个妇女比1990年少生0.5个孩子，表明20世纪90年代以来，我国在生育率业已很低的情况下，继续保持下降态势。

（二）各省（区、市）的生育水平

根据第五次全国人口普查0.95‰的抽样数据汇总，分地区看，终身生育率最低、在1.2以下的省、市，有上海、北京、天津等；终身生育率为1.2～1.6的省、区，有江苏、重庆、四川、辽宁、黑龙江、吉林、山东、浙江、内蒙古等；终身生育率为1.8～2.1的省、区，包括江西、湖北、安徽、福建、湖南、山西、河南、陕西、广西、甘肃、河北、云南、青海等；终身生育率高于2.1的省、区，有广东、贵州、宁夏、海南、新疆、西藏。联系各地的经济发展水平分析，大致可以认为，经济越发达，妇女的生育水平越低（广东、四川、重庆、内蒙古4个省、区除外）。

与1990年相比，除上海继续稳定在较低水平外，其他省、区、市2000年的生育水平均有不同程度下降（见图2）。从趋势上看，1990年的生育水平越高，20世纪90年代生育水平下降的幅度就越大。1990年，新疆的生育水平最高，达3.62；上海的生育水平最低，为1.08；各省（区、市）生育水平的最高值与最低值比为3.35∶1。2000年，西藏的生育水平最高，达2.69；生育水平最低的省份仍然是上海；各省（区、市）生育水平的最高值与最低值比为2.47∶1。从这些情况看，20世纪90年代以来，各省（区、市）的生育水平逐步趋同，差距进一步缩小。

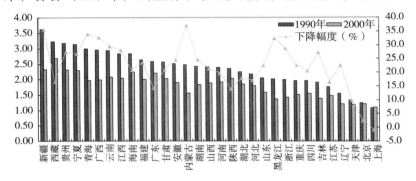

图2　各省（区、市）1990年与2000年35岁妇女平均生育子女数的比较

数据来源：据第四次全国人口普查1%的抽样数据和第五次全国人口普查0.95‰的抽样数据汇总。

（三）分城乡、分文化程度、分民族生育水平

城乡生育水平存在明显的差异。第五次全国人口普查0.95‰的抽样数据汇总结果表明，妇女终身生育率，在市、镇、乡村分别为1.29、1.56和2.02。

妇女的受教育程度与生育水平明显呈现负相关关系，这与人口经济学的基本结论是完全一致的。小学以下文化程度（包括未上学和上扫盲班的情况）的妇女终身生育率约为2.4，TFR约为1.9，而受过大学及以上教育的妇女则在1左右（见表5）。20世纪90年代以来，大专以上文化程度妇女的生育水平基本稳定，全国生育水平的降低主要体现为小学及以下文化程度妇女生育水平的下降（降幅接近0.4）。

表5 2000年不同受教育程度妇女生育水平的比较

妇女受教育程度	35岁妇女平均曾生子女数（个）	总和生育率
未上过学	2.42	1.86
扫盲班	2.36	1.95
小学	2.05	1.48
初中	1.72	1.23
高中	1.30	1.00
中专	1.11	1.01
大学专科	1.03	0.92
大学本科及研究生	1.02	0.86

资料来源： 根据全国第五次人口普查0.95‰的抽样数据推算。

考虑到在第五次人口普查0.95‰的抽样数据中，一些民族人口数量较少，35岁妇女的人数更少，我们在分析时没有使用35岁妇女的平均曾生子女数，而是使用了35~39岁妇女的平均曾生子女数作为各民族妇女的终身生育率。傈僳族、佤族等其他27个民族的人口数很少，我们将这些民族的人口作为一个整体（即图3中的"其他民族"）处理。从图3可以看出，朝鲜族妇女的终身生育率最低，只有1.13。其次是满族、汉族和蒙古族，终身生育率均低于2.0。终身生育率最高的5个民族，分别是苗族、哈萨克族、藏族、黎族和维吾尔族。其他各民族TFR由低到高的排列顺序，与终身生育率的排序差别不大。

（四）流动人口与户籍常住人口的生育水平比较

不考虑户口待定，以及在国外学习无户口的那部分人，根据人口普查问卷R6问题"户籍登记状况"，可将全国总人口划分为两大类：一类是户籍常住人口，其特点是"人户同在"，居住在本乡镇街道（包括外出不到半年的情况），户口在本乡镇街道；另一类是流动人口，其特点是"人户分离"，户口在外乡镇街道，且离开户籍地半年以上。而按照流动的地域范围，可将流动人口进一步区分为跨省流动人口、省内跨县流动人口和县内跨乡流动人口。

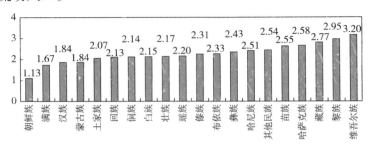

图 3　2000 年各民族 35～39 岁妇女平均曾生子女数的比较

资料来源：根据第五次全国人口普查 0.95‰的抽样数据推算。

流动人口的生育水平低于非流动人口。表 6 显示，35～39 岁的户籍常住妇女比流动人口平均多生育 0.3～0.4 个孩子。总体上看，人口流动不仅有利于劳动力资源的合理、有效配置，而且有利于低生育率的稳定。未来中国将进入城市化加速推进时期，城市化率年均增加 1 个百分点，预计在 2020 年左右将达到57% 左右，平均每年将从农村转移人口 1500 万左右。

表 6　流动人口与户籍常住人口中 35～39 岁妇女平均曾生子女数的比较

（单位：个）

年龄（岁）	跨省流动人口	省内跨县流动人口	县内跨乡流动人口	流动人口合计	户籍常住人口
35	1.68	1.55	1.36	1.48	1.80
36	1.75	1.68	1.34	1.51	1.85
37	1.76	1.72	1.37	1.53	1.90
38	1.90	1.84	1.43	1.61	2.00
39	1.98	1.84	1.49	1.65	2.03
合计	1.78	1.70	1.39	1.54	1.90

资料来源：根据第五次全国人口普查 0.95‰的抽样数据汇总。

（五）初步结果与探讨

中国在全国范围内广泛开展计划生育工作始于 20 世纪 70 年代初期，从此奏响了生育转变的序曲。此前，虽然政府发出过节制生育的号召，但都没有得到有效的实施，妇女生育基本上处于自发状态。1970 年中国妇女的总和生育率水平为 5.81，实施计划生育后，1977 年降到 3 以下，1980 年又降到 2.24，此后出现小幅波动，90 年代进一步降至更替水平以下（见图 4）。本文的分析表明，中国目前的生育水平已经降到 1.7～1.8。一些学者根据中国的人口出生率、总和生育率和生育政策等情况，深入分析了中国的人口转变过程。西方工业化国家的人口转变，大约经历了七八十年乃至上百年的时间；而中国的生育率下降速度快、幅度大，在短短 30 年时间就基本实现了生育转变。R. Freedman 评述道，除了饥荒、瘟疫和战争，在人类历史上从未出现过中国这样如此迅速的生育率下降，而中国是世界上人口最多的国家，乡村人口约占 80%。

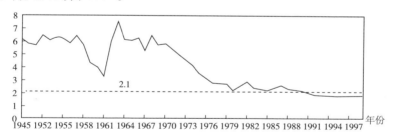

图 4　1949 年以来中国妇女总和生育率的变动情况

资料来源：综合 1982 年、1988 年全国生育率抽样调查和本文的推算数据。

生育率下降的原因是非常复杂的，中国生育转变的原因也成为学术界关注的焦点之一。中国的低生育水平受经济社会迅速发展的影响，但主要是长期以来坚持人口与计划生育工作的结果。

计划生育工作的效果则与经济增长、历史背景、民族特征、地方风俗等许多因素有复杂的关联，也因工作中不断加强优质服务、提高人口素质、发展家庭经济等原因，计划生育工作的成效持续彰显。考虑到生产、生活方式不同，生活环境有许多特殊性，对各地区、各民族提出的计划生育标准也不相同。在汉族、满族等民族人口中提出了较低的生育规范，其生育水平也低于其他绝大多数民族。城市、镇、乡村的生育政策不同，直接导致其生育水平的差异。朝鲜族、蒙古族等少数民族在生育规范较宽松的条件下，同样达到了汉族人口的生育水平，甚至更低。随着妇女受教育程度的提高，生育水平下降。流动人口的生育水平低于常住人口。

需要指出的是，以上仅仅逐个考察了可能影响生育水平的主要因素。要准确把握生育率受哪些因素影响、每个因素的影响程度是多少，必须同时考虑潜在的影响因素，使用多元统计分析等技术来进行进一步的分析，而这些分析都必须以人口普查听微观数据为基础。

四、小结

中华人民共和国成立以来，全国已开展了五次人口普查（未统计我国香港、澳门特别行政区和台湾地区的人口），为深入研究人口变动情况、准确掌握基本国情国力、科学制定经济社会政策，提供了全面、翔实、丰富的数据支持。1982 年第三次全国人口普查是中国改革开放后的首次人口普查，在中国人口统计历史上具有划时代的意义，也填补了世界人口普查的空白。与第一次（1953 年）、第二次（1964 年）人口普查相比，这次人口普查首次使用现代计算机技术全面处理普查数据。更重要的是，本次人口普查数据首次向社会、国内外有关机构提供，结束了人口普查数据内部掌握、相对封闭的历史，开创了全面开放、加强合作的新局面。同时，人口统计逐步制度化，形成了以每10年进行一次人口普查为基础、年度抽样调查为主体、典型调查和经常性工作报表为补充的，多种统计手段有机结合的制度安排和方法体系。进入20世纪80年代，随着经济体制改革尤其是户籍制度、粮油制度改革的不断深入，中国人口流动与迁移不断加剧。1990年第四次全国人口普查在第三次人口普查登记项目的基础上，增加了人口流动与迁移方面的统计项目。2000年第五次全国人口普查是在社会主义市场经济体制初步确立后的首次普查，新增登记项目11个（主要为居住、就业等经济指标），技术方案设计得更为科学、经济，首次使用长、短表相结合的调查方法，以及对普查登记表进行扫描和图像存储等新型数字化技术。

普查的微观数据是人口普查获得的宝贵资源，也是人口普查资料开发利用的基础。第三、第四、第五次全国人口普查登记的人口总量分别达10.08亿、11.34亿和12.65亿。面对如此庞大的普查登记信息，中国政府根据技术水平、管理水平等条件，对人口普查的原始登记资料、微观数据保管维护及使用等方面作出了相应的安排，第三、第四次全国人口普查1%的抽样微观数据以及第五次全国人口普查的全部微观数据得到妥善保存，尤其是第五次全国人口普查中10%的登记表以原始纸制表格和电子图像两种格式进行保管。新的形势下，基于微观数据的深入挖掘分析已经越来越重要。国务院人口普查办公室已将提供普查的微观数据作为人口普查的一项基础性工作给予高度重视，并列入有关人口普查资料开发利用规划之中。国家统计局与IPUMS项目有着良好的合作基础，并将密切跟踪IMUMS项目的发展情况，积极、谨慎地探讨进一步向该项目和国际社会提供后续人口普查微观数据的可行性。

以分析当前中国的生育水平为例,本文还展示了对人口普查微观数据的使用。基于第五次全国人口普查 0.95‰抽样数据的分析表明,目前中国妇女的实际生育率已降至 1.7 ~ 1.8,用不到 30 年的时间基本实现了生育转变,进入世界低生育水平国家行列。但是,地区之间、城乡之间、不同民族之间、流动人口与户籍人口之间的生育水平差异显著。

育龄妇女管理与
服务信息系统

(2002 年 3 月)

一、总论

计划生育是我们必须长期坚持的基本国策。在新时期，要做到稳定低生育水平、提高出生人口素质，就必须对不适应新形势的思维方式和工作方式进行改革。利用信息技术、实现计划生育工作的信息化，有利于建立适应社会主义市场经济体制的人口与计划生育工作的调控体系和管理机制，确保这一基本国策的贯彻实施。

有计划的生育，是中国几十年来有效控制人口增长最重要的经验。到目前为止，全国绝大多数地方基层计生部门对育龄妇女的管理与服务，包括信息收集、处理、存储、传递、分析，基本上以手工操作为主。事实表明，它已不适应形势的发展和工作的要求并暴露出很多问题。

1. 多年来，基层落实人口计划最重要的方法就是对每个育龄妇女建立基础卡片，进行分类管理。这种手工账卡的管理方法，虽然对提高全国计划生育管理水平起到了一定的积极作用，但在一定程度上是靠基层工作人员的超负荷工作支持的。基层管理的育龄妇女的信息非常复杂，涉及育龄妇女及其丈夫各方面的情况，管理和分析个案数据更是十分烦琐，所以，基层工作人员很难对数据进行有效的管理。由于变更不及时，不少乡、村育龄妇女的信息卡已不能满足工作需要，或变成呆账、死卡。

2. 误差大、随意性强，易受人为因素影响。统计水分多，造成人口计划管理随意性大；统计结果不准确，漏报、漏统、错统，甚至故意篡改、有意瞒报等弄虚作假的现象时有发生。

3. 超生、抢生等计划外生育以及计生工作人员之间互相推诿、扯皮等问题，事先得不到充分暴露。

4. 不便于上级对下级工作的管理和指导。由于信息沟通不及时等诸多原因，上级计生领导无法随时掌握下级计生工作情况，也不可能对下级工作提供实时的、有效的管理与指导。

5. 流动人口计划外生育严重，其主要原因是信息不能共享且不能及时沟通。目前的计划生育管理，是建立在户籍管理制度和劳动就业相对稳定的基础上的。随着经济的发展，"人在户不在""空挂户""下（离）岗"等成为社会的一种普遍现象。由于流动人口、离岗人员、人户分离人员等的情况复杂，基层计生部门对他们的婚育信息很难掌握，形成了计划生育管理与服务的最难点。

6. 计划生育工作的重点逐步转向对育龄妇女的全程服务。事实上，目前计生工作人员每月的大部分时间都在做账、卡的变更和数据统计工作，难以分身去加强各种管理与服务；同时，由于不能随时掌握妇女的准确信息以及每一个育龄妇女在育龄期某一阶段的特殊需求，无法实现对妇女有针对性的个案服务。

7. 计生工作要求的齐抓共管难于实施。由于信息不共享，党政、民政、公安、卫生等部门不能相互沟通，不能及时反映计划生育工作中存在的有关问题，不能实现齐抓共管。

综上所述，信息不能及时传递、共享，是引发目前计划生育工作产生诸多问题的根本原因。

二、育龄妇女管理与服务信息系统（MSISW）

为贯彻落实中共中央、国务院以及国家计生委关于计生信息化建设的有关指示精神和要求，将在全国各省份建立省—地市—县市—乡镇—村（居）委及属地企、事业单位的五级人口与计划生育信息网络系统，并实现省级计生委与国家计生委之间的互联。依托此网络，建立并运行育龄妇女管理与服务信息系统（MSISW）、计生办公自动化系统、生殖保健与优质服务系统、人口信息决策支持系统等。MSISW 是人口与计划生育信息系统中最具特色、最有实用价值、最具意义的骨干子系统。

（一）MSISW 概述

在深入了解计划生育工作流程、基层计生工作人员和各级计生管理人员需求的基础上，利用计算机及网络技术，设计开发出了 MSISW。它是国内第一套以大型数据库为平台、多级广域网络为依托、融管理与服务为一体、对育龄妇女进行管理与服务的信息系统。MSISW 利用现有的计划生育网络队伍，通过对基层育龄妇女的个案信息进行收集、处理、存储、查询、分析和反馈，落实人口计划和各项管理工作，引导基层开展计划生育和生殖保健服务，向社会提供人口信息服务，辅助领导决策。

（二）MSISW 的功能与创新

MSISW 共有基础信息、管理与服务等七大模块，整体设计图如图 1 所示。

其中，基础信息模块用来进行育龄妇女信息的采集和维护，主要完成对育龄妇女信息卡的数据录入、数据修改、数据删除、数据变更；管理与服务模块用来落实计划生育政策，进行"三查"、保险保障服务和证件管理等；流动人口管理模块完成对流

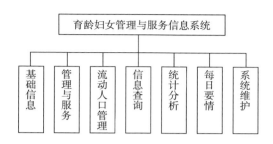

图 1　MSISW 整体设计图

动人口的本地建档、异地查询申请、异地查询、信息调入及签收、流动人口本地管理与服务、流动证检查登记、流动人口信息反馈、流动人口信息交接签收及流出人员资料归档等处理；信息查询模块满足对该系统所存储的信息进行查询，提供基本查询、组合查询、模糊查询等多种查询方式；统计分析模块实现育龄妇女相关数据的分类、统计、汇总，并以报表和图形的方式直观地呈现分析结果；每日要情模块动态地反映各级计生部门的工作进程；系统维护模块实现数据转换、代码维护、权限维护、数据逻辑审核、数据上传、数据恢复、日志管理等功能。

与国内目前存在的其他计生软件系统相比，MSISW 具有如下创新之处。

1. 实时、动态地对历年来的人口出生情况等作出精确的统计和分析，为各级领导提供决策依据。该系统可对任一单位、任一时段的人口情况等作出精确的统计，并且用直方图或饼状图等形式把人口情况直观地显示出来，方便各级领导动态地掌握本单位或某一下属单位的计生工作状况，以便发现问题、研究问题，及时采取相应对策。

2. 提醒和催办功能。有利于提高工作效率、提升服务质量，同时方便领导及时、动态地掌握工作进展，以便督促各级做好工作，实现了将目标责任考核融于过程考核之中。

3. 提供了移动办公功能，突破了时间和空间的限制。

4. 实现了流动人口计划生育管理与服务数码化。依托网络，对流动人口实现本地化管理。在管理与服务的过程中，实现流动对象两地流入/流出的动态管理与服务。

5. 该系统体现了将管理寓于服务之中的思想。

6. 异种数据库之间的无缝链接。该系统后台采用 INFORMIX 数据库，前端采用 Sybase Anywhere Server，实现了两者之间的有效互联。前端可在必要时实现 OFFLINE （离线）操作，大大降低了系统的推广难度和因通信费用或通信线路故障等给基层用户带来的不便。

7. 与办公自动化、教育、政务公开等其他系统，共同运行于一个用群集技术筑建的混合大平台上，实现资源共享。

8. 与公安、卫生、教育各部门预留数据资源共享接口，可实现政府部门之间的横向信息交流。

9. 采取了多种保障安全的管理机制：（1）日志管理，记载何时、何人使用哪台电脑、进行了何种操作，对数据作了何种变更，执行了系统的何种功能；（2）拥有自主知识产权的加密技术，即基于机器特征的软件加密系统，确保了未经授权的用户无法使用该系统；（3）采用镜像容错技术并定期备份日志文件。

10. 采用模块化结构设计技术，要扩充功能，只需把相关模块整合到原系统中，便能实现原系统功能的升级。

三、MSISW 在人口与计划生育工作中的作用和意义

MSISW 汲取了地方开发的计划生育管理软件的成功经验和教训，体现了人口与计划生育工作的发展思路和要求。通过 MSISW，能够更好地促进计划生育部门政府职能的转变，增强宏

观调控能力，提高工作效率和领导决策的科学化、民主化水平；更好地改进和完善计划生育部门的管理机制，规范各种管理和服务，拓展为人民和社会服务的范围，增强服务的手段和功能，提高管理和服务的质量；更好地把大量的基层信息通过计算机有效地汇集起来，让全系统、全社会来分享这种信息资源。MSISW对促进人口与计划生育工作具有重要的作用与深远的意义，表现在以下几个方面。

1. 通过严密的逻辑审核、检验、实时记录以及自动报警等手段，有效地避免了工作随意性大、随意涂改和容易出现差错等现象，特别是基层出现的漏统、错统，甚至故意篡改、弄虚作假等现象。

2. 能随时跟踪育龄妇女的各种情况，方便领导及时、动态地了解各项工作进展，从而有效地遏制了信息记录、更新、传递不及时而引发的超生、抢生等计划外生育，以及计生工作人员之间互相推诿、扯皮等问题。

3. 能实时、精确地统计、汇总和分析数据，从而保证了统计数据的准确性、完整性，减少了统计的水分，有效防止了弄虚作假现象。另外，领导借助该系统可随时掌握某一单位任一时间段的人口出生情况、男女出生比例，方便作出相应决策，加强计生管理。

4. 把基层工作人员从极其繁重、枯燥的育龄妇女管理中解脱出来，从而使计生工作者集中精力提供优质服务，实现工作重心下移、优质个案服务。

5. 对流动人口实现本地化管理，从根本上解决了流动人口的计生管理与服务问题。

6. 信息的共享与实时传递，有效地解决了信息沟通不及时和错误信息引导等各种原因引起的上级计生工作领导无法随时掌握下级计生工作情况等问题，可实时地对下级计生工作进行有效的管理和指导。

7. 随时掌握妇女的准确信息，以及每一个育龄妇女在育龄期某一阶段的特殊需求，实现对妇女有针对性的服务。该系统有助于开展"三为主"、知情选取、生殖健康、保险保障等优质服务。

8. 实时、准确、全面的人口数据，为人口普查自动化提供了保障。人口普查是一项组织与计划非常严密的工作，涉及范围广、参与部门多、工程浩大，费时长、耗资巨。目前，采用抽样调查获取的数据受诸多因素影响，其统计结果的准确性偏差较大。利用 MSISW 实时、动态地收集和处理人口数据，可以实现人口普查自动化。

9. 为关于国民经济发展的决策提供依据。人口信息综合性强，需求面广泛，涉及财税金融、环境保护、科学教育、医疗保健、劳动就业、社会治安等许多部门和行业。MSISW 可为各级政府有关部门制定经济和发展计划，解决劳动就业、资源开发、环境保护、医疗卫生、社会保险、教育发展、社会治安等问题提供决策依据，并为有关科研机构提供研究工作需要的信息，向社会公众提供有关计划生育和生殖健康方面的服务。

四、结束语

可持续发展的核心问题是人口与资源、环境的关系。在人口与资源、环境的关系中，人口居于主导地位。我国的人口规模大，总量多，造成我国的人均资源拥有量下降和生态环境状况日渐恶化，直接影响到可持续发展战略的实施。抓住人口这一实现可持续发展的本源性因素，就能够主动解决我国可持续发展过程中人口、资源、环境、经济社会协调运行的矛盾的主要方面，为我国可持续发展创造最基本的条件。

MSISW 改变了传统的思维方式、工作方法、管理模式，推动了计划生育工作的"两个转变"，为控制人口数量、提高人口素质、改善人口结构，最终实现人口与经济社会协调发展和可持续发展的目标，提供了强有力的保障。

新世纪新阶段的人口研究和
人口工作

（2003 年 1 月）

中国共产党第十六次全国代表大会提出了在 21 世纪头 20 年全面建设小康社会的宏伟目标，在这个包括经济、政治、社会和可持续发展四方面的目标中，许多具体的指标直接与人口问题有关。这个目标提出，要促进人的全面发展，提高思想道德、科学文化和健康素质，使人民过上更加富足的生活，促进人与自然的和谐，增强可持续发展能力等。这些都为新世纪新阶段我国的人口工作和人口研究提出了大量重要课题。本文着重从人口数量及健康素质方面，分析新时期对人口与计划生育工作和研究的新要求。

一、控制中国人口数量的成就

20 世纪是科学昌明、经济发展的世纪，同时也是人口增长、危机潜伏的世纪。在 100 年内，世界经济总量以不变价格计算约增长 30 倍；世界人口总量则增加近 7 倍，从 16 亿增长到 61 亿。这个时期人口高速增长的主要原因并不是高生育率，而是人类平均寿命以空前的速度提高。世界人口在 20 世纪初的平均期望寿命还只不过 45 岁左右，在世纪末提高到近 70 岁，100 年内平均寿命的增长等于过去上千年的进步。这种戏剧性的变化，主要源于医药科学的进步。但是，为了解决随之而来的一系列未曾预见的问题，人类不得不调整自己的行为，以适应自己造成的环境。经过国际社会的共同努力，20世纪人类的终身生育孩子数从6个左右降到低于3个，降低了一半。这是一项巨大的成就，其中包含着无数人的努力：先知先觉者不倦地做宣传和说服工作，推动行政部门采取有力的行动；专业人员不断地发明新的、更有效的避孕方法和工具，无悔地将一生默默奉献给计划生育事业；决策者明智地作出多个领域的决策以综合解决人口问题，并落实决策的执行；研究人员持续地从事有关人类未来的各项研究工作，以便及时发现问题并提出方案。可以设想，如果没有人口计划的成功，今天的世界至少还要多增加10亿人，必然为全球的发展、生存、资源和环境带来沉重的负担。

中国的人口工作取得了巨大的成绩。在20世纪后半期的50年内，人口平均寿命增加了1倍，从35岁提高到约70岁，增加的幅度比世界在100年内取得的进步多40%，由此也带来了人口总量的迅速膨胀。从20世纪70年代起实施的计划生育，使全国妇女的平均终身生育子女数从近6个降到低于2个，20多年中少生孩子近4亿人，对世界人口增长的控制作出了突出的贡献，也有利于中国的经济增长、社会发展和维护、改善长期生存、发展的条件。

从20世纪90年代到2001年的人口数据，列在表1中。由表1可见，尽管中国育龄妇女的数量在这一时期增加较快，但每年出生的婴儿数持续下降。与此同时，死亡率保持在一个稳定的低水平上。从20世纪90年代末期开始，育龄妇女占总人口的比例开始下降，因此，即使总和生育率保持在目前的水平上，每年的出生率也将下降0.6至0.7个千分点。这样，最有利的情况下在15年左右的时间内，我国有可能达到人口的零增长。这个结果比制定"九五"计划时预计的更好。

表1　1990年以来的中国人口主要数据

年份	总人口（万人）	出生数（万人）	死亡数（万人）	净增数（万人）	出生率（‰）	死亡率（‰）	自然增长率（‰）
1990	114333	2391	762	1629	21.06	6.67	14.39
1991	115823	2258	768	1490	19.68	6.70	12.98
1992	117171	2119	771	1348	18.24	6.64	11.60
1993	118517	2126	780	1346	18.09	6.64	11.45
1994	119850	2104	771	1333	17.70	6.49	11.21
1995	121121	2063	792	1271	17.12	6.57	10.55
1996	122389	2067	799	1268	16.98	6.56	10.42
1997	123626	2038	801	1237	16.57	6.51	10.06
1998	126761	1942	807	1135	15.64	6.50	9.14
1999	125786	1834	809	1025	14.64	6.46	8.18
2000	126743	1771	814	957	14.03	6.45	7.58
2001	127627	1702	818	884	13.38	6.43	6.95

资料来源： 2002年《中国统计年鉴》，中国统计出版社2003年版。

中国的人口计划在数量控制方面取得如此巨大成就的原因，首先在于党和政府高度重视。一些先行者努力倡导，坚持宣传教育，加强技术措施，提高了全民的人口意识，协调了全社会的行为。早在1953年，邓小平同志在给邓颖超同志的一封信中就提出，中国人口太多、增长太快，并提出长远的目标：控制在8亿就好。20世纪50年代，毛泽东、刘少奇、周恩来等中央领导同志也多次在各种会议上提出要节制生育。邵力子先生在参加国际人口会议归国后，最早在全国政协会议上提倡节育。马寅初先生则从经济学角度，深入论证了控制人口数量的必要性。但是，由于经济社会等种种因素的影响，尽管节制生育被列入了全国农业发展纲要，具体措施却不能落实，只是从 1962 年起，才在一些市、县开始了试点。其客观原因是，许多高效的避孕方法都是在 20 世纪 60 年代才发明、推广的。正如毛泽东同志所说，现在，你要节育，农民希望多生，又没有好的方法，要到 8 亿人口才会紧张起来。他的预料成为现实。20 世纪 70 年代初，万事俱备，我国开始全面推行计划生育，当时全国的人口总数恰是 8 亿左右。

国家在人口数量控制方面做了大量的工作。到 20 世纪 80 年代，县以上的地方都逐步建立了计划生育工作机构，全面开展宣传教育，免费向育龄人群提供避孕方法和药具。城市和一些经济社会条件比较好的农村的生育率都已降到了相当低的水平，其他地区的生育水平也有很大幅度的降低。90 年代，计划生育工作机构的建设进一步向基层延伸，并通过"三为主""三结合"优质服务、知情选择等先进的工作方法，促进提高工作水平、融洽干群关系。

邓小平同志在 1979 年说："要使中国实现四个现代化，至少有两个重要特点是必须看到的：一个是底子薄……第二条是人口多，耕地少。"人口与计划生育工作在 20 世纪 80 年代进一步发展，与国际社会加强了联系、沟通。20 世纪 90 年代，以江泽民同志为核心的中共中央进一步将控制人口数量问题提高到实施可持续发展战略的高度，确定为基本国策的内容。从 1991 年起，每年全国人民代表大会和全国政协召开全体会议时间，在不允许召开其他任何会议的情况下，由中共中央、国务院召开计划生育工作会议。会议由中共中央总书记主持，总理等中央领导人出席，各省、自治区、直辖市的党委书记、省长（主席、市长）参加，有关部门的负责人列席，总结、交流经验，部署下一年工作，以后又扩展到环境、资源保护领域。各级政府也按照相同的模式召开本地区的会议，大大推动了相关工作的深入开展。在联合国人口活动基金会召开的国际会议上，许多官员和专家都认为，中国是实现政府承诺最好的国家。

经济社会的持续发展，为中国的计划生育工作创造了良好的环境。过去，农业生产繁重的体力劳动是农民普遍希望生育男孩的主要原因。90年代中期，笔者在山东沿海地区调查时发现，当地许多农村家庭的男劳动力在外务工，妇女则留守家中主持一切。农忙时，可以用10元/亩的代价雇佣专业的农机手代耕，既提高了生产效率，也不需要强壮的男劳动力。这些家庭对于生男生女已经十分淡然。在新疆乌鲁木齐市郊，笔者在傍晚随机访问了一家农户，女主人正准备去本村文化室跳舞，她在生育一个女孩后就不愿再生，以便保持自己潇洒的生活。

妇女地位的不断提高，也是中国人口数量控制获得成功的重要原因。新中国成立前，妇女在家庭中处于从属地位，生儿育女是妇女的主要职责，多生多育是妇女有能力、有福气的最主要表现。新中国成立以后，采取了许多措施提高妇女地位，扩大了妇女就业的机会，实现了男女同工同酬，大力提倡妇女接受教育，制定了许多法律保护妇女的权利。在1950年制定的婚姻法，1985年制定的继承法，1986年制定的义务教育法、公民权利法，1992年制定的妇女权利保护法等法律中，都明确规定了妇女的权利及侵犯这些权利者将受到的严厉制裁措施。表2列出了在两次人口普查和一次1%抽样调查中获得的妇女就业数据，由表2可见：第一，妇女的就业率不断提高，已接近男性；第二，妇女就业的年龄模式与西方国家不同，没有在育儿高峰期就业率下降的现象；第三，老年妇女的就业率明显低于老年男性。这些特征说明，妇女就业和及时退休、享受有关福利待遇的权利的保障力度不断加强。在中国，妇女在生育期获得的全薪休假期远远长于西方国家；妇女在怀孕和育儿期受法律保护，不允许被雇主除名。这些规定虽然在各地执行的具体办法有所不同，但总体上都得到了落实。各级人民代表大会和政府有关部门不断进行监督，全国直到最基层都有非政府的妇女组织为妇女提供各种服务，妇女有许多渠道对受到的不公正待遇进行申诉。而且，上述情况还在不断进步中。

表2　中国分性别和年龄的就业率（%）

年龄（岁）	1982 年		1990 年		1995 年	
	男性	女性	男性	女性	男性	女性
15～19	70.5	77.8	61.6	68.3	51.0	55.6
20～24	96.2	90.4	92.6	89.6	92.0	86.4
25～29	98.6	88.8	97.9	90.8	97.5	89.0
30～34	98.8	88.8	98.6	91.0	97.7	90.0
35～39	98.9	88.5	98.8	91.1	97.9	90.0
40～44	98.6	83.3	98.7	88.3	98.1	89.0
45～49	97.5	70.6	97.7	81.1	97.2	81.9
50～54	91.4	51.0	93.3	62.0	92.5	66.8
55～59	83.0	32.9	83.6	45.1	81.7	45.9
60～64	63.6	16.8	63.2	27.3	58.8	28.1
65＋	15.1	4.7	32.7	8.0	27.6	8.0

资料来源：1982 年、1990 年全国人口普查，1995 年 1% 抽样调查数据处理结果（1982 年、1990 年数据：查瑞传、曾毅；1995 年数据：抽样调查办公室）。

中国人口数量增长速度突然加快的直接原因是死亡率的迅速下降，但成功控制人口增长的人口学根本原因也是中华人民共和国成立以来死亡率的急剧下降。1949 年以前，中国人被称为"东亚病夫"。旧中国，疫病流行，中国人体质孱弱，婴儿死亡率高达 200‰，平均期望寿命只有 35 岁。新中国成立后，社会安定，生活改善，医疗普及，死亡率迅速下降。近年来，全国人口平均期望寿命已达到 70 岁左右，远远高于世界上人均国内收入相近的国家。婴儿死亡率也下降到 30‰以下，许多经济发达地区的婴儿死亡率只有 3‰，大大消除了因担心子女夭折而多生育的动因。表 3、表 4 列出了城市和农村在 2001 年的前十大死因，其结构已接近经济发达国家，城市和农村间的差距也日益缩小。出生率下降，平均期望寿命延长，普遍地实现了低生育率，充分反映了中国经济社会发展和计划生育工作的成绩，同时也为社会节省了大量投资，减轻了就业压力，有利于促进生产发展、提高经济效益。

表3　2001 年城市前十位疾病死亡原因及构成

顺位	疾病死亡原因	占死亡人口的百分比
十种死因合计		92
1	恶性肿瘤	24.93
2	脑血管病	20.41
3	心脏病	17.61
4	呼吸系统疾病	13.36
5	损伤和中毒	5.87
6	内分泌、营养代谢和免疫疾病	3.16
7	消化系统疾病	3.14
8	泌尿、生殖系统疾病	1.57
9	精神病	0.99
10	神经病	0.96
男性十种死因合计		92.87
1	恶性肿瘤	27.64
2	脑血管病	19.97

续表

顺位	疾病死亡原因	占死亡人口的百分比
3	心脏病	16.46
4	呼吸系统疾病	12.90
5	损伤和中毒	6.63
6	消化系统疾病	3.45
7	内分泌、营养代谢和免疫疾病	2.36
8	泌尿、生殖系统疾病	1.50
9	神经病	1.00
10	精神病	0.87
女性十种死因合计		91.02
1	恶性肿瘤	21.55
2	脑血管病	20.97
3	心脏病	19.06
4	呼吸系统疾病	13.93
5	损伤和中毒	4.92
6	内分泌、营养代谢和免疫疾病	4.16
7	消化系统疾病	2.74
8	泌尿、生殖系统疾病	1.66
9	精神病	1.13
10	神经病	0.90

资料来源：2002年《中国统计年鉴》，中国统计出版社2003年版。

表4 2001年农村前十位疾病死亡原因及构成

顺位	疾病死亡原因	占死亡人口的百分比
十种死因合计		92.14
1	呼吸系统疾病	22.46

顺位	疾病死亡原因	占死亡人口的百分比
2	脑血管病	18.95
3	恶性肿瘤	17.73
4	心脏病	13.08
5	损伤和中毒	10.72
6	消化系统疾病	4.06
7	泌尿、生殖系统疾病	1.53
8	新生儿病	1.26
9	肺结核	1.24
10	内分泌、营养代谢和免疫疾病	1.11
男性十种死因合计		92.80
1	恶性肿瘤	20.61
2	呼吸系统疾病	20.09
3	脑血管病	19.04
4	损伤和中毒	11.87
5	心脏病	11.75
6	消化系统疾病	4.46
7	泌尿、生殖系统疾病	1.57
8	肺结核	1.40
9	新生儿病	1.15
10	内分泌、营养代谢和免疫疾病	0.86
女性十种死因合计		91.28
1	呼吸系统疾病	24.85
2	脑血管病	18.84
3	心脏病	14.80
4	恶性肿瘤	14.68

顺位	疾病死亡原因	占死亡人口的百分比
5	损伤和中毒	9.23
6	消化系统疾病	3.55
7	泌尿、生殖系统疾病	1.48
8	内分泌、营养代谢和免疫疾病	1.43
9	新生儿病	1.39
10	肺结核	1.03

资料来源：2002 年《中国统计年鉴》，中国统计出版社 2003 年版。

二、对中国人口发展的前瞻

中国的生育率在短期内迅猛地下降，各地区生育率模式的差异扩大。历史上，中国城市人口的生育率曾经与农村基本持平，个别年份还略高于农村。这种情况从 1964 年起发生剧烈改变，尤其是在 1964 年到 1973 年期间更加强烈。城市的生育率在此期间从 1963 年的 6.2 猛降到更替水平，农村则仍维持在 5 左右的高水平上。此后，城市和农村的生育率持续下降。近年来，许多大城市的总和生育率已降到接近 1，农村的总和生育率也到了略高于 2 的水平。我们自然要关心一个问题：这样的生育率变化是否正常？能不能持续下去？为了建立决策的科学基础，有必要从理论和实践方面作进一步的探讨。长期以来，人口学界普遍接受"人口转移"的假设，即人口数量变化的模式从高出生率、高死亡率转变到高出生率、低死亡率，要经过相当长的过渡时期，最后稳定在平衡的低出生率、低死亡率，从而达到零增长。但现实世界尚未充分证明这个过程最后的部分是真实的。1970 年，欧洲 35 个国家中有 25 个的生育率高于更替水平；到 1996 年，只有 3 个国家的生育率仍高于更替水平，许多国家的总和生育率接近1。例如，西班牙的总和生育率为1.15，拉脱维亚为1.16，捷克为1.18，意大利为1.22（1994），保加利亚为1.24，斯洛文尼亚为1.28，德国为1.29，罗马尼亚为1.30，爱沙尼亚为1.30，希腊为1.31，俄罗斯为1.34（1995）。东欧、南欧的生育率下降速度之快出乎大家的意料，而且没有迹象说明生育率将会迅速回升。当前，我们正面临着一种全新的人口形势，需要探索新的人口发展规律。

有许多因素会影响生育行为，最基本的是经济社会的发展。这种发展影响到生活、工作方式的改变，从而影响到认识和行为的转变。政府和非政府组织的活动可以加快、加强或延缓、削弱这些变化，但不能根本性地改变其发展方向。当前，在世界范围内，妇女正在日益积极地参与经济社会活动。为了争取更多提高、晋升的机会，许多妇女选择了少生或不生孩子，还有许多妇女甚至选择终身不结婚。高科技产业的发展发，使体力劳动的重要性不断下降，促使妇女更加重视创造事业和发展个性，生活方式更加趋向与社会融合，而不是局限于家庭的小圈子内。

近年来，婚前和婚外性行为引人注目地成为社会关心的问题。在一些经济发达的西方国家，10多岁的少女妈妈早已成为一个突出的社会问题，但始终不能得到圆满的解决。在许多发展中国家，这一问题也日益突出。据ICPD报道，近年来，仅拉丁美洲就有1000万15岁至44岁的未婚妇女使用避孕方法，全世界约有60%的避孕套用于婚外性交。甚至在观念一向保守的东亚地区，对性行为的观念在年轻人中也有很大变化。香港报刊报道了对11228名大专生的性调查结果，其中，42.8%的被调查者接受婚前性行为，57.2%不接受。有过婚前性行为的占34.4%；其中，男性有过婚前性行为的占39%，女性占31%。这些人中，81.5%是情侣，很大部分以后会完婚。但也有4.7%意外怀孕，

4.2%曾因此采取人工流产措施，更有 1.4% 的人因婚前性行为染上性病。这个结果使香港一些教育界人士感到忧虑。中国内地也有在某大学废物池内发现大量避孕套的报道。一般而言，婚前性行为较多的地区，离婚率也较高，但不一定与生育率有直接关联。有的研究认为，婚姻状态不稳定时，负责任的夫妻双方都不愿生育子女，因此使生育率降低。在美国和欧洲一些国家的部分人群中，我们可以看到这种情况。但是，在个别地区也可以找到相反的例子。由于生育行为还受许多其他因素的影响，如社会保障制度、风俗习惯等，应当根据地区的具体情况进行更加详尽的分析。总体而言，这种现象产生了许多社会问题，但对人口数量的变化影响不大。

影响未来人口发展的另一个因素是死亡率。中国的死亡率已达到相当低的水平。在 20 世纪 50 年代至 60 年代初，中国人口平均期望寿命的延长，在很大程度上是依靠降低婴儿死亡率和儿童死亡率。目前，中国男性的平均期望寿命已达到 69 岁，女性为 73 岁，未来将如何变化为大家所关注。

在一个国家、一个地区，不同种群的平均期望寿命可能相去甚远。美国的一次调查发现，居住在纽约富裕区域的居民，男子的平均期望寿命为 89.5 岁，而女子更高，达 95 岁左右。但在首都华盛顿及其附近的巴尔的摩居住的黑人，男子的平均期望寿命只有 57.9 岁；而南达科他州的印第安人，男性的平均期望寿命更是只有 56.5 岁。看来，人类平均期望寿命的延长还有很大的潜力。医学对人类寿命的认识在不断深化，已多次发现若干个与寿命有关的基因，也形成了一些有关长寿试验的研究成果，大多数专家认为，21 世纪人类的平均期望寿命可能延长到 110 岁，增长幅度与 20 世纪相当。这将对劳动年限、老年人定义、社会结构等许多问题产生深刻影响，我们应当做好准备。

　　一般认为，迁移主要影响人口分布，对人口数量影响不大。迁移人口的生育率大多在迁入地与迁出地的生育率水平之间。但中国国内人口迁移、流动的现象变化很大，造成人口迁移、流动的原因也很复杂，对这部分人影响人口数量增长的分析还不够。

　　中国人口数量增加对世界总人口的影响，可以从表5中看出。历史上，中国占世界人口的比例曾达到很高的水平，20世纪以来逐步下降。历史数据大多出于估计，其可靠性当然远不如近代的直接人口统计，但总的变化趋势仍可作为研究这一问题的重要依据。

表5　　世界与中国的人口

年份（公元）	世界人口[1] （亿人）	中国人口[2] （亿人）	中国人口占[2] 世界人口的比例（％）
0	3.0	0.6	20.00
1000	3.1	0.8	25.80
1250	4.0	1.1	27.50
1500	5.0	1.5	30.00
1750	7.9	1.9	24.05
1800	9.8	3.9	39.80
1850	12.6	4.2	33.33
1900	16.5	4.2	25.46
1950	25.2	5.6	22.22
2000	60.6	12.7	20.72
2050	89.1	15.0	16.81
2100	94.6	12.0	12.68
2150	97.5	10.0	10.26

资料来源：（1）The World at Six Billion U. N. Population Division。（2）笔者根据历史资料的估算。

三、21 世纪中国人口与计划生育工作的新情况、新任务

在 21 世纪，经济社会继续发展，科学技术突飞猛进，生态环境不断变化，有许多新情况需要深入研究。

（一）对世界与中国承载能力的估计

从 17 世纪开始，许多人对世界究竟能支持多少人生活作过估计。在 17 世纪至 19 世纪的 300 多年内，不同研究者的估计数字在 60 亿人到 150 亿人之间；20 世纪初，最高、最低支持人数估计值的差距扩大到 1000 亿人至 20 亿人；20 世纪 60 年代前后，这一差距进一步扩大到 1 万亿人以上至 10 亿人以下；近年的估计则又缩小到 400 多亿人至 30 亿人。

对地球承载能力估计的变化，反映了各方面对人类生存条件、科学技术进步、环境资源变化、社会经济发展的不同观点、认识，以及对未来各种因素发展趋势的预测。由 17 世纪开始，世界人口增长加快，引起了人们对地球承载能力的注意，但由于当时技术进步平缓，生产资源的供给被认为是无限的，对未来发展的趋势进行估计时，可变因素较少，认识差距较小。20 世纪是科学技术突飞猛进的时期。科技进步一方面促进了经济社会以空前的速度发生变化，许多发展出人意料，使一些人感到任何看似荒唐的科学幻想都可能实现，乐观情绪大为高涨；另一方面，科技和经济的发展又以史无前例的速度消耗着资源，同时还对生态环境产生了巨大的影响，使人类社会获得了全新的经验。面临着生态破坏、环境恶化、资源枯竭，甚至是全球气候变化等危及人类和生物生存的紧急形势，另一部分人产生了悲观的估计。除此之外，有两大因素进一步扩大了乐观者和悲观者对世界可支持

人口数量的估计，一是对人类未来生活模式和生活水平的期望，二是对科学技术发展速度和发展方向的预测。这两个因素本身就已是十分灵活多变的，而不同领域、不同阶层、不同信仰、不同经历、不同地区的人对这两个因素的认识可能有极大差别，更强化了对未来变化趋势的争议，一些人甚至对地球承载能力或支持能力的提法也采取否定态度。总的说来，这些研究加深了人类对发展的认识，有益于决策，应当予以必要的注意。大多数对地球承载能力的估计在 150 亿人左右。

对中国能支持的人口数量估计的分歧，较对世界承载能力的估计为小。根据不同要求，笔者认为中国的人口可以在 4.5 亿至 16 亿之间。在科学技术高度发达、人口素质极大提高、社会管理十分完善的情况下，使生活达到很高的水平，中国人口最终稳定在 4.5 亿，已能形成很高的生产力和很强的竞争力，综合国力可以维持在世界民族之林占据重要地位的水平。按照目前的发展情况，为使劳动效率提高到世界发达水平，社会达到充分就业，每个人都能获得充足的生产资源，生活水平达到各方面都满意的程度，则中国人口以保持在 7 亿到 10 亿为好。为实现社会主义初级阶段的发展目标，中国人口应当控制在资源最大承载能力以内，这个水平约为 16 亿左右，低于这个数字对发展有利。从当前趋势来看，有可能控制在最高 15 亿人左右。达到 18 亿人左右，可能发生灾难性的后果，必须避免。为此，必须坚持我国既定的人口政策。

（二）城市化发展及其影响

高速城市化，将是 21 世纪影响深远的全球最重要的人口发展趋势。由于经济发达国家的城市人口占全国人口的比重早已超过九成，21 世纪的城市化将在近年来经济社会发展迅速的一些发展中国家展开，逐渐扩大到发展程度落后的一些国家。联合国预测，2000 年至 2030 年，在城市化速度较快的一些发展中国家和地区，城市人口的比重每年将提高 2.3%。与此同时，世界特大城市、大城市的数量和城市规模也将继续扩大，由此带来许多新的问题。

城市化的发展将为居民带来更好的服务设施和居住条件，例如良好的保健、有力的保安、方便的交通、丰富的娱乐、优良的教育等，但同时也可能造成资源消耗加快、废物排放增多、生态影响扩大等。经济发达地区与落后地区的情况不同。发达国家有较充足的资金、较强的技术支持，可以较好地解决城市化带来的许多负面影响，小城市可以建成理想的居住区域。而那些最贫穷的国家，只能将有限的力量集中于建设一些大城市，小城市的条件往往比较恶劣，有时因人口密度增加，居住条件还不如农村。这些情况应当引起各方面注意，给予适当的援助。

中国在相当长的时期内，实行严格控制大城市、适当发展中等城市、积极发展小城市的城市化方针。随着经济社会的发展，许多地区已经突破了这一限制。为了打破长期存在的二元经济结构，加快推进社会主义现代化，有必要实行特大城市、大城市、中等城市、小城镇协调发展的方针，充分发挥城市的规模效应和带动作用，降低城市化成本，促进全面建设小康社会的目标早日实现。由于中国人口多、土地少，当前城市人口的比例已经达到36%，即使今后城市化发展的速度可能低于联合国对世界上城市化发展快速地区的估计，城市人口总量的增长仍然十分惊人。估计到 21 世纪中叶，平均每年，城市人口的比例增加接近 1 个百分点。到 2030 年，城市人口的比例可能达到 60% 至 65%。2030年至 2050 年，城市人口每年的增长速度可能降至 0.5% 左右。到 21 世纪中叶，城市人口的比例将达到 70% 至 75%。在这样的估计下，平均每年城市人口将增加 1000 万以上。即使以最低城市化成本人均 1 万元计，城市化本身也将创造 1000 亿元左右的投资需求。同时，促进经济、增加需求、发展社会、占用土地、消耗资源、影响环境等复杂的综合效应交织在一起，其后果需要深入研究和分析。

（三）就业和社会保障

就业和社会保障问题，是新时期人口研究中的重要课题之一。我国大量剩余劳动力的存在将是一个长期的现象，要使经济效率提高，企业在面向世界的竞争中能够立足，同时又要使失业率控制在社会容忍程度以下，逐步实现共同富裕的目标，有大量工作要做。经济体制与社会保障体制的协调配合、产业结构调整中对效益与就业的兼顾统筹等方面，需要深入的综合分析。

（四）人口管理制度的改革

随着社会主义市场经济体制的不断完善、城乡二元经济结构的破除，长期沿用的城乡严格分离、限制地区流动的户籍制度正在不断改革之中。最有利的改革方向，应是向适应中国国情的公民登记制度转变。

最近，全国人民代表大会常务委员会正在审议公民身份证法，这是完善人口管理制度过程中重要的一个步骤。公民身份证法规定，每个中华人民共和国公民从一出生就将获得一个终身不变的身份证号码，这个号码将与公民的各种经济社会活动联系在一起。在许多法定情况下，需要公民出示身份证以确认本人合乎法律规定从事某项活动的资格，公民也可以主动出示其身份证以在一些必要的场合维护自己的公民权利。国家社会保障制度提供的福利可以凭公民身份证享受，国家和地方的税收工作可以按公民身份证号码高效、准确地完成，公民自由迁移的权利可以得到更好的保障，保护守法公民、打击犯罪分子的工作也可以更加有效。

公民登记制度应当与其他许多制度相配合。例如，我国的税收制度正在从以间接税为主，向以直接税为主的制度过渡。前几年，已实施了银行个人存款实名制，若能进一步在分配制度中规定任何个人收入均必须经由银行支付，并规定银行为个人所得税义务扣缴人，则直接税中个人所得税征收的成本将大大降低，纳税人也减少了许多麻烦。这样做还需要银行扩大并改善其经营业务，增加个人支票等工具，进一步完善电子支付系统，也需要全国统一电子政务平台的支持、政府职能的进一步转变，并需要在法律上补充许多新的内容。在许多领域，公民登记制度都可以提高管理效率，降低管理成本，方便公民，有利国家。

公民登记制度在立法过程中经过详细的讨论，对实施过程中如何确保公民得到尊重、防止执法人员过度使用权力、保护公民的隐私权等许多敏感问题反复进行研究。由于这项制度涉及每个人的生活、工作，全国人大常委会在立法过程中采取了非常慎重的态度，广泛征求了各方面的意见。

（五）低生育水平下的计划生育

中国的计划生育获得举世瞩目的巨大成就。中共中央三代领导集体始终高度重视人口问题，各方面认识一致、齐抓共管，使生育率降到更替水平以下。但是，由于历史上高生育时期的延迟影响，今后若干年内，每年出生的人口仍将在1300万到1700万之间，人口总数也仍将持续增长一段时间，继续坚持控制人口增长还是不能忽视的最重要的人口工作目标之一。然而，由于长期工作已经建立了良好的服务网络，绝大多数民众已经认同这项政策，我国经济社会不断发展，人民的生活水平和生活方式都发生了根本的变化，计划生育工作的内容和方法也应相应调整，在抓紧的同时抓好工作，通过计划生育工作在国际上树立中国良好的形象。

第一，低生育水平下的计划生育工作应当更加严格地依法行政，切实保障公民依法实行计划生育的权利。2001 年 12 月 29 日，全国人大常委会审议通过了《中华人民共和国人口与计划生育法》，并于 2002 年 9 月 1 日起生效。这是我国历史上第一部有关人口与计划生育的全国性专题单行法律，贯彻实施好这部法律是当前的重要任务。这部法律从有关部门开始起草历经 20 多年，数十次易稿，总结了我国计划生育工作的成功经验，听取了社会各方面对计划生育的意见建议，吸收了国际上有关人口与计划生育工作的新思想和新成果，周密地研究了公民权利与义务的体现、法律的可操作性、目标的现实性和国际上对人口与计划生育工作的共识，使中国特色人口与计划生育工作在法制化、制度化、规范化方面提高到新的水平，充分保障了公民的人权，体现了国家政策。现在的任务就是广泛宣传、认真实施这部法律。

第二，低生育水平下的计划生育工作应当更加尊重公民权利，提高服务水平。20 世纪 90 年代初，笔者在青岛、胶州考察计划生育工作时，曾将当地一项将生物制品生产与育龄妇女孕期保健结合起来的工作经验内容总结为："寓管理于服务之中，融管理与服务为一体"。这些年来，各地在推广"三结合""三为主"优质服务、知情选择等项目过程中，积累了许多好的经验，计划生育工作人员的水平、知识层次不断提高，完全可以将服务工作提高到一个新水平上，寓管理于服务之中应当成为更多地区的工作方式。

第三，充分利用计划生育方法研究的最新成果，提高计划生育效果。20 世纪 60 年代开发的避孕方法大大提高了避孕效果，为 20 世纪计划生育的成功提供了有力工具。但是，这些方法还存在许多缺点，例如，有的药物干扰全身系统功能，引起不适感；有的宫内节育器造成流血；有的方法使接受者永远失去生育能力，不可恢复等。因此，研究百分之百有效、百分之百无副作用、百分之百可恢复的避孕方法，始终是世界重大科研课题之一。近年来，这方面的研究有许多突破，比如，针对负责怀孕的基因和相应的蛋白质发挥作用的避孕药，以女性或男性的卵壳促性激素、卵子或精子表面抗原为目标，产生抗体或免疫细胞而避孕等方法的成功，还有许多有前途的天然植物药等，值得给予充分的重视，及时总结推广。

第四，发挥先进管理技术的作用，推动更快地传播好经验。1992年，笔者在江苏太仓开始组织计划生育信息系统试点。此后，许多地区开展了这项工作。10年内，计划生育信息系统的基础条件有了很大的改善。利用信息系统推动计划生育工作，可以使先进经验以技术的形式制度化，其他地区易学、易用。先进的管理方法通过计划生育信息系统将各级工作机构紧密地联系起来，互相反馈信息，互相提供支持，也使管理人员、技术人员、育龄人群更好地沟通，育龄人群可以获得更规范、更全面的服务。计划生育信息系统的正确应用，也应与符合现代管理思想的考核评估等制度结合起来。考核评估体系应从过去重视工作结果，尽快转变到以工作过程为主；考核评估方法应从过去以年终为主，尽快转变到以经常性、工作关键时期和部位为主。这样，通过考核评估促进工作的规范、优质，最后自然能够得到满意的工作结果。

第五，针对计划生育方面新的突出问题采取有效措施，大力进行重点治理。近年来，随着出生率偏高这一主要矛盾的解决，其他现象开始引人注目。计划生育方面最为人们所关注的，是相当多的地区出生婴儿性别比偏高和流动人口计划生育管理难的问题。出生婴儿性别比偏高是亚洲许多国家的普遍问题，已有许多学者讨论过这个问题。从20世纪90年代开始，我国一些地方已开始重视并采取有效措施加以治理。浙江省计生委从 1992 年起就深入分析了该省历史上出生婴儿性别比偏高的现象，采取了一系列有效措施。目前，该省这一指标稳定地保持在正常水平。流动人口计划生育的管理在山东等地通过各部门齐抓共管，利用信息技术提高管理水平，加强流出地与流入地的沟通，取得很好的效果。这些方面的工作，需要综合部门支持、各个方面合作。

（六）老龄化及其相关工作

老龄化是世界经济发达国家的普遍现象，也是中国经济比较发达的地区 10 多年前就已开始出现的现象。现在和未来 20 年内的老龄人口在数十年前的高生育时期出生，任何政策都影响不了这部分人的绝对数量。但是，在生育率下降较快、平均期望寿命不断延长的地区，老龄人口比例上升也快。预计经济发达国家的老龄人口比例将在 21 世纪初，不断地从目前 12% ~ 14% 的水平上升到 28% 。我国上海市个别区常住居民的老龄人口比例，数年前就已达到 24% 左右。老龄人口比例究竟正常水平应为多少为宜，没有一个统一的标准，与每个国家的国情有关，最根本的评价准则应当是对经济社会发展是否有利。中国有大量剩余劳动力，即使老龄人口比例升高，劳动力的数量仍很充裕，因此，没有必要人为降低老龄人口的比例，而是要着力加强教育事业，提高劳动者素质，加强对老龄人口的供养能力，并相应地在社会保障、社会服务、养老事业的发展方面，根据老年人数量增多的现象，加强投入。城市社区建设的发展，将有利于老年人安度晚年。

老龄化不是一个问题，而是一种现象。针对老龄化现象采取得当措施，可使老龄人群服务行业发展成为一个重要的部门，促进老年人用品和设施的生产、建设。服务设施的建立、服务人员队伍的扩展，可促进第三产业的发展，增加就业。

（七）与时俱进，开拓新的人口研究领域

关注经济社会、科学技术的新发展，拓展人口研究领域。现代经济社会、科学技术的发展提出许多新问题，例如信息社会中的人际关系，网络发展对教育、医疗等服务事业的影响，经济社会活动节奏加快对各种人群的各方面影响等。20世纪基因技术和生物信息学的发展，已推动了被称为"真实人口学"的学科新方向开发。一些研究者利用基因技术与信息技术相结合研究人类起源等，取得令人瞩目的成果。今后，还将有更多的新发展推动人口研究，把心理学、生态学、经济学、基因工程、计算机技术、信息技术等学科与传统人口学结合起来，不断产生新的研究成果。

（八）多学科、多视角的未来

不管人们的主观愿望如何，克隆技术将不可避免地发展，克隆人的现象或迟或早将会发生，基因技术将在个性化医疗技术、新的药物开发、动植物新物种的创造等方面发挥神奇的力量，其结果将对人类社会的结构、生活、观念、思维等各方面产生前所未有的、好的和坏的影响。这些影响或许引发革命性的变化，但也可能带来灾难性的后果。应当从伦理学、法学、生物学、人口学、经济学、社会学等多方面、多视角，进行深入而全面的研究，并采取必要的措施。

笔者将对以上8个方面的研究逐一进行较详细的分析，也希望引起学术界共同进行探索。21世纪将是实现中华民族复兴的重要时期，人口与计划生育工作任重道远、前景光明。中国控制人口增长、提高人口素质、促进人的全面发展的目标，一定能胜利实现。

流动人口计划生育管理与服务的
协同模式研究与实现

（2003 年 1 月）

一、现有流动人口计划生育管理模式分析

截至 1997 年年底，全国流动人口总量超过 1 亿人，并且按平均每年 500 万人的速度增长。流动人口计划生育管理与服务，是当前计划生育工作中面临的一个紧迫问题。截至目前，全国已有 27 个省、自治区、直辖市制定了流动人口计划生育管理办法，有 22 个省、自治区、直辖市在计划生育条例中作了专章或专条规定。许多地方建立了统一的外来人口领导协调机构，将流动人口计划生育管理纳入社会治安综合治理的管理体制之中；有的地方在计生委内部建立了流动人口计划生育的管理机构，配备了专职管理人员。许多地方逐步加强了对流动人口计划生育工作的管理与服务，并积累了不少好的经验。1999 年，国务院颁布并实施了新的《流动人口计划生育工作管理办法》，对旧有流动人口的管理办法进行了改革，提出了"以现居住地管理为主"的原则。根据国务院的文件精神，部分省、自治区、直辖市在流动人口管理的实际工作中，建立了一些适合本地特色、在一定范围内对流动人口管理行之有效的管理模式。其中有代表性的有：上海的"目标管理责任制"，武汉的"三长责任制"，济南的"两位一体"管理机制，宁波的"社区化管理"机制，分别称为上海

模式、武汉模式、济南模式、宁波模式。

上海模式：以全国《流动人口计划生育工作管理办法》和《上海市外来流动人员计划生育管理办法》为指针，把外来流动人员计划生育管理纳入本辖区人口和计划生育工作目标管理责任制，增加经费投入，强化服务意识，提高管理水平，切实降低流动人口政策外生育率。

武汉模式：是以公安局局长、工商局局长、计生委主任为主，劳动、人事、城建、房地、交通、卫生等相关部门共同参与的流动人口计生管理模式。它是一个多部门参与配合、共同负责的综合管理机制。

济南模式：依托暂住人口管理服务站，发挥暂住人口协管员和基层计生工作人员这两支队伍的合力作用，在基层形成"两位一体"的管理机制。

宁波模式：是把流动人口融入社区管理的模式，为流动人口提供社区化的管理与服务。

尽管各省、自治区、直辖市建立的流动人口计划生育管理与服务的管理模式各有特色，但基本上是基于以下两种模式。

其一是"谁主管，谁负责；谁聘用，谁负责；谁容留，谁负责"的防范型管理模式。这种管理模式沿袭了计划经济体制下的行政管理思路，过分侧重管理和整治，对流动人口的需求了解甚少，直接面对流动人口的服务更是寥寥无几，造成大部分流动人口对城市缺乏归属感和认同感，这样，既不利于城市化的发展，也不利于体现社会公平与合理。该模式涉及部门多，实施难度大，可操作性差，易流于形式。其二是社区化管理模式。这种模式以社区资源（包括人力、物力和财力）为基础，运用社区管理的机制与手段，促进社区整合与稳定，以达到管好流动人口的目的。这种模式具有以下三个优势：（1）它是属地化管理，实行"人住哪里，哪里负责"的管理原则；（2）它是服务型管理，社区化管理以流动人口的需求为基础，为流动人口提供迫切必需的服务和保障，创造一个安定和良好的生活与工作环境，并培养相对一致的认同感和归属感；（3）它是参与式管理，特别强调让流动人口参与社区服务和社区管理，增强社区意识，促进社区融合。该模式没有具体的操作机制，基本上都停留在概念设计上，并且在我国绝大部分省、自治区、直辖市根本不具备运行条件。该模式的可操作性有待进一步深化与规范。

事实上，无论上述何种模式，优生优育、优质服务、生殖健康等面向流动人口的服务均未得到有效落实。

随着流动人口数量、结构、居留和就业特征的变动，在不同时期、不同地区，流动人口呈现出不同的特征，因此，流动人口计划生育管理在管理措施上要对症下药、因地制宜，在服务上要加大服务力度、提高服务质量，要不断地寻找适应于不同时期、不同地区的流动人口计划生育管理和服务模式。另外，如果不能使得流入、流出两地管理与服务的信息对等、准确、及时交换，任何管理与服务模式都会显得苍白无力，均不能有效地贯彻落实国务院的《流动人口计划生育工作管理办法》，更不可能为流动人口提供与户籍人口一样的管理与服务。所以，研究流入、流出地共同加强流动人口计划生育管理与服务的协同机制尤为重要。

二、流动人口计划生育管理与服务协同模式（CMMS）

为了实现人户分离管理同步化、服务现居住地化、外来人口管理与服务本地化，充分运用已有的流动人口计划生育管理与服务模式，实现对流动人口与常住人口同宣传、同管理、同服务，必须研究一种新的流动人口管理与服务模式。它能支撑全国存在的各种模式，并能协同各种模式，使它们融于一体，使得各地区在不同时期运用不同模式，实现流动人口计划生育管理有力、服务到位。

流入、流出两地关于流动人口计划生育管理与服务的信息完全对称、交换及时，是实现管理有力、服务到位的根本保障。为此，我们研究了以大型数据库为平台、依托多级广域网、属地采集流动人口管理与服务信息、网络实时交互、户籍地确认、现居住地管理与服务的，基于信息技术的，流动人口计划生育管理与服务的协同模式。

大型数据库是指运用数据库管理信息系统（DBMS）技术，按照计划生育管理和服务的项目，建立的人口与计划生育数据库。在这些数据库中，保存了每个流动人口的计划生育管理与服务信息，同时还保存了其生殖健康、节育避孕等其他动态信息。数据库是集中分布式数据库（见图1）。

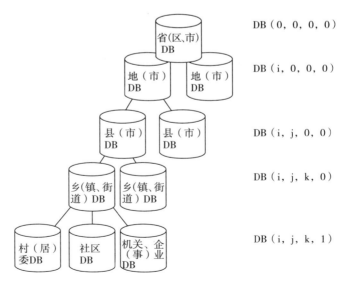

图1 省（区、市）数据库的分布结构

DB (0, 0, 0, 0) = U DB (i, j, k, l), (i = 1, …, n1),

(j = 1, …, n2), (k = 1, …, n3), (l = 1, …, n4)　　　①

　　n1、n2、n3、n4，分别为该省（区、市）所辖地（市）、县（市）、乡（镇、街道）及村（居）委、社区、属地机关、事业单位、企业数。

$$DB (i, j, k, 0)　　DB (i, j, k, l)　　　②$$

$$DB (i, j, 0, 0)　　DB (i, j, k, 0)　　　③$$

$$DB (i, 0, 0, 0)　　DB (i, j, 0, 0)　　　④$$

　　上述①～④式描述了数据库的多级分布与集中的关系。

　　省（区、市）、地（市）、县（市）分别建立网络数据中心，把乡（镇、街道）、县（市）、地（市）、省（区、市）的数据中心（局域网）用通信线路连接起来，组成四级广域网络。如果网络延伸至村（居）委、社区或机关（企、事业）单位，就形成了五级广域网。人户分离者的信息依托多级广域网。在一个省（区、市）内，数据库的结构完全一样，运用自动分发技术，可实时进行交换。由于各省（区、市）使用的数据库管理信息系统不同，且数据库的结构也不尽相同，这就使得外来人口信息的交换，必然由转换函数（又称接口）来完成。图2表示各省（区、市）（以北京为例）与国家、与其他省（区、市）之间，外来人口数据交换的实现方法。

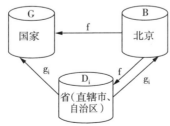

图2　异构数据库的映射函数

　　图2中，G为国家级人口与计划生育数据库，B为北京市人

口与计划生育数据库，D_i 为其他省（区、市）人口与计划生育数据库，f 为北京数据的交换算法，g_i 为其他省（自治区、直辖市）数据的交换算法，由此可推出如下映射函数关系式。

$$G = f\ (B)\ + \sum_{gi}\ (D_i)$$

$f\ (B)$　　G，$g_i\ (D_i)$　　G

$f\ (B\ [j])\ =\ g_i\ (D_i\ [j])\ (j\ 为某育龄妇女)$

流动人口流入地（属地）采集其相关信息后，经网络传递回其流出地，流出地予以核对与确认，返回给流入地。流入地运用当地的管理模式，开展管理与服务，实现流动人口的现居住地管理。

三、CMMS 的操作机制

要做好流动人口信息的共享、交换工作，流出地、流入地一定要紧密合作。流出地要按时提供流出人员的准确信息，流入地也要经常性地将流入人员的资料返回流出地。该模式由流出地与流入地协同操作。

（一）流入地的操作机制

个案信息的确认。在广域网络平台上，流入地、流出地充分实现信息共享，流动人口的资料由网络进行传递，但要遵循时效性和保密性的统一。时效性指流入地可直接访问流出地的数据库，查询流动人口的基本信息，以便及时开展管理与服务工作。但对其详细信息，流入地必须先发送查询请求到流出地，经流出地审批同意后，方可查询流出地数据库中存贮的该流动人口的详细信息。对于流入地未申请或流出地不同意开放的流出人员资料，流入地没有查询其详细资料的权限，这就是保密性。

借助网络，自动获取流动人口的个案信息，并在本地建立管理与服务电子档案。对于人户分离人员，如果其流出地已运行了育龄妇女管理与服务信息系统（MSISW），且网络可伸达该流出地，则流入地可通过网络从流出地获取流入人口的个案信息。对于外来人口，如果流出地已将该流动人口的资料存贮在数据库中，且可建立一个通信链路，把流入地与流出地连接起来，那么，按照信息交换的约定机制，便可借助网络，交换外来人口的个案信息；否则，确认流入人员的身份证、流动证、生育服务证等证件有效后，依据流动证上的信息，为该流入人员在本地建立电子档案，为其计划生育管理与服务信息的网络交互建立数据交换源。

管理与服务本地化。对流动人口，流入地按其常住人口管理办法，同宣传、同管理、同服务，或按当地的流动人口计划生育管理模式，对流动人口进行现居住地管理。

信息动态反馈。流入地定期将流入人口的计划生育管理与服务信息反馈回流出地。

（二）流出地的操作机制

1. 流出地检查流入地要求提供该地流出人口的资料的请求。

2. 对流入地请求查询或调入的流动人员的资料进行确认，使其资料是最新及准确的。如果该流动人员有本地的常住户口，但在本地数据库中又无其信息的记录，则应及时将该流动人员的资料登录在数据库中；否则，应做上相应标记，表明该流动人口不是从本地流出的，以便流入地进行相应管理。

3. 流入地反馈回的资料归入本地数据库中。

4. 对已签收妥的资料，及时向流入地发送已收妥信息。

图3、图4分别描述了流入地、流出地的协同操作流程。

图3是CMMS的流入地操作流程。

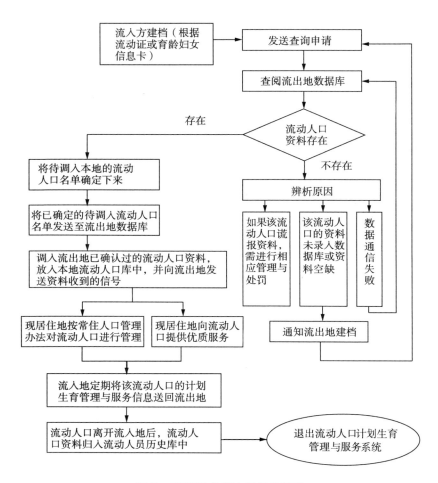

图3　CMMS 的流入地操作流程

图 4 是 CMMS 的流出地操作流程。

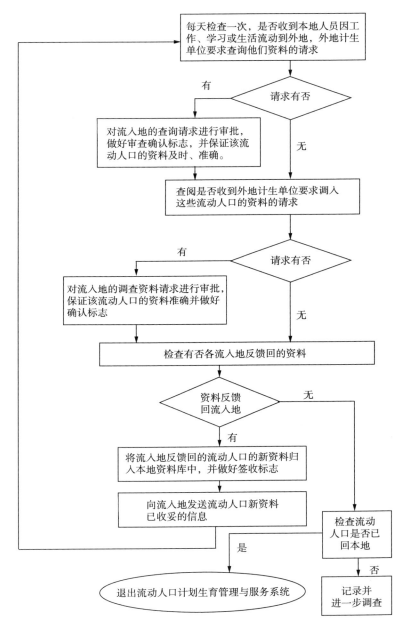

图 4　CMMS 的流出地操作流程

四、结论

CMMS 完全不同于现有的流动人口计划生育管理模式，它依托多级广域网络，以大型集中分布式数据库为平台，借助于各种通信技术，实现流出地、流入地的信息完全对称与及时交互，支撑和协同现有的各类流动人口计划生育管理模式，实现人户分离管理同步化、服务现居住地化、外来人口管理与服务本地化。它有如下明显的特点。

先进的信息技术是该模式的运行平台。该模式基于多级广域网、大型集中分布式的人口与计划生育数据库、相应的育龄妇女管理与服务信息系统，以及基于此模式的流动人口计划生育管理与服务系统。

它有很强的实用性。它构筑于各类模式之上，将不同的模式融于一体，并能充分发挥各模式的优势，支撑复合模式的混用，克服单模式的不足，取各模式之长，有效地实现对流动人口计划生育的管理与服务。它不改变不同地区、在不同时期行之有效、有特色的管理与服务模式，而是跨模式的模式。

它支撑各地区优质服务的开展，跨越了其他模式不可跨越的鸿沟，可实现流动人口与常住人口同管理、同宣传、同服务，能很好地满足计划生育工作的发展思路。

它冲破了流动人口频繁流动给各地区流动人口计划生育管理与服务带来的制约。由于频繁流动，流入地在不断变化，流出地也在相对变化。前一个流入地相对后一个流入地来说，它又是最近的流出地。这就使得对流动人口的管理和服务变得更加复杂与困难，现有的各类模式均不能有效地解决流动人口频繁流动给其管理与服务带来的巨大困难。CMMS 实现了流动人口的信息通过网络实时交互，使得不断变化中的流入地、流出地之间的信息保持完全对称，从而，频繁的流动不再成为管理与服务的制约。

CMMS 实现了流动人口个案信息在流入、流出两地得到充分交换，从而使得对流动人口的个性化服务成为可能。它为各级计生、医疗机构向每个流动人口开展生殖健康与优生优育、优质服务，提供了有力的支持与保障。

我们分别于 2001 年 7 ~ 12 月、2002 年 2 ~ 7 月，对广东省、北京市流动人口计划生育的管理和服务作了深入细致的调研。特别是对北京市，我们走访了 13 个区（县）计生委、20 多个街道（乡镇）、40 多个居（村）委会和社区及 3 个局、总公司。调研结果表明：广东省、北京市为搞好流动人口计划生育的管理与服务，作了许多有益的探索。它们各自根据自身的流动人口特点及工作特色，对管理模式不断进行改革，取得了不少成功的经验。它们分别运用了现居住地管理、属地管理及社区管理等管理模式，对流动人口的计划生育进行管理与服务。但近年来，人户分离、外来人口急剧增加，由于流入、流出两地的信息不对称，对流动人口计划生育的管理和服务越来越复杂、效率也越来越低，甚至已阻碍了计划生育规划与统计的改革。为此，依此模式，我们开发了流动人口计划生育管理与服务信息系统（MISFP），它已投入运行，取得了良好的社会效益。事实证明，CMMS 是实现流动人口计划生育管理有力、服务到位的有效模式。

中国低生育水平下的
人口发展及政策

（2003 年 11 月 18 日）

　　人口增长过快的危险已经越来越为世人所认识。1650 年，全球人口估计只有 5 亿，经过 200 年增长了 1 倍。然而，在其后的 150 年里，世界人口总数增加了近 5 倍，达到 60 亿之多。尽管经济增长速度远远超过人口增长，但是资源、环境、生态的压力已经危及人类社会的安全。经过先驱者们的努力，计划生育终于从 20 世纪 50 年代起逐渐为国际社会所接受，但是，落后的避孕方法不仅效率很低，也很不安全。20 世纪 60 年代，技术上发生了一次避孕的革命，科技界开发成功口服避孕药和宫内节育器，大大推动了计划生育工作，同时也有利于保护妇女健康。尽管如此，据有关部门估计，全世界怀孕的妇女中，仍约有 2/3 是非自愿的，因此造成每年约 5000 万例的人工流产，其中 2/5 的人工流产是在不安全的环境下进行的，严重影响妇女的健康和安全。深入研究计划生育的情况，不断改进工作，意义重大。

　　中国的计划生育工作已经取得巨大成就，对降低世界人口增长率作出了宝贵的贡献。目前，中国的人口自然增长率已经降到 8‰以下，出生率与死亡率都处在很低的水平。进一步稳定低生育水平，有必要细致地分析人口特征，确定工作重点，改进技术措施，提高服务水平，突出群众观点，创造适当环境，采取配套政策，并根据新的形势，创新评估导向系统，将计划生育工作推向一个新的高度。本文研究了一些国家和中国各地区的情况，总结了一些规律，并在此基础上对今后的人口发展作出了预测，对今后工作提出了若干建议。

一、低生育水平的国际比较

许多国家的人口，都曾经经历过高出生、高死亡向高出生、低死亡直至低生育、低死亡状态的转变过程。国际社会公认，低生育水平的标准就是达到或低于更替水平，即每对夫妇平均终身生育两个或两个以下孩子，即粗再生产率等于或小于2。在生育水平发生转变之前，各国的出生率普遍高于30‰。例如，生育水平转变发生得最早的法国，人口出生率曾达到37‰。芬兰在18世纪中期的出生率更高达44‰~45‰。俄国的人口出生率在19世纪后期接近50‰，直到1913年还在47‰，这一水平远远超过了中国生育率很高时达到的数字。由此可见，多子多福的观念绝不是中国人的专利，而是许多社会的传统规范，因此，研究这些国家如何从高生育水平实现转变，并稳定在低生育水平上，对研究中国的状况并提出相应的对策有重要意义。

欧洲国家中出生率下降最早的是法国，法国人的生育率从1745年开始下降。1800年，平均每名法国妇女生育4.8个孩子。19世纪30年代，法国的生育率已降到更替水平。此后的10到20年内，爱尔兰、瑞士、比利时也紧随其后，达到低生育水平。19世纪最后的10年到20世纪初的10年内，实现向低生育水平转变的，有瑞典、丹麦、英格兰、威尔士、苏格兰、澳大利亚、新西兰、荷兰、奥地利、匈牙利、捷克斯洛伐克等国家。目前，世界上生育率最低的是意大利南部，其总和生育率曾降至0.8。其他欧洲国家的人口总和生育率也大多在1.2~1.3的水平上。

一些欧洲国家在相当长的时期内缺少劳动力，不得不从阿拉伯、非洲等地区大量招收劳工。亚洲的大量移民也将欧洲看作良好的目的地之一。

低生育水平国家的生育年龄分布模式有很大的不同，说明不同文化背景、社会条件、风俗习惯的地区，可以在生育文化方面认同相似的价值观念，但依然适当地保存自己的特色。总结这些国家的特点，低生育地区的生育模式大致可以分为四类。

（一）早峰型

年龄别生育率的高峰集中在女性的 20～24 岁之间，美国、匈牙利、罗马尼亚等国都属于这一类，美国是其中最典型者。在美国，20 岁之前的少女发生过性行为的比例相当高，初婚年龄较早，已婚男女有过一次或一次以上离婚经历者约占一半。作为一个多文化的国家，美国对各种性行为的容忍程度较高，包括同性恋等都能得到社会的宽容。然而，科技的发展、避孕工具的普及、性知识的广泛传播、购买能力的提高等因素，使美国在总体上保持了低生育水平，但国内各种族群体之间的差异相当明显。美国的孩子在很小的年龄就开始接受性知识的教育，这种情况产生了截然相反的两个结果。一方面，许多还不很成熟的青少年轻易地发生性行为，导致大量未婚妈妈和非法、不安全流产的发生；另一方面，也提高了青少年的自我保护能力，比较懂得正确处理两性间的微妙关系。这两种似乎互相矛盾的现象结合在一起，使得美国社会的生育水平总体上自然地得到控制。

（二）宽峰型

宽峰型生育模式的特征是在 20～24 岁及 25～29 岁生育能力最强的年龄段上，生育水平几乎是平均地分布着。英国、加拿大、新西兰、澳大利亚等国家的人口生育特征都属于这一类。第一印象就是：这些国家都属于英联邦国家。这种特征的形成，可能与英国历史上资源、经济状况形成的人文风俗有密切联系。由于英国是世界上人口密度最高的国家之一，它向外寻找资源、扩展势力很早就形成了强烈的冲动。英国许多地区的传统是，一个家庭中只有长子可以继承家庭财产——主要是土地，其他孩子都必须离乡背井、外出谋生，在挣得了足以养家糊口的财富后才能回来结婚。这种社会人文背景造成婚姻年龄的分布散落在不同的年龄段，并相应地导致了生育年龄的分散。

（三）晚峰型

生育峰值出现在女性 25～29 岁年龄段的是晚峰型，具备这种特征的国家有意大利、西班牙、瑞士、荷兰等。这些国家对男女的交往限制较少，性知识也比较普及。荷兰也许是世界上所有国家中对性文化最宽容的，许多在传统性观念强烈的地区被认为是黄色的书刊在荷兰随处可得。这类国家有的允许妓女公开营业。在有的国家，紧靠马路的海边完全裸体地做日光浴的现象司空见惯，行人川流不息，对此视若无睹。有的国家实行家庭收入累进所得税制，一个家庭的所得税按夫妻双方的收入总数计税，收入越高，所得税税率也越高，借以实行社会收入的二次分配。这种累进所得税制对稳定社会、调节分配无疑发挥了积极作用，然而，始料未及的副作用是，许多男女青年宁可同居也不结婚，分别申报个人所得税，以便享受较低的所得税税率。在这种情况下，他们趋向于少生孩子、晚生孩子，以免在关系发生变化、最后不能成婚时，出现孩子的抚养、日后财产的继承等许多问题。以上各种情况综合起来，就形成了这些国家晚峰型的生育模式和低生育水平的特征。一般而言，具有晚峰型生育模式的地区的妇女在生育能力最强的很长一段时间内不生孩子，因此，生育自然地趋向较低水平。

（四）奇峰型

有些国家或地区具有十分奇特的婚育风俗，从而形成了与众不同的、奇异的生育峰值年龄。日本妇女的生育年龄高度集中在 25～29 岁之间，大约有一半的生育行为发生在这一年龄段。爱尔兰的高生育年龄段却在 30～40 岁，这与当地要求必须事业有成才能结婚的婚俗有密切关系，这种现象对稳定家庭关系、降低生育水平有利。

低生育水平对欧洲的发展曾经起了促进作用。历史上，欧洲的生育率和死亡率都曾达到过很高的水平。英国一些城市在工业化初期的劳动和生活条件十分恶劣，工人的平均寿命曾低到 18 岁。为了补充死亡的人口，高生育是一种自然的反应。随着经济发展、社会进步、死亡率降低，这种高生育行为导致人口快速增加。欧洲在 17 世纪就感受到了人口的压力。18 世纪以后，人口压力不断增大，马尔萨斯的人口论就是在这种背景下出台的。但是，悲观的预言往往招致社会的不快，就像人们讨厌乌鸦和猫头鹰一样。当时，欧洲社会普遍对马尔萨斯的理论痛加抨击。而亚当·斯密所写的《国富论》则由于赞美自由竞争，鼓吹社会不加干预可以导致财富自然地积累，为各方面所欢迎。可惜的是，无情的现实使欧洲不得不大批向外移民以减轻欧洲大陆的压力。同时，欧洲各国的生育率也先后开始降低，启动了人口转变的过程。过去曾认为欧洲的人口转变过程有内在相同的规律，但美国著名人口学家 Ansley Coale 组织专门调查研究之后发现，欧洲各国的人口转变过程各不相同，有社会、经济、文化、制度、风俗等方面的许多因素，可以对人口转变过程产生强烈的影响。法国在 18 世纪只有贵族实施节育，以后扩展到其他社会阶层。宗教对世俗事务影响的减少、遗产法的修改、土地所有制的变化等，加速了生育控制和生育行为的改变。1870 年，法国的总和生育率降到 1.7。其他欧洲国家都有类似的生育率变化经历，但原因各有不同。

　　亚洲各国生育率和死亡率的状态差异很大：日本已经完成了人口转变过程并进入老龄社会，现在正面临着与其他经济发达国家相同的社会经济问题，为消费结构和水平的巨大变化、劳动力的短缺和特殊的社会服务需求所困扰。韩国、泰国以及我国台湾地区的生育率已经降到更替水平左右，但这些国家和地区的背景各不相同，而生育率反射出一些特殊的社会问题，例如性别比例的异常等。新加坡和我国香港的生育行为属于城市模式。南亚一些国家的生育状况，则受到民族和宗教因素的强烈影响。印度尼西亚、马来西亚、菲律宾等国家都各有鲜明的特色。观察和分析这些国家和地区的人口发展情况，可以为决策提供许多有价值的信息。表 1 至表 4 列出了东亚和东南亚一些国家和地区的社会指标，观察这些资料可以看到，生育率的变化与社会状况存在密切的关联。

表 1　亚洲 4 个国家的出生率（CBR）和总和生育率（TFR）

	中国	韩国	新加坡	泰国
1970 年的 CBR（‰）	37.0	31.5	22.1	40.4
TFR	5.8	4.5	3.1	6.1
1980 年的 CBR（‰）	17.1	21.4	17.1	28.9
TFR	2.2	2.6	1.7	3.7
1990 年的 CBR（‰）	21.5	15.7	17.7	20.5
TFR	2.4	1.6	1.9	2.2
*2000 年的 CBR（‰）	15	14	14	14
TFR	1.8	1.5	1.6	1.8

资料来源：亚太经社会出版物（ESCAP）。

注：*2001 World Population Data Sheet of the Population Reference Bureau。

表2 东亚、东南亚若干国家和地区的总和生育率

国家或地区	1965~1970年	1971~1975年	1976~1980年	1981~1985年	1986~1990年	1991~1995年	1996~2000年
中国	6.06	4.86	3.32	2.55	2.46	1.92	1.80
中国香港	4.02	2.89	2.32	1.80	1.31	1.22	1.17
韩国	4.71	4.28	2.97	2.23	1.60	1.68	1.51
印度尼西亚	5.57	5.20	4.73	4.11	3.50	3.00	2.60
马来西亚	5.94	5.15	4.16	4.24	4.00	3.62	3.26
新加坡	3.46	2.62	1.87	1.69	1.71	1.75	1.60
泰国	6.00	4.79	3.96	3.05	2.41	2.10	2.10
日本	2.00	2.07	1.81	1.76	1.66	1.49	1.41

资料来源：World Population Prospects ，The 2000 Revision ，UN 2001。

表3 上海及全国的总和生育率、出生率、死亡率

年份	TFR		CBR（‰）		CDR（‰）	
	上海	全国	上海	全国	上海	全国
1950	5.6	5.3	22.8	37.0	7.7	18.0
1957	6.3	6.2	46.0	34.0	6.1	10.8
1961	2.9	3.3	22.4	18.2	7.7	14.2
1963	4.2	7.4	30.3	43.4	7.0	10.0
1964	2.6	6.1	20.6	39.1	6.1	11.5
1967	1.8	5.3	12.5	34.0	5.1	8.4
1968	2.9	6.4	14.9	35.6	5.3	8.2
1969	2.4	5.7	14.8	34.1	4.7	8.0
1970	2.3	5.8	13.9	33.4	5.0	7.6
1971	2.1	5.4	12.2	30.7	5.2	7.3
1980	0.8	2.3	12.6	18.2	6.5	6.3
1990	1.4	2.3	10.3	21.1	6.8	6.7
1996	1.0	1.8	5.6	17.0	6.4	6.6

资料来源：国家计划生育委员会、国家统计局的抽样调查。

表4　6个国家的可比社会指标

社会指标	中国	韩国	新加坡	泰国	印度尼西亚	马来西亚
有健康服务的人口比例（％，1985～1995）	92	100	100	90	80	—
实施计划生育的人口比例（％）	83	79	74	74	55	48
产妇死亡率（每10万活产，1990）	95	130	10	200	650	80
婴儿死亡率（‰，1990～1995）	44	11	5	32	58	13
5岁以下儿童死亡率（‰，1990～1995）	47	15	7	39	72	25
平均期望寿命（女性，1990～1995）	70	75	79	72	65	73
（男性，1990～1995）	67	67	74	79	61	69
中、小学入学率（％，1990～1995，女性）	81	98	86	66	77	79
（％，1990～1995，男性）	91	97	—	67	83	76
成人文盲率（％，1995，女性）	27	3	14	8	22	22
（％，1995，男性）	10	1	4	4	10	11

资料来源：联合国1997年的基本社会服务统计资料。

二、中国各地区生育率的差别及长期预测

中国总体上已经控制住了人口的过快增长。根据2000年第五次人口普查的结果，2000年11月1日零时，全国人口数为12.95亿（含台湾，福建省的金门、马祖等岛屿，香港特别行政区及澳门特别行政区）。估计到2001年年底，可能为13.06亿左右（同以上口径）。中国的人口自然增长率已经从1970年的25.83‰降到现在的7‰，这是一个惊人的变化。同一时期，死亡率从7.6‰降到6.5‰，只下降了一个千分点。经过各方面的共同努力，生育率也达到了低水平。

对中国各地区进行分析，可以看到一些很有趣的情况：城市

人口的生育率在新中国成立以来相当长的时期内高于农村。这种差别虽然有统计意义，却并不很大，可以有不同的解释。一种解释是城市的生活水平高于农村，女性的生育能力可能较农村为高。这一点在其他国家及中国香港都有实证的支持。中国香港曾调查过富户与贫户女孩的月经初潮年龄，结果发现前者比后者早数月。另一种解释是城市的医疗条件较好，劳动的体力消耗比农村少，有利于妇女保持胎儿、顺利生育。当全国开始推行计划生育以后，城市地区从总体而言，生育率迅速下降，并保持远低于农村的水平。

各省、区、市的情况更是多样，就经济发展水平与生育率水平而言，大致有五种情况。第一种情况是经济发展水平高、生育率水平低的城市类型，包括北京、天津和上海。这3个直辖市的城市人口比例都超过了70%，其中上海市的城市人口比例更高达88%以上，生育模式显然与其他地区不同，妇女的生育年龄晚，生育高度集中在一个很窄的年龄段上。第二种情况是经济比较发达而生育水平较低的类型，山东、江苏、浙江、辽宁4省比较典型。这4个省的城市人口均已达到40%左右或更高，其中辽宁的城市人口比例已达到54%，经济增长促进了城市化的发展，生育方式也有显著的变化。第三种情况是经济发展水平虽然较高，生育水平却在长期内相对较高的类型，广东是一个突出的典型。尽管广东的城市人口比例已高达55%，经济发展水平在全国名列前茅，生育率却远远高于与其经济水平相当的省份。第四种情况是经济发展水平虽然不高，生育率却相当低的类型，湖南的情况比较能说明问题。这个省的城镇人口比重不到30%，经济发展水平也不高，人口自然增长率却已降到与江苏、浙江相当的水平。第五种情况是经济发展水平低、生育率比其他地区高的类型，最典型的是贵州省。以上海、江苏、广东、湖南、贵州一市四省的年龄别生育率分别为以上五种情况的代表，其生育率模式表示在图1中（根据中国人口出版社 1995 年出版的《中国生育数据集》的数据绘制）。

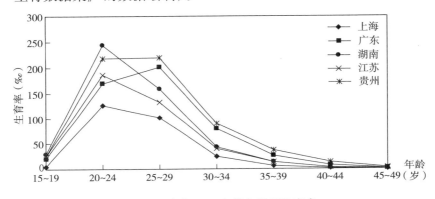

图 1　五省市 1989 年的年龄别生育率

从图 1 可以看到，五种不同情况的地区生育率模式明显地分为三类，晚峰型的广东和宽峰型的贵州都有较强烈的多生育意愿，计划生育接受程度高的地区则多为早峰型。及时结婚、少生优育是这些地区的共同特点。表7、表8 分别列出了 20 世纪 30 年代中国城市、农村的生育情况。当时，生育的宽峰从 20 岁一直延伸到 34 岁。相比之下，中国的生育特征在半个多世纪内确实已然经历了惊人的变化。即使是生育率相对较高的广东和贵州，生育率水平与年龄模式的变化也引人注目。

为了研究中国的低生育水平是否能够稳定地维持下去，需要进一步考察各地区的社会经济状况。表5 列出了中国各省、自治区、直辖市两种指标的对比：社会发展指标由联合国开发计划署设计，包括收入水平、平均期望寿命和受教育水平三个因素。国内生产总值以购买力平价法计算；教育水平以成人识字率占 2/3 权数，大、中、小学综合入学率占 1/3 权数构成；平均期望寿命则反映了社会发展的综合水平。各省、自治区、直辖市的妇女平均活产子女数，则来自 1997 年的抽样调查。比较上述两种指标序次的差别可以看出，生育水平大体上与社会发展水平的序次一致，序次的相关系数为 0.6667。序次差别特别悬殊的海南、广东、福建、四川、新疆等省、区，在文化背景、生育观念方面，都有突出的特点。多年来，社会各方面共同努力，不同地区的生育观念已大体上趋于一致。随着经济迅速发展和生活方式的现代化，年轻人更加不愿受多子女的拖累，各地区平均生育子女数都已明显下降。随着西部大开发战略的实施、地区经济发展水平差距的缩小，生育率的差距也将进一步缩小。

表5 中国各省、自治区、直辖市的社会发展指标和妇女平均活产子女数

地区	*社会发展指标		**妇女平均活产子女数	
	指标值	序次	子女数	序次
上海	0.885	1	0.88	2
北京	0.876	2	0.84	1
天津	0.859	3	1.02	3
广东	0.814	4	1.50	18
浙江	0.785	5	1.21	6
江苏	0.760	6	1.21	6
辽宁	0.756	7	1.08	4
福建	0.729	8	1.54	20
山东	0.704	9	1.26	10
黑龙江	0.676	10	1.22	8
海南	0.674	11	1.67	29

地区	* 社会发展指标		** 妇女平均活产子女数	
	指标值	序次	子女数	序次
河北	0.67	12	1.36	11
吉林	0.659	13	1.14	5
山西	0.627	14	1.58	23
新疆	0.619	15	1.64	26
河南	0.618	16	1.42	14
湖北	0.609	17	1.47	16
广西	0.605	18	1.57	22
安徽	0.600	19	1.40	12
湖南	0.592	20	1.44	15
四川	0.582	21	1.25	9
内蒙古	0.578	22	1.40	12
江西	0.577	23	1.58	23
宁夏	0.571	24	1.65	28
陕西	0.570	25	1.53	19
云南	0.526	26	1.56	21
甘肃	0.514	27	1.48	17
青海	0.503	28	1.58	23
贵州	0.494	29	1.64	26
西藏	0.390	30	1.67	29

资料来源： * 为 1997 年《中国人类发展报告》。

        ** 为 1998 年《中国统计年鉴》。

表6反映了中国城乡生育率变化的时间轨迹。由表6可见，1950年以后，中国城乡经历了相同的生育率变化过程，但城市的生育水平在自然状况下波动的幅度小于农村。就是在1960～1962年的经济困难时期，城市生育率的下降和反弹过程也比农村缓和。把这一数据与20世纪30年代相比，可以看到在20世纪中期，我国城乡生育状况发生了许多变化。表7和表8的数据说明，20世纪30年代，中国城市与农村的出生率相差约1倍。城市中，除北平、南京的出生率在20‰以上外，其他城市均保持了较低的出生率。综观30年代至60年代的数据，无论城市和农村，生育率总体上均有下降之势。实施计划生育以后，这一趋势得到加强。因而，这种变化符合自然规律，可以得到巩固。

影响生育率的另一个重要因素是育龄妇女人数。表9列出了1981～2000年的育龄妇女数字。由表9可见，从20世纪90年代中期起，尽管全国的育龄妇女总数仍在缓慢增长，20～29岁生育能力最强的妇女人数却已有减少的趋势，生育高峰年龄23岁的妇女人数从1993年起就已持续下降，这对于巩固低生育水平是一个有利的现象。从现在起，只要保持目前的低生育率水平，每年的人口自然增长率将因育龄妇女比例下降而减少0.2到0.3个千分点，在40年内，全国可以达到人口零增长，这是多年持续努力控制人口增长所获得的长期回报。

尽管有利于维持低生育水平的因素不少，但由于人口发展的自身规律，在相当长的一个时期内，中国人口仍将继续增长。表10是中国人口增长的150年预测。即使保持在总和生育率1.9的水平上，中国总人口到2040年前后仍将稳步增长。在长期保持这一生育水平的假设下，到22世纪中期，经过150年，中国人口总数仍将超过11亿。若医学进步，特别是基因研究有更大的突破，使人口平均期望寿命到2150年超过男85岁、女90岁的假设，总人口数量还要增加。

表6 全国及部分城乡的生育水平变化

（单位：每千名妇女）

年份	总和生育率		
	全国	城镇	农村
1950	4335	4097	4080
1951	4490	4084	4572
1952	5346	4794	5466
1953	5193	4707	5301
1954	5606	5252	5685
1955	5701	5199	5810
1956	5461	5034	5563
1957	6124	5731	6212
1958	5510	5167	5587
1959	4261	4156	4274
1960	3989	4057	3967
1961	3274	3059	3317
1962	5953	4768	6215
1963	7463	6206	7731
1964	6139	4407	6519
1965	6042	3768	6550
1966	6240	3099	6941
1967	5287	2914	5815
1968	6414	3833	6983
1969	5714	3341	6247
1970	5790	3276	6358
1971	5426	2874	5993

续表

年份	总和生育率		
	全国	城镇	农村
1972	4944	2621	5452
1973	4526	2390	4997
1974	4160	1973	4629
1975	3578	1780	3963
1976	3240	1611	3584
1977	2846	1571	3119
1978	2726	1565	2976
1979	2753	1378	3055
1980	2260	1154	2501
1981	2649	1409	2924

数据来源：1982 年的全国 1‰生育率抽样调查。

表7　20 世纪 30 年代中国城乡的出生率（‰）

市区	1931 年	1932 年	1933 年	省区	农村县数（个）	出生率
南京	23.3	16.9	23.4	河北等省	37	38.9
上海	13.8	12.2	19.0	广东、福建	6	37.8
北平	24.1	29.8	34.0	绥远、山西、陕西	7	31.2
杭州	19.7	18.5	19.3	浙江、江西	4	38.5
汉口	18.9	15.1	19.5	云南、贵州	3	53.4
广州	14.7	13.9	18.0	四川	15	44.1
				江苏等 4 省	27	37.2
				四川、云南	2	38.3
				全国	101	38.9

资料来源：中华民国实业部：《中国经济年鉴续编》第二章。

表8　1921~1931年中国农村的年龄别生育率

（单位：每名妇女）

妇女年龄	15~19岁	20~24岁	25~29岁	30~34岁	35~39岁	40~44岁	45~49岁	总和
全地区	0.1074	0.2687	0.2622	0.2212	0.1559	0.0740	0.0113	5.5013
北方	0.1003	0.2572	0.2455	0.2027	0.1583	0.0735	0.0151	5.2629
南方	0.1137	0.2775	0.2763	0.2360	0.1529	0.0740	0.0070	5.6877

资料来源：A Reassessment of the Demography of Traditional Rural China, George W. Barelay Ansley J. Coale, Michael A. Stoto and T. James Trussel, Population Index Vol 42, 1976。根据中国南京金陵大学1921~1931年的调查结果推算，经使用P/F比例法修正。

表9　1981~2000年的中国育龄妇女数量（百万人）

年份	育龄妇女数		
	15~49岁	20~29岁	23岁
1981	245.4	81.26	8.14
1982	252.0	83.68	6.88
1983	260.0	88.27	6.01
1984	268.5	90.85	6.18
1985	276.7	93.90	11.02
1986	284.5	96.70	13.39
1987	291.7	98.44	11.97
1988	298.9	102.10	12.18
1989	305.2	109.44	11.66
1990	310.4	116.32	11.17
1991	314.8	122.72	12.79
1992	318.9	123.72	13.25
1993	323.0	122.17	12.94
1994	326.8	121.17	12.63

续表

年份	育龄妇女数		
	15～49岁	20～29岁	23岁
1995	329.5	119.04	12.03
1996	323.6	116.87	11.83
1997	335.8	114.69	10.97
1998	337.3	111.06	10.05
1999	338.4	106.77	9.49
2000	339.4	102.06	9.01

资料来源：据统计资料推算。

表10 2001～2150年我国人口发展趋势预测（方案一）

年份	总和生育率	出生率（‰）	预期寿命		总人口（人）	老年人口比（65＋，%）
			男（岁）	女（岁）		
2001	1.9	15.02	70.21	73.50	1293651116	7.05
2002	1.9	14.65	70.39	73.70	1303988100	7.19
2003	1.9	14.37	70.56	73.90	1313963586	7.30
2004	1.9	14.14	70.73	74.09	1323690453	7.41
2005	1.9	13.98	70.90	74.27	1333179509	7.52
2006	1.9	13.90	71.06	74.45	1342554498	7.64
2007	1.9	13.90	71.22	74.63	1351916454	7.74
2008	1.9	13.97	71.38	74.81	1361351938	7.84
2009	1.9	14.08	71.53	74.98	1370910579	7.95
2010	1.9	14.21	71.68	75.15	1380615543	8.09
2015	1.9	14.26	72.40	75.95	1429546983	9.29
2020	1.9	13.17	73.07	76.70	1471805836	11.41
2025	1.9	11.90	73.71	77.40	1501700562	12.73
2030	1.9	11.25	74.31	78.08	1519171276	15.44

年份	总和生育率	出生率（‰）	预期寿命		总人口（人）	老年人口比（65＋,%）
			男（岁）	女（岁）		
2035	1.9	11.42	74.89	78.73	1528035209	18.50
2040	1.9	11.56	75.45	79.35	1530452604	20.41
2045	1.9	11.23	75.99	79.95	1525596055	20.75
2050	1.9	10.72	76.51	80.53	1510517755	21.13
2055	1.9	10.54	77.02	81.10	1487743945	22.31
2060	1.9	10.73	77.51	81.65	1465625914	23.28
2065	1.9	10.88	77.99	82.19	1447647069	23.70
2070	1.9	10.76	78.46	82.71	1429357826	23.64
2075	1.9	10.51	78.92	83.22	1407403271	23.63
2080	1.9	10.40	79.38	83.73	1384540173	24.13
2085	1.9	10.49	79.82	84.22	1364653302	24.76
2090	1.9	10.56	80.25	84.71	1348004301	25.15
2095	1.9	10.48	80.68	85.18	1331844614	25.27
2100	1.9	10.31	81.10	85.65	1313760985	25.43
2105	1.9	10.23	81.25	86.12	1294786482	25.82
2110	1.9	10.26	81.92	86.57	.1277258155	26.30
2115	1.9	10.28	82.33	87.02	1261827415	26.67
2120	1.9	10.22	82.72	87.46	1246943319	26.87
2125	1.9	10.11	83.11	87.90	1231109571	27.09
2130	1.9	10.04	83.50	88.33	1214667256	27.43
2135	1.9	10.03	83.88	88.75	1198967172	27.83
2140	1.9	10.03	84.26	89.17	1184564368	28.16
2145	1.9	9.98	84.63	89.59	1170582145	28.40
2150	1.9	9.90	85.00	90.00	1156399551	28.65

表 11　中国老年人口增长预测

年份	老年人口数（每千人）		百分率（%）		性别比（%）		总和生育率（每名妇女）	平均期望寿命（年）		年龄中位数（年）	老年化指数（%）
	60 +	65 +	60 +	65 +	60 +	65 +		男	女		
2000	12881	8795	9.99	6.82	90.59	84.28	2.00	68.60	74.00	28.77	43.80
2010	16817	11086	12.08	7.96	88.50	82.39	1.95	70.60	76.50	32.79	46.63
2020	24019	16926	16.07	11.33	86.54	81.23	1.95	72.60	79.00	35.07	48.64
2030	35708	24299	22.89	15.58	85.48	79.83	1.90	74.60	81.50	38.50	50.72
2040	42265	33538	26.56	21.08	62.11	77.94	1.85	76.60	84.00	41.43	52.10
2050	47070	36208	29.52	22.71	80.12	74.03	1.80	78.60	86.50	42.75	52.68
2060	50275	40344	32.09	25.83	80.20	75.72	1.75	80.60	87.50	44.23	53.22

资料来源： 根据历次全国人口普查的数据预测（中方案，1999 年）。

三、中国人口素质与结构变化

　　提高人口素质，是中国 21 世纪人口工作的一个重大课题。人口素质的定义众说纷纭，简言之，包括德、智、体、美四大方面。保证婴儿健康成长，是提高人口素质的基础。据卫生部门报告，我国每年有 30 万～40 万肉眼可见的先天畸形婴儿出生，加上出生后数月以至数年内才显现的有先天缺陷的婴儿，这部分人的总数达到 120 万～160 万。每年约有 150 万～200 万新生儿窒息，其中 15 万～20 万新生儿因此死亡，还有 20 万～30 万例留下脑瘫、癫痫和智力低下等后遗症。基因研究的进步，对出生婴儿的健康可以发挥重要作用。近年来，不断有科学家报告，发现对某种特定疾病负责的基因。一些研究人员正在进行对新生儿甚至胎儿采取基因疗法的试验。其中成功的一例是美国斯坦福大学医学院与费城儿童医院合作，用基因治疗技术处理一例血友病患者，取得显著效果。但此类试验更多的是带来失败的消息，基因工程从基础理论到临床应用，有许多问题尚待研究。

儿童健康成长还受到环境的影响。据卫生部门统计，我国有1807个县为地方性甲状腺肿病流行区，其主要病因是缺碘。在严重缺碘的地区，儿童的智商低于正常值10～15个百分点。近年来，政府大力推广食用碘盐的计划，使情况得到很大改善。但是，由于利益驱使，一些地方私盐泛滥，影响了碘盐推广计划的实施。也有的用户食用方法不当，例如过早地在烹饪过程中放入碘盐，使碘的成分挥发，降低了使用碘盐的效果。因此，改进食盐、工业盐流通管理，加强科学知识的普及，仍是近几年应当重视的工作。

由于各种原因造成的铅污染，对儿童发育的影响不可忽视。据有关方面报告，全国约有一半儿童程度不同地受到铅污染的危害。有的历史学家认为，罗马帝国的灭亡就是由于贵族对储存在铅桶中的葡萄酒有特别嗜好，从而使整个阶层体质衰败。欧洲对进口食品中的铅含量提出了严格的要求，许多国家不允许餐具花纹的彩色涂料中含铅。这类技术壁垒有其合理的一面，值得我们重视。

妇女围产期的保健对新生婴儿的健康至为重要。据统计，全国14岁以下智力低下的儿童中，25%是由宫内缺氧、产伤和新生儿窒息造成的，15%则源自各种围产原因导致的早产、新生儿低体重。边远贫困地区的婚前医学检查率只有10%左右，产前检查率也只有20%～30%，住院分娩率为20%左右。数百个区、县尚未开展有效的婚前保健服务，其中75%分布在青海、贵州、广西、安徽、四川、山西、河北、河南、宁夏、海南等省、自治区。随着我国经济社会的发展、医疗水平的不断提高，对风疹等病毒感染及某些严重危害孕产妇和胎儿、婴儿健康的常见病的控制能力加强，一定能更好地保障婴儿健康出生、顺利成长。在发展经济的同时，我们还应当密切关注社会问题，有些社会问题可能对人口素质造成严重危害。例如，职业性危害、性病、艾滋病等因素对新婚夫妇、孕产妇、胎儿、婴儿健康的危害，近年来渐见突出。所有这些都需要相应的投入。

对社会发展的投入与经济发展水平有密切的关系。据国际组织统计，20 世纪 90 年代在经济发达国家中，社会发展支出约占中央政府总支出的 56% 左右；在中等发达国家，这个比例降到了 34%；而在低收入国家中只占 8%。中央政府分配的资源占国内生产总值的比例，也显示了类似的趋势。产生这个结果的原因是多方面的：首先是由于年龄结构的显著差别。经济发达国家普遍进入老龄化社会，老年人口的比例大多占 12% 以上，有些甚至接近 20%；老年人口的大量增加使养老金及医疗费用大幅度增长，这两部分在许多国家占了政府支出的很大比例。近年来，许多"福利国家"不堪重负，纷纷实行改革，增强社会各方面的协同功能，发挥商业保险的作用。这也将是我国在 21 世纪相当长时期内的一个重大课题。据联合国的世界人口统计，20 世纪末，全球老龄人口约为 6 亿；到 2050 年，将增加到占世界人口总数的 1/7。届时，这将成为一个世界性问题。许多低收入国家则面临着解决完全不同的人口年龄结构问题。由于 20 世纪 60 到 70 年代，有些甚至直到现在，这些国家经历了或仍在经历着死亡率迅速下降的过程，出生率居高不下，因而，年轻人口的比例异常膨胀，经济发展滞后于社会需求，带来就业、教育、卫生健康、社会保障四重压力。需要我们引起警惕的是，我国目前正面临着同样的问题，亟须未雨绸缪，预为之计。

中国目前正处在劳动力资源充沛，老年人、儿童比例较低的时期，有利于经济发展及结构调整。由于历史的原因，当前主要的压力是因年增约 1000 万劳动力所造成的就业压力。随着人口年龄结构的改变和因应发展的需求，教育正经历着结构、内容和方式的改革。在中小学，更加强调素质教育；高等教育则要针对高科技的发展和经济全球化的趋势，相应地调整专业结构、教学内容和形式。社会压力最大的时期将在2040年前后，届时，中国老年人口的比例可能高达1/5到1/4，老龄化程度最严重地区的老年人口比例可达1/3。养老、医疗将成为沉重的负担，社会制度必须及早做好相应的准备。许多城市正在加强社区建设，这无疑有利于老龄化问题的处理。根据联合国人口司的统计和预测，世界上老年依赖率最高的是日本，达到每百名劳动力负担30名老人。中国相应的指标是11，养老负担只及日本的1/3，却是世界上养老负担最轻的卡塔尔的近4倍。2015～2040年是中国养老负担系数上升最快的时期，从13迅速增加到34，在21世纪中期达到39，并将持续一段时间。21世纪中期，中国65岁以上老人的总数将达到4亿，60岁以上老人的总数达到5亿。21世纪的前10年不但是我国经济发展中的重要时期，也是劳动力充沛、负担较轻的发展有利时期。应当为21世纪中期社会经济突出问题的解决，制订深谋远虑的长期、科学的规划，并进行必要的基础建设，为未来做好思想、组织、资金、制度等方面的准备。

四、结论与政策

从前面的讨论和人口预测结果，可以得到以下政策性结论。

1. 中国人口数量的控制仍是一个长期的问题。即使保持在一对夫妇平均生育1.8个子女的低水平上，今后150年内，中国人口仍将在10亿以上，超过从经济发展角度看中国人口最优数量，对资源、环境仍然是一个沉重的负担。为了中国人民最大的利益，控制人口数量将是长期的任务。

2. 中国的计划生育工作取得了巨大的成功，无论在城市还是农村，生育行为都已发生了根本性的变化。尽管各地在生育观念转变方面还有一些差别，但是距离正在缩小。中国的人口状况与欧洲人口转变后期相当，低生育率有稳定的基础。从人口普查、劳动力统计、卫生统计、抽样调查等多种数据的综合分析来看，尽管直接登记的人口报表数字漏报较多，但经过技术修正后公布的统计数字符合实际。社会上部分人对国家公布的人口数据有怀疑，有的人甚至认为中国人口早已超过 14 亿，这些认识都是不了解统计数字产生过程而发生的误差。目前正式公布的数据与各种渠道的资料互相吻合，可以作为决策的依据。

3. 为了进一步巩固低生育水平，必须不断改进和提高计划生育的服务质量。特别是应当把妇幼保健、避孕咨询、信息教育及宣传、妇女的平等权利等方面作为重点，加强力量。大多数痴呆病是由环境造成的，确认不宜生育的遗传病要十分谨慎。有资格做这种认证工作的医生，应具有接受过治疗遗传病专门培训的证书。

4. 2040 年前后，中国人口老龄化将达到高峰，老年人口比例可能达到 1/5 以上。生物学和医学的进步，可能使人类寿命大幅度提高。许多专家曾预测 21 世纪人类寿命可提高到 110～120 岁，个别未来学家甚至提出人类可以活到 1000 多岁。但是，近年来基因研究的结果发现，要解决的问题还很多，生命科学的发展可能还不会对 21 世纪前 50 年人类的寿命产生重大影响，可以根据目前的认识作出对老龄化的预测。老年人需要三个方面的服务，即经济支持、生活照顾、精神慰藉。为此，在城市和农村都应因地制宜地发展社会保障体系、社区服务设施和机构，培养相应的服务人员，以适应未来社会的需要。

全国人民代表大会已通过了人口与计划生育法，应当广泛进行这项法律的宣传，各省、自治区、直辖市应当根据这部法律完善地方性法规，国家有关部门应当加强对该项法律实施情况的检查和监督，使人口与计划生育工作更好地在法治基础上展开。对计划生育工作的评估，应当进一步转移到注重工作过程的考察上来，更加强调优质服务，做到寓管理于服务之中、融管理与服务为一体。

在低生育水平的情况下，一些地区可能出现出生婴儿性别比偏高等现象，对这类现象既不必忧心忡忡，也不能漠然置之。促进农村生产方式转变、多种产业发展、小城镇建设推开、税收和福利制度有意识调整等措施，可以综合起来，逐步解决这些问题。有些人认为低生育将使人口的平均素质下降，这是一种误解。实际上，这些年来，我国人口素质一直在稳定上升。在大学生的绝对数不断增加的同时，农村来的学生比例也在不断提高。如果考虑到城市人口比例在不断增加，这种变化就更引人注意。控制人口数量、提高人口素质的人口政策是一个整体，各个部门应当通力合作、共同落实。

"五普"低龄组统计数据调整与死亡模式的区域性差异研究

（2004 年 4 月）

一、前言

婴幼儿死亡水平是由生物医学、人口、社会经济、环境四类因素共同决定的，在一个正常的、没有性别歧视的人口系统中，生物医学因素是决定儿童死亡水平的主要因素。由于女孩先天具有的生存优势，男孩的死亡水平高于女孩，这一观点已被大量的统计数据所证实。然而在我国，由于历史上长期的传统文化与性别歧视的影响，出生性别比偏高、女婴的死亡率高于男婴的情况仍然存在。这种偏离正常模式的情况，引起了国内外很多研究人员的关注。

世纪之交的第五次全国人口普查，为我们提供了丰富的数据资源，为各项研究工作提供了宝贵的基础数据。从统计的数据来看，我国女婴的死亡率仍高于男婴，出生婴儿性别比仍然居高不下。然而，实际情况与统计数据是否有差距？统计数据的质量如何？造成数据误差的原因是什么？本文运用普查留存法和聚类等方法，对这个问题进行了深入的研究。从对"五普"中全国各县、区分性别的存活人数与死亡人数的数据，进行统计分析和比较可知，各地区的死亡模式与性别比的特点又存在着许多差异，从中可以引导出许多有意义的推论。

本文通过对几次人口普查数据的研究，重点对"五普"的数据质量评估、漏报调整进行细致分析，又从出生性别比和婴儿死亡率的区域性差异上，对全国 2871 个县、区的数据进行剖析，具体研究了我国在死亡模式上的区域差异程度。

二、漏报率的计算方法

对人口普查的漏报科学地作出评估，是普查数据处理的重要步骤，而婴儿及低龄组的漏报是评估的重点。我们首先应用普查留存法对 1990 年人口普查（四普）及 1995 年 1% 抽样调查的漏报率作了评估。其次，依据前两次漏报的情况和第五次人口普查工作的实际，对第五次人口普查的婴儿及低龄组漏报进行合理评估。

漏报率的计算主要分 3 个步骤。

（一）留存率的计算

应用 JPOP – 1 自修正迭代法，得出 1990 年完全生命表和 2000 年完全生命表，并以此生命表为依据，分别求出 x 岁到 $x + 10$ 岁的留存率 SR_{x_4} 和 SR_{x_5}，并求出两次人口普查留存率的均值 $\overline{SR_x}$ 作为 1990 ~ 2000 年的留存率。

$$\overline{SR_x} = L_{x+10} / L_x ;$$

$$\overline{SR_x} = (SR_{x\_4} + SR_{x\_5}) / 2$$

（二）留存人数的计算

将"四普"的数据后推 4 个月（推算方法见后），从而得到 1990 年 11 月 1 日的人口数据。

再用 1990 年 11 月 1 日各年龄组的留存率 $\overline{SR_x}$，推出 2000 年 11 月 1 日的 $x + 10$ 岁人口数据 p_{00x+10}。

$$p_{00x+10} = p_x \times \overline{SR_x}$$

（三）漏报率的计算

将求得的 p_{00x+10} 与 2000 年人口普查的实际人口数据进行比较，得出 1990 年的漏报率。

设 2000 年实际普查人口数为 $p_{00x+10'}$，则漏报率

$$\beta = （p_{00x+10'} - p_{00x+10}）/ SR_x$$

其中，$（p_{00x+10'} - p_{00x+10}）/ SR_x$ 为漏报的人数。

三、"五普"漏报评估

采用相同的方法，可以对"四普"和 1995 年 1% 抽样调查的人口数据进行调整，具体过程如下。

（一）"四普"和 1995 年 1% 抽样调查低龄组数据的调整

1991 年"四普"数据的调整：

因为"四普"的普查标准时间是 7 月 1 日，而"五普"的普查标准时间是 11 月 1 日，为使这两次数据的间隔时间为整数年，我们将"四普"的数据往后顺延 4 个月，即 1/3 年，从而得到 1990 年 11 月 1 日的人口数据。

设 p_x 为 1990 年全国是 x 岁 7 月 1 日普查的人数，qx 为 1990 年 x 岁的死亡率（用"五普"数据利用迭代法求得），p_x' 为顺延后 1990 年 11 月 1 日的人口数据。

$$p_0' = p_0$$
$$p_1' = p_1 \times 2/3 \times （1 - q_1/3） + p_0 \times 1/3 \times （1 - q_0/3）$$
$$p_2' = p_2 \times 2/3 \times （1 - q_2/3） + p_1 \times 1/3 \times （1 - q_1/3）$$
$$p_n' = p_n \times 2/3 \times （1 - q_n/3） + p_{n-1} \times 1/3 \times （1 - q_{n-1}/3）$$

式中的 $（q_n \times 2/3）$ 表示：在 1990 年 7 月为 n 岁的人，到 1990 年 11 月 1 日后仍然为 n 岁的人数。在这里，我们假设每个年龄组人数的出生分布在全年各个月份是平均的，则从 7 月 1 日到

11 月 1 日, 共有 1/3 的人数转为 $n+1$ 岁组, 还有 2/3 的人数仍然在 n 岁组; 我们又假设在一年内的死亡水平是平均的, 那么经过 1/3 年后, 存活概率为 $(1 - q_n/3)$, 因此经过 1/3 年后, n 岁组的人数变为 $[p_n \times 2/3 \times (1 - q_n/3) + p_{n-1} \times 1/3 \times (1 - q_{n-1}/3)]$, 其中零岁组的人数假设不变。

1995 年 1% 抽样调查数据的调整:

与"四普"的调整方法相同, 将 1995 年 1% 抽样调查的数据由 10 月 1 日调整至 11 月 1 日, 以便于对漏报人数的评估。调整后的数据可以参见表 1 和表 2。

（二）漏报率的计算

对前两次人口普查的数据进行调整后, 我们就可以利用上述的普查留存法对两组的漏报率进行计算, 对计算出的漏报率进行加权求和, 得出第五次人口普查低龄组的漏报率, 具体结果见表 1。

在权重的选择上, 我们主要侧重于用"四普"与"五普"数据求得的漏报率, 因为这两次人口普查的间隔为 10 年, 在"四普"时期被漏报的儿童经过 10 年后, 由于生活、学习等原因, 陆续向各地的民政及户籍部门上报, 因此, 由这两次人口普查数据求得的漏报率更能反映出漏报人口真实情况。而对 1995 年 1% 抽样调查中被隐瞒的低龄组数据来说（按照 6~7 岁上学后可能才会被统计的情况进行估计）, 绝大部分仍然处于被隐瞒的状态中。因此我们利用"四普"和 1995 年 1% 抽样调查数据求得的第二组漏报率作为一个参照, 在加权求和时认为, 应设置成较低的权重比较合适。经过仔细分析两组各年龄漏报的差异性, 我们确定第一组和第二组分别取 0.8 和 0.2 的权重, 则总漏报率的计算公式如下:

$$\beta = 0.8 \times \beta_1 + 0.2 \times \beta_2$$

表 1   漏报率评估

年龄	1990~2000 年男漏报率（β_{m1}）	1990~2000 年女漏报率（β_{f1}）	1990~1995 年男漏报率（β_{m2}）	1990~1995 年女漏报率（β_{f2}）	男漏报率（β_m）	女漏报率（β_f）
0	0.171090782	0.179810038	0.159840308	0.168194021	0.168841	0.177487
1	0.08498137	0.111707486	0.151575296	0.170059706	0.0983	0.123378
2	0.027286567	0.04758832	0.07738275	0.084698679	0.037306	0.05501
3	0.081688631	0.100021569	0.142141985	0.143568733	0.093779	0.108731
4	0.038259383	0.046036625	0.093691	0.063949279	0.049346	0.049619
5	0.001843145	0.005465834	0.09275044	0.094013271	0.020025	0.023175
6	0.043475447	0.065753219	0.046776876	0.054466808	0.044136	0.063496
7	0.001231599	0.036041223	0.055759943	0.059479364	0.012137	0.040729
8	0.066239977	0.104345078	0.108360431	0.107847017	0.074664	0.105045

（三）漏报人数的计算

由求得的分性别的低龄组漏报率，对"五普"的低龄组人数进行调整，得到调整后的数据，见表 2。

表 2   按照漏报率计算的漏报人数与调整后的数据

年龄	"五普"数据 β_m	"五普"数据 p_f	男漏报率（β_m）	女漏报率（β_f）	漏报数（R_m）	漏报数（R_f）	调整后的数据（P'_m）	调整后的数据（P'_f）
0	7460206	6333593	0.168841	0.177487	1259586	1124129	8719792	7457722
1	6332425	5162822	0.0983	0.123378	622478	636978	6954903	5799800
2	7701684	6309027	0.037306	0.05501	287318	347062	7989002	6656089
3	7897234	6557101	0.093779	0.108731	740597	712960	8637831	7270061
4	8257145	6967137	0.049346	0.049619	407455	345703	8664600	7312840
5	9157597	7775962	0.020025	0.023175	183377	180210	9340974	7956172
6	8866012	7604128	0.044136	0.063496	391308	482831	9257320	8086959
7	9590414	8324342	0.012137	0.040729	116401	339041	9706815	8663383
8	10014222	8737884	0.074664	0.105045	747703	917875	10761925	9655759

从对漏报率的研究当中，我们可以看出，女性的漏报率在各个年龄均比男性高；在婴儿组，漏报率最高，男婴为 16.88%，女婴为 17.75%。用求得的漏报率对低龄组的人数分别进行调整，从性别比上看，比用原始数据求得的性别比均有所下降。用原始数据求得的出生性别比为 117.8，经过调整后的数据所得出生性别比为 116.92。

四、区域死亡模式差异的研究

国际上的长期观测和数据统计说明，正常的婴儿出生性别比通常在 106 左右，但"五普"统计资料显示，我国 2000 年的婴儿出生性别比高达 117.8，远高于国际平均水平。从全国 2871 个县、区的统计数据来看，出生性别比有高有低，有 1079 个县、区低于 110，1791 个县、区的出生性别比则高于 110。

另外，从婴儿的死亡率上来研究，也有不少偏离常规的现象。在大多数国家，死亡性别比的正常范围在 120 ~ 130 之间；而从"五普"的统计数据来看，死亡性别比仅为 84.3，男婴的死亡数比女婴的死亡数更少。

为了研究上述问题，我们对全国的婴儿死亡数据仔细研究和分析，从中发现部分县、区的数据存在许多特点。死亡人数方面，女婴的死亡人数在有的县、区比男婴的高出许多。另外，从死亡率上也可以看出这些特点。有的死亡率，女婴比男婴高出几十个千分点甚至上百个千分点。

根据对数据的研究分析，各县、区的性别比及女婴与男婴之间的死亡率差存在着一定的相关性，而且，性别比较差的地区，其死亡率差在总体上也较高。通过对这两个参数的比较，我们可以分析出较多有价值的结果。因此，我们通过对各县、区的性别比及女婴与男婴之间的死亡率差，来对全国的婴儿数据进行细致分类，从中仔细研究各地区婴儿死亡模式的特点和差异。

（一）聚类分析

在研究分类的过程中，我们利用直观的、直接的方法，将全国的婴儿死亡模式进行细致分类，具体方法如下。

1. 利用全国分县、区的数据，计算出 2871 个县、区的性别比 $\gamma = P_{m_0}/P_{f_0} * 100$；

2. 利用全国分县、区的数据，计算出每个县、区的婴儿死亡率差（女 – 男）， $\Delta = m_{f\_0} - m_{m\_0}$；

3. 根据每个县、区的性别比和死亡率差，利用数据库将其进行细致分类。首先以性别比为标准，将全国 2871 个县、区分为 6 类，分别是：性别比 γ 低于 110、110～120、120～130、130～140、140～150 及大于 150；

4. 从上面的 6 类，在每一类中按死亡率差再进行细分，即：分死亡率差 Δ 小于 0 个千分点、0～5 个千分点、5～10 个千分点、10～15 个千分点、15～20 个千分点以及大于 20 个千分点 6 个小类。

5. 这样，我们就将全国 2871 个县、区分为 36 个小类，依据轻重对各个类别进行分析和处理，以便寻求一个合理的调整方式。

（二）聚类结果

为了便于分析，我们将分类结果整理为 6 个表格，按性别比的差异进行排列，具体如下。

表3 类一（性别比 γ < 110）

死亡率差	县、区个数	男婴总数	女婴总数	男婴死亡数	女婴死亡数
小于0	593	1041485	993585	22324	17504
0～0.005	291	573090	542270	8959	9534
0.005～0.01	81	136533	131666	3518	4454
0.01～0.015	47	72551	69936	2869	3652
0.015～0.02	24	59363	57418	3354	4271
大于0.02	43	68809	65146	5407	7381
总计	1079	1951831	1860021	46431	46796

表4 类二（性别比 110≤ γ < 120）

死亡率差	县、区个数	男婴总数	女婴总数	男婴死亡数	女婴死亡数
小于0	367	759014	668515	12021	8562
0～0.005	297	739042	646469	10426	10395
0.005～0.01	112	284477	248494	5543	6660
0.01～0.015	61	140166	121125	3991	4953
0.015～0.02	31	94104	82090	3444	4423
大于0.02	66	189834	164088	9000	14930
总计	934	2206637	1930781	44425	49923

表5 类三（性别比 120≤ γ < 130）

死亡率差	县、区个数	男婴总数	女婴总数	男婴死亡数	女婴死亡数
小于0	89	214959	173242	3720	2545
0～0.005	113	427586	342894	5753	5370
0.005～0.01	68	238411	190338	4125	4705
0.01～0.015	31	112735	89741	2129	2805
0.015～0.02	45	151152	120746	3901	5249
大于0.02	91	298343	239041	11699	19471
总计	437	1443186	1156002	31327	40145

表6　类四（性别比 130≤γ＜140）

死亡率差	县、区个数	男婴总数	女婴总数	男婴死亡数	女婴死亡数
小于0	27	69411	51774	916	590
0～0.005	34	156480	116432	1975	1704
0.005～0.01	50	231348	172471	4450	4610
0.01～0.015	31	152928	112953	2387	3103
0.015～0.02	19	61708	46162	1305	1763
大于0.02	81	294811	220071	8367	15224
总计	242	966686	719863	19400	26994

表7　类五（性别比 140≤γ＜150）

死亡率差	县、区个数	男婴总数	女婴总数	男婴死亡数	女婴死亡数
小于0	8	23475	16356	338	207
0～0.005	16	66548	45995	715	630
0.005～0.01	14	61532	42772	1079	1046
0.01～0.015	20	83475	57312	1359	1669
0.015～0.02	12	61832	42522	1132	1529
大于0.02	35	169937	118074	3463	7302
总计	105	466799	323031	8086	12383

表8　类六（性别比 γ≥150）

死亡率差	县、区个数	男婴总数	女婴总数	男婴死亡数	女婴死亡数
小于0	1	2844	1891	26	17
0～0.005	16	64967	39580	644	494
0.005～0.01	11	62424	38614	936	873
0.01～0.015	9	46873	29367	834	892
0.015～0.02	12	58281	35566	1078	1315
大于0.02	24	137364	86842	2377	4689
总计	49	235389	145018	5895	8280

（三）分析

1. 按照出生婴儿性别比分类的 6 个大类中可以看出，性别比低于 110 的县、区，共有 1079 个；随着性别比增加，各类所占县、区总数随着性别比的上升而下降。但是从各类的总人数来看，第二类占的比重最大，其次是第一类，而后各类依次类推。

2. 从性别比与漏报率两者的相关性来分析，我们认为，女婴的漏报率是随着性别比的增加而增加的，性别比较高的，漏报率也更大，特别是女婴的漏报率更是如此。比如在性别比高于 150 的 49 个县、区中，女婴的漏报是很严重的。

3. 从各类的死亡率差值来看，随着性别比的上升，男女婴儿的总体死亡率也上升，总体的死亡率差同样增加。这也说明，这些地区不仅在漏报方面比性别比低的类别要严重，而且，相应的死亡率也更高。从地区县、市的分布情况来看，主要集中于经济较落后，生活、医疗环境较差的地区。

4. 从各类的死亡率差来看，性别比较低的第一、第二类中，按死亡率差细分排列，其县、区的个数与死亡率差成反比，即死亡率差较低的占多数，死亡率差大的占少数；在第三类中，该类中所有县、区在按死亡率差的排列中是相当的，在各小类中所占县、区数基本持平；到后面几类中，县、区分布与前面性别比较好的类相反。这也说明，后面几类的女婴漏报比第一、第二类严重；在出生性别高的地区，本来统计的女婴数就较男婴少，死亡的人数却比男婴多出 50% 至 60%。虽然在所有类别中，这种情况都存在，但第五、第六类中最为严重。

（四）区域模式差异的分析

根据对死亡统计数据和各县、区性别比的分析，对全国各县、区相应的模式进行一个简单定位。

1. 漏报情况的区域差异分析。从中国历年的数据看，在出生婴儿性别比低于120的地区，统计资料的准确性较高；出生婴儿性别比很高的地区，往往存在严重的女婴漏报、误报、延迟报告等现象，选择性流产也是导致出生性别比偏高的重要原因之一，尽管已经采取了许多措施，但效果尚不明显。

2. 死亡模式的区域差异分析。再用各类中的死亡率差，对县、区死亡模式的区域差异进行定位。分析死亡率差的细分类，在性别比较低的第一、第二类中，死亡率差大于0.02的县、区的女婴健康受到忽视。它们大多数的经济环境较差，主要分布在边远地区。这种男女死亡模式的差别，与地理位置、风俗习惯、意识形态等因素都有息息相关的联系。

随着性别比上升，男女死亡模式的差异也急剧拉大。后面几类中的部分县、区，除了上述原因外，更重要的是由于漏报，特别是女婴漏报导致这些县、区男女婴儿死亡模式的差异，造成女婴的死亡率远远高于男婴。

将以上两点分析作为基础，在第一、第二类中死亡率差大于15个千分点，以及后面几类中大于20个千分点的地区，共有394个县、区。

3. 区域差异的分析。通过上面两种模式差异的推断，我们可以对区域的死亡差异有一定认识。从出生性别比的模式差异统计中，我们可以初步看出那些省份及县、区的统计质量。

（五）说明

在对全国2871个县、区的统计数据进行分析的过程中，我们得出了上述的一些结论。当然，这也不排除部分县、区所属人口数量太小，因为不符合大数定律而造成一定的误差。

五、结论

1. 本文的研究表明：在 2000 年的人口普查中，低龄组女孩的漏报率在各个年龄段均比男孩的高；在婴儿组，漏报率最高，男婴为 16.88%，女婴为 17.75%。

2. 本文通过对于低龄组存活人数漏报的评估和预测算，对数据进行了调整。调整后的出生性别比，由原来统计的 117.8 降为 116.9。

3. 在对全国 2871 个县、区的区域死亡模式差异研究中，通过对出生性别比与女婴、男婴死亡率差的比较和聚类，总结出部分省、区、市和县、区在数据统计质量上的差异。经济较为落后的省份和县、区的数据可信度低，说明低龄组的死亡模式与经济、生活环境密切相关。

4. 利用对出生漏报率和全国各县、区性别比及婴儿死亡率差值的研究，我们可以得出相应的各地普查情况和死亡状况，弥补了以前仅对全国整体或者部分县、市相关情况进行研究的不足。另外，本文总结出部分省、区、市和县、区的一些具体情况，分析其统计数据的弱点，也可为 2005 年抽样普查工作的开展提供一定参考。

人口、发展与生态健康

（2005 年 3 月）

在不同的社会经济发展阶段，人们对健康与生态环境的关注程度和重点是不同的。20 世纪中叶以前，由于传染病是人类健康的主要威胁，研究内容多是生物因子引起的传染病的分布、传播及其与环境的关系。20 世纪中叶以后，随着传统的传染病，例如天花、霍乱、鼠疫在全球的有效控制，以及人类发展面临的一系列全球性危机，例如人口剧增、环境污染、气候变暖、臭氧损耗、生态破坏、能源耗竭等问题的出现，研究内容也发生了明显改变，健康与生态环境研究开始关注慢性疾病分布与环境的关系。社会的发展和生活水平的提高，使健康的概念逐渐拓展为完全的体质健康、精神健康和完美的社会生活状态。随着 21 世纪全球环境变化和经济全球化的进程，人口—发展—生态健康研究将面临前所未有的挑战。

一、发展与健康：中国人口问题的新挑战

中国人民生活总体达到小康水平和中国人口数量成功控制，是 20 世纪最后 20 年中国人口发展最了不起的两件大事。中国人均期望寿命由新中国成立前的 35 岁到当今的 71 岁，孕产妇死亡率从 1500/10 万下降到 56/10 万，婴儿死亡率从 200‰下降到 32‰。人类发展指数从改革开放前 1975 年的 0.523 上升到 2002 年的 0.745，总体健康水平超过中等收入国家的平均水平。

但是，与发达国家相比，中华民族的健康水平还有较大差距。根据世界卫生组织公布的 191 个国家的排名榜，我国居民的平均健康寿命是 62.3 岁，其中男性 61.2 岁、女性 63.3 岁，在世界上排名第 81 位。中国正处在工业化的初级阶段，既有发展中国家的环境污染、资源耗竭、人口拥挤问题和低收入、低营养、低素质的"贫困病"，又有工业化国家的过度消费、分配不均、发展失衡问题和高血压、高血脂、高血糖的"富裕病"；既有污染加剧、资源紧张、交通拥堵、健康下降的表层问题，又有生态退化、城乡分离、景观破碎、行为短期化、管理不到位的深层问题。

2002 年，我国 65.9% 的城市空气质量未达到国家二级标准，空气质量达标城市的人口比例仅占城市人口总数的 26.3%；全国 660 多个城市中有 2/3 供水不足，其中 1/6 严重缺水，流经城市的河段有 87% 受到严重污染。空气污染、水污染、土壤污染、重金属污染、噪声污染、辐射污染等，是导致各种疾病的巨大隐患。据我国卫生经济专家的一项研究，全国劳动力人口每年累计患病天数为 202 亿天，人均年患病天数为 28 天，每年累计休工天数为 47 亿天，人均年休工 6.5 天。全国居民因疾病、伤残和早死造成的经济损失相当于当年国内生产总值的 8% 左右，疾病引起的医疗资源消耗相当于当年国内生产总值的 6% 左右，且均有增高趋势。经济发展带来了新的挑战。

二、生态健康：人与环境关系的健康

根据世界卫生组织的定义，健康是一种完整的生理、心理和社会康宁状态，而不只是不生病或身体不虚弱。与此相应，生态健康是指居民的衣食住行环境及其赖以生存的生命保障系统的代谢过程和服务功能的健康程度，包括居民的生理和心理生态健康、产业系统和城市系统代谢过程的健康、景观和区域生态系统格局与生态服务功能的健康，以及人类生态意识、理念、伦理和文化的健康。生态健康失调到一定阈值，就危及生态安全。生态安全不保会，将殃及社会安全、经济安全和政治安全。

生态健康是一个社会—经济—自然复合生态系统尺度上的功能概念，涉及水、能、土、气、生、矿等自然过程，生产、消费、流通、还原、调控等经济过程，认知、体制、技术、文化等社会过程，旨在推进一种将人与环境视为相互关联的系统而不是孤立处理问题的系统方法，通过生态恢复、保育和保护，去促进人、生物和生态系统相互依赖的健康。生态健康是人与环境关系的健康，不仅包括个体的生理和心理健康，还包括人居物理环境、生物环境和代谢环境的健康，以及产业、城市和区域生态系统的健康。

在城市环境中，居民的健康是由物理、社会、经济、政治和文化等各方面因素共同决定的，包括社会的集中化过程、迁移过程、现代化过程、工业化过程及市区的居住环境。对健康有影响的城市环境灾害主要有七类，即：生物病原体、化学污染物、可进入人体的重要资源（例如食物、水、燃料）危害、物理灾害、建筑环境对心理健康的影响、区域自然资源退化和全国、全球自然资源的退化。

回顾对发展中国家的城市健康问题和死因分析所作的100多项研究，可以看出，发展中国家面临着全世界都面临的两类问题，即不发达国家的人口问题（死于传染性疾病，特别是在婴儿和幼龄儿童中），以及工业化国家的人口问题（慢性疾病和事故，特别是在成年人中）。

许多研究指出，环境与社会因素对于疾病具有协同作用。在发展中国家，最贫困城区的婴儿死亡率要比具有中等或高等收入的地区高 2~10 倍，与乡村地区相比则更高。这些较高的死亡率，部分是由以下贫困家庭共有的两个特征决定的：居住环境中存在着较多的病原体和生活环境恶劣，暴露在高度危险中。

当代的环境与健康问题主要是：

1. 人类生产活动，不仅改变了地球表层化学元素和化学物质的组成，加快了有害元素例如重金属在生态系统的循环，而且向环境中排放了许多自然界本不存在的化学合成物质，这些元素和物质最终将影响生态系统和人类健康。特别是难降解的持久性有机污染物对健康的长期影响，已成为全球性环境问题之一。

2. 人类活动对生态的破坏危害人类自身健康。荒漠化和土地沙化一方面直接影响干旱地区的粮食安全；另一方面，导致附近或相连地区的沙尘天气增加，造成空气中的可吸入颗粒物增加。生物多样性的丧失会降低生态系统的生产力，因而降低自然界向人类提供物质和服务的能力，同时还动摇并弱化了生态系统抵御洪水、旱灾和暴风雨等自然灾害的能力。物种减少或灭绝正在引起粮食作物、药物和其他生物资源发生变化，给人类健康带来威胁；大量转基因食物的出现，对人类健康的长期影响仍然未知。

3. 气候变化引起的热浪、洪水、暴风雨等气候异常事件和海平面上升等，直接影响人类的健康和生命。而且，气候变化还会影响淡水资源的供应，加重空气污染，对健康产生间接的影响。更为重要的是，气候变化可以引起生态和环境发生相应变化，致使生物病因疾病，例如疟疾、血吸虫病、锥虫病、黄热病、鼠疫、霍乱等一系列疾病的地理流行特点发生重要变化，比如流行范围扩大、转移等。近年来，不仅已经基本灭绝的传染病，例如结核病等有重新流行的趋势，而且不断出现新的传染病，威胁着人类的生命安全，比如 SARS 和猴痘。另外，气候、生态、环境变化也将使环境生命元素的平衡发生偏移，导致有关疾病比如地方病流行规律的改变。

4. 城市化和大城市规模的不断扩大，不仅加大了城市环境污染和城市热岛等带来的健康问题，而且在许多国家的城市，不良生活方式引起的高血压、糖尿病、癌症、慢性病等越来越多，疾病谱发生明显改变。同时，城市拥挤的居住环境、就业竞争的压力、贫富差距等，使人们长期处在高度紧张状态，影响人们的精神状态，并带来一系列精神病患，以及犯罪、自杀等危害人类健康的问题。特别是城市高度集聚的居住条件、恶化的环境质量，为传染病的暴发和流行提供了有利的环境条件。因此，世界卫生组织自 20 世纪 90 年代开始，开展了一系列的"健康城市"活动。目前，全球有 1200 多个城市参加，美国已将城市流行病及其趋势列入城市减灾计划。

5. 经济全球化一方面促使发展中国家人们的生活和行为方式发生改变，与之相关的心脑血管疾病、癌症、糖尿病等的发病比例上升；另一方面，随着全球化的迅速发展，各种传染病，包括过去仅仅局限在一定区域的传染病，都可能于极其短暂的时间内在全球传播，经济发展相对落后的地区将承受更大的健康风险。

工业进步在带来社会发展的同时，也带来了世界性的环境污染。目前，由于治理滞后，各种污染物质和不同类型的污染，基本上不受地域限制，危害着人类生存的环境。大气污染、水域污染、固体废物污染以及农药和其他工业化学用品的污染等，都已对人类的生存安全构成重大威胁，成为人类健康、经济社会可持续发展的重大障碍。据世界卫生组织估计，世界上 25% 的疾病和死亡是由环境因素造成的，全世界每年死亡的 4900 万人中 3/

4 是由环境恶化所致，其中，儿童是环境恶化的最大受害者。影响健康的环境要素，有自然环境、人工环境和社会环境三个方面。

自然环境影响健康的因素可分四大类。

1. 空气。气温、紫外线、空气中的正负离子、微量元素过高（多）、过低（少），都会产生不同的健康效应。由于工业和交通运输排放废气，室外空气质量一直是所有大城市面临的问题。在发展中国家的城市区域，近乎 50% ~ 60% 的空气污染物是由交通车辆排放的。在拉丁美洲，由于空气污染，至少 200 万儿童患有慢性咳嗽，也导致了每年的 2.43 万例死亡和 6500 万个工作日的丧失。在我国，自 20 世纪 80 年代开始，每年向大气排放的污染物达 4300 万吨，造成大气严重污染，大量二氧化硫进入大气致使酸雨成灾。1995 年，全国城市大气中的总悬浮颗粒年日均值浓度已远远超过世界卫生组织规定的标准；全国 600 多个城市中，大气环境质量符合国家一级标准的不到 1%。

室内空气质量也受到越来越多的关注，特别是在当今，城市居民的大部分时间花费在室内。在北美洲，人们 75% ~ 90% 的时间是在室内度过的。现代建设技术（产生了密封的、可控制气候的建筑）、不足的空气流通（通常作为能源保护策略），以及吸烟和现代建筑材料、家具、装置、工作及家用设备的结合，已经引起了新的健康问题，即不良建筑物综合征。世界卫生组织明确地将室内空气污染与高血压、胆固醇过高症以及肥胖症等，共同列为人类健康的 10 大威胁。油漆、胶合板、刨花板、泡沫填充料、内墙涂料、塑料贴面等材料中，含挥发性有机化合物（VOC）的高达 300 多种。室内有机物污染对人体健康的影响主要有三种：气味等感觉效应；黏膜刺激，例如乙醛、丙烯醛、萘以及基因毒性；致癌性，例如甲醛等。它们除了影响人类健康外，还会影响人类自身的生存环境，造成光化学污染，形成温室效应。全球近一半的人处于室内空气污染中，室内环境污染已经引起35.7%的呼吸道疾病、22%的慢性肺病，以及15%的气管炎、支气管炎和肺癌。全世界的涂料和装修工业每年把1100万吨有机溶剂排到大气中，是仅次于汽车尾气的大气第二大污染源。美国从66项法律法规发展到现在的1133项法律法规，对建筑涂料有机挥发物的限制作出了更为明确的规定。世界卫生组织公布的不良建筑物综合征的主要表现为：眼睛尤其是角膜、鼻黏膜及喉黏膜有刺激症状，嘴唇等黏膜干燥，皮肤经常生红斑、荨麻疹、湿疹等，容易疲劳，容易引起头疼和呼吸道感染等症状，经常有胸闷、窒息般的感觉，经常产生原因不明的过敏症，经常有眩晕、恶心、呕吐等感觉。

气候是重要的无机因素，对健康有明显的影响。例如，在寒冷、潮湿的环境中，容易患关节炎；流感病毒在高温下会迅速死亡；气喘病患者将在高湿度下增加；雅司病（热带痘状慢性传染病）和象皮病在热带地区很流行；硬化症在寒冷气候中，发病率较高；恶性贫血和糖尿病等由遗传决定的疾病，很少发生在温带以外的地区。

有关生物节律、大气状态与诸如意外事故、自杀和杀人等攻击性行为之间关系的研究表明，大气的变化会影响精神状态。例如，北欧地区的自杀案件较多。抑郁的人容易在气象锋到来时自杀。血栓栓塞发病率的增加与电暴（雷电交加的暴风雨）有关系，因为空气的电离化激起了加速血栓栓塞的神经激素的变化。

2. 水。全国有监测的1200多条河流中，850多条受到污染。1988年的全国饮水调查资料显示，中国有82%的人饮用浅井和江河水，其中水质污染严重、细菌污染超过卫生标准的占75%，饮用被有机物严重污染饮水的人口约1.6亿。在某项调查中，参加调查的一半儿童的血铅含量超过了国际公认的标准，他们的智力发展和神经系统可能受到不良影响。

在非洲和亚洲，多数的市中心区根本没有任何排水系统，即使有些城市有，也是为很小比例的人服务的。因此，发展中国家有近一半的人口，存在着与用水和卫生设施有关的健康问题。

3. 土壤。土壤污染，主要与来自工业区的降尘，来自老工业区的溢出、泄漏及其他污染源相关。受影响的人群，则主要是那些住得离上述地区较近的贫困居民。由于暴露在污染的土壤和尘土中，儿童是特别脆弱的群体。而其他人群，特别是育龄妇女，也会受到在污染环境中生长的植物的威胁。

4. 食物。人类处于食物链的顶端。水生和陆生食物链的污染，威胁着城市居民的健康。研究表明，人类接受的持久性有毒化学品的最大比例来自食物。干旱和洪水等物理因素可以影响食物链的平衡。技术的进步可以使粮食产量增加，导致食物链改变。食物链的变化会对人类的健康状态造成影响。人口增长、城市废物、空气污染和食水供应等因素，也会影响人类的健康。

病原体也要适应环境才能继续生存下去。微生物为了生存而互相争夺资源，保持平衡。能够使人类致病的病原体，包括病毒（例如流感病毒、库鲁病病毒、艾滋病病毒等）、细菌（可分为球菌、杆菌和螺旋菌）、真菌（主要侵害皮肤）、原生动物（单细胞动物，可引起疟疾、阿米巴痢疾、非洲昏睡病等）和蠕虫（如蛔虫和绦虫等）。

另一些潜在有害的有机物质，与家畜和家禽（或宠物）有关。家畜和家禽是很多传染病的宿主。人类与家犬有 65 种相同的传染病。与其他家畜及家禽相同的传染病为：羊 46 种、牛 50 种、猪 42 种、马 35 种、老鼠 32 种、家禽 26 种。例如，1997 年在香港发现的 H5N1 禽流感，据认为由候鸟传染给鸡，然后再由鸡传染给人类。

人工环境不仅指简单的物理环境，也指社会环境，所以，建筑环境质量——居住质量、交通等，作为环境的社会层面，也同物理环境一样受到广泛的关注。

1. 居住质量。在世界许多城市中，无家可归的问题日益凸显。无家可归者冒着很大的健康风险，例如低温或中暑、传染病、呼吸系统疾病和心血管病、由不良卫生条件引起的皮肤病及许多其他的问题。此外，许多人还处于饥饿和营养不良的状态，有多种精神失调的症状。

2. 交通。交通是城市地区许多疾病的起因，包括由空气污染引起的呼吸系统疾病，交通事故造成的伤残和死亡，静止的生活方式引起的缺乏锻炼，由噪声、拥挤造成的压力等。世界上每年约有 50 万人死于交通事故，而这些死亡约有 70% 发生在发展中国家，其中的 2/3 发生在城市区域。此外，交通事故造成的重伤几乎是死亡案例的 10 倍，中度和轻度伤害几乎是死亡案例的 100 倍。所以说，交通被认为是影响健康的最重要的环境问题。

3. 噪声。噪声日益引起城市管理者的关注，它可以造成机体一系列的病理、生理改变：（1）长时间的反复刺激超过生理承受能力，对中枢神经系统造成损伤，使大脑皮层兴奋和抑制平衡失调，导致条件反射异常、脑血管功能紊乱、脑电位改变及生理性变化。（2）引起交感神经紧张，导致心跳加速、心律不齐、血压增高。噪声强度愈大、频带愈宽，血管收缩就愈强烈，心排出血量减少，舒张压增高。（3）引起心室组织缺氧，导致散在性心肌损害。动物试验表明，还可使血液中的胆固醇增高，可能导致动脉硬化。（4）引起母体子宫收缩，影响胎儿发育必需的营养素及氧的供给。据调查，日本大阪机场的飞机噪声使孕妇流产，甚至使出生婴儿平均体重降低。（5）破坏睡眠过程，使入睡时间延长、深度变浅、多梦、睡眠时间缩短、醒后疲倦。

噪声影响的临床表现有：（1）神经衰弱症候群。头晕、头痛、易怒、易倦、耳鸣、心前区痛、睡眠不良，甚至影响体温调节。(2)呼吸和脉搏加快、心律不齐、血压升高、皮肤血管收缩、出冷汗、胃液分泌减少、肠蠕动受抑、食欲下降，尿中邻苯二酚胺、肾上腺素和去甲肾上腺素升高。(3)听力虽有一定的适应过程，但噪声达到 50 分贝会降低工作效能，长期在 65 分贝环境下工作，有 10% 的人会出现某种程度的永久性听力损失，长期在 85 分贝环境下工作，可致听力障碍或耳聋并影响语言能力。国际工业噪声的安全标准大多定在 85 ~ 90 分贝。

社会环境也对健康有重要影响。世界卫生组织专家委员会，识别了城市发展过程中的三种人类健康效应。

当环境不能抵抗病原体时，传染性疾病肆虐；并且，危害随着过度拥挤、病原体的输入和带菌人口的增加而增加。

非传染性疾病和伤害，伴随着城市环境中有毒物质和危险物质的暴露而发生。

城市生活的压力导致大量心理健康问题。长期在拥挤的环境中生活的人们，由于高度紧张和生活快节奏，很容易发生自主神经功能紊乱，导致一系列躯体和内脏功能失调。

心理健康是指人们对客观环境的变化（无论是有利的还是有害的、慢性的还是突发的），具有高效、快乐、平和的适应状况。心理健康的人，能保持稳定的情绪、敏锐的智能和适应社会环境的行为。2002 年 10 月，卫生部、民政部、公安部和中国残联共同公布的《中国精神卫生工作规划（2002—2010 年）》，确认了我国精神疾患的严重状况：我国的精神病患者为 1600 万人，受到情绪障碍和行为问题困扰的、17 岁以下的青少年和儿童约 3000 万人。调查显示，我国的心理与行为问题呈增长趋势，精神疾病负担也呈增长趋势。世界卫生组织推测，中国的精神疾病到 2020 年将上升到占疾病的 1/4。北京市残联 1998 年的调查结果显示，北京市城乡 5 岁以上居民各类精神疾病的患病率达 34.34‰，有 34 万多人。

有六类物质对人类健康影响极大。

1. 二噁英。二噁英是一类含多氯联苯结构式的化合物，是人类合成的化合物中毒性最强的，主要来自合成氯类物质的污染物，或废物垃圾的燃烧、汽油的燃烧、造纸木浆的漂白以及食物等含氯化学品的杂质。人可通过吸入汽车尾气、摄入空气中的颗粒和食物消费等途径，接触到二噁英。人体中的二噁英有 95% 通过饮食渠道摄入，动物性食品是主要来源。它们不易挥发、不易溶于水，却溶于油脂，进入人体后极易存留。法国国家卫生与医学研究所的研究发现，长期生活在二噁英含量严重超标环境下的人，不但容易引发各类癌症，而且容易发生心血管病、免疫功能受损、内分泌失调、流产、致畸或精子异常等。

2. 环境激素。环境激素是指那些干扰人体正常激素功能的外因性化学物质，具有与人和生物内分泌激素类似的作用，有时能引起生物内分泌紊乱，又称环境荷尔蒙。目前已经确定的约 70 种环境激素污染物，广泛存在于空气、水以及土壤等介质中，如甲苯氯、多氯联苯、乙烯雌酚，以及各种塑料器皿、化学稀释剂、清洁剂、杀虫剂以及氟利昂等。环境激素类污染物通过饮食、空气吸入和皮肤接触很容易侵入人体，久而久之，会干扰人体的内分泌活动，可能引起男性生育能力丧失、女性青春期提前、胎儿发育不正常和精神疾患等，特别是对生殖健康造成威胁和影响。1992 年，英国医生卡尔森总结了 1938～1990 年 61 个有关精液质量的研究，涉及世界各大洲 14947 名有生育能力的成年男性。结果发现，精子密度由 1940 年的每毫升 1.13 亿个下降到

1990 年的 6600 万个，下降了 45%；精液质量也下降了 25% 左右。

3. 重金属。汞污染造成水俣病，"疼痛病"由镉污染引起，"黑脚病"的罪魁祸首是砷污染。重金属污染致病有三个共同的特点，即三个效应：延缓效应、积存效应和爆炸效应。重金属污染物中，镉、汞、铅、砷是最具毒性的物质。它们不仅可以造成严重的环境病，即使没有达到临界点，一定量的积存，也会造成人体组织器官的其他病变，成为其他疾病的导火索。在癌症、心脑血管疾病、糖尿病等高危病种的发病因素中，环境污染（含重金属污染）导致的占 80%～90% 之多。铅是有害金属，能够渗透至自然界中。例如汽车排放的一氧化铅，可在空气中停留至少 10 天，也能够渗透至土壤中，影响作物生长。如果积存在人体的铅过多，会破坏血液细胞，造成肌肉痉挛，伤害神经系统，影响儿童甚至成人的智力，造成怀孕流产或早产等。铅毒也来自汽车尾气、燃煤、冶金、化工废气和废水、含铅容器、玩具，家庭装饰材料（油漆、涂料），香烟烟雾，化妆品（口红、爽身粉），金属餐具，食品的污染（如爆米花、皮蛋）等。

4. 持久性有机污染物。2001 年 5 月制定的《斯德哥尔摩公约》旨在减少或消除持久性有机污染物的排放，保护人类健康和生态环境免受其危害。第一批受控化学物质包括 3 类 12 种：（1）杀虫剂：滴滴涕、氯丹、灭蚁灵、艾氏剂、狄氏剂、异狄氏剂、七氯、毒杀酚和六氯苯；（2）工业化学品：多氯联苯；（3）副产物：二噁英、呋喃。

5. 放射性污染。天然石材中的放射性危害主要有两个方面，即体内辐射与体外辐射。体内辐射主要来自，放射性辐射在空气中的衰变而形成的一种放射性物质氡及其子体。氡是自然界唯一的天然放射性气体，在作用于人体的同时，会很快衰变成人体能吸收的核素，进入人的呼吸系统造成辐射损伤，诱发肺癌。

体外辐射主要是指天然石材中的辐射体直接照射人体后产生一种生物效果，会对人体内的造血器官、神经系统、生殖系统和消化系统造成损伤。

6. "白色污染"。邻苯二甲酸二辛酯已成为我国产量最大的通用型增塑剂品种，广泛应用于树脂、塑料制品，如白色塑料袋、一次性饭盒、农用地膜等。人们在使用这些物品时，邻苯二甲酸二辛酯向空气中释放雌激素，造成对人体和动物内分泌系统的干扰，引起胚胎在发育中出现尿道下裂。重庆市每年约有 700名新生儿患有尿道下裂，"白色污染"中的雌激素是这一先天性疾病的重要致病原因。

三、以人为本，运用科学发展观指导生态保健

世界卫生组织曾预言，如果能消灭目前的若干危险因素，中国人的平均期望寿命还可以增加 6 岁。健康的生活环境并不是只要求硬件发达即可，而是要我们身体力行，重新去了解、去体会、去协调人与环境的关系。

生态健康是一个宏观整合过程、观念升华过程、规划修编过程、产业转型过程、知识创新过程、文明凝练过程、奉献参与过程以及人和环境的再塑造过程，是一项复杂的生态系统工程，需要在科学发展观的指导下，依靠政府、企业、民众，在生态卫生、生态安全、生态产业、生态景观和生态文化等领域全面规划、系统安排。为此，要处理好以下关系。

医疗与保健并重，保健优先。在积极预防、治疗并根除各类疾病的同时，重点搞好全民、全程、全方位的生态保健，系统管理、主动调整和积极保育好各类生态资源，以健康的生态环境、

和谐的生态关系，确保人体和人群少发病或不发病。

控制与诱导并重，诱导为主。在完善各项生态健康体制、法规，规范社会行为的同时，启发和诱导人们的生态意识、环境行为和人体、人群及生态系统的免疫能力与自组织、自调节能力，调动全社会的资源"入股"生态健康，减缓突发事件的发生频率和强度，强化生态安全。

将生态健康的动力学机制和人类健康的系统保健方法与技术相结合，围绕生态健康领域的关键科学问题与核心技术，组织科技攻关。人类活动直接或间接影响着生态系统的结构、过程和功能；生态系统的变化又引起人类福祉（Human Well–being）的变化，包括维持高质量生活所需的基本物质条件、自由、健康、良好的社会关系，以及安全等。生态健康的理念，要求将经济、环境、社会和文化纳入生态系统范畴进行综合，将人从传统的外生变量变成内生变量；对自然科学和社会科学方面的信息进行整合；实现生态系统定量（系统分析）和定性（情景分析）研究、实验性和机理性研究的结合，整体论与还原论的结合；促进对生态系统的综合规划、管理与建设。

随着科学技术和社会组织方式的进步，人类不断征服疾病，并获得更加强有力的技术手段和组织方式，但细菌、病毒也在进化。在全球化加速的今天，我们要加速建设现代化的公共卫生系统，尽快建立应对可能突发的有潜在危险的公共卫生事件的有关信息沟通、预防治疗与全球协作机制，用系统生态的方法战胜疾病、保健社会。要建立适应新形势要求的卫生服务体系和医疗保健体系，卫生部门的产出指标要与国际接轨，并要特别注重卫生服务公平性的提高，以及地区间公共卫生工作差距的缩小。要从政府职责、卫生部门工作、群众参与3个层面，制定与全面小康社会相适应的卫生指标体系。其基本内容将涉及：公共卫生与基本医疗保障政府投入的比重，具有新时期内涵的农村初级卫生保健基本合格县的比例，人均期望寿命与健康期望寿命，婴儿死亡率与 5 岁以下儿童死亡率，孕产妇死亡率，健康教育相关指标，公共卫生与基本医疗保障覆盖率等等。在应用高新技术研究病毒的形态学、毒理学和临床医学机理的同时，也要研究流行病的生态学成因、传播机理和调控手段，还要研究从个体—群体—社会到区域的生态健康。

健康的维持是一个长期的、渐进的积累过程，需要体制、技术、行为的多维配合，需要平时的居安思危、灾时的处乱不惊。我们在正视疾病、防治疾病、调控疾病、与疾病共生的同时，要关爱生态、保育生态、投资健康、经营健康。

要倡导全民生态健身健心、保健环境、改善天人关系的生态健康运动，通过各种舆论工具和教育手段，在全社会大力宣传、普及生态卫生、生态安全、生态健康的科学知识和生态伦理、道德、观念与意识，诱导居民从我做起，从小事做起，自觉改变消费模式和生产方式，提倡节约资源、保护环境的公益行为。当前，急需在加大生态建设资金投入力度的同时，唤起社会各阶层对生态安全的危机感、警觉性、认识能力和责任心，加大社会资源的投入力度，动员全社会的力量，开展政府引导、科技催化、企业运作、民众参与、舆论推动的全民生态健康运动，包括：

生态安全运动：生态安全，指在自然生态（从个体、种群、群落到生态系统）和人类生态（从个人、集体、地区到国家甚至全球）意义上，防范生存和发展的风险，包括环境安全、生物安全、食物安全、人身安全、企业及社会生态系统安全。生态健康的第一个基本目标，是为社会提供基本生活的安全保障：通过各种社会的、经济的、行政的手段，确保所有居民获得清洁的空气、安全的饮水、洁净的食物、无污染的住房和低风险的交通，以及减灾防灾的可靠保障等。

生态卫生运动：通过鼓励生态导向、经济可行和方便适用的生态工程手段，对粪便、污水和垃圾进行减量化、无害化、资源化和社会化的系统处理、再生循环和高效利用。强化各种生理和心理保健措施，确保居民的身心健康，环境的净化、绿化、美化、活化、人性化与生态代谢系统的高效循环。

产业的生态转型运动：依靠产学研的联合，强化资源的再利用、可更新能源的开发、生态高效的运输、产品的生命周期合理设计，推行产品生态影响责任制，推进企业 ISO14000 标准认证，加速生态产业园和生态产业孵化基地建设。促进产业的生态转型，为全社会的生态健康提供满意的自然和人文生态服务。

能源保护是人们广泛关注的另一个方面。全球变暖对健康的影响可能是非常重大的。这种影响深远，目前很难定量。所以，对减少能源消费和二氧化碳排放所作的一切努力，都可能对人类的健康有益，对提高能源效率所作的一切努力也可能产生正面的健康效应。但是，也存在着潜在的矛盾。例如，为获得更高取暖和降温效率而设计的密封建筑，会增加室内污染。因此，在提高能源利用效率和减少污染两方面加以权衡是非常重要的，要采用新的方法，比如绿色或自然通风的建筑，来减少对取暖和降温的需求。

景观生态整合规划与管理：通过建立健全综合管理机制、体制、法规和政策，采用整体论方法，系统地优化景观格局及生态过程，强化和修复生态服务功能，实现自然、农业和人居环境的有机融合，减轻城市的热岛效应、温室效应、地表板结效应、水文耗竭效应及景观拥挤效应等环境影响。

生态文明运动：通过各种科学的、教育的、文化的、经济的、行政的和法律的手段，诱导人们的生活方式、生产方式和生态意识的转型，促进中华民族传统的天人合一文化与现代物质文明的融合，倡导和传播生态合理的认知文化、体制文化、物态文化和心态文化。

生态健康、生态建设和生态恢复，需要科技的投入、政府的支持和企业的参与，更需要全社会的理解，也需要全民族生态知识的普及和生态意识的提高。对 2003 年发生在广州、北京等地的非典灾难，我们至今仍记忆犹新。我们要人人关心、认识、保育和建设生态，规划、管理、经营和维护健康，促进个体、群体、家庭、社区、厂矿、城市、区域以至全球的生态安全和可持续发展。

中共十六届三中全会提出"五个统筹"，强调坚持以人为本，树立全面、协调、可持续的科学发展观，促进经济社会和人的全面发展。我们要在科学发展观的指导下，全民动员，推进中华民族的生态健康事业，使环境更安全、发展更持续、身心更健康、社会更和谐！

中国人口老龄化现象及对策

（2005 年 6 月）

中国的人口老龄化发展迅速。老龄化现象不仅为老年人所关心，更是今天的青年人在未来要面对的现实，因此是一个关系全局的重大社会问题。21 世纪将是世界人口老龄化的一个世纪，但是在我们中国，这一过程有许多与其他国家不同的特点。20 世纪末，中共中央、国务院成立了全国老龄工作委员会，统筹协调各有关方面的工作，积累了许多好经验。尽管如此，当全国性老龄化高潮到来之际，仍会有大量难以准确预料的情况发生，需要我们进行深入的研究，以制定适合中国国情的对策。

一、世界人口老龄化

人口老龄化是指总人口中老年人的比例上升。长寿与低生育率是世界人口趋向老龄化的直接原因。19 世纪，许多国家的平均期望寿命只有 40 岁左右，20 世纪末达到 60～70 岁，一些国家已经超过 80 岁。寿命的延长使老年人口的数量持续膨胀。生育率的下降则使老龄化指标的分母——总人口开始减少或者增长减速，老龄化现象因而更加引人注目。尤其是在高生育时代向低生育时代转变初期出生的大量婴儿，必然在数十年后形成老龄化的高峰。根据联合国的统计和预测，1950 年，世界 60 岁以上老人占总人口的 8%。这项指标在经济发达国家为 11.4%，在发展中国家为 6.3%，相差近 1 倍。到 2025 年，这 3 项数字将分别为

14.8%、25.3% 和 12.1%，发达国家与发展中国家的差距进一步拉大。发展中国家在 2025 年的人口年龄结构，将非常类似于经济发达国家在 1950 年的结构，因此，发展中国家人口老龄化的高峰，不可避免地将在 21 世纪后期出现。

人口老龄化同时也意味着全部人口的平均年龄上升。随着人口平均期望寿命的提高，老年的定义也有变化。20 世纪初，一些研究人员还曾以 50 岁作为老年的起点。第二次世界大战后，由于疟疾等流行性疾病迅速得到控制，有的国家在一年内死亡率就下降了 1/3，老年的定义也相应地提高到 60 岁以上。到 20 世纪 70 年代，许多国家以 65 岁作为老年的标准。现在，60 岁和 65 岁都是国际通用的老年划分标准。一些专家还将 60～69 岁称为年轻的老人，70～79 岁被称为中年老人，80 岁以上才是真正的老年人。这样的年龄划分，也反映了在处理老年人的社会问题时不同的观念和原则。

在经济发达的国家中，人口出生率从 19 世纪起就已缓慢、平稳地下降。到 20 世纪初，近 30 个国家的生育率下降到每对夫妇平均生育 1.2 到 2 个子女的水平，意大利南部还出现过每对夫妇平均生 0.86 个子女的最低纪录。在出生率下降的初期，各国都经历了儿童、老人少，劳动力多的黄金发展时期，实现了工业化和城市化，建立起社会保障体系，为随后应对老龄化挑战积累了资源。20 世纪中期以后，生育率长期下降的后果逐渐凸现。儿童比例的下降，减少了家庭津贴、福利开支、学校费用和医疗支出，但同时，老年人口的绝对数和比例都在上升，由此而增加的支出大大超过儿童减少所节约的费用。许多国家正在通过推迟退休年龄、提高劳动生产效率、增加劳动年龄时期对养老基金的贡献等办法，努力维护老年人的消费能力。在许多国家中，采取高福利的社会保障制度已使它们的财政不堪重负。即使有的国家采取了最高可达 70% 以上的累进所得税制度，但仍不得不大力削减社会福利支出，以保证经济运行的必要投入。除此之外，消费结构改变、家庭关系松散、精神生活空虚等问题，也对经济社会发展提出了许多新的要求。美国的一些研究人员预测，2030年，美国 65 岁以上的人口将占 20%；同时，拉美裔美国人到2050 年可能超过 1 亿，占美国总人口的 1/4；亚太裔美国人的比例将提高到 8%。这与 50 多年前美国 90% 的人口为白人，其中大部分是青壮年的情况相比，将对美国社会许多方面产生强烈的影响。联合国就老龄问题先后通过了《维也纳老龄问题国际行动计划》《联合国老年人原则》《世界老年人宣言》等文件，国际社会正在行动起来。

二、中国人口老龄化

中国人口老龄化的发展既有与经济发达国家类似的方面，也有不同的特点，最突出的就是老龄化速度快、老年人数量多、地区差别大。

按照联合国的统计，从 20 世纪的 1950 年到 90 年代末，世界老人数量增长 176%，中国的老人数量增长了 217%；而在 21世纪未来的 25 年中，世界老人将增加 90%，中国的老人则将增加 111%。有的人口研究机构统计，65 岁以上老人从 7% 增加到14% 所需的时间，法国是 115 年，瑞典是 85 年，美国是 66 年，英国是 45 年，而中国只需要 25 年。

若以 65 岁作为进入老龄的标准，2005 年，中国的老人总数将超过 1 亿人，2027 年将超过 2 亿人，2037 年将超过 3 亿人，最多时约为 3.3 亿人。若以 60 岁为老龄标准，1990 年，我国的老人就已超过 1 亿人，2014 年将达 2.03 亿人，2026 年将达 3.04

亿人，2039 年将达 4 亿人，最多时可达到 4.4 亿人左右。21 世纪 20 ~ 40 年代，将是我国老年人口增长最快的时期。60 岁以上老人数量平均每年将增长 4% 以上，65 岁以上老人数量的年增长速度将超过 5%，被称为老年老人或老老人的 80 岁以上人口的增长速度更快。也就是说，每 12 ~ 13 年，60 岁以上的老人就要增加 1 亿人，相当于一个世界人口大国的总量。这样的老人增长速度在世界上少有，甚至超过了老龄化速度最快的日本。这一增长趋势及其影响，应当引起我们的高度重视并加以深入研究。

我国老龄化高速发展的原因是：

1. 20 世纪 50 ~ 60 年代高生育率的影响。中华人民共和国成立以后，社会安定、经济发展，过去在战争时期受到抑制的生育率发生反弹。与全球那个时期的"婴儿热"一样，结婚、生育出现高潮。当时，每对夫妇平均生育子女数一度超过 7 个，出生率最高时超过 40‰。这些婴儿于 60 年后陆续在各个年龄段形成人口高峰，最终进入老年期。有一个形象的说法：人口特别集中的部分就像一只被蛇吞吃的野兔，当它通过蛇的身体时，到达哪一段，就在哪一段形成局部膨大。

2. 死亡率急剧下降，平均寿命迅速上升。新中国成立前，中国人口的平均寿命只有 35 岁左右。新中国成立后卫生事业的发展大大提高了全民健康水平，平均期望寿命在短短的 10 多年间提高到近 60 岁，每年增加 1 岁多。在平均寿命延长的初期，最大的受益者是婴儿和儿童。婴儿死亡率从新中国成立前的 200‰左右急剧下降至两位数，这就使得 50 ~ 60 年代出生的绝大部分婴儿有更为良好的生存机会活到老年。我们在庆贺社会发展、健康长寿的同时，也将迎来 21 世纪的"银发高峰"。

3. 成功的计划生育工作缩减了总人口。上述两个原因决定了 21 世纪中国的老年人口数量，老年人口占总人口的比例则与作为分母的总人口数量有关。尽管这一比例对决定老龄工作的导向不起主要作用，但总人口数量增长缓慢使老龄化的过程突出起来，更加引人注目。

三、人口老龄化的影响

由于扶养老年人与抚养少年人所需社会资源不同，负担也大不相同。各国研究结果都得到相类似的结论：扶养一位老人的平均费用与儿童的费用大体上为 2∶1 ~ 3∶1。尽管中国儿童人口比例的下降抵消了老年人口比例的上升，在相当长的时期内，被扶养人口的总比例增加不多，但社会费用的支出仍将稳定地增长。医疗费用及退休金，是社会对老年人主要的支出项目。在西欧的一些国家中，由于实行高所得税、高社会福利的政策，社会保障费用已接近国民收入的 1/3。美国某些年的养老金开支超过国防费用，成为主要的财政支出项目。我国 1978 年的离退休职工支出为 17.3 亿元，1990 年上升到 388.9 亿元，2003 年已达到 4088.6 亿元；医疗费用从 1990 年的 76.2 亿元，增长到 2003 年的 271.3 亿元。我国 20 世纪 90 年代的社会保障费用也曾高达国内生产总值的 13%，近年来稳定在 5% 左右。

老年人需要丰富的精神生活。许多经济发达国家的老年人自杀率居高不下，各种类型的精神疾病困扰着广大的老年人群。其原因在于，这些国家的家庭关系松散，丧偶以后独居的老人尤其感到孤立无助。我国则强调尊老爱老、老有所为、老有所乐，家庭和社区组织等部门在关爱老人方面做了大量工作。

老年人需要充实的物质生活。自 20 世纪 90 年代以来，我国老年人的收入明显增加。据统计部门调查，2000 年，城市老年人的平均收入比 1992 年提高 3.1 倍，同期农村老人的收入增长

1.7 倍。我国城乡老年人口一次性抽样调查结果显示，城市 75.6% 和农村 55.6% 的老人感到自己的生活有保障。在农村，86.1% 的老年人认为比起过去在生产队里的老人，自己的生活水平明显提高；城市也有 70.3% 的老人认为，自己比过去的离退休职工在"经济上更加有保障"。城市中的老人家庭现代生活设施，从 1992 年的 4 种增加到 2000 年的 8 种，50% 的城市老人有独立的煤气、电话、电冰箱和室内厕所设施，户均住房面积达到 70 多平方米。农村 50% 的老人有两种现代化家庭设施，户均住房面积达到 80 多平方米。需要指出的是，虽然我国老年人的生活水平有了很大提高，但其消费额占社会消费总额的比例很小，还有很大的拓展空间，他们的家庭财产也明显少于青壮年。国家统计局在 2002 年对 4000 户城市居民的调查显示，60～70 岁老年户的家庭财产平均为 16.2 万元，70 岁以上者为 15.7 万元，比 35～40 岁青壮年户的家庭财产少 43%。

我国老年人的医疗费用负担，随年龄增加而迅速加重。根据 1993 年和 1998 年，国家卫生服务调查，城市居民每年的住院费用，0～4 岁为 817 元，10～19 岁增加到 2244 元，40～49 岁为 4577 元，65 岁以上则增加到 5096 元。可见，老年人疾病多，病情往往比较严重，需要消耗更多的资源。根据国内外大量资料分析，退休职工的医疗费用与在职职工相比约为 3:1，有的国家甚至达到 5:1。我国正在深化医疗制度改革的过程之中，这些数据还有待于进一步观察、研究。一些城市重视加强社区建设，使老年人在社区中得到方便的医疗、保健咨询服务，降低了医疗开支，这些都是有益的经验。在管理体制上，还可实行社会保障与商业保险相结合，进一步加大保障的力度。农村合作医疗制度已在一些地区试点，对大病治疗给予有力的支持。据调查，贫困农民在脱贫后又返贫的，有 60% 是因病。在应对疾病、灾害等方面完善社会保障和商业保险，将为农村的共同富裕，尤其是为农村老人的生活保障提供必要的制度支撑。

四、结论与意见

对中国和世界人口老龄化进行展望和分析，可以得到以下结论和意见。

1. 21 世纪在我国出现的人口老龄化现象，是 20 世纪 50 到 60 年代高生育、低死亡的必然结果，与世界人口发展趋势一致。

2. 计划生育这一基本国策从 20 世纪 70 年代起实施至今，使我国少生 3 亿多人，降低了 21 世纪中期老龄人口的数量，从而减轻了社会扶养老人的负担。

3. 成功的计划生育工作，使我国的劳动力总量直到老龄化严重的 21 世纪 30 年代前后，仍可保持在总人口的 50% 以上，在 21 世纪 20 年代前劳动力总量最丰富时，甚至可达总人口的 65%，目前仍有 1.5 亿以上的富余劳动力。因此，今后数十年内都是我国劳动力充沛的黄金发展时期。我国的主要任务是发展经济、增加就业，不会发生经济发达国家那样劳动力缺乏的问题。

4. 人口多、土地少、资源相对缺乏，仍将是我国长期存在的基本国情。尽管日本人均耕地只有 7 分，但劳均耕地有 13 亩，远远高于我国。因此，只有提高劳动生产率、加快发展，才能更好地满足扶养老人的各种需求，才是解决老龄化问题的根本出路。

5. 我国经济发展正在从粗放型向集约型转变。未来提高扶养老人的社会能力，应从培养高素质人口着力，采取各种措施使我国从人口数量大国转变为人力资源大国。为此，我国应采取稳定低生育水平，培养高素质人口，完善经济社会制度，提高服务、保障能力，重视人的全面发展的政策，统筹人口、经济、社会、资源、生态、环境发展。

6. 我国各个地区的人口差别巨大。上海在 20 世纪 90 年代初期的出生率已低于死亡率，从 1993 年起即进入人口自然负增长阶段，人口平均期望寿命已达到世界最长寿国家的水平，个别区的老人比例早在 10 多年前就接近 1/4。同时，也有少数省份的人口仍然十分年轻，还需要 10 年左右的时间才能达到人口零增长。鉴于这种情况，我国在人口及其相关政策上不宜一刀切，应当采取分类指导、因地制宜的原则。

7. 我国的家庭结构正在迅速发生转变。这种转变的影响将反映在社会结构及功能、人际关系及代际关系、家庭内经济流动、生活方式及价值观念等许多方面，这些变化也会对老龄工作产生深刻的影响。政府应当相应地在社区建设、养老保障、医疗体制、社会服务等方面，作出适当的安排。

8. 老年人不仅需要社会的扶养，同时也有很高的社会价值。我国许多老人年老志不衰，仍然在各个领域继续作贡献。老人的知识、经验、威望、品德、能力等，都是社会的宝贵财富。提倡老有所为是我国特有的老龄工作方针之一，充分体现了对老年人的重视、尊重，仍应继续作为我国老龄工作的重要方针。

9. 近年来，健康老龄化的观念日益受到国际社会的关注。联合国提出，将健康老龄化作为全球解决老龄问题的奋斗目标。健康老龄化是指个人进入老年期时，躯体、心理、智力、社会、经济五个方面的功能仍能保持良好状态。一个国家或地区的老年人中若有较大的比例属于健康老龄化，老年人的作用能够充分发挥，老龄化的负面影响得到制约或缓解，则其老龄化过程或现象就可算是健康的老龄化，或成功的老龄化。为实现健康老龄化，需要社会各方面协调一致的努力，也需要老年人的积极参与。我国在这方面应当大有作为，努力为世界提供范例。

人口问题与人工社会方法：
人工人口系统的设想与应用

（2005 年 8 月 27 日）

一、引言

在西方文化之中，"文明"一词的本意是指"城市化过程"，因此，文明史也就成了城市的历史和它们带来的生活方式。从 4000 多年前尼罗河畔的古老城市"盎"（On，即很久以后由希腊人占领并改名为 Helipolis 的"太阳之城"），到今日世界上众多的大都市，城市最基本、最突出的特征就是众多的人集中在一个有限的区域。难怪人口学之父吉欧瓦尼·伯特罗，将他完成于 1590 年的主要人口学著作称为《城市伟大的起因》。事实上，从古至今，从中到外，人口研究，从组成、生长、衰落到移民，基本上与对城市兴起和发展的研究并行。

在中国悠久的文明史中，人口长期稳定在数千万人。只是到了清朝，随着近代大都市的兴起，中华民族的人口才有了大幅度增长。从 1664 年到 1911 年的 240 多年间，人口从 6000 多万猛增到 4 亿以上；40 多年来，更是从 6 亿巨增至目前的 13 亿多，引起国家、社会和研究人员的极度重视。特别是在过去的 15 年间，我国城市化水平几乎提高了 1 倍，全国已有 660 多个城市和 1.9 万多个建制镇，约有 31% 的人口居住在城市（镇），城市化进程正处在一个高速发展的阶段。城市地区人口的增长，给社会发展的许多方面造成了十分严重的综合性压力。从物资的运输到国民的教育、从社会经济的发展到生态环境的污染等诸多问题，已成为落实科学发展观和构建社会主义和谐社会必须关注的核心问题。

近代有关人口问题的研究起源于中国的洪亮吉，英国的古德温、马尔萨斯和李嘉图，以及德国的马克思等人。从古德温对人口问题乌托邦式的乐观看法，到马尔萨斯战争灾难般的悲观思想，反映了人类对自身数量问题认识的两个极端；而马尔萨斯与李嘉图的人口理论之间的差别，其实反映了 18 世纪末保守的地主阶层与新兴的资本家阶层之间的利益冲突，代表着当时社会从农业时代向工业时代转型的主要社会矛盾。

本文无意过多涉及中外有关人口问题研究的历史和现状，我们感兴趣的是，近代人口理论的兴起是由从农业社会向工业社会转型的矛盾促生的，而目前我们的社会正由信息高度发达的工业社会向知识社会过渡，应当对人口资源在这一转型中和转型后的社会中的作用重新进行认识。利用新的科学理论和方法，研究这一特殊时期的人口问题，特别是复杂系统方法在人口研究中的应用，是本文讨论的重点和主要目的。

2003 年，以"中国城市发展的科学问题"为主题的第 201 次香山科学会议指出：我国规模空前、发展迅速的城市化进程，必将给中国乃至人类社会的发展带来深远的影响。城市发展直接关系着亿万中国人民今后几十年的实际生活，是国民经济和社会发展过程中面临的重大战略问题，同时也是重大的科学问题，开展相应的科学研究迫在眉睫。会议执行主席吴良镛院士进一步说明："亚里士多德的城市论言简意赅，至今仍为经典。人们为了安全，来到城市；为了美好的生活，聚居于城市。这是城市最基本的内涵。20 世纪中叶以来，城市成为经济、政治和文化的中心，代表着社会、经济、文化发展的高峰，是人类活动的中心舞台，集约了成就和智慧。同时，城市也集中了种种矛盾，成为问题的渊薮。城市问题以及相关的种种问题是社会、经济、技术发展的缩影，城市也可能是解决世界上某些最复杂、最紧迫的问题的关键。中国的工业化落后于西方 100～150 年，城市发展落后上百年，中国的城市科学研究也相对落后。城市科学的特点在于其综合性、集约性，与自然科学、社会科学都有关联。因此，对城市科学宜开展整体性研究，要运用复杂性科学和非线性思维，推进城市科学的发展。"

人口与城市化密切相关，因而，这些观点正是本文的主要依据。我们的主要思路就是利用人工社会的概念，探讨建立一条以更加动态、灵活、准确和全面的方式，研究信息与知识时代中人口问题的途径，即人工人口系统方法。这里的讨论主要根据我们在复杂系统方面做过的一些工作，尽管可能十分表面和片面，但我们希望本文能起到抛砖引玉的作用，引起更多专家学者对此进行更深刻、更全面的研究。

二、基于人工社会的人口研究设想

自 20 世纪 80 年代起，就有许多学者以新的思维和计算方法，开展对社会问题的计算研究，经历了从仿真社会到人工社会的演化过程。特别是 20 世纪 90 年代初，由美国兰德公司研究人员提出的人工社会的概念，正是针对信息技术对社会的冲击和影响问题。网格计算、对等计算、代理编程技术的出现，加上虚拟现实和各类互动式计算机游戏技术的成熟，大大促进了利用人工社会思想研究复杂的社会问题。目前已有的成果，包括战争演化和作战训练、复杂经济模型、人工交通系统，以及关于人工人口系统、人工生态系统和人工电力系统的设想等。

10 多年前，兰德公司的研究人员在关于人工社会的报告中认为：在下几个年代里，最重要政策的制定将发生在信息技术与社会变化的交界处。政府应当寻求各种控制或利用信息技术对社会施加影响的政策。然而，我们目前关于信息技术对不同文化、不同社会结构影响的了解，不足以确保我们能够制定出正确的政策。利用人工社会方法，研究信息技术对于不同文化群体和不同社会结构的影响与冲击，正是兰德公司提出人工社会方法的动机。在此基础上，我们就可以把计算机作为各类社会实验室，对不同的政策进行试验、评估，从而了解各类信息技术和基础信息设施对社会的影响。兰德公司的研究人员认为，对人工社会的研究应是一项长期的任务，应成为社会和政府功能整体的一部分，并成为社会理论发展和未来政策制定的基础。

值得注意的是，激发兰德公司研究人员提出人工社会研究报告的主要原因，是信息技术在 20 世纪 80 年代末东欧国家发生的一系列政治事件中发挥的关键作用。他们认为，这些事件表明：信息技术对于"封闭社会"的影响，已引发或更直接地，煽动起一场根本性的政治权利转移。而且，在可以预见的将来，在我们能够规划的最远处，没有其他东西能够比信息技术的发展和利用更快地改变世界，就连人口和生态的趋势也不能如此深刻而迅速地改变世界。

从兰德公司公布报告到今天，差不多 15 年过去了。信息技术更是有了巨大的发展，特别是在许多当时被西方国家认为是"封闭社会"的国家，信息技术早已从传真、电视一跃成为数字网络化的"连通社会"。然而，兰德公司的报告中所提许多问题依然存在，我们还必须进一步研究信息技术对社会的影响。结合网络化数字政府和数字社会的深入发展，我们认为把人工社会的思想引入对人口问题的研究，时机已经成熟。而且，人工人口模型的建立应当是一切人工社会模型的研究基础。

通过人工社会方法研究各类人口问题的基本设想是：首先建立人工人口系统模型，然后利用这一模型进行各种计算实验，最终将人工人口系统与实际人口系统并举，评估和执行各类与人口相关的社会经济发展政策，以及各种的人口管理、教育和引导方法。由于人工系统解决了无法通过实际人口进行试验的困难，利用这一设想，我们就可以通过计算手段，对许多复杂的人口难题进行快速、动态的研究。例如，困扰我们发展的性别比例失衡的趋势和影响，贫富差距和总体素质不高的社会后果，流动人口的正、反面作用，就业压力与宏观经济政策的调整，以及艾滋病等传染性疾病对社会的危害与冲击等等。对可持续社会发展、科学发展观及和谐社会的各类衡量指标，都可以很方便地利用人工社会方法进行估测。

现代信息技术的发展，为我们这一设想的实现提供了保障。随着数字政府和数字社会进程的不断深入，未来的社会中，自落世时起，每个人除了其物理本体之外，可能还会有一个与之一一对应的"数字"本体，分别存在于现实社会和虚拟社会之中，相互动态地对应。目前，我们已有上亿的人口游历于网络空间，这从一个方面为我们的假想提供了佐证。而人工人口和人工社会的思想，正是顺应这一趋势的一种现实的和前瞻的研究方法。

三、人工人口系统的基本框架

所谓人工人口系统（APS），就是能够按照一定的指导机制，自主地进行演化并同外部进行交往的人口系统。这里的指导机制，可以是解析的，如微分和差分方程；也可以是描述性的，如IF – THEN 规则。可以是自然的，如对实际人口系统进行仿真建模；也可以是完全假设的，即纯粹的人工人口系统，与实际脱节。

虽然在文献中还未查到有人工人口系统的提法，但利用人工生命和人工社会模型间接产生人工人口系统、研究各类人口动态特性的工作已有许多，典型的代表是 Epstein 和 Axtell 的工作。利用一个简单的"糖境"人工社会，Epstein 和 Axtell 系统地研究了"糖境"中代理的"人工人口"的动态演化，从生死、性别、移民，到文化、冲突、经济和政治活动，直到社会结构的形成和变化、社会生态的承受能力和社会财富的分布。应特别指出的是：Epstein 和 Axtell 仅用了一些简单的行为和交往规则，就产生出许多复杂的动态人口模式和规律。

同其他人工系统一样，人工人口与现有人口系统模型的最大不同，在于采用"多重世界"观，而不是传统的"单一世界"观，来研究人口系统的行为和特性。换言之，采用人工人口系统对人口问题进行建模时，不再以逼近某一实际人口系统的相关问题为唯一的判断标准，而是把人工模型也认为是一种"现实"，是实际人口问题一种可能的替代形式和另一种可能的实现方式。实际人口系统的问题也只是可能出现的"现实"问题中的一类，其行为特性与人工模型问题的行为特性不同但"等价"。这就是利用人工人口系统研究人口问题的思想基础。

人工人口系统可以认为是现有人口数据库和模型的数字化、动态化和集成化。数字化是动态化和集成化的前提。动态化使人口数据库不再是单纯的静态数字集合，而变成能够动态演化的实体。为此，我们就必须在人工人口中引入各种演化和交互的规则，构成动态指导机制。因此，不同于其他人口仿真系统，一个人工人口系统相对于人口动态行为的产生和演化过程，必须是自我完备的。换言之，构造一个人工人口系统，将不仅涉及人口主体本身，还必须涉及人口与社会和自然的许多组成部分的相互影响和作用，这就是人口问题的集成化。

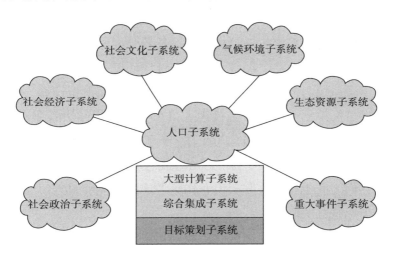

图1　人工人口系统的主要组成部分

图1给出了人工人口系统的主要组成部分，包括：

人口子系统——人口组成、各类属性、历史记录、行为模式，等等；

社会政治子系统——行政结构、法律体系、人口政策，等等；

社会经济子系统——经济结构状态、发展策略，等等；

社会文化子系统——精神文化、风俗习惯，等等；

气候环境子系统——自然气候、生态环境，等等；

生态资源系统——社会生态、环境污染、生态循环、资源消耗与再利用，等等；

重大事件子系统——自然灾害、疾病传播、重大事故，等等；

大型计算子系统——并行、分布、网格计算、试验设计，等等；

综合集成子系统——数据挖掘、多因素综合、决策评估，等等；

目标策划子系统——目标设定、任务分配和调度，等等。

其中，社会政治、经济、文化和气候环境、生态资源、重大事件等子系统与人口的状态和发展息息相关，而大型计算、综合集成、目标策划子系统是直接为人口系统的分析和决策服务的，负责人工人口系统中的演化与交往、计算过程、综合分析和指标评估等。必须指出的是，这些子系统除了与人口系统直接相关之外，它们之间也相互关联，但我们只考虑那些能够对人口问题产生相当影响的关联。

根据人工社会的研究现状，我们可以利用代理方法对人工人口系统进行建模、演化和分析。这种代理方法主要由三部分组成，即代理、环境和规则。代理即人工人口中的"人"，具有自己的内部状态、行为规则，并可以随着时间、交流和外部世界的变化而变化；环境或空间是代理赖以生存的地方，是"人们"生命的舞台，可以是实际的物理环境，也可以是虚拟的数学或计算机过程，一般表示代理活动及其组织形成的网格；最后，规则是代理、组织本身，代理之间、组织之间、代理与组织之间"行事处世"的准则和步骤，从简单的代理行事规则，到复杂的文化、战争和贸易规则。利用面向对象的编程（OOP）软件技术，代理、环境和规则可以方便地作为对象来实施。尤其是OOP的内部状态和规则的封装特点，目前是构造基于代理的人口模型的最佳工具。当然，构造人工人口系统的主要数据，仍将来源于各种实际的社会统计和抽样调查结果。利用部分实际数据进行统计、扩展产生合成人口，是人工人口系统可以借鉴的一种方法。

虽然构造人工人口系统的工作量看起来非常庞大，但随着数字社会、数字政府等社会信息化和网络化进程的不断加快和深入普及，各类数字系统的实时性、动态性、交往性和集成性程度的提高，产生各种针对具体领域和应用的人工系统是必须的趋势和结果。因此，诸如人工人口系统、人工交通系统、人工生态系统等，是社会数字化、网络化进一步发展和应用的必然结果。这些人工系统的出现，将形成未来数字网络世界新的结构和组成部分，也为科学的社会发展和管理政策的研究与制定，提供了实验、检测、评估和落实的方法及工具。

四、复杂系统计算理论在人口问题上的应用

一旦建立了人工人口系统，我们就可以利用以综合集成为指导思想，以综合研讨体系为基本框架，以人工社会、计算实验及平行系统（ACP）为主要方法的复杂系统计算理论，从新的角度研究各类人口问题。这一新的研究角度，是针对复杂人口系统问题分析所面临的主要困难，即很难甚至无法对这类问题进行还原分析或实验分析。其中，无法还原是人口这类复杂系统面临的本质性困难，而无法进行实验是其面临的手段性困难，主要是由经济、法律和道德等诸方面约束造成的。人工人口模型的出现，为解决本质性和手段性困难提供了一条可行的途径。

（一）计算实验与人口政策的评估

研究人口系统时，目前大多是采用被动的观察和统计方法，很难对其研究对象进行主动的"试验"，更不用说是"重复性"试验或"实验"了。即使做了试验，其中的主观和不可控制、

不可观察因素也太多了，从而往往使结果和结论不具有一般性。由于无法全部用解析、推理的方法分析人口问题，因此，如何解决复杂人口系统研究中的"实验"问题，成为推动这一领域进一步发展的关键问题之一。而前面所述的人工人口系统，为解决人口系统的"实验"问题提供了一种思路和方法：利用人工人口模型，我们可以把计算机作为人口系统实验的一种手段，即人口计算实验，其特点是：

第一，强调综合与合成在人口行为中产生的作用，通过利用人工人口系统演绎复杂的人口行为及其模式，而不是将自然人口系统形式化地拆成许多部分来理解部分的行为，然后还原成全局系统的行为，因此，这种计算实验采用的是整体而不是还原的方式；

第二，通过把人工创造的人口系统置于实际仿真或混合环境之下，产生复杂的互动方式和相关行为，利用涌现的方法进行观测，并总结、了解、分析和理解复杂人口系统的行为及其各种影响因素。

利用这些特点，特别是第二个特点，我们就可以用比较容易操纵和重复的形式，抓住复杂人口系统的复杂性特点，进行各种各样精确可控的实验，对其行为和各种影响因素进行量化的分析和估计。这是对每一个科学方法的基本要求，也是人口计算实验的核心目的。

计算实验是计算仿真随着计算技术和分析方法进一步发展，而必须迈上的一个更高的台阶。将计算实验用于人口问题研究，传统的计算机模拟就变成了计算机实验室里的实验过程，成为生长、培育各类人口系统的手段，而实际人口系统则变成这个计算实验的一种实现可能而已。因此，不同于计算仿真要遵守实际人口系统是唯一现实存在的理念，把逼近实际人口系统作为目的，并把实际人口系统作为检验仿真结果成功与否的唯一参照标准。计算实验认为计算模拟也是一种"现实"，是现实人口系统一种可能的替代形式和另一种可能的实现方式。根据这一理念，自然就可以利用人工人口系统和计算模拟进行"实验"。例如，按现行计划生育政策，许多城市中大部分的直接表亲关系将不复存在，其行为模式可能成为书本上的知识。这一社会结构消失的可能性已引起许多人的关注，但其影响到底如何？我们不应等到许多年后事实既成再进行调查统计，计算实验为此提供了一种可能的"实验"手段。人口老龄化、出生性别比异常、流动人口的活动等人口现象的影响，为解决这些问题所采取对策的后果等，都可以在人工社会中加以验证。

基于涌现的观察和解释方法，是利用计算实验研究包括人口问题在内的复杂系统问题的一个关键工具。同物理实验一样，在计算实验中，我们也必须面对实验的标定、设计、分析和验证等基本问题。首先是计算实验的标定问题，主要包括单个代理行为模型的标定、环境模型的标定和自我发展及交往规则的标定。标定的目的是，使得人工计算模型与研究的实际系统尽可能在结构、规模和组织上保持一致，从而能在定性和定量上有相似可比的行为和现象。当然，在计算实验中，我们并不苛求计算实验现象与实际发生的现象相同。其次是计算实验的设计、分析和验证。在这方面，统计学成熟的实验设计和分析方法完全可以直接用于计算实验学。从回归方法、随机分块、阶乘设计、重复测量设计、格点设计、Taguchi 方法，到包括拉丁、Youden 等各类方块的应用，以及从置信区间的估计方法、统计假设检验、Kruskai-Wallis 检验，到各类模型适用性的评估算法等等。而且，计算实验也必须遵循复制、随机化和分块化这三个实验设计的基本原理。直接借助这些方法，保证了计算实验学在人口系统分析中的实际有效性，对于复杂人口问题中各种因素影响的分析，以及决策参数的制定等，这一点尤为重要。

还有采样问题，包括对时间、空间、代理"人口"等的采样频率、大小，以及分布等问题。在一个人工人口系统中，调查多少"人"（即代理）才能对整个人口社会的情况有一个合理的估计，还有类似于盖洛普民意测验（Gallup Poll）的各种实验，它们对于许多社会复杂系统问题的分析与相应政策的制定，可能十分有用。当然，我们也必须重视此类方法带来的许多问题和相应的解决方法，如加权和过滤等等。

总之，一般实验标定、设计、分析和检验的各种概念和方法，许多民意和公众观点的测验方法，都可以直接用于解决人口计算实验中的对应问题。而且，计算实验提供的快速、并行、经济的实验手段，为更大规模、更加精确、更为全面地应用这些方法提供了有利的条件。

（二）平行系统与人口的控制和管理

将人工人口系统与实际人口系统并举，即组成人口问题的平行系统。通过平行系统中人工与实际事件的相互对应和参照，实现对现实人口系统的有效控制与管理、对相关行为和政策的实验与评估、对有关人员和系统的培训与改进，等等。人口平行系统的主要目的，是通过实际系统与人工系统的相互连接，对二者之间的行为进行对比和分析，完成对各自未来状况的"借鉴"和"预估"，相应地调节各自的管理与控制方式，落实复杂人口问题的有效解决方案，或者学习和培训目标的实现问题等。

为了有效利用平行系统这一结构，我们必须首先建立针对人口问题的多目标、多有效解决方案的评估体系。其次，借鉴成熟的自适应控制理论，特别是参考模型自适应控制方法，建立平行系统内部的反馈机制和对应的控制及自适应算法，以及利用计算实验对实际系统的组成与行为进行辨识和控制的方法。同时，基于优化理论，特别是区间滚动优化方法，我们还可以建立人口平行系统的摄动分析和序贯优化方法。最后，通过建立平行系统运行的基本框架和人工系统与实际系统相互作用的过程及协议，我们可以实现人口平行系统的不同组合运行模式。例如实验和评估——在这一过程中，人工人口系统主要被用来进行计算实验，分析、了解各种不同的人口系统的行为和反应，并对不同的人口解决方案的效果进行评估，作为选择和支持人口管理与控制决策的依据。

学习与培训——在这一过程中，人工人口系统主要是被用来作为一个学习和培训管理及控制复杂人口系统的中心。通过实际人口系统与人工人口系统的适当连接组合，可以使管理和控制实际复杂人口系统的有关人员，迅速地掌握复杂人口系统的各种状况以及对应的行为。在条件允许的情况下，应以与实际相当的管理与控制系统来运行人工系统，以期获得更佳的真实效果。同时，人工人口系统的管理与控制系统也可以作为实际人口系统的备用系统，增强其运行的可靠性和应变能力。

管理与控制——在这一过程中，人工人口系统试图尽可能地模拟实际人口系统，对其行为进行预估，从而为寻找实际人口系统有效的解决方案或对当前的人口方案进行改进提供依据。进一步通过观察实际人口系统与人工人口系统评估状态之间的不同，产生误差反馈信号，对人工人口系统的评估方式或参数进行修正，减少差别，并开始分析新一轮的优化和评估。

应当指出的是，第一个过程类似于目前系统仿真软件的应用情况，但在实验方面迈进了一大步。第二个过程已在城市交通系统中得到应用。目前国际上一些城市的交通管理，已利用与实际交通管理和控制中心几乎相同的设施，控制大规模的交通仿真软件；而且，这些交通仿真系统部分采用了实时的实际交通现场数据。第三个过程十分类似于基于滚动时段和仿真的优化方法，以及工程上"硬件在环内的仿真"思想。

显然，在人口平行系统的运行框架中，各种反馈控制方法，特别是自适应控制的思想，都能够得到应用。这方面工作的具体化，将是人口平行系统未来的一个主要研究方向。

（三）基于综合集成研讨的实现方式

基于从定性到定量的人机结合思想，综合集成研讨厅体系是我国学者针对开放的复杂巨系统提出的处理这类系统的方法论。结合人工人口系统，我们可以建立针对人口问题的综合集成研讨厅体系，提供需要的各类数据，用于对人口问题的研讨。当人工人口系统与实际人口系统不一致时，这些数据可用以检验相关算法和理论的逻辑性、一致性；当二者一致时，就可用于实际人口系统的控制与管理及过程优化等等。

从定性到定量综合集成法的提出，是系统科学和认知科学交叉发展的产物。它从认知科学的角度，阐述了研究开放性复杂巨系统及相关问题应采取的思路。沿着综合集成这一思路，钱学森等人在1992年又提出了人机结合、从定性到定量的综合集成研讨厅体系，其理论框架包括：

（1）学术界长期采用的 Seminar 的讨论方式；

（2）C^3I 及作战模拟；

（3）从定性到定量的综合集成法；

（4）信息情报技术；

（5）知识产业革命；

（6）智能科学和认知科学；

（7）虚拟现实；

（8）人—机结合的智能系统；

（9）系统学等。

这个研讨厅体系的构思是把人集成于系统之中，采取人—机结合、以人为主的技术路线，充分发挥人的作用，使研讨的集体在讨论问题时互相启发、互相激活，使集体创见远远胜过一个人的智慧。通过研讨厅体系，还可以把今天世界上千百万人的聪明和古人的智慧统统综合集成起来，以得出完备的思想和结论。这个研讨厅体系不仅具有知识采集、存储、传递、共享、调用、分析和综合等功能，更重要的是具有产生新知识的功能，是知识的生产系统，也是人—机结合精神生产力的一种形式。

综合集成研讨厅体系的这些特征，使它特别适用于利用人工人口模型研究复杂的人口问题，因为它将人的关键作用引入讨论和决策。利用这一体系和人工人口系统，解决复杂人口问题的大致步骤如下。

明确相关的人口问题和任务。

搜集大量的有关文献资料，认真了解情况，召集相关专家，利用研讨厅体系的软、硬平台对问题进行讨论。

通过研讨，结合专家的经验和直觉，获得对问题的初步认识，并总结成规则。

依靠专家的经验和形象思维，在问题求解知识的帮助下，提出对复杂人口问题的结构进行分析的方案。

根据复杂人口问题的结构特点，结合人口知识和前人经验，把问题分析逐步或者逐级定量化。

在定量或者半定量化的基础上，建立人口问题局部和全局的人工人口模型，进行各种相关计算实验，对模型、相关数据的规律以及专家们的智慧和经验进行相互验证。

在局部和全局的人工人口模型基本上得到专家群体认可后，讨论如何合成这些模型，从而产生人口问题的人工人口系统。

人工人口系统建立后，通过计算机的测算和专家群体的评价，检验系统的合理性、准确性和可靠性。如果专家群体对该系统不满意，则需要重复上述（3）至（8）或者其中的某几个步骤，直到满意为止。

利用人工人口系统，建立人口平行系统，实现对实际人口问题的有效处理和对实际人口系统的有效管理等。

五、展望

利用人工社会的思想，结合复杂系统的理论和方法，建立人工人口系统以及相应的计算实验手段和平行系统决策过程，目前还只是一种设想，其实际应用还有许多工作要完成。但我们相信，这是实现动态、及时地研究各种复杂人口问题和决策的一种十分有希望的方法。

目前，我国已有上亿的网络用户，而且上网人数还在加速发展。无论是从政治上还是经济上，这些网上人口的影响可能远远超过他们所占的人口比例。换言之，网络人口掌握的政治、经济资源和具有的社会影响，可能远远大于其余社会人口的总和。因此，对现有的网络人口状态全面、准确、及时地了解，已成为国家安全和社会和谐发展的重要保障，我们必须予以重视。情报与安全信息学的研究，是沿着这一方向前进的第一步。我们必须加快研究如何进一步在网络社会中引入其他重要的"基础社会设施"，就像我们在常规社会中进行的那样。或许这些网络社会的基础设施在今天还显得不是十分重要，但当整个社会的大多数人口都成为网上用户时，它们就可能成为保证社会安全与健康发展所必需的。

因此，利用社会计算手段，开展网络化社会状态与趋势的动态分析，对于国家安全与社会发展是一项极具重要性的工作，也是一项具有基础性、战略性和前瞻性的研究工作。人工人口系统研究，是实现这些目标的基础性工作。

科学决策与决策科学

——答《人口科学研究》记者问

（2005 年 11 月 18 日）

记者：您早在 1978 年就开始进行人口预测，并对中国 20 世纪末，人口发展目标作出分析，请介绍一些这方面的情况。

蒋正华：1977 年到 1978 年，我和胡保生、汪应洛、王浣尘等同事正在系统工程领域进行探索和研究。为了证明系统工程方法的有效性，我们做了一个人口数学模型，并设计了计算机上的仿真模型，进行了大量的仿真运算。由于当时的计算机还是用穿孔带输入程序，十分费时。从计算机运算的结果发现，中国大陆的人口到 2000 年不可能控制在 12 亿以内。与我们不约而同地作这项研究的，是宋健和于景元等人。他们研制的是连续数学模型，我们做的是离散模型，但殊途同归，结果十分相近。宋健、于景元两位教授还慷慨地将他们得到的人口内部数据与我们共享。在当时人口资料完全保密的情况下，这份数据尤其珍贵，也充分反映了我国学术界互相支持、互相促进的良好学术风气。这两个模型和计算结果同时在 1978 年全国第一次人口学术会议上发表，是我国第一次用系统工程的方法详细地分析人口状况并作出长期预测，被与会者称为人口研究中的"奇葩"，并对我国人口发展目标的确定起了一定作用。

在这次会议以后，我对人口数量的分析就着重于研究社会经济发展及生态、环境、资源状态与人口变化的相互关系，并建立了一系列数量模型进行定量分析，对各相关领域的决策提出建议。

记者：中国分类（区域）模型生命表是您重要的研究成果之一，曾获得国家教委科技进步奖一等奖，也是与宋健等学者共同申报并获得国家科技进步奖一等奖的内容之一，请您谈谈这项成果的作用。

蒋正华：模型生命表的概念，是由联合国有关部门在 20 世纪 50 年代提出的。为了研究人口的变化，我们需要生育、死亡、迁移三个参数，并且需要研究在不同条件下这些参数如何变化，对这些参数未来的变化作出预测。描述死亡状况分年龄别标准化的研究工具是生命表，一张生命表可以描述一个时刻、一个人口中不同年龄人口的死亡水平，并推断全部人口的死亡状况和模式。例如，死亡率很高的人口中，婴儿死亡率和儿童死亡率一般很高；死亡率低的人口中，则老年人死亡率相对较高。不同的生活习惯、气候条件、社会状况，对不同年龄人口健康的影响力不同。因此，如果知道了一个人口过去死亡率的变化情况，就可以根据各种外部条件的变化，推断这个人口未来的死亡率情况。这种推断不可能百分之百的准确，但可以做到在统计意义上正确、适用。模型生命表就是在大量实际生命表分析的基础上，用数学方法提炼出来的一整套标准生命表，供不同地区的研究人员在进行人口预测或分析时查用，是一种表格式的数学模型。20 世纪 50 年代，联合国的模型生命表推出后，由于在应用中发现与实际情况有些出入，西方国家学者又提出过几种不同的模型生命表以补充其不足。但是，所有这些模型生命表都极少利用中国的实际生命表，因此，建立的模型与中国的实际情况有较大差别。1982 年全国人口普查取得了大量死亡数据。为了弥补上述缺憾，我与当时的国家统计局局长李成瑞同志一起组织了各方面的研究人员，对 1000 多个原始的生命表进行了分析，并采用聚类技术，将这些生命表归为五类，分别适用于中国各个地区。

这项研究成果曾由我在海牙国际人口计算机软件会议上报告，为便于应用，建立了适用于 DOS 和 UNIX 等不同操作系统的软件版本，并由国家统计局出版了专著。专著的中、英文均由我执笔，并由李成瑞同志写了序言。在国家计划生育委员会所作的人口预测和规划中，有几次就使用了这项成果并取得良好效果。

为了取得准确的原始数据，针对 1982 年全国人口普查数据时间点的特殊情况，我创造了"自修正迭代法"，以使结果获得最大精度。就这一方法，曾在联合国总部向技术专家们作过专题报告，并从数学上进行了严格论证，证明了将该方法应用于 1982 年全国人口普查及其他类似人口普查的数据，可以获得最大可能的精确结果，并证明了迭代过程的收敛性以及解的唯一性。与会的专家们进行了讨论并表示认同。

与此相关的是，在这项成果基础上，1984 年又建立了劳动生命表。这也是由一系列表组成的体系，利用了职工上岗、离岗、退休、病休、死亡等登记资料，结合人口普查数据，科学地描述了劳动力变化的整体和分年龄别标准参数，可以为社会保险、劳动力的供应与需求等社会经济发展计划，提供必要的分析工具和预测方法。由于劳动力数据不完整，建立劳动生命表时创造了一些特殊的处理方法，用来从有缺陷的数据中取得对参数值的最优估计。1980 年，当我主持与国家计委经济研究所和国家信息中心合作的社会保障决策支持系统研究时，劳动生命表是科学决策与决策科学中必要的组成部分。数年以后，中国人寿保险公司与劳动和社会保障部下属的研究部门取得了更加详细的数据，才先后分别建立了各部门自己设计的劳动生命表。

生命表技术是学术界前辈们非常出色的创造。灵活应用这一技术，可以在许多领域再创造出很有价值的成果。例如，北京大学的曾毅教授就曾巧妙地运用多因素生命表技术，创造了分析家庭结构变化的数学模型，成为研究家庭问题有力的分析工具。这一方法还可进一步推广到市场分析、经济部门分析、医疗体制研究等宏观管理方面，也可应用于个体疾病研究、生产过程等微观方面。

这项技术并不复杂，但深入理解其运行机理并与其他技术结合起来，可以启发我们在许多领域开辟新的研究渠道。例如，分析模型生命表不同年龄别死亡率的变化，结合相应地区生活习惯、死亡原因、环境条件等因素的研究，可以发现诸因素对健康影响的程度，指导资源优化配置，以最小代价取得最好效果。医院将病人的住院时间作为原始资料，构成病人住院的"生命表"，可以指导我们按地区发病情况设计最适当的病床数，使每位需要住院治疗的病人都能及时入院，而又不浪费资源。

生命表技术的灵活应用，可以在保险业、仓储业、码头管理、物流配置系统设计等许多领域找到用武之地。任何现象都有发生、发展、完成等各个时期，与人的生命过程相同，也可以应用生命表技术来研究、总结其一般规律，并与其他因素结合起来进行类似的分析。

记者：刚才，您讲到中国社会保障决策支持研究项目获得了国家科技进步奖。这项成果包含了哪些内容？题目是怎样提出的？

蒋正华：从 20 世纪 70 年代以来，我就一直想把信息科学中的专家系统和决策支持系统技术应用到实际工作的决策上来。

1986 年，我曾花了很高的代价从美国购买了最新的专家系统软件工具。以后，由于看到从 20 世纪 80 年代初到 80 年代末，中国的退休金支出迅速增加，多种所有制迅速发展，我感到有建立社会保障决策支持系统的需要。当时，国家计委的李惠京同志约我合作研究社会问题。在此之前，我们已经合作进行了深圳市社会经济发展规划等研究项目。我还与汪应洛、杨林军等同志在河南等地做了经济发展规划，利用计量经济模型、投入产出模型、系统动力学模型等研究了一些社会经济问题，有了一定的基础。于是决定，在社会保障问题上从方法的角度进行更深入的探讨，这就确定了上述题目。

记者：建立健全社会保障体系是经济持续、快速、健康发展的重要支柱，也是世界各国不断在探索的问题。您的这项研究一定克服了许多困难吧？

蒋正华：是的。经济发展必须有一个安定的社会环境，社会保障系统是维护社会安定的重要体系；但是，建立社会保障系统又要付出相当大的投入。如何优化资源配置，使我国的社会保障既能满足人民的合理需求，又能保证经济部门有足够的资金，持续、快速、健康地发展，这是一个关系重大的研究课题。

根据当时的情况，我们着重研究了养老金的问题。由于社会保障系统覆盖的人群状况在不断变化，设计系统时必须兼顾目前与将来。从社会学的角度说，建立社会保障体系的费用最终是生产者通过经济活动产生的，因此，还要考虑到代际之间负担的公平。下一代人的建设成就建立在上一代人打好的基础上，还应照顾到如何分享成果的问题，既使退休的上一代感到社会对他们劳动成果的承认和尊重，又不能影响正在工作的年轻一代的积极性。

在这些考虑下，我们分析了在岗者和退休者的家庭负担情况，设计了在岗者和退休者生活水平的相对标准，建立了经济模型和人口模型。根据经济和人口的发展，预测劳动力的供给与需求；研制了动态的劳动生命表和模糊化的接口，来估计不同年份退休、退职、死亡的职工数；比较了各种不同的养老基金提取、发放、保值方案，并计算了这些方案对经济发展的影响。这些方案在计算机上经过大量的仿真运算，形成了结论，并构成了一个专用计算机软件包。根据我们的分析，由于中国人口老龄化速度很快，原来实行的现收现付退休金制度不能再坚持下去。但是，确定很高的提取率、立即实行全基金制，也将对经济发展产生不利的影响。现实的出路是实行部分基金制，大部分支出还要靠加强对受益方征收适当的费用来维持，国家应多方筹措资金给予支持，同时，有计划地建立起为应对逐步增长并到 21 世纪 30 年代达到高峰的老龄化过程所需的养老基金。在各种方案中，我们详细计算并比较了不同的提取率和发放率情况、老年人家庭和就业者的生活水平、达到老龄化高峰时的支付能力、社会各方面的负担等，并且列出了相应的图、表。

参加这项成果评审的专家、部门负责人，都对这一成果给予很高的评价。当时的国家计委经济研究所所长、著名的经济学家王积业教授，建议我们将研究成果写成专题报告上报中央。这项成果获得了国家计委的特等奖，以后又获得了国家科技进步奖。

这项研究还有许多后续工作可做。按照当时我的设想，还将进一步扩大到医疗保险、遗嘱保障、失业保险、残疾人保障等方面，并附加专家意见库，可以在决策遇到困难时直接查询各方面专家的观点。为此，我还专门购置了国外最新的专家库软件。除了拓宽领域外，也要研究社会保障覆盖面扩展到全社会的情况。系统结构也拟发展成为具有学习功能，可以不断根据系统运行的实际情况自动改进方案，达到最优结果。可惜的是，不久以后，我被调到国家计划生育委员会工作，此项工作不属于我负责，因此也没有继续下去。近年，我到全国人大常委会工作后，又不时兴起重图旧梦的念头。如果有适当机会，我也许会再组织一个班子来研究，也许会分成几个专题交给博士生去做博士论文。

记者：听说，您曾在国家计生委组织建立了全国人口信息系统和办公自动化系统，使国家计生委成为国务院各部委中较早开始电子政务工作的部门之一。

蒋正华：我常说，我的本质是一个研究者而不是官员，不管在什么岗位上，总是愿意结合工作需要多作一点研究。计划生育对中国这个人多地少、资源相对缺乏的国家十分重要，有许多问题可以研究。在西安交通大学工作时，我就特别注意对人口与经济关系的研究，并与同事们一起创立了人口与经济研究所。我和同事们曾研究过中国的人口承载能力、人口发展前景，以及经济发展与劳动力数量、素质的关系等问题。我到国家计划生育委员会以后，彭珮云同志很放手地让我工作，让我分管规划统计，同时还联系学术研究部门，为我创造了一个很好的环境。由于工作的需要，我和从事规划统计、人口研究的同事们一起，比较深入地研究了计划生育各部门工作与计划生育效果之间的关系，并尽量将定性与定量的分析结合起来，创造了一些适合中国国情的技术方法，用来评估工作的效果，发现工作中的薄弱环节，以便推动工作前进。例如，我们研究了历年计划生育药具发放、手术数字与生育率变化的关系，建立了评估报表的准确程度、计划生育技术工作情况的数学模型，并设置了特殊的指标，推动相应地区正确认识本地计划生育状况，并改进工作。为了推动计划生育优质服务，提高工作水平，我们研究使计划生育的评估方法从结果评估逐步向管理和实施计划过程评估发展，并讨论、设置了一整套相应的指标体系。

为了更好地为育龄夫妇提供服务并使资源得到优化配置，从1992年起，我们在计划生育系统内组织实施人口与计划生育信息系统的建设工作，其内容包括办公自动化系统、育龄妇女服务系统、计算机信息网络系统、计算机仿真系统等。许多省、自治区、直辖市做了大量的实际工作，为以上系统的创建和发展作出了重要贡献。例如20世纪90年代中期，我们在山东省进行利用信息系统加强为流动人口计划生育提供服务的试点，得到山东省政府的大力支持，山东省计划生育委员会作了很大努力。经过数月的时间，在山东全省范围内按计划实现了预定目标。这一系统在实践中证明是成功的。这个系统的运行结果还说明，该系统仍有很大潜力，完全可以与计划生育部门以外的其他系统联合运行，取得更大的社会经济效益。这项工作需要各领域许多人的合作，各方面都作出了贡献。

计划生育部门信息系统运行的经验说明，除了从技术上要解决建立系统的关键问题之外，对管理制度、人员素质、服务水平等都应当有相应的要求，这样才能使该系统充分发挥科学决策与决策科学的效能。因此，计划生育信息系统不仅是一个计算机系统，更应将其视为一个人机系统。应用计算机系统促进了工作的规范化，提高了工作的质量，也方便了干部和群众。江苏、浙江等许多工作基础好的省、自治区、直辖市，将计划生育信息系统与优质服务有机地结合起来，受到广大干部和群众的欢迎。

信息化得到党和政府的高度重视，在第十个五年计划纲要中明确地提出要以信息化带动工业化。在金融、经济等许多部门，信息化的发展速度十分惊人。中国的光纤网已延伸到所有城市，总长度超过了100万公里，不少地区已经开始了光纤入户的工作。网络产品、应用软件不断推出，建设信息系统的环境很好。计划生育信息系统适应环境，正在继续前进。从工作目标上，应当根据中央提出的在 21 世纪稳定低生育水平的要求，调整管理和评估的内容、方法，做到寓管理于服务之中，融管理与服务为一体。在技术手段上，可以充分利用当前网络技术发展的成果，特别是通信、电视、计算机三网融合的趋势，适时推出使用简便、直观实用的产品，依靠科技进一步提高计划生育工作的水平。

记者：近年来，您发表了许多有关可持续发展的论文，参加了许多相关的国际会议，这是否是您近期的研究重点？

蒋正华：在其位就要谋其政，我被选到全国人大常委会工作就要负起责任。因此，与人大工作有关的问题，我都去熟悉，有可能的话，尽力多作一些调查研究。近年来，可持续发展和金融两个问题引起我的特别注意。这首先是由于它们在现代经济中的重要位置，同时也是由中国的国情决定的，而改革开放以来经济的快速发展更使问题凸显出来。

我对可持续发展的注意是受国际学术界的影响。1967 年，国际上一群学者、企业家、专家、不在位的政治家集结起来成立了罗马俱乐部，利用多种方法研究全世界关心的问题，他们发表或提出的"成长极限""重建国际秩序""学习"等著作和计划受到国际社会的重视。从 20 世纪 60 年代起，罗马俱乐部应用系统工程方法建立了一系列世界数字模型，包括人口、经济、资源、环境等各个方面。这个学派对世界未来的研究结论是悲观的。他们认为，由于人口爆炸导致资源过度消耗、环境不断恶化，人类将面临自己的末日。我虽然不同意他们的结论，却被讨论问题的方式和数学模型所吸引，于是阅读了大量有关资料。例如 Automatica 的社会经济模型专集，许多期 IEEE 控制论卷的杂志，关于生态学、社会经济和行为问题的模型研究专著和文集等。

尽管许多研究者已从方法学上进行了深入的探讨，有大量的研究成果，但这些研究在材料的选择、处理、分析中还存在许多问题，还不能正确回答可持续发展中的大量问题。

由于近代科学的迅猛发展，人类对自身的生存环境，从外层空间到地球深处、从陆地到海洋、从古代到现在的认识愈来愈深入，遥测遥感系统每时每刻都向我们发送对地球的监测信息，全球定位系统帮助我们更好地控制和管理生产、生活事务。从负面来说，近代科学使用不当，也使人类对环境的破坏大大加剧，原始森林的面积正在不断缩小，温室气体排放大量增加，荒漠化面积迅速扩展，水资源和矿物资源过度消费，空气污染达到前所未有的水平，物种灭绝的速度达到自然状态下的 50 到 100 倍。若再不加以控制，其后果将是灾难性的。例如，温室气体排放的结果使地球气温异常升高，据估计在 21 世纪，海平面将因此提高 0.7 到 1 米；气候变化还可能使发展中国家的谷物产量下降，直接影响到世界的安宁和人类的生活。

正因如此，可持续发展不仅是一个社会经济问题，也可以成为政治、国家关系问题。许多学者预测，21 世纪引起战争的祸根可能是争夺水资源和矿物能源。目前，中东和非洲一些地区的紧张局面已使这种威胁清晰可见。

几年前，我在美国麻省理工学院（MIT）作关于中国发展情况的报告。讲演结束后，一位日本专家说，日本的空气污染十之七八是由风力从中国传来的。他问中国对此持什么态度？我由于曾利用一些很有影响的国际学术研究机构建立的世界模型及其软件作过一些分析，因此就很有根据地回答这位日本专家的问题，按照模型分析的结果，日本的大气污染只有约 1/10 由西风带去，而日本产生的污染也散布到其他国家，中国则同样受到其他国家污染的影响。这个有理有据的回答，使那位日本专家心服口服。

目前，一些国家达成协议，并根据各国温室气体排放量及对环境污染的程度制定控制标准。为了在这些谈判中保护国家的正当利益，中国必须对上述许多问题以全球的眼光进行深入分析，拿出自己的论据。

当然，就中国自身的发展而言，也需要加强这方面的研究。目前，全国水土流失面积已经达到 367 万平方公里，平均每年新增 1 万平方公里。荒漠化土地面积近年来每年扩大 2460 平方公里，总面积已达到 262 万平方公里。草原退化、沙化和盐碱化面积达到 1.35 亿公顷，约占草原总面积的 1/3。中国水资源和能源的稀缺情况，更是已为大家所熟知。

在可持续发展研究方面，我曾与国内外许多单位、专家合作，进行过定性和定量分析，并建立过一些数学模型。比如，以人的自身发展为中心的可持续发展模型，中国人口、经济、资源、环境协调发展模型等。最近，我正与中国科学院的牛文元教授等研究人员筹备进行中国可持续发展能力建设的研究。在许多研究成果中，我们建立了可持续发展的目标体系、评估体系，提出了从不同观点认识可持续发展的模型结构，研制了相应的计算机仿真系统，并在计算机上进行了大量仿真工作，对多种可能的方案进行模拟研究。由于情况不断变化，这些研究都需要不断更新数据、修正参数，甚至改变部分模型结构。

记者：您提出的中国人口最大规模不应超过 16 亿人的研究成果，对确定我国计划生育工作目标有很重要的意义，许多社会经济发展的长期计划都以此为基拙。

蒋正华：不仅仅是我做过这方面研究，其他学者也用不同方法、以各种思路进行过研究，如宋健、于景元、胡保生、王洗尘等同志都做过很出色的工作。我们的结论都很接近，这也说明我们的研究结果符合实际，是科学的。

中国正在实施西部大开发战略，这对实现中国第三步发展战略目标至关重要。但西部同时又是一个生态环境十分脆弱的地区，在开发的同时保护生态环境，不但是西部地区长远利益所在，也对全国可持续发展有十分重要的影响。中国政府许多部门已经建立了十分有效的信息系统，如中国气象局、中国科学院遥感研究所等都使用了最先进的科学手段，采集各种动态数据，处理后提供了多种形式的信息。充分利用现代科技成果，就西部大开发这样重要的发展项目进行可持续发展研究，既有需要，也有可能。西部大开发中采取了一些重大措施，例如，为了保持水土，许多地区正在开展退耕还林、还草工作，也有许多地区大规模植树、种草。但是，树林可以涵养水源，也消耗水源。水量过少的地区植树太多，反而使地下水被树木吸收后通过叶片蒸发到空气中，加剧了水资源的紧张程度。使一些十分干燥的地方最大限度地保存水资源，最有效的是保持沙漠的现状。生态系统十分复杂，必须按规律科学办事，当种树则种树，当种草则种草，当维持为沙漠处则不要扰动。用什么树种、草种等，都要十分慎重。建立一个大型的、综合性的动态监测和分析系统是十分有益的。

记者：您在担负政务工作的同时还要指导博士生，如何能找到时间进行科研工作？

蒋正华：现代的科研工作，特别是大型的研究项目，都不是一个人所能完成的。目前的工作岗位，使我有机会更加广泛和深入地了解国家发展的需要、各方面研究的进展、基础工作的水平，也有利于我根据工作和研究的需要，到各地、各部门进行比较深入的调查，可以在选题、建立方案的总体思路方面，提出概念模型和仿真系统的框架结构，在完成计算机工作以后进行综合分析研究，根据政府的需要，在提出决策建议等方面多出些主意。各个领域的学者都有自己的特长，我在合作的过程中也向这些学者学习，不断增长知识。指导博士生需要花费一些时间，但他们也围绕着研究项目完成了大量工作任务，这对他们更好地完成学位论文也很有帮助，可以说是互利的。我指导的博士生选择的论文题目，包括金融风险分析和资产最优组合、保险行业支付能力分析、中国可持续发展策略研究、期权定价问题、人口适度增长、人口经济系统分析、区域可持续发展、国企改革、组织理论、计算机信息科学决策与决策科学系统等许多方面。博士生为了做好学位论文，广泛阅读国内外的有关书籍、资料，这也是对我的促进。有压力才会有所前进，仅仅是为了应对这些博士生提出的问题，也迫使我必须抓住各有关领域的学术动态，跟踪学术研究前沿。我很感谢我的合作研究者，也很感谢我的博士生们，许多工作是他们做的。

你们的杂志是《人口科学研究》，我想在此对人口学界的许多朋友表示感谢。多年来，我无论在大学或是在政府行政部门，都得到大家的热情支持和帮助。中国人口学界有良好的学术空气和道德风范，多学科的学者能够互相协作、取长补短，因此，能在较短时间内赶上国际学术水平。

新一代的研究人员已经成长起来，他们熟悉现代的研究方法和技术装备。20 世纪 70 年代到 80 年代初，技术人口学对国内许多人来说还比较陌生。当我出版国内第一本专门讨论人口问题的专著时，部分研究人员还没有足够的计算机、数学、系统工程学的基础知识来熟练地运用这些方法。现在，情况已经大大改变，计算机技术本身的发展也使应用者更加方便。技术人口学的研究应当向更深、更广的领域进军，结合国家社会经济发展的需要，创造更多的成果。耗散结构、突变理论、混沌理论等其他学科的成果，也被逐步引入了对社会经济、人口、资源、环境等问题的分析研究。人口研究本身不是目的。通过人口研究，寻找一条科学的道路，使人类与自然界更加和谐，使国家经济社会持续、快速、健康地前进，使世界实现和平与持久的发展，使个人也可以更加完美地实现自我价值，这应当是我们共同努力的目标。

在 2005 首都人口与
发展论坛上的讲话

（2005 年 12 月 10 日）

这些年来，很多国家都希望了解中国的经验。我到欧洲访问时，欧洲朋友提出希望介绍"中国现象"，就是中国经济如何实现了持续 26 年的高增长而势头不衰。20 世纪 90 年代初，我在美国和一些经济学家讨论时，他们就已经提出"中国模式"这一观念，认为中国的发展具有很强的生命力，值得研究，而且应该认真研究。但是，一些政界人士不认同，而近年来，他们也有了改变。2004 年，我到拉丁美洲访问，见到一些美国的政界朋友和拉丁美洲的很多高层政界人士。他们都有了共识，热切地提出要研究中国模式。这几年，我出席东北亚论坛。这些国家也非常推崇中国的发展经验，它们提出"北京共识"。尽管在提法上可能有所差别，但核心都是要研究中国究竟怎样从一个过去经济基础很薄弱的国家，达到了 2005 年国内生产总值占世界第四位，且继续保持强劲的增长势头，成为世界上特别是发展国家中的一个突出亮点。很多国家都希望了解中国在这方面的经验。

很多例子都说明，中国特色社会主义经济是一种具有强大生命力的经济发展模式。现在，人均国内生产总值超过了 1000 美元，那么从 1000 美元到 3000 美元之间，我们怎样解决资源问题、环境问题，怎样解决地区差距及收入差距等发展不平衡的问题，以及由此带来的许多社会问题，在发达地区解决如何加快发

展的问题，解决如何创造良好、和谐的社会环境问题，怎样使我
们的经济社会发展进入一个良性轨道等等这样一些问题，都需要
我们认真加以思考。因为今天是人口与发展论坛，所以，我着重
谈与人口有关的发展问题。

对于人口和发展两者之间的关系，我国党和政府很早就有了
明确的认识，并且采取了有力措施。邓小平同志早就提出，中国
人口多、土地少、资源相对紧缺的长期基本国情，决定了我们要
走中国特色发展道路；从一开始，就把人口和经济社会的相互关
系放在一个重要战略地位上来进行考虑。中国的人口和计划生育
工作已经取得了非常突出的成就，尽管中间也经历了一些十分曲
折的过程。实施计划生育以来，中国的总和生育率从 20 世纪
五六十年代接近 6 这样的水平，降低到现在的 1.8 左右。八九十
年代，特别是 90 年代末期以来，中国的人口与计划生育工作越
来越得到世界的认同，甚至以往对中国这方面工作持负面看法的
人，现在也开始转变观念。

中国已经实现了低生育水平这样一个目标，但能否稳定这样
的低生育水平，还要看我们今后的工作。目前，全世界一年增长
的人口大约为 7000 万，中国增长的人口占其中的 14% 左右。同
时，这些年来，我国也处在一个劳动力快速增长的高峰，每年都
要解决 1000 万新增劳动力就业的需要。即使到 2050 年，大概每
年新增的劳动力就业需求还在 600 万到 700 万人之间，相当于一
个中等国家总人口的一半。因此，稳定低生育水平，仍将是我们
今后一项长期重要工作的内容。

现在，许多人都在研究北京的适度人口问题。适度人口这一
概念在国际上是有争论的，在我们国内也存在争论。有人认为不
存在什么适度人口，如果参照欧洲的生活水平，那么，全世界只
应存在 24 亿人。但如果按较低的生活水平衡量，把可开发的土

地都利用起来，大概全世界生存几百亿人也不是问题，因此，这一概念本身有很大的弹性。但在现实的世界中，如果人口不能控制在一个适当的水平，社会将不能承受，就会产生很多社会问题、经济问题，将会对社会经济的发展产生破坏作用，这是显而易见的。所以，尽管适度人口这一观念存在争论，但是就我们做实际工作的人来说，从经济发展的角度来讲，必须搞清楚，一个国家、一个地区，以至全球的人口应该是什么样的结构、多大的规模，才对经济发展最有利。从资源状况、环境状况来说，我国人口应是什么样的规模、要采取什么样的管理办法，是我们必须研究的。因此，我们不必就是否有适度人口这一问题过多争论，而是应着眼于实际的工作。这也符合中央再三提倡的，一切工作要以人民群众的最大利益为我们最根本出发点的原则。从这一角度来说，我们应当关心研究这些问题。国务院组织了300多位专家研究中国的人口问题。大多数专家认为，以中国的环境、资源状况而言，16亿人口可能是我们所能接受的最大人口规模了。从经济发展的角度来讲，人口再少一些会更好；如果能达到10亿人或更少一点，可能更好安置。

从人口的角度来讲，我们还面临着这样的城市化发展过程。一方面，由于广大农村的存在，我们要大力发展小城镇，实现城镇化，实现共同富裕。另一方面，由于经济发展的规律，城市愈大，拉动经济的能力就愈强，人均占用的资源也愈少。因此，大城市仍将继续发展，而且在大城市之间，还将继续发展相互联系的特大城市。目前，全国人均土地仅为1亩多，而西汉年间的人均土地是50亩，我们现在的人均粮食产量与西汉时期相差不多。中国历史上的人均粮食产量大概都是500~600斤，粮食多的年份为800斤左右。现在经过几千年的发展，我们的人均粮食产量还是和那时差不多。当然，粮食的亩产量大大增加了。农业劳动生

产率的提高，释放了大量农村劳动力。现在，全国有 1.2 亿到
1.3 亿左右的流动人口来城市寻求就业，而农村仍有 1 亿多的富
余劳动力。而从城市角度看，我们也面临许多新的问题。首先，
城市是经济发展的火车头，任何国家都是如此。前些年，城市得
到了很大的发展，但在发展过程中有一个突出的现象：很多城市
的发展都是雷同的，很多主导产业都是相似的。近些年来，这一
现象有了一些改善，但仍未得到根本改变。另外，城市之间还未
很好地实现规模效应。我们知道，一些发达国家都有一些经济集
中的城市三角区。比如，美国有三大三角区：华盛顿三角区，洛
杉矶三角区，还有五大湖三角区。这三大三角区的地区生产总值
占全国的 70%。中国也有三个三角区：珠江三角区，长江三角
区，环渤海三角。这三个三角区的地区生产总值总量仅占中国
国内生产总值的 40% 强，我国的经济集中程度远远落后于经济
发达国家。世界的经济发展存在一定规律，首先是单个城市的发
展，第二步是发展为城市带，此后在城市带发展基础上逐步形成
城市群。在 21 世纪可能会形成一些城市集团，这是由于网络的
发展、IT 技术的发展、电子金融和电子商务的发展，使得距离
的概念进一步弱化，在完全不同的两个地区的两个城市可以实现
城市之间的紧密合作。由于资源方面的互补以及其他一些能力的
互补而形成跨地域的城市合作集团，这很可能是 21 世纪带来的
一个新现象。这在我们的一些个体的、微观的经济现象中已经出
现了。比如说企业的发展，为什么现在跨国公司这么多，这就是
由新世纪科学技术发展的特点决定的。企业家已经不满足于在本
地的发展，要求在全球范围优化资源配置，这是一个很明显的迹
象。城市的发展，应该跟上这一趋势。

　　温家宝总理在 2004 年到天津滨海区考察时，讲了环渤海区
的发展问题。中国的三大三角区中，环渤海区是发展最慢，区内

各省、市共识最少的一个地区。环渤海区的几个地方都很有特色，青岛发展得很好，有很好的企业，其他的如北京、天津、唐山、大连等地也都各有特色，发展很快，但未形成城市间、地区间如何协调发展的共识。北京在相当长的时间还保留很多像钢铁企业这样的企业，这落后于发展形势。首钢的搬迁是一个很好的决策。环渤海区有很好的地理条件，海流从渤海湾口中间流进，形成一道很深的海沟，一直到曹妃甸分成两支海流，沿渤海湾两边入海，在几个星期之内，就可以把海湾里的海水完全清洁一次。渤海湾形成的海沟深度均在 30 米以上，几十万吨的大轮船可以直接驶入。滨海区有 2000 多平方公里盐碱地，不适于种植，却是最好的制造业和其他产业的基地，地价很低，又便于大型设备的运输。这里有 3 个条件非常好的港口：天津港、黄骅港、曹妃甸港。有这样好的地理条件，再加上北京是全国政治、文化的中心，天津具有很好的经济基础，唐山近年来的经济发展也相当快，还有青岛、大连以及东北地区的其他制造业基地，这些城市具备相互配合的良好基础。因此，北京的发展要站在地区整体发展的高度，发挥自身科技、金融等方面的优势，形成科技港、金融港、知识港。再加上北京的政治、文化背景，那么，首都的发展就会和全国其他地区完全不同，而且可以起到对其他地区领头、带动以及导向的作用。在此基础上，利用天津以及环渤海湾的经济优势，可以把环渤海区的经济带动起来，赶上长江三角区及珠江三角区的发展势头。那样，我国的区域平衡发展就会更好地实现。

在这个思路基础上，我们再考虑北京的人口态势、人口规模以及流动人口等相关问题。我觉得，北京在人口布局方面，市区不可能容纳更多的人口。沿北京到天津这条线，以后一定会发展起来。我们可以看到，广州与香港、深圳之间过去都是一些很小的渔村，现在已经形成了非常繁荣的经济带。所以，城市带的发展是势在必行的。如果我们能够认识到城市的发展方向，朝这个方向部署将是十分有益的。北京到唐山这条线，依托曹妃甸、黄骅港口通道以及河北这一腹地，就会形成区域共赢的态势。北京现在应该拿出更主动的态度，组织环渤海区各省、市共商环渤海区发展的大计，在此基础上，更好地发展北京。在这方面可以借鉴长三角地区的一些经验，形成共识，获得共赢。

人口和发展密切相关，人口是发展的关键因素。我们组织专家讨论并总结了人与发展的五个关系：发展的目的是为了人，发展的动力依靠人，发展要把人的全面发展作为一项主要目标，通过人的发展来推动各方面的发展，发展本身也会塑造人。北京在这个具有美好发展前景的新时期，很好地认识当前的发展环境，在中国发展的大背景下，在环渤海区发展的大背景下，研究北京的发展，把北京人口的发展，人口的素质、数量以及流动人口等放在发展的大目标下研究，既具有很丰富的内涵，也具有很重要的意义。北京作为首都，应该成为首善之区，在中国的经济建设、政治建设、文化建设、社会建设等方面都应有新的突破，成为全国的典型，走在全国前面，成为首兴之区。

《婚姻与性别歧视》序

（2005 年 12 月）

进入 21 世纪，中国人口面临着一系列重大课题的挑战，如稳定低生育水平，降低出生婴儿性别比和女婴死亡率，应对日益加快的人口老龄化，减少出生缺陷，控制艾滋病，提高生殖健康水平，调整无序的城乡人口流动，确保人口与社会、经济、资源、环境的全面、协调和可持续发展等。20 世纪以来，可持续发展战略成为各国政府的共同追求。中共十六届三中全会进一步提出了坚持以人为本，树立全面、协调、可持续的科学发展观。2004 年，中央人口资源环境工作会议明确指出科学发展观对指导人口工作的重要意义。我国目前人口问题的现状，要求国家人口战略从突出抓人口数量控制，转向更加强调人口素质的提高和人口结构的调整，并在工作方法上进一步体现以人为本，关注人的全面发展。偏高的出生性别比和女婴死亡水平，是传统社会男孩偏好的直接反映，不但意味着女性的出生权和生存权遭到了侵害，也反映出妇女相对较低的社会地位。这将导致日益严重的人口性别结构失调，引发众多的人口与社会问题。

中国的社会发展远远滞后于经济发展，而国际社会日益关注人类发展指数（HDI）和性别发展指数（GDI）等代表的社会发展水平。世界银行的资料表明，2002 年，中国的国内生产总值（GDP）为 1.08 万亿美元，跃居世界第 6 位，但中国人类发展指数的世界排名仅为第 104 名。在经济发展的同时，由于贫困以及现实中教育、就业和发展等方面存在的社会性别差异，女性在资源的享有和利用、经济机会、权利及政治舞台上的作用等方面，与男性存在着巨大差距。女性承受着这种不平等的最大和最直接的代价，这种代价最终将危害全体居民的福利，从而阻碍社会发展。反映妇女发展状况的性别指标，已成为衡量一个国家或地区社会发展水平和现代化程度的重要尺度，中国性别发展指数的世界排名仅居第 83 位。促进妇女在社会经济和政治生活中的广泛参与，提高妇女地位，是社会文明、进步的表现，也是 20 世纪80 年代以来国际组织和各国政府的共识。它充分体现在 1994 年开罗国际人口与发展大会和 1995 年北京第四次世界妇女大会的行动纲领、2001 年的《世界性别主流化计划书》中。根据欧盟的相关研究，女性的社会经济参与度在一定程度上是欧盟社会经济发展的"指示器"。准确、完整、系统化的性别统计资料和反映妇女发展状况的性别指标，已成为衡量一个国家或地区社会发展水平和现代化程度的重要尺度。中国在促进性别平等方面也制定了努力目标。例如 2000 年，江泽民主席在国际社会首脑人物千年峰会上宣布，将社会性别、妇女和儿童的各种指标纳入千年目标；《中国妇女发展纲要（2001—2010）》则提出推动妇女充分参与经济和社会发展，使男女平等在政治、经济、文化、社会和家庭生活等领域进一步得到实现的总目标。但是，这些努力才刚刚开始，需要切实可行的措施才能奏效。

在人类发展的历史中，男孩偏好是一个比较普遍的文化现象，存在于世界各国的不同发展阶段，并不是中国社会所特有的文化特征。目前，男孩偏好在东亚一些国家例如韩国和中国，南亚一些国家例如印度、巴基斯坦、孟加拉，以及中东一些国家，表现得更为突出。中国历史上一直实行严格的父系家族制度，嫁娶婚姻几乎成为汉族农村地区唯一的婚姻形式。这决定了农村人口在家庭内部权力结构上的"父权"和"夫权"、姓氏传承和养老方面的"父系"风俗，以及居住安排上的"从夫居"等传统的影响广泛而深刻，渗透在数以亿计的农村家庭的日常生活中，直接导致了传统文化中的男孩偏好。虽然新中国成立后，政府在男女平等方面取得了举世瞩目的成绩，社会经济的发展也使传统的婚姻家庭制度有了一定改变，但父系家族制度的根本要素并没有发生多大的改变，致使男孩偏好在长期的低生育率条件下，诱发了出生性别比的持续上升和女婴死亡水平的相对偏高，并由此引发了一系列人口与社会问题。男孩偏好文化的顽固性，使得国家稳定低生育率、降低出生性别比和女婴死亡率异常偏高、提高妇女地位的努力，遭遇了重重障碍。人们的婚育观念，同政策要求依然存在一定差距，要通过以人为本的工作方式达到政策目标，需要找寻有效的治本之道。家族制度、婚姻形式和男孩偏好之间存在着必然的联系，因此，研究婚姻家庭制度、婚育文化及其人口社会影响，以及通过社区发展来建设与传播社会主义新型婚育文化，与中国政府和社会各界的努力方向一致。它对于解决21世纪中国将面临的一些重大的人口与社会问题，具有重要的现实意义。

招赘婚姻（男到女家落户的婚姻形式），在消除社会性别差异、促进社会和谐发展中有积极作用。这种婚姻形式有利于稳定低生育率、降低男孩偏好和出生性别比，改善女孩和妇女的生存环境，缓解性别比失调带来的婚姻挤压，解决中国农村有女无儿老人的养老困难，提高妇女地位，因此，在中国农村推广招赘婚姻十分有益。由于招赘婚姻比较少见，没有引起研究者的足够重视，再加上相关数据的严重缺乏，致使学术界缺乏对招赘婚姻本身及其社会人口学后果的系统研究，研究内容和深度也很有限；同时，对导致高出生性别比的男孩偏好根源的研究不够系统和深入，特别是对男孩偏好演化的动态机制和它对出生性别比的定量影响等，缺少全面的分析；在中国农村推广招赘婚姻的可行性，也有待研究。系统研究招赘婚姻及其人口社会影响，并在此基础上探讨在中国农村推广的条件，促进婚姻家庭领域形式社会性别意识，有利于传统婚育观念向社会性别公平的婚育观念转变，对中国农村社会人口的可持续发展具有积极作用。

20世纪80年代末以来，西安交通大学人口与发展研究所和美国斯坦福大学人口与资源研究所，在研究中国的人口问题方面进行了长期的学术合作。这两个所的研究人员定期进行互访，合作完成了一系列研究项目。本书是他们近年来合作研究"中国农村性别偏好生育文化的传播与政策分析"，以及"中国农村婚姻形式与养老研究"课题的最终研究成果。本书的作者们长期从事中国人口问题，特别是以社会性别为核心的现实人口社会问题研究，具有丰富的社会调查经验和较高的学术造诣。近年来，西安交通大学人口与发展研究所的朱楚珠和李树茁等人，在改善女孩生存环境的系统研究和社会干预系统工程的设计、实施与推广方面取得了重大进展，直接推动了在全国开展的"关爱女孩行动"。斯坦福大学人口与资源研究所所长费尔德曼教授，是美国科学院院士、国际著名的人口生物学家，于20世纪70年代创立了具有广泛影响的基因—文化双演化模型，并曾经多次访问中国，深入城市和农村，特别是少数民族地区，实地考察中国的人口发展和环境保护工作，积累了丰富的感性认识。这些都为本研究项目的完成打下了良好的基础。本书就是他们围绕"社会性别"问题的又一重要研究内容，研究成果将为政府推广招赘婚姻、降低男孩偏好和倡导女儿提供家庭养老，提供重要的政策依据。

利用西安交通大学人口与发展研究所在陕西三原县和略阳县，以及湖北松滋县完成的，有关男孩偏好文化传播、婚姻形式，以及家庭养老的抽样调查数据，本书的作者结合统计分析方法和人类学研究方法，对招赘婚姻本身及其社会人口学后果进行了系统的研究，并运用学术上居于国际前沿的、由费尔德曼教授等人创立的文化传播理论和模型，按照新的思路研究中国农村男孩偏好的传播、演化、对出生性别比的定量影响，以及招赘婚姻形式和男孩偏好文化的关系，得到了一系列全新和重要的成果。作者提出的利用社区发展来促进新型婚育文化和招赘婚姻在农村传播的思路，以及旨在降低性别歧视的整体策略框架，对于长期在农村社区减少乃至根除男孩偏好文化、提高妇女地位、加快农村社会婚姻家庭制度的现代化进程、促进中国人口与社会的可持续发展，有着重要的实践意义。

中国农村的婚姻家庭制度和男孩偏好文化既是历史的折射，又是当前农村社会经济状况的现实存在，需要全社会作出长期的努力才能根本改变。本书在学术和实践两个方面都有重要价值，希望西安交通大学人口与发展研究所和斯坦福大学人口与资源研究所的研究人员，在这些研究成果的基础上，继续对中国农村婚姻家庭制度及男孩偏好文化传播进行系统、全面、深入的研究，形成更具规律性和可操作性的成果，为降低男孩偏好和出生性别比、解决相应的人口与社会问题作出新的贡献。

新时期人口政策思考

（2006 年 6 月）

中国的人口工作取得巨大成绩，人口增长过快的势头得到有效抑制，达到了低生育水平；人口素质全面提高，为国家建设提供了人才支撑；人口、资源与环境的协调发展愈来愈为各方面所重视，不断取得进展。在 21 世纪之初，中共中央将中国的发展战略思想，明确地定位于以人为本，全面、协调、可持续发展。相应的，新时期的人口工作也要进一步推进。

一、中国人口现状及计划生育成绩

对现状的认识是正确指导未来工作的基础。对中国人口现状的估计，还有一些不同的认识，应当在科学分析的背景下予以澄清。

首先是人口数量及增长情况。与 20 世纪 80 年代和 90 年代不同，现在已经没有人认为中国的生育率被大大瞒报。相反，不少人认为实际生育率远低于国家的报告数；有的人甚至认为中国的总和生育率已经低到 1.2 ~ 1.3，如果不鼓励生育，将有人口生育率过低、难以恢复正常水平之虞。国务院组织了大批专家，利用各方面可以得到的资料，进行可靠性分析和技术处理后认为，中国的人口总和生育率在 1.7 ~ 1.8 之间。这个结果与儿童入学统计、婴儿服用免疫疫苗等不易发生多报或少报情况的数字相符合，是迄今为止各个部门比较认同的结论。笔者认为，人口政策分析可以此为基点。

中国的计划生育工作取得了举世瞩目的成绩。从实施计划生育以来，扣除因经济社会进步而降低生育率的影响，节育使中国少增长 4 亿多人，这无疑为经济建设提供了有力的支持。计划生育改变了中国人数千年来多子多福的传统观念，建立了一支献身人口工作的队伍，形成了从国家到每个村的工作网络，这些都为 21 世纪的计划生育工作奠定了良好的基础。

早在 20 世纪 50 年代，有远见的政治家和学者们就提出了中国应当节制生育的主张。邓小平同志在 1954 年甚至提出了中国人口控制在 8 亿就好的具体目标。但由于各种因素的影响，包括当时社会基础和技术水平的实际，计划生育未能在全国得到推行，因此造成了 20 世纪 50~70 年代的两次生育高峰，并导致了未来将出现的老龄高峰。计划生育使中国避免了老龄人口数量持续增长的情况，为 21 世纪中后期的发展准备了有利条件。有人认为，未来的老龄化高潮是由计划生育造成的，这实在是一种极大的误解。21 世纪 30~50 年代，中国老龄人口将达到 3.1 亿左右，这是历史所决定的。计划生育改变了老龄人口数，使其占总人口的比例上升，但丝毫没有增加或减少中国未来老龄工作的任务。

由于中国人口基数庞大，人口数量仍在显著地增加。人口总量增长过快，仍然是中国长期的问题。即使稳定在低生育水平下，中国劳动力数量到 21 世纪 30~50 年代仍将保持在 8 亿~10 亿之间，每年的出生人口数量也将长期保持在 1300 万~1600 万之间。考虑到人口平均期望寿命不断提高，到 22 世纪，中国人口也将在 10 亿以上，人口数量不会因过少而拖累经济社会的发展。

从 20 世纪 80 年代起，中国人口的出生性别比逐渐升高。出生性别比偏高的根本原因在于中国传统的性别偏好，这种性别偏好因经济社会发展条件而有深刻的基础。出生性别比偏高在初期更多地受到对女婴有意或无意漏报的影响，同时也存在着真实的出生性别比偏差。到 90 年代中期以后，由于 B 超技术的普及，选择性流产逐渐增多，导致真实的出生性别比升高。这个问题形成的原因是多方面的，也应当采取综合的措施加以解决。

人口工作中的另一个难点是对流动人口的管理和服务。全国流动人口总数早在 20 世纪末就已超过 1 亿，但对其确切的数量及生活、生育状况若明若暗。决定人口流动的主要因素是经济发展，中国正处在经济迅速发展、社会不断变动之中，流动人口状况的变化也很快，这使得对流动人口的管理和服务更加复杂。人口的有序流动与合理分布既是区域经济、社会发展的结果，也将极大地影响地区的经济社会发展。许多地方已就此做了很多工作，也有许多制度方面的创新，但与其他方面的人口工作相比，仍是困难大、问题多的薄弱环节。

中国作为有 13 亿多人口的大国，人力结构性差别将存在，但与其他国家相比，这个比例仍然有待大幅度提高。在建设知识型、创新型经济发展模式时，这种需求显得更加强烈。全国人大常委会在执法检查中了解到，尽管中国的科技创新有了显著进步，华为、海尔等企业掌握了大量自主知识产权，但仍然缺乏核心技术，99% 的企业还没有一项专利，这方面的工作还任重道远，需要持续的努力。

二、影响人口决策的外部因素

世界人口不断膨胀，早就有许多专家从生态环境、可用资源等方面发出"人口爆炸"的警报。有的专家认为，这个世界只能养活 24 亿人，目前全球人口已经超过 60 亿，危机却一直没有来。于是，另一部分人乐观地估计，科技发展提高了资源利用效率。以粮食为例，个别人认为，这个世界可以养活 500 亿人。然而，21 世纪初严峻的事实打破了这种乐观情绪。根据世界粮农组织的估计，2000～2002 年，全球营养不良的人口数达到 8.52 亿，比 10 年前丝毫没有减少。相反，这一人群在未来还可能大大增加。

石油价格猛涨，使 20 世纪 60 年代以来专家们担忧的能源危机更加接近于现实。现在已经没有人认为还能不断大量地发现新的石油储量，这个问题已经影响到许多领域的政策。近年来签订的双边或区域协议，目的就在于拓宽能源的来源。

生态破坏、环境恶化已经严重到不能再回避的程度，以至于来自 95 个国家的 1300 多名专家组织起来进行了千年生态系统评估工作。评估结果是，约 60% 的生态系统质量下降，许多资源的利用已经达到不可持续的程度。国际生态学界长期研究人类活动的生态足迹，按照联合国环境规划署的定义："一个国家或地区的生态足迹是指可供人们从事粮食和纤维生产，吸纳废弃物和容纳基础设施需要的总面积。"许多国家的生态足迹已超过生态承载力，形成了"生态赤字"，其中也包括经济发达国家，如西欧。这就意味着这些国家必须从外部进口资源，并将废弃物转移到其他地区，显然将造成摩擦和冲突。从近年的数据看，这些地区的人均生态足迹正在迅速扩大，生态承载力却以更快的速度下降，这使得全球的政策制定者更加关注人口问题。

大气污染、气候变化、臭氧层空洞扩大、森林覆盖面积减少、冰川退缩、生物多样性减少等等，都是人所熟知的资源、生态、环境问题。这些问题在人类进入 21 世纪以后显得更尖锐，对世界人口政策的制定形成了严峻的外部条件。

中国的情况与世界相比，在有些方面甚至更加严峻。2006年11月12日，胡锦涛总书记在纪念孙中山先生诞辰140周年大会上的讲话中再次强调："中国人口多、底子薄，发展很不平衡，正处于并将长期处于社会主义初级阶段。基本实现现代化，实现中华民族的伟大复兴，需要我们继续进行长期的艰苦奋斗。"中国在21世纪初的人口政策，必须建立在这样的国情基础上。

中国许多专家学者从各个角度研究过人口承载力。多数研究结果认为，中国人口承载力的最大容量是16亿人。超过这个数字，许多指标将显著变坏，甚至发生危机。但是，从有利于经济发展的角度看，要实现高经济效益，要实现的最高劳动力边际效益，则总人口数还应减少。研究结果表明，中国的经济最优人口约为7亿~10亿。当然，这些数字并不是绝对的。随着科技水平的提高、新资源的发现，人口承载力和经济最优人口数量都会改变，但对这些因素的考虑是不可少的。

中国的经济正在迅速发展中，社会安定，人民生活水平稳步提高，中国的国际地位不断上升。但是，仍然有一些关系到长期可持续发展的重要问题有待解决，其中之一就是消费与投资的结构性矛盾。当前，消费增长率比投资增长率约低15个百分点，多年期待的以消费作为拉动经济关键因素的目标仍未达到。为了尽快促进消费，就需要使中低收入者特别是农民的收入有更快的提高。但是，中国农民多，劳均土地等资源在世界上已居于最末位，甚至低于日本每个劳动力占有的土地数量。为了不使资源分散，提高资源占有率，农村再也经不起高生育的冲击，这是关系全局和长远发展的重要问题。

目前，中国已进入了发展讲求高效益、低消耗、零污染的时代，发展资源节约型、环境友好型、高技术、高收益的产业成为共识，一些经济发达地区已经开始限制劳动密集型企业进入，这些企业将转移到中西部或国外，对能胜任知识创新、技术创新的人才的需求更加迫切，劳动力众多已经不是最大的优势。在制定人口政策时必须考虑到这个趋势，主动适应国家经济结构的调整，为发展经济、建设和谐社会的大局服务，将生育率控制在低水平上，更加重视人的全面发展，使中国从一个人口数量大国转变为人才质量强国。

三、21 世纪初的人口工作思考

基于上述分析，21 世纪初的人口工作应当抓住以下几个重点。

（一）正确认识人口形势，抓紧稳定低生育水平

少数地方政府负责人、少数专家学者存在着盲目乐观情绪，认为低生育率已经不可能反弹，即使放开生育也不会出什么问题，但事实并非如此。即使在稳定的低生育水平情况下，到2020 年，中国人口仍将增加到 14.5 亿以上。据有关部门调查，城市中的独女户希望再生一个男孩，农村户希望生育多子女的比例仍然很高。只要工作稍有放松，生育率的强烈反弹是确定的。特别是 20 世纪 80 年代出生高潮中出生的婴儿正陆续进入婚育期，独生子女结婚后可以生育两个孩子，这些因素都使近年来的生育压力加大。打消盲目乐观情绪、坚定稳定的低生育水平是必要的。这项工作的具体实施还应考虑到各地区人口发展不平衡的情况，做得更加切合实际、深入细致。工作的重点和难点仍在农村，工作的环境更加复杂，要更加注意工作方法，与新农村建设等工作结合起来。有的同志用欧洲低生育国家劳动力缺乏的情况套用中国的未来，却没有看到中国的国情与欧洲有很大不同。中

国人口已经远远超过了为实现边际效益较高的发展所需要的数量。在相当长的时期内，中国的劳动力是富余而不是不足。对于劳动力短缺的顾虑是完全不必要的。

（二）提高人口素质

从世界各经济落后国家追赶先进国家的经验看，人口受教育水平的提高都要快于经济追赶速度。从 19 世纪以来许多国家的资料来看，两类地区相比，教育水平对经济发展的超前量为 20 ~ 25 个百分点。中国人口平均期望寿命大幅度提高，各地区的死亡率均在 5‰ ~ 7‰ 之间，相差不大，但受教育程度的差别相去较远，高素质人才的分布更不均衡，人才结构也与实际需求有一定差距。近年来，一些地方出现部分大学生就业难和部分技术人才严重短缺并存的现象，就是一个例证。在人才培养方面，劳动技能的培养和道德素质的提高也是迫切需要加强的要务。

医疗、教育是影响人口素质的重要部门，这两个部门都在不断改革、不断完善。但由于医疗、教育事业具有复杂性、敏感性、综合性和多元性，再加上经济社会环境不断发展，进一步加大改革力度已成为社会关注的焦点，必须加强政府的支持力度，采取综合措施推进制度改革。医疗保险涉及的利益方多，发生次数频繁，在保险业中被称为"白色迷宫"，各国都在不断改革。教育事业涉及千家万户，需求高度多元化，与劳动就业等密切相关，改革、完善的难度也不小。今后，这两个部门的法制、体制、机制完善将成为发展关键时期的重点任务。

（三）人口老龄化及其对策

前面已经分析过，老龄人口增加是世界各国的普遍趋势，并不是中国实行计划生育的结果。2030 ~ 2050 年，中国的老年人口将增加到 3.1 亿左右，老年工作将成为涉及分配公平、社会安定的重要问题。笔者曾在 2005 年 6 月出版的《求是》杂志上发表题为《中国人口老龄化现象及对策》的专论，提出了扶养老年人口的负担、老年人对精神生活和物质生活的需求等一系列问题。总的来说，扶养一名老人与抚养一名儿童的费用之比，各国都在 2∶1 到 3∶1 之间。我们应当从现在起就为此做好准备。老龄工作不能只靠增加投入来解决，还应当加强社会建设，为老年人的精神生活和物质生活提供支撑，并根据发展的条件，逐步建立起国家、社会、家庭、商业多方面协调的保障机制。中国经济从粗放型走向集约型，在未来经济效益提高，社会建设发展，扶养老年人的能力也将不断加强。随着老年人健康水平的不断提高，他们继续在经济社会发展中发挥作用，有利于充分利用人力资源，也有利于做好老龄工作。

（四）对流动人口的管理与服务

流动人口是中国最多变、最复杂的一部分人群，至今尚无准确的统计资料，但数量庞大、流动性强、管理与服务难，则是确定无疑的。对流动人口的生育状况也是若明若暗，对其计划生育的管理与服务有许多空白。就流动人口本身而言，其就业、就医、子女入学等都是社会服务、公共管理的难点和焦点。

从长期来说，对流动人口的管理应当随着中国户籍制度深化改革而得到制度性的安排。目前，许多地区正在进行的农村医疗体制的改革、最低保障制度的探索、城乡一体化建设的试验等，都有利于最终做好流动人口的工作。当前，应当加快统一的全国人口登记制度建设，完善流动人口的居住证制度。计划生育部门则应加强生育统计和生命统计，使之与人口登记制度形成一体。在全国政务信息系统的建设中，人口信息系统应当成为经济社会系统的基础。在此环境下，对流动人口的管理和服务问题才能得到根本性的解决。

（五）对出生婴儿性别比偏高的治理

出生婴儿性别比偏高是一个影响深远的问题，不能依靠增加每个家庭生育的孩子数量来解决。从许多地方的实际情况来看，生育观念转变得好，男孩偏好减弱，这个问题就解决得好。从经济社会发展来看，发展水平高，妇女地位高，在经济社会生活中，妇女能与男子享受同样的待遇，这个问题也解决得好。因此，出生婴儿性别比偏高是一个深刻的经济、社会、文化问题，必须采取综合措施才能根本解决。目前在许多地方开展的"关爱女孩行动"等，都有利于问题的解决。

从技术的角度来看，初期的出生婴儿性别比偏高虽然有其真实性，但也在很大程度上受到女婴漏报的影响。随着近年来 B 超等设备的普及，选择性别的人工终止妊娠情况逐渐增加，形成真实的出生婴儿性别比偏高。为了保护女婴的权利，应当既治本又治标，采取经济、社会、法律措施，并辅以行政手段，从医学管理方面严格执行执业资格认证、B 超使用准入制度，立法严禁和打击非法实施胎儿性别鉴定与选择性别的人工中止妊娠，并加强社会监督制度。

中国的计划生育工作已经取得巨大的成就，存在的问题都是发展中产生的，也要依靠发展来解决。人口工作是建设和谐社会的关键性环节，在少数几个年度规划的约束性指标中，人口的自然增长就是一个。在各方面共同努力下，我们一定能将这项工作做得更好。

在纪念邓小平同志为《中国人口、资源与环境》题词15周年座谈会上的讲话

（2006年11月10日）

邓小平同志是我国改革开放的总设计师，他在10年"文化大革命"结束后百废待兴的基础上，以无产阶级革命家的胆识和远见，解放思想，实事求是，开创了建设中国特色社会主义的伟大事业，迎来了中华民族复兴的伟大时代。今天，我们站在历史的新起点、发展的新阶段，召开纪念邓小平同志为《中国人口、资源与环境》题词15周年座谈会，既是对一代伟人深切缅怀，也深感历史责任重大。首先，我对会议的召开表示热烈祝贺，并向与会代表表示亲切的问候！

中国的基本国情是人口众多，人均资源少，生态环境脆弱。在现代化建设中，实现经济发展与人口、资源协调发展，迈上可持续发展道路，面临许多挑战。15年前，邓小平同志关注中国未来发展的重大问题，为中国最早倡导可持续发展的期刊亲笔题写刊名，体现了一代伟人的远见卓识和战略洞察力。《中国人口、资源与环境》期刊坚持"贴近决策层，贴近现实性，贴近学术前沿"的办刊理念，坚持"关注时代发展的主题，探索科学发展的方略，弘扬发展理念的创新"的办刊方针，在我国可持续发展战略形成和实施过程中发挥了重要作用。目前，以胡锦涛同志为总书记的中共中央提出了落实科学发展观和建设和谐社

会的战略任务。我们要紧密结合国家经济发展的需求，关注重大现实问题和理论问题，继续为经济社会可持续发展作贡献，这是我们每一个人义不容辞的责任。下面，我借此机会，谈几点看法。

一、发展的根本目的是以人为本

自古至今，人一向都是大家关心的题目。人是什么，从哲学上来讲曾经是一个谜。无数哲人智者从许多角度，思考、研究过这个看似简单、实际上内容无比丰富的问题。西方和中国在文化上的差异，造成了对人的认识有很多不同，也造成了在人文方面很多认识和行为的差异。今天，我主要想讲的就是人和发展的关系。21 世纪中国最宏伟的目标就是振兴中华，要实现这个目标，就必须认清发展与其主体人的关系。

中共十六届五中全会提出的"十一五"规划建议中，有两个非常突出的重点：一个是坚持以人为本，构建和谐社会；另外一个就是坚持科学发展观。这是我国在 21 世纪战略机遇期最重要的发展指导方针，也是中央一个重要的发展战略思想。最近召开的中共十六届六中全会，提出了构建社会主义和谐社会的九大任务、目标及六大原则，深刻地阐述了构建社会主义和谐社会，必须坚持以人为本，必须坚持科学发展，必须坚持改革开放，必须坚持民主法治，必须坚持正确处理改革发展稳定的关系，必须坚持在党的领导下全社会共同建设，最终实现全面建设惠及十几亿人口的、更高水平的小康社会目标，努力形成全体人民各尽其能、各得其所而又和谐相处的局面。

这里，我想通俗地用五句话来概括发展与人的关系：一是发展为了人，二是发展依靠人，三是发展适应人，四是发展体现人，五是发展塑造人。作为社会主义国家，我们发展的目的和根本的目标就是为了人的福祉，为广大人民群众服务。同时，广大人民群众也是发展的动力。我们必须紧紧依靠广大人民群众，充分发挥其聪明才智和积极性，才能够实现全面协调可持续的发展。同时，我们在发展中也需要适应人的现状和发展。我们国家还将长期处在社会主义初级阶段这样一个现实之中。在这个社会主义初级阶段，人的各方面特征、人的需要、人的素质等等都不可能脱离社会主义初级阶段。所以，发展目标的设定、怎么样来发展以及我们发展的途径是什么等，都需要适应人的实际。发展要体现人，是指发展的目标、方法、过程不能只见物不见人。中共十六届六中全会提出，推动社会建设与经济建设、政治建设、文化建设协调发展，进一步完善了中国社会主义现代化建设的奋斗目标，使我国现代化建设目标从原有的三位一体扩展为四位一体。发展体现人，是以人为本这一科学发展观的重要内涵。发展塑造人，是说发展对人的影响。我国史无前例的伟大发展历史，必然会产生一代新人、塑造一代新人。简单来讲，那就是具有非常高的人口素质，具有文明的行为，具有崇高的道德品质，具有很强的能力，在发展中不断推动中国前进。中共十六届六中全会提出的九大任务和目标之一，就是全民族的思想道德素质、科学文化素质和健康素质明显提高，良好道德风尚、和谐人际关系进一步形成。这个目标比较概括地说明了人和发展之间的相互关系。

二、和谐社会建设要重视人口结构问题

我国从 20 世纪 70 年代实行计划生育政策以来，人口和计划生育工作取得了重要成就，总和生育率由当时的 6 以上，下降到

了目前的 1.8 左右。与世界上同我国经济发展水平相当的国家和地区相比，我国的总和生育率要低 1.2 ~ 1.3。这一变化至少使得中国少生了 3 亿多人，为我国的经济社会发展作出了巨大贡献。目前，20 世纪 50 年代、60 年代出生的人口还没有进入老龄化阶段，我国的劳动力非常富裕，预测未来我国的劳动力人口将长期占全国总人口的 60% 左右，这对中国来说是发展的最好机会。我国劳动力多、负担轻，从人口的状况来说，现在发展也处在重要的战略机遇期。但是，在人口发展中还有很多问题，离和谐社会建设要求的差距还比较大。

第一个问题是人口总量过大。20 世纪最后 5 年，人口增长最多的 10 个国家中，第一个是印度，第二个是中国。印度占全世界人口增长的 20.6%，中国占 14.7%。尽管我们的计划生育工作已经取得了很大成绩，人口数量增长得到控制，但人口总量仍然是一个问题。

第二个问题是各省、区、市的人口增长不平衡。现在，各个省、区、市的人口死亡率已经都很接近，大体上在 5‰ ~ 7‰ 之间，个别的达到 7.3‰。但是，出生率的差别相当大，西南有些省份还是 18.8‰，而上海的出生率只有 4.6‰，相差 4 倍。就人口自然增长而言，上海的人口是负增长，但有些地区的人口还在快速增长。

第三个问题是人口素质偏低。我国的人口素质近年来有了很大提高，每 10 万人中受教育的人数已经超过了印度及其他很多发展中国家，但我国从事研究和开发的科技人员的比例还很低，每千人当中只有 0.5 人，而日本是 5.1 人。所以，中国要进一步发展，人口素质还是一个很大的问题。经济发达国家中，从事研究和开发的科技人员的比例都很高。另外，我们在劳动技能和道德素质这些方面也还有很多地方需要提高，还要加大投入。特别是义务教育，要实实在在地普及到全民。大学毕业生的数量很多，但有专门职业技能的人不足，在这方面也要加大投入。

第四个问题是劳动就业的压力很大。由于中国的人口迅速增长，每年大约要新增 1000 万劳动力就业，农村还有大量的富余劳动力要安排工作。我国的经济增长速度很快，2006 年前三季度的经济增长率达到 10.7%，不少人担心经济会出现过热现象，但从就业来说，我们需要保持较快的发展速度。当然，我们也十分关心经济过热的苗头，粗放型经济增长方式的资源、环境成本太大，难以持续，但劳动就业压力也将长期存在。

第五个问题是老龄化速度加快。老龄化是世界人口的必然现象，主要是因为平均寿命在不断增加。中国人的平均寿命在新中国成立以前只有 35 岁，现在已经是 71.4 岁。女性平均寿命最高的是上海，已经超过了 80 岁，这在世界上也是比较高的。所以，年龄延长，老年人口的比例必然增加，全世界也是这样一个规律。很多发达国家，老年人口的比例占到总人口的 10% 以上，而且在未来还会不断增加。由于我国在 20 世纪五六十年代有两个生育高峰，这造成两方面问题：一是人口到成年的时候造成劳动就业高峰，二是人口到老年的时候形成老龄化高峰。所以，我国老年人口的特点是：老龄化速度很快，时间比较集中，绝对数量很大。2030～2050 年，我国的老年人口可能会达到 3 亿以上，可谓未富先老。当然，也有不少人认为，现在的老人概念应当改变。从心理、生理、能力等方面看，许多传统年龄界限意义上的老人并不老。这是另一个具有深远经济社会意义的问题，值得我们深入研究。

因此，我国人口的发展重点为：一是继续稳定低生育水平；二是实现人口与发展的良性循环；三是与人口发展相关的经济、社会、文化、法律等领域，也要迈出相应步伐；四是针对人口老龄化、出生人口性别比偏高、流动人口不断增加等问题，要有相应的解决办法和政策措施；五是从目前的人口数量大国转变为人口资源强国。

三、不断促进人口与资源、环境协调发展

世界到底能承受多大的人口数量，对这一问题有过很多激烈的争论。世界的资源究竟能够养活多少人？各方面估计的出入非常大。有一些科学家经过研究，最少的一个估计认为，全世界最好只有 24 亿人，可是现在已经有 60 多亿人。也有一些人认为，世界人口达到 500 亿都没有问题。实际上，这涉及生活水平问题。很低的生活水平下，可以养活很多人；很高的生活水平上，养活的人就少。另一个核心问题，是对科技进步和经济社会发展能力怎么估计。但从决策来说，不能把决策放在一个非常乐观、很不可靠的基础上，要建立在能认识到的、有把握的基础上，这是至关重要的。

人类发展过程对不可再生资源的消耗很严重，我国的资源总量和人均资源量都严重不足。在资源总量方面，我国的石油储量仅占世界的 1.8%，天然气占 0.7%，铁矿石不足 9%，铜矿不足 5%，铅矿不足 2%。在人均资源方面，我国的人均矿产资源是世界平均水平的 1/2，人均耕地、草地资源是世界人均水平的 1/3，人均水资源是 1/4，人均森林资源是 1/5，人均能源占有量是 1/7，其中人均石油占有量是 1/10。这个问题的另一方面是：我国的消费增长速度惊人。从 1990 年到 2001 年，我国的石油消耗量增长 100%，天然气增长 92%，铜增长 189%，铅增长 380%，锌增长 311%，10 种有色金属增长 276%。如今，我国的钢材消耗量已经达到约 2.5 亿吨，接近

美国、日本和欧盟钢铁消耗量的总和，约占世界的50%；电力消耗已经超过日本居世界第二位，仅低于美国。中国油气资源的储量将不足消耗10年，最终可采储量勉强可维持30年消费。在铁、铜、铅、铝等重要矿产的储量上，无论是相对量还是绝对量，中国已无大国地位。而我国原储量、产量和出口量均居世界首位的钨、稀土、锑和锡等优势矿种，因为滥采乱挖和过度出口，绝对储量已下降了1/3到1/2，按现有产量水平，保障程度亦已不超过10年。我国在资源利用上仍处于粗放型阶段。例如，以单位国内生产总值产出能耗量表征的能源利用效率，我国与发达国家的差距非常之大。日本为1，意大利为1.33，法国为1.5，德国为1.5，英国为2.17，美国为2.67，加拿大为3.5，而我国高达11.5。每吨标准煤的产出率，我国相当于美国的29.6%、欧盟的16.8%、日本的10.3%。从资源稀缺性和资源消费量增长的情况来说，在世界上已经形成了共识，要控制人口的数量，不能让人口继续无限制地增加。

我国许多专家学者曾经从各个角度，对中国资源可以支持的人口数量进行分析。比较多的人认为，中国资源能够支持的人口数量最多是16亿人。如果超过了16亿人，到17亿人、18亿人以后可能会对经济社会发展产生严重的负面影响。但是，从发展经济的角度讲，16亿人并不是最佳的人口数量，还有根据成本效益分析的经济适度人口问题。从资源可支撑条件、劳动力充分就业、边际效益较高等因素分析，研究结果是我国的经济适度人口大约在7亿到10亿人之间，这对我国发展是最有利的。当然，对这个问题还有一些争论。我们对生活水平究竟有怎样的期望、科技怎么发展，可能在未来会有所改变，但这些因素是必须考虑的。

构建社会主义和谐社会是一项重大战略任务。经过长期努力，我们已经具备了构建社会主义和谐社会的各种有利条件，迎来了建设和谐社会的历史机遇，责任重大，使命光荣。希望《中国人口、资源与环境》期刊越办越好、继续发挥重要作用。希望大家能在各自的领域再接再厉，为落实科学发展观、建设和谐社会作出更大的贡献。

给吴邦国委员长的信

（2007 年 5 月 10 日）

吴邦国委员长：

　　为综合治理出生人口性别比持续升高问题，《刑法修正案（六）草案》曾将非法为他人进行非医学需要的胎儿性别鉴定行为单列了一条规定，但由于审议中全国人大常委会的委员们存在不同意见，全国人大法律委员会建议暂不作修改，待进一步研究论证。近一年来，国家人口计生委与相关部门、有关专家认真作了进一步研究论证，认为，"两非"（即非医学需要的鉴定胎儿性别和选择性别的人工终止妊娠行为）有明显的违法性、社会危害性，且愈演愈烈，现有法律规定和治理手段不足以遏制。在目前出生人口性别比持续升高的严峻形势下，应当通过修改刑法，加大对"两非"的打击力度。

　　由于我国实行的是比较严格的计划生育政策，一些群众响应号召实行计划生育，但又希望在少生的同时生育男孩。而 B 超、染色体检测等现代技术以及人工终止妊娠手术的普及和滥用，为一些人选择性别生育提供了条件，这也是导致出生人口性别比升高的直接原因。当前，我国的出生人口性别比失常已经演变成一个全国性人口问题。2005 年 1% 人口抽样调查显示，出生人口性别比又从"五普"的 116.9 上升至 118.88（正常的出生人口性别比应该在 100∶102～100∶107 之间），持续偏高状况已达 25 年。世界上还没有任何一个国家在如此大的范围内、如此长的时间中出现出生人口性别比如此严重失调的情况，而且持续升高的态势目前仍未见回降迹象，这最终将影响社会的和谐、稳定与安全。

10多年来，在中共中央、国务院领导下，国家人口计生委和相关部门一直本着标本兼治的原则，多管齐下治理出生人口性别比问题。但依靠经济社会充分发展、社会保障制度建立健全和人们生育观念根本转变，解决出生人口性别比升高问题，是一个长期的历史过程。由于缺乏刑罚打击手段，治理"两非"工作面临一定困难，一些地方的违法者因为违法成本低而更加肆无忌惮，这两年发现和处理的"两非"案件量有增无减，地域范围也在扩大。因此，吸取中国过去在控制人口数量问题上的教训，不贻误时机，通过修改刑法遏制出生人口性别比持续攀升的势头，不仅必要，而且迫切。中央一直高度关注保护人权，立法禁止"两非"也符合保护妇女、儿童的权益，有利于对外宣传。

2006年，《中共中央关于构建社会主义和谐社会若干重大问题的决定》和《中共中央、国务院关于全面加强人口和计划生育工作，统筹解决人口问题的决定》（中发〔2006〕22号）都强调，要有效治理出生人口性别比升高问题，"运用法律手段，严厉打击非法实施胎儿性别鉴定和选择性别人工终止妊娠的行为"。因此，我们建议：一是在刑法中增加一个罪名，即非法进行胎儿性别鉴定罪；二是取消刑法第三百三十六条第二款未取得医生执业资格的主体资格限制规定，将特殊主体改为一般主体。

我们建议立法的目的，是通过惩罚极少数实施"两非"行为情节严重的违法分子，遏制出生人口性别比持续升高的势头；同时也教育、警示整个社会，让广大群众充分认识"两非"行为的违法性和社会危害性，减少以至杜绝"两非"行为，最终实现人口性别结构的平衡。修订刑法不会影响正常的孕产期保健常规检查和出生缺陷监测工作，也不会给整个医疗卫生事业带来冲击，相反，会教育、保护一大批医生。经认真研究分析，我们认为，刑法虽然只是治标，却是现阶段治理出生人口性别比偏高问题必不可少的手段之一。

以上建议恳请委员长予以考虑。衷心感谢您一直以来对人口和计划生育工作的关心与支持！

随信将国家人口计生委在 2007 年 4 月向全国人大常委会法工委报送的关于《再次建议修改刑法严惩非医学需要的胎儿性别鉴定和选择性别的人工终止妊娠行为的函》和有关专家的研究结果报上，请您参阅。

宏观控制中的人口问题

（2007 年 8 月 20 日）

　　中共十一届三中全会以后，在邓小平理论的指导下，我国进入了一个发展的新时期，对市场经济的认识不断深入。中共十四大科学、全面地总结了改革开放伟大实践的经验，明确了许多重大的认识问题。建设中国特色社会主义理论的形成和发展，是坚持把马克思主义基本原理同中国具体实际相结合的光辉典范。现在，对"我国经济体制改革的目标是建立社会主义市场经济体制"这一点的认识已经比较一致，对市场经济必须有强有力的宏观调控加以引导也没有什么疑问。但在实际操作中还要解决许多具体的问题，其中，如何协调长期和近期的利益居于重要地位。市场经济的本质是追求近期利益，因此，国家宏观调控就必须十分关注长期利益问题，人口是这些问题中的基本问题。中共十四大报告再次强调"认真执行控制人口增长和加强环境保护的基本国策"，提出"必须确保实现既定的人口目标，坚持优生优育，提高人口质量"。这是十分英明的决策，体现了党对人民长远利益，国家持续、稳定发展的关心。人口问题需要我们从社会经济发展的角度，认真地加以深入研究。

一、稳定持续增长需要控制人口

　　人口增长过快在经济上造成许多长期问题，例如资源消耗、报酬递减以及间接造成环境恶化等。这些问题不能依靠市场调节来解决，而必须由国家宏观调控，实施坚决的人口数量控制政策。对确定长期发展战略来说，稀缺资源的合理利用和保护是至关重要的。在全球自然资源统计资料中，我国被列入淡水资源最稀少的国家之列。我国的淡水资源总量为 2.8 万亿立方米，占世界第 6 位；但人均占有量只有世界平均水平的 1/4，居第 88 位。不但如此，水资源的分布也很不利，与土地资源不相适应。长江流域及以南地区，水资源占全国的 83%，但耕地只占 38%。而黄河、淮河、海河、辽河流域，耕地占全国的 42%，水资源却只占 9%。华北地区地多水少，地下水超采十分严重，沧州的地下水位在 10 多年内已下降了 70 多米，不少地区因地面沉降，造成巨大经济损失。上海因堤防随地面沉降，导致防洪能力减弱，不得不投资加高防洪堤，仅此一项就花费 8 亿元。可见，水资源是严重制约我国经济发展的因素之一。

除了淡水之外，土地资源是我国又一项稀缺资源。目前，每年全国平均减少沃土 500 万亩。估计由于环境问题，到 2000 年，水土流失还要增加 20% ～ 25%，盐碱地面积扩大，而草原可能减少 20%，给农业生产带来威胁。世界未来学会的专家近年提出了涉及子孙幸福的九大难题，第一个就是安全避孕法，第二个则是人工合成粮食，都与人口增长过快有关，而釜底抽薪之策则是降低人口增长率。关于中国人口的控制目标，经许多专家的计算，其结果相差不多。大致认为，我国资源所能承载的人口数量大约为 15 亿到 16 亿。从经济发展的角度来看，以 7 亿到 10 亿为好，而超过 20 亿将对经济产生破坏性作用。由于人口的增长具有惯性，因而既要考虑到发展的需要，又要考虑到实际可能做到的程度。过去高生育时期出生的人口在将来会造成新的出生高峰，在一定时期会形成庞大的育龄人群。看来，7 亿到 10 亿的目标是不现实的。若把长期目标设定到 15 亿至 16 亿，则 2000

年的人口数约为 13 亿。这就是与经济发展相适应的中期和远期人口目标。

二、经济发展中的人口素质因素

许多人提出"人口密度高的地区经济发展快，人均收入高"的看法，他们的根据是人多可以形成规模经济、提高经济效益。这种认识是否真有道理？

首先，应当承认，一些经验说明，在提供城市基础设施服务方面，的确存在着规模经济效应，有的经济学家将这种效应称为"地区性经济"。但是经验同样说明，当城市发展超过一定规模以后，地区性经济就不再发展。因此，这种效应是建立在加强管理、提供有利信息、吸引大量熟练工人基础上。这只有在少数城市具有特别明显的优势时，才会发挥较大的作用，深圳和珠江三角洲一些城市的发展就是很好的例子，但在全国范围内，这种效应就不再存在。即使在上述城市中，不同发展时期，规模经济效应的强度也大不相同。在经济发展初期，由于扩大生产以依靠外延为主，企业的技术水平较低，劳动密集型企业的比重较大，规模经济效应明显地表现出来。但当经济进一步发展时，必须发挥内涵因素对经济发展的作用，才能在竞争中站稳脚跟，因此，用工数量必定下降。在国外有所谓列昂惕夫之谜：美国是一个资本多、劳力少的国家，但分析 20 世纪 50 年代初 200 个行业的投入产出表可以发现，美国进口的资本密集型产品多，同时，出口的劳动力密集型产品多。经过研究，专家认为美国劳动力的效率高，约为外国的 3 倍，因此仍然是劳动力丰富的国家，这就解开了列昂惕夫之谜。我国也已有一些地区表现出同样的倾向。在深圳，有的企业用获得硕士学位的工科专家来操作精密机床，这当然就减少了工人数量而提高了工作效率。根据现有的国内外经验，对一个大的地区或一个国家来说，人口密度高并不会带来技术进步或生产的优势。

对农业而言，有些基础设施必须在人口密度达到一定程度后才能发挥作用。例如，非洲次撒哈拉地区许多灌溉计划的失败就是由于人口稀疏。但是，人口密度太高也同样不利，由于土地资源有限，人口过多将导致报酬递减规律发生作用，边际产出甚至可能下降到零。许多专家估计，我国目前农村的剩余劳动力约为1.5亿人。到2000年，由于人口增长和技术进步，剩余劳动力可能增加到2亿人，这些人中的绝大多数要依靠农村进一步改革开放来吸收。如果没有足够的能力吸收剩余劳动力，很可能促使农民保留劳动密集型的生产方式，延缓农村发展的速度，劳动力的产出可能会缓慢下降。

从经济发展的整体而言，第二次世界大战以后经济发达地区的增长，有60%以上来自科学技术进步。我国的科技事业也有很大的发展，但应用到生产中去的较少。近年来，科学技术在经济增长中的作用，据估计只有24%左右。这方面还有许多工作可做。

马克思早就指出："生产力也包括科学。"邓小平同志则进一步指出"科学技术是生产力"，而且还强调指出"科学技术是第一生产力"，这是完全符合实际的科学论断。我们在教育方面、在发展和应用科学技术方面受到"左"的干扰，已经延误了很长时间。近年来，中共中央、国务院高度重视，逐年增加投入，这无疑是必要的。在教育和科学技术上多花些钱，是有利于国家永远昌盛的大计，是完全必要的。有的专家估计，日本在1961年到1971年的10年间，教育进步使人均国内生产总值的增长率每年提高0.35个百分点。更有专家估计，22个发展中国家小学、中学和大学教育的平均社会收益率分别为 27%、16% 和 13%。这种估计可能有些夸大，但人的素质提高对社会发展有巨大影响是不可置疑的。

人口素质包括德、智、体三个方面。人口素质与经济发展之间的相互影响，当然也应从这三个方面来加以分析。体质改善对经济增长的影响，在各个地区、各个国家中是不同的。例如第二次世界大战后，斯里兰卡进行了扑灭疟疾的运动，短期内迅速提高了劳动生产率，因而提高了人均收入，但长期看又导致人口增长率增高，工人装备的平均水平下降，又降低了人均收入水平。可见，综合性的措施是十分必要的。由于死亡率下降，家庭已经不需要许多孩子来延续家系，人的生育观念转变却滞后于生产和生活条件的变化。因此，人口观念的教育、生育观念的教育是十分必要的。没有系统、全面的分析，一项对局部有利的政策也会引来反作用和副作用。当然，健康本身是许多社会发展综合性指标中重要的内容。特别是人口的平均寿命和婴儿死亡率，它们本身就反映了社会经济的发展程度，往往是评估发展程度指标的一个组成部分。在中国存在着大量剩余劳动力的情况下，平均寿命的提高无疑有益于社会发展，却加重了对经济的压力。我们进行的一项研究结果表明，20 世纪 90 年代，每年能够接受进城的剩余劳动力约为 400 万到 500 万人。平均寿命每延长 1 岁，中国的总人口约增加 2000 万人，这对长期发展来说是一个基本的内部因素。

人口素质中，德的方面在各个社会有不同的标准，加强德育属于精神文明的范畴。中共十四大报告明确地提出："我们的精神文明建设必须是推动社会主义现代化建设的精神文明建设，是促进全面改革和实行对外开放的精神文明建设，是坚持四项基本原则的精神文明建设。"社会主义建设事业需要调动一切积极因素，团结一切可以团结的人，共同奋斗。因此，对思想上的要求应当分层次，有不同的要求。邓小平同志在论统一战线时指出："在我国新的历史时期，我们的革命的爱国的统一战线也进入了一个新的历史发展阶段。统一战线仍然是一个重要法宝，不是可以削弱，而是应该加强，不是缩小，而是应该扩大。它已经发展成为全体社会主义劳动者、拥护社会主义的爱国者和拥护祖国统一的爱国者的最广泛的联盟。"共产党是社会主义事业的领导核心，对共产党员，特别是对领导干部无疑应当严格要求，不但要有坚定的信念，而且要善于团结广大群众发展社会主义市场经济，本身的作风也要过得硬。对不同阶层的人，应当有不同的要求。对我国的公民，特别是青少年，要加强教育，达到拥护改革开放和四项基本原则的要求。对更广泛的人群，至少应当有爱国和维护国家统一的要求，这是合作的基础。除此之外，还有更基础的要求，那就是用法律来规范道德等方面的准则，划清罪与非罪之间的界限。

以上所说，总起来就是我们的人口政策：控制人口数量，提高人口素质，使人口的发展与社会经济的发展相适应、相协调。

三、市场经济发展中的人口新问题及对策

一般说来，经济发展可以导致生活方式和家庭结构的变化，生育观念也随之变化，与此相应的是社会观念的变化和生育率的下降，但是，这个过程可能需要上百年的时间。在资本主义国家，由于群众的利益与国家的利益不一致，不可能通过宏观控制，加速这种生育行为转变的过程。在我国，社会主义制度的性质决定了人民群众的利益与国家根本利益的一致性，广大群众经过教育能够接受计划生育的观念。还有一小部分人，在理性上也

认识到中国人口太多，必须控制生育，但他们希望别人都少生，自己则可以多生。因此，除了教育和加强服务措施之外，还要有一定的计划生育法律法规，特别是乡规民约，用社会的影响来引导全体公民接受并实行计划生育。在过去的 20 年中，我国的计划生育工作已取得了举世公认的成绩，产生了很大的社会效益和直接与间接的经济效益。今后，这些好的做法仍应坚持下去。近年来，在全国发展经济的热潮中，人口生育控制工作也面临着一些新的问题。这些问题主要是：

1. 由于近年来计划生育工作的形势较好，有些地方领导同志产生盲目乐观情绪，只注意抓经济而忽视了人口问题；也有的人对抓计划生育工作产生厌倦情绪，放松了对人口与计划生育工作的领导；有的人在经济大潮中，也给计划生育部门下达经济指标，使计划生育干部忙于创收，减弱了工作的力度。

2. 随着人口城镇化的速度加快，经济发展的地区不平衡程度增大，造成大量流动人口。根据第三次和第四次全国人口普查的结果，1982～1990 年的 8 年间，城镇人口增加近 1 亿，农民大批进城，而城市的发展又使拆迁户、空挂户等大量增加，给人口管理工作带来困难。

3. 少数地方的计划生育干部素质较低，不善于依法行政，损害农民利益的现象时有发生；个别人甚至以权谋私，走上犯罪道路。拜金主义也影响到少数计划生育工作人员，损害了党群和干群关系。

这些问题说明，控制人口增长仍是一项长期任务，其艰巨性、复杂性绝不可低估。在市场经济的条件下，控制人口增长仍然属于宏观调控的内容。当然，这种调控必须根据人口与社会经济发展之间的内在联系及规律进行。人口工作是一项涉及许多方面的综合性工作，需要各部门的互相配合。近年来，计划生育工作取得很大的进展，关键就是实行了党政一把手负总责的责任制，这一条绝不能丢。同时，应当根据新的形势，明确各部门协调配合的责任，形成社会约束的机制。另外，则要努力形成计划生育有利于家庭致富的微观经济机制。有些省份建立了少生快富合作社，有的省份则兴办了人口与社会经济协调发展社区试验点等。这些地方建立起帮助少生孩子家庭致富的机制，免除了一些人养儿防老等顾虑，取得了很好的效果。当然，计划生育部门更应尽力尽责，提高本部门干部队伍的素质，健全基层网络，加强科学管理，依法行政，把计划生育工作做得更好。为了确保实现既定的人口控制目标，保持政策的稳定性和连续性是十分重要的，只有这样才能使广大干部、群众安心。时松时紧对任何工作都不利，对计划生育工作则尤其不利。基层干部说："松一松，三年功。"就是说，放松一下就会导致工作三年滑坡。这是对实践经验的总结。

1990 年，江泽民、李鹏同志在给中国计划生育协会的信中指出："计划生育是我国一项长期的基本国策。它是从中国的国情出发，以马克思主义关于人口生产和物质生产相适应的理论为依据的。"我们必须抓住时机，在改革开放中形成低生育率、优生优育优教的宏观和微观社会经济环境，将贯彻这项基本国策的工作提高到一个新的水平。

在《国家人口发展战略研究报告》
首发式上的讲话

（2007 年 12 月）

人口问题始终是制约我国全面协调可持续发展的重大问题，是影响经济社会发展的关键因素。胡锦涛总书记和温家宝总理在2004 年中央人口资源环境工作座谈会上，作出了要加强人口发展战略研究的重要指示。国务院把加强国家人口发展战略研究列入 2004 年、2005 年工作要点，成立了国家人口发展战略研究课题组，并在国家人口计生委发展规划司设立课题组办公室。受国务院委托，我荣幸地与徐匡迪、宋健同志共同主持课题研究工作。2004 年年初到 2006 年两年多的时间里，在华建敏国务委员的亲自指导下，经过 300 多位专家学者的密切配合及各有关部门与社会各界的通力合作，这项战略研究取得了重要成果，形成了42 个子课题 260 多万字的科研报告、3 个分课题 16 万字的研究报告、4 万多字的总报告和 1 万多字的汇报稿。这些研究成果科学判断了我国中长期人口发展趋势，全面分析了人口与经济社会资源环境的关系，并针对人口发展以及人口与经济社会资源环境协调和可持续发展过程中的重大问题，提出了未来发展战略思路和一系列相关政策建议。我就课题研究的主要成果简单介绍如下。

一、系统研究了科学发展观

科学发展观的核心是以人为本。国家人口发展战略研究系统深入研究了以人为本的思想体系，提出发展为了人是以人为本的目的导向，发展依靠人是以人为本的实现途径，发展适应人是以人为本的合理定位，发展体现人是以人为本的现实形态，发展塑造人是以人为本的价值体现。

课题组提出了国家人口发展战略中科学发展观的实现方式，即：以控制人口数量为前提、提高人口素质为重心的人口发展模式，以协调人口与资源矛盾、提高效益为核心的经济增长方式，以实现劳动力充分就业为重点的经济结构调整，以兼顾效率和公平为目标的收入分配制度，以人与自然和谐为导向的绿色生产和消费模式，以提高人的生存质量为依归的协调发展机制，以保障人的基本权利为根本的社会治理体系，以人力资源优势转换为目标的对外开放道路。

课题组还本着以人为本的原则，从数量维的增长度、质量维的发展度、时间维的持续度、空间维的协调度四个方面，设置了科学发展观指标体系的建议内容，设计了综合考核评估方法。

二、准确把握了实际生育水平

经过对各类数据的可靠性进行科学评价和实地调查验证，课题组以教育统计数据为依据，对我国实际生育水平进行推算。测算表明，20 世纪 90 年代初，年出生人数在 2000 万以上，到 90 年代末下降到 1700 万 ~ 1800 万；2000 年出生人数的平均估计值，低方案为 1700 万，高方案为 1790 万，中方案为 1750 万；

20 世纪 90 年代初，生育率达到更替水平，之后进一步下降至更替水平以下。根据课题组在山东、河北等省的实地调查结果，我们选择 95% 入学率条件下的中方案（TFR = 1.68）和高方案（TFR = 1.77）作为 2000 年生育水平的估计范围，对应出生人数分别是 1769 万和 1860 万，总和生育率在 1.7 ~ 1.8 之间。

三、科学预测了未来人口发展态势与挑战

我国的人口和计划生育工作取得了巨大成就，但是今后几十年，人口发展仍然面临着前所未有的复杂局面，人口与经济社会资源环境之间的关系总体上仍然处于紧张状态，带来多方面的严峻挑战。

（一）人口总量持续增长，影响全面建设小康社会目标的实现

按照总和生育率 1.8 预测，我国总人口将于 2010 年、2020 年分别达到 13.6 亿和 14.5 亿，在 2033 年前后达到峰值 15 亿左右。未来 30 年还将净增 2 亿左右的人口，人口与资源、环境的矛盾越来越突出。目前，我国已大范围地出现了严重的"生态赤字"。伴随着人口增长和经济发展，"生态赤字"区不断扩大，"生态盈余"区不断缩小。未来生态空间严重不足，将是影响可持续发展的重要障碍。同时，劳动年龄人口将长期处于供过于求的态势，就业形势十分严峻。

（二）人口总体素质不高，难以适应日趋激烈的综合国力竞争

出生缺陷发生率为 4% ~ 6%，地方病患者达 6000 万左右，残疾人有 8296 万，艾滋病等威胁人民健康和公共卫生安全的疾病呈蔓延之势。2000 年，15 岁以上文盲、半文盲仍有 8507 万

人，25～64 岁人口平均受教育年限只有 7.1 年，拥有大专以上学历的比例仅为 4.63%。农村劳动年龄人口在小学及以下文化程度的比例高达 47.6%。人口素质不高的状况，影响了劳动生产率的进一步提高和经济社会的健康发展。

（三）人口结构矛盾突出，对社会和谐与经济发展形成双重压力

出生性别比持续升高，严重偏离正常水平。到 2020 年，20～45 岁男性比女性多 3000 万人左右，将构成社会稳定的严重隐患。人口老龄化进程加速，老龄人口数量多，老龄化速度快，高龄趋势明显，扶养比不断提高，将可能给社会保障制度、社会代际关系、储蓄、投资、消费、技术进步等方面带来一系列的负面影响。劳动力就业问题已经从过去以数量供求关系失衡为主，转变为劳动力在数量、质量和结构都处于紧张状态。

（四）人口的调控和管理难度不断加大，低生育水平面临反弹风险

流动迁移人口的规模庞大，地区之间的人口态势差异明显，现阶段的低生育水平很不稳定。

四、明确了新时期人口发展战略的总体思路和战略目标

在科学发展观的指导下，课题组深入研究了人口与经济社会资源环境的关系及内在规律，丰富和发展了中国特色人口理论，并据此提出了新时期人口发展战略的总体思路，即：以邓小平理论和"三个代表"重要思想为指导，全面落实科学发展观，按照构建社会主义和谐社会的要求，坚持以人为本，推进体制创新，优先投资于人的全面发展；稳定低生育水平，提高人口素质，改善人口结构，引导人口合理分布，保障人口安全；实现从

人口大国向人力资本强国的转变，实现人口与经济社会资源环境的协调和可持续发展。

这一总体思路的核心是优先投资于人。优先投资于人是与优先投资于物的增长相联系的一个概念，要求在促进物的增长的同时，优先投资于人；要求在经济发展过程中，注意把更多的资源配置到与人的发展直接相关的方面，促进人的全面发展。这是全面落实科学发展观的重要举措，是完善经济社会发展政策的基本思路，是我们作为世界第一人口大国的战略选择。

课题组还提出了新时期人口发展战略目标，即：到 2010 年，人口总量控制在 13.6 亿，人口素质明显提高，群众享有基本的医疗保健服务，建立健全与经济发展水平相适应的、覆盖城乡居民的社会保障体系，贫困发生率有所下降，出生人口性别比升高的势头得到有效遏制，城镇化率提高到 47%，有效缓解城乡间、区域间差距扩大的势头，人居环境质量有所改善。到 2020 年，人口总量控制在 14.5 亿，人口素质大幅度提高，群众普遍享有较好的医疗保健，贫困人口数量继续下降，出生人口性别比趋于正常，城镇化率达 53% 以上，城乡间、区域间差距扩大的趋势得到遏制，人居环境质量明显改善。到 21 世纪中叶，人口峰值控制在 15 亿左右，之后，人口总量缓慢下降，人均收入达到中等发达国家水平，基本实现国家现代化。

五、提出了实现新时期人口发展战略目标的政策建议

以优先投资于人的全面发展为核心，综合运用人口政策及相关社会经济政策，创新体制，依法行政，突出重点，协同推进，确保新时期人口发展战略目标的实现。

第一，要进一步稳定和完善生育政策，切实加强人口和计划

生育基层基础工作，建立健全有利于稳定低生育水平的利益导向机制和养老保障机制。

第二，要树立人才资源是第一资源的观念，坚持教育优先发展，实施全民健康工程和公民道德振兴计划，全面提高人口素质，优先开发人力资源。

第三，要综合运用经济社会政策，着力解决人口老龄化、出生人口性别比偏高等人口结构性问题，促进代际、代内公平，男女平等和社会公平。

第四，要探索结合国土规划引导人口合理分布的有效途径，建立以流动人口流入地管理为主、流入地与流出地管理相结合的管理制度和服务体系，统筹区域协调发展，引导人口有序迁移与合理分布。

第五，要加强人口发展领域的国际交流与合作，进一步发挥中国作为负责任人口大国的作用。

第六，要加快建立和完善人口发展宏观调控体系，建立稳定的、促进人的全面发展的投入保障机制，进一步完善党政一把手亲自抓、负总责的责任制度，推进人口发展问题的综合治理。

以人为本，促进人与社会协调发展

——答记者问

（2008 年）

记者：您既是专家学者，又是国家领导人。从您的简历可以看出，您一开始学机电，又教过书，后来转为研究人口，这个转变是很大的。能给我们谈一下您的这个转变吗？

蒋正华：很偶然。我觉得一个人一生做什么受一些必然因素的影响，但是也有一些很偶然的因素决定你走到哪一条道路上去。我从小受到的历史、文学方面的教育比较多。我父亲教历史、地理、语文。我从 5 岁开始读《史记》，10 岁之前，四书、五经等很多古书都读过，很小就对我国的历史文化比较感兴趣。我母亲是教数学的，我的数理化基础就从我母亲那里开始。我考大学时，自己的兴趣很多，没有压倒一切的爱好。那时，理工科比较热，我对理工科比较有把握，就考了电机系。那时，电机、电器制造最热门，我就报了这个专业。但毕业后，我从没搞过所学专业。我应该在 1959 年大学毕业，但 1958 年还没毕业，学校就安排我跟一些老同志筹办新设的自动控制专业，那时中国还没有这个专业。一开始，我参与仿制"响尾蛇"导弹的研究。以后由于西安交大不搞军工了，我开始转向民用方面的研究，搞过核反应堆自动控制、芯片生产自动控制、炼油和化工生产自动化等，还搞过彩色电视机、彩色显像管的自动生产线。20 世纪 70年代，自动系统理论发展到大系统理论阶段。当时，我们就想找一个应用项目，用成果来推动这个学科在中国的发展。开始想搞化工，设立一个计算机控制的全自动车间，经过研究后发现，很多基础性工作很差，必须先做一些很原始的基础性工作，研究周期将很长。所以当时就想找一个基础性工作比较少、可以直接用系统理论来做工作的项目。在很偶然的情况下，我找到一些人口方面的资料。那是宋健同志当时所在的航天工业部五院一个研究所，拿到公安部的抽样调查数据。他们姿态很高，把数据给我们了。宋健、于景元等同志搞了一个数学模型，我们西安交大的同志们也搞了一个，都是应用系统理论的方法，在1978年的第一次全国人口会议上同时发表。我们用的是离散模型，他们用的是连续模型。这两种模型不同，但二者出来的数字结果差不多。这就是我搞人口学研究的开始。

后来参加了国家组织的考试，我作为第一批入选，开始准备去美国学习系统工程。但恰好印度有一个联合国支持的国际人口中心，联合国希望能培养中国这方面的专家。很多学校都想争取这个名额，西安交大觉得我比较合适。我考得不错，而且搞过人口的模型，就保留我在美国的名额，先到印度去学习。我到印度学了一年，获得了金质奖章。印度方面希望我能留下来，并有些合作研究的项目。于是，我又在印度待了一年。一些朋友推荐我到联合国工作，因为当时联合国机构里的中国人很少。但西安交大希望我回来筹建一个研究所，我就回来了。当时，国内很多地方找我帮助开发经济发展模型。20世纪70年代，在陕西的一个县搞了第一个经济模型；80年代，在河南省、深圳市、云南省等地区做了各种类型的模型，还参加国务院发展研究中心关于2000年的中国的研究，开发了人口与经济协调发展模型。其实当时，我就是看了几本经济方面的书，一本是《凯恩斯革命》，另外还看了一点西方讲计量经济的研究生教科书。可以说，我因为懂得不多，胆子就比较大，不太懂得里面的禁区，做出什么结果就讲什么。所以，我觉得不懂有不懂的好处（笑）。当时真正懂经济学的，胆子可能比较小。我从来没有去争论"姓社姓资"的问题，我的观点是实践中好的就是好的。搞理工科的人可能是朴素的唯物论者，实验室里做出来的就是好东西，实验室做不出来的东西，怎么说我也不会相信。

《资本论》是本政治经济学专著，我在大学里也学过，但那时我觉得，它对资本主义经济的批判完全是学术性的。我在美国很多大学工作过。它们也教《资本论》，马克思主义是被作为一种学派。我很想把《资本论》里的很多观点用系统论的观点来解释。从学术的角度来讲，我认为《资本论》是非常严谨的著作，是非常值得用现代观点进一步发挥的理论著作。

记者：印度也是世界人口大国，能给我们的读者介绍一下印度人口发展的情况吗？

蒋正华：印度对人口问题的认识很早，研究也很早，20世纪50年代开始，就提出要控制人口，每个六年计划都提出出生率要下降到25‰，但是年年都实现不了。相比而言，中国的管理体制在现阶段是很有效的。印度最大的问题是有很多邦、100多种语言、50多种文字。各个邦过去都是独立的小王国，离心力非常大，每个邦都想争取自己的权力。另外，印度有很多宗教，每种宗教都想发展自己的力量：一方面，在议会讨论时，各宗教都主张印度必须搞计划生育，人口必须控制；另一方面，在议会之外又呼吁本宗教的人生得越多越好。因为生的多了，选票就多，议席也就多。体制起了很大的决定性作用，体制不好，再好的理论、再好的思想、再好的计划也是实现不了的。

印度人口的增长比我们快得多，现在已经超过10亿了，估计到21世纪四五十年代，可能会比我们多，超过15亿，而且还会继续增长。按照目前的情况看，我国人口的最高数量可以控制在15亿，甚至不到15亿，以后逐步地稳定并可能逐步减少。

记者：人口老龄化问题是现在政府非常关注的问题，您作为人口学的专家对此是怎样理解的？

蒋正华：中国人口的老龄化问题是由20世纪五六十年代的出生高峰造成的，这是任何人口政策都改变不了的。特别是到21世纪30年代到50年代，这个时期将是中国人口老龄化的最高峰。老龄人口的多少，是人口达到老龄时60年前早就已经决定了的。这是没有及早实施计划生育造成的，而不是由实施计划生育造成的。这是第一个要明确的观点。

第二个观点是，我们要解决老龄人口在经济上造成的负担问题，不是现在多生就能解决的。因为我们从现在一直到21世纪50年代，劳动适龄人口的数量还是非常多的，还会占总人口的40%~50%，这是非常大的比例。劳动力过剩的现象，在我国一直到21世纪中叶还会持续。人口多、土地少、资源相对缺乏是我国的基本国情，这种国情决定了，劳动力过剩的状况到21世纪中期，与老龄人口多将是并存的。多生育只会增加21世纪中期二者并存的严重性，并没有解决问题。解决问题的根本在于两条。

一是提高经济效益，提高人口素质。这样就使我们有足够的经济力量能扶养老龄人口，并能支持更多人就业。提供老龄人口需要的资源和就业需要的资源，这是根本的问题。

二是很好地设计社会保障体系：一方面考虑到老龄化社会到来时，要有充足的养老基金，这是很重要的一个问题。另一方面是社会机制的建立，使老年人能够老有所为、老有所乐，满足他们精神方面的需求。例如，加强社区建设，加强养老机构建设，帮助老年人在工作、生活方面逐步适应老年生活，设立一种机制来帮助老年人调整心态。不同层次的老人之间互相关心、互相帮助，从社会体系建设上适应老龄化社会的到来，不但考虑到老年人心理的需要、生理的需要，而且还要考虑他们发展的需要。这也是以人为本的科学发展观在解决老年人问题上的一个体现。

记者：当前，城市实施一对夫妇只生一个孩子的计划生育政策，产生了独生子女问题。相对而言，两个或三个孩子对孩子的成长和发展比较有利。目前，这一政策能否松动？您对此有何看法？

蒋正华：对于城市的生育政策，实际上，从来没有非常严格地要求一对夫妇只生育一个孩子，而是在很多条件下允许生第二个孩子。目前，不可能使计划生育政策在全国发生突然的、巨大的变化，因为人口的反弹是非常大的。比如20世纪60年代，困难时期，有很多人推迟结婚，或不愿意生育。1962年下半年，困难时期刚刚过去，生育率就从20‰多一下跳到接近50‰。所以，我们假如突然对生育政策进行调整，将会对社会产生不良的影响，也会对社会设施等产生强烈的冲击。我们一直在不断地进行政策的微调，这种微调，大家可能没有明显地感觉到。我不想说"放松"两个字。我们的政策一直从国家的利益和群众的最根本利益出发，无论怎样的政策都是为了广大群众长远的利益。所以现在，我国城市里的独生子女和独生子女结婚后可以生两个孩子，所有城市都有这方面的规定。城市里很多人不愿意多生孩子，这里有很多经济社会的因素。我的观点是，我们不希望有一个很明确的生几个孩子的政策来控制人口数量的增长，而是应该形成一个有利于低生育水平的社会经济环境。在这种环境下，我们允许生育自由，但很自然的，人们就是不想多生。18世纪初，欧洲的生育率也很高，当时达到40‰，但当时的经济社会环境促使生育率下降。例如剥夺农民的生产资料，像英国的"羊吃人"，大批农民被迫涌入城市。当时有一个时期，曼彻斯特工人的平均寿命只有 18 岁，大量童工死亡，疾病蔓延。历史上，城市并不是一个好的生活环境，而是经过了一个痛苦的发展过程。以后，卫生条件改善，人口寿命延长，不需要多生孩子来预防子女夭折。经过 100 多年，生育率才逐渐降到很低的水平。我们现在有些人不了解资本主义的发展过程，了解后就会知道，资本主义是经过了一个很残酷的过程才稳定到现在这个水平。美国有人说，中国的计划生育政策不人道。看看西方的生育发展过程，我们就会知道，中国的计划生育政策人道多了。西方真正的学者没有人批判中国的计划生育，批判中国的计划生育不人道的都是政客。美国的一些宗教团体也提出应该实行计划生育，很多人都慢慢地认识到这个问题。

记者：政策制定体现国家的利益，但往往成为某些公共管理部门利益的工具。一些地方政府将计划生育政策作为财政收入的主要来源，采取比较强硬的行政措施。实现政策最原始的目的，避免对社会的负面影响，您是怎么看待这个问题的？

蒋正华：只要有问题就会有管理，管理是来解决问题的，但管理本身也产生问题，古今中外无一例外。正因为如此，管理体制一直在不断的改革，计划生育的管理也是如此。因为一开始，我国的生育率很高，所以采取了比较强硬的行政措施，但这种行政措施很显然不是我们想采用的。我们希望尽量少用行政措施，尽量创造适当的经济社会制约环境，使大家自愿实行计划生育。在计划生育工作方面，我们提倡优质服务。计划生育部门的职责应当是服务，而不是管制，这是我们一直强调的。1991 年，我还未到政府工作时，去苏州地区考察计划生育工作，他们的工作搞得很好。当时我提出，在他们的计划生育工作效果比较明显的情况下，要进一步将服务意识贯彻到计划生育工作当中。他们很敏感，这方面的工作做得很好，有许多创造。1992年，我开始抓计划生育优质服务的试点工作。对于政府的计划生育部门来讲，优质服务应当是它工作的核心、重点，只有明确了以优质服务为核心，才能摆脱行政强制的形象。管理工作做得好，就是要在不知不觉之中、在服务之中实现管理的目的，计划生育工作就是要做到这一点。1993年，我在山东省有一个题词："寓管理于服务之中，融管理与服务为一体"，就是这个思想。

计划生育罚款改称为社会抚养费，从理论上解决了这样一个问题：计划外生育的公民不应当受到惩罚，生育多少孩子从根本上说是公民的权利。但是现在由于发展的需要，从社会利益的需要出发，不得已采取包括罚款在内的行政手段。我们将计划生育罚款改称为社会抚养费，就是希望大家能够理解，从目前的条件看，多生孩子实际上给社会造成一定的负担，将孩子抚养大、教育好，并给他们提供就业机会，要付出社会的代价。通过这些措施来帮助育龄夫妇提高认识，自觉地实施计划生育。某些地方以此敛钱，这不是我们采取这一政策的目的。对此，我们在政策上采取了很多措施：一是采用"收支两条线"，从根本上釜底抽薪，钱收得再多，自己也不能用，这就使地方失去了敛钱的动力；二是即使需要使用一部分经费，也要对使用规则作严格规定，使用时必须由财务部门审批，使用方向必须限制在工作需要的范围内。从立法的角度讲，我们制定人口与计划生育法，目的是通过法律来提高大家对计划生育的认识。计划生育只是人口问题里一个很小的部分，在人口快速增长时，它成为一个突出问题。成立人口与计划生育委员会这样一个机构，就说明了这一点。从根本上讲，还有很多其他方面的问题值得我们关注。

记者： 男女出生性别比例失调是当前比较突出的问题，也是大家很关心的问题，您能给我们介绍一下这个问题的具体情况及其给社会造成的影响吗？

蒋正华：一般来说，正常出生时，男孩与女孩的比例为108∶100。男孩受孕率高，但是成活率低。当然，这种比例也受到人种等其他因素的影响，有的人种可以低到102∶100，亚洲人的出生性别比普遍偏高。但是在我国，目前男女出生性别失调的比例尤其高，2000年全国人口普查的男女之比为117∶100。造成这一现象有很多的原因，比如传统的性别歧视、隐瞒女婴或通过B超鉴定来选择生育。对这些情况作了很多规定，但也很难做到绝对禁止，有关部门正在考虑如何从技术上来解决这些问题。

很难说性别的差异对社会的影响程度有多大。性别失调的现象在很多国家都发生过，社会最后都有一个自然消化的过程。苏联、朝鲜等国家都出现过男女性别比例严重失调的现象，在那个时期社会对男女关系的控制就比较松。不同的地区在男女性别比例失调后，会出现很多社会现象。现在，还很难准确预料会给中国造成什么样的结果。最后，可能会出现下面的情况：一是随着中国经济的发展，周边国家的妇女流入中国，进行自动的调节。也可能造成较多的男子终身不婚。男女婚配的年龄结构也会有所变化。性别比例失调应该引起足够的重视，但也不可怕，一些国家和中国古代都发生过这种现象。当然，我们也要重视这个问题，从政策方面进行调节。我认为，主要应从保障妇女权益、保障女婴权利这样的角度解决问题。很多人不重视妇女，认为妇女在农村劳动力弱。但是，如果我们的机械化程度提高了，科技在生产中的作用加强了，使得妇女作为重劳力的需求减少，对妇女地位的提高是有好处的。还应该从法律上解决妇女的土地分配权等权益问题，当然可以按照妇女权益保护法的原则进行处理，但在具体执行中需要进行细致的研究。另外一个是，农村生活方式的改变，也会影响到对孩子性别的需求。比如农村的养老问题。

过去认为男孩多能养老，但实际上，现在已经证明，男孩多不一定能养老。所以，我们要逐步建立农村的养老保险体制，这种体制应该有利于少生孩子的家庭，有利于只有女孩的家庭，促使农村改变靠男孩养老的思想，从根本上引导这种观念的改变。

在国家应对人口老龄化战略研究
工作部署会议上的讲话

(2009 年 10 月 23 日)

按照会议安排，我代表战略研究专家委员会，谈几点意见。

一、开展国家应对人口老龄化战略研究意义重大

自 20 世纪中期起，人口老龄化逐渐成为全球性趋势；进入 21 世纪，已成为人类发展的主要特征。联合国曾提醒各会员国，要"铭记 21 世纪老龄化是人类前所未有的，对任何社会都是一项重大挑战"。我国是"未富先老"的发展中大国，当前正处于人口老龄化的快速发展期，今后的形势将更加严峻。2008 年年底，我国老年人口已达到 1.6 亿，占总人口的 12%。预计到 2023 年，老年人口和少儿人口持平，均为 2.7 亿。2050 年左右，老年人口将达到 4.37 亿的峰值，是少儿人口的 2 倍，约占总人口的 1/3。届时，青少年人口、成年人口和老年人口将形成三分天下的格局。各种预测的数字略有不同，但都可以得到相似的结论。人是一切经济社会活动的主体。人口年龄结构的老龄化，必然导致消费结构、产业结构、劳动力结构的变化，必将影响我国宏观经济的持续增长，导致社会利益格局重新调整，人文观念深刻变化，给养老、医疗和服务保障体系，给社会管理、公共服务和公共财政，以及家庭和社会带来巨大的压力。其影响是全面和

长远的，已经成为与人口数量、质量问题并重的一个重大战略问题。

人口老龄化对我国政治、经济、文化和社会发展的影响，是系统性的、结构性的和长期性的。这决定了应对人口老龄化必将是一项长期性、综合性的战略工程，在实施相关措施时将遇到许多矛盾，必须在系统性的理论和科学的决策基础上，由政府各部门和社会各方面统一认识、不懈努力。长期以来，学术界和政府有关部门各自对老龄问题进行了多方面的研究，取得了一些成果。但是，无论是在基础科研，还是在应用科研方面，尚缺乏整体性研究计划，老龄领域的科研活动基本上处于自发状态。至今，我们仍没有准确掌握人口老龄化与经济社会发展诸领域的基本关系、规律和作用机制，对人口老龄化究竟会给经济社会未来发展带来何种机遇和挑战的认识仍不十分清楚。因此，迫切需要从国家层面进行统筹部署，对老龄领域的一些重大热点和难点问题进行联合攻关研究，为应对人口老龄化这一重大战略任务，提供理论依据和决策支持。

此次战略研究采取全国老龄委牵头、部门把关、专家主导、社会参与的组织管理体制，采取跨学科、团队化、集成化的研究模式，是对我国老龄科研体制和研究模式的创新，有利于使我国老龄科研从原有"头痛医头，脚痛医脚""短、平、快"式的、解决迫在眉睫的短期问题的科研状态，过渡到符合老龄问题规律的，具有系统性、整体性和规划性的科学发展轨道上来，体现了民主决策的精神。此次战略研究也给各行、各业、各学科关心老龄事业、从事老龄问题研究的专家和学者，搭建了一个展示才华、贡献才智、发挥作用的良好平台，是老龄学术科研的一次大组合，对于培养老龄科研队伍、提高老龄科研水平，具有十分重要的意义。

人口老龄化对经济社会可持续发展的影响是一个渐进、积累的过程，不像自然灾害、公共安全事故那么明显，但是现在不着手解决，到一定时候就会积重难返，付出沉重代价。在国家层面组织开展战略研究，有利于占领战略制高点，赢得应对老龄化的战略主动权，不仅充分体现了中共中央、国务院对老龄事业发展的重视、对广大老年人的关爱，也充分体现了中共中央、国务院审时度势求发展、高瞻远瞩谋未来的长远眼光和战略胸襟。

二、关于战略研究的几点建议

全国老龄办在战略研究的前期准备和课题设计方面做了大量认真细致、扎实有效的工作，开了一个好头。目前，战略研究课题具备了全面启动的条件。综观整个课题设计，围绕人口老龄化态势、人口老龄化与经济社会发展各领域的关系和规律、人口老龄化的影响及后果、应对人口老龄化的对策措施等展开，内容比较全面、系统，指导思想明确，技术路线清晰，逻辑关系较强。子课题设计，紧扣当前老龄领域的重大热点和难点问题，既具有针对性、现实性，又具有前瞻性。在这里，我就下一步战略研究的实施谈几点建议。我认为，这项工作应突出六个特点。

第一，要有全局性。应对人口老龄化战略是国家战略而不是部门战略，因此不能就事论事，需要跳出部门的局限，突出全局性、宏观性、战略性、前瞻性，从国家战略的高度统筹谋划、整体考虑、系统设计，综合考虑老龄问题的各个领域，加强与国家整体发展战略和相关方面战略的衔接和协调。要根据全面建设小康社会和工业化、城镇化、现代化进程的要求，宽视野、多角度、大范围地进行研究探讨。

第二，要有创新性。理论创新是研究的灵魂，只有通过理论创新，才能实现战略对策和战略思路的创新。国家已经开展的战略研究已有不少，如人口发展战略研究、社会保障发展战略研究、国土资源战略研究、环境宏观战略研究等。要充分汲取这些战略研究的成果，同时也要汲取研究工作的经验和教训，使本次战略研究成为一个高水平、可操作、符合中国国情的项目。战略研究要以解决问题为导向，但不能搞现状、问题和对策的三段论。要研究清楚人口老龄化本身的发展规律，以及人口老龄化与其他经济社会发展宏观变量之间的互动关系，形成一些根本性的观点和结论，提出符合国情，经得起检验，并且能够长期指导老龄工作和老龄事业发展实践的、具有中国特色的老龄问题理论体系。

第三，要有政策性。要突出决策研究和对策研究的特点，提出的政策建议和应对措施要立足国情，充分考虑经济社会发展的承受力，具有针对性、操作性和可行性。要根据未来国家的发展，提出相应的不断发展、逐步完善的措施。要及时提炼战略研究成果，尽快把成果转化为现实的政策和行动，最大限度地发挥科研成果的作用，不能把研究成果束之高阁。

第四，要有系统性。要注意综合使用多种研究方法，从宏观与微观、历史与现实、国际与国内、理论与实践、定性与定量的不同角度进行系统研究。要加强各子课题间在基本概念、研究思路、数据共享和研究领域上的协调，避免内容的交叉重复和研究结论的矛盾冲突，同时也要防止出现研究盲点。课题研究要做到核心概念明确、一致，理论框架完备、清晰、解释力强，逻辑层次清楚，基本论断经得起推敲和实践检验。

第五，要有解放思想、求真务实的科学精神。要打破条条框框的束缚，敢于涉足禁区，对一些传统理论、观点和认识提出挑战，敢于揭示人口老龄化涉及的一些深层次的矛盾和重大问题。

同时，也要以科学、严谨的作风审核数据，推敲观点，论证对策建议，验证理论假设。要加强调查研究，实行开放式研究，进行充分讨论和争论，最终达到认识的深化、观点的统一。

第六，要注重后续研究。战略研究不是一劳永逸的。世界在不断发展，情况在不断变化。老龄领域需要破解、研究的问题很多，还会不断产生新的问题。此次战略研究不可能一次搞清所有问题。重要的是要以此次战略研究为契机，探索、总结成功有效的老龄科研模式，吸引更多的专家学者投入到战略研究中来，为今后的长期研究建立起一个组织、技术、资源方面强有力的平台，把应对人口老龄化战略研究工作深入、持续地开展下去。

三、切实履行好专家委员会的职责

根据《国家应对人口老龄化战略研究实施方案》，专家委员会的职责主要有四条：一是负责课题设计，主要是对战略研究的课题提出意见，进行把关，确定最终研究课题；二是指导各子课题的研究工作，主要是从学术上对子课题研究给以必要的指导和帮助，确保正确的研究方向；三是负责子课题研究的中期检查和结题评审；四是负责论证总报告，提出修改意见。专家委员会还有一项任务就是对招标课题进行评审，确定最后的中标课题。

我们专家委员会的各位成员，要增强责任感和使命感，高度重视承担的任务，秉承科学民主精神，本着严谨负责的态度，扎扎实实地履行好职责，全力支持和协助全国老龄委圆满完成各项任务。

在人口宏观管理与决策信息系统
项目竣工验收会上的讲话

（2009 年 12 月 25 日）

我很高兴参加国家人口计生委人口宏观管理与决策信息系统（PADIS）一期工程竣工验收大会。借此机会，我就人口信息化方面的工作和大家交流。

一、人口问题

目前，世界各国领导人在丹麦首都哥本哈根召开联合国气候会议，商讨《京都议定书》第一个承诺期结束后，全球应对气候变化的道路何去何从，被喻为"拯救人类的最后一次机会"的会议。由此可见在当代，社会安全的重点已不再是军事安全、政治安全等传统安全，诸如资源、环境、人口、经济等非传统安全的重要性越来越明显，其中包括：人口膨胀、资源短缺、生态环境恶化、经济和金融危机、民族宗教冲突、信息网络攻击、贫困化、传染性疾病流行等等。

而对于人口问题始终是各项工作重中之重的我国来说，人口安全问题无疑应被置于重要位置。人口迁移、人口分布、人口素质等人口问题，越来越显著地影响着个人的生存及社会的发展。人是组成社会的基本要素，人口安全问题如果处理不当，则会引发或转化为贫困化、资源环境、粮食安全等各种问题。

目前，我国的人口数量虽得到一定控制，但仍然存在人口安全隐患。如果不有效化解人口风险，防止因人口问题处理不好而发生局部或全局性危机，势必影响中国社会经济的持续协调发展。总的来说，主要有以下几个方面的突出矛盾和问题：一是中国人口基数巨大且保持继续增长的势头，人口总量早已超过最优规模（7亿～10亿之间），正逐步向安全警戒线（15亿～16亿）逼近。更严峻的是，当前的低生育水平并不稳定，反弹风险持续积累、不断增大。二是人口总体素质与经济社会发展要求不相适应，主要表现在出生缺陷发生率较高（4%～6%），整体受教育水平不高。三是人口结构性矛盾凸现，主要表现在出生性别比偏高、人口迅速老龄化。四是人口流动给统筹城乡及区域发展带来深层次问题。

2005年5月，胡锦涛总书记和温家宝总理分别主持召开中共中央政治局常委会会议和国务院常务会议，听取了国家人口计生委关于人口规划和发展思路的专题汇报。会议原则通过了新时期人口发展战略思路，即：以邓小平理论和"三个代表"重要思想为指导，全面落实科学发展观，按照构建社会主义和谐社会的要求，坚持以人为本，关注人口安全，推进制度创新，优先投资于人的全面发展；稳定低生育水平，提高人口素质，改善人口结构，引导人口合理分布；实现人口大国向人力资本强国的转变，实现人口与经济社会资源环境的协调和可持续发展。

未来20年，我国人口面临着总量持续增长，劳动与就业压力不断增加，老龄化程度继续加剧，人口流动更加频繁，艾滋病等传染性疾病严重威胁人口健康，人口与经济、社会、资源、环境之间的矛盾日益尖锐等问题，人口的综合调控任务非常艰巨。如何制定合理的人口政策，如何通过宏观调控使得人口与经济、社会、资源、环境协调发展，既保证劳动力充足，资源合理利用，促进经济高速、有序发展，又能将人类经济社会活动产生的压力控制在环境能承受的范围内，是一个非常重要的问题。早在

2004 年制定国家人口发展战略的时候，我们就提出了这样的设想，希望开发人口决策支持系统，为人口与发展宏观政策的制定提供科学依据。

二、信息化在人口领域的应用

目前，全球进入信息化时代。信息技术作为知识经济的重要基础，正在深刻改变社会形态、经济增长方式、人们的生活和思维方式，成为当代社会发展中最活跃、最具变革作用的因素。信息化的发展应用水平，是衡量一个国家的竞争力、现代化程度、综合国力和经济成长能力的重要标志。

信息技术重要的应用领域之一就是人口系统。人是物质生产中最活跃的因素，又是物质生产成果的最终消费者；人类创造了与自然界完全不同的社会组织，社会组织又对人类自身进行了管理、提供了服务。因此，先进的科学手段必然要优先地应用于人口系统本身。在一个管理严密的现代化国家中，每个公民自出生之日起就由人口信息系统登记下来，并根据不断积累的个人信息在一生中享受各种权利、服务，承担法定义务，对社会作出贡献。

人口研究的技术可分为三大类：第一类技术是数据分析技术。从各种理论数学模型开始，可以通过数学分析方法得到许多具有规律性的结论，并可推出许多对实际工作有帮助的技术。其中最突出的，就是稳定人口理论。尽管稳定人口理论在现实世界中并不存在，但其概念和由此得到的许多分析工具对研究实际人口问题十分有用。第二类技术是统计分析技术。利用统计分析技术对实际数据进行研究可以得到具有一般意义的结果，更能使我们通过现象看到事物的本质。一个有代表性的例子就是生命表技术。其思想已经从原来的死亡率分析推广到许多其他问题的研究。第三类技术是仿真技术。由于现代科技的发展，计算机硬、软件技术的进步，仿真技术可以创造一种实际生活中并不存在的环境，从而检验各种政策的效果、各种系统动态变化的特征，从而对科学决策起到重要的确认、验证作用。同时，仿真还是许多数学理论模型拓展到实际应用技术的有力手段，其中有一种强有力的仿真方法：蒙特—卡洛方法。它在人口研究中有重要的作用，在本次 PADIS 系统建设中也得以实现。它处理每个个体的历史，然后加总起来得到统计结果，为了得到准确的总体信息，就必须进行大量的个体仿真。蒙特—卡洛方法既可用于随机模型，也可用于确定性模型。用理论数学研究问题的好处是从观察现象出发，经过归纳而阐明其实质；随机仿真方法则兼两者之长，在观察数据的基础上导出演绎的结果。

20 世纪 80 年代末，我国部分省、市自发地将计算机技术引入计划生育领域，并将育龄妇女的账、卡、册录入计算机，迈出了计划生育系统信息化建设的第一步。进入 21 世纪后，随着中共中央、国务院和各级政府对信息化工作的高度重视，各级人口计生部门积极响应、大胆实践，信息化建设进入了全面发展阶段。人口计生部门经过 10 多年的信息化建设，已经取得了一定的阶段性成果，信息化水平和理念都有了长足的进步。这为未来的信息化建设奠定了良好的基础，积累了一定的实践经验。但是，人口计生部门的信息化水平还存在相当大的差距，主要表现在：信息资源建设及整合力度不够；应用系统建设难以满足新时期业务工作的需要；基础设施和设备比较陈旧，难以适应信息管理现代化发展的需要；信息管理和安全体系不健全。人口宏观管理与决策信息系统（PADIS）就是在这样的背景下立项产生的。

三、PADIS 项目建设

人口宏观管理与决策信息系统（PADIS）一期工程是国家"十五"重点建设电子政务项目，是国家计生委迄今最大的电子政务工程，是新时期提升人口和计生工作、走中国特色统筹解决人口问题道路的基础工程。PADIS 的建设是立足人口计生部门健全、高效的组织体系和信息网络优势，依托国家电子政务网络平台，依靠制度化的信息交流与共享机制，与公安、统计、卫生、财税、教育、劳动与社会保障、资源、环境、农业、建设等部门以及国际国内有关组织机构密切合作，系统收集、整合并利用现存的人口及相关经济社会宏观信息资源，建立信息共享、知识挖掘、决策支持、协调高效、安全稳定、保障有力的人口信息系统，加强对人口数量、素质、结构、分布、就业、健康、迁移、贫困等关系国民经济和社会发展重大问题的综合监测与分析，为政府制定科学的人口发展战略、政策与规划，加强人口综合协调、宏观调控与综合治理，不断提高公共管理和社会服务水平，提供强有力的信息支持和科学依据。综合解决人口问题，使人口数量得以调控、素质有较大提升、结构不断优化、分布趋于合理，促进人口与经济、社会、资源、环境的协调和可持续发展。

PADIS 一期建设历时两年，建设了完善的人口计生信息化标准体系；建设了一流的计算机硬件网络平台，采用了小型机集群技术，为 PADIS 运行提供高性能、高安全、高可靠的运行平台；建设了四大应用系统及五大数据库。其中，PADIS 人口业务执行系统主要处理国家人口计生委及各级人口计生部门政务职能范围内的日常业务，通过各级工作人员的日常操作和管理监控，履行人口计生系统的政府业务职能；人口信息采集系统从人口和计划生育业务执行的业务数据库和相关部委采集有关人口数据，为人口决策提供数据支持；人口信息服务系统履行人口计生系统的服务职能，对包括人口计生系统在内的各个政府部门的领导、业务人员以及社会公众，提供与人口相关的政策、法规、统计数据和其他有关信息；人口决策支持系统通过信息手段对日常数据的积累、整理、挖掘，对数据进行分析、预测，为科学决策和战略分析提供服务。

人口决策分析模型，共建设了三大主题、11 个决策模型，围绕中国的人口数量、结构、素质、分布、迁移与流动和劳动力供需平衡等重大核心、复杂问题，从宏观和微观的角度对未来人口发展变化特征进行预测。通过模型平台和模型的开发，对模型运行过程中的参数调整、算法跟踪、结果解释等方面进行透明跟踪，为人口预测、人口政策决策提供一个可靠的运算平台。

决策支持辅助平台，开发了得到广泛应用的分要素人口预测模型，实现了对经典人口学数据的预测，其中包含孩次年龄递进生育率模型，具有中国特色，为生育政策模拟提供了实验平台；多维家庭人口预测模型是我国人口学者曾毅发明的，并在欧美诸多国家应用，作为对于分要素模型的重要补充，对未来的家庭规模和结构进行预测，对社会经济等其他领域也产生重要影响；微观仿真模型是继英国剑桥大学的 CAMSIM 和美国加州大学的 SOCSIM 后开发的又一仿真模型，基于高性能服务器对人口个体的全生命历程进行跟踪仿真，能够得到更加细致、更加全面的人口数据，是对宏观人口预测的有力补充；劳动力模型能够得出全国的劳动力供给情况；农村奖励扶助模型能够对全国的奖励扶助人数及资金等参数，进行全面的分析和预测。

在建设过程中，PADIS 系统就已经显示出社会效益，为各级领导决策提供了非常重要的信息平台。2008 年年初，雨雪冰冻极端天气给我国南方大部分地区造成日益加剧的灾害威胁。国家人口计生委充分发挥 PADIS 系统动态监测快速、全面、准确的优势，在短时间内完成了对全国农村流出人口、全国农村流动人口外出滞留人数、全国滞留在重点省份的农民工人数、全国各省份未来 10 天内将返乡的农村外出人口、全国各省份空巢家庭数、全国各省份留守儿童人数等重要数据的收集上报，为国家对抗灾救灾工作的快速响应和工作部署发挥了非常重要的决策支持作用，最大限度地把灾害造成的损失减少到最低。

2009 年 7 月，中国新闻网报道了关于 PADIS 系统中奖励扶助信息管理系统应用的消息。截至 2008 年年底，国家已为农村部分计划生育家庭发放奖励扶助金 52.3 亿元人民币，累计受惠人数达到 606 万人次，未发现贪污、挪用、挤占、截留问题。在此过程中，PADIS 系统建设并完善了农村计划生育家庭奖励扶助资金发放"三审三公示""四权分离"工作机制，使资金发放更透明、更到位。另外，该系统通过特别扶助、西部少生快富子系统，分别统计到 58 万人次和 62 万人次的受益人群。

PADIS 系统在国家重要人口决策过程中已经显现出非常重要的作用。在国务院重大课题《完善人口政策和老龄化战略》研究中，数据实验室首次综合利用分要素、多维家庭、微观仿真等人口预测模型，研究放开"单独"后的人口总量、结构、总和生育率等重要要素的变化情况，对社会普遍关心的老龄化、性别比等问题进行分析，结合经济社会发展以及资源、环境承载能力对政策的可行性进行综合评估，从而实现政策模拟仿真，真正为决策提供信息化支持及科学依据。另外，在课题研究中还利用 PADIS 系统中的劳动力供需平衡主题及奖励扶助主题，对未来的劳动力总量变化趋势及计划生育家庭奖励扶助费用支出情况进行预测和综合分析。通过多途径、多方式的人口预测方法，为宏观政策制定提供强有力的科学依据。

总体来讲，PADIS系统一期工程总体架构合理，技术先进、实用，建立了有中国特色、达到国际先进水平的人口分析预测模型，应用取得了良好效果，形成了一套从数据采集到数据仓库建设、从算法定义到模型构件集成及模型平台调用的先进的技术解决方案。该系统在国家电子政务重点工程中率先实现了数据仓库、模型和应用系统的结合，在技术上有创新性。

四、PADIS系统后续工作展望

（一）进一步加强全员的人口基础信息库建设

人口信息是反映国情国力的重要信息资源，是社会的基础信息，是各级政府进行科学决策和公共行政管理的重要依据。我国的人口管理长期以来建立在户籍制度基础上。随着社会主义市场经济体制改革的深入发展，人口的流动性越来越大，旧的管理模式已经不适应社会的发展需要。人口和计划生育、公安、劳动和社会保障、民政等部门都根据自身职能需要建设了自己的信息系统，但由于各部门对人口管理和发展存在差异，统计口径也不一致，造成人口管理、统计的基础和基数始终不能统一，致使国家不能得到准确的人口及分布状况。因此，国家迫切需要建立一个具有基准性、基础性和战略性的全员人口信息库，解决目前人口管理存在的问题，满足国家有效实施人口战略和政府进行宏观决策的需要，全面提高各部门人口管理的信息支撑能力，对维护社会稳定、国家长治久安并在为经济建设服务等方面具有长远的战略性意义。2003年，笔者向温家宝总理报送了关于人口信息系统建设的建议信。温家宝总理非常重视，并作出了"人口信息系统建设很重要，应该统筹研究和设计"的重要批示。

目前，各省份的人口计生部门已开始建设或初步建成全员人口信息库。在PADIS系统后续项目中要充分利用全国各级人口计生队伍，加强信息采集能力，以完整、准确、可唯一识别的人口基础数据为基本信息，并进一步与公安、社保、民政、卫生等部门加强信息共享和信息交换，运用PADIS系统建设过程中已经形成的数据处理能力，对采集的数据进行综合清洗、比对，逐渐形成一个涵盖人口应用、人口服务等信息的动态个案人口信息库。这将为更进一步地提高人口宏观管理决策、公共服务水平，加强人口动态监测和人口综合管理服务能力提供有力的支撑。

（二）进一步加强人口决策系统建设

我国有13亿多人口，资源相对不足，在发展进程中面临的人口、资源、环境压力越来越大。我们绝不能走人口增长失控、过度消耗资源、破坏生态环境的发展道路，这样的发展不仅不能持久，而且最终会给我们带来很多难以解决的难题。既要保持经济持续快速健康发展的良好势头，又要抓紧解决人口、资源、环境工作面临的突出问题，着眼于未来，确保实现可持续发展的目标。现在，国际上形成了一个越来越明确的共识，就是发展不仅要看经济增长指标，还要看人文指标、资源指标、环境指标。为了实现我国经济社会持续发展，为了中华民族的子孙后代始终拥有生存和发展的良好条件，一定要高度重视并切实解决经济增长方式转变问题，按照可持续发展的要求，正确处理经济发展与人口、资源、环境的关系，促进人和自然的协调与和谐，努力开创生产发展、生活富裕、生态良好的文明发展道路。

在PADIS系统后续建设中，除了满足加强人口宏观管理的需要外，还应整合经济、社会和环境因素，把握人口发展与经济、社会、资源、环境的双向互动关系，对不同的政策进行对比分析，深入研究不同的政策对各个部门的影响，为决策者更好地制订中长期国家发展规划提供实验平台基础。PADIS 系统一期建设中已经建成人口决策支持系统，并实现了三大主题、11 个模型，初步建成人口决策支持体系。在后续工作中将进一步完善决策支持体系，进一步汇集国内外先进的研究方法和模型，并加以实现。将人口决策支持体系由人口相关模型，扩展到人口与经济、社会、资源、环境关系协调发展的模型。利用前沿的信息手段，扩充决策支持系统功能及运算能力，使 PADIS 系统成为研究性更强、应用更广泛、计算更科学的世界前沿的人口与发展模拟平台。

（三）进一步加强人口信息快速反应和权威数据发布的建设

为应对影响全局稳定与发展的重大突发事件提供决策支撑，建立最快速的数据抽取和分析机制。PADIS 系统在南方雨雪冰冻极端天气、汶川大地震等自然灾害中快速反应，在最短时间内收集信息，为领导快速决策提供依据。后续工作中，将继承 PADIS 系统快速调查的优势，建设并完善人口快速调查体系，实现对影响全局稳定与发展的重大突发事件予以快速反应。建设信息分析机制，通过调查结果对关键的人口指标等进行综合预警，对影响公共安全的重要指标进行监控，提高对重大突发事件的快速响应和预警能力。与相关部门的数据实现优势互补、有效衔接、信息共享，建成最权威的人口数据发布平台。PADIS 信息服务系统的建成，为人口信息发布提供了平台。后续工作中将加强与其他部门的数据共享，通过不同数据库之间的共享交换、优势互补，提高数据质量，不仅为人口计生部门，也为各相关部门提供人口信息发布服务。

在中国出生缺陷干预救助基金会
成立仪式上的讲话

（2011 年 8 月 30 日）

我国是一个人口大国，也是一个出生缺陷的高发国家。我国每年的新出生人口占全球新增人口总量的 11.4%，但新增出生缺陷病例接近全球的 20%，我国的出生人口质量形势严峻。

进入 21 世纪，随着全球经济一体化时代的到来，国际竞争的范围迅速扩大，竞争的程度也空前加剧。综合国力的竞争，说到底是人才的竞争，是人力资源素质的竞争。一个国家、一个地区人力资源素质的高低，既取决于后天文化教育的发达程度，更取决于先天出生人口素质的高低。因此，出生人口质量无疑是人口素质最根本的基础。努力提高出生人口的质量是关系一个国家和民族未来发展的重大问题，减少出生缺陷的发生则从源头上保证了出生人口的高素质。

中共中央和国务院对提高人口素质，特别是出生人口素质高度重视。2006 年发布的《中共中央、国务院关于全面加强人口和计划生育工作，统筹解决人口问题的决定》中指出："提高人口素质，事关千家万户的幸福，事关国家和民族的未来。要科学制定提高人口素质的规划及行动计划。加强出生缺陷干预能力建设，全面实行出生缺陷干预工程。"为了推动中国对出生缺陷和残疾的防御，我国政府将每年 9 月 12 日定为"中国预防出生缺陷日"。

出生人口质量是人类健康发展的基础，也是提高人口健康储备的必要条件。出生缺陷不仅使残疾人日益成为影响人口素质的重要问题，同时，由于出生缺陷儿童常常需要长期的医疗和康复、特殊教育和其他支持性服务，也给社会和家庭造成沉重的负担。出生缺陷干预将对人类的健康发展产生重大影响，不仅对提高出生人口的质量，而且对未来人口的健康，包括儿童、成年人、老年人的健康也会产生非常重要的影响。

当前，预防出生缺陷、大力开展出生缺陷干预、不断提高出生人口素质，对人类社会健康发展具有积极的促进作用，并已经成为全世界的共识。

成立中国出生缺陷干预救助基金会，对于保障我国人口素质和提高国家综合实力具有重要的现实意义和深远的战略意义。建立和完善科学、合理、方便的服务流程，使更多的出生缺陷儿童得到及时、有效的治疗，帮助更多的出生缺陷患儿及患儿家庭，是我们共同的目标！中国出生缺陷干预救助基金会是一个公益性组织，我们将全心全意为提高我国出生人口素质而努力工作，公开、透明地规范基金会的各项活动，配合政府有关计划的实施，希望社会各界支持、监督我们的工作，共同努力，将基金会办好。

为孤残儿童的生活增添一份爱的阳光[*]

（2011 年 12 月 25 日）

在 2012 年新年即将到来之际，我非常高兴来到这里，参加中国出生缺陷干预救助基金会慰问北京丰台儿童福利院的活动。在此，我首先向生活在福利院的各位小朋友表示亲切的慰问，向长期以来为这些孤残儿童无私奉献的福利院全体干部职工致以崇高的敬意，向今天的各位来宾表示衷心的感谢！

少年儿童是祖国的花朵和未来，关注少年儿童就是关注我们的未来。尊老爱幼是中华民族的传统美德，孤残儿童是社会的弱势群体，让他们健康成长是各级党委、政府和全社会的共同责任。促进全体少年儿童健康成长既是社会文明进步的重要标志，也是构建社会主义和谐社会的必然要求。让每一位少年儿童健康快乐成长是全社会的共同责任，社会多一份关爱，孩子就多一份信心，我们的未来就多一份希望。为这些孤残儿童的生活增添一份爱的阳光，是我们应尽的义务。

今天，我们来到这里，看到你们像正常儿童一样幸福地生活，有的在专业人员帮助下进行康复练习，有的在保育员精心照料下尽情地玩耍，有的用稚嫩的声音唱着儿歌，有的则在静静地读书学习，我感到无比欣慰。我注意到走廊里都安装了低矮的扶手，为的是让脑瘫孩子能随时锻炼行走。一个小小的扶手，既让我看到了福利院干部和老师的细心与关爱，也见证了福利院"一切为了孩子，为了孩子的一切"的办院方针和宗旨。对于你

＊ 这是蒋正华同志慰问北京市丰台区儿童福利院时的讲话。

们的爱心与奉献，我再次表示崇高的敬意和真诚的谢意。

中国出生缺陷干预救助基金会是一个公益性组织，主要致力于让更多的新生缺陷患儿得到及时、规范、有效的治疗，以减轻或避免健康状况进一步恶化，防止并发症和残疾。尽量使出生缺陷患儿不丧失生活自理能力，最大限度减轻家庭和社会负担，让出生缺陷患儿得到幸福和有尊严的生活。基金会的工作对于保障我国人口素质和提高国家的综合实力，具有重要的现实意义和深远的战略意义。通过我们的有效工作让更多的出生缺陷患儿得到及时、有效的治疗，帮助更多的出生缺陷患儿及患儿家庭，是我们共同的目标！帮助福利院的这些孤残儿童健康快乐地成长，自然也是我们的工作和责任范畴。为此，我们基金会在今天也带来一份爱心，这也是我们基金会捐赠企业的一份衷心关爱，希望为这些小朋友的生活和学习增添一份爱的阳光，增加一份温暖。同时，我希望福利院的干部和老师在关心这些小朋友的学习、生活过程中，特别关心他们的心理健康，多给他们进行心理疏导，增强他们的信心和希望；要注意发掘他们各方面的潜能，培养兴趣爱好和才能，为他们的成长打好基础，让每一个孩子都健康、快乐、全面地发展，长大后努力成为建设国家和服务社会的有用之才。更希望社会各界广泛关注这一弱势群体，切实关心这些小朋友，为促进儿童福利事业快速健康发展、构建社会主义和谐社会，为提高我国出生人口素质、推进我国经济社会可持续发展作出积极贡献！

2012 年新年即将到来，一年一度的春节也快到了。在这里，我给大家拜个早年，祝愿大家在新的一年里，身体健康，生活幸福，万事如意！祝愿小朋友们健康成才，学习更上一层楼！

人口与世界发展

（2011 年）

一、经济社会发展决定了人口观念的形成

在人类发展的早期，生产能力低下，自然环境中严酷的斗争限制了人口增长。公元前 5000 年时，那一时期，人类在生存压力下，平均寿命只有 20 岁左右，活到 50 岁已属长寿，许多婴儿因各种原因夭折，只有尽量生育才能维持部落的存续。见之于文字的最早人口统计数是在公元前 2200 年左右，夏禹清点全国人口为 13553923 人，但这是晋人皇甫谧所著《帝王世纪》中的记录，受到许多人的质疑。尤其是商朝甲骨文记载的最大人口数字为 3 万人，上千万精确到个位的数字如何流传 2000 多年殊不可解。此后约千年的周成王时期，统计全国有 13714923 人，基本上维持了原有的人口规模。中国自秦以后，历代均有详细的人口统计并见诸官方史书。由于徭役、征兵、收税等均与人口数有关，统治者重视人口统计是可以理解的。

随着生产力的不断提高，人类适应和利用大自然的能力逐渐增长，死亡率不断降低，人口增长也相应加速。大体而言，旧石器时代，世界人口在 50 万年以上增长 10 倍；中石器时代，世界人口每 1 万年可增长 10 倍。人类进入农耕时期以后，生活安定，营养改善，抗灾能力加强，人口的增长速度大大加快。只是在发生特大灾害或大规模战争时，人口才会突然下降。人口增长最快

的时期是 20 世纪以来的近代。据联合国估计，全球人口在 1960 年超过 30 亿，1974 年超过 40 亿，1987 年超过 50 亿，1998 年超过 60 亿。每增加 10 亿人口所需时间不断缩短，给社会带来许多难题。总结起来，古代人口与发展的关系是：低发展水平，高生育率，高死亡率，低人口增长率。农业社会的特点是：动荡的发展时期，高生育率，逐渐降低的死亡率，波动的人口增长率。近代人口的发展特点则是：高速的经济社会发展，转变中的生育水平，迅速下降的死亡率，高人口增长率，生态、环境受损，资源供给紧张。

自古以来，人口问题受到许多人的关注，但重点各不相同。古代各方面关心的是增加人口数量，通过劳动力的增加，获得更多的经济、政治利益。在很长的历史时期内，也间或有个别思想家提出人口过多将导致供给不足的忧虑，但都未引起社会的反响。近代生产力的空前提高，使人类活动不但取得了极大的经济社会利益，同时也对自然环境、资源生态产生了前所未有的影响。资源可能被榨取干净、环境可能被严重破坏不再是设想的可能性，而已成为现实的威胁，国际社会开始警觉起来。

学术界得风气之先，于 1927 年在日内瓦召开第一次国际人口科学大会，讨论了人口增长与粮食供应、劳动就业等经济社会问题的关系，并成立了国际人口科学联盟（IUSSP），中国学者梁启超当选为联盟理事。该国际联盟于 1930 年首次发布全球人口的估计数。此后，联合国持续发布世界各国及全球的人口统计数字。当前，担心人口过快增长将影响人类社会稳定已成为国际人口观念的主流，许多经济、社会、生态、政治问题的发生均与此有关。

从 17 世纪开始，就不断有人试图确定世界究竟能承载多少人口。20 世纪以前，许多人认为地球可以承载 6 亿到 10 亿多人。进入 20 世纪后，科技飞速发展，经济高速增长，由此带来世界翻天覆地的变化，在地球承载能力的认识上也产生了巨大的差别。最低的估计认为地球只能承载 1 亿多人，最高的估计则超过 1 万亿人，大部分的估计数在 40 亿到 160 亿人之间。如此巨大的差别，反映在未来人类能力发展潜力、人类活动对地球生存环境的影响、当前全球各种问题的严重程度，以及对未来人类生活的期望等根本问题上，认识的差距很大。无疑，最乐观的估计是不可取的，只要这些分析工作中的任何一项乐观假设前提出错，就可能带来灾难性的后果。但是，过分悲观和谨慎也不必要，这种处理人口问题的方式可能使我们丧失发展的动力。科学的决策应当基于最大限度地运用人类的知识，开发利用好自然资源，既为当代创造充分的财富，也为未来留下发展的空间，并为发生出乎意料之外的变化储备足够的回旋余地。

人类发展史上，人口数量增长最快的时期是第二次世界大战之后，现在全球人口增长中的 80% 出生于 20 世纪的后 50 年，这一时期也是人类对人口问题的认识发生根本性转变的时期。这一转变大体可分为 4 个阶段：第一阶段是 20 世纪 50 年代到 60 年代。当时，战后萧条导致粮食供应压力增加、资源大量消耗、生活水平下降，引发国际社会关注。这些观点集中反映在联合国发表的《关于人口与资源报告》中。这一时期由于各界共同努力，实现了世界性的绿色革命，许多地区的粮食产量在 10 年之内增加了 1 倍，工业发展使全球的平均经济年增长率达到 5% 以上。虽然有些先行者努力推动计划生育，但反响不大，世界进入"婴儿热"时期；因战争推迟结婚、生育的人们大量生育，形成全球性的出生高峰期。第二阶段是 20 世纪 60 年代后期到 80 年代。工业生产迅速发展所形成的污染、无节制消费带来的副产品，形成全球经济发达国家中普遍的环境问题。美国时代海滩的二噁英污染、日本水俣市的水银中毒、英国伦敦的毒雾、欧洲跨国河流的水污染以及许多核泄漏事故等世界十大生态环境事件，引发了国际社会的忧虑。《世界人口行动计划》《UN 人口环境会议宣言》等许多国际性文件，表达了世界的担心。一些著名的未来研究国际机构，如罗马俱乐部等，发表了《世界的挑战》等著作，许多人把人口问题列为进入 21 世纪前要解决的首要问题。第三阶段始于 1990 年前后。世界人口过快增长的势头得到控制，国际社会更加关注人类社会的生产、消费带来的全球性环境变化，温室效应、酸雨、臭氧层变薄等问题引起普遍关注。《美国国家科学院报告》《21 世纪议程》《里约环境与发展宣言》等国际性文件，宣告了各国政府合作采取行动的决心，也实施了一些有效的行动项目，但总体而言，成效并不显著。当前，国际上对人口与可持续发展的认识进入一个新的时期，更加关注全球的系统性变化。由于这些变化的不确定性及对各地区的影响大不相同，各国的分歧增加，虽然对国际合作在原则上一致赞同，但在承担责任、承诺行动方面争议不断，短期内难以取得有效成果。《人发会议行动纲领》及近年全球变暖国际会议的各项宣言、决议，终将逐渐达成各方都能接受的方案。

总的说来，处理好与人口有关的许多问题仍是 21 世纪全球发展的中心。控制人口数量增长，均衡地区发展水平，保护世界生态环境，建立公平公正秩序，缩小地区贫富差距，建设国际管理体制，使人类社会稳定、有序、均衡、公平地向前发展，应当成为国际共同努力、合作奋斗的目标。

二、世界与中国人口发展比较

人类在世界各大洲的分布经历过许多变化。估计在公元前

5000 年，全球人口大约为 2000 万；其中，2/3 在亚洲，1/8 在欧洲，1/6 在非洲；北美洲、拉丁美洲和大洋洲的人口数量总计不过约 100 万，只占世界人口的 5%。在很长的历史时期内，中国人口约占世界人口的 1/4 到 1/3，是世界上人口最多的国家。据联合国统计，在 2000 年，世界人口分布的比例是：亚洲 60.8%，非洲 13%，欧洲 12%，拉美 8.6%，北美 5.1%，大洋洲 0.5%；其中，亚、非的人口比例下降，拉美、北美的比重上升，大洋洲的比例基本不变。2000 年，中国人口占世界人口的比例为 21.2%，正在逐渐下降的过程之中。

按国土面积计算，中国并不是世界上人口密度最高的国家。据各国在 20 世纪末的可比统计数计算：联邦德国的人口密度为 248 人/平方公里，印度为 231 人/平方公里，英国为 229 人/平方公里，丹麦为 110 人/平方公里，都比中国的 103 人/平方公里高。但按每平方公里耕地承载的人口数计算，这些国家相应的数字分别为 814 人、412 人、808 人和 194 人，而中国达到 960 人。因此，我国不但是世界上人口数量最多的国家，还是世界上人均耕地最少的国家。只有个别小国的人均耕地比中国少，它们由于国家小，可以依靠国际市场满足粮食及其他资源需求。

在盖洛普所著《2000 年大预测》一书中，列出了决定未来的 9 种力量，人口过剩是仅次于战争、恐怖主义及核威胁的第二大力量。经过国际社会数十年的共同努力，全球人口增长过快的势头得到初步遏制。联合国在 2008 年的人口预测修订本中报道，2005 年至 2010 年的世界人口年增长率为 1.18%，到 2045 年至 2050 年间可降至 0.34%；较发达地区上述两个时期的人口年增长率分别为 0.12% 和 -0.25%，欠发达地区的这两个数字分别为 1.42% 和 0.44%；即使是最不发达地区，这两个时期的人口平均年增长率也将从 2.34% 降至 1.18%。可以说，"人口爆炸"

的危险正在不断减小。近年，世界人口每年增长 7900 万，主要分布在经济不发达国家。预计在 2050 年前后，世界人口年增长数量可以降低到 3100 万左右，这对国际社会是一个好消息。

几乎所有国家的生育率都在下降。据联合国的估计，1950年到 1955 年间，全球 196 个国家中，31 个国家的每对夫妇生育孩子数超过 7 个，69 个国家在 6 到 7 个之间，36 个国家在 5 到 6个之间，只有 5 个国家的生育水平在更替水平以下。到 2005 年至 2010 年，低生育水平国家增加到 76 个。估计到 2045 年至2050 年，低生育水平国家将达到 147 个，没有平均生育 4 个以上孩子的国家，平均生育 3 到 4 个孩子的国家只有 3 个，生育 2.1到 3 个孩子的国家有 46 个。可以说，全球届时在总体上将控制住人口过快增长。

中国在这场全球性的控制人口过快增长的努力中发挥了积极作用。计划生育很早就引起了党和国家领导人的关注。1954 年，邓小平同志就指出："我认为避孕是完全必要和有益的，应采取一些有效的措施。"他在 1957 年进一步明确提出："如果在第三个五年计划末期全国人口能稳定在 7 亿至 8 亿，就是我们在节育工作上的一个大胜利。"毛泽东、周恩来等许多中央领导同志，都在不同场合表达了对控制人口增长的关切。毛主席在 1957 年说："抓人口问题恐怕也是三年试点，三年推广，四年普遍实行。行不行？十年不搞，将来又增加八亿。"实际情况的发展证明，他的话是很有远见的。经过 20 世纪 60 年代的试点，从 70年代起，中国在全国范围内推行计划生育，积累了丰富的经验，不断完善政策和措施，并于 2001 年由全国人大常委会通过了人口与计划生育法。多年的计划生育使中国少生 4 亿多人，有力地支持了经济发展，并在全球起到了示范作用。今天，即使是国际上曾经强烈反对过中国计划生育工作的人，也承认这项工作进行得很有成效，值得世界上其他高生育地区学习。

三、未来的中国人口政策

人口政策的影响长远而广泛，应从战略高度加以规划。总结许多专家的研究成果，从全国的资源、环境、技术现状看，中国人口总量若在未来能控制到 7 亿至 10 亿，而且结构均衡、素质高超，不仅对可持续发展有利，也会减少与其他国家的摩擦。由于人口增长的惯性，在近期努力控制在 14 亿至 15 亿人之间，以后逐步下降。若未来人口的平均寿命延长至 80 岁，每年出生 1000 万人，则总人口在未来的长期发展中可望稳定地保持在 8 亿，实现人口的均衡发展。为此，必须深入研究从人口的现状转变到理想状态的最优策略。

2002 年 9 月 1 日起施行的《中华人民共和国人口与计划生育法》，目的在于"实现人口与经济、社会、资源、环境的协调发展，推行计划生育，维护公民的合法权益，促进家庭幸福、民族繁荣与社会进步"。该法内容全面，是依法行政的依据，也是广大公民依法行为的指南。公民的生育由该法第十八条规定："国家稳定现行生育政策，鼓励公民晚婚晚育，提倡一对夫妻生育一个子女；符合法律、法规规定条件的，可以要求安排生育第二个子女。具体办法由省、自治区、直辖市人民代表大会或者其常务委员会规定。"该条第二款是："少数民族也要实行计划生育，具体办法由省、自治区、直辖市人民代表大会或者其常务委员会规定。"经过持久的努力，我国实现了控制高生育的目的，当前的生育水平为每对夫妇平均生育 1.7 个孩子，属于低生育水平国家中的偏高者。

最近几年，国内有部分同志提出，中国的生育率已经很低，应当鼓励普遍生育二孩，以防未来劳动力缺乏，影响经济发展和老龄化社会的供养。人口问题涉及许多领域，有关决策将影响今后数十年内的人口状况及相应的经济社会发展环境，应当慎重研究。主张普遍生育二孩的同志有几条理由：第一是中国发展快的原因在于劳动力多，即所谓"人口红利"造成经济增长。这条理由并不成立。中国的富余劳动力迫使我们发展了许多劳动密集型企业，劳动力多是发展的环境而不是发展的原因，世界上劳动力多发展慢、劳动力少发展快的例子不胜枚举。发展的根本原因在于正确的政策、有远见的战略和切实的措施，"人口红利说"是本末倒置，是一种简单的线性思维，没有考虑许多不断变化的因素对比。笔者在一次答记者问时作过评述，从数字模型到理论推理进行过分析，不再详述。这些同志的第二条理由是中国即将进入老龄化社会，非多生不足以补充劳动力，也不足以养老。这条理由似是而非。中国的老龄化正在加速到来确是事实，这既是世界人口平均寿命不断增长的必然现象，也是过去没有控制住生育的结果。20 年以后，老龄化将成为世界人口的常态，许多传统观念都要更新。笔者组织过一次研究，考虑到经济结构调整、劳动力素质提高，预计到 2050 年，我国仍有 1500 万富余劳动力。若按国际上大多数国家的做法，将退休年龄逐步延长到 65 岁，将增加约 8000 万劳动力。养老事业的经济基础要依靠经济发展转型、劳动力素质提高、劳动生产率提高来加强，养老事业的人力支持体系要依靠社区建设、养老体系建设来完成。这些同志的第三条理由是说，中国的生育率已降到每对夫妇只生 1.2 个孩子，属于超低生育水平，必须纠正。这个数据受到广泛质疑，不足为凭。与小学入学人数相比，年度统计的出生人数明显偏低，其中既有流动人口难以统计的因素，也有不少人生而不报、入学再补的情况，需要分析对比教育、卫生、生育、公安等多方面的资料加以修正。在 2005 年国务院组织的国家人口发展战略研究项目中，许多专家参与研究，根据各方面资料比较，当时的生育率为每对夫妇生育 1.7 到 1.8 个孩子。目前还没有证据说明，这一数值在近年有明显变化。以上主张实行普遍生育二孩政策的同志们的主要理由，都没有说服力。

在 300 多位多领域专家参与的上述战略研究中，对人口与经济关系的未来变化作出了八点判断：一是今后约束经济发展的瓶颈是高素质劳动力的短缺；二是人口对经济的压力有总量与结构双重因素；三是人口持续增长使资源供给压力加大；四是人口增长对人均收入的影响减少；五是人口增长使中国未来消费需求旺盛；六是劳动就业在数量、质量、结构方面的压力扩张；七是劳动力产业结构落后，制约经济发展；八是人口迁移与城镇化对发展产生积极影响。

该项战略研究就人口与自然资源的关系着重分析了耕地、水资源和能源，结果表明：一是中国的粮食需求持续增长，人均耕地减少的趋势在短期内难以遏制，耕地与粮食安全问题应受到足够重视。二是人口与水资源分布极不平衡，一些地区的水资源、人口超载严重，跨流域调水已成必然。三是我国的能源自给程度不断下降，能源进口增加在所难免。四是我国处于严重的"生态赤字"中，生态承载力远低于生态消耗需求，未来的跨国生态占用已不可避免。

人口政策应当适应可持续发展的要求，中国的人口政策应当在现有法律框架内完善实施方案和服务体系。应在相当长的时期内，维持平均每对夫妻生育 1.7 至 1.8 个孩子的水平；加强提高人口素质的投入；因地制宜、因时制宜，采取积极措施，使人口与经济、人口与资源环境、人口与社会、人口的区域分布以及人口的内部结构逐步均衡、协调发展。人口政策影响长远，牵动各方，应当稳定，不宜轻动。在具体实施的层面上，则应科学规划、掌握全局、区别情况、分类指导、加强服务、完善管理。

根据我国的实际情况及世界发展的趋势，对今后的人口与计划生育工作提出以下意见。

（一）人口与计划生育法等有关法律历经 20 余稿，从酝酿立法到通过实施历经 20 余年，其表述是适当的

多年来大家形成的共识是，中国人口总量不应当长期维持在接近承载能力的极限水平上，而要在一个相当长的时期内逐步使之降到 7 亿至 10 亿之间；相应的，生育水平应当控制在更替水平以下。笔者认为，应当密切观察，通过经济、社会、文化等多方面法制、体制、机制的完善，在数十年后使生育率稳定在略低于更替水平，每年出生 1000 万人左右。实际操作中，建议中央政府对各地区提出人口总量的控制要求并进行监督，给地方以更大的空间依法完善实施办法，使计划生育工作更加符合地区实际。

（二）以提高人口素质为中心，加大对人的投入

21 世纪是在各国互相合作、互相竞争中共同发展的重要时期，世界格局在空前的大发展中将会发生空前的大变化。在科技、贸易、生产、金融等任何一个方面，要提高国家在世界上的地位，最根本的取决于对人的培养。中国的独生子女家庭数量很大，这些孩子的健康成长至关重要。我们应当一手抓全民素质的提高，一手抓关键人才的培养，培养出热爱祖国、知识丰富、身体健康、品德高尚、善于创新、乐于合作、关心社会、服务公众的高质量接班人。鉴于我国目前许多家庭工作繁忙的情况，建议从幼儿园甚至学前班时期开始就要加大投入力度，配备优质师资队伍，有计划地举全社会之力培育新人。高素质的劳动者和高素

质的精英培养同样重要，应当并重，不宜偏废。

（三）采取系统性综合措施，解决人口结构失衡问题

中国劳动力的供应在很长时期内十分充沛，但老年人的比例不断增加、少儿的比例不断减少，将是我们在 20 年后必须面对的现实。由于全球人口平均寿命持续提高，人口老龄化是必然的普遍现象，未来人口正常的年龄结构一定会比现在更高。我们既要做好充分准备，也不需要过分担心。据联合国估计，经济较发达国家到 2050 年，60 岁以上人口占总人口的比例将达到 33%，我国的可能在短期内略高于这个数字。中央在"十二五"规划中将老年人工作列为重要项目十分必要，建议从政策上作出一些具体规定，鼓励全社会参与。可以从财税政策方面给予优惠，在准入方面给予鼓励，从组织方面给予支持。这是一个全球性问题，建议加大国际交流与合作力度，充分发挥非政府组织的作用。

出生性别比偏高是人口结构中的另一个突出问题。这一问题在中国历史上曾经十分严重，新中国成立后有所收敛。近年来，因为技术手段发达，选择性流产在许多国家流行。中国也受到严重影响，从 20 世纪 90 年代起，出生性别比不断提高。我国有些省份见事早、行动快，已将出生性别比稳定在正常水平上，有些地区始终没有出现过出生性别比偏高现象。有关部门应当总结经验，卫生、人口与计生部门应当协同解决好这一问题。

（四）关注新出现的人口问题

出生率降低、平均寿命提高、人口迁移影响增加，是全球性的现象。此外，艾滋病毒携带者和艾滋病人的增加始终是全球卫生界关注的重要问题。病毒感染率在过去 10 年达到高峰，增长势头正在变缓。中国虽然艾滋病患病率及病毒感染率较低，但绝对人数不少，且在增加之中，近年来引起社会关注。尤其是因各

种原因受到感染的儿童，更加令社会同情。此外，有些过去已消失的疾病有卷土重来之势，超级细菌的不断产生也令人担心，非典流行的记忆犹新，我们在突发卫生事件上应提高警惕。

邓小平同志早在 20 世纪 80 年代就精辟地总结：人口多、土地少、资源相对缺乏是中国长期的基本国情。我们应时刻铭记，根据这个基本国情，全面、深入、科学地研究人口问题，确定人口战略，使之与中国的全面协调可持续发展相适应。

人口是发展动力

——与《科技日报》记者谈人口政策与科技创新

（2011 年）

一、人口政策的制定是一项系统决策

记者：一段时间以来，有不少国内外学者呼吁中国放松人口政策，并以"人口红利说"作为支持。您对这种说法有什么看法？

蒋正华：我从来不认同所谓的"人口红利说"。"人口红利"一词是由国外经济学家在分析部分国家经济快速发展时期，人口状况与经济增长数据的关系时提出的，认为这些国家人口年轻、劳动力数量众多，对经济发展发挥了积极作用，但并没有普遍意义。同样，也有许多例子说明，人口快速增长、劳动力过多给发展带来压力，阻碍了发展，这就是"人口陷阱说"。结合我国当前的情况，由于劳动力长期大量富余，虽然可以降低劳动成本，但也促使一些地方优先发展劳动密集型产业，劳动生产率低下。8 亿件衬衫才能换一架飞机，劳动生产率不到经济发达国家的1/12。由于人口多，我国农村不能向规模经营突破，也影响了现代化农业的发展。目前，国际上一个农村劳动力占有的土地平均约为 10 公顷，而我国只占 0.6 公顷。人均耕地少使我国农村只能进行小规模耕种，很多现代耕作技术无法使用，农村人口的劳动生产率、收入都无法提高。长期以来，农村二元经济结构制约着我国经济结构转型、增长方式转变及全面、协调发展。另外，由于人口数量庞大，我国面临着巨大的就业压力和资源环境压力，对经济社会发展不利。如果中国的人口更少些，在正确的方针指导下，我们将会走一条更健康的快速发展之路。

记者：您认为部分学者之所以强调人口数量的作用，要求放松人口政策，是因为他们在理论推测中忽略了哪些因素？

蒋正华：这些学者之所以推测未来可能会出现劳动力短缺的问题，是因为没有考虑经济结构、科技发展、人口素质等对劳动生产率提高的影响。根据国际劳工组织的数据，我国劳动生产率最高的部门，其劳动生产率也只是德国的 65%，最低的部门则只有德国的 6%。资源环境和经济转型的压力，要求我们必须提高劳动生产率。假设在 2050 年我国的平均劳动生产率能提高到德国的水平，那么，我国将有 1000 万劳动力过剩。另外，我国的退休年龄是全世界最早的。如果将退休年龄推迟 5 年，那么，我国每年就会增加 8500 万劳动力。在未来的国家发展和国际竞争中，我国必然要把提高劳动生产率作为重要抓手，因此，人口和劳动力不会像某些学者预测的，出现短缺现象。

记者：所以，您认为制定人口政策的过程中需要考虑多种因素，是一项系统决策。

蒋正华：是的。为了说明人口数量对经济发展的积极作用，有学者用数学模型来说明人口数量与经济发展之间的关系。从他们的模型看，两者之间很明显的是线性关系。然而，这类模型隐含的前提是经济结构不改变、科技水平不改变、劳动力效率不改变。在这三个参数不改变的情况下，经济是一个呆滞的实体，当然是人口数量越大，经济规模就越大，经济发展速度就越高。这类模型还假设市场是无限的，即没有边际效应递减，生产的产品再多也有销路，这显然是很不合理的。我们知道，在现实中，这些假设和条件都是不存在的。要评价人口变化对经济发展的作用，必须综合考虑诸多因素，以及该国家、地区的现实情况。

与"人口红利说"相对应，"人口陷阱说"同样不能成立。"人口陷阱说"认为，人口增加带来的资源、产品消耗，可能比他们生产的产品和财富更多。因此，人口每增长1%，需要保持3.5% ~4%的增长率，才能保证原有生活水平不下降；否则，就会使发展落入陷阱，不能自拔。我同样反对这种说法，这是片面强调人口的负面作用。

很多国家和地区的发展经验表明，劳动力的多少与经济发展之间没有必然的联系。例如，日本和韩国的经济高速增长期与所谓的"人口红利期"是错位的。又如，亚洲"四小龙"新加坡、韩国及我国香港和台湾地区都是人口规模很小的经济体。新加坡和中国香港的人口还不足北京市人口的1 /3，中国台湾的人口比北京市人口略多，韩国的人口不到广东省人口的一半。把这么小的区域的经济崛起归功于人口转变，是没有说服力的。这些国家和地区的发展经历都说明，劳动力的多少、人口年龄结构是一个国家、地区经济发展的外在环境。实现发展的关键在于制定有效的政策、选择合适的发展战略和道路，以适应这些环境。

二、人口数量发挥积极作用，关键在于人口素质和科技创新

记者：我国的人口基数巨大是不可否认的现实。您认为如何能让这些人口成为国家发展的动力？

蒋正华：要让现有人口产生对经济发展的促进作用，避免或尽量减少负面效应，需要满足几个条件：劳动年龄人口能充分参与劳动生产；有效的劳动力配置制度，为劳动力提供自由流动的制度保障；劳动力本身有参与劳动的意愿；较高的劳动力人口素

质，从而实现较高的劳动生产率；具有土地、水源、原材料等资源禀赋。目前，我国尚未能实现充分就业，城乡二元经济结构体系和户籍制度、退休制度、人口素质低以及资源短缺、环境承受能力弱等，都限制了劳动生产率的提高和劳动力的优化配置。要让人口成为国家发展的动力，并非要放松人口政策，让已经很庞大的人口基数变得更大。目前，最重要的是稳定低生育水平，提高人口素质，实现人口与经济、社会、生态环境以及人口本身的协调发展，这就是我主张的人口协调发展观。

记者：结合您上述的限制性因素，您认为应该选择何种适合我国情况的发展道路？

蒋正华：上述因素限制了我国巨大的人口基数为经济发展发挥积极作用，亟须相关政策的调整和支持。结合我国当前的情况，我认为，调整的重中之重是在稳定低生育水平的同时，下大力气提高人口素质，同时转变经济增长方式，缓解资源环境对经济发展的压力。

目前，我国面临着能源稀缺、环境污染的难题，原有经济增长方式难以为继。从某种程度上说，现有经济增长方式是由我国当前以及过去很长一段时间以来的劳动力情况决定的。

劳动力是数量和质量的统一。我国并不缺少劳动力数量，而是劳动力素质需要提高。尤其是在经济发展日益依靠科技驱动的当下，劳动力的质量对数量有很强的替代性，劳动力的数量却很难替代劳动力的质量。经济学中的"列昂惕夫之谜"很好地说明了这一点，这也正是我国当前面临的困境之一：劳动力数量多，质量不够高，导致我国只能优先发展技术含量低的劳动密集型产业，在国际贸易中总是花大力气"替别人打工"，却把污染留在我国。这也从另一个方面说明，如果把人口数量多作为我国发展的必要条件和优势，那么，将永远无法突破我国当前面临的发展瓶颈。要实现经济又好又快发展，一方面要下大力气提高人口素质，以高质量的劳动力作为发展优势；另一方面，要着手发展高技术、高附加值的产业。

记者：您如何看待当前"用工荒"和"就业难"这两种貌似矛盾的现象？

蒋正华：这两种现象看似矛盾，但同样都证明：劳动力素质要提高，经济转型迫在眉睫。为什么会出现"用工荒"？原因是低端产业不舍得离开，由此对低端劳动力产生了巨大的需求，这就影响了经济结构的转型。"就业难"则说明，经济结构转型和人口素质培育跟不上发展的要求。"就业难"的原因之一，是大学生的知识结构和社会经济发展要求不相适应。另外，由于容纳较高素质劳动力的产业发展不足，很多受过大学教育的劳动力没有用武之地。

结合"用工荒"和"就业难"来看，我国当前面临的并非人口数量多还是少的问题，而是何种素质的劳动力才能适应未来经济发展的问题。巨大的人口数量、严峻的就业难题和资源环境压力，应当成为经济转型、科技创新的动力。只有如此，才能为现有人口提供工作机会和较高质量的生活条件，为经济社会发展注入持续的动力。

三、中国当前人口政策的目的是保证人民未来的幸福

记者：您如何描述我国当前人口政策的目的？

蒋正华：我曾经在青岛农村调研。生产方式的改变，使当地人们的生育观念发生了很大变化。当地的农村家庭一般是男人外出工作，农村的播种工作则由拖拉机、收割机等集中完成。当地家庭较为富裕，但没有大量出现养育两个孩子的现象。实际上，

绝大部分家庭不愿意生育第二个孩子，因为他们认为现有状况最为舒适。

我举这个例子是想说明，我国人口政策的根本目的，并非限制一对夫妇只生一个孩子，而是希望通过几代人的努力，使社会经济体制、制度建设达到一定水平，让人们能自由判断生几个孩子对自身、对家庭最有利，也可以自由选择生几个孩子。宏观经济社会环境可以调节全社会平均生育水平保持在适当的水平上，但从目前来说，我国大部分地区的经济条件、制度建设、社会发展都没有达到这个水平，尚需要通过相关人口政策来促进经济发展、推动制度建设、影响人们的观念，从而保证未来的经济社会发展和人民幸福。

记者：有学者用"未富先老"来描述我国即将面临的人口状况，认为现有的人口政策未必能保障未来的经济发展和人民幸福。您对此怎么看？

蒋正华：目前，我国每年新增劳动力约 1000 万，不可能出现部分学者预测的劳动力供给短缺问题。另外，老龄人口增多、老龄化的现象不可避免，这是世界各国都必须面对的问题，尤其是经济科技水平提高、人均寿命延长的国家。

假设人均寿命为 80 岁，人口达到稳定状态 60 岁以后就进入老龄阶段。考虑到 60 岁以前的人口死亡率不到 1%，60 至 80 岁的老龄人口比例接近 1/4。平均寿命延长到 90 岁，稳定状态下 60 岁以上的人口接近 1/3。随着平均寿命的延长，老龄人口的比例会更高，这是人类社会发展的必然趋势。21 世纪，传统意义上的老龄化将成为常态。我们应当改变观念，对老龄的界定应当推迟。历史上，老龄的界定从 45 岁、50 岁，到 20 世纪中叶才界定为 60 岁。对老龄界定的观念改变，将改变许多对有关人口问题的认识。面对老龄化问题，当务之急是完善养老制度，保障老年人的生活；也可对现有退休制度进行调整，让一部分 60 岁以上人口为社会发挥更多作用。

记者： 我国"十二五"规划纲要明确提出，在"十二五"末期，城镇化率要提高 4 个百分点。这就意味着到 2015 年，我国的城镇人口数将首次超过农村人口数。对于农村人口向城镇转移，您有什么建议？

蒋正华： 城镇化和经济发展如同车辆的两个轮子。经济发展了，自然会推动城镇化，城镇化又能推动经济发展的速度加快。5 年内城镇化率提高 4% 是个不低的速度。在城镇化的过程中，有两个问题必须注意。

从经济学角度来讲，大城市吸纳一个人付出的代价最低，因为公共设施的投入最小，但大城市有大城市的问题。1986 年的联合国第一次国际大城市市长会议，以 400 万人口的城市为大型城市。在会上，各国市长反映，大城市普遍都面临着水资源、垃圾处理、交通、环境污染等问题，即"城市病"。现在看来，城市的人口规模在 200 万左右最为合适。这样规模的城市，既有经济自我发展的能力，能综合解决社会经济问题，又不会带来太突出的"城市病"。城市人口少于 25 万至 30 万，经济发展动力较差，也应当在发展中适当扩容。世界先进国家的发展经验表明，城镇化是我国经济社会发展过程中必不可少的过程，但在这个过程中要规划好人口流动，防止出现大量超大型城市，带来本可避免的社会问题。

另外，城镇化的目的是让经济社会更好地发展，让人民的生活更加幸福。在城镇化过程中，必须重视农民工融入城市的问题。从世界上国际移民的经历，以及上海、深圳等城市的发展来看，这必然是一个缓慢的过程，需要城市管理者付出耐心和智慧。

长寿化和老龄化的 21 世纪

（2012 年 5 月 21 日）

近年来，老龄化成为全球热议的话题。人口的老龄化有其长期和特殊的原因，其影响则及于经济、社会、政治、生态、环境、资源、人文等各个领域，对策也将涉及上述各个方面。本文从宏观角度对此作综合性的分析并提出建议。

一、老龄化发展历史

人类社会在发展的过程中，能力不断增强，相应的，寿命不断延长，对老龄的界定也相应地变化。根据考古学证据分析，数千年前的新石器时代，人类平均寿命只有 18 岁，活到 40 岁已是高寿。历史学研究认为，古罗马时期，欧洲人的平均寿命也只有 23 到 25 岁；中国人在新中国成立前，平均寿命只有 35 岁。19 世纪，国际上普遍认为 50 岁已进入老龄；只是在 20 世纪中叶，老龄的定义才确认为 60 岁。近年来普遍认为，对老龄的界定应当进一步改变。许多人认为至少应提高到 65 岁甚至更高。可以说，人口寿命延长将是一个长期趋势。笔者认为，这一现象应称为长寿化，是一种积极的现象，对人类是喜不是忧。只是这种变化在近半个世纪十分迅速，我们应当加强研究、加深认识，要在新的认识基础上建立适应这种新情况的社会体制、机制。

造成近年老龄化问题突出的还有两个特殊原因：其一是第二

次世界大战以后，全球出现了"婴儿热"或称出生高潮的时期。受战争遏制的结婚、生育在战后释放出特殊的能量，许多国家每名妇女生育的子女数平均达 5 至 6 个。在这一时期出生的大量孩子，造成了持续的人口数量高峰，并于 60 年后相继进入老年期，构成大量老人群体。

第二个特殊原因是从 20 世纪 70 年代起全球性的节制生育活动。这一活动遍及绝大多数国家，使每名妇女平均生育的孩子数量降低了一半多，达到目前 2.56 个的水平。这一趋势还在继续。这一全球性趋势减少了"人口爆炸"的负面影响，也减少了总人口数量，因此，使老年人口的比例增大，并使老龄化看起来更加突出。

以上预测方案的假设为：全球总生育率从 2005～2010 年的每名妇女 2.56 个孩子降到 2045～2050 年的 2.02 个，同期经济发达地区总生育率从 1.64 个孩子增至 1.80 个，最不发达国家从 4.39 个孩子降至 2.41 个，其他发展中国家从 2.46 个孩子降至 1.93 个。同期全球预期寿命从 68 岁增至 76 岁，发达地区从 77 岁增至 83 岁，发展中国家从 66 岁提高到 74 岁。最不发达国家在 2005～2010 年的预期寿命为 56 岁，预计到 21 世纪中叶将提高至 69 岁。

根据以上假设，到 2025 年，全球 60 岁以上老人占总人口的比例将达到 15%，是 1950 年这一数据的近 2 倍。其中，经济发达国家 60 岁以上人口将超过 25%，发展中国家的这个数字也将达到 12%，全球进入老龄化阶段。21 世纪中叶，全球老龄化将达到高峰，65 岁以上老人在发达国家的比例将超过 30%，60 岁以上老人的比例则更逼近 40%，这一前景引起了许多人的警觉。由于平均期望寿命的不断提高，即使因生育率下降而形成的超级老龄化时期过去了，正常情况下，老人的比例也将维持在 30%

以上。第二次世界大战以后形成的"老年"观点受到冲击，老龄化将成为常态。从生命表可以容易地算得，平均期望寿命达到90岁时，60岁以上老人必定占到31%左右，许多社会生活中的观念应当作出相应的变化。

20世纪中期以后，生育率长期下降的后果逐渐凸显。1950年，欧洲儿童的比例为1/4强，25年之后就降为1/5，21世纪初则为1/6。北美的变化较欧洲约晚20年，但趋势相同。儿童比例的下降减少了家庭津贴、福利开支、学校费用和医疗支出，但同时，老年人口的绝对数和比例都在上升，由此而增加的支出大大超过儿童减少所节约的费用。许多国家正在通过推后退休年龄、提高劳动生产率、增加劳动年龄时期对养老金的贡献等办法，努力维护老年人的消费能力。

在许多国家，高福利的社会保障制度已经使财政不堪重负。即使有的国家采取了最高可达70%以上的累进所得税制度，但仍然不得不大力削减社会福利支出，以保障经济运行的必要投入。

除此以外，消费结构改变、家庭关系松弛、精神生活空虚等问题，也对经济、社会发展提出了许多新的要求。美国的一些研究人员预测，到2030年，美国65岁以上的人口将占20%。同时，拉美裔美国人到2050年可能超过1亿，占总人口的1/4，非洲裔美国人的比重则减少到14%，亚太裔美国人的比例提高到8%。与50年前美国90%为白人，其中大部分是青壮年的情况相比，将对美国社会的许多方面产生强烈影响。联合国就老龄问题先后通过《维也纳老龄问题国际行动计划》《联合国老年人原则》《世界老年人宣言》等文件，国际社会正在行动起来。

二、中国人的老龄化

中国人的老龄化发展既有与经济发达国家类似的方面，也有不同的特点，最突出的就是老龄化速度快、老年人数量多、地区差别大。

据联合国统计，1950 年到 90 年代末，世界老年人数量增长 176%，中国的老人数量则增长了 217%；未来 25 年中，世界老人将增加 90%，中国的老人则增加 111%。有的人口研究机构统计，65 岁以上老人从 7% 增加到 14% 所需时间，在法国是 115 年，瑞典 85 年，美国 66 年，英国 45 年，而中国只需 25 年。

以 65 岁作为进入老龄的标准，2005 年，中国老人总数将超过 1 亿人，预计到 2027 年超过 2 亿人，在 2037 年超过 3 亿人，最多时约为 3.3 亿人到 3.5 亿人。若以 60 岁作为老龄标准，1997 年我国老人就已经超过 1 亿人，2014 年为 2.03 亿人，2026 年为 3.04 亿人，2039 年为 4 亿人，最高时可达到 4.4 亿人到 4.7 亿人。21 世纪 20 年代至 40 年代，是我国老年人口增长最快的时期，每 12 至 13 年，60 岁以上的老人就要增加 1 亿人。从 2027 年到 2037 年，10 年之内，65 岁以上的老人就将增加 1 亿人，相当于一个世界人口大国的人口总量。60 岁以上老人数量平均每年增长 4% 以上，65 岁以上老人数量的年增长速度超过 5%，被称为老年老人或老老人的 80 岁以上人口的增长速度更高。这样的速度在世界上少有，甚至超过了老龄化最快的日本。日本 60 岁以上老人占总人口的比例在 2000 年为 10.65%，到 2040 年将增长到 25.2%；在同一时期，中国 60 岁以上老人占总人口的比例从 10.18% 增长到 27.7%，并可能在 2050 年进一步增加到 31.27%。这一增长趋势及其影响，应当引起我们的高度重视并加以深入研究。

有数据说明，到 2050 年，中国的老龄化程度将接近日本，一些大城市的情况将与日本的老龄化状况十分相似。从更长远的眼光看，由于人口平均寿命不断延长，世界老龄化将成为常态。就静止人口状态而论，若人口平均寿命达到 80 岁，则 60 岁以前死亡的将在 2% 左右，60 岁以上人口可占总人口的 23% 左右；平均寿命达到 90 岁时，60 岁以上人口将占 31% 左右。在人口结构达到稳定之前，这一比例短期内还可达到更高的水平。因此 21 世纪，国际社会应当尽快调整观念，使这个世界从各个方面作出改变，适应按传统观点是"老龄化"社会的各种特性，使之最大限度地有利于人类社会的可持续发展。

三、长寿化与老龄化的影响

人口寿命的不断延长对人类而言是一个好消息，从近数十年看，平均寿命的提高基本上以稳定的步伐发展。人类寿命的提高是否存在极限？这一阈值是什么？众说纷纭，莫衷一是。根本原因是对影响寿命的主因认识不同。即使在对人类基因已有了相当深入了解的今天，影响寿命的各种基因的作用仍然有许多谜团未解。大多数学者认为人类寿命的上限约在 120 岁，个别人认为可达千岁，也有认为可以接近 200 岁的，但都未得到学界的认同。即使是极限寿命达 120 岁，也将导致人类社会从家庭结构到政治、经济、社会、文化、消费等领域翻天覆地的革命性变化。这些变化有的利于人类社会发展，有的将形成挑战。

（一）长寿化有利于发展

1. 长寿化伴随着人口健康水平的提高，相应提高了各个年龄人口的工作能力，有利于生产率的提高。

2. 长寿化使知识创造和积累的时期延长，可以提高全社会的人口素质，加速产业的升级换代和技术水平提高，有利于知识经济发展。

3. 长寿化使高龄人群的健康水平提高，扩大了劳动人口数量。现在，许多国家已将退休年龄提高到 65 岁甚至更高。到 21 世纪中后期，进一步提高退休年龄也不是空想。

4. 长寿化促进生活方式的改变，创造更多消费需求，也使人类在发展中获得更多物质与精神享受，四世同堂，其乐融融的现象普及。

（二）长寿化对发展构成的压力

1. 在社会适应人口结构变化的过程中，有可能因为负担高比例的养老需求，对经济发展产生过大的压力，影响经济发展。

2. 老年人有许多特殊需求，对医疗、生活、休闲、交通、居住等设施和机制等构成压力，需要社会及早作出安排。

3. 老年时期延长将影响一生的资金安排，过多资金若被储蓄起来作养老之用，可能会影响当前消费，不利于经济增长。

4. 老龄化发展的结果在一个时期可能造成在业人口负担过重，从而影响代际关系，引发社会矛盾，使代际关系紧张。

（三）中国人口老龄化过程与世界相比的特点

1. 老龄化速度快、规模大。中华人民共和国建国前，中国人的平均寿命约为 35 岁；60 年内，平均寿命提高了 1 倍多。新中国成立之初 30 年的高生育时期，又使今后 30 年内产生庞大的老龄人口。这两个因素叠加，使中国老年人口比例将从现在的 1/7 迅速上升到 21 世纪中叶的 1/3，许多问题来势迅猛。

2. 农村的老龄化速度高于城市，各地区的老龄化速度相差悬殊。受到人口迁移与城市化的双重影响，农村的青壮年大量流入城市，城区扩大又使农村只留下老年人，农村成为经济落后地区。农村的老龄化速度长期高于城市，到 2050 年，农村老年人口比例可能超过四成。经济社会发展程度的差别，则使一些中心城市和大城市的人口老龄化速度高于其他省、区。上海有的地区在 20 世纪 80 年代，老年人口就已经占 1/5 以上，而少数省、区要在三四十年后才进入老龄化阶段。

3. 老年人口比例波动剧烈。受经济社会发展和计划生育政策双重影响，中国人口结构波动剧烈。这一特点同样反映在老年人口上。2040 年前后，年净增长的老年人口将超过千万，2050 年以后的 20 年内又迅速减少。

因上述原因，对人口老龄化、长寿化，我们不要过分担忧，但要充分重视。对中国而言，主要应解决以下问题。

养老保障制度亟待完善。我国到 21 世纪中叶，养老费用可能达到国内生产总值的 1/10，亟待建立健全个人、国家、社会三方面有机、统一的养老保障体系。个人应从青年起就提高理财意识，为老年生活做好准备；国家要建立基本养老保障体系，保证老年人的基本生活需求；社会应健全、完善服务体系，适应老龄化社会服务需求。社会还应通过建立志愿者队伍、完善社区体制等，提供服务支持。

加强医疗保障制度及医疗卫生服务。老年人疾病多、体能差，需要特殊的医疗安排和护理。国际上，老年医学作为独立学科正在加速发展，有些国家还专设老年病人科，以适应老人身患多种疾病的情况，因为专科治疗不能满足老年人看完所有病的要求。

建立长期照护保险制度及体系。从生理、心理方面照料老年人，在设施建设、队伍建设、技术建设、管理建设、机制建设等方面，为老年人中的最弱势群体提供帮助。

加快新农村建设，"三农"工作深化改革，尽力促进农村养老事业加快发展。农村的老龄化速度最快，经济能力也较差，需要加强农村中国家、社区、家庭养老体系的整合与规范。

关注老年妇女的养老问题。老年妇女是老年人中的弱势群体，需要特别关注。从根本上说，应努力解决工作、财产等各个方面的性别平等问题，使老年妇女的地位得到保障，同时还要解决一些现实问题。

解决流动人口的养老问题。流动人口养老问题的根本解决需要对户籍制度进行彻底改革，建立起先进的公民登记制度。流动人口养老问题的解决还有赖于农村现代化和流动人口融入城市生活，城乡一体化将在经济社会发展方面最大限度地减少城乡差别。

老龄化、长寿化也会带来积极影响。充分发挥老年人的知识、经验、技能对促进生产的作用，有利于我国经济发展模式的转型和经济结构的转变。老年人也可以在老有所依的制度安排下，为社会经济发展作出积极的贡献。

中央对老龄化问题高度重视，在"十二五"规划中作出了专项规划。上海在 20 世纪 80 年代已经开始了老龄化进程，在解决老龄化问题过程中作出很大努力，有许多创新，可以为其他地区提供经验。希望今后创造更多经验，全国共同努力，解决好老龄化问题。

由于扶养老年人与抚养少年人所需社会资源不同，负担也大不相同，各国研究结果都得到类似的结论：一位老人的平均费用与儿童的费用比例大体上为 2∶1 至 3∶1。尽管中国儿童人口比例的下降抵消了老年人口费用的上升，在相当长的时期内，抚养人口的总比例增加不多，但社会费用的支出仍将稳定地增长。医疗费用及退休金是社会对老年人主要的支出项目。在西欧的一些国家中，由于实行高所得税、高社会福利政策，社会保障费用已接近国民收入的1/3。美国某些年的养老金开支超过国防费用，成为主要的财政支出项目。近年来，随着养老保障事业不断发展，我国相应的支出在迅速增加。

老年人不仅需要充实的物质生活，也需要丰富的精神生活。许多经济发达国家老年人的自杀率居高不下，各种类型的精神疾病困扰着广大人群，其原因在于家庭关系松弛。在丧偶以后，老人独居，尤其感到孤立无助。中国强调老有所为、老有所乐，通过社区组织等部门做了大量工作。城市的老年人中，读书看报的占45%，做保健操的有19%，还有许多老人参加旅游、下棋等休闲活动，更有20%以上的城市老人从事过义务劳动。在中国，最广泛的老人闲暇活动是看电视，城市中90%以上、农村中70%以上的老师经常观看各种电视节目。虽然我国老年人的生活水平有了很大提高，但其消费额占全社会消费总额的比例还很小，有很大的发展空间。

近年来，健康老化和健康老龄化的观念日益受到国际社会的关注。联合国提出，将健康老化作为全球解决老龄问题的奋斗目标。健康老化是指个人进入老年期时，在躯体、心理、智力、社会、经济五方面的功能都能保持良好状态。一个国家或地区的老年人口中若有较大比例属于健康老化，老年人的作用能充分地发挥，老龄化的负面影响得到制约或缓解，则其老龄化就算得上健康老龄化，也有人称之为成功的老龄化。

中国政府高度重视应对未来人口的老龄化，已经作出了许多专项规划，并在城乡开展养老保障体系及相应的社区建设。为加强对老龄工作的领导，国务院还成立了老龄工作委员会，专门的老年群众社团在全国各地十分活跃，各方面都在为老有所养、老有所为、老有所乐、老有所学而共同努力。

在海南省儋州市地中海贫血孕前预防试点工作启动会议上的讲话

（2012 年 6 月 5 日）

地中海贫血是世界上最常见的遗传性血液疾病，全球有近 4 亿人携带该疾病基因，被世界卫生组织列为严重危害人类健康的六大疾病之一。每年约有 50 万重型地中海贫血新生儿出生，给患者及其家庭、给社会造成了重大危害。对地中海贫血的干预预防是一个世界关注的话题，也是一个重要的民生问题。

我国是人口大国，也是出生缺陷高发的国家，每年新出生人口占全球新增人口总量的 11.4%，但新增出生缺陷病例接近全球的 20%，而地中海贫血发生率位居南方部分地区主要出生缺陷前列，防治形势十分严峻。加强地中海贫血预防，是我国南方高发区减少出生缺陷、提高人口素质的重要措施。

2010 年年底，中国生产力学会与中国出生缺陷干预救助基金会针对我国南方地中海贫血遗传病干预防控的严峻形势，从其严重性和紧迫性入手，联合海南省人口与计划生育委员会以及国内相关科研院所，共同对地中海贫血遗传病干预防控的严峻情况、健全防控体系和措施的必要性等问题，进行了历时一年多的专项研究，形成了题为《关于我国南方出生缺陷地中海贫血遗传病干预及建立海南防控体系试点研究》的研究报告，由中国生产力学会与中国出生缺陷干预救助基金会共同呈报国务院。国务院领导对该项研究高度重视，温家宝总理、李克强副总理和回良玉副总理先后对研究报告作出了重要批示。

今天，我们欣喜地看到课题成果即将在海南省试点并转化实施，体现了党和政府以及社会各界对海南各民族人民健康的高度重视和密切关注，是坚持以人为本，关注民生、服务民生的重要举措。儋州市在开展地中海贫血孕前预防试点工作过程中，以计生为主导，民政、卫生等部门参与配合的创新模式，形成了优势互补和管理资源共享的多部门协作格局，为人口计生的出生缺陷群体预防工作，在海南全省带了一个好头。这不仅对降低儋州地区高发的遗传性疾病意义重大，也对统筹解决海南全省出生人口素质问题的长期战略具有重要的社会意义和示范指导意义，它必将受到全社会的积极评价。

我希望通过地中海贫血防控试点工作的不断深入和持续开展，能在观念上对政府、公众认识和理解遗传病防治产生重大的影响，让更多的普通群众认识和主动预防这种疾病，让各地区的政府机构和社会团体能行动起来，把这种对人类健康有重大危害的病症预防好、宣传好和控制好。这无疑也会大大促进我国除海南之外其他地区出生缺陷遗传病群体预防工作的开展。

地中海贫血可以预防、可以控制。地中海贫血的防控事业是一项长期的任务，需要全社会的共同参与和广泛协作。中国出生缺陷干预救助基金会的宗旨是：减少出生缺陷人口比例，促进出生缺陷患者康复，提高救助对象生活质量。基金会支持出生缺陷干预事业的持续健康发展，愿与社会各界一道，共同为海南地中海贫血防控工作的有序和持续开展发挥积极作用。

今天，我们已向地中海贫血宣战；未来，我们还将出现在更多需要帮助的地方，不遗余力地继续履行我们的使命。

在积极应对人口老龄化战略
研讨会开幕式上的致辞

（2012 年 12 月 24 日）

人口老龄化是社会文明进步的结果，是人类社会共同面临的发展趋势，标志着人类生命新阶段的开始。从新中国成立以来到20 世纪末，我国基本完成了人口转变，迈入了老龄化国家的行列。从未来发展看，21 世纪上半叶是我国实现两个宏伟目标的重要发展时期，也是我国人口老龄化形势日益严峻的时期。人口老龄化将伴随着我国社会主义现代化建设的全过程，成为我们想问题、作决策、办事情必须始终把握的一个新的基本国情。

人口问题是人类社会的基础性问题。人口年龄结构的老龄化对人类生活等所有方面都会产生重大影响，对所有国家经济社会的发展既是机会，也是挑战。安南在担任联合国秘书长的时候，曾经总结各个国家的一些政府共识，他总结说："我们正在经历一场静悄悄的革命，它大大超出了人口学范围，给经济、社会、文化、心理和精神都带来了重大的影响。"这个结论，可以说是各个国家经过这些年实践和探索取得的一个共同认识。与发达国家不同，我国的人口老龄化超前于经济社会发展水平，用大家常用的一句话是"未富先老"，这个影响就更加突出、深刻和复杂。在人口领域，人口老龄化将逐步成为 21 世纪我国人口长期均衡发展面临的主要矛盾之一，制约人口发展活力的提升。在经济领域，人口老龄化不仅改变了劳动力结构、消费需求结构和国家税源结构，降低了国民储蓄和资本积累，而且提高养老的经济社会成本，影响金融系统的安全，加大转变经济发展方式的难度，逐步加剧实体经济与虚拟经济的结构性矛盾，增加我国宏观经济运行的系统性风险，将成为影响我国宏观经济运行基本面的重要因素。在社会发展领域，人口老龄化改变社会利益格局，容易引发代际利益冲突，增加家庭养老负担，削弱家庭发展能力，促使家庭矛盾加速外化。老年人疏离社会的现象日益严重，不利于增加社会认同和融合。老年群体的社会诉求日益凸显，对公共支持的调整和社会管理机制的创新提出了更高的新要求。在城乡统筹发展领域，人口老龄化与城镇化交互推进，大量农村的年轻人口迁往城镇，加速了城镇化发展过程，缓解了城镇老龄化压力，但加剧了农村老龄化程度，给农业生产、农村建设和农民养老等带来了诸多新问题，加大了统筹解决"三农"问题的难度。在民生保障领域，快速发展的人口老龄化将大幅增加对养老保障、医疗保障和服务保障的需求，放大了全体社会成员面临的收入风险、疾病风险和失能风险，改变了保障制度的内在规律，加大了保障制度可持续发展的压力。

当然，人口老龄化也有促进社会经济发展的方面。老龄化的根本原因在于人口平均寿命不断延长、人类健康水平不断提高。这将有利于人类知识的积累和创新，有利于21世纪知识经济的发展。从正面看，人口老龄化也可以称为人类的健康长寿化，这将成为世界未来的一个常态。19世纪的时候，一般把老年人的概念界定为50岁，但是到20世纪中期，就调整到把60岁作为老人。现在进入到21世纪了，到底应该多少岁是老年，我看应该有一些新的观点。我认为，传统观念所谓的老龄化，更准确地讲是长寿化，既要看到它对我们社会经济发展带来的压力方面，也应该看到它对我们发展的促进方面。人类社会应该创新发展模式、生活模式，形成新的概念和体制，把人类社会不断推向新的发展高度。我国将是世界上老龄问题最严峻的国家之一，人口老龄化给我们的经济社会发展带来严峻挑战，挑战中也蕴含着新的机遇。从应对挑战方面看，现阶段我国在物质、制度、思想、政策、组织特别是体制机制等方面的准备，还很不充分。必须立足当前、抓住机遇，努力走出一条中国特色的积极应对人口老龄化之路，实现人口老龄化条件下国家的可持续发展。国际上都高度关注老龄化问题。我们在座的人再过 10 年、20 年都进入这个领域了。我们除了以加强法制建设作为根本性的保障，同时还做了很多具体的工作，包括建立各种不同服务水平的养老机构，建立志愿者队伍，以及建立适应我们国家国情的"年轻老人"来照顾"中年老人"、"中年老人"自己一定程度上自立的措施，也要有一定的专门队伍来照顾"老老人"，特别是"失能老人"。这些都是一些体制性的建设。

我们面临的是一个前所未有的人口老龄化时代，积极应对人口老龄化的时代实践需要很多的理论创新成果。中国的社会主义市场经济靠着改革开放取得了世人瞩目的成就，创造了适合中国国情的发展之路。我们的人口问题也必须立足中国的基本国情，不迷信外国人已有的各种理论。实际上，很多外国人的理论是对某一些地区的特定人口状况进行总结的结果。这些理论和化学理论、物理理论是不一样的，它们是经实际情况检验的总结。这些总结往往适应某一部分国家，另外还有一些不适应的国家。比如现在大家讲得很多的"人口红利"，是专家们对亚洲很多国家人口状况研究的总结。也有一些亚洲国家就不适用这种结论，像菲律宾就是很突出的，违反所谓"人口红利"理论。我个人认为，现在应对人口问题从根本上说不是一个理论问题，而是探索实践的问题。我们要把更多的力量放在深入实际、研究实际上，通过对实际问题的分析研究，来提出解决中国人口问题的理论创新成果。只有这样的理论创新成果，才能够对我们中国的发展真正起到一个很好的推动作用。

在座的很多是著名的专家学者，也有各个部门拥有丰富经验的工作者。这两方面结合起来，大大推进了我们事业前进。我本人这次接受了国家老龄委委托的人口老龄化研究课题，在专家委员会中接触了许多有丰富实际经验的同志。他们在讨论的时候提出了很多问题，我们原来还没有接触到。所以我觉得，在下一步，我们更应该在人口老龄化问题上鼓励专家学者和实际工作者密切地结合。这次积极应对人口老龄化战略研讨会，专家云集，群贤之智互相碰撞，是一个交流思想、聚智聚力的平台，也是一次加强沟通、增进友谊的聚会。希望各位专家、各位来宾畅所欲言，各抒己见，为积极应对人口老龄化贡献智慧。

从科学发展高度看人口问题

（2013 年 4 月）

人是社会发展的动力，也是社会发展的主体。古代的人类生产力低下，资源供给丰富，生活环境艰苦，死亡率极高，需要高生育率以维持种群的存在。进入工业化时期，生产力空前提高，资源匮乏、生态失调、环境破坏等问题不断出现，迫使人们考虑人口与社会、经济、资源、生态、环境等方面协调发展，使世界达到一个大家普遍能接受的均衡状态。在人口领域由各种观点指导，形成了最低人口、适度人口、最优人口、最大人口、均衡人口等概念，并构造了许多数学模型，获得了相应的全球和国家定性、定量相结合的数字结果。尽管受到社会问题的许多不确定因素影响，各种数字结果只是相对的，还可能由于外因、内因认识的发展而改变，但其研究思路和时期性的定量分析结果对决策仍有重要意义。本文从四个方面加以阐述、分析，第五部分归纳出主要结论，目的是提出解决问题的思路和定量情景分析。半个世纪以前，人口的快速增长引起许多人的警觉。在 1968 年出版的《人口炸弹》一书中，保罗·埃利希教授惊呼："我们将会被我们自己的繁殖逐渐淹没。"他的话只对了一部分。20 世纪，世界人口从 16 亿增到 61 亿，成为历史上人口增长最快的 100 年。但从 20 世纪后期起，在各国的共同努力下，人口增长迅速减慢，现在又充斥着另一种呼声。日本厚生省报告："日本的人口……到 3000 年大约为 500 人。"许多国家都出现这种"人口末日"的声音。同样，这也不会成为事实。人类社会将会在新的条件下采取明智的对策，发展将会持续。

一、人口与经济的协调发展

人口是经济增长的原动力，也是经济成果的消费者。人口对经济增长的贡献既有体力和智力的，也因为消费需求而刺激了经济增长。经济增长则满足了人口消费，至少应当满足最低消费需求。低于这个水平，则人类社会将发生动乱。在各要素适当配置的条件下，可以优化增长水平，达到一个最佳的经济人口结构。根据大量实证研究，当人口年增长率为1%时，为保持生活水平不下降，经济增长率应为2.5%左右；这个数字随着经济发展水平、生活条件的变化，以及环境等因素的改变而有所调整，但总体趋势不变。为保持生活水平不下降而必须达到的投资率称为人口投资率，也是必须保持的最低增长率，其剩余部分才能用于进一步发展或提高生活水平。除了人口总量外，人口结构也对经济发展有着重要的作用，尤其是劳动力在总人口中的比例，影响更是直接。在现实社会中，曾多次出现一些国家或地区的劳动力是否过剩或人口是否过多的争论。一个时期某个国家或地区失业率高，并不足以断定这个区域的劳动力过剩，因为经济结构失调可能引起结构性失业，政策失当也可能推高自愿失业水平。但是，相当长时期内边际劳动生产率下降则应看作劳动力过剩的征兆，边际劳动生产率为零则是绝对的劳动力过剩了。

人口是经济发展的内部因素之一，在不同发展时期，充分发挥着内生因素的作用。20世纪60年代曾流行过"人口陷阱论"，认为人口增长快将使经济在起步时受到拖累，经济增量将被增加得很快的人口消耗殆尽，又落入发展乏力的陷阱中。只有外力的推动，才能使这一地区跳出"人口陷阱"。另一种理论产生于对亚洲发展经验的总结。除菲律宾等少数国家外，亚洲许多国家依靠劳动密集型产业起步，获得了初步的繁荣。在发展到一定时期，优势消失，发展难以维持，必须增加劳动力。这种现象被称为"人口红利"，这个发展时期被称为人口机会窗口期。联合国人口基金委员会在1998年的《世界人口现状报告》中使用了"人口红利"一词后，发展中国家广泛应用了这一概念。但是，中国的发展经验既打破了"人口陷阱论"，也将打破"人口红利论"，无论在何种人口环境下，只要采取得当的政策，都可以利用好不同的内生因素助推经济。在第二次世界大战后，世界贸易中曾出现过令经济学家困惑的现象：美国技术水平高、劳动力少，在贸易中却出口劳动密集型产品，进口技术密集型产品。经研究发现，产生这种违背国际贸易基本规律现象的原因是：当时，美国劳动密集型产业中工人的劳动生产率是同类国家的4倍，在这些产业中占据了优势，这一现象在经济学中被称为"列昂惕夫之谜"。可见，劳动力数量庞大不可恃，技术进步、素质提高、数量适当才是发展之本，与时俱进、深化改革才能长保发展。在许多案例分析中，劳动力与经济发展的关系不相一致，与经济结构、技术水平等的关联更密切。总的说来，既不可片面强调廉价劳动力数量对经济增长的正关联作用，也不可完全忽视其影响。基于以上规律，不难根据投资、人口增长、资本折旧、技术进步、报酬递减等资料，建立相应的数学模型，在投资与消费间适当分配的不同总目标下，可以解出相应的最优值。就中国的条件进行的定量计算说明，远期的最优人口总量约为7亿至8亿。

除了人口对经济发展的影响外，经济发展也会影响人口增长。在现代经济条件下，经济发展水平的提高，总体上使生育率和死亡水平都下降。一般的解释是，这种情况下，孩子的效用下降而养育成本提高。死亡率下降使孩子在成年之前夭折的风险减少，进一步压制了多生育的愿望。现代计划生育技术的进步和高效药具的发明，使少生育的愿望更加容易实现，这些都是拜经济发展之赐。上述孩子的成本效益理论只是对实际现象的解释，不能用于定量预测。要精确地算出孩子的成本、效益和多生一个孩子的边际效应、成本几乎是不可能的，更何况若将孩子也当作一种消费品来作定量分析，还必须研究对其他消费品的替代效应，以及孩子在感情上的价值，定量计算更是困难。因此，现实的研究方法是，根据已有各地区或一个地区的历年经济、人口统计数据，利用各种数据处理技术进行相关分析，估计经济增长对生育行为的影响。这种研究方法虽然算不上准确，但是可以发现许多重要的趋势信息，对宏观决策而言是十分有用的。

二、人口与社会的协调发展

社会发展对人口的影响是多方面的，首先表现在死亡率和生育率上。世界各国死亡率的差别主要由社会因素决定，营养水平、生活环境、医疗条件等都是一些显而易见的原因。早在 19 世纪初，就有学者专题研究过富人和穷人、统治阶级和工人阶级物质和精神状态差别对寿命的影响，20 世纪保险业的发达，提供了更多的数字，细化了这些研究。近半个世纪以来，由于医疗技术发展、义务教育普及以及公共服务加强，人类的健康水平普遍提高，各国的平均寿命差距缩小。一些发展中国家的人口平均寿命，远高于发达国家在相似或更高收入下的水平。有时，一项针对性很强的措施的推行可以迅速降低死亡率。第二次世界大战后，由于在斯里兰卡引入滴滴涕，蚊虫滋生受到强力遏止，疟疾病患者大幅减少。一年内，该国人口死亡率下降了1/3。全球人口平均期望寿命在 20 世纪 50 年代前期约为 46.5 岁，到 80 年代前期提高到 59.5 岁，此后平均每年约增加 0.25 至 0.3 岁。新中国成立前，中国的人口平均寿命为 35 岁；新中国成立后，平均寿命迅速提高，不仅远高于其他发展中国家，也高于世界平均水平。到 21 世纪中叶，中国人的健康程度将达到发达国家水平，平均寿命很可能达到并超过 80 岁。

社会因素对生育率的影响更加复杂，许多人文因素难以用数量化的技术研究。总的说来，社会进步、经济发展有利于生育率的下降。对提高生活水平的要求，在一个时期内可代替对多子女的生育需求，但长期历史中形成的生育文化很难在短期内彻底转变。社会复杂的阶层结构和多元文化，形成了多元的家庭生育需求，与社会整体利益不可能完全一致。这将在很长时期内，需要经济、社会、法律、行政等各领域采取目标一致、协调有力的政策措施加以调节。

决定生育率的基础性社会因素，是人类的生育能力或生育力。对不采取任何避孕方法的地区的观察表明，每名妇女一生可以生育约 12 名孩子，但个体化差异很大。约有 5% 至 10% 的妇女终生不育，也有个别妇女生育 22 至 24 个孩子的，其中还不包括孪生子女。生育力是一个人群潜在的生殖能力，很难精确计算，但从大量观察案例发现：一名妇女的生育能力从初次排卵开始，到 18 至 20 岁左右达到高峰，这个峰值可以保持到 30 岁左右；此后逐渐下降，至 49 岁左右降到零。实行计划生育最重要的年龄段在 20 至 35 岁。即使不实行计划生育，也有许多社会文化、风俗等因素，例如婚姻方式、生育禁忌等，使实际的生育率远低于潜在生育力能达到的生殖水平。大体上，前者只能达到后者的 1/3 以下。全球生育率在 20 世纪 50 年代达到高峰，平均每名妇女生育 5 个孩子，32 个国家的每名妇女平均生育 7 个以上孩子，没有一个国家的生育数低于 2 个孩子。从 20 世纪中后期起，在社会发展、国际推动、计划生育技术进步、死亡率下降、生活方式改变等多重因素作用下，生育水平迅速下降。1995 年至 2000 年期间，世界妇女人均生育孩子数降至 2.79 个，有 49 个国家的平均生育孩子数低于 2 个，平均生育 7 个以上孩子的国家减少到 7 个。生育率下降的趋势仍在持续中。联合国根据各国资料综合分析，今后 40 年内，最不发达国家的人均生育孩子数将迅速减少，发达国家的人均生育孩子数则将略有增加，到 21 世纪中叶，世界人均生育孩子数将降到接近 2 个的水平。

人口发展态势同样影响了社会发展。高生育率、高死亡率地区，面临着提高公共服务水平、增加卫生健康投入、加速经济社会发展的压力。而低生育率、低死亡率地区，则要应对人口老龄化、人口结构重新平衡、社会建设策略调整等新的挑战。中国从 20 世纪 50 年代以来经历了全球人口发展模式最快的转变过程，这些问题尤其突出。中国许多地区承受过从儿童快速增多，小学、中学设施不足，到儿童数量剧减、大量学校闲置的压力，当前正承受着老龄人口迅速增加、养老服务设施不足、代际利益亟待协调等社会问题的冲击。处理好这些问题，是实现社会和谐的重要内容。在我国加强计划生育工作时期，形成了大量独生子女户。这些家庭的老龄工作、独生子女死亡形成的特殊困难等问题，尤其需要政府高度关注和妥善安排，使计划生育工作在发挥支持经济发展作用的同时，促进逐步使低生育水平家庭充分享受经济社会发展利益，从而形成互相配合的政策、法制、社会、人文环境，稳定低生育水平，提高人口素质，促进社会和谐，推动经济增长，实现科学发展。

三、人口与资源环境的协调发展

人类生存、发展的物质基础，是各种可再生和不可再生的资源。在人类发展史上，随着生产能力的提高、产业形态的转变，可利用的资源不断增加，可以供给人类生存的潜力也不断增加。一个最粗略的估计是，狩猎采集时期，约需 30 平方公里陆地的资源才能供养一个人，当时全球只能养活 500 万人；畜牧业时期，资源利用效率提高，0.5 平方公里到 2.7 平方公里的陆地面积就可以养活一个人；到农业时期，生产能力大大提高，每平方公里陆地可以养活 40 人；工业经济时期，利用资源的能力更加提高，但许多资源的储备已感稀缺，每平方公里陆地，供养能力比农业时期大约只提高 4 倍，达到 160 人，全球最多只能支撑约 200 亿人。

地球对人类的支撑能力是一个模糊的概念，其数值与支撑何种类型的生活有关，也与技术发展水平有关。各种资源的稀缺程度不同，支撑能力也有很大差别。有的学者认为，从最严酷的资源条件和较优越的生活条件角度看，全球只能容纳 24 亿人；另一些学者认为，随着遗传工程等技术的不断发展，全球可以养活 500 亿人；更有人认为，如果人类都容忍像非洲沙漠中居民那样的生活，地球更可支撑数千亿人的生存。绝大多数人认为，按照目前可见的发展速度，地球应当可以支撑 100 亿至 150 亿人在一个合理的生活条件下生存，而不致发生严重的冲突。

粮食是人类生存最必要的物质。生活水平提高后，人类直接消费的粮食减少，但需要消耗更多的用粮食生产的肉类。生产 1 公斤牛肉需要消耗 7 公斤粮食生产，生产 1 公斤猪肉则消耗 3 公斤粮食。第二次世界大战后，由于人口迅猛增加，世界粮食储备已多次降到安全线以下。除了粮食之外，油、气、煤等能源储备也已看到尽头。即使可以开发出可燃冰等新能源，其代价也将十分昂贵。铁、铜等许多不可再生的金属资源，大多只能供应100多年使用。在今后的50年内，全球经济还将增长4倍左右，资源危机已经明晰可见。转变生产方式、调整经济结构，是一个全球性的紧迫要求。

当今世界，人口增长、经济发展已经严重影响生态环境，消耗了大量自然资源。全球表土储量约为3.5万亿吨，每年流失230亿吨，自然形成的新的表土数量很少。地球上半数以上的可耕地耕种条件很差，勉强开发需要大量投入，得不偿失。目前，全球自然资源的服务能力有2/3正在下降，我们在自然资产负债表上处在负债状态，人类活动消耗的资源大大超过其再生能力。这种生产方式基于牺牲子孙利益，是不可持续的。21世纪初，在联合国机构及其他组织支持下，启动了主题为"千年生态系统评估"的国际合作研究项目，95个国家的1360位学者参与了该项研究。2005年，研究成果公开发表。在研究报告中，既肯定了发展给人类社会带来的福祉，也按国别评估了许多国家自然财富的减少，其结果令人震惊，不少国家减少的自然财富为生产出来的财富的3至5倍。对中国的评估结果是，发展增加的财富约为减少的自然财富的9倍。这充分说明，中国的发展总体上是十分成功的。然而，我们也不能忽视其负面影响。

邓小平同志早就指出："人口多、土地少、资源相对缺乏是中国的基本国情。"我国的人均淡水资源只有世界平均水平的1/4，人均耕地只有世界平均水平的四成，油、气资源大量依靠进口，许多矿产资源也要依赖世界市场。制约我国发展而又无法进口的资源瓶颈是淡水。按照目前的用水状况，中国人均国内生产总值达到1万美元时，全国的地表水将全部用尽。更严重的是，水资源的地区分布与需求不能匹配，为了满足发展需要，大量资金花费在调水上。长江以南 38% 的耕地资源获得 83% 的水资源，黄河、淮河、海河、辽河流域占有 42% 的耕地，却只有 9% 的水资源。蓄水、节水、调水等措施一直得到政府高度重视，但解决问题还需要更大的努力。

受中国资源供给约束，可以在一定的技术进步、资源替代、生活水平、结构调整等条件下，研究中国最大可容忍的人口承载量。大体而言，16 亿左右人口是中国社会尚可容忍的数量；总人口达到 18 亿左右，就可能产生严重的资源、环境危机，进而对经济社会发展产生破坏性的打击。就 21 世纪而言，应当坚持稳定低生育水平、提高人口素质、调整人口结构、完善人口政策、优化人口分布，实现人口与资源、生态、环境的协调发展。

四、通过综合协调发展，实现中国人口均衡

人口是一个周期很长的复杂系统，从生育率很高猛降至低生育水平，承受了强烈的扰动，要调整至一个稳定的状态需要 70 年以上时间。近年来，社会上就中国人口政策的完善，提出了许多建议。从经济发展角度出发，有的提出将提高人口质量放在优先位置，有的提出以增加劳动力供应作为直接的对策。从满足社会不同需求出发，有的建议立即全面实施一对夫妇生两个孩子，有的认为应当逐渐调整。从资源、环境观点出发，有的主张严格控制生育，将总人口逐渐调整至 5 亿；也有的认为可以承载更多人口。

要作出正确决策，必须有明确的思路，并对各种建议的可行性进行全面分析。在科学发展观的指导下，我们应对长远的人口总目标有一个前瞻性设计。中国近年每年新增劳动岗位 800 万至

1000 万个，考虑到 2020 年后经济增长率将适当降低，每年新增劳动岗位将逐步降至 600 万个左右，与人口变化走向基本一致。至 21 世纪末，人口达到稳定状态，每年的出生数与死亡数相等，大体上在 1200 万人左右，经济增长率稳定在较高水平，为不断提高生活质量、增加公共服务、完善福利供给及其他方面的需要，提供足够支持。到 2050 年，中国人口平均期望寿命可以达到 80 岁，至 21 世纪末更可接近 90 岁。每年出生 1000 万人，达到人口稳定状态时，总人口为 8 亿至 9 亿；每年出生 1200 万至 1300 万人，总人口可以达到 10 亿至 11 亿，人口结构达到均衡；在调整过程中，最大人口数为 15 亿左右。这样的人口发展过程比较平稳，能被我们现在的社会管理水平承受。劳动力供求之间的平衡，可以采取逐步提高退休年龄等措施加以调节。随着经济结构调整、科学技术进步，更多的资源可以用于提高劳动力素质、提升劳动生产率等方面。这一方案的缺点是，不能完全满足不同类型家庭对多生育子女的要求。

立刻全面实施一对夫妇生育两个孩子，可能满足部分家庭多生育的要求，但产生生育失控的可能性很大。有些学者以山西翼城县及甘肃酒泉市为例，认为一个家庭生育两个孩子，生育可以得到控制，这是片面的。从 1984 年开始的"二胎政策"试点，曾在 40 多个地、县（市）实施。1988 年，为使试点取得成功，调整为 13 个点，但大部分地区在工作中遇到很大困难，陆续退出，最后只剩下 5 个点，成功的只有 2 个。可以看到，从整体看，试点不能证明全面实施一对夫妇生育两个孩子的政策可以立即推行。更现实的办法是根据不同地区的情况，分类指导，分批逐步实施独生子女间结婚后可以生育两孩、夫妇一方为独生子女者可生育二孩，直至全面放开二孩生育、特殊情况下可以生育多孩。国家可以控制，当每年的生育数量降至 1400 万 ~ 1200 万人时，由各地区逐步调整政策措施。在个别情况特殊的地区、单位，可以实施特殊政策。

将中国总人口降至 5 亿的愿望很好，但难以实现。在短期内猛烈降低人口数量将产生许多经济社会问题，风险很大，有可能影响国家稳定、安全。在 22 世纪，根据那时新的情况，也并不是不可以考虑新的人口目标。制定政策和实施措施既要考虑其科学性，也要考虑其可行性，必须兼顾各个方面的需要。中国人口在 21 世纪末若能稳定在 10 亿～11 亿，劳动力总量将超过 6 亿人，完全可以满足发展经济的要求，老年人口约占总人口的 1/4 弱，经过 21 世纪中期老年高峰的考验，这样的老年人比例将成为常态。也许由于社会发展、人类健康水平提高，老年的定义也将随之改变。考虑到 19 世纪 55 岁就被认为是老年人，20 世纪中叶老年的定义就提高到 60 岁，21 世纪初、中期，进一步提高老年的定义是完全可能的。

今后数十年内，我国在经济社会发展的基础上，协调各领域政策，使低生育水平家庭受益。我们可以争取在远期完全取消对生育孩子数的规定，让计划生育回归至家庭计划的本来面目，通过经济、社会、文化、风俗等机制的作用，维持有利于国家、有利于社会、有利于家庭的低生育、高素质、低死亡、高寿命的人口，政策观念将达到一个新的高度。

人口与经济、社会、资源、环境协调发展，是最终达成优良人口均衡状态的最好途径。各领域的发展和政策，与人口发展政策互相关联、互相影响，在科学发展观的指导下，逐步整合，平稳过渡到最终目标，社会容易适应，政府容易把握，在发生意外情况时，也有充分的回旋余地。21 世纪末最终达到的均衡人口状态是，平均寿命 85 至 90 岁，出生率和死亡率均为 1.1% 至 1.2%，每年出生与死亡人数均为 1200 万左右，劳动力达 6 亿多，60 岁以上人口约占总人口的 1/4，总人口为 11 亿左右。根据当时全球和中国的发展情况，这一目标可以进一步调整。

五、主要结论

通过以上分析，得到以下五点主要结论。

1. 中国当前的人口状况可以适应发展需要。从现在起到 2025 年止，都不会发生严重的人口问题。目前，生育水平约为每对夫妇生育 1.5 至 1.6 个孩子。劳动力仍有富余，为适应当前新的科技和产业革命形势，在实现经济转型过程中，不需要对劳动力数量提出更多要求，要把重点放在调整产业结构、提高劳动生产率上。广大民众普遍认同计划生育，有条件保持低生育水平，着力提高人口素质。

2. 中国人口数量的最高峰将出现在 2025 年前后，总量略低于 15 亿。这一时期应当逐步实施生育政策的调整，可以由国家控制总量，各省、自治区、直辖市依据当地情况，分类制定实施方案，逐步实现城乡、民族统一政策，最终通过经济社会发展，取消生育数量规定。

3. 中国人口的平均寿命不断提高，至 21 世纪中叶可达 80 岁，21 世纪末可接近 90 岁。百年以后，人口达到稳定状态。若每年出生 1200 万人，总人口将约为 11 亿，其中劳动力数量超过 6 亿，65 岁以上老年人的比例约为 1/4，人口结构均衡，人口分布合理。随着全面协调可持续发展环境的形成，人口素质高，家庭结构好，人民生活幸福、和谐。完善人口政策的时机，应在全国每年的出生人口数下降到 1200 万前后 3 年左右，使每年的出生人口数长期稳定在 1200 万上下。具体的实施方案应选择一些地区，进行较大规模试点，以了解社会实际反响，根据试点过程中发现的问题准备对策。实施方案应经过职能部门和研究机构深入、细致的研究、论证，并征求民众意见，向社会公开研究情况。

4. 老龄化是世界性的自然趋势，不足为怪。随着经济、社会、科技进步，老年的定义和概念也将不断改变。今天关于老年的观念在数十年后会有很大不同，应加强前瞻性研究，不必过分忧虑。但中国因受 20 世纪五六十年代高生育的影响，老龄化势头特别迅猛，应当予以高度重视，采取相应措施。这方面，国家已有专题研究，提出了有力对策，在实施过程中还需随时观察情况发展，发动全社会参与。

5. 出生性别比偏高是许多重男轻女国家的特殊现象。中国这一现象相当严重，各地采取了许多措施，在一些省份取得良好效果，但仍需要给予特别关注，采取综合性对策大力治理，尤其是在妇女权益保护、农村妇女出嫁后的财产保障、弱势妇女群众关怀等方面下大力气。

总的说来，生育率低、平均寿命高是全球趋势，由此而来的正、负面影响客观存在。我国一定能处理好这些问题，实现以人为本、全面协调可持续发展。

蒋正华文集

英文卷

人民出版社

Former vice chairman of the Standing Committee of the National People's Congress, former chairman of the Central Committee of the Chinese Peasants and Workers Democratic Party, famous demographer, prof. Jiang Zhenghua.

In 2013, prof. Jiang Zhenghua attended the annual meeting of Northeast Asia Economic Forum.

CONTENTS

Women's Position in the Context of Population and Development in China

by Jiang Zhenghua and Zhang Lingguang

(March 16 , 1985)

Abstract

Over the past 45 years, especially in the 15 years since the introduction of reform and opening to the outside world, Chinese women have achieved great advances toward the goal of" equality, development and peace". This paper gives an overview on the population and socio-economic development in China as well as the role and position of women in the progress. The government policy on this issue is reviewed briefly. The relationship between women's status and fertility decline is studied and the observation is used to give recommendations on an integrated development plan which consider the women's position as one of the key elements to make the country modernized.

A. Economic development and population growth:

Since 1978, the reform and opening to the outside world policy was introduced to China.

The main action to be taken in rural area is the introduction of the so called" family responsibility system" which makes the farmers possible to join the market economy actively.

In urban area, different ownerships are allowed to exist at the equal market condition. Special policies were given to the economic special zones to make these areas developed much more rapidly than in other regions. This is an example set for the people to follow. The result is encouraging. The average annual growth rate of the GNP has increased to 9 percent from 1978 to date. Table 1 gives the output of different sectors in China. In 1978, China was completely an agricultural country with one third of GNP coming from the primary sector. The proportion of output from primary sector was reduced to less than one fifth of GNP. It is estimated that the figure may further decrease to one seventh by the end of this century. The ratios of GNP in successive years present a stable growth picture in the past 15 years. The government has to cool down the local authorities from overheat of the economy. The government of China expects to keep the economic growth rate at a reasonable level so it can pay more attention to adjust the structure of the economy and raise the efficiency of the enterprises.

The overpopulated problem is a big headache to the government. In the 1960s, 100 million persons were added to the China's total population each five years. It is more than annual growth of the world population. Since 1972, family planning program has been introduced over the whole country except in some autonomous regions. The crude birth rate and natural growth rate were declined from 33. 43 per thousand and 25. 83 per thousand in 1970 to 17. 7 per thousand and 11. 2 per thousand in 1994. The total fertility rate was reduced from 5. 8 in the beginning of family planning program to around 2 in recent years. Table 3 illustrates the vital statistics and population figures in selected years.

Mortality declined rapidly in the 1950s. It joined with the high fertility lead an extremely high population growth period of time except a short period of famine. After 1970, fertility declined steadily. In metropolitan and industrialized provinces, zero population growth rate we was reached in recent years or will be reached in near future.

However, the progress is imbalanced in different regions. In remote areas, fertility level is still high. The government expects the imbalance of fertility among different regions will be kept in the future, but in a lesser degree.

Chinese scholars study the relation between population growth, socio-economic development, natural resource limitation and environment protection of China. agreement was reached among the scholars that the carrying capacity of China's resource is about 1. 6 billion. We have to do our best to curb the China's population size below this limitation. It is expected that through the implementation of family planning program, China's population will reach zero growth rate in the middle of next century. The total population size of China will be around 1. 58 billion then. Among young Chinese, a new norm of fertility has formed. They want more free time for enjoyment. A typical slogan spread among economically developed regions is: We prefer to have a gold baby to a lovely living baby. It means that they want to spend time makeing money but not giveing birth. The new generation has a very different view on life style than their parents.

B. Women's position in China:

In old China, women were kept at the bottom of society for thousands of years. The typical moral norm for women was" three follows", namely, agirl obeys her father before married, obeys her husband after getting married, obeys and her son after her husband died. Males were the center of the society. Women could be easily divorced due to minute reasons such as no son. Women were forced to bind feet so that to please men.

The founding of the People's Republic of China ended the thousands of years of oppression and enslavement of women of China. In 1949, 69 women accounting for 10. 4 per cent of the delegates of the Chinese People's Political Consultative Conference participated the First Plenary Session of the CPPCC to discuss with men delegates on matters of the country's construction. In the beginning of the 1950s, the land reform movement made the women obtain equal amovnd of land as men. It completely changed the situation of economic inequality between men and women. The Electoral Law of the PRC clearly stipulated that women to enjoy the same right to vote and stand for the election as men. The illiteracy eradication campaign was widespread in rural China to help women to learn to read. The implementation of the Marriage Law smashed the old feudal system imposed upon women. It is the first time in the history for women to enjoy fundamental rights in political, social, economic and family affairs.

Employment is the basic and most important form for women to participate in social progress. From painful experiences from generation to generation, women realized that only by wining economic independence, can they be independent in social life and enjoy equality at home. The Law on the Protection of the Rights and Interests clearly prescribed that:" Except for jobs or work places unsuitable to women, units shall not refuse to employ women on any ground or raise the recruiting standards for women" and that" No unit shall dismiss or unilaterally terminate work contract with women employees on any ground of their marriage, pregnancy, maternity leave or nursing, etc". Arrangements have been made to increase the women employment rate and shift women workers to industries where they fit better physically and have more advantages. The size of female workers has increased by 51% from 1980 to 1992 while the number of male workers has increased by 36%. According to 1990 census data, the proportion of women workers to the total employment was 44. 96%, i. e. 1. 27 percentage points higher than that of 1982 census data.

By the end of 1994, China's population size reached 1. 198 billion, with a birth rate of 17. 70 per thousand and a natural population growth rate of 11. 21 per thousand. Two thirds of the total population are women and children so that the women and children health care is an important part of public health program. At present, 2, 791 clinics for maternal and child care, 324 women and children health care institutes, 35 children's hospitals and 49 maternity hospitals have been set up in China. It is about 300 times of that in 1949. Since 1970, China has gradually carried out the systematic maternity care and promoted hospital delivery. This effectively checked the incidence of maternal complications and reduced mortality. The infant mortality rate has dropped from 200 per thousand before 1949 to around 37 per thousand in recent years.

It has been for a long time a beautiful dream for women to have equal rights to education as men. The Chinese Government pays particular attention to this issue because it is the base for women to enjoy equal rights in all fields as men in the future. According the census data, illiteracy rate among Chinese women has dropped from over 90%

in the beginning of the 1950s to 32%. Females accounted for 33. 7% of the university students in 1992 and 24. 8% in the case of post-graduates at school.

Since 1985, China has set up national organizations for the enhancement of women's status. The State Council Working Committee on Women and Children was founded in February 1990. Special Group for Women and Children of the Committee for Internal and Judicial Affairs under the National People's Congress was founded in April 1989 and Commission for Women and Youth under the National Committee of the Chinese People's Political Consultative Conference was founded in April 1988. All these organizations work closely to protect women's rights in different fields.

C. The policies and programs to promote women's status in China

The Chinese Government has provided good conditions for women to play animportant role in the political, social and economic life. China's Constitution stipulates:" Women enjoy equal rights as men in all aspects such as politics, economy, culture, society and family life. " A series of laws have been passed by the Chinese congress to protect the women's rights and interests. Article 9 of the Inheritance law of the PRC reads that:" Men and Women enjoy equal rights to heritage. " The Articles 105 of the General Rules on Civil Law of the PRC stipulates that:" Women enjoy the same civil rights as men. " The Compulsory Education Law of the PRC protects girls from being discriminated and the Civil Procedural Law of PRC adopted at the 4th Session of the 7th National People's Congress on 9 April 1991 made detailed stipulations on women's rights and obligations in civil lawsuits.

In addition, administrative laws and regulations promulgated by the State Council, ministries and commissions protect women's rights in the fields of urban and rural healthcare, marriage, employment, maternal healthcare etc. The laws and regulations made detailed statement with regard to the protection of women's rights to labor protection of female workers, women and children healthcare, protection of lie in women workers and their wage entitlement during maternity leave.

On 3 April 1992, a basic law named the Law on the Protection of the Rights and Interests of Women of the People's Republic of China was adopted by the National People's Congress of China. This is an embodiment of China's commitment to the Convention on the elimination of all forms of discrimination against women. The law makes more comprehensive and concrete stipulations than the previous laws with respect to the rights and interests of women in all fields including politics, culture, education, labor, property, person, family life and so on. A system of legislation on women was formed through the past 45 years. Under Chinese laws and regulations, the legitimate rights of women can be summarized into the following six aspects:

1. Political rights: Women enjoy equal rights with men to administer state and social affairs. To ensure female participation in government and political affairs, the law stipulates that deputies to the National People's Congress and local congresses should include appropriate numbers of women and the proportion should be increased step by step.

2. Education: The girls to receive education is compulsory in China. The government policy is to make females enjoy equal rights with men with respect to education which cover school admittance,

advancement to higher levels of schooling, job assignment after graduation, conferment of academic degrees and being dispatched for study abroad.

3. Working opportunity: Women enjoy equal working rights with men including the right to work and be employed, equal pay for equal work, time-off, on-the-job safety, medical care, special labor protection and social insurance. Any unit cannot fire women or unilaterally annul their labor contracts on the pretext of marriage, pregnancy, maternity leave or baby nursing. Women enjoy special protection during menstruation, pregnancy, child birth and baby nursing period.

4. Property rights: Rural women enjoy the same rights as men in the allotment of farmland and the approval of housing sites. Women enjoy equal ownership and inheritance rights with men. Widows have the right to dispose of property they inherit, without interference from anyone.

5. Persons´ rights: Women enjoy same rights as men in terms of life and health, reputation and other rights. Special protection are given to the vulnerable female groups such as female babies, aged women and so on.

6. Marriage and family: Women enjoy equal freedom in marriage and divorce. The relations between husband and wife are equal. Women can use their own surnames and given names which is impossible in old China. They can participate in social life as men do.

Guarantees for the legal rights and interest of women are an issue of common concern in China. More than 5, 800 women´s organizations in China undertake to report women´s views and their problems to the authorities and make suggestions on how to solve them. The biggest women's organization is the All-China Women's Federation which has broad representation and a popular basis, and further more, a sound functional network. Its basic units can be found in urban neighborhoods as well as in villages. These organizations play an important role in safeguarding the rights and interests and promoting the advancement of women.

D. The relationship between women status and demography change and economic development

The higher women status leas to demographic transition, particularly fertility decline in China. It is clear from table 4 that along with the advance in female education and economic participation, the mean age at first marriage has increased and total fertility rate has declined dramatically. From the survey data we can find that women expect to have fewer children than men do. It is women who carried most burden to give births and foster children, They accept family planning much more easier than their husband, fathering-in-law and mother-in-law. Higher women status at home definitely is helpful for them to have more power in making decision on family size and other family affairs. It can be found from table 6 that most of the wives have the equal right to make decision as their husbands both in urban and rural areas. It is impossible half a century ago when the male dominant society took wife as a property of the husband. Family planning program liberates women from heavy home work. They participate in economic activities with great enthusiasm. The majority of the field work of family planning program in China are women. The " three combinations", namely combining family planning with village economic activity, the efforts of the farmers to get rich and to establish a civil and prosperous family, is quickly spread to remote corners of rural China. The movement discovraged many families from giving more births and cause a dramatic fertility decline in some provinces. Women played a most important role in this movement.

On the other hand, economic development helps to raise women's status. From the end of 1980's to the beginning of 1990's, two thirds of China's provinces, as required by the central financial departments and banking agencies, streamlired the procedures and provided privileges for women to get loans with a preferential interest rate.

In urban area, the government attaches great importance to women's employment. The women employment rate is rising over the past 15 years. By the end of 1992, the number of the female employees in China reached 56 million, accounting for 38% of the total. It was a 24. 1% increase over 1985 figure. The number of female white collar workers has increased by more than 50% from 1982 to 1990 (see table 7). What is more important is that the Chinese women's education and scientific and technological level have been generally improved. The number of female scientific and technological staff surpassed 8 million, accounting for 35% of the total. In 1990, 47. 3% of the 112 persons in charge of the key scientific research projects in the Academy were women.

In 1993, 626 women deputies attended the 8th National People's Congress, accounting for 21. 03% of the total. In the standing committee of the NPC, the number of women increased from 14 in 1985 to 19. Two of them were elected its vice chairmen, accounting for 10. 5% of the total. In government departments, the number of women assuming high leading posts has increased as well. The State Council has one woman state councilor. Women ministers and vice ministers have increased from 11 in 1985 to 17 now.

However, due to different social reasons, female participation rate in economy is till lower than males in spite of the significant improvement made in the past. Table 8 illustrats the sex-age specific employment rate in 1982, 1987 and 1990. In almost every age groups except 15 – 19, the women employment rates in 1990 were higher than in 1982.

The decrease of female employment rate of age 15 – 19 may reflect the raise of education level of girls. The gap between men and women employment rates was narrowing over the inter census years.

China has a large number of surplus labour resources. It was estimated that in rural area alone, China has 130 million surplus labour force. The figure may raise to 190 million by the end of 2000. From statistics, the unemployment rate was below 3% in urban area. But underemployment problem is serious in many enterprises. It reduced the efficiency of the enterprises and raised social conflicts. Young women without jobs accounted for 56. 7% of the total in urban areas. Although it was 3. 5 percentage points lower than that of 1985, but still higher than that of men.

E. Recommendations for the formulation of population and development plan and policies:

The reform and opening to outside world policy created a good environment for improving women status. A series of laws made a solidated legal base for women to protect their own rights. But, it will take time for these laws to be fully understood and implemented. To attain the objectives of equality, development nd peace set forth in the

Nairobi Strategies, tremendous efforts should be made in different fields.

The general socio-economic development target for China is a three steps strategy. The first step is to make GNP of 1990 doubled to that of 1980 so that the people have enough clothes and food. The second step is to redouble the GNP of 2000 to that of 1980. The living standard will be so called" xiao kang" which means certain level of per capita income, housing, eating, dressing and other facilities defined by Chinese government for urban and rural area separately. The third step of development is to reach the level of medium developed countries. To match the general development target, China should work hard in both economic development and birth control. The economic development goal in the 1990s is to keep the average annual GNP growth rate between 8% to 9%. The population goal is to keep average annual population growth rate below 12. 5 per thousand. By the end of 2000, the total population of China (except Taiwan) will be below 1. 3 billion. Further improvement of the socio-economic status of women is one of key elements for reaching the general development goal.

In light of problems mentioned above, following actions are recommended by different agencies:

1. Enhance education and communication so as to make whole society realize the rights and contribution of women in participating in the development process. At the same time, gradually increase the fund to support women in women specific projects so as to help them actively participate in socio-economic development. Monitoring the implementation of laws which protect women from discrimination is al-

so necessary.

2. High priority should be given to promoting the education of women. The goal of the government in this regard is to remove illiteracy for 3 million women each year on one hand and to develop vocational technical education extensively for women on the other hand. In urban area, 70% of the women should have access to the on-the-job training and 50% of the rural women to practical training by 2000. The actions will increase the employment rate of women and benefit poverty alleviation in rural area. By joining the women-specific projects, it may work even better.

3. Set up 20, 000 women-dominant economic entities in poor areas, and provide 800, 000 jobs for poor women. To join family planning program with women-specific projects so that to help develop model households which shed poverty quickly, with a view to lift more out of poverty.

4. Link the population program with social welfare and other social programs such as health service, maternity and child care, old security program etc. , so as to make the population and development plan an integrated one.

5. Eliminate violence against women by stepping up efforts to encourage high moral standards, advocating a public awareness of respecting and protecting women, opposing discrimination against women and condemning and punishing all violent acts against women. Attach greater importance to the government and non-government organizations to properly handle the complains lodged by women through correspondence or personal visits and ensure that victims are assisted, their difficulties are removed and justice is served.

6. In order to reduce pollution by toxic gas from cooking, providing more gas fuel and stepping up central heating in cities will benefit women's health greatly. Active support should be given to women in their" March 8 green works" activities to build green bases for cereals and vegetable oil, dry and fresh fruits and forest products and native produce.

Inequality, development and peace are closely linked together. Higher women status will be very much helpful to development and vice versa. The mutual understanding among different nations is very important for regional development. Policies should be based on national cultural background and development process. If we respect each other and cooperate closely, the regional development and peace will be sustainable.

Table 1 Output of different sectors in China in billion yuan

year	GNP	primary sector	secondary sector	tertiary sector	per capita GDP (yuan)
1978	358. 81	101. 84	174. 52	82. 45	375
1979	399. 81	125. 89	191. 35	82. 57	413
1980	447. 00	135. 94	219. 20	91. 86	456
1981	477. 30	154. 56	225. 55	97. 40	480
1982	519. 30	176. 16	238. 30	103. 77	515
1983	580. 90	196. 08	264. 62	118. 00	568
1984	696. 20	229. 55	310. 57	152. 70	671
1985	855. 76	254. 16	386. 66	211. 92	814
1986	969. 63	276. 36	449. 27	243. 10	909
1987	1130. 10	320. 43	525. 16	285. 12	1042
1988	1406. 82	383. 10	658. 72	365. 60	1277

year	GNP	primary sector	secondary sector	tertiary sector	per capita GDP (yuan)
1989	1599. 33	422. 80	727. 80	449. 16	1430
1990	1769. 53	501. 70	771. 74	494. 69	1559
1991	1985. 46	528. 86	914. 71	540. 49	1725
1992	2437. 89	280. 00	1169. 95	686. 34	
1993	3134. 23	665. 00	1624. 49	848. 54	
1994 *	—	823. 10	2125. 90	1431. 00	

Source of data: Statistical Year Book of China

* subjected to final adjustment

Table 2 The ratio of GNP in successive years（last year as 100）

year	GNP	primary sector	secondary sector	tertiary sector
1978	111. 7	104. 1	115. 0	113. 8
1979	107. 6	106. 1	108. 2	107. 8
1980	107. 9	98. 5	113. 6	106. 0
1981	104. 4	107. 0	101. 9	106. 9
1982	108. 8	111. 5	105. 6	110. 6
1983	110. 4	108. 3	110. 4	112. 6
1984	114. 7	112. 9	114. 5	117. 1
1985	112. 8	101. 8	118. 6	116. 6
1986	108. 1	103. 3	110. 2	111. 1
1987	110. 9	104. 7	113. 7	112. 9
1988	111. 3	102. 5	114. 5	113. 6
1989	104. 4	103. 1	103. 8	106. 7
1990	104. 1	107. 3	103. 2	102. 1
1991	107. 7	102. 4	112. 6	105. 8
1992	122. 8	109. 7	127. 9	127. 0
1993	128. 6	114. 7	138. 9	123. 6
1994 *	—	123. 8	130. 9	168. 6

Source of data：Statistical Year Book of China

* subjected to final adjustment

Table 3　Population Trends in China population year total proportion（%）crude crude Growth（10，000）urban rural birth rate death rate rate（per thousand）

1950	55196	11. 18	88. 82	37	18	19
1955	61465	13. 48	86. 52	32. 60	12. 28	20. 32
1960	66207	19. 75	80. 25	20. 86	25. 43	-4. 57
1965	72538	17. 98	82. 02	37. 88	9. 50	28. 38
1970	82992	17. 38	82. 62	33. 43	7. 60	25. 83
1975	92420	17. 34	82. 66	23. 01	7. 32	15. 69
1980	98705	19. 39	80. 61	18. 21	6. 34	11. 87
1985	105851	23. 71	76. 29	21. 04	6. 78	14. 26
1990	114333	26. 41	73. 59	21. 06	6. 67	14. 39
1995 *	121400	—	—	18. 00	6. 99	11. 01
2000 *	130000	—	—	16. 23	6. 95	9. 28
2010 *	140000	—	—	14. 83	7. 16	7. 67

Source of data: Statistical Year Book of China

* estimated by the authors

Table 4　Average number of Children

Region	total	A	B	C	D	E	F	G	H
urban	1.39	2.39	2.28	1.98	1.36	1.23	1.45	1.22	1.35
rural	2.16	2.67	2.29	2.13	1.81	1.93	2.17	—	—

ever born by education level of the wife

note: 　A: illiterate　　　　B: semi-illiterate

　　　　C: primary school　　　　D: junior middle school

　　　　E: senior middle school　　　　F: vocational school

　　　　G: junior college　　　　H: university and above

Source: Sample survey data of women's status in contemporary China, edited by Institute of Population Studies, Chinese Academy of Social Sciences, 1994

Table 5 Idea number of children by responses of husband and wife（%）

			wife						
	urban	area			rural	area			
husband	total	0	1	2	3+	total	0	1	2	3+
total	100.00	0.18	18.13	75.36	6.33	100.00	0.08	6.35	62.90	30.67
0	0.36	0.02	0.18	0.12	0.04	0.24	0.04	0.03	0.17	0.00
1	15.53	0.04	9.09	6.23	0.17	6.08	0.00	2.38	3.29	0.41
2	76.83	0.11	8.37	66.12	2.23	60.97	0.00	3.36	50.48	7.13
3+	7.28	0.01	0.49	2.89	3.89	32.70	0.03	0.57	8.96	23.14

Table 6 What to do with disagreements between husband and wife by responses of husband and wife（%）

		urban	area			rural	area		
husband	total	A	B	C	D	total	A	B	C	D
total	100.00	3.09	1.07	1.18	94.65	100.00	3.30	7.12	1.81	87.77
A	5.22	1.15	0.12	0.08	3.87	4.41	0.79	0.56	0.16	2.90
B	3.09	0.10	0.31	0.03	2.65	6.12	0.29	2.18	0.13	3.52
C	1.25	0.06	0.00	0.17	1.02	2.21	0.09	0.09	0.41	1.62
D	90.45	1.78	0.65	0.90	87.12	87.27	2.14	4.29	1.12	79.72

Note: A: the husband takes care of things outside, while the wife takes care of things within the family

B: husband's idea should be followed

C: wife's idea should be followed

D: husband and wife should discuss and decide things Source of data: ibidem

Table 7 Employment composition of China's working women（%）

Total	100	100
Professional	4.44	5.35	+0.91
Government officials	0.37	0.45	+0.08
Clerks	0.73	0.98	+0.26
Business people	1.89	3.12	+1.23
Service personnel	2.43	2.75	+0.32
Workers in agriculture, forestry, animal husbandry and fishery Industrial and fishery	77.10	75.26	-1.84
Industrial and transport workers	12.96	12.03	-0.93
other workers	0.08	0.05	-0.03

Source of data: 1982 and 1990 population censuses

Table 8   Sex-age specific employment rates in selected years (%)

Age Group	1982		1987		1990	
	males	females	males	females	males	females
15-19	70.5	77.8	60.94	67.13	61.55	68.28
20-24	90.2	90.4	95.06	88.31	92.61	89.63
25-29	98.6	88.8	98.77	87.56	97.85	90.38
30-34	98.8	88.8	99.16	88.58	98.57	91.02
35-39	98.9	88.4	99.16	87.94	98.83	91.08
40-44	98.6	83.3	98.92	84.05	98.65	88.25
45-49	97.5	70.6	97.64	74.12	97.68	81.14
50-54	91.4	50.9	92.82	54.43	93.29	62.00
55+	50.2	15.6	55.05	19.22	57.49	23.47

Source of data: calculated from 1982 census,   1987 sample census   and 1990 census data

Fertility Policies in China:
Performance and Prospects

by Professor Jiang Zhenghua and
Associate Professor Zhang Lingguang
(May 10, 1988)

China is the most populous country in the world. In its five thousand years history, Chinese experienced three fast population growth periods. Each time, population growth had been checked due to the limitation of resources and serious social conflicts. Since the foundation of the P. R. C., China has experienced another rapid population growth which was never seen in the history. The size of Chinese population reached 1. 1717 billion at the end of 1992. The government of China has recognized the importance of controlling the population growth rate so as to match its socio-economic development target. In mid 1950s, the intention of introducing family planning program to the rural China was described in the project framework for agricultural development in five-year plans. However, the suggestion could not be implemented due to different reasons. A baby boom period had emerged from the middle 1960s to early 1970s. The heavy pressure of the population revealed the necessity of forging a sound population policy in China. A firm anti-natality policy decision was made at the beginning of the 1970s and a strong family planning program was introduced immediately after the policy has been established. This paper will focus on policy analysis and prospects since 1972 when a government agency was set up to guide the family planning program in China.

1. The background of China population policy decision making.

Natural resources and socio-economic condition are the basic elements to decide the upper limit of total population in a region for sustainable development. Fresh water is the most scarce resource in China. According to the global natural resource statistics, China was listed at sixth in terms of the total amount of fresh water, but listed at 88th in terms of per capita amount of fresh water. The geographical distribution of fresh water in China is even worse. The area of four river basins takes 42 per cent arable land of China but only 9 per cent of fresh water resource. A wide area in North China is suffered from the lack of fresh water. The level of underground water surface was descending rapidly in recent years. For instance, in some areas of Hebei Province, the level of underground water surface has descended by more than 70 meters in the past 10 years. Similar problem has been found in more than 100 cities, particularly the industrialized cities. Arable land is another scarce resource in China. Table 1 shows that China is ranked last in terms of per capita cultivated land. China has fed 21 per cent of world population with 7 per cent of world arable land. Each year, China lost about 400, 000 hectare of cultivated land due to the expansion of economic construction. The erosion is a menace to the scarce land resource. Environmental experts have estimated that erosion will increase by 20 to 25 per cent in year 2000 and grass land will decrease by 20 per cent in the 1990s. According to suggestions of experts in different fields, the maximum number of population supported by the limited resource is 1. 5 to 1. 6 billion.

From the view of economic development, 0. 7 to 1 billion is the optimum population size for China. It could be a disaster for China if the total population of the country had exceeded 2 billion. If China wants to reach the economic construction goal of becoming a medium developed country, it is necessary for the government to reduce population growth rate to certain level to meet the demand of labor force. According to economists and demographers, there are more than 10 million redundant workers in government-owned enterprises in China and about 150 million redundant labors in rural areas. It will be a heavy job for Chinese government to create enough working opportunities for them. Each year, about half of the growing income was swallowed by the increasing population. It seems that the only way to make the production more efficient is to curb fertility so as to control consumption and give larger portion of the income to invest in economic construction.

2. The history of population growth of China since 1950s.

At the beginning of the 1950s, China recovered from a long period of war. Chinese have lived in a stable environment with better socio-economic condition, good health care and higher living standard. The life expectancy of Chinese increased by more than 1 year each year. The 1953 China population census revealed that the population size of China reached 0. 58 billion at the middle of that year. The output of the 1953 China population census shocked the policy makers. In 1954, the Chinese government approved a document issued by the Ministry of Public Health named" The regulation on the use of contraceptive and induced abortion". It was clearly pointed out in the document named" The framework of the state agricultural development" in 1956 that" in all areas with high population density, except the minority nationality regions, contraceptive methods should be introduced to people and planned birth should be encouraged". This is the prelude of implementing family planning program in China.

The family planning office under the State Council of China was established in 1964 to manage the family planning program which performed quite well in cities. Unfortunately, the so called" cultural revolution" interrupted normal working procedure including family planning program in China. Fertility kept at very high level in late 1960s. The baby boom in the 1960s caused high proportion of fertile women in the 1980s and 1990s. This is the reason for China to impose a tight family planning program since 1973.

It is the first time for Chinese government to make reducing the population growth rate a task in the National Economic Development Plan in 1973. A formal policy of" better to have one child for each couple, maximum two" and" late marriage, sparse and fewer birth" was forged in this period of time. Since 1980, under the shadow of extremely high proportion of fertile women, a policy of" one child for each couple is encouraged except in minority nation regions" was issued. At the same time, open policy and market oriented economical development were implemented in China. It takes several years for the common Chinese people to adjust to the new environment. However, at present, more and more people are aware that the new socio-economic policy created such a rare chance for them to get rich. Many people are willing to have fewer children to catch the chance of becoming rich. It was estimated that more than one hundred and fifty million births were averted in the 1970s and 1980s in China due to the implementation of family planning program. Table 2 gives the vital statistics and total population in China since 1949. It is clear that the annual population growth rates have declined gradually from 25 per thousand by the end of the 1960s to 11. 6 per thousand in 1992. In some metropolises where the family planning program has been implemented since the beginning of the 1960s, such as Shanghai and Beijing, the population growth rate has approached zero. More and more regions in China will reach zero growth rate in the near future. It is an important task for Chinese government to study the socio-economic and demographic consequences of the rapid decline of fertility. The costs and benefits of slowing down population growth rate should be evaluated very carefully so that a sound policy could be forged to ensure the size of structure of Chinese population fitting the needs of socio-economic construction and better life of the people.

3. **Current Family planning policy and the output.**

At present, the family planning policy in China can be stated as follows:" Encourage late marriage and late birth, fewer and healthy birth. Encourage each couple to have one child. For the parents who want to have second child they should keep a certain birth interval. Minority nation people should also implement family planning program. The defailed zequirement and the regulation should be decided by the government of different autonomous regions and provinces".

The actions to be taken to implement the policy can be listed as follows:

a. Establish an education system in the whole society. Population education courses were offered in schools so that children can learn the idea about controlling population growth, protection environment and integrating development program with demographic plans.

b. Raising women's status, protecting women's rights and encouraging women to participate in economic development are important means to reduce fertility and solve population problems.

c. Provide the eligible women with suitable contraceptive methods. There are more than 40 factories producing different contraceptives in China. With the help of UNFPA, Chinese government takes effective actions to improve the quality of IUD and other methods so as to protect the health of the mothers and children. Family planning clinics have been established in many counties. Hospitals, women and children health care centers and family planning clinics have cooperated to form a network covering all urban and rural areas for the convenience of the people.

d. The NGOs play an important role in family planning program In China. The Family Planning Association alone has 900 thousands sub-associations and more than 50 million voluntary workers. They organize people to help each other and educate people with modern family planning and science knowledge. NGOs create good environment and condition for implementing family planning program.

e. Special family planning agencies are organized in the government at all levels. Chinese government takes family planning as a basic policy. The budget for family planning program has increased by about 18% each year in late the 1980s. The population plan is integrated with socio-economic development plan so that necessary information is given to the whole society to ensure the positive joint effort on reaching the population target.

The output of family planning program is remarkable. The crude birth rate has reduced from 33. 43 per thousand in 1970 to 18. 24 per thousand in 1992. The total fertility rate has declined from 5. 81 in 1970 to around 2 in 1992. The mortality level of China has been stabilized at 6 to 7 per thousand due to the ageing process. Urban population of China has completed the demographic transition process to a modern pattern of low fertility, low mortality and low growth rate. However, rural population of China is also shifting to this pattern gradually. The proportion of illegal marriage has decreased dramatically. The proportion of women married before age 20, which is the legal marriage age in China, to all first marriage women had been 43. 05%. This figure declined to 12. 9% in 1992. The mean age at first marriage for women has increased from 20. 8 in 1970 to 22. 5 in 1992. At the same time, the size of family has decreased. The average size of each family had reduced from 4. 41 persons each family in 1982 to 3. 96 persons each family. More and more nuclear families have emerged in China. The young generation seems to be very different from the old one in many aspects. They want to enjoy their life with small family rather than having a lot of children. A new life style has been forged in the new generations.

The negative consequences of rapid decline of fertility are the acceleration of ageing process and shrinkage of young age groups. It may be good for solving employment problem but may raise new problems in social security, marriage, etc.

4. The Prospects of population policy change in China.

In the case of low fertility, what will be the future trend of population policy in China is an important question for Chinese scholars to answer. There are several options for the decision makers to consider:

a. Keeping the program tight until the Chinese population reach an optimum size. According to some ecologists, economists and systems engineers, 0. 7 to 1 billion will be an optimum population size for China.

b. Keeping the same policy to certain year then changing to a policy to encourage the fertility to raise to a replacement level. Based on this policy, China's population will be kept at a size between 1. 5 to 1. 6 billion which is considered to be the maximum population size acceptable to meet the socio-economic development target.

c. Encouraging fertility to turn back to above replacement level at the end of this century. The maximum population size of China will reach 2. 0 billion which is considered to be a dangerous figure for the limited natural resources to support.

d. Implement 2 children plus necessary birth interval policy immediately. Research indicates that the birth interval should be greater than seven years to keep the maximum population size below 1. 6 billion.

In no case will China accept a pronatality policy in the near future. The principle of controlling population growth and raise the quality of population will be kept at a long period of time. However, the proportion of women aged 20 – 30 will decline rapidly after 1995. The figures in table 3 and 4 illustrate that both the age structure and marriage pattern will be in favor of low fertility in the future. The age-specific married fertility rates also have the trend to decline. Even though the TFR may rise again in the future due to the fact that more and more single child will grow up and get married to give two children, the crude birth rate will decline continually. Based on above conditions, the strategy" a" needs very tight regulation which is against the government, wish to make people accept the program with happiness. The next generation might have a new life style and way of thinking. We should leave this decision for them to make. Strategy c is dangerous for socio-economic construction. Nobody in China who seriously studies population problem will agree with this suggestion. The best strategy may be to keep present policy and gradually change from target oriented program to client oriented program through coordinate actions to be taken in different fields. We can see the changes in many regions where the family planning program is jointly working with development programs. In a long run, China will definitely adopt a two children policy. At the same time, the Chinese government is working hard to improve the quality of family planning service by training the field workers, educating population and combining family planning with the women and children's. shealth care. In general, China Government is trying to make the family planning program more beneficial to the family welfare, children development and more useful for the parents to have more freedom in selecting contraceptive methods.

region	cultivated & uncultivated arable land (million hectares)	cultivated land (million hectares) 1971-1975 estimated 2000		per capita cultivated land(hectare) 1971-1975 estimated 2000	
industrial market economy (total)	1023.3	400.3	399.1	0.55	0.46
The United States	540.4	200.5	208.0	0.95	0.84
West Europe	225.1	90.1	87.0	0.26	0.22
Japan	13.7	5.7	5.1	0.05	0.04
Other major export countries	244.0	104.0	99.0	1.59	0.94
central planning countries (total)	884.4	414.5	420.0	0.36	0.26
East Europe	114.4	54.4	—	0.43	0.36
Soviet Union	552.5	232.5	—	0.93	0.73
China	217.5	127.5	—	0.16	0.11
less developed countries(total)	2232.0	662.0	723.5	0.35	0.19
Latin American	611.5	136.5	165.0	0.47	0.28
North America-middle East	211.5	91.5	91.0	0.47	0.22
other less developed countries in Africa	760.5	160.5	182.5	0.62	0.32
South Asia	437.5	207.5	207.0	0.26	0.13
South-east Asia	99.9	34.9	41.0	0.35	0.20
East Asia	101.1	31.1	37.0	0.13	0.08
The world (total)	4139.7	1476.8	1538.6	0.39	0.25

"—": not available.

source of data: 1. U.S. Council on Environment Quality. The Global 2000 Report to the President

2. U.S. Geological Survey (USGS) Supporting Data or Environmental Trends (USGS Washington DC. 1983)

Table 2　The total population and vital statistics of China

year	total population (in 10, 000)	crude birth rate (per thousand)	crude death rate (per thousand)	natural growth rate (per thousand)
1949	54 167	36. 00	20. 00	16. 00
1950	55 196	37. 00	18. 00	19. 00
1951	56 300	37. 80	17. 80	20. 00

year	total population (in 10, 000)	crude birth rate (per thousand)	crude death rate (per thousand)	natural growth rate (per thousand)
1952	57 482	37. 00	17. 00	20. 00
1953	58 796	37. 00	14. 00	23. 00
1954	60 266	37. 97	13. 18	24. 79
1955	61 456	32. 60	12. 28	20. 32
1956	62 828	31. 90	11. 40	20. 50
1957	64 563	34. 03	10. 80	23. 23
1958	65 994	29. 22	11. 98	17. 24
1959	67 207	24. 78	14. 59	10. 19
1960	66 207	20. 86	25. 43	− 4. 57
1961	65 859	18. 02	14. 24	3. 78
1962	67 295	37. 01	10. 02	26. 99
1963	69 172	43. 37	10. 04	33. 33
1964	70 499	39. 14	11. 50	27. 64
1965	72 538	37. 88	9. 50	28. 38
1966	74 542	35. 05	8. 83	26. 22
1967	76 368	33. 96	8. 43	25. 53
1968	78 534	35. 59	8. 21	27. 38
1969	80 671	34. 11	8. 03	26. 08
1970	82 992	33. 43	7. 60	25. 83
1971	85 229	30. 65	7. 32	23. 33
1972	87 177	29. 77	7. 61	22. 16
1973	89 211	27. 93	7. 04	20. 89
1974	90 895	24. 82	7. 34	17. 48
1975	92 420	23. 01	7. 32	15. 69
1976	93 717	19. 91	7. 25	12. 66

year	total population (in 10, 000)	crude birth rate (per thousand)	crude death rate (per thousand)	natural growth rate (per thousand)
1977	94 974	18. 93	6. 87	12. 06
1978	96 259	18. 25	6. 25	12. 00
1979	97 542	17. 82	6. 21	11. 61
1980	98 705	18. 21	6. 34	11. 87
1981	100 072	20. 91	6. 36	14. 55
1982	101 654	22. 28	6. 60	15. 68
1983	103 008	20. 19	6. 90	13. 29
1984	104 357	19. 90	6. 82	13. 08
1985	105 851	21. 04	6. 78	14. 26
1986	107 507	22. 43	6. 86	15. 57
1987	109 300	23. 33	6. 72	16. 61
1988	111 026	22. 37	6. 64	15. 73
1989	112 704	21. 58	6. 54	15. 04
1990	114 333	21. 06	6. 67	14. 39
1991	115 823	19. 68	6. 70	12. 98
1992	117 171	18. 24	6. 64	11. 60

source of data: State Statistics Bureau of China

Note: total population are year end figures

Table 3　The age structure of child bearing age women

Age	1987	1990	1991	1992
15	0. 042581	0. 037119	0. 033061	0. 030093
16	0. 046151	0. 038403	0. 032920	0. 033104
17	0. 044041	0. 038413	0. 035731	0. 033122
18	0. 046586	0. 041803	0. 036967	0. 035974
19	0. 040037	0. 044871	0. 036967	0. 037077

Age	1987	1990	1991	1992
20	0. 038713	0. 042715	0. 040240	0. 036834
21	0. 041862	0. 047252	0. 043192	0. 040826
22	0. 041484	0. 037345	0. 041117	0. 042621
23	0. 043192	0. 041500	0. 045484	0. 041415
24	0. 046521	0. 039001	0. 035948	0. 042864
25	0. 027697	0. 039040	0. 039947	0. 035815
26	0. 019972	0. 045468	0. 037542	0. 039265
27	0. 023590	0. 037923	0. 037580	0. 037498
28	0. 024142	0. 018079	0. 043768	0. 037722
29	0. 031339	0. 020823	0. 036504	0. 043958
30	0. 031290	0. 019843	0. 017403	0. 029028
31	0. 029380	0. 026232	0. 020044	0. 016734
32	0. 032495	0. 029927	0. 010101	0. 021044
33	0. 030754	0. 027428	0. 025251	0. 019997
34	0. 029295	0. 027496	0. 028807	0. 026662
35	0. 028777	0. 029897	0. 026402	0. 027906
36	0. 024743	0. 026614	0. 026468	0. 025643
37	0. 025047	0. 027046	0. 028779	0. 027438
38	0. 022189	0. 023116	0. 025619	0. 027663
39	0. 020635	0. 022077	0. 026034	0. 025054
40	0. 020705	0. 023008	0. 022251	0. 025297
41	0. 018437	0. 020039	0. 021252	0. 021483
42	0. 017499	0. 020196	0. 022148	0. 021399
34	0. 016462	0. 017452	0. 019290	0. 020875
44	0. 015780	0. 015355	0. 019441	0. 018837
45	0. 016446	0. 015855	0. 016799	0. 018931
46	0. 015949	0. 013503	0. 014781	0. 015621

Age	1987	1990	1991	1992
47	0. 015249	0. 015453	0. 015262	0. 014883
48	0. 015484	0. 015022	0. 012998	0. 014621
49	0. 015495	0. 014669	0. 014875	0. 012677

Source of data: 1992 survey conducted by the State Family Planning Commission

Table 4   The proportion of ever married women in China by single ages

Age	1987	1990	1991	1992
15	0. 008438	0. 010031	0. 010601	0. 002282
16	0. 028608	0. 023220	0. 019271	0. 014899
17	0. 075246	0. 064759	0. 049502	0. 029831
18	0. 164869	0. 132442	0. 118622	0. 072467
19	0. 301495	0. 291985	0. 251758	0. 179846
20	0. 470129	0. 440467	0. 439834	0. 343881
21	0. 616834	0. 594359	0. 575820	0. 536361
22	0. 754769	0. 755969	0. 726669	0. 672860
23	0. 854956	0. 846517	0. 849645	0. 799253
24	0. 903875	0. 908793	0. 903187	0. 893728
25	0. 939837	0. 944779	0. 943969	0. 930578
26	0. 952000	0. 968965	0. 963855	0. 959547
27	0. 969876	0. 977519	0. 978017	0. 973895
28	0. 982443	0. 986991	0. 982945	0. 983620
29	0. 988212	0. 983529	0. 990243	0. 985529
30	0. 990710	0. 989135	0. 986823	0. 991327
31	0. 994279	0. 990661	0. 992098	0. 990117
32	0. 994755	0. 994433	0. 992902	0. 992098
33	0. 994477	0. 995355	0. 996398	0. 993649
34	0. 996376	0. 997148	0. 996427	0. 997380
35	0. 997456	0. 997705	0. 997148	0. 996784

Age	1987	1990	1991	1992
36	0. 995561	0. 997054	0. 997705	0. 997505
37	0. 998296	0. 997463	0. 997054	0. 997705
38	0. 997555	0. 998728	0. 997826	0. 997054
39	0. 998544	0. 997780	0. 998728	0. 997826
40	0. 997754	0. 998296	0. 997780	0. 998728
41	0. 998085	0. 998044	0. 999148	0. 998224
42	0. 996269	0. 999029	0. 998044	0. 999574
43	0. 997822	0. 998877	0. 999029	0. 998533
44	0. 997463	0. 998723	0. 998877	0. 999514
45	0. 999347	0. 996291	0. 998723	0. 999438
46	0. 997327	0. 997822	0. 996291	0. 998723
47	0. 997679	0. 998731	0. 997822	0. 996291
48	0. 996554	0. 999347	0. 998731	0. 997822
49	0. 997222	0. 997995	0. 999347	0. 998731

Source of data: 1992 survey conducted by the State Family Planning Commission of China

Table 5 Age-specific fertility of married women（per thousand）

Age	1987	1990	1991	1992
15	118. 5000	99. 68421	94. 32432	0. 000000
16	209. 7251	129. 1987	155. 6712	67. 11538
17	159. 4756	123. 4645	181. 8092	134. 0884
18	236. 5509	211. 4123	210. 7526	234. 5880
19	235. 4926	188. 3657	254. 2122	211. 2907
20	291. 4088	258. 8156	252. 3679	279. 1656
21	322. 6150	296. 1172	310. 8609	316. 9503
22	328. 5773	272. 4977	273. 8521	298. 7245
23	326. 3322	292. 9651	275. 4088	241. 4753

Age	1987	1990	1991	1992
24	300. 9262	247. 5808	234. 7241	243. 9219
25	259. 6193	212. 7481	187. 5059	182. 6820
26	205. 8823	157. 9003	145. 2500	141. 7334
27	164. 9694	126. 8517	105. 3151	104. 7340
28	138. 4304	117. 5288	74. 26656	93. 53198
29	122. 4433	97. 60765	82. 80788	64. 93969
30	100. 9376	70. 76884	51. 68097	56. 48988
31	81. 46451	55. 51847	56. 44599	33. 32937
32	70. 36902	46. 25749	35. 25018	28. 22299
33	51. 28322	41. 19131	30. 10844	23. 14699
34	48. 17454	30. 08577	20. 07171	15. 03939
35	38. 09689	24. 05519	11. 03145	18. 05806
36	27. 12037	18. 05317	13. 02989	7. 017506
37	16. 02730	15. 03814	11. 03249	7. 016097
38	15. 03676	11. 01400	7. 015250	6. 017725
39	9. 013119	6. 013345	2. 002546	6. 013071
40	13. 02926	7. 011945	8. 017793	3. 003820
41	7. 013427	4. 007839	2. 001705	4. 007114
42	13. 04838	0. 000000	2. 003919	1. 000426
43	3. 006545	2. 002248	4. 003885	1. 001469
44	1. 002542	1. 001277	0. 000000	1. 000485
45	0. 000000	3. 011166	0. 000000	2. 001123
46	0. 000000	3. 006545	1. 003722	0. 000000
47	0. 000000	1. 001269	1. 002181	1. 003722
48	0. 000000	0. 000000	0. 000000	1. 002181
49	0. 000000	0. 000000	0. 000000	0. 000000

Age	1987	1990	1991	1992

Source of data: 1992 survey conducted by the State Family Planning Commission of China

Table 6   Output of population projection for China (medium variant)

year	total population (billion)	TFR	CBR (per thousand)	NGR (per thousand)
1991	1. 158	2. 03	19. 47	13. 00
1995	1. 216	1. 95	18. 54	11. 83
2000	1. 280	1. 95	15. 97	9. 24
2020	1. 480	1. 95	13. 45	5. 72
2050	1. 563	1. 95	11. 20	− 1. 35

THE COMPARATIVE ANALYSIS OF POPULATION GROWTH IN CHINA AND INDIA

(1993)

China and India are two civilized ancient countries with close relationship which bagan from two thousand years ago. India was the pioneer in the world to practice the policy of controlling population growth. As early as 1951, Indian goverment made population index as a part of its first five-year plan. Since 1973, Chinese goverment has started a nationwide family planning program and achieved remarkable success only within 20 years. It will be meaningful from academic and practial point of view to compare the development history of the two giant countries to find beneficial experiences and learn successful examples. This paper concentrates on the analysis of the determinats and consequences of population growth in the two countries. A brief comparative study was made on the regional difference of family planning and population target setting. These are problems worth further studying in the view of policy making on population growth in this area.

1. The Population Growth in China and India

India has had a long population census history. The first nationwide population census of India was conducted in 1881 by the British colonists. After the independence of/ndia, the first population census was conducted in 1951. The mordenized population census history of China is much shorter than that of India. But a large number of registration on the size of population could be found in the royal books of different dynasties in China. However, the reliability of the ancient population registration was much worse than that of morden society. So, the author would like to concentrate on the data analysis refering to recent 40 years. Since the independence of India, the population growth rate has increased greatly. According to the U. N. estimation, no even if the Indian government was aware of the neccesity of fertility control and set a population quantity target early in the 1950s, but the acceleration of population growth has not been checked. On the contrary, it could be found from Table 1 and 2 that the time between the 1950s and mid 1980s became the baby boom period in India, particularly in the beginning of 1980s when, due to the high fertility and the improvement in health and medical condition, the population growth rate in India reached a level which was much higher than ever before. The crude birth rates were around 3. 5% in a long period of time.

In the same period, the population growth in China has experienced a very different route. The high fertility period in China was broken by the three years of" economic difficult period" between 1959 to 1962. But in late 1960s, a high tide of baby boom exceeding that in India appeared in China. The highest crude birth rate in 1963 reached 4. 3%. However, a dramatic fertility decline could be observed in China due to the nationwide family planning program. Although the fertility in China fluctuated in the 1980s, on general, it was still kept at a relatively low level. The figure of table 3 illustrates that the birth rates and total fertility rates of China in the 1960s were about the same as the sampling data of the 1930s. The highest total fertility reached 7.5 in the 1960s. It could be taken as the reaction of the unusual low fertility level between 1959 to 1962.

2. Regional Differences of Population Growth

The regional differences of population growth in India is great. There are such State union territories like Kerala where family planning program is very successful due to universal education and a fair land distribution policy. The birth rate of Kerala was kept at a low level steadily over such a long period that this area attracted the intention of many demographers. But the population of Kerala is only 4 percent of the total and has little influence on the population growth rate of the whole country. In the four largest states and union territories, namely, Bihar, Madhya Pradesh, Rajasthan and Uttar Pradesh with 40 percent of the country' total population, the ratios of family planning practice are very low. In year 1984 – 85, the contraceptives rates in all these regions were below 30 percent-many below 20 percent. In the same period of time, the contraceptive rate for the whole India was 32.3%. Table 4 presentes the figures of population and its growth rates for different states and union territories. To our surprise, many regions with high fertility are advanced in economic development in comparison to some of poor regions where the fertility and population growth rates are low. Uttar Pradesh and Kerala are typical representatives of the two situations mentioned above. It seems that the economic factors are not fundamental determinants responsible for the local fertility in India and the social factors played a more important role in this regard.

In China, there are also big gaps in population growth among different regions. However, the differences are lower than that in India. It is interesting to see the largest province in population, namely, Sichuan, with 107, 218, 173 persons at the 1990 census, to have almost the lowest population growth rate among 30 provinces, municipalities and autonomous regions of China. The population growth rate of its counterpart in India, Uttar Pradesh, with 110, 862, 512 persons at 1991 census, is well above the average level of the country. Although the fertility of three mnicipalities of China, Beijing, Tianjin and Shanghai, are well under reproductive level, the population growth rates of the mega cities are around the average of the whole country due to heavy immigration. Generally, the population growth rates of different regions are in reverse proportion to population density and have a strong negative relationship with regional economic development. In the industrial areas like the three provinces in the northeast, Zhejiang and Jiangsu, birth rates and population growth rates reduced to very low level. Correspondingly, Shandong has made great progress in economic development in recent years and remarkable achievements in control of the population growth. The rank of regional population size of Shandong reduced from second in ten years ago to third at present. It seems that the Inner Mongolia and Guangdong are two exceptions. Inner Mongolia is an underdeveloped autonomous region with a relatively low population growth rate. Guangdong has made great achievement in economic development but still keep a high birth and population growth rate. Both regions have some special backgrounds.

Since 1951, Indian goverment has put population quantity control as a part of five-year plans but got little achievement n this regard. Chinese goverment experienced the population explosion pressure later and launched family planning program in the 1970s. But the birth rate of China was reduced to a tremendous low level within ten years only. What are the factors responsible for the differences between India and China? What are the socio-economic consequences of these differences? The answer may lie in cultural backgrounds of the two countries like religion, language, customs and social structures. The fertility level of India in the 1980s was about the same as that of China in the 1950s and l960s. Considering the mortality and fertility decline in India in recent years, a fertility reduction process may occur there very soon. But what will be the tempo of the population transition in India, the second largest population country in the world? It is really an important question worth studying both in academic and policy decision-making organizations.

3. The Impact of Religion to Population Growth

In India, religion used to be a key force for socio-economic development. In morden Indiasociety, the relationship between religion and politics is no longer so close as in ancient times. But religion is still one of determinants for development. In addition to Hindu, Maslemin is another main religion. There are many Christians in India too. Many religions oppose to reduceing fertility through artificial means. Besides, the number of seats in the parliament for a group is decided by the number of supporters. More often than not, we can find some people supporting family planning program for the whole country at meetings but encouraging their followers to have more children afterwards. All these phenomona are favorable to high fertility. The figures in Table 5 illustrates the importance of religion to contraceptive use. China is also a country with many religions. 2, 000 years ago, Buddhism was introduced to China from India. The native religion of Taoism has a history over 1, 700 years in China. Islam came from Arabian world through famous silk road and has existed in China for 1, 300 years. Roman Catholic and Christian religion also have set root in China for a long time. Besides, some other religions also exist in minority regions. It is estimated that there are 14 million muslims, 3 million Roman Catholics and 4 million Christians in China. Buddhism is a popular religion in some areas particularly among Tibetan, Mongolian and Thai people, Buddhism is a dominant religion. There are quite a lot of people in coastal areas who participate in Buddhism religion activities very often. But Buddhism doesnt have regulary organized activities, so it is difficult to estimate the number of believers. The number of believers of Taoism are very limited so that they have no significant impact on the society.

Different from the situation in India, during the thousands of years of long history of China, religion was never linked to political power directly. To some social groups, religion does determine their attitude towards fertility regulation. In some areas, vasectomy is banned due to religious reason. But there are also some religious believers who accept contraception and find good reasons in religious scriptions to support their actions. In general, the impact of religion to fertility is very limited. Even in religion dominated areas, the impact is vague as the figures shown in Table 6. The proportion of vasectomy in Ningxia autonomous region is much lower than that of other methods. But the proportion of tubectomy is higher than the average figure of the country. It seems that IUD is not welcome but pill and injections are very popular in this region. The contraceptive use rate, i. e. the proportion of use to all ever married fertile women, was 81. 26% in recent years which was a litt lower than the nationwide level of 87. 90 percent and ranked middle among minority regions. It sooms that Islam doesnt have a significant impact on family planning program and fertility reduction in China. However, it does have an impact on selection of contraceptive methods. Up to now, no detailed data from Tibet to illustrate the impact of religion on fertility change yet. But evidence ensured us that the influence of Buddhism on contraceptive use is much weaker than that of Islam.

4. **The Impact of Social Factors on Population Growth**

Caste system is one of the keys to understanding Indian society. The caste partition extended to sex difference. In Chinese and Indian history, there are similar philosophies to make women completely subordinate to men.

Another custom in India which has a strong influence on fertility is the dowry system. The market price of dowry changed with the position of the son-in-law. Sometimes, dowry will cost two years, salary of a professor. There are good reasons in India to call a boy as " plus" and a girl" minus" and therefore have strong sex preference to babies. As a result, the mortality of girls is higher than that of boys. From the 1901 census, the sex ratio of India was 1, 000 males to 972 females (or 102. 88 males to 100 females). Afterwards, sex ratio has increased continuously. In 1991 census, the figure was 1, 000 males to 929 females (i. e. 107. 64 males to 100 females). Of cource, the charge of sex ratio probably was also caused by heavy emigration of females and higher underreporting rate of females. However, discrimination against female does have a significant impact on population growth and population structure in India.

A social class structure similar to caste system in India had occurred in China. But the machinery of the two systems are quite different. In the early ages of agricultural society in China, there are so called" high gates and famous families". These families took themselves as a special group and married with other noble families. But the imperial power in China dasfroyed the order very often. During some dynasties, when the noble people made" aristocrat is trees" to rank the surnames, emperors forced them to put the surname of the imperial family at the top. Besides, during a long period of time, many races were mixed together to form Chinese. It destroyed the old social structure and made the society recognize the rank of a person by his position rather than his pedigree. In China, the idea of" Confucianism" and Buddhism had long been used by the rulers to enhance their control over the society. The confucian of" Everybody should be equally educated" and" all lives being equal" of Buddhism are unfavorable to form a caste system like that in India. Besides, the Chinese emperors created an examination system to make poor people have a chance to become a member of upper level of the society. This is another factor which prevented the society from being stabilized as a classified one. However, the idea of emphasiing pedigree and strengthening family power is still an important consideration in China. So to have a boy as successor is considered to be the most important problem in many families. It was summarized in a phrase:" There are three unfilial things and without descendent is the first one". Descendent means boys, This is the fundamental reason for Chinese to have a preference for sons.

Like the case of India, in ancient China, the women status was very low in families. The norm of females, behavior was" three obediences and four virtves", i. e. ," obey father at home, obey husband after marriage, obey the son after the husband died". The role of a woman was summarized as" help her husband and teach her son". Since the 1950s, Chinese goverment has taken a series actions to ensure females having a equal chance to be educated and promoted as males do. In general, the women' s status of China is higher than that of India. Particularly in urban areas, women enjoy high status both at home and in society. Many urban families even prefer to have a girl rather than a boy. But in rural areas, a large number of families still have a strong preference for boys due to the practical needs in agricultural production and old age security. This is the very reason for Chinese goverment to adopt the policy of keeping larger families in villages than in cities.

The dowry system in China has changed over time and differs from place to place. Usually, the expenditure for marriage is less in intelloctuals families than in business families and rural areas. It is quite different from the situation in India that the bride-groom has to pay a large quantity of betrothal gifts to the girl's family. The duty of the girl s family is to prepare commodities on the bed which cost much less than the boy's responsibility. This is a zeasun in favor of having a girl and keeping the normal level of sex ratio.

5. Population, Economy and Resources

It is only in the case that the economic growth was slowed due to population explosion and resorces to be exhausted that the urgency of controlling the quantity of population can be recognized by the public and a corresponding policy can be adorted by the goverment. Only in such circwmstances the necessary, effective actions adorted be taken by official agencies. But, only in the case that the demographic characteristics of the population is good for low fertility can the population transition process be realized. Comparing the population, economiy and resources situationis in India and China, the points mentioned above can be proved. China and India both have more than 70 per cent people living on agricultural production. China has a territory of 9. 6 million square km. According to population census data, the population density of China was 118 persons per square kilometers in 1990. The territory of India is about on third of that of China. The 1991 India's census ascertains that the population density was 267 persons per square kilometers, i. e. more than two times of China's. But, the situation will be very different if we consider the arable land. Wide areas in China are high mountains, deserts and waters. Only one tenth of China's arearabled land compared to 60 percent territory are arable in India. In terms of per capita a rable land, India has more resources than China. Besides, most areas of India are located in sub-tropical zone with abundant rainfall, The green revolution in 1970s was very successful in India. China feeds her 22 percent world population with 7 percent of world arable land. The heavy burden of population growth forced Chinese goverment to impose family planning program. The reality of being an agricultural country forced China to make policy decision on the situation of the land resource and agricultural productivity. The Indian goverment realized the constraint of resources toward the number of population and adopted a. fertility control policy in early 1950s. But so long as the scarce arable land is not an urgent risk for the peasants, the rural people do not accept the small family concept.

Another economic factor as important as, or even more important than the level of development is income distribution. Table 7 lists figures of income distribution in selected countries. The income distribution of China is very even, or may be too even in this direction. This is the result of the" big iron bowl" system. Among Asian developing countries, India is one of the countries where high inequality of income distribution was observed. The inequality of distribution has impacts on population characteristics in many ways. Mortality is one of demographic parameters affected by income distribution. The impact and child mortality in China were reduced to a level comparable to that of medium developed countries.

6. Concise

The following conclusions may be reached:

a) Basically, China and India are both agricultural countries. In history, they have many similarities in social and economic backgrounds which are in favor of large families.

b) Since the 1950s, Indian and Chinese goverments have made great efforts to control population growth and promote economic developompont. The progress is remarkable.

c) Since the 1970s, China has achieved dramatic fertility decline. India still keeps a high population growth rate until recent years. Evidence shows that demographic transition process may begin in India to slow down population growth. Based on trend analysis, many scholars estimated that the population sizes of China and India may reach and keep at about the same quanlity in the middle of next century. This figure will be near the maximum population capacity for the resources of the two countries to support.

d) More factors in the cultural background of India than that of China are unfavorable to fertility decline such as religion, dowry system, caste system etc. It means that India needs more time to complete her demographic transition process.

e) Among the determinants responsible for fertility decline in China such as low infant mortality rate etc., the goverment initiation and large scale network of administration and service has played an important role. Only exerting strength of all these organizations could the low fertility in China be kept in the years to come.

f) The gap of population growth between India and China may be narrowed gradually. But the difference will still be preserved for a long period of time. The population size of India may exceed that of China in the first half of next century.

g) The advantage of the quick dertility fecline in China is the reduction of the pressure of high fertility on social services, improvement of the relationship between population and zesources so as to set a solid base for stable social and economic development. The cost of the benefit is that a portion of people should not expecta to have a large family and the population aging process will be accelerated in the next century. Besides, the proportion of boys to girls in nuptiality matching groups will change over time due to continuous fertility decline.

It may cause the change in marrige like the difference of ages between huaband and wives.

h) The change of Indian population will be slow and natural. The advantage of slow fertility decline is that the process will cause litt shock to the society. But the disadvantage is that the heavy demand on emplorment, social welfare and service in the future will raise problems in the years to come.

i) The problems mentioned above are solvable. But any possible solution needs continuous effort in many years. In a period of time, goverments and people should get ready to give up part of present benefit for the profits in the long term.

References

1. John D. Durand," Historical Estimate of World Population, An Evaluation", Population and Development Review, Volume 3 Number 3, pp. 259

2. Amulya Rana Nanda," Census of India 1991" Series 1, Provisional Population Total

3. Ashish Bose," Population India", April 1991, B. R. Publishing Copporation

4. Population Statistics Department, State Statistics Bureau and the Third Bureau of the Ministry Public Security of China," Assemble of Population Statistics of the P. R. C., 1949 – 1985" China Finance and Economic Publishing House, 1988 (in Chinese)

5. The Population Census Office under the State Council of China," The Main Outputs of the 4th Population Census in China", China Statistics Publishing House, 1991 (in Chinese)

6. Ahsish Bose," Demographic Diversity of India", 1991 Cen-

sus, B. R, Publishing Corporation 1991

7. Mahendra K. Premi," India's Population: Heading Towards a Billion", B. R. Publishing Corporation 1991

8. Goverment of Kerala," Selected Studies on Population and Family Welfare Program", S. G. P. at the Goverment Press, Ernakulam, 1991

9. Kingsley Davis, Mikhail S. Bernstan and Helen M. Sekkers edited," Population and Resources in a Changing World, Current Readings", Morrison Institute for Population and Resources Studies, Stanford, California, U. S. A. , 1989

Table 1 The Population of China and India in 20th Century

Year	Population		Average annual growth rate(%)		Population Density (persons/km2)	
	India	China	India	China	India	China
1901	238 396 327	426 447 325[b]	—	—	77	37
1911	252 093 390	410 962 071[b]	0.56	-0.04	82	36
1921	251 321 213	—	-0.03	—	81	—
1928	—	474 787 386[c]	—	0.85	—	42
1931	278 977 238	—	1.04	—	90	—
1938	—	479 084 651[d]	—	0.09	—	42
1941	318 660 580	—	1.33	—	103	—
1947	—	461 006 285[e]	—	-0.43	—	36
1951	361 088 090	—	1.25	—	117	—
1953	—	582 603 417	—	3.90	—	61
1961	439 434 771	—	1.96	—	142	—
1964	—	694 581 759	—	1.60	—	72
1971	548 159 652	—	2.22	—	177	—
1981	683 329 097	—	2.20	—	216	—
1982	—	1003 913 927	—	2.05	—	105
1990	—		—		—	
1991	843 930 861	—	2.11	—	267	—

Sources of Data:

a. India's Population Censuses.

b. Household registration of Qing Dynasty.

c. Yearbook of San Newspaper.

d. Statistics of Ministry of Internol Affairs of the Republic of China.

e. Province Map of the P. R. C.

f. China's-Population Censuses.

g. Estimated by Ashish Bose

Table 2　The Comparison of Population

Indices of India and China.

Index\Year		1950	1955	1960	1965	1970	1975
Population:	China	554 760	609 005	657 492	729 191	830 675	927 269
(in 1000)	India	357 561	395 096	442 344	495 156	554 911	620 701
median age:	China	23.9	22.5	21.8	20.4	19.7	20.6
(years)	India	20.4	20.6	20.4	20.1	19.9	20.0
Population:							
density	China	58	63	69	76	87	97
(persons/km^2)	India	109	120	135	151	169	189
Department:	China						
ratio (total)		61.3	71.6	77.7	80.4	78.7	78.1
(1/100) aged 0-14		54.1	63.7	69.1	72.5	71.0	70.3
aged 65+		7.2	7.9	8.6	7.9	7.7	7.8
India							
(total)		73.2	73.6	76.1	78.4	78.8	77.4
aged 0-14		67.4	67.7	70.0	72.1	72.3	70.6
aged 65+		5.8	5.8	6.0	6.3	6.5	6.8
5-year							
population	China	—	9.78	7.96	10.90	13.92	11.63
growth rate*	India	—	10.50	11.96	11.94	12.07	11.86
Index\Year		1980	1985	1990	1995	2000	2025
Population:	China	996 134	1 059 522	1 139 060	1 299 562	1 399 180	1 512 585
(in 1000)	India	688 856	789 183	853 094	946 716	1 041 543	1 442 386
Median age:	China	22.1	24.0	25.7	27.7	27.8	37.9
(years)	India	20.6	21.1	21.8	22.4	23.2	30.8
Population:							
density	China	104	110	119	127	135	158
(persons/km^2)	India	210	234	259	288	317	439
Department:	China						
ratio (total)		67.2	53.9	47.7	48.6	50.3	45.6
(1/100) aged 0-14		59.3	45.8	39.1	39.2	39.9	26.9
aged 65+		7.9	8.1	8.6	9.4	10.4	18.7
India							
(total)		74.2	72.1	69.5	68.8	65.6	46.0
aged 0-14		67.2	64.8	61.8	60.7	57.1	34.0
aged 65+		7.1	7.3	7.6	8.1	8.5	12.0
5-year							
population	China	7.43	6.36	7.51	7.33	6.27	—
growth rate*	India	10.98	14.56	8.10	10.97	10.02	—

☆ Sources of Data: World Population Prospects 1990, UN.

*: Calculated from the data.

Table 3 The Birth Rates and Death Rates in India and China

| Year | INDIA | | | | | | | | |
| | rural (‰) | | | urban (‰) | | | total (‰) | | |
	CBR	CDR	IMR	CBR	CDR	IMR	CBR	CDR	IMR
1971	38.9	16.4	138	30.1	9.7	82	36.9	14.9	129
1972	38.4	18.9	150	30.5	10.3	85	36.6	16.9	139
1973	35.9	17.0	143	28.9	9.6	89	34.6	15.5	134
1974	35.9	15.9	136	28.4	9.2	74	34.5	14.5	126
1975	36.7	17.3	151	28.5	10.2	84	35.2	15.9	140
1976	35.8	16.3	139	28.4	9.5	80	34.4	15.0	129
1977	34.3	16.0	140	27.8	9.4	81	33.0	14.7	130
1978	34.7	15.3	137	27.8	9.4	74	33.3	14.2	127
1979	35.1	14.1	130	27.6	8.1	72	33.7	13.0	120
1980	35.1	13.7	124	27.8	7.9	65	33.7	12.6	114
1981	35.6	13.7	119	27.0	7.8	62	33.9	12.5	110
1982	35.5	13.1	114	27.6	7.4	65	33.8	11.9	105
1983	35.3	13.1	114	28.3	7.9	66	33.7	11.9	105
1984	35.3	13.8	113	29.4	8.6	66	33.9	12.6	104
1985	34.3	13.0	107	28.1	7.8	59	32.9	11.8	97.
1986	34.2	12.2	105	27.1	7.6	62	32.6	11.1	96.
1987	33.7	12.0	104	27.4	7.4	61	32.2	10.9	95.
1988	33.1	12.0	102	26.3	7.7	62	31.5	11.0	94.
1989	32.0	11.1	98	25.0	7.1	58	30.5	10.2	91.

Sources of Data: India's Sample Registration System (SRS), Vital

statistics Division, Office of the Registrar General, New Delhi.

| Year | CHINA | | | | | |
| | Birth | | Death | | Natural growth | |
	Number	rate(‰)	number	rate(‰)	number	rate(‰)
1968	27 565 000	35.75	6 358 000	8.25	21 207 000	27.50
1969	27 152 000	34.25	6 392 000	8.06	20 760 000	26.19
1970	27 360 000	33.59	6 223 000	7.64	21 137 000	25.95
1971	25 670 000	30.74	6 130 000	7.34	19 540 000	23.40
1972	25 659 000	29.92	6 563 000	7.65	19 096 000	22.27
1973	24 631 250	28.07	6 211 692	7.08	18 419 558	20.99
1974	22 354 336	24.95	6 611 227	7.38	15 743 109	17.57
1975	21 093 256	23.13	6 711 521	7.36	14 381 735	15.77
1976	18 535 528	20.01	6 752 382	7.29	11 783 146	12.72
1977	17 867 130	19.03	6 484 528	6.91	11 382 602	12.12
1978	17 449 164	18.34	5 979 818	6.29	11 469 346	12.05
1979	17 270 876	17.90	6 021 801	6.24	11 249 075	11.66

1980	17 790 000	18.21	6 190 000	6.34	11 600 000	11.87
1981	20 689 704	20.91	6 290 103	6.36	14 399 601	14.55
1982(sample)	—	21.09	—	6.60	—	14.49
1983(sample)	—	18.22	—	6.86	—	11.94
1984(sample)	—	17.50	—	6.69	—	10.81
1985(sample)	—	17.80	—	6.57	—	11.23
1986(sample)	—	20.77	—	6.69	—	14.08
1987(sample)	—	21.04	—	6.65	—	14.39
1988(sample)	22 550 000	20.78	7 140 000	6.58	15 410 000	14.20

Table 4 Population and Growth Rates in States/UTs 1971－81 & 1981－91

SL	India/State	Total population		Growth rate	
No.	Union Territory	1981	1991	1971-81	1981-91
	India	683 329 0971	843 930 861	+24.662	+23.50
	STATES				
1.	Andhra Pradesh	53 549 673	66 304 854	+23.10	+23.82
2.	Arunachal Pradesh	631 839	858 392	+35.15	+35.86
3.	Assam	18 041 248[3]	22 294 562	+23.36	+23.58
4.	Bihar	69 914 734	86 338 853	+24.06	+23.49
5.	Goa	1 007 749	1 168 622	+26.74	+15.96
6.	Gujarat	34 085 799	41 174 060	+27.67	+20.80
7.	Haryana	12 922 119	16 317 715	+28.75	+26.28
8.	Himachal Pradesh	4 280 818	5 111 079	+23.71	+19.39
9.	Jammu &Kashmir	5 987 389	7 718 700[4]	+29.69	+28.92
10.	Kamataka	37 135 714	44 817 398	+26.75	+20.69
11.	Kerala	25 453 680	29 011 237	+19.24	+13.98
12.	Madhay Pradesh	52 178 844	66 135 862	+25.27	+26.75
13.	Maharashtra	62 784 171	78 706 719	+24.54	+25.36
14.	Manipur	1 420 953	1 826 714	+32.46	+28.56
15.	Meghalaya	1 335 819	1 760 626	+32.04	+31.80
16.	Mizoram	493 757	686 217	+48.55	+38.98
17.	Nagaland	774 930	1 215 573	+50.05	+56.86
18.	Orissa	26 370 271	31 512 070	+20.17	+19.50
19.	Punjab	16 788 915	20 190 795	+28.89	+20.26
20.	Rajasthan	34 261 862	43 880 640	+32.97	+28.07
21.	Sikkim	316 385	403 612	+50.77	+27.57
22.	Tamil Nadu	48 408 077	55 638 318	+17.50	+14.94
23.	Tripura	2 053 058	2 744 827	+31.92	+33.69
24.	Uttar Pradesh	110 862 512	138 760 417	+25.49	+25.16
25.	West Bengal	54 580 647	67 982 732	+23.17	+24.55
	UNION TERRITORIES				
1.	A & N Islands	188 741	277 989	+63.93	+47.29
2.	Chandigarh	451 610	640 725	+75.55	+41.88
3.	Dadra &Nagar Havel	103 676	138 542	+39.78	+33.63
4.	Daman & Diu	78 981	101 439	+26.07	+28.43
5.	Delhi	6 220 408	9 370 475	+53.00	+50.64
6.	Lakshadweep	40 249	51 681	+26.53	+28.40
7.	Pondioherry	604 471	789 416	+28.15	+30.60

1. As a consequence of the revised estimates for Assam for the

year 1981, the total population of India as of 1981 has been estimated as 683 329 097 as against earlier published figures of 685 184 692.

2. As a consequence of the revised figures, the deoadal growth rate for India during 1971 – 81 has been estimated as 24. 66 per cent.

3. In 1981, census was not conducted in Assam. Based on the 1971 Census population and the 1991 Census provisional results, the population of Assam for 1981 has been interpolated.

4. The 1991 Census has not yet been conducted in Jammu & Kashmir. The figures are as per projections prepared by the Standing Committee of Experts on Population Projections, October, 1989.

The 1991 figures are provisional

Source of Data: cited from" Demography Diversity of India".

Table 5 The impact of region on the practice of contraception in India (per cent of acceptors)

Method	All religion belivieres				Modern belivieres			
	before 1963 (%)	1963-66 (%)	1967-69 (%)	total (%)	before 1963 (%)	1963-66 (%)	1967-69 (%)	total (%)
Sterilization	0.16	1.10	7.52	8.78	—	0.11	3.69	3.80
IUD	—	0.31	3.25	3.50	—	0.12	1.17	1.29
Condom	0.50	0.36	13.57	13.98	—	—	9.73	9.73
Diaphragm	—	—	—	—	—	—	—	—
Foram tablets	—	—	2.27	2.27	—	—	—	—
Jelly	—	—	8.79	8.79	—	—	3.70	3.70
Rhythm	1.89	5.35	28.93	36.16	—	2.03	33.33	35.42
Oral pills	0.10	0.28	2.18	2.56	—	—	3.13	3.13

Source of Data: Reference 8.

Table 7　The comparison of income distribution percentage

Countries	Year	Poorest 20%	Richest 20%	Equality ratio
China	1984	12	31	3
U.S.S.R	1980	9	36	4
Japan	1979	9	37	4
Germany	1978	8	40	5
U.K	1982	7	40	6
Bangladesh	1982	7	45	7
Italy	1977	6	44	7
Indonesia	1976	7	49	8
Egypt	1974	6	48	8
Pakistan	1985	—	47	—
India	1976	5	50	10
Philippines	1985	5	53	10
Thailand	1976	5	57	11
U.S.A.	1986	4	46	12
France	1975	4	50	13
Turkey	1973	4	57	16
Mexico	1977	3	54	18
Brazil	1982	2	64	28
World	1985	4	58	15

Source of Data: cited from U.N. publication.

Table 8　The rates of contraceptive use by methods in China（1988）（%）

Regions	Vesaotomy	Tubaetomy	IUD	Pill	Condom	C.C.	Others
Total	11.41	36.05	41.11	5.78	4.01	0.90	0.76
North China							
Beijing	0.59	12.31	51.43	15.10	17.37	1.75	1.47
Tianjin	0.79	15.23	50.66	10.30	20.93	0.89	1.21
Hebei	7.27	49.06	34.71	4.54	3.46	0.53	0.53
Shanxi	0.70	39.04	47.67	5.78	3.53	1.54	0.53
Inner Mongolia	0.43	47.09	35.22	9.50	5.24	1.36	1.15
North-East Liaoning	0.28	30.72	56.66	5.66	6.99	0.74	0.43
Jilin	0.13	36.87	52.66	4.61	4.60	0.61	0.52
Heilongjiang	0.44	42.20	44.52	5.60	6.40	0.85	0.00
East China Shanghai	1.72	11.12	58.02	14.04	11.86	0.43	2.81
Jiangsu	5.64	30.69	52.82	8.08	1.82	0.60	0.36
Zhejiang	2.40	47.04	35.49	8.05	4.34	0.64	2.05
Anhui	16.04	36.62	34.44	9.23	2.58	0.61	0.47

Fujian	11.72	50.16	31.30	2.05	3.65	0.52	0.59
Jiangxi	1.29	68.29	25.74	2.50	1.14	0.45	0.58
Shandong	20.76	28.69	40.03	3.92	4.94	1.27	0.39
Middle South Henan	13.37	46.32	31.77	3.30	4.07	1.01	0.15
Hubei	8.32	44.94	35.46	7.07	2.71	0.78	0.70
Hunan	13.35	47.53	30.38	3.92	3.44	1.07	0.31
Guangdong	15.82	48.50	28.20	2.96	3.03	1.08	0.41
Guangxi	7.36	9.67	71.13	7.17	2.05	1.31	1.31
Hainan	6.02	53.74	31.21	1.11	6.35	1.18	0.38
South-West sichuan	36.07	10.56	44.52	3.60	3.24	0.84	1.17
Guizhou	22.75	30.41	41.75	2.92	1.19	0.52	0.46
Yunnan	9.63	20.66	54.43	9.70	2.81	0.80	1.96
Tibet	—	—	—	—	—	—	—
North-West Shaanxi	3.45	31.57	58.52	3.11	2.48	0.87	0.00
Gansu	0.39	32.54	31.77	3.72	2.82	1.07	0.50
Qinghai	0.18	28.24	33.24	29.96	5.24	2.49	0.65
Ningxia	0.17	36.49	26.76	26.33	5.87	2.32	2.06
Xinjiang	0.41	25.51	20.69	34.07	8.88	3.53	6.91

Fujian	11.72	50.16	31.30	2.05	3.65	0.52	0.59
Jiangxi	1.29	68.29	25.74	2.50	1.14	0.45	0.58
Shandong	20.76	28.69	40.03	3.92	4.94	1.27	0.39
Middle South Henan	13.37	46.32	31.77	3.30	4.07	1.01	0.15
Hubei	8.32	44.94	35.46	7.07	2.71	0.78	0.70
Hunan	13.35	47.53	30.38	3.92	3.44	1.07	0.31
Guangdong	15.82	48.50	28.20	2.96	3.03	1.08	0.41
Guangxi	7.36	9.67	71.13	7.17	2.05	1.31	1.31
Hainan	6.02	53.74	31.21	1.11	6.35	1.18	0.38
South-West sichuan	36.07	10.56	44.52	3.60	3.24	0.84	1.17
Guizhou	22.75	30.41	41.75	2.92	1.19	0.52	0.46
Yunnan	9.63	20.66	54.43	9.70	2.81	0.80	1.96
Tibet	—	—	—	—	—	—	—
North-West Shaanxi	3.45	31.57	58.52	3.11	2.48	0.87	0.00
Gansu	0.39	32.54	31.77	3.72	2.82	1.07	0.50
Qinghai	0.18	28.24	33.24	29.96	5.24	2.49	0.65
Ningxia	0.17	36.49	26.76	26.33	5.87	2.32	2.06
Xinjiang	0.41	25.51	20.69	34.07	8.88	3.53	6.91

Source of Data: Calculated from the family planning yearbook of China (1989)

Table 8   The rates of contraceptive use by methods in China (1988) (%)

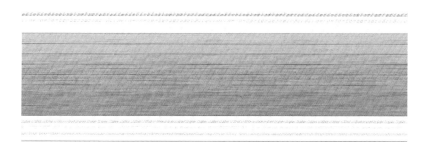

For UN Expert Meeting

(MIT, U. S. A. Sep. 5 – 8, 1996)

Responding to New Insights on Critical Socio-economic Demographic Shifts by Jiang Zheng hua

1. **Socio-eanomic and demographic shift of the world**:

The debate on population growth, economic development and resources protection has lasted for many years, There are mainly two schools: Neo-Malthusians and cornucopians, Both sides hold evidence to protect their view of point. Since the beginning of this century, the number of people inhabiting our planet has multiplied more than 3 times, The world economy has grown by 20 times in the same period. It seems that nothing should be worried in term of population growth.

Correspondingly, the consumption of fossil fuels has increased lay 30 times. Among the growth, 3/4 of fossil fuels consumption and 4/5 of industrial production growth accrued after the 1950s. The socio-economic development pushed the world which was damaged in the war to a new and prosperiou era, The economic miracle has brought us a unique chance to boild the world into a peaceful and prosperous one.

However, the high productivity and advanced technology also

created serious problems and brought us new responsibilities. First, the use of large quantity of mines has created strong exchange of material flow and energy flow between the earth and atmospher circle, Second, million of manmade chemical materials entered water and atmospheric cricle and caused series conse quences. Third, the large quantity of wastes of industry sector. Polluted environment broke the ecological balance in the world.

Along with the progress of socio-economic development, the tempo of population growth was also accelerated, Since 1950, the size of world population increased from 2. 5 billion to 5. 8 billion. According to the UN' s population projection, the number of people living on our planet will break 10 billion in the middle of next century.

In developing countries, although food productions have increased rapidly in the last half century, the growing population consumed all of the agricultural progress. For instance, the output of cereal in China was 113. 2 million tons in 1949. The output increased to 456. 45 million tons in 1993, three times of that 45 years ago. In the same period of time, China's population had been dulled from 541. 67 million to 1. 21 billion, Itseems that the growth rate of food production exceeded that of population. But Chinese feel heavy presure of cereal supply due to the increasing need of industrial production, change in food structure and loss of arable land.

More than half of African counties experienced a drop in per capita cereal production in the 1980s. The performance of Latin America was even worse. The number of people who suffered from malnutrition have increasing over last 20 years. The world food market is increasingly depending on the performance of North American farmers, When the draught hit the United States in 1988, world cereal stocks dropped from 24 per cent of global consumption in 1986 – 87 to a dangerously low 17 per cent. In recent years, the unstable global weather system has caused serious food crises and the number of people suffering from food shortage has increased from 800 million in late 1980s to 1 billion in recent years. Among them, 260 to 390 million people suffer seriously from malnutrition.

In brief, we have good news that in a long period of time, the economic development has been going on quite well. But we also get bad news that population size was expanded in a high tempo and the living standard was declined in many areas of the world, Conflicts are there due to socioeconomic, political, ethnic and many other seasons.

2. Changing view on the relationship between development and population issues

Based on the figures presented in paragraph 1, the views of the governments on population and development have expercenced dramatic change. In the 1950s and 1960s, the quick economic growth and improving living standard led people to make a conclusion that economc development will solve population problem automatically. Green revolution doubled food output in many areas within only 10 years. Cheap energy resouce pushed indvstry production forward. It seems that nothing should be worrcied, However.

Some scholars and scientists had warned that the situation will change sooner or latter. The founder of Green revolution made a short speech when he received the Nobel prize. He said that from best estimation, the Green resolution only win 30 years for the world to solve the population problem.

1970s was a critical period of time for the world. The negative side of economic development appeared everywhere. The green revolution caused degradation of arable land. According to the Academy Sciences of America, the U. S. A. has lost 1/3 of hen festiled surface soil. The world might loose all of its precious surface soil of the culivated land within 150 years if soil erosion will be going on at present rate.

The UNFPA reported at the beginning of 1980s that the cereal production of the world could feed 6 billion people then. But at the same period of time, there were 450 million people in the world who did not have enough food. The size of world population was 4, 5 billion when the report was published. Today, the world population approached 5, 8 billion and the number of starrved people increase to 1 billion. It is much higher than the figure given by the UNFAO experts in the beginning of the 1980s. As a matter of fact, the situation of food supply is much worse than our estimation due to many reasons such as high population growth rate, ineffective distribution system, institutional and political reasons.

The rapid increase of the cost of energy resource in the 1970s revealed that the high economic growth rate in the 1950s and 1960s was unreliable. Through the whole 1980s and the beginning of 1990s, the world economy suffered from stagnation. In many countries, the envipronment problem became a serious socio-economic, even political problem. Green house effect, acid rain, deforestation, soil erosion and many other global problems threaten the normal life of common people and our descendants. The concept of sustainable development was gradually accepted by different countries

3. The future of the world.

It took more than one hundred years for the world population to increase from 1 billion to 2 billion, 35 years from 2 billion to 3 billion, 14 years from 3 billion to 4 billion and 13 years from 4 billion to 5 billion. The world annual economic growth rate was 4. 9% in 1950s, 5. 2% in 1960s, 3. 4% in 1970s, 2. 9% in 1980s and 0. 2% in the period of 1990 to 1992. The change of per capita annual economic growth rate is even much less promising. The rate was 3. 1%, 3. 2% in 1950s and 1960s then declined rapidly to 1. 6%, 1. 1% correspondingly and finally to −1. 1% in 1990 to 1992. On the contrary, the per capita energy consumption had jumped from 12 in 1970 to 21 giga joulspper person in 1990 for developing countries. This figure was 128 in 1970 and 185 in 1990 for developed countries. The world economical crisis in 1980s presented significant different character from the past. The resource limitation and degradated environment seems to be the most important factors responsible for the crisis.

What will be the future of our descendants? Whether they will enjoy ahappy life and create abetter society or suffer from shortage of supply depends on us. Our beautiful planet is a rare gift from the God and belongs to all people including the future generations. Nobody has the right to damage this precious live island in the universe. It comes to be a common recognition that only through the cooperation of all countries to implement a sustainable development strategy can we save our home.

These are different views on the carrying capacity of the world population which ranges from 1 billion to 100 billion. However, most of the scientists agree that 10 billion to 20 billion will be the suitable size of global population C. F fortunately, we may be able to stabilize the population size at around 12 billion by the end of next century.

A number of studies on integrated plan, such as the Inter governmental panel on Climate Change (IPCC), Surprising Fuses (IIASA) report Scenarios of Socioeconomic Development, the efforts of Faye Duchin and others at the institute for Economic Analysis for the UNCED, the global 2000 Report to the President, the Limits to Growth and Beyond the Limits, International Futares, the Sustainable Society for Canada project, the Road to 2010: Looking Toward the Next Two Decades and others, have been done. Some scholars estinmrated that a fiaelold to tenfold increase in economic activity would be reguised over the next 50 years in order to meet the needs and aspirations of a burgeoning world population, as well as to begin to reduce mass poverty. To acbieve this goal, joint efforts of governments and people all over the world are necessary.

4. Recommendations

a. There are different definitions for sutainable development such as ecological sustainability, sustainable living, maximum net economic benefit with qualified resource supply, the greening of technology etc.. A synthetic view should be taken to consider all factors which have important impacts to our future. Neglect any one of socioeconomic and demographic factors may cost us a

lot to heal the damage.

b. Governments have special responsibilities not only to its own counries, but also for the world.

Integrated actions should be taken to deal with key problems such as global warming, environment degradation, deforestation etc.. International agreements should be made and respected so as to keep global order. Clear policy and special agencies are necessary for every country. Political and economic actions are important to solve problems.

c. Pioneering model communes for sustainable development is very useful to convince people to accept sustainable concept and a cumulate experience in practice. Some examples are these in different countries international organizations should create facilities for people to learn from these examples.

d. Science and technology is the key to push sustainable development strategy forward, particularly the technology for best use of resource and waste material use should be given the highest priority to get support both in international and domestic society. Clear production technology environment monitoring technique, disaster forcast technology and integrated research on sustainable development are very important for our future.

e. Population is an important factor and one of key determinants for sustainable development.

Family planning programme played a significant role in curbing the dramatic quick growth of the world population. However, it will be still an important work for the international society to support family planning in a long historical period of time.

Chinese Population, Sustainable Development and Complexity Study

(August 1, 2000)

China faces two difficult choices that are interrelated and difficult to completely separate: the fast rising economic growth and protection of natural resources against a population with a falling swiftly mortality rate and a tradition of high birth rates which cannot correspondingly and immediately change. From a rational standpoint, people already have a basic understanding of the importance of the conservation of natural resources, the protection of these natural resources and fewer births resulting in a better upbringing for children. On a macro level, powerful measures have been adopted to address these issues; however on a micro level, some hope these correct policies will be implemented by others while they themselves can escape from adherence to them in order to acquire additional profits.

The contradiction between long and short-term benefits will influence the psychology of policy makers. However, the contradiction between overall and local benefits is reflected in every different aspect of the policies, including the understanding of the problems and how these differences are handled. The purpose of this paper is to analyze the status quo and future development of these two difficult issues, the relationships between them and then to resolve these issues using the most optimal policy.

1. The Constraint of Natural Resources on Global Population

Excessive population numbers will put a heavy pressure on natural resources. It is generally accepted that the earth has an inhabited area of approximately 1. 36 billion square kilometers. The territory of China is approximately 96 million km^2, or 7% of the world's total landmass. The amount of arable land on the planet is around 1. 37 billion hectares while recent statistics show that China possesses 130 million hectares or 9. 5% of the world's arable land. The global population density is 44 people/ km^2 while in China the population density has almost reached levels of 132 people/ km^2, almost three times higher than the world average. In a number of areas the conflict between high population and limited arable land has become an acute problem. In accordance with this, a large number of forests have been destroyed, some to create new farmland and also due to excessive harvesting. China's forests now account for less than 3% of the world's forests. The amount of forest resources per capita is now only 0. 11 hectares per person. This places China at 119th on a global ranking, and ranking only 17. 2% of the world's average. Due to population pressures, the overgrazing of China's grasslands has resulted in 90% of these areas in the process of, or already, being degenerated. This problem is extremely critical.

The consumption of energy sources per capita is the sign of a nation's production development and a standard of living. After the 1990's, the average coal consumption of a Chinese citizen was approximately 0. 7 tons, compared to America where consumption is approximately 9. 4 tons per person. Even energy conscious Japan has reached levels of 3. 5 tons per person. Yet even with the appearance of these low levels of consumption, providing these energy sources is a considerable strain. Generation of electricity, production of fertilizer, metallurgy, chemical manufacturing, and transportation all require the use of coal, and the yearly increase in demand is in excess of 60 million tons. However, China' s yearly coal output only increases 40 million tons per year therefore the gap is quite large. Petroleum is another extremely important energy resource and raw material for chemical manufacturing. At present, the petroleum industry has exhausted all efforts but still cannot satisfy the refining and petrifaction industry' s demands, particularly for fuel, which is especially pressing. Due to the shortage of coal, within a short time there will be a strain on the production of electricity. Previously in China, due to this power shortage, 1/4 of the manufacturing facilities did not have enough power to operate. Some would close for two days and only operate for five. Others might be closed three days and only be in operation for four. Some areas with coal mines even will not be able to achieve their production capability due to electricity shortages. A lack of coal leads to a lack of electricity, and a lack of electricity limits the amount of coal that is produced, thus becoming a viscous circle. This seriously limits production development and a rising standard of living for the people. In recent years, the state budget for fundamental investment in energy resources has increased every year by a ratio of more than 20% and thus the problem has been delayed, but has not ultimately been resolved. The new wave of economic construction will result in an upsurge in demand for energy resources. We can predict that, although in recent years electric power has been provided unstintingly, the strain of providing natural resources will last for a long time.

Agriculture is the backbone of a nation's continuous development. "It is natural for people to want to eat" is an ancient proverb summarizing innumerable years of historic experience. Under the present circumstances of rapid economic development, the demand for foodstuffs has increased ever more rapidly. With this rapid increase two things need to be considered: the increasing rate of consumption by the population, and the demand for a rising standard of living. Since 1978, the amount of pork consumption by people in urban and the rural areas has more than tripled, and the demand for sugar has also doubled. The enormous meat consumption has also increased the demand for animal fodder and foodstuffs per capita as animal fodder and other industrial use grains also follow the rapidly rising consumption per capita.

Every year, China increases its population by 15 million people, equivalent to the population of a mid-sized country. This is in accordance with the accelerating demand for foodstuffs and other farm and dairy products. According to estimates, every year almost half of the increased foodstuffs and meat production will be consumed by the new increase in population, however the continuous development of agricultural materials is very limited. Still, within China's changing consumption demands, the demand for meat per capita is increasing to 2/5 of the level of developed countries and future demand for foodstuffs and farm products will continue to increase. Due to food shortages in

1953, 21 provinces and regions were required to redistribute or bring in extra foodstuffs in order to have enough to feed their population. By 1998 the number of provinces and regions was reduced to 5. Since 1950, there has only been one province able to produce surplus foodstuffs to be redistributed to other provinces.

Although food production increases nationally every year, it still cannot satisfy nor catch up to the increasing demands of the population. Recently there was an apparent surplus for a short period of time. However many places paid a high ecological cost. At the same time, economic development and population increases cause the amount of arable land to decrease. Every year approximately from 5 to 7 million mu of the most fertile land is lost which becomes a threat for stable long-term development.

To determine a long-term development strategy, the study of the allocation of scarce natural resources is of key importance. The scarcest natural resources set the constraint for achieving the development target and also determine the direction of industry and the allocation of investment. For China, the scarcest resource is freshwater and land. Among the statistical data on the natural resources for different countries of the world, China ranks among those countries who have the least amount of freshwater. Regardless of industrial development or agricultural growth, all require large amounts freshwater. According to statistics, the production of one ton of wheat requires 1000 tons of water. Even with the adoption of water economizing technology, it still requires approximately 500 tons of fresh water. To produce one ton of rice requires 4000 tons of water, even to produce one ton of artificial rubber requires 17, 000 tons of water. From this it can be calculated that if the Chinese population reaches 1. 6 billion, and the productivity per capita is $10, 000, China will require the total water resources of the Yangtze River, Yellow River, Huai River, Hai River, Pearl River and the Liao River--in other words, the total water resources of these six large rivers.

The Water Resources Department of the Ministry of Water Conservation has reported that the Chinese water resources per capita is less than the world average of 1/4, and ranks only 88th. Not only this, but the distribution of water resources is not very advantageous, nor does it correspond to land resources. For the Yangtze River drainage basin and the southern regions, water resources account for 83%, while arable land accounts for only 38%. For the Yellow River, Huai, Hai and Liao river drainage basins in particular, arable land is 42% while fresh water resources are only 9%. In 1992, the lower part of the Yellow River temporarily disappeared resulting in a heavy economic loss which is still fresh in everyone's memory. This, and the recent flooding disasters of the Yangtze River basin, is a brilliant comparison.

The problem of scarce surface water resources requires more extensive use of groundwater resources, particularly in China's northern areas where land is abundant but water is scarce, and this increasing use of groundwater resources is a particularly serious problem. Many places that in the past had water bubbling out of the ground now do not have an extra drop of water. According to reports, in the past few years the Yellow River has temporarily disappeared and did not reappear for 224 days. The portion affected by the river reached 700 kilometers.

The phenomenon of the lack of water in many large cities is especially evident. In many places the water table has taken the shape of a funnel. In Beijing, Tianjin, and Tangshan, the water table has lowered by 40 meters. Within the past decade the Cangzhou water table has dropped over 70 meters. Few places have not experienced the settling of the land due to shrinking water resources underneath which has created huge economic losses. For example, due to the settling of the riverbanks, Shanghai's ability to control flooding is eroding. In previous years they were required to invest in additional large dams with an expense of 800 million yuan. The population of this area increases daily, therefore the production and daily living demands for water are also increasing. This creates a significant economic strain and puts a lot of pressure on natural water resources.

Many scientists in China have conducted research on the effect of population on natural resources, and although the results are not necessarily the same, the general consensus is that China can reasonably support a population between 0. 7 − 1 billion. Improvements in technology can possibly increase this capacity, for instance, modification of the configuration of crop structures and cultivation technologies can reduce the amount of water used per ton of foodstuff production. Advances in industrial production technologies can assist in reducing the consumption energy and water resources. However these technologies are also very highly priced or immature, and widespread use is still a long way off.

Decision-making should be based on a conservative framework. A number of scientists think that in regards to freshwater resources, soil, employment, mining resources should be integrated on a national scale such that all complications and factors can be analyzed, as the situation will be very dangerous if China's future population exceeds 1.8 – 2.0 billion. In order to achieve the goals of China's development strategy, the population should be kept within 1.6 billion. According to the new land census conducted by the Ministry of Agriculture, China's foodstuffs production can support at most a population of 1.73 billion. The population still possesses a large momentum due to the high fertility rates in the past which created a baby boom. Even if fertility rates are already on the decrease, due to the enormous amount of people within the childbearing age, the number of newborns is also large. In demographic studies this has come to be known as population momentum, namely that the high number of newborns within a short period of time will become a new force, just as a car moving at high speeds cannot stop immediately. Therefore a long-term target population of 1.6 billion also requires the formation of a mid-term and short-term goal, as for the year 2000 China already has a population of 1.3 million people and in the 20 years of the next century, will have approximately 1.5 billion. Only by this will China achieve a population of 1.6 billion and afterwards will have to stop increasing.

Within the past 20 years, the efforts to control birth rates has been recognized world wide, however China's situation demands continued adherence to the family planning program. Starting from now, the next ten years will be a pivotal period demanding that small families are favoured in order to raise the socioeconomic standard of living, stabilize birth rates around replacement levels, and within a short period of time be slightly under replacement levels. Only in this way, can it be ensured that for the next century the Chinese population is coordinated with China's resources, environment, and socio-economic development, and that every family can indeed enjoy a stable wellbeing, and have an ideal life.

2. Population and Socioeconomic Development

In many aspects, declining fertility rates are a socioeconomic benefit. In demographics studies, the number of people 60 and over, and children 14 and under, divided by the working age population, is known as the dependency ratio. According to this ratio the provinces in order from smallest to largest are Liaoning, Zhejiang, Sichuan, the three federally administered zones and Jiangsu. These places benefit in three aspects: the proportion of the working age population increases the production capacity of these areas; the low number of adolescents in recent years reduce the vigor of the workforce; and production can develop using high-level financial and knowledge models; and the shrinking total dependency ratio allows the level of the people's standard of living to rapidly increase. The result of these three factors have allowed these areas to develop the most quickly.

The industrial configuration of China's labour force is not very rational. In 1990 the result of the census showed that for the proportion of the primary, secondary and tertiary industrial sectors, employment numbers were 72. 1%, 5. 2% and 12. 7%. In comparison with those countries having a similar income per capita, where the average labour configuration is 48. 9%, 20. 6% and 30. 4%, it is obvious that China's subsistence is based on primary industry, namely the surplus labour force in the agricultural sector. Using another method of estimation, even with the labour force shifting to township enterprises of approximately 100 million, the rural areas still have surplus labour of approximately 120 million. Estimates for the end of the current century are that surplus labour in rural areas will increase to about 190 million. The majority of this excess labour cannot but decrease the income per capita, and even more importantly, maintain the low standard of agricultural production efficiency. However, the price of agricultural labour products cannot be cut down too far.

The relationship between population increase and economic development has been the source of controversy for many years. The population issue was originally a neutral problem, however in recent years some people with ulterior motives have linked population issues with politics and human rights. Recently, a study conducted outside of China analyzed some countries in Africa, who, when stricken by calamity, were all considered to be countries with a low population density, arbitrarily coming to the conclusion that the denser the population is, the richer they are. Moreover, the final conclusion is highly political, advocating human development needs with freedom as a prerequisite. Yet another paper stated that Chinese population density is half of that of England and that the population has a lot of room to expand. These situations show that Deng Xiaoping's analysis is correct, and speaks volumes about the political attempts of those people opposing China's family planning program.

The relationship between population and natural resources cannot be stated as simply as calculating how many people there are per square kilometer. The amount of natural resources possessed by these areas should also be considered. Therefore, according to the actual situation for each different area, different population levels are supportable. When comparing China and England, it is true that China's population density is less, however, the total amount of arable land is also much less when compared with England. China's arable land accounts for only 10% of the total land area, whereas many other countries have more than 40%

In a number of serious studies, similar conclusions have been drawn regarding the relationship between population and economic development:

The decrease in population growth can reduce the expense for raising children which can be saved and used for increased investment in development. Due to China's family planning program, from 1971 to 1999, approximately 400 million less children were born, with a savings to society of approximately 40 trillion yuan. A part of this savings will be spend in the future, up until now have already saved 10 trillion yuan, and this has already had a considerable economic effect.

A declining birth rate in cooperation with the appropriate poverty alleviation policy can reduce the pressure on depressed areas, allowing them to escape from poverty to wealth. Recent inquiry shows that the majority of households in long-term difficult situations is a result of too many children or suffering from serious illness. Some peasants in the countryside have just escaped poverty, only to have more children and therefore forfeiting their opportunity to become rich and thus returning to poverty. The more children they have, the poorer they are, and the poorer they are the more children they have. This is the main reason that these people cannot extricate themselves from this situation.

The declining birth rate has another indirect important economic benefit. With less children women have more time to take part in training, improve their technical skills and have more opportunities for employment and promotion. All of these benefits can raise the status of women which will have a long-term effect on the development of society. If rural women have less children and study science and technology, they will have less encumbering housework. From many provinces are coming forth a large number of women experts, and technically skilled women.

Of course, a population that is too small is also disadvantageous for development. When analyzing urban economics, it is found that for a city population of 250 to 300 thousand, the markets are narrow and there is very little room to maneuver, and this influences development. For a large city with a population of 2 million people, in addition to communication, water, garbage disposal, there are also a lot of problems that are difficult to solve. Therefore, China must ensure that urban development policies are suitable and objectively carried out, thus controlling the scale of its large cities, developing the medium sized cities appropriately, and encouraging the development of smaller cities. In rural areas, a small population cannot effectively enact water conservation, and this is a disadvantage to agricultural development. However, a large population also has declining marginal output (i. e. the increased income by adding an additional labour force), which can even become negative. This is also a disadvantage for economic development.

The Chinese population quality problem is worthy of being recognized. In general, population quality should consist of all aspects of morality, wisdom, health, and beauty. In the knowledge economy age of this new century, it is especially important to cultivate the ability to develop new innovations. Due to the rich meaning of 'quality', as yet there still is not a universally accepted index that integrates and reflects all standards. Often, international societies reference the Population Quality of Life Index (PQLI) or the American Social Health Association index (ASHA). PQLI encompasses the following factors: infant mortality rate, life expectancy, and education prevalence ratio. ASHA includes the GNP, employment rates, education prevalence ratio, and life expectancy. These two indices together form a comprehensive index refliecting certain aspects of socioeconomic development, with the education prevalence ratio and longevity being the basic factors. China's population quality has risen greatly since 1949, however in adapting to modern demands, there is still a lot of work to be done in the aspects of education, science and technology, dissemination of knowledge, declining hereditary and local illnesses and the improved quality of infant care. Particularly in some places which are behind in economic development, educational undertakings and career development are also backward. In areas where there are high numbers of children, future policies may adopt measures which can continuously improve and therefore match the socialist market economic system. For example, imposing additional tax on children's education is perhaps necessary. The degree of population quality education in China is far below world average. Regardless of the level of compulsory education and the development of higher education, more effort needs to be directed at this area.

The relationship between population and socioeconomic development is complex, no two countries have the same complexities, therefore each must analyze and deal with their own situation accordingly. According to China's situation, population numbers and economic development have the following seven aspects:

a) At present, China's birth rate has been brought down to relatively low levels, however, there are clear differences between different regions. Stabilizing the low fertility rate will still require diligence and if the work done by the family planning program is abandoned, the high fertility rates will quickly return. The differences between regional fertility rates are related to many factors such as socioeconomic development and the construction of a service network for the family planning program. These differences may remain for the time being, but these efforts can reduce the disparity.

b) From the point of view of continuing development, China's water, land, and energy resources are the most constraining factors. The maximum population China can support is 1.6 billion people, and the optimum number of people for economic development is between 0.7 and 1 billion. Technological development can add additional capacity however it still unclear if it possible to launch new technology, therefore, for the present, maintaining China's total fertility rate slightly under replacement levels is beneficial for development.

c) The number of Chinese senior citizens will continue to increase. This has been created by the past high birth rates, it is not a result of the family planning program. The purpose of the family planning program is to slow the population increase, therefore although the proportion of senior citizens is on the rise, this will not change the to-

tal senior citizen population. Regardless of the population policies a-
dopted, this population of senior citizens is already in existence,
therefore an appropriate social security system should be established to
solve the social problems brought on by the increasing senior citizens
population.

d) With the exception of the labour force absorbed by township
enterprises and cities, China will still have a surplus rural labour
force of 190 million people up until the year 2000. Urban areas al-
ready have a surplus margin of personnel, which decreases production
efficiency. Effort should exerted to stress labour force training. In ad-
dition to training various types of high-level personnel, vocational ed-
ucation needs to be developed to allow people to find suitable work for
themselves. The population quality for the 21st century will be one of
the key factors in determining China's future.

e) The direct economic benefit from the declining birth rate is
represented by decreased childrearing expenses, and the sum total is
approximately 1 trillion yuan. Although the indirect economic benefit
is difficult to account for, it can still be affirmed that it has had a pos-
itive, long-term impact on societal development. Low birthrates give
parents more time to educate their children, although they still should
not spoil or overly indulge their them. More guidance for parents
should be provided in the areas of childrearing and education.

f) Controlling the population increase has the benefit of reducing
poverty and raising income. At present, China's income structure
is still based on the majority of people receiving a fairly equivalent in-
come, however in recent years the disparity in income has widened.
The excessive equality in income has decreased economic efficiency,

yet large disparities will create an unsafe society. Policies need to be fully implemented to strengthen measures for income distribution.

g) No single policy is completely perfect and all have their disadvantages. The policy for controlling the rate of population growth can also have negative effects in social, economic, and demographic areas, for example the skewing of the sex ratio at birth, the proportionate rise in the number of elderly people, the change in the structure of families, etc. Research needs to be increased to study countermeasures and provide guidance.

Generally speaking, with regard to social development, the rising economy, environmental protection, and the use of natural resources, China's family planning program is beneficial. This basic economic policy should be strictly adhered to.

3. Population and Sustainable Development Across the Century

The global population in the 1950's was 2. 52 billion, now it has already exceeded 6 billion. The following graph shows, the world population increased by 1 to 2 billion within 100 years. Within the next 35 years it would increase by 2 − 3 billion and by 3 − 4 billion in the next 14 years. In the next 13 and 12 years the increase would be 4 − 5 million people and 5 − 6 million people respectively. The timeframe for an increase in population of 1 billion people decreases each time.

The 1998 United Nations most recent forecast indicators stated that by 2050, the world's population would be at least 7. 343 billion, with the highest estimate being 10. 664 billion, a difference of 3. 6 billion people.

The world's long-term population development and the influence of the family planning program has attracted the attention of a great many people. In October, 1993, the president of the World Academy of Science in New Delhi conducted a series of high-level talks and declarations. In these declarations, the scientific community visualized three population possibilities for the next century:

1. Within a span of 60 years, the cumulative total fertility ratio has declined from 3. 3 to the so-called "replacement level" of 2. 1. From the momentum of past increasing population levels, the world population in the next century can achieve stabilization at 11 billion or less.

2. The birthrate for the early stages of the next century will decrease to 1. 7 so that in the mid-stages of the 21st century the world population will peak at 7. 8 billion, and afterwards slowly decline. This is an extremely optimistic goal.

3. The cumulative fertility rate cannot decline to less than 2. 5. The world population by 2100 should be around 19 billion, and by 2150, 28 billion. Many experts have researched how many people the world's resources can support. The most optimistic estimate was 50 billion, pessimistic, 2. 1 billion and most pessimistic, 460 million. According to various criteria for evaluating the standard of living, and the different knowledge on the prospects of development of future technologies, the disparity is very large. However, the knowledge of the majority of the experts is consistent, the largest population the world can support is between 10 and 20 billion, with the average being 15 billion people.

The declarations from New Delhi advocated the first population development prospective on what the world can adequately bear, a second prospective regarding humanity's rising standard of living, and a third prospectus on the hazardous results this could produce. In 1992 the United Nations, according to the population growth for each country, devised a 2-century projection. The global population in 1990 was 5. 292 billion, and by the end of the century the population achieved 6. 261 billion. It is estimated that at 2050 the global population will be 10. 019, by 2100, 11. 186 and by 2150 the world population will be 11. 543 billion people.

In 1950, the proportion of world population in Africa, Latin America, and Asia was 70. 1%, and by 2150 this will increase to 89. 6%, which will begin to threaten the development of these areas. In reality, the situation is better than what the United Nations makes it out to be. The Chinese government has seen the dangers of a rapid population growth. From the beginning of the 1970's, it has taken action on a national scale, vigorously promoting the family planning program and achieving a lot of success. In the 1990s, China's fertility rate was already less than that of the 1960's by 1/3. In 1963, the birthrate was its highest at 46/1000, and in 1996 this has decreased to 16. 98/1000. By1998, the population natural growth rate was down to 9. 53/1000. For children who have been born during the implementation of the family planning program, it is easier for them to accept the concept of family planning when they reach childbearing age, and thus the birthrate continues to drop. Due to the continuing influence of the family planning program, from the 1950s to the 1970s, the immense population momentum will have the Chinese population increasing until the end of 2030's or early 2040's, and the largest this will become is approximately 1. 53 billion. Thereafter, the population numbers may decrease less quickly. If the population control policies continue to be maintained, the population for the 22nd century can be less than 1 billion people which is the most beneficial amount for economic development.

From the graph below it can be seen that the proportion of population in China to the world population will gradually decline from 22. 1% in 1950 to about 18% in 2050 and approximately 15% in 2150.

China is still a highly populated country. Yet India's population will likely exceed that of China in the next century and China can pass on the hat of being the world's most populous nation. From a population perspective, China cannot afford to become lax on the work done by the family planning program. The highest point of the population must be controlled to stay within the capacity of our natural resources to support, which is necessary to the realization of China's socioeconomic development strategy. However, many unexpected problems will undoubtedly arise.

1. The Aging Population.

Due to the rapid development of the medical field in this century, particularly after World War II, socioeconomic development and improvements in medical technology, the mortality rate is rapidly decreasing. In the 1990's, the world's population of elderly aged 60 and over was already 540 million and of this number 330 million will be from developing countries. Due to a continually falling birthrate, the proportion of elderly within the population will continue to rise. Within many economically developed countries, the proportion of the elderly in the population has already exceeded 10%, and those 65 and over comprise 7% of this total. In Greece the elderly population has already exceeded 22% and is continuing to rise. For the 21st century, the population of people aged 65 and over in economically developed countries may increase to 30%.

According to estimates by the medial profession, the project for the next century will be the process of genetic engineering, and the average life-span may be extended to 110 years or more, at least more than 85. This will pose a dramatic change for the population numbers for the next century. A prolonged life expectancy will cause the population to increase even more quickly, and at the same time, increase the proportion of elderly. The average life expectancy for a Chinese person in 1930 and 1940 was only around 35 years. In the 1950's, due to the stabilization of society, economic development, improvements in medicine, and the hygiene campaign, the average life expectancy has risen by 1 year annually. At the present time, the average life span for a Chinese male is 68 years, 70 for a female, and thus the proportion of people aged 65 and over has increased rapidly, in large part due to the large number of people born during the high birth rates of the 1950's and 1960's, who will now be entering the next century as elderly people. This will hugely increase the proportion of elderly within the population as a whole. In 1996, the proportion of the Chinese population aged 65 and up was approximately 6. 27%. This will increase for the next century and in 2100 will likely be around 26%. The increasing life expectancy will be good. Due to improvements in health, today's 60 and 70 year-old people can in many places be called young elderly, and will be active in many different posts. Elderly who are well cared for and happy will become a characteristic of China's elderly population.

Of course, the development of an aging population brings new problems. Some illnesses of the elderly present a challenge for the medical field. Currently over 22 million elderly people in Africa, Latin America, and Asia suffer from dementia. According to estimates, by the year 2025, this number may exceed 80 million. Establishing a system to care for the elderly and developing a corresponding social framework, and having people to service this system, all require a strategy to be devised as soon as possible. If these projects and the medical research inherited by the next century result in unimagined progress, for example, if technological and pharmaceutical innovations keep people younger for a longer time, there will be a complete revolution in many concepts concerning population. People 80 years old can be like energetic youngsters, and may still be a strong labour force. Within a socioeconomic life, a number of things will have to be readjusted. It seems like the probability of this change is not large, but cannot be discounted.

Regarding today's decision-making, the real significance is in the forecast for the next 25 years of the next century. In 2025, China's elderly population will comprise 12. 5% of the total, and in 2050 this will increase to slightly more than 20. 24%, almost corresponding with the levels of some economically developed countries. According to high, medium and low population projections, the highest this proportion will reach is 24%. When this level is reached, China's economy will achieve the level of other medium developed countries and possibly be supporting the burden of its elderly population. Due to the base population number being very large, and despite continuously declining fertility levels, every year the number of children born is still 20 million. Due to a declining mortality rate, the majority of these children will become the labour force. From a macro perspective, it is impossible for China to have an insufficient labour force. On the contrary, the unemployment will continue long into the next century.

2. Population Migration and Urbanization

With the population migration and urbanization during the 1950' s and 1960' s, the Chinese population flowed from being mostly in the coastal areas, to the interior and border areas. In the 1970' s, there were also a large number of young people who moved from the cities to the rural areas. There were political and economic reasons for this migration. The proportionate change in the urban populations over the last 30 years has been very small. After the opening reforms, the economic development was very fast, and a large number of people from the rural areas surged into the cities, engaging in a lot of economic activity. According to statistics, the national floating population already numbers around 80 million. In reality it is unknown how many there are, it is possible this amount has reached 100 million.

In recent years, township enterprises have developed very quickly. The majority of them have absorbed the surplus rural labour, which is approaching 120 million people. Many small towns are quickly developing into small cities, and the scale of small cities is continuously expanding, therefore urbanization progresses even more quickly. The process of urbanization is influenced by two forces: the pull of the urban and the push from the rural areas. The urban economy cannot stop developing, thus the employment opportunities increase and the city becomes even more attractive to the rural people. Roads and infrastructure, industry, dams, housing, and other construction all take up farmland, while the population of people in the countryside still continues to grow. At the same time, while the amount of available arable land per capita shrinks, the improvements in, and modernization of, agricultural mechanisms for production leads to a shrinking demand for labour for agricultural purposes. These factors have led to increasing surplus of labour in rural areas, which is exceeding the push of development in these areas. Economic development cannot but change the structure of industry, and induce urbanization and the migration of population. China is implementing a strategy to control the scale of big cities, appropriately develop mid-sized cities, and vigorously develop towns. This is a strategy in accord with China's situation.

Compared with international data, the rural population of low income nations comprises about 72% of the total population. The agricultural labour force is 52. 6% of the total labour force. In middle income countries, the rural population is 33% of the total while the agricultural labour force is 31%. For high income nations, the rural population is only 23%, while the agricultural labour force is only 4. 5%. For China in the 1990' s, these two numbers were 74% and 59. 8% respectively, which is lower than the average level of low income countries, and much lower than the world level of 49% and 22. 9%. It can be estimated that in the next century, along with China' s economic development, the urban population will increase dramatically, and by that time, 200 million people of the rural labour force will have moved into the urban areas. To the middle of the next century, even if policies are adopted to limit the development of big cities, still many medium sized cities will develop in to big cities. At present, of the cities with a population of over 4 million, a number of them will develop to become especially large metropolises. This is an unavoidable trend. At that time, the urban population may eventually become 60% – 70% of the nation's total population. Generally speaking, the urbanization and migration has few dangers and many benefits for socioeconomic development.

Urbanization will encourage the modernization of people's conceptions: new lifestyles, the pursuit of efficiency, a rising level of culture, and the acceptance of new ideas and alternatives. It is also possible that people will have less interaction, and increasingly depend on communication through science and technology. The long-term effect of these changes is difficult to estimate. The next century will be an age of communication, communication technology, computer technology, and with every developed medium the world will become an even smaller place. With these valuable concepts and socio-cultural stimulus, new opportunities will be encountered. The urban areas are the heart of change and from them, urbanization and social change will disseminate throughout the nation.

2. Eliminating Poverty and Realizing Common Affluence

According to a World Bank report in 1996, 800 million people were in a famine situation and the intellectual and motor development of 500 million children was influenced by malnutrition. Every day, approximately 40, 000 people die from starvation, this condition is completely opposite to the United Nations forecast in the early 1980s. The proportion of the world's poverty stricken population over the last 15 years has not shrunk, but has increased. The degree of poverty has also become deeper. According to estimates by the United Nations Food and Agricultural Organization or FAO, the production of foodstuffs at that time was enough to support 6 billion people, therefore enough to feed more than one billion extra people. However, due to unreasonable distribution system measures, from the beginning of the 1980s until now, the number of people stricken by famine has not only not declined, but has increased to 300 million people.

China has recognized its own poverty stricken areas and offered assistance. In 1978, China had 250 million people in poverty, in recent years this has shrunk to 45 million. This population is concentrated in 18 western regions of China including remote mountainous areas, rocky areas, cold high altitude areas, and the loess plateau and are prone to endemic illnesses. The ecological condition of these areas is terrible. Some have only splits in the stone where corn, wheat and other crops can be planted. From 1994, the Chinese government started a movement called the "Eight Seven Plan for the Alleviation of Poverty" in order to increase the degree of support in this area.

For the people in some depressed areas, it is an intense struggle. There are some counties in Guizhou where the stone must be shattered in order to make a field. They struggle for many years, and amazingly create arable land per capita that exceeds the national average. This requires efforts of government and local people joining together to basically eliminate poverty by the end of the current century. For the next century, the Chinese economy will be even more developed, and the nation's financial strength will continue to grow. The situation for areas that are economically backwards will also improve and can possibly even advance and accelerate the plan to increase in realize common affluence. However, from a world perspective, every conflict is continuous, and of poverty has broadened, not declined. The situation for China is much more optimistic. China needs to continue to work with perseverance and unceasing diligence, maintain social stability and economic development, in order for common affluence to be realized. Common affluence is not absolute equality for everyone.

In recent years, due to economic development, the difference between the salaries of different citizens has widened. From an economic point of view, in the past the distribution of Chinese income was on an equal basis. An appropriate disparity is beneficial to the realization of distribution of income according to work, and to raise efficiency. In recent years, the disparity between income as a whole has already approached an equitable and efficient balance. However, there is still the phenomenon of certain people who do not rely on honest labour to become rich and this arouses public discontent. For the future, perfect income and progressive income tax, property tax, inheritance tax, and other legal complexities can be regulated. In the next century, these legal codes and social security systems will have a powerful effect. They will guarantee people's basic needs and encourage the public to work industriously towards wealth.

3. Constraints for Population and Sustainable Development

Economic development for the next century has two distinct characteristics: globalization and the coming of the age of the knowledge economy. Many people have termed our planet the Global Village. The population of every country and the solution to the problem of sustainable development is not just a local problem, but requires the united efforts of the international community. Regardless of the degree of economic development, or the science and technology available, for humanity to provide adequate food for itself is the chief task for the next century. The achievement of this task is independent of freshwater, land, fertilizer, and other natural resources. The development of the manufacturing industry will be constrained by the non-renewable resources and the environment. At present, it cannot sufficiently forecast the effect that information engineering, biological engineering, new materials engineering, high technology and the creation of other new industries will have on the world. Very possibly it may be good, it may also be a disaster.

After World War II, the world population quickly increased, and many people began discussing the carrying capacity of our planet. Some people considered this from a technological perspective, thinking the world could still support many times the current population. Others felt that from an ecological perspective, the world is already over its capacity. These different conclusions are closely related to the understanding of problem and the means of analysis. Since we still have no experience with this, the argument will continue, but what should decision-makers do?

The results of decisions made will either condemn the decision-makers or make them heroes. The most direct influence and pressing problem for population sustainability is the food supply. Food supply has three sources: arable land, mountain regions and water. In order to compare these three sources, similar units of measurement must be used. According to calculations by the world Food and Agricultural Organization, this unit of measurement is the equivalent value of the output from arable land, mountainous areas and aquatic regions.

Every year the consumption of aquatic products is 6, 000, 000 tons, and every year, mountainous areas produce 6, 000, 000 tons of beef and mutton, equivalent to 250 million tons of food supplies (250 Mtge). Arable land produces 1. 6 billion tons of grains, 400 Mtge of non-grain products, and approximately 300 Mtge of grass products annually. Furthermore, every year 2. 8 billion tons of animal fodder are produced, therefore arable land produces 80%, mountainous regions 10% and aquatic products account for 10%. At the present it can be seen that it is difficult to increase the production of mountainous and aquatic areas. It proportionately follows increases or decreases in the production of arable land.

In the 1980s, the world's arable land production was 1. 45 billion hectares (for China more than 100 million hectares), and of that 50 million hectares was used for the production of non-grain crops such as cotton, flax, rubber, tea leaves, coffee, and tobacco. From the smallest requirements per capita and the highest average world output, the carrying capacity of the planet can be calculated. The lowest daily consumption per capita is in south Asia at 3000 kilocalories. The highest is North America, Australia, New Zealand, Argentina and France at 15000 kilocalories. Of the former, consumption corresponds to a daily amount of animal protein of 5 grams, with the latter having a corresponding amount of 70 grams. The world average consumption is 6000 kilocalories per day. Opinions differ as to what levels are completely satisfying.

Output is related to many different factors: climate, soil quality, crop varieties, fertilizers, water, etc., and the world's average output is two tons per hectare. The average output of OECD nations (having 170 million hectares of arable land) is slightly higher than 3 tons/hectare. The average for Western Europe, and America is 4 tons/hectare. The output for American corn, Japanese rice, and wheat from the Netherlands is approaching 6 tons/hectare. From 1979 to 1981, American corn output approached 7 tons per hectare, and in Illinois, Iowa and Colorado, the output of corn farms was 8 tons/hectare. Japan's record high for producers of rice are the regions of Akita, Yamagata and Aomori with their ouput approaching 8 tons/hectare. For exceptional soil conditions, the best areas are in Europe and America whose output is 10 tons/hectare. The world's highest producing area is Hawaii's sugarcane plantations (87, 000 hectares) with an output of 11 tons of sugarcane per hectare, which when converted to energy is 12 tge/hectare.

In some regions, the focus is on using concentrated chemicals in a very small area to achieve higher output. In 1975, H. Warsaw from Macklin, Illinois, successfully increased corn output to 21. 1 tons/hectare. Every hectare was fertilized by: 448 kilograms of nitrogenous fertilizer, 256 kilograms of phosphorus, 321 kilograms of potassium and 45 kg of manure. The world record for rice output in 1961 was 13. 7 tons per hectare, and the record holders were Hinai, and Y. Kudo from the Akita district. They used 832 kg of nitrogenous fertilizer, approximately 170 kg of phosphorus, 237 kg of potassium and 22 tons of compound fertilizer per hectare.

In 1981, using 17 hectares of land in Newbridge, near Edinburgh, Scotland, G. Rennie achieved 14 tons/hectare in one single output. He only used 119 kg of nitrogenous fertilizer, however, he used a large amount of cattle and sheep manure. Before setting this record, this land was seeded to grass for two years and during the course of this period he used large amounts of poultry manure from neighborhood farms, which corresponds to 42 kg of nitrogenous fertilizer, 10 kg of phosphorus and 14 kg of potassium per hectare. But in American corn fields and Japanese rice paddies an average of 150 kg, 70 kg and 80 kg respectively of fertilizer was used. In recent years, Chinese professor Yuan Longping, cross-fertilized two different types of rice and had a breakthrough with output corresponding to the world's highest standards and the quality achieving the class 2 quality standard for rice. Some experts theorize that the largest single output is 14. 6 tge/hectare, and this output can be implemented on 3. 4 billion hectares of soil. Arable land may be able to produce 50, 000 Mtge annually (50 billion tons). Experts also estimate that a realistic amount of arable land is 1. 4 billion hectares, and a singular output of 7. 3 tge \ hectare, with a total output of 10, 200 Mtge (10. 2 billion tons). Even in Illinois where the climate is suitable, fertilizer is sufficient, and a high degree of mechanization, there is only an output of 7 tons/hectare, and with land rotations, only 1/3 of the land area is available for use.

In 1979, 2. 4 billion hectares of commercial forest provided 3 billion m^3 of lumber, around 0. 7 m^3 per capita, or 4200 kilocalories daily. Theoretically, it is estimated that a continuous harvest quota is 9 billion m^3 or 3% of total forest reserves. This output requires that every tree be harvested at the appropriate age, and there is no insect, disease, fire or storm damage, therefore the estimates in reality are more likely to be 5. 2 billion m^3. However, the tropical forests are decreasing annually by 6, 000, 000 hectares. Therefore, can this output really be achieved?

The global sources for nitrogenous fertilizer are broad. Manufacturing one kilogram of ammonia consumes of 10, 800 kilocalories of natural gas, 11, 800 kilocalories of fuel, and 15, 200 kilocalories of coal. Atmospheric nitrogen and hydrogen can be combined to produce ammonia. When fossil fuels are used up water electrolysis can be used to produce hydrogen (in the case of excessive energy consumption). In 1981, the production of 60, 000, 000 tons of nitrogenous fertilizer consumed 1% of the world's primary energy, and in combination with phosphorus, nitrogenous fertilizer can produce 40% of crops. According to present technology, 76 billion tons of phosphoric ore can be exploited. In 1981, the world's phosphoric ore output exceeded 143 million tons, with a phosphoric content of 15%, resulting in 20 million tons of phosphorus and two-thirds was used for phosphorus fertilizer. There are many other lower quality sources of phosphorus. The phosphoric content of seawater is 0. 06 parts/million with a total amount of phosphorus of 520 trillion tons. The amount of magnesium contained in seawater is 1290 parts/million, which can be distilled economically.

The world population hopes that the largest population reached is 7 billion but it is very difficult to make every nation reduce its population. The density of smaller countries may possibly reach much higher. Singapore's population density is 100 times greater than the world average. Japan has already exceeded this by ten times.

China's arable land is 100 million hectares. In 1980 it produced 354 Mtge of food, approximately 3400 calories per person per day, and every hectare produced 3. 6 tge (from seeding proportionately 148 million hectares, each hectare producing 2. 4 tge.). They used 105 kg of nitrogenous fertilizer per hectare, if increased to 200 kg/hectare (the upper large-scale agricultural limit) this may increase the output to 5. 5 tge/hectare, or a target of 1 tge/person. With this amount China can only have a population of 550 million annually (China has 10 people per hectare.). India' s arable land can support 4. 2 people/hectare (the world average is 3. 3). If the government' s two-child policy is successful, by 2050, this will have increased to 9 or more people per hectare. In the beginning of the 1980s, India' s total fertility rate (TFR) was 5. 3, therefore this is a very difficult task to lower this number.

Using this index for Egypt and Bangladesh, these two countries have 15 and 10 people per hectare of arable land, and have a TFR of 6. 0 and 6. 3. Japan has 24 people/hectare, Taiwan has 20 people/hectare, Korea has 18 people/hectare, and Holland and Switzerland have 16 people/hectare. However, Japan' s fishing output is 5 times the world average per capita. Holland and Switzerland' s vast pastures also increase their support capability. There are five top exporters of foodstuffs: America, Canada, Australia, Argentina and France. These countries have a total population of 350 million, their total arable land is 330 million hectares, and they produce 25% of the world' s grain while exporting 40% of this output. Grain output per person is 1. 1 tons, four times larger than other parts of the world. Their aggregate exports are 170 million tons of food, supplying the rest of the world with 40 kg of food per person. To maintain this export level per capita, from 2000 to 2010, these five foodstuffs exporting countries will have to increase this to 220 million tons and 250 million tons respectively. From a perspective of soil, weather and other aspects, in the foreseeable future, no country can rise to the same level as these 5 large exporting countries.

With the exception of China, the other 93 developing countries still have three times the amount of arable land that can be exploited, which will increase arable land by 2. 1 billion hectares. However, food demands are expanding quickly. In 1990, the daily per capita consumption of developing countries was 2500 calories of heat, thus requiring 4000 calories of food. The majority of thesefoods required the production of 700 million hectares of arable land from developing countries, and 5% of this food being imported. Until 2050, this portion of the population will increase to 8. 7 billion people, more than twice that of today. The food requirements of developing countries increased to slightly more than the world's average of 1990, around 6000 calories per day. The production of foodstuffs must increase 218%. If it increases to the levels of developed countries, approximately 10, 000 calories per day, food production will have to increase to 430%. Estimates are that by 2050 the world's arable land will increase by 50%, and singular output will also increase by 50%, enough to approximately satisfy the demand. However, this will possibly lead to large tracts of forest disappearing, and more severe ecological problems.

5. The Evolution of Sustainable Development Research Methodology and the Requirements of the Complexity Study

Due to the significance of sustainable development, from the 1960's scientists from many different disciplines used the application of technological means to carry out their research. Scientists constructed many mathematical models to describe all characteristics of sustainable development. A lot of research published in Automatica and

IEEE from the 1960' s to the 1970' s had concentrated many findings and encompassed every model of the Roman Society, the applied fuzzy logic model, multi-layer progression models, etc. From the beginning of the 1980' s, there appeared many applications of the split theory, chaos theory, graphing theory, modern algebra, management theory and other models.

Establishing a decision support system is necessary in order to assist decision-makers to make quicker, more comprehensive, more scientific and reliable strategies. Modeling begins from a simple artificial core, and then expands step by step. From the beginning, modelers try to determine as many variables as they can possibly think of to bring into the model, and after the model is run, they try to identify the degree of importance of every factor, its effect upon the model and any other unexpected findings. Some models focus on specific objectives, and run through many scenarios searching for the change regulations for sustainable development using the multiple projection model. Each of these models has its strong points, and should be used to supplement one another.

Since the late 1980' s, the knowledge of international community regarding sustainable development has become more unified. This was symbolized by the 1987 United Nations World Environmental and Developmental Commission' s "Our Common Future". Many nternational organizations have one after another published documents such as the "International Earth and Biosphere Plan", "Human Factors in Global Change" and other papers. They convened a series of international conferences and high-level meetings to ensure a movement towards the realization of international sustainable development. Both the environmental pollution problem and internationalism received particular recognition by every country, and a series of agreements have already been signed.

Due to the fundamental importance of the sustainable development problem, many departments have already begun a plan for globalization and regionalism, however's they have encountered many hardships. The problems and difficulties most likely to be encountered within decision-making for sustainable development are the following:

a) Related complex factors pertaining to sustainable development:

Sustainable development will have an effect on population, society, economics, natural resources, the environment and many other aspects. Also important is the different characteristics of each factor and their relationships between one another, for example, ceasing to exist, non-linearity, cross-coupling, etc.

b) Important factors with non-quantifiable characteristics

Many of these characteristics can have a severe impact on sustainable development factors such as sudden changes in socioeconomic systems, prospective technological advancements, and the influence of interference or unexpected events which are difficult to reflect in the model. Despite numerous research by scientists in the area of Catastrophe Theory, there has yet to be any good results, making it even more difficult to use the assistance of computers.

c) Overlaps and Contradictions:

The overlaps and contradictions of this goal are that, in many different aspects, the knowledge of sustainable development is not the same, nor is preceding knowledge regarding sustainable development the same. Therefore it is difficult to come to the same conclusions.

d) Non-Fixed and Non-Routine Decision-Making

The detailed implementation of sustainable development strategies requires inference on the future change of many factors. Probabilities can be generated about certain events; however it is sometimes difficult to differentiate between hope and expectations, guesses and forecasts. Some research institutions have found through experimentation that only 1/70 of the information seen with the eyes is sent to the brains, and this information is retained only because it is of interest to that person. Therefore, people have different understanding of the same thing, and even the highest level decision-making is still subjective. Moreover, the thought process of humanity has a sizeable amount of non-routine and psychological factors which have a rather large influence. Therefore, the uncertainties in decision making are difficult to avoid.

e) Regional beneficial disparities between different administrative levels:

In order to implement sustainable development strategies and for activities to be adopted, regions must be proactive, coordinating with society on every level. However, benefits often conflict with constraints. High administrative levels can use transfer payments, or regional compensation measures to coordinate strategies, but the cost is incredibly large. Compromises are difficult to reach, however, sometimes through disasters or unexpected events, society will agree to a single position.

This requires global coordination on the world' s environmental problems including the four following aspects:

a) Deforestation

The worst case scenario for deforestation is shrinking amount of e-vaporation which can lead to a drastic decrease in the amount of rain-fall. The Amazon river basin, the African equator and the Southeast Asian regions all rely on the forests along the riverbanks to conserve and maintain the circulation of freshwater. According to estimates by the Food and Agricultural Organization (FAO), in the 1980s, the area of the tropical rainforests shrank from 1. 91 billion hectares to 1. 76 billion hectares, an area equivalent to the combined areas of France, Italy, Germany and England. The most direct reason for ex-cessive deforestation is the market for wood products, but the impor-tant background reasons are the increase of population density, in-creasing life needs, and luxurious lifestyles in some regions.

b) The shrinking of biological diversification

Biological diversification is closely related to sustainable develop-ment, and many species have yet to be seen, indeed, many are not even named before they disappear. For an incalculable number of years, nature has created many valuable genes which may be impossi-ble to find, some of which may allow us to create many high level in-dustries and products. Some may have a very important part to play in environmental protection. These situations and deforestation have a large affinity, and must be rapidly resolved.

c) The Greenhouse Effect

Carbon dioxide is the gas causing the Greenhouse Effect. From now until the end of the next century, estimates are that global tem-peratures will increase from1℃ to 3. 5℃, with serious ramifications including a rising sea level, the settling of the tropical rainforests, etc. This will also bring on a series of indirect and unpredictable effects. International organizations appeal for levels of carbon dioxide emissions to shrink to 60% to maintain an annual level of 3 billion tons. Exceeding this level will have dangerous effects on the earth. Nevertheless it is difficult to come to agreement. Many scientists have estimated beforehand that for the next century, the level of carbon dioxide emissions will double; consequently, rice and corn production will decrease. On the other hand, in 1997 the Global Climate Federation published an investigative report alleging that if international agreement is reached to reduce the air pollution causing atmospheric warming, the economies of industrially developed nations will fall by 2 −5% within the next ten years. According to different control standards, by 2030, the GDP growth of America may fall 2. 44 − 3. 31%. This will have the largest effect on Canada and the least effect on England and Germany. Therefore the conflict is very sharp.

　　d) Utilization of Abundant Ocean Resources

　　In the long development history, the oceans have perhaps been the least explored by humanity as a potential resource. However, in the recent decade, a crisis has been approaching. The aspect with the most immediate effect on our lives is overfishing. At the present time, every year the ocean's maintenance capacity is exceeded by approximately 80 million tons of over fishing. The world's most abundant fishing resource areas are already overfished by 70%, and most places in the Middle East and the Southwest Pacific are overfished by 80%. The northwest Pacific areas are already 100% overfished. The most obvious sign of the degree of overfishing is the reduced amount of ocean fish per capita. Amount of fish per capita in

1988 was 14. 2 kg, and this level has never been reached again. Limitations on the amount of fishing permitted has been a continuous source of international dispute.

The United Nations has held many meetings in order to demand global action and to carry out negotiations regarding the problem of sustainable development. However, on only one part of the problem has there been a consensus. The "Rio de Janeiro Declaration on Environment and Development", "The 21st Century Agenda", "The Climate Change Framework Convention", "Biological Diversification Convention", "The Fundamental Declaration on Forests" and other papers, reflect the common understanding and political consent from each government. However, the difficult step is the implementation of the plan.

Due to the worldwide air pollution, it is even more important that countries work together with one another. In Oslo, on June 14, 1994, representatives from twenty-six European countries and Canada, signed the United Nations agreement pledging to reduce carbon dioxide emissions by 87%, however, America refused to lower any specific amount of its carbon dioxide emissions. There are many other examples of this.

The many similar conflicts within a country's different regions are obvious. The erosion by the Yangtze River and Yellow River flood disasters have attracted attention from all circles. The temporary disappearance of the water in the Yellow River is a real crisis that had never been encountered before. Nevertheless, the coordination of activity on the upper and lower reaches of the river has encountered resistance because of conflicts of interest.

Different organizations, due to consideration of their own interests, will have completely different attitudes. In the 1980' s, the American government purchased Time Beach from the state of Missouri. At that time, they were conducting some tests and their personnel wore protective clothing and oxygen masks to enter this area. They encountered dioxin pollution combined with petroleum at toxic levels everywhere, even the air was full of poisonous dust. Dioxin is a byproduct of many chemical production processes, and is found in Jizi brand herbicides, and the US used this as a weapon in the war with Vietnam. It can be used to create malignant sores, chlorine and can lead to pathological illness in the liver and spleen as well as cancer. In spite of all scientists saying that this is one of the most poisonous chemicals ever created, Taoshi Chemical Manufacturing company refuses to admit it is very harmful.

In addition to different understanding of hazards, the allocation of responsibility will cause conflicts. In recent years, some Japanese scholars raised a new viewpoint that 70% of Japan' s air pollution originated from China and is carried across by windpower. In reality, according to the analysis of independent models established by international organizations, the influence of China on Japan' s air pollution is incredibly small. When some countries in Europe confirmed that every country in Europe held some responsibility for Europe' s pollution problem, they began to increase the use of the IIASA international research institute to develop models and software. According to this quantitative analysis proportionate fees was determined to be paid by each country in order to govern amount of pollution. Therefore, establishment of a correct concept, which is technologically advanced, has a scientific structure, is easy to use, and results in rational transparent models will have a significant influence on the future of humanity, a nation's development, international relations, economic maturity, and lifestyle. The influence of these models will lead to wise policies developed by the international community. These models, without fail, will be able to deal with politics, economy, culture, society and other areas, therefore, a complexity study is completely useful.

In order to ensure long-term development strategies and the integration of all factors, it is necessary to organize a large multi-disciplinary sustainable development research project. This project can produce two large model groups. One is integration, emphasizing research on multiple objectives, and integrated decision-making to resolve the contradictions between objectives. This situation has caused China and the world to enter into researching a collective development strategy. The second type of model is to develop a series of specific models for sustainable development, encompassing natural resources, environment, population, economics, society and other relevant aspects. These models can also encompass a particular focus. For example, utilization of the water resources of the Yellow River, simulations of flooding and disasters for the Yangtze River, the reason for the spreading deserts and analysis of the results, the dissemination of regional air pollution, reasonable use of offshore natural resources and environmental protection. For global and national development, these models have a very important function. Some will have direction guidance regarding the political coordination between regions. These models will play a role in allowing China to have a voice in international conferences, and in their diplomatic activities with foreign regions and countries. The result of these models can add important information to the integrated models.

THE CHINESE POPULATION in THE NEW CENTURY versus SUSTAINABLE DEVELOPMENT

(August 1, 2000)

Jiang Zhenghua, Zhang Lingguang

China is now facing two dilemmas, i. e. she is trapped by close connections and contradictory conditions to make a choice: the rapid economic growth and environmental and resource protection; the abrupt fall of human mortality and the idea of high fertility which is hard to change appropriately and immediately. People have already generally recognized the significance of saving resources, environmental protection and fewer births and better rearing, and have, taken many effective measures. But some of them hope these correct policies shall be lenient to them and only implemented by others so as to get extra interests. The contradiction between long-term and short-term interests shall affect the policy-makers, while the contradiction between partial and local interests and interests of the whole shall be reflected in the difference in policies in many respects and in the optimization of policies for resolving issues. The paper aims to make an analysis of the present status and future development of the two Catch – 22s, the issues and the countermeasures for resolving them.

1. The development of awareness of the population problem

At the 14th National Congress of the Communist Party of China, General Secretary Jiang Zemin clearly promoted the control of population growth and the speeding-up of the environmental protection as basic state policy and expounded in detail the concrete missions and requirements in fulfilling ten major tasks, all of which involve the interests. of the whole country. In the Work Repor[+] of the Government each year, there are also special topics on the situation of fulfilling the basic state policy. More and more men of insight shall notice that resources worldwide are limited and per capita resource in China is much lower than that of the world. To enable China to develop and rank among the nations of the world with dignity it is necessary to resolutely control the excessively rapid growth of population. Recognizing indepth the relation between population and the sustainable development has experienced a complicated process and the recognition is still to deepen.

Early in 1954, Comrade Deng Xiaoping pointed out " I think contraception is absolutely indispensable and useful, and effective measures should be adopted". In 1957, he again clearly pointed out birth control is not a trifling matter, it involves the improvement of the long-term livelihood of our people... By the end of the Third Five-Year Plan if the population of our country can be stabilized at seven hundred million to eight hundred million, this will be a great success we make in birth control". This is the earliest specific statement we find concerning population control target in China and also the consensus of the then leading comrades of the central authorities. Chairman Mao Zedong proposed for many times in 1957 that special attention should be paid to the population control work, and to stress the work, perhaps, three years are needed to conduct experiments at selected places, three years to popularize the experience gained in the experiments and another four years to all-round implementation of the policy. Will it be all right? Otherwise, the population will be increased by eight hundred million in the future, if we do nothing in this decade. " The late Premier Zhou Enlai integrated the family planning into the Agricultural Development Program. However, during the period from the 1950s to the 1960s, for a variety of reasons, family planning was only carried out at some experimental places and failed to be extended nationwide. Besides the particular zeasons, the most important factor is that the urgency and significance of family planning has not become the consensus of the society. The situation was about the same both at home and abroad.

In the early 1950s, Some scholars in the world met in India and discussed the excessively rapid growth of population in the world and appealed for its control. Their words are earnest but they fell on deaf ears. At that time, nearly none of governments in the world would listen to the advice, let alone take any specific measures. During the 10 to 20 years after that, the world economy has developed with an annual growth rate of 5%, and the green revolution in agriculture has also seen great achievements. The grain yield in many places has doubled in a decade, while the rate of population growth is only less than 2%. Due to the fact that growth of material production exceeds that of population, governments in some regions even pay farmers and ask them to fallow part of lands so as to keep the grain price unchanged in markets. It seems that the scholars are wrong, many of them believe the rapid growth of economy will continue and there is no need to worry about the population issue.

But unfortunately, the optimistic feeling is quickly gone by the cruel reality. In the early 1970s, Two events took place which seem accidental but are, in fact inevitable. One is that the oil export countries united and established OPEC (Organization of Petroleum Exporting Countries). They tried to Wage a struggle against transnational corporations that rig the oil market and the economically developed countries that plunder resources in the world. Naturally the false rapid economic development based on the cheap oil priced at $2 a barrel suffered setbacks. OPEC countries' solidarity and militancy resulted in the increase of oil price by more than 10 times, reaching the peak of $33 a barrel, then remaining at $18 - 20 a barrel for a long time. The high-speed growth of the world economy in the 1950s was gone, and various issues were gradually exposed, and the world economy fell into a depth of depression and stagnation. The wave of unemployment engulfed all social strata. In the Unites States, even the senior staff whose unemployment is hard to image in the past lose their posts; university students cannot find a job, the number of the homeless is on the rise; the level of consumption dropped significantly; and a cloud of depressed feeling hang over the whole society. In some impoverished developing countries, the interaction of the mounting population and the stagnant economy led to a more serious situation.

Another event is the crop failure worldwide. Green revolution brings about unprecedented development of agriculture and yet a reaction as well. Crops have changed from diversified culture in the past to mono-culture which uses high-yield and improved varieties, so that capabilities to cope with specified pests are reduced. At the same time, the extensive use of fertilizer makes soil hardened and impervious, and the consequences of deterioration of soil structure have been gradually revealed. In this year, all kinds of crops suffered serious disasters, and the yield of rice, wheat and corn have all dropped by 3 - 6%. Though this proportion seems not too large, it made the world food supply of the year very stressed, so that the market has to rely on newly produced food for its supply, and carryover stocks of grain in the year fell to two months of consumption at the worst. This reality has sobered up the agricultural departments to realize that the base of green revolution is still weak. Today, the malnourished and those who suffer from hunger in the world have numbered 1 billion. Theoretically, the development of genetic engineering perhaps may solve thoroughly the problem of feeding the whole population, but the progress of experiments in laboratories is still small and there is a long way to go from laboratory experiment to practical use. At present, the number of those suffering from hunger is still on the rise, and the problem still exists.

The world is unable to provide for the unlimited economic growth. It is estimated that in the Middle East the remaining reserves of oil will be consumed within three decades. Once the most important energy base is lost, whether the technological development is able to provide substitutes remains really an unknown factor. By the late 80s, room temperature nuclear fusion has made breakthrough progress in laboratories. At present, the experiments are carried out steadily in the US, Japan and other countries and it may be possible to become new sources of energy but even if cold fusion prove successful, this new energy production would be very expensive. The use of solar energy is still in a primary stage; the price will become a big obstacle for its application and popularization. Besides the decrease in energy, the environmental pollution brought about by economically developed countries in the past decades for development is becoming an increasingly serious problem. Consumption of energy and certain chemical materials makes the earth warm, leading to glacier thawing so that a great number of coastal cities and villages shall be inundated. It is estimated by scholars and many research institutions that the sea level will rise by more than 1 meter, and at worst, to 7 meters. The areas inundated by seawater shall all be the most developed areas, and its coequences would be too ghastly to contemplate. the desertification of land will also cause the world to lose vast arable lands, thus, there exist in industry and agriculture such problems as limited resources, the mounting population and rising demands. The crisis of production lagging behind the demand is fully realistic. At Bucharest Conference 1976, governments of many countries believe development is the best method to carry out the family planning, and the development itself can resolve the problem of population. Some scholars even argue that there should not be the population problem, and the only problem is that the governments have not done well the economic work, and they take the population as the excuse. However, at the Mexico Conference, almost all developing countries zegarded family planning as an important task. Many African countries that disagreed to control population growth in the past have now recognized the importance of birth control, and ask international societies to give support. In recent years, the voice of enhancing the investment in family planning is louder and louder worldwide, and safe abortion has been legitimized in many countries, even the United States which was always against the induced abortion has changed her attitude. International societies have reached a consensus in carrying out family planning and promoting what is known as "the sustainable, stable development". Similar to the situation in the world, in the 1950s in China only a few scholars such as Shao Lizi, Ma Yinchu and others who resolutely advocated family planning and this situation lasted continuously up to the 1960s. The social voice of carrying out family planning has always been low under the specific social conditions; the popularization of the family planning in China was driven to some extent by the circumstances. Chairman Mao Zedong said in 1958: now you want the people to practice birth control, but first, we are short of means, and second, we do the publicity work inadequately. Farmers even cannot learn to read and are accustomed to early marriage, and it is of no use to force them to practice birth control, they cannot control themselves. I thought if we have 700 milling people, we shall feel a the pressure. In fact, only when the population reache 800 million shall we begin to carry out in an all round way the family planning. Chairman Mao's remarks are quite foresighted. This reflects that the economic development of the time is greatly restricted by the overpopulation, but the social, economical and cultural climate for birth control has not yet been formed, thus making a dilemma for decision makers.

Since Comrade Deng Xiaoping takes over government matters, he has attached great importance to population problems and for many times talked about the situation. He said in 1979 that "If China is to fulfil four modernizations, at least two distinctive features must be noticed: one is that we have a poor foundation to start with. During long years of destruction caused by imperialism, feudalism and bureaucrat-capitalism, China becomes a poor and backward country···Due to the poor foundation, China is now still one of very poor countries···and the other is that we have a very large population but less arable land. Now we have 9 billion or more people, of which 80% are farmers. A large population has both advantages and disadvantages. Under the condition that production is inadequately developed, providing the whole nation with food, education and employment constitutes a serious problem. " Deng' s zework has concisely and generally summarized the key aspects of population problem. He added: "Even if the population will not grow in the future, the overpopulation will still exist within a certain period of time. " Comrade Deng Xiaoping' s views on population are dialectical and scientific, and permeated with the spirit of emancipating the mind and seeking truth from facts. He made a penetrating analysis of the situation and has a farsighted view on solving the population problem. He has both political sensitivity of a statesman and a comprehensive and profound vision of a general of the development of our country. He said when he met with former Japanese Premier Takeo Fukuda; "Some people abroad hope China will not carry out family planning, this is equal to say China will forever be in an impoverished situation. " Several months after that, when he met with Mohammed Khan Junejo, the premier of Pakistan, he again pointed out "a few foreigners condemn our population policy, what they really want is to make China underdeveloped forever". He especially stressed; "Our population policy is a big policy of strategic significance".

Promoted by Comrade Deng Xiaoping, we have made great progress in the study of population, resources, environment, socio-economic development in China. Investigation and many special surveys are carded out nationwide, results of surveys are made public, hence, people have a more sober understanding of the population and socio-economic situation instead of the general idea that China is of vast territory and abundant resources in the past. The Party Central Committee with Comrade Jiang Zemin at its core at the 14th and 15th National Congress of the Communist Party of China laid further emphasis on the importance of the coordination of population, resources and environment and decided to take the sustainable development as the development strategy of our country.

2. Restriction imposed by resources on population

Overpopulation will bring heavy pressure to bear on resources. The total of global land area settled by mankind is about 136 million square kilometers. China's is 9.6 million square kilometers in all, about 7% of the global land area. World cultivated area is about 1.37 billion hectares. The latest statistics shows China's is 0.13 billion hectares, or about 9.5% of the world cultivated area. World population density is about 44-people/square kilometer. China's amounts to 132 – people/square kilometer, three times of the world average. The contradiction between overpopulation and scarce land has become a conspicuous problem in many areas. Due to overpopulation and scarce land, a large number of forests are suffering damages, reclaiming or over-cutting, which makes China's forest area shrink to only 3% of the global level, forest reserves per capita to 0.11 hectare, ranked 119th in the world, only 17. 2% of the world average. Also due to the population pressure, overgrazing in pastoral area has made 90%'of the grassland under deterioration or deteriorated, which is a very serious problem.

Energy consumption per capita is an indicator of a nation's production development as well as people's living standard. Around the 1990s, China's energy consumption per capita is about 0. 7 ton of coal equivalent (CE), but America's is 9. 4 ton, even in Japan who attaches importance to energy saving it amounts to 3. 5 ton. But even with such a low consumption standard, energy is still in very short supply. Electricity generation, chemical fertilizer production, metallurgy, chemical industry, and transportation, all need coal. The need for coal each year will increase about 60 million tons, but the coal production in China each year can only increase by 40 million tons. There exists a big gap. Petroleum is another most important energy and raw material for chemical industry. At present, petroleum industry has tried their utmost, but still can not meet the needs of oil refining and petro-chemical industry. The fuel oil is especially in short supply. For a certain period of time, due to the lack of coal and electricity shortage, 1/4 of China's production equipment could not run normally for a period. Some enterprises shut down two days a week, some three days a week. In some areas, due to electricity shortage, even coal mines could not fully release the production capacity. Lack of coal leads to electricity shortage and electricity shortage results in the reduction of output of coal. This vicious circle seriously restricts the development of production and the improvement of people's living standard. These years, the annual growth rate of the basic investment in energy in national budget is at least 20% , which mitigates the problem, but cannot solve it substantially. Particularly, with the new high tide economic construction, there certainly will be a new high tide of needs for energy. It may be expected that, behind the ample electricity supply in recent years, the situation of short supply of energy will remain for a period of considerable length.

Agriculture is a major pillar of a nation's sustainable development. "Grain is crucial to mankind" is the brilliant summation of countless historical experiences since ancient times. The current situation of rapid economic growth makes the needs for food increase steeply. The increasing needs for food come from two aspects: the consumption needs of increasing population and needs of the improved living standard. Since 1978, China's pork consumption per capita tripled and sugar consumption per capita doubled. The growth of meat consumption greatly increases the needs for loddoo Grain for beverage and other industries increases with growth of consumption per capita too. Each year China will add more than 15 million people, or the population of a mid-sized country, which accelerates the increase of needs for grain and other agro-products. It is estimated that, each year the increased population consumes nearly half of the increased production of grain and meat, and the agricultural raw material for sustainable development is limited. Despite this, China's diet structure is still under rapid change. Meat consumption per capita has increased but still only at 2/5 level of developed countries. Therefore, the needs for grain and otheragro-products will continue to increase in the future. The number of net grain exporting provinces and autonomous regions has decreased from 21 in 1953 to 5 in 1988.

Since the 1950s, only one province could keep net export status each year. Grain yield increases year by year, but still can not meet the needs for development and population growth. In recent years, grain seems to have surplus in a short period of time, but at the serious cost of ecosystem in many places. Meanwhile, economic development and population growth all make the cultivated area shrink year by year, a-bout 5 - 7 million mu of best fertile soil each year, forming a big threat to the long-range stable development.

For the formulation of long-range development strategy, the study on the distribution of the scarcest resources is a critical work. The scarcest resources restrict the development objectives, the orientation of industrial structure and the allocation of investment. For China, the scarcest natural resources are fresh water and land. According to the world statistics on the countries' natural resources, China is listed in the category with least water. No matter it is the industrial develop-ment or agricultural growth, all needs a lot of water. According to statistics, the production of one ton of wheat will consume 1000 tons of water; at least around 500 tons even with water-saving technology. The production of one ton rice will consume 4000 tons of water, and the production of one ton of some important polymer compounds will need 17, 000 tons of water. It can be calculated out that, if China' s population reaches 1. 6 billion and the production per capita reaches $ 10, 000, then it will need all the water resources of six river sys-tems of Yangtze River, Yellow River, Huai River, Hai River, Pearl River, and Liao River. The Department of Water Resources of the Ministry of Water Resources once reported that, China' s water re-sources per capita is less than 1/4 of the world average, ranked 88th.

Moreover, the distribution of water resources is also unfavorable, and does not match the land resources. The Yangtze River valley and areas to the south of it occupy 83% of water resources but only 38% of cukivated land. But Yellow River, Huai River, Hai River, and Liao River valleys occupy only 9% of water resources but 42% of cultivated land. The heavy losses caused by flow cutoff in lower reaches of Yellow River in 1992 remains fresh in our memory, which forms a sharp contrast with the floods of Yangtze River valley in recent years. The scarcity of surface water causes the over-extracting of groundwater, which is very serious in Northern China. Many places once have turbulent springs, but now not one drop of spring water. It is reported that, Yellow River experiences flow cutoff each year in recent years, once as long as 224 days over more than 700 kilometers. The phenomenon of water shortage is especially obvious in many big cities. The groundwater levels in quite lots of areas have formed the shape of funnel. The groundwater level in the most serious area of Beijing-Tianjin-Tangshan district has dropped more than 40 meters. The groundwater level in Cangzhou has dropped more than 70 meters in ten years. Earth surface subsidence happens in quite lots of areas, and causes heavy economic losses consequently. Take Shanghai for example, the dykes subsided with earth surface, which weakened the flood control capacity. They had no choice but to reinforce the dams a few years ago. The project alone spent 800 million RMB yuan. The population is increasing day by day in these areas and the needs for water of production and living is still increasing, which bring heavy pressure to bear on the already tight water resources.

Many scientists have studied the number of population that China' s resources can carry. Although the results are not the same, all believe that the reasonable number that Chinas resources can carry is about 0. 7 – 1. 0 billion. Technical progress can increase the carrying capacity of resources, e. g. , readjusting the grain structure and cultivation technologies can reduce the water consumption for the production of one ton of grain, and the improved industrial production technology can reduce the consumption of energy and water resources too. But many new technologies are too expensive or not mature, and far from large-scale application. Our projetion should be made on the safe and reliable basis. Quite a lot of scientists believe, based on the comprehensive analysis on the fresh water resources, land, employment, minerals reserves, and overall national strength and other factors alike, if China' s total population exceeds 1. 8 – 2. 0 billion, serious dangers may happen. To achieve the strategic goal of China' s development, the population peak should be kept under 1. 6 billion. Based on the latest data on land census, the Ministry of Agriculture believes that China' s grain yield can only support as much as 1. 73 billion people. Because population is a system with huge momentum, the cohort born at the baby booming period in the past will cause a new baby boom in the future. Even though the birth rate has declined, the births will be still high due to the huge fertile population. It is called the population momentum in the demography, i. e. , the birth peak has the power to remain and form a new peak, in a period of time, just like a car running at high speed could not stop at once. Therefore, if set the 1. 6 billion as the long-range goal, then the mid-and-short-term goals are decided, i. e. , 1. 3 billion by 2000 and 1. 5 billion by 2020s. Only by this way, China' s population will stop increase after reaching 1. 6 billion. In the past 20 years, China has achieved universally acknowledged success in controlling the birth rate, but China's national condition forces us to continuously pay close attention to family planning. From now on, the coming ten years is a very critical period, which demand us to establish a socio-economic environment favorable to small-sized family and improving living standard, make birth rate stabilize at replacement level and a little lower than it in a period of time. Only by this way, the national population can be guaranteed to match with the resources, environment, and socio-economic development in the next century, and make people's ideal of enjoying long-range stable and prosperous'life come true.

3. **Population and socio-economic development**

The decline of birth rate benefits the socio-economic development in many ways. Demography calls the ratio of the population of the age above 60 and under 14 divided by labor force population the dependent ratio. The provinces with lowest dependent coefficient are Liaoning, Zhejiang, Sichuan, Beijing, Tianjin, Shanghai and Jiangsu in the ascending order. These areas will benefit from three aspects: the increasing proportion of labor force population fully releases the production capacity in these areas; the decline of juvenile population eases the employment pressure in recent years, and makes the production evolving towards capital-intensive and knowledge-intensive patterns; and the decline of total dependent coefficient makes possible the rather rapid'improvement of people living standard. The result of these three factors makes these areas the fastest developing areas.

The distribution structure of China's labor force in industry is very irrational. The results of the census of 1990 show that the ratio of employed population in the first, second and tertiary industries are 72. 1%, 15. 2% and 12. 7% respectively. In other countries with the same income level, the average labor structure should be 48. 9%, 20. 6%, and 30. 4%, respectively. It is thus clear that there are a lot of surplus labor in China's first industry, i. e. agriculture. It may be estimated via different ways that, after deducting the nearly 100 million agricultural labor force who bas transferred into township enterprises, there are still about 120 million surplus labor force in rural areas. It is estimated that, by the end of 2000, the surplus labor force in rural areas will increase to 190 million. The enormous surplus labor force not only decreases the income per capita, but more importantly it makes the agricultural production remains at a low efficiency, and the price tillerenciol between industrial and agricultural products can not be narrowed soon.

There is an endless debate on the relation between the population growth and economic development The problem of population is originally a neutral problem, but in recent years it is lumped together with the human rights and political issues by those who have ulterior motives. Recently, when analyzing the disasters in some African countries, one foreign article noted they'were all countries with less population density, drew an absurd conclusion that the denser of the population in the area the richer it was, and highly politicized the final conclusion that the development of mankind needs a prerequisite, i. e. , freedom. And another article noted China's population density is only half of UK's, and the populaton could greatly increase.

The relation between population and resources cannot be simply understood as how many people per square kilometer, but also how many resources in the area. Therefore, according to the real situation of different areas, the carrying capacity are different. Take China and'UK for example. China's population density is indeed lower than UK's, and China's cultivated land per capita is lower than UK's too. China's cultivated land only accounts for 10% of the territory, but in many countries it is above 40%.

Similar conclusions can be found in many serious studies on the relation between population and economic development:

The decline of population growth rate could decrease the aliment for children and increase the saving and the investment for development. From 1971 – 1994, China has decreased nearly 300 million births due to family planning, which saved nearly 4 trillion RMB yuan of social investment, part of which will be paid in the future, and so far have saved nearly 1 trillion RMB yuan of expenses, creating significant direct economic benefit.

The decline of birth rate plus appropriate poverty-eliminating policy could ease the pressure on poor areas; help them get rid of poverty. Some recent surveys show that many extremely poor households are in difficult position for a long period mainly because of too many children and serious diseases. Some peasants, just released from poverty under government assistance, return to poverty because that they bore more children that make them lose the chances of pooling strength to build up fortunes. The more births, the poorer, and the poorer, the more births, which constitutes an important reason why they cannot extricate themselves from poverky.

The decline of birth rate also has significantl, indirect economic benefits. Women shall have more time to receive training to improve skills and obtain more chances of being employed and promoted. These benefits can not only enhance women's position, but also have significant impact on the social development in the long run. Because of the decline of family burden, many women in rural areas study science and technology, and a lot of women experts and professionals are emerging in many provinces.

Of course, under-population is not favorable to development. The analysis on urban economy shows that, when the urban population is less than 250, 000 – 300, 000, the market is small and no more room for turnover and development. When urban population is above 2 million, transportation, water source, garbage disposal and other problems are difficult to solve. Therefore, China's urban policy that controls the size of big cities, properly develops mid-sized cities, and actively develops small cities is in accordance with objective law. In rural areas, under-population cannot make the most of the capacities of irrigation facilities, thus being unfavorable to the development of agriculture. But overpopulation will make the marginal output (the income increased by adding every labor) decline or even negative, which is also not good for economic development.

The standard of living is also an issue calling for due attention. which contains many tlerment such as morality, intelligence, physical conditions and esthetic appreciation capability. In the era of knowledge-based economy of the new century, the development of innovation capacity is a priority. However, there has so far no one-in-all indicator able to reflect population quality in a comprehensive manner as the so-called quality itself is rich and diversified in meaning. PQLI ahd ASHA are two major indicators extensively used by international community in the field. PQLI covers infant mortality, life expectancy and literacy while ASHA consists of four items including per capita GNP growth rate, employment, literacy and life expectancy. Both systems are using integrated indicators to reflect social and economic development although education level and life expectancy are always the basis. China's population quality has been greatly improved since the liberation in 1949. However, lots of work remain to be done especially in the areas of education, S&T knowledge diffusion, allcriate of genetic and local diseases, pre-natal care infant quality, etc. In China, economically underdeveloped areas are more often than not the ones with lower education level and faster population growth. In this context, it is necessary to work out policies. With socialist market economy such as imposing education tax on multiple-children families. China's population quality is much lower than the world average in terms of education level and more efforts are needed to extend compulsory education and develop higher education.

Population issue is related to social and economic development in a comples way. Such relationship shall be dealt with in accordance with diversified national conditions. China's population and associated economic development are of the following seven characteristics:

1. Up to date, China's birth rate has dropped down to a lower level though different regions saw large differences. It will take more efforts to keep the low birth rate and any efforts to abandon family planning will lead to a rapid bouncing back of birth rate. Regional differences on birth rate are closely related to a number of elements such as social and economic development and extension of family plan-

ning service network. The said differences may remain there for certain period of time though it can be narrowed down through effective efforts.

2. As far as sustainable development is concerned, China' s water, land and energy resources are most restraining elements. China' s maximum population carrying capacity is 1. 6 billion, while 700 million to 1 billion would be the optimal size for economic development. Technological development may enhance the development capacity. However, so far the possibility of effective technology application is still not a foreseeable reality. In this context, keeping China' s crude birth rate somewhat lower than replacement level in a future period of time will be proved more beneficial for the development.

3. The sustained growth of China' s senile population is the direct result of high birth rate mistakenly encouraged in the past rather than the one from family planning policy. Family planning efforts have slowed down the growth of the entire population; As a result, the senile proportion in the total rose up, though the total senile population remains unchanged. No matter what kind of population policy is to be adopted, the said senile population is already there. Appropriate social supporting systems shall be established to address social problems brought about by the growth of senile population.

4. There exists abundant surplus labor force in China. By year 2000, in addition to partial absorption of labor force by township industries and urban areas, there will remain 190 million surplus labor to be employed in rural areas. Urban areas also see eye catching surplus of labor force wandering about, which will lead to the reduction of productivity. Efforts shall be enhanced in training of surplus labor

force. In addition to training high: level personnel, attention should also be paid to developing occupational training at different levels so as to make more opportunities available for the unemployed, training and re-training is a key shaping China's future in the 21st century.

5. Direct economic benefits created by the reduced birth rate found expression in costs saved in less infant birth and reached RMB 1 trillion on a cumulative basis. It is difficult to calculate indirect economic benefits, though the long term positive benefits for social development are certain. Low birth rate has made more time available for parents to educate their children. Of course, spoiling and irresponsible indulgence shall be discouraged and the best practice in education and birth planning encouraged.

6. Population control benefits the eradication of poverty and increasing people's income. At present stage, China's income distribution pattern remains the one without remarkable gaps. However, recent years have witnessed the growing trend for larger differences in annual income distribution patterns. Irrational pattern of too even an income distribution reduces economic efficiency while too large gaps may possibly trigger social instability. Policies readjusting income distribution pattern shall be updated so as to make it play its best part.

7. There is no policy in the world without a defect. In the same vein, population control will also produce some negative impacts on society, economy and human behavior such as biased increase of male infant birth, increased proportion of senile population and changed family structure, etc. These should be duly monitored, studied and guided in an appropriate manner.

In summary, China's family control policy has produced positive impacts on social development, economic growth, environmental protection and resources utilization. We will firmly stick to this sound state policy.

4. Trans-century Population and Sustainable Development

In 1950 the world contained a population of 2. 52 billion. In October 1999 the figure had gone up to 6 billion and more. It took human society a century and more time to increase its population from 1 billion to 2 billion but 35 years from 2 billion to 3 billion, only 14 years from 3 billion 4 billion and about 12 and 13 years from 4 billion to 5 billion and 5 billion to 6 billion respectively. Apparently, the time for the increase of one billion population is rapidly shortened. As shown by the latest statistics published by the United Nations in 1998, by 2050 the world population will reach at least 7. 343 billion with a possibility of 10. 674 billion, with 3. 6 billion difference between the high range and low range projections. The impacts of long term world population growth and family planning have caused concerns of world communities.

In October 1993, heads of Academies of Sciences from different countries gathered in New Deli at a so-called population summit and issued their declaration. In the Declaration, scientists proposed three possible population projections in the next century.

1. In 60 years, lifelong childbirth will drop from 3. 3 to the so-called replacement level 2. 1. As the result of momentum unduly gathered in the past population growth, the future world population will not stabilize until reaching 11 billion peak by the end of the next century.

2. Birth rate will drop to 1. 7 in the early next century. As a

result, the world population may reach the peak at 7. 8 billion by the mid-21st century before slowly going down. Of course, this is the very positive side of a coin.

3. If lifelong childbirth cannot reach 2. 5 or below, the world population may reach 19 billion by 2100 and 28 billion by 2150.

Many population experts are trying to understand how many people can live on the existing world resources and have reached their most positive estimation at 50 billion while less positive one at 2. 1 billion and pessimistic estimation only for 460 million. With different views on living standards and on future prospect of technology development, people have reached quite different estimations. However, most experts believed that the maximum capacity of this planet ranges between 10 billion to 20 billion, an average of 15 billion. In this context, the first scenario of population growth proposed by New Deli Declaration is within the capacity of this planet; the second is good for improving people' s life and the third may produce dangerous results. The United Nations, according to population growth of different countries, worked out in 1992 population projections for two centuries. Its medium range projection is in 1990 the global population was 5. 292 billion and by the end of this century the number may go up to 6. 261 billion, 10. 019 billion in 2050, 11. 186 billion in 2100 and 11. 543 billion in 2150. Of the said populations, the people dwelling in Africa, Latin America and Asia took 70. 1% of the total and the number will go up to 89. 6% by 2150. This will impose great threat to the development in the said regions. The actual development turned out better than what projected by the United Nations.

Witnessing and understanding the danger and possible risks of excessively rapid growth of its population, the Chinese government has adopted firm actions on vigorous promotion of family planning since the 1970s and has achieved great success. In the 1990s, China's child birth level greatly dropped to one third of that in 1960s, going down from 46‰ in 1963 to 16. 98‰ in 1996 and natural population growth rate is only 9. 53‰in 1998. When the babies born in the period of family planning reach their marriage age, they would have developed an easier understanding of family planning policies. As a result, the birth rate in the country would go further down. However, owing to the sustained high birth rate occurring during the 1950s-70s, the huge population inertia will push such growth into the end of 30s or early 40s of the next century with a possible maximum projection for 1. 53 billion. After that, China's population will go down slowly, If the family planning policy continues, it is possible for China's population to fall to 1 billion in 22nd century, an omen good for its economic growth. In that context, the proportion of China's population in the world total may gradually drop from 22. 1% in 1950 to about 18% in 2050 and further down to 15% in 2150. China will remain a country with a large population. However, India's total population may exceed that of China in the middle of the next century and others will wear China's hat of the largest population in the world. Only by sticking to the road of family planning can China's peak population remain confined to the maximum capacity that natural resources can afford to support, which will in turn be good for the materialization of China's strategic social and economic development targets. However, there will surely arise some problems that have never been encountered before.

1. Aging population

This century, especially after World War Two, has witnessed the fast development of medical sciences. The double effects of social and economic development and improved medical conditions have rapidly driven mortality to a very low level. In the 1990s, there were 540 million aging population of 60 years of age or above in the world with 330 million of them dwelling in developing countries. Contrasting to the continuously decreased birth rate, aging population has gained an increasing proportion in the entire population pie. In many economically developed countries, the proportion of aging population of 60 years old or above has gone over 10% in the total with the proportion of 65 years old or above also exceeding 7%. In Greece, aging population of 60 years old or above has reached 22% and is keeping going up. In the 21st century, aging population of 65 years old and above in economically developed countries may gradually reach a level of 30%.

According to the estimation of medical experts, the next century will see breakthroughs in genetic engineering. Benefited from such breakthroughs, average human life span may be extended to 110 years or longer with 85 years of age being a minimum expectation. This will lead to dramatic changes in population quantity and composition in the next century. Extended life expectancy will hasten population growth and increase the aging proportion.

In the period from 1930s to 1940s, the mean life expectancy of the Chinese people was about 35 years of age. In the 1950s, many progressive factors such as stable life conditions, economic growth, medical advance and extension of sanitary practices contributed to the increase of mean life expectancy by one year or more. At present, China's male mean life expectancy is 68 years of age and female over 70. The aging population of 65 years of age or above has seen fast growth. When the population born in the 1950s and 60s enter their senile stages in the next century, the proportion of aging population will be further boomed up. In 1996, China's aging population of 65 years of age or above took a percentage of 6. 27. The next century will see the same indicator further growing with a possible climbing up to 26% by 2100.

Extension of human life span is a good thing. Thanks to the improved health condition, now people who are aged at 60 or 70 are regarded as young old people in many places. Energetic and rich in experience, they are still playing an important role in social life. There are many old people who have reached their 70s and are still working in different sectors. Being supported with a happy life and possibly a job when you grow into old age becomes a characteristic of Chinese aging population. The senile population growth has of course brought about many new problems. Some senile diseases have placed challenges before medical sciences. Aging population who suffered from senile dementia in Africa, Latin America and Asia have gone over 22 million. Estimation predicts that the number may grow to 80 million by 2025. The establishment of senile supporting system and corresponding social services shall take these problems into account. If genetic engineering and medicine studies produce unexpected breakthrough results such as youth-keeping techniques and drugs, a brand new revolution may sweep away old concepts on population. It is possible for an 80-year-old person to remain young and a capable hand shouldering major responsibility. In that context, many relationships governing social and economic life have to be changed. This is not utterly impossible though the chance for such revolution is slim.

As far as decision-making today is concerned, it is meaningful to make predictions for the first 25 years in the next century. In 2025, China's aging population may reach 12. 5% and go slightly up to 20. 24% in 2050, basically equal to the current level reached by economically developed countries. Calculating on three scenarios (high, middle and low) on population growth, China's senile population by that time may reach as high as 24%. By that time, China will become a middle developed country and is able to provide life support for its senile population. China's population base is large though its birth rate is continuously going down. As a result, it still sees almost 20 million new births in the country each year. Thanks to the reduced mortality, most of these new children may eventually develop into labor force. Generally speaking China will not see the shortage of labor force. On the contrary, unemployment will remain a long term problem in the next century.

2. Population mobility and urbanization

During the period from the 1950s to mid-60s, China's population mobility flowed in a direction from coastal areas to inland and remote ones. In the 1970s, a great number of young people were required to move to rural areas. These emigrations were well organized for political and economical reasons. The variations of urban populations in the said three decades were basically small.

Reform and opening-up along with fast economic growth have triggered the rampant flow of farmers into urban areas, engaging in economic activities. The vigorous development of urban areas has created rich employment opportunities attracting rural people. Construction of roads, industries, water dams and housing has to occupy previous farmland. As a result, per capita land possession is decreased though the rural population is growing. Modernized agricultural production has further reduced its demand for labor force. All these factors have led to the increase of surplus rural labor force which in turn becomes a burden to rural population.

Economic development brings about changes in industrial structures, which in turn promotes urbanization and population emigration. China has adopted a home-fit strategy of controlling the scale of large cities, developing medium sized cities in an appropriate manner and vigorously developing small cities. As shown by internationally quoted data, rural population in low economic income country is 72% in the total and rural labor force 52. 6% ; the proportion of rural population in high economic income country is only 23% and rural labor force 4. 5%. China' s statistics in these two categories were 74% and 59. 8% respectively in the 1990s, lower than the average level of low economic income countries and of course much lower than world average of 49% and 22. 9%. It can be expected that along with its economic growth in the next century, China' s urban population will go up at a large margin. By that time, there will be 200 million rural labor force flowing into urban areas. Further to the middle of the next century, many medium sized cities will grow into large ones even under the restrictions on developing large cities. Most of existing large cities of a population of 4 million or above will be grown into super large cities. This is irresistible developing trend. By that time, the urban population may reach 60 to 70% of the nation's total.

Urbanization and emigration have basically brought about more advantages than disadvantages to social and economic development. Urbanization will refresh people's concepts, promote life rhythm leading to higher efficiency, improve people's cultural level and make them more acceptable to new things though the same development could decrease contacts among people who rely more on modern telecommunication means. It is difficult to predict long term impacts brought about by these changes. Next century is an information age featuring the vigorous development of telecommunication, computer and various other media technologies, which will make the world smaller and bring about drastic changes to values and social culture. Urban areas are the center of such changes. Urbanization will rapidly extend these changes to the whole country.

3. Eradication of poverty and realization of common prosperity

World Bank reports that in 1996 there were in the world 800 million people in hunger, 500 million children suffering from poor mental and physical development as the result of malnutrition and about 40,000 people died of hunger each day. The said fact runs counter against the predictions made by UN in the early 1980s. The proportion of world poverty population was not reduced in 15 years but increased with deepened poverty. As shown by the estimation of UNFAO, the then production capacity was able to feed 6 billion people, 100 million more than the actual population. Due to the irrational wealth distribution system and other reasons, famine population during the period from the early 1980s to today has not gone down but up by 300 minion.

China has paid great attention to providing assistance to poverty areas. In 1978, China had a poverty population of 250 million and recent years has been applauded for its decrease to 45 million who are mainly distributed in 18 hilly, stony, cold, loess areas in the middle and west sections of China. These areas are of poor ecological conditions with some of them having only cracks between rocks for growing corn and buckwheat. The Chinese government launched the so-called 87 Poverty Alleviation Program in 1994 by strengthening poverty alleviation efforts. Thanks to their many year' s painstaking efforts, many poverty stricken areas saw new changes. For example, there is a hilly village in Guizhou Province whose many year' s efforts created a wonder that its per capita arable land exceeds the nation' s average. These efforts will lead to basic eradication of poverty at the end of the next century.

In the next century, China will see its further economic growth, continuously enhanced state financial capacity and improved conditions for economically backward areas with the possibility of executing more forceful programs of promoting common prosperity. Viewing the world as a whole, skirmishes and conflicts are continuing and poverty areas are expanding rather than shrinking. However, China has presented an optimistic view. If we stick to what we are striving for in keeping social stability and economic growth, we will be bound to translate common prosperity concept into reality.

Common prosperity, however, does not mean absolute equality. Recent years have witnessed enlarged gaps in people' s income distribution as the result of economic development. Speaking from the view of economics, in the past China' s income distribution showed a trend of absolute equality. Appropriate gaps for income distribution will be favorable for realization of the principle "to each according to his work" and improving efficiency. In recent years, the gap in income distribution has basically approached the optimum balance between fairness and efficiency. Becoming rich in bootlegging manner has raised public indignation that will be eventually balanced through improvement of legislature on income tax, property tax and heritage tax. In the middle of the next century, together with social insurance system, these legislatures will play a forceful role in ensuring people's basic needs while encouraging becoming rich through one's own hard work.

5. Restraining factors on population and sustainable development

Economic growth in the next century will be of two outstanding characteristics: economic globalization and arrival of the era of knowledge based on economy. Many people termed the planet on which we are living as earth village. Addressing issues like population and sustainable development cannot be only confined to an individual country but rather needs concerted efforts of international communities as a whole. To whatever extent the economy may grow, the current technological level indicates that providing sufficient food for its people is the first priority for human society to address. The fulfillment of the task is impossible without resources such as fresh water, land and chemical fertilizers. In the same vein, non-renewable resources and vulnerable environment will limit the development'of manufacturing industry. At present stage, what we cannot fully recognize is the impacts to be created by high tech such as information technology, biotechnology and new materials on the world. Of course, they could produce benefits as well as harms.

After World War II, world population has grown rapidly. As a result, many people started to discuss possible carrying capacity of our planet. Some people believed that technically the earth is able to support a population several times the current one while some others believed biologically overloading has already taken place on this planet. These discussions were made on different analysis modes. We cannot jump at conclusions for we do not have relevant experiences available now in this field and the discussion will continue. What we are concerned about is what a decision maker should do about this and what kind of decisions they make will not make themselves "bad guys through ages".

The most direct and urgent issues affecting population supporting capacity is food supply. Food may come from three sources: arable land, hilly areas and water surface. You have to convert them into a compatible unit when making comparison. Calculating on the standards defined by FAO on the equivalent energy produced from arable land, hilly areas and water surface, human being consumes 6 million tons of sea food each year. Hilly areas produce 6 million tons of beef and mutton each year, which is equal to 250 million tons of grain. Arable land produces 1. 6 billion tons of grains, 400 Mtge. nongrain agricultural produce, about 300 Mtge, grass in rotation. In addition, each year will see the production of 2. 8 billion tons of raw feeder, of which 80% is produced by arable land, 10% from hilly areas and 10% water surface. It is concluded that it is difficult to increase the yield of hilly and water areas, whose proportions in total yield will go down along with the increased yield of land.

In 1980, there were 1. 45 billion hectares of arable land in the world with 100 million hectares in China. Of the said area, 50 million were used for growing non-food crops such as cotton, hemp, rubber, tea, coffee and tobacco and 1. 4 billion for food production. The carrying capacity of the earth can be calculated according to minimum per capita demand and average world maximum production capacity.

The lowest per capita daily consumption found its expression in south Asia by 3000 Kcal with the highest 15000 Kcal in north America, Australia, New Zealand, Argentina and France. The consumption of the former is equal to 5 grams of animal protein a day and the latter 70 grams. The world average consumption is about 6000 Kcal/day, though people are still controversial about a right standard for such consumption.

Crop yield is affected by many elements such as climate, soil quality, crop species, fertilizer and water. The average crop yield in the world is 2 tons/hectare. The average grain yield of OECD countries with 170 million hectares of arable land is slightly higher at 3 tons/hectare with 4 tons/hectare for the west Europe and US. The corn yield of US, rice of Japan and wheat of Netherlands approach 6 tons/hectare. In 1979 and 1981, the corn yield of US reached 7 tons/hectares with corn unit yield at 8 tons/hectare in Illinois, Iowa and Colorado. Japan's record rice yield registered in Akita, Yamagata and Aomori at nearly 8tons/hectare. Some individual farmers in Europe and US recorded a yield of 10 tons/hectare, about 12tge/hectare counted in energy units.

Intensive application of chemical fertilizer in limited area may create higher yield. In 1975 Mr. H. Warsaw of Illinois successfully raised his corn yield to 21. 1 tons/hectare by applying 448 kilo of nitrogen, 258 kilos of phosphorus, 321 kilos of potassium and 45 kilos of manure. Y. Kudo in Hindi, Akita, created world rice unit yield record of 13. 7 tons/hectare by applying 832 kilo of nitrogen, 170 kilo phosphorus, 237 kilo of potassium and 22 tons of compound fertilizer. In 1981, G. Rennie created a unit yield of 14 tons/hectare over 17 hectares of land in Newbridge, Edinburg with applications of only 119 kilos of nitrogen with abundant ox and sheep manure. Before creating the record, grass were grown on the said land for two years during which massive manure of-domestic animals was applied (equal to 42 kilo of nitrogen, 10-kilo phosphorus and 14 kilo of potassium per hectare). In the same way, the fertilizer applications made in corn-field in US and paddy rice field in Japan are 150 kilo, 70 kilo and 80 kilo respectively. Recent years applauded the breakthrough in Chinese Professor Yuan Longping's hybrid rice research which produced a yield reaching the highest level in the world with its rice quality at grade 2.

Some experts estimated that the theoretical unit yield in the world is 14. 6 tge/hectare. If the said yield could be realized on 3. 4 billion hectares of farmland, each year will see 50000 Mtge. (50 billion tons) produced. The arable land available now estimated by experts is 1. 4 billion hectares with a unit yield at 7. 3tge/hectare and total output of 10200 Mtge. (10. 2 billion ton). Illinois that enjoys fine climate, sufficient fertilizer and high automation only produces 7 tons/hectare in rotation system with only one third of land being used each year.

The question is whether the above mentioned yields could be materialized? Nitrogen is rich in the world and per kilo of ammonia production will consume natural gas of 10800 Kcal, fuel oil of I1800 Kcal or coal 15200 Kcal. Nitrogen and hydrogen in the air can be mixed to produce ammonia. Burnt fossil fuel can produce hydrogen through electrolytic process. In 1981, production of 60 million tons of nitrogen fertilizer consumed 1% primary energy in the world. Applying together with phosphorous and potassium, nitrogen may produce 40% of crops.

Current technological capacity may produce 76 billion tons of phosphorous ore. In 1981, the phosphorous ore output was 143 million tons. Calculated on the average 15% of phosphorous content in ore, 20 million tons of phosphorous can be produced. Two third could be used as fertilizer. There are also other sources of lower grade phosphorous mines. Phosphorous content in seawater is 0. 06 parts/million. It can be believed that future technology will be able to address the extraction problem.

Potassium reserves in the world are 66 billion tons. Its seawater content is 380 parts/million with a total reserve of 520 trillion tons. Magnesium in seawater reaches 1290 parts/million and can be extracted in an economic manner.

World population is expected to go down to 7 billion after its peak though it is difficult to practice unanimous cutting down: among different countries. Smaller countries may have a high density of population. For example, population density in Singapore is 100 times that of world average and Japan ten times.

China has an arable land of 100 million hectares. In 1980, China harvested 354 million tons of grain (354 Mtge.), 3400 Kcal per capita/day with 3. 6 tge per hectare (with 148 million hectares of sown areas then we have 2. 4 tge per hectare), nitrogen 105 kilo/hectare (if 200 kilo is applied, yield could reach 5. 5 tge/hectare, 1 tge per capita, only 550 million people can be fed, (China's real figure is now 10 person/hectare),.

With a total population of 350 million and arable land 330 million hectares, five major grain exporters, US, Canada, Australia, Argentina and France produced 25% grains in the world with 40% of their yield exported to other countries. In these five countries, per capita grain yield reached 1. 1 toni, 4 times that of other parts in the world. They jointly exported 170 million tons of grain in total and provided 40 kilos of grain to everyone inother parts of the world. To maintain this per capita export level, they have to increase their export to 220 million tons and 250 million tons in 2000 and 2010 respectively. No more countries will be able to join the said five powers in the foreseeable future as per capita land possession and climate may not allow.

In 93 developing countries in addition to China, there are 30% of arable land to be cultivated which means additional 2. 1 billion hectares of arable land. However, their demand for food also goes up quickly. In 1990 per capita daily consumption in developing countries was 2500 c which means a demand for 4000 c of food. Most of their food demand was met with production on their own 700 million hectares of land with only 5% relying on'import. By 2050 the population in this part of the world will increase to 8, 7. billion, a doubled figure. If their food demand also goes up slightly above what they had for

1990 world average, namely 6000 c/day, the food productton shall sean increase of 218%. If they want to reach the level of developed, countries, namely 10000 c/day, the food production shall increase 430%; It is estimated that by 2050 the whole world will see an increase of arable land of 50% with same 50% increase for unit yield which would basically meet the demand. However, this will lead to the disappearance of vast forests and worsen ecological environment.

6: Conclusions:

First, the rapid growth of population is a kind of chronic disease, the symptom of which is not obvious in a short time of period and is reflected only in local problems such as the difficulties for children to go to nurseries arid pressures are tightened for primary schools. But these problems will accumulate in one or two decades and even in several decades and reach the explosive point sooner or later. Once they explode, they are hard to resolve in a short time. Over population will cause the increase in social burden, the weakening of the momentum'of sustained development and, even the economic stagnation or setback. The extensive surplus labor force will increase the pressure for employment, reduce the productivity, Base on the information given about, The concluscion is that China should solve food supply issue by itself. International market can be need to adjues the comkination givins this cna be done. problem accumulates before itcan make the most of its effects. The trouble has been brewing for quite some time, resolution and patience are needed to melt the ice, and resolve should never be slacked despite of interference coming from various sides. What should be especially pointed out is that the policy for controlling the excessively fast growth of population shall be beneficial to long-term interests, while a certain amount of input is needed in the near future, thus, contradictions are present to a certain extent between short-term and long-term interests. Farsightedness is more needed for policy-makers to establish, under the conditions which the state can bear, a development strategy which is compatible with both short-term and long-term interests.

Second, the population problem is a comprehensive one, considerations must be given to interests in every aspect, and the action plan should be drawn up by analysis from all angles. Macroscopically, viewing the situation as a whole, the overpopulation in China must be strictly controlled as it has brought about heavy pressure on scarce resources, reduced economic results and caused employment, schooling and other social problems. There is a danger that our strategic object of long-term development will come to nothing and the basic interest of the masses will fail to get reliable guarantees. However, viewed from the household interest, each corner of the country differs greatly in development standard. During the early stage of development, some households get rich because of having many laborers, thus enhancing the desire of having more births in some regions. Though the quality of labor shall become the key factor affecting the speed of development and production in the near future, there shall always exist a period of lag time between the change of fertility behavior and the enhancement of development level. Hence, contradictions between macroscopic interests and microscopic interests are present in a certain period of time and in part of areas. Third, according to the situation of China, the population growth has to be strictly controlled in a period of considerable length. At present, the population control objective we have determined is that the total population of the country will be controlled at 1. 3 billion by 2000 It is drawn out according to the needs for developing economy and may be realized through great efforts. Some people see that in recent years some areas that have made some economic developments are short of labor forces and then believe that in these areas there is no need to lay stress on family planning. This is a wrong understanding. In China, some areas where economy develops rapidly are yet in a primary stage of development, with more labor-intensive enterprises and lower economic results. Under the condition of the socialist market economy, competitiveness must be sought from high efficiency and high technology in an urgent way.

Only high quality labor force can produce commodity which could survive in competition. Readjustment of industrial structure is the only way for economic development and only by farsightedness can the sustainable growth of the areas be kept. Besides, even in economically developed areas there are still a large area of backward districts, we have lots of things to do to make the most of surplus labor in these districts.

Fourth, attention should be paid to the negative influence brought about by the rapid drop of fertility and countermeasures taken in advance. There is no such policy that has only advantages but no disadvantages. The rapid drop of fertility will lead to the change in family structure and the aging of population, these shall have important bearings on social development and economic growth, to this great importance should attached and the research work strengthened. Shanghai has now reached the zero growth of population; the day is not far for Beijing and Tianjin to reach the same population growth rate. It will be of great significance to study situations of these areas for the a-nalysis of trends nationwide.

Fifth, the study of the influence of population on the sustainable development should cover three aspects: population quantity, population quality and population structure. At present, the most pressing issue for China is to control the population quantity. With the socio-economic development, issues of population quality and population structure shall be more highlighted. The issues of aging, quality of labor force, and family structure shall produce a tremendous influence on economic growth, social security, technical progress and even culture, customs and habits, values and many others. In the light of the changing situation, close attention should be paid to all these aspects and relevant studes carried our and appropriate countermeasures proposed in time.

On Minimizing Financial Risks in China

(November 3 , 2000)

Draft Paper Nov. 3 2000 at Santa Fe

This paper is aimed at offering a brief summary of the key work and basic characteristics of China's financial sector during its four periods of development. The existing and potential financial risks are investigated, their internal and external causes analyzed, the measures by the government and related authorities and the resulting effects reviewed, and solutions provided for the state-owned banks and local financial institutions.

1. The four periods of development of China's financial sector

China's financial sector has experienced a rapid development since the opening up to the outside world and economic reforms. The aggregate outstanding deposits and the aggregate outstanding loans of all the financial institutions in 1998 amounted to 9569. 8 billion RMB and 8652. 4 billion RMB respectively, tenfold those of the mid-80s, or 72 and 46 times those of the beginning years of the economic reform. This has contributed greatly to the rapid, sustainable and healthy development of China's economy.

Four historical phrases can be delineated in the reform of the financial system, namely the opening-up to the outside world and development of a more complex effective system, adjustment and consolidation, standardization and elevation, and the deepening of the reform.

Firstly, during the period from 1979 to 1987, it was decided by the government that the People' s Bank of China would play the role of the central bank, while others would become real commercial banks. In addition, banks could never be the treasury of the Ministry of Finance. Under this guideline, the People' s Bank of China gained independence as a ministry-level unit. A new financial system was set up, with the People' s bank at its core. the state-owned banks as the key, and co-development among various kinds of financial institutions as the objective. The financial market was opened, and the financial institutions allowed to carry out various kinds of financial activities.

Secondly, since the problems of overheating and illegal operations began to show up and led to negative effects on the development of economy, adjustments were made during 1988 – 1993, which included prohibiting illegal inter-bank loans and imposing ceiling on size of loans. Meanwhile, the Shanghai Stock Exchange and the Shenzhen Stock Exchange were set up in succession in order to promote the continued development of the financial market. Such practices as illegal pooling, illegal loans and illegal setup of financial institutions were rectified.

Thirdly, from the latter half 1993, management standardization institutional adjustment. and legal infrastructure were reinforced, not only as part of the economic reform, but also out of the need to develop the socialist market economy and to adapt to the trend of globalization. To prevent financial crises, improve investment control, perfect the market system, and maintain international balance of payments, the central government implemented a series of active and prudent measures, which include: (1) deregulating loan ceiling and stimulating the financial institutions to operate in line with the market for better performances; (2) implementing constant exchange rate and free convertibility of foreign exchange under current accounts, and encouraging multi-channels of financing so as to promote the integration of China's economy with international ones; (3) improving the financial infrastructure, and reinforcing the monitoring function of the central bank, etc. After the financial turmoil broke out in Southeast Asia in 1997, the Chinese government deepened the reform on its financial system, laying a solid foundation for combating the negative effects of the global financial and economic crisis.

Currently, China has various types of financial institutions. as well as a set of comprehensive financial systems, including those of macro-control and adjustment, financial supervision, legal infrastructure, and financial market. Nearly 200 foreign-invested banks have stepped into Chinese market, and an increasing number of foreign banks are allowed to operate RMB business. In addition, a dozen foreign insurance companies have set up their operational branches in China. Meantime, more than 600 Chinese commercial banks and insurance companies have established overseas offices. Financially, China will continue to deepen its reform, expand its opening up, and taking an active role in maintaining stable international finance and the globalization of world economy.

2. Deepening the financial reform and reorganizing the financial order in 1998

Since the financial crisis swept over Southeast Asia, the international communities have focused their eyes on China. Some even predicted that China would be the next victim. As China felt more and more the impacts of the crisis upon foreign trade and foreign investment, the Central Committee of the Party and the State Council made a series of wise decisions: to increase inputs, enlarge domestic demand, develop both domestic and international markets, and stabilize the RMB exchange rate. Meanwhile, some positive fiscal policies have been adopted by leveraging various monetary policy instruments to increase money supplies. All these have forcefully enhanced the sustainable growth of the economy. In first half year of 2000, China's GDP increased 8. 2%, the fiscal and financial situations are stable. RMB exchange rate remains normal, and the foreign exchange reserves have amounted to US $ 160 billion. It is surely no easy achievements under conditions of depressive world economy and the once-in-a-blue-moon domestic floods. It is not by chance that China has withstood the Asian financial turmoil. Early in 1993, the Central Committee of the Party and the State Council adopted 16 measures to tighten up the macro-control. Aiming to cool down the overheated economy and reorganize the unfavorable financial order, eleven of which were targeted at financial areas, with the reestablishment of financial order as the central task. Illegal pooling and illegal loans were curbed; other illegal activities such as business operation outside the accounts by the commercial banks, real estate loans by non-banking institutions, and illegal repurchase of securities and treasury bonds rectified; the market rules and regulations revised and improved. Furthermore, a series of reforms including that of financial system and of the foreign exchange system were launched. As a result, the economic bulbs disappeared in the following three years, which contributed to the 'soft landing' of the Chinese economy. In order to fundamentally eliminate chronic problems in the financial sector, the Central Committee of the Party and the State Council convened a national financial meeting in November 1997 and developed 15 measures and mapped out a strategic plan of the reform on financial sector, namely, to establish within 3 years a financial institution system, financial market system and financial control and regulation system that fit the development of the market economy.

In 1998, under the leadership of the Central Committee of the Party and the State Council, the departments concerned worked hard to implement the various reform schemes. As a result, great progress has been made in deepening the financial reform, rectifying the financial order and preventing the financial risks, with the following notable achievements:

(1) Remarkable progress has been made in restructuring the financial system of organization and management, and a new framework of financial control and regulation developed.

In line with the deployment of the Central Committee of the Party and the State Council, the financial sector has implemented a series of significant reforms. The People's Bank of China completed revising its management system by establishing 9 trans-regional branches while rescinding the original 31 provincial branches, which has helped consolidate the financial supervision over its subsidiaries. The new system started its operation on January 1, 1999. The Financial Working Committee has also been set up to strengthen the Party's leadership in the financial sector. Party teams have been developed into party committees in the major or financial institutions. A system of specialized business operation and separate supervision has been installed in the banking, insurance and securities sectors. The responsibility of supervision and administration of the securities and insurance industries, previously taken by the People's Bank of China, has been shifted to the China Securities Regulatory Commission and the newly established China Insurance Regulatory Commission respectively. Therefore, a vertical leadership and regulatory system has been shaped for the securities market. The People's Bank of China is solely responsible for the supervision of the banking sector and other financial institutions. Significant progress has also been made in the reform of the state-owned commercial banks. The merging between their provincial branches and the branches in the provincial capital cities are now well under way. Big changes have been made in the financial macro-control system: the credit ceiling for the state-owned commercial banks has been removed. the deposit reserve system changed and the businesses of the central bank expanded in the open market. These reforms advanced the financial control and regulation system toward the requirements of the socialist market economy.

(2) Major progress has been made in standardizing the financial market order.

After the promulgation of 'Methods for Cracking Down the Illegal Financial Institutions and Financial Business Activities' and 'The Circular by the General Office of the State Council on Transmitting "the Implementation Plan of Rectifying the Illegal Pooling, Illegal Approval of Financial Institutions and Illegal Financial Transactions"', the related regulatory bodies and local governments set up working groups for that purpose. Preliminary investigation has been done, specific proposals have been studied, and the publication of financial laws and regulations has been reinforced. Foreign exchange control has been strengthened to crack down on illegal obtaining, evading and hedging of foreign exchanges, and some black markets and gray money houses have been demolished, which has helped maintain the balance of international payments. The vicious competition by means of higher interest rates and premium rate to obtain deposits has been curbed, and the market order of the banking and insurance industries has been standardized. The rectification of illegal OTC trading of securities and stock exchange centers began to take effect. Removal and merging of the futures markets have been steadily carried out. 'The Securities Law' has been promulgated, which provides powerful legal grounds for the administration and standardization of the securities market.

(3) New explorations have been attempted to diversify and cope with financial risks.

The Ministry of Finance has issued RMB 270 billion of special treasury bonds to inject capital to the state-owned commercial banks and increase their capability against the risks. The criteria of Assets/liability ratio and risk management have been adopted in the commercial banks. In line with international practice and the reality in China, an experiment has been conducted in Guangdong Province to implement 5-grade loan management. In fact, all commercial banks are beginning to take similar actions to reinforce the loan management and credit authorization to their subsidiary branches, and as a result, the capability of self-restraint has been improved.

Given the characteristics of the financial institutions, ' Interim Measures for the Prevention and Evasion of Financial Risks ' have been formulated and successfully implemented. Some problematic financial institutions have been restructured by injection of capital, merging, acquisition, debt-equity swap, closedown and bankruptcy. A massive probe of financial cases has been mounted. All these measures have helped reduce financial risks and maintain the stability of the financial system. In the meantime, securities companies have been investigated, and policies and measures have been developed for minimizing similar risks.

3. Problems and risks in the current Chinese financial operation

The financial sector in China is growing steadily as a whole. But there are still some prominent problems, such as the increasing percentage of non-performing loans in the state-owned commercial banks. and the chronic problems in the non-bank financial institutions. Statistics show that the non-performing loans in the state-owned commercial banks account for nearly 20% of the total. Note that the Chinese concept of non-performing loans is quite different from the international understanding. In China, non-performing debts include three types, i. e., overdue loans, bad loans (overdue for 2 years), and dead loans (bad loans in real sense). Non-performing loans are not equivalent to dead loans that are irreceivable. It is totally inappropriate to take the non-performing loans in Chinese state-owned banks as dead loans. By the end of 1998, dead loans reflected in the books of China's state-owned commercial banks reached about 2. 9% of the total. In addition, some of bad loans should be written off as dead loans.

Over recent years, China has been making great efforts to deal with the non-performing loans in the state-owned commercial banks. Some dead loans have been written off through injection of capital and increasing the reserves for dead loans. As the central bank strengthens the financial supervision and the commercial banks improve their operations and management, the quality of newly issued loans has been greatly improved. Adequate liquidity has been guaranteed as a result of the tremendous increase in deposits by RMB 700 – 800 billion per year. The central fiscal deficits and balance of accumulated treasury bonds issued account for 1. 7% and 10% Of the GDP respectively (far below the international alarm line). There are huge potentials for the state-owned commercial banks to get rid of the non-performing loans through financing. Meanwhile, as the reform on the state-owned commercial banks and the state-owned enterprises is deepening, China is confidant it can reduce by a great percentage the non-performing loans.

Big differences can be observed among the operations of the local financial institutions. In some regions, the percentage of non-performing loans is far less than 1% , while in other regions the opposite holds. A few of local financial institutions are even undergoing payment crisis. These problems are being resolved with the timely intervention of the relative authorities.

Problems and risks still exist in the non-bank financial institutions, though they have made great improvements. The authorities have closed down very few institutions whose liabilities exceed assets.

In addition to the causes within the financial system. there are also external causes contributing to the financial risks. The first is that some of the state-owned enterprises have grave losses and are unable to repay their debts, in turn leading to the reluctance of the banks to extend loans to the enterprises, thus adding more difficulties to the enterprises. The second is social credit. Very few customers have the intention of paying back when they borrow from the banks. And the ' interrelated debts' among the customers deteriorates their solvency.

To address the above problems, the following four principles should be adhered to:

(1) To deepen the reform and eliminate both the surface and root problems. Asset/liability ratio should be improved in the state-owned enterprises and an equal and fair relationship of cooperation needs to be established between the enterprises and banks. The management system of the central bank should be restructured, the reform on the commercial banks should be accelerated, and intermediary service organizations should be set up to prevent and evade financial risks.

(2) To standardize and strengthen supervision in accordance with the law. The inter-relationship need to be standardized between the financial businesses and the governments at different levels, industrial and commercial firms and the citizens, and the capital flows, merging and closure of the financial enterprises. The nature, function and business scope of different financial institutions need to be clarified based on the past experience, and the supervision over their market entry, operation and exit needs to be strengthened.

(3) To classify the risks and ensure stability. The risks of different financial institutions should be carefully analyzed. Deterioration needs to be prevented for the better ones; self-reliance and necessary help should be the solution for those whose assets are basically equal to liabilities; proper close-down should be encouraged for those whose liabilities far exceed assets and are totally unable to repay debts. The public interests should be protected and illegal manipulations by corporations prevented. Anyone who has broken has and regulations should be severely punished.

(4) To adopt an integrated approach and impose severe punishment. Those organizations and individuals who have ignored the laws and regulations should be held responsible for current financial risks. Severe punishment should be imposed on such criminal cases as bribes, corruption, appropriation, frauds, misconducts by the employees or the Party and government leaders. and debt evasion. All these will help create a favorable environment for the healthy development of the financial industry.

4. Forecasting and prevention of the financial risks

Credit appraisal on the commercial banks and other financial institutions is an important and effective tool to eliminate and prevent financial risks. More and more attention being paid to of the government and departments at different levels are being paid to attempt to precisely appraise the credit rate and eliminate accordingly the potential financial risk factors before they lead to great losses. Credit appraisal includes two major aspects, i. e. , the performance of the financial institutions, and the institutional quality and management effectiveness. Performance includes such factors as scale and growth rate, asset structure and quality, solvency and liquidity, profitability and efficiency. Factors determining the institutional quality and management effectiveness of the institution include employee qualification, management regulations and their implementation, decision-making ability of the top management. and service level. Appropriate credit appraisal will help to forecast and prevent the financial risks in face of the changing domestic and international economy and finance, and to understand the credit status of financial institutions.

Chinese financial sector is now facing the following 5 categories of risks:

(1) Credit risk. The fact that a few enterprises have tried every means to escape repayment of debts has lead to serious losses and consequences. Generally speaking, the losses can be reduced to a great extent by legal means. In some cases, however, even when the banks win the suit, the verdict may not be fully implemented for various reasons. With the improvement of the legal system, management improvement of the banks, and greater legal awareness of the community, the credit crisis will be declining.

(2) Market risk. The Chinese economy is undergoing restructuring and the financial market is also experiencing a rapid development, which makes market risks almost inevitable. Great caution needs to be given when we try to leverage international financial derivatives due to their high potential risks. In addition, they are quite new to China. Improvement of the management system and expertise is the fundamental way to prevent market risks. Tremendous efforts are being made in China in this regard.

(3) Environmental risk. Changes in the domestic and international economic and financial environments, policy adjustments, and

political and social factors will have an impact on the operation of the financial institutions. Sometimes even a trivial event will lead to rumors and shake the confidence of the customers and even bring about grave consequences. To improve our ability to cope with these disturbances requires not only integrated governance of all the parties involved, but also efforts in gathering and analyzing information changes in the financial. Market here we are calling for the immediate set-up of a new order of international finance, curbing over-speculation, implementing effective supervision on the international capital flows, and encouraging international cooperation to ensure the stability and healthy growth of the international finance.

(4) Liquidity risk, especially for the small-sized financial institutions. These small institutions only involve small amount of capital, but the number of their customers is enormous. Social instability may arise when insolvency occurs. Even when the small institutions are operating properly, impacts from other factors may also cause a run on the bank. The related parties are now trying their best to perfect the mechanism, strengthen supervision and merge the institutions to prevent risks. Initial success has been achieved.

(5) Trust risk from low quality of the financial institutions, unhealthy system, illegal practices, decision mistakes, low service quality, and inadequate transparency. Triggered by an internal or external accident, the trust risk may lead to trust crisis. For a financial institution with low credit rate, exposure of an employee's scandal, failure of an investment project, or even one-day suspension of business or absence of an executive may cause harmful consequences. In general, with the rapid, sustained and healthy development of Chi-

na's economy, the deepening of reform in the financial sector, and sustained increase in the balance of savings, it is not likely to have a big trust crisis. But local problems might arise in some places. The related departments have made tremendous efforts and taken very strict measures to standardize the operation of the financial institutions. However, continued efforts need to be made.

Financial risks may take a variety of forms, but the above 5 categories, in our view, are the main ones in China which need our great attention and extensive research.

5. Measures for preventing and eliminating financial risks

Financial risks should be prevented at the first place. If they do occur, eliminate them. For this purpose, the following 5 measures should be taken:

(1) Continue to deepen the reform on the financial system

The management system of the People's Bank of China needs to be further improved. After the new branches have been established organizationally, the next problem is how to set up and perfect the operation mechanism and financial supervision responsibility system. This will be an ardous task that needs to be completed in the shortest time. Bold exploration and innovation should be encouraged; problems arising out of the new operating mechanism should be addressed promptly; efforts should be made to set up a highly efficient management system in the central bank that fits into the socialist market economy; structure of responsibilities should be readjusted; and financial supervision and control should be strengthened. Quite a number of measures are being taken to eliminate the potential risks facing the state-owned commercial banks. (1) To change the operational mechanism substantially and turn state-owned commercial banks into financial institutions in a real sense. State-owned commercial banks are special enterprises that are engaged in monetary businesses. According to the 'Commercial Bank Law of the People's Republic of China', they must 'operate independently, assume their own risks and losses and profits, self-restrain their own acts under the principles of efficiency, security and liquidity'. (2) To reform the mechanism set-up and internal management system based on the nature of the financial institutions. The provincial branches and provincial capital branches of the four major banks in China are merged and overlapping subsidiary branches are canceled or merged. Redundant employees are reduced and replaced. (3) To strengthen credit management, strictly control non-performing loans and transfer the balance of non-performing loans. The 5-grade loan management should be fully implemented, while the loans overdue should be pressed and collected, and any violation of laws and regulations should be severely punished. A strict responsibility system of loan and repayment should be set up for new loans. (4) To establish financial asset management companies to deal with non-performing assets. The major functions of such companies, as specific financial institutions (policy organizations) funded by the government, include the acquisition, collection and operation of non-performing financial assets split off from the four major banks, and creation of conditions for the four banks to transfer non-performing assets, optimize the debt structure and exercise strict responsibility system for new loans. An example would be the China Xinda Asset Management Company. (5) To reform financial and accounting systems of financial industry based on the 'Accounting Law' and the international principles. The percentage of reserves for dead debts should be increased appropriately. (6) To change the management system for writing off dead debts in state-owned commercial banks. The reserves for dead debts are mainly used for those loans that are not repaid for a long period of time. (7) To constantly increase the bank reserves of state-owned commercial banks in a legitimate and viable way. (8) To enhance supervision over state-owned commercial banks according to the Barsel core principles for effective bank supervision.

The reform of the securities regulation system should be sustained. The policy of ' legality, regulation, autonomy and standardization' should be adhered to, the operation of the securities market needs to be standardized, and securities companies and intermediary organizations should be urged to operate in accordance with the law. The examination system for issuing securities should be reformed and improved; open disclosure of information should be stressed; the quality of listed companies should be improved; market risks should be prevented and eliminated so as to ensure healthy and stable growth of the securities market.

The reform of the insurance system should be deepened to improve the institutional structure and cooperative mechanism. Division of life insurance and property insurance should be further implemented. Policy insurance institutions could be set up at the right time to facilitate the institutional reform of state-owned insurance companies. Experiments need to be made to set up standardized insurance intermediaries and to rectify all the illegal activities. Division of operation and management should be implemented in the banking, securities and insurance industries, which will help strengthen supervision and regulation, eliminate risks, and encourage fair competition.

2) To ensure the implementation of the rectification schemes approved by the Central Committee of the Party and the State Council, and to improve the order of the financial markets. Thus, the illegal set-up of financial institutions, illegal financial activities, and illegal pooling must be cracked down on. The principle of 'the task of rectification rests with the competent authorities and the approving and guarantee departments take their own responsibilities' should be adhered to. In addition, any transfer of the resulting losses and risks by the local and related departments to financial institutions should be prevented.

Risks of credit cooperatives in the towns and rural areas must be minimized and eventually eliminated through reform and regulation. Continued efforts need to be made in liquidation; independent disposal should be encouraged based on extensive investigation; and the risks should be reduced steadily. The reform and regulation of these credit cooperatives should be in line with the cooperative principle.

Supporting laws and regulations for rectifying trust and investment companies need to be formulated. Rectification and merging should be carried out on the basis of liquidation and the principles of entrustment and division of operation among different industries. Special attention should be paid to the payment of foreign debts, and steps need to be taken to prevent and eliminate potential risks.

Securities and futures markets should be rectified and illegal OTC transactions of stocks, securities and futures should be cleared away on time. Credit and debts should be processed in an appropriate way. The operations of securities companies should be standardized, and investment regulated. Management should be enhanced to rectify and regulate insurance market order.

3) To further strengthen financial legislation and implementation. Prevention and elimination of risks should be the focus on regulating the financial market. Legislation should be reinforced for risk prevention and market exit for financial institutions, such as 'Methods for Closing down Financial Institutions', 'Provisions for Financial Asset Management Companies', 'Rules for Trust Investment Companies'. The 'Punishment Methods for Financial Illegal Behavior' needs to be fully implemented. The measures for improving and intensifying securities supervision and regulation should be further refined based on the Securities Law. The insurance infrastructure should be further developed and the internal control system should be perfected to improve the insurance companies' ability of self-control.

4) To protect the financial credit according to the law. Currently, the fact that some enterprises seize the opportunity of restructuring to escape or suspend the bank debts has led to disorder of social credit system and will cause potential financial risks. Such activities must be cracked down. The State Council has promulgated the Circular on Strengthening Management of Financial Credits for Small and Medium-sized State-owned enterprises and Collective Enterprises during the Restructuring Period. Enterprises need to fully consult with credit banks in restructuring, and normalizing the credit and debt relationship between them. In those cases where the enterprises can enjoy the preferential policies for trial cities of Optimizing Enterprise Capital Structure, debts should be reduced in line with related regulations and policies.

5) To deepen the reform on state-owned enterprises and strive to get them out of the red within three years so as to form a sound basis for financial industry. The next 5 to 6 years are critical in realizing the goal. The Fourth Plenary Session of the Central Committee held in the latter half of the year had the central topic of deepening the reform of the state-owned enterprises. Based on past effective experiences. we have full confidence that the majority of the large-and medium-sized state-owned enterprises will find a way out of difficulties and become profitable. The banks will contribute to the program, which will in turn bring about favorable environments for themselves.

Fifteen measures have been developed at the National Financial Work Meeting, and their implementation will have significant impact upon the Chinese financial industry. It is true that the Chinese financial industry has been experiencing a steady growth as a whole since the opening-up and reform period. But there are still hidden risks which should be prevented and eliminated by deepening the reform and implementing supervision based on the law and regulations. Supplementary measures, in our view, could be as follows:

(1) To strengthen the system of financial decision-making. The law of the People's Bank of China should be implemented as soon as possible to establish a sound mechanism for monetary and financial policy-making. The decision-making system should be relatively separated from the implementation and regulation system so as to diversify the decision risks. This is the only way to realize scientific financial and monetary decisions and policies, and the solid basis to prevent financial crisis.

(2) To establish crisis evaluation organizations and formulate

crisis management plans. It is desirable for the crisis evaluation organizations to be under the leadership of the monetary policy committee. But objectivity and fairness should also be ensured for the organizations. The responsibilities and functions of the organizations include: (a) keeping track of and evaluating the winds of the international financial crisis and the possible impacts upon China, and establishing an alarming system; (b) monitoring the domestic financial system (including financial market and financial institutions) , evaluating the financial events and their potential consequences, and establishing an alarm and reporting system; (c) timely developing the crisis prevention and crisis management schemes based on the trend of the financial crisis, for the reference of the State Council and the monetary policy committee at the time of crisis. When an event becomes very serious, a ' financial crisis group ' shall be set up by the People' s Bank of China and the Ministry of Finance to implement countermeasures.

(3) To fully audit and check the financial institutions with the banks and credit cooperatives as the focus. The reform of the cooperatives should be accelerated, and the transformation needs to be monitored. Well performing cooperatives may be upgraded into banks and the scattered urban cooperatives may be merged to improve their ability against risks; poorly performing cooperatives should be reorganized.

(4) To establish a deposit insurance system. The deposit insurance will both protect the interests of depositors and increase the security of the banking system. Once the banks encounter payment difficulty or credit crisis, the deposit insurance will buffer the panic of the depositors and reduce the losses from financial crisis.

(5) To continue the policy of opening up and reform and establish a security system. Under the current situation, we should firmly adhere to the policy of opening up and reform not only because this is the basic national policy, but also because any hesitation will sap the confidence of the foreign investors, which will in turn lead to outflows of capital at the time of international financial crisis. On the other hand, we should further study how to establish a security system and 'fire wall' between the domestic and international markets during the opening-up. Generally, when financial crises occur, the outside fire should be prevented while the internal fire should be extinguished. In case both the internal and external fires are lighted, both prevention and extinguishing actions will be needed. All in all, prevention should be taken before the crisis occurs.

Outstanding achievements have been made since China 's opening up and reform. The financial industry, the core of the modem economy, grows with the development of economy. We are making efforts to deepen the economic and financial reform, and keep the door more open in the process of setting up a system of financial and economic security. We hope to work with the international financial community to construct a new financial order which is fair, mutually beneficial, and cooperative.

(The paper represents the opinions of the author only, rather than those of any organization.)

Poverty Alleviation and Consumption in China (Abstract)

(February 26, 2002)

1、Poverty Alleviation

Poverty alleviation is one of the top development targets for China government. According to the Chinese government standard, there were 260 million people living bellow poverty line in 1978. It accounted for 30. 7% of the rural population of China. The main reason for the large proportion of poor population was the quota distribution system that provided the minimum demand of the people and made no difference between lazy and diligent workers. The result was the low economy efficiency and consequently the universal shortage in supply.

Economy reform started from land management system. The new system could be named the second land revolution in China. The first land revolution conducted in the 1950s changed the private ownership into collective ownership. The second land management system reform was characterized by separating the right of cultivating the land to the ownership of the land. The reform encouraged the farmers to optimize the allocation of productive resources and do their best to increase the productivity of the land. From 1978 to 1985, the number of population living under poverty line has reduced to 125 million. However, this number of poor people is mainly living in backward areas where the natural and ecological conditions are very crude. This is the reason for the Chinese government to start a special project to help these areas for poverty alleviation. The counties listed in poor group could get extra investment from the central government. Each province decided on their poor countries list at provincial level. The project was proved successful. The number of poor population had reduced to 30 million in 2000.

Table 1

Year	official Standard of poverty line	number of poor population	proportion of poor population to total	International standard (dollar / person /day)	
				poor population (million)	proportion of poor to total (%)
		(Million)	(%)		
1978		250	33. 6		
1985		125	15. 5		
1993	350	80	8. 7	266	29. 1
2000		30	3		

Sources of Data: Compiled from reports of the Chinese Government and the World Bank

2、 **Consumption**

Along with the economic development, the consumption of urban and rural residents has increased continually. The difference of income and expenditure between urban, rural and among different provinces are given in Table 2 to 4. It seems that the gap was enlarged over the past ten years. GINI coefficient used to be around 0. 16 in the time period of 1950s to 1970s. The figure has raised to 0. 4 in recent years. The consumption level and pattern was affected. A series of policies have been taken to encourage consumption. However, the impact was limited. More actions will be taken in the future.

Table 2　The net income of the urban and rural residents of China (yuan/person)

Year	Urban	Rural	Proportion Urban to rural
1978	343. 4	133. 6	2. 57
1980	477. 6	191. 3	2. 50
1985	739. 1	397. 6	1. 86
1990	1510. 2	686. 3	2. 20
1995	4283. 0	1577. 7	2. 71
2000	6280. 0	2253. 4	2. 79

Source of data: Compiled from China Statistical Abstract Year 2000 and 2001. State Statistics Bureau of China.

Table 3　Regional difference of per capita income and expenditure in urban China (year 2000, in yuan)

region	income	total disable	expenditure	total consumption	non-consumption	Angle coefficient (%)
Total	6316.8	6280.0	6147.4	4998.0	1146.1	39.18
Beijing	10416.4	10349.7	10083.6	8493.5	1590.1	36.30
Tianjin	8165.1	8140.5	8146.9	6121.0	2025.8	40.10
Hebei	5686.2	5661.2	5503.8	4348.5	1154.1	34.91
Shanxi	4745.3	4724.1	5045.6	3941.9	1101.7	34.91
Nei Menggu	5150.8	5129.1	4955.6	3927.8	1021.4	34.46

region	income	total disable	expenditure	total consumption	non-consumpt ion	Angle coefficient (%)
Liaoning	5389.0	5357.8	5515.9	4356.1	1157.7	40.68
Jilin	4829.2	4810.0	4793.0	4020.9	770.8	39.36
Hei Longjiang	4945.5	4912.9	4771.4	3824.4	939.6	38.42
Shanghai	11802.4	11718.0	11324.3	8868.2	2456.1	44.15
Jiangsu	6841.5	6800.2	6645.4	5323.2	1320.4	41.14
Zhejiang	9334.2	9279.2	8786.1	7020.2	1759.5	39.20
Anhui	5331.6	5293.6	5258.5	4233.0	1021.3	45.71
Fujian	7486.4	7432.3	7108.7	5638.7	1466.5	44.66
Jiangxi	5129.5	5103.6	4344.5	3623.6	717.1	43.04
Shandong	6521.6	6490.0	6060.4	5022.0	1037.0	34.73
Henan	4784.0	4766.3	4486.5	3830.7	654.7	36.20
Hubei	5542.6	5524.5	5643.6	4644.5	997.9	38.31
Hunan	6261.2	6218.7	6433.3	5218.8	1211.1	37.24
Guang Dong	9853.7	9761.6	9325.4	8016.9	1306.5	38.62
Guangxi	5881.7	5834.4	6097.7	4852.3	1228.4	39.90
Hainan	5416.2	5358.3	5049.1	4082.6	933.0	49.31
Chongqing	6296.7	6276.0	6175.6	5569.8	603.9	41.45
Sichuan	5925.6	5894.3	5713.8	4855.8	856.6	41.48
Guizhou	5137.2	5122.2	5075.8	4278.3	794.8	42.95
Yunnan	6369.6	6324.6	6520.2	5185.3	1330.4	40.34
Xizang	7477.5	7426.3	9827.5	5554.4	4263.7	46.27
Shanxi	5149.3	5124.2	5304.1	4276.7	1026.9	35.82
Gansu	4944.3	4916.3	4862.5	4126.5	735.8	37.63
Qinghai	5196.7	5170.0	5078.2	4185.7	888.1	40.88
Ningxia	4948.0	4912.4	5873.2	4200.5	1669.7	35.73
Xinjiang	5686.5	5644.9	5276.7	4422.9	844.7	36.38

Source of Data:

China Statistical Abstract Year 2001, SSB of China

Table 4   Regional difference of per capita income and expenditure

in rural China (Year 2000, in yuan)

region	income	total net	expenditure	total for living	cash income	cash payment	Angle coefficient (%)
Total	3146.17	2253.39	2652.38	1670.11	2381.56	2140.34	50.1
Beijing	5515.65	4604.55	4498.05	3425.71	5092.56	4374.65	38.1
Tianjin	4649.13	3622.39	3127.32	1995.61	3938.48	2940.32	40.1
Hebei	3307.55	2478.86	2264.78	1365.23	2607.23	1977.44	39.5
Shanxi	2423.85	1905.61	1711.66	1149.01	1836.31	1425.88	48.6
Nei Menggu	3440.31	2038.21	3123.29	1614.91	2448.89	2355.68	44.8
Liaoning	3704.29	2355.58	3385.45	1753.54	3050.75	2783.07	46.5
Jilin	3259.07	2022.50	3016.70	1553.35	2296.07	2495.37	45.4
Hei Longjiang	3712.63	2148.22	3390.05	1540.35	2654.57	2821.14	44.3
Shanghai	6399.54	5596.37	5577.53	4137.61	5914.94	5199.98	44.0
Jiangsu	4542.03	3595.09	3434.26	2337.46	3673.63	2970.24	43.5
Zhejiang	5325.17	4253.67	4527.24	3230.88	4863.37	4160.18	43.5
Anhui	2585.56	1934.57	2045.56	1321.50	1901.60	1614.69	52.5
Fujian	4103.55	3230.49	3412.00	2409.69	3617.21	3017.52	48.7
Jiangxi	2833.80	2135.30	2447.25	1642.66	2004.94	1861.27	54.5
Shandong	3880.98	2659.20	3036.21	1770.75	3090.67	2574.97	44.2
Henan	2726.08	1985.82	2119.50	1315.83	1854.40	1578.10	49.7
Hubei	3008.13	2268.59	2404.65	1555.61	2098.22	1808.57	53.2
Hunan	3195.13	2197.16	2964.85	1942.94	2440.74	2363.32	54.2
Guangdong	4590.47	3654.48	3613.14	2646.02	3759.51	3090.91	49.8
Guangxi	2649.18	1864.51	2317.08	1487.96	1975.68	1809.36	55.4
Hainan	2840.75	2182.26	2145.30	1483.90	2208.68	1643.59	56.9
Chongqing	2594.95	1892.44	2165.60	1395.53	1627.80	1516.77	53.6
Sichuan	2829.93	1903.60	2431.90	1484.59	1841.69	1709.57	54.6
Guizhou	1947.47	1374.16	1717.52	1096.64	1136.38	1063.25	62.7
Yunnan	2246.94	1478.60	2066.36	1270.83	1430.02	1360.59	59.0
Xizang	1732.32	1330.81	1477.49	1116.59	1174.80	719.55	79.3
Shanxi	2032.79	1443.86	1917.76	1251.21	1558.95	1599.51	43.5
Gansu	1958.00	1428.68	1639.01	1084.00	1309.03	1226.34	48.4
Qinghai	2000.32	1490.49	1845.80	1218.23	1365.72	1327.21	57.9
Ningxia	2819.79	1724.30	2582.63	1417.13	2169.24	2032.23	48.8
Xinjiang	3129.35	1618.08	2819.77	1236.45	2444.30	2353.45	50.0

Source of Data: China Statistical Abstract Year 2001, SSB of China

3、 Conclusion

The role of development

b、The role of government

c、Efficiency and equality

d、Poverty alleviation of active model

e、Women in poverty alleviation

f、Special group in poverty alleviation

g、The targets in the years to come

Note: This paper is one of the case studies of national key scientific and technological projects, serial number: 96-920-17-02. It is a part of the book 'Population-centered Sustainable Development Research'.

Principals: Jiang Zhenghua, Yu Jingyuan

Members: Jiang Zhenghua, Yu Jingyuan, Zhang Lingguang, Li Yanqiu, Juan Jianhua, He Lin, Jiang Tao, Xu Yi

THE COMPLEXITY OF CHINESE TRADITIONAL MEDICAL SCIENCE

(October 10, 2002)

ABSTRACT

Three traditional medical sciences have survived in the world today, namely Greek, Indian and Chinese. Among them, Chinese medical science has experienced more than 3000 years development. However, due to the difference of fundamental philosophy underlining the sciences between Eastern and Western societies, the Chinese medicine was considered to be elusive and unacceptable in many countries. Since the 1950s, Chinese scientists have made great efforts to find a way to express Chinese ancient medical theory with modern scientific concepts. Up to now, only limited achievements have been made.

There are several branches of Chinese medical system such as Han, Tibet, Mongolian, Miou, Yiou and others. Many minority ethnic groups in China developed certain kind of medical system which more pointed to a special need of local area and are effective to specified diseases. Among them, only Han and Tibet an medical science have complete theoretical books and covered all fields of modern science though in another way of thinking. However, the theory was expressed in an elusive language which is difficult to understoand even for most of Chinese people and with traditional philosophy which sounds very strange for Western people. This paper tries to build a bridge with the tools of systems engineering and complexity analysis. The author suggests to ignore the name of Chinese or Western medical science but concentrate on establishing an advanced world medical science to absorb the advantages of all the achievements of medical study of human beings.

A. THE MAIN DIFFERENCES OF CHINESE AND WESTERN MEDICAL SCIENCES

The Chinese and Western medical sciences are mainly differ in several aspects:

1. The logic of theory:

The Chinese medical theory was formed two centuries ago and fully based on the Zhou Yi theory. It is said that the medical theory is the same as philosophy. The Chinese medical theory takes each individual as an independent integrated system rather than an assembly of many organs. The most important scriptures of Chinese medical science are The Internal Scripture of Yellow Emperor and The Difficult Scripture Both scriptures had been initiated from early period of human civilized age and revised by many followers in the next dynasties. The basic idea of the scriptures is set on the ancient Chinese philosophy of Yi and Tao which declares that the universe was started from one, Dao or Hundun (abysm). One was divided into two, namely Langyi (two phase) or Yinyang (male and female, positive and negative, upsight and downside etc.). Two was further divided into three, namely Tiandao (rules of universe) Didao (rules of the earth) and Rendao (rules of human being). The Three than create all different materials so that the world was kept balanced by these rules. This philosophy was applied to the traditional Chinese medical science and to search the source of diseases back to the body itself. As an integrated system, all organs run with built-in rules. The communication subsystem of life information was named Jingluo (longitude network of passages) which have not been found physically until now. However, people can find the feeling of the existence of the system through acucpunctual and other ways.

2. The main philosophical principles of traditional Chinese medical science:

There are three main principles of traditional Chinese medical science to treat a patient. They are:

a. To adjust the Yinyang so that to keep the harmory of the body. The adjustment is pointed to the condition of the whole system but not to a specified organ. The change of body system does cause a series of changes at some organs. But the doctors does not test the organic change directly. They emphasize the importance of the symptom which reveals the functional problem of the patient.

b. To adjust the Qiji (the links of the organs and the links between a body and the environment) to keep the communication and micro circle system function to a normal condition. The adjustment is not pointed to any special element but to the whole mechanism and the process of the links of the body.

c. To help the positive or the just power to fight against the negative or evil power. The adjustment can be very helpful for the patient to make full use of the immune system of oneself.

All the three principles work together to adjust the body system from ill condition to normal.

3. Treating patient based on symptoms rather than diseases as Western medical scientists do.

The traditional Chinese medical science takes the symptom as the reaction of the human body to all the internal and external abnormal changes. These changes raised a series of functional problems which should be treated from the view of dealing with the source of symptom and the reaction of the body. Without effectively clearing up the root of the disease, it is useless to treat the organ problems. A typical example of the theory is the view on the internal organs of human body. There are two kinds of five internal organs according to ancient Chinese medical science: one is the anatomical five organs named five visceral of heart, liver, spleen, lung and kidney; the other is a virtual five internal organs or five stocks with same names but different functions from that of material organs. I would like to name them as virtual heart, virtual liver, virtual spleen, virtual lung and virtual kidney. They are mainly functional subsystems of human body.

For example, the virtual kidney is closely related to nerve, internal secretion immunity systems and the virtual spleen is related to digest, parasympathetic system and also links to the immunity, internal secretion and protein systems. A week virtual kidney means low vigor and may cause many diseases. So to keep the virtual kidney is an important target in many cases. Some scholars pointed out that the function of virtual spleen is to transfer the energy of food to the energy of all parts of the body.

The function of virtual liver is very far from that of anatomic one. Some scholar suggested that the virtual liver is a functional system to adjust the flow and distribution of materials in the body.

B. The systematical structure of Chinese Medical Science:

The concept of the Chinese medical science could be expressed in figure 1. A healthy body may be disturbed and goes to the states of sub-healthy to sick. Each state raises systoms which can be tested through watching the colour of the face, asking the feeling, smelling the aura, feeling the pulsation. Just as we get the information from a blackbox, the doctor could give his diagnosis based on these information. The treatment is mainly pointed to immune and function systems, but also for release the diseases.

Modern medical equipments are very helpful for traditional Chinese doctors to know their patients much better than before. There is still large room for traditional Chinese medical sciences to be explained in modern language. The view of systematic analysis to a body is obviously better than to take a body as an assembly of organs. We suggest that the combination of Eastern and Western medical sciences may create a new complex system medical science and benefit human being in the new century.

Figure 1 Conceptual structure chart of Chinese Medical Science

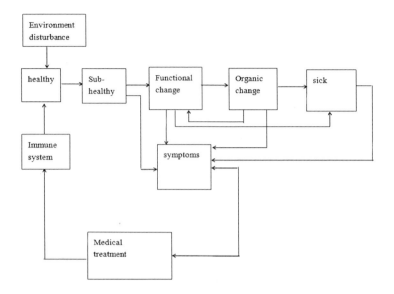

THE USE OF INFORMATION TECHNOLOGY IN FAMILY PLANNING POLICIES AND PROGRAMS IN CHINA

(October 21 , 2003)

Jiang Zhenghua , Marcus W. Feldman

prepared for the IUSSP / NIDI Expert Meeting on Demographic Software and Compu-ting, NIDI, The Hague, 29 June – 3 July 1992

1. The Demand for Information by Government and Non-Government Agencies in China

In the late 1960's family planning programs began to be adopted by all Chinese villages. In the early stages, however, little information was available that could be used to help formulate a comprehensive population policy for China. In fact, no quantitative analysis of the country's population growth was made until 1978. During most of the 1970's family planning policy revolved around the vague idea that delayed marriage, increased spacing between births and an overall fertility reduction would reduce China's population growth rate to zero by the end of the 20th century. However, Chinese experts in fields such as systems engineering applied differential equation and matrix methods (similar to component methods) to the available data, and showed that the goal of zero population growth could not be achieved by the end of the year 2000 by these means alone.

The government of China recognized the significance of these projections and enhanced its efforts to collect and use information about the population. With technical and financial assistance from the United Nations and many other international organizations China has been able to greatly improve its information gathering and storage systems. A large number of people have been trained to process, analyze and disseminate population statistics. China rapidly changed from a data desert to a data forest. In fact, many research agencies in China have worked hard to develop their own sources of information. The result has been an accumulation of raw data, access to which, however, has been limited to a few investigators writing reports with limited circulation. There is a critical need to improve the organization and dissemination of these data by applying modem information technology.

Different governmental agencies in China are interested in different aspects of population data. For example, the Economic Planning Commission is charged with developing for the central government an overall socio-economic development plan. Thus this agency focuses on economic and sociological issues such as employment, education, health care, income distribution, social security, etc. The Public Security Ministry is responsible for the registration system and focuses on head counting, urban-rural distribution, etc. The agency responsible by law for producing government statistics is the State Statistics Bureau, and its focus is on producing accurate estimates of the total population size, the regional distribution of population, and vital statistics for the nation. The State Family Planning Commission is charged with setting annual population goals for each region of the country and with providing the best family planning methods for all eligible couples. The different demands of these agencies necessitate a variety of information processing and storage techniques.

Prior to 1982 very little demographic information about China was made available for the use of researchers. The 1982 census was the first occasion that the government of China released a large amount of demographic data. Since then population surveys have been conducted for different reasons. The most important of these are the 1 per thousand women's fertility survey, the 2 per thousand women's fertility survey, conducted by the State Family Planning Commission in 1982 and 1988 respectively, the childrens' health survey conducted in 1984, the handicapped population survey in 1986, the annual regular fertility and mortality surveys conducted by the State Statistics Bureau since 1983 and many others. The respective government agencies that produced the micro-data bases have published only limited information about them for the use of other agencies and research organizations, The demand by researchers for access to these data bases is very great but there has been little assistance available to facilitate use of the data and several of the data sets overlap. As a result some estimates developed for policy analyses may not have been made in the best possible way. Some agencies, however, are attempting to use more advanced computer technology. Notable among these is the China Population Information and Research Center which is involved with the family planning program.

The first attempt to upgrade information technology in China was made in the 1980's when advancing the information processing system was listed as one of the key projects of the State Science and Technical Development Plan. According to statistics, which are admittedly incomplete, more than 300 data bases on different subjects have been established in China, Most of these deal with natural sciences. In recent years a few data bases for regional population studies have been established, some of which are essentially built around Base III or IV and the use of microcomputers to create small renewable data collection systems. The purpose of these is limited to providing regular reports to supervisory personnel. A few, however, are quite advanced and use artificial intelligence technology to aid local decision makers. Experts from different fields provide information which is stored so that it can be remotely accessed. Such expert systems can be used at quite low cost.

Since the early 1980's China has had an ambitious development plan. All local and provincial governments have been charged with realizing the goals of this plan, and population is an important component of decisions about development. Realistic development objectives must coordinate economic goals with the demands of a growing population. For these purposes local governments must implement techniques for projection and planning. To date, however, no simple information processing technology has been able to meet all the needs of decision makers.

In order to overcome these difficulties some agencies have had to establish all inclusive large-scale decision-support systems. These have been only partially successful. But with the increasing popularity of computers among China's government agencies there develops stronger motivation to use advanced information technology in government decision making, policy analysis, establishment of development goals and evaluation of programs. Although there remains a long way to go in the application of artificial intelligence to these fields in China, there is intense interest in them among government and non-government researchers. There is little doubt that artificial intelligence techniques will eventually be applied to complex decision problems in China. This is particularly truce for the family planning program. In fact a high priority technical project is under way to establish a nation-wide computer network for family planning information as part of the eighth 5-year plan, for the first half of the 1990's. This network will permit data processing at different administrative levels and will save field workers a great deal of time in preparation of reports and delivering services.

2. Data Collection and Family Planning Information Systems

Since 1982 China has conducted two national censuses and numerous surveys of vital statistics, the status of women, the handicapped, etc. Two important surveys were conducted by the State Family Planning Commission, namely the one-per-thousand womens' fertility survey of 1982 and the two-per-thousand women's fertility and contraceptive use survey of 1988. The latter involved a sample of 2. 15 million women. It was estimated that it took about 500, 000 person-machine hours to process the data from that survey of which the greatest fraction, about 70% , was devoted to cleaning the entered data, i. e. , checking, revising and storing. More than 290 microcomputers were used in the data processing.

The questionnaire for the 1988 survey included 67 items. Among these 15 pertained to place of permanent residence, 5 to deaths, 25 were specifically for married women, and the remainder provided general information on households and the location of the survey. From the outset the State Family Planning Commission made extensive use of computers in this survey to code individuals, draw the sample, test the data and tabulate and analyze the data. One hundred and twenty computer technicians were trained specifically to work on this survey. The proportion of prefecture and city offices of the Family Planning Commission that were equipped with computers increased from 20% before 1988 to 90% during the two-per-thousand survey. The experience gained in that survey in computer-managed information systems has encouraged officers and researchers at the Family Planning Commission to continue the process of upgrading their use of information technology.

Prompted by increasing demand from local offices of the Family Planning Commission, some prefectures have established their own information management systems including minimum data bases, and programs for processing, tabulation and graphics. At present these systems are designed for use at two local administrative levels only, namely the Qu and street offices in urban areas, and county and Xiang offices in rural areas. A much more complex management system is planned at the national level. This will be hierarchical in structure from the national to provincial to county levels. A computer network will be established to link the family planning offices allowing them access to a much greater data base and to provide better surface to eligible couples.

Of course to be consistent with systems already established at local levels the large-scale information management system should be able to handle Chinese characters. The hierarchy of the planned computer system will correspond to the administrative structure of the family planning agencies in China as shown schematically in Figure 1. There are 30 family planning commissions at the levels of provinces, municipalities and autonomous regions in China. Additionally there are 14 cities that are considered large enough to be distinguished from the others. Each of these 44 offices currently has a computer sub-center equipped with at least one IBM compatible 386 level microcomputer and some PC's. Offices in some of the larger provinces have from five to ten or even more microcomputers. It is planned to provide each county with at least one microcomputer for data processing, analysis and setting of family planning goals.

One of the local family planning management systems developed by family planning offices in Xi'an is illustrated below. The system is designed to make it easy to access the stored data, search and analyze the data, and obtain various kinds of output concerning 200, 000 fertile women in the city. A PC computer with a 20 MB hard disk is all that is required. The system is called Family Planning Information Management System (FPIMS) and has 41 data base files, 2 directory files, several data base and directory files dedicated for different users as well as one management file that runs the system. At present the system has 12 of the user's data bases stored on separate floppy disks.

The basic information consists of 23 items for each woman. These are: name code, data of birth, education, occupation, marital status, date of first marriage, current family planning method, change in contraceptive method, reason for the change, reason for not using family planning, employment, nationality (each minority group is called a nation), number of sons, number of daughters, birth order, date of death of the first child, date of birth of the last child born, whether IUD or sterilization has been carried out, if so, on what date, date of pregnancy if currently pregnant, sex of' child born in the current year, and date of receipt of the one-child certificate. All responses to these items are coded to save storage space.

The day-to-day operation of the data base includes six maintenance functions; addition, revision, deletion, physical location on disk, creation of reports and receipt of information from disks. These operations are described now in more detail.

Function 1: Addition and Renewal. Each quarter, information from the field is added to each woman's record, if necessary, and the old record moved to a historical data base. This makes the data base fully dynamic.

Function 2: Revision. (a) Addition of information to the fixed items speeds up data entry. After addition or correction the old record is lost. In this function, by adding the main items such as name and code, entry of a large amount of data can be accelerated. (b) Alteration of changeable data items. This is similar to (a) but the user may select the order of items to be altered. (c) Code replacement of single item. In entering data it is faster to enter codes than a real character string. The string can be recreated later from the codes. The relationship between codes and character strings can be very flexible. In each case, after revision the old record is lost.

Function 3: Delete. The" Delete" mode also has three subfunctions: (a) Single-item delete: to delete a single data record, i. e., a record of one fertile woman; (b) data delete for a woman who is no longer fertile: to delete data records of women aged 50 years and older; and (c) delete blank data record: for different reasons it often occurs that blank records have been entered and these may be erased to save space and prevent errors.

Function 4: Physical location on disk. This can be used to give a physical position to the currently accessed data records. This guarantees the safety of the data.

Function 5: Reporting. This is designed to respond to requests from higher levels of administration. The data are transferred via floppy disks to the supervisory level offices. In this way the data processing can involve many computers, as each level accumulates information that can be processed on different computers before being transferred to a mainframe. The mainframe treats this transfer as a report to a supervisor.

Function 6: Receive. This allows the supervisory office to receive reports from offices under its control.

Management of this system is handled by seven additional subsystems. These are: data search and statistics, report output, data base initialization, testing, data entry, sampling, and family planning documents. The system developed by the family planning officers in Shanghai includes two further subsystems: historical data management and graphics. In combination these subsystems facilitate the analysis of population dynamics, production of quarterly reports and target setting as well as other tasks for government and non-government agencies.

As an example of the use of a system such as this we cite the case of a letter received by the Mayor of Shanghai from a retired woman.

She explained that the incentive program which increased the pension available to the parents of one-child families covered only those people who had children since the beginning of the family planning program. The woman argued that parents of a single child before the inception of the program are pioneers of birth control, so that the retirement incentive should be due to them as well. The Vice Mayor asked the Family Planning Office to ascertain the number of parents meeting the woman' s condition and to estimate the amount of money necessary to pay for such a modification to the incentive program. Using the earlier methods would have taken many person-days to obtain the necessary information, With the information system in place it took just half a day. This kind of occurrence has encouraged allocation of more resources to the development of improved information systems.

This year the State Family Planning Commission is working on a standardized Population Information Management System for county-level Family Planning Commissioners. It is planned to introduce the system to all counties in China during the next three years.

The Population Information Center of China is attempting to develop a population data base designed to be made available to all researchers. All the data from China's censuses, important sample surveys and registrations from different agencies will be gathered in a complete collection. A non-government sponsored socioeconomic and demographic data base was developed by researchers at the Population Research Institute of Jiaotong University at Xi'an. This data base was mounted on a VAX380 work station using a program by ORACLE. These workers are currently attempting to use the expert systems management program GURU to establish an expert system bank for family planning and population studies.

3. **Population Policies and Target Setting**

Population projection is the basic tool used by Chinese decision makers in setting reasonable family planning targets. As mentioned above, Chinese scholars at first used simple models that kept mortality constant but allowed fertility to change over time. Later, computer software developed outside of China became available to Chinese demographers. However, the majority of software for population projection uses five-year age groups which is not suitable for annual adjustments to family planning programs. These programs were, therefore, revised to meet this requirement.

At present there are two main kinds of population-projection methods used in China. They use the same mortality assumptions, namely that life expectancy at birth changes over time with age-specific death rates following a set of model life tables or a mathematical formula. However, they differ according to whether fertility changes according to cohort or period rates. The outputs of these projections are compared as controls on the methods.

The national population projection is then partitioned into provincial projections in order to set the corresponding family planning goals. This procedure is illustrated in Figure 2. The results of the provincial population projections are summed and the sum compared with the national projection. Small revisions are then made to remove inconsistencies. These projections form the basis of the national and provincial five-year family planning plans. Annual plans rely more heavily on local information systems. Each local area supplies detailed information on each age group in the population, their marital status, length of marriage, fertility history, mortality, occupation, etc. This information is then used to estimate the number of first marriages expected to occur in each year, the potential number of migrants and the numbers of births and deaths. In order to reduce the number of births to a given level the family planning target must be translated into an estimated need for contraceptive services. An optimization procedure is used to estimate the maximum number of births that can be averted with a given family planning budget. This procedure is based on Bongaart's model, but includes a linear programming component to optimize the effectiveness under budgetary constraint. If the budget proposed is insufficient to support the target then either the target or the budget must be revised. When the budget and the cost are close enough the procedure concludes with the required output. At the target-setting stage both government and non-government agencies are involved in order to have the broadest input into the primary policy making. The financial calculations are left to the government agencies.

The reliability of the population projection depends mainly on the assumption of a future decline in fertility. Comprehensive models have been built to study the relationship between socio-economic development and demographic change. A typical model, the system-dynamic model of demographic parameters, is illustrated in Figure 3. This model confirms that economic development is the basic factor in determining long-term population dynamics. But the most important intermediate parameters producing changes in fertility and mortality are urbanization and education. Time lags between these intermediates and their consequences lead to some unstable changes of parameters. Nevertheless it is a good model for the population dynamics of the whole nation.

For local governments, the most difficult factor in population projection is uncertainty about migration. A complete solution to estimation of migration remains to be achieved. To date there has been only partial success.

The system-dynamic model for population projection can be written in DYNAMO, a language developed at MIT in the United States for this kind of problem. Alternatively standard languages like FORTRAN, BASIC or PASCAL can be used. Both approaches have been tried at the Population Research Institute of Jiaotong University in Xi´ an. Using DYNAMO the program is a little simpler than with the other languages. However, these other languages permit easier interfaces with other software packages such as those concerned with statistics. Statistical techniques such as path analysis, regression and non-linear modelling are also used in China to study the relationship between economic development and demographic variables. With respect to issues of fertility decline there is not a lot of difference in the predictions. This robustness of the results has led decision makers to accept the conclusions from projection analysis about the decline of fertility.

Information technology can also be applied in the analysis of policies concerning other aspects of population change. Figure 4 illustrates a model of a social security scheme for the elderly, another contentious population issue. Research reports have estimated that the total expenditure on the pension system in China has increased from about 17 billion yuan in 1978 to about 24 billion yuan in 1987. Pensions to the urban elderly alone cost more than 14 times the amount of 10 years ago and a similar situation obtains in rural areas. The present" pay-as-you-go" pension system, which forces the state and other enterprises to spend a large part of their profits on retired staff, seems to be hopeless. The simulation model we describe takes into account the number of employed people as well as that of the retired elderly.

The simulation begins with population projection and an economic development plan, with the information for these coming from related agencies. Two submodels give corresponding estimates of labor supply and demand, and the difference between these determines how much migration is expected. Working life tables are constructed to estimate the number of retired people and the demand for new labor in each industrial sector. The wage rate and dependency ratio determines the standard of living of working people. The pension rate and dependency ratio of retired people determines their living standard. The difference between the living standards of working and retired people determines the withdrawal rate from the pension pool and the fraction of working wages received by retirees. These in turn determine the fraction that enterprises must pay into the retirement fund and the pension-to-wage ratio. The output of this model reveals that if China were to maintain an annual economic growth rate of about 7% while holding the living standards of retired and working people about the same, it would be necessary to draw annually from the pension pool an amount equivalent to about 14 to 20 percent of total wages. Of course some contribution to the fund could also come from working people. In rural areas the social security system would have about the same structure as that in urban areas. But in rural areas the enterprises are owned collectively by the village and the farmers themselves would pay a certain amount toward their own insurance.

The Information Office of the Government of China has established a huge model for the whole nations'development. The social security and employment submodel is one of a number of submodels used to study the consequences of different development strategies.

Results from the simulation model suggested that the family planning policy will have a significant influence on the dependency ratio from the 2030's to the 2040's. The projected heavy national burden of elderly people in the next century might force the government of China to revise its family planning policy in the 2010's. For short-term development, however, this is not a problem. In fact, unemployment may be a more serious problem for the near future. The model suggests that a large number of females will face unemployment by the end of the year 2000. This means that immediate action should be taken to help women, particularly young women, increase their level of education in order to have access to professional training. In other words, more jobs should be created that are particularly suitable for women. Of course this action would also help meet family planning goals; the Family Planning Commission is therefore actively supporting practical steps to increase the number of women with higher education.

Many other analytical models help produce a better appreciation of the population situation in China where software developed by the United Nations and other international agencies is well known. In most cases they are used only by research agencies, but the results can help government officials in many ways. Much of this software was not originally designed to meet the special needs of any government agencies, and the Family Planning Commission must therefore revise the software and, especially, adapt it for use with Chinese characters so that the outputs can be incorporated into the government's annual reports. Many of the ideas used in computer programs produced by the Chinese government derive from those originating with international agencies. Some are the result of cooperative research. It is most advantageous to develop such tools by collaboration between international experts and local researchers and technical officers.

4. Conclusions

Early in the 1980's only a few of the leading research agencies in China had computer facilities. Today, in the family planning system alone, there are hundreds of modern computers at the different levels of government and this number could double in a year or two. National leaders are becoming increasingly aware of the importance of modern management systems and are willing to invest resources in computing technology. At the same time, thousands of computer hardware and software technicians are being trained in universities and other educational establishments. Qualified personnel are now available even at the county level.

Each year the government of China initiates new programs to push economic reform forward, many of which tuch on population issues. Some policies have the effect of promoting the goals of the family planning program while others do not. The Family Planning Commission must therefore be alert to the implications of new policies and be able to act accordingly. Modeling, simulation and other computer uses facilitate decision making in the family planning field. Information technology is also applied by the Family Planning Commission to improve the management of its programs, to enable field workers to better understand the implications of population policies, and to detect and correct problems as early as possible.

The following are the main ways in which information technology can help the State Family Planning Commission.

(a) Basic information management and analysis can aid in setting reasonable population goals for the nation and for subregions. Decision makers must know the actual population situation and be aware of underlying problems (such as the social security issue mentioned above), so that policies may be adjusted in time. Establishment of appropriate data bases, statistical analyses, population projection, modeling and simulation are important in this regard.

(b) Modern information technology can reduce government bureaucracy. Statistical forms from different departments often overlap in their information content and careful use of data bases can minimize this overlap and increase productivity.

(c) A well organized information system should allow the data to be shared by a larger fraction of society. Thus government and non-government agencies can have a common basis on which to work together and exchange ideas. The State Family Planning Commission has now organized a committee of demographic experts and another of medical experts to help the government by analyzing data, raising ideas and discussing proposed policies. During their annual meetings previously made policy decisions can be revised. The existence of the information system acts as a foundation on which the experts can use their knowledge to help build a family planning program that matches the needs and desires of the society.

In our experience the following is a useful outline of a general strategy to use information technology for management of the family planning program and for analysis of population policies.

(a) The selection of computer hardware. Many of the biggest computers have been used at very low efficiency in China; generally the use of CPU time is from 10 to 15 percent or less. The development of long-distance computer networks still has a long way to go so that at this stage microcomputers are more efficient. Speed is not a problem in the use of microcomputers for daily management, although limitation of memory may be imponant. At present the State Family Planning Commission maintains a medium-sized computer at its National Headquarters. Complex simulation studies of multiregional large-scale systems can be carried out on such a machine.

(b) Data base. In the fundamental stage of constructing a data base it is essential that the data base be normalized. The basic information comes to the Family Planning Commission from field workers who may come from many different educational backgrounds. Thus it is important that the initial forms be as simple as possible; multiple choice questionnaires help in minimizing response and tabulation errors. In some parts of China, before a data base was established there was some kind of family planning registration. By checking the completeness and correctness of such records supervisory personnel determine where potential problems lie and can avoid them is setting up the data base.

(c) International aid is very important for making the best use of information technology in the family planning program. Especially in the early stages, software distributed by international organizations, training courses given by leading scholars and equipment purchased with bilateral or multilateral aid are key factors in the expansion of information technology into the population analysis and family planning fields. However, the technology must be rooted in the local environment. On the one hand the technology should be revised and transferred to meet the local needs; on the other local people should be trained to take over its management and maintenance. Often we found that a system was not used simply because its creator had left. It must be stressed that the maintenance of an information system may be more difficult than its establishment, so that international aid is useful only as long as there are sufficient qualified local people to operate the given technology.

(d) More advanced technology such as artificial intelligence can be: very attractive. This is especially the case with technical leaders or academic researchers in China who are very interested in this aspect of computer science. To date, however, these advanced techniques have found little application in policy formation at the highest levels of government. There are two reasons for this. First there is the intrinsic uncertainty of the socio-economic phenomena. Thus there may be different internal industrial structures with the same level of profitability, or there might be different results in different places with the same action, or there might be different results even in the same place at different times. Second the decision-making procedure at the highest level is often not programmable. It is almost impossible to take into account all of the factors that influence decision makers. Thus the advanced techniques of artificial intelligence find use in more limited areas and usually for less important problems. Nevertheless these procedures may contribute to clarification of problems. For example, an expert-experience bank can make available knowledge from different fields, In the long run the more advanced computer technologies may be useful in policy formulation.

(e) A technical support system is necessary to maintain optimal operation of the information system. A team of guides can be organized, including technicians and officers who are experienced both in information technology and the operation of the family planning program. This group can train and supervise local staff and can form the peak of a technical support pyramid. When problems occur at the lowest level of the pyramid, qualified people would then be available to solve them. It is obviously important to have a computer maintenance center where hardware and software can be repaired and upgraded at the lowest possible cost.

Figure 1　The establishing computer network of family planning agencies in China.

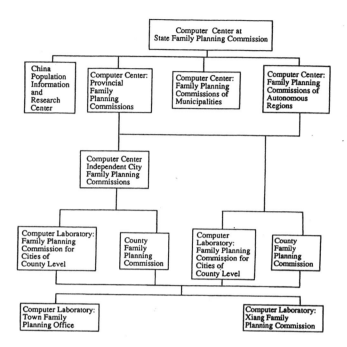

Figure 2   Target setting for family planning.   * **This projection is for 5 or 10 years.**

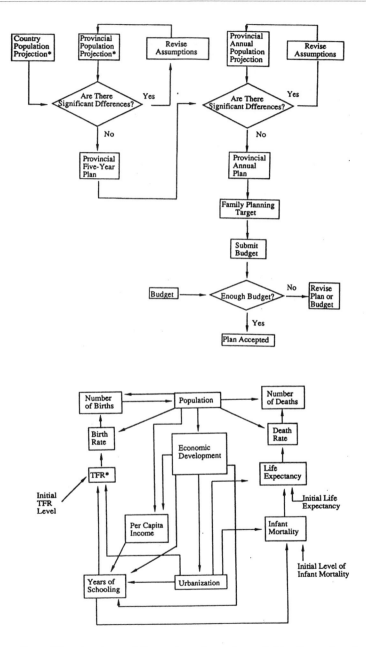

Figure 3. **The structure of the system dynamic model to determine the pace**

and tempo of fertility and mortality decline.

∗ TFR is total fertility rate.

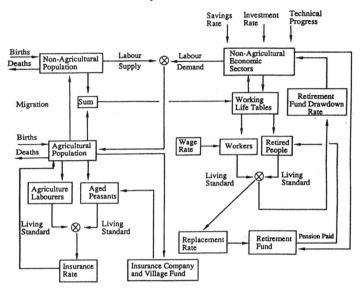

Figure 4   Simulation model of the social security system for the elderly and for policys on employment.

The Research Plan of Pulse-Feeling in the Traditional Chinese Medicine (TCM)

(December 15, 2003)

based on the sensor technique and information recognition

1、Then ecessity of the pulse-feeling investigation

The chief way to treat the diseases effectively is to understand and recognize the essence of diseases correctly. In the TCM, that is to recognize and diagnose "Zheng" (syndrome). In the TCM theory, the disease is an independenct process while Zheng is the pathological generalization and the primary cause in a certain stage of a disease.

To recognize and diagnose Zheng correctly is based on the complete collection of disease phenomena and analyzing those phenomena correctly, including the collecting and judging of the symptoms, the signs as well as the information from the pulse-feeling.

The symptoms are obtained from the patient himself. The differences of the individual life state, the health expectation and the expressive capacity cause the symptoms' subjectivity and uncertainty. Judgment based on the symptoms is quite random.

The signs and the pulse-feeling examined by the physician is the objective reaction of the disease. But the knowledge and experience of the physician may also cause the variations of the information obtained from the pulses.

The pulse-feeling is an unique method used in the disease diagnosing in TCM. Over 2, 000 years ago, the classic of the TCM, "Huangdi Neijin" had recorded the method of pulse-feeling. Since then, the clinical physicians of TCM practised the pulse-feeling and accumulated rich datum. It is quite clear now that the types of pulse or the changes of pulse are related to the diseases' types and changes. This is the precious richness of world medicine.

The type of pulse is the objective reaction of disease. It can neither be controlled by the patient's consciousness nor be affected by the physician's level of knowledge or diagnosis abilities. It will greatly promote the TCM diagnosis level if the pulse-feeling can be stated, analyzed and discussed objectively in someway. So the pulse-feeling research should be the best way to carry out the process of modernization of TCM.

2、 The current research of TCM pulse-feeling and its shortages

The right method of TCM pulse-feeling research is to manufacture an easy-use clinical pulse-feeling machine that can detect the pulse completely and objectively. The pulse-feeling machine consists of three main parts, that is, the detection of the pulse, the signal preprocessing and the signal analysis. The detection of the pulse is the most important part in the three.

The sensors of pulse-feeling machines developed in the last 10 years were quite different. The pulse sensors may be divided into several kinds such as the pressure-electricity sensor, the light-electricity sensor, the microphone sensor, the blood resistance sensor, the ultrasonic sensor and so on. Those sensors measure different physical parameters of the pulse such as the force, the movement of vessel and blood.

The main problems which need to be resolved now include:

1) Complex operating;

2) Poor repeat ability;

3) Single sensor;

4) Insufficient resolving power;

5) The temperature shift of some sensors

Most of the pulse-feeling instruments now has a single sensor which are placed in a single position of pulse. The single sensor can't measure and distinguish all kinds of TCM pulses completely so it can't be used in clinic widely.

Developing multidrop and multiple track sensors may resolve the above problem. It will get more important pulse information in TCM clinic such as the length and broad of the pulse. The pulse characters' information is so important that it may affect the TCM diagnosis and prescription greatly.

Developing multiple kinds of sensors that can detect different physical parameters of the pulse are also important. It can get more information of pulse from several angles. The more physical parameters the pulse-feeling instrument can detect, the more useful it will be.

Nowadays, the sensors become more and more accurate, adaptive, small and intelligent. By using the advanced sensor technique, it may be available to collect the complex information hidden in the pulse.

3、 Data Mining

Data mining has been widely used in the science branches, but it may be a newcomer to the TCM pulse-feeling. The TCM system is a great complex system, how to use the data mining technique to develop the TCM theory is very important.

The use of data analysis technique not only causes the TCM diagnose process to become real time, but also collects useful information for assisting diagnosis.

If the new pulse-feeling instrument (including the sensor and the data analysis software of TCM pulse) can detect and analyze the pulse information completely and accurately, we will carry out some large clinical trials both on the normal people and the patients to find out the basic pulse data characters and the way to distinguish the normal pulses from sick pulses by this instrument.

4、 The TCM assisting diagnosis system

With the computer simulation technique and large clinical trials, we will build up the pulse characters database, including the normal, abnormal pulses and the coexisting pulse (a pulse composed of two or more pulse conditions existing simultaneously). That database may be used in the TCM clinic as an assisting diagnosis database.

After a great quantity of clinicians' practice, we can amend our pulse database to establish a TCM pulse-feeling assisting diagnosis system based on the TCM theories with distinctive Chinese features.

The Sustainable Development of Cities
——Concept and Mode

(February 21, 2004)

Abstract

The function of cities has changed over time. Different city has its own route of development which fits the background of the area. Different community has specialized concept of value and target of livelihood and different concept on sustainable development. So, it is impossible to give a universal accepted mode of city sustainable development. The various elements of value system decide the development target of a city. The elements such as resources, culture background, biological and environment and geographical situation, etc. decide the motivation of city development and that of science technology progress, level of development, policy and strategy decision etc. decide the capability of city development. This paper analyzes the definition, contents and the present state of city sustainable development and discusses the prospects of the multiform sustainable development of cities in the future.

A. The functional change of cities.

The earliest cities were born in 6000 to 7000 years ago for the needs of war. Before 19th century, only about 3% of the total population lived in cities which were centers of politics, study and enjoyment. The function of cities has greatly changed since the industry revolution. Urbanization became an unique sight in human history. The size of urban population increased from 0. 75 billion in 1950 to 3 billion in 2000. The average urban population growth rate reached 2. 8% then which was more than 1 percentage higher than that of total population.

In developed countries, the fast expand of cities pulled migrants from rural areas. At the beginning, the living condition in cities was very poor. According to historical records, in some industry cities, the life expectancy was 18 years only. The pioneers of cities paid a heavy cost for urban development to make the function of cities shift from military purpose to economy gradually. Today, a little less than half of the total world population live in cities. The urbanization will keep about the same pace until the middle of this century when two third of total population will be urban residents. Table 1 gives the estimation of U. N. The urbanization process is going ahead extremely fast in the less developed regions.

Table 1. SELECTED INDICATORS FOR THE URBAN AND RURUAL POPULATION BY DEVELOPMENT GROUP, 1950-2030

Development group	Population(billions)				Growth rate (percentage)		Doubling time(years)	
	1950	1975	2000	2030	1950-2000	2000-2030	1950-2000	2000-2030
	A. Population size and growth							
Total population								
World	2.52	4.07	6.06	8.27	1.75	1.04	40	67
More developed regions	0.81	1.05	1.19	1.22	0.76	0.07	91	998
Less developed regions	1.71	3.02	4.87	7.05	2.10	1.24	33	56
Urban population								
World	0.75	1.54	2.86	4.98	2.68	1.85	26	38
More developed regions	0.45	0.73	0.90	1.00	1.40	0.38	50	185
Less developed regions	0.30	0.81	1.96	3.98	3.73	2.35	19	29
Rural population								
World	1.77	2.52	3.19	3.29	1.18	0.10	59	714
More developed regions	0.37	0.31	0.29	0.21	-0.45	-1.09		
Less developed regions	1.40	2.21	2.90	3.08	1.46	0.20	48	352

	B. Urban indicators							
	Percentage urban				Urbanization rate (percentage)		Doubling time (years)	
	1950	1975	2000	2030	1950-2000	2000-2030	1950-2000	2000-2030

	B. Urban indicators							
	Percentage urban				Urbanization rate (percentage)		Doubling time (years)	
	1950	1975	2000	2030	1950-2000	2000-2030	1950-2000	2000-2030
World	29.8	37.9	47.2	60.2	0.92	0.81	75	86
More developed regions	54.9	70.0	75.4	82.6	0.63	0.31	--	--
Less developed regions	17.8	26.8	40.4	56.4	1.63	1.11	42	62

Source of data: World Urbanization Prospects, the 2001 Revision, U.N. New York, 2002

B、Urbanization in China.

The urbanization of China has been lag behind that of the world and many developing countries. Table 2 gives the figures of urbanization of selected countries. The proportion of urban population in China is even lower than that of some least developed countries. The reasons responsible for this unusual phenomenon lay in the special historical background of Chinese oconomical development. Following the large scale oconomical construction in the 1950s，the urban population size increased from less than 62 million in 1950 to 130 million by the end of 1950s. The average annual urban population growth rate reached 7.8%.

Table 2. Urban Population as Percentage of Total Population

Original Source: World Bank Database.　　　　　　　　　　　　(%)

Country or Area	1990	1998	1999	2000	2001
World	43.1	46.0	46.4	46.7	47.2
China	26.4	33.4	34.8	36.2	37.7
Bangladesh	19.8	23.9	24.4	25.0	25.6
India	25.5	27.2	27.4	27.7	27.9
Indonesia	30.6	38.7	39.9	41.0	42.0
Iran	56.3	62.5	63.2	64.0	64.7
Israel	90.3	91.3	91.5	91.6	91.8
Japan	77.4	78.5	78.6	78.8	78.9
Korea,Dem.People's Rep.	58.4	59.8	60.0	60.2	60.5
Korea,Rep.	73.8	80.4	81.1	81.9	82.4
Malaysia	49.8	55.9	56.7	57.4	58.1
Mongolia	57.0	56.7	56.6	56.6	56.7
Myanmar	24.6	26.9	27.3	27.7	28.2
Pakistan	30.6	32.6	32.8	33.1	33.4
Philippines	48.8	56.7	57.6	58.6	59.3
Singapore	100.0	100.0	100.0	100.0	100.0
Sri Lanka	21.3	22.4	22.6	22.8	23.1
Thailand	18.7	19.6	19.7	19.8	20.0
Turkey	61.2	64.9	65.3	65.8	66.2
Vietnam	20.3	23.3	23.7	24.1	24.5
Canada	76.6	78.3	78.5	78.7	78.9
United States	75.2	76.8	77.0	77.2	77.4

Source of data: selected from international Statistical Yearbook 2003.NBSC, China Statistics Press, 2003.

All of a sudden, the growth rate decreased to 1.9% rapidly in 1960s and 1970s due to a sharp drop of the oconomocal development and bad harvest in the period from the end of 1950s to the beginning of 1960s. The stiff oconomocal administrative system prevented the recovery of development. The large size of population and limited resources made the situation even worse. To reduce the pressure of supporting urban area, the definition of city and town was adjusted so as to release the demand of logistic burden of cities. The "reform and open"

Table 3. City Density and Town Density of various provinces, autonomous regions, municipal cities in China in 1996

Province, Autonomous Region, Municipal City	Land Area (10,000sq. kilometer)	Number of Cities	Number of towns	Urban Population (10,000)	Density of cities and towns (per 10,000 sq. kilometer)	Number of cities and towns per 10,000 people
Beijing	1.58	1	103	627.30	65.82	0.17
Tianjin	1.19	1	78	475.36	66.39	0.17
Hebei	18.48	34	849	800.70	47.78	1.10
Shanxi	15.60	22	519	534.11	34.68	1.01
Inner Mongolia	116.64	20	270	476.21	2.49	0.61
Liaoning	16.39	31	580	1608.33	37.28	0.38
Jilin	18.38	28	444	855.19	25.68	0.55
Heilongjiang	45.28	31	407	1197.12	0.68	0.37
Shanghai	0.71	1	198	841.75	1.41	0.24
Jiangsu	10.14	44	998	1417.19	4.34	0.74
Zhejiang	9.97	35	960	629.42	3.51	1.58
Anhui	14.39	21	862	650.25	1.46	1.36
Fujian	12.11	23	587	415.25	1.90	1.47
Jiangxi	17.00	21	611	471.63	1.24	1.34
Shandong	15.69	48	1334	1681.91	3.06	0.82
Henan	15.83	38	655	969.66	2.40	0.71
Hubei	18.50	35	866	1175.73	1.89	0.77
Hunan	20.94	29	934	701.62	1.38	1.37
Guangdong	18.76	54	1551	1670.60	2.88	0.96
Guangxi	23.52	18	657	407.13	0.77	1.66
Hainan	3.47	8	203	113.26	2.31	1.86
Sichuan	56.38	37	2289	1189.26	0.66	1.96
Guizhou	17.46	13	688	298.81	0.74	2.35
Yunnan	37.66	17	379	293.58	0.45	1.35
Tibet	120.40	2	36	14.65	0.02	2.59
Shaanxi	20.64	13	553	451.14	0.63	1.25
Gansu	39.73	14	172	295.54	0.35	0.63
Qinghai	70.90	3	37	69.13	0.04	0.58
Ningxia	5.15	5	58	96.81	0.97	0.65
Xinjiang	165.81	19	120	349.69	0.11	0.40
National	948.69	666	17998	20778.33	0.70	0.90

Note: The Chongqing municipality was established in 1997. Therefore it still belongs to Sichuan in this table.2003.

Source of data: cited from 2001-2002 Chinese Cities' Development Report. Chinese Mayors' Association. 2003 policy was adopted in 1979 and soon caused a economy boom in rural area. Following the clear evidences of positive reaction to the reform in rural areas, industry sector started its long march. The village industry development and market economy triggered a new tide of urbanization in China. The average annual growth rate of urban population increased to 2.8% in the last two decades. Considering the extremely low fertility rate in urban area in this period of time, the fast urbanization is even more impressed. The momentum of urbanization in China is still very strong. We expect that the level of urbanization of China will be able to catch up with that of the world average in a few years. However, due to the diverse definition of city, it is difficult to make a precise comparison of urbanization among all countries. A rough idea is still useful for making a sound urbanization policy.

C. Regional Distribution of Cities.

Not only the comparison among countries is difficult, even a comparison of urbanization among different regions in China is not an easy job. Table 3 presents the number of cities in different provinces, autonomous regions and municipal cities. To our surprise, the allocation of cities is quite even over different areas. measured by the number of cities and towns per 10,000 person, the economically backwark areas like Guizhou and Tibet ranked at the top. The density of cities and towns gives another picture. The developed areas such as coast provinces ranked at top in this regard. In particular, the metropolises and mega cities are concentrated in economically developed area. On one hand, this pattern presented the special geographic and social characteristics. The population allocation is biased to coast area. On the other hand, the evenly distributed towns is necessary in mountainous areas from the view of administrative purpose even though it is not economically to maintain the towns. A sound urbanization policy should be made to guide the development of cities in 21 century.

Nanjing	247	0.274	0.157	0.298
Xi'an	244	0.317	--	0.364
Chengdu	221	0.495	0.073	0.369
Dalian	203	0.154	0.122	0.340
Qingdao	173	0.315	0.104	0.218
Zhengzhou	151	0.272	0.243	0.460
Hangzhou	139	0.291	0.094	0.293
Shijiazhuang	138	0.366	0.206	0.311
Baotou	111	0.233	0.275	0.852
Fuzhou	108	0.306	0.091	0.206
Shenzhen	95	0.379	0.132	0.095
Suzhou	87	0.174	0.140	0.323
Yantai	84	0.249	0.118	0.463
Huhehaote	78	0.379	0.154	0.765
Ningbo	74	0.335	0.114	0.183
Xiamen	62	0.420	0.080	0.179
Jiaozuo	54	0.211	0.274	0.259
Wenzhou	52	0.201	0.135	0.371
Yinchuan	47	0.612	0.282	0.708
Nantong	47	0.196	0.159	0.445

Source of data: cited from 2001-2002 Chinese Cities' Development Report, Chinese Mayors' Association, 2003.

E. Key Elements for urbanization

Considering key element responding to city development, a framework is given in figure 1 to present the most important forces which determined city development. The development capability for cities consists of five chief elements, namely urban sustainable capability, urban management capability, urban social condition, urban potential capability and urban competition capability. Each one of the five element was divided into several components which are defined in Figure 1. It is impossibs to discuss all the indices in detail in a short speech. Table 5 gives the quantitative output of the analysis made by

Table 5. The Chinese City Development Capability

Region	Development Capability of Chinese Cities					Development Capability of Chinese Cities	Ranking of Chinese Cities by Development Ability	
	Urban Capacity Index	Urban Competency Index	Urban Society Index	Urban Management Index	Urban Sustainable Index		Region	Rank
Beijing	27.64	35.25	34.43	29.00	30.84	33.05	Shanghai	1
Tianjin	12.77	9.22	16.21	14.67	14.71	13.52	Beijing	2
Shijiazhuang	3.78	2.34	5.49	4.39	5.30	4.26	Shenzhen	3
Tanshan	1.73	0.87	2.81	1.69	2.37	1.90	Guangzhou	4
Qinhuangdao	1.39	0.94	2.07	1.90	2.40	1.74	Tianjin	5
Taiyuan	1.96	1.66	4.27	3.02	2.81	2.74	Nanjing	6
Huhehaote	0.87	0.65	1.85	1.28	1.66	1.26	Wuhan	7
Baotou	1.08	0.74	1.83	1.28	1.53	1.29	Hangzhou	8
Shenyang	6.84	4.67	10.69	8.27	10.76	8.24	Shenyang	9
Dalian	6.15	4.77	9.93	8.17	9.32	7.67	Dalian	10
Changchun	4.43	2.93	5.84	5.42	6.95	5.11	Suzhou	11
Harbin	4.68	2.84	7.32	4.71	6.64	5.24	Xiamen	12
Daqing	7.01	2.65	6.42	7.75	7.74	6.31	Daqing	13
Shanghai	54.37	44.27	50.26	46.66	39.17	46.95	Chongqing	14
Nanjing	9.49	8.11	13.61	11.37	11.61	10.84	Zhuhai	15
Wuxi	4.09	2.24	6.02	4.54	6.07	4.59	Qingdao	16
Suzhou	6.34	4.53	8.84	6.63	8.37	6.94	xi.an	17
Nantong	2.02	1.36	2.38	2.34	2.43	2.11	Jinan	18
Lianyungang	1.01	0.74	1.18	1.09	1.54	1.11	Ningbo	19
Hangzhou	7.36	4.80	11.28	7.61	10.38	8.29	Harbin	20
Ningbo	4.72	2.92	7.20	5.45	6.06	5.27	Fuzhou	21
Wanzhou	3.22	1.96	4.06	2.72	3.40	3.07	Changchun	22
Hefei	2.25	2.02	3.33	2.85	3.29	2.75	Chengdu	23
Fuzhou	4.10	3.30	7.11	4.96	6.17	5.13	Changsha	24
Xiamen	5.59	3.54	9.21	7.06	7.68	6.61	Wuxi	25

Chinese scholars. We should not take the rank of city development capability very seriously. Data used in the calculation may have from statistics errors. The importance of development elements may be different from one city to another. Some elements may be missed in our calculation. More important than the mathematical result is the way of analysis. There is no single city taking lead in all five indices. Each city has its own weakness and advantages. The analysis may indicate the way to improve the environment for city development.

Table 5. The Chinese City Development Capability

Source of data: cites from 2001-2002 Chinese Cities' Development Report, Chinese Mayors' Association, 2003.

D. Cost and Benefit of Urbanization.

The motivation for urbanization is to enhance development. So, it is necessary to evaluate the cost and benefit of urbanization. The development of a city needs inputs on fixed capital, living consumption and land. From the view of economic development, the efficiency of the inputs could be measured by three indices, namely basic cost benefit index, living cost benefit index and space cost benefit index. These indices are defined as the GDP output to per capita fixed assets investment, GDP output to per capita power consumption for living and GDP output to per capita urban land correspondingly. Table 4 gives the figures of three indices of 26 cities which differ in size, allocation, economic development level, cultural background and social conditions. Judging from the figures, the cost-benefit of investment in different cities differs greatly. The differences of these indices between cities with highest and lowest values were 5.6 times, 18.8 times and 14.2 times correspondingly. A city may rank high in one index but low in another one. The result hinted that we may not be able to judge the efficiency of a city in a simple way. A complex procedure and multi-angle view should be adopted to analyze the benefit of city development. If considering other factors such as enjoyment or psychological, social conditions, the comparison among cities may become impossible. Many cities in China created their own mode such as garden city, travel city, healthy city, environment protection model city, living model city, green city, biological city etc. Multiform city development pattern may become a fashion in the future.

Table 4. The Cost and Benefit Index of Urbanization in China

City	Population ('0000)	BCBI	LCBI	SCBI
Shanghai	923	0.475	0.339	0.152
Beijing	699	0.346	0.183	0.267
Tianjin	487	0.428	0.181	0.337
Wuhan	434	0.397	0.092	0.193
Shenyang	389	0.225	0.092	0.258
Guangzhou	336	0.515	0.083	0.297

These are other ways to analyze the sustainability of city development. Considering the ethics standard,   we may take other criterions for city sustainable development such as: 1. the fairness between generations. 2. development in all fields like protection etc. 3. common welfare. 4. duty of human being. 5. right of each state.

F. The Impacts of Information Technology and Knowledge Economy Age.

Following the technological progress,   the size, mode and distribution of cities are changing correspondingly. In the agricultural economy age, the productivity and transportation condition allowed only small cities sparsely allocated. Large cities, metropolises were born after the industrial revolution. Since the 1980s, the information technology has changed the modes of management and business. Geographical distance is no longer an obstacle for close cooperation among cities. Each city will be able to make maximum use of its advantage and cooperate with other cities for mutual functional complement. A group of cities may link together to form a virtual city with one or two center cities as the core so as to share their resources and facilities to get maximum utility and optimum benefits. At the same time, each city will be able to keep its own characteristics. 21 century will be the century of city economy. The sustainable city development will dominate the way of world development.

References:

1.World Urbanization Prospects, The 2001 Revision, U.N. New York, 2002

2.International Statistical Yearbook, 2003, NBSC, China Statistics Press, 2003

3.Chinese Cities' Development Report, 2001-2002,Chinese Mayors' Association, Xiyuan Press,2003

The Indicator System of Chinese Urban Development

Figure I

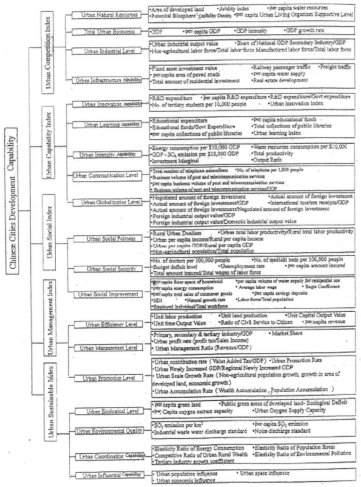

Source of data: cited from 2001-2002 Chinese Cities´ Development Report, Chinese Mayors´ Association, 2003

Social Security System of China

(March 30, 2004)

Vice Chairman of the Standing Committee of the National People's Congress of China

Zhang Lingguang, research fellow of Social Sciences Academy of China

1. The History of Social Security System in China

Social security is a strong demand in all human society in all historical development stages. In ancient China, the primary idea about social security was recorded in three to four thousands years old historical official books regarding Xia and Zhou dynasties. However, there had not been a true social security system in terms of modern style in China until the beginning of the 1950s.

According to the "Common Guiding Principle" passed on September 29, 1949, which was acted as a temporary Constitution of China, labor security system should be established in all enterprises. The government published "labor security regulations of the People's Republic of China" on February 26, 1951. The Labor Ministry issued an implementation regulation to give details for practice. According to the national statistics, there were 3861 enterprises and 3.02 million workers covered by the system in 1952. The total payment of that year was 170 million yuan.

There were seven chapters in the first regulation of China. The Labor Security Regulation covered pension, medical care, women's welfare for birth, welfare for disabled, wounded for working and illness etc.. The Regulation gave rule for fund raising, management too. The system runs quite well under the central planned economy. In rural area, people were taken care of by the production teams. People shared the land and worked together. Everybody had got equal payment. Bare foot doctors established small clinics in all villages. The farmers could get limited but timely medical care. So, the life expectancy of China increased quickly from about 35 years before the founding of the P. R. C. to about 50 at the beginning of 1960s. Under this system, the life goes peacefully although the economic performance may not be very effective.

Economic reform has changed the social order of China. The government of China has no longer been able to control all the resources of the state. As a logical consequences, the government can't and shouldn't take all burden of the social security. At the same period of time, the number of retired people have increased quickly. The wide employment and low payment policy before 1980s caused extremely fast growth of retired group. The pension generally followed pay as you going system in 1980s. The result is a dramatically growth of payment.

The payment of government to employees has been increasing quickly. In the first 10 years economic reform from 1979 to 1989, the total amount of wage increased by 3. 05 times at the annual rate of 15. 0%. The payment on welfare increased by 6. 09 times at 21.

6% of annual increasing rate. The total payment to retired persons had increased by 10. 54 times at an extremely high annual rate of 27. 7%. Among the payment, 61. 73% are for pension, 21. 44% for subsidies, 16. 83% for medical care. The per capita medical care expenditure of retired persons was 1. 38 times higher than that of the working persons. The heavy burden pushed the government to find a way out. (see table 1 ~ 5)

It makes the problem even more complex when the ownership has changed from pure government owned to multiownership. Before economic reform, all the social security fund was supposed to be kept by the government potentially. The cumulated amount of the potential fund is an burden for the society. To find a way to share the burden and establish a new system to make the share to be fair to different part of the society is a big job. The authors are trying to discuss the problems and some of possible solutions to the trouble.

2. Pension System

Pension system is one of two most important components of the social security system in China. In cities, the 30 years, practice that government takes care of everything is no longer possible. Along with the ownership reform, the government owned enterprises have to pay the cost in both sides: the potential deficit on social security and equipment renewal. Any one of the two problems demands the enterprises to deal with carefully because they should also take care of the unemployment problem. The reform has to go step by step.

In rural area, there is another situation. Children taking care of aged parents is a traditional style of aging security in China. To most Chinese, care to parents is not simply to supply their parents with food. The contents of aged people care include economi support, daily life care and psychological relief. A large number of people in China take the extended family of four generations as an ideal happy structure. According to population projection, the proportion of aged people to the non-labour population will increase to 55% in 2030. Compared with 13% in 1964, although the dependent ratio will decrease from 88 non-labor to 100 labor population to 67 in the same period of time due to the implementation of countrywide family planning program. Pension system can cover about 25 to 30 per cent of total population. In the several years to come, children taking care for their parents will still be the main form of ageing security in rural China. Even among the families covered by pension system, daily life care and psychological relief will still be a problem for many people when the children are busy with their own work. In Shanghai, Beijing and some other cities, the construction of community is emphasized to encourage the residents to enhance their relationship. Basic facilities such as rooms for chatting, equipment for entertainment, books for reading etc. are supplied by the local organizations. Many local medical centers, clinics or small hospitals offer medical care to families. For people who are badly sick, some medical care units offer service at home and established a system named "family patient bed". All these actions have solved part of the problems. But the increasing costs of different services will be a big obstacle for them to spread the practice to other areas.

After zesearching for years, China accepted a model named "the combination of social fund and personal account". This is obviously a trade off to the final solution. It is compulsory for people who are involved in the system to put 3% of their salary in a personal account. The enterprises and government also put money proportional to the total amount of salary into a pension fund. Different regions made their own decision to determine the rate. In a few cities, the proportion of fund is higher than 25 percent. This is a heavy burden for many enterprises and local governments. To pension system and ageing population support, problems are still there, such as:

a. Unify the security systems in different areas and industry lines which is becoming an obstacle to extend the pension system to the whole country.

b. The problems in raising pension fund. Mainly due to the big difference of economic capability among enterprises.

c. To keep and increase the value of the fund became more and more difficult due to the decrease of interest rates and the restriction on the investment of the fund.

d. The transfer of the security fund from one area to another along with the moving of a worker is a problem due to many practical reasons such as the gap of living standard etc..

e. The level and channel of pension distribution is very complex and confused. The pension paid to retired persons are related to their salary levels but the fund raising is based on the total salary level of present employees. To make the problem even worse, the management department of pension system has no power to force the enterprises to pay the fund. All these problems tell us that we still have a long way to go to make the system a perfect one.

3. Reform on Medical Care Security System

Medical care is another important component of the social security system. Form the view of management, medical care system is even more complex to run than that of pension system. Soon after the founding of the People' s Republic of China, a document named "implementation Means of Free Medical Care for Workers of Governmentowned Administrative Units" was issued by the State Council of China. The means had covered people who work in different levels of government, parties, civil groups, units of art, education, public health, economic construction and disabled military persons. The cost of medical care, including drugs, was listed in the financial budget of government. Since then, the free medical care system has lasted for more than 40 years.

The government pays special attention to public health of minority nationalifies. According to different situation of minority nations, the cost of medical care is complemented by the government fully or partially. In rural area, large scale "patriotic sanitation movement" and "bare foot doctor system" improved the health condition of the farmers at a low cost. In the 1950s, the annual increase of life expectancy of Chinese exceeded one year.

However, due to the lack of management, waste of medical resources was serious. Technology progress and replacement of drugs also increased the cost of medical care. Very soon, the payment increased to an unreasonable level. When the free medical care system started in 1952, the number of people covered by the system was 2 million. The number has increased very quickly. Today, the number of retired workers alone have reached 20 million. The mean age of workers also have raised gradually. Under the market economy, not only a single medium but also small enterprise was bankrupt due to high payment for medical care. Reform is necessary by all means.

Since 1990, the reform of medical care system has been in progress. Different means were tried in different regions. After pioneering work has been done in may possible ways, a special working meeting of the reform of medical care systems in cities and towns were held by the State Council of China at the end of 1998. Decision was made to spread reform action to whole country from year 1999 to ensure the system being fit to market economy. The main points of medical care system reform are:

a. Normalize the management of public health organizations, including the establishment of a series of regulations regarding technology service, monitoring and others.

b. Divide the medical organizations into two classes of profitable and non-profitable units. Different tax rates, prices of services are applied to corresponding organizations.

c. Establish and improve the community health service organizations to form a reasonable system with flexible service and better combination of general and special hospitals.

d. Enhance the management of medical resources at macro level.

e. Reform the primary care system of the society so as to enhance health education, disease prevention, psychological consultation etc..

f. Improve the implementation of government owned medical organizations. Besides the improvement of the administrative issues such as management, financial affairs, human resources and income distribution rules etc., a big change is to separate medical care and pharmacopoeia sale and adjust the price system by increasing the cost of technology service.

Several implementation means were issued in 1999 to give the detail of the reform actions. Each person covered by the program is allowed to select three to five medical organizations as assigned hospitals of the insured person. The assigned organization can be changed at the insured person's wish for any reasons. When some diseases can not be treated by the assigned hospitals, the patient will be transferred to an appropriate hospital with pay from the medical care system so as to guarantee the medical care welfare to them.

Other documents give the regulation on pharmacies. The drugstores are requited to reach certain standard and condition. Special procedure was set for the pharmacies owners to follow in order to get permission to start their business, pharmaceutical regulation etc.. The list of basic items covered by security system, norm of payment, means for financial management and the implementation for government employees are in the way to be decided. All these means are/ will be consistent with the international norms.

4. Unemployment and other Security System

Unemployment is a new phenomenon for China. Before economic reform, everybody had a job even though the effectiveness was low. The "iron bowl" was broken after the market system being introduced to China. All the enterprises have to struggle for survival. A large number of employees lost their jobs. The underemployment phenomenon is no longer considered to be allowed. Most of the persons who lost their job are less educated and unskilled. When China is opened to the world, unemployment problem should be solved very carefully so as to improve the performance of governmentowned enterprises and keep the stability of the society at the same time. In the 1990s, the unemployment rates of urban China were increasing gradually from 2. 6% in 1993 to 3. 1% in 1997 (see table 6). Each year, 9 million to 10 million new labor force join the labor market. The fast increasing young population group is definitely a heavy pressure to employment.

The unemployed persons used to be supported by social welfare system. The coverage of the system was limited. To deal with the newly emerged problem, the State Council of China issued a regulation in January 1999. The document requests the local governments to establish a new unemployment security system to cover enterprises of all ownership. It is compulsory for each employee to pay 1% of his salary and the employer to pay 2% to create an unemployment fund.

To the Chinese government, the unemployment problem is a completely new one. The key solution is to protect the laborers' rights as well as to keep the efficiency of the enterprises and establish a labor market.

In 1986, a document named "the temporary measures of unemployment insurance for the staff and workers of State-owned enterprises" was issued by the State Council of China. The document said that the workers fired by bankrupted enterprises were protected by unemployment insurance system. Those who worked more than 5 years could get 50 to 75% of their salary up to 24 months. At the same time, another document named "the temporary measures for implementing working contract system in State-owned enterprises" was issued. The document is a milestone of breaking the iron bowl system.

When the State-owned enterprises worked hard to improve their efficiency, a large number of persons were laid off. The government sets three lines of social protection for them: First, they can report themselves to re-employment centers to get suitable training to find a new job. If they fail to do so, then they will be protected by the second line run by human resource department and get unemployment subsidies. After two years in the second line, they will be handed over to the third line of urban poverty alleviation programme. Different cities have different levels of poverty protection standard. In 1997, 878, 836 pevrle in 734 cities were protected by the third line (see table 7). The central government of China transfers a large amount of capital through financial department to support the economically backward areas to meet the basic demand on social security. Different cities set their own level of payment to so called "three security lines". The pressure of social security is much less heavy in eastern part of China because much more job opportunities are there than that in poor areas. Development being the basic solution to all problems seems to be right in this regard.

According to the 1998 statistics, the number of urban welfare facilities have reached 148, 042. Out of 45. 5 thousands towns, 18, 749 of these rural area have established social security network, 151, 081 social security foundations have been built in rural China. Although the progress is visible, the continuous population growth, fast ageing process and high proportion of people dependent on state-owned units give the government a heavy duty of taking care of the welfare of billions of people. Economic reform is going on. More and more State-owned units are pushed to market. But the remaining problems are more difficult to solve. The total number of staff and workers of

China at the end of 1998 was 123, 366 thousands. Among them, 88093 thousands were employed by State-owned units and 18996 thousands were employed by urban collective-owned units. Only 16276 thousands employees were working in units of other types of ownership. It was estimated that the village enterprises may absorb more than 100 million rural labour force. But a large number of them are not separated from their farm work. They are covered by rural social security system which emphasizes the rule of village self-governed organization. The regional differences on ageing pressue are big (see table 8). The coverage of social security system in rural areas of China is not wide enough (see table 9). It still takes a long way for China to finalize its social security system.

Table 1　Pensions for Retired and Resigned Persons
in Selected Years（in billion Yuan）

year	Total Pension	Funds of State-owned units	Funds of urban collective owned units	Funds of other ownership units	per capita funds (yuan)	per capita funds of state-owned units (yuan)
1980	5.04	4.34	0.70	—	714.0	781.0
1983	8.73	7.40	1.33	—	726.0	787.0
1984	10.61	8.46	2.12	0.03	766.0	815.0
1990	39.62	31.97	7.47	0.18	1760.0	1907.0
1992	57.85	47.43	10.08	0.34	2300.0	2493.0
1993	75.93	62.32	12.39	1.22	2824.0	3029.0
1995	130.56	109.31	18.24	3.01	4335.0	4701.0
1998	207.37	172.60	22.90	11.48	5972.0	6369.0

notes: a. Figures in this table exclude medical expenditures of retired and resigned workers and staff.

  b. Figures of 1985—1988 in this table exclude subsidies on meat etc. delivered to retired and resigned workers with relevant regulations issued in 1985.

Source of Data: 1999 China Statistical Yearbook, compiled by N. B. S. , P. R. C. , China Statistics Press.

Table 2   The unemployment in urban area

Item	1993	1994	1995	1996	1997
Number of Newly Employed persons (1,000 persons)	7050	7150	7200	7050	7100
Number of Registered Unemployed persons (1,000 persons)	4200	4760	5200	5530	5700
Registered Unemployment Rat (%)	2.6	2.8	2.9	3.0	3.1

Source of Data: 1999 China Statistical Yearbook, compiled by NBS. , PRC. , China

Statistics Press.

Table 3   Social Insurance and Welfare Funds in selected years

(in billion yuan)

year	Total Funds	Funds of State-owned units	Funds of urban collective owned units	Funds of other ownership units
1978	7.81	6.91	0.90	—
1980	13.64	11.93	1.71	—
1983	21.25	18.27	2.98	—
1984	25.77	21.34	4.34	0.09
1990	93.79	77.73	15.28	0.78
1992	130.95	109.58	19.88	1.49
1993	167.02	138.65	23.86	4.51
1995	236.13	198.04	29.45	8.64
1998	336.07	279.74	32.44	23.47

Source of Data: 1999 China Statistical yearbook, China Statistics Press,

Sept. 1999.

Table 4　Number of Retired and Resigned Persons of Selected Years

（year-end, in 10, 000 persons）

year	Total	State-owned units	urban collective owned units	other ownership units
1978	314	284	30	—
1980	816	636	178	—
1985	1637	1165	467	5
1990	2301	1742	566	11
1995	3094	2401	621	72
1998	3594	2783	604	204

Source of Data: 1999 China Statistical Yearbook, compiled by National Bureau of Statistics, People's Republic of China, China Statistics Press, Beijing, Sept. 1999.

Table 5　Table 5 Social Insurance and Welfare Funds for Retired and Resigned Persons in State-owned Units

（**in billion yuan**）

Item	1995	1996	1997	1998
Total	127.68	151.78	173.36	194.24
Pensions for Retired Veterans	11.40	12.85	15.21	15.37
Pensions for Retired Persons	80.78	99.25	118.39	140.05
Resignation Allowances for Living Expenses	1.07	1.20	1.73	1.70
Expenses for Medical Care	20.32	23.00	24.06	24.61
Funeral Expenses and Pensions for Family of Deceased	1.88	2.28		
Transportation Subsidies	1.16	1.25		
Subsidies for Heating in Winter	0.83	0.88		
other	10.24	11.10	13.96	12.51

Source of Data: 1999 China Statistical Yearbook, compiled by N. B. S. , P. R. C. , China Statistics Press, Beijing, Sept. 1999.

Table 6   Employment of China

Item	1995	1996	1997	1998
Total number of employed persons (million persons)	679.47	688.50	696.00	699.57
Urban employed persons	190.93	198.15	202.07	206.78
Rural employed persons	488.54	490.35	493.93	492.79
among them:				
Township and Village Enterprises	128.64	135.08	130.50	125.37
Private Enterprises	4.71	5.51	6.00	7.37
Self-employed Individuals	30.54	33.08	35.22	38.55
Number of Registered Unemployed Persons in Urban Area (million persons)	5.20	5.53	5.70	5.71
Registered Unemployed Rate in Urban Area (%)	2.9	3.0	3.1	3.1

Note: a.   Since 1990 data on economically active population, the total employed persons and the sub-total of employed persons in urban and rural areas have been adjusted in accordance with the data obtained from the sample surveys on population changes. As a result, the sum of the data by region, by ownership or by sector are not equal to the total. The same is in the following tables.

   b.   Statistical coverage of staff and workers employed in urban units was adjusted. Please refer to the explanatory notes at the end of this chapter.

Source of data: 1999 China Statistical Yearbook Compiled by N. B. S. , P. R. C. , China Statistics Press Sept. 1999.

Table 7   The poverty alleviation system of urban residents

of different regions in China（1997 A. D.）

Region.	Number of cities with the system.	Number of persons protected.	Total investment (million yuan).
National Total.	734.	878836.	292.653.
Beijing.	1.	9460.	13.544.
Tianjin.	--.	--.	--.
Hebei.	115.	80463.	11.218.
Shanxi.	3.	2311.	1.810.
Inner Mongolia.	47.	45562.	11.775.
Liaoning.	10.	16554.	12.943.
Jilin.	6.	10027.	4.699.
Helongjiang.	2.	3641.	1.823.
Shanghai.	6.	5303.	12.183.
Jiangsu.	67.	87716.	22.687.
Zhejiang.	56.	24926.	13.844.
Anhui.	27.	58116.	6.569.
Fujian.	39.	14778.	17.996.
Jiangxi.	22.	11425.	0.917.
Shandong.	65.	58732.	18.379.
Henan.	50.	89629.	9.611.
Hubei.	28.	48984.	13.449.
Hunan.	12.	16288.	4.018.
Guangdong.	90.	104923.	66.668.
Guangxi.	5.	29918.	2.906.
Hainan.	1.	5840.	6.680.
Chongqing.	9.	83231.	22.003.
Sichuan.	15.	10837.	3.780.
Guizhou.	--.	--.	--.
Yunnan.	12.	20205.	6.919.
Tibet.	2.	2567.	1.987.
Shaanxi.	5.	2771.	0.093.
Gansu.	--.	--.	--.
Qinghai.	46.	30016.	3.262.
Ningxia.	4.	4575.	0.910.
Xinjiang.	--.	--.	--.

Source of Data: 1999 China Statistical Yearbook Compiled by N. B. S. , P. R.

C. , China Statistics Press Sept. 1999.

Table 8   The Number of Retired of Different Regions

(year end figure, 1998, in 1000)

Region	Total	Retired Veterans	Retired Persons	Resigned Persons
National Total	35936	1814	33269	853
Beijing	1593	95	1449	47
Tianjin	892	28	846	18
Hebei	1479	117	1332	30
Shanxi	961	80	862	18
Inner Mongolia	677	43	623	12
Liaoning	2846	153	2611	82
Jilin	1159	73	1061	24
Helongjiang	1728	107	1586	37
Shanghai	2183	44	2117	22
Jiangsu	2297	104	2117	77
Zhejiang	1197	43	1121	33
Anhui	1201	82	1089	31
Fujian	738	25	692	22
Jiangxi	824	28	782	15
Shandong	1698	158	1463	77
Henan	1598	122	1451	24
Hubei	1547	62	1451	24
Hunan	1501	42	1430	29
Guangdong	1802	71	1704	27
Guangxi	765	26	726	13
Hainan	302	9	274	19
Chongqing	835	15	802	18
Sichuan	1906	44	1823	39
Guizhou	601	25	569	7
Yunnan	848	39	795	14
Tibet	36	1	35	--
Shaanxi	911	55	827	28
Gansu	567	31	521	17
Qinghai	188	10	173	4
Ningxia	160	11	145	5
Xinjiang	898	75	791	32

Source of Data: Labur Statistics Yearbook of China, 1998, S. S. B. of China

Analysis of the Condition and Trends About China's Environmental Pollution in the Early 21st Century（2005 ~ 2020）

——Based on the Simulating Relating-Patterns About China's Industrial Structure of Population and Economy

（August 26, 2004）

Abstract: The approaches to sustainable development are diversified. China chooses a sustainable development pattern with its population, economy and environment condition taken into consideration. In this essay, based on the historical data on China's population, economy and environment over the long period of time from 1985 to 2002, the author designs models describing China's population system, economy system, environment system, and the relating-patterns of the systems. According to the idea of "development stages" in modern theory, the develop patterns adopted by developed countries to some extents foreshows the future of developing countries, so the author takes the hierarchical clusters of the models describing the corresponding systems of developed countries as the goal patterns of China's future development. On the base of the relating-patterns of China's population, economy and environment, and referring to the result of the hierarchical clusters of the environment related systems of the five

developed countries when their GDP per capita are between 5000 and
10, 000 US dollars, the author analyzes the condition and trends of
China's environmental pollution in the early 21st century from several
aspects, and draws a conclusion that the discharging of industrial liq-
uid waste per capita will be in decrease, while the industrial waste gas
will still be in increase, and the industrial solid wastes production will
also be in slow increase.

Key Words:

Sustainable Development Environmental Pollution Simulation

1. Introduction

Sustainable development is an entirely new development concep-
tion aiming at the welfare enhancement of the whole society. Since the
Industrial Revolution, social progress has been bring both great oppor-
tunities and tough challenges to the development of human beings.
Natural and social issues such as population expansion, resources
shortage, environment pollution and the polarization of the poor and
the rich have been drawing much of people's attention. China con-
siders that the progress of the society should be based on the welfare
enhancement of the majority of the country, so the sustainable devel-
opment strategy is the only way China's choice for its future develop-
ment. Due to the geopolitical factors and the differences in the history
of different countries, the development of the world is unbalanced.
Since early modern times developed countries have been gradually set-
ting the pace and leading the development of other areas. However,
it has been proved by history that the development patterns taken by
developed countries are not so laudable. Take environmental pollution
as an example, the developed countries have been on the way of

"polluting and then controlling".

China is a developingcountry with a large population and relatively short resources. A pressing issue in China is to seek a development pattern that benefits the whole country. To reach this goal, China should use the experience of western countries, especially the lessons drawn from their failure as reference, take China's special conditions into consideration, and design a sustainable development strategy. In this essay, with national and international factors generally taken into account, the author designs the simulating relating-patterns of the environment sub-system, the population sub-system and the economy sub-system. On the base of the design of the simulating relating-patterns, through the hierarchical clusters of the corresponding indexes of western countries, and taking the similar clusters as the goal patterns, the author makes an prediction of the time serial date representing the characteristics of China's development, and a comprehensive estimation of the data.

2. Condition of China's Environmental Pollution

China began its environmental monitoring and survey since 1970's, however, also since then, China's economy had been mainly featured by "extensive development pattern" and the quality of China's environment had been in decline until 1990's. Since 1990's, parts of the country began to realize the disastrous costs caused by environmental pollution, and environment condition has been being improved in those areas.

2. 1. Water pollution in China is serious but tends to be improved

According to statistics in 2000, only 26. 9% of the water sections

of China's main rivers and lakes could be used as drinking water or
touched by humans, and 37. 7% of the water once of agricultural or
industrial use were not usable any more. Population Department of Na-
tional Statistics Bureau. Yearbook of China's Population Statistics.
Beijing: Press of Scientific and Technological Literature, 2001. How-
ever, since China is attaching more importance to the control of the en-
vironment pollution, changes are taking place. Take the industrial
waste water as an instance, the discharging of industrial waste water in
China has been in decrease since 1989, and pressure on environment
brought by the discharging of industrial waste water are being relieved.
(See Figure 1)

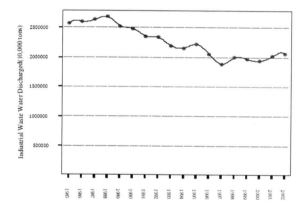

Figure 1   Industrial Waste Water Discharged

2. 2. Air pollution in China is worsening

Air pollution in China, especially in cities is quite serious. The
types and distribution of air pollutions vary indeferent times and areas.
However, generally speaking, the air pollution is obviously worse-
ning. Take the industrial waste gas emission as an example, the in-
dustrial waste gas emission tends to be increasing. (See Figure 2) In

2002, the industrial waste gas emission in China is 1, 752, 570, 000, 000 cu. m. Comparing with the number of 739, 700, 000, 000cu. m (some enterprises not covered in the statistics are not included) in 1985, the industrial waste gas emission increased by over 100% over 15 years.

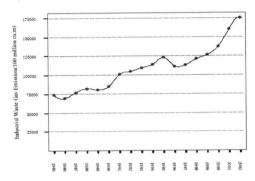

Figure 2   Industrial Waste Gas Emission

2. 3. The industrial solid wastes production in China has been in slow increase, and the increase is accelerating in recent years

As the acreage of lands covered by the industrial solid wastes is increasing annually, the potential influence of the industrial solid wastes on China's environment is also increasing. The historical data shows that the changes of the industrial solid wastes production were slow, and basically remained static between 1987 and 1997. However, after 1997, the industrial solid wastes production has been increasing rapidly. (See Figure 3)

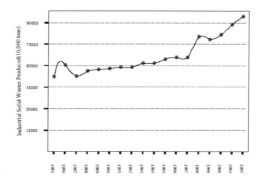

Figure 3　Industrial Solid Wastes Production

3. Relating-Patterns of China's Environment Pollution, Industrial Structure of Population & Economy

According to the operations of the following indexes, three rela-ting-patterns describing the changes of China's environment pollution and industrial structure of population as well as economy are construc-ted. The indexes are as follows: suppose X1, X2 and X3 stands re-spectively for the population proportion of the first, second and third industry to the whole employed population, Y1, Y2 and Y3 stands re-spectively for the proportion of gross production of the first, second and third industry to the GDP; W1 stands for the discharging of industrial waste water per capita, W2 stands for the industrial waste gas emission per capita, and W3 stands for the industrial solid wastes production per capita.

Through analysis of the data with SPSS11. 5, the following mod-els are worked out. (See Table 1)

Table 1   Parameters of the Relating-Patterns of China's Environment Pollution and Industrial Structure of Population & Economy and Parameters Tests

Dependend Variables	Models and Parameters of Coefficients & Parameter Tests						
	Independend Variables	B	T	SIG	VIF	F	SIG
Discharging of Industrial Waste Water Per Capita	Constants	80.060	13.824	.000		62.800	.000
	Economic Proportion of the Second Industry	-.795	.097	.000	1.146		
	Economic Proportion of the Third Industry	-.743	.175	.001	1.146		
Discharging of Industrial Waste Water Per Capita	Constants	112.731	7.909	.000		22.918	.000
	Population Propotion of the Second Industry	-2.497	-4.513	.000	1.004		
	Economic Proportion of the Third Industry	-1.186	-4.765	.000	1.004		
Emission of Industrial Waste Gas Per Capita	Constants	-23095	-5.863	.000		36.059	.000
	Economic Proportion of the Second Industry	470.158	3.950	.001	1.146		
	Economic Proportion of the Third Industry	371.413	5.609	.000	1.146		
Industrial Solid Wastes Production per capita	Constants	265.293	4.142	.001		21.953	.000
	Population Proportion of the Third Industry	13.133	4.685	.000			

From the data in Table 1, the following models are worked out:

3. 1. The model of the industrial waste water per capita and the economic proportion of the second and third industry

$$W_1 = 80.06 - 0.795 * Y_2 - 0.743 * Y_3 \quad\cdots\cdots\cdots\cdots (1)$$

3. 2. The model of the industrial waste water per capita and the population proportion of the second industry & the economic proportion of the third industry

$$W_1 = 112.731 - 2.497 * X_2 - 1.186 * Y_3 \quad\cdots\cdots\cdots (2)$$

As shown above, the population and economic proportion of the second industry, and the population proportion of the third industry increases. The discharging of industrial waste water per capita tends

to decrease, As for the industrial structure of economy, the changes
of the proportion of the second industry to economy ($r = -0.795$)
contributes slight more than that of the third industry ($r = -0.743$)
to the discharging of industrial waste water per capita. From 1985 to
2002, the proportion of the production of the second and third indus-
try to economy realized respectively a 7. 96% and 5. 01% increase,
which means the second industry contributes significantly to the de-
crease of the industrial waster water discharging per capita. With re-
spect to the industrial structure of population, the changes of the pop-
ulation proportion of second industry contributes significantly to the de-
crease of the industrial waster water discharging per capita, which is a
result consistent with the conclusion drawn from the analysis from the
aspect of the economic proportion of the second industry.

3. 3. The model of the industrial waste gas per capita and the
proportion of the production of the second and third industry to econo-
my

$$W_2 = -23059 + 470. 158 * Y_2 + 371. 413 * Y_3 \cdots\cdots (3)$$

Model (3) shows that the contribution ratio of the economic pro-
portion of the second industry to the industrial waste gas emission is
470. 158, greater than that of the third industry, which means the
adjustment of industrial structure and the acceleration of the third in-
dustry development are important to the environment protection.

3. 4. The model of the industrial solid waste production per ca-
pita and the populationproportion of the third industry

$$W_3 = 265. 293 + 13. 133 * X_3 \cdots\cdots (4)$$

Model (4) shows that the changes of the population proportion
of the third industry are simultaneous with the changes of the produc-

tion of the industrial solid wastes. The relationship between the population proportion of the third industry and the production of the industrial solid wastes shows that tough the production of the industrial solid wastes is mainly from the second industry, as the third industry development is accelerating, the third industry is influencing the proportion of the second industry to economy, and consequently leading indirectly to the increase of the production of the industrial solid wastes.

4. Hierarchical Clusters of the Environment Pollution of Developed Countries in the Same Economic Condition

DevelopmentStrategies taken by developed countries are not universally applicable, but still could be taken by less developed countries as reference. To seek a developing pattern suitable for China, the author makes hierarchical clusters of the indexes of the industrial structure of population, economy, and environment pollution in Canada, Japan, the UK, France and Italy with SPSS. (See Table 2)

**Table 2   Hierarchical Clusters of Samples When their GDP Per Capita are
between 5000 and 10000 US Dollars**

Indexes	Clusters			
	1	2	3	4
GDP Per Capita(US Dollars)	5445.00	6851.11	8272.31	9410.00
Economic Proportion of the First Industry (%)	4.81	5.02	4.19	2.74
Economic Proportion of the Second Industry（%）	42.19	42.28	39.33	39.41
Economic Proportion of the Third Industry (%)	49.64	54.95	56.47	57.86
Population Proportion of the First Industry (%)	9.35	10.20	7.50	3.39
Population Proportion of the Second Industry (%)	35.95	35.79	33.97	32.43
Population Proportion of the Third Industry (%)	54.69	54.01	58.53	64.19

Table 2 shows that there is still a gap between China and developed countries in industrial structure of population and economy. In the industrial structure of population in western countries, the proportions of the first industry are all basically below 10% , while China's corresponding data in 2000 shows that the proportion of the first industry in China is 48%. In the economic structure, the third industry is quite developed in western countries, and in the four clusters, the lowest still reaches 49. 64%. However, in 2000, the proportion of the third industry in China only reached 33. 20%.

5. Prediction of the Condition and Trends of China's Environment Pollution

According to the above analysis, a prediction of the condition and trends of China's environment pollution in the future 15 years could be made. Suppose China will reach the economic development level of current middle level developed countries （with GDP per capita about 5000US dollars） in 2040, namely, the first cluster in the hierarchical cluster analysis, take China's industrial structure of population, economic structure and the goal value of GDP per capita in 2040 as the goal values of the first cluster, according to the data between 1985 and 2002, and through curve estimation, the author works out the equation of every variables, and the exact values of indexes between 2005 and 2020.

Through curve estimation, the estimated equations of everyvariable are as follows:

5. 1. Quadratic curve model of the population proportion of the Second industry

$$X_2 = 21. 755 + 0. 004 * t + 0. 0044 * t^2$$

5. 2. Logist curve model of the population proportion of the third industry

$$X_3 = 1/ （1/65 + 0. 0479 * 0. 951^t）$$

5. 3. Quadratic curve model of the economic proportion of the Second industry

$$Y_2 = 40. 634 + 0. 8026 * t - 0. 138 * t^2$$

5. 4. Quadratic curve model of the economic proportion of the third industry

$$Y_3 = 29. 637 + 0. 1859 * t + 0. 003 * t^2$$

According to the above models, Industrial structure of population and economy between 2005 and 2020 could be predicted. （See Table 3）. Apply the results to the relating-pattern of China's industrial structure of population and economic structure, the Predicted values of China's environment pollution Indexes in the future 15 years could be worked out. (See Table 4)

Table 3　Prediction of China's Industrial Structure of Population and Economic Structure Indexes between 2005 and 2020

Year	Population Proportion of the Second Industry (%)	Population Proportion of the third Industry (%)	Economic Proportion of the Second Industry (%)	Economic Proportion of the third Industry (%)
2005	23.79	31.36	51.40	34.88
2006	23.99	32.18	51.61	35.19
2007	24.19	33.01	51.79	35.52
2008	24.40	33.83	51.95	35.84
2009	24.62	34.65	52.07	36.18
2010	24.85	35.47	52.17	36.52
2011	25.09	36.29	52.24	36.87
2012	25.34	37.10	52.29	37.22
2013	25.60	37.90	52.30	37.58
2014	25.86	38.70	52.29	37.94
2015	26.13	39.49	52.25	38.31
2016	26.42	40.27	52.19	38.69
2017	26.71	41.04	52.09	39.07
2018	27.01	41.80	51.97	39.46
2019	27.32	42.55	51.82	39.86
2020	27.64	43.29	51.64	40.26

Table 4   Prediction of China's Environment Pollution Indexes between 2005 and 2020

Year	Industrial Waste Water Per Capita (t)	Industrial Waste Gas Per Capita (m³)	Industrial Solid Wastes Per Capita (kg)
2005	12.62	12394.07	677.14
2006	11.99	12620.46	687.95
2007	11.36	12839.45	698.77
2008	10.71	13051.04	709.58
2009	10.06	13255.23	720.37
2010	9.41	13452.02	731.12
2011	8.75	13641.41	741.83
2012	8.08	13823.40	752.47
2013	7.41	13997.99	763.03
2014	6.73	14165.18	773.50
2015	6.05	14324.97	783.88
2016	5.36	14477.36	794.14
2017	4.66	14622.35	804.28
2018	3.96	14759.94	814.28
2019	3.25	14890.13	824.14
2020	2.54	15012.92	833.85

The discharging of industrial waste water per capita in this table is the mean valueof the predicted values in model (1) and Model (2). The industrial waste gas per capita is calculated from model (3), and the industrial solid wastes production is calculated from model (4).

6. Conclusion

According to the above analysis, the author draws the following conclusions:

6. 1. China's environment pollution is closely related to China's industrial structure of population and economy, and depends on China's economic and population development, which is closely related to China's general developing strategy.

6. 2. In the future 15 years China's industrial structure of population will be optimized: the population proportion of the first industry will decrease; the population proportion of the second industry will be in slow increase; the increase of the population proportion of the third industry will become more obvious. In 2020 the population proportion of the second industry will be 27. 64%, while the population proportion of the third industry will reach 43. 23%.

6. 3. In the future 15 years China's industrial structure of economy will be optimized: the proportion of the first industry will be in decline, and in 2020 will decrease to 7. 13%; the proportion of the third industry will become bigger, and reach 43. 29% in 2020.

6. 4. As China's economy is developing and the population structure is being optimized, the environment quality in China will be improved constantly. The result of the model analysis in this essay shows that the proportion of the second industry influences the environment pollution directly or indirectly.

6. 5. The discharging of industrial waste water per capita will decrease, and reach 2. 54 tons in 2020.

6. 6. The emission of industrial waste gas will still be in increase. The second industry is decisive to the emission of industrial waste gas. Adjusting the industrial structure and developing the third industry is an important measure to relieve the pressure of industrial waste gas on China's environment.

6. 7. The production of industrial solid wastes will increase as China's economy develops. In 2020, the production of industrial solid wastes per capita will reach 833. 85 kg, which will pose a challenge to China's utilization of soil resources.

Reference

［1］Yi Wujun. Recourses, Environment and Sustainable Development. Beijing: Press of Navy, 2001.

［2］Mi Hong. Evaluation and Demonstration of the Regional Sustainable Developing Patterns. Beijing: Press of Economical Science, 2002.

［3］Research Center of Environment and Development of Chinese Academy of Social Sciences. Comments on China's Environment and Development (1). Beijing: Press of Social Science Literatures, 2001.

［4］Liu Yanhua, Zhou Hongchun. China's Recourses, Environment and Sustainable Development. Beijing: Press of Economical Science, 2001.

［5］Wang Weizhong: Comparative Analysis of the International Sustainable Development Strategy. Beijing: The Commercial Press, 2000.

Deepen Neighborliness and Mutual Trust, Promote Common Prosperity of Northeast Asian Countries

(September 20, 2004)

Ladies and Gentlemen, Dear friends,

It's my honor to be invited to attend the 13th annual conference of the Northeast Asia Economic Forum in Seoul.

I'd like to express my sincere thanks to the chairman of the Forum, Dr. Lee-Jay Cho, for inviting me to give a keynote speech on this important topic, and to the Chairman and Chief Officer of Korea International Trade Association, Mr. Jae-Chul Kim, for his valuable effort to make the conference going with a swing. The Northeast Asia Economic Forum has struggled for the economic prosperity, peaceful development and friendship of the people in this region to push forward the economic cooperation among the countries in North-east Asia. It's practically very important for the new and old friends from Northeast Asian countries sitting together to study the economic cooperation and common development of this region in the 21st century. I would like to share my views with you on three issues.

A. China on the way of peaceful development.

As you know, Chinese is a peace-loving nation. The traditional Chinese value concepts are to keep amicableness and toleration and do not impose anything to others which we don't want for ourselves. We deeply recognize that China cannot develop without the world, and the world needs China for common prosperity. The development of China will not only be great welfare to all Chinese people, but also an important contribution to the peaceful development of the world. The development of China creates a significant opportunity to the development of the world, specially the neighbors. The stable and harmonious political social environment, rich qualified labor resource and huge market of China directly offer an ideal stage for the mutual beneficial economical trade cooperation in Northeast Asia. What kind of development strategy should be taken is a NO. 1 important issue for China. I'd like to brief the development of China from three angles to the participants.

1. To read the peaceful development of China.

Under the leadership of the general designer of Chinese reform and opening-UP, Mr. Deng Xiao Ping, China is going on a way of peaceful development. The quintessence of the ideal is that as a socialist country in an age of peace and development, China develops herself by maintaining the world peace and pushing forward the peaceful development of the world with that of China. The main immanent principles are: First, China will keep peaceful coexistence with other countries and do not go after hegemony for ever. Chinese suffer a lot in modern history. We deeply understand that hegemony leads to arming and loses respect of people. The leaders of three generations of China repeatedly proclaimed that whenever today or in the future, whatever how strong the Chinese economy is, China will never go after hegemony and will be the firm power to maintain the world peace for ever. Second, the peaceful development of China is a way of combining the domestic development and opening to outside. We firmly insist on putting economic construction and development as the core of all our domestic affairs. All problems of China should be solved through the way of development. We firmly insist on maintaining peace and cooperation in world affairs. We will work together with the world people to push forward the peace and development of humankind. Third, China joins the globalization of the world economy and insists wide cooperation, mutual beneficial and win-win development. We do our best to combine the Chinese development with regional prosperity, the benefits of people in other countries and the peaceful development of humankind.

Peace is the base of development. Development is the source of peace. The peaceful development of China is a part of that of Northeast Asia region. The continueing, fast, coordinate and healthy development of China will not only benefit to Chinese people, but also an good opportunity of development of Northeast Asian countries. It is not only an active motive to recombine the production elements in this region and progressing of industries, but also a constructive factor in the way for unifying regional economy.

2. The historical crossover from keeping a living to a well-off society.

Since the reform and opening-UP policy being implemented, China has made great achievements and deeply changed the socio-economic situation of the country. China has established a socialist market economy system. From year 1978 to 2003, the annual economy growth rate of China was kept at 9. 4% on average. GDP has increased from 147. 3 billion to 1. 4 trillion U. S. dollars. The amount of foreign trade expanded from 20. 6 billion U. S. dollars to 851. 2 billion dollars. The cumulated foreign investment has reached 680 billion U. S. dollars. The number of people living below poverty line has reduced from 250 million to less than 30 million. The annual income of urban and rural people has increased by more than 4 times in term of constant value. The life expectancy of Chinese has increased from 35 before 1949 to 71. 8 in 2000. Through 25 years' economic construction, the social productivity and compreheasive power of the country were greatly escalated. The living standard of the people has realized a historic crossover from fundamental level to well-off society in general.

We also know that China is still the largest developing country with 1. 3 billion population and many difficult problems to be solved. Although the per capita GDP of China historically reaches more than 1000 U. S. dollars, it still ranks 111th in the world. To realize modernization, China still should work hard in a long period of time, Chinese government made a target for the first 20 years of this century, that is to build a higher level of well-off society to benefit all Chinese people in all fields. We struggle hard for realizing the targets of re-doubling GDP to reach 4 trillion U. S. dollars and increasing per capita GDP to 3000 U. S. dollars in 2020. China will enjoy a more developed economy, more healthy democracy, progressing science and technology, prosperous culture, more harmonious society and better living condition. Under the guidance of Deng Xiao Ping theory and the "three representatives" thought, Chinese people are working hard to realize the target of a coordinate and sustainable development in all fields. The modernization of Chinese society will not be an obstacle to the development of Northeast Asian countries. On the contrary, it will provide a wider market and benefit other countries in this region.

3. Work for the common prosperity of Northeast Asia.

Since the end of the cold war, the relationship of China and its neighbor countries has normalized gradually. The participation of China to the Asian region has experienced a procgress. The Asian financial crises prompts us to enhance the regional cooperation. The report of 16th National Congress of the Communist Party of China set the principle of "to be kind with neighbors and to be friendly with neighbors". Further, the report made clear two directions to push forward the foreign affairs with neighbors. Number one is to enhance the regional cooperation. To put regional cooperation and bilateral relationship together becomes an important principle in China's neighboring relationship policy. In the years to come, the working target of the regional cooperation for China is to keep and deepen economic cooperation, and gradually engage in safety dialog and cooperation. Taking Shanghai Cooperation Organization and 10 + 3 cooperation as key function, we will propel the regional cooperation of different kinds to develop in equilibrium. Our long term target is to integrate the regional multilateral cooperation framework with a new regional order which fits the interest of China and other neighbor countries, accepted by our partners. The guidance of the order could be the Five Principles of Peaceful Coexistence, the full equal rights for different countries, participating in all fields, invest in key issues, mutual benefit, opening and toleration so as to bring economic prosperity and social peace to the Asian region. In Northeast Asian region, the China-Japan economic seminars were held 10 times continuously in China and Japan. China and Korea held economic seminars for two times. The first consociation statement of the cooperation of China-Japan-Korea was published. China actively enhances trade cooperation with the border region of Russia. The bilateral economic cooperation between China and North Korea, Mongolia and other mid-Asian countries are also actively progressing. All these have promoted the mutual trust between China and Northeast Asian countries. It further won China a peaceful, progressive, opening and cooperating image and wide positive comments in the international society.

B. The characteristics of Northeast Asian regional cooperation in the process of globalization.

From the view of modernization, economic globalization is a historical trend. Regional cooperation has become an important part and main form of globalization. The cooperation is a high tide for many countries to follow in this era and also a reasonable choice for these areas to release the disorder shock caused by globalization. Many countries have expressed their ideal of the target and strategy for Northeast Asian cooperation. There are three distinctive characteristics in the field of Northeast Asian cooperation.

1. Start late, progress fast, brigh tfuture and powerful momentum in regional cooperation. Since the 1990's, various regional and sub-regional cooperation has appeared in Northeast Asian. It shows a trend and wins, multi-lever, extensive supporters and sponsors of both governments and NGOs. The East Asian Alliance plus China, Japan and Korea (10 + 3) and the Shanghai Cooperation Organization are progressing. The unifty of East Asian Alliance and the exploitation

of Mekong River basin are going on smoothly. The South Asian Alliance regained its vitality and deter set up its target for internal trade. The pan-Asian cooperation emerged with "dialog of Asian cooperation" as a representative. In recent years, more than 40 trade agreements were signed or under discussion. The bitrail mechanism such as Bo Ao Forum, Asian and Pacific Safety Cooperation Council, East Asian Concept Bank Network are working actively day after day. The East Asian has become one of regions with best regional cooperation trend in Asia.

2. East Asian Cooperation is becoming a pioneer in the regional unification of Asia. Since 1997, the East Asian Cooperation has formed good base. The annual 10 + 3 meeting became a mechanism with 10 + 3 and China-Japan-Korea and other meeting system, mutual related and the echelon upgrade stereographic dialog and cooperation mechanism of leaders' meeting, Ministers' meeting and high level officers' discussion etc. were formed. At the same time, different academic forums and NGO forums emerged to offer support for the East Asian cooperation. With the struggle of Northeast Asia Economic Forum, people have gained more recognition of the concept of cooperation in this region.

Following the China-Japan-Korea Cooperation Announcement people have begun to design new regional cooperation frameworks and plans. The East Asian cooperation became a most rigorous and bright one. Not only is it deepening the economic relationship and mutual trust, enhancing the capability for Asian countries to deal with the challenges of globalization. It also offers new power to the regional development of Asian and improves the relationship among countries in this area towards.

3. The East Asia regional cooperation is a dynamic process. The environment of the new era requires us to deal with Asian regional cooperation in a historical of point view at strategic level. Basically, the Asian regional cooperation and Northeast Asia sub-regional cooperation are closely related to the order and pattern of this region in the future, Nowadays, as other regions, Asia entered a transfer period of time in a view of order establishment. Different from other regions, Asian countries have different political systems, varied historical and cultural backgrounds, different levels of development and resources. We need to set a target and direction for integrating regional cooperation and to implement the plan gradually. My personal view is that the pattern of cooperation should follow not only the general rule of regional cooperation, but also multi-model development. At the same time, equal participation, negotiations of all partners should be taken into consideration. Regarding the field of cooperation, we should take care of reality. In the near future, deepening economic cooperation should be the core business by taking inter-regional trade as the main task, steadily extending safety dialog and cooperation, gradually going to other fields and establishing a synthetic mechanism. The East Asian Alliance will play a role of main pusher of East Asian cooperation, organizer and coordinator of 10 + 3 meeting. The advantages of China, Japan and Korea could be fully used. These three countries should make special contribution in Northeast Asia cooperation. I believe this is a characteristic of East Asian cooperation and an ideal which fits the interests of all countries.

C. Five suggestions to deepen cooperation.

China cannot develop without Northeast Asian countries. The prosperity of Northeast Asian countries also need China. We lay claim to establish an equitable and reasonable international political and economic new order. The Northeast Asian countries should respect and negotiate with each other in political affairs, boost economic development to reach common development, enrich culture by learning frorm each other, enjoy peace and safety by trusting each other. I would like to put forward five suggestions for deepening the neighborly cooperation of Northeast Asian countries.

1. Deepening friendship steadily.

We should further enhance the communication of high level officials among Northeast Asian countries. We should keep supporting each other regarding important issues such as sovereignty of country, integration of territory and dignity of the nation so as to finalize the regional cooperation mechanism and form all azimuth, high level friendship and mutual benefit cooperation relationship in the 21 century. We should face the conflicty and disagreement among countries. But, more importanty, we should sincerely sit down to discuss removing disagreements. I think to establish mutual trust and coordinate mechanism among Northeast countries will be very helpful to talk any problems in the open. Even for high sensitive topics, we will be able to find solutions through improving trust and removing disagreements. The chief designer of China's reform and opening, Mr. Deng Xiao Ping, used to say, to deal with new and old troubles in Northeast Asian countries, "the only way is to enhance friendship, develop cooperation continuously". This should be an important guideline for neighborly friendship in Northeast Asian region in a long run. China has clearly declared many times that we will hold up high the banner of peace, development and cooperation. By devoting neighborliness, securing neighbor and enriching neighbor, Northeast Asian countries will make great contribution to the world economy, continuious development and social advancement.

2. Strive for extending economic trade cooperation.

Since the normalization of relationship between China and other Northeast Asian countries, the mutual economic development and dependence among these countries have increased continuously. The value of trade between China and Japan exceeded 130 billion US dollars in 2003. It is the 11th year for Japan to become the largest trade partner of China and China becoming the second one for Japan. The trade between China and Korea exceeded 60 billion US dollars, Korea is the third largest destination of trade for China and second of that for Korea. The border trade between China and Russia reached 3. 5 billion US dollars with an annual growth rate of 20%. The economic trade cooperation and exchange between China and North Korea and Mongolia is also steadily increasing. Northeast Asian region is becoming one of the most active regions in the world in terms of foreign trade. According to the white paper book of Japan Trade Development Association, due to the fast growth of China's economy, the world trade increased by 16. 1% in 2003. China made important contribution to the growth of world trade. The weight of China's economy continuously increases. China's economy becomes an engine of world economic growth. The State Statistics Bureau of China announced that the growth rate of GDP of China reached 9. 7% in the first half of this year. It gives total value of GDP as 5878. 8 billion

Chinese Yuan. The Ministry of commerce of China announced that the foreign investment reached 38. 4 billion U. S. dollars in the first 7 months of this year. Compared with that in same period of last year, the growth rate was 15. 14% , 25217 foreign invested enterprises have set up in this period of time. The corresponding growth rate was 13. 36%. Chinese economy has kept a strong momentum and offered a large market and potential for Northeast countries and the world. At the same time, we are pleased to see the economic development in Japan, Korea and Russia are quite good. The president of Japan's Economy News Agency Sugi Ta Ryou Ki said at the 10th China-Japan economic seminar: The stronger the China economy is, the better the Japanese economy is. China's development played ianmportant role for the recovery of Japan's economy. The Minister of Resources of Korea, Mr. Hee Bum Lee, emphasized at China-Korea Second Seminar of Economy, the rising of China and change of economic environment has fundamental changes to the country relationship between them. It means that the prosperous and stable China's economy is closely linked to the development of Northeast Asian region and the world. The development of Northeast Asian and the world have promoted the prosperity of China's economy as well.

China, Japan and Korea are the economic core of Northeast Asia region. Recently, the Primeier of China, Mr. Wen Jiabao, said: The economic trade cooperation between China and Japan conceived large potential possibility. The economy of China and Korea has strengthened mutual complementary, cooperation and development opportunities. The Prime Minister of Japan, Mr. Junichiro Koizumi, said: The investment of Japanese to China will increase continuously.

The development of China will be a chance for Japan. This forecast is becoming a reality. The former Prime Minster of Korea, Mr. Koh Gun, said that government and civil of Korea clearly recognized that the key to realizing the country, plan to be common peace and prosperity with Northeast countries is to enhance the exchange and cooperation with China. The active attitude of three countries' leaders is sign to show that the economic and trade cooperation of Northeast Asian have entered to a new era. To design the cooperation blueprint, some agencies and specialists are already working on the establishment of a free trade area of Northeast Asia. I suggest pushing forward the regional cooperation in the following four projects so as to set a solid base for realizing this target.

First, insist on advancing the cooperative project of Tumen River region. With the documents of "Agreement on establishing coordinate committee for developing Tumen River region" and "Memorandum on Tumen River economic development region and Northeast Asian environment understanding" which were signed by China, South and North Korea, and Mongolia, the secretary Agency of UNDP for Tumen River region project could be organized to produce a related implementation plan and corresponding regional development policies. We should propel to sign new bilateral or multi-lateral investment and trade agreements in the fields of enhancing transportation, infrastructure, trade industry cooperation and develop tourism so that set a fine base for Northeast Asia free trade region.

The second action is to catch up the opportunity of developing Northeast China old industry key area. Last year, the China Government sets the strategy of rebuilding Northeast China industry base to speed up the adjustment and reform this old industry area and to support resource characterized cities develop sustainable industries. It contains to push forward reform and opening to adjust the economic structure of this area including industry structure, ownership structure, macro-economy structure, technical reform of enterprises, establish of employment and social security systems and develop science, technology and education undertakings. The central Government and other area have invested a lot. We also welcome Northeast Asian countries to join us actively. According to Chinese medias, the enterprises from Pearl River Triangle Area, Yangtze River Triangle Area struggles hardly for this market. August of this year, the enterprises in Guangdong and Heilongjiang signed 50 cooperation projects. The total amount of these agreements reached 13. 8 billion Chinese Yuan. The 69 cooperative projects signed by Guangdong and Jilin enterprises worth 15. 3 billion Chinese Yuan. Enterprises of Fujian signed 55 cooperative projects with that in Shenyang city which worth 15. 7 billion Chinese Yuan. Shanghai is negotiating with Jilin to transfer 63 Government owned enterprises in 12 industries worth 31. 7 billion Chinese Yuan of property. The Shanghai General Motors Car Group sets Bei Sheng Car Limited Company in Shenyang with 230 million US dollars investment. Chinese enterprises find its good opportunity to make use of the principle of "mutual benefit, common development". The media is also aware that some Japan and Korea enterprisers noticed only the large amount debt and surplus labor of enterprises in Northeast China area and keep watching. I think that the strategy of developing Northeast China is not only offering an opportunity to stimulate the regional economy coordination, but also a new motive for the

Northeast Asia regional economy development. The enterprises of Japan, Korea, Russia and other countries should catch the chance to play a role in the structure adjustment, technical reform, and reorganization of enterprises in Northeast China old industry area. Your advantage in knowledge and technology will be helpful to reforming the new economy growth mechanism in this area and for the fast development of your own as well.

The third point is to work together to solve the energy safety problem in Northeast Asia. Energy is a common important issue for Northeast Asia region. After Iraq war, the situation of oil supply from mideast area makes the leaders of America, Russia, China, Japan and Korea paying great attention to international oil problem. China Government is working hardly to make and implement state sustainable oilgas resources strategy with continuously developing international oil trade and cooperation on developing resources. From the view of resource distribution and supply, it will be difficult for China, Japan and Korea to rely on mid-east oil. 72% of the Russian oil resource is distributed in Far East and Siberia area. To make use of this resource has advantage of short transportation distance, low cost and relatively steady supply. This could be an optimum selection for Northeast countries to realize multi-resource import strategy. To transfer oil of Far East to Japan, South and North Korea through China has evident geographical advantage. China has the capability and willingness to participate the discovery of Far East oil. We are willing to play a role to maintain the energy safety in Northeast Asia. China is implementing a project of "transferring gas from West to East". The project will offer a most safe, convenient and least cost energy import line for Japan and Korea. The common discover oil-gas resource for Northeast Asian countries will produce more common interests and give deep influence to the peace and stable of Northeast Asia and mid-Asia.

The forth action is to improve trade commodity structure gradually. A large part of commodity trade among Northeast Asian countries is still belong to traditional field. The dense labor, low additional value and primary production take a large proportion which is not good for the developing countries in this area to accelerate economy development, since 1990s, the wide application of hi-tech, specially IT technology and electronic business makes human activity and social life entering an informationization and intelligence automatic era, I believe that to set a foot for Northeast region in this competition world, we should enhance our cooperation on study, develop and industrilization of core technology in the field of super large scale IC, high quality computer, large scale system software, super high speed network. We should enhance our cooperation in making use of EB to administration of government, social public service and management of enterprises. The Northeast Asian countries should keep the principles of honest, mutual benefit and win-win and pay respect to the interest of partners and create a fair judicial environment so that to optimize and improve the trade structure and quality of commodities and raise the quality and level of trade in this area as a whole.

3. Actively pushing forward the financial cooperation.

Finance is the core of modern economy. It plays an important role in propelling Northeast Asia regional economy cooperation, stabilizing society and benefit the people. The financial cooperation of Northeast Asia should break the limitation of official dialog. To study financial market, financialorganization, financial trade and other financial issues will be a kind of good cooperation to propel economy prosperity in this region. Recently, the People' s Bank of China raised five points to push regional financial cooperation. They are: a. Enhance macro-economy cooperation mechanism in the field of regional financial ministry and presidents of Central Banks of different countries could make wide discussion on important problems to reach recognition so that to influence economy policy of related countries. b. Finalize financial assistant mechanism continuously and do common effort to set currency exchange mechanism as the base of further financial cooperation of East Asia. c. Enhance financial monitoring and pre-alarm mechanism so that to reduce the potential financial risk and keep the stability of financial system. d. Stabilize exchange rate in this region. To keep the exchange rate of Chinese Yuan to be basically stabilize at a reasonable and balanced level is the demand of continue, fast, coordinate and healthy economy development for China, It is good for economy growth in Asia region too. e. Establish regional financial market. We could start with developing bond market to stabilize currency flow in East Asia improve resource allocation, maintain financial stabilization and propel economy development. After experience Asia financial crises, China takes an attitude both responsible to East Asia region and gradually extend regional financial cooperation.

The vice president of Bank of Japan, Mr. Mu Tou Tosl Rou, said at the 10th China-Japan Economy seminar: we should not stop at the activity of trade and direct investment. To encourage the capital trade is a topic to bring effective capital allocation is also an important topic for us to deal with. This is a valuable view of point. After more than 10 years, the Tumen River region cooperation project didn't progress as we expected and some regional cooperation projects are in difficult situation. It seems that these projects didn't solve effective capital allocation issues. Some wise men of Northeast Economic Forum raised concept of organizing Northeast Asia Development Bank early. They are trying to raise capital for economy cooperation in Northeast Asia region. To set regional bank for state's economy cooperation of this region is a creation. No matter the bank will run by government or private or work as a join event, all suggestions could be discussed. Different views will exist forever, We should encourage bankers, enterprisers and all related people who are willing to join and propel the capital effective allocation in the region to do their best. I sincerely hope that this meeting will make break to study and design the establishment of Northeast Asia development bank so that to make active contribution to the wealth of Northeast Asian people.

4. Develop mid-small scale enterprises groups.

Mid-small enterprises group means the organization of many mid-small enterprises integrated with professional cooperation. It has both the advantage of scale economy of large companies and the flexibility of mid-small scale enterprises. The organization enjoys the advantage of technical exploration, core capability dispersal and share and reach high efficiency, which any individual mid-small scale enterprise cannot imagine. Recently, a design agency of Chinese media discovers through Chinese economy development motivation investigation that people used to neglect mind-small enterprises as a large economy body for producing large amount of prosperity. Related material shows that in eight industries of real estate, car, steel, chemical fiber, medicine, electricity, communications and finance, the mid-small scale enterprises group increase in a high speed. Nowadays, there are 1. 346 million enterprises in China, 99. 8% of them are mid-small scale companies. They contributed more than 50% growth of GDP. People said that China became the manufacture factory of Asia and the world. The mid-small scale enterprises took the responsibility. Even though commodities made in China spread all over the world, the science and technical content and the value added are still low.

The cross state cooperation of mid-small scale enterprises in Northeast Asia have a wide future. It will play an important role to the development of this region in years to come. Nowadays, a large amount of mid-small scale enterprises have been merged in industries such as car and ship production, steel and parts production in Northeast Asia region. The cross state cooperation of mid-small scaleenterprises in Northeast Asia have a wide future. To establish cross state business service system, to offer information, guidance, training and service in research, consultant and others are necessary. b. To establish coordinate network for enhancing international industry, function divided and coordinate and organize an effective mid-small scale enterprises group network so that to raise the capability for these groups against risks. c. To create good socio-economic system including taxation, loan, insurance for investing abroad and financial support system etc. In my view, to propel the cooperation and cross state business of mid-small scale enterprises in different countries is a new trend of socio-economic development in this region. The governments of different countries realize the importance of the trend. There is a need of giving further support and improving communication among industry associations in different countries to propel the internationalization of technical equipment, product introduction and market explore in this regard.

5. Establish logistic cooperation network.

The advantage of China is the large amount of labor intensive manufactureindustries and potential large market. The advantage of Japan is the technology intensive companies forming a system with rich capital support. Korea is strong in car and ship production and the international competitive new technical industry such as IT. Russia has rich resources and energy supply, North Korea and Mongolia have their characters in tourism and resource. There is urgent need of establishing international regional logistic center to integrate the resources in different countries. There are more than 10 million foreign invested enterprises in some provinces of China, such as Shandong, Tianjing, Hebei and Northeast China. The raw material and products need to be transported to Japan, Korea, Russia and other countries in the world through shipping and air transportation. Land and air transportation is also necessary for cargo shift to Russia, Mongolia and other countries in Europe. To coordinate transportation systems in different countries, forming regional logistic center of Northeast Asia becomes a hot topic for us. It is also the demand of pushing forward the regional cooperation.

From my knowledge, corresponding research agencies of China, Japan and Korea arestudying the issue mentioned above. To solve the problem, people should take care of both the scientific and reasonable demand for the allocation of raw material and products and the interests of different countries. From strategic view of point, to make use of harbors in China and Korea such as that of Tianjin, Qingdao, Dalian, Inchon, Pusan, and west sea-share of Japan to establish a close linked logistic center synthetic network is helpful for economy development in Northeast Asia. From reality of this region, we could consider to enhance the bilateral cooperation between harbors of Tianjin, Shandong of China and Inchon, Pusan, of Korea and the harbors of Dalian, China and that of Japan. The Chinese transportation facilities of Euro-Asia land bridge could be made use to raise the capability and efficiency of material circulating in Northeast Asia region.

Besides, the transportation facilities could be used to propel tourism in different countries of this region. The various humanity, history and landscape of these countries will be a valuable resource to create new economy development industry. By encouraging the exchange among different social group and people, it is hopeful to make us know each other better and coexistence harmonically.

Ladies and gentlemen: With the leadership of Dr. Lee-Jay Cho, the Northeast Asia Economic Forum has experienced 14 years development. Begin with the study on Tumen River regional cooperation project, the Northeast Asia Economic Forum did a lot of work on study and coordinate in the fields of regional development, infrastructure, communication and transportation, energy, finance and environment protection. Chairman Lee-Jay Cho works hardly to organize scholars and officers from research agencies, offices and NGOs to discuss regional cooperation issues. He has offered a stage for speaking, exchanging and for improving friendship to create more recognition on cooperation of Northeast Asia region. Some products of the forum became valuable consultative suggestions for policy decision makers of

Governments in this region. The forum played a special role of NGO. The support of UNDP and related international organization, participation of research agencies in Northeast Asia, effective work of the secretary division of the forum have made important contribution to the cooperation of this region. We would like to thank the Chairman of Korea International Trade Association and his colleges for their hard work to make the annual meeting going on smoothly.

Finally, I hope the meeting successful and the forum will achieve greater contribution. Hope peace, friendship, common development to all Northeast Asian countries.

Thank you!

An Overview of the Censuses in China, the Storage of the Microdata and the Examples of Application

(December 1, 2004)

Jiang Zhenghua, Li Xiru and Guo Zhenwei

1. Introduction to China's censuses

The population statistics has existed for several thousand years in China. However, the census using the uniform standards, question-naires and schedules did not begin until the People's Republic of China was established in 1949. Until now, China has condvoted five censuses in 1953, 1964, 1982, 1990 and 2000, all of which provide critical information about population quantity, structure and changes for the government to make policies.

Constrained by the socioeconomic development at that time, the censuses of 1953 and 1964 are relatively simple. The first census in China only had six questions, which was for the election for the government. The second one was only expanded to nine questions. All of the data was processed by hand and the acquired information was relatively little. The third census in 1982 as the first modern census in the history of China covers the uncompleted field of world census. This census took July 1st as the standardenumeration time. Following the principle of permanent residence, the census registered the permanent residents in China holding citizenships of People's Republic of China. The registration items included name, the relationship with homeowner, gender, birth date, nationalrry, household registration status, education, industry, occupation, people of unemployment, marriage status, number of children ever born and alive and the birth status in the previous year. This census not only followed the uniform standards, it also took advantage of the computers to process the data entry and collection, which greatly improved the speed and capacity of data processing.

China implemented its fourth census in 1990 and then confirmed that the census should be done every ten years. In addition, a large-scale sampling survey should be done between every two census. Based on the 1982 registration items, the fourth census added items such as the residence place in the past five years, reasons of immigration. It also asked about the situation of dead people in the previous eighteen months.

China's fifth census in 2002 is the first one under the new situation of socialist market economy. To better satisfy the demand of socioeconomic development for the population information, this one has many new characteristics in comparison with previous censuses. Firstly, the standardenumeration time was adjusted to the zero o' clock on November 1 so that census enumerators were more convenient to enumerate. Secondly, the census forms had two types: short form and long form. The short form included items such as name, the relationship with homeowner, gender, birth date, nationality household registration status, nature of the household, and literacy status and education degree. The short form was required for all. Besides the above items, the long form (see index), in comparison with the 1990 census, added items such as residence situation, birthplace, the time of the most recent migration, the living source of the unemployment people and the time the first marriage. The long form was to be answered by a sample, which was 10% of the total population. Thirdly, using the scanners all forms were scanned and their images were stored. The data identification and entry was processed through the OCR technology. In addition, the space standard for permanent residents was lowered from county/city/district to county/village/street and the time standard was also redvced from one year to half a year, as they can more exactly reflect the industry structure and mobility of population.

Table 1   Comparison of Three Censuses since 1982

Year	1982	1990	2000
The Standard Enumeration Time	Zero o'clock, July 1st	Zero o'clock, July 1st	Zero o'clock, November 1st
Objects	Permanent residents in the mainland of China holding citizenships of People's Republic of China		
Registration Items	Household information: 6 items Individual information: 13 items	Household information: 6 items Individual information: 15 items	Household information: 23 items Individual information: 26 items
Standards for the Permanent Residents	Space: County/City/District Time: One year	Space: County/City/District Time: One year	Space : County/Village/Street Time: Half a year
Total Population	1.008 billion	1.134 billion	1.265 billion

2. The census microdata and its application

The five censuses since the establishment of People's Republic of China, especially the three censuses after 1982 obtained a huge amount of information on the situation and characteristics of the population in China. The registered population in those three censuses is o-ver 1 billion, 1. 1 billion and 1. 2 billion. According to the statistics, the registration cards of the fifth census are over 0. 4 billion and the entry data characters are over 64 billion. To deal with such a huge amount of census information, on one hand, the census office designs a detailed plan for summarizing the data and takes advantage of the computer technology to process the huge amount of data. On the other hand, the census office makes specific regulations on the management, maintenance and application of the raw individual data in the census.

2. 1 The storage of the census microdata

The census microdata is a precious resource acquired from the census and it is fundamental to the application of the census material. After finishing the data entry of the census in 1982 and 1990, the census office of the State Council immediately arranged the documentation of the census microdata. One percent of the total households of the census data were sampled to establish a microdata databank, which was properly stored in the form of the magnetic media. Unfortunately, the whole individual data from those two censuses is not kept until now because of the limitation of computer technology and resource at that time.

The development of computer technology provides new measures for processing the large data of the census. In processing the data of the fifth census, the national statistics information network has been fully used. The technology of databank helps to establish the data processing websites at the national and provincial levels. OCR technology has been used for data entry in the regional and city levels. The data gets into the provincial website through the network for online checking and summarization. The application of modern technology guarantees the proper storage of the microdata and helps to improve the application of the census information.

The raw enumeration form of census registration is the critical document of the census. After the data entry of 1982 census, the census office of the State Council arranged the establishment of adocument room in the statistics bureau of every province so that all the paper material of the enumeration could be properly kept. Further more, the census office of the State Council worked out specific regulations regarding the storage of the census enumeration forms in the late phrase of 1990 census. However, constraied by the limitation of regional storage space and technology conditions, the census office decided to adjust the storage of enumeration forms of 1982. Ten percent of the enumeration forms were kept so that there would be enough space for the enumeration forms of 1990 census. The same method was applied to the 1990 enumeration forms when the 2000 census began.

Because of the application of OCR technology, the raw enumeration forms in 2000 were kept in the form of images. The census office of the State Council required the provinces to keep the images in the magnetic media for a long time. After the 2000 census data was processed and the images of enumeration forms were kept, the paper-based enumeration forms were discarded.

Table 2　The Microdata of Three Censuses Since 1982

Year	1982	1990	2000
Microdata Storage	1% household sampled data	1% household sampled data	All individual data
Storage of Enumeration Forms	10% of the paper enumeration forms	10% of the paper enumeration forms	10% of the enumeration forms in the form of images

2. 2 The application of the census microdata

With the development of the computer technology, the measures of data processing for the census data are also developed so that there emerges a broader field for the application of the census microdata. The applications of the census material are not limited to the summary analysis of the aggregated tables by the large computers, but more frequently expanded to the deep analysis. The census office of the State Council highlights the summarization and application of the census microdata as a fundamental task of the census, which has been included in the relevant application project of the census material.

The one percent of household sampled microdata for 1982 and 1990 census was finished by 1986 and 1993. After the data processing, 1% household sampled data was also done based on the 2000 census for the further application. In those three censuses, besides the analysis of the whole dataset, the census office also cooperated with relevant universities and institutes to do further research based on the 1% household sampled data, which has significantly contributed to the population study.

The census microdata involves privacy issues. Therefore the further application of the microdata must obey the relevant laws and regulations to protect the privacy of individuals. According to the fifteenth item of the Statistics Law of People's Republic of China, the enumerated information of individuals or households is not allowed to be released unless the permission of the enumerated individuals and households. The enumeration in the censuses also requires the enumerators from census institutes and the relevant staff to keep the enumeration materials confidential. No release is allowed to any individuals or organizations except the census institutes. The release of enumeration forms of individuals or households is forbidden. The enumeration forms are only used for the data summarization. And the census institutes must properly keep them. No organizations or individuals with any excuses are allowed to check the enumeration forms.

To protect the privacy, the census office of the State Council takes very cautious measures when providing the microdata for the scientific research. On the one hand, the address codes under the county level are erased for all the sampled individual records when the data is provided for research. On the other hand, the data users must sign a contract on the data application, which clearly regulates the users to properly keep the data, not to dispense the data to the third party, not to do the research relevant to specific individual information.

To further increase the international influence of China's census and meet the demand of international research on China's population, the National Statistics Bureau of People's Republic of China was among the first members that joins the IPUMS program initiated by the University of Minnesota. The sampled microdata of 1982 census has been formally published in the website of IMUMS. That data is a

0. 1% sampled data from the 1982 census, in which all the individual registration items are available except the address codes under the county level. The National Statistics Bureau of People's Republic of China has always been interested in the IPUMS program and has been closely monitoring the development of the IMUMS program. There are discussions about the possibilities of further providing census microdata to that program.

3. The examples of application of the census microdata: analysis of China's current fertility level

The fertility level is the most critical demographic factor in determining the population reproduction and development. Population is the basic condition of a country and region, while the data of fertility level is the most basic population data. To study the fertility level since the 90s[1] is a prerequisite to understand the current population situation, scientifically predict the population trend in the future, especially the dynamics of the labor population, aging and population age distribution and the whole population. It also has the significant meaning for scientifically understanding the China's situation, comprehensively evaluating the country power, exploring the relationship between the population and economy, society, resources and environment, designing the national economy and social development project, designing the practical population and sustainable development policies, arranging the people's material and cultural lives, realizing the coordinating development of economy, society, resources and en-

---

[1] If no specific years are pointed out, the time in this part is always referring to the twentieth century.

vironment, and ensuring the realization of the national strategic goal of building the well-off society.

3. 1 The national fertility level

"The fertility level of China in the 90s is a confusing question"[1]. In 1992, the State Family Planning Commission conducted a national survey on fertility. The name was changed to "National Population and Family Planning Commission" (NPFPC) in 2003 due to the government reform. That is the famous survey known as "san-shi-ba-wan-ren survey". The result showed that the total fertility rate (TFR) of Chinese females in 1991 and 1992 were 1. 65 and 1. 52, which was a big decline in comparison with the result of 1990 census (2. 25). Such a contrast triggered off many domestic and international discussions and comments, especially the long lasting debate among the relevant institutes and scholars. "Is China's fertility level lower than the replacement level?[2]" The general opinion is that any further decline of the fertility level is hard because of the current socio-economic development, traditional cultural impact and the already approximation to the replacement level. People hope the fifth census in 2000 could help to resolve this "puzzle" of China's real fertility level. However, since the release of the "No. 1 Report of 2000 Census", this debate is not weakened, but intensified. The fifth

---

① Yu, Xuejun and Zhenming Xie. June 2000. "The Comments on China's Population Development: Retrospection and Prospecting" in The Study of Fertility in China. People's Press.

② Zeng, Yi. Feb 1996. "Is China's fertility level lower than the replacement level?" in Paper Collection of 1992 China Sampling Survey on Fertility Rate, edited by Jiang Zhenghua. China Population Press.

census shows that China' s TFR is 1. 22[1] in 2004. There is seriously under-enumerated in the number of births[2] in 2000 census. So, the fertility level based on the direct calculation[3] cannot truly reflect China' s current fertility level, as can be shown by the big difference between the period fertility rate and lifetime fertility rate/completed fertility rate (CFR).

TFR tells the average fertility level of a female in her entire life, assuming the female gives births according to the probability of every age group in a specific year. CFR is the actual fertility level of a same group of females in their entire lives. TFR is a cross-sectional indicator taking a specific year (such as 2000) to depict the fertility level of females, which can reflect the current fertility level. CFR is a longitudinal indicator depicting the birth history of a group of females with same age, which can reflect the past fertility level. In the same year, TFR and CFR may be very different. For instance, influenced by the traditional culture, Chinese people tend to choose the birth year of

---

[1]　Zhigang Guo uses mother-child approach to analyze TFR since 1990s through the summarization of fifth census sampled data. His result is about 1. 3. See Guo Zhigang. Feb. 2003. Population Analysis of 2000 Census by Birth Type. 2000. The Final Report of 2002 Critical Research Project of the Fifth Census Office of the State Council.

[2]　For example, Zhang Weimin and Cui Hongyan. "An Evaluation of the Accuracy of the 2000 Census in China. " Paper presented in the National Fifth Census Meeting.

[3]　TFR cannot properly indicate the parity-specific progressive ratio, Yuan Jianhua and other experts get a low result based on age-parity-specific progressive TFR from the 2000 census. See Yuan Jianhua and Yu Hongwen. 2003. "From the Evaluation of Fertility level to the Prediction of Future Population. " China Population Science. Vol 1: 15-21.

their children. More children will be born in the "dragon" year in comparison with "goat" year. Therefore, TFR will fluctuate correspondingly. When the birth situation is stable, TFR and CFR should be similar[①]. Strictly speaking, CFR can be calculated only if females pass through the entire reproductive ages (forty nine years old). The average number of children of the females 49 year old is the CFR in the strict sense. However, Chinese females rarely give birth after 35 years old (Table 3), so the difference can be neglected. As can be seen form Table 3, the number of children tends to be reported lower for the females over 35. Therefore, it is proper to take the average number of born children of the females 35 year old as the CFR. According to the summarization of the 0. 95‰ sample from the fifth census, the CFR is 1. 76 in 2000. The TFR is lower than the CFR by 30. 7%. When the birth situation is stable, we can argue that the under-enumeration rate of the birth registration in the 2000 census is as high as 30. 7%.

---

① When the fertility rate is without significant changes, period fertility rate and lifetime fertility rate are similar, as is a presumption of many fertility rate model and indirect approaches in estimation of fertility.

Table 3   The Average Number of Children for the Different Groups of Females over 35 Years Old

Age in 1997	1997	2001	Age in 1990	1990	2000
35	2.00	2.02			
36	1.91	1.93			
37	1.94	1.94			
38	2.05	2.09			
39	2.15	2.14			
40	2.14	2.15			
41	2.14	2.18			
42	2.28	2.26	35	2.25	2.20
43	2.30	2.33	36	2.35	2.26
44	2.53	2.42	37	2.49	2.36
45	2.56	2.49	38	2.62	2.46
			39	2.76	2.56
			40	2.93	2.79
			41	3.08	3.10*
			42	3.23	3.15*

Sources: The data of 1997 and 2001 is from the 1997 National Population and Repro-
ductive Health Survey and 2001 National Reproductive Health Survey. The
data of 1990 and 2000 is from the fourth and fifth census. Data with " * "
is from 1997 National Population and Reproductive Health Survey.

Since it is not proper to directly calculate the TFR based on the 2000 census to get China's real fertility level in 1990s, we either have to use the high-quality data from the third party or discard the indicator of TFR, which is so sensitive to under-count of the recent birth, and transfer to other more reliable indicators.

The enrollment number of the primary school from the education department can be used to derive the birth number of the recent years. China has broadly established the nine-year compulsory education, the enrollment ratio of the children of proper age is over 99%. By using the enrollment number of the primary school and considering the death factor of the children, the birth number in recent years can be derived (Table 4). The birth number from 1991 to 1996 estimated through this method is approximate to the released result of the sampling survey done by the National Statistics Bureau in term of the population dynamics. The difference of those two results is as small as 2%. The calculation shows that the TFR of China's females during this period is 1. 73 to 1. 77. Wang Gangzhou[1] in China Population and Development Research Center and Wang Jinying[2] in Renmin University estimate the of 1993 to 2002 as 1. 67 to 1. 77 through the indirect estimation technology, which is very similar to the result in Table 4. Based on the data released by NPBPC, China's actual TFR is stable around 1. 8 in the middle and late 1990s. The estimation from UNFPA[3] and US Population Consultant Bureau is 1. 8 to 1. 9. All the evidence illustrates that China is among the low fertility countries in the world and among the developing countries, it is the only country with a large population to realize the replacement level in the twentieth century.

---

[1]   Wang, Guangzho. 2002. "The Indirect Estimation of age-specific fertility rate and total fertility rate and Its Applications." China Population Science. Vol 3: 71—75

[2]   Wang, Jinying. 2003. "The Birth Mode Changes and Fertility level Estimation in China, 1990 to 2000." China Population Science. Vol 4: 32—38.

[3]   UNFPA Population Division, World Population Prospects: the 2002 Revision. At: www. unfpa. org.

Table 4   The Estimated Birth Number and Level Based on

Enrollment Number of the Primary Schools

(Unit: 10, 000)

Enrollment Number of the Primary School		The Estimated Birth		The Birth Number Released by the National Statistics	TFR Derived from the Estimated Birth
Enrollment	Number	Birth Year	Number		
2002	1953	1996	2016	2067	1.77
2001	1944	1995	2008	2063	1.73
2000	1946	1994	2011	2104	1.73
1999	2030	1993	2098	2126	1.80
1998	2201	1992	2276	2119	1.98
1997	2462	1991	2546	2258	2.25

Source: The enrollment number of the primary school is from The Statistics of China'

s Education Development yearly published by the Development and Planning

Department of the Education Ministry. The birth number released by the Na-

tional Statistics Bureau can be found in China Statistical Yearbook. All the

other figures are calculated by the authors.

Figure 1: The Comparison of the TFR of China to Other Major

Countries, 1995-2000

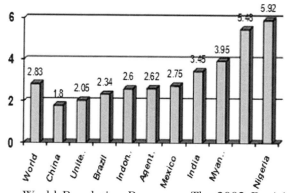

Source: World Population Prospect: The 2002 Revision

As can be seen from Table 3, either in the census or sampling survey, whatever the time is, the various surveys show the uniform result on the average born children of the females over 35 years old since the 1990s. This inspires us to use the CFR to estimate the current fertility level. There are four advantages to use this indicator: Firstly, in comparison with period fertility rate, CFR is not easy to under-enumerate, so it is more accurate. The current under-enumeration of births in China is mainly the under-enumeration of the children of the low-age group females, which include the under-enumeration with intention because of illegal birth and the under-enumeration because of the difficulty to register in the migration. However, whatever situation it is, the missed children will be found when they are in the age of going to the kinder gardens or primary schools. So it is unnecessary and impossible for the female to really conceal their births. Secondly, China is now in a period of the low fertility level The Central Committee Of Chinese Communist Party and the State Council issues The Decision on Strengthening the Works of Population and Family Planning to stabilize the low fertility level (2000, No. 8), under normal circumstences, such a situation cannot fluctuate very dramatically. The CFR and period fertility level should be similar, so the current fertility level can be reflected. Thirdly, it is a very hard job to properly analyze and master the under-enumeration of the birth. Using the indicators of CFR can avoid this problem so that the local fertility levels can be analyzed and summarized in a very simple way. In addition, the analysis by different types such as nations can be very easy. Fourthly, because the CFR depicts the fertility level of the females in their entire reproductive period, the consequence of the China's population and family planning policy can be examined more directly

and accurately. We can use the average children number of the fe-
males over 35 years old as an alternative indicator for CFR. The fe-
males at the age of 35 in 2000 are 15 years old in 1980, and 25 years
old in 1990. Their birth history is influenced by the current fertility
policy. So their average born children can better reflect the CFR un-
der the influence of current fertility policy and then illustrate its effect.
According to the fourth census, the average children of females over
35 years are 2. 25 in 1990, similar as the period fertility level--TFR.
In 2000, it declined to 1. 76. Namely every female produces less
children by 0. 5, which shows the birth ratio keeps declining even in
an already low level.

3. 2 The fertility level in provinces, regions and cities

According to the summarization of the 0. 95‰ sampled data of the
fifth census, the cities of the lowest CFR below 1. 2 are Shanghai,
Beijing and Tianjin etc; the provinces with a CFR from 1. 2 to 1. 6
are Jiangsu, Chongqing, Sichuan, Liaoning, Heilongjiang, Jilin,
Shandong, Zhejiang, Inner Mongolia etc; the provinces of CFR from
1. 8 to 2. 1 are Jiangxi, Hubei, Anhui, Fujian, Hunan, Shanxi,
Henan, Shaanxi, Guangxi, Gansu, Hebei, Yunnan, Qinghai, etc;
the provinces of CFR above 2. 1 are Guangdong, Guizhou, Ningxia,
Hainan, Xinjiang, Tibet, etc. Concerning the economic develop-
ment, we argue that except Guangdong, Sichuan, Chongqing and In-
ner Mongolia, the more advanced the economy, the lower the fertility
level of the females.

In comparison with 1990, the fertility level of all the provinces
declines in 2000 except Shanghai (Figure 2). In terms of the trend,
the higher the fertility level in the 1990 is, the more the fertility level

declines in 1990s. In 1990, the fertility level of Xinjiang is the highest at 3. 62 and that of Shanghai is the lowest at 1. 08. The ratio of the highest to the lowest is 3. 35: 1. In 2000, the fertility level of Tibet is the highest at 2. 69 and Shanghai is still the lowest. The ratio becomes 2. 47: 1. From the analysis above, the fertility levels of the provinces, regions and cities become similar and the differences have shrunk since the 1990s.

Figure 2: The Average Children of Females over 35 Years Old in 1990 and 2000 in by Provinces, Region and Cities

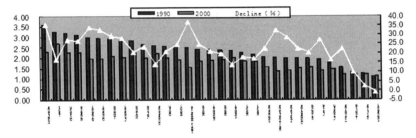

Source: Summarization of the 1% sampled data of the fourth census and the 0. 95‰ sampled data of the fifth census.

Note: Chongqing and Sichuan cannot be distinguished in the fourth census, so the 1990 data of those two is from the original data of Sichuan.

3. 3 The fertility level by urban and rural areas, by education and by nationalities

The fertility levels between urban and rural areas are obviously different. According to the summarization of the 0. 95‰ sampled data of the fifth census, the CFR of the females is 1. 29 in the cities, 1. 56 in the counties and 2. 02 in the villages.

The education of the females and their fertility level is negatively associated, which matches the basic conclusion of the demographic e-conomics. The CFR of the females lower than the primary school level (including the females who never go to school or only go to the class for illiteracy) is about 2. 4 and the TFR is about 1. 9, while for the females who receive the education equal to or higher than university level, it is about 1 (Table 5). Since 1990s, the fertility level of the females with an education degree equal to or higher than the level of the two-year university is stable. The national decline of the fertility level is mainly from the declining fertility level of the females with an education degree lower than the primary school level. It declines by a-bout 0. 4.

Table 5　The Fertility levels of the Females with Different Education Degrees

The Education Degree	The Average Children of the Females of 35 Years Old	TFR
Never Go to School	2.42	1.86
The Class for Illiteracy	2.36	1.95
Primary School	2.05	1.48
Middle School	1.72	1.23
High School	1.30	1.00
Middle Uocational School	1.11	1.01
Two Year University	1.03	0.92
Four Year University and above	1.02	0.86

Source: Derived form the summarization of the 0. 95‰ sampled data.

Given the faet that in the 0. 95‰ sampled data of the fifth cen-sus, the population of some ethnic minorities is small and the number of females of 35 years old is even less, so we use the average children of females of 35 to 39 years old as the CFR for the minorities, rather than the average children of females of 35 years old. The population of the minorities as Susu and Va etc is so small that we take all of them as a whole ("Others" in Figure 3). From Figure 3, we can see the CFR of the Korean females is the lowest as 1. 13. Next come the Manchu, Han and Mongolian, whose CFR are lower than 2. 0. The top five minorities with the highest CFR are Miao, Kazak, Tibetan, Li, and Uyger. There are no big differences in the rank of TFR and CFR for other minorities.

Figure 3: The Average Children of Females of 35 to 39 years old by nationalities in 2000

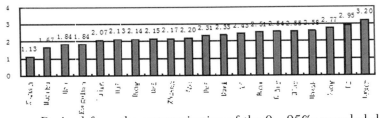

Source: Derived from the summarization of the 0. 95‰ sampled data of the fifth census.

3. 4 The comparison of the floating population and the permanent residents on the fertility level

Not considering the people with an indeterminate household status and people studying aboard without a household, we can divide the population into two parts according to the question R6 in the census, "Household Registration Status". One is the permanent residents characterized by "the coexistence of the people and the household", who reside in the local county/village/street and hold the local household (including the situation of being out of town for less than half a year). The other is the floating population characterized by "the sep-aration of the people and the household", who have left the registered place for more than half a year and whose household is elsewhere. In terms of the sphere of the floating, the population can be further clas-sified as the floating population across provinces, the floating popula-tion across counties in provinces and the floating population across vil-lages in counties.

The fertility level of the floating population is lower than non-floating population. As can be seen from Table 5, the females of the 35 to 39 years old of the permanent residence have more children than the floating females by 0. 3 to 0. 4. Generally, the floating popula-tion is not only good for the efficient settlement of the labor force, but also helps to stabilize the low fertility rate. The urbanization in China will be sped up in the near future, increasing by 1%. It has been predicted that 57% will be achieved in about 2002 and 15 million of population will float from the rural area per year.

Table 5   The Comparison of the Average Children of the Females of 35 to 39 Years Old between the Floating Population and the Permanent Residents

Source: The summarization of the 0. 95‰ sampled data of the fifth census.

3. 5 Primary result and discussion

China began its nation-wide family planning program in the 1970s, which marked the prelude of the birth transformation. Al-though the government advocated the limitation of the fertility before, there were no effective measures, so it was always an individual mat-ter to give a birth. The TFR of Chinese females was 5. 81 in 1970. After the family planning program, it declined to less than 3. 00 in

Age	Floating Population Across Provinces	Floating Population Across Counties in Provinces	Floating Population Across Villages in Counties	Sum of the Floating Population	Permanent Residents
35	1.68	1.55	1.36	1.48	1.80
36	1.75	1.68	1.34	1.51	1.85
37	1.76	1.72	1.37	1.53	1.90
38	1.90	1.84	1.43	1.61	2.00
39	1.98	1.84	1.49	1.65	2.03
Total	1.78	1.70	1.39	1.54	1.90

1977 and 2. 24 in 1980. There were some fluctuation afterwards and it declined to below the replacement level in the 1990s (See Figure 4). The current fertility level is about 1. 7 to 1. 8. Some Scholars[1] have carefully analyzed the transformation of China's population through the fertility rate, TFR and family planning policies. The transformation of population in the western industrialized countries cost them seventy, eighty or even one hundred years, while China uses only thirty years to realize the transformation in a fast declining fertility rate with a big degree[2]. R. Freedman[3] once commented that there

---

[1] For instance: Zeng Yi. 1992. Family Dynamics in China: A Life Table Analysis. University of Wisconsin; Zhu Guohong. 1989. "Population Transformation Thesis. " in Population and Economy Vol. 2; Zha Ruichuan. 1996. "Reconsider the Characteristics of the Fertility Rate Transformation in China. " China Population Science. Vol 2.

[2] Li Jianmin first proposed that China has gone into the period of post-transformation of population in 2000. See Li Jianmin. 2000. "Post-transformation of the Population. " Population Study. Vol 4.

[3] Ronald Freedman. 1995. "Asia's recent fertility decline and prospects for future demographic change. " Asia-Pacific population research reports, No. 1. Program on population, East-West Center.

is no such a quick decline of fertility rate as that of China in the history of human beings, especially considering that China has the biggest population around the world, in which 80% is rural population.

The reason of the decline of the fertility rate is complicated and the reason of the population transformation in China becomes one of the focuses in the academic study. The low fertility rate in China can be partly attributed to the fast development of the economy and society, however, the major reason is the insistence of the population and family planning program for a long fime[1]. The effect of family planning program is also associates with the economic growth, historical backgrounds, national characters, local customs and many other factors. The consistently strengthening high-quality service, the increasing population quality and the development of the household economy all contribute to the success of the family planning program. Concerning the various characters of the production, life and environment, the standards of family planning program are different for various regions and nations. The birth regulations are strict for the nationalities of Han and Manchu, who also have a lower fertility level in comparison with other nationalities. The different fertility policies in the cities, counties and villages result in different fertility levels. The minorities such as Korean and Mongolian achieve the similar or even lower fertility level in comparison with Han under relatively loose birth regulations. With the increase of the education of the females, the

---

[1] The fertility policy in China is not "Oe Child Policy" misunderstood by some people, but different measvres for various regions and nations. From the national level, one couple can averagely have 1. 6 children, as calculated from the current fertility policy.

fertility level will decline. The floating population has a lower fertility level than the permanent residents. It is worth pointing out that the discussions above are only concerned about the possible major factors influencing the fertility level. To accurately understand what factors influence the fertility rate and to what degree, we should also consider the potential factors by using the multiple statistics. Those analyses have to be based on the census microdata.

4. Summary

Since the establishment of People's Republic of China, there have been five censuses (not including the population in Hong Kong, Macao and Taiwan), which have provided comprehensive, detailed and sufficient data to support the research of the population dynamics, the accurate understanding of the basic national power and the scientific designing of economic and social policies. The third census in 1982 is the first census after China began its reform and opening -up policy, which has significant meaning in the history of population statistics and covers the uncompleted field of world census. In comparison with the first one (1953) and the second one (1964), this census processed the data using the modern computer technology for the first time. More important, the census data was released to society and the relevant institutes either domestic or foreign. This ended the relatively closed history, in which the data is controlled inside and ushered in a new period characterized by the openness and cooperation. At the same time, the population statistics come to be institutionalized. There emerges the institutional arrangement and method framework combining multiple statistical measures, which take the census every ten years as the basis, the yearly sampling survey as the routine task, typical survey and regular statistical reporting system as the complementary work. In the 80s, with deepening the reform of the economic institutions, especially the household registration system and food stamp system, the mobility and migration of population in China were intensified. Based on registration items of the third census, the fourth census in 1990 added items on the mobility and migration of the population. The fifth census in 2000 is the first census after the socialist market economy is introduced in China. Eleven new items were added (mainly focusing on the indicators about residence and employment). The technology design was more scientific and economical. The combination of long and short forms and the new digital technology of scanning and image storage were firstly used.

The census microdata is the precious resources from the census and the basis of the application of the census material. The registered populations in the third, fourth and fifth censuses are 1. 008 billion, 1. 134 billion and 1. 265 billion. Faced with so huge census information, the government of China makes corresponding arrangement on the raw registration material of the census, and the storage, maintenance and application of the microdata in terms of the technology and management conditions. The 1% sampled microdata from the third and fourth census and all the microdata of the fifth census are properly kept. Especially the 10% registration tables of the fifth census are kept in both forms of the paper material and electronic images. Under the new situations, the deep analysis based on the microdata becomes more important. The census office of the State Council has highlighted the providence of the microdata as the fundamental task of the census, which has been listed in the application project of the relevant census material. The National Statistics Bureau maintains a good cooperation with the IPUMS program and closely monitors the development of the IMUMS program. It is positively and cautiously exploring the possibilities of further providing census microdata to that program and the international society.

Taking the analysis of the current fertility level in China as an instance, this paper illustrates the application of the census microdata. Based on the analysis of the 0. 95‰ sampled data from the fifth census, the current actual fertility rate of Chinese females has declined to 1. 7 to 1. 8. 1 + took China less than thirty years to basically realize the population transformation and becomes one of the low fertility countries around the world. However, there still exist significant differences among regions, urban and rural areas, nationalities and the floating population and registered population.

COUNTRIES WITH REPLACEMENT FERTILITY

(December 16, 2004)

CHINESE STATUS

by Prof. Jiang Zhenghua

(Vice Chairman of the National People' s Congress of China)

and

Research fellow Zhang Lingguang

(Academic of Social Sciences of China)

Summary

The paper describes the population situation of China. The rapid fertility transition of Chinese people attracted the attention of the world. The determinants and consequences of the fertility decline are discussed in detail, as well as the implication of the policy change. The heavy population pressure drives the government to take emergent actions to curb the population growth and in general, people accepted the policy. However, along with the experiences cumulated, the Chinese government has made a series improvement to make the programme more helpful to people in their family economy, health care and others. A target-patient oriented pattern family planning programme has bought about and will bring about deep socio-economic, demographic changes in the years to come in China.

A. Review On Modern History Of Chinese Population Growth

The population growth in China was accelerated after 18th century. The size of Chinese population had increased from 200 million in 1764 to 450 million in 1840. Since mid 19th century, China had been suffered from wars, famines and epidemic diseases. When the People's Republic of China was founded in 1949, the registered number of Chinese people was 540 million. The Chinese population had increased rapidly after the founding of the PRC. The population size reached 600 million in October 1954, 700 million in August 1964, 800 million in September 1969, 900 million in Jane 1974, 1 billion in December 1981, 1. 1 billion in May 1988 and 1. 2 billion in February 1995. The time intervals for adding 100 million people to China's population were 9 years and 10 months, 5 years and 1 month, 4 years and 9 months, 7 years and 6 months, 6 years and 5 months, 6 years and 9 months respectively. The new figure of population size for mainland of China was 1. 236 billion by the end of 1997.

The zesvlt of the 1953 China population census shocked the policy makers. In 1954, the Chinese government approved a document issued by the Ministry of Public Health named "The regulation on the use of contraceptive and induced abortion". It was clearly pointed out in the document named "the framework of the state agricultural development" in 1956 that "in all areas with high population density, except the minority nationality regions, contraceptive methods should be introduced to people and planned birth should be encouraged". This is the prelude of implementing family planning program in China.

The family planning office under the State Council of China was established in 1964 to manage the family planning program which performed quite well in cities. Unfortunately, the so called "cultural revolution" interrupted normal working procedure of the society including the implementation of family planning program in China. Fertility was kept at very high level from 1963 through the 1960s. The baby boom in the 1960s has caused high proportion of fertile women in the 1980s and 1990s. This is the reason for China to implement a tight family planning program since 1973.

It is the first time for Chinese government to make great effort of reducing the population growth rate an element in the National Economic Development Plan in 1973. A formal policy of "better to have one child for each couple, maximum two" and "late marriage, sparse and fewer births" was forged then. Since 1980, under the shadow of extremely high proportion of fertile women, a policy of "one child for each couple is encouraged except in minority nationdlity regions" was issued. At the same time, open policy and market oriented economy were implemented in China. The Chinese Government was fully aware of the heavy pressure of population. However, it takes several years for the common Chinese people to adjust themselves to the new sitvation. Finally, more and more people understood that the new socio-economic policy created such a rare chance for them to get rich, so that many people are willing to have fewer children to catch the chance of becoming rich. It was estimated that more than three hundred million births were averted from year 1970 to 1997 in China due to the implementation of family planning program. In brief, four stages of the population policy could be identified in China

a. 1950's: no explicit policy. 1950's is the baby boom period for the world and Chinese was busy with reconstructing their families. It takes time for the Chinese government to discover the population problem. The government paid more attention to the economic construction and social development such as general health care, education etc. No explicit population policy was announced in this period of time.

b. 1960's: family planning introduced to people in selected cities and counties: The economic development was breakout by the end of 1950's due to many reasons. One of the reasons is the rapid growth of population in the 1950's. The government realized that family planning is the only solution for the problem. Special offices were established in selected cities and counties such as Shanghai, Beijing, Tianjin to implement family planning programs and to a cumulate experience.

c. 1970's: late, spaced, fewer births, one is good, two is OK, three are too many. Family planning programme was introduced to Chinese at the beginning of the 1970's. The principle of the programme was late marriage, fewer births and spacing births. The one child families were encouraged in different ways in different regions

d. 1980's and after: Encourage late marriage, late birth, fewer and healthier babies; encourage couples to have one child. In rural areas, the second child should be spaced at four or five years. Minority groups were encouraged to plan families but fewer regulations were available.

Provincial governments were responsible for their minorities.

So far the family planning programme has been implemented quite well. More attention was given to improve the quality of service to the couples in recent years. The successful experiences of the programme are so called three first, namely education first, regular service first and contraceptive use first, and three combinations, namely making family planning programme in combination with local economic development, economic activities of the family and happy prosperous family life. Special emphasis is also given to women projects such as quick rich co-operation team, golden bridge projects etc.. All these projects provide women with information, technology and financial support so as to help them actively joint economic activities and give less time to produce children. The projects seem to be very successful.

The main points of the present family planning policy of the Chinese government are: to promote late marriage and later, fewer but healthier births; to prevent genetic defects; to advocate the practice of "one couple, one child" and to encourage birth spacing for those couples who would have difficulties if they had only one child. Family planning policy and specific regulations in areas inhabited by minority groups are formulated by their respective provincial and autonomous regional governments.

The economic and social development plan of China stipulates that the average annual natural population growth rate should be controlled at 12. 5 per thousand people or lower in the ten years from 1991 to 2000. The total population on the mainland of China should be limited to 1. 3 billion or lower by the year 2000 and to 1. 4 billion or lower by the year 2010. We will do our best to stabilize our population at 1. 6 billion by the middle of the next century. This is a figure fitting the carrying capacity of natural resources of China.

Following the demographic transition in China, dramatic change in age structure has been observed. Figure 1 illustrates the compari-

son of age structures in four population censuses of China. The exten-
sion of the base of age pyramid of 1990 census is obviously the echo of
the baby boom in the 1960s.

Population Pyramid of China, 1953

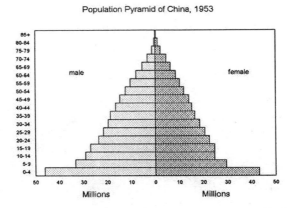

Population Pyramid of China, 1964

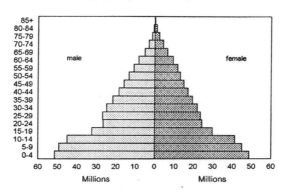

Population Pyramid of China, 1982

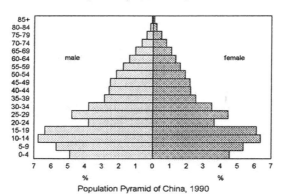

Population Pyramid of China, 1990

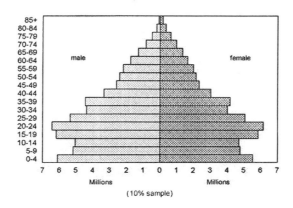

(10% sample)

B. Fertility Transition

China used to have very high fertility and mortality. Before the founding of the PRC, crude birth rate in rural China was around 40‰. Even in urban areas, CBR had reached 20‰. The life expectancy was 35 years in the 1930s and 1940s. Correspondingly, infant mortality rate reached 200‰. Table 1 to 3 illustrate the figures collected in some areas in the country.

Traditionally, Chinese preferred to live in expanded large family with several generations. Usually, the oldest man was the head of household and controlled property and other resources of the family. This phenomenon definitely led to large scale families and high fertility. Son preference was a strong social concept among the ordinary Chinese people. At the beginning of the 1950s, the government of China concentrated herself in economic construction and health care issues. Contraceptive methods were used only for health reasons. Very soon, serious employment and food supply problems made the population pressure visible to the government. However, it took long time for the pressure to be found by the common citizens. Faced with the painful experience of famine period of early 1960s, the family planning office under the State Council of China was established in 1964 and started to implement family planning programme in large cities and selected rural areas. The reaction was quite well. Unfortunately, the storm of so-called "Cultural Revolution" interrupted this normal procedure and brought another baby boom to Chinese. When Chinese government came back to family planning programme in 1973, the total population of China had reached more than 800 million. To curb population growth became an urgent target for the society. Late, well-spaced and fewer births policy was introduced to people and most majority of Chinese accepted the idea. Encouraged by the successful implementation in the 1970s, China enhanced its effort to reduce the population growth. Static population and zero-growth target was set up and late marriages, late births, fewer, healthier babies, having only one child for each couple were encouraged. Supported by the government. More than 3000 family planning clinics were built in rural areas. The total number of family planning workers reached 400, 000 in 1996. According to the NGO statistics, there are 50 million people working as volunteers in their hometowns. A large proportion of them are retired people. They play an important role in many small villages by making use of their old generation position to teach young people.

Main actions to be taken to implement the policy can be listed as follows:

a. Establish an education system in the whole society. Population education courses were offered in schools so that children can learn the idea about controlling population growth, protection environment and integrating development program with demographic plans.

b. Raising women's status, protecting women's rights and encouraging women to participate in economic development are important means to reduce fertility and solve population problems.

c. Serve the eligible women with suitable contraceptive methods. There are more than 40 factories producing different contraceptives in China. With the help of UNFPA, Chinese government takes effective actions to improve the quality of IUD and other methods so as to protect the health of the mothers and children. Hospitals, women and children health care centres and family planning clinics have co-operated to form a network covering all urban and rural areas for the convenience of the people.

d. The NGOs play an important role in family planning program in China. The Family Planning Association alone has 900 thousand sub-associations and more than 50 million voluntary workers. They organize people to help each other and educate people with modern family planning and sciencfifice knowledge. NGOs create good environment and condition for implementing family planning program.

e. Special family planning agencies are organized in the government at all levels. Chinese government takes family planning as a basic country policy. The budget for family planning program has increased by about 18% each year in late 1980s. The population plan is integrated with socio-economic development plan so that necessary information is given to whole society to ensure the positive joint effort on reaching population target.

The figures from table 4 and 5 illustrate the main achievements of the national population and development programme. The regional figure in table 5 shows the close relationship between education, economic growth, overall level of development and population growth. It is clear in the table that the majority of the developed areas in China have lower fertility rates. However, some provinces reached low fertility rates at a relatively lower development level, At the national level, the birth rate dropped to 16. 57 per thousand in 1997 from 33. 43 per thousand in 1970. The total fertility rate went down to below 2 in recent years from 5. 81 in 1970. China's mortality rate dropped to a little less than 7 per thousand in late 1980s and has been stabilized at the level since then. In the same period of time, the life expectancy rose from 35 years in 1940s to 56 by the end of 1980s. A nation-wide network of family planning and maternity and child health services have been established, with more than 3000 health care centres at various levels. Family planning programme has helped to free many married women from high order births and heavy family burdens. More and more women participate actively in matter relating political and economic affairs. In the people's congresses at different levels, about 20 per cent of the deputies are females. It is a clear evidence to prove the rise of women's status in China. In the past 10 years and more, China has greatly strengthened her environmental protection programme. From 1981 to 1990, with its GNP doubled, the nation's environment quality remained basically stable. All these proved the population and development policy of China is a successful one.

C. The Consequences of Fertility Decline

The immediate consequence of lower population growth rate on economic Development-save money for fostering children

The immediate result of lower fertility is to save money to foster expenditure children. By applying trend analysis method, the births averted from 1971 to 1992 due to family planning programme were estimated to be 250 million. According to economists, it will save about 500 billion U. S. dollars by apping discount procedure, more than the GNP of China in 1993. One third of the expenditure should be paid from 1971 to 1992 and two third will be paid from 1993 to 2007. The total input to family planning from 1971 to 1992 was roughly 10 billion U. S. dollars including the government and non-government sources. The input to output ratio was 1 to 17. It is of course a big saving to the society. Table 9 illustrats the estimation of the fostering

expenditure saved from 1 971 to 1990 due to family planning pro-
gramme in this period of time. The total fostering expenditure saved in
this period of time were 2500 billion yuan including 1828 billion yuan
which will be paid in 1991 to 2005. The savings makes it possible for
the government at different levels to invest more money in productive
sectors. A part of the money may be spent in consumption to improve
the quality of life. It was estimated that at least ten per cent of the na-
tional income growth were produced from the saving of the lower popu-
lation growth in this period of time. There are much more uncertainty
in estimating the increase of consumption level due to the savings from
lower fertility. Some economists suggested that 10 to 47 per cent of
the consumption increase in period from 1971 to 1990 were the bene-
fits of lower population growth.

The impacts of population growth to employment

According to 1982 and 1990 population growth to employment
census data, the labor force of China have increased by 138 million in
a 8 year period of time. This is of course the echo of the baby boom in
the 1960s. Even though the economic development was tremendously
quick, the number of new employees in the inter census period of time
was 125. 69 million only. The 1990 census data showed that 72. 1
per cent of employees were working in the primary sector. A large
quantity of surplus labor has existed in rural China. This is a serious
obstacle for farmers to adopt modern productive equipment in agricul-
tural sector. In a long period of time, Chinese peasants have to work
in traditional way to make full use of their labor force. It was esti-
mated that there are 100 to 150 million surplus agricultural laborers in
China. By the end of 2000, the surplus laborers in rural area of Chi-

na will increase to more than 190 million. In urban area, experts estimate that 20 to 25 per cent of employees are surplus. The serious underemployment problem leads to lower economic efficiency in all industrial sectors. The author has expected that there will be a little more than 10 million unemployed people in urban areas of China around 2000. However, the success of the implementation of the family planning programme in China greatly relieved the problem. The number of unemployed people could be three to four times more than the projection if there were no family planning programs in China. In rural China, the surplus labor force could be doubled at the beginning of next century if the family planning programme had not been implemented in such a resolute way. We could hardly imagine what kind of socio — economic consequence might be created in China and the world due to 450 to 500 million surplus labor added to a country with 1. 2 billion population.

The employment structure by industries is given in table 10. The census figures showed that there were no significant change in the employment pattern in China. Compared with the standard employment structure of the world, the pattern of employment of China is corresponding to that of per capita GNP less than 100 U. S. dollars. Even consulting the percentage of manufacture sector, China is only corresponding to the countries with per capita GNP of 200 U. S. dollars. The figure makes clear how serious the surplus labor problem prevented China to reach its economic development target.

The lower population growth rate, particularly the lower fertility rate benefit women and family economy

It is clear that women are the first group in favor of family planning programme. There were so many cases in China to show that women were forced by their mothers in law or husbands to give more births than they wanted. In traditional China, particularly in rural areas, women were a part of property of their husbands. The value of women was to create an heir of the husband's families. Since the 1950s, the situation was greatly changed. At present, there are 10. 82 million female officals in China working in different fields. More than 10 thousand women take leading positions in governments of county level and above. In rural area, young women have only one or two children in their families. It gives more chance for them to learn new technique and participate in economic activities. More than 47 million rural women are employed in township enterprises. It is the first time for a large number of females to take higher education opportunity to become economic technique experts. Taking Jilin province as an example, there are more than 10 thousand women who were awarded the title of female champions in different economic fields. More and more women became the modal workers and heads of households in their families so that they have got more power in deciding family affairs including to decide on the number of children. According to a survey conducted jointly by Chinese and Japanese experts in 1985 in Jilin province, the married women experts much less desire to give more children. The figures in table 12 show that the majority of women want to stop at second births. Only about 5 per cent of women want to have three or more children and 20 per cent of them want only one child. After 1985, the government has enhanced the effort to help women participate in socio-economic activities. It leads fewer and fewer women to want to have second child. In recent years, the fertility level in many provinces were much lower than the target. The lower fertility benefits women by raising the status of women. In turn, women with higher status have less interest to give birth which slows down the population growth. The rapid economic growth and higher female economic participation rate have raised the cost of children. More and more small families catch the chance and became rich. These families create an example for family planning targeted women, particularly the young women, to follow. They have enjoyeda better life, have more leisure time to dance, sing and enjoy modern style of life.

Poverty alleviation due to lower population growth

The late president of China, Li Xiannian, shocked the world in 1978 when he admitted that there were still over 200 million people in China living under the poverty line. There are various reasons for these people to be poor. Most of them were living in so called poor regions where the population size has been far beyond the carrying capacity for the regional resource. For instance, the "three Xi" region in NorthWest China is a typical poor region where the annual rainfall is 150 – 450mm only. But the annual water evaporation is 1500 – 2000mm. The desert area extended from year to year. In the seventh five-year plan, the State Council designated 331 poor counties for the State to give special attention to and the provincial government designated another 368 counties as poor regions for provincial government to take special care of. It was estimated that there were 125 million people living under poverty line in 1985. The average annual income of the peasants was 40 U. S. dollars per person then. By the end of 1991, the number of people living under poverty line was reduced to

80 million. In the period from 1985 to 1991, the per capita output of the poor regions was increased by 70. 9 per cent. One of the important determinants for this change was the rapid decline of population growth by reducing fertility and organized migration. There is a clear different regional fertility and population growth pattern in these areas. High fertility were often observed in poor areas. In general, the total fertility level in poor regions were two times of that in economic developed regions. It makes the poverty problem even worse in China. Almost every body in China is fully aware of the importance of reducing the population growth in poor areas. In some areas, urgent and special actions have to be taken to relieve the population pressure on natural resource and environment. High population growth rate makes people in certain regions of the upper reaches of Yellow River even dig grass roots for making fire. It leads to more serious soil erosion and reduced the resources for fuel. No way other than to reduce fertility level and migration can help these people and the region.

The negative side and other impacts of low fertility

Not all impacts of low fertility are positive. At least, we can point out three negative impacts of low fertility in China:

1. The acceleration of ageing process: The dramatic drop of fertility with a few years will lead to a dramatic increase of aged population in the next century. Although the number of aged people are decided by the baby boom before family planning was implemented, the old age dependent ratio will greatly increase due to the shrinkage of young age group. The economic growth and social service system should be ready to solve the problem in 2020s. In urban areas, this is already a big headache for city authorities. Table 6 gives the figures

of old population of China.

2. The changes in family size and structure: The changes in family size and structure are not necossaily due to the positive or negative side of low fertility. The impacts are still uncertain. However, the extremely rapid change may cause great change in social life, moral criterion and the stabilization of the traditional community. We should pay great attention to the change.

3. The increase in sex ratio at birth: When fertility has declined rapidly, the concept of son preference was not faded at the same pace. Some people tend to practice selected abortion to get a son. In some families, girls didn' t get same care as boys. It leads the sex ratio at birth and sex ratio of the children to increase. Basically, this is an issue of women status. Following actions are recommended to help women:

(1) Enhance education and communication so as make the whole society realize the rights and contribution of women in participating in the development process. At the same time, gradually increase the fund to support women in women specific projects so as to help them actively participate in socio-economic development. Monitoring the implementation of laws which protect women from discrimination is also necessary.

(2) High priority should be given to promote the education of women. The goal of the government in this regard is to remove illiteracy for 3 million women each year on one hand and to develop vocational and technical education extensively for women on the other hand. In urban area, 70% of the women should have access to the on-the-job training and 50% of the rural women to practical training by 2000.

The actions will increase the employment rate of women and benefit poverty alleviation in rural area. Joined together with the women-specific projects, it may work even better.

(3) Set up 20000 women-dominant economic entities in poor areas, and provide 800000 jobs for poor women. Join family planning program together with women-specific projects so as to help develop model households which shed poverty quickly, with a view of bringing along many more out of poverty.

(4) Link the population program with social welfare and other social programs such as health service, maternity and child care, old security program etc. so as to make the population and development plan an integrated one.

(5) Eliminate violence against women by stepping up efforts to encourage high moral standards, advocating a public mood of respecting and protecting women, opposing discrimination against women and condemning and punishing all violent acts against women. Attach greater importance by the government and non government organizations to properly handling the complains lodged by women through correspondence or personal visit and ensure that victims are assisted, their difficulties are removed and justice is served.

(6) In order to reduce pollution by toxic gas from cooking, providing more gas fuel and stepping up central heating in cities will benefit women' s health greatly. Active support should be given to women in their " March 8 green works" activities to build green bases for cereals and vegetable oil, dry and flesh fruits and forest products and native produce.

D. The Prospects of Population In The Future-And Related Policy Issues In China

Even though the family planning programme has led to a series of positive socio-economic zesults, the basic situation in China is still that of high population density and insufficient natural resources. The proportion of arable land of China to the world is a little more than 9%. The arable land per person in China is 0. 09 hectare which is much less than 0. 8l of U. S. A. and 0. 3 hectare for the world on average. More than 300 cities in China suffere from the shortage of water supply. In rural areas, there are 50 million people and more than 30 million livestock that can not ensure themselves against the shortage in drinking water. Food supply, employment, housing, transportation, education and many other socio-economic problems all arise from the overpopulation in China. Many scientists in China studied population problem from different angles but reached almost the same conclusion: the carrying capacity of China is about 1. 6 billion to 1. 7 billion and from the view of economic development, 0. 7 to 1 billion may be the optimum size of China's population. These figures may change over time along with the science and technology development, but no doubt China is approaching its population limitation. To guarantee Chinese people to live in a safe condition, Chinese government has no choice but to keep the anti-natality policy. This policy will benefit the world too.

The successful implementation of family planning programme sets a good example for China to maintain its low fertility level. The stable, low infant mortality, increasing life expectancy and sustainable economic development has had a great effect on the people so that more and more people believe that small family will benefit themselves

in many ways. Surveys conducted in different regions showed that e-
ven in rural area, more than 80 per cent of fertile women don't want
to have more than two children. A high proportion of them are even in
favour of one child family. The young women were born in the period
of implementing family planning programme. They received related
knowledge in school age and lived a different lifestyle. They want to
live in a different way than their parents and also know the benefit of a
small family by their own experience. It is much more easier to moti-
vate them to accept family planning methods. Due to higher education
level, they can also use the methods more effectively.

Another factor in favor of low population growth is that the propor-
tion of fertile women, particularly women aged 20 to 29, was reduced
quickly due to fertility decline in the past years. Table 7 indicates that
since mid 1990s, the number of women aged 20 to 29 in China was
reduced gradually. After 1998, the trend was accelerated. The num-
ber of women aged 23, which is the age corresponding to highest age
specific fertility rate, is also declined. This is a demographic condi-
tion in favor of low birth rate.

Table 8 gives the median variant of population projection of Chi-
na. The projection is based on following assumptions:

1. Socio-economic development will be going on so that the de-
sire on the number of children may not change dramatically in the next
half century. It means that fertility may be able to be kept at present
level. However, the changing age structure of population will help
China to reach zero growth population target.

2. Mortality in China will decline in the next century due to the
improvement of medical science, health service and living standard.

However, we can not see a high probability for life expectancy to extend to 130 in the next century.

3. Sustainable development is a big concern to Chinese government. Synthetic actions will be taken to attract people to accept small family and make farmers benefit family planning programme. Some projects, such as quality service, prosperous family, new family project etc. , are very successful in different provinces of China. This will con solidate the family planning in China in the future.

4. Urbanization will help people to change their lifestyle and views on reproductivity. Education progress will also be a strong factor to make Chinese have modern view on population growth.

5. Population momentum will push China's population to grow in the next 30 to 40 year.

Table 8 illustrates the results of population projection done by different research agencies. All of these projects forecast that China will reach zero population growth rate by the middle of next century. It is very unlikely for China to loose its control over population growth in the years to come.

Table 9 gives some indicators from the median variance of population projection given in table 7. The aging process will be accelerated after 2020s. But due to the tremendous large quantity of Chinese population, labor force supply will not be a problem in any case. Of course, necessary actions such as to finalize social security system, adjust the socio-economic structure etc. should be taken in time to meet the special need of the population. Most possibly, China's population will reach zero growth rate between 2030 to 2040. The maximum population size will fall in the region of 1. 45 billion to 1.

61 billion.

E. Conclusion

China's experience is an example to show that a sound development policy should be formed by taking population issues into consideration and vice versa. The fundamental basis for national policy decision is the value system of a nation. Through thousands of years, the Confucian teachings have become the value system of oriental countries. Confucianism tells us that people should set the stabilization and prosperity of the country over individual interests and the ruler of the country should treat his people kindly. Even today, the basic idea is that only when you have a strong and rich country, will the interest of your family be safeguarded. The moral criterion of the oriental society tends to encourage people not only to work for themselves, but also take their responsibility for the society by controlling their behavior. This is the basis for the integrated population and development policy of China. The changing view of the number of children has proved that the present population policy is accepted by the Chinese people.

From the view of socio-economic development, the goal of China's maximum population size in the long run is 1. 5 to 1. 6 billion which will be reached in the middle of next century. Under the constraint of the upper limitation of the population target, the goal for China's population size in the year 2000 is below 1. 3 billion. The economic development target for the middle next century is to catch up with the intermediate developed countries. The immense population growth of China is a serious constraint on socio-economic development and improvement of people's livelihood. It has brought about great pressure on the country's employment, education, housing, transportation, natural resources and ecological environment. In China, actions have been and will be taken to solve these problems.

a. The family planning programme of China is a combination of the target oriented and clients oriented style with the emphasis on the services. Successful examples could be found in all provinces of China. The improvement of the quality of family planning and maternal and child health care will be much more emphasized too.

b. High priority will be given to promote the women's status through different means including improvement of education level to strengthen the implementation of the "Law on Protection of Rights and Interests of Women" etc..

c. Actively implement the basic national policies on resources and environment protection to ensure the sustainable development process. Appropriate industrial and technological policies should be formulated and implemented.

d. Link the population programme with social welfare and other social programs such as poverty alleviation programme, health care service programme etc. to that make the population and development plan an integrated one.

e. Promote migration and urbanization in a planned manner. Through urbanization, people will change their style of life, hence changing their view on family size. Planned migration will lead to better population distribution and promote the socio-economic development.

f. Protecting human rights is an important principle for China to form her population policy. The concept of human rights is closely related to the cultural background and value system of a nation. The fundamental human rights should be beneficial both to the individuals and the society. China takes a positive and responsible attitude towards globe population and development issues.

Chinese Government sets her population and development policies based on the Chinese culture which has been deeply rooted in China for thousands of years. However, China will do her best to enhance the mutual understanding with other countries which have different cultual background and value concept.

Table 1   Infant and Neo-natal Mortality in China

Year	Infant Mortality Rate(‰)	Neo-natal Mortality Rate(‰)
1944-1949	203.60	92.55
1950-1954	197.93	67.96
1955-1959	107.64	51.01
1960-1964	109.92	46.94
1965-1959	72.13	35.52
1970-1974	50.00	29.14
1975-1979	45.41	24.36
1980-1984	39.26	22.90

Source of Data: Statistics of the Public Health Ministry of China.

Table 2   Crude Birth Rate of Selected Cities in 1930s(‰)

Year	Nanjing	Shanghai	Beiping	Hangchow	Hankou	Guangchow
1931	23.3	13.8	24.1	19.7	18.9	14.7
1932	16.9	12.2	29.8	18.5	15.1	13.9
1933	23.4	19.0	34.0	19.3	19.5	18.0

Source of data: Government Economic Yearbook.
Note: Beiping is now called Beijing.

Table 3 Crude birth rate of rural China in 1936(‰)

Heibei, Shangdong, Shanxi, Heinang,etc.	38.9	Yunnang, Guizhou	53.4
Sei Yuan, Shaanxi	31.2	Sichuan	44.1
Guangdong, Fujiang	37.8	Jiangsu, Hubei etc.	37.2
Zhejiang, Jiangxi	38.5	Rural China	38.9

Source of data: Government Economic Yearbook according to data collected in part counties.

Table 4 Main Demographic Indicators of China(1949-1997)

Year	Total population (10,000)	Number of births(10,000)	Crude birth rate(‰)	Crude death rate(‰)	Natural growth rate(‰)
1949	54167		36.00	20.00	16.00
1950	55196	2023	37.00	18.00	19.00
1951	56300	2107	37.80	17.80	20.00
1952	57482	2105	37.00	17.00	20.00
1953	58796	2151	37.00	14.00	23.00
1954	60266	2260	37.97	13.18	24.79
1955	61456	1984	32.60	12.28	20.32
1956	62828	1982	31.90	11.40	20.50
1957	64563	2169	34.03	10.80	23.23
1958	65994	1909	29.22	11.98	17.24
1959	67207	1650	24.78	14.59	10.19
1960	66207	1392	20.86	25.43	-4.57
1961	65859	1190	18.02	14.24	3.78
1962	67295	2464	37.01	10.02	26.99
1963	69172	2959	43.37	10.04	33.33
1964	70499	2733	39.14	11.50	27.64
1965	72538	2709	37.88	9.50	28.38
1966	74542	2578	35.05	8.83	26.22
1967	76368	2562	33.96	8.43	25.53
1968	78534	2756	35.59	8.21	27.38
1969	80671	2715	34.11	8.03	26.08
1970	82992	2736	33.43	7.60	25.83
1971	85229	2578	30.65	7.32	23.33
1972	87177	2566	29.77	7.61	22.16
1973	89211	2463	27.93	7.04	20.89
1974	90859	2235	24.82	7.34	17.48
1975	92420	2109	23.01	7.32	15.69
1976	93717	1853	19.91	7.25	12.66
1977	94974	1786	18.93	6.87	12.06
1978	96259	1745	18.25	6.25	12.00
1979	97452	1727	17.82	6.21	11.61
1980	98705	1779	18.21	6.34	11.87
1981	100072	2069	20.91	6.36	14.55
1982	101654	2238	22.28	6.60	15.68
1983	103008	2058	20.19	6.90	13.29
1984	104357	2055	19.90	6.82	13.08
1985	105851	2202	21.04	6.78	14.26
1986	107507	2384	22.43	6.86	15.57
1987	109300	2522	23.33	6.72	16.61
1988	111026	2457	22.37	6.64	15.73
1989	112704	2407	21.58	6.54	15.04
1990	114333	2391	21.06	6.67	14.39
1991	115823	2258	19.68	6.70	12.98
1992	117171	2119	18.24	6.64	11.60
1993	118517	2126	18.09	6.64	11.45
1994	119850	2104	17.70	6.49	11.21
1995	121121	2063	17.12	6.57	10.55
1996	122389	2067	16.98	6.56	10.42
1997	123626	2038	16.57	6.49	10.06

Source of data: SSB of China (Population of Taiwan, Hong Kong and Marco are not included)

Table 5. The Provincial Socio-Economic and Demographic Date of China in Recent Years

Province	Illit. Rate (%)	p.c. DNP (y./p.)	p.c. NI (Y/p.)	Proportion Urban Pop. (%)	Mid-year Pop. (10000)	Population Density (P sqr.km)	TFR
Beijing	8.70	4840	3577	73.08	1082	644	1.33
Tianjin	8.92	3463	2981	68.65	879	777	1.66
Hebei	15.21	1342	1148	1908	6108	325	2.33
Shanxi	11.30	1297	1124	27.72	2876	184	2.46
I.M.	15.39	--	1080	35.12	2146	18	1.97
L.N.	8.81	2445	1990	50.86	3946	270	1.51
Jilin	10.49	1575	1383	42.65	2466	132	1.81
H.L.J.	10.87	1908	1628	47.17	3521	78	1.71
Shanghai	11.04	5512	4822	66.23	1334	2118	1.34
J.S.	17.23	1945	1689	21.24	6706	654	1.94
Z.J.	17.46	1937	1717	32.81	4145	407	1.40
A.H.	24.23	1036	933	17.90	5618	404	2.51
F.J.	15.63	482	1313	21.36	3005	248	2.36
J.X.	16.22	1117	943	20.40	3771	226	2.46
S.D.	16.87	1539	1372	27.34	8439	539	2.12
Henan	16.15	1022	880	15.52	8551	512	2.90
Hubei	15.79	1224	1248	28.91	5397	290	2.50
Hunan	12.10	1167	976	18.23	6066	286	2.71
G.D.	10.45	2222	1842	36.77	6283	353	2.51
G.X.	10.61	861	798	15.10	4225	178	2.73
H.N.	13.97	1418	1193	24.05	656	193	2.93
S.CH.	16.24	--	903	20.25	10722	188	1.76
G.ZH.	24.27	783	654	18.93	3239	184	2.96
Y.N.	25.44	936	956	14.72	3697	94	2.59
Tibet	44.33	--	865	12.59	220	1.8	4.22
Shaanxi	17.62	1125	930	21.49	3288	160	2.71
C.S.	27.93	1025	938	22.04	2237	49	2.34
Q.	27.70	1385	1100	27.35	446	6	2.47
N.X.	22.06	1319	1024	25.72	466	90	2.61
X.J.	12.75	1655	1374	31.91	1516	9	2.50

p.c. = per capita
P.G.N.P., p.c.N.I.(national income): from State statistics   rest: from 1990 China Population census Bureau of China.

Table 6 Elderly Population in China for Selected Years

Year	Population 60+ (ten thousand people)	65+	Percentage 60+ (%)	65+	Sex Ratio 60+	65+	TFR	Life Expectancy male (year)	female	Medi an Age (Year)	Dependency Ratio 15-60 (%)	Aging Index (%)
1950*	4040	2434	7.32	4.41	81.69	74.27	5.29	60.12	63.31	21.68	77.29	42.92
1960*	4691	2842	7.09	4.29	80.59	73.67	3.99	62.12	64.81	20.89	79.68	41.05
1970*	5341	3250	6.44	3.92	79.49	73.06	5.75	63.62	66.31	20.09	82.06	39.42
1980*	7192	4564	7.29	4.62	86.09	79.48	2.32	66.43	69.35	21.58	67.98	39.48
1990	9874	6416	8.64	5.61	91.08	83.69	2.31	67.00	72.00	24.42	56.77	41.45
2000	12881	8795	9.99	6.82	90.59	84.28	2.00	68.60	74.00	28.77	56.73	43.80
2010	16817	11086	12.08	7.96	88.50	82.39	1.95	70.60	76.50	32.79	49.86	46.63
2020	24019	16926	16.07	11.33	86.54	81.23	1.95	72.60	79.00	35.07	56.32	48.64
2030	35708	24299	22.89	15.58	85.48	79.38	1.90	74.60	81.50	38.50	70.11	50.72
2040	42265	33538	26.56	21.08	82.11	77.94	1.85	76.60	84.00	41.43	75.80	52.10
2050	47070	36208	29.52	22.71	80.12	74.03	1.80	78.60	86.50	42.75	83.89	52.68
2060	50275	40344	32.19	25.83	80.20	75.72	1.75	80.60	87.50	44.23	89.12	53.22

Source: *calculated from the data from China's Population Compiled (1949-1985).*

Table 7 Family Types in China, 1982 and 1990

Family Type	1982				1990			
	Total	Rural	Town	City	Total	Rural	Town	City
one-person	8.0	7.5	11.3	9.3	6.3	5.9	7.8	7.0
one couple	4.8	4.5	5.7	5.7	6.5	5.8	8.0	8.2
one generation & other relatives or non-relatives	1.2	1.1	1.8	1.7	0.8	0.7	1.2	1.2
two generations & other relatives or non-relatives	67.3	67.3	67.7	67.2	68.1	68.2	68.5	67.2
three generations or more	18.7	19.7	13.5	16.1	18.5	19.4	14.4	16.5
Total	100	100	100	100	100	100	100	100

Source: *1982, China Population Statistics Year Book, SSB, 1988.*
1987, China 1% Population Sample Survey, SSB, 1988.

Table 8. Comparison of percent of three and more generation families enumerated in 1982 census and 1982 one-per-thousand fertility survey

Province	census[a]	survey[b]
Liaoning	14.11	17.45
Hebei	17.07	23.49
Fijian	25.57	29.97

Source: a. SSB 1982;   b. Laverly and Li 1985.

Table 7 The Number of Fertiled Women in China, from 1981 to 2000 (in million)

Year	Number of Women Aged 15-49	Number of Women Aged 20-29	Number of Women Aged 23
1981	245.4	81.26	8.14
1982	252.0	83.68	6.88
1983	260.0	88.27	6.01
1984	268.5	90.85	6.18
1985	276.7	93.90	11.02
1986	284.5	96.70	13.39
1987	291.7	98.44	11.97
1988	298.9	102.10	12.18
1989	305.2	109.44	11.66
1990	310.4	116.32	11.17
1991	314.8	122.72	12.79
1992	318.9	123.72	13.25
1993	323.0	122.17	12.94
1994	326.8	121.17	12.63
1995	329.5	119.04	12.03
1996	332.6	116.87	11.83
1997	335.8	114.69	10.97
1998	337.3	111.06	10.05
1999	338.4	106.77	9.49
2000	339.4	102.06	9.01

Table 8 Median Variance of Population Projection for China

Year	Total Population (million)	Number of Birth (million)	Birth Rate (‰)	Death Rate (‰)	Growth Rate (‰)	Proportion of Population Aged 65+
1995	1211.21	20.63	17.12	6.57	10.55	6.25
1996	1223.88	20.67	16.98	6.56	10.41	6.38
1997	1238.09	22.39	18.20	6.66	11.54	6.51
1998	1251.60	21.87	17.57	6.71	10.86	6.67
1999	1264.40	21.31	16.95	6.77	10.18	6.81
2000	1276.53	20.80	16.37	6.83	9.55	6.95
2001	1288.07	20.36	15.88	6.88	9.00	7.08
2002	1299.12	20.03	15.49	6.95	8.54	7.20
2003	1309.78	19.80	15.18	7.01	8.17	7.30
2004	1320.10	19.63	14.93	7.08	7.85	7.39
2005	1330.16	19.54	14.75	7.16	7.59	7.49
2006	1340.07	19.57	14.66	7.23	7.42	7.59
2007	1349.94	19.70	14.65	7.31	7.34	7.67
2008	1359.85	19.93	14.71	7.39	7.32	7.75
2009	1369.86	20.21	14.81	7.48	7.33	7.84
2010	1379.95	20.49	14.91	7.57	7.34	7.96
2020	1468.66	19.97	13.63	8.57	5.07	11.05
2030	1520.84	18.70	12.31	10.08	2.23	14.67
2040	1538.25	18.95	12.32	12.05	0.27	19.08
2050	1528.60	18.10	11.84	12.84	-1.00	19.38

Table 9 Output of Population Projections by Different Research Agencies

Research Agency	Year to Reach Maximum population	Size of maximum Population (billion)
SFPC Variance 1	2039	1.531
SFPC Variance 2	2046	1.603
SSB	2050	1.599
Information Centre	2044	1.550
Information Institute	2040	1.548
CPIRC	2043	1.557
Peking University	2041	1.569
Chinese People's Univ.	2031-2035	1.520

Note: SFPC: The State family Planning Commission of China
        SSB: The State Statistics Bureau of China
        CPIRC: China Population Information and Research Centre

The Development of Integrated Circuit Industry in China

(December 24 , 2004)

Abstract

The first semiconductor device of China was invented in Shanghai by Fudan University. The China made chips had equipped the national missiles in the 1960s. However, The progress of technology was interrupted in the period of " cultural revolution ". Since the 1980s, the semiconductor industry has recovered and developed extremely fast due to many reasons. The progress of industrialization has been accelerated in late 1990s to early 2000s. The annual growth rate of general output of IC industry of China has reached more than 30% in last six years. We expect that the growth rate will be kept at the same or higher level in the next decade. Shanghai is the leading region and representative of IC industry of China. The output of IC industry in Shanghai took 51% of that of China in recent years. An IC industry chain system with design, production, encapsulation, test and other functions has been established. Among many enterprises, Huahong NEC, Zhongxin, Hongli and others own 6 four to six-inch chip production lines and 11 eight-inch IC production lines. Huahong Design, Sheng-sheng Shanghai, Jiaodahanxin, Fudan Micro-Electronics and some other enterprises are strong in IC design. Intel and many other world famous enterprises have set their foot in Shanghai too.

The production of chips in China has increased from 5. 88 billion pieces in 2000 to 12. 41 billion in 2003, which valued 18. 62 billion Yuan and 35. 14 billion Yuan respectively. The average annual growth rates both reached 30%. The import of chips has increased from 24. 5 billion to 43. 6 billion pieces valued 13. 3 billion and 35. 8 billion U. S dollars in the same period of time. Correspondingly, the export of IC chips has increased from 6. 384 to 11. 94 billion pieces and 2. 772 to 5. 97 billion U. S dollars. We expect that the demand of the market for integrated circuits will keep about the same or even higher growth rate in the years to come.

At present, there are 463 enterprises in China working in the field of IC design. Chinese engineers have made break through achievements in core technology and product designs. By the end of 2003, 17 production lines of 5 ~ 8-inch IC chips have been in operation. Shanghai, Jiangsu, Tianjin, Beijing, Guangdong are the main production bases for the encapsulation industry with productivity capacity of 17 billion pieces per year. The production equipment, technology, R&D and management in this field have reached international level.

In 2003, the market demand for IC in China reached 48. 7 billion pieces valued 237. 3 billion Yuan. Compared with 2002, the annual growth rates are 35. 3% and 28. 9% respectively. The quota of IC market in China increased from 1. 84% in 2002 to 2. 04% in 2003. According to sample survey, the demand for products of 0. 35μm line-width and above accounts for 46. 3% of the IC market in terms of number and 19. 6% of the value. The proportions of numbers and values of chips are 46. 0% and 39. 9% for 0. 35 – 0. 18μm, 7. 8% and 40. 5% for 0. 18μm IC products. The demand for different consumption IC was 13. 16 billion pieces valued 46. 86 billion Yuan, which accounts for 27. 0% and 25. 6% of the total demands in year 2003 correspondingly. The same terms are 11. 01 billion pieces, 46. 06 billion Yuan, 22. 6%, 19. 4% for communication IC products and 15. 36 billion pieces, 38. 11 billion Yuan, 31. 5%, 16. 1% for computing IC products and 18. 9% of quantity, 38. 9% of value for other IC products.

The R&D in the filed of IC products has made significant progress in the past few years. The second generation of identification IC chip was put into application. A large number of high-level CPU, DSP and digital multi-media chips made in China have found their way in the market. The quality of many products has reached the world advanced level.

The IC market has strong development potential in China. The digitalization of consumption products, the popularization of different kinds of IC cards, the development of E-business, mobile net PC computers, the upgrade of mobile communication and the demands from other industries are all pushing IC industry to grow in high rate in China.

The main reasons responsible for the tremendous fast-growth of IC industry in China could be summarized as follows:

1、The beneficial policy of Chinese government created excellent investment environment for enterprises.

2、The strong support from other sectors such as finance, market management etc is availabe.

3、The large amount of qualified personnel in China helps the enterprises get strong technical support with relatively low cost.

4、The sincere cooperation among Chinese and foreign companies reached win-win achievements.

5、The fast growth of Chinese economy and living standard of Chinese people provides unlimited demand on the development of IC industry.

Outline Urbanization and Migration in China

(June 15, 2006)

1. The definition of city in China：

Urbanization is the consequence of socio-economic development. At different stages of development, urbanization has different characteristics. It is most difficult to set a consistent definition for all areas to follow at all times. This is exactly the situation in China. Different ministries use different definitions in their statistics. The definition was changed also in different periods. However, some basic principals are still followed. They are：the size of residents, the proportion of non-farmer and the proportion of income from non-agricultural sectors. The minimum population size for a city was set at 60, 000 non-farmer residents. The proportion of non-farmer for a city was defined as 70 percent. It implies that the minimum total population size of a city will be 86, 000 persons. Another criterion for city is that 70 percent of the city income should come from non-agricultural sectors. Some scholars suggest that population density, education and other service facilities should be considered as criteria. But the idea is not accepted yet.

In many government agencies, the cities are further divided into four classes. The cities where the population size is bellow 200, 000

are called small cities. The cities with a population size of 200, 000
– –500, 000, 500, 000 – – million and above 1 million are midi-
um cities, big cities and extremlly big cities correspondingly. But in
ordinally publications, cities are used to be clasified as small, midi-
um and big categories. The population of 50 major cities of China are
listed in following table:

Table 1　Population of China's 50 major cities, 1991

city	population	city	population	city	population
total	109443754	Liupanshui	1947446	Anshan	1396981
Shanghai	7861855	Zaozhuang	1803312	Qiqihar	1393341
Beijing	7050202	Zhengzhou	1731863	Yulin	1379303
Tianjin	5809016	Linyi	1627495	Nanchang	1371243
Shenyang	4575978	Guiyang	1561379	Yancheng	1365950
Wuhan	3792496	Kunming	1556470	Fushun	1356729
Guangzhou	3620203	Tianmen	1554140	Changsha	1349865
Chongqing	3009820	Lanzhou	1532134	Hangzhou	1349696
Harbin	2843708	Xinghua	1529014	Chaozhou	1344782
Chengdu	2841779	Tangshan	1524954	Shijiazhuang	1336470
Xi'an	2788918	Suizhou	1469160	Dongwan	1336451
Nanjing	2521693	Guigang	1454492	Xiaogan	1334561
Zibo	2477048	Rugao	1451047	Xintai	1314224
Dalian	2415650	Taian	1434406	Pingdu	1313021
Jinan	2345825	Dengzhou	1422495	Fuzhou	1307911
Changchun	2132172	Tengzhou	1421379	Neijiang	1307667
Qingdao	2072210	Pingxiang	1412420		
Taiyuan	1982829	Xiantao	1410558		

Source of data: the State Statistics Bureau of China, Population Yearbook 1991,
China Statistical Publishing House, 1993

2. The urbanization process of China:

Urbanization has experienced a zigzag way in the past 45 years in China. In the 1950s, the economic growth was on smooth although not very fast pace. On parallelly, urbanization was also pushed forward steadily. However, the guideline for industrilization in China in the 1950s was to develop heavy industry first so that less job opportunity can be created. Moreover, in this age, material production was put at an overwheming position. Service activity was considered to be not a part of development. This idea leads to the low growth rate of proportion in urban area. Table 2 illustrats the change of urban proportion in the past 43 years. One could find that before 1978 the proportion urban increased by 7 percentage points. However, the urbanization process was acceralated after the economic reform being introduced to China. In 15 years, the proportion of urban area in China was increased by 10 percentage points.

The basic idea to guide urbanization in the 1950s is that the city should be reformed from a consuming style to production style. With this guideline, the retail, food and service sectors were shrunk. The number of business of this sector was reduced from 1. 95 million, 0. 47 million and 0. 28 million in year 1957 to 1. 49, 0. 30 and 0. 26 million in 1980. The number of employees in manufacturing sector increased by 6. 8 percentage points within 22 years and the number of employees in tertiary sector increased 1. 9 percentage points only in the same period of time. This is an extremlly small increase in the job opportunity. No doubt it will lead the low growth rate of the urban proportion in a long period of time.

Table 2   urbanization in China

year	population (million)		proportion urban	
	total	urban	rural	%
1949	541. 67	57. 65	484. 02	10. 64
1950	551. 96	61. 69	490. 27	11. 18
1951	563. 00	66. 32	496. 68	11. 78
1953	587. 96	78. 26	509. 70	13. 31
1955	614. 65	82. 85	531. 80	13. 48
1958	659. 94	107. 21	552. 73	16. 25
1959	672. 07	123. 71	548. 36	18. 41
1960	662. 07	130. 73	531. 34	19. 75
1961	658. 59	127. 07	531. 52	19. 29
1962	672. 95	116. 59	556. 36	17. 33
1963	691. 72	116. 46	575. 26	16. 84
1977	949. 74	166. 69	783. 05	17. 55
1980	987. 05	191. 40	795. 65	19. 39
1985	1058. 51	250. 94	807. 57	23. 71
1990	1143. 33	301. 91	841. 42	26. 41
1992	1171. 71	323. 72	847. 99	27. 63

Source of data: Basic Data of China's Population, Data User
Service, CPIRC/UNFPA

Another classification related to urbanization is agricultural and
nonagricultural population. Threre are some overlap between this clas-
sification and the classification of urban and rural population. People
live in urban area and registered as urban residents are counted as ur-
ban population. But some of them may also be counted as agricultural
population because they are engaged in agricultural activities. In a
similar way people live in rural area may be counted as rural popula-

tion but also nonagricultural population at the same time. Of course, the majority of urban population are nonagricultural population and the majority of rural population´are farmers.

3. **Urbanization policy and migration in China:**

The Chinese government anounced a policy on urbanization through" law of city planning of the People's Republic of China". It says that the city development policy of China is" strictly control the size of large cities, reasonablly develop midium cities and actively develop small cities". The policy was based on the fact that China has too many big cities with bad services.

According to a 1990 census, the total number of migrants was 34 million in 1989. Among them, 32. 42 are inter provinces migration. Again 42. 99 percent of the migrants changed their occupations. My commissions conducted a sample survey in 1992. We dicovered that the proportion of people live in cities or towns but not rigistered there was 8. 1 percent. It implied that the total amount of floating population in 1992 reached 94. 91 million. Most of the migrants came from middle and west part of China. The migration flow goes to the coast area, particularly Guangdong, Fujian, Shanghai, Beijing and other developed regions. Table 3 illustrates the main migration flow in recent years.

Table 3 Inter-province migration rates in 1980s in China in per thousand

region	1982 - 1987					1985 - 1990				
	within region	out	in	total	net	within region	out	in	total	net
Beijing	54.9	10.1	32.3	42.4	22.2	7.8	12.2	62.1	74.3	49.9
Tianjin	4.9	5.7	16.0	21.7	10.3	4.0	8.2	27.8	36.0	19.6
Hebei	16.5	6.5	10.4	16.9	3.9	13.3	10.6	8.5	19.1	-2.1
Shanxi	20.0	6.7	6.1	12.8	-0.5	21.8	7.6	10.7	18.3	3.1
Inner M.	27.7	10.0	8.1	18.0	-1.9	26.9	14.1	11.9	26.0	-2.3
Liaoning	25.8	6.1	8.3	14.4	2.1	22.4	7.5	13.7	21.2	6.2
Jilin	39.3	10.2	7.2	17.4	-3.0	24.8	14.4	9.6	24.0	-4.8
Helong-jiang	25.6	13.1	5.6	18.8	-7.5	30.0	17.3	10.4	27.7	-6.8
Shanghai	22.1	6.6	29.9	36.6	23.3	13.0	9.9	49.8	59.8	39.9
Jiangsu	21.3	5.1	7.5	12.5	2.4	17.7	9.3	11.8	21.0	2.5
Zhejiang	19.3	5.8	3.0	8.8	-2.8	19.3	15.3	8.1	23.3	-7.2
Anhui	16.2	4.7	3.1	7.8	-1.6	15.5	9.5	6.0	15.5	-3.5
Fujian	16.3	3.9	3.2	7.0	-0.7	24.1	7.9	8.4	16.3	0.4
Jiangxi	14.9	4.1	2.8	6.9	-1.2	19.5	7.8	6.0	13.7	-1.8
Shandong	19.1	4.3	6.9	11.2	2.6	14.1	6.3	7.2	13.5	0.9
Henan	11.3	4.0	3.3	7.3	-0.7	14.5	6.9	5.6	12.4	-1.3
Hubei	31.9	4.4	5.4	9.8	0.9	20.2	6.4	8.0	14.4	1.5
Hunan	21.2	6.5	3.8	10.3	-2.8	21.4	8.7	4.5	13.2	-4.2
Guangdong	34.7	2.4	4.6	7.0	2.2	42.5	4.0	20.0	24.0	16.0
Guangxi	16.8	5.3	1.5	6.8	-3.9	21.0	13.9	3.4	17.3	-10.5
Hainan						21.8	16.2	22.9	39.0	6.7
Sichuan	31.5	4.5	3.5	8.0	-1.0	21.9	12.3	4.1	16.4	-8.2
Guizhou	18.1	4.0	3.8	7.8	-0.2	14.3	9.7	5.9	15.5	-3.8
Yunnan	18.3	5.2	2.7	7.9	-2.5	19.8	7.5	6.7	14.3	-0.8
Shaanxi	25.4	9.2	7.2	16.4	-2.0	21.5	11.0	9.4	20.5	-1.6

Gansu	19.3	9.0	4.4 13.5	-4.6	20.1	12.5	8.8 21.4	-3.7
Qinghai	14.7	24.0	6.7 30.7	-17.4	33.9	22.9	25.8 48.7	2.9
Ningxia	21.1	11.8 21.1 32.9		9.4	26.4	12.2	19.7 31.9	7.6
Xinjiang	25.2	16.9 14.2 31.2		-2.7	23.8	18.3	22.5 40.8	4.2

Source of data: calculated from 1987 survey and 1990 census data.

4 The determinances and consequences of migration.

The heavy migration gave a warning to the government that the large amount of migrants may seize jobs from the urban residents which may lead to scial instability. The migrants also raised some problems in many fields such as social security etc. . A sound policy is needed.

According to the history of urbanization in western Europe, along with the development of cities, job opportunity should also inceased quickly. In the U. K. , there were 7, 000 occupations in 1815. The number of occupations was increased to 15, 000 in the year 1901 (Banks, 1967). But this is not the case in developing countries in 20 the century. In many developing countries, industrilization didnt alleviate poverty. On the contrary, the migration from rural to urban area increased the unemployment problem. Based on this idea, Todaro model and Harris & todaro model were established. They considered that the cause of migration from rural to urban in the difference of expected income between these two areas. The expected income of city was defined as the fixed wage of normal department multiplied by the employment probability of this department. This model implied that more job opportunity in cities may lead to more unemployment, even may reduce national income. The reasonable conclusion from this theory is that gevernment should try to prevent the migration from rural to urban area rather than to encourage it. This might be the reason for Chinese decision makers in the 1950s to over strict control exercise the migration in China. Nobody can realy know the definite reason. But it might be the case. The centralized planning system was also the hotbed for controlling the migration.

In China, the regional income difference has been enlarged in recent years. The GINI coefficients of per capita social production among rural areas of municipalities, provinces and autonomous regions were 0. 24 in year 1980, 0. 32 in 1985, 0. 39 in 1990 and 0. 45 in 1992. The regional GINI coefficients of per capita income of the farmers increased from 0. 137 in 1980 to 0. 224 in 1993. The difference of income is extremly high between east, middle and west regions. Table 4 illustrates the difference of the economic growth among different areas. Generally, the economic reform includes to give more power and profits to local and private sections at micro level and fosters market function at macro level. In the past 17 years, most of reform actions being taken were at micro level. This is the reason for the enlargement of the regional difference. We expected that the regional difference may still exist for a long period of time. Different regions have different views on migration. For the developed areas, avthority wants to limit the migration to a low level so that the city authority can solve many city construction problems. But the authority of west and middle regions want to encourage migration at a level as high as possible so as to make maximum profits from the migration. The central government has to make acompromise by forming a policy of making the migration in an ordered way and leave the actual decision to the local governments to make. Large amount of surplus labour force in rural area is a strong push factor for migration in the future.

Table 4　The economy growth rates and regional differences

region	annual g. r.	biase from average	region	annual g. r.	baise from average
Beijing	17. 0	149. 1	Henan	10. 8	94. 7
Tianjin	21. 2	186. 0	Hubei	10. 6	93. 0
Hebei	9. 8	86. 0	Hunan	5. 6	49. 1
Shanxi	8. 5	74. 6	Guangdong	14. 4	126. 3
Inner M.	8. 1	71. 1	Guangxi	5. 2	45. 6
Liaoning	12. 6	110. 5	Sichuan	8. 7	76. 3
Jilin	8. 7	76. 3	Guizhou	6. 8	59. 6
Helongjiang	6. 9	60. 5	Yunnan	8. 6	75. 4
Shanghai	16. 6	145. 6	Tibet	6. 6	57. 9
Jiangsu	14. 1	123. 7	Shaanxi	10. 6	93. 0
Zhejiang	14. 2	124. 6	Gansu	9. 6	84. 2
Anhui	9. 3	81. 6	Qinghai	5. 5	48. 2
Fujian	12. 8	112. 3	Ningxia	7. 7	67. 5
Jiangxi	9. 3	81. 6	Xinjiang	8. 4	73. 7
Shandong	14. 0	122. 8	average	11. 4	

Source: Statistics Yearbooks

Table 5　The estimation of surplus labour

region	surplus (million)	rate (%)	region	surplus (million)	rate (%)
Beijing	0. 82	34. 53	Henan	13. 14	34. 00
Tianjin	0. 46	23. 11	Hubei	4. 04	22. 53
Hebei	6. 25	25. 71	Hunan	10. 38	39. 56
Shanxi	3. 55	30. 97	Guandong	9. 61	34. 29
Inner M.	1. 18	22. 06	Guanxi	6. 57	37. 82
Liaoning	3. 65	30. 41	Sichuan	15. 97	34. 59
Jilin	3. 26	41. 47	Guizhou	8. 42	54. 20
Heilongj	0. 54	14. 14	Yunnan	8. 34	49. 03
Shanghai	0. 14	9. 48	Tibet	0. 63	60. 04
Jiangsu	4. 06	17. 80	Shaanxi	5. 13	37. 34
zhejiang	7. 07	38. 95	Gansu	1. 93	23. 17
Anhui	9. 54	37. 51	Qinghai	0. 58	34. 96
Fujian	6. 14	45. 55	Ninxia	0. 60	36. 21
Jiangxi	3. 61	27. 43	Xinjiang	0. 66	22. 99
Shandong	7. 79	22. 94	total	139. 36	31. 53

Source: calculated by Tian, Chai and Liu

5. The economic and demographical characteristics of the migrants:

The demographical characteristic of migrants of China is an ordinaly one: more males than females, higher education level than the non migrants of the farmers and very high proportion of working age (81% in year 1992 survey, compared with 60. 1 % in the total population).

Table 6　　The Education level of migrants（%）

	Univ.	high school	junior middle	primary	illit.
country	1.39	7.95	23.30	37.17	18.12
migrants	10.32	20.26	34.50	25.68	8.29
rural aged 15+					26.23
rural outmigrants	0.17	14.10	50.80	22.10	6.20

Source:　calculated by Li.

The reasons for migration in different periods of time are different. Table 7 gives the reason for migration in the 1980s. If we divided the economic departments into two categories: those with fixed wage, almost lifetime employment, support employees with housing, medical care´, pension and other welfare are normal department and the others are non-normal department. A survey conducted in the 1990s revealed that 78. 6 % of migrants were farmers and 12. 9% of them are still engaged in agricultural work, 36% of them were employed in industry and service sectors, 19. 7% of them were employed in construction, commerce, transportation sectors. But most of them are still working in the non-normal economic sector.

Table 7 The reasons for migration （%）

year	region	transfer	assign	business position	study job	visit	retire
1982	within	11.40	6.58	9.26	7.95	8.85	2.18
-1987	outside	19.89	5.26	9.57	9.02	13.35	2.54
1985	within	10.34	6.78	23.03	13.95	9.58	1.61
-1990	outside	15.05	4.53	29.46	8.38	10.39	1.48

		continue	follow parternal	marriage	others
1982	within	15.03	30.82	7.94	
-1987	outside	18.68	15.54	6.16	
1985	within	10.23	14.08	10.45	
-1990	outside	10.86	13.66	6.18	

note: within means migration within province.

outside means moving outside province.

Project Proposal: Global Impacts of China's Forest Resources

(January 21, 2008)

1. Background

Forest is the main part of terrestrial ecosystem in our planet. It provides not only material products for human beings including timber, fiber, fuel and medicine, but also important ecosystem services such as preventing soil erosion, reducing sandstorm, and sequestering carbon dioxide. China has a relatively large forest area, accounting for 4. 23% of the world forest area. Chinese forests not only provide important economic and ecological benefits domestically, but also play an important role in global ecosystem. However, based on its population, China is one of the world's most forest-deficient countries, with only 0. 1 ha of forest per capita, compared with a world average of 0. 6 ha and forests cover only 18% of China's land area, compared with 30% on average (Liu and Diamond 2005).

1. 1 General information on China's forest resources

According to the result of the Sixth National Inventory on Forest Resources (1999 – 2003), the total forest area in China is about 174. 91 million ha and the gross standing stock is 13. 62 billion m^3 (State Forestry Administration (SFA, hereafter) 2005). The forest area of China takes up 4. 50% of the world's total, following

Russia, Brazil, Canada, and USA, to rank the fifth.

China's forests are unevenly distributed, which are concentrated in three of five regions the Northeast (including Heilongjiang, Jilin and the eastern part of Inner Mongolia), the Southwest (including Sichuan, Yunnan and Tibet), and the South (Wang, Cornelis van Kooten et al. 2004). The area and stock volume of timber forest are 78. 63 million ha and 5. 51billion m^3 respectively, accounting for 55. 07% and 45. 57% of those of the total forest stand (State Forestry Administration 2005).

The state-owned forests accounts for 42% with the remaining forests collectively or privately owned. State-owned forests are largely natural and mainly located in the Northeast and the Southwest and the southern provinces are occupied by collectively-owned forests, which are largely plantations and bamboo forests (Wang, Cornelis van Kooten et al. 2004).

1. 2 Economic impact

Forestry is an important industrial infrastructure sector in China's national economy. In recent years, China's forest products market has become one of the largest in the world in terms of production, consumption and imports of wood products, and China has already become the wood processing country of the world with booming domestic demand and growing export-oriented processing industry.

1. 2. 1 Timber demand and supply

China ranks third in the world in timber consumption (Liu and Diamond 2005), which is 307 million cubic meter (SFA 2005). Domestic consumption includes raw material for industries, lumber for construction and energy resources in rural areas. China's export of timber products is comprised of various goods such as logs, panels, furniture, paper and pulp and etc. The increasing domestic consumption and export of timber products pulled up the demand, which would be fed by domestic forest resource and import. China has been a net export country of industrial logs before, which is basic raw material for all timber products. However, the emergence of ecological risks in the end of the 1990s caused Chinese government, in 1998, to initiate the National Forests Protection Programe (NFPP, hereafter) that covers 18 provinces, autonomous regions and municipalities and a key component of the NFPP is the logging ban on 30 million hectares of natural forests (Zhou 2001). The ban to a large extent reduced the domestic timber supply and increased the wood imports. China's wood imports, both from tropical and temperate countries, have increased sixfold since the ban and China now stands second only to Japan, which it is rapidly overtaking (Liu and Diamond 2005). Compared with 2003, the timber supply in China increased by 10. 91%, of which the imported timber accounts for 41. 99% (SFA 2005). The decrease in tariffs on wood products caused by the China's accession to WTO combined with the current strict ban and quota on timber harvesting will stimulate domestic timber processing enterprises to use more imported timber other than domestic timber.

1. 2. 2 Forest plantation

The deficit of natural forest, increasing demand for forest products and frequent natural disasters stimulated Chinese government to develop forest plantation. In 2005, a total of 2. 72 million ha of plantation was established in China, 2. 45 million ha of which was established by artificial planting and 0. 27 million ha by aerial seeding. The plantation has begun to play an important role in providing timber supply and environmental services. But how much economic and ecological benefits that China's plantations have offered and its potential for future is still ambiguous.

1. 2. 3 International timber trade and global forest

China's import and export of wood products were increasing rapidly in recent years. In 2006, the total trade volume of forest product imports and exports was US $ 50. 77 billion, increasing by 22. 95% compared with that in 2005 (SFA, 2005). China is now the major player in the international trade of many forest products such as logs, sawn wood and wood pulp for imports, and furniture for exports. China's total value of forest product imports ranks second in the world just after the US, and China ranks first in terms of industrial log imports (Démurger, Yuanzhao et al. 2007). Among the total import volume of forest products, the market shares of different continents were as follows: Asia (47. 63%), Europe (21. 77%), North America (16. 75%), Latin America (5. 87%), Oceania (4. 65%), and Africa (3. 33%) (SFA, 2005). The rapid increase of Chinese imports is reported as causing severe ecosystem degradation and threatening the livelihood of local people in supplying countries, especially in the Asia-Pacific region where China is the dominant trade partner for timber import (Liu and Diamond 2005; Démurger, Yuanzhao et al. 2007).

1. 3 Environmental impact

Forests and woodlands in China provide a number of environment services, mainly including protection of watersheds, carbon sequestration and conservation of biodiversity.

1. 3. 1 Hydrological function and soil erosion prevention

Forest has a close relationship with the circulating process of water on the earth. Among a wide variety of services provided by forests, the major one is usually hydrological benefits, including controlling the timing and volume of water flows and protecting water quality, reducing sedimentation, and preventing floods and landslides.

Much of the world's drinking water comes from catchments that are or would naturally be forested. There appears to be a clear link between forests and the quality of water coming out of a catchment. Forests therefore often provide the basis for integrated management of water resources (Nigel Dudley and Sue Stolton, 2003).

1. 3. 1. 1 Hydrological benefits and soil erosion prevention within China

China is a mountainous country with poor forest resources. Hence the forest ecosystem at the headwaters of rivers plays a key role in environmental services for local people and those downstream. For example, forests and grasslands along the Yangtze River can annually reduce soil loss 16. 1 billion tons at average, and control 140 billion tons of water (Hou 2002).

1. 3. 1. 2 Trans-boundary water services

Almost all headwaters of main rivers in East and Southeast Asia are located in China, especially the Tibetan Plateau, which contains the headwaters for the major rivers of India, Pakistan, Bangladesh, Thailand, Laos, Cambodia and Vietnam, as well as of China (Liu and Diamond 2005). Fortunately, China has initiated successively several major forest key programs, which covers as many as 97% of the counties in the country, and has produced obvious beneficial effects, especially on watersheds protection (FEDRC, 2007).

1. 3. 2 Carbon sequestration

Sequestration of carbon is a key environmental service provided by forests and trees and thus their importance in mitigating climate change. Land-use changes (deforestation and afforestation) could significantly alter the carbon balance, changing what is retained in the biomass and in the atmosphere (FAO, 2007).

Some research (Fang, 2001) suggests that Chinese forests released about 0. 68 petagram of carbon between 1949 and 1980, for an annual emission rate of 0. 022 petagram of carbon, although carbon storage increased significantly after the late 1970s from 4. 38 to 4. 75 petagram of carbon by 1998 mainly due to forest expansion and regrowth. However, since 1998, China has launched a series of forest ecosystem rehabilitation and conservation programs, which have added 37. 38 million ha forest, up to the end of 2006 (SFA, 2007). The capacity of China's forest to sequestrate carbon is required to be re-evaluated, especially, in the context of the growing recognition on the potential of afforestation and reforestation for carbon sequestration all around the world to adapt to global climate change.

1. 3. 3 Biodiversity

Almost all countries are signatories to the Convention on Biological Diversity (CBD) and are making effort to protect and manage important biomes and ecosystems. Many countries have established protected areas to maintain biodiversity. China as one of maga-biodiversity countries (ranks the 8th in the world) has rich species and unique feature (Cai 2000). In order to protect these precious speciesresources, the government has established natural reserves to conserve their habitat especially natural forest, which plays an extremely important role in improving the ecological situation and safeguarding the security of wild species. In 2006, the total number of natural reserves established and managed by the forest sector in China reached 1740, with total area of 16. 60milion ha.

1. 4 Social impact

Besides economic and ecological benefits, forest sector can also offers employment opportunities and maintain livelihood for local communities. Especially, in rural areas, where there are few other job opportunities for local poverty-stricken people, forests play an important role in providing basic living condition and major income sources.

1. 4. 1 Poverty reduction

The livelihood of local people largely relies on forest around the communities, from which a lot of products and services including timber, fuel, fruits, living environment and so on come. Villages and local farmers produced around 50% of country's timber and the forests of China provide 40 percent of the country's rural energy, almost all of the lumber and panels for the nation's construction sector (Rozelle, 2000; SFA 2006). In addition, collecting traditional herb medicine, wild fruits and nuts, and fungi also is an important part in the income package of rural population around forests.

1. 4. 2 Employment opportunity

The sector also is a vital source of employment and income generation, supplying about 3 percent of the nation's jobs and 4 percent of GNP, although its importance in employment and output has declined gradually during the reform era (Rozelle, 2000). Following the implementation of national forestry programs (especially NFPP and CCFGP), a lot of new job opportunities such as afforestation and forest management have been replacing previous timber harvesting and processing jobs.

1. 5 Regulation and institutions on forest management in China

Through many years' effort on legislation, China already has a relative complete forest legal system ranging from Forest Law to local regulations. However, the implementation of forest related law is still weak, especially in rural areas. With respect to institutional changes, community-based forest tenure system is transferring to private forest tenure, while there are few changes in the state forestry sector. Most importantly, there is a shift in forest management strategies through the adoption of a new forest classification policy and the implementation of several major forest programs (Démurger, Yuanzhao et al. 2007).

1. 6 International environmental and forest-related treaties and regimes

Besides domestic forest regulations and institutions, emerging global environmental regimes also influence China's forest management practice. China has ratified almost all international forest-related treaties: United Nations Convention to Combat Desertification (UNC-CD), Framework Convention on Climate Change (UNFCCC), Convention on Biological Diversity (CBD), Convention on International Trade in Endangered Species of Wild Fauna and Flora (CITES) and so on. In recent years, the Chinese government actively executed international environmental treaties and regimes, which played an active role in promoting forest protection and improving the environment globally.

2. The problems

China's forest resources produce tremendous economic and ecological impacts both within the country and on global scale. However, the magnitude and scope of the impacts have not been measured quantitatively, and there is still no comprehensive research on global economic and environmental consequences of forest management when facing drastic institutional changes in forest sector, intensified global economic interaction and emerging international environmental regimes

2. 1 lack of integrated and quantitative analysis on global impact of China's forest

There have been a lot of researches carried out by different professional research institutions, which discuss the economic and environmental impacts of forest resource. However, most of the researches focus on only one type of impacts. An integrated impact assessment is required to cover major impacts of China's forests. Furthermore, previous researches mostly use qualitative methods to describe the impacts (especially economic impacts) on global scale. Therefore, a coherent quantitative model combining economic and environmental impacts is needed. In addition, drastic institutional changes and intensified globalisation justified a dynamic analysis, which can understand the mechanism between institutional changes in forest sector and global impacts of forest resources.

2. 2 Challenges from globalisation

China's entry into WTO stimulates import and export of forest products. As a country with the advantage of a cheap labour force and disadvantage of forest deficit, China is becoming a big country of forest products production, where tremendous timber is imported and processed and then forest products are exported over the world. The intensified trade relations in forest sector will influence both domestic and other countries' forest resources and livelihood of local people. At the same time, international community starts to pay attention to forest-related environmental problems. The environmental regimes including various conventions, treaties, forums, conferences and etc are forming. China's forest management has been also to some extent influenced by these regimes.

2. 3 Challenges from domestic institutional changes

China is also facing a complex and changeful condition inside. Domestic economic development and forest tenure reform is changing the institutional setting for forest management practices and may bring lots of uncertainty to China's forestry development.

In recent years, forest tenure reform became the focus in forest sector again following the development of marketization reform and inefficiency of management of state-owned and collective forests. Based on the lesson from previous tenure reform, several flexible and reasonable measures are taken by the central government this time. Firstly, a bottom-up method and voluntary principle in which a meeting including all village members is entitled to decide whether to carry out privatization is employed to ensure a democratic and transparent process. Secondly, the local market for trade of forest tenure and the institution for appraising forest resource are established at the same time. Thirdly, the government still keeps the right of distributing forest harvesting quota in its own hands.

Although at this time, forest tenure reform could be an opportunity to improve the management of forest resources, the increase of market demand for forest products due to rapid economic development may bring new risk to forest resources, the property right of which just shifts from the collectives to the private.

3. Objectives

Based on the problem stated above, this research aims to analyse the global impacts of China's forest resources in the context of globalisation and domestic institutional changes. The specific objectives are developed below.

Objective 1: identify the magnitude and scope of current impacts of China's forest resources on international trade and global environment

Objective 2: examine and predict the tendency of China's forest resources under globalisation and domestic institutional changes

Objective 3: develop policy instruments to deal with negative impacts of China's forest management and trade on the sustainability of global economy and environment

4. Research methodologies

China's forest provides crucial raw materials for industrial production and indispensable environmental services for the welfare of the whole human being. The measurement of these products and intangible services cannot be achieved without combining knowledge from different disciplines, especially economics and natural sciences. And while domestic institutional changes including recent forest tenure reform and marketization reform in the whole economy since the end of the 1970s reshape the structure of China's forest governance, intensified international trade and emerging global environmental regime increasingly impose their influence on China's forest management and use.

4. 1 Conceptual framework

In order to understand the multi-facet and complex impacts of China's forest on global economy and environment under such a drastically changing circumstance, an interdisciplinary method will be employed, which includes three basic components: bio-physical models, economic models and institutional analysis.

Three biophysical models will be constructed to measure ecological services (transboundary water services, carbon sequestration, biodiversity) at global scale stemmed from China's forest resources. The models focus on examining magnitude and scope of forest ecological services from different geographical locations, forest classifications and size, and management practices.

An economic model considering international trade, technical change, national forestry programs and forest industrial development will be developed to analyse the impact of different economic factors on forest management practices. At the same time, the influence of increasing demand for imported timber on those export countries also will beintegrated into the model.

Although economic models can provide insight on the change of human behaviour caused by different forest policies and international trade, institutional setting plays an important role in offering "rules of game" for forest governance in China. Two special situations are facing China-drastic institutional transition (especially in the field of forest tenure) and involvement in globalisation justify the use of an institutional analysis to complement the economic models (Angelsen, 1999; Chichilnisky, 1994). The institutional analysis will focus on examining the impact of institutional changes on motivation and coordination mechanism in forest governance, which influence forest management practice through policy interaction and produce ecological consequences in the end.

4. 2 Methodologies

4. 2. 1 Research strategies

According to the research questions and objectives, this research should cover major forest types, management practices and institutional arrangements, evaluate the impact of institutional arrangements on forest management practices at different levels, and simulate the ecological performance of different management practices and behaviour of stakeholders. Since the research includes diverse elements ranging from natural factors to macroeconomic and policy factors, it will be divided into 3 subtopics: biophysical impact assessment, economic and institutional analysis, and policy scenario analysis. And each subtopic will employ different research strategies.

Considering the limit of time and funding, biophysical impact assessment will rely on literature review and secondary information from governmental and academic institutions. A lot of researches have been done in China to model different ecological benefits from forest ecosystem on different scales, so our research will collect, examine and compare these methods to produce a coherent and credible framework for impact assessment. And the analytical tools developed by IIASA, which assess environmental performance of enhanced carbon sinks on forestland, can also be used in this research.

The economic and institutional analysis will use case study to analyse the impact of economic and institutional factors on forest management practice and forest resources. 10 case counties, 5 forest management bureaus, 5 national natural reserves, 3 water sources/watersheds of transboundary rivers will be selected according to different types of forest, environmental services, geographical location and economic condition.

Econometric models will be built up based on the data from survey at different levels (from county to household), and estimate parameters representing the behaviour of forest management and its response for various policies.

The results from biophysical impact assessment and economic and institutional analysis will be integrated into policy scenarios analysis, which include a comprehensive model to predict global impact of China's forest in the context of institutional changes and economic development.

4. 2. 2 Methods of data collection

In order to guarantee sufficient data and information on theoretically relevant variables for the afterward research, we will apply different methods.

1. Secondary data collection is a useful method for obtaining existing information on biophysical models dealing with ecological consequences of forest. The data and models from government (like State Forestry Administration, Ministry of Water Conservation, Ministry of Agriculture and etc), research institutions (such as Chinese Academy of Forestry, Peking University, Research Centre for Eco-Environmental Sciences and so on), and international organizations (IIASA, Forest Trend, International Forestry Research Centre and etc) can provide a nice scientific basis for this research.

2. Structured and semi-structured questionnaires will be disseminated at different levels during the case study to collect information on characteristics of forest resources, on-site and off-site ecological impact, forest management practices and attitudes of the actors.

3. Group discussion, formal and informal meetings/seminars will be applied to investigate the relationships between the involved actors.

4. Formal and informal interviews will be taken to important actors face to face, including officials, members of NGO or others to collect current forest management strategies

5. Field observation, seminar/workshops will also be applied for data and information collection.

6. Field observation, seminar/workshop will also be appled for data and information collection.

5. **Funding and feasibility**

According to the research content mentioned above, 500, 000 euros in 30 months are needed to support the research activities. The specific expenditure is listed below.

Financial requirement to cover activities	Cost in euro €
1) Secondary data and information collection	
Secondary information on relative models (water conservation, carbon sequestration and biodiversity)	7 000
Collect national data on forest resources	10 000
Sub-total	**17 000**
2) Conduct in-depth case studies (10 counties, 5 FMBs, 5 natural reserves, 3 water sources)	
Secondary information collection in case sites	12 000
Printing cost for survey materials	15 000
Hiring of temporary personnel (investigators and professionals)	130 000
Travel from Beijing to case study locations	70 000
Local stakeholder meeting	23 000
Organization of small workshops in Beijing to discuss the study findings	5 000
Local transport	12 000
Sub-total	**267 000**
3) conduct modelling and scenario analysis	
Hiring of professionals	80 000
Purchase of essential supplies and materials (professional software and computers and etc)	50 000
Organization of small workshops in Beijing to discuss the study findings	3 000
Sub-total	**133 000**
4) daily running expenses	
Hiring of temporary personnels (daily communication, and management)	15 000
Renting office facility	60 000
Sub-total	**75 000**
5) Prepare the final report	

Research project leader: JIANG, Zhenghua, vice chairman of the Standing Committee of the National People's Congress

Research project management and implementation:

The China National Forestry Economics and Development Research Centre (FEDRC)

Project coordinator: ZHANG, Lei

DAI, Guangcui

FEDRC has a unique role in the analysis of forestry and related resource use matters as it is placed within the Chinese State Forestry Administration (SFA). With such a close association with the policy-making hub, members of the FEDRC have good access to governmental data and information.

This research will also build on work carried out by the FEDRC. In these studies, an annual impact analysis was carried out for key forestry projects underway in China, which obtained rich information on natural forests, plantations, land use change, and natural reserves and analysed the socio-economic and ecological impacts of these projects at local and national level (FEDRC 2007). The proposed research can extend the result to reach the global scale. Also a series of researches on international forest products trade have been carried out by FEDRC (Dai et al, 2003), which can provide a solid base for analysing the impact of international trade on forest both in China and its trade partners.

Project sponsors:

International Institute for Applied Systems Analysis, Austria

National Natural Science Foundation of China

Potential partners:

The research proposed will complement the existing Chinese Forest Sector Project carried out by FOR, IIASA and Peking University, China. Global trade models and policy scenarios used in the FOR project can help to model the relationship between the demand for domestic forest resources and timber import, and select crucial policy factors for institutional analysis.

Also the IIASA-coordinated "Integrated Sink Assessment" (IN-

SEA) project, which developed analytical tools to assess the economic and environmental efforts of enhanced greenhouse gas (GHG) sinks on agricultural and forest lands for the 25 European Union member states can provide useful reference to assess Chinese similar efforts on forest lands.

In addition, some research institutions in China such as Research Centre for Eco-Environmental Sciences (RCEES) of Chinese Academy of Sciences (CAS), Research Centre for Agricultural Policy (RCAP) of CAS, Chinese Academy of Forestry (CAF), Peking University, and Beijing Forestry University (BFU) have carried out a lot of researches relating to measuring economic and ecological impacts of forest resources. They could be potential partners for different subtopics.

6. References

Angelsen, Arild and David Kaimowitz, (1999). Rethinking the Causes of Deforestation: Lessons from Economic Models, The World Bank Research Observer, vol. 14, no. 1 (February 1999), pp. 73-98.

Cai, Xiaoming, (2000). Ecosystem Ecology, Science Press.

Chichilnisky, Graciela, (1994). South-North Trade and the Global Environment, The American Economic Review 84 (4): 851 – 874.

Démurger, S., H. Yuanzhao, et al. (2007). Forest Management Policies and Resource Balance in China: An Assessment of the Current Situation, SSRN.

Fang, Jingyun, Anping Chen, et al, (2001). Changes in Forest Biomass Carbon Storage in China Between 1949 and 1998, Science 292 (5525): 2320 – 2322

FAO (2007). People, Forests and Trees in West and Central Asia-Outlook for 2020. FAO.

FEDRC, (2007). A Report for Monitoring and Assessment of the Socio-Economic Impacts of China's key Forestry Programs 2004, China Forestry Publishing House.

Guangcui Dai, Yuehua Wang, Caihong Zhang, (2003). Study on discrepancies in forest products trade statistics – China case, working paper, supported by ITTO.

Hou, Yuanzhao, (2002). Accounting on forest environmental benefits, China Science and Technology Press.

Liu, J. G. and J. Diamond (2005). " China's environment in a globalizing world. " Nature 435 (7046): 1179 – 1186.

Nigel Dudley and Sue Stolton, 2003. The importance of forest protected areas to drinking water. A Research Report for the World Bank / WWF Alliance for Forest Conservation and Sustainable Use.

Roger A. Sedjo. Forest Carbon Sequestration: Some Issues for Forest Investments.

Rozelle, Scott, Jikun Huang, Syed Arif Husain, and Aaron Zazueta, (2000). China From Afforestation to Poverty Alleviation and Natural Forest Management, Evaluation Country Case Study Series, the World Bank, Washington D. C.

State Forest Administration (2007). China Forestry Development Report 2007, China ForestPublishing House, Beijing (Chinese version).

State Forest Administration (2006). China Forestry Statistical Yearbook, Beijing: China Forestry Publishing House, (Chinese version).

State Forestry Administration (2005). China Forestry Development Report 2005, Beijing: Forestry Publishing House,

State Forestry Administration (2005). China Forestry Resource Report. Beijing: China Forestry Publishing House.

Wang, S. , G. Cornelis van Kooten, et al. (2004)." Mosaic of reform: forest policy in post – 1978 China. " Forest Policy and Economics 6 (1): 71.

Zhou, S.   (2001). Chongman Xiwang de Shinian-Xinshiqi Zhongguo Linye Kuayueshi Fazhan Guihua (Ten Years with Prospect – China forestry Leap Development Planning in a New Era). Beijing: China Forestry Publishing House.

Speech at the Workshop on "Global Impacts of China' s Forest Resources"

(Septemeber 18, 2008)

Beijing Normal University

Sep 18th, 2008

Good Morning

Our Honorable Guests,

Ladies and Gentlemen:

Today, the international workshop on "Global Impacts of China' s Forest Resources" has been jointly held by Beijing Normal University, China National Forestry Economics & Development Research Center (FEDRC) of the State Forestry Administration, and the International Institute for Applied Systems Analysis (IIASA) and Peking University. First of all, allow me to take the privilege to congratulate the successful opening of the workshop on behalf of the participants from the Chinese side. Our sincere appreciation to IIASA 's dedication and support to China' s forestry development. We are grateful and cordially welcome all the leaders and specialists who join us on their busy schedule. Now, I would like to elaborate three issues for the workshop discussion.

Ⅰ. The development of forestry influences the overall economic and social development and it is of great significance to study forestry issues

Since the United Nations Conference on Environment and Development in 1992, especially the Johannesburg Summit 2002 – the World Summit on Sustainable Development, forestry issues have been incorporated into the international social and political agenda and the international communities and the governments have given priority to the study on forestry issues. Based on international and domestic situation, the importance of forestry development can be embodied in the following aspects:

First, the forestry development concerns ecological security. Ecological security relates to the future of the Earth and human destiny. It has respect to national long term development and overall strategy which has become the challenging issue to China and the world in general. A world well-known scientist said that there has been great ecological crisis due to the huge deforestation, which might be the most difficult one to be sloved in the world than any other kinds of crises. It was warned that ecological crises will become the most serious threats that the mankind face, even worse than the nuclear war.

Second, the forestry development relates to climate security. The carbon sequestration fixed by the biomass is the best effective approach to restrain global warming. It is estimated that one cubic meter of forest growth would absorb 1. 83 tons of Carbon dioxide and release 1. 62 tons of Oxygen. China now is at the stage of high speed economic development and faces great pressure of reducing carbon emission. The urgency of protecting and developing forest resources becomes prominent.

Third, the forestry development concerns the security of fresh water. In normal years, China's water shortage is around 40 billion cubic meters and average water resources per capita is only one-fourth of the world average level. The contamination of the water is also a serious problem and China has been quoted by the United Nations as one of 13 countries that has the least average water resources. Forests have the distinctive role of purifying the water quality and it is imperative to strengthen forestry development to solve the shortage of water, and to restore the healthy forest ecosystem and wetland ecosystem.

Fourth, the forestry development interacts with the security of species. Species are the most valuable nature heritage and future assets of mankind. Forest is the richest biological gene pool. Over 50% of the biological species on Earth find their habitats in the forests, which conserve the most exuberant heredity genes in the living beings system of the Earth.

The protection of forest resources and maintaining the security of species bears great significance to the good protection of the valuable species.

Fifth, the importance of forestry development links the security of energy supply. China is one of the countries in the world that consumes large quantity of energy. The energy consumption demand for China will be on the high increase in the next 20 years. Biomass energy is the fourth energy only next to coal, petroleum and natural gas. And the whole country retains over nine million hectares of ligneous grain and oil plant and firewood forest. Forestry possesses remarkable potentiality and advantages to the development of the biomass energy.

Sixth, it correlates to the security of timber supply. Timber is of important raw material to sustain the economic development. Timber supply in China is in serious shortage, import of the timber has exceeded 40% of the domestic timber consumption in recent years which hit the National timber security alarming ceiling. To solve the contradiction between the shortage of forest resources and the rigid demand for timber products, it is requisite to enhance the productivity of 4. 3 billion mu of current forest land which become the ultimate option.

Seventh, grain supply hinges on forests. In order to meet the future grain demand, it must be based on domestic land resources, especially on the vast mountainous land and forest land. At present, China owns more than 100 species of ligneous grain and oil plants with the gross area of 100 million mu. In addition, 200 million mu of land are suitable for growing ligneous grain and oil plants. It provides plenty of development potential and will play an important role in guaranting the grain supply.

Eighth, it closely relates to the employment and establishment of harmonious society. There are 560 million Chinese living in mountainous areas. To solve their problem of employment and increase farmers' income has become the difficult and the key point. Since the forestry industry is characterized by long industrial chain, broad market resource and providing large employment chances, it becomes the fundamental to tackle the issue of employment for those who live in mountainous areas and to develop the economy of mountainous areas.

In general, forestry developments affect national territorial security, economic security, social and political security. Without the sustainable forestry development, there couldn't be the harmony between man and the nature, nor the sustainable evolution of human society. What we do in forestry research sign is of great importance.

II. China has long been committed to developing forestry and has achieved remarkable results, which has reference meaning for the world

For a long time, the Chinese government continuously develop ways that are corresponding to the country's basic conditions and that of the forestry. Endeavors in building up the forestry ecosystem and the forestry industrial system as well as the eco-cultural system resulted in great achievements that attract worldwide attention and the accomplishment of sustainable forest resources growth.

1. Comprehensively build up forestry ecosystem to contribute remarkably to security of National and global ecosystem.

Since the foundation of the People's Republic of China, especially since the openning-up and reforming policy, the Chinese government has adopted a series of effective measures to enhance the forestry ecosystem in order to build up the surviving foundation of the nation and to maintain the security of global ecosystem.

The construction and the protection of forest ecosystem entails China the fastest country with forest resources growth in the world. First, vigorously develop plantation. The area of plantation reaches 53 million hectares which accounts for one-third of the world's total plantation and the largest one in the world. Secondly, protect the natural forest. 99. 3million hectares of natural forest have been protected through the implementation of Natural Forest Protection Program (NFPP) which enforced logging ban or reducing harvest of natural forest. Thirdly, greatly carry out Convertion Cropland to Forest and

Grass program. The forest coverage of the program area that accounts for 82% of the national territory increased by over 2%. Fourthly, vigorously establish shelterbelts along the Yangtze River, the Pearl River and Coastal areas. The forest coverage expanded from 12% in 1982 to 18. 21% at present and the forest standing stock reaches to 12. 456 billion cubic meters in China.

Combating the desertification and improving the desert ecosystem has primarily controlled the trends of desertification. First, the Three-north shelterbelts forest program initiated in 1978 has been up to 23. 74 million hectares of plantations and 40% of the water and soil erosion at loess plateaus have been controlled. Second, the implementation of Sandification Control Program for Areas in the Vicinity of Beijing and Tianjin, which covered 75 counties (or qi which is e-quivalent to county level in Inner Mongolia Autonomous region) in 5 provinces or autonomous regions, took multiple measures in combating desertification such as carrying out grazing ban, execute eco-migration. This program increased the vegetation coverage to 10 − 20. 4% averagely. Third, construction of shelterbelt forest system of farmland program, achieved historical transformation of soil degradation from enlargement to contraction by applying scientific, comprehensive combating measures and enforcing legal system aross the country.

The protection and restoration of wetland ecosystem has continuously strengthened the eco functions of the wetland. At the moment, nearly 200 conservation initiatives have been examined and validated. 18 national wetland parks and 470 wetland protected areas have been established that conserved 17. 42 million hectares, about 45% of the existing natural wetland. The Chinese government has been successively granted the international prizes of "Present presented the to the Earth" special award, "Global wetland protection and rational utilization Outstanding Achievement Award", "Wetland Protection Scientific Award", "Nature Protection Outstanding Leadership Award".

Overall conservation of biodiversity provided the effective protection of the nation's most precious nature heritage. The nature conservation network with varieties of types and the full fledged function has been essentially shaped by promulgating a series of decrees such as "Law of the People's Republic of China on the Protection of Wildlife", "Nature Conservation Regulations" and establishing nature conservations. At present, 2395 of various nature conservations have been established which cover 15% of the country's land territory.

3. The acceleration of forestry industrial development had played an important role in the national economic development and farmers' income growth.

First, the scale of forestry industry expanded rapidly. In the past 30 years, China has been continuously restructuring the forestry industry which made great strides. In recent years, the total value of output from forestry industry increased progressively at the speed of double digits annually which can be exemplified by 1250 billion RMB in the year of 2007. This has been 69. 6 times that of 1978. Second, emerging forestry industries is thriving. On one hand, as the traditional forestry industry such as plywood, resin, furniture has been continuously consolidated while non-wood products such as bamboo and rattan, flower industry and forest tourism also increased quickly, a series of burgeoning industry such as breeding and utilizing wild and plants, industry of biomass energy and biomass materials developed rapidly on the other. Third, the speciality industry of forestry grows even stronger. A series of pillar industries has sprungup at various places which strongly promote the regional economic development and increase employment and farmers' income as well. Zanthoxylum produce has become the new economic growth business in Shaanxi province after local apple produce became the pillar industry. The value of Zanthoxylum production in Hanchen City accounts for over 95% of its industrial value output which alleviated 110, 000 farmers from poverty and become prosperous.

4. The vigorous promvtion of eco-cultural system has continuously enhanced the eco civilization concept of the whole society.

First, eco-education has become the curriculum of national universal education and "The implementation guidance of eco moral education for younsters" has been promulgated. Every year, activities such "Fostering Appreciation for the Forest", "Protecting the Mother River" and "Bird-Loving Week" are carried out. Thorough and deepening dissemination activities have been popolarised at the important annual eco anniversaries such as National Tree Planting Day, International Wetland Day, Combating desertification and drought Day. Second, eco cultural products have been enriched. Cultural events such as creating national forest city, national exhibition of wild fauna and flora, green fortune forum, eco snapshots exhibition as well as fairs and expositions in the categories of greening, flower industry and forest tourism. Third, the eco culture bases have been constructed. 660 national parks have been established and a few hundred of national eco education bases have been specified. Fourth, the dynamism of eco cultural dissimilation expanded distinctively. All kinds of eco cultural activities with characteristics have been publicized through the opening of national ecology internet, the forest culture festival, wetland culture festival, bamboo festival, bird watching festival and so on and so forth.

Ⅲ. Main contents and preparation of the project

Due to the large population and developing stage of economy in China, the consumption of resources and the damages done to the ecological environment resulted from the high speed economic development cannot be neglected. The timber demand in China exhibits rigid increase. Due to the shortage of timber supply in the country, large amount of import of timber has been a cause for concern of the international community. Under the new historical conditions and in line with the implementation of theory of scientific development, the comprehensive transformation of development theory and mode and construction of eco civilization, it is imperative to carry out objective assessment and evaluation of the impact of status quo of existing forestry development, policy of forestry protection and development, forest resources of China to global development so as to provide important policy suppbasisorts for decision-making for continuous forestry development.

1. Main contents of the study

The research of "Global Impact of China's Forest Resources" will provide relevant theoretical basis and decision-making references to further improve the national public policies at the basis of objective evaluation of exiting Chinese forestry development. It also presents references for understanding the impacts of protection and development of China's forest resources to the global economy, the society and the ecology.

1. 1 Objectively understand China's existing forest ecosystem. With the rapid economic development of China, the demand for forest resources become ever higher which resulted in the sharp decrease of the overall functions of the forest ecosystem with the unsound forest quality, degradation of pasture, reduction of wetland, sandification, desertification and salinization of soil, degradation of soil function, deterioration of water eco environment; Furthermore, intrusion of exotic species, the sharp decrease of biodiversity, the loss of heredity resources, serious destruction of bio resources; the ecological system under threat. The degradation of forest ecological environment is one of the important factors that contain China's sustainable economic development and affect the social stability.

1. 2 Evaluate the value of China's forest ecosystem. Forest ecosystem has the benefits to ecological efficiency, social efficiency and the economic efficiency. However, only the "market value", i. e. the timber price, is be considered while the great contributions of water conservation, climate facilitation and eco tourism being neglected when people calculate the costs and the returns for forest ecosystem. Therefore, whenever a decision is made, not only the economic value of the forest ecosystem, but also acknowledgement of the value of "opportunity cost" of forest ecosystem service should be considered. Thus, the real price of the forest ecosystem is reflected by containing the "opportunity cost" of forest ecossytem service.

1. 3 Objectively assess the impacts of China's key forestry programs implemented. Since late 90's of the 20th century, China has

initiated six national key forestry programs in succession such as the "Three-North shelterbelt", "The Yangtze River shelterbelt", "Natural Forest Protection Program (NFPP)", "Conversion of Cropland to Forest Program", "Constructing Fast-growing and High-yielding Forest Bases in Key Areas" that improvement of China's forest resources. At present, assessing the ecogical benefits, as well as economic and social benofits of these key programs in addition to their adjustments in next step need to be answered. Our research will provide scientific recommendations thereof.

1. 4Systematic study and analysis of the impact of China's forest resources to the global economy, society and ecological environment. Forestry is a kind of global business, which has become one of the focuses of world concerns in the global political agenda, regional cooperation, combating climate change and important diplomatic events. The global forest resources are still under decreasing trends with an average 0. 20% of annual decrease globally while witnessing an average 2. 2% of annual increase of China's forest resources. It is indispensable to disseminate the global values and the contributions of China's forest resources in its endeavors to combat climate change and desertification, biodiversity protection, relief of water resource crises, reduction of poverty. It is hoped that the best practices in China can provide examples for the world.

1. 5 Share the social impacts. First, the impact of poverty relief. Forest provides local residents with a series of products and services such as timber, fuel, fruits and living environment which are conducive to relieve poverty. Second, supplying rural energy. Forest is an important energy supply for daily life in rural communities.

Third, solving the farmers' employment issue. China's collective forest, which is two times that of the farmland, has become farmers, important production materials for cultivation and harvesting.

1. 6 Share. China's forestry legal system and institution structure. China has already established a systematic forestry legal system. Nevertheless, the legislations need to go with the time and to be updated to keep pace with the continuous economic and social development as well as the public legal awareness and the capacity of law enforcement institution need to be urgently improved. In terms of forest ownership transformation, the traditional forest ownership which is based on collective ownership is transforming gradually to individual farmer's ownership. The state forest reform is pushing ahead. The direction of reform needs monitoring and assessment so as to make the policy adjustment for the government.

1. 7 Keep in line with the international environmental and forestry legal mechanism. In addition to China's own forestry laws and regulations, international environment and forestry legal mechanism have impacts on China's forestry development. China has signed almost all the international forest conventions, inclusive of UNCCD, UNFCCC, CBD, CITES and others. In recent years, China has fulfilled relevant international forestry agreements and conventions and played a positive role in the promotion of forest protection and the improvement of global environment.

Based on the above, the study will target the impact of China's forest resources on the global forest resources in the contxt of globalization and domestic forestry institutional transformation. The specific research targets comprise of:

Establish a set of practical index systems for evaluating the contribution of China' s forest ecosystem, consisting of contributions of economic, socialand ecological benefits. Analysis will be carried out on the contribution of China' s forest ecosystem by applying the data and exploring its trends.

6. Identify the impact scope and scale of China' s forest resources on the international trade and global environment, including the impact on the global forestry development, timber demand and supply as well as the international trade of forestry product.

7. Investigate and forecast the trend of forest resource and forest management in China under the circumstance of globalization and country' s ownership transformation.

8. Develop policy tools to cope with the impact on the sstainability of global economy and ecosystem development resulted from China' s forest management and trade.

2. Preparation of the study

In order to start the research with a more desirable advantage, the research team has already accomplished a great number of basic preparations.

2. 1Formulated proposal of the project

In March, 2008, the project proposal of "The Global Impacts of China' s Forest Resources" was formulated and at the same time submitted the "International (Regional) cooperation exchange project application" to the Committee of National Nature Fund which is pending for approval.

2. 2Identified the major tasks of the study

Based on the research subjects and objectives, the forest types, management practice and ownership arrangements related to the research have been identified. Also, the influence of different levels of ownership arrangement to the forest management practice will be evaluated so does the ecological performance of different forest management measures and the behaviors of all the stakeholders. The research will cover a whole range of factors from nature to those of macro economy and policy. The research is composed of three components: first is assessment of the biology and physics impact; second is economic and institution analysis; third is policy scenario analysis. Each research component will follow different research strategies.

2. 3 Establishing the research team

A research team composed of specialists and academics from four institutions had been formed.

Management School of Beijing Normal University has a strong capability of teaching and research with a number of influential scholars at home and abroad. It has undertaken over 10 research projects funded by National Nature Science Fund, National Social Science Fund and so on. It has the access to the National Library and Beijing Normal University Library for paper and digital media literatures.

China National Forestry Economics and Development Research Center (FEDRC) of the State Forestry Administration (SFA) under the direct auspices of the SFA. FEDRC is the policy and legislation research and consulting institution serving the forestry macro policy and decision-making. The center has unique strength and advantages in forestry technology economy, policy analysis, forestry institutional reform and forestry development strategy research.

The International Institute for Applied Systems Analysis (IIA-

SA) initiates and actively supports our research. Specially, "the Comprehensive Carbon Sink Assessment" project coordinated by the IIASA has been applied analyzing tools in 25 EU member countries to assess economy impact and greenhouse emission on the farmland and forest land, which will play an even better role in combating climate change by forests.

Environment School of Peking University has the comprehensive advantages in environmental science, nature geography and human geography. It is endowed with a group of well-known specialists and professors and the young scholars who achieved remarkable and influential research results. It is a accomplished research base fully equipped.

2. 4Identified the case study sites.

China's forests have under gone thousands of years' historical transition and evolution. Five major forest regions bearing the close relationship between the nature geography and the social economic development conditions as well as with distinctive regional characteristics were formed. Focusing on the different forest types, environment service types, geographic locations and social economic conditions, the present research project has selected four case study sites which are typically representative of above forest regions.

1. Fujian Province: case of collective forest ownership reform and commercial forest management in southern China;

2. Yichun City of Heilongjiang Province: case of management system reform of state-owned forests and management of timber forest;

3. Tibetan Region of Northern Qinghai Province: case of the protection and development of key water sources with national and international effects;

4. Shanxi Province: case of ecosystem restoration in serious water and soil erosion region

2. 5 Data and referrence materials

The research team will adopt various approaches in collecting sufficient data and information needed by the research, reflect the related variants used in the research. The research materials will be gleaned through government ministries (SFA, Ministry of Water Resources and Ministry of Agriculture and so on), research institutions such as Chinese Academy of Forestry Sciences, Peking University, Research Center for Eco-Environmental Sciences as well as the international organizations such as IIASA, Forest Trends and The International Forestry Research Center. Also, remote sensing data from relevant institutions will be used to correlate and supplement the data of existing forest statistics. Besides, the case study will use different levels of structural and semi-structural questionnaires to perform field surveys, colleting local and interregional information, in possession the information of forest management practice and that of all the stakeholders.

2. 6 Basis of the study

The academic team has already engaged in a great number of researches, such as "Sustainable Development Study Centered on the Poulation Development", "China's population development strategy", "Issues of eco-agricultural development", "Construction of public environment system in Beijing", "Mornitoring and assessment of Socio-economic Impacts of National Forestry Key Programs", "Assessment and accounting of Forest resources", "The status quo and prospect of China's forest carbon sink", "Study on China's timber supply from grassroot producers--Acase study of Heilongjiang province", "Sustainable land use in Northwestern provinces of China", "The demand and supply of forest products and the trade", "FLGE process and China's case study". All these researches have laid a solid foundation for the present research.

Ladies and gentlemen, our project researchers have assembled together and provided your input to better facilitate the research of "Global impact of China's Forest Resources. It is hoped that specialists in the room give your views, pool the wisdom and efforts of everyone to accomplish our common expectations and objectives. It is desired that the experts from the International Institute for Applied Systems Analysis (IIASA) could provide technical support by building models to analyze policy and economic issues.

Finally, I wish this international project workshop a great success.

Thank you!

Speech by President Jiang Zhenghua at the Reception by India-China Friendship Association, Karnataka

(November 29, 2008)

Distinqurshed

Ladies and Gentlemen, friends,

I'm delighted to take this opportunity to visit India at the invitation of the Indian Council for Cultural Relations (ICCR). This is my third visit to Karnataka. Every time I set foot on this ancient yet young soil, I am fascinated by its long history and modern development. Today, I'm greatly honored to attend the welcome reception hosted by the India-China Friendship Association, Karnataka for our delegation, and would like to extend our sincere thanks and best wishes to our Indian friends, for your brotherly affinity and affections.

China and India are close neighbors. Being time-honored ancient civilizations, the friendly contact between China and India dates back to over two thousand years, since when Chinese senior monk Faxian and Hienzang went to India for studies of Buddhist scriptures, following eminent Indian monk Dharma who came to preach Buddhism in China. During the fight for national independence in modern times, our two peoples extended sympathies and supports to each other. The

Indian Congress Party sent the Aid China Medical Mission in 1938 to help Chinese people in our just cause against Japanese fascist aggression. The Chinese people still remember the moving deeds of the Indian doctors till today.

Since the beginning of the new century, bilateral relations have shown a sound momentum of all-round development. During Premier Wen Jiabao's visit to India in 2005, the two countries established Strategic Partnership of Cooperation for Peace and Prosperity, notably upgrading bilateral exchange and cooperation in all fields. Remarkable achievements have been made in economic and trade cooperation, contributing to a 15 times growth of bilateral trade volume in 10 years. China is now the largest trade partner of India. At the beginning of this year, Indian Prime Minister Mammohan Singh made a successful visit to China, during which the two countries signed "A Shared Vision for the 21st Century of China and India" as well as 10 MOUs for cooperation. The two sides believe that, an intensified cooperation between China and India, two of the biggest emerging economies with the most vitality, will exert positive influence on international political and economic structures. China and India, as well as Asia and the whole world, will surely benefit from China-India friendship.

Here, I would also like to underline our gratitude to Indian people for your selfless assistance to China after the outbreak of Wenchuan Earthquake. In the wake of the earthquake, the Indian Government decided to provide USD 5 million worth of timely aids for the rescue and relief work in the quake-hit area, and sent the first batch of resources to Chengdu with the military airplanes of Indian Air Force. These gestures of friendship demonstrate the brotherly affinity of Indian people toward the Chinese people, standing out as an embodiment of the lofty spirit of the Aid-China Indian Medical Mission.

China-India Friendship Association, established in 1952 as China's first people's organization for friendly contacts with India, has received broad support and help from various sectors both in China and India. The CIFA has played an important role in China-India friendly exchanges and built a bridge of communication between the two peoples by receiving renowned Indian personnel of various fields, holding grand celebrations as well as conducting various activities jointly with friendship-with-China organizations, local governments and parliaments in India.

Karnataka is the most vigorous state with the fastest economic development in India. Its capital Bangalore is in particular familiar to the Chinese as the Silicon Valley of India. There is great potential and strong desire for cooperation between Karnataka and Chinese provinces and cities. We could share advanced technologies and experience with each other in many sectors including infrastructure construction, IT industry, to make up for our own shortcomings and to attain common progress. In this regard, the China-India Friendship Association would like serve as a bridge of bilateral communication and cooperation, and find qualified Chinese partners for organizations and institutions in Karnataka for mutual benefits.

I want to thank you again for your hospitality and would like to join hands with your honorable, to further deepen the understanding and friendship between our two peoples, and make the tree of China-India friendship evergreen. Let's remember and pass on the message: "Hindi Chini bhai bhai".

Speech by President Jiang Zhenghua at the Launching Ceremony of China-India Joint Medical Mission

(November 29 , 2008)

Distinguished

Ladies, gentlemen and friends:

To commemorate the 70th anniversary of the visit of Aid China Medical Mission of India and pass on its humanitarian spirit, China and India established the China-India Joint Medical Mission early this year. In January, premier Wen Jiabao and Prime Minister Manmohan Singh attended the Launching Ceremony of China-India Joint Medical Mission in Beijing. Today we hold the Launching Ceremony of China-India Joint Medical Mission in India. On behalf of the China-India Friendship Association and Chinese people' s Association for Friendship with Foreign Countries, I' d like to extend my warmest congratulations to the ceremony and gratitude to all friends present here.

70 years ago, an Aid China Medical Mission of 5 Indian doctors arrived in China to support the Chinese people in their fight against Japanese aggressions. They braved hardship and danger, taking troubles to rescue the wounded at the frontline and training hundreds of Chinese doctors and nurses. They made invaluable contributions. Doctor Kotnis fell ill from overwork and devoted his young life to the

liberation cause of the Chinese people. The spirit of internationalism of the five Indian doctors encouraged the Chinese people to fight against Japanese aggressions and drew a glamorous chapter in the Sino-India friendship.

In the past 70 years, the friendship sowed by the Aid China Medical Mission has stood the test of times and shines with new brightness. The lofty spirit of Aid China Medical Mission is rooted deeply in Chinese people's hearts. Doctor Kotnis' story has moved people of many generations. The Second Hospital Affiliated to Hebei Medical University is named as Dr. Kotnis China-India Friendship Hospital. Dr. Kotnis Memorial Hall was built in Tangxian County where he died. All these demonstrate the Sino-India friendship developed by Aid China Medical Mission. Today, together with the Launching Ceremony, we also hold a Photo Exhibition commemorating the 70th Anniversary of Aid China Medical Mission to China, for which we choose many precious historic photos, showing glorious deeds of the Aid China Medical Mission of India.

In recent decades, China and India enjoy rapid economic development and have emerged to be two big developing countries with fastest economic growth rate. However, as world's most populous countries, both China and India still have thousands of people living in poverty lack of enough medical care. The mission of the former Aid China Medical Mission to free people from pain has not yet been accomplished. The Chinese and Indian people should join hands to fight for the elimination of poverty and diseases. On the occasion of the 70th anniversary of the arrival of Aid China Medical Mission of India to China, the Chinese People's Association for Friendship with Foreign

Countries and Indian Council for Cultural Relations initiated and established China-India Joint Medical Mission. Young doctors from China and India team up together and conduct free medical consultation in the poverty-stricken areas of both countries. The spirit of humanitarianism represented by the former Aid China Medical Mission of India is encouraging the Chinese and Indian young people to strive for the better future of the human beings.

Early this year, China-India Joint Medical Mission visited Hebei Province of China and provided the poor local farmers with free medical consultation and medicine, which has gained warmly welcome and compliment. We believe the free medical consultation in India will also benefit Indian people. It is our aspiration to proceed with such activities for the benefit of the Chinese and Indian people, which will help both Chinese and Indian poverty-stricken people and promote understanding and friendship between peoples of the two countries.

We believe that the cooperation between China and India will not only benefit the people of the two countries but also people all around the world. Let's remember and pass on the message: "Hindi Chini bhai bhai".

The future of environmental protection

——Speech at the 2nd Sino-German Forum on Climate Change and Energy

(April 28, 2009, Koln, Germany)

Ladies and gentlemen, distinguished guests:

A month ago, G20 London Summit discussed the pressing topic on global cooperation against financial tsunami, and many people concerned about global warming and environmental protection are worried about whether environmental challenge will be put aside while the politicians feeling anxious about the global economy. According to Bali Action Plan, by the end of 2009, the UN Climate Negotiations should reach a new round of consensus on climate protocol for the years after 2012. Given the current financial and economic landscape, will Copenhagen talks fall into stalemate? The message from London Summit has brought us a mixture of happiness and worry. The final decision reached at the summit contains little useful substance although it mentions the need to continue addressing environmental problems. Under such circumstances, it appears more necessary than ever for people from all walks of life to intensify research efforts, provide suggestions, call for actions and seek solutions together. Next, I would like to share with you my understandings and opinions for your discussion.

1. The whole world is concerned about environment and the crisis promotes change.

Instead of putting aside environmental problems and returning to the old path of economic development at the cost of environmental safety and resource depletion, we should make more and more people aware that the ongoing crisis is exactly the result of unsustainable way of growth, so that we can bring home to the people around the world the real face of financial crisis. The damages that developed countries have caused to the world environment in their long history of development have accumulated and reached somewhere nearby the critical point, while developing countries inevitably create new environmental pressure as a result of their pursuit of economic development. Nowadays, as production capacity of many countries has become more than necessary, the only right way out is to improve economic efficiency, change the way of economic growth and strive for low-carbon and zero-pollution economy. The ongoing financial and economic crisis occurred because we chose a wrong exit, overemphasize development of virtual economy to such extent that breaks the balance with real economy, overemphasize the role of marketself-regulation while giving up government regulation and guidance, and overemphasize high consumption at the cost of tremendous resources and energy. If such situation remains unchanged, it is highly likely that we will see a more violent global crisis break out within a short timeframe even if we rub through this present crisis. I am not exaggerating the facts. Many evidences suggest that the resource and energy issues on the planet are approaching the critical point and the greatest change of way of development since the industrial revolution has become imminent. If we cannot take immediate actions, the price will be much more than expected.

There was a certain occasion in the history that is almost identical to the present situation, except that the role it played has changed. Eight or nine years ago, the pressing challenge of climate change encountered terrorist challenge. At that time, the advocate and activist of response to global climate change, scientific advisor to former British prime minister and famous chemist Sir David King once went all the way to meet the US President in the US, trying to talk George W. Bush into changing his different attitudes towards terrorism and global climate change. Although David King did not achieve his objective, he let the whole world realize how wise and brave a scientist could be.

In this regard, we should, with the same courage and the support of rigorous scientific research, call on all the people around the world to take actions. I suggest that this forum send out a joint proposal of scientists to call upon politicians to promote with courage and consciousness and along with all other people around the world the necessary change to the way the societies grow and the way we live and work together to make our global village better.

2. Forum is necessary, but actions are more needed.

Right decisions need to be supported by reliable data, rigorous analysis and scientific theory. As far as scientific research is concerned, climate change and environmental transition still have numerous unresolved puzzles. Research findings of many experts are not necessarily the same, and some arguments are even right against each other. The Poznan meeting held in December 2008 ended up without any substantial breakthrough. Although that meeting itself was not a negotiation and can only be seen as a transition from Bali meeting to Copenhagen meeting, developing countries had outstanding perform-ance at that meeting and many countries provided concrete suggestions concerning transfer of funds and technology and capacity building. Pan Jiahua, a member of Chinese academic delegation, proposed car-bon budgeting program, which is merely a result of academic re-search. The suggestions contained in the program are also the under-standing of a certain number of experts, but the concepts established in the research such as per capita carbon discharge and per capita ac-cumulated carbon discharge are all the hot topics in current discussions that deserve attention of everyone present here. In my opinion, only by conducting discussions in good faith, trying seeking common ground while reserving differences and at the same time quickening the pace towards sustainable development of each country can the prob-lems be ultimately resolved.

It is estimated that the present financial crisis has depreciated global financial assets by 50 trillion US dollars within as short as one year. Some countries have come to the verge of bankruptcy, while some countries saw stock market drop to the lowest point of several decades. This indicates that only by giving top priority to human needs, to long-term prosperity and sustainable development of society can the whole world achieve long-lasting prosperity. Since the begin-ning of this new century, the Chinese government has been actively advocating scientific outlook on development, building an environ-mentally friendly and energy-saving economy, putting people first and achieving comprehensive, coordinated and sustainable development.

In the 1990's, the Chinese government was the first government in the world to submit the 21st Century Agenda to the UN, putting forward the objectives of environmental protection and resource conversation. From the end of the last century to the beginning of this one, China's energy elasticity coefficient has been maintained below 0.6 on average and the country has saved tremendous energy resources and protected the environment while maintaining a fast and steady economic growth. As China is still in the process of rapid development, increase in energy consumption would be inevitable. Currently, China's share in world oil market demand is about 9%, while the increase in the country's oil consumption at the beginning of this century accounted for nearly 50% of the consumption increase worldwide. According to the World Energy Outlook 2007 published by the International Energy Agency, since China's population is four times that of the US, China will soon overtake the US and become the world's largest energy consumer after year 2010. The Chinese government pays great attention to this problem. Although China's per capita energy consumption level is very low, the country has made tremendous effort with respect to consumption pattern, production technology, economic structure and international cooperation. Since the entry into the 21st century, the Chinese government has been endeavoring to raise the market access criteria and phase out obsolete production equipments. In 2008 alone, small thermal power plants with total capacity of 16, 690, 000 Kw were shut down, 1, 054 small coal mines were closed, engineering level of some energy-consuming production sectors was improved, per unit GDP energy consumption was decreased by 4.59% compared with the previous year and chemical

oxygen demand and sulfur dioxide discharge decreased by 4. 42%
and 5. 95% respectively compared with the previous year. According
to this year's government work report, over the past three years, in
accumulative terms, per unit GDP energy consumption in China de-
creased by 10. 08% and chemical oxygen demand and sulfur dioxide
discharge decreased by 6. 61% and 8. 95% respectively. We are
working very hard to develop recycling economy and clean energy, ac-
tively develop nuclear power, wind power and solar power generation
and, with Clean Production Law and Recycling Economy Law put into
effect, to constantly promote development of these fields according to
these laws. Through building of mechanism, institution and legal sys-
tem, the environmental protection and energy saving measures in Chi-
na are effectively supported. We are very glad to see that EU coun-
tries have numerous successful practices in this field and are making
unremitting efforts to promote cooperation among EU countries. We
desire to collaborate with EU countries and Germany in particular to
share our technology and achievements.

Finance, economy and energy are intertwined, mutually inte-
grated, penetrated and correlated. The futures price of oil once set a
historic high of 147. 27US dollars per barrel on July 1, 2008. Since
the outbreak of financial crisis, the price dropped to around 40 US
dollars per barrel at this moment just after several months passed, at a
speed fast enough to compare with the roller coaster in Disneyland. A-
mong the world energy resources, oil is a dominant one, and it is
both a kind of strategic resource and closely tied to the people's live-
lihood. From the perspective of competitive game playing, oil re-
source has a strong attribute of zero-sum game. So, it can be certain

that such a grave impact the financial crisis has put on all countries will inevitably give birth to and drive a new approach to energy strategy. Such new approach to energy strategy not only means new opportunities are being provided for development and utilization of new and renewable energy resources but also implies that new considerations need to be given to the original direction of research of some new energy resources.

Take the research, development and application of bio-fuel as an example. Its outlook had been very promising, especially during the period of high oil price. Bio-fuel represents another new approach to acquisition of energy and helps people getting rid of reliance on conventional fossil energy and reducing the greenhouse gas emission. It seems that all walks of life can benefit from bio-fuel. But good times don't last long. Pressure from food supply over the past years has aggravated the conflict between bio-fuel production and food production. Recently, both Consultative Group on International Agricultural Research and the UN Food and Agricultural Organization warned that the world food price will continue rising if the bio-fuel production continues growing. Obviously, energy problem concerns the whole world and calls for coordination among experts in various fields.

In 2006, China enacted the Renewable Energy Resources Law. Later on, many supporting policies, laws and regulations were enacted in succession, including the Medium and Long-term Development Program for Renewable Energy Resources and the 11th Five-Year Plan for Development of Renewable Resources. According to these plans, the consumption of renewable energy resources in the country will reach 10% of total energy consumption by 2010 and 15% by 2020. In

2007, China saw a total investment of 12 billion US dollars in new energy and renewable energy resource development projects, the world's second largest investment, second only to that of Germany. The oil price is decreasing under the influence of the ongoing financial crisis, which to certain extent alleviates the pressure from oil supply. This also provides a great opportunity for development of new and renewable energy resources. To cope with the financial crisis, the Chinese government decisively brought up a 4-trillion Yuan economy stimulus package, of which 350 billion Yuan will be pumped into ecological environment, including the fields of energy saving, emission reduction and new and renewable energy resources.

New and renewable energy is an emerging high-tech sector, also a multidisciplinary sophisticated industry, whose development must be based on extensive, deep and effective international cooperation. In this field, Germany has a large wealth of new technology and experience and China has a huge demand, which provide an ample room for our cooperation. I firmly believe the success of this forum will surely lay a solid foundation for technological cooperation between the two countries and subsequently the industrial cooperation between the both sides.

3. Intensify scientific research and promote cooperation and innovation

Although global warming and its impacts are a big concern to all of us, people have not yet reached an agreement so far on understanding of these issues. Opinions differ even more considerably when it comes to the impacts of human activities, partly because of barriers to deeper understanding and partly because of consideration of conflict of interest. Against such backdrop, whether Copenhagen climate talks will get out of the stalemate and make a positive and substantial breakthrough has become the focal point of our concern.

This meeting is being held in a very special environment and will face challenges from political, economic and natural spheres, which requires participants to exhibit extraordinary political wisdom and rigorous scientism. To this end, I believe scientists should move governments to promote negotiations for better results from the following perspectives:

a. Combine economic recovery with environmental protection

Economic recovery is the top priority of each government at this moment and we should take every possible measure and use every possible channel to enable the governments to see a wider horizon in their efforts to recover economy, to look at the future situation of climate change and resource depletion from a perspective of faster and better development after the crisis, to make will-informed investment decisions and to establish corresponding economic system.

b. Combine multilateral consultations with bilateral ones

Economic and financial development comes along with many uncertainties and all countries have every reason to strengthen bilateral and multilateral cooperation in the context of economic globalization. I believe any right step entails exemplary move of the pioneer. For this reason, I hope scientists can move respective governments to creatively work in various ways, build new mechanisms, create new experiences during reconstruction of world financial and economic orderafter the financial tsunami, continuously improve and spread the best practice in respect of economic interest, political consideration and legal restraint from region to the whole world.

c. Combine intergovernmental negotiations with communication among NGOs.

NGOs are not only concerned about the world and national interests but also remain relatively independent of administrative responsibility. Intensive communication among NGOs can effectively help governments make more well-informed decisions and policies. The exchange between Chinese and German scientists has been around for many years, and this meeting is our second forum on climate change and energy. I hope the forum will keep going on and become more effective and efficient. Meanwhile, I also hope our exchange can be broadened, our cooperation intensified and our research subjects deepened on the basis of the forum.

d. Combine negotiations on emission objectives with consultations on technology transfer

Emission objective and realization mechanism are two topics closed related. I think technology transfer is a relatively easy entry point at this moment and more discussions may be conducted on a mutually acceptable basis on various topics ranging from principle to implementation plans, so as to appropriately decentralize the difficult points of negotiations on emission objectives and ultimately achieve the results acceptable to both sides.

The ongoing financial crisis is causing damage to all of us, but the word Crisis in Chinese language is dialectical in that literally in Chinese language, opportunity comes immediately after danger. Let's work together with our knowledge, technology and sincerity to make contribution to the whole world and to the mankind.

Last, wish this forum a complete success and wish everyone a good time!

Thank you very much.

The 21st Century with Longevity and Aging Population: Prospects of China and the World

(May 21, 2012)

Aging population has been a heated issue around the world in recent years. As a consequence of some long-term and particular factors, it has influenced various fields including economy, society, politics, ecology, environment, resources and culture, which will also be covered in the solutions. This research will present a comprehensive analysis of aging population from a macro perspective and make some suggestions.

1. History of Aging Population

Human capability has been experiencing a continual improvement during social development. Consequently, life expectancy increases, leading to the changing definition of" aging". According to the archaeological analysis, 18 is the average lifespan while 40 almost equals longevity back in the New Stone Age thousands of years ago. Historical studies show that the average lifespan of the ancient Romans is between 23 and 25 while the average lifespan of Chinese before liberation is 35. In the 19th century, it is widely recognized that a 50-year-old man/woman is" old". Not until the mid 20th century did the standard of" old" reach 60. It is recently deemed, however, that the definition of" old" should modified again. Many suggest that the standard be lifted to 65 or even higher. Therefore, the extension of life expectancy is an inevitable trend. In my opinion, we can call this phenomenon" longevitization", which is a positive and agreeable signal for mankind. But this change takes place at such a high speed in the recent half century that we ought to intensify our research, enhance our understanding and establish a renewed social system and mechanism to adapt to the new environment.

The issue of aging population is highlighted recently for two particular reasons:

First, baby boom emerged around the world after the second world war. Marriage and childbirth which were postponed during the wartime gained great popularity in the postwar period. As a result, the average total fertility rate rose to 5 or 6 in many countries in 1950s. The numerous children born during this period created continual population peak; these people became substantial elderly groups when they step into old age 60 years later.

Second, the global birth control in the 1970s lowered the fertility rate by more than half in most countries, reaching the current fertility level 2. 56. The figure is still declining today. The UN estimates that the global median total fertility rate will decrease to 2. 02 by 2050 from 2045. The median TFR of least developed and developing countries is expected to decrease from 4. 39 to 2. 41 and from 2. 46 to 1. 93 respectively. Such a global trend brings the total population down, mitigatingthe negative effect of population explosion. Thus the proportion of the aged rises, giving prominence to the issue of aging population. Details are showed in table1 :

Table 1   Population aging trends in different regions
(age-specific in 2015)

	Global	Developed Regions	Developing Regions	Undeveloped Regions
Proportion↓ (%) Population↓ (thousand)	9149984	1275243	7874742	1674414
0-4	6.5	5.1	6.7	9.1
4-14	13.2	10.3	13.6	17.9
15-24	13.2	10.5	13.6	17.2
60+	21.9	32.6	20.2	11.1
65+	16.2	26.4	14.6	7.4
80+	4.3	9.5	3.5	1.1

Data source : UN Global Population Projection 2008 Medium Projection

The hypotheses of the projection above are : the global total fertility rate (TFR) decreases from 2. 56 during 2005 – 2010 to 2. 02 during 2045 – 2050; the TFR of developed regions increases from 1. 64 to 1. 80 during the corresponding period; the TFR of undeveloped regions decreases from 4. 39 to 2. 41; the TFR of developing regions decreases from 2. 46 to 1. 93. On the other hand, the global life expectancy increases from 68 to 76 during the corresponding period; the life expectancy in developed and developing regions increases from 77 to 83 and from 66 to 74 respectively; the life expectancy in undeveloped regions is 56 during 2005 – 2010 and is expected to reach 69 by the middle of this century.

In order to compare these figures by the same measure, table 2 shows the UN population projection of China, Hong Kong and Macao Region, and Japan.

Based on these assumptions, the elders aged over 60 around the world will constitute 15% of the total population, nearly twice the size in 1950. The proportion of elders aged over 60 in developed countries will exceed 25% while the corresponding figure in developing countries will reach 12%, indicating that the world has become an aging society. Global population aging will peak in the middle of this century with the proportion of people over 65 and 60 taking up 30% and 40% respectively in developed countries. Such a scenario has raised alarm. Despite the end of" superaging" period caused by the declined fertility, the proportion of the elders is likely to reach above 30% in normal conditions owe to the increased average life expectancy. The concept of" old" formed after the second world war is stricken as population aging becomes normality. It is easy to get from life table that people aged over 60 will constitute about 31% when the average life expectancy reaches 90. Therefore, many concepts should be changed in response to this phenomenon.

Following mid 20th century, the consequences of fertility decline gradually surfaced. The proportion of children in Europe decreased from 1/4 in 1950 to 1/5 in 1975, and finally reached 1/6 till the early 21st century. Such change arrived about 20 years later in North America, yet with similar tendency. The decline of child population brought down family and education allowance, social welfare and healthcare expenditure. Meanwhile, however, the absolute amount and proportion of old people was rising, leading to a great growth in cost which had surpassed the part saved by the children decline. Many countries are now trying hard to maintain elder's ability to buy goods or services by various means including postponing retirement age, raising productivity and increasing contribution of pension during labor age.

A large quantity of nations are bearing heavy financial burden due to their high welfare system. Despite the fact that some countries adopt a progressive income tax scheme with the maximum rate of 70%, they have to substantially cut down welfare expenditure to guarantee necessary input into economy.

In addition, factors such as consuming structure change, looser family bonds, spiritual emptiness bring for about new requests for economic and social development. Some American researchers indicate that elders aged over 65 will constitute 20% of the total population by 2030 in US. By 2050, The Hispanic-American will exceed 100 million (a quarter of the total population). The proportion of African Americans will descend to 14% while Asian-Pacific Americans up to 8%. Compared to 50 years ago when 90% of the total American population are young white, such population state is going to strongly influence American society in many aspects. To deal with aging population, UN issuedVienna International Plan of Action on Aging, United Nations Principles for Old Persons, Declaration of the rights of the elderly, etc. International communities are taking action.

2. Aging population in China

There is similarity as well as difference in the process of aging population between China and developed countries. The most prominent difference lies in the high speed of aging, the enormous elder population and regional diversity.

According to UN statistics, the world elder population grew by 176% between 1950s and the end of 1990s, while China witnessed a growth rate of 217%. In the next 25years, the world and Chinese elder population will increase by 90% and 111% respectively. One statistical study indicates that France, Sweden, US, British spends 115, 85, 66, 45 years respectively for their population of the elderly aged over 65 increases from 7% to 14%, yet China needs only 25 years.

If we set 65 as the standard of" old", the elder population in China surpassed 100 million in 2005. This figure is expected to exceed 200 million in 2027 and 300 million or even between 330 million and 350 million at peak periods in 2037. If we set 60 as the standard, the elder population in China had been over 100 million 15 years ago. This figure will reach 203 million in 2014, 304 million in 2026, and 400 million or between 440 million and 470 million at peak in 2039. The time when the growing speed of China's elder population get to maximum arrives between the 2020s and 2040s. This period will witness a elder population growth of 100 million every 12 or 13 years. Old people aged over 65 will increase by 100million in ten years from 2027 to 2037, almost equivalent to the total population of a populous nation. China will enjoy an average annual growth rate of over 4% in the 60 + population, over 5% in the 65 + population and a even higher growth rate in the 80 + population, known as" the oldest old persons". Such growth rates even outstrip Japan where aging population is most serious. The 60 + population in Japan takes up 10. 65% of the total population in 2000, and is going to reach 25. 2% by 2040. During that period, the proportion will increase from 10.

18% to 27. 7% , and is likely to reach 31. 27% in 2050 in China. This tendency as well as its possible impact deserves our much attention and deeper study.

Table 2 lists four comparable data, leading to significant conclusions:

Table 2　Total and Age-specific Population in China and Some Regions or Nations in 2005

Proportion tototal	China	Hong Kong	Macao	Japan
0-4	4.49	3.72	3.54	3.59
5-9	5.14	3.83	3.37	3.73
10-19	10.34	7.56	6.74	7.92
20-60	48.50	45.44	42.83	40.58
60+	31.08	25.76	43.68	44.18
65+	23.33	18.87	34.91	37.78
80+	7.15	13.83	13.83	15.61

Data source: UN Global Population Projection 2008 Medium Projection

These analysis indicates that China will be in similar condition of aging population to Japan in 2050, especially in some large cities. As human life expectancy continues to increase, population aging will become a normal state from a long-term perspective. In terms of stationary population, peqledie less than 60 will take up 2% and the proportion of 60 + population will be around 23% if life expectancy reaches 80. When life expectancy reaches 90, the proportion of 60 + population will reach 31% approximately. This figure is likely to be higher before population structure stabilizes. Therefore, we should update our ideas as soon as possible, guide the world to make changes in various fields, adapt to the characteristics of so-called" Aging Society" in traditional view, and take the most advantage of it to promote sustainable social development.

3. Impacts of Ligevitization and aging population

The prolongation of life expectancy is a good news for human. The experience of recent decades indicates the stable development of average life expectancy growth. Is there a limit of human life extension? If so, what is it? Unfortunately, the answer is still debatable. The ultimate reason lies in the different views about the principal causes that influence the length of life. Despite that we have already had deep understanding of human genes, the impacts of genes that influence life expectancy remain a mystery. Most scholars hold the view that the limit of human life lies around 120. Few scholers think it may be a thousand, or about 200. These opinions, however, are not recognized by the academic world. Even if the life limit was 120, life extension will bring about evolution in human society in many aspects including family structure, politics, economy, culture, consumption, etc. Some of these changes will benefit social development while others will become challenges.

If the parts beneficial to development are defined as the positive impacts of longevitization, they can be concluded into the following points:

Longevitization is companied by the improving health condition, which enhances people's working ability and increase productivity.

Longevitization enables better knowledge creation and accumulation, thus boosting quality of the public, speeding up industry updating and technological reform and help develop knowledge-based economy.

Longevitization enlarges labor force through improving the healthy state of the oldest elderly. While many countries have raised the retirement age to 65 or even higher, it is possible that the retirement age can be lifted again in the mid-late 21st century.

Longevitization facilitates lifestyle change, and creates more consumption, enabling human gain morephysical and mental joy during development. Four generations live under one roof will become common.

The extension of life expectancy will also create some challenges, putting pressure on development:

It is likely that heavy burden resulted from large-scale aging demand when society is trying to adapt to population restructuring may lay too much pressure or even have negative effect on economic development.

The unique requirements of the elderly may put healthcare, entertainment, transportation, accommodation facilities and mechanisms under pressure, so that the society should make arrangement early.

The prolonged old-age will have influence on people's arrangement of their savings. If excessive earnings are saved up for retirement, current consumption will possibly affected, harmful to economic development.

The development of population is likely to result in the overloaded burden for employed population. Intergeneration relations may consequently intensify, provoking social contradiction.

The process of aging population in China has some traits different from the world :

China is experiencing a more rapid and large-scale aging population. Before the Foundation of PRC, Chinese average life expectancy stayed around 35, yet this figure doubled in just 60 years. During the first three decades after the found of the PRC, high fertility created an enormous elder group for the next 30 years. The combination of these two factors makes it possible for the elder population in China to raise up from the current 1/7 to 1/3 by the middle of this century. Consequently, one problem follows hard on another.

The speed of aging population differs greatly in different regions. Rural areas suffer a more rapid aging speed than urban areas. Migration reflected in the influx of young rural labors force into cities, and urbanization reflected in the economically under rural areas left by the expanding downtown, jointly cause the higher speed of aging population in rural areas. By 2050, rural elder population is likely to take up over 40% of the total rural population. Moreover, the economic and social gap between regions leads to the higher aging speed in some metropolis and big cities. Shanghai, for example, has some regions where the elders constituted over 1/5 in the 1980s. For a minority of provinces or regions, however, there are still 30 or 40 years before population aging actually arrives.

The proportion of elder population fluctuate wildly. Influenced by economic, social development and birth control policy, population structure in China is volatile, which can be reflected in the elder population. Somewhere around 2040 the net growth of elder population will exceed 10 million whilein the two decades after 2050 it will rapidly decline.

Considering these factors, we dont need to worry too much about

Longevitization and population aging. But I don't mean it could be neglected. Actually, China should focus on finding out solutions to the following problems:

It is urgent to advance old-age security system. By the middle of this century, China is likely to spend 1/10 of its GDP on the aged, thus it is imperative to establish an organic and integrated old-age security system supported by individuals, nation and society. Individuals should strengthen personal financial sense since youth and get prepared for old-age life. The nation should establish basic old-age security system to ensure that elders'basic requirements can be met. Society ought to improve service system in response to the demands of population aging. Moreover, service support from volunteers and community should be under provision.

Healthcare security system and medical services should be improved. Most old persons suffer from chronic disease and poor health condition, thus in need of special medical care. Gerontology is booming as an independent science internationally. Some countries even set up special office for old patients to meet the requirements of the elders whose problems can not be solved once only through special treatment due to diverse disease and disability.

Long-term care system is in need. In this system, the elder can be cared for both physically and psychologically. Through facility, human resource, technology, management, and mechanism improvement, we can help the most vulnerable elder group.

New rural construction should be accelerated; reforms related to agriculture, rural areas and farmers should be intensified; rural old-age career should be promoted. Rural areas are suffering from both rapid population aging and poor economic condition. Therefore, old-age system of the nation, community and family ought to be integrated soon and specification should be drawn up.

Attention should be paid to rural old females. Old females, one of the weakest in the elder group needs special care. The fundamental solution to realize the equality between the sexes in terms of job, assets, etc, ensuring the social and economic status of old females, while some realistic problems must be solved.

The old-age security of the float population should be followed closely. The ultimate solution to this problem lies in the thorough reform of household registration system and establishment of modern civil registry and identity. In addition, rural modernization and transplant into city life of float population are also a part of the solution. Urban-rural integration can narrow the gap between urban and rural areas as much as possible in terms of economic and social development.

Logevitization and aging population have their positive effects. Making full use of old persons'knowledge, experience and skills help advance productivity and benefit the economic transformation and reconstruction. They can make contributions in an environment where they have somewhere to entrust their old-age life.

The central government of China have focused its attention on population aging and special planning has been made in the" Twelfth Five-Year Plan". Take Shanghai as an example: aging Population started in the 1980s in Shanghai. To deal with this problem, Shanghai carried out many innovative policies, setting an example for other regions. We hope that governments can try to create new examples and solve the problem of population aging through joint effort.

Demands for social resources in care vary between the old and the young, thus leading to different responsibility and burden. Various researches get similar conclusions: the ratio of the average expenditure of caring for the old to children is approximately 2 : 1 to 3 : 1. Despite that the decline of child population offset the increase of elder population in view of the expenditure and the dependency ratio is not likely to increase too much in the long run, there will be a stable growth in social welfare expenditure. Medical care fees and pension will be the main part of expense on the old. In some European countries, expenditure on social security has constituted almost a third of national income due to the high income tax and high welfare policy. The pension payment of USA has exceeded defence budget and become the main part of its public expenditure. China has also experienced a growing expense as the old-age security system develops in the recent years.

Life in the old age should be wealthy both materially and spiritually. In many developed countries, the suicide rate of the elder stays high and the public is tormented by various mental illness. All these happened because of the loose family tie. When one loses his/her spouse and has to live alone, he/she is likely to feel helpless. China emphasizes happiness and achievements in old age and keeps working on this through communities. In urban areas, senior citizens reading books or magazines take up 45% of the total population, doing exercises 19%, over 20% working as volunteers and even more enjoying entertainments such as traveling and playing chess. Television is the favorite of Chinese elders. 90% of urban elders usually watch television while 70% of rural elders do so. Although the living standard of

Chinese elders has improved a lot, their consumption only take up a small proportion, leaving a large space to explore.

Recently active aging and healthy aging begin to attract more attention in the international community. UN proposed that active aging should be regarded as the goal of solution to globalpopulation aging. Active aging refers to the good state of body, mind, intelligence, social and economic functions in old age. If a large proportion of the elders are in the state of active aging in one country or region, it can take full advantage of the old. In this way, the negative effect of population aging can be released to a certain degree. Such is called healthy aging or successful aging.

Chinese government attaches great importance to population aging in the future and has made many special plans. Old-age security system and its supporting community service are under construction in both urban and rural areas. To strengthen leadership of the aging affairs, the State Council established National Committee on Aging. Communities specially set up for elders play an active role across the country. All quarters of society are working together to realize the goal of" security, achievements, entertainments, learning in old age"

The Influence and Strategy of Ageing Population on China and the World

(September 5, 2012)

Hainan

September 5th, 2012

In recent years, aging population has become a global hot topic. The aging of the population has its long-term and specific causes, which makes a great impact on economy, society, politics, ecology, environment, resource, culture and other fields. The solutions to aging population are also involved in these aspects. This paper is, from a macro point of view to make a comprehensive analysis and recommendations to the aging population.

I. The development history of aging population

With the development of human society, the human life span has been prolonged, the definition of aging has also been changed. According to archaeological evidence, thousands of years ago in the Neolithic Age, the average life expectancy is only 18 years old. And it was considered a longevlife for a man to live till the age of 40. Historical studies show in Roman times, the average life expectancy of European is only between 23 to 25 years old. Before the middle of last century, the average life expectancy of Chinese is only 35 years old.

In the 19th century, the international community widely recognized that 50 years old is the division of the aged. Until the 20th century, the definition of aging population has been raised to 60 years old. Now, it is generally considered that definition of aging should be further changed, among which many people consider it should be increased to 65 years old or much more. Thus it can be said that extension of human life expectancy is a long-term trend, and I think, this phenomenon should be named longevity and it is a positive phenomenon for human beings. However, the change in nearly half a century becomes very rapid. We should further carry on the research and deepen the understanding of the change so as to build up a social institution and mechanism to adapt to this new situation.

There are two specific reasons that cause the aging problems in recent years. One is the "baby boom" after Second World War. After the war, the marriage and fertility rate increased rapidly. Women in many countries have 5 to 6 children on average. A large number of children born in this period resulted in the population peak and 60 years later, the population has turned into the a large elderly group.

The second reason is the global birth control movement in 1970s. This movement extended into most countries of the world, decreasing half of average child-bearing rate to reach the current fertility rate level of 2. 56 and this trend continues. The United Nations estimates that the global fertility rate will decrease to 2. 02 in the year of 2045 to 2050. The most undeveloped country' s fertility rate will decline from 4. 39 to 2. 41. The developing countries will go down from 2. 46 to 1. 93. This global trend reduces the negative effects of population explosion as well as the number of the total population. Thus it causes a large proportion of the elderly population, and highlight the aging population problems.

See the specific results in Table 1:

Table 1   The Trend of Aging Population in Regions of the World

	Global	Developed Region	Developing Region	The Most Underdeveloped Region
Size of Population (Thousand People)	9149984	1275243	7874742	1674414
Ratio (%) 0-4 years old	6.5	5.1	6.7	9.1
5-14 years old	13.2	10.3	13.6	17.9
15-24 years old	13.2	10.5	13.6	17.2
Above 60 years old (include 60)	21.9	32.6	20.2	11.1
Above 65 years old (include 65)	16.2	26.4	14.6	7.4
Above 80years old (include 80)	4.3	9.5	3.5	1.1

(The age structure in 2050)

Source of data: United Nations World Population Prospects 2008

The above forecast assumes that the world's total fertility rate dropped from 2. 56 in the years of 2005 – 2010 to 2. 02 in the years of 2045 – 2050 per woman. In the same period in developed areas, the total fertility rate will increase from 1. 64 to 1. 80; the most un-developed countries' fertility rate will decline from 4. 39 to 2. 41; other developing countries' fertility rate will drop from 2. 46 to 1. 93. At the same time, global life expectancy will rise from 68 to 76 years old; the developed regions will increase from 77 to 83 years old; developing countries will grow from 66 to 74 years old. During the period from 2005 to 2010, the most undeveloped country's life expectancy is 56 years old.

It is estimated that its life expectancy will rise to 69 years old.

In order to be compared on the same scale, the Table 2 lists the United Nations' forecasts on the population development in China, China-Hong Kong, China-Macao and Japan:

Table 2   The Total Population and Age Proportion of 2050 in China and Several Other Regions and Countries

	China	China-Hong Kong	China-Macao	Japan
Size of Population (Thousand People)	1417045	8623	593	101659
Ratio (%) 0-4 years old	4.94	3.72	3.54	3.59
5-14 years old	5.14	3.83	3.37	3.73
15-24 years old	10.34	7.56	6.74	7.92
Above 60 years old (include 60)	48.50	45.44	42.83	40.58
Above 65 years old (include 65)	31.08	25.76	43.68	44.18
Above 80 years old (include 80)	23.33	18.87	34.91	37.78
Ratio (%) 0-4 years old	7.15	13.83	13.83	15.61

Source of data: calculated by the corresponding data of age-specific proportion which provided by United Nations World Population Prospects 2008

According to the above data, the aging population level in China will be close to Japan by the year of 2050, and the situation in some of the major cities is fairly similar to that of Japan. From the long-term perspective, the average life expectancy prolongs, and aging population will become normal. In the matter of stationary population state, if the average life expectancy reaches 80 years old, only 2% of the total population will die before 60 years old, with the proportion of above 60 years old accounting for about 23% ; if the average life expectancy reaches 90 years old, the above 60 years old population will account for about 31%. Before a stable population structure settles, this proportion will reach a higher level in a short term. Therefore, in the 21st century, the international community should adjust its concept of aging population, and make changes from all aspects to adapt to various characteristics of traditional view of "aging

population society" to be in favor of sustainable development of the society.

II. The Impact of Longevity and Aging

Continuous extension of human life expectancy is good news. From the data of recent decades, the life expectancy is rising in a steady pace. However, is there a limit to human life? What is the threshold of human life? There's a wide spectrum of opinions on this problem, with no certain answers to it. The reason is rooted in different understandings of what affects longevity. Even though we have quite a deep acquaintance with human genes, there are still many mysteries unsolved.

Most scholars believe that the upper limit of human life is about 120 years old. Some individuals think it could be a thousand years old. Some other say it nearly 200 years old. However, these guesses are not widely recognized by the academia. If the human life expectancy can reach 120 years old, it will entail up a revolutionary change to all the aspects of human society from family structure to the fields of politics, economy, society, culture and so on. Some of the changes will bring advantages to the development of human society, some won' t.

Generally, the positive impact of longevity can be summarized as follows:

1. Longevity is associated with the rising of population's health condition and correspondingly improves the working capacity of all ages. So longevity is conducive to the improvement of productivity.

2. Longevity could extend the creation and accumulation of knowledge and improve the quality of the whole society to accelerate the industrial upgrading and technical level, and be benefit to the development of knowledge economy.

3. Longevity can improve the elderly health level, and expand the number of labor force. Many countries have raised the retirement age to 65 years old or even higher. To the middle and late period of this century, further raising of the retirement age is not a fantasy.

4. Longevity promotes lifestyle change to create more consumption demand. It also brings more substantial and spiritual enjoyment to human beings. And we will see four generations living together more often.

The extension of average life expectancy will also bring some challenges and pressure on development.

1. In the process of social adaptation to population structure changes, too much pension burden may produce too much pressure on the economic development.

2. Senior citizens have many special needs such as medical service, life quality, leisure, transportation and residential facilities which need our society to make arrangement as soon as possible.

3. The extension of one's old-age period has to influence his life-time assets arrangement. But if too much money is saved for pen-

sion, it may affect the current consumption, and is not conducive to economic growth.

4. Aging population may give a heavy burden of employed population in a period of time. Thus, it will affect intergenerational relations more or less and lead to social contradictions.

Compared with the world, China' s population ageing process has some specific features:

1. The population is aging on fast speed and large scale. Before the foundation of the People' s Republic of China, the Chinese people' s average life expectancy is about 35 years old. In 60 years, it has more than doubled. The first 30 years after foundation is a peak. After 30 years, we have a huge aged population now. These two factors make the elderly population in China from one-seventh in total population quickly rise to one-third of the total at the middle of this century. Meanwhile, many problems come soon.

2. There are severe regional disparities of aging population in China. The aging speed population of in rural areas is higher than that in cities. By the double impacts of population migration and urbanization, a large number of rural youth rush into cities, accelerating the aging speed in rural areas. By 2050, the proportion of the elderly population may be more than 40%. The economic and social development differences may cause the major cities' population aging speed higher than other provinces. In the 1980s, one fifth of the population in some districts of Shanghai is the aged citizens. In a small number of provinces and regions, it will take three or four decades to enter into aging population stage.

3. The proportion of aging population is changing rapidly in Chi-

na. By the double impacts of economic and social development and family planning policy, China's population structure is quite unstable and it is the same with the aged population. By 2040, elderly population. will reach more than ten million. But from 2050 to 2070, it will decline rapidly.

Due to above reasons, we should not worry too much about aging population problem but pay full attention to it. As to China, we should mainly deal with the following issues:

1. The pension system needs to be improved instantly.

2. Strengthen the medical security system and health services.

3. Establish a long-term care insurance system.

4. Speed up the new rural construction.

5. Concern about the pension problems of elderly women.

6. The recurrent population's pension problem.

Aging population and longevity also bring positive impacts, suchas giving full play to the elderly people's knowledge, experience and skills so as to promote production. Aging population and longevity is conducive to China's economic development and economic structure transformation. The elderly can also make extraordinary to the society and economic development.

China attaches great importance to the aging population problems. The Chinese government organized many departments to conduct a comprehensive study on it, and make various policies to solve the problem. We are willing to cooperate with the international community to make our contribution to solving this global problem.

The Population of China and the
World in the New Century

(June 10, 2013)

People are the drivers of social development. In the 1970s, people had a heated debate on population issues. Many thought the population explosion after the World War II, or baby boom, posed a threat to world security. The 100 years in the 20th century registered the fastest population growth, from 1. 6 billion to 6. 1 billion. In the late 20th century, the growth rates dropped rapidly. At this point, a new voice emerged. According to MHLW (Ministry of Health labor and Welfare) of Japan, "Japan's population will drop to only 5 million by year 3000. " Similar concerns of " population doomsday " were echoed by many countries. But their concerns will not become reality, since human society will adopt countermeasures in the new circumstances to achieve sustained development.

I. Coordinated development of population and economy

People generate economic gains and harvest them at the same time. Arguments had it that there might occur overpopulation and labor redundancy in certain countries and regions, and it will jeopardize their economic performance. Actually, a period of high unemployment rate does not necessarily mean labor redundancy. Instead, unreasonable economic structure may lead to structural unemployment, and inappropriate policies may increase voluntary unemployment. However, an enduring decrease in marginal productivity is a sign of labor redundancy, and zero marginal productivity definitely means labor redundancy.

Population is the internal factor of economic development. It can fully play its role if polices are well implemented. The faddish theory of "population trap" in the 1960s believed that the rapid population growth drags down economy because the increased output is exhausted by the increased people. Only by adding an external force can the region get out of the trap. Another theory based on Asian development holds a different view. Except for a few countries such as the Philippines, most Asian countries achieved initial prosperity with cheap labor, which is known as "demographic dividend". The demographic dividend actually opens a window of opportunity for Asian countries. After the term first appeared in the 1998 Report on the State of World Population by UNFPA (the United Nations Population Fund), it was widely quoted by developing countries. Some even said that the abundant labor force is indispensible for sustained development. However, China's experience can be explained by neither theory. As long as proper policies are put in place, the internal factor will fully play its role in facilitating economy regardless of the population environment.

During the post second World War, economists were confused by an unusual trade phenomenon. The United States, in spite of its advanced technology and limited labor force, was exporting labor intensive products and importing technology intensive products. Researchers found out that in the labor intensive market, the U. S. productivity was four times as high as that of the others, which won U. S. the advantage in global trade. This is called Leontief's paradox. It shows that development does not depend on the large supply of labor force, but on the improvement of technology, labor force quality, and an appropriate amount of labor. By keeping up with the times and deepening the reform we can find ways to sustain the development.

In many analysis models, economic structure and technology are thought to have bigger implications on economic performance than the amount of labor. In other words, we can neither overstate or downplay the role of cheap labor. Based on calculations on factors including investment, population, resource, depreciation, technology and expenditure, and by setting up a new mathematical model, we worked out the optimal population. Take China' s case, its optimum population is around 700 million to 800 million in the long run.

II. The coordinated development between population and society

Social development influences population in many ways, the first one to mention is mortality and fertility rate. The mortality rate differs because nutrition standards, environment and medical conditions are different among countries. In the early 19th century, scholars studied the impact on people' s lifespan by comparing different material and mental conditions between the rich and the poor, the ruling class and the working class. Data provided by the flourishing insurance industry in the 20th century made the study go deeper. Over the past 50 years, due to the improved medical technology, greater availability of compulsory education and public service, people' s health conditions are greatly improved, and the average lifespan among countries is getting closer. Actually, the lifespan of some developing countries gets higher than that of developed ones when the latter was having a similar or higher average income. Besides, a strong and targeted policy helps to sufficiently reduce the motility rate.

After the Second World War, the introduction of DDT, an insecticide against mosquitoes, in Sri Lanka effectively suppressed malaria. The number of malaria patients shrank, and the mortality rate was down by one third within one year. From the early 1950s to the early 1980s, global average life expectancy went up from 46. 5 to 59. 5, and has since increased by 0. 25 to 0. 3 annually. Before 1949, China' s average life expectancy was 35, and later rapidly climbed up. Now China' s average lifespan is much higher than that in other developing countries and is also beyond the world average standard. It is estimated that by 2050, China' s health conditions will catch up with developed countries, and its life expectancy may go beyond 80.

After the Second World War, the introduction of DDT, an insecticide against mosquitoes, in Sri Lanka effectively suppressed malaria. The number of malaria patients shrank, and the mortality rate was down by one third within one year. From the early 1950s to the early 1980s, global average life expectancy went up from 46. 5 to 59. 5, and has since increased by 0. 25 to 0. 3 annually. Before 1949, China' s average life expectancy was 35, and later rapidly climbed up. Now China' s average lifespan is much higher than that in other developing countries and is also beyond the world average standard. It is estimated that by 2050, China' s health conditions will catch up with developed countries, and its life expectancy may go beyond 80.

The world fertility rate hit its peak in the 1950s. About every woman expected 5 children in her lifetime. And there were 32 countries where one woman gave birth to more than 7 children. No country registered an average birth counts smaller than 2. In the mid and late 20th century, the world fertility rate dropped quickly because of social development, technology progress, mortality rate decreae and changing of lifestyle. From 1995 to 2000, the world average birth counts dropped to 2. 79, and in 49 countries it was below 2. Only 7 countries had an average birth counts of 7 or above. The declining momentum of fertility rate is continuing. According to the comprehensive analysis by the United Nations, in the coming 40 years, the fertility rate in the least developed countries will rapidly decrease and that in the developed countries will slightly increase. By the mid 21st century, the worldwide average birth counts will drop to nearly 2.

Population development also influences social development. Regions with higher fertility and mortality rate urgently need to facilitate economic and social development with higher public service availability and bigger investment in sanitation and health. Meanwhile, regions with low birth rate and mortality face challenges such as aging, unbalanced population structure and the adjustment of development strategies. China is undergoing the most drastic change in its population development, and faces acute problems. Many places were suffering from the fact that children' s number surged for a time, resulting in inadequate elementary and middle school facilities and then the number plummeted, leaving a plenty of schools unattended. Currently, problems such as fast increase of elderly people, insufficient facilities and service for the elderly, and unbalanced inter-generation benefits have to be well handled. Addressing these issues is an important step to achieve a harmonious society.

Because of China's family planning policy, many one child families occurred. Death of the only child and the work of the elderly people bring about sticky problems for families. To address them, government has to care for and well arrange their needs. Only in this way, will family planning policies contribute for economic development, and low birth rate families will fully benefitfrom social and economic development. With coordinated polices and a sound legal, social and culture structure, a stable and low birth rate and higher caliber talents will contribute for social, economic and science-based development.

Third, coordinated development between population, resources and environment.

Resources, both renewable and unrenewable, provide the material basis for human development. In human history, with productivity improving and industry progressing, more resources become usable, adding impetus to human progress. An estimate says that in the times of hunting and gathering, it needed 30 square km to provide for one man, which means only 5 million people can survive in the world. In the husbandry time, 0.5 - 2.7 square km is enough for one man. Coming to the agricultural time, productive force was further improved, and one square km is sufficient for 40 people, in the industrial age, 160 people. In spite of people's improving capability of developing nature, resources became scarce at this point. The Earth now can only support 20 billion people.

It is unclear how mang resources people need from the Earth to sustain their livelihood, because it needs specific preconditions such as the life quality, technology, resource scarcity and its support capacity. Some scholars think the Earth can only bear 2. 4 billion people if each person is living a premium life with the most scarce resources. Some think gene engineering technology will help to increase the number to 50 billion. Some hold that if people learn to get used to the harsh natural environment such as African dessert, 100 billion people will get fed. But most viewers believe, the Earth can bear 10 billion to 15 billion people in a reasonable living condition and no severe conflicts will arise.

Grains are indispensible for people's life. With livelihood improving, less grains are directly consumed by people, and more are fed to animals for meat supply. The output of 1 kg of beef requires 7 kgs of grains, and 1 kg of pork, 3 kgs of grains. The surging population after the second World War caused global grain storage plummeting below the safety line. Besides the grain, unrenewable energies such as oil, gas and coal are consumed to a foreseeable end even if breakthroughs were made in the exploration of new energies such as methane hydrate. Metals such as iron and copper could be supplied to the world for 100 years at the longest. In the next 50 years, global economy aggregate will increase by four times. A resource crisis is underway. It is a globaly urgent task to transform industry pattern and adjust economy structure.

The current population growth and economy development is placing enormous pressures on ecological environment with the big consumption of resources. Each year, 23 billion tons of surface soil is lost while the total storage is only 3500 billion, and the newly formed topsoil is very limited. Half of the world arable land is bad conditioned, and to develop it needs big investment which is not economical. Two thirds of the world resources are not providing as many utilities as before. In the balance sheet of natural resources, we are in debt and are consuming resources at a rate faster than the rehabilitation. This harms the interest of the next generation and can not be sustained.

In the beginning of this century, the international cooperation research program "Millennium Ecosystem Assessment" was initiated with the support from UN agencies and other organizations. 1360 researchers from 95 countries attended this program and published the research report in 2005. In this report, it affirms the benefits brought by development to human society and assesses the natural wealth decrease in many countries. The result was shocking. A lot of countries see the amount of natural wealth reduced is 3 to 5 times what is produced. As for China, it produces 9 times what is consumed. This shows that China's development is very successful on the whole. But there are also negative impacts which can not be ignored.

China's per capita water resource is only a quarter of the world average, and arable land is 40%. It relies heavily on the import of oil, gas and mineral resources. The bottleneck of China's development is the lack of fresh water which is not importable. If the current consumption speed continues, China's surface water will run out when its per capita GDP reaches $ 10, 000. A bigger problem is that China's water resource is unevenly distributed. 83% of its total water resource lies in 38% of the cultivated land to the south of Yangtze River, whereas Huang, Huai, Hai and Liao River basins which possess 42% of the arable land only have 9% of water resources. To solve the problem, water storage, conservation and diversion projects draw close attention of the government, but still greater efforts are needed.

Faced with limited resources, we try to find a way out by studying China's carrying capacity at certain conditions including technologyy, resource replacement, life quality, and economic adjustment. The moderate population of China is about 1. 6 billion. When it reaches 1. 8 billion, resource and environment crises will occur, bringing catastrophic consequences to social and economy development. To achieve coordinated development among population, resources, ecology and environment, we need insisting on a stable and low fertility rate, promoting the quality of people, adjusting population structure, optimizing population distribution and improving population policies.

IV. to Achieve population balance through comprehensive and coordinated development:

Population is a complex system with a long cycle. When fertility rate drops quickly, the system feels the strong impact, and it takes over 70 years to come back to a steady level. In recent years, to improve China's population policies, some suggest putting people's quality first to develop economy. Some propose to increase labor supply. Some advise implementing two-child policy instantly to meet family needs. Some believe we should adjust policies step by step. Some urge to downsize China's population to 500 million with stricter birth control, and some believe our country can bear many more people than 500 million.

To make the right decision, we should be sober in analyzing the feasibility of each proposal. Under the guidance of scientific concept of development, we should set up the population target in the long term. Currently China creates 8 million to 10 million new jobs every year. Taking into account of the slowing down of economic growth after 2020, the newly added jobs will be reduced to 6 million each year. A similar trend will happen in population development. To the end of this century, 12 million babies will be born and the same number of people will die each year. A stably high economic growth rate will support for the improvement of life quality, public services, welfare, etc.

In 2050, China's average life span will reach 80, and will be close to 90 at the end of this century. If 10 million are born each year, the moderate population will be 800 million to 900 million. If 12 million to 13 million are born every year, the population should be 1 billion to 1.1 billion. During the adjusting process, the maximum population should be 1.5 billion. This development path is compatible with the current social management level. The balance between labor supply and demand can be achieved gradually though raising the retirement age. And as economic restructuring and technology being pushed forward, more resources will be devoted to improving the quality of labor and productivity. The disadvantage of this scheme is that families should not be allowed to have as many children as they want.

A fast implementation of the "one-couple-two-child" policy can meet the need of those families in want of more children, but this may easily lose control of the birth rate. Some scholars disagree by citing examples of Yicheng County of Shanxi Province and Jiuquan City of

Gansu Province where the "two-child" policy was well underway. This is a one-sided opinion. We piloted the "two-child policy" in over 40 counties and cities in 1984, and narrowed down to 13 places to achieve better success. However, many of them quit after encountering sticky problems, 5 continued and only 2 succeeded. This shows that a fast implementation of the "one-couple-two-child" policy covering all nation is not workable at this point.

A more practical measure is to take actions step by step, allowing parents who both come from "one-child" families to have two kids. Next, families with one side of the parents the only child could have a second baby. At last, all families can have two kids. The centural government can start the process by putting a cap on birth numbers each year, within 12 to 14 million, and local governments can implement specific policies according to their own conditions.

The goal of reducing China's population to 500 million is ambitious and hard to reach. It is quite dangerous to rapidly reduce the nation's population in the short term and will affect the stability and safety of the nation. In the next century, we can set a new population goal suiting the new situation. But the new policy made has to give due attention to every aspect. It should be science-based and feasible.

If China's population stays at 1 to 1. 1 billion at the end of this century, the labor force will exceed 600 million, which is enough to meet the needs of economic development. By then, the elderly will make up a quarter of the total population, a normal percentage after the aging population reaches its peak in the middle of this century. Also, as people's health conditions are improving with the development of society, definition of the elderly will be changed. In the 19th century, the elderly is defined as people older than 55 years old; in the middle of the 20th century, 60 years old. Therefore, it is possible to raise the age again in the early and middle 21st century.

In the next few decades, we will coordinate policies in every aspect so as to benefit the families with fewer children. In the long run, we will remove policies on limiting the number of birth so as to make birth control planned by the family instead of the nation. By making use of economic and social development, culture and customs, the new population policy will reach a new level to achieve the goal of lower birthrate and death rate, higher people's quality and longer lifespan.

The best way to achieve population balance is the coordinated development of people, economy, society, resources and environment, because these areas are closely related. Under the guidance of the Scientific Outilook of Development, a better way for the government to achieve population balance and for the whole society to get accustomed to it is to achieve the integrated development step by step. The ideal balance at the end of the century is an average lifespan of 85 to 90, and the birth and death rates both at 1. 1% to 1. 2%. Each year, 12 million babies are born and the same number of people die. The total population is around 1. 1 billion, with labor force 600 million and one quarter of its people over 60 years old. This population balance model can be adjusted according to the situation in the world and China.

First, different solutions will come up if the population issues are observed from different perspectives. Sociologists believes we need to compromise between what a family wants and what a country wants, especially in the developing and undeveloped countries where families want more babies at an earlier age but the government hopes for the opposite. In economics, more labor forces with higher caliber are needed to facilitate economic development. In environmentology, population has to be controlled so as to achieve comprehensive and sustainable development. In anthropology, a premium population structure and distribution is of great importance and the improvement of people' s quality is essential. All these solutions have to be given due attention so that the policieswill be inclusive and conducive to economic growth, social stability, family happiness and national prosperity.

Secondly, China' s current population can sustain the development. There won' t be big population problems untill 2025. Now on average every Chinese couple has 1. 5 to 1. 6 children. With abundant labor, we can focus on raising productivity and adjusting industrial structure. With wide acceptance to the birth control policy, we have the condition to keep low birth rate and focus on increasing people' s quality.

It is estimated that China' s population will peak in 2025, at a bit less than 1. 5 billion. From now to then should be the period of gradually adjusting birth control policies. More specifically, the central government should place a limit on the total population and local governments set up plans according to their circumstances. Step by step, the birth control policies will be adjusted.

Thirdly, Chinese people' s average lifespan is gradually increasing. In the middle of this century, it will reach 80, and in the end of this century, 90. A hundred years later, China' s population will become stable. If the births per year is 12 million, the ideal population should be 1. 1 billion, and the labor force exceeds 0. 6 billion, elderly people over 65 years old makes up a quarter of the population. This structure of population is balanced and the distribution reasonable. With the establishment of the comprehensive, coordinated and sustainable society, people' s quality will be raised, family structure will be refined and people will live a better life. The best time to issue refined population policies should be 3 years before or after the birth counts dropping to 12 million. We can implement the measure in some pilot places first, check the feedback and make improvement.

Fourthly, as a natural phenomenon, aging should not be a source of worry for people. But due to the high birth rate in the 1950s and 1960s, aging has become a social problem. With the economy, society and technology progressing, the definition of elderly people is changing. Chinese government has set up specific study programs and put forward effective coping measures.

Finally, high sex ratio is a typical problem in countries where boys are considered more important than girls. This is especially the case in China. Chinese local governments have taken measures to deal with it. But it still needs us to pay more attention to protecting women' s rights, especially safeguarding their property rights after getting married and caring for their needs as a disadvantaged group.

To sum up, low birth rate and long average lifespan is the global trend. It has both positive and negative influence. It has to be handled well so as to achieve a people-oriented society, a society which is developing comprehensively and sustainably.

蒋正华文集

发展卷

人民出版社

全国人大常委会原副委员长、中国农工民主党中央原
主席、人口学家蒋正华同志

2012 年，蒋正华同志在 2012 中国（安徽）光电显示产业发展论坛上发表演讲

目　录

深化经济改革，防范金融风险[*]

（1998 年 5 月 27 日）

从 1997 年开始的东南亚及东亚金融危机，对全球经济产生了极大影响。由于我国政府领导坚强有力，采取的措施正确有效，我们较好地抵御了国际金融风暴的入侵。现在看来，东南亚金融危机只是得到缓解，还远未解决。日本的经济问题已明显暴露，美国、欧洲在经济运行中都存在许多不确定因素。经济界对国际经济趋势认识不一，尚待冷静观察。我们不能低估和轻视这些新情况对我国的影响。实际上，我国 1/3 的出口面向亚洲，2/3 的外资来自亚洲。从最近的情况看，这场金融风暴已越来越明显地影响着我们的经济发展。为汲取东南亚金融、经济危机的教训，实现我国 1998 年的发展目标，我在这里提出五点建议。

一、加速国民经济结构调整，合理引导资金流向

不断发生的金融危机给我们的重要启示就是，只要国民经济健康运行，即使出现一些波动，也不易掀起大的风浪。1993 年以来，我国正确处理了改革、发展和稳定的关系，采取了强有力的宏观调控和改善金融秩序的政策措施，在按购买力平价法计算国内生产总值超过 3 万亿美元的同时，成功地实现了经济的"稳

---

* 这是蒋正华同志在东南亚金融危机情况下的我国经济形势分析和未来发展趋势展望研讨会上的发言。

着陆"和"软着陆",为抗御国际金融危机的冲击创造了良好的条件。1997 年年底以来,中央银行采取的灵活再贷款手段,取消贷款限额控制,给商业银行充分贷款自主权,改革存款准备金制度,增加金融机构的流动性贷款能力,下调央行存款及金融机构存款利率,刺激金融机构多贷款,减轻企业负担,改革贴现、再贴现利率生成机制,追加国家开发银行贷款规模等货币政策措施也逐步生效。现在的新问题是没有好的项目,银行有贷款资金却不敢贷。由于各种非市场机制的影响,一些运行良好的企业发生亏损。相当多的企业产品不符合市场需求,严重积压。因此,必须坚定不移地调整经济结构、规范市场秩序、优化产业和产品结构。在具体操作中,首先要千方百计引导居民将部分储蓄转向生产投资。最近,有个省的省政府拿出 200 多个中小企业向社会转让,但没有一个被个人投资者选中。主要原因之一,就是个人投资得不到像集体、国有企业投资一样的政策优惠,以及相应的行政、法律保障。因此,要使储蓄转化为投资,首先要为投资者提供良好的投资环境和政策保证。对高估资产、虚报业绩、诱骗集资入股的行为要坚决杜绝。要保障个人投资与集体、国企享有同等的政策与权利。其次要实行投资保护政策,增强透明度,并建立相应的投资协调机构。一是公布产业政策、财务状况,指导资金流向高效率的产业、公司及流通渠道,按照法定的程序、科学的标准、严密的测算,提出产业结构的总体规划和各种预选方案,增强社会投资者的信心。二是集中资金支持铁路、公路、通信、环保等基础设施建设,以此带动钢铁和建材工业的增长、就业渠道的拓宽和科技的发展。三是通过扩大基础设施建设、技术改造及改善经济增长环境,促使国有大中型企业搞好搞活。对搞活国企不宜过分采用行政手段,不能用一个模式解决所有的问题。应采用经济的手段,按市场经济的要求,利用经济要素和市场调节要素，启动市场并加强企业管理，促进其经营好转和发展。四是严格控制重复建设和非生产性、与人们生活无关联的"花架子"工程。

二、坚定不移地加速实施中央的经济、金融体制改革方案

首先，要采取措施确保 1998 年国内生产总值 8% 的增长速度。我们认为，8% 的增速是根据国民经济诸多相关因素进行综合平衡与科学测算得出的数据，是贯彻"稳中求进"方针的需要。只有达到这个增速，才能较好地解决国民收入的适度增长，才能缓解失业的压力。但是，同时实现低失业率和低通货膨胀率，在宏观经济理论上有矛盾。根据我国目前实际情况，解决这个矛盾，就要加快产业结构调整，提高劳动力素质。这些措施可以与下岗职工的培训、在职人员的知识更新等结合起来，促进"两个转变"的实现。这也有利于提高产品质量和生产效率，在东南亚各国货币贬值的情况下增强我国出口的竞争力。其次，要尽快建立健全社会保障制度。防范金融风险、推进金融体制改革，需要社会保障配套。保持社会稳定和经济发展繁荣，也需要社会保障的完善和配套。我们完全支持中央就金融体制改革所作出的一系列决策，要促使地方与中央密切配合，果断快速地推行金融体制改革。撤销人民银行省级分行、按区域设置一级分行的工作，要尽快完成并投入运行。对尚未正式出台的金融政策，应从各个角度加紧研究，完善实施方案。对城乡信用社的改革与撤并，应从经济成分、历史原因等方面多加考虑，成熟一个办理一个，不要搞"一刀切"。

三、适度调整财政政策，促进经济发展

为了使新出台的货币政策迅速、有力地促进经济发展，应尽快发挥财政的调控和配合作用。我们建议：（1）适当降低税费标准，以利于休养生息和经济回位，并刺激有效需求。（2）针对东南亚货币贬值对我国出口造成的压力，应尽快试行出口产品零税率制度，对出口产品100%退税，对出口型企业的进口设备予以免税，增强出口产品生产企业走向世界的竞争力。（3）拿出一部分财政资金投资社会公益事业，以此增加就业机会和促进工业生产回升。这样，财政与金融适度调整将能保证1998年经济增长目标的顺利达成。

四、加强执法监督力度，严肃金融纪律

近几年来，我国的金融法制建设有所加强，形成了基本的法律框架。今后，应该继续完善金融法律和组织体系，构造一个有序、高效的金融市场。特别是要做到有法必依、执法必严，规范金融市场的微观运作。同时，对银行、证券、信托、保险等机构，要加强层层监管及行业自律。建议各级人大组织一次全国性的金融法律法规执行情况检查，对有法不依、执法不严的金融干部和纪检、司法人员作出严肃处理，以维护法律的严肃性。有些负责人越权干涉金融部门，对造成严重风险或损失者，也要严肃惩处。对在改革中发生的违法行为，对在取消福利分房前突击分房、公买私分、"记账买房"及在金融体制改革中转移资金、实物的行为，要加重处分。这样，正确的政策才能发挥其应有的作用。

在严格执法的同时，也要进一步加大金融法律法规宣传，提高全民的金融意识。近年来，从中央到地方，各级领导的金融意识明显增强，尤其是行政干预明显减少，但由此也出现了部分地区放弃监管、人民银行一级分行权力过大等问题。这些问题的出现，加之广大居民的金融意识普遍不强，就为一些经营不善、支付能力十分低下的非法金融机构长期吸纳存款、违法经营创造了条件，埋下了局部风险的祸根。因此，可考虑在适当的时候，选择适当的对象，让个别资产质量很差、问题很多的金融机构破产倒闭，以此唤醒全民的金融风险意识，使之懂得对自己的金融、经济行为负责，发生问题后"不找市长找市场"，形成较强的风险承受心理。这样做，也会给经营不善的金融机构敲响警钟，力促金融单位的健康经营。

五、加强对金融风险的定量分析，建立金融风险的定量警报系统，以便及时发现危险信号，迅速采取有力对策

根据我国目前情况和多次国际金融危机的教训，建议选取以下 10 个指标作为监测指标：（1）不良资产比例；（2）短期债务与外汇储备比例；（3）债务率；（4）偿债率；（5）预算赤字占国内生产总值的比例；（6）货币供应量的增长；（7）汇率定值；（8）外资流入的组成；（9）外贸进出口差额；（10）储蓄率。以上指标可以综合成为一个综合性的风险监测指标。

现代经济变化迅速。为了加强对突发经济、金融事件的应变能力，应当利用现代化手段，建立综合评估决策支持系统，研究各方面政策的相互影响。建议由一位副总理或国务委员牵头，吸收各部委参加，并邀请有关专家，共同确定系统框架，交由综合

部门处理具体的技术工作。

防范金融风险不仅是目前中国金融业的头等大事，而且也是政府工作的重点之一。加强对金融机构的监督管理，特别要对可能从内部破坏社会主义建设成果的各种倾向有针对性地采取措施，加以遏制。把金融业的创新与发展纳入规范的、法制的轨道，既是风险防范的手段，也是风险防范的目的。我们相信，只要全社会动员起来，万众一心，我们就一定能够积极稳妥地推进金融体制的改革与发展，就一定能够加强和改进对金融的监管，形成安全、高效、稳健，并对经济发展提供可靠支持的现代金融体系，实现中央既定的经济发展目标。

可持续发展与世界的未来

（1999 年 1 月）

　　自古以来，人类就不断地在与自然的斗争中发展自己，由于当时生产能力低下，占主导的思想就是尽量多地利用自然资源，取得更多的收益。虽然早在商、周甚至大禹时期，就已经提出定期封山育林保护繁殖期内的鸟兽鱼鳖，只有到了秋季，才"禀上天肃杀之气"进行捕猎，并将这种生产方式称为"永续利用"，但仅限于局部范围。只有到了 20 世纪中期以后，情况才发生了根本的变化，这种变化将对人类的生产、生活方式产生深刻的影响。本文阐述了这种变化，并分析了产生这种变化的原因，以及对人类社会发展所造成的多方面后果及我们可能采取的对策。

一、认识的变化

　　在很长一个时期内，经济学家们认为供给创造需求，只要产品生产出来，自然就会有人来消费，经济也能不断增长。20 世纪 30 年代的全球性经济危机震撼了世界，导致宏观经济理论的一次革命，有效需求理论在此后的半个世纪内主导了大多数国家的经济调控，发展的目标是通过宏观调控使国内生产总值获得最大限度的增长。第二次世界大战后，由于廉价的石油资源支持和绿色革命的成功，全球经济呈现一派繁荣景象。20 世纪 50 年代到"石油危机"爆发之前，世界石油产量平均年增 7.6%，谷物平均年增 3.1%，国内生产总值平均年增 5.0%，而人口平均年增只有 1.9%，发展道路一帆风顺，没有任何需要担心的问题。然而，1972 年的世界性粮食歉收对盲目乐观者是第一次震动。据世界粮农组织报告，这一年小麦产量下降 2.1%，粗粮减产 2.8%，大米减产 5%，渔业捕捞量也减少了 6.7%。其结果是世界粮食库存几乎耗尽，不得不依靠当年的生产来维持各方面的消费需求。20 世纪 90 年代初的情况更加严重，到 1998 年已有 4 年世界粮食库存低于联合国确定的安全线。

谁也没有料到，第二次震动随之而来。石油的价格从 1950 年至 1973 年的低于 2 美元/桶迅速上升，1974 年猛增到 9.76 美元/桶。之后，油价持续攀升，1982 年达到 33.47 美元/桶的最高峰。世界经济平均年增长率迅速跌落到 1973 年至 1979 年间的 3.5%，在 20 世纪 80 年代初更是跌到 1.7%，许多国家甚至为负增长。80 年代，世界性经济危机成为当时的头号新闻，造成这次危机的原因与 30 年代的完全不同，特征也不相同。这次危机以滞涨为其明显标志，其根源是资源的枯竭。

有枯竭危险的资源不仅仅是石油，还包括土壤和其他不可再生的资源。目前全世界的表土储量不到 3.2 万亿吨，每年约减少 230 亿吨。按此速度，不到一个半世纪的时间，全球的表土就将消耗殆尽。种种原因还造成土地质量的下降，加剧了土壤资源的危机，在自然条件下表土层再生的速度很缓慢。据美国科学院的估计，美国在自然状态下 300 年只能生成 23 毫米的表土层，许多国家和地区还达不到这个水平。由于土壤资源的大量流失和退化，联合国将沙漠化的概念扩大到荒漠化。在 1992 年世界环境与发展大会上，各国一致同意，将防治荒漠化列为优先采取行动的领域。据联合国的统计，全球陆地面积的 1/3 受到荒漠化的影响，耕地、草原、森林都在受到威胁，有 10 亿以上的人口生活在荒漠化地区。

有的资源不一定枯竭，但供给赶不上需求的增长。水是一种最基本的资源，地球上的生命起源于水，生物界的存在依赖于水，人类社会的发展也离不开水。在干旱地区，人们建造水库储存淡水，将淡水从遥远的水源引到用水地点。有人甚至曾设想过牵引极地的冰山到干旱、半干旱地区使用，还认真地计算了这样做的代价和效益。这些努力取得了一些效果，但也带来某些灾难性的后果。人们对水资源利用的认识仍在不断深化中，许多知识是从教训中得来的。从各地区可用水的分布来看，北非是世界上人均淡水资源最少的地区，只略多于 200 立方米/人·年。中国北部人均淡水资源也属十分匮乏之列，只略高于 1200 立方米/人·年。

水是人类离不开的资源，但也可以给人类带来灾难。特别是当人类的活动破坏了自然界的平衡、污染了水资源时，会带来一系列与水有关的疾病，如疟疾、伤寒、霍乱、血吸虫病等。污染还带来了许多前所未见的怪病，更不用说洪水泛滥所带来的直接的严重破坏了。许多地区面临缺水的威胁。中国是联合国列出的世界水资源最匮乏的 12 个国家之一，南方水多地少，北方水少地多，缺水的感觉更加明显。

导致认识转变的不仅是资源匮乏，还有生态系统的损害和环境污染对人类生存条件所造成的威胁。二氧化碳的大量排放造成温室效应，二氧化硫排放量不断增加导致酸雨和广泛的污染，水土流失、许多生物加速灭绝，超标噪声、排污导致生活环境的恶化，臭氧层受到严重的破坏造成的长期危害等明显威胁着人类社会健康、持续发展。这些问题的存在，促使国际社会日益明确地认识到社会、经济、环境、资源诸因素必须在发展策略中得到综合的考虑，在发展过程中明智地加以协调。19 世纪以来，人口的加速增长使问题变得更加紧迫。世界人口从 10 亿增加到 20 亿经过了 100 多年，然而从 50 亿再增加 10 亿人口只经过 12 年。1950～1970 年，世界人均年经济增长率为 3.1%，1980～1990 年降至 1.1%，而在 20 世纪 90 年代初却成为负增长。从 20 世纪 60 年代起，不少学者已经开始认识到世界不可能支持无限膨胀的需求，并为了寻找解决办法进行了多方面的研究。70 年代中期，开始出现可持续发展这个名词。1980 年，在国际会议上提出了可持续发展问题，然而直到 1987 年，才由世界环境与发展委员会在《我们共同的未来》报告中给出了明确的定义。迄今，关于可持续发展的定义至少有 70 多种，但还没有一种定义被普遍公认为是权威的。国际社会提到较多的，是 1992 年世界环境与发展大会上所提出的："在不损害未来世代满足其发展要求的资源基础的前提下的发展。"这种定义不一致的情况正好说明了当前国际社会虽然已经认识到了问题的严重性，却还缺乏深入的研究和各方面协调一致的分析，更不用说对解决问题的对策采取统一的行动了。今天，可以肯定地说，影响可持续发展的自然界条件是在向不利的方向发展，其变坏的速度是相当惊人的。70 年代以来，世界人均经济增长总体是在下降，许多地区的冲突连续不断，除了政治原因之外，对生产、生活条件竞争的加剧也是重要的原因。人类必须联合起来，认真采取措施，保证自身健康、稳定、持续的发展。中国是认识环境问题较早，采取了有力措施的国家之一，也是第一个按可持续发展战略思想完成了联合国组织的"21 世纪议程"的国家。然而，由于历史上对生态环境长期破坏，问题仍然相当严重。目前，全国水土流失面积已达到 367 万平方公里，平均每年新增 1 万平方公里。荒漠化土地面积近来每年扩大 2460 平方公里，总量已达到 262 万平方公里，草原退化、沙化和碱化面积也达到 1.35 亿公顷，约占草原总面积的 1/3，并且还在以每年 200 万公顷的速度扩大。森林大面积的砍伐导致其生态功能大大降低，更加速了各种形式的环境破坏。全世界有 10%～15% 的动植物种类受到威胁，中国这个比例达到 15%～20%，比世界平均水平约高 5 个百分点。犀牛等动物和崖柏等植物早已在中国绝迹，大熊猫、云豹等也已列入濒危物种。从表 1、表 2 和表 3 可见中国生物种群十分丰富，其中许多是我国独有的，我们有责任为人类保护这份珍贵的财富。

表 1　中国主要生物类群物种数目及其与世界物种数目的比较

分类群	中国的物种数（SC）	全世界的物种数（SW）	SC/SW（%）
哺乳类	499	4000	12.5
鸟类	1186	9040	13.1
爬行类	376	6300	6.0
两栖类	279	4184	7.0
鱼类	2804	19056	14.7
昆虫	40000	751000	5.3
苔藓	2200	16600	13.3
蕨类	2600	10000	26.0
裸子植物	200	750	26.7
被子植物	25000	220000	11.4
真菌	8000	46983	17.0
藻类	500	3060	16.3
细菌	5000	26900	18.6

表2   中国特有属和特有种统计

分类群	已知的属和种	特有的属和特有的种	特有属种比例（%）
哺乳类	499 种	72 种	14.4
鸟类	1186 种	99 种	8.4
爬行类	376 种	26 种	6.9
两栖类	279 种	30 种	10.8
鱼类	2804 种	440 种	15.7
苔藓	494 属	8 属	1.6
蕨类	224 属	5 属	2.2
裸子植物	34 属	8 属	23.5
被子植物	3116 属	232 属	7.4

表3   中国主要生物类群的濒危物种数目

	分类群	物种总数	濒危物种数	濒危物种比例（%）
脊椎动物	哺乳类	499	94	18.8
	鸟类	1186	183	15.4
	爬行类	376	17	4.5
	两栖类	279	7	2.5
	鱼类	2804	97	3.5
	小计	5144	398	7.7
高等植物	苔藓植物	2200	28	1.3
	蕨类植物	2600	80	3.1
	裸子植物	200	75	37.5
	被子植物	25000	826	3.3
	小计	30000	1009	3.4
合计		35144	1407	4.0

资料来源： 表1、表2、表3摘自《生物多样化现状》报告。

二、与可持续发展战略有关的主要因素

制约发展的因素大致可以分为资源、生态环境、生产资料、科学技术四个方面。由于现代生产能力的提高，可用的资源制约了实际可以发挥作用的生产力；而生态环境、生活资料则限制了资源的分配和生产能力的发挥。科学技术是最活跃和最有创造能力的因素，科学技术的发展可以使现有的资源得到更充分的利用，使生态环境和生活条件得到改善，还可以使过去不能被利用的物质成为新的资源，从而创造出一个崭新的天地。然而，在一定时期内，现有的科学技术将决定我们行动的范围和幅度。从决策的角度而言，为了安全，不能将我们的未来寄托在尚未明确其实现的可能性的技术发展上。

淡水是维持生命的根本。地球表面绝大部分由水所覆盖，其深度达 3.7 千米，总量近 14 亿立方千米，从航天飞船上看去是一个蓝色的星球，然而，其中 97% 的水都是盐水，既不能喝，也不能用于灌溉。3% 的淡水总量约为 3500 万立方千米，若均匀地分布在地球表面，可形成 70 米厚的水层。但是，这些淡水绝大部分以冰的形式封存在南极、格陵兰，或者在很深的地下蓄水层中，使用的代价十分昂贵。只有 0.3% 的淡水存在于河流及湖泊之中，其总量不到 10 万立方千米。

由于水资源对人类是如此重要，许多古老的传说、神话以及宗教的圣典都有水的故事。印度教和佛教都认为，河流发源于神所居住的宇宙中心。在印度，恒河被认为是圣洁的，苦行者在其中沐浴、修炼，恒河的水可以用来治病，人死后在恒河边架起柴堆烧化并送入恒河以使灵魂得到安息。天主教则认为地球上的水发源于伊甸园的喷泉，不同的喷泉形成了尼罗河、幼发拉底河、

底格里斯河、印度河、恒河等。世界性洪水的传说，则在许多东、西方国家中广为流传。近年，还有些人不断宣称发现了在洪水中拯救了人类和生物的诺亚方舟遗迹。中国也有许多治水的动人故事。尽管大家对水的重要性都没有任何不同的意见，但是在很长时期内都认为水是取之不尽、用之不竭的，以为水虽然是无价之宝，却又没有价值，不值得珍惜。因而，科学地认识水资源、保护水资源、合理利用水资源做得很不够。联合国教科文组织等国际组织从 20 世纪 60 年代中期起作出了很多努力来探明全球水循环的情况，使我们的认识有所前进，但从目前各国的实践来看还需做更多的工作。

土地、淡水、气候与生物资源是可更新的资源，组成一个有机的资源生态系统，支持着我们的生存。海洋受到日照蒸发而形成降水，成为淡水的主要来源。河流和地表水一部分为人类所使用，为森林和植物所吸收，并渗入地下；另一部分则流入海洋。估计全球每年河流及地表水流总量约为 4500 万立方米，按全球60 亿人口计，每人每年拥有的水资源约为 7500 立方米，应当是足够满足需求的。但不幸的是，淡水资源的分布很不均衡，降雨量从地区分布和时间分配都不均衡。世界上最大的沙漠撒哈拉沙漠从空间看是万里无云，其面积从西经 15 度到东经 30 度、北纬10 度到 35 度，降水量为零。夏威夷考阿伊岛的威利尔山，则在一年中记录到 11.5 米的降水量。而农业迫切需要降水时滴水全无、不要用水时却大雨滂沱的现象，更是经常发生。

从总体来说，世界上径流量最大的亚马孙河年径流量达6.93 亿立方米，为全球径流量的 1/4。第二位和第三位的刚果河和恒河年径流量分别为 1.46 亿立方米和 1.4 亿立方米，其他河流的径流量均在 1 亿立方米/年以下。亚马孙河的水 1/4 为沿岸居民所使用，1/4 流入大海中，1/2 则为热带雨林所吸收，蒸发后又形成降水，因此形成了循环不息的水资源，亚马孙河流域维持着世界上最大的热带雨林。淡水湖中面积最大的是北美洲的苏必略湖，面积为8.3万平方公里，水深406米，湖水总量为1.2万立方千米。然而，储水量最大的湖却是贝加尔湖。虽然贝加尔湖的面积不到苏必略湖的一半，只有3.12万平方公里，但湖水深达1741米，湖水的总量达到23.6万亿立方千米，为苏必略湖的两倍。中国长期平均年降水量为26.7万立方米，为世界平均数的81%；人均水资源为2490立方米，为世界的26%；尤其是中国的北部，可用的水资源每年人均只有约1200立方米。中国长江按流量在世界的大河中位列第四，按长度位列第三，对长江流域的发展起着重要的作用，南方雨量充沛，对农业发展十分有利。然而，由于雨量分布很不均衡，占38%耕地的南方占有全国83%的水资源，而黄河、淮河、海河、辽河流域，占有42%的耕地却只有9%的水资源。再加上季节性降雨，有时江水直泻大海，甚至泛滥成灾，有时却有上百天河道断流。由于地表水不足，只能过量开采地下水。目前，我国约有300个城市严重缺水，地下水位明显下降。

　　能源的供给是影响可持续发展的另一个重要因素。在"石油危机"最严重的时期，国际上对石化燃料的前景曾一度非常悲观。许多专家认为，石油的勘探条件日益困难，再发现大油田的希望不大。根据当时的探明储量和消费量的估计，世界上最大的石油产地中东地区的资源可能在33年左右枯竭。到1981年1月1日，世界各地区探明石油储量，1980年前后3年一些国家产油、消费的情况见表4～表6。

表4 世界已探明石油储量

地区与国家	探明储量（亿吨）	占世界（%）	地区与国家	探明储量（亿吨）	占世界（%）
中东	495.99	55.8	非洲	75.55	8.5
阿拉伯联合酋长国	41.95	4.7	利比亚	31.51	3.5
伊朗	78.79	8.9	尼日利亚	22.88	2.6
伊拉克	41.10	4.6	西欧	31.62	3.6
科威特	88.90	10.0	英国	20.27	2.9
沙特阿拉伯	226.03	25.4	亚太（不含中东）	26.89	3.0
南北美	140.12	15.8	印尼	13.01	1.5
墨西哥	60.27	6.8	苏联	86.30	9.7
委内瑞拉	24.59	2.8	中国	28.08	3.2
美国	36.16	4.1	世界	888.39	100

资料来源：《世界经济年鉴》（1982年），中国社会科学院世界经济与政治研究所，《世界经济年鉴》编辑部，中国社会科学出版社1982年版。

表5 世界主要产油国石油产量　　　　　　　　　（亿吨）

地区	1979年	1980年	1981年	地区	1979年	1980年	1981年
石油输出国组织	15.41	13.42	11.27	苏联	5.86	6.03	6.09
其中，沙特阿拉伯	4.63	4.815	4.821	美国	4.27	4.291	4.29
伊拉克	1.71	1.32	0.41	墨西哥	0.73	0.97	1.16
伊朗	1.55	0.73	0.67	中国	1.08	1.06	1.01
科威特	1.11	0.69	0.47	英国	0.78	0.81	0.91
委内瑞拉	1.18	1.08	1.05				
尼日利亚	1.15	1.03	0.72				
利比亚	1.03	0.89	0.55	世界	31.41	29.86	28.01

资料来源：同上。

表6　1970年和1990年世界商业性能源消费　　（亿吨）

地区	1970 年		1990 年	
	能源消费	人均消费	能源消费	人均消费
发展中国家	30	12	84	21
拉丁美洲	8	26	16	37
亚洲	19	10	59	20
非洲	4	10	9	14
工业化国家	129	180	154	185
计划经济国家	44	120	71	167
世界	203	55	310	59

资料来源：能源消费：British Petroleum BP Statistical Review of World Energy（London：1992）。

人口：UN, World Population Prospects 1990（New York，1991）。

近年来，海湾地区和世界许多地区加强了石油勘探工作，又有许多新的发现。估计目前全球石油总储量约为1500亿吨，其中约有70%在海湾地区。

中国历史上属于石油资源贫乏的国家，新中国成立后有很大突破，但总的来说仍不能完全满足经济高速增长的需求。我国石油工业作出很大努力，在技术上有许多创新。大庆油田从自喷、注水到三次采油，创造了稳定控水技术，现在又在研究进一步驱油技术，在年产5000万吨的水平上已经稳产20多年。近年又发现不少新油田，使我们脱掉了贫油的帽子。尽管如此，从长远来看，我国石油资源有限，开采成本不断提高，仍然是制约经济发展的重要因素，作为能源和化工原料两方面不可缺少的物质，都需要寻找新的替代物。

温室效应对未来的影响十分复杂，至今未有定论。与19世纪末相比，全球气温在一个世纪中平均上升了0.5摄氏度，估计到 21 世纪末，可能再上升 1～3.5 摄氏度，其影响是严重的，但又很不确定。专家们估计，南极冰山融化，将使海平面提高 15～95 厘米，有的专家估计要升高 1 米多，少数专家甚至认为会上升数米，许多国家沿海的大城市可能会被淹没。由于温度的变化，热带雨林和某些著名的森林区域可能缩小 14%～17%，这种情况可能会使人类生存条件变坏，疾病流行。也可能使某些地区受益于气候变暖，小麦、草地都可以生长得更好。许多研究结果互相矛盾，有的认为大米、玉米也会增产，但另外一批研究者认为要减产。不管怎样，这是值得我们关注的重要问题。

人口是可持续发展的关键因素之一。19 世纪以来世界人口的高速增长，形成了对资源、环境和社会经济发展沉重的人口压力，由此引起许多地区不断增长的淡水、土地稀缺和贫困、失业问题都是众所周知的。近年来，世界人口增长率已有降低的迹象，但每年净增人口仍达到 8000 万以上，相当于德国全国人口数，其中 96% 的净增人口生活在发展中国家，他们所占有的资源很少。到 2050 年，世界人口可能达到 94 亿人，在不利的情况下甚至可达到 110 亿人。今天，54% 儿童的死亡原因与营养不良有关，约 13 亿人每日的收入低于贫困线。这些与环境、资源问题密不可分。

科学家们估计，若是二氧化碳的排放不能得到控制，到 21 世纪中期，二氧化碳在空气中的浓度将会加倍，从而使水稻产量下降 2%～5%，玉米产量下降 15%～24%，发展中国家的谷物总产量下降 9%～12%，而谷物的价格则可能被抬高 10%～100%。这肯定会使贫困人口的日子更加难挨。

从理论上讲，世界有 34 亿公顷土地，在高投入的条件下可以达到每公顷 14.6 吨的产量，年产 500 亿吨粮食，足够养活 500 亿人。但是，许多地区开发条件很差，理论上的高投入不可能实现，如果无利可图，农民绝不会无限增加对土地的投入。全球现实可耕地约为 14 亿公顷，单产可达到 7.3 吨/公顷，总产 102 亿吨，这种状况已经相当于目前产量最高的肥沃土地的条件。全世界的森林面积正在不断缩小，热带森林每年减少 600 万公顷，随着世界人口增长，木材可供量却在减少。目前年产木材 30 亿立方米，实际最大可开采量为 52 亿立方米，粮食和木材最多可以支持 110 亿到 150 亿人口之用。在计划生育能够取得持续进步的情况下，21 世纪末，全球人口可能稳定在 120 亿人的水平上，已经达到了许多种资源可支持的极限。

中国粮食产量在新中国成立后不断增长，已经连续上了 4 个台阶。今后，随着生活水平的提高，直接消费的粮食数量减少，但是肉食增加。按目前水平，生产 1 斤猪肉需要 5 斤粮食，生产 1 斤牛肉需要 7 斤粮食，其转换率是很低的。科学家们正在研究从单细胞蛋白质用工厂化方法生成食物，似乎有可能彻底摆脱食物对人类社会发展的制约。但是迄今，通过生物进行农业生产还是最经济、最合理的生产方式，非常规农业技术产业化的实现还遥遥无期。土地、粮食还是发展的制约因素。

可持续发展的重要观念之一是生物多样性。没有人知道世界上究竟有多少物种，最宽的估计为 1000 万到 1 亿种之间，窄的估计是 700 万到 2000 万种，其中只有 175 万种已经分类，绝大多数甚至还未被命名，或者根本没有为我们所见过。如此丰富的物种对生态平衡所起的作用还没有认真研究过，即使有的科学家宣称某种蚂蚁对自然生态起着关键的作用，别人也根本无法与之讨论、争辩。大量的物种也是宝贵的基因库，我们的后代很可能要从中提取信息，为明天的生活创造更好的作物。据专家估计，1/4 的世纪中，世界可能已损失了 2% ~ 25% 的物种，而 5% ~ 20% 的脊椎动物和植物也已被列入濒危物种名单。这些数字的变动区间很大，再次说明我们对这个问题还知之甚少。

我们的生存环境质量与生态系统密不可分。据统计，1公顷森林每天可吸收1000公斤二氧化碳，产生750公斤氧。为了平衡二氧化碳及氧气，城市居民平均每天需要5平方米的绿化树木和25平方米的草坪。为了防止水土流失，制止荒漠化的发展，减少水和空气的污染，创造适于人口生存的环境，都必须保持良好的生态环境。据国家环保局报告，中国荒漠化土地已占国土面积的27.32%；草地退化面积达到105.23平方千米，并仍在以年增长2%的速度发展；干旱、半干旱和亚湿润干旱区的退化耕地已占全部耕地面积的40.6%，对我们生产、生活带来极大的危害。30%的国土受到酸雨威胁，80%以上的河流受不同程度的污染。这些数字使我们感到心惊。

环境污染不仅影响了人类的居住条件，还直接对人类繁衍生息构成威胁。20世纪60年代以来，医学家发现，男子性功能减退。欧洲有的地区在40年代男子每毫升精液平均有6000万个精子，近年来已降低到2000万个。与此同时，睾丸癌的发病率上升了1倍多。有些西方国家发现这种现象已使本国生育能力受到严重影响，芬兰有科学家著文宣称芬兰能够正常生成精子的男性比例已从原来的56.4%降到26.9%，英国也报告过男子精子数量迅速下降的情况。滥用激素造成许多地区儿童性早熟，甚至发生变性，这种情况所造成的长远后果还难以准确估计，但无疑是十分严重的。

90年代引起注意的可持续发展中的新问题是技术安全。抗药的微生物、病菌出现，使过去许多十分有效的药物失灵。世界卫生组织已经发出号召，要求限制使用抗生素。由于细菌和微生物每一代更替的时间极短，人类发明的不少新药物在广泛推广不久，病菌就已适应，现在很难说究竟是医药发展得快还是细菌进化得更快。技术安全中的另一个问题是计算机网络的扩展。网络的发展一方面适应了信息时代的要求，使计算机、通信、软件三大产业逐步走向融合，推动了信息业高速发展；另一方面，也对各国的安全带来潜在的危险，计算机黑客不断侵入重要的系统，窃取机密、改写文件等事件层出不穷。除了这些之外，核废料的处理也日益受到重视，并造成种种矛盾。

三、可持续发展的系统分析、规划制订及实施

发展包括了经济、社会、资源、生态、科学技术等各个方面，因此，综合研究发展问题就必须运用系统分析的方法。从20世纪60年代起，不少研究者建立了各种数学模型，从各个不同角度研究世界的未来。由于出发点和目标不同，模型的结构有很大的差别。罗马俱乐部的模型分各个领域建立起一系列互相联系的子模型，对工业、农业、人口、环境、生活质量等各方面因素在各种条件下的变化进行探索。他们最初的结论有很浓的悲观色彩，以后逐渐有所改变。美国麻省理工学院建立的世界系统动力学模型将许多复杂的因素合并到一个模型中，其结构有很强的逻辑性，概念清楚，但是在计算机上运行很困难，对参数的变化十分敏感。联合国曾组织力量研制了 LINK 模型，将各个国家联系起来，研究各国的发展及其联系对世界的影响。国际系统分析研究所多年来研制了不少模型，用来分析能源、污染、生态环境等问题，还研制了一些便于应用的计算机软件。80 年代以来，还有许多研究单位应用模糊数学、突变理论等数学工具，对未来可能发生的各种事件、灾害等进行分析，得到了许多有趣的结果。这些研究都有助于我们增加对发展过程的认识，并形成了可持续发展的观念，尽管有时采用了不同的名称。

现实的压力和联合国的推动，大大加速了对于世界必须实现可持续发展认识的统一。然而，在涉及为可持续发展决定行动时，仍然面临着许多障碍。从不同部门、不同地区、不同学科的角度出发，对影响可持续发展各种问题的形成、机制和解决办法的认识大不相同。就是在一个国家内部，也往往发生这样的矛盾。因此，加强可持续发展理论研究，明确其概念、系统的结构、模型框架是十分必要的，这是确定并实施具体的可持续发展计划的第一步。为了适应各方面的需要，理论框架应当是多级、递阶结构的，将各种因素和各个地区依照其不同联系方式联结成为一个整体。要详细地考虑可持续发展的各个方面，会使模型成为一个庞大、复杂的巨系统。为了一定的研究目的，可以将系统简化，并确定相应的评价指标。

在确定理论框架、概念模型以后，就可以形成相应的仿真模型，并根据现实世界的数据在计算机上运行，以生成各种可持续发展方案，通过评价系统予以评估，选择出一种或几种最好的方案，并制定实施规划付诸实践。评价系统在仿真运行、制定实施规划、将规划付诸实践的全部过程中，发挥着导向作用。同时，在评估可持续发展时应当有方案评估、过程评估、结果评估三个层次，每个层次功能不同、作用不同，评价指标也有些差别。方案评估在模型运行阶段，确定各种方案的代价和利益、对可持续发展各方面要求满足的程度，从而确定方案的优劣。方案评估时使用的指标体系可以更理论化一些。过程评估是在实施可持续发展方案过程中定期或不定期进行，以确定可持续发展方案的可操作性、执行中的困难、变化的环境所造成的影响等。这种评估应适当增加行政部门、职能部门、地方利益团体、可持续发展各个领域等方面的指标，通过这类评估可以及时发现方案执行中的问题，并通过适当的渠道加以督促。结果评估层次可以用来评价可持续发展规划某一个特定阶段是否实现了预定的目标、超过或未能达到目标的原因何在，从而改进下一轮可持续发展计划的制定和实施。

规划不仅是技术问题，还要涉及各方面的最新成就。规划不当以致事与愿违，是常见的事。有些地方企图以大量开荒解决粮食问题，结果造成严重的沙漠化；有些牧区为了致富超载放牧，结果是牲畜头数增加了，能提供的商品肉却减少了；有的地区一头羊的出肉率甚至下降为一半。20世纪50年代以来，在世界经济快速发展的同时，用水量也猛增了10多倍，40%的河流受到污染，占60%的陆地感到淡水不足。有的地区在河流上游大量蓄水，在解决水荒的同时，下游的湖泊干涸，造成大片良田、草场的荒漠化。1998年长江的特大洪水引起了大家对上游保护水土、保护森林的重视，长期以来不能落实的环保措施得以落实。但是，黄河水资源的无序争用，肯定会在某一天造成比水灾更难挽救的损失。对重大生态环境问题系统地、科学地进行分析并制订规划、确定实施体制，已到了万分紧迫的时候。

规划应当随着情况变化而改变，因此是一个动态的过程。石油涨价时期，能源规划人员曾认为可用核电填补对石油的需求。20世纪70年代初，一些国际组织曾预测核电站的订单将大量增加，然而，由于核电站的造价迅速上涨，从70年代中期起就没有多少订单，核能发电量的预测数一再削减。近年，美国已经明确宣布，不再建造新的核电站。目前，世界正在大力开发可再生的新能源，风能、太阳能和热能被认为是最有前途的三种能源，氢能的利用也是研究的热点之一。这些都是取之不尽、用之不竭的能源，虽然开发的价格很贵，但无疑会占领未来的市场。

石油除了能够作为能源，还是重要的化工原料，这是上述任何一种新能源都不能代替的。目前已经找到的替代物是天然气，天然气的储量相当可观。1980 年，世界已探明天然气储量为 75 万亿立方米，按 1000 立方米天然气相当于 1 吨石油计，只略低于当时世界探明的石油储量。20 世纪 80 年代以来，世界各地不断发现大型气田。中东地区的天然气储量约为 45 万亿立方米，占世界已探明储量的 1/3。西伯利亚冻土层下的天然气储量也十分惊人。苏联解体以后，沿里海的格鲁吉亚、哈萨克斯坦、土库曼斯坦等中亚国家丰富的原油和天然气资源，已引起许多国家的兴趣。美国甚至表示，即使建立由土库曼斯坦到土耳其的天然气管道需要通过伊朗，也不违背美国对伊朗实施的经济制裁。我国近年在陕西发现的整装气田，已探明储量达 3000 亿立方米，预测储量达 4.18 万亿立方米。根据能源专家估计，21 世纪初，石油、煤炭、天然气三大能源将占世界消耗能源的 80%，比 10 年前减少了 10 个百分点。今后的趋势为，传统能源的比例将进一步减少，更多地使用清洁能源是国际上能源技术的方向。

新材料的使用可使污染减少，同时提高产品质量。苏联的钢铁产量比美国多 20% 以上，但是，美国有 2500 万吨高分子聚合物，因此，可以支持比苏联高 1 倍以上的生产能力。新材料的应用也推动了新制造技术的发展。新的工业制造技术的显著特点是节能、低耗、高效、低污染，有些人将这类生产技术称为清洁的制造技术。即使是使用传统的原料，也可以采用清洁技术减少污染。

农业生产方面，同样发展了许多有利于保护生态环境、避免产品受污染的技术。其中有些技术用来节约资源，例如将灌溉从大水漫灌改为喷灌以至滴灌，并配合以增添植物所需养分，可使得用水节省 70% 以上，还可提高产品的产量和质量。基因技术的应用已创造出许多新的农作物品种，如西红柿等蔬菜，还有抗虫棉等新作物。推广这些技术的障碍一方面是昂贵的投入，另一方面是学术界和公众对某些新事物可能带来危害的恐惧。但不管怎样，这方面的不断前进是必然的。有些国家将这些技术进步称为可持续的农业技术。

生态、环境问题的解决，还可通过建设新的产业部门来进行。许多国家已经研制成功以各种垃圾、污染物为原料的企业，并取得可观的效益。还有一些国家采用生物技术替代产生严重污染的生产技术，或用生物技术来消除污染实现生态平衡。德国把这类技术称为环境生物技术。这些技术有效地保护了环境，可以归结为生态恢复、环境保护的产业化技术。

科学技术的发展，对可持续发展的影响增大，既增加了对生态、环境的压力，也扩大了保护生态环境的能力。20世纪60年代实施了国际合作的"国际生物学规划"（IBP），70年代扩展为"人与生物圈规划"（MAB），80年代起开始的项目则被称为"国际地球圈与生物圈规划"（IGBP），而我们所居住的地球被称为"地球村"。这些研究重点的变化，反映了人类认识和活动范围的发展。许多国家还利用先进的信息、电子技术，帮助监测环境、实现低污染或无污染生产的技术，改进宏观管理效果以取得最好的生态、环保效应。对生态、环保的关注也已扩展到许多具体建设项目的设计。例如，城市建设在传统上着重注意的是发挥规模经济效益和社会服务功能，近年来随着认识的提高，许多城市开始重视生态环境问题。城市绿化的效果十分明显，防护林可有效地抵挡风沙的袭击，其有效作用可达树高的40倍。市内的树木、林带、绿化区都有效地降低噪声污染，增加城市湿度，提供新鲜空气，改进饮水质量。由于美化了市容，在心理上更为市民增加了享受。

可持续发展的观念，是随着生产力的发展、对自然界资源的索取不断增加、对生态系统和环境的压力不断增加而产生的。但是无论如何，生产力的增长在历史的长河中起着增进人类福利的作用。在有限的资源供给下，科学技术可以发挥能动的作用，使资源得到最有效的利用和保护。不同生产力水平下，资源可以承载的人口数量有很大差别。法国瓦列塞尔提出的人口合理极限是，渔猎时期 0.02～0.03 人/平方公里，畜牧时期 0.5～2.7 人/平方公里，农业社会提高到 40 人/平方公里；而在工业化时期，每平方公里可以承载的极限人口数为 160 人。这里的数字只是一个平均值，不同的资源、不同的土地，在不同时期的承载能力差别也很大。虽然这只是一个供参考的数字，但从各时期人口合理极限相对的差别可以看出，世界总体上是在向好的方向发展，目前的困境只是其中的一个片段。通过全人类的合作，我们一定能创造一个更好的家园。

四、可持续发展的评价指标体系和对中国可持续发展的展望

为了做好可持续发展的定量分析工作，国际社会和许多国家都在作出不懈的努力。定量分析的基础，就是建立一套适当的评价指标体系。英国、德国、荷兰等国家都建立过可持续发展指标，一般在初期只包括几项主要指标，以后逐步扩展。荷兰是世界上最早建立国家计量经济模型的国家，近年来也建立了环境压力投入产出模型，分行业分析经济增长、资源消费与污染之间的关系，这一系统被称为环境核算体系。英国较早提出了包括经济、交通、能源、土地、垃圾 5 个方面的可持续发展指数。其中，经济有总量、结构及用于环境保护的资金；交通方面，以每人每年使用小汽车公里数、每人每年使用公共交通公里数、每人每年使用火车公里数来度量；能源主要看其结构；土地则指城

市、农业、森林各自占用土地的数量；指数中还包括对人体有害的垃圾比例、城市垃圾利用率等。中国和美国的一些学者则提出了12项判别准则，包括：人口达到零增长，人均财富在世代更替中保持不下降，科技进步的贡献可以赶上报酬递减的损失，土壤侵蚀与保护达到动态平衡，森林采伐率与再生率达到基本平衡，海洋鱼类捕捞在其种群可以维持再生的水平内，草原的牧养量不超过其载畜能力，不可再生的资源开采与储备量之间保持动态平衡，地下水的抽取与补给保持平衡，人类活动所释放的温室气体发射率与其固定率长期保持平衡，环境与发展之间保持积极的平衡，效率与公平获得最佳平衡等。联合国的一些委员会提出了有130多项指标的建议，按社会、经济、环境和制度4个方面将指标再划分为压力、状态、反映3类，希望以此全面分析影响可持续发展的因素、发展的现状及为实现可持续发展所作出的选择。可持续发展指标数量的庞大，一方面说明研究已深入到各个领域；但是另一方面，也说明可持续发展未能抓住要领，解决问题的思路并不清晰。在作定量分析时，综合成可持续发展总体评价指标十分困难，综合方法、每个指标的权重变化都会对综合指标产生难以控制的影响。美国的《环境管理》杂志在1996年曾发表了共有12项的可持续发展准则，包括人口、人均财富、科技进步、土壤、森林、海洋、草原、不可再生资源、地下水、温室气体、环境与发展间的平衡、效率与公正之间的均衡等内容，但要将这些内容应用于实际仍需进一步探索。

中国学者对可持续发展的度量进行了大量研究，北京大学的叶文虎、栾胜基教授，国家计委的郝晓辉、毛汉英同志，以及国家统计局、国家环保局、中国科学院生态环境中心等许多单位和牛文元教授等人，都提出过项目数量不等的可持续发展指标体系。中国科学院建立了中国资源环境数据库，采用高技术手段，为可持续发展提供了动态资源。

笔者与北京信息研究所的于景元、袁建华、何林、姜涛、许屹等同志一起，建立了包括经济、粮食、能源、人口、环境等内容的可持续发展宏观分析模型和可持续发展的综合评价指标。

尽管国内外都有大量研究成果，并就可持续发展提出了许多建议，但是，除了局部采取技术措施，消除一些迫在眉睫、非解决不可的环境问题之外，始终不能形成全球性的统一行动，从根本上采取综合措施实行可持续发展战略，其障碍在于：

1. 经济发达国家为了自身的利益，不愿承担自己所造成的环境后果，而要把负担转移到发展中国家身上。在多次国际最高级会议上，发展中国家的首脑们明确指出，今天的世界环境问题主要是发达国家在历史上造成的。据专家计算，美国的消费方式如果推广到全球，我们这个世界的资源只能养活不到 5 亿人。即使降低生活标准，但浪费资源的消费模式不改变，全球能支持的最大人口数也不过 20 多亿人，不到目前的一半。然而，一些发达国家却指责发展中国家使用的技术落后，对发展中国家提出许多过分的要求，忽视了这些国家发展的需要。

2. 共享资源的区域缺乏利益补偿机制，难以鼓励治理环境的积极性。有些地区的资源遭到破坏性开发。有的流域，上游污染、下游受害。或是上游支付了保护环境的代价，却影响了本地区的经济发展；中下游发达地区享受了环境保护的效益，却不愿从经济上支持上游贫困地区发展。更严重时，一些国家为争夺有限的资源而爆发政治危机甚至战争。

3. 实施可持续发展战略在某种意义上是要实现代际之间的利益平衡，也是个别企业与全社会利益、短期与长期利益的平衡。由于当代人往往重视近期利益，一些与长期利益有重要关系、需要一定投入的项目，只有在外部压力下才能较快地得到推进。这种外部压力有时来自社会舆论，有时来自自然环境。国际上，臭氧空洞的发现和空洞的不断扩大，迫使各国一致同意在生产技术上作出相应的改变，是一个明显的例子。1998 年我国国内的特大洪灾促进了长江上游地区立即停止伐林，加强水土保持；也促进了一些地区退耕还林、退耕还草、退耕还湖。在某些情况下，这种压力是不可缺少的。

4. 缺乏足够的初始推动力，是一些贫困地区长期不能跳出人口与环境间越生越穷、越穷越生的恶性循环。由于人口过度膨胀，一些地区不得不在陡坡上开荒、毁林开荒甚至挖草根作为燃料，其结果使环境更加恶化，使贫困程度加重。许多地区的经验证明，人均国内生产总值低于某个阈值时，就不能跳出恶性循环而走上少生快富之路。联合国分析世界数据后得出，这个阈值约为 700 美元。从中国的实践来看，只要组织得好，可在较低的阈值下跳出恶性循环。因此，提供足够的推动力，使这些地区跳出贫困的陷阱，是具有长远意义的措施。在一些人口密度大大超过资源承载能力的地区，辅以适当的有组织的移民措施也是必要的。中国对可持续发展十分重视，切实履行了国家领导人在一些国际会议上的承诺。中国是在联合国第一个完成《21 世纪议程》国家方案的成员国。在联合国开发署和世界银行的支持下，几年来，中国还完成了 10 项重要的研究项目，即：中国环境与发展十大对策、中国环境保护战略研究、中国环境保护行动计划（1991～2000 年）、中国保护生物多样性行动计划、中国逐步淘汰消耗臭氧层物质国家方案、中国控制温室气体排放战略研究、中国环境保护 21 世纪议程、中国林业 21 世纪议程、中国城市环境管理研究、中国跨世纪绿色工程计划。我国现有环境保护方面的法律 8 件，行政法规、法规性文件 28 个，资源类法律、法规 17 件，相关法律、法规 39 件，法律解释上百件。中国的一些环保项目获得联合国各种环境保护奖。尽管如此，在短期内要使我国生态环境有根本性的变化还有许多困难。有些沙漠化严重的地方虽然已经形成了沙退人进的可喜局面，但是生态环境还很脆弱，仍然需要尽心的保护。中央已经连续多年召开高规格的计划生育和环境保护会议，江泽民总书记在中共十四届五中全会上将可持续发展列为关系全局的重大关系中的第三项。作为中国的发展战略，相信经过长期不懈的努力，我们一定能够使中国成为山川秀美、经济发展、生活富裕、永久繁荣的国家。

全球化中的中国可持续发展

（2000 年 10 月）

　　生产力的不断发展、全球化趋势的不断加强，带来环境污染、生态破坏等一系列问题。最近，国际上召开了许多会议，研究全球合作解决这些问题，但一直未能找到一致赞同的好方案。京都会议曾达成一些协议，并决定进一步商议各国以后要做的一些具体工作，但最近的讨论以完全失败而告终，没有任何结果。美国坚持要出钱购买排放标准，而不愿采取行动减少污染，矛盾很多。

　　经济发展很快，也付出了不小的代价，像能源的消耗、环境的破坏等。表1说明中国在20世纪90年代的经济增长。90年代初的几年里，许多国家出现经济问题，全世界经济都很不景气，有一个停滞不前的阶段，但中国克服了最初的困难后，经济有非常大的发展。1999年，我国国内生产总值增长7.1%。90年代的平均增长率接近10%。现在，我国的经济总量达到世界第七位，进出口总量在1999年分别达到世界第八位、第九位。这个增长速度令世人瞩目。2000年前三个季度，经济总量保持增长，世界所有国家的专家都对中国经济看好。各方面指标说明，我们今年的增长率可能达到8%，远远超过原定7%的目标。同时，我国的外汇储备在1999年年底已经达到了1546亿美元，而且还在继续稳步增长，2000年将继续增加200多亿美元。2000年前三个季度，财政收入的增长也特别迅速。尤其是企业效益，在2000 年前几个季度都有很大的提高。

表1　中国20 世纪90 年代国内生产总值增长率

年度	GDP 增长率（%）
1991	9.2
1992	14.2
1993	13.5
1994	12.6
1995	10.5
1996	9.6
1997	8.8
1998	7.8
1999	7.1
2000（估计）	8.0

　　表2 给出了2000 年1～10 月中国520 户重点国企的情况。这520 户国企，1～10 月的利润比1999 年同期增长了约1 倍，而产品销售的收入增长了20%，亏损户从1999 年的91 户减少到80 户，亏损量减少了约1/4，这说明2000 年的经济发展势头强劲。更令我们感到鼓舞的是：2000 年的经济效益也有了明显改善，这对经济可持续发展是非常重要的要素。在经济增长的同时，人民的需求也不断增长。表3 是世界各国的食品对收入的弹性分析。从表上的数字可见，在低收入情况下，在人均收入100美元左右的国家，收入弹性系数是0.8；在人均收入2000 美元以上的国家中，收入弹性系数是0。对于高收入国家，收入继续增加对于粮食的需求就不再起刺激作用。而低收入国家在收入增长过程中，食物结构有比较大的改变，直接和间接消耗粮食的总

量增加，所以，收入弹性系数比较高。收入越低，在增加 1 块钱收入的时候，便有更大一部分用于食物消费。食物消费不是多吃了饭，而是多吃了肉等高质量食物。按我国目前饲养业的水平，5 斤粮食才能生产 1 斤猪肉，大约 7 斤粮食生产 1 斤牛肉，即使是效率最高的鸡蛋，大约也得 3 斤粮食换 1 斤鸡蛋。所以，随着食物结构的改善，收入弹性系数在低收入国家比较高。

表2　2000 年 1～10 月 520 户重点国有企业的情况

项目	总量	比 1999 年同期增长或减少
利润（亿元）	1901.5	+97.9%
产品销售收入（亿元）	27928.7	+20%
工业总产值（亿元）	14901.3	+16.9%
出口交货值（亿元）	1273.4	+34.1%
10 月末亏损企业数（户）	91	-11%
亏损企业亏损额（亿元）	105.9	-22.2%

注：+为增加，一为减少。

表3　食物需求的收入弹性

人均收入（美元）	100	500	2000	北美	亚洲
收入弹性系数	0.8	0.5	0	0.16	0.9

注：收入弹性系数由联合国根据历史数据计算。

再来看发展中国家食物和人口增长的关系。表 4 中是几个大洲的数字。表中列出了有多少国家在人口增长的同时，能够保持粮食同步增长，甚至超过人口增长速度；有多少国家的粮食增长不足以抵消人口增长的需求，所以，人均粮食在减少。从这个表可以看出，亚洲 13 个国家，粮食增长可以赶上人口需求；而 19 个国家的粮食生产不足。表 4 也给出了拉丁美洲、非洲的数字。亚洲的状况并不令我们乐观。大部分亚洲国家在人口增长过程中，粮食不足以供应需求。印度的人口已经超过了 10 亿。印度粮食生产的自然条件比我国好，气候好，耕地面积比我国多60%，但粮食缺乏。这从另一方面说明，中国在粮食生产和人口控制方面取得长足进展是很不容易的。

表4　发展中国家食物增长与人口增长的比较

地区	食物增长超过人口增长的国家数（个）	食物增长滞后人口增长的国家数（个）
亚洲	13	19
拉丁美洲	13	14
非洲	15	31

表5　世界粮食生产及其代价（与中国比）

年份	粮食总产（百万吨）	人均粮产（公斤）	播种面积（百万公顷）	化肥用量（百万吨）	人均化肥用量（公斤）
1950	631	247	587	14	5.5
1955	759	273	639	18	6.5
1960	824	271	639	27	8.9
1965	905	270	653	40	12.0
1970	1079	291	663	66	17.8
1975	1237	303	708	82	20.1
1980	1430（321）	321（324）	722（117）	112（13）	25.1（13）
1985	1647（379）	339（332）	715（108）	131（18）	27.0（17）
1990	1769（446）	335（391）	694（113）	143（26）	27.1（23）
1995	1713（467）	301（386）	681（110）	122（36）	21.5（30）
1999	1855（508）	309（403）	674（113）	134（41）	22.3（33）

注：括号中为中国的数字。

表 5 是中国和世界粮食生产的对比。1950 年，全世界粮食

产量为 6 亿吨，1993 年达到 18 亿吨。同期中国的粮食年产量从 1 亿吨增长到 4 亿吨，中国粮产量增长的速度超过了世界平均增速。尽管如此，我国粮产量增长的总体速度正在减慢，值得重视。迄今为止，中国占世界粮食产量的比例稳步增加。究竟中国在 21 世纪能不能做到粮食自给，还有很多争论。国外各种说法都有，我国也有不同意见。有人认为，到 22 世纪，中国可能要进口 3500 万公斤左右的粮食。有的人比较乐观地认为，大概 1000 万公斤左右就可以了。我们认为，依靠科技进步、严格管理，中国可以解决粮食问题。表 5 的数字，也表达了世界粮食生产及所付出的代价与中国状况的对比。关于中国，选取了 1980 年以后的一些数据。世界粮食生产列到了 1999 年。我们可以看到：世界的人均粮食，在 1950～1999 年总体上持续增加，但 20 世纪 90 年代以来是一个曲折的过程。大体上，人均粮食略有减少。中国的情况比世界的好一点，中国的人均粮食比较稳定、持续地增长，90 年代以后处在一个停滞的状态。粮食产量的增长，依靠使用大量的化肥。1950 年，全世界使用的化肥量为 1400 万吨；1999 年达到 13400 万吨，增加 8 倍。中国在 20 世纪 50 年代使用化肥量很少。1980 年是 1300 万吨，1999 年是 4100 万吨，10 年之内增加 2 倍多。大量化肥的使用带来很多问题，例如土壤团粒结构破坏、肥力下降、污染环境等。要生产大量粮食，就需要耗用大量耕地，所以，不得不开发山地，对生态是严重的威胁。中央对 25 度以上的坡地退耕还林抓得很紧。根据许多林业专家的意见，15 度以上的山坡就应退耕还林，但由于粮食这个压力，我们还达不到这个要求。内蒙古很多地方破坏草原开作耕地，结果造成草原大规模的荒漠化和沙漠化现象，而要把沙漠化的地区重新绿化是非常困难的。

表6　中国能源供需指数——估计消费

年份	能源原始需求（百万吨碳当量）	人均能源消费量（吨碳当量/年）	人均二氧化碳排放量（吨碳当量/年）	全年能源消耗量（千克吨碳当量/美元）
1990	987	0.864	0.520	2.544
2000	1490	1.148	0.639	1.431
2010	1980	1.715	0.941	1.170
2020	2760	1.904	1.045	0.720
2030	3242	2.176	1.193	0.478
2050	3683	2.456	1.244	0.225

能源生产结构（%）				
年份	煤	石油	天然气	氢和原子能	新能源
1995	25.5	16.7	1.8	6.0	—
2010①	66.4	20.0	5.7	7.8	—
2010②	69.0	17.3	3.7	9.8	0.2

注：①为低估值，②为高估值。

　　能源是十分重要，但又会产生种种问题的资源。表6是中国的情况。在发展中国家，这些年来，国内生产总值的增长速度有所提高。发展中国家国内生产总值增长速度高于人口增长速度的成绩，是依靠消耗大量能源而取得的，能源消耗的增长速度更超过了国内生产总值的增长速度。另外，发展中国家每万元产值能源的消耗比发达国家要高得多，这使问题更加严重。由于能源利用中的问题很多，所以，世界使用能源的类型正在改变。使用煤在减少，而其他的能源都在增长。各种能源中增长最快的是风能，这些年来增长了1/4还多。太阳能增长17%，而其他能源的使用都有增长，唯一减少的是煤的使用。但是很遗憾，尽管我们在能源问题上作了很多努力，但全世界温室气体的排放现在只做到略有增加，没有减少。表7给出了世界能源消费的改变和因此造成温室效应的情况。

表7　世界能源消耗情况及气温

年份	煤（百万吨石油当量）	石油（百万吨石油当量）	天然气（百万吨石油当量）	燃烧排放碳量（百万吨）	全球平均温度（摄氏度）
1950	1043	436	187	1612	13.84
1955	1234	753	290	2013	13.91
1960	1500	1020	444	2535	13.96
1965	1533	1485	661	3087	13.88
1970	1635	2189	1022	3998	14.02
1975	1709	2616	1199	4518	13.94
1980	2021	2873	1406	5229	14.18
1985	2100	2654	1640	5271	14.10
1990	2245	2964	1942	5946	14.40
1995	2207	3031	2116	6212	14.38
1999	2146	3200	2301	6307	14.35

1950～1999年，煤的消耗大约增加1倍多；而石油增长了7倍，从4.36亿吨增长到32亿吨；天然气的增长也相当高，从1.87亿吨增长到23亿多吨石油当量，增长10倍多。相比之下，碳的排放量只增长了5倍，这得益于很多技术方面的改善。但是，尽管每万元产值消耗的能源这些年来一直在降低，而且降低速度很快，温室气体的排放总的来说还是增长了。全球气温在50年之内有了很明显的增长，从13摄氏度多增加到14摄氏度多，非常稳定地增长，全世界的气温在几十年内有半摄氏度的改变，那是非常严重的变化。全球气温改变在自然条件下是以千年、万年的标

度来计算的，目前的情况给了我们一个明确的警告。

表8 化学物质对水资源的损害

危险物质	来源	对健康及生态的影响	受影响地区
杀虫剂	农场、院子、高尔夫球场	对野生动物生育内分泌损害，造成肝、神经系统损伤并致癌	美国、欧洲、中国、印度
硝酸盐	化肥流失、家畜排泄	限制氧气供给大脑，可导致婴儿死亡	大西洋中部、中国华北平原、西欧、印度北部
石油化工产品、地下石油储存库	化学物质	少量苯及石油化学物，即可致癌	美国、英国、原苏联部分地区
氯化物溶剂	电子器件及飞机的生产、金属和塑料的处理等	导致生育状况失常并可致癌	美国西部、东亚工业区
砷	自然产生	损害神经系统、肝，导致皮肤癌	孟加拉、印度西部、尼泊尔、中国台湾地区
荧光物质	自然产生	牙齿损害，脊髓及骨损害	中国北部、印度西部

表8列出了由于经济增长，化学物质排放大量增加，对水资源的水质产生损害，对各种环境指标产生影响。一是杀虫剂。杀虫剂的来源主要是农场、高尔夫球场。高尔夫球场尽管看起来很漂亮，草长得很好，但要依靠大量使用杀虫剂，代价很大。杀虫剂、化肥换来漂亮的草地。高尔夫球场实际上是污染非常严重的

设施。这些污染物对生态的影响很严重，对野生动物生育内分泌造成损害。另外，造成肝和神经系统的损伤，并且是致癌的。影响的地区主要在美国、欧洲、中国和印度。中国有些地方还在大搞高尔夫球场，应当给它们泼点冷水。希望环境保护部门关注这个问题，中国的高尔夫球场已经太多了。二是硝酸盐。硝酸盐是化肥的主要成分。化肥使用的大量增加，如果没有很好地加以处理，会造成很多问题。其影响主要是使大脑供氧缺乏，另外导致婴儿的死亡，对孩子的影响特别严重。受到影响的主要是大西洋中部地区、中国的华北平原、西欧、印度北部等一些地方。我们知道华北平原大量使用化肥。其实不单是华北平原，像昆明滇池的蓝藻污染，也与此有关。滇池的蓝藻污染多年来无法解决。蓝藻与其他藻类不同，它是有毒素的；蓝藻的细胞壁对一般鱼类而言无法消化。蓝藻大量繁殖后，鱼类就全部灭绝。滇池的生态已经非常恶劣，很重要的一个原因就是周围农田的化肥冲入滇池。滇池的进口很小，出口也很小，所以，不能像杭州西湖那样用钱塘江来冲洗，最后造成水体富营养化。对蓝藻问题已经采取了很多办法，但是到现在都没有根本解决。三是石油化工产品，来源主要是地下石油储存库以及其他一些储存石油的地方。主要问题是：少量的苯和石油化合物就可以致癌，其致癌的作用非常明显，主要在美国、英国、原苏联的一些地区造成严重问题。石油价格在 21 世纪还有提高的趋势。在这种情况下，我国准备储备石油是非常必要的，目前在委内瑞拉等国家买了油田。利用世界的资源，参与世界的发展，这是非常合理的，增加储备也是合理的，但同时，必须考虑环境污染的问题，应该有相应的措施。四是氯化物溶剂。电子器件和飞机的生产、金属和塑料的处理等，都要使用氯化物的溶剂，都会造成污染。氯化物污染导致生育状况失常，并且致癌。这个问题在美国已经很严重了，美国西部、东亚的一些工业区都很严重。我们知道，最著名的事件是时代海滩事件。时代海滩受到严重污染，清理人员不得不戴了防毒面具进去清理污染物。这个海滩过去是度假的地方，由于污染完全被封闭了。这个问题在一些工业化的国家已经非常明显。五是砷。它损坏神经，导致肝癌和皮肤癌。在我国一些农村地区，土法炼砷，造成很大的危害。孟加拉国、印度西部、尼泊尔和中国台湾等地，砷的污染比较严重。氟的污染在我国北部和印度西部比较严重。

由各种生态、环境变化造成的世界自然灾害，这些年不断增加（见表9）。这些自然灾害造成的全球经济损失是非常严重的，1980年与气候有关的自然灾害带来的全球损失是28亿美元。损失最多的时候是20世纪90年代，1998年是929亿美元，损失在不断增加。80年代到90年代，由自然灾害造成的世界经济损失从几十亿美元已经净增长到近1000亿美元，从总的趋势来看，以后还会不断增加。1998年是世界灾害年，不单是外国，中国也是由于自然灾害造成了很大损失。从表9可以看到，由于这个原因，保险业发展很快。1980年，损失的28亿美元财产里，只有1亿美元曾经保险。而以后，保险额不断增加。1998年损失的财产中，保险额度已达151亿美元；900多亿美元里，大概有1/7的财产已经保险。自然灾害所造成的影响确实引起了各方面的警觉，而且在采取措施。

水资源在中国各种资源中是最稀缺的。中国的水资源问题在1998年反映得比较突出，主要是三个问题：一是水的污染，二是水的短缺，三是水灾。这三个问题看起来有些互相矛盾，但实际上是互相联系的。1998年的降水量大概是713毫米，仅比多年平均量多了11%，从总量来看并不多，但几条大河都泛滥成灾。长江、松花江、辽河、珠江等流域都有洪水，这是个很大的

表9　与气候有关的自然灾害造成的全球损失

年份	损失价值（10亿美元）（1998年不变价）	其中保险价值（10亿美元）（1998年不变价）
1980	2.8	0.1
1981	13.3	0.6
1982	3.4	1.5
1983	9.5	4.5
1984	3.4	1.5
1985	7.2	2.9
1986	9.4	0.3
1987	13.0	5.8
1988	4.2	1.0
1989	12.2	5.6
1990	18.0	12.0
1991	31.2	9.3
1992	40.5	25.3
1993	24.4	5.8
1994	24.1	1.9
1995	40.3	9.4
1998	92.9	15.1

问题。中国水资源的供给量是一年5470亿立方米，水的消耗量为5435亿立方米。目前，中国水资源供求基本平衡，能满足我们的需求，但已非常紧张。其中，农业消耗了大约70%，工业

占 20%，生活消费占 10%。假如每 1 万元的产值消耗 683 立方米水，按中等发达国家的水平计算，到 22 世纪中叶时，中国的全部水资源就要耗尽。所以，迫切需要开源节流。要想办法提高工业效益，减少水的使用，调整工业结构，调整农业结构。这些方面，我们已经有了很大的进步。过去，生产 1 吨小麦大约用水 1000 立方米，现在可减少一半，500 立方米的水就可以生产 1 吨小麦。近年还开发了许多水稻、小麦的新品种。过去的两系法杂交水稻，农民不太爱种，口感不好，大家不太爱吃。农民种杂交水稻交公粮，另外种其他品种自己吃。最近一两年，科学家育成了一种新的两系法杂交水稻。据报道，亩产达到 1600 公斤，质量可以达到两级优质米水平，这样对农民生产会有些刺激作用。另外这几年，小麦从产量到质量都有很大提高，通过把大豆基因转移到小麦中，蛋白质含量可以提高到 16% ~ 17%。我国最好的小麦从蛋白质含量上讲，已经超过了世界名牌"野猫"牌，黑龙江已经大量生产面包麦。当然，还有其他指标需要改进。但总的来说，这些方面依靠科技可以解决问题。

表 10 给出了 1998 年的水污染情况，废水排放量达到 593 亿立方米；其中，工业污水占 69% ~ 70%，生活污水占 31%。有关部门作了一个关于水质的调查，对河流逐段进行全面调查，结果发现，达到一级水标准的河段只有 5.4%，达到二级水标准的只有 24.4%，一级、二级水都可以直接饮用；三级水有 33%，四级水质的河段长度已经占 13.4%，五级水占 6.6%，而超过了五级水的河段已经占 16.7% ~ 17%，污染的程度非常严重。表 11 是城市河段水质的数字，情况更加严重。水质在五级以上的河段在有些城市已经超过了 36%。有许多城市不得不把取水口从过去的江边移到江中心，因为江边的污染更加严重。

表10 1998年的水质污染情况

废水排放量	工业废水	生活废水
593亿吨	占69%	占31%
对观察河流段水质情况分级		
级别	所占比例（%）	备注
一级	13.7	可饮用
二级	24.4	可饮用
三级	33.0	需要处理
四级	13.7	严重污染
五级	6.6	严重污染
五级以上	16.0	严重污染

表11 城市河段水质情况

级别	所占比例（%）	备注
一级	无	可饮用
二级	18	可饮用
三级	11	需要处理
四级	19	严重污染
五级	16	严重污染
五级以上	36	严重污染

目前，渤海湾的赤潮面积达到5855平方公里，受影响区域达11056平方公里。舟山在2000年也发生了严重的赤潮，这是以往从来没有过的最大的一次赤潮，养殖业损失很大。现在，舟山不得不花非常高的价钱从挪威进口养鱼的网箱。赤潮来后，网箱可以沉入水下，赤潮过去后再提上来，但这只是逃避，不是根本解决问题的办法。网箱在台风来时也可以沉下海去，这样可以避过台风，这是现代化网箱的另一种功能，但终究解决不了赤潮和污染的问题。赤潮对渔业资源是严重的破坏。过去，渤海是对

虾回游的一个主要地区，但现在，对虾已经绝迹。不但对虾在渤海湾绝迹，而且养虾业现在在北方地区都遭受灭绝性的打击，虾体的腐烂病已经成了一个不治之症。所以，在经济发展的同时，如果我们对生态问题不能进行适当治理，带来的后果是非常严重的。

黄河断流是近年来不断困扰我们的另一个严重的问题。黄河断流最严重的年份断流224天，断流长度最长达700公里，直到开封地区。从1999年开始，政府采取了强有力的调控手段，对各省区的用水量按月调控，再加上水库发挥调节作用，效果比较显著。1999年、2000年没有发生严重断流的状况。小浪底工程近年内可以完工，对黄河调节将起很大作用。小浪底工程完成后，还有一个辅助的水库待建，全部完成以后，黄河问题可以得到比较好的解决。最近，全国人大常委会环资委组织了一次长江、黄河源头考察，结果让我们触目惊心。黄河源头多玛县是一个藏族自治县，总面积大于北京、上海，生态非常严酷，草原不断退化。有30%多的牧民，由于生态环境恶劣，不得不迁到其他县放牧。从最近调查的情况看，这些地区的生态状况还在不断恶化。许多地区，雪线上移和冰川退缩非常明显。现在的研究还不够，每年冰川退缩的情况怎么样、雪线上移的情况怎么样，需要一个非常精确的、定量的说明，但没有一个人能够说得清楚，当地人也说不清楚。各方面应当同心协力，深入研究这些关系我们命脉的大问题。

对经济发展中能源的供给需求情况，我们作了一个预测。直到21世纪中叶，尽管每单位国内生产总值所需要的能源消耗有很大下降，从1990年到现在下降了约1/10，但能源消耗总量还是在迅速增长。这个预测已经充分考虑了科技进步对能源消耗减少的影响，发展对中国的能源需求产生了非常大的压力。在这种情况下，我国考虑石油储备和其他替代能源非常必要。对工业进行更新改造，提高效益，也是必要的。

全国人大常委会关于资源、生态、环境保护的立法已经有19项，相应法规有30项，加上环境标准有400多项，例如《中华人民共和国矿产资源法》《中华人民共和国土地管理法》《中华人民共和国水法》等。希望通过立法手段，推动环境与生态的保护。可能采取的解决办法，包括资源保护、森林和草原再生、清洁生产技术推广、生态农业技术应用等都很有效。还要发展一些环境保护的工业，使之产业化，并采取适当的能源政策等。

通过实践，我国可持续发展的观念已经有了很大的变化：20世纪70年代，解决生态、污染、环境问题，主要强调单个的、个别企业的行为；80年代，扩大到地区的范围，强调合作和技术支持；现在从根本上考虑，这是一个生态环境的全球问题，政府采取可持续发展政策，强调清洁生产技术和生态农业。从解决问题的措施来看，从终端的治理逐步发展为过程的治理，从最后终端指标的控制逐步转向总量排放的控制。这些是全世界的趋势，也是我国的趋势。

在理论上和实际工作中还有许多问题需要研究，特别是进行定性和定量相结合的动态分析，为决策提供具体的、有可操作性的建议。可持续发展是一个综合性的问题，希望各方面加强综合性的合作研究，以取得更多的成果。

可持续发展与复杂自循环经济系统

（2001 年 2 月）

一、20 世纪的发展及其影响

20 世纪作为人类历史上具有突破性发展的时期已经过去。相对论、量子力学创造性的发现，促进了高能物理、航天航空技术、信息技术等的飞跃发展，使人类的生产、生活发生了翻天覆地的变化，也带来了许多意想不到的后果。21 世纪到来之际，许多人正在热烈讨论世界的未来，在"物理学世纪"之后，接下来将是一个"信息时代"还是"生物学世纪"。

20 世纪是世界经济高速发展的时期。按 1998 年美元不变价计算，全球的生产总值在 1900 年为 1.3 万亿美元；50 年内增加 3.85 倍，达到 6.3 万亿美元；到 1999 年又增加 5.44 倍，达到 40.6 万亿美元。1 个世纪内，世界生产总值增长 30 倍。按现价计算，经济增长的倍数就更是高得惊人。中国在上半个世纪中错过了发展的机会，但在下半个世纪，特别是近 20 年来，却加速赶了上来。按不变价计算，从 1953 年到 2000 年，经济增长的倍数约与全球经济 1 个世纪的增幅相当。随着经济的发展，人类生活水平也有显著变化。三大合成材料，即人造纤维、人造橡胶及塑料，解决了衣着问题，并提供了大量价廉质优的日常用具、电器等。飞机、汽车、火车、轮船缩短了距离，以致"小世界""地球村"成为许多人的常用语。文化的交流、信息的传播、各种新发明的产生，都以空前的规模、速度和深度在发展，其影响十分深远，有许多当前还难以完全确定。

经济发展很快显示出其负面效应，从 20 世纪下半期开始，许多生态环境问题逐渐显露出来。60 年代，欧洲发现大量使用滴滴涕的严重后果，毒素从草地传播到食草动物，从牛奶带给了母亲，经过长长的食物链，居然还能在母亲的乳汁中聚积起来而危害到婴儿。一位女作家的标题并不惊人的著作《寂静的春天》，震撼了世人。啄食了受污染的昆虫和果实的小鸟就在我们的后院死去，人类的新发明最后竟危害着自己。

许多相应的研究揭示出越来越多的问题：水资源日益减少，沙漠面积不断扩大，天然森林遭到破坏，生态环境持续恶化，温室效应后果严重，生物多样性受到威胁。许多问题直接影响到人类的长期生存。有识之士开始意识到，我们必须行动起来，保护这个被称为"水之行星"的家乡。4 月 22 日被定为"地球日"，越来越多的人参与到环境保护工作中来。

但是，经济发展与生态环境保护在一定程度上发生了冲突，不同的利益集团作出了各自的反应，有些是非常强烈的。1970年，环境保护主义者在美国举行"地球日"示威活动时，有的人将其斥为"自十字军东征以来的一次由一群乌合之众支持的马戏表演"。就是近年来，各种冲突也还时有发生。各个利益集团为了维护自己的利益，提出了种种论点，从政治上保证私有财产的权利、争取种族平等在社会学上保持文化传统，直到生产技术和检验的科学性、合理性等，争论、冲突十分激烈。更多的多领域、多学科、多部门的合作科学研究和协调，是完全必要的。

二、可持续发展的观念及其框架

可持续发展是一个古老而又时尚的话题。不同的时代有不同的问题焦点。远在数千年前的商周时期，史书就记载了要因时狩猎，保持野生动物繁衍生息的能力，以便实现"替续"发展的思想。1972 年 6 月，在瑞典斯德哥尔摩召开的联合国人类环境会议通过的宣言中，提出了"连续和可持续发展"的概念。这一概念在 1980 年世界自然保护同盟和世界野生动物基金会联合出版的《世界自然保护大纲》中得到继承，确定为"可持续发展"。此后，许多人为明确其概念作出了努力，但是分歧很大，没有统一的意见。1987 年，挪威前首相布伦特兰夫人受联合国委托，主持联合国世界环境与发展委员会（WECD）的科研项目。经过多方面专家的共同努力，在题为《我们共同的未来》的报告中，对可持续发展作出了如下定义，即："既满足当代人的需要，又不对后代人满足其需要的能力构成危害的发展。"这一既明白又含糊的定义没有解决意见分歧，却是各方面都能够接受的一个折中和调和，因此为较多的人所引用。1992 年 6 月，联合国环境与发展大会在巴西里约热内卢召开，有 183 个国家和地区的代表参加，102 位政府首脑或国家元首出席、讲话，但是没有能够得出一致同意的可持续发展定义。1994 年 9 月，在埃及开罗有 182 个国家和地区参加的国际人口与发展大会上，再一次讨论了这个问题，结果仅达成了"可持续发展的中心是人"的结论。1995 年 3 月，在丹麦哥本哈根召开的国际社会发展首脑会议上提出，将可持续发展的概念从经济、人口、资源、环境扩展到社会发展，成为整个社会的系统工程。

从形形色色不同的可持续发展定义可以看出，即使仅从概念上达成对可持续发展的一致认识也是几乎不可能的。从各个不同角度提出的概念，对实施推进可持续发展战略的优先次序、行动协调、计划整合肯定造成意见分歧。这些概念上、目标上、利益上、实践上的矛盾，构成了巨大的复杂性。

三、地球的支持能力

地球上的许多资源已经处在危机之中。在所有的资源中，最迫切和最危急的，可能应属水资源和与此密切联系的食物供应。地球上最丰富的资源是水，目前最稀缺的也是水，这似乎自相矛盾，但事实确实如此。地球上可以为人类所利用的淡水资源不到全部水资源的1‰，其分布与其他资源的分布还很不配合。人口增加、工业发展、水利灌溉建设是对水资源的三大需求。随着经济增长，对水的需求正在不断膨胀。

100 年来，全球人口从 1900 年的 16 亿增加到 1999 年的 60 亿。从总体而言，人类的生活质量不断提高，平均期望寿命从 20 世纪初的约 30 岁提高到 20 世纪中叶的 45 岁左右，近年又进一步提高到大约 60 岁。人类寿命在各地区有很大差异，寿命最短的卢旺达女性平均只能活到 23 岁，男性为 22 岁，相当于全球中世纪以前的水平；寿命最长的日本，女性平均达到 82 岁，男性则为 76 岁。从全球平均而言，进步是明显的。相应的，婴儿死亡率大幅度降低，从 20 世纪初的 200‰ 左右，近年在大部分国家降到 50‰ 左右。物质生活条件持续改善，但是，消费的增加导致资源消耗、环境污染。目前，全球一年燃料的消耗量，需要大自然 100 万年的积累。近百年新开垦的农田面积超过了人类历史上的总和。许多矿产品都已经可以看到耗竭的尽头。地球资源究竟能支持多大规模人口的生存，这是一个许多年来各方面关心，不断进行探索而又众说纷纭的问题。由于事关人类生死存亡，又涉及许多领域，这些领域本身就已十分复杂，再加上或明或暗、或确定或不确定的相互关联，这样的争论也许会永久地持续下去。从不同的角度分析问题可以得到差异极大的结论：全球在1950年的粮食播种面积为5.87亿公顷，粮食总产量为6.31亿吨；1999年，播种面积增加到6.74亿公顷，粮食总产达到18.55亿吨。因此，一些专家从地球上的可耕地面积出发，认为只要技术继续发展，消费方式不走向极度浪费，充分利用和改造土地，将世界耕地面积从现有的11亿公顷开发到30亿公顷左右，全世界可以养活500亿人。但另一些专家则认为，在同样的数据来源中，1950年从矿物燃料转换而来的化肥只消耗了1400万吨，1999年达到1.34亿吨。将低产田改造成高产田的代价很高，并需要大量化肥等物资的配合。若人类继续依靠矿物资源作为生产、生活的来源，一旦石油等资源枯竭，全球能供养的人口不超过20亿。可循环水主要是雨水，在未来支持有机农业的能力只能养活10亿到20亿人。如果人均消费铝的水平达到美国的水平，世界铝资源只能支持5亿人的消费。钢的消费达到美国的水平时，全球也只能支撑7亿人。这些惊人的数字说明，人类的确应当开始冷静地思考和调整生产、生活方式，把握好自身的延续和发展了。

除了总量之外，分配的不公平使得问题更加恶化。在全世界粮食丰产的时期，有些国家不得不付钱给农民要求他们休耕，甚至烧毁粮食以维持粮价。与此同时，发展中国家却有20%的人摄食能量不足，其中70%是妇女和儿童，全球每年饿死的5岁以下儿童就有4万人。因营养不良而达不到标准体重的5岁以下儿童更多达2亿人。中国以全球9%的耕地解决了世界20%人口的吃饭问题，确实是一个巨大的贡献，但是，中国的土地开发已经近于极限。到 21 世纪中叶，总规模达到 15 亿至 16 亿的中国人口，将需要 6 亿吨以上的粮食，对中国实现 21 世纪的发展战略目标无疑地将仍然成为一个巨大的挑战。与世界粮食生产情况相比，中国 1999 年的粮食播种面积为 1.13 亿公顷，粮食总产量 5.08 亿吨，已经竭尽了土地资源，进一步增产粮食必须依靠科技上新的突破。人口增长、经济发展、资源衰竭、环境恶化，形成了互相制约的复杂结构。

四、能源消费及全球气温

能源消费及其影响，取决于生产技术、生活方式及能源类别。1950 年，3 种主要的矿物燃料，煤、石油、天然气的全球消耗量分别为 10.43 亿、4.36 亿、1.87 亿吨石油当量；到 1999 年，这个数字分别达到 21.46 亿、32.00 亿和 23.01 亿吨石油当量，相应的增长倍数为：1.06、6.34 和 11.30 倍。矿物燃料的总消耗量在半个世纪中增长 3.06 倍，比同期经济增长率低得多，尤其是对大气污染最严重、排放温室气体最多的煤的使用量相对增加更少。但是尽管如此，这一时期碳的排放量仍从 16.12 亿吨增加到 60.37 亿吨，全球的平均温度则从 13.84 摄氏度提高到 14.35 摄氏度。近年来，世界性的灾难持续增加，造成巨大的损失。这是一个非常危险的信号，说明我们的努力还不足以制止温室效应的发展。按 1998 年美元不变价，1980 年，全球因气候而造成自然灾害损失 28 亿美元。这个数字不断上升，1998 年达到了 929 亿美元。同一时期，1980 年损失的财富中经过保险的只有 1 亿美元；而 1998 年，这个数字达到 151 亿美元。这说明人们对地球环境的稳定性越来越失去信心，前途远不是乐观的。宇宙已经存在了 200 亿年，地球也有 46 亿年的历史。在仅仅数十年到 100 年的时间里，气候就发生如此大的变化，这给我们以明确的警告：如果人类不能善用自己的能力，后果将不堪设想。

21 世纪前期，全球包括中国，以矿物资源为基础的生产模式还难以改变。我国集约化农业的发展既推动了生产力快速提高，同时也必将扩大对环境的影响，包括使地球升温。全球性变暖将产生一系列复杂的关联变化，范围十分广泛，持久而不稳定，有些变化将是不可逆的。两极冰层融化导致海平面上升，全球范围内可能达到 1 米左右，可能淹没许多地区，一些岛国已经在考虑举国迁移的问题。许多国家的沿海地区将大片沦为泽国，海水入侵还将破坏大片良田，使本来就已紧张的耕地资源更为减少。

最近，国际研究机构报告，由于包括全球气候变化在内的各种因素影响，全球 27% 的珊瑚礁已经消失，预计到 2050 年，这个比例将达到 70% 。珊瑚礁是许多海洋生物的生存基础，也是海岸的良好屏障，珊瑚礁的消失将引起一系列链式反应，应当引起我们充分的注意。环境问题也对人类自身的健康发展提出挑战。据卫生部门报告，由于自然环境中缺碘，中国 1807 个县为地方性甲状腺肿病流行区，占全国总县数的一半多。在严重缺碘地区，儿童智商低于正常值 10 ~ 15 个百分点，每年由新生儿苯丙酮尿症（PKU）和甲状腺低下等代谢性疾病造成儿童弱智者约 1 万人。由于环境污染，我国已有一半儿童的智力不同程度地受到铅的危害。受各种因素的影响，全国每年有先天性缺陷的出生婴儿数达到 120 万 ~ 160 万人，其中 30 万 ~ 40 万婴儿在出生时肉眼即可发现为畸形，其余的先天性缺陷可在数月甚至数年后出现。每年约有 150 万 ~ 200 万新生儿发生窒息，其中 15 万 ~ 20 万因此死亡，另有 20 万 ~ 30 万则留下各种后遗症。这些问题在很大程度上也与卫生保健的普及和提高有关。据统计，14 岁以下智力低下的儿童中，25% 是由宫内缺氧、产伤和新生儿窒息造成，15% 因各种原因导致早产、低体重所引起。实行婚前医学检查、对孕妇加强产期检查和服务，可以大大减少上述问题的发生。一些边远贫困地区过去的婚前医学检查率只有 10% 左右，产前检查率为 20% ~ 30%，住院分娩率也只有 20% 左右。在扶贫的同时，加强配套的服务工作，是全面、持久地帮助这些地区脱贫致富、实现小康所必需的。

长期和短期的全球气候影响，在 21 世纪中叶可能使许多地区的生产条件发生意想不到的变化。迄今为止，许多研究成果还不能取得一致的结论，但总的趋势似乎是气候变暖，使得冰川退缩，雪线上移，淡水资源供给匮乏，农业生产条件变得更加困难，天然森林的面积不断缩小，沙漠化、荒漠化威胁加强，生物多样性保护的困难程度增加。可持续发展正面临着规模巨大、内容庞杂、联系多变、影响深远、结果不确定的严重挑战，迫切需要综合性的分析方法对研究对象进行集成的系统研究，提出明确的目标体系、统一的分析方法，综合利用多方面的信息和手段，为决策者提供咨询。

五、自循环经济系统与可持续发展

经过多年的快速经济增长，全球仍保持着发展的势头。当前，无论是世界还是中国，都面临着决定 21 世纪的发展模式。早在 20 世纪 60 年代，就已有人提出在"太空飞船式"和"牧童式"经济之间进行选择的问题。太空飞船作为一个封闭系统必须使所有的资源都能够循环使用，保持自我再生的能力。传统牧童则在草原上自由放牧，耗尽一块草地的资源后再转向另一片草原。我们似乎已越来越被逼到不得不作出抉择的境地。

经济增长无疑在一定程度上与资源和生态环境的保护相矛盾。就在近年，巴西当局决定穿过亚马逊雨林区建设 BR-163 公路，这无疑将大大促进地区经济的发展，然而许多人担心这片世界最大的雨林区会不会因此遭受森林大火等灾害的破坏，造成难以弥补的恶果。印度决定在讷尔莫达河修建一组水坝，从而淹没数千公顷的森林，夺走部落居民、农民和渔民的家园。而罗马尼亚一家外资黄金加工厂的意外事故，使 1 万立方米的氰化物和其他有毒化学物质流入多瑙河支流，使其成为死河，毒死了无数鱼类、水獭、白尾鹰和白鹭。中国在许多方面也或多或少地面临同样的问题。根据 1996 年国务院的一项决定，中国在一年多的时间内关闭了约 6.5 万家严重污染环境的小企业，对环保作出了积极的贡献。但仅中国农业银行一家金融机构，就为此丧失了贷款本息 50 多亿元。这里还没有计及许多相应经济活动所受到的影响。

1990 年，中国的能源消费总量为 9.87 亿吨标准煤。由于技术的改进，90 年代每美元国内生产总值消耗标准从 2.544 公斤标准煤降到 1.431 公斤。然而，由于经济总量的不断扩张，全国的能源消费总量仍然增加到 14.90 亿吨标准煤。预计到 22 世纪中叶，即使能耗继续降低到每美元 0.225 公斤标准煤，能量总需求仍将增加到 36.83 亿吨标准煤。继续原有的生产模式无疑是不行的。

从 20 世纪 70 年代初开始，不少经济学家开始介入可持续发展的研究，一开始集中于生态观念，研究不同条件下各地区能够支持的人口数量，以后发展到研究能量和物质在生产活动中的流动过程，提出了清洁生产、零资源生产等观念。在操作中还提出，要注意代际的资源分配及其从外部对经济活动的结果和过程都进行评估，以便及时发现问题，使损害减少到最低限度。

　　为了实现可持续发展，必须有明确的目标体系。图1表示了一种可能的方案，从发展水平、发展能力、发展潜力、发展效益、发展协调度5个方面、20项指标，对可持续发展进行综合评价，以期对经济增长从可持续发展的观点作出评估，从而全面体现经济可持续增长的内涵。实施这一方案需要社会的配合及相应的政策，至少有以下几个方面应当考虑：节约与保护资源，再造森林与草原，采用清洁生产技术，改进生态农业技术，发展环境保护产业，采取明智的能源策略。

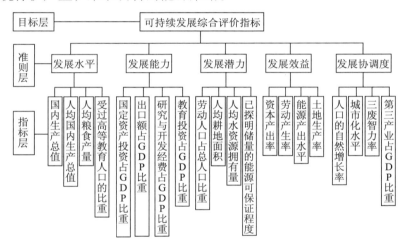

图1　可持续发展综合评价

　　这些政策的实施，需要社会舆论的支持、广大群众的合作、法律制度的完善、执法体系的健全、行政机构的协调。为此，首先需要大力加强教育。中国目前已经通过"环保世纪行""世界水日""全国节能教育周""妇女绿色计划"等活动开展大规模的群众性教育活动，在农村正在推行"绿色证书"制度，在青少年中也有相应的证书制度。在环境、资源保护和防治污染方面，制定了19件全国性法律、30多件国务院法规、400多项国家标准。防治工业污染的指导思想从最初规定最终污染排放量转

变到控制整个生产过程，为此引进了国际 ISO9000 和 ISO14000
系列标准。污染物排放控制从密度控制转向密度与总量综合控
制，处理污染的办法从分别处理各个产生污染的企业转向集中处
理和分散处理相结合。

面向 21 世纪，中国政府已经根据实施可持续发展战略的要
求制定了 9 个领域的 82 个项目，这些领域主要是：发展整合能
力；实现可持续农业；采取清洁生产技术并发展环保产业；采用
清洁能源及改进交通系统；保护并最好地利用自然资源；控制水
和空气污染；消除贫困并发展区域经济；控制人口增长，提高健
康及生活水平；保护生物多样性并关注全球变化。

现代科技的发展在许多方面有利于生态环境保护、建设，有
助于缓解资源紧张的困难。巴西曾宣布，他们从甘蔗中用蒸馏的
方法获得大量乙醇，可以代替部分进口石油。不使用汽油为燃料
的各种汽车发动机也在不断地发明。还有人利用生长快速的植物
来制造和代替塑料。随着基因技术和新材料技术的发展，许多影
响可持续发展的生产过程、产品将会获得替代物。由于 60% 的
化学农药含有致癌物，许多剧毒、高毒农药逐渐退出市场，施用
植物源农药和微生物、有机质肥料，利用天敌防治害虫等方法日
益得到重视。更加广义的可持续发展应当包括社会、经济的各个
方面。近年来，传统意义上的经济活动规模远不及证券、网络等
所谓虚拟经济活动的规模。据估计，目前全世界虚拟经济活动总
量大约为国内生产总值的 11 倍以上，许多这类活动的游戏规则
并不十分清楚或是很不健全，这些活动中发生的问题可能严重影
响世界发展。远有 1929 年开始的世界经济危机，近有 1997 年以
东南亚金融风波开始的地区性经济衰退，都使发展严重倒退。英
语中有 3 个与近年经济模式有关的词在中文中都被译为 "虚拟
经济"，即：以证券、金融衍生工具等进行交易的虚拟经济——

fictitious economy；以信息技术为工具而进行交易的虚拟经济——virtual economy；以计算机仿真形式进行的经济活动——visual economy。这 3 种虚拟经济互相补充，从不同的角度反映了20 世纪 90 年代以来不断加温的新经济的特点。对这些发展中的经济活动进行深入的研究，通过国际合作建立严格的秩序以照顾全球的稳定和各国的利益是非常必要的。"解铃还须系铃人"，可持续发展因经济增长、科技进步而受到威胁，在 21 世纪中叶，仍然要依靠正确引导经济增长和科技进步而获得解决。

系统理论在可持续发展中的应用

（2002 年 6 月 13 日）

一、概述

可持续发展日益成为当今世界关注的根本性、全球性问题。中共十五大已将可持续发展确定为我国长期发展战略之一，这是一项正确的选择，对我国实现第三步战略目标具有重大的意义。本文从可持续发展的观点出发，建立了人口、经济、资源、环境相互关系模型（以下简称"PERE 模型"），对目前至 21 世纪中叶，我国人口、经济、资源和环境与可持续发展的前景等问题进行了分析和探讨。其主要内容为：

——根据我国国情，人口问题是我国可持续发展的关键问题。从现行我国计划生育政策的制定和实施情况，结合可持续发展战略的要求，对如何确定我国未来人口发展目标、政策进行探讨，对未来人口数量、结构、文化素质水平进行预测，分析人口对可持续发展的压力，并对 21 世纪人口政策的取向进行讨论。

——能源作为社会经济可持续发展的重要物质基础，对一个国家来说有举足轻重的重要性。一方面，能源为经济发展提供动力，又是人民生活的必需品，保证能源供应是经济和社会发展的前提；另一方面，能源在被人们利用时排放的废弃物会给环境带来危害，能源的不同发展战略对未来环境状况有极大影响。在本项研究中，首先对我国能源的资源状况和改革开放以来能源工业发展现状进行了回顾，分析我国能源发展的特点和问题。其次，根据可持续发展的要求，把能源发展问题与人口、经济、环境等各因素综合考虑，设定了基准方案及改善能源结构、强化节能措施等三种方案，分析不同方案下我国未来能源的需求和供应，以及污染物排放的趋势，并对不同方案进行比较。最后，对我国未来能源发展的对策进行讨论。

——我国的环境状况十分严峻，大气、水和固体污染日趋严重。21 世纪，我国将加速工业化进程，但由于不可能超越自身的实力和发展阶段而直接进入轻污染、高收益的产业结构，经济发展给环境带来的压力必将越来越大，在经济发展的同时加强环境污染的治理势在必行。因此，未来实现经济发展和环境保护双重目标是我国可持续发展的核心任务。在 PERE 模型中，通过环境子系统与经济子系统的反馈关系，作定量分析，并描述环境污染的产生、治理资金需求与经济各个产业部门发展的关系，针对不同环境目标设定两种方案，分析不同方案下废气、废水和固体废弃物的排放、治理趋势，以及治理资金投入对经济发展的影响，对我国环境保护对策进行分析和讨论。

人口、经济、资源、环境等之间的相互关系是复杂的，它们构成一个复杂的巨系统。在研究分析中，我们以钱学森同志关于"从定性到定量综合集成"的方法论为指导，吸收和参考现有理论、各领域专家对可持续发展的认识和经验及决策部门考虑的决策问题，建立了一套可持续发展指标体系（其中包括描述性指标和评价性指标）和评价模型，并建立起一套反映人口、经济、资源、环境相互关系的模型体系。通过模型体系及指标体系，通过人口政策、环境治理政策等对社会经济发展进行模拟仿真分析，比较不同发展模式和战略的不同特点，通过与专家多次反馈，最后提出参考建议。

研究结果表明：改革开放以来，我国社会经济发展成果累累，为可持续发展奠定了基础，积累了宝贵的经验。但人口规模大、人口日趋老龄化、劳动力剩余引起失业压力增大，经济结构不合理造成供求关系失调，生态环境恶化带来耕地减少等一系列问题，困扰和制约着我国可持续发展。因此，在21世纪还必须坚持计划生育，严格控制人口适度增长，同时关注低水平下的人口问题和人口素质问题；在经济建设上，要通过投资结构的合理调整，加大科技进步的作用，促进经济结构的转变和升级，为经济长期发展带来新的动力；在经济发展的同时，要对生态环境实施保护政策，对环境污染进行治理，不走先发展、先污染、后治理的道路。在这种情况下，2010年，我国国内生产总值可望实现比2000年再翻一番的目标，粮食供给能基本达到自给；并在21世纪最终实现第三步战略目标，实现从低收入国家向中等收入国家的转变。

二、研究基础与方法论

对可持续发展概念的形成和发挥起到重要推动作用的，是1983年成立的世界环境与发挥委员会（WCED），于1987年在《我们共同的未来》中阐述了可持续发展的概念。1992年，联合国环境与发展会议在此基础上进一步阐发了可持续发展的概念，并通过了《21世纪议程》这一未来环境与发展的行动纲领。如果说，从前的经济增长和经济发展的概念只关注人类社会本身，隐含着地球表层系统能够无限度地为人类提供物质与能量、无限度地承受人类社会排放的废弃物这样一种假设；那么，"可持续发展"这一全新的思维是发展概念的一个飞跃、一个根本转变。

它在考虑人类社会发展的同时，更为关注的是这种发展与地球表层系统之间的协调与平衡。它不止关心人类社会创造的、满足自身需求的产品与劳务总量的增长，而且关心这种增长的源泉——地球表层系统对这种增长的支持程度和能力，也就是关心这种增长的可持续性。

可持续发展的理论基础是地球表层系统理论和地理科学。人类社会系统依赖于地球表层系统而存在，因此，人类社会系统与地球表层系统息息相关。人类社会进化到高级阶段，地球表层系统中物质和能量的消耗开始巨大增长，排放的废弃物不但在数量上激增，而且是以难以化解、对大自然有更大危害的形式排放，越来越破坏社会系统与地球表层系统的平衡与协调，不但对地球表层系统带来威胁，也威胁到人类社会自身的存在与发展。

可持续发展的概念从字面上来说有两个层次的含义。首先是发展。其次，这种发展应当是可持续的，即按照1987年《我们共同的未来》中的定义，应是一种"满足当代人的需求，又不损害后代人满足他们需求的能力"的发展。也就是说，每一代人应为下一代人留下一定的资本存量，这一资本存量至少不应少于当代人的拥有量。这样，下一代人才有可能利用这些资本存量，产生出不少于当代人的福利水平。这种资本称为社会总资本，包括物质资本、人力资本和环境资本的总合。而地球表层系统的可持续发展就是与这三种资本相对应的，这三种资本的生产应该协调发展。

可持续发展战略研究的对象是地球表层系统与人类社会系统结合在一起的一个复杂巨系统，或称为可持续发展系统。这种研究既具有层次性，又具有阶段性。可持续发展的研究可分为三个层次：第一层为全球可持续发展，第二层为国家或地区可持续发展，第三层为基本单元可持续发展。

钱学森同志指出，处理复杂巨系统的方法论是"从定性到定量综合集成方法"。在这种方法论的指导下，对复杂巨系统的研究，通常是科学理论、经验和专家判断（专家的知识、智慧和创造力）相结合，形成和提出经验性假设（猜想、判断和方案等）。具体来讲，通过人（专家）与机（计算机）结合，人机优势互补，将不同领域的科学和经验知识、定量与定性的知识、理性与感性的知识结合起来，经过反复对比，逐次逼进，实现从定性到定量的转化，达到最后的重新认识，从而对经验性假设的正确与否作出明确结论。这种方法的实质就是专家体系、数据和信息体系与计算机体系的有机结合，构成一个高度智能化的人机结合系统。这个方法的应用就在于发挥这个系统的综合优势、整体优势和智能优势。它比单纯依靠人（专家）或机器都有更强的优势。它能把人的思维，思维的结果，人的经验、知识、智慧以及各种情报、资料和信息统统集成起来，从多方面的定性认识上升到定量认识。这种研究方法的工作程序可用下图来说明。

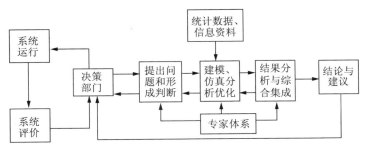

本文关于从定性到定量综合集成的方法体现在：一方面，以现有的理论、各领域专家对可持续发展的认识、经验及决策部门考虑的决策问题为研究基础，建立一套可持续发展指标体系（其中包括描述性指标和评价性指标）。另一方面，建立起一套模型体系。通过模型体系及指标体系，对可持续发展系统进行战略仿真，比较不同发展模式和战略的不同特点，通过与专家和决

策部门多次反馈，最后提出我国走可持续发展道路的方针政策建议及实施方案。

三、研究框架与模型

（一）目标

根据可持续发展的理论，结合我国的基本国情，在进行定性分析的基础上，建立表征人口、经济、资源、环境相互联系的计算机模型和可持续发展评价模型。应用模型对促进我国可持续发展的人口政策、投资政策、环境治理政策等进行模拟研究、比较分析，对 21 世纪我国人口、经济、资源、环境与可持续发展前景进行预测和评价，并在此基础上提出未来宏观政策取向。

（二）研究依据和思路

本项目研究涉及人口、经济、资源、环境多个方面，其相互关系十分复杂，并且考虑的时间尺度也比较长，存在很多的不确定因素。因此，应从我国国情出发，抓住问题的关键，只有在认真分析我国国情的基础上建立模型，才能较为准确地描绘这一系统的相互关系，使模型参数的设置和运行具有合理性。根据我国的基本国情，我国可持续发展面临的主要问题为：

人口问题是可持续发展的关键问题，也是影响我国经济发展、人民生活水平提高的重要因素。从人口自身情况看，由于历史的原因，人口众多、负担重已成为事实；并且，21 世纪 20 年代后将相继进入人口总数、劳动力总数和老年人口总数三大高峰，人口数量大产生的沉重的就业压力、农村劳动力大量剩余等仍是主要的人口问题。同时，人口发展的惯性又带来低生育率水平社会的一系列问题，如人口老龄化等，使我国面临人口数量和人口结构双重压力。从人口与持续发展看，人口对经济、资源和环境的压力是长期的。对发展中国家来说，在实施可持续发展中，发展经济、消除贫困是首要的任务。制约发展中国家经济发展的重要因素之一是资金缺乏。人口过快增长占用相当大部分有限的资金，使可用于经济建设的资金减少，从而影响经济发展。这也是一些低收入国家难以摆脱贫困的根本原因。改革开放以来，我国经济实力得到大大增强，实行计划生育政策、控制人口过快增长起到了重要的作用。通过计算，1979 年以前，平均每年新增人口的消费占新增国内生产总值的比重约为 19.84%。自 1979 年实行计划生育政策后，这个比例下降为 12.6%。由于我国人口基数大，虽然增长速度下降，但每年增加的人口数在 1300 万左右，人口增长的惯性运动，使得我国在 21 世纪 20 年代后进入人口总数高峰。随着人口的不断增长，资源需求快速增长，人口增长与土地、淡水、能源等资源短缺的矛盾日益突出，给生态环境带来更大的压力。因此，人口对经济、资源和环境的压力将长期存在，构成了我国可持续发展的基本国情。

处理好发展与环境的关系问题日益突出。目前，我国的环境状况十分严峻。在生态环境方面，水土流失十分严重，每年流失的土壤有 50 亿吨左右，森林和草原都遭到了较大的破坏，草原和农田沙漠化、盐碱化区域不断扩大，全国约 900 万公顷的农田和草场受到沙漠化的威胁，耕地面积减少，土壤有机质含量下降。水资源短缺和渔业资源受到过量使用化肥和农药的影响都很严重。在环境污染方面，大气、水和固体污染都十分严重。1995年，全国 54.4% 的监测城市的二氧化硫年日均值超过标准，51.7% 的监测城市的总悬浮微粒年日均值超过国家二级标准，全国的废水排放总量达到 56.2 亿吨，江河湖泊和海洋的污染引人注目，其中黄河流域水质符合一、二级标准的仅为 5%。工业固体废物累计堆存量达到 66.41 亿吨，占地面积 5 万多公顷，成为空气和水体的二次污染源。同时，我国正处于工业化的中期，由于重污染型行业比重大，工业总体技术水平和工艺比较落后，加剧了环境污染日趋恶化。21世纪，我国将加速工业化进程，若不加强工业污染防治，工业污染必会进一步加剧。面对以上事实，我们在发展经济的同时，不得不考虑环境的治理和生态环境的保护。过去发达国家和一些新兴工业化国家取得迅速的经济增长，是以环境、资源恶化为代价的，这些对发展中国家是教训也是挑战。生态环境和环境破坏往往是不可逆转的，先发展、先污染、再治理将导致环境继续恶化，是不可取的。采取可持续发展战略是我国未来发展的必然选择。

土地、淡水、能源等资源短缺的矛盾剧增。随着人口的不断增长，资源需求快速增长。我国历史上曾经是森林资源十分丰富的国家，西周时期仅黄土高原的森林覆盖率就达到53%，而现在全国的森林覆盖率仅为13.4%，人均森林面积还不及世界平均水平的15%；我国目前人均水量仅有2710立方米，约为世界人均水量的1/4，随着人口的增加和经济的发展，城市和乡村的缺水问题将日趋严重；我国能源生产总量虽居世界第三位，但能源资源的人均拥有量不多，煤炭约为世界人均的1/2，石油为1/9，天然气为1/18。更严峻的是，决定国计民生的人均耕地面积不及世界水平的1/2。在耕地相对短缺的情况下，1991～1995年，耕地面积每年仍以500万亩的速度减少。在国家提出实现动态平衡目标的情况下，1997年，耕地面积又减少200万亩。新中国成立以来，粮食生产一直得到重视，粮食生产的增长已经出现了一个转折性变化，其增长速度明显趋缓。这表明，我国农业现实的生产水平和能力正面临物化投入报酬下降的挑战，粮食增产每上升一步已变得更为艰难。而人口增长与耕地减少的矛盾，无疑将加剧粮食供求关系的恶化。

在上述分析的基础上，我们组织研究团队分析了人口、经济、资源、环境之间的相互关系，建立了 PERE 模型。各子系统的相互关系为：

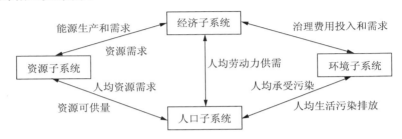

（三）模拟预测系统

PERE 模型由人口子模型、经济子模型、能源子模型和环境子模型等组成。它们相互关联、相互作用，形成多个反馈环，反映了人口、经济、资源、环境之间的关系。通过模拟运算，可定量描述未来经济增长、产业结构变化、人民生活水平提高、就业、粮食供求状况、能源需求与生产发展、污染的排放和治理等。模型最主要的特点是力求反映不同人口方案、环境治理目标下，各变量之间定量关系的特性，通过不同人口方案与经济发展的定量分析、环境治理与经济增长的模拟，为制定人口政策、环境治理政策提供参考。

模型体系的建立，采用了人口控制论、投入产出、计量经济学等理论和方法。模拟预测系统运行的基本原理是：以人口政策方案和环境治理目标为主要的政策变量或外生变量，在需求结构导向和供给能力的约束下，引导投资分配结构趋于合理化。其重要输出结果，是不同人口方案下的长期经济增长轨迹（包括九部门增长）、产业结构、经济发展水平、环保投资需求（包括废水治理资金、废气治理资金、固弃治理资金等）。各子模型的原理、功能和特点为：

1. 人口子系统模型。人口子系统的描述由三组动态模型构成，分别为全国人口年龄递进模型、城乡模型和人口文化素质升学递进模型。三组模型联立使用，全国模型确定总量数据，城乡模型和文化模型确定比例关系。模型中，妇女总和生育率（TFR）和招生人数为政策控制变量，模型参数涉及城市化水平、期望寿命、生育模式、死亡模式、分文化程度生育模式等。一个水平的总和生育率对应一种生育模式，这里通过建立包含不同生育水平对应的生育模式集合，来确定未来的生育模式。未来的人口死亡率水平及模式变化，采用布拉斯提出的罗吉斯特模型外推确定。输出结果主要有：各种人口总数（包括劳动力人口、老龄人口等）、人口结构（年龄结构、城乡结构及各种文化结构等）。通过这些指标，可动态描述未来我国人口发展趋势和人口特征。

2. 经济子系统模型。经济子系统按本项目研究问题的需要，分为九个部门：农业（农、林、牧、渔）、能源、轻工业、重工业、建筑业、运输邮电业、商业饮食业、文教卫生科研事业和其他非物质部门。模型由供给方程、生产要素方程、需求方程和平衡方程四大类方程组成。模型的建立采用投入产出和计量经济相结合的方法。在模型设计上，突出了两个重点：一是人口与经济发展的关系，二是环境治理目标、治理需求资金与经济增长的相互关系。此外，经济子系统以部门模型为基础，从可持续发展的观点出发，还着重关注生态环境制约程度较大的农业、与人口素质和科技发展相关的科教文化卫生部门，以及国民经济发展的基础产业能源等产业或部门的发展。

3. 粮食供给和需求模型。粮食子系统由粮食供给和粮食需求两组模型组成。模型的建立采用了计量经济学的研究方法。粮食供给模型通过耕地面积预测方程、亩产量预测方程和复种指数预测方程，定量描述了粮食产量的产出水平；粮食需求模型中，人均粮食需求弹性的确定，是在分析了我国居民的食品消费模式、饲料粮的需求等因素，以及参照和比较了国外不同发展阶段的数据而决定的。粮食需求模型与人口预测模型联结，能预测不同人口方案下的粮食总需求。

4. 能源子系统模型。能源子系统综合考虑了能源发展与经济、人口、资源、环境的关系，主要包括能源需求、能源供给和能源消费污染排放等部分。其中，能源需求部分与经济模型和人口模型相耦合，预测各行业的能源消费需求和生活能源消费需求，进而得出总能源消费需求；能源供给部分根据能源的资源保有情况和能源投资情况，计算出能源生产供给量；利用能源燃烧单位热值的二氧化碳排放系数，能源消费污染排放方程可求出能源消费的污染物排放量及二氧化碳排放量。主要输出结果包括：分种类的一次能源生产和消费总量、结构、弹性系数、万元产值能耗和年度二氧化碳排放量等。

5. 环境子系统模型。环境子系统是一个污染物宏观总量控制模型。模型的运行机制是：以环境治理方案为目标，利用产业部门的污染物排放系数、污染治理率、单位污染物治理费用等，计算出不同经济增长水平和人口发展水平的污染物的排放量、处理量和治理投资费用需求。模型的主要特点，是在模型中加入了与经济系统的反馈机制，即污染治理投资进入经济模型的投资方程中，影响投资结构，从而对各产业部门的产出带来影响和变化；变化了的生产产出再进入环境子模型中，又形成新的污染治理投资需求。通过联立求解，从而得出在实现不同的环境治理目标下，经济发展与治理资金需求之间的定量关系。

（四）评价模型

为了对我国可持续发展状况进行综合评价，我们建立了一套可持续发展指标体系，并能与 PERE 模型预测指标相匹配的评价模型，反映现在和将来中国可持续发展的进程和程度。在本项目研究中，我们采用特尔斐法和层次分析法建立的评价模型，是对我国可持续发展状况进行综合评价的一次探讨。

传统上，以国内生产总值和其他纯经济类指标来度量经济活动，确定发展目标的实现程度。虽然这些经济指标能有效地度量经济发展，但不能可靠地度量社会与环境状态的发展。可持续发展目标是可持续发展评价指标体系设计的基本出发点，对于整个社会发展而言，可持续发展目标是以改善人类生活质量为目的，与社会进步相适应；与此同时，非再生资源得到很好的保护和发展，环境污染得到很好的治理。因此，不仅需要有衡量经济状态的指标，还需要有评价自然资源的质和量、环境状态以及社会状况发展的指标。

在建立指标体系过程中，我们遵循以下原则：

1. 整体性。指标体系作为一个有机整体，应从各个角度反映出被评价系统的主要特征，而且要反映系统的动态变化，并能体现出系统的发展趋势。

2. 科学性。对具体指标的选取应建立在科学研究的基础上，使其能充分反映可持续发展的内涵和目标的实现程度。

3. 可操作性。要考虑到指标量化及数据取得的难易程度及可靠性，尽量选取那些具有代表性的综合指标和主要指标。

4. 层次性。指标体系应根据研究系统的结构分出层次，并在此基础上将指标分类。

评价我国可持续发展的现状和未来发展趋势，要根据我国目前人口、经济、资源、环境的现状，存在的问题以及基本目标等情况进行评价。从整体上讲，目前我国国民经济的发展仍然没有摆脱粗放型经济增长方式，主要表现在：投入多，产出少，经济效益低；结构不合理；技术进步缓慢，生产工艺落后；资源消耗浪费严重；生态环境问题突出。中共十五大提出实现"两个根本转变"，是符合可持续发展的基本要求的。所以，在可持续发展综合评价指标体系的设计上，既要有总量型指标，又要有结构型指标，各种指标在中国可持续发展的进程中应该是相互兼顾，但不一定在任何时候都能兼得。因此，根据中国的国情，这些指标基本可以通过发展的水平、发展的能力、发展的潜力、发展的效益和发展的协调度五方面体现出来。根据这一情况，我们在建立可持续发展评价指标体系时，应用层次分析法，首先确立总目标（可持续发展程度），即目标层。在此基础上确定达到总目标的五个准则，即准则层。这五个准则分别是发展水平、发展能力、发展潜力、发展效益、发展协调度。在准则层下建立评价指标层，由此形成一个完整的可持续发展综合评价指标体系，对可持续发展的水平进行评价。

（五）未来趋势分析

利用 PERE 模型，对未来 50 年我国人口、经济、资源、环境与可持续发展的前景进行模拟和预测。在计算中，充分考虑我国的现状和发展趋势。在政策取向上，把可持续发展的原则，增加对科教及环保的投入，坚持控制人口、提高人口素质作为模拟假设的前提。

人口政策方案：

方案一：2050 年以后调整计划生育政策，此前保持现行政策不变，1998～2050 年的妇女总和生育率为 1.83，死亡为正常假设，这是一个长期人口快速下降的方案。

方案二：2010 年以前保持现状，2011 年调整计划生育政策，1998～2010 年的妇女总和生育率为 1.83，2011 年以后的妇女总和生育率为 2.0，死亡为正常假设，这是一个人口慢速逐渐减少的方案。

方案三：考虑到漏报可能非常严重，假设 1992 ~ 2010 年的妇女总和生育率为 2.00，2011 年的以后妇女总和生育率为 2.1，死亡为正常假设，这是一个人口趋于稳定规模的方案。

方案四：假设 2050 年男女期望寿命分别为 85.5 岁和 90.3 岁，生育假设按上述三种方案不变。这主要是考虑到新药及新治疗技术的出现和使用，特别是遗传工程在医药方面取得突破，使人类寿命延长成为可能。

资源分配政策方案：

资源分配政策取向为：

——满足治理环境污染的投资需求，实现环境治理的中长期目标。根据国家"九五"计划和 2010 年远景规划的环境目标，并参考发达国家指标，在本模型模拟中设定了高、低两种方案。

——教育投资的增长不低于经济的增长，以保证人口平均教育水平和文化素质的提高。

——根据产业调整的需要，逐步提高农业投资比重，重视能源、机械、电子等基础工业和重化工业的发展，提高能源的投资比重，增加对机械、电子工业的投资。结合当前工业结构的调整，逐步减少对轻工业投资的比重。根据第三产业的发展需要，将不断提高交通运输和通信、科教文卫和金融、信息等社会服务业的投资比重。

能源发展方案：

基准方案——石油、天然气勘探和生产的资金投入保持现有速度提高，可再生的水能及核能等新能源的开发利用也按现有水平进行，居民的能源消费水平在 2050 年达到世界平均水平，采用国内先进技术和设备对用能部门进行技术改造和设备更新，能耗水平达到中等收入国家的平均水平。

改善能源结构方案——石油、天然气勘探开发和基建设施投入大幅度增加，进口政策放宽，水能及核能的开发投入也大幅度增加，加大力度研究煤炭的清洁技术，使能源结构有较大改善。

强化节能措施方案——引进国外先进技术和设备对用能部门进行技术改造和设备更新，新投产的设施也尽量采用国际先进节能技术，使部门节能率大幅度提高，接近发达国家水平。

此外，在科技进步上，考虑了农业生产中由于农业机械动力和化肥投入增加、每一劳动力负担的耕地面积提高而带来的生产效率的变化，以及推进经济增长方式改变，带来技术进步的贡献份额提高等因素。

在上述假设及不同的人口方案、资源条件和环境目标下，对未来半个世纪我国社会经济的发展趋势进行了模拟和比较分析。其主要结论为：

未来人口发展的主要趋势是：在21世纪20年代后，相继进入人口总数、劳动力总数和老年人口总数三大高峰。其中，人口总数峰值可能在14.6亿～16.1亿（21世纪30或40年代），劳动力人口（15～59岁）峰值在9.3亿～9.6亿（2022年左右），老年人口峰值可能在4亿左右。人口的文化素质水平将逐步得到提高，小学生和初中生比例逐渐下降，高中生和大专生以上比例逐渐上升。25～60岁的劳动力人口的文化结构将发生变化。1990年，文盲、小学生、初中生、高中生（包括中专生）和大专生及以上的比例，分别是21.49%、36.53%、27.31%、12.39%和2.28%。这是一个以小学和初中文化程度为主，且有大量文盲的劳动力文化结构。2030年后，劳动力的文化结构将发展成为以高中（包括中专）文化程度为主（50%以上），初中文化程度在20%以下，大专文化程度在20%左右，小学文化程度及文盲在10%以下。

对未来能源供需状况的测算结果表明，未来我国能源需求旺盛和供给不足的格局仍将保持相当长一段时间。如果我国在 21 世纪中叶，人均一次能源消费量达到目前世界上人均国内生产总值为 4000 ~ 6000 美元国家的平均水平（2.6 ~ 3.0 吨标准煤/人），我国能源的供需缺口在 2000 年为 0.37 亿吨标准煤，2010 年达到 1.02 亿吨标准煤，2050 年达到 2.59 亿吨标准煤。

比较不同政策下的多种结果，未来经济发展的趋势表明：实施可持续发展战略，坚持计划生育基本国策，实现 2010 年经济发展目标，在 21 世纪中叶进入中等发达国家的行列，并且兼顾实现环境治理中长期目标，遏止生态环境的恶化是可能的。

从可持续发展综合评价指数上看，1991 ~ 1996 年，我国的可持续发展是向好的方向发展的，总指数是逐年上升的。从分指数上看，发展水平指数、发展能力指数、发展效益指数和发展协调指数都是上升的，发展潜力指数有所下降。发展潜力的下降速度在 1990 ~ 1993 年平均每年为 0.7%，1993 ~ 1996 年为 1.6%，有加速之势，这是我国可持续发展的不利因素。发展效益的增长速度在 1993 年后比 1993 年前有较大幅度的提高，主要是由于加强宏观经济调控后，资本产出率提高、宏观经济效益增强所带来的结果；发展协调度在 1990 ~ 1993 年平均每年的增长速度为 11.6%，1993 ~ 1996 年为 3%，增长速度有减缓之势。

在未来 50 年，可持续发展综合评价指数是逐步上升的，我国一直在向可持续发展方向迈进。各项分指数除了发展潜力是下降的以外，其他各项都有不同程度的上升。从三种不同人口发展方案中的可持续发展综合评价指数对比来看，可以清楚地看到，不同人口方案在 21 世纪初期对各项指标的影响差别不大，但 2030 年以后，差别逐渐增大。不论从总指数还是从各项分指数看，第一、第二人口方案均好于第三方案。总指数不论是总量还是增长速度，第一、第二人口方案明显好于第三方案。特别是发展潜力分指数，第一、第二人口方案的下降速度明显低于第三方案。

数字时代的管理革命*

（2003 年 1 月 22 日）

引言

各位同学，大家好，我非常荣幸成为清华大学的兼职教授。清华大学是国内一流的高等学府，在这样一所著名的、历史悠久的学府中办公共管理专业，是十分有意义的。

管理可以说自古就有，只要有人类社会就有管理；同时，管理也是随着社会经济的发展而不断地发展的。今天，我着重讲一下数字时代的管理。

自中华人民共和国建立以来，我们国家的政府管理经过了多次的改革、调整，在不断地进行政府职能的转变。全世界各个国家都是如此，包括美国，在第二次世界大战以后，进行过 20 多次政府职能的改革，但是一直没有找到一个满意的模式，所以到现在还是在继续改革。我国政府从 1982 年以后有过几次重大的改革，尤其是 1993 年执行公务员制度及以后进行的政府职能转变，都是对管理模式非常重大的改革。

在不同的经济社会，管理有不同的模式，也有不同的管理思想。在生产力比较低下的时候，就要充分挖掘人的一切潜力。比

＊ 这是蒋正华同志在清华大学公共管理学院受聘仪式上的报告。

如泰勒的所谓科学管理，就是尽一切力量来榨取工人最大体能的潜在能力。但是，随着经济社会的发展及科学技术和文明程度的提高，生产力和生产方式在不断地发展变化，人的观念也在不断地改变。泰勒的科学管理，实际上是把人当作一个"机械人"，把每一个环节都计算出了一个很准确的时间，使人像机器一样在生产流程中发挥作用。以后发展到了"经济人"，认为人需要采取一种经济的方式去激励，鼓励人更好地发挥作用。当前国际上普遍的看法是把人看作一个"社会人"，要关心人、尊重人，将人的发展作为一个中心来发展经济、发展社会，这是一个极大的观念变化。

现在不仅要在一些搞文科的大学里设公共管理专业，在清华这样一所一向以理工科为主的大学里，也要设立一些公共管理、法学等人文社会学科，这是十分必要的。从科学技术发展的趋势来看，一些新的思想、观念、模式产生于不同学科的碰撞、交叉中，很大的不同在一起可以产生新的力量。我认为，清华现在设立公共管理学院一定能够办出一些新的特色，培养出高素质的人才。这对于我国管理从以行政手段为主逐渐转向公共管理（包括财务方面也要实现公共财务），在各个方面树立"为人民大众服务"的观念，是十分重要的。胡锦涛总书记在中共十六大以后讲，要"立党为公，执政为民"，要"权为民所用，利为民所谋"，这如何在公共管理中具体体现出来，是一个十分重要的问题。

现在，我就着重讲讲数字时代的管理革命。这也是现在比较热门的一个话题，而且也确实对我们的管理有很大的影响。

一、数字时代与信息化

首先，我先介绍一些基本的观念。"数字时代"，又有人把它叫作"电子时代"或是"信息时代"。我认为，叫作"数字时代"更为确切，因为三者中有这样一个联系：数字技术是核心，电子技术是手段，信息技术是应用。我举一个例子：第三代移动通信技术，目前国际电联接受的一共有三个标准，一个是美国的CDMA2000；一个是欧洲的标准，叫WCDMA；一个是中国的，原来叫TD-SCDMA，现在叫SCDMA。这三种技术不管你接受哪一种，都要向美国的高通公司交钱，因为这三种移动通信技术的编码技术全部用的是高通公司的编码技术。这是个非常典型的例子，所以说，数字技术是核心技术。

数字技术的具体实现要通过电子技术，电子技术最基本的工具是电子计算机。电子计算机自从20世纪50年代以来，得到了迅猛发展和广泛应用。据大多数教科书记载，世界上第一台计算机是1946年在美国费城宾夕法尼亚大学诞生的"埃略雅特"（ENIAC），它是一个用了1.88万个电子管、重30吨、占地170平方米、耗电150千瓦的庞然大物。严格来说，它应该叫作世界上第一台电子数字计算机。另外，1997年，英国举办了一个第二次世界大战解密的展览会。其中介绍在1944年，英国已经建成并运行了一部计算机叫"科洛撒斯"，是专门作逻辑运算的，在第二次世界大战期间被专门用来破译纳粹德国的密码，后来又陆续使用了10台这样的计算机来破译纳粹德国的密码。据英国情报部门估计，这10台计算机的应用将第二次世界大战的时间至少缩短了2年。第二次世界大战结束后，这些计算机都被秘密销毁了，所以不为世人所知。我们所知道的另外一台计算机是

1948 年英国曼彻斯特大学研制出的"宝贝"计算机，它在世界上首次使用了内存，可存储 32 个指令次，运算速度为每秒执行 833 条命令。"宝贝"计算机使计算机技术有了巨大的突破，它与"埃略雅特"共同作为计算机技术领域里程碑式的标志。

自从有了计算机这一工具，数字技术的发展突飞猛进。20 世纪 50 年代，我们建成了很多的数据库，当时数据的利用还主要是数据交换。60 年代，发展了 MIS 可以进行数据管理，比数据交换前进了一步，相当于从数字保管员的角色变成了秘书的角色，它可以处理一些数字。到 70 年代，DSFF 系统得到了很大发展，集成数字系统相当于从秘书的地位提高到了总裁助理的地位，它有了一些决策的功能。80 年代到 90 年代以后，由于计算机技术的突飞猛进，数字集成有了更大的发展，计算机的应用更加广泛。

与此同时，信息处理的方式也发生了很大变化。数字技术发展的初期，计算机处理的方式主要是勘探式，比如财务、营销、采购等各个部门，都要把信息送到中央计算机，由最高处进行决策。这是最初的信息处理方式，我们把它叫作分散的方式。后来，随着软件的不断发展，各个部分的计算机可以通过局域网，获得全面的信息。比如说，一个车间可以获得全厂各部门的信息，在这种情况下，它可以决定进多少原材料、如何进行配置，从而达到最好的经济效益，在了解全局最优化的基础之上，可以自主地配置自己局部的资源。这相当于以前的行政管理部门。过去只有最高部门决策，现在信息共享后，高层、基层之间可以有一定的分权，基层也有一定的独立性、自主性。

同样，信息本身也有了发展。过去，信息是消息；现在，信息不仅是一种产品，更发展为一种产业，这在企业界已经成为共识。如今，企业界流传着这样一种说法："三流企业卖产品，二流企业卖技术，一流企业卖专利，龙头企业卖标准。"现在光是掌握技术还不够，还要有专利，然后在掌握很多专利的基础上，标准又成为引导行业发展的指挥棒，这反映了信息的重要性。

信息成为一个产业，包括四个最主要的部分：一是信息的生产，二是信息的服务，三是信息的装备，四是信息设施的营运。

信息的生产包括信息资源的挖掘、加工、创新等，这个方面内容很多。信息的服务包括信息的咨询和专项服务。现在，很多政府部门开始重视这方面的工作，设立了很多的事业单位，把它作为一个产业来对待。信息设备的制造，包括微电子技术、通信技术、多媒体技术、网络技术、视听技术。目前，"三网合一"是我国重要的发展方向。其中，网络技术、视听技术、通信技术是"三网合一"中需要十分重视的方面，这里面有很多的技术问题。微电子技术是一切技术的基础。现在，我们很重视芯片，有两大核心芯片，都已经实现了国产化。一个是计算机 CPU 的芯片，另一个是通信芯片，都能自主生产，这是非常重大的成果。芯片技术的突破具有重大的意义，别的不说，光是安全方面就很重要，在里面放一个"炸弹"，安装一个"木马"，都是很有可能的。多媒体技术也很重要，它是一种集成的技术，这对今后开拓我们的思路，有很大的帮助。所以我特别提到，前面的五大技术是信息装备的关键技术。信息设施的运行，一个是电子类，另一个是非电子类。在 20 世纪 90 年代中期，全世界信息业的产值超过了 1 万亿美元。这还只是讲到信息产业本身，因为信息产业又会对其他产业产生重大影响。因而在"十五"计划中，我们专门提到要以信息化带动工业化的战略。现在提倡各个行业都使用信息技术，同时在管理方面利用 ERP、CRM 等一些管理手段，积累了不少成功的经验。

数字时代另外一个很重要的事件是网络经济的兴起。网络开始于 1969 年美国研制的 ARPANET，这是一个军用网，由美国的军事部门组织一些大学开发。第一条实验网络是由斯坦福大学等 3 个单位联合开发的，开通后，一部分对民众开放，引起了大家的兴趣，很快就不够用了，接下来就开发了 INTERNET。网络经济的兴起是在 1993 年以后。其实，当时很多的网站是不赚钱的，只烧钱。1993 年，第一家网络公司在纳斯达克上市时，当时的纳斯达克指数是 600 多点，后来陆续又有很多的网络公司上市（也包括生物技术类的公司），推动了纳斯达克指数飞速上涨。1995 年，纳斯达克指数首次跨过 1000 点大关，到 2000 年 3 月 10 日涨到了 5048.62 点，充分反映了网络经济虽然在当时还没有明显的经济效益，但是为很多人所看好，都愿意投入。2000 年 4 月，随着网络泡沫的破灭，纳斯达克指数开始下滑，2002 年年末，惨跌至 1108 点，最近才恢复到了 1900 多点左右。在这个过程中，网络公司经过了沙里淘金的过程。一大批网络公司从兴起到消亡。也有一些很好的网络公司继续生存，并壮大起来，比如"亚马逊"等。我们国家的网站也是这样，我们有 3 家门户网站在纳斯达克上市，当时也跌得很惨，但都坚持了下来，现在开始逐渐恢复和发展。我认为，网络经济应该有很好的前景，但是也面临很多的困难。网络技术在很多关键的方面，竞争也很激烈。

最后，我谈一下对新经济的争论，因为这个和网络有关系。1996 年 11 月，美国《商业周刊》请了 6 位经济学家写了 6 篇专论，总结 20 世纪 90 年代网络经济发展对整个经济的影响。在这 6 篇文章里，经济学家们提出了一个新的概念——"新经济"，并总结了其特点。我归纳了一下，无非是三点：第一，什么是新经济。信息成为一种产品，而且对信息的需求是无限的。第二，新经济条件下，不需要库存，可实现无库存生产，从而，成本可以降到最低。第三，根据前两条，因为需求无限并且生产成本可以降到最低，所以，经济周期没有了，可实现持续发展。这就是很多经济学家所谓的新经济神话。纳斯达克指数的下跌，也可以看作新经济神话的破灭。我们看到新经济没有原来描述的那么美好，没有那么强大，但现在来看，它也具有自己的特点，也不能把它全盘否定。美国的网络经济恢复得还是比较快的，它的下降也没有像过去经济周期下跌得那么低。不管是政府管理还是企业管理，在数字时代，如何认识到技术的特点、信息的特点、网络信息的特点以及新经济的特点，是非常重要的。

二、生产力发展与社会

这里，我先介绍一些宏观的概念：技术、经济与社会发展的关系。我有几个看法：社会的发展有很多的推动力量，最基本的是技术的发展，它推动了生产力的发展，生产力的发展又决定了经济模式的建立，这是我们在新时期需要很好地把握的。在这方面，邓小平同志总结得很精确。他提出，科学技术是第一生产力。我们看看历史，确实是这样的。旧石器时代，延续了几十万年的时间。新石器时代，延续了几万年。新旧石器时代只能渔猎、采集，到了铜器和铁器时代就有了农业，这就是技术推动的结果，一直延续了几千年的时间。以后有了机械革命，蒸汽机的发明，推动了近代工业革命的产生。两个最基本的因素：一个是工具，另一个是动力或是能源。这两个最基本的因素决定了经济社会的发展。然后有两个加速的因素：一个是技术，另一个是制度。它们决定了能不能充分地利用工具和能源所带来的动力。现在到了后工业社会或是信息社会，它的生产方式以及社会组织的形式和管理等，都会有很多不同的特点需要我们关注。

　　近几年，国内的企业也已经开始重视网络和电子商务方面的工作，并取得了很好的发展。特别是2003年上半年，在非典期间，网络和电子商务在很多方面发挥了重要作用并得到特别的关注。受非典疫情的影响，2003年广交会的损失很惨重。往年的订货有百亿元的规模，2003年的现场订货只有十几亿元，但是总的订货没有降低太多，很多是依靠网络订货，才维持了几十亿元的规模。订单对于企业而言是很重要的，如果不能拿到订单，不仅造成当年的贸易损失，甚至有可能会损失掉一个市场。很多国家的生产模式是很接近的，市场一旦失去，就很难再夺回。很多企业都很重视网络技术，国内有一批企业在这方面就做得很好。前一阵，我去了青岛，看到海尔和海信在这方面就有很多创新。不仅是大企业重视网络技术，一些中小企业也开始重视了，我就看到好几篇中小企业如何有效利用网络技术的相关资料。

　　世界上很多大型跨国公司越来越多地利用网络开展商务活动，不仅很多IT公司的订单在网上进行，而且很多传统产业也通过网上采购。比如汽车，美国的三大汽车公司联合建立了网上采购网站，一年的采购额是2000亿美元，一年能够节省采购费100亿美元，同时还大大节省了时间，比原来缩短了1/6。通过网上采购，对企业的合作伙伴也是一个很好的刺激和筛选。无法与其通过网络合作的，就淘汰掉；而能通过网络与其保持良好合作关系的，则是比较优秀的，以后能够长期发展。目前，我们在网络技术应用方面也在不断地发展。我到一些地方的农村去考察的时候，就看到很多农民也在进行网上销售和订货。

　　网络和电子商务应用方面的问题，最主要的不是软、硬件的问题，软、硬件的问题都好解决，最主要的问题还是管理体制的改革。比如，很多企业引进了ERP管理软件，但是由于管理体制不匹配，导致很多软件成了摆设。所以，全新管理模式的建立是摆在我们面前最重要的问题，在这方面已有一些好的模式可以借鉴。

关于电子政府与无缝隙政府公共管理问题，我们国家政府职能的转变和国务院机构改革的目标之一，就是要加强政府的公共服务意识，这是中央一直在强调的。中共十六大专门提出了司法体制改革，这在我们国家还是第一次。从中我们可以看出，在政府职能的转变上，强调依法行政、以人为本的公共服务意识。

三、挑战与机遇

电子技术与信息技术的发展，带给我们很多的机遇，在很多传统企业的改造中充分利用了信息技术，同时也带来了很多的挑战。网络虽然很方便，但是也很脆弱。前一段时间有很多报道，比如美国黑客采用了很简单的手段攻击网站，就让包括 YAHOO 在内的很多知名网站瘫痪。2002 年有个消息说，美国一名黑客潜入了一家管理信用卡的公司的网站，窃取了 800 万张信用卡的信息。国内也出现了这样的问题，比如利用网络技术盗窃。我国最早利用网络来订立合同的是广东邮电局，其在 1999 年与美国公司签订了一项价值 1 亿多美元的合同，是我国的第一项电子合同。但是，我们到现在还没有一个电子签名法，所以，这个电子合同是不是有效，还是个很大的问题。同时，相关的法律比如电子合同法、电子交易法等，也要加紧制定。

网络既给我们带来了很多的机遇，也带来了很多的问题。我们对于信息安全给予了很大的重视。在这方面，不仅要积极开展国际交流与合作，也要重视自有技术的发展。在发展自有技术的过程中，最核心的部分就是芯片。国内有很多厂家可以自主生产 CPU，深圳已经形成了 CPU 的批量产业化，虽然其技术等级与国际最新水平还有差别，但是完全能够达到国际 20 世纪 90 年代中期的水平。

据我初步了解，我国在 20 世纪 80 年代初进口的计算机利用率只有 20%～30%，包括现在我们购买的一些高品质计算机的利用率都很低，目前大概只能真正使用自己计算机全部效能的 10%～20%。从实用的角度来说，我大力主张政府部门应该强制性使用国产芯片的计算机，这个绝对不会影响我们的工作，并能进一步增加使用的安全性。

从软件角度来说，以前是 Windows 一统天下，现在还有 UNIXS。其实，UNIXS 早就出现了，而且从软件技术来说，UNIXS 的效率要比 Windows 高 3～4 倍，但是 Windows 的营销观念和策略非常好，很多企业是与它做兼容的，所以，技术虽然很重要，但在市场上要想取胜还要有其他的因素。比如彩色电视，美国的技术是个落后的技术，却能推广到日本等国家。第三代移动通信技术也是这个问题，我们大唐的技术就很好，但是在市场上能不能得到应用，还要由投资商决定。他们在第二代上已经投入那么大的资金，一定要得到充分的回报。为什么出现了 2.5 级的技术，就是充分利用了 2 级的投入。这 3 家的技术到底谁能够占领市场，不仅要看技术的先进程度，还要看很多其他方面。

我国很多软件企业，正在努力开发使用自己的自有系统软件。我们知道，微软在以前对我们一直封锁 Windows 的源代码，现在才有条件地允许使用。但是，一个大的系统软件不是几百个人能做得起来的，而是要由上千个软件工程师用 1～2 年的时间共同合作才能完成。我们的软件公司几百个人的就算大公司了，这样的公司只能做应用软件，做不了这种关键性的、重要的系统，所以，当前很长一段时间内恐怕还要依靠国外的系统。但是，我强烈主张，我们一定要支持自己的软件企业，要能够开发自有系统软件。只有这样，我们的网络安全才有真正的保障。

我国政府对信息产业的发展历来十分重视。最近，国家信息化领导小组提出了一个指导意见，明确提出要加快12个重要业务系统的建设，其中包括完善已取得初步成效的4个业务系统，即：办公业务资源系统、金关、金税、金融监管；启动和加快建设8个业务系统，即：宏观经济管理、金财、金盾、金审、社会保障、金农、金质、金水。这些系统按业务而不是按政府部门划分，希望能够打破部门界限，促进政务改革，使信息系统建设更加符合全局工作的需要，适应公众使用的需要，真正实现业务互联互通，发挥整体效益。

数字时代还有一些其他问题，包括如何充分利用数字技术、电子技术、信息技术，实现后发优势等。实现中共十六大制定的发展目标，还需要大家共同努力。

中国城镇化与现代化

（2003 年 9 月 14 日）

城市化是现代化突出的特征之一。我国 2/3 以上的国内生产总值和税收来自城市，90% 以上的科研力量集中在城市，振兴经济必须推进城镇化。中国人口多、土地少、资源相对缺乏，必须走中国特色城镇化道路。

一、城市化历史经验

人类历史上战争的需要产生了城，交易的需要产生了市。很长的时期内，城堡是军事要塞。古代欧洲人认为，最佳的城堡人口规模是 5000 人，这一规模就是根据当时作战的军事力量、后勤供给等因素平衡估算的。城镇中心指市政厅、图书馆等公共设施集中的地方。去城里则是指去享受城市作乐、购物等的舒适条件。在 18 世纪之前，城市人口只占世界人口的 3% 左右。城市是政治、文化、消费的中心，而不是生产的中心。农村养活了城市，农村支持着城市，城市发展受到农村生产力增长的约束。

工业化改变了城乡关系，城市聚集财富，形成生产中心，规模不断扩大。按较严格的城市人口估计判断，1800 年，全球只有北京的人口超过 100 万，达到 50 万人以上的城市只有 6 个。1900 年，人口超过 100 万的城市增加到 16 个，伦敦的人口则超

过了 500 万。1950 年，全球城镇人口只占总人口的 30%；到
2000 年，这一比例提高到 47%，其增长率不断提高。从目前的
发展趋势看，世界城市化势头依然强劲，城市已经成为金融、经
济发展的火车头。预计到 21 世纪中叶，世界人口将有 65% 左右
居住在城镇，城市发展的速度及其模式，将对经济社会发展产生
巨大的影响。

中国古代曾经出现过世界最大的城市长安、北京、杭州、南
京等，反映了当时中国综合国力的强大。近代受到帝国主义的侵
略，城市化水平远远落后于世界平均水平。中华人民共和国建国
之初，城镇人口占总人口的 11%，仅及世界平均水平的 1/3。20
世纪 50 年代，随着社会主义建设的发展，城市人口比例迅速提
高，10 年间增加近 9 个百分点。然而，60 年代到 70 年代的 20
年间，市镇人口比例反而下降了 0.3 个百分点，经济社会发展中
的问题在城镇化过程中反映得十分敏感。80 年代以来，社会主
义建设进入了一个崭新的发展时期，城市化水平也随之迅速提
高。改革开放以来，市镇人口占总人口的比重由 17.9% 提高到
36.1%，翻了一番。经济社会的发展使许多落后贫穷的地区变成
了高度现代化的新城镇、大都会。大、中、小城市和广大富有活
力的城镇，带动了各地区经济社会蒸蒸日上、不断发展，形成了
良性循环。总结城市化发展的经验，确定进一步推动城镇化，进
而推动我国经济社会发展上一个新台阶的战略措施，是在当前这
个重要战略机遇期的重要任务。

世界和我国的城市化在主要的发展阶段有共同之处，由于我
国人口多、土地少、资源相对缺乏的基本国情，我国的城市化又
有着鲜明的特点。工业化和现代化是各国城市化发展的推动力，
在不同的发展阶段，城市的结构有着明显的差别，大体上可分 4
个阶段。发展初期，首先在一些孤立的点上形成了城市，这些城

市大体上有两大类型，即供给型与需求型。供给型城市具有交通、通信、服务、基础设施、政策环境、金融体系、人才与劳力、管理机制等方面的良好条件，使经营者能最大限度地实现其价值，因而迅速发展成为经济中心；而需求型城市由于有特殊的资源，如矿产、能源等，为经济发展所必需，因而，其他地区对该城市有着不可替代的需求，也可以吸引投入，顺利地发展起来。城市化的第二阶段是孤立的城市之间由于溢出效应受到带动而发展起来，一般是沿着主要交通干线，形成城市带，国内外都可以看到许多这样的例子。城市带的发展往往是因中心城市地产高涨，生产成本提高，投资自然沿着最靠近中心城市的地区逐步扩散。城市带的发展推动经济社会进一步发展，交通、通信网络进一步完善，城市化也推进到第三阶段，即城市网群的形成。由多座大、中、小城市形成的城市区在产业、技术、运营等方面互相渗透，产生良好的互补关系，获得了大大超过单一城市的收益，在国家的经济生活中发挥了关键作用。例如，美国的大纽约区、五大湖区、大洛杉矶区三大城市区，其地区生产总值占全美的67%。日本的三大城市区，即大东京区、坂神区、名古屋区，地区生产总值占日本全国的70%；其他经济发达国家也都有类似的情况。中国的城市化轨迹与世界相似，只是我国目前的三大城市区，即珠三角区、长三角区与环渤海区，地区生产总值只占到全国的38%，说明其聚集和创造财富的作用还远未充分发挥，还应采取适当的政策加以推动。目前，世界经济发达地区的城市化正在向第四个阶段发展，将地域与功能组合起来，形成复合式的城市集团。其推动力量来自以下三个方面：

1. 经济全球化发展迅猛，跨国公司的规模不断扩大，要求在全球范围内重组资源，实现利益最大化。

2. 网络技术发展迅猛，电子业务应用不断拓展，在虚拟空间中实现跨地域紧密合作成为可能，功能性的集成显得更加重要。

3. 科学技术发展迅猛，现代科技需要迅速掌握最新研究及应用的动态，要求整合各种资源，组织多领域、多地区专家联合攻关，虚拟实验室可使跨洲科学家共同携手研究、讨论。

城市集团的发展及其深刻的影响，在今后数十年内将越来越明显地表现出来。

二、我国城市化的前瞻

中国共产党第十六次全国代表大会确立了 21 世纪头 20 年全面建设小康社会的目标，引人注目地提出了"城镇人口的比重较大幅度提高，工农差别、城乡差别和地区差别扩大的趋势逐步扭转"的要求，并明确地指出："农村富余劳动力向非农产业和城镇转移，是工业化和现代化的必然趋势。要逐步提高城镇化水平，坚持大中小城市和小城镇协调发展，走中国特色城镇化道路"，还明确提出了"发展小城镇要以现有的县城和有条件的建制镇为基础，科学规划，合理布局，同发展乡镇企业和农村服务业结合起来"。中共十六大提出的这些方针是完全正确的，既符合城市化的一般规律，也切合中国的国情和现状。

我国的地区发展很不平衡，城市化的水平相差很大，城市化的模式与经济社会发展模式一样，有不同的特点。大体而言，在长三角区，上海无疑是龙头。浙江的城市化是分散型，县级经济各有特色，强县林立。江苏、山东则形成板块型，有明显的强势城市区群。广东的城市带优势明显，正在形成大珠三角区群，外向型的特色鲜明。环渤海区则有首都与天津两大直辖市的带动，许多国际机构、国际性大企业在北京设立总部，其优势十分明显。上海与北京无疑将是我国两大国际性的中心，发挥带动全局的关键作用。东北和西部正在逐步形成和发展地区性的经济、社会中心，资源、人才优势开始显现。近年来，多项国债项目正推动这些地区加快发展。

我国的城市化应当考虑到几点基本国情，采取相应的策略。

1. 长期的二元化经济结构造成了城乡的巨大差距，仅依靠传统意义上的农业不可能改变农村落后于城市的现状，必须采取超越世界一般城市发展阶段的特殊措施。根据经济发展规律，有计划地构造地域与功能相结合，特大城市、大中小城市与小城镇一体化的城镇集团，优势互补，共同发展。国际上许多特大城市发展到一定水平后产生反城市化现象，受交通、供水、污染、民居、费用等多方面因素的影响，特大城市规模缩小、功能减弱。通过集团化，我国可以发挥腹地广大的优势，实现大城市的可持续发展。同时，大城市的辐射、带动、溢出效应，可以层层传递或直接连接到小城镇，加快农村经济结构调整，实现共同富裕。

2. 中国人口多是一个长期存在的现实，直到 21 世纪中叶，始终存在相当多的富余劳动力。大部分富余劳动力以潜在的状态存在于农村，降低了农业的生产率。根据一些劳动经济学者的计算，越是经济落后的地区，富余劳动力的比例越高。目前，全国的富余劳动力可能高达 1.5 亿到 1.9 亿。因此，我国的城市化必须有利于促进劳动就业，有利于农民收入的提高，有利于农村经济上一个新的台阶。为此，需要制定一些符合市场经济规律的政策措施，例如：加快户籍制度改革，放开劳动力流动限制，促进观念、信息、资源、人员等方面的交流，促进技术、产业、营销等方面的合作。

3. 我国经济发达地区面临着激烈的国际竞争。中共十六大提出这些地区要提前基本实现现代化，不仅是国家发展的战略需要，也是这些地区把握机遇、积极应对挑战的需要。在经济发达国家已占领世界市场的情况下，我国必须实现跨越式发展。为此，各级中心城市应当努力培养城市发展潜力，大力加强城市发展能力。城市发展潜力主要有经济实力、法制环境、资源条件、基础设施、管理体制、社会组织等方面的因素。城市发展能力则主要是创新能力、集成能力和科技能力。这些因素都应当就每个城市的特色深入加以分析，明确重点。

4. 抓住关键技术，迎头赶上，形成特色，协调配合，建立体系。21世纪初，网络技术、信息科学成为推动经济增长的重要力量。受网络影响最大的产业部门是电子、电信、金融、零售、旅游。近年来，政府和企业上网采购，推动了电子商务发展。一些国家的政府网上采购额达到本国国内生产总值的10%，思科公司70%的客户订单来自互联网。我国近年来电子政务与电子商务也正在蓬勃发展，亟待协调规范：减少重复建设，增强综合效益；统一技术标准，实现全国互联；明确法制规范，保护公众权益；加强监管协调，确保国家安全。通过全国性的网络建设，推广各类应用，使城市的带动、辐射作用加强，加快达到城市化的高层次发展阶段。

5. 资源的外向型城市发展策略与生态环境和经济发展的协调。地区发展的不平衡是许多国家存在的普遍现象。中国的特殊国情是，人口密度稀少的地区从生态角度而言，人口数量也已经超过了适度承载能力。尤其是这类地区许多位于大江大河源头，过度开发不仅使这些地区遭受灭顶之灾，生态环境受到毁灭性破坏，而且会祸及全国、影响后代。我国最稀缺的资源是淡水与土地，水源的涵养也需要土地的支持，经济发展更需要适量的用地。我国应当充分利用世界土地资源，增加经济发达地区土地开发的弹性，严格保护全国生态环境，确保实现可持续发展。全球可耕地总计约 34 亿公顷,已耕的约 13 亿公顷,在剩余的 21 亿公顷可耕地中,约 10 亿公顷从经济投入而言是可以开发的。因此,鼓励我国发达地区帮助培训贫困地区农民,争取与外国政府合作开发农田,允许相应地对发达地区土地实行弹性管理,科学规划、管理各类土地的使用,实现资源的替代效益。这样,发达地区的土地可以在经济发展中实现更大的价值,贫困地区的农民可以提高技术水平和适应能力,地区之间的联系可以更加紧密,生态环境可以得到有效的保护。

6. 重视城市化的负面效应,加强公共管理体制建设。城市化,特别是大城市的盲目扩张也带来了许多负面效应,如房价高昂、交通拥挤、环境污染、治安恶化、失业严重、供应困难等,被统称为"城市病"。"城市病"导致生产成本提高,居住条件恶化,富有者迁出城市,使城市税收减少、供给能力削弱,形成恶性循环。企业迁出城市导致城市的经济带动能力下降,失去中心地位,少数城市甚至陷入破产的绝境。许多经济发达国家百万以上人口的城市规模不断缩小,中等城市的作用正在加强。发展中国家的城市人口则不断向一两个特大城市集中,有的国家首都的人口数占全国城市人口的 70% 以上。我国一方面需要加快城镇化过程以促进发展、调整结构;另一方面,也要注意到城市里下岗职工增加,城市贫困人口生活困难,思想向多元化发展,城市管理出现许多新情况、新问题的动向,科学地规划城镇化发展,量力而行,未雨绸缪,早为之准备。

加快推进城镇化是实践"三个代表"重要思想、执政为民、实现小康的重要任务与必经途径。实践"三个代表"重要思想归根到底就是为人民谋利益。全面建设小康社会,我们要多出主意、多办实事。

中国经济与世界经济双赢*

（2003 年 11 月 9 日）

随着中国经济迅速融入世界，中国经济的快速增长引起了国际社会越来越多的关注，主要是赞叹中国新的发展模式，希望与中国互利合作。但也有不少担心，担心中国经济的增长挤占了大量的国际资源，对世界经济造成威胁，甚至有人开始担心所谓"中国向何处去"的问题。

今天，我想围绕这个题目讲讲我的认识，与大家共同研讨。

一、中国经济增长原因及影响

从 1978 年改革开放以来，中国经济增长了 28 倍。作为一个大国，中国的经济增长从根本上是由内需推动的，投资的高速扩张和城乡消费市场的不断高涨是实现持续增长的可靠保证。20世纪 90 年代以后，出口对经济的拉动作用正在逐渐提升。北京大学中国经济研究中心的一项研究认为，90 年代，中国经济每10 个百分点的增长就有 1 个百分点是出口的贡献。进口则有助于中国技术进步，提高经济质量。90 年代良好的国际经济环境有利于中国经济增长，对外贸易成为推动中国经济发展的一台强劲引擎。国家统计局贸易经济司 2002 年的一项研究表明，从

＊　这是蒋正华同志在 2003 中国经济增长论坛上的发言。

1978 年到 1995 年，中国经济增长和出口增长与世界经济增长之间的相关系数分别为 0.18 和 0.32；而 1995 年到 2001 年，这种相关系数已经分别上升到 0.34 和 0.65。这也部分证实了中国经济与世界经济的联系日益密切。

中国良好的投资环境，为发达国家过剩的生产能力提供了理想的出路。中国广大的市场和廉价的劳力，为世界经济增长注入了新的活力。在中国生产的物美价廉的消费品，对发达国家的消费者作出了贡献，并在世界资源的优化配置中，发挥了积极的作用。

根据 2002 年世界银行数据库测算，在中国经济实现第一个翻两番目标的 1980 年至 2000 年期间，中国对全球经济增长的贡献仅次于美国，居世界第二；对全球贸易和服务增长的贡献仅次于美国和日本，列世界第三。按照购买力平价计算，1980 年到 2000 年，中国经济增长对世界国内生产总值的贡献率为 14%，仅次于美国（20.7%）；中国的商品贸易和服务贸易对世界贸易的贡献率为 4.7%，仅次于美国（14.4%）和日本（6.9%）。2001～2002 年，中国经济和贸易对世界经济增长的贡献率超过 15%，仅次于美国。中国已成为全球经济增长的重要引擎之一。某种程度上在东亚经济的整体复苏进程中，中国市场起了重要的作用。

值得关注的是，中国经济的持续增长，特别是出口的强劲增长也引出了一个十分有趣的观点，那就是：中国的出口，特别是制造品的出口正在导致发达国家出现"制造业空洞化"。这一观点忽视了一个基本事实，即中国的出口仍然以劳动密集型产品为主。即使是一些资本、技术密集型行业的出口，在中国所完成的附加值也是很低的，往往这些行业里最为劳动密集的产业链是在中国完成的。以国际通行的计算标准，中国出口到美国、欧盟和日本的产品中70%以上仍为劳动力密集型产品，包括服装、玩具、体育用品等。而中国之所以在这些商品上占有较大的市场份额，主要是因为发达国家和新兴工业化国家在进行经济结构调整，主导产业正在或已经从生产劳动密集型工业制成品为主的生产结构，向生产资本和技术密集型工业制成品的生产结构转型，所以，就将这些产品的生产基地逐渐转移到包括中国在内的发展中国家。

还应该看到的是，90年代中期以来，由于中国经济的高速增长，基于中国基本要素禀赋方面的弱点，很多关系国计民生的资源的需求量大幅上升，中国被迫在国际市场上进行大量采购，中国因素也因此成为国际市场上一个重要的参照系，尤其是一些大宗商品的价格经常受到中国因素的影响。2000年以来，中国的采购曾经一度使得原油、粮食、矿产品（如铜、黄金和铁矿石等）的价格不断攀升，甚至有打破西蒙·库兹涅兹预言的迹象（他认为，主要原材料的价格在未来的价格走势将长期保持在下降通道，这在过去的20多年中基本上被证实）。近年来，包括钢铁行业在内的很多传统原材料行业的世界性复苏，在很大程度上是由于中国基本建设投资的超常规增长实现的。在可以预计的将来，中国国内的基本建设还将保持在一个高水平，它将必然为世界提供一个现实的大市场。

中国经济体已经成为世界经济重要的组成部分，对世界经济增长的权重贡献不仅体现为其经济总量的高速递增直接带动了世界经济的增长业绩，更重要的是作为世界上内需最为充分，并且居民消费及企业投资扩张最为显著的国家之一，中国也为世界各国，特别是东南亚周边区域各经济体，提供了最富有活力的出口市场以及输出资本集散地。中国经济的蓬勃成长，无疑也为全球化背景下国际间经济增长的结构性互利关系创造了典范。

中国经济增长给世界经济复苏带来了实实在在的好处。2002

年，西气东输工程全线开工，工程全面对外开放，成为中国改革开放以来最大的中外合作项目。壳牌、埃克森美孚、俄罗斯天然气工业股份等国际大公司成为项目合作方。南水北调、西部大开发以及大批机场、铁路、公路等项目，对无数海外企业来说，无疑都是一块块诱人的"蛋糕"。澳大利亚和印度尼西亚在 2002 年分别成为广东和福建液化天然气项目资源供应方。这些项目表明了中国与周边国家"开展互利合作的真诚愿望"。与澳大利亚的年采购天然气 300 万吨、合同期 25 年的项目一经公布，这个以资源和农业为支柱的国家经济发展预期持续走高。

在东南亚不少国家，中国游客已成为当地旅游业的重要主顾，一些国家甚至将中国人的旅游观光视为启动当地经济复苏的"发动机"。2003 年前三季度，中国公民出境旅游人数为 1200 万人次，同比增长近四成。澳大利亚有关统计显示，近两年，中国游客在澳人均消费近 2300 美元，远高于日本游客。

二、中国是否向世界输出了通货紧缩

2003 年，国际上出现了要求人民币升值的呼声。有的人提出：中国人民币币值被低估，从而影响了外贸，向全球输出通货紧缩。这一观点由美国部分人士提出之后，日本、欧盟等也有人相继响应，这甚至成了刚刚结束的西方七国财长会议的重要议题之一。但同样，西方不少有识之士明确表示反对这一观点，许多经济学家也以深入研究的结果有力地反驳"中国通过人民币价值低估来输出通货紧缩"的论调。其中，不但有中国的经济学家，也有很多国外的经济学家。

就人民币自身的变动轨迹来看，人民币自从 1994 年调整以来，对主要货币的汇率一直保持升值的状态，这与有人指责的人民币一直处在低估的状态是严重不符的。1994 年到 2002 年，人民币对美元升值 5.1%，对欧元升值 17.9%，对日元升值 17.0%，对韩元升值 58.1%，对泰铢升值 78.7%。即使 2003 年以来，在强势美元出现反转、欧元币值不断上升的情况下，人民币和欧元与日元的汇率也才基本上回归到 1994 年的水平。所以说，中国利用币值低估输出通货紧缩，从人民币汇率调整以来的走势看是站不住脚的。

应该看到，如果人民币真的像某些机构投资者希望的那样升值，那么，中国经济将在很多方面遭到损害，特别是国内就业、外向型产业和外商直接投资将受到很大的影响。而这将不仅使中国自身深受其害，同时，也意味着中国将减少进口，特别是加工贸易的进口会有较大幅度的降低。它的结果是有关国家的利益也将受到损害。更重要的是，一些在本国生存空间已经十分狭窄的跨国公司把投资中国当作取得转机的重要行动，而中国的汇率变动将严重打击它们的全球化战略，像摩托罗拉、东芝、飞利浦等著名企业都将受到打击。还应该看到，汇率本身是国际经济运转的重要参照系，任何剧烈的汇率调整都可能引起连锁反应，局部甚至全球性的金融风暴往往是在一些国家的汇率调整中孕育而生的。这也正是如国际货币基金组织这样的国际机构明确表示反对人民币升值的原因。

中国的汇率制度本身还有一个不断完善的过程，但突然的、大规模的调整无疑是十分有害的。借用"欧元之父"蒙代尔先生的话说就是：人民币既不应升值，也不应贬值，维持稳定状态对世界经济最有利。

造成世界通缩的原因主要是，新经济泡沫破灭以后未能形成强有力的、新的经济增长点，许多产业生产能力过剩达 1/5 到 1/4，一些国家失业率居高不下。这些原因都不是人民币升值所能解决的，损人不利己，更隐患无穷。对这个问题只要正视现实，就不难取得共识。

三、中国愿与世界同进

中国是一个负责任的大国，从来都以积极态度参与世界经济活动。1998 年，国际社会冀望中国保持人民币的稳定，以防止处在危机中的亚洲其他国家产生竞争的货币贬值。中国信守承诺，紧盯强势的美元，承受了人民币相对升值带来的巨大压力。中国商品的国际竞争力受到很大影响，出口增长降到个位数，这也是国内积极财政政策出台的重要原因之一。此时的人民币可以说已经严重高估。数据也显示，从 1999 年开始，中国的进口增长速度一直高于出口增长速度，直到 2002 年，进出口的增长速度才取得平衡，中国为此付出了代价。2003 年上半年，进口增长速度再次超过出口的增长速度。贸易顺差基本上呈逐年下降趋势，1999 年为 292.3 亿美元，2000 年为 241.1 亿美元，2001 年为 225.5 亿美元，2002 年回升到 303.6 亿美元。2003 年上半年，贸易顺差只有不到 45 亿美元，基本实现了贸易平衡。

中国出口增长最快的部分是加工贸易，目前，加工贸易已经占到了中国贸易总额的 50% 以上。而加工贸易的主要附加值不是在中国实现的，其主要附加价值的产业链部分都在发达国家实现，中国只是发达国家的企业实现降低成本的阵地。马来西亚、印度尼西亚、泰国等东南亚国家都曾起过这个作用，现在，中国成了新的加入者。国务院发展研究中心的一项研究表明，中国的加工贸易中，尽管国内配套值在稳步提高，但无论是进料加工，还是来料加工，都没有超过 30%。可见，大部分附加价值被跨国公司及其相关的价值链所共同拥有，即使是近年来饱受结构调整之苦的东南亚国家也同样是这一产业链的受益者。从这个意义上说，是中国的加工贸易为维系国际分工体系的完整作出了贡献，而不是中国获取了收益，将苦果留给全世界。最近几年日本经济的一个有趣现象是，国内经济持续疲软，徘徊在零增长的附近，但日本的跨国公司本身不断膨胀，业绩处在稳步提升的状态。

还应该看到的是，中国的成长正在创造一个极具活力的新兴市场。据测算，未来5年，中国的进口额累计将达到1.5万亿到2万亿美元。国内基础设施和更新改造投资的持续高涨，将刺激中国对发达国家资本技术密集型产品的进口，特别是成套设备、计算机和电子产品等。这将为主要的发达国家创造巨大的市场，更多的国家将和中国经济的成长同步获益。

四、简短的结论

无论是在过去的25年中，还是在未来的若干年内，世界经济增长有益于中国经济发展，世界经济的持续不景气都必然会对中国经济的持续增长产生负面作用。中国经济增长同样对世界经济产生了积极的正面效应。事实说明，在世界经济发展较快的阶段，中国经济的增长也相对较快，20世纪80年代中期和90年代初期和中期的中国经济增长就表现出了这样的特点。同样，近5年来，亚洲遭遇了两次重大挫折。一是1997年的亚洲金融危机，这使东亚从散落的珍珠成为蒙尘的珍珠。二是2001年全球经济陷入"增长性衰退"，日本、新加坡、中国香港等经济体度日维艰。在此背景下，中国经济增长也难以独善其身，陷入了"七上八下"的怪圈。如果世界经济的增长速度，特别是周边国家的经济增长速度加快，则中国经济将必然会以更高的速度增长。从这个意义上说，中国同样是怀着急迫的心情，希望世界经济能够迅速复苏。只有世界经济强劲复苏，才能为中国经济的持续增长提供更加强劲的动力。

从世界经济发展的历史来看，新兴大国的崛起将对世界经济格局产生深远的影响。尽管从目前的现实来看，中国还远非全球经济舞台上的超级大国，但是，中国的崛起已经引起国际上的很多关注。我们可以理解国际上对中国经济的关注。中国从来遵奉善待友邻，互利互助，推动全球实现和平、发展的原则。我们将继续信守承诺，在发展中国的同时，推动世界经济的稳定增长。

中国正在更加自信地、全面积极地参与世界经济活动，中国经济会增添更加绚丽的国际色彩。世界经济正处在一个结构调整的关键时期，充满活力的中国经济能够为世界提供更多的机遇。从长远来看，世界经济的繁荣离不开中国经济的成长。我们向世界张开热情的双臂，中国经济与世界经济一定能够实现双赢。

最后，我用一些经济预测指标来结束我的发言。对于 2003 年中国经济发展的各项年终数据，中科院、中国社科院、清华大学、北京大学、国家统计局、中国人民银行等许多研究单位都作出了自己的预测。我把这些预测结果汇总了一下，作一个最保险的估计：中国 2003 年国内生产总值的增长可以超过 8%，固定资产投资增长可以超过 20%，出口增长可以超过 20%，进口增长可以超过 30%，外汇储备超过 4000 亿美元，居民消费价格上涨大约是 0.8%，社会消费品零售总额增长 9% 左右。中国经济现在已经进入一个新的景气循环。对于 2003 年世界经济增长的各项数据，国际货币基金组织在 2003 年 9 月作了一个预测，预计 2003 年世界经济增长 3.2%，美国经济增长 2.6%，日本经济增长 2.0%，欧元经济区增长 0.5%；同时预计，2004 年的世界经济增长率可能达到 4.1%，美国的经济增长率可能达到 3.9%，日本的经济增长率可能达到1.4%，欧元区的经济增长率可能达到1.9%。

因此，我们没有任何理由悲观。中国经济和世界经济将会不断地合作、互利、共赢！

虚拟经济与实体经济关系研讨[*]

（2003 年 11 月 11 日）

很高兴能够在这次论坛上和大家共同讨论虚拟经济与实体经济关系问题。虚拟经济是近年来一个比较热门的话题，实际上，这个名词是 20 世纪 90 年代末才刚刚在国际上提出来的。近些年，由于虚拟经济的迅猛发展和国内实际工作的需要，虚拟经济与实体经济的关系问题引起了政府部门、研究机构和广大学者的高度重视。

中国共产党第十六次全国代表大会报告在"推进产业结构优化升级，形成以高新技术产业为先导、基础产业和制造业为支撑、服务业全面发展的产业格局"一段中，明确提出要正确处理三个关系，即"正确处理发展高新技术产业和传统产业、资金技术密集型产业和劳动密集型产业、虚拟经济和实体经济的关系"。虚拟经济与实体经济关系的问题，第一次在中国共产党全国代表大会的报告中提出来，充分反映了中共中央的高度重视。

对虚拟经济的认识在国内外有许多不同的意见，认识的不同、界定的不同，都会影响到对虚拟经济与实体经济关系的认识与处理，因此，有必要对这一问题进行深入的研讨。

---

[*] 这是蒋正华同志在首届前进发展论坛上的报告。

一、虚拟经济的界定

为了正确认识虚拟经济，有必要探究这一术语的来源。虚拟经济是20世纪90年代产生的新名词，但"虚拟"和"经济"则都是早在不同领域使用的专用名词。金融领域中早就有"虚拟资本"，它是指独立于现实的资本运动之外，以有价证券的形式存在，并能为持有者按期带来收入的资本，例如股票、债券、抵押单等。有价证券没有价值，但有价格，也可以买卖。虚拟资本独立于实际资本，并不直接反映实际资本的变化，但可以促进财富更快地流动。另外，电子业领域内也有许多虚拟概念，如虚拟实境（又称灵境）、虚拟网、虚拟企业等，都是以电脑技术手段，形成与真实世界运动相同的信息。这些信息可以用数字形式表现出来，也可以用图表或借助多媒体技术表现为各种形态。电脑语言中有虚拟实境模组语言（VRML），用来实现虚拟实境的目标。法律上还有法律虚拟（legal fiction）的术语。可见，关于"虚拟"这一概念，在不同的领域可以有多种不同的含义。

"经济"的基本意义是对社会或国家资源的管理和运行所产生的生产力，也可指这种管理和运行的制度和系统。资源可以包括自然资源、资本、人力以及智力等许多内容。因此，虚拟经济全面的定义应当是：以网络等信息技术工具对虚拟资本实现交易的经济活动及其相应的体系和制度。我认为，这样的定义可以解决当前就虚拟经济定义所发生的许多争论，从学术角度而言，比较严格。

虚拟资本在国际上已运行了数百年，但是从来还不能形成一种"经济"。随着世界经济规模不断扩大，经济关系日益复杂，金融在经济中的重要性相应提高，而信息技术的出现更进一步扩展了金融发挥作用的空间。1970年，全球虚拟资本总量约占国内生产总值的5%。目前，一些经济发达国家的这一比例远远超过100%，美国已达到260%，从规模上已经形成了可称得上"经济"的气候。从20世纪70年代起，金融衍生工具不断出现，金融运行体系不断变革，产生了一个新名词叫作网络金融。网络金融具有许多传统金融所没有的特点，也形成了独特的系统、体制、体系。将这些新情况总结起来，才能形成虚拟经济这一近代的创新产物。

英文中有三个词在各领域中都被译为虚拟：victicious economy在英语中指虚拟资本的交易，被金融界译为"虚拟经济"；virtual economy在英语中指应用电子工具，特别是在网络中进行的经济活动，被信息工程界译为虚拟经济；visual economy在英语中指采用计算机仿真技术建立经济模型，进行实际经济运行过程的模拟，被计算机工程界译为虚拟经济。实际上，最后一类系统应当称为虚拟经济仿真，它并不含有经济学界或经济工作所称的经济定义。在虚拟资本未利用信息技术之前不能形成规模经济，这一类是虚拟经济的内容，第二类是虚拟经济的手段，两者结合、化合，而不是混合，才能形成真正意义上的虚拟经济。如果这一观点能得到大家的认同，可能更有利于虚拟经济与实体经济关系的讨论。

二、虚拟经济的发展

从下列数据，可以看到虚拟经济的发展是何等迅猛。截至2000年年底，全球的虚拟经济规模已经超过160万亿美元。当年的全球国内生产总值大约是30万亿美元，虚拟经济规模是国内生产总值的5倍还多。其中，股票市值及债券金额约为65万亿美元，金融衍生工具柜台交易额约为95万亿美元。跨国金融交易只有10%与实际商品交易有关，可见，虚拟经济在很大程度上已经摆脱了实体经济的限制，其本身已经有了较为完善的制度和体系，推动自身向前发展。互换、期权等衍生工具交易量的年增长率高达110%，对冲基金交易量年增长高达110%。

改革开放以来，我国的虚拟经济同样取得了快速发展。目前，我国的证券法已经实施4年，上市公司共有1273家，股本总额6286亿股，证券公司130多家，股市的投资者开户6989万户，证券投资基金有70多支；股票、企业债券、可转债3项占金融资产的比例在2002年约为9%，2003年约为4%。可见，与发达市场经济国家和我国的经济总量相比，虚拟经济的总体规模仍有很大的发展空间。

在看到虚拟经济快速发展的同时，也要充分重视它可能会带来的负面效应，因此，必须充分重视金融安全问题。金融安全是任何一个时代、任何一个政府都十分关心的问题。为了保证金融稳定，从而推动经济发展，各国政府不断采取种种管制办法，市场则力图创新，取得更大的发展。管制、创新、发展是金融领域永恒的主题。

正是由于金融在国家经济发展中的极端重要性，各个国家都非常重视对金融的监管。下面，我们就简单地回顾一下国际金融监管体制的发展历程。1929年到20世纪30年代中期世界经济危机的导火线是纽约股市崩盘，自然就导致了金融监管时期的到来。美国就是在这次金融危机以后，通过了《格拉斯——斯蒂格尔法》，金融机构由过去的混业经营进入了分业经营时代，以分散各领域的风险。

第二次世界大战以后，金本位的货币制度崩溃，布雷顿森林体系产生。布雷顿森林体系以黄金为基础，以美元作为最主要的国际储备货币，美元直接与黄金挂钩，各国货币则与美元挂钩，并可按 35 美元一盎司的官价向美国兑换黄金。在布雷顿森林体系下，美元可以兑换黄金和各国实行可调节的盯住汇率制，是构成这一货币体系的两大支柱。国际货币基金组织则是维持这一体系正常运转的中心机构，它有监督国际汇率、提供国际信贷、协调国际货币关系三大职能。从 20 世纪 50 年代后期开始，随着美国的经济竞争力逐渐削弱，其国际收支开始趋向恶化，出现了全球性"美元过剩"情况，各国纷纷抛出美元兑换黄金，美国的黄金开始大量外流。到 1971 年，美国的黄金储备再也支撑不住日益泛滥的美元了，尼克松政府被迫于这年 8 月宣布放弃按 35 美元一盎司的官价兑换黄金的美元"金本位制"，实行黄金与美元比价的自由浮动。欧洲经济共同体和日本、加拿大等国宣布实行浮动汇率制，不再承担维持美元固定汇率的义务，美元也不再成为各国货币围绕的中心。这标志着布雷顿森林体系的基础已全部丧失，该货币体系终于完全崩溃。但是，由布雷顿森林会议诞生的两个机构——世界银行和国际货币基金组织仍然在世界贸易和金融格局中发挥着至为关键的作用。

正是在这个背景下，金融衍生工具在 20 世纪 70 年代产生后发展迅速，尤其是在过去 10 多年间，国际金融市场上的金融衍生工具得到了空前发展。迄今为止，国际金融市场的衍生工具品种已高达 1200 多种，几乎可以说已经发展到"量身定做"的地步，以致伦敦《金融时报》称 20 世纪 90 年代为金融衍生工具时代。从交易量上看，2002 年国际金融衍生工具交易市场的交易量是 1986 年交易量的 13.5 倍，市值为当年世界国内生产总值的 4.5 倍；从金融衍生工具的功能上看，它为基础金融工具的持有者提供了一种有效的对冲风险的手段，从而避免或减少由于股指、汇率、利率的不利变动而给人们带来的预期收益的减少或成本的增加，在转移风险和价格发现上的作用明显。金融衍生工具按功能分类，大概有两大类：一个是远期类，包括远期、期货、互换；另一个是期权类，包括基本类型和变通类型。

随着全球金融一体化和自由化浪潮的不断高涨，美国和日本认为自身的条件已经具备，因而回到混业经营。中国则认为，自己还需要创造条件才能转向混业经营。自从1933年美国《格拉斯—斯蒂格尔法》颁布以来，70年过去了，人们从实践中渐渐意识到，混业经营和分业经营到底谁的风险大，根本说不清楚。例如，欧洲金融业一直在混业经营，而并未因此发生令人不可容忍的金融风险；美国并没有把混业经营看得十分乐观，它认为还要分几步走，保险先要排除在外，也没有出现大规模的商业银行和投资银行合并。因而，是否实行混业经营完全取决于一国监管当局与业界对条件的判断，包括法律制度、治理结构下的自律、管理体制和监管水平等，不能一概而论。

对于金融制度改革问题，从20世纪中期开始，一些著名的国际金融机构就一直在讨论。50年代开始提出所谓金融抑制理论。金融抑制政策主张以金融管制代替金融市场机制，其结果难免导致金融体系整体功能的滞后甚至丧失。实践证明，这种战略是失败的。

1973年，美国斯坦福大学经济学教授罗纳德·麦金农出版了《经济发展中的贸易与资本》一书，其同事爱德华·肖也于同年出版了《经济发展中的金融深化》一书。两人都以发展中国家的货币金融问题作为研究对象，从一个全新的角度对金融与经济进行了开创性研究，提出了金融深化理论。他们首次指出发展中国家经济落后的症结在于金融抑制，深刻地分析了如何在发展中国家建立一个以金融促进经济发展的金融体制，即实现金融深化，开创了金融深化理论的先河。金融深化理论表面上研究的是发展中国家的金融问题，提出的政策主张应该适用于发展中国家的金融改革，但研究对象是以私有制为基础的、完善的市场经济，实际上适用于发达资本主义国家。金融深化理论的政策主张和目标对于小国或经济落后国家而言，并非是美好的。

三、虚拟经济与实体经济的关系

虚拟经济对实体经济具有重要的推动作用。首先，金融体系对经济发展的促进作用主要表现在三个方面：一是可以将储蓄转化为投资，二是可以提高资本配置效率，三是可以通过调节储蓄率来刺激经济增长。其次，信息技术、网络技术在金融领域的广泛应用，进一步增强了金融的作用，主要表现在：减少了交易时间，扩大了经营空间，降低了经营成本，增加了服务项目，拓展了创新领域，推动了企业的扩张。

在看到虚拟经济快速发展对实体经济产生重大推动作用的同时，也要充分重视它可能带来的负面效应。由安然公司引发的、因金融丑闻造成的美国大批公司破产事件，便是很好的例证。而且，虚拟经济本身也可能产生重大财产损失，巴林银行事件便是例证。

虚拟经济负面作用的集中表现便会形成金融危机。自 1980 以来，全世界有 120 多个国家发生过金融风波，其中不少便形成了金融危机。比较典型的案例有 1994 年的墨西哥金融危机。

1994 年 12 月至 1995 年 3 月，墨西哥发生了一场比索汇率狂跌、股票价格暴泻的金融危机。这场金融危机震撼全球，危害极大，影响深远。这次金融危机给墨西哥造成的经济损失高达 700 亿美元，资金外逃 300 亿美元，合计 1000 亿美元，外汇储备从 1993 年年末的 234 亿美元降到 1994 年的 35 亿美元，共关闭金融机构 50 多家。另外，还有阿尔巴尼亚的金融危机。由于国家银行不能有效发挥作用，社会上出现"金字塔投资计划"，12 个投资公司高息集资，拆东墙补西墙，利息越抬越高，5 年共集资 20亿美元，全国 1/3 的人口卷入其中，许多人倾囊而出参加集资。1996 年，这些投资公司发生全面亏损，相继倒闭，经营者携款外逃，居民要求政府还钱，对政府机构进行打、砸、抢。到1997 年，金融危机最终引发了武装暴乱，并最终酿成政治危机，导致政府垮台。

对我国而言，四大国有商业银行的巨额不良资产是一个很严重的问题，必须引起足够重视，加以妥善解决。我们在不良资产处置方面已经采取很多措施，成立了四大资产管理公司，并使之完成了四大国有商业银行 1.4 万亿元不良资产的剥离。到 2002年年底，四大资产管理公司累计处理不良资产 3014.42 亿元，回收资产 1013.18 亿元，其中现金 674.82 亿元，资产回收率为33.61%，现金回收率为 22.39%。从总体来说，四大资产管理公司不良金融资产处置的回收率超过了我们原来的要求，取得了不错的成绩。但是也要看到，目前回收的都是相对容易处置的不良资产，剩余不良资产的处置难度将更为艰巨。最近，我看到一个很好的现象：我们有两家国有资产管理公司和国外的投资银行机构签订了合同，合作处理这些不良资产。中国信达资产管理公司与德意志银行签署了资产证券化和分包的一揽子协议。华融公司也以国际招标的形式，与以摩根士丹利为首的联合财团合资设立了新的资产管理公司，从华融公司一笔购买了 108 亿元人民币的不良资产。

总体来说，虚拟经济和实体经济是一种辩证统一的关系，两者在经济社会发展中相互影响、密不可分。从作用上来说，两者的关系就好比鸟的双翼，互相配合，缺一不可；从体系上来讲，两者则是互相渗透、互相耦合。对于两者性质上的关系，可以打个形象的比喻。如果说实体经济是人的躯体，那么，虚拟经济就好比人的元气。虚拟经济这个元气的旺盛有助于实体经济这一身躯的健康发展，但虚拟经济如果管理得不好，也会产生很强的负面作用，造成虚火过旺。实体经济的身躯健康，虚拟经济的元气才能十足；同样，假如实体经济这个身躯出了问题，那么"皮之不存，毛将焉附"，虚拟经济的元气也就无所存身了。对于虚拟经济和实体经济两者运行的关系，我总结了四句话：依托实体经济，形成证券市场，优化资源重组，支持实体经济。

在发展虚拟经济的过程中，要特别注意处理好投资与投机的关系问题。在证券市场上，投资应该成为主流观念，这就是为什么鼓励机构投资者大量入市的原因。有了大量的、崇尚投资理念的机构投资者这一市场主力，证券市场才能稳定发展。

另外，也不能完全没有投机，完全没有投机，这个市场就失去了活力，但是，对于那种纯粹的炒作投机一定要严加监管。

最后，我还想特别强调的是，监管部门一定要进一步研究和利用网络信息技术，不断创新监管手段，提高监管水平，使网络信息技术在虚拟经济的健康发展中发挥更加积极的作用。对于网络信息技术的积极作用，可以从 1929 年与 2000 年股市风波的比较中得到例证。从指标来讲，2000 年的股市风波指标的危险程度要超过 1929 年，但它导致的危害结果没有 1929 年严重，并且恢复得很快。这固然是多种因素综合作用的结果，但网络信息技术的应用和监管观念、水平的提高，在其中起了十分重要的作用。

生物技术投资中的风险与机遇

（2003 年 11 月 18 日）

一、生物技术的发展

1865 年，奥地利人约翰·格雷戈尔·孟德尔从研究豌豆的杂交过程中总结出遗传学原理，提出分离律和自由结合律，但由于当时科技发展水平的限制，没有得到科学界的承认。他们把孟德尔看成"是一个十足的怪物"（法国哲学家米歇尔·富科语）。

1900 年，两名科学家重新发现了孟德尔的遗传学。由于荷兰的胡戈·德弗里斯在实验室中发现了突变，美国人托马斯·亨特·摩根出版了果蝇实验成果，并证实了基因存在于显微镜下看到的小棍状的染色体之中，遗传学终于得到了广泛的承认，并逐渐在生物科学中发挥重要作用。

遗传学曾经误入歧途。20 世纪 30 年代，希特勒从欧根·菲合尔等人的《人类遗传学和种族卫生学》一书中获得防止"劣等基因"传播的结论，导致 600 多万犹太人、吉卜赛人、残疾人、病人被杀害，还包括持不同政见者。英国出现过"阶级优生学"。美国也曾对迁入者实行基因检查，带有某些基因的人不准移入。

20 世纪中期，基因研究获得突破性的进展。1953 年，诺贝尔奖获得者克里克和沃森建立了 DNA（脱氧核糖核酸）链的双螺旋模型，并提出遗传信息由 DNA 传递给蛋白质的中心法则。DNA 在细胞核内先合成 RNA，即核糖核酸，遗传信息就抄录在信使 RNA（mRNA）上，DNA 由 ATCG 四种碱基构成，RNA 则由 AGCU 四种碱基构成，其不同的排列顺序就构成了遗传密码，这些密码就将遗传信息传递给了蛋白质。某种特定蛋白质的全部遗传密码保存在相应的 DNA 片段上，这一片段就是基因。人体共有约 10 万个基因，包括 30 亿个碱基对，定位在 23 对染色体上。由此，要了解人体的秘密，就必须首先破译这 30 亿个碱基对不同排列所形成的密码。

由于这些基础研究的进展，生命科学、生物技术、生物工程成为近几年来经常出现的词汇，这是古老的却又是最有生气的科技部门。如果将生物技术定义为在操作过程中存在着有机体的参与，则最典型的中国传统食品豆腐乳、调味品酱油以及传说中大禹的妃子仪狄创造的酿酒，就都属于生物技术的应用。然而，现代的生物工程比这些生产技术要复杂得多。

现代讲的生物工程包括细菌工程、蛋白质工程、酶工程和基因工程四部分。这几部分互有联系，其中最具革命性、最核心、对 21 世纪将产生重大影响的是基因工程。对生命科学将在 21 世纪逐步主导经济活动这一点，各方面的意见比较一致。大多数专家认为，在 21 世纪，信息技术、生物技术将是起主导作用的两项技术。

目前，生物技术产品主要集中在药物和食物两个方面。1982 年，世界上第一种基因工程药物——重组人胰岛素获准在市场上销售。而应用发酵技术等其他生物工程技术生产的干扰素等产品，则出现得更早。20 世纪 80 年代特别是 90 年代以来，生物工程飞速发展。90 年代末，美国、欧洲大约有 2300 家生物技术公司，这些公司中一半以上从事生物医药产品的研究开发。美国生物技术药物的销售额，更是占生物技术产品总销售额的70%以上。在前进中也有失误。最近，美国宾州大学一名18岁的少年接受基因技术治疗遗传病时发生了免疫反应，导致多种脏器衰竭而死亡。美国食物和药品管理局为此暂时禁止该校的所有基因治疗试验，调查中发现此次事故中存在18个问题。进一步调查发现了更多的死亡案例。但是总的说来，基因技术在医药中应用的成绩显著。世界上正在研究或已生产的基因工程药物至少有150种，其中半数以上是抗癌新药。这些药物中有干扰素、人胰岛素、人生长素、生长因子、红细胞生成素、单克隆抗体等。还有广谱的细胞因子如重组人粒细胞巨噬细胞落刺激因子，可在骨髓移植、艾滋病、肿瘤治疗等多种治疗过程中应用。

近年来，转基因技术应用于农业、畜牧业以及其他动物、植物获得巨大成功。1994年，耐储藏的转基因番茄首先获准上市。此后，抗虫棉、抗虫玉米、抗除草剂大豆等开始在一些国家大规模种植并进入国际市场。估计2003年的农业技术产品销售额可超过传统产品销售额的10%，有些专家将解决未来人类粮食问题的希望寄托在转基因技术上。认识也不是完全一样的。最近，美国出现了4000人的反基因大示威。目前，世界转基因作物的种植面积已达4000万公顷，前景光明。

生物工程中包含着无限的商机。除了药物、农产品等广为人知的应用外，转基因动物可为人类生产出供移植用的器官或一些珍稀的蛋白质、生长因子等，可以形成医药试验模型用以试验新的疗法，也可以生产满足特殊需要的动物，如培育小型玩赏牛、羊等动物，供给对狗蛋白敏感者饲养的、毛中含有人类蛋白质的宠物等。当然，更可以生产出各种用途的优质家畜。这些产品的价值很高，例如，1磅红细胞生长因子在国际市场上约值1亿美元，有一种转基因奶牛每年可生产 80 公斤牛奶。这种生产过程利用生物体作为反应器。动物乳房生物反应器是迄今最理想的生物反应器，高效、廉价、无污染，在 21 世纪将发挥重要作用。乳房生物反应器还可用来生产多种多肽药物、基因工程疫苗、酶制剂、抗体等，前途无限。

英国生物制药公司 PPL 曾资助复制克隆羊，2000 年 3 月 5 日又复制出世界上第一批克隆猪，用于动物—人器官移植。5 只猪中，3 只分别取名为米莉—千禧年、克里斯塔、亚历克西斯，纪念做一例人类心脏移植手术的两名医生。估计器官移植市场价值为 100 亿美元/年。美国有 6.8 万人、欧洲有 5 万人等待肝、肾、心移植，这部分人在数年内增加了 15%。

二、中国生物技术产业的发展

我国生物技术产业近年来发展很快。据有关部门调查，从 20 世纪 80 年代中期到 90 年代中期，生物技术产品销售额约增加了 50 倍。目前，有数十种基因工程药物和疫苗进行临床试验和临床前研究。有些生物技术公司已经上市，并取得很好的成绩。但与国外相比，我国生物工程在医学上的应用还处在跟踪国际研究前沿的阶段。

我国在农业上应用生物技术，有许多突出的成果，特别是杂交水稻、杂交小麦、杂交油菜、杂交大豆的研究与应用都居于世界前列。两系法杂交水稻亩产达到 1600 斤，质量达到二级优质米水平；小麦的蛋白质含量可提高到 17%，亩产也可达到千斤以上；杂交油菜审定通过的品种是国外审定通过的两倍多；大豆不育系及制种技术也取得突破，我国一些专家还被著名的美国公司聘为兼职研究人员。最近报道，在耐盐碱的植物选育方面也有新的发现。

我国已有数种转基因作物商品化，还有更多的进入了田间试验或中间试验，数年内将有更多的转基因作物投入市场。2002年，上海将兔的角蛋白基因引入棉花，形成一种全新的棉花品种，纤维长，而且具有兔毛的光泽，有很大的市场潜力。

中国在人类基因组测序工作中与国外合作，胜利地完成了我国科学家所承担的任务。在许多疾病基因的识别方面，也取得成就。中国科学家用酶解法实现了 B 型血向 O 型血的转变，还采用化学物质修饰法对 AB 血型进行改造。基因工程乙肝疫苗获1993 年度国家科技进步奖一等奖，霍乱等 3 种疫苗在中试，已有 4 个国家要求转让技术。在治疗糖尿病方面，我国旅美、旅英的学者都有了重大的发现。

"863"计划的生物技术领域有 3 个主题、5 个重大项目、12个专题项目。"863"计划生物技术领域的 3 个主题为：（1）高产优质、抗逆动植物新品种；（2）新药、疫苗开发及基因治疗方法；（3）蛋白质工程。5 个重大项目为：（1）两系法杂交水稻技术；（2）抗虫棉等转基因植物技术；（3）癌症基因治疗技术；（4）两系法杂交水稻试种示范；（5）基因工程多肽药物中试开发。12 个专题项目为：（1）杂交水稻优势利用；（2）农作物抗性技术；（3）转基因动物；（4）农业微生物工程；（5）农业新技术、新方法；（6）重组疫苗；（7）重组多肽药物；（8）抗体工程；（9）基因工程；（10）医药新方法；（11）蛋白质工程；（12）水稻基因组等。"863"计划的研究已取得了丰硕成果，正向生产转化。专题设置标准不一、人类基因组未列入是一个缺陷，这一缺陷已在近年的"973"计划中补上。

为了赶上世界先进水平，我国在生物工程方面还有许多工作要做，主要是：

1. 建立重大生物技术项目孵化器，由国家引导，企业介入，配套发展，形成产业。

2. 促进中介组织及社会投资机制的发展，从生物工程所需研究仪器、生产装备直到市场销售需要有步骤地发展。

3. 完善法制，从知识产权到生物资源的利用和保护、从开发产品到安全性检验等，都要有相应的法制。

4. 培养人才，当前需要的是既懂技术又懂管理的复合人才，也需要高水平的专门人才。

5. 相关政策、管理体制的形成，促进各部门形成合力。

三、生物工程的未来

现在一些人认为，20 世纪是信息世纪，21 世纪是生物工程世纪。也有人认为，20 世纪是物理学世纪，21 世纪是生物技术世纪。2003 年年初，在瑞士达沃斯举行的世界经济论坛，将会议的中心定位在因特网革命和基因革命上。最重要的议题之一是"生物技术的未来——掌握基因革命"。

从 1990 年开始实施的人类基因组计划吸引了许多国家的关注和大量投资，被称为 20 世纪三大计划之一。在发展有效的硬件技术以充分利用基因信息方面也已有许多设计方案，其中以生物芯片技术为基础的杂交分析和毛细管电泳分离检测法两种方案最引人注目。一些科学家也在研究另一方面的应用：用氨基酸组成计算机芯片，并根据人脑机制，设计具有自组织、自修复功能的电脑。不同领域新技术的互相交融，将产生前沿的最新突破。

在生物工程的应用方面，用生物方法生产塑料、利用生物技术解决环境污染、实现可持续发展等方面的工作也都在进行。人体基因组图谱的产生其本质就是实现人体在分子水平上的解剖，这无疑将对未来医药科技发展产生革命性的推动作用。许多科学家还在向占地球面积71%的海洋进军，发展海水农业、海洋养殖业等，为人类提供更丰富的生活资料和健康食品。当然，也有许多问题需要解决。

生物工程的发展和市场秩序的规范，还需要解决以下几方面的问题。

1. 建立相应的法律体系以协调各方面的利益，如知识产权的保护、生物资源、基因资源提供者利益的保护、专利权等。

2. 安全性。生物技术产品也会带来危害，如土壤的毒化，对其他生物的危害，对人类健康的损害、长期的影响等。

3. 生产和市场规划。昂贵的产品可能变得很容易生产，但是，开发技术所付出的投入如何收回、市场如何管理等有许多具体问题需要研究，也包括风险投资的退出渠道等。

4. 社会伦理问题。优生学已经引起了许多争论，国外的报刊上举出过许多问题。例如，合成生命是否符合道德标准？将指定的特性引入人的胚胎是否合法？用基因技术进行人工授精是否应当允许？有关克隆人的争议则更广为人知了。

需要研究的问题还有很多，随着生物工程的进一步发展还会产生新的问题，但生物技术将成为21世纪发展的主要推动力，看来已毫无疑义。

这方面的投资要有长期观念。21世纪，全球人口增长到115亿～120亿后才能稳定，对医药、食品将会有巨大需求。前景无疑是光明的，但还需要各方面的努力，一段时间内出现反复也有可能。巨大的机遇包含着风险，风险渡过之后将是空前的发展。

关于"三农"问题[*]

（2004 年 2 月 19 日）

"三农"问题是国家非常关注的一个重要问题。改革开放以来，中共中央共有 6 次关于解决"三农"问题的一号文件。1982 年至 1986 年的 5 次都是讲农村问题。2004 年的一号文件讲促进农业增收，一共 9 个方面、22 条，都非常重要。一方面反映了农业、农村、农民问题在国家发展中的重要地位，另一方面也说明这一问题的复杂性和遇到的各种问题比较多。

简单来讲，"三农"问题，一是体制问题，二是机制问题。我国的改革开放是从农村、农业开始的。1982 年到 1986 年的 5 个一号文件，解决的核心问题全部是体制问题。第一个一号文件肯定"双包"是农村社会主义经济的一部分；第二个一号文件肯定了农村联产承包责任制，这是农民的一个伟大创造；第五个一号文件总结了 5 年的发展，针对当时有些人对农村的体制改革有不同的意见，肯定了改革的成绩，肯定联产承包责任制。体制问题的解决使这些年来农村的经济发展速度非常快，同时也推动了机制的改革。这些年来，三次大幅度提高了农产品的价格，在很大程度上增加了农民的收入。由于体制的改革，把农村经济搞活了，所以在这个时期，有几个突出的特点：一是乡镇企业异军突起，成为推动农民增收、农村致富的一个很重要的方面。二是

---

[*] 这是蒋正华同志接受《经济日报》记者采访时的谈话。

打工大潮高涨，成为这个时期经济比较落后地区农民增收的重要途径。我们到西部一些山区调研时看到，凡是房子稍微好一点的，都是家里有人在外面打工的。三是规模经营推进。由于体制搞活了，当然这中间还要不断地、更进一步地细化完善，包括土地流转、民营经济的发展等都有了法律上的支持，规模经营包括龙头企业带农户的方式以及土地相对地向经营能手、专业大户集中等，都是这些年产生的新事物。这些新事物的出现，极大地增加了农民的收入，推动了农村经济的发展，也改变了农村的面貌。所以1979～1997年这段时间，是农民人均收入增长最快的时期。

从1998年到现在，是农民增收比较慢的时期。这里面有很多原因。其中一个重要因素就是，促进农民增收的几个大的方面，情况有所变化。

第一，我国农产品价格已经提高到了比国际价格还高的水平，所以，在这个方面很难再继续采取行政手段来提高农民收入。因为如果不顾经济规律和价格结构，无限制地片面提高某一类产品的价格，就会打乱整个经济结构，不利于经济的整体增长。现在农产品价格已经超过国际价格的水平，如果再要提高的话，从经济规律来说，还不如进口。同时，也会对农业生产形成一种阻碍。所以，通过提高农产品价格来增加农民的收入是有限度的。

第二，乡镇企业在这个时期处在调整期。1998年开始的东南亚金融风波，扩展为经济上的危机。很多乡镇企业过去对于生态环境的破坏、低水平重复建设等负面作用，都逐渐暴露出来。不调整就不能再前进，不调整就可能在国际竞争当中失败，所以，调整是必须的。现在来看，近几年来的调整是大浪淘沙，有一批乡镇企业垮了，而有一批却变成很强，甚至有一些乡镇企业在进行国际兼并，走到国外去，走向世界了。这是前进当中的调整，是必要的调整。当然，在调整过程中，会影响到农民收入的增长。

第三，打工潮在 20 世纪 90 年代呈现出不断高涨的态势，但是近几年来，打工潮已经达到一个稳定的水平，因为打工潮是受工业生产以及沿海经济发展对劳动力需求限制的。目前农村的富余劳动力很多，估计在1.5 亿～1.9亿之间，这是一个非常大的数量。从这个角度来讲，打工还继续是农村致富的一个方面，应该从政策上帮助这些迁移的人能够在迁入地工作下去，让他们不仅赚钱，还要使他们有平等的地位，而且在社会发展包括子女教育等很多方面都应该继续给予帮助，使得他们能够更好地发挥作用。另外，很多打工者通过打工，有了渠道，懂得了技术，回去以后在当地发展起来，这是一个很好的帮助后进地区发展的渠道。应该继续保持这个渠道的畅通，帮助它更加健全、更加规范。但是，打工潮在近年来慢慢走向稳定，继续像前几年那样大规模发展有些困难。

第四，规模经营受到我国基本国情的限制。中国是一个人口多、土地少、资源相对贫乏的国家。对于这样一种国情，邓小平同志在 20 世纪 80 年代就非常精辟地作了总结。按照人均土地来说，中国大概是人均 1.5 亩左右。如果按国土来计算人口密度的话，比我国人口密度高的地方有很多，像印度、英国等很多国家都比我国人口密度高。但是一讲到人均耕地，其他国家比我们多得多。我们的人均耕地在全世界排在 100 多位以后，特别是讲到劳均耕地，我们就更少。像日本，人均耕地也很少，但是其农业劳动力占总劳动力的比例很小，所以，劳均耕地还是不少的。因为我们在发展的初期，农业人口占总人口的比重大约是 60%，这么大的农业人口比例，按劳均耕地计算，在全世界恐怕是要排到最后几位去了。所以从这个角度来讲，我们就碰到一个两难的选择：一方面是从经济发展来说，我们都知道规模经营是好的；另一方面，我们的人均耕地那么少，并且有接近 2 亿的富余劳动力，再把土地资源大规模地集中在少数人手里，更多的人就无地可种了。农业的问题，机械化、现代化当然是很好的，但是，中国的机械化等工作要有中国的特色，中国真正能够大规模经营的农户还是很少数。而且，大规模经营的农户，规模比国外也要小得多。国外一般的农户大概一户都是几十公顷，稍微大一点的就是几百公顷，更大的上千公顷、上万公顷都不是个别的。我们有几十公顷就算是很大的农户了。所以，规模经营现在也碰到很多问题。

在新的形势、新的条件下，中共中央提出的进一步推进农村改革、推进"三农"问题解决的一些新方针是非常重要的。中共十六大和十六届三中全会明确提出了全面发展、协调发展、可持续发展的科学发展观，提出了"五个统筹"和"五个坚持"，从国家宏观指导思想上明确提出了协调城乡发展、统筹城乡发展，为我们解决"三农"问题奠定了坚实的理论基础。中共中央一号文件的背景就是：一方面，我们国家的发展到了一个新的阶段，需要向着更加全面、协调、可持续发展这个方向推进，从发展的思路来说，就是要加强城乡协调发展；另一方面，从农村发展本身的需要来说，也需要一个新的思路向前推进。

改革开放以来，我国在农村体制改革上是完全成功的，而且是适合中国国情的，也是适应现在的生产力水平的。家庭联产承包责任制已经有法律的依据，而且要长期稳定一个时期。但是在机制上，还有很多方面需要进一步向前推进。中共中央这次的一号文件 9 个方面、22 条，中心就是要从机制上解决农民的增收问题。"三农"问题，在目前来讲，农民增收是核心。"三农"

本身，农民问题是个核心问题。农民问题的解决，农民增收又是一个核心问题。所以我认为，中共中央一号文件抓住了这个关键，牵住了牛鼻子。关于解决农民增收问题，我国有很多好的政策措施，也有很多法律、制度，关键就是怎么通过具体措施能够把它们落实下去，另外要有比较健全的监督机制，能够使这些措施得以很好的实施。我的想法是：

（一）加强培训

我在农村待过很多年，而且去过很多很偏僻的地方。我认为，农民要进一步提高生活水平，一个就是要增收，另一个就是要改变二元经济结构。过去总结，叫作"无农不稳、无工不富、无商不活"。对这个总结，国际上一些很有名的经济学家都十分佩服的。这三句话通俗、精练，抓住了经济发展的要害。要使农民转变观念，如果不转变观念，还是死抱住原来传统农业的观念不放，是不可能发展起来的。但是要转变观念，要真正从原来的传统农业里边跳出来，首要的问题就是对农民进行培训。西部地区在这些方面的问题是非常突出的。前两年，我们去甘肃，了解到甘肃的张掖等最贫困的地区过去连粮食都不够吃。后来粮食多了，有的农民把粮食收了以后都堆在家里，有很多农户的粮食几年都吃不完。我们问，为什么把粮食放在家里，不拿去卖点钱，然后搞一点其他的经营？他们回答说"我们饿怕了"，怕粮食卖了以后又没收成了，没吃的了。这些观念问题不解决，再加上农民没有其他的技术，除了种粮不会种别的东西，也不会搞非农的经营，所以，培训农民是非常重要的。培训农民，一是交给他技术，二是改变他的观念，三是能够使得他认识、找到一些致富的渠道。

（二）支持到户

我们过去制定了很多好的政策，比如说粮食收购的补贴政策。这是支持粮食生产发展的很好的政策，但是实际上没有很好地发挥作用。我认为要吸取过去扶贫的经验，就是要扶贫到户。联合国总结的就是这条经验，我们国家扶贫工作总结的也是这条经验，是最有效的经验。扶贫款也好，扶贫项目也好，如果放到县里、放到乡镇，就完了，最后不知道这个钱干什么用了，也不知道这个项目到底帮了谁。我们扶贫的经验就叫"小额到户"，就是钱不一定要多，但是一定要发放到农民的手里、帮扶对象的手里，这就确实可以发挥很大的作用。所以，在对农民的很多支持方面，也要真正落实到户。过去对粮食的间接补贴从 2003 年开始要逐步改为直接补贴，要直接补贴到农民手里，这是很重要的一条措施。但是，直接补贴有很多机制问题还没有很好地解决，比如直接补贴怎么补法，是按照生产的粮食数量来补，还是按照种的地来补？现在，大部分是按地来补。按地补也有问题，地有的肥、有的贫，也有的补了以后不种粮食了。这里面牵涉很多机制问题，如何监督管理，使直接补贴真正能够按照政策的设想发挥作用。比如说，应该采取订立合同的办法，补贴不要一次性给农民，订合同的时候给一半，合同兑现了再给另一半，然后根据过去完成合同的情况，决定以后这个补贴怎么支持你，会影响到对你的支持程度。订合同、分阶段，而且还要和信用体系结合起来。讲信用的、每一次补贴都发挥了很好的作用的，以后这方面的政策就多给一点；而且在给补贴等支持的时候，就可以早给，甚至可以多给。这些都需要不断细化，完善有关方面的制度。

（三）保护资源

我们国家的农业资源是相对很贫乏而且很脆弱的，水资源很贫乏，土地资源很缺乏，而且生态环境很脆弱。这些方面的问题是比较严峻的，应该引起高度重视。资源的保护主要有两个方面：一是如何规范落实制度，能够使制度得到监督，特别是政府的行为，很多资源和环境的破坏是政府行为造成的。比如说圈地，没有政府行为，那么大规模地圈地，影响农民的生计，是不可能的。圈地问题实际上国家是有政策、有规定，甚至有一些是有法律的，但是少数地方的官员认为权大于法，甚至一个乡政府、乡长都可以说了算。我们规定多少亩以上要哪一级审批，到了100多亩，都要送到国务院审批才能够实施，但现在下面有的地方几百亩、上千亩的土地，随随便便一个乡、镇长说了话就能够算数。像这些，不是没有规矩，而是这些规范、制度没有能够得到很好的落实。二是如何维护农民的自治权利。很多地方的村委会主任或者村党支部书记一个人就去签订合同。前几天，中央电视台播了一个节目，有一个村党支部书记跟环保部门签了一个合同，在他们村子边上倒垃圾，结果搞成了一个垃圾山，群众意见非常大，但是合同几年都连续在签。现在，中央正在追查这件事。对这个问题实际上是有规定的，也是没有很好地落实，最根本的就是要实现村民自治，要实现民主、透明的管理制度，村里的重大事情，按照规定应该召开村民代表大会或者村民大会来讨论才能决定。所以，就是怎么样真正落实村民的自治权利，落实村务公开、村务民主等制度。通过这些，切实保护资源。

现在已经有了基本农田的保护制度，但基本农田还是在不断缩小，这个问题相当严重。2030～2040年，中国的人口到那时假如增长到15亿左右，粮食消费量按照人均400公斤计算，得需要6.5亿吨。1998年是粮食最高产的一年，生产粮食5.1亿吨，从那以后就一直再没有超过5亿吨。如果再加上那时候我们消费水平的提高，要多吃肉、多吃鱼，还需要一些粮食，因为鱼和肉是要拿粮食换的。20世纪90年代的统计，大概1斤鸡蛋要换3斤粮食，1斤牛肉要换7斤粮食，1斤猪肉要换5斤粮食。

这些年来，在技术上可能有些提高，消耗粮食要少一点，但是归根到底，肉吃得多了以后，人均粮食消费量是增加了而不是减少了，别看肉吃得多了以后饭吃得少了，但是间接消耗的饲料粮大大增加了。美国人均粮食消费量比印度要高三四倍，因为印度是素食，美国是肉食。考虑到这一点，到那个时候，我们的粮食总需求会达到7亿吨左右。所以，粮食问题是中国一个很大的问题，必须基本能够自给。

现在全世界一年的商品粮大概是2.2亿吨左右，非常稳定。世界五大粮食出口国——美国、加拿大、阿根廷、法国和澳大利亚，还没有开发的农田基本上就在这些国家，但是世界的粮食需求基本上是供需平衡的状态。日本的粮食是靠进口的，供给日本1.7亿人还是可以的。中国是13亿人，到那个时候至少有15亿人，那么大一个国家要靠国外供给是不可能的。国际上基本自给的标准是80%的粮食自己生产，但中国不行，中国假如20%的粮食要靠人家供给的话，都是一个不得了的数量。中国20%的粮食就是3亿人要靠人家养，那是世界上很大一个国家了。如果我们要靠国际供给的话，很可能刺激国际粮价非常高的增长。

国际上可以开发的可耕地还有，中国现在的耕地大约是1.3亿公顷，世界耕地现在大约是14亿公顷，可以开发的加在一起大概是30亿公顷。但是，其中有一些开发起来很困难，需要大量的投入，所以，不是说没有其他的耕地可以开发，而是开发了以后，那些土地生产粮食的成本就高了，整个粮价就要上涨了。中国再向外国买粮食的话，世界粮价就会不断高涨。现在，特别是很多发展中国家既是粮食不能自给，又没有外汇，对于这些国家来说，将是一个很大的打击。所以，从中国是一个负责任的大国来说，从关心发展中国家这个角度来说，中国也应该在粮食方面基本实现自给。中国这么一个大国，至少95%左右的粮食应该自给，5%或者更少一点的粮食可以通过国际市场进行调剂。从这个角度来讲，保护资源是一个非常重要的问题，应该采取切实的措施。

（四）科技下乡

过去在农村有一个农业科技网，这是一个好传统。但是这些年来，农业科技网破坏得非常严重，很多农业科技站的收入非常微薄，不能自给，如果按照过去规定的职能到农村去进行技术推广，连饭都吃不上。保证科技下乡，需要采取政策支持。现在最迫切需要的就是把农业科技网恢复起来，在这方面，国家应该出钱。我们加入世贸组织以后，有两类政策可以支持农村：一类叫作"黄箱"政策，比如粮食补贴，直接补贴到农民。这些政策会对农产品的价格产生扭曲作用，给一种产品补贴，对另外一种产品不补贴，等于人为地制造了价格上的差别，所以，"黄箱"政策是有限制的。"黄箱"政策的补贴，按照我们加入世贸组织时的承诺，不超过农业产值的8.5%。另一类叫作"绿箱"政策，这个政策采取以后不会产生价格扭曲。比如培训，使农民的技术水平提高，拿绿色证书，又如科技推广站等。这些方面的投入都属于"绿箱"政策，国家应该在这些方面大力投入。当然，科技下乡还包括科技本身的发展。我们在这些年来利用生物技术，特别是基因技术，不断提高技术水平，不断推出新的品种。最近对小麦基因的研究有很多成果，三系法杂交水稻试验田最高产量一亩地产2600多斤。另外，小麦从质量到产量都有很大提高。实现科技下乡，帮助农民掌握技术，过去这方面做得不错。我到很多农村看，对两系法杂交水稻育种办法，很多农民都能够掌握，但是三系法还不行，所以，像这些新的技术，要研究怎样不断地推广。

（五）产销衔接

过去，我国是二元经济结构，传统的农民只会种地，不会搞营销；同时，农业跟工业、农村跟城市都是完全脱离的。这种二元经济结构下的农业必然是弱势产业，同时是低效产业。要改变它，最急迫也最容易做的就是产销衔接。这个方面有很多地方做得不错，比如我们支持农产品市场的建设，支持龙头企业带农户，还有沟通渠道等方面，有很多措施可以采取。

（六）减轻税赋

中央已经采取了很多措施减轻税负，现在税制改革的一个方向就是逐步取消农业税，普遍实行所得税。有些地方已经取消了农业特产税，2004 年还要继续推进逐步减少直至取消农业特产税。

（七）调整结构

农业最根本的出路就是改变二元经济结构。二元经济结构不改变，传统农业就不能从根本上得到改造。调整农业结构，调整农产品结构，增加经济作物的比例，推广农业地区的畜牧业发展，促进畜牧业下游的产业链发展。只有这些方面根本改变了，才能打破二元经济结构，使农村真正变成一个新的农村，也使小城镇建设奠定在一个很扎实的基础上。小城镇建设只有很好的愿望是不行的，只把钱投下去也是不行的，如果没有农村经济的发展，没有农业产业结构的改变，就算投下去大量的钱，造起来一些小城镇，但实际上效率很低，最后，钱是白花，非但没有起到支持农村的作用，反而是消耗了农村的很多资源。所以，小城镇的发展应该跟产业链的结构调整、产品结构调整、农村经济发展密切结合起来，这样才能相互推动、相得益彰。

（八）促进合作

中国农村最大的特点就是有 8 亿农民。这么广大的农村，如果单靠一家一户，很难实现现代化的生产。特别是加入世贸组织以后，国际上对我国农产品的要求越来越高。欧盟原来对我国农产品是 16 项检验标准，现在增加到 60 多项，而且，很多检验标准的标准值大大提高，像对于农药的残留、对于重金属的残留等的要求都大大提高了。一家一户很难在这个方面真正适应现代化国际竞争的要求，所以，必须实现合作。但是都实现规模经营，都合到一个生产大户里去，又不能叫大家没饭吃、没工作做，就业是个大问题。城市的第一号问题就是就业问题，农村的第一号问题就是农民增收问题，这是我们中国的两大问题，躲都躲不过的。不考虑这两大问题，经济发展到一定时期就会受到挫折，就会掉下来。所以从目前来看，农村一个根本的出路还是要促进合作，不是过去搞公社、搞合作社的合作，而是要搞新的经济合作组织。新的条件下，农民自己种的地里面到底重金属含量是多少，土壤是酸性还是碱性，根据土壤的结构应该施氮肥多还是磷肥多、钾肥多，应该怎么配合，有机肥应该占多少比例，这些都不是一家农户能够解决的，如果想解决，成本也太高了。所以，要解决这些问题就必须采取合作的方式，既要靠国家的支持、农科站等组织的服务，也要发挥农村合作组织的作用。其实国际上，合作社还是一种很好的形式，历史上也发挥过作用，应该吸收国际上一些好的经验，建立一种现代化管理、现代化体制的合作社。比如说也实行股份制，要有一些民主的决策机制、董事会的管理体制等，都可以探索，但要用一种崭新的、适应社会主义市场经济的合作组织，来推动二元经济结构的改变，推动农村生产方式的根本改变。

以上八点是能够具体实施的，真正能够切切实实马上能做的一些措施。中共中央一号文件讲得很全面，而且很多政策都讲得很到位，也都抓住了关键、抓住了要害。现在就是要在中共中央一号文件的指导下，进一步把它落实。我认为，农民增收、农村富裕、农业发展，简单地讲就是三个"化"：科学化、产业化、组织化。科学化，就是要科学种田，科学地办其他的一些事业；产业化，就是农业要摆脱过去传统的小农户模式，真正采取现代产业的体制。这不仅指规模，而且指管理、科技含量等方面。组织化，就是要以新的形式彻底改变一家一户的生产方式。

以城市化建设带动
县域经济快速增长

（2004 年 3 月 2 日）

县域经济的发展对我们国家是个很重要的问题。2003 年，中共十六大提出了全面建设小康社会、加快推进社会主义现代化建设的宏伟目标，"十五"规划对城镇化也提出了明确的要求。在中共十六大报告中，关于经济建设和经济体制改革这部分，一共提出了 8 个方面的措施，其中就讲到全面繁荣农村经济、加快城镇化进程、壮大县域经济的内容，明确提出了坚持大中小城市和小城镇协调发展、走中国特色城镇化道路的方针。

城镇化确实引起了大家很大的关注，而且也确实是在 21 世纪进一步发展中非常重要的一个问题。今天来参加会议的百强县的同志，都有非常丰富的实践经验，也有很好的发展思路。组织会议的同志们在这方面都有很多研究，而且领导着专门的调查机构，了解很多情况。我主要是向大家学习。

从 2002 年开始，中国市长协会请了一些专家，组织了一项专门的研究，每年出一本白皮书，叫《城市发展报告》。这个白皮书有英文本，还在考虑出日文本或其他文本，一年一期。本期就是讨论城镇化发展的问题。飞机下降时，看到萧山机场周围城镇化发展程度很高，根本看不出过去农村的模样。我们迫切需要研究城市化的概念如何发展，城市在 21 世纪应该起什么样的作用。在国际经济全球化快速发展、知识经济迅猛成长、我国加入了世贸组织的新形势下，我国城市化究竟应该进一步采取一些什么措施，在国际竞争中、在国家的发展中发挥更大的优势？这些确实是非常重要的。百强县之外的一些县发展得也很好。县域经济在这些年有了长足的进展，但是也碰到一些新问题。比如我国加入世贸组织以后，外国的反倾销指控等也很多，最近还受到人民币升值的压力。美国、日本等国有些人联合起来控告中国的人民币低估。当然，现在没有国际机构会受理，但是有许多情况的确需要我们注意。我想借这个机会，就专家的讨论中，以及我在参加一些国际性研讨中了解到的一些情况、想到的一些问题，与大家一起讨论，有一些想法供大家参考，主要是讲两个问题。

一、城市的功能和发展

（一）城市的功能

在历史上，城市这个名字产生得很晚。古代只有"城"的概念，也有"市"这个概念。研究城市历史的学术界一直认为，战争产生了"城"，经济学界则认为交易产生了"市"，所以，这两个是完全不同的概念。从名词来说，一个城池的内墙叫"城"，外墙叫"郭"。而把"城"和"市"结合起来的概念到18世纪才最终形成，这是非常重要的概念，使得"城"的作用、意义发生完全不同的变化。18世纪以前，"城"的规模都很小，而且很不稳定。国际承认、有比较可靠的证据、人口超过10万的"城"最早是在埃及。这个"城"的人口在公元前1360年达到了10万的规模。过了八九百年以后，才有人口超过20万的城，这就是巴比伦。公元前100年，中国秦汉之交的时候，有了人口超过50万的城市，最大的城市当时是罗马。在1200年，杭州是世界上最大的城市。中国的记载中则认为，世界上第一个达到 30 万人口的城市是齐国的临淄，第一个达到 50 万人口的城市是长安，第一个达到 100 万人口的城市也是长安，但是国际上不承认。欧洲的文艺复兴推动了城市的发展，所以这一时期，城市的作用是政治中心、消费中心，而不是经济中心。当时所有的城市都没有生产功能，而是靠农村来养活。这种情况使城市的发展非常不稳定，一个很大的城市可以在短期内灭亡，又可以很快再建一个。只要农村存在，生产力就存在，经济就可以继续发展。"城"的经济功能是随着手工业的发展而形成的。手工业发展后就有了商品，有了交易，就有了"市"。在这个基础上发展起来的"城"就是城市，有了经济的功能。18、19、20 世纪是工业飞速发展的时期。18 世纪主要是机械学的进步、机械技术的进步、蒸汽机的发明。19 世纪主要是化学的发展，促进了塑料、很多新的材料以及新技术的发展。20 世纪是物理学的发展，相对论以及量子力学的发现，飞机、电子技术等的发展。20 世纪中期信息技术的发展，20 世纪中后期生物技术的发展，使得经济活动很大程度集中到城市里来，城市的生产能力极大地增强。18 世纪以前，世界城市人口只略高于 3%。所以，相当长时期内，从经济发展角度来讲，城市对于世界无足轻重。但是 18 世纪以后，城市人口增长非常迅速。据联合国的估计，1950 年，全世界的城市人口占总人口的 30%。20 世纪中叶到 20 世纪末是世界上城市发展非常迅速的时期。在这半个世纪的时间里，城市人口占世界总人口的比例增加到一半。从 18 世纪以后，城市的发展非常稳定，大城市再没有大的波动。18 世纪以前，没有一个城市能把规模最大的地位一直保持下去，它保持这样的地位最多不超过两三百年的时间就衰落了。城市功能的变化以及城市特征的变化，使城市在经济发展当中发挥了与过去完全不同的作用，同时也使它有了更加稳定的发展。

（二）城市发展过程

世界上城市的发展都有这么一个过程：先是在一个点上的发展，一个城市一个点。由于工业发展，以及其他一些条件的配合发展起来。城市经济学认为，这种点上的城市发展有两大类型：一类是供给型城市，另一类是需求型城市。根据国际上几次城市讨论会总结的意见，以及一些学者的分析，一般认为最小的城市规模是 25 万～30 万人。少于 25 万～30 万人的城市，按照现代经济的要求，很难形成完整的循环体系，必须依靠周边或者跟其他的城市互相协同，才能够持续发展。所以，在发展到一定阶段以后，一些城市感到市场、资源、渠道等都受到限制，就向着城市带的方向发展。现在沿着广州到深圳，已经成为一个城市带。山东的胶州地区、浙江高速公路沿线，城市带都正在迅速形成。

城市带的进一步发展有两个趋势：如果能够很好地因势利导，向着优势互补的方向去发展，可以进一步地向城市集团方向发展；但是还有另外一个发展方向，那就是城市的衰落。这不是凭空想象，历史上、世界上的城市发展有很多这样的例子，包括美国。美国现在已经有不少的城市走向衰败，甚至有一些很大的城市走向非中心化。一些城市的中心地区地价高、劳动力贵、生产成本高，走向非中心化，结果是有钱人不住在中心区，所得税减少，城市的建设甚至安全也没有保障了。

纽约有一段时间就有这个问题。在联合国总部工作的很多工作人员都住在附近的小城镇，每天开着汽车到小城镇的火车站，坐火车一直到联合国大厦前面。这样，城市什么钱也拿不到。在纽约市中心停车，一个月的停车费是 300 美元。大家不开车进来，纽约有一段时间社会秩序非常乱，城市建设也落后，地铁里老鼠纵横，很脏。后来采取一些措施，挽救了过来。但是，也有城市因此破产的，这是另一种发展的趋向。从保持城市可持续发展来讲，应该向着城市带的方向发展，这是一个正常的发展方向。

城市带进一步发展就是城市群、城市区，连成一片。再进一步，就应该向着城市的功能组合以及跟城市的区位分布双重组合的、立体的新型城市发展。形象地用数学语言来讲，单个城市是零维的发展，城市带是一维的发展，城市群、城市区的发展是两维的发展，城市的组合式功能，再加上区位的组合式发展，那就是三维的、立体的发展。这是现在国际上城市的基本发展方向。这种发展方向一个非常突出的特点，就是可以最大限度地聚集财富，同时，可以最大限度地发挥经济优势，取得最大的经济效益。

我摘录了美国、日本的三大城市群的经济情况，供大家参考，跟我国来对比一下。美国有三大城市群区，一个是大纽约区，另一个是五大湖区、芝加哥等地方，还有一个就是大洛杉矶区。这三大城市群区的地区生产总值占全美国内生产总值的67%，也就是2/3的产值都在这里实现。美国最领先的一些产业都是在这三大城市群区发展的，比如硅谷就是在洛杉矶区发展起来的。现在，硅谷的IT产业已经开始走向衰落，产业开始重新调整，向生物产业发展。大纽约区以及周围的地区，是美国现在新的三大生物技术中心之一，也是美国的一个重要中心。五大湖区也是一个很大的IT产业区。这些地区都是靠新技术的发展支撑，是美国地区生产总值最集中的地方。日本的三大城市群区，一个是大东京区，一个是阪城区，还有一个是名古屋区。这三大城市群区的地区生产总值占日本国内生产总值的70%，也是举足轻重的。中国现在大家承认的三大城市群区，一个是珠三角，一个是长三角，另一个是环渤海区，占我国国内生产总值的

38%左右，与美国、日本比还是比较低的，对于全国经济的带动作用，还有很大潜力可以挖。温家宝总理在上海讲，要进一步发挥聚集财富的作用，要进一步发展，是符合国际上总结的规律的，也符合中国的国情。上海的地区生产总值只占香港地区生产总值的1/4，但人口比香港多一倍多；跟东京比，只有东京的1/20。所以，像上海这样的城市，要起到龙头带动作用的话，还有很多工作要做。

这些年来，我国经济发展得很快，进一步加快发展有非常充分的信心。20世纪50年代初期的时候，美国人均国内生产总值还不到3000美元，只有2900多美元。但是10年之内，到60年代初的时候，美国的人均国内生产总值就超过1万美元，约1.3万美元。那段时间是世界经济发展难得的一个机遇期。这有很多原因。一是，第二次世界大战以后处于恢复时期，美国获得了很大的空间。另外，当时阿拉伯地区的石油非常便宜，每桶石油的平均价格只有2.8美元左右，贵的时候才3美元多一点，便宜的时候只有一点几美元，有非常廉价的工业血液。二是，第二次世界大战以后，世界处在需求非常旺盛的时期，产生了很多新的产品，农业的绿色革命在五六十年代也取得了很快的发展。这些都是推动美国迅速发展的主要原因。今天同样是一个重要的战略机遇期，只要我们采取正确的政策措施，完全能够加快发展，中共十六大提出的宏伟目标完全可以实现。我国国内生产总值现在占世界第六位，进出口贸易在世界上已经占第四位，外汇储备在世界上居第二位，生活水平大大提高。恩格尔指数在改革开放初期，城市是57.5%，农村是67.7%；现在，城市不到40%，农村不到50%。这些都反映了我们的生活水平有很大提高。按照国际货币基金组织、世界银行的统计方法，用购买力平价法来计算，中国的国内生产总值在1996年就已经超过了日本，占世界第二位，现在也超过日本。按汇率法计算，中国的国内生产总值大概是 1.3 万亿美元；按照购买力评价法计算的话，应该超过 4 万亿美元，接近 5 万亿美元的水平。

我们有了很强的经济力量，是非常好的基础，但同时也面临一些新的情况。第一个，就是经济全球化来势非常迅猛。20 世纪 90 年代，国际上跨国公司的发展、兼并非常迅猛。在最近这两年，国际上跨国公司的发展有减缓的趋势，但是亚洲大公司的兼并在加速。这是一个趋势，要求扩大规模、集成资源、提高竞争能力。第二个，就是科技迅猛地发展。现在，很多优秀的企业、国际大企业在研发与发展方面投入很大。微软公司一年研发的投入大概要占销售额的 15% ~ 20%，思科、孟山都等国际知名大企业都是如此。思科属于 IT 行业，孟山都是化学企业，这些国际有名的企业的研发投入至少要占销售额的 10% 以上，这就支持了它们的迅速、持续发展。我国的科技力量大部分在研究机构、大学。国外科技发达地区 70% 的研究力量在企业，所以，企业直接投入大量资金开发产品。我国企业的研发投入占销售额的比例平均水平是 1.1%，所以，这个方面对于发展是一个巨大的挑战。对小企业，要求它们对研发投入那么高是不大可能的。现在有非常强烈的需求，要求小企业实现重组联合，能够在这些竞争的关键环节加强力量。第三个，就是加入世贸组织以后带来的机遇和挑战。在世贸组织成立以前的 50 年中，关贸组织接到的要求仲裁的案例不到 200 件，但是世贸组织成立到现在没有多少年，接到的要求仲裁的案例，已经超过 300 件。其中有很大一部分是针对中国的，这是一个很大的挑战。这方面，我们有失败的教训，也有成功的经验。最近温州打火机对于欧盟的诉讼，我们赢了，这是非常好的案例，说明必须面对挑战，要应诉，要联合起来，采取法律的措施。但是，也有很惨痛的教训。印度对我国某省的 3 家陶瓷厂提出反倾销诉讼，这 3 家陶瓷厂放弃应诉。判决生效以后，不仅这 3 家厂受影响，中国其他的陶瓷厂也都受到影响，不能在印度销售。跟着就是连锁效应，菲律宾对中国陶瓷也进行反倾销的诉讼，埃及也跟上。所以，加入世贸组织以后一定要按照国际规则，确定应该怎么做，采取适当的应对措施。我国政府已经采取了很多措施，帮助企业，帮助地方，我们要很好地利用这些渠道。最近，多哈回合在坎昆的谈判也不太顺利。多哈回合谈判的核心就是两大问题：一个是知识产权问题，另一个是农业问题。在座百强县的很多产品、产业，都与这个回合谈判有很密切的关系。坎昆会议如果不能达成一个妥协的协议，以后几年，摩擦还会增加，有些摩擦的规模还会扩大，需要我们密切关注。政府建立相应机制、利用法律援助等，都很重要。商务部有三大技术平台提供网络上的支持。第四个，就是网络的应用不断发展，电子商务、电子政务等不断扩展，使商务和政务活动、行政管理等各方面都发生了很大的变化。世界城市化发展的方向，给我们一个很明确的信号，要适应国际竞争的要求，通过城镇化，促进现代化，促进经济进一步增长。

二、城市化体系建设与县域经济发展对策

国家统计局农村调查队最近出了一本书叫《中国强县风采》。根据书中的材料统计，百强县在各个省份占的数量，北京是 3 个，天津 1 个，河北 8 个，内蒙古 10 个，辽宁 2 个，吉林 1 个，黑龙江 1 个，上海 3 个，江苏 14 个，浙江 22 个，福建 8 个，山东 13 个，河南 2 个，广东 10 个，四川 3 个，云南 1 个，甘肃 1 个，新疆 2 个。从百强县的分布看，有几个很明显的特点。一是反映了各省份的城镇化有非常鲜明的不同模式。百强县

的数量浙江最多，有 22 个，但广东的发展水平是相当高的。上海的发展水平较高，可它的百强县数量不多。这反映了一种模式的不同，另外也反映出经济发展水平确实不同。西部地区百强县的数量少，明显反映了发展水平。我国的城镇化有几个明显的不同模式。浙江的模式是一种离散型的模式，像天女散花，县级经济到处发展，各有特色，百强县的数目就很多。江苏、山东这种类型就是属于一种板块型的，苏南板块有一些很突出的特色，胶东也有不同的特色。广东是外向型的，虽然百强县的数量很少，但列入百强县的位次都很高。上海是综合型，能够起导向、带动作用，既是资金中心、资源中心、金融中心、人力中心、科技中心，同时在文化、通信、交通等基础的设施上都有很强的支持。上海市还有力量，一个是创新的力量，另一个是组织的力量，这两方面都有很强的带动和辐射作用。西部以及东北部有许多资源型的城市，有些资源已消耗殆尽。资源枯竭型城市怎么振兴，这是一个很重大的挑战，也是一个很重大的课题。

三维城市发展的方向，可以做到多赢或者双赢，并不一定要哪一方面服从另外一方面。这个方面的关系，浙江、江苏和上海处理得比较好。曾经担心，假如上海发展海中码头，会不会影响浙江北仑港的发展，现在解决得很好。浙江沿着海中码头这一带地区可以带动起来，同时，北仑港也明确了发展方向，作为专用码头带动了宁波等地区的发展。这就是一种积极的资源重组，做到了功能互补，各地都能够发挥长处，最后实现总体最优，各个地区都有充分发展的空间。这一类是今后很好的发展模式。

今后的发展中，第一个层次是，我国需要几个国家级的中心，在经济全球化的过程中，必须有很强国际竞争能力的中心。这些中心要有多方面的、综合性的条件。第二个层次就是要有一些地区中心，这些地区中心可以带动地域发展，建立规范的市场体系，突出特点，凝聚力量。以后再进一步发展，可以有一些集团中心。在功能结合地域形成中心，集团中心要适应国际竞争的要求。如家电产业，现在浙江等省份办得很好。再进一步，就应实现集团的重组，通过行业协会、中介机构等，使力量能够凝聚起来。同时，通过集团的建设，带动基层，调整基层经济的结构，能够实现包括农村小城镇的共同富裕，功能上能够渗透到最基层的一些地区。也可以在实现龙头企业带农户等过程中，发挥很好的作用。

在进一步发展中，城市应该着重注意发展潜力的培养，对自己有一个清醒的认识，从而能够找准自己在进一步发展中的位置，发挥作用。城市发展潜力可能有六个方面会起很重要的作用：一是经济实力，二是社会组织，三是管理体制，四是资源条件，五是基础设施，六是政策法规。这些方面都有具体指标，还有一些更精细的计算。城市有三个能力特别值得我们注意。第一个是创新的能力，第二个是集成的能力，第三个是科技人才使用的能力、发挥作用的能力。在县级，集成的能力是很重要的一个方面。特别是有些县级地域资源不多，技术创新可能有一些困难，利用现有的一些技术实现集成，这是实现生产力提升的捷径。当然，也可以在体制、管理方面进行创新，发挥经济效益。从目前的情况来看，新形势为县域经济提供了一个非常大的发展空间。现阶段，各县怎样形成特色、形成体系、加强组织、加强协调、认准位置、参与重组，在新时期的发展中找到更好的发展机会，现在是一个很好的时机。

21世纪人类生活与生存的科技

（2004年4月7日）

　　20世纪是世界发生巨大变化的100年，充满了好消息和坏消息。全球以不变价计算的国内生产总值增长约30倍，人口增长不足3倍，人类的生活水平迅速提高。但石油等能源的消耗增长率远大于经济增长，资源的消耗与生态环境的变化令人震惊，已经威胁到人类的生存。20世纪是一个物理学大展神威的年代，人类生活发生了前所未有的变化。21世纪，科技将会更加迅猛地发展。如果说过去的100年中所积累的知识相当于人类历史上知识的总和，21世纪知识积累的速度可能数倍甚至百倍于此。知识将推动21世纪世界的社会经济继续发展，生态、环境状况相应地改进，人类的消费方式、生活内容也将随之发生巨变。20世纪，人类社会享受了科技进步带来的福利，但也遭受了由此引起的、从未经历的痛苦。暴力冲突、经济危机、生态灾难、环境污染，在20世纪空前尖锐地凸现在世人面前。贫富差距日益扩大，社会矛盾十分突出，环境警报不断响起。所有这些，都为全球的发展伏下不安定的隐患。

　　本文从管理学的角度来回顾过去百年的世界历史，研究新世纪可能发生的进步，并探讨更好地建立世界和平与合作、实现共同发展造福的方案。中国是一个具有悠久历史的古国，在长期发展中创造了辉煌的文明，对世界的科技发展作出过重要的贡献，也曾是世界上最富裕的国家；近代，由于种种原因落后了。新中国成立以后，特别是改革开放以后，中国的社会经济迅速发展，正在迎头赶上世界的潮流。当前，是国际力量重新组合、经济结构发生转变、科学技术实现突破的重要时期。研究 21 世纪的科技发展对人类的影响，意义深远。全球真诚的科技工作者应当携手合作，努力作出更大的贡献。

一、20 世纪的经验与教训

20 世纪物理学的许多重大发现，推动了世界史无前例的经济增长，人类生活也相应地发生了惊人的变化。按不变价计算，过去的 100 年内，全球的国内生产总值增加了约 30 倍，其中，1950 年到 2000 年就增加 8 倍。与人类历史上经济年增长率长期在 0.1% 以下的情况相比，过去的 20 世纪可以说是创造了一个奇迹。就人类的生活与生存而言，某些变化是惊人的：短短一个世纪中，人类的平均寿命增长了约 25 年；20 世纪最后的 30 多年中，许多地区的生活实现了电气化，电视、通信、航空等设施的价格降到了普通居民可接受的水平，衣着、食物的供应在大多数地区基本得到保证。

20 世纪的经济增长不时地为一些事件所打断。这些事件经过长期的酝酿，遇有适当环境就由偶然因素诱导，爆炸性地发作，对社会、经济生活产生破坏性的影响。第一次和第二次世界大战以空前的规模，向人们暴露了国际社会中各种不安定因素已发展到何等可怕的程度。1929 年开始的世界性经济危机则说明，在经济规模空前扩大、技术手段持续发展、经济活动形式不断丰富、文明的多样性尚未得到尊重的时期，国际社会应当学会以一种与以前不同的方式来调整关系、建立秩序，引导经济社会向着有利于人类福利的方向前进。

意味深长的是，破坏严重的事件却没有阻碍科学技术的持续发展。作为强大的动力，在战争、建设、灾难性时期，科学技术都充分发挥了作用，并从以上事件中汲取有益的信息补充了自己。第二次世界大战中开始的曼哈顿计划成为20世纪人类科学技术三大创举之一，虽然制造原子武器并非一些科学开拓者的初衷，但是由此而产生的和平应用原子能的大量研究成果使人类受益匪浅。许多原本为军事目的开发的技术，在战后大量转为民用，有力地推动了社会经济的发展和人民生活水平的提高。20世纪50年代，在美国的家庭中，咖啡壶还是难得见到的用具，但到60年代，数年之内，美国全国就普及了电气化炊具、电视机等家用电器。其他许多国家，包括中国的发展，也经历过这样突飞猛进的过程。也许战争的特殊环境，使人力资源的应用更富有效率，对技术竞争的需求也更加迫切，可以用相对较低的投入产生高质量的研究成果。

对影响人类社会生存的紧迫因素进行分析引起了各方面的关注，但是认识差异极大。大体而言，20世纪40年代以前，调整经济结构、改进宏观管理、发展生产能力、提高投资效益、增加劳动就业，被认为是社会经济发展的最重要因素。凯恩斯于1936年写成的著名的《通论》，就以货币、利息和就业闻名。1929年爆发的世界性经济危机和两次世界大战的惨痛教训，使这方面的调整取得了明显的成效，并且成立了世界银行、国际货币基金组织和关贸总协定等机构来调和世界经济关系；建立了美元与黄金挂钩、其他国家货币与美元挂钩的"双挂钩"汇率制度，以稳定货币。这说明，国际社会对保持持续、稳定的增长有着迫切的要求。

第二次世界大战以后，各国经济迅速恢复并开始增长。20世纪50年代，世界经济年平均增长率达到5%左右；战后还出现了所谓"婴儿热"（babyboom）时期，人口平均年增长率达到1.9%；由此产生的问题是不可再生资源短缺和粮食生产不足。50年代的绿色革命获得巨大成功，许多地区的粮食产量在10年之内增长了一倍。推动绿色革命的是高产良种的开发和推广，被称为"绿色革命之父"的诺曼也于1970年获得诺贝尔奖。不可再生资源的匮乏则刺激了技术进步，高分子化学材料不断改进，替代产品不断出现，探矿和采矿技术不断发展；同时，社会对已使用过的材料回收和再利用的制度和技术也不断创新。这些进展，从增加供给、提高效率、拓宽资源等方面有效地缓解了资源问题。

然而，问题还远没有解决。支持这一时期世界经济增长的重要资源是石油，不但加工部门以石油为"工业的血液"，农业绿色革命所推广的高产良种也需要大量化肥和配套的灌溉系统，这些同样依赖于石油的供给。20世纪50年代经济5%的年增长率建立在石油消耗年增长7.6%的基础上，即每9年石油的消耗量就翻一番。1972年，发生了世界性的粮食歉收。据世界粮农组织报告，这一年，全球的小麦产量下降2.1%，粗粮减产2.8%，大米减收5%，渔业捕捞量也减少了6.7%。这些因素的总和使当时世界的粮食库存几乎耗尽，不得不依靠当年生产维持各方面的需要。20世纪90年代，有4年世界的粮食库存严重低于联合国有关组织确定的安全线。这个事实证实了诺曼的预言，他在接受诺贝尔奖时的致辞中提醒世界：绿色革命并没有解决世界的人口增长过快的问题，只是为解决这个问题争取了30年的时间。随着农业问题而来的是"石油危机"。20世纪50年代至60年代，石油的价格大体在每桶2美元左右，但是，石油储藏因无节制的消费而迅速减少，一些专家当时估计 30 多年后就可达到枯竭的程度。石油输出国调整了政策，1974 年，石油价格猛增至 9.76 美元/桶。以后，油价持续攀升，1982 年达到 33.47 美元/桶的高峰。世界经济对此反应灵敏，80 年代初，年增长率一度跌至 1.7%，一些国家甚至跌入了负增长。这次经济衰退的原因与 30 年代完全不同，由于资源匮乏，许多国家出现了通货膨胀率和失业率双高的经济滞胀现象。国际社会重新认识人口、资源、环境、发展的关系，研究相应的对策。

有枯竭危险的资源不仅是石油，还包括土壤和其他不可再生的资源。全世界的表土储量不到 3.2 万亿吨，每年约减少 230 亿吨。按此速度，不到一个半世纪的时间内，全球的表土就将消耗殆尽。种种原因还造成土地质量的下降，加剧了土壤资源的危机。在自然条件下，再生表土层的速度很慢。据美国科学院的估计，自然状态下在美国，300 年只能生成 25 毫米的表土层。由于土壤资源的大量流失和退化，联合国将沙漠化的概念扩大到荒漠化。在 1992 年的世界环境与发展大会上，各国一致同意，将防治荒漠化列为优先采取行动的领域。据联合国的统计，全球陆地面积的 1/3 受到荒漠化的影响，耕地、草原、森林都在受到威胁，10 亿以上的人口生活在荒漠化地区。

有的资源不一定枯竭，但供给赶不上需求的增长。水是一种最基本的资源。地球上的生命起源于水，生物界的存在依赖于水，人类社会的发展也离不开水。在干旱地区，人们建造水库储存淡水，将淡水从遥远的水源引到用水地点，这些努力取得了一些效果，但也带来某些灾难性的后果。人们对水资源利用的认识仍在不断深化中，许多知识是从教训中得来的。21 世纪，争夺水源将成为许多地区冲突的根源，保护水源、合理分配、协调行动是唯一的出路。水是人类离不开的资源，但也可能给人类带来灾难。特别是当人类的活动破坏了自然界的平衡，污染了水资源时，会带来一系列与水有关的疾病，如疟疾、伤寒、霍乱、血吸虫病等，更不用说洪水泛滥带来的直接破坏了。许多地区面临缺水的威胁。中国是联合国列出的世界水资源最匮乏的 12 个国家之一，问题更加突出。导致认识转变的不仅是资源匮乏，还有生态系统的损害和环境污染造成的对人类生存条件的威胁。二氧化碳的大量排放造成温室效应，二氧化碳排放量不断增加导致酸雨和广泛的污染。还有水土流失、许多生物加速灭绝、超标噪声污染导致生活环境的恶化，臭氧层受到严重破坏造成的长期危害等明显威胁人类社会健康、持续发展的问题，促使国际社会日益关心社会、经济、环境、资源的协调发展。

我们的生存环境质量与生态系统密不可分。据统计，1 公顷森林每天可吸收 1000 公斤二氧化碳，产生 750 公升氧。为了平衡二氧化碳及氧气，城市居民平均每人需要 5 平方米的绿化树木和 25 平方米的草坪。为了防止水土流失，制止荒漠化的发展，减少水和空气的污染，创造适于人类生存的环境，必须保持良好的生态环境。国家环保局报告，中国的荒漠化土地已占国土面积的 27.32%；草地退化面积达到 105.23 万平方公里，并仍在以年增长 2% 的速度发展；干旱、半干旱和亚湿润干旱区的退化耕地已占全部耕地面积的 40.6%，对我们的生产、生活带来极大危害。30% 的国土受到酸雨威胁，80% 以上的河流段受到不同程度的污染。这些数字使我们感到心惊。

20 世纪 60 年代至 70 年代，随着工业生产的日益扩大，浪费性的消费方式扩展，无节制的生产和消费产生了大量污染环境、损害健康、破坏生存和生活条件的副产品，出现过日本水银中毒的水俣病（又名痛痛病）、美国芝加哥的空气污染、多种污染物对时代海滩的污染、切尔诺贝利核反应堆爆炸的放射性污染等触目惊心的案例。日本因工业废水污染海湾，大量水银进入鱼类体内，又通过食物反馈给人类；美国的时代海滩由于大量废物随处倾倒，医用废弃针头、绷带等狼藉一片，以致这个有名的休假地被迫关闭，清理人员进入现场时不得不佩戴防毒面具。越南战争中，美军大量使用落叶剂，造成氯疮蔓延，它是强烈的致癌因素，对人类健康有严重危害。近年，美国在伊拉克和南联盟战争中使用的贫铀弹，在当地居民和曾接触过有毒环境的士兵中造成许多伤害。专家认为，当被辐射污染的尘埃吸入体内时，其影响是致命的。

19 世纪以来人口的加速增长，更使得以上问题变得更加迫切。世界人口从 10 亿增加到 20 亿经过了 100 多年，然而从 50 亿再增加 10 亿只经过了 12 年。1950 年到 1970 年，世界人均年经济增长率为 3.1%，1980 年到 1990 年降至 1.1%，而在 90 年代初成为负增长。从 60 年代起，不少学者已经进行了多方面的研究，认识到世界不可能支持无限膨胀的需求。70 年代中期，开始出现可持续发展的名词；1980 年，在国际会议上正式提出了可持续发展问题。1987 年，世界环境与发展委员会在《我们共同的未来》报告中对可持续发展给出了明确的定义。迄今为止，关于可持续发展的定义至少已有 70 多种，说明大家对这一问题的严重关切。但是，由于问题的复杂性，还没有任何一种定义被公认为是权威的。被国际社会提到较多的，是 1992 年世界环境与发展大会上所提出的："在不损害未来世代满足其发展要求的资源基础的前提下的发展。"这种定义不一致的情况，正好说明当前国际社会虽然已经认识到了问题的严重性，却还缺乏深入研究和统一协调的分析，更不用说对解决问题采取联合行动了。

环境污染不仅影响了人类的居住条件，还直接对人类繁衍生息构成威胁。20 世纪 60 年代以来，医学家发现，有的经济发达国家中，男子的性功能减退。40 年代，男子每毫升精液平均有 6000 万个精子，近年来已降低到 2000 万个。与此同时，睾丸癌的发病率上升了一倍多。有些西方国家发现，这种现象已使本国的生育能力受到严重影响。滥用激素造成许多地区的儿童性早熟，甚至发生变性。这种情况所造成的长远后果难以准确估计，但无疑是十分严重的。

二、21 世纪人类生活、生存的基本需求

人口数量是人类社会生活、生存基本需求的基数，20 世纪是人类历史上人口增长最快的时期，特别是第二次世界大战结束以后，死亡率的快速下降和出生率的猛烈反弹以加倍的力量推动了人口增长。70 年代以后，可持续发展和计划生育的观念逐渐得到国际社会的认同，安全、有效、方便的计划生育方法不断发明，使许多家庭乐于自我约束生育行为。许多国家的社会经济政策，也有助于孩子少的家庭在经济发展中获得更多的利益，世界人口猛烈增长的势头正在得到控制，这一点可以从联合国每年发表的人口预测中得到确认。根据联合国 2000 年的人口估计和预测方案，世界人口在 2000 年年末将为 60.57 亿人，到 2050 年将增长到 93.22 亿人；高方案到 2050 年，世界人口将达到 109.34 亿人，低方案则为 78.66 亿人。这一预测比 10 年前有较大幅度的下降，与 20 世纪从 16 亿人增长到 61 亿人相比，更是戏剧性的变化，充分反映了世界在节制生育方面的进步。

对世界许多地区生育状况考察研究的结果表明，人类在不采取任何人工节育办法时，平均每对夫妇生育的子女数为 12 人至 13 人，这个数量比生理上可能达到的极限平均数约低 1/4 ~ 1/3，其原因是许多社会禁忌、风俗会影响生育水平。例如，一些非洲

国家在女儿生育第一个孩子后，母亲就不再生育；还有一些国家和地区，因财产分割、妇女审美观影响等各种原因，导致许多家庭自发地采用传统方法减少生育数量。真正导致世界性人口增长率大幅度下降的，是经济社会发展导致生活方式的改变及现代化的计划生育方法的发明、传播。20世纪60年代发明的口服避孕药与宫内节育器，对控制人口过快增长起了重要作用。这些方法简单易行，避孕效果较好，价格也在可接受的水平。尽管如此，由于人口基数庞大，20世纪全球人口增长的80%发生在下半个世纪。第二次世界大战以后人口高速增长的主要原因，是死亡率的快速下降。由于现代医药成果和公共卫生知识与服务有效地向发展中国家，特别是贫困落后地区扩散，这些地方的预期寿命大幅度提高，平均每年约提高0.5年；有的地区由于卫生条件改善，在短短两年左右的时间内，死亡率下降到原有水平的1/3。直到90年代，节育技术传播的效果才逐渐显现出来，在世界上大多数国家和地区得到政府和民众的认同。

20世纪开发的避孕方法仍存在许多缺陷。例如，许多避孕药物干扰了一些女性全身系统的功能，或多或少地造成不适。有的妇女使用宫内节育器时流血过多，也有的避孕方法导致少数接受者永久失去生育能力、不可恢复等。因此，研究百分之百有效、百分之百无副作用、百分之百可恢复的节育技术始终是许多研究人员孜孜以求的目标。近年来，符合国际医药发展总方向的新一代避孕药研究取得很大进展，这一代避孕药将不对使用者全身生理系统造成影响，而是针对负责怀孕的基因和相应的蛋白质发挥作用，以女性或男性的卵壳促性腺激素、卵子或精子表面抗原为目标，开发新型免疫避孕药、产生抗体或免疫细胞而达到避孕的目的。近年来，化学药物的副作用越来越受到各方面的关注，天然产品和植物药受到重视。相应的，新型避孕药也将在数年至 10 年内出现。这些避孕方法虽不能在近期内完全达到上述 3 个百分之百的理想化效果，但也可以推动新一波人口增长控制的高潮。这一次的高潮将在发展中国家，特别是一些最不发达国家中产生，在半个世纪中见到明显的效果，并在 21 世纪末巩固其成果。目前的问题主要不在于技术上的困难，而是由于这些药物的销售利润很低，可能无法激发生产企业的研发热情，因此，需要国际组织和各国政府的投入和推动。

迄今为止的避孕药大多是女用的，其技术上的原因是女性避孕药的有效率高达 99%，而男用的避孕药只能达到 70%～80% 的有效率。为了使男性、女性在计划生育中同样负起责任，一些科学工作者致力于研究有效、安全、可逆的男性避孕药。目前，已有一些初步的试验结果。例如，可以采取用膏药通过皮肤给男子输送睾酮，同时口服孕酮的办法，作用于脑垂体使其误认为精子已经足够，从而阻止睾丸生产精子。口服孕酮的目的是防止单纯使用睾酮而产生的有害副作用。21 世纪初，这一类避孕药将可试验成功，为要求计划生育的家庭带来很大的方便。由于停药后试验者的精子数目可逐渐恢复到正常水平，其可逆性很好，将受到使用者的欢迎。

影响世界人口总数的另一个重要因素是人类寿命的延长。近年来，不断有人宣称发现了负责寿命的基因，动物试验中也发现某些器官与寿命有密切关系。例如，狼章鱼通常在产卵后很快死亡，但实验室中发现，此时将其头部的某个腺体割除，可使之恢复活力并延长 1/3 的寿命。但是，对人的研究远没有这样幸运。有的未来学家曾预言，21 世纪人类的寿命可延长到千年以上，这无疑是太乐观了。即使长寿基因已被发现，要弄清其作用机制也还有很长的路要走，在这类研究的基础上发明基因治疗的技术则更是困难重重。但是，近年许多研究成果使我们确信，人类在

21 世纪可以活得更长久、更健康。例如，最近有医学研究人员发现，使用人体表皮生长因子（EGF）治疗创伤后，在愈合创口的表皮成熟细胞层中可以找到表皮干细胞，这对大家都是一个意外的惊喜。长期以来，基础医学研究得到的结论是，表皮干细胞只存在于皮肤基底层，也只有表皮干细胞才有分化增殖的功能，而棘细胞和颗粒细胞这样的成熟细胞层中没有表皮干细胞，因而皮肤衰老后不可能重新恢复。人体表皮生长因子治疗的意外结果，使我们燃起了青春永驻的古老希望之火。通过干细胞的研究实现人体器官的再生，前景也很光明。同样，将新的发现发展为成熟的技术还有许多工作要做。多数科研人员认为，人类平均期望寿命可望于 21 世纪提高到 110 岁左右，与 20 世纪平均寿命提高的幅度大致相当或略高。

中国的人口在 20 世纪初因内忧外患交困，半个世纪中数量没有明显的变化。中华人民共和国成立以来，人口平均期望寿命增加了一倍，远远超过世界人口平均寿命的增长幅度，并还在稳步提高。同时，社会安定、经济发展、生活提高又促使生育率强烈反弹。20 世纪 50 年代到 70 年代是中国人口高速增长的时期。70 年代开始的计划生育工作成效显著，出生率急剧下降，目前中国已经被列入世界低生育水平国家的行列。尽管如此，由于中国人口基数庞大，全国人口总数包括台湾、香港、澳门已达 13 亿，其中处于生育能力旺盛时期的人口比例很高。因此，在 21 世纪的前 40 年内，中国人口总量仍将缓慢上升；到 21 世纪中期，达到 16 亿的峰值。很有可能，21 世纪中期以后的社会经济状况将使中国社会保持低生育水平的趋势，其结果将使全国人口数量逐步缓慢下降，并到 22 世纪中期达到 14.5 亿至 15 亿。中国在很长时期内将维持庞大的人口，不可再生的资源则将不断减少，这就是我国在发展过程中将面对的一个现实。

人类最基本的需求在任何时候都是衣、食、住、行。其中，"民以食为天"，食物供应更是重中之重。联合国于 2000 年发表的《关于世界资源的报告》，也将食品供应列为 21 世纪农业面临的最大挑战。不管饮食结构如何调整，提高粮食生产、保护农田资源是最根本的任务。中国地少人多，人均占有土地不到世界的 1/3，土地资源与世界平均水平相距甚远。因此，一方面要从政策上引导，发展经济作物，扶持劳动密集型产业的成长，形成规模化的创汇农业、订单农业、特色农业，建立符合国情的生产体制，帮助农民致富；另一方面，要从技术上采取一系列有效措施，实现稳产高产、保护生态环境的目标。按人年均 800 斤粮食计，中国人口达到最大数量时约需粮食 6 亿吨至 6.4 亿吨。目前，世界粮食市场可供量约为 2.2 亿吨，中国的粮食若不能做到基本自给，必定导致世界粮食价格暴涨，我国将为此付出沉重代价。实现粮食稳产高产应当是农业生产的基本任务。近年来，我国在优质高产的大米、小麦良种培育方面取得了许多突出的成果，我国的优质高产水稻产量打破了世界纪录；利用基因技术等先进科技方法，培育了蛋白质含量高达 16% ~ 17% 的优质小麦；在油菜等作物品种方面，也有许多新的成果。尽管高产良种推广已经取得很好的效果，但是由于这些良种一般都需要施用大量化肥和农药，推广良种也成为环境污染的一个重要源头。21 世纪的中国农业将进一步利用生物工程技术，同时达到改善作物品质与保护生态环境的目标。数字技术、通信技术也将广泛应用于农业生产，使农业资源得到最优利用。

转基因技术在农业上的应用，将是 21 世纪经济发展的一个亮点。20 世纪末，世界已有了数千种转基因作物，其中数十种已形成商品规模。转基因作物的种植面积在 1995 年至 1999 年之间增长最快，99% 的转基因作物集中在美国、阿根廷和加拿大。

美国一半以上的大豆和 1/3 的玉米使用了转基因品种。然而 2000 年，转基因农产品在世界市场上受到了抵制。尤其在欧盟，一些专家、环保人士和农民提出了抗议。他们认为，各种转基因作物含有许多相同的基因，这样就破坏了生物多样性，使生态失衡。有的专家认为，食用转基因食物后可能使异种基因进入人体，从而引起难以预料的后果。生物技术公司理所当然地为转基因作物辩护，它们采用种种技术来保护自己的经济利益。例如，在转基因作物中加入终止基因以使其不能繁殖，加入上瘾基因使作物严重依赖于该公司生产的某种化学物。这种做法使 70% 靠自己育种的发展中国家的农民得不到种植基因作物的好处，反而因通过空中花粉的传播等使自己的作物受到转基因作物的影响，改变了遗传特性，以致产量下降或品质退化。这种情况反过来激起了对转基因作物更强的拒斥。转基因作物在实践中也的确出现了一些令人担心的现象。例如，某些抗虫作物的毒性物质缓慢地渗入土壤，实验室试验中喂食转基因食物的老鼠体内出现异种基因片段等，这些现象的长期后果需要一段时间观察。因此，中国对转基因作物采取了慎重的态度。全国人民代表大会通过的种子法中，专门设立了监督基因技术的应用以保证安全的条款。农业部则据此制定了详细的法规，使转基因技术应用遵循严格的程序，只有 4 种转基因作物被农业部接受并推广种植。此类技术的前景光明，研究人员已培育了一些抗干旱、耐盐碱、抗瘟疫、抗害虫、抗污染的作物品种。在世界人口日益增长、资源渐见枯竭的情况下，转基因作物终将发挥其潜在的作用。加深对转基因作物的认识，加强对转基因技术应用的监管，建立转基因食物在流通过程中的管理制度，正确利用好转基因技术，充分发挥其优势，避免带来的问题，将是唯一正确的出路。全球还有 10 亿人营养不良，每天有大批人死于饥饿，除了在分配机制上的改变之外，技术也可以为帮助这部分最困难的人群发挥作用。

从全球范围而言，可开垦的宜耕地数量不少，但是开发这些地区需要相当高的投入。以最高投入计，全世界的 34 亿公顷可耕地有可能养活 500 亿人，但高投入将使农民无利可图。从经济的角度看，这种可能性变成现实的机会不大。更何况，有些地区的开发还可能带来破坏生态环境、威胁生物多样性等潜在的危险。因而，就可见的技术发展而言，全世界 14 亿公顷可耕地达到 7.3 吨/公顷的产量，即相当于目前最肥沃土地的平均产量，可供 150 亿左右的人口消费，是 21 世纪较现实的估计。

食物的其他来源是海产品捕捞和畜牧产品生产。由于捕捞技术的不断进步，全世界自 1950 年以来的 50 年中海洋渔业捕捞量已接近可持续利用海洋渔业资源 1 亿吨的极限，进一步扩大生产要依靠养殖业的发展。近 10 年内，世界水产养殖增加了一倍，并仍在继续增长。畜牧业的发展余地较大，尽管有疯牛病、口蹄疫等疾病的打击，但工厂化、规范饲养优良品种家畜的发展势头仍在持续。由于畜牧业的发展依靠粮食生产为基础，这一部门对供养世界人口的贡献大部分与粮食的贡献有重复。20 世纪 90 年代中期，美国的研究人员多次发表文章，提出中国人口增长的结果将使 21 世纪全国缺粮至少 1 亿多吨至 2 亿多吨的观点。经过这些年的研究，已经证实这种估计过于悲观。按照目前的发展情况，即使是中国这样人多地少的国家，依靠加强投入、科学管理，仍然可以基本满足本国的食物需求。一些科学家正在研究以单细胞蛋白质为基础，用工厂化的方式生产食物，但在同时满足营养和享受两方面的要求上还有困难。迄今为止，利用生物进行食物生产仍是最经济、最合理的途径，合成粮食的技术至少要到 21 世纪下半叶才有可能趋向实用。

"无农不稳、无工不富、无商不活"，是中国许多地区发展过程中朴素的总结。食物得到稳定的供给以后,对衣、住、行的要求就会相应地提高。由于化学纤维的发明,对衣着的需求已在较大的程度上得到满足,科技的发展将为 21 世纪的衣着带来新的惊喜。纳米材料的进步可以使衣物的保洁程度大大提高,洗涤也变得更加容易,相应地减少了生活污水的排放。各种生物蛋白丝织品,如牛奶丝、蜘蛛丝等也都因有利于皮肤保健、强度高等原因受到关注。在未来的 10 年至 20 年之内,新型电源的不断进步也可能使冬衣变得单薄。从技术的角度而言,许多产品的生产已经没有不可逾越的障碍,只要生产工艺和规模使价格达到消费者能够买得起的程度,就可能在数年内迅速普及。世界的汽车生产已经过剩,每年约有 1500 万辆以上的过剩生产能力。但是,许多发展中国家的汽车普及率仍然很低,潜在的消费市场很大。汽车业的发展受到石油生产和空气污染两方面的制约。从 20 世纪中期开始,有关部门就不断发出石油处于枯竭边缘的警告。然而 20 世纪末,全球探明的石油储量约达到 1413 亿吨,比半世纪前的数字增加了一倍多。石油开采技术水平的提高,也使过去不能开采的资源得到更充分的利用。不过,我们现在的确看到石油匮乏的危机在逼近。21 世纪,石油的价格将随着资源的减少而不断提高,10 年后可能达到 40~45 美元/桶的水平。石油价格受供求关系、稀缺程度和开采成本的影响,迟早会达到影响经济增长和私人消费的程度。由于高速公路的普及和生活水平的提高,汽车不可避免地将成为居飞机和火车之前的首选常用交通工具。随着石油价格的大幅上扬和其他能源技术的进步,电动汽车,以及使用氢能源、太阳能源和其他可再生能源驱动的汽车将迅速发展,其市场容量在 2010 年至 2020 年间可能达到 5 亿辆左右的规模。全球定位系统及其相关技术也可以廉价地广泛应用于交通业,使人们的旅行更加舒适、方便。

智能建筑在 21 世纪已经不是梦想或是试验性的，这是各种先进技术的综合实现。各种新材料的发明，使建筑更加坚固、保暖、安全。除了建筑结构外，内部装修材料日益符合环境保护的要求。强度比钢铁高五六倍的塑料已经试制成功，各种有记忆的热敏、光敏材料与家庭用计算机系统相配合，可使日常生活变得更加舒适。面对着全世界老年人口占总人口的比重不断上升的趋势，与人类更加相似的各种机器人将成为老年人生活中必不可少的助手。到 21 世纪中期，中国 65 岁以上的老年人将占全国人口的 1/5；22 世纪中期，这一比例将上升到 30% 左右。这方面的潜在市场十分巨大。当然，随着社会经济发展、科学技术进步，老年的定义可能不断修改，但是，一个老龄社会的出现是确定无疑的。科技进步将为老龄社会的服务提供强大的技术支撑。

三、网络经济对社会生活的影响

从 1969 年 11 月世界上第一条试验性的网络成功接通以来，网络技术以不可阻挡之势迅猛发展，经济全球化的趋势促进了网络技术的发展，网络的发展也反过来推动了经济全球化的进程。20 世纪初，世界的生活还是以马车和蘸水笔为代表，科学技术掌握在少数人的手中。21 世纪却是以航天飞机、电子计算机作为新时期开始的标志，遍及全球的计算机网络、通信网络和电视网络将信息迅速传到各地，即使扣除大量的垃圾信息，有效的信息仍然以爆炸之势增加，科学技术为越来越多的人所掌握。通过网络，人们方便地得到终身学习的机会，可以廉价地获取宝贵的资讯，能够在最大范围内传播自己的研究成果，更能在网络上从事各种各样的业务工作。今天，已经不是"秀才不出户，便知天下事"，而是"常人不出户，能办天下事"。一些国家中，在家通过网络而不设办公室的工作模式已开始悄然兴起。信息技术和网络经济的发展深刻地改变了经济的基本框架，从而改变了某些基本经济规律，也影响了人类社会的生活、工作方式。这些变化在 21 世纪仍将继续，不但使国家、部门、企业、机构的管理发生巨大变革，还给每个人的思想、行为打上深深的烙印。

信息技术在 20 世纪 80 年代开始得到一些经济发达国家的重视，这些国家围绕信息系统的建设和应用，进行了广泛的产业结构调整。随着科学技术的推进，这种结构调整在 90 年代产生了明显的作用，形成了美国 146 年经济史上历时最长的 10 年繁荣时期。从 90 年代中期起，一部分专家以网络经济来概括其特点。网络经济发展的前景值得我们关注。美国的二板证券市场纳斯达克指数从 1993 年开始，在网络和生物两大概念股的推动下迅速窜升，数年间自 600 点左右到 1998 年超过 3000 点，1999 年超过 4000 点，2000 年 3 月 10 日更达到了创纪录的 5048.62 点。但是好景不长，在一个月之内开始下跌，2000 年下半年更是不断狂跌，一度曾达到 1400 点以下，以后虽有回升，至今也只是徘徊在 2000 点左右，世界股市也同时落入低谷。一些经济学家将这种现象称为"新经济神话的破灭"，这种说法是否确有道理，需要认真研究。新经济是 1996 年年底美国《商业周刊》一组系列文章中提出的名词，其准确的含义迄今尚无一致的意见。这个名词为当时活跃在国际舞台上的一些政治家所接受，于是迅速地广泛流传。1997 年，在达沃斯召开的世界高级经济论坛上，美国总统克林顿就集中描述了新经济的作用并竭力推动全世界接受这一观念。许多风险投资者也在这种风气的带动之下，慷慨地向网络公司投资。一时间，各种各样的网络公司风起云涌，有公司对公司，公司对顾客、中介等多种不同形式。虽然这些公司的运行业绩不佳，普遍存在巨额亏损，但是，一些人大力宣扬其美好的前景，许诺投资者在将来可以得到超额的回报，于是在证券市场上成为炒作热门的概念股。建立在高速网络、信息技术、虚拟资本基础上的新经济，曾被一些人吹嘘有许多突出的优势，可以完全改变经济发展的轨道，总结起来主要有四条：一是信息产业可以持续增长，不会有需求疲乏之虞；二是生产企业可以实现零库存，从而大大节省成本；三是传统的经济周期消失，可以保持不断增长；四是社会可以获得稳定的高利润率，保持富足与安定。这次股市风潮反映了对网络作用的过分夸大，将使经济产生大量泡沫，从而增加发生危机的机会。然而，轻视网络经济的作用也将使我们在发展中失去先机，造成损失。

网络经济的重要部分是电子商务和电子政务的发展。政府起着关键的决策、引导和支持作用，而大公司则成为电子商务的推动者。许多国家的政府投入大量公共资金建立卫星系统、光纤网络和其他相应的设施，同时，还在立法、规划、确定规则、加强监管等方面，作出了巨大的努力。大公司为了节省运行成本，带头实施网上采购、网上销售等。这样做的结果带动了其他企业，也影响了消费者。例如，美国的三大汽车集团联合在网上采购，其总价值达到 2000 亿美元左右。其结果是使一大批与这些集团有业务关系的中小企业，不得不参与网上采购活动。美国三大汽车集团通过网上采购，每年可以节省上百亿美元的费用。电子商务的发展，也使企业管理更加科学，消费者得到更好的服务。近年来，利用网络进行管理的方式，从 20 世纪 80 年代只是数字、信息传送的初级阶段不断发展，首先创造了各种适应不同情况的企业资源计划系统，使企业的资源得到最好的利用；进而提出了客户关系管理系统，将客户的各种信息加以组织、进行分析，为客户提供满意的服务，也从客户的信息中研究改进企业的运作；最近，则适应计算机、通信、电视三网合一的趋势，进一步发展利用全社会资源，实现资源的最优配置，进一步发展个人信息管理系统，加强了有针对性的信息分析、处理。从客户的角度看，管理工作进步的最大好处是，可以获得个性化和透明度更高的服务。利用多媒体技术和网络环境，客户可以按自己的消费爱好，对所购置产品各个部分提出个性化的、独特的需求，并可通过网络系统了解自己的订单正进行到生产流程哪一个部位。电子商务的活跃还推动了其他部门参与网络经济活动。为了方便网上购销，电子货币已经出现，并在实践中不断改善。电子支付、电子结算、电子签名等为电子商务活动服务的技术，也得到各方面的关注，其中一些部分还有专门的法律保护。今后 10 年内，这些技术和法律还将进一步完善。

电子政务的发展大大提高了政府工作效率，增加了政务的透明度，促进了廉政建设。利用网络，可以使政府有更好的工具实施宏观政策。例如，我国中央银行近年来组成银行间债券交易系统，利用公开市场操作，在市场上货币供需失调时，通过网上银行间债券的买卖实现货币调控。当市场上货币过多时，中央银行从商业银行售出债券；市场上货币过少时，中央银行向商业银行购入债券。公开市场操作没有直接向市场投入或收回货币，但间接调控了市场货币供应，避免出现通货膨胀或通货紧缩，也减轻了直接投放或回收货币对市场造成的冲击。"中国电子口岸"执法系统将海关、国检、工商、外贸、税务、银行等部门联网，大大提高了这些部门的办事效率，并解决了许多过去花费大量资金而未能彻底解决的问题，如出口退税中的骗税问题、虚开增值税发票问题，也提高了服务质量。广州海关提出了"零通关"的设想，使客户的通关时间大大缩短，得到国际同行的高度赞誉。从技术的角度看，无线上网具有十分诱人的前景。美国使用移动电话的人数超过全国总人口的 1/3。中国位居世界第二，仅 2001

年，全国移动电话新增用户就达 5466 万户，使用者估计很快可以大大超过 1 亿人。无线应用协议已成为网络和移动通信的关注热点。无线上网的最大优势是方便，可在任何地点开展有关业务，这正适应了 21 世纪发展的潮流。信息专家们认为，无线上网将推动形成因特网发展的第二次浪潮，相应地也会影响电子商务的发展。估计在今后几年内，全球移动电话用户可能达到近 10 亿户，其中可能有 10% 以上将参与上网。这是一个巨大的潜在市场，吸引了许多大公司。目前，无线上网或移动上网在速度和技术标准两个方面还有一些问题需要解决。上网速度较慢影响了无线设备下载图像等复杂应用，技术标准混乱则提高了发展无线上网的成本，阻碍了无线上网应用的推广。随着 3G（第三代）无线技术的成熟和普及，这些障碍将会逐步消除。目前，有些专家已在讨论 4G（第四代）移动通信技术的开发。可以肯定，21 世纪的前 10 年内，这一领域还将更迅猛地扩展，带动经济增长、消费水平的提高和生活方式的改变。中国在第十个五年规划期间，将实施五大信息工程，即信息资源开发工程、信息基础设施工程、信息化应用工程、电子商务工程和信息产品工程。通过五大信息工程的实施，中国将建成高速宽带网络和移动信息网络，充分利用基础设施和信息资源，全面实施以信息化带动工业化的策略。"十五"末期，中国的互联网络用户可达到 1 亿户，电信运营业和电子信息制造业增加值将达到国内生产总值的 7% 以上。

网络经济带来的不只是好消息，也有许多网络问题困扰着国际社会，以致有的国家专门出版了《计算机犯罪》杂志。黑客的攻击已成为社会上普遍知道的常发事件，许多网站可以免费下载黑客工具，这使得成为黑客的诱惑力和可能性空前增大。许多少年黑客能量巨大、横行无忌，而一些犯罪分子则利用黑客手段盗窃财物、制造混乱、窃取机密。黑客活动造成的损失难以准确统计。许多企业因担心本企业蒙上不安全的恶名，不愿报告受黑客攻击和因此造成的损失。但仅根据部分企业调查所得数据估计，美国企业每年至少因此损失近百亿美元。政府、国防等机要部门也经常受到黑客的攻击。除了网络之外，计算机操作系统也存在着严重的问题。由于现代软件系统规模庞大，并且由许多软件工程师分工编制，有些大型软件需要上千名软件工程师参与编制，因此，往往不能详尽地检出所有存在的缺陷和漏洞。黑客入侵后，也往往留下"后门"，以备日后方便地再次入侵。目前最流行的微软 Windows 操作系统已被发现存在许多漏洞，最新推出的 Window XP 很快就被发现存在"后门"，而 Window2000 则更是存在着有意预留的接口，由于其名字与美国中央情报局的缩写相同，还引起了一场国际风波。微软的操作系统对外不开放源代码，使用户产生了强烈的不信任感。其产品捆绑上市的做法，更在美国惹上了官司，这类问题今后还将增多。

四、科技发展为 21 世纪带来的机遇与挑战、利益及危险

信息、生物、纳米级材料是影响 21 世纪发展最深的三大技术领域。信息技术将在 21 世纪前 20 年发挥领跑的作用；生物技术的作用在 2020 年以后将日益显现，改变世界的面貌；纳米级材料技术将持续地与其他技术配合，在各个领域推陈出新。生物工程的四大子工程——细菌工程、酶工程、蛋白工程、基因工程中，基因工程将成为核心，由此出发推动医学、农业等领域的革命，为许多身患不治之症的人带来希望，为世界消除饥饿提供条件，也可能为其他部门提供可再生的新原料。然而，这一最具有

创造力的技术也带来了最大的潜在危险。随着人类基因组图谱的完成，对基因认识的深入也可能给我们带来灾难。20 世纪初，就曾经有人以基因的差别为理由提出种族优越论、阶级优越论，也有的国家曾规定禁止具有某种特定基因的人入境。这种歧视来自对基因认识的片面和绝对化，并为法西斯实施种族灭绝的大屠杀提供了借口，使优生学从此臭名昭著。虽然目前我们已经认识到，基因对遗传性状的影响并不是一一对应的，其关系十分复杂，但仍不能排除当个人的基因信息被有关部门掌握后，为当事人带来就业、保险、生活等方面的麻烦和困扰。还有人设想利用基因技术设计理想的、标准的人类基因模型，如果用这样的模型去指导生育，可能会给今后的社会带来难以预料的可怕后果。最近，克隆人的报道引起了一场轩然大波，另一项可能同样有争议的研究却还没有受到足够的关注，那就是胎儿基因治疗。这一技术可以导致将许多人的基因植入一个胎儿，其结果将造出一个超级人，也可能造成一个怪胎，后果难以设想。最危险的或最直接的，也许是基因技术用于制造生物武器。这种武器无声无息，并且有高度的针对性，只危害一个民族、一个人群，而对侵入者完全无害。已有报道，有些国家正在进行这方面的研究。

生物武器对人类的威胁已经远不是潜在的可能，美国发生"9·11"恐怖袭击事件以后又受到炭疽病毒的袭击，但这只是冰山微小的一角。仅就针对人类的生物武器而言，至少就有细菌制剂类、里克次氏体制剂类、滤过性毒菌制剂类、生物毒素类、真菌类五大类别，其中包括了曾使世界遭受重大灾难的天花、鼠疫等，也有目前仍使许多地区束手无策的登革热、埃博拉等疾病的制剂。更有甚者，据国外报刊报道，某些研究人员已经利用基因工程技术，开始培育专门针对特定人种进行毁灭性打击的病毒。科学发明、技术进步的这种邪恶的使用方式，令人不寒而栗。为了制止这种邪恶势力的膨胀，急需国际社会通力合作，建立有效的紧急反应机制和经常性的沟通渠道，严厉打击恐怖活动。

生物武器的危险性，在于病毒及细菌品种的多样性、攻击方式的隐蔽性、影响程度的广泛性。这种武器体积小、重量轻。特别是制成烟雾状的生物毒剂，可以长期悬浮在空中，并在吸入后穿过人体滤过系统及肺泡，造成致命的后果。据报道，理论上，1 微克炭疽病毒孢子可以感染 100 万人，并造成巨大的经济损失。

各个国家、不同社会对基因工程的态度有很大区别。据《远东经济评论》周刊报道，新加坡分子农业生物研究所负责人文卡特斯桑·顺达雷尚在访问中国时，看到机场高速公路旁的一个标志牌上写着"基因改良生物检测实验中心"，感到十分惊讶。他认为，如果在欧洲竖立这样一个标志牌，肯定将引来抗议者。我们也从电视报道中看到，法国的抗议者拥入栽种基因改良作物的农田，拔掉作物并加以毁弃。一般说来，经济发达国家的民众对基因改良或转基因生物的态度比发展中国家激烈得多。其原因是多方面的：经济发展水平不同的国家对技术利用的优先次序不同，文化背景不同的地区行为准则不同，科技知识普及程度不同的人群认识程度不同，等等。要预测生物技术研究和应用的前景，必须考虑到各个方面的反应。

争论最少的领域——生物技术的应用将会最快推广。休闲是任何一个社会永远需要的生活内容。特别是在 21 世纪，老年人口比例不断增加是一个普遍的趋势。目前，包括中国在内的许多国家，劳动者的休假日数已接近一年的 1/3，社会富裕程度持续提高，对休闲消费的需求也会大大增加，生物技术可以为此作出贡献。例如，饲养宠物是许多家庭的爱好，狗、猫受到特别宠爱，但是有部分人对狗毛所含的蛋白质过敏。现在，已有人将人类的蛋白质基因转移到狗毛中，这样就满足了对狗毛过敏者饲养爱犬的需求。今后还可能利用基因技术创造出小如松鼠的牛、羊或其他动物，满足各种爱好新奇的人群的消费需求。

基因疗法将在 21 世纪为许多身患绝症的病人带来福音。这种方法利用经基因改造去掉毒性的病毒作为载体，向人体细胞注入健康基因来修复致病的基因。从理论上讲，基因疗法具有诱人的威力，近 10 年来，各国已进行了 5000 多例基因疗法试验，有些试验获得了令人鼓舞的积极效果。例如，美国斯坦福大学医学院和费城儿童医院就曾宣布对一例血友病患者使用了基因疗法，取得明显疗效。然而，更多的情况是治疗失败。特别是 1999 年 9 月，美国宾州大学一名 18 岁的少年，因接受基因疗法而死亡，引起了轩然大波。在此后进行的调查发现，此项试验中有 10 多项措施不符合规定；而更加惊人的是，调查中发现有更多的研究项目没有报告试验的失败。因此，美国 FDA 裁定，禁止一些研究人员继续进行基因疗法的试验。发生这种不幸事件的重要技术原因是，科学家迄今还不能完全控制作为载体的病毒，当病毒在治疗过程中被激活时，就可能产生严重的后果。一部分专家和社会人士呼吁停止一切基因疗法的试验；但更多的人认为基因疗法仍有强大的生命力，不应由于暂时的挫折而中止；病人及其家属也强烈要求继续试验，不放弃任何可能获救的希望。因此，美国政府仍然对基因疗法开了绿灯，但同时加强了对试验项目的监督。基因疗法在 21 世纪中无疑将不断成熟。可以预料，到 21 世纪 20 年代前后，基因疗法很可能被应用于治疗许多遗传性疾病，并使心脏病、癌症等现代主要杀手的发病率大幅度下降。这些疾病治疗效果的显著提高，无疑将使老年人的生活质量大大改善，同时也将使一些严重影响劳动力素质的遗传性疾病的发病率减少。使这项技术普遍造福于人类的主要障碍不是研究工作的进展，而是治疗的费用。到21世纪中叶，基因疗法可能还只在经济发达国家和一些高收入人群中使用。如果世界经济社会发展顺利，到21世纪末，此类技术也可能会推广到全球各地，为人类社会造福，并将人类的平均寿命提高到一个新的水平。从目前的情况来看，技术进步创造了必要的推力，但要使世界各国无论发达与否，所有人群无论贫富，都能受惠于这种人类智慧的成果，还需要在制度及管理方面作出许多变革，以消除前进的障碍。

生物信息学是近年蓬勃兴起的一门交叉学科分支，也有一些科学家称之为竞争基因学。生物信息学利用了生物和信息科学技术，借助交叉学科的优势，进一步推动基因研究的发展。在人类基因组测序国际合作研究的前期，由于没有重视方法学的研究，项目进展缓慢。组织者加大了对测序方法的投入后，很快促使霰弹法等生物学与信息学技术相结合的新方法脱颖而出，使完成人类基因组图谱的时间大大提前。此后，生物信息学日益得到各方面的重视，成为一些研究部门的研究重点。这一领域的工作成果可以加速基因功能的预测、分子进化的分析，由于许多国家已经允许企业甚至由公共费用支持的基因研究成果申报专利，因此，生物信息学的发展和应用可以预期有丰厚的回报。同时，这一领域的技术进展可以推动遗传疾病治疗方法的进步，并有利于寻找极有价值的新基因，从而推动人类健康事业的发展、扩大资源的利用。

生物技术的正确利用可以在许多方面造福人类。我们很早就知道，生物反应器的利用是制造许多宝贵药物最有效的方法。除此之外，生物技术也可以用来帮助人类生活在更加洁净的环境中。例如，利用高效的菌种、适当的生物填料及合理的工艺，用微生物处理生活污水的效率可以比传统方法显著提高，同时还可节省投资，减少处理器占地面积，延长清理沉淀泥所需的时间。为了解决能源危机，各国正在大力发展替代能源。一些国家使用生物工程技术，例如用酶、发酵菌等用植物或植物产品生产交通能源。已经广泛推广的是用玉米生产乙醇，把 10% 的乙醇加入汽油中，既可以节约汽油，同时还减少了尾气的污染。这类技术的进一步发展可能将生产成本控制在 15～20 美元/桶，极具市场竞争力。

新材料的发明，在任何时候都会对促进生产、提高生活水平有好处。由于研究手段的不断更新，21 世纪将出现许多意想不到的新材料，从而在许多方面改善人类的生活。许多技术进展已经广为人知。例如，超导材料和技术进步，可能使磁悬浮列车投入实用。超高强度塑料的开发，将进一步推动航天、航空事业发展。20 世纪后期发现的一些材料特性，近年来逐渐找到了商业用途。1969 年发现，以二氧化钛和白金为两极，在水中不需通电，受光照后即可将水分解为氧气和氢气。这一现象按发现者的名字命名，但由于效率很低，不能成为生产氢能源的技术，长期未得到重视。以后发现，二氧化钛还有许多用作光催化剂的优良特性，特别是在光照下，内部电子受到激励，使空气或水中的氧还原为活性氧，从而自动分解和清除附着在氧化钛表面的各种有机物。这一特性可以有效地应用于环境保护和医疗卫生，高楼大厦、厨房洁具、汽车、衣着等，无处不能找到其应用。这一技术还在保鲜、脱臭、杀菌等许多方面找到了用武之地，从而为生产、生活提供方便。纳米技术与材料的结合，更可以使原有的材料性能产生质的变化。例如，将一些药物的尺寸减小到纳米级，可以大大提高治疗效果。使用纳米技术制造超微型的医疗设备，可以在血管内自动寻找栓塞的部位并加以清除。一些生活用具的原料粉碎到纳米级以后，制成的商品也将变得容易清洁、方便使用。

可以预期，如果能够正确地使用所掌握的科学技术，21 世纪，人类将生活得更健康、更舒适、更丰富多彩。人类的平均寿命可能延长到自然状态的极限——110 岁至 120 岁，许多不治之症都可得到治疗，衰老、不健康都将成为可以治愈的疾病，我们生活的环境将会得到改善，生物多样性会因人类的正确行动而获得保护，人类会拥有更丰富的知识、更灵活的工作方式和更多的闲暇时间。然而，如果我们不正确地使用自己所掌握的强大科技能力，许多前所未有的灾难也可能发生。这一切都掌握在我们自己手中。

构建信用平台，加快信用建设

（2004 年 6 月 27 日）

改革开放以来，我国经济发展取得了非常迅速的进步，国内生产总值、进出口贸易量跃居世界第六位。同时，国际地位不断提升，中国的竞争力、综合国力显著提高。在当前世界经济错综变化的形势下，在新世纪新阶段全面建设小康社会、加快推进社会主义现代化战略部署，这给我们以极大鼓舞。这次企业界共同召开大会，对于学习贯彻中共十六大精神、讨论信用体系建设问题，具有非常切合实际的意义。

信用是市场经济运行的基础，竞争是经济发展的关键。多年来，国家和地方在立法、执法、建立信用体系方面做了大量的工作，共制定颁布相关法律法规几十件；在建立社会诚信的道德规范、公司治理制度方面，也采取了许多积极措施。最近，国家加强了审批工作，这将对信用建设起到积极的促进作用，在信用建设方面，取得了许多成果。

20 世纪 90 年代初，我国信用建设开始起步。1999 年，上海建立了中国第一个征信机构。10 多年来，这方面的发展非常迅速，很多省区市建立了自己的信用系统。浙江、江苏、广东、上海、北京等地的信用建设系统，已形成一定的规模。最近，上海对个人信用实行信用等级征信制度，将个人征信的评分标准划分为 7 级（600～1700 分。A 级最高，没有贷款记录的为 X 级，不良记录为 H－I）。在北京，建立了企业联合征信系统；在温州，建立了民营企业征信系统。有些地方还建立了网上征信系统，进行网上信用公开查询。信用建设不能一蹴而就，还有一些技术问题。就全国而言，各部委、各地区的信息规范平台不一，在全国还需要建立统一的规范。建立一个新的全国性平台，实现信息互通，有很多技术问题需要解决。

虽然我们取得了一定进展，但应看到，我国的信用建设还存在许多问题，应采取有力措施，加以解决。当前，我国信用方面存在假、赖、骗、诈、欺五个方面的问题。

第一，假。这是群众当中反映最强烈的问题，对社会的影响面最大。假资料、假文件、假信息、假钞、假广告。单是假产品每年造成的损失就达 2000 亿元。

第二，赖。赖账不还，欠债有理。在国内，银行告欠账不还的企业，胜诉率在 95%，个别地方达 98%～99%。即使银行胜诉，真正能够执行的仅占 15%，执行率很低。对于赖账不还者，要实行强制措施，以刑法处理，全力惩处。

第三，骗。骗税问题屡见不鲜。特别严重的是，某些地方把虚开增值税发票作为地方致富的手段，在社会上造成了非常恶劣的影响，对自身也造成了毁灭性的打击。

第四，欺诈。我国的合同欺诈已造成 50 多亿元的损失。从政府角度看，也存在着不合理的收费、不必要的审批费用。这些都严重地影响了经济的运行，造成了几千亿元的损失。专家的研究认为，无效成本的增加是由信用问题造成的。信用问题增加的无效开支成本，占我国国内生产总值的 10%。信用缺失造成的最严重后果是：破坏了市场经济运行基础，动摇了投资者的信心，给经济带来了灾难性的后果，给企业造成了毁灭性的打击。

信用危机不仅发生在中国，国外同样存在。美国的安然公司虚报利润 6 亿美元，隐瞒债务 24 亿美元。整个事件还未结束，在美国接着又发生了一连串的丑闻。资料显示，由此引起企业破产，资产在 100 亿美元的公司有 10 多家，其中最大公司的总资产达 1000 亿美元。世界第三大制药企业默克承认虚报收入 124 亿美元，已引起全世界投资者的恐慌。上市投资银行、律师事务所等合谋进行欺诈，包括世界著名的 5 家会计事务所之一的安达信、毕马威，也卷入丑闻之中。德国发生的机顶盒事件，就是一桩典型的欺诈案件。德国政府对二板市场上市企业所作的调查表明，80％的企业存在虚报问题，德国为此关闭了二板市场。企业的种种不正当行为，短期可以掩盖罪恶问题，但从长远发展看一旦爆发，就会给企业造成毁灭性的打击。前一阶段在美国，拍卖公司拍卖一个总资产 100 多亿美元的公司时，拍卖起价为 11 亿美元，虽然其产品很有前途，但最终的成交价仅为 3.6 亿美元。可以看出，100 多亿美元资产的企业因为信用问题而在拍卖时仅以 3.6 亿美元成交，诚信问题确实很严重。

2002 年，审计署在对 1290 家国家控股企业进行财务审计时发现，67％的企业财务严重不实，问题非常严重，必须引起我们高度的警惕。江泽民同志在中共十六大报告中提出："以为人民服务为核心，以集体主义为原则，以诚实守信为重点，加强社会公德、职业道德、家庭美德教育。"朱镕基同志在《政府工作报告》中提出："切实加强社会信用建设，逐步在全社会形成诚信为本、操守为重的良好风范。"最近在香港召开的第十六届世界会计师大会上，朱镕基同志作了报告，对会计师提出了十六字要求：诚信为本、操守为重、坚持准则、不做假账。这个要求非常明确，已引起了全社会的重视。在中国为什么会产生这样多的信用缺失问题？我以为有以下六个原因。

第一，信用缺失。企业失信所负法律责任太轻，还没有明确的法律界定。

第二，惩罚力度不够。国内的一些地方法院在判决售假企业时，规定按商店销售的账面利润来处理，根本惩罚不够。在法国，提货商销售劣质皮衣，法院的判罚是将其开业以来所销售的全部皮货作为假货进行罚款，按销售总额进行罚款。对制假者而言，信誉荡然无存，最终倾家荡产；对顾客而言，可以得到很好的赔偿。

第三，监管力度薄弱。在我国，很多失信问题没有得到解决。

第四，社会约束力弱，行业自律没有很强的机制，信息不透明。

第五，管理跟不上信用发展。从 1971 年金融衍生品出现，到现在已有 3000 多种金融衍生品。这些金融衍生工具一方面使金融工作的效率增加，适当应用可以降低风险；另一方面，管理不善，对其性能了解不够，就会造成更多风险。从整个世界来看，会计准则存在根本性的问题。目前，中国有很多企业进入金融领域，这应该引起足够的重视。

第六，地方保护主义。很多地方对本地产生的问题置之不问，甚至个别地方对企业存在的逃废银行债务等问题，当作经验公开在大会上进行介绍，问题非常严重。

竞争法是市场经济最基本的法律。广义的竞争法包括反不正当竞争、反垄断竞争，狭义的竞争法指反不正当竞争。在反不正当竞争中，都涉及信用问题。现在，进一步搞好信用体系建设，主要应在以下六个方面采取措施。

第一，加强法律建设，严格依法管理。在知识产权保护、商标法、反不正当竞争法、反垄断法方面，有些已制定了法律，有些正在或将要制定。要通过法律创造公正、公平的市场经济环境。

第二，加强道德建设，强化行业自律。道德建设在国际上很受重视，在中国还应该有行业自律规则来约束。

第三，发展信用制度，提高失信成本。失信成本低廉，回报丰厚，那就容易出问题。要采取修改刑法、列出黑名单、加强制度实施等种种措施，来提高失信成本。

第四，发展中介机构，扩大社会监督。社会监督是很重要的。银广厦最先是报社记者发现并进行报道的。这个事件很典型，记者作了许多细致的调查，我非常赞成。要加大社会监督力度，增加社会知情程度，对中介机构加强建设力度。

第五，改革财务制度，完善会计准则。会计准则不完善，在合法的外衣下可以做假账。美国也是这种情况。我国做了一些工作，但还有更多工作要做。

第六，改革管理体系，落实内部机制。国有企业资产管理方面，长期以来，所有者错位造成了很多问题。最近，有关方面正研究国有资产所有权分期实行的办法，实施的结果有望解决问题。

管理科学技术也是第一生产力[*]

（2004 年 7 月 25 日）

管理在人类社会发展中发挥着非常重要的作用。管理是人类组织社会活动的一个最基本的手段。哪里有人类的共同活动，哪里就必然有管理。很多人都在谈管理的重要性。钱学森同志有个说法特别好。他说："现在，计算机技术中有硬件、软件，还有一个新发展，即'组织件'，我们不妨就叫它'翰件'，是比硬件、软件更高层次的东西，是必须重视的。"如果说劳动者、劳动工具、劳动对象等是生产力系统中的"硬件"，科学技术、智力开发等是生产力系统中的"软件"的话，那么，管理就是生产力系统中的"组织件"或"翰件"。这是因为，只有通过管理才能将生产力诸要素结合起来，才能使其正常运转起来，成为现实的生产力。

管理在生产力形成和发展中的作用，主要表现在：第一，管理决定着生产力发展的环境。同一生产力水平在不同的管理条件下，生产力或者被压抑，或者被解放。第二，管理制约着生产力发展的速度。由于管理或强或弱，生产力发展的速度也或快或慢。第三，管理决定着生产力实现的程度。生产力有潜在生产力与现实生产力之分，潜在生产力只有通过各种因素作用，才能转化成为现实的生产力，而转化的程度取决于管理的水平。第四，

＊ 这是蒋正华同志在中国企业管理高峰论坛上的讲话。

管理决定了生产力的创造能力。被公认为第一生产力的科学技术，从确认科研方向、确定科研课题、筹措科研经费、落实科研人员、组织科研攻关、推广科研成果，直到将其转化为生产技术，形成现实生产力，都离不开管理的正确指挥和周密协调。由于管理的独特作用，它对于其他生产力要素，同和科学技术一样，也发挥着乘数效应。因此，有充分的理由认为，管理也是生产力。管理科学技术包含在第一生产力之内，也是第一生产力。我们必须像重视科学技术那样重视管理。

管理有宏观管理与微观管理之分，两者相互依存。企业管理是微观管理，有特殊的重要性。企业是整个国民经济的细胞，它既是生产关系的体现者，又是生产力的实现者。企业的生产力是社会生产力的微观基础。千千万万个企业，通过有效的、科学的、反映时代特点的管理，健康、协调、持续地发展，国家发展社会生产力的根本任务、全面建设小康社会的目标、基本实现现代化和实现中华民族伟大复兴的宏伟蓝图才能实现。

随着经济社会的发展、科技的进步，企业管理的主体和客体都在发生变化，企业所处的自然环境、经济环境、国际环境都在不断变化。管理的理论和方法，也必须与时俱进，必须不断创新。以往成熟的经验、行之有效的方法和对实践有指导意义的理论，有的可能已经不适应新的情况了，必须用新的理论和方法来代替。海尔20年的发展过程，就是不断创业、创造、创新的过程。这就是海尔的生命力所在、海尔的竞争力所在。这就是张瑞敏先生提出的"海尔流程再造"理论的本质。

从科学管理开始，已经经历了管理理论的多次变革。发展到今天，企业管理有什么特点呢？突出的是以下三点。

（一）以人为本

发展靠人，发展为人。人是企业管理主体的核心，也是企业管理客体的重要因素。管理就一般意义而论，是协调人们的集体活动以达到预定目标的实践过程。管理首先就是对人的管理。国际管理对人的认识过程从"机械人""经济人"到"社会人"，反映了社会进步的历史，以人为本是一次新的飞跃。

（二）知识管理

随着从工业经济时代向知识经济时代的转变，以知识创新为基础的高科技企业发展迅速，知识已经成为企业重要的资源。有学者认为，知识管理即以知识为核心的管理，掌握知识、加工知识、创造知识、应用知识，把知识视为最重要的资源，把最大限度地掌握和利用知识作为企业竞争力得以提高的关键。知识管理可以使信息转化成为知识，并用知识来提高特定组织的应变能力和创新能力。在人际交流的互动过程中，通过信息与知识（除显性知识外，还包括存储于员工头脑中的隐性知识）的共享，运用群体的智慧进行创新，以赢得竞争优势。

（三）兼顾社会利益

许多企业在早期发展阶段，尤其是资本原始积累时期，只顾企业利益，为了获取最大化的企业利益，不顾甚至损害社会利益。在不少企业的发展过程中，摧残了人力资源，野蛮地掠夺了自然资源，导致少数人手中的财富增加了，而维持人类生存和繁衍的生态环境却遭到了严重破坏。

我们都知道，科学技术运用得当，可以造福人类；科学技术运用不当，则会危害人类。日本的企业家较早地认识到这个问题。人们对日本和美国的企业文化进行比较时发现，日本企业除把利润作为企业的第一目标外，还特别强调国家利益和社会责任。它们尤其关注人与自然、人与社会之间的协调发展。针对以技术革新为基础的经济高速增长导致的公害，早在 1955 年，日本就有人提出"企业的社会责任论"，受到了全社会的重视。众多企业都把为社会作贡献列入经营目标。比如，日本的谷洛里公司就把"广泛地为社会的进步和发展作贡献"，确定为经营理念的最重要内容之一。我们的社会主义企业，尤其是高科技企业，在应用高科技时，更应趋利避害，正确处理企业利益与社会利益的关系，在追求企业利益时，防止造成公害，防止对资源的滥用，防止对环境的破坏。

市场经济是竞争经济、法制经济、信用经济。竞争出活力，法制立规范，信用创效率。国家建立体制，企业成为市场主体。企业应端正认识、加强管理、不断提高。在中国走向世界的今天，企业应当树立相应的形象。2004年，财富500强已有15家中国企业，但还不够。我深信，随着中国的不断发展，企业也将不断成长。

全力打造中国物流行业新纪元[*]

（2004 年 9 月 22 日）

  物流、商流、信息流并称现代经济的三大支柱。世界经济一体化快速发展，国界限制被打破，现代物流飞速发展，已被世界经济专家和各国政府视为"第三利润源泉"。物流业是国民经济的动脉和基础产业，是新的经济增长点，不仅直接创造价值、扩大经济总量，对国家经济发展更具有全局影响。"八五"计划以来，我国物流产业对国内生产总值总量的平均贡献率为 8.1%，拉动国内生产总值年均增长率约 0.8 个百分点。但我国物流服务体系水平偏低，有资料表明，中国商品价格中平均有 40% 来自物流，由此造成的非货币性损失更是无法计算，已形成对国民经济发展的战略性挑战。

  中国经济以外向型为主导，并正在崛起为世界的"制造中心"，外贸对我国经济的拉动作用异常突出。但由于我国国内物流服务水平低，同时，进出口合同定价一般不包括物流服务，进入我国制造业、商贸业的跨国公司通常把能为其提供高质量物流服务的国际合作伙伴带入中国。这就造成中国的物流业务纷纷外流。例如，我国的国际海运长期以来存在着 50 亿 ~ 80 亿美元的贸易逆差。我国物流产业的发展受到严重制约。与此同时，本土物流体系的落后大大增加了企业成本。在生产环节利润率越来越

---

  [*] 这是蒋正华同志在第五届中国国际物流高峰会上的讲话。

低的情况下，我国外贸的快速增长并没有带来效益的相应增长，这严重影响到我国经济的整体运营效率。所以，落后的物流服务体系不仅不利于我国物流业乃至整个流通体系的发展，更重要的是使国内企业不易摆脱生产成本低、交易成本高的不平衡，影响我国的国际竞争力。

拉动我国经济快速增长的另一重要因素是外商直接投资。近年来，我国沿海地区的生产成本在迅速上升，而许多不发达国家加大了对外开放的力度，加入到竞争国际资本的行列中来。相比之下，我国沿海地区生产成本的比较优势正在逐步弱化。因此，只有迅速提高我国的物流服务水平，降低交易成本，才能长期保持优良的投资环境，这是关系到国家战略发展目标能否实现的基础条件问题。在经济全球化趋势下，竞争环境的差异成为导致不同国家和地区之间产业竞争能力和生产力水平差异的主导因素，完备的产业簇群和支撑配套产业是国家竞争优势的关键因素。由于我国对外经济缺乏配套的服务体系，特别是国际贸易和物流服务体系，影响到我国的对外贸易和外商投资中国的效益，更重要的是影响了投资环境。只有具备完备的相关产业和支撑配套产业，外商投资才能扎下根来，进行系统的战略性投资；也只有这样的投资，才能尽快带动我国产业的提升和竞争力的提高。

近几年，我国物流的发展势头很好，从中央到地方的各级领导对物流的发展都很重视，全国 30 多个中心城市已经或正在开始制订物流发展规划，涌现了一批各具特色的现代物流企业。有人称，现在是我国物流发展的春天。

物流在我国之所以会形成如此特点，是有其深刻的经济原因的。第一，是经济结构调整的需要。由于市场环境发生了根本变化，产品生命周期越来越短，越来越具有高度的替代性，制造业进入了一个以结构调整为主线的新的发展阶段，抢速度、降成本成为竞争的焦点。由于生产技术和管理水平不断提高，产品生产成本下降的空间越来越小，物流成本的降低就成为关键。只有通过有效的物流管理，才能对市场需求作出快速、灵活的反应，降低生产、流通成本，提高企业的市场竞争能力。第二，是流通方式创新的需要。随着市场经济体制改革不断深化，我国商品市场出现全局性买方市场的格局，市场竞争日趋激烈。过去单纯靠一买一卖、赚取价差的营销方式已很难维持下去，必须向以增值服务为主要竞争手段的物流配送等现代营销方式转型。现代物流是流通现代化的核心内容，物流发展程度在很大程度上代表着一个国家流通现代化的水平。第三，是经济全球化发展的需要。我国加入世贸组织后，与全球经济融合的步伐显著加快，经济全球化必将带来物流服务的全球化。巨大的市场潜力不仅吸引国外大型跨国物流企业进入，也促进了国内物流企业加快调整，积极参与国际市场竞争。

从现在到 2010 年乃至更远一段时间里，是中国经济发展的关键时期，也是中国物流业发展的重要阶段，中国物流业将进入大改革、大发展的新阶段。在这期间，特别在我国加入世贸组织以后，将为我国经济发展包括物流业的发展，带来更多的机遇。可以说，机遇和挑战并存，改革与发展同步，寓发展于改革之中。中国物流业将在不断改革、不断发展、不断创新中，逐步实现现代化。经过 10 年乃至更长一段时间，我国物流业将接近或赶上发达国家的物流发展水平。

在这样的形势下，国内的物流企业会遇到许多新问题。为了吸收国际成功经验，探索今后的发展方针，我们汇集政府、行业协会、企业及大专院校的业界人士，就有关问题进行深入探讨与沟通，并为此搭建一个政府与企业、专家与企业家共同交流的平台。

要发展物流产业、企业，首先要提高认识，在新形势下，使企业的发展能够融入产业发展，乃至国家发展的规划之中；其次是提供一个机会，使国内企业之间、国内与国外企业之间有交流与合作的渠道。这样做有两点好处：第一是创造合作共赢与发展的局面；第二是与国际接轨，规范企业的运作模式。

总之，通过第五届中国国际物流高峰会，可以解决国内企业所面临的一些问题，或者说是找到一些解决问题的途径与方法，促进国内、国际间的交流与合作，全面推进中国物流业的发展。

祝这次峰会获得成功。祝我国的物流业以最快的速度、最高的质量、最大的效益，实现新的腾飞，迎来新纪元。

社会、发展与生态健康

（2004 年 12 月 13 日）

在不同的社会经济发展阶段，人们对健康与生态环境的关注和重视程度是不同的。20 世纪中叶以前，由于传染病是人类健康的主要威胁，研究内容多是生物因子引起的传染病的分布、传播及其与环境的关系。20 世纪中叶以后，随着对传统的传染病，如天花、霍乱、鼠疫在全球的有效控制，以及人类发展面临一系列的全球性危机，如人口剧增、环境污染、气候变暖、臭氧损耗、生态破坏、能源耗竭等，研究内容也发生了明显改变，健康与生态环境研究开始关注慢性疾病的分布及其与环境的关系。社会的发展和生活水平的提高，使健康的概念逐渐拓展为完全的体质健康、精神健康和完美的社会生活状态。21 世纪全球环境变化和经济全球化的进程，又使得"人口—发展—生态健康"研究面临前所未有的挑战。

一、生态健康——人与环境关系的健康

根据世界卫生组织的定义，健康是一种完整的生理、心理和社会康宁状态，而不只是不生病或身体不虚弱。与此相应，生态健康是指居民的衣食住行环境及其赖以生存的生命支持系统的代谢过程和服务功能的健康程度，包括居民的生理和心理生态健康、产业系统和城市系统代谢过程的健康、景观和区域生态系统

格局和生态服务功能的健康，以及人类生态意识、理念、伦理和文化的健康。生态健康失调到一定阈值，就危及生态安全。生态安全不保，会殃及社会安全、经济安全和政治安全。

生态健康是一个社会—经济—自然复合生态系统尺度上的功能概念，涉及水、能、土、气、生、矿等自然过程，生产、消费、流通、还原、调控等经济过程，认知、体制、技术、文化等社会过程，旨在推进一种将人与环境视为相互关联的系统而不是孤立处理问题的系统方法，通过生态恢复、保育和保护去促进人、生物和生态系统相互依赖的健康。生态健康是人与环境关系的健康，不仅包括个体的生理和心理健康，还包括人居物理环境、生物环境和代谢环境的健康，以及产业、城市和区域生态系统的健康。

在城市环境中，居民的健康是由物理、社会、经济、政治和文化等各方面的因素共同决定的，包括社会的集中化过程、迁移过程、现代化过程、工业化过程及市区的居住环境。对健康有影响的城市环境灾害主要有七类：生物病原体、化学污染物、可进入人体的重要资源（如食物、水、燃料）危害、物理灾害、建筑环境对心理健康的影响、区域自然资源退化和全国、全球自然资源的退化。

回顾对发展中国家的城市健康问题和死因分析所作的 100 多项研究，可以看出，发展中国家面临着两类世界性问题，即不发达国家的人口问题（死于传染性疾病，特别是在婴儿和幼龄儿童中），以及工业化国家的人口问题（慢性疾病和事故，特别是在成年人中）。

许多研究指出，环境与社会因素对于疾病具有协同作用。在发展中国家，最贫困城区的婴儿死亡率要比具有中等或高等收入的地区高 2～10 倍，与乡村地区相比则会更高。这些较高的死亡率，部分是由以下贫困家庭共有的两个特征决定的：居住环境中存在着较多的病原体和生活环境恶劣，暴露在高度危险中。

工业进步在带来社会发展的同时，也带来了世界性的环境污染。目前，由于治理滞后，各种污染物质和各种不同类型的污染，基本上不受地域限制，危害着人类生存的环境。大气污染、水域污染、固体废物污染以及农药和其他工业化学用品的污染等，都已对人类的生存安全构成重大威胁，成为人类健康、经济和社会可持续发展的重大障碍。据世界卫生组织估计，世界25%的疾病和死亡是由环境因素造成的，全世界每年死亡的4900万人中3/4是由环境恶化所致，其中，儿童是环境恶化的最大受害者。影响健康的环境要素，有自然环境、人工环境和社会环境三个方面。

二、环境对健康的影响

（一）自然环境影响健康的四大因素

1. 空气。气温、紫外线、空气中的正负离子、微量元素过高（多）、过低（少），都会产生不同的健康效应。工业和交通运输所排放的废气、废物垃圾的燃烧、造纸木浆的漂白等产生的，含有多氯联苯结构式的化合物二噁英，天然石材中的放射性危害物质氡，"白色污染"物邻苯二甲酸二辛酯向空气中释放的雌激素，使室外空气质量变差，一直是所有大城市面临的问题。在发展中国家的城市区域，近50%～60%的空气污染物是由交通车辆排放的。在拉丁美洲，由于空气污染，至少200万儿童患有慢性咳嗽，也导致了每年的2.43万例死亡和6500万工作日的丧失。在我国，自20世纪80年代开始，每年向大气排放污染物达4300万吨，造成大气严重污染，大量二氧化硫进入大气致使酸雨成灾。1995 年，全国城市大气中的总悬浮微粒年日均值浓度，已远远超过世界卫生组织规定的标准；全国 600 多个城市中，大气环境质量符合国家一级标准的不到 1%。

室内空气质量也受到越来越多的关注，特别是在当今，城市居民大部分时间花在室内。在北美洲，人们 75% ~ 90% 的时间是在室内度过的。现代建设技术（产生了密封的、可控制气候的建筑）、不足的空气流通（通常作为能源保护策略）、吸烟和现代建筑材料、家具、装置、工作及家用设备的结合，已经引起了新的健康问题，即所谓的不良建筑物综合征。世界卫生组织明确地将室内空气污染与高血压、胆固醇过高症以及肥胖症等，共同列为人类健康的 10 大威胁。油漆、胶合板、刨花板、泡沫填料、内墙涂料、塑料贴面等材料中，含挥发性有机化合物（VOC）高达 300 多种。室内有机物污染对人体健康的影响主要有三种：气味等感觉效应；黏膜刺激，如乙醛、丙烯醛、萘以及基因毒性；致癌性，如甲醛等。除了影响人类健康外，还会影响人类自身的生存环境，造成光化学污染，形成温室效应。全球近一半的人处于室内空气污染中，室内环境污染已经引起 35.7% 的呼吸道疾病、22% 的慢性肺病以及 15% 的气管炎、支气管炎和肺癌。全世界的涂料和装修工业每年把 1100 万吨有机溶剂排到大气中，是仅次于汽车尾气的大气第二大污染源。美国从 66 项法规发展到现在的 1133 项法规，对建筑涂料的有机挥发物作出了更为明确的限制。世界卫生组织公布的不良建筑物综合征的主要表现是：眼睛尤其是角膜、鼻黏膜及喉黏膜有刺激症状；嘴唇等黏膜干燥，皮肤经常生红斑、荨麻疹、湿疹等，容易疲劳，容易引起头疼和呼吸道感染症状，经常有胸闷、窒息样的感觉，经常产生原因不明的过敏症，经常有眩晕、恶心、呕吐等感觉。

气候是重要的无机因素，对健康有明显的影响。例如，在寒冷、潮湿的环境中，容易患关节炎；气喘病在高湿度下增加；雅司病（热带痘状慢性传染病）和象皮病在热带地区很流行；硬化症在寒冷气候中的发病率较高；恶性贫血和糖尿病等由遗传决定的疾病，很少发生在温带以外的地区。

有关生物节律、大气状态与诸如意外事故、自杀和杀人等攻击性行为之间关系的研究表明，大气的变化会影响精神状态。例如，北欧地区自杀案件较多。抑郁的人容易在气象锋到来时自杀。血栓栓塞发病率的增加与电暴（雷电交作的暴风雨）有关系，因为空气的电离化激起了加速血栓栓塞的神经激素的变化。

2. 水。全国被监测的 1200 多条河流中，850 多条受到污染。1988 年的全国饮水调查显示，中国有 82% 的人饮用浅井水和江河水，其水质污染严重，细菌污染超过卫生标准的占 75%，饮用受有机物严重污染的饮水的人口约 1.6 亿。有资料显示，在某项调查中，参加调查的一半儿童血铅含量超过了国际公认的标准，他们的智力发展和神经系统可能受到不良影响。在非洲和亚洲，多数的市中心区根本没有任何排水系统，即使有些城市有，也是为很小比例的人服务的。因此，发展中国家有近一半的人口存在着与用水和卫生设施有关的健康问题。

3. 土壤。土壤污染主要是来自工业区的降尘、来自老工业区的溢出、泄露，以及农药、化肥、重金属、环境激素等其他污染源。受影响的人群则主要是那些离上述地区较近的贫困居民。由于暴露在被污染的土壤和尘土中，特别脆弱的群体——儿童，特别是育龄妇女，会受到在污染环境中生长的植物的威胁。

4. 食物。人类处于食物链的顶端。水生和陆生食物链的污染威胁着城市居民的健康。研究表明，人类接受的持久性有毒化学品的最大比例来自食物。干旱和洪水等物理因素可以影响食物链的平衡。技术的进步可以使粮食产量增加，导致食物链的改变。食物链的变化会对人类的健康状态造成影响。人口增长、城市废物、空气污染和食水供应等因素也会影响人类的健康。

病原体也要适应环境才能继续生存下去。微生物体为了生存而互相争夺资源，保持平衡。能够使人类致病的病原体，包括病毒（如流感病毒、库鲁病病毒、艾滋病病毒等）、细菌（可分为球菌、杆菌和螺旋菌）、真菌（主要侵害皮肤）、原生动物（单细胞动物，可引起疟疾、阿米巴痢疾、非洲昏睡病等）和蠕虫（如蛔虫和绦虫等）。

另一些潜在有害的有机物质与家畜和家禽（或宠物）有关。家畜和家禽是很多传染病的宿主。人类与家犬有 65 种相同的传染病。与其他家畜及家禽相同的传染病为：羊 46 种、牛 50 种、猪 42 种、马 35 种、老鼠 32 种、家禽 26 种。例如，1997 年在香港发现的 H5N1 禽流感，据调查是由候鸟传染给鸡，再由鸡传染给人类。

（二）人工环境对健康的影响

人工环境不仅指简单的物理环境，也指社会环境，所以，有关建筑环境的环境质量——居住质量、交通，作为环境的社会层面，也同物理环境一样受到广泛的关注。

1. 居住质量。在世界许多城市，无家可归者的问题日益凸显。这些人有很大的健康风险，如低温或中暑、传染病、呼吸系统和心血管病、由不良卫生条件引起的皮肤病及许多其他问题。此外，许多人还处于饥饿和营养不良的状态，有多种精神失调的症状。

2. 交通。交通是城市地区许多疾病的起因，包括由空气污染引起的呼吸系统疾病、交通事故造成的伤残和死亡、静止的生活方式引起的缺乏锻炼，由噪声、拥挤造成的压力等。世界上每年约有 50 万人死于交通事故，而这些死亡约有 70% 发生在发展中国家，其中的 2/3 发生在城市区域。此外，交通事故造成的重伤几乎是死亡案例的 10 倍，造成的中度和轻度伤害几乎是死亡案例的 100 倍。所以，交通被认为是影响健康的最重要的环境问题。

3. 噪声。噪声日益引起城市管理者的关注，它可造成一系列机体的病理、生理改变。（1）长时间反复刺激，超过生理承受能力，可对中枢神经系统造成损伤，使大脑皮层兴奋和抑制平衡失调，导致条件反射异常、脑血管功能紊乱、脑电位改变及生理性变化。（2）引起交感神经紧张，导致心跳加速、心律不齐、血压增高。噪声强度愈大、频带愈宽，血管收缩就愈强烈，心脏排出血量减少，舒张压增高。（3）引起心室组织缺氧，导致散在性心肌损害。动物试验表明，还可使血液中的胆固醇增高，可能导致动脉硬化。（4）引起母体子宫收缩，影响胎儿发育所需营养素及氧的供给。据调查，日本大阪机场飞机的噪声使孕妇流产，并使出生婴儿平均体重降低。（5）破坏睡眠过程，使入睡时间延长、深度变浅，多梦，觉醒时间缩短，醒后疲倦。

噪声影响的临床表现有：（1）神经衰弱症候群。头晕、头痛、易怒、易倦、耳鸣、心前区痛、睡眠不良，甚至影响体温调节。（2）呼吸和脉搏加快、心律不齐、血压升高、皮肤血管收缩、出冷汗、胃液分泌减少、胃蠕动受抑、食欲下降，尿中邻苯二酚胺、肾上腺素和去甲肾上腺素升高。（3）听力虽有一定适应过程，但噪声达 50 分贝可降低工作效能；长期在 65 分贝环境下工作，可能有 10% 的人出现某种程度的永久性听力损失；长期在 85 分贝环境下工作，可致耳聋并影响语言能力。国际工业噪声安全标准大多定在 85 ~ 90 分贝范围内。

（三）社会环境对健康的影响

世界卫生组织专家委员会，识别了城市发展过程中的三种人类健康效应。

当环境不能抵抗病原体时，传染性疾病肆虐；并且，危险随着过度拥挤、病原体输入和带菌人口增加而增加。

非传染性疾病和伤害，伴随着城市环境中有毒物质和危险物质的暴露而发生。

城市生活的压力导致大量心理健康问题。长期在拥挤环境中生活的人们，由于高度紧张和生活节奏快，很容易发生自主神经功能紊乱，导致一系列躯体和内脏功能失调。

心理健康是指人们对客观环境的变化（无论是有利的还是有害的、慢性的还是突发的），具有高效、快乐、平和的适应状况。心理健康的人能保持稳定的情绪、敏锐的智能和适应社会环境的行为。2002 年 10 月，卫生部、民政部、公安部和中国残联共同公布的《中国精神卫生工作规划（2002—2010 年）》确认了我国精神疾患的严重现状：我国精神病患者为 1600 万人，受到情绪障碍和行为问题困扰的 17 岁以下青少年和儿童约 3000 万人。调查显示，我国的心理与行为问题呈增长趋势，精神疾病负担也呈增长趋势。世界卫生组织推测，中国的精神疾病到 2020 年将上升到占疾病的 1/4。北京市残联 1998 年的调查结果显示，北京市城乡 5 岁以上居民各类精神疾病患病率达 34.34‰，约有 34 万人。

三、以人为本，用科学发展观指导生态保健

世界卫生组织曾预言，如果能消除目前的若干危险因素，中国人的平均期望寿命还可以增加 6 岁。健康的生活环境并不是只要求硬件发达即可，而是要我们身体力行，重新去了解、去体会、去协调人与环境的生态关系，完善软件和硬件建设。

生态健康是一个宏观整合过程、观念升华过程、规划修编过程、产业转型过程、知识创新过程、文明凝练过程、奉献参与过程以及人和环境的再塑造过程，是一项复杂的生态系统工程，需要在科学发展观的指导下，依靠政府、企业、民众，在生态卫生、生态安全、生态产业、生态景观和生态文化等领域全面规划、系统安排。为此，要处理好以下关系：（1）医疗与保健并重，保健优先。在积极预防、治疗、根除各类疾病的同时，重点搞好全民、全程、全方位的生态保健，系统管理、主动调整和积极保育好各类生态资产，以健康的生态环境、和谐的生态关系确保人体和人群少发病或不发病。（2）控制与诱导并重，诱导为主。在完善各项生态健康体制、法规，规范社会行为的同时，启发、诱导人们的生态意识、环境行为和人体、人群以及生态系统的免疫能力及自组织、自调节能力，调动全社会的资源入股生态健康，减缓突发事件的发生频率和强度，强化生态安全。（3）将生态健康的动力学机制和人类健康的系统保健方法和技术相结合，围绕生态健康领域的关键科学问题及核心技术组织科技攻关。人类活动直接或间接影响着生态系统的结构、过程和功能；生态系统的变化又引起人类福祉的变化，包括维持高质量生活所需的基本物质条件，自由、健康、良好的社会关系，以及安全等。生态健康的理念要求将经济、环境、社会和文化纳入生态系统的范畴进行综合，将人在系统中的位置从传统的外生变量变成内生变量，对自然科学和社会科学方面的信息进行整合；生态系统的定量（系统分析）和定性（情景分析）研究、实验性和机理性研究相结合，整体论与还原论相结合，促进对生态系统的综合规划、管理与建设。

当前，在加大生态建设资金投入力度的同时，急需唤起社会各阶层对生态安全的危机感、警觉性，提高社会对生态安全的认识能力和责任心，加大社会资源的投入力度，动员全社会的力量，开展一场政府引导、科技催化、企业运作、民众参与、舆论推动的全民生态健康运动。

（一）生态安全运动

生态安全指在自然生态（从个体、种群、群落到生态系统）和人类生态（从个人、集体、地区到国家甚至全球）意义上防范生存和发展的风险，包括从环境安全、生物安全、食物安全、人体安全到企业及社会生态系统安全。生态健康的第一个基本目标是为社会提供基本生活的安全保障：通过各种社会的、经济的、行政的手段，确保所有居民能获得清洁的空气、安全的饮水、洁净的食物、无污染的住房和低风险的交通，以及减灾防灾的可靠保障等，包括水安全、食物安全、居住区安全、减灾、生命安全。

（二）生态卫生运动

通过鼓励生态导向、经济可行和方便适用的生态工程手段，对粪便、污水和垃圾进行减量化、无害化、资源化和社会化的系统处理、再生循环和高效利用。强化各种生理和心理保健措施，确保居民的身心健康，环境的净化、绿化、美化、活化、人性化与生态代谢系统的高效循环。

（三）产业的生态转型运动

依靠产学研的联合，强化资源的再利用、可更新能源的开发、生态的高效运输、产品生命周期的合理设计，推行产品生态影响责任制，推进企业 ISO14000 标准的认证，加速生态产业园和生态产业孵化基地的建设。促进产业的生态转型，为全社会的生态健康提供满意的自然和人文、生态服务。能源保护是人们广泛关注的另一个方面。全球变暖对健康的影响可能是非常重大的，这种影响深远，目前很难定量。因此，对减少能源消费和二氧化碳排放所作的一切努力都可能对人类的健康有益，对提高能源效率所作的一切努力都可能产生正面的健康效应。但是，也存在着潜在的矛盾，例如，为获得更高的取暖和降温效率而设计的密封建筑会增加室内污染。因此，在增高能源效率和减少污染两方面加以权衡是非常重要的，要采用新的方法，如绿色或自然通风建筑来减少取暖和降温的需求。

（四）景观生态整合规划与管理

通过建立健全综合管理机制、体制、法规和政策，采用整体论方法，系统优化景观格局及生态过程，强化和修复生态服务功能，实现自然、农业和人居环境的有机融合，减轻城市热岛效应、温室效应、地表板结效应、水文耗竭效应及景观拥挤效应等环境影响。

（五）生态文明运动

通过各种科学的、教育的、文化的、经济的、行政的和法律的手段，诱导人们的生活方式、生产方式和生态意识转型，促进中华民族传统的天人合一文化与现代物质文明融合，倡导和传播生态合理的认知文化、体制文化、物态文化和心态文化。

生态健康、生态建设和生态恢复，需要科技的投入、政府的支持和企业的参与，需要全社会的理解，更需要全民族生态知识的普及和生态意识的提高。2003 年发生在广州、北京等地的非典灾难，我们至今仍记忆犹新。只有人人关心、认识、保育和建设生态，规划、管理、经营和维护健康，才能更好地促进个体、群体、家庭、社区、厂矿、城市、区域以至全球的生态安全和可持续发展。

中共十六届三中全会提出"五个统筹"，强调坚持以人为本，树立全面、协调、可持续的发展观，促进经济、社会和人的全面发展。我们要在科学发展观的指导下，全民动员，推进中华民族的生态健康事业，使环境更安全、发展更持续、身心更健康、社会更和谐！

在首届中国再生资源论坛上的讲话

（2004 年 12 月 17 日）

再生资源是对在生产、流通、消费等过程中产生的不再具有原使用价值而被废弃，或只能以物品的残值适宜计价处置，但可以通过一定的加工途径，使其经济、合理地获得使用价值的各种物料的总称。再生资源产业则是那些从事再生资源流通、加工利用、科技开发、信息服务和设备制造、环境保护等经济活动的集合。

我国人口众多，人均可用资源相对贫乏，生态环境脆弱，因此，建立一个资源低负荷的社会消费体系、大力发展循环经济，已经成为我国社会经济发展模式的必然选择。全国人大常委会正在审议的《中华人民共和国固体废物污染环境防治法（草案）》，第一次在法律中使用了循环经济的提法。所谓循环经济是指在人、自然资源和科学技术的大系统内，在资源投入、企业生产、产品消费及其废弃的全过程中，把传统的依赖资源消耗的经济模式，转变为依靠生态型资源循环来发展的经济模式。循环经济倡导在物质不断循环利用的基础上发展经济，建立资源—产品—再生资源不断循环的新经济模式，彻底改变资源—产品—污染排放的直线、单向流动的传统经济模式。形象地说，要从"牧童"经济模式转向"太空船"经济模式。胡锦涛总书记在中央人口资源环境工作座谈会上指出：我们在推进发展中要充分考虑资源和环境的承受力，统筹考虑当前发展和未来发展的需要，既积极实现当前发展的目标，又为未来发展创造有利条件，积极发展循环经济，实现自然生态系统和社会经济系统的良性循环，为子孙后代留下充足的发展条件和发展空间。温家宝总理也曾指出：发展循环经济，可以提高资源利用效率，降低废弃物排放，提高经济效益。要研究制定鼓励废物回收和资源再生利用的政策法规，建立城乡废旧物资和再生资源回收利用系统，提高资源循环利用率和无害化处理率。曾培炎副总理在清理整顿违法排污企业座谈会上指出：要大力推行可持续生产和消费，建立生活垃圾分拣、回收和综合利用体系，做到废物减量化、资源化、无害化，形成生态经济体系。要积极研究制定鼓励废物回收和资源再生利用的政策法规，促进循环经济发展。中央领导同志之所以一再强调我国要提高再生资源的利用效率，发展循环经济，促进经济的可持续发展，主要是我国目前不容乐观的资源状况、环境保护和经济发展模式的迫切需要。

改革开放 20 多年来，我国实现了国内生产总值翻两番的战略目标，综合国力大幅提升，人民生活日渐殷实。然而，随着经济的高速增长，资源匮乏、生态破坏、环境污染等问题也日益突出。据有关统计显示，我国每创造 1 美元产值的能耗是美国的 4.3 倍、德国的 7.7 倍、日本的 11.5 倍。而国内生产总值每增长 1 倍，往往导致污染增加数倍，乃至数十倍。目前我国的资源状况是，400 多座矿山中的 45 种主要矿产 20 年内将只剩下 8 种，甚至更少；大兴安岭 16 年后将无林可采；许多油田从地下提取 10 吨液体，只有不足 1 吨的石油；水资源日渐枯竭，668 座城市中有 400 多座缺水……

据测算，目前我国可以回收但没有回收利用的再生资源价值达 300 亿~350 亿元。每年约有 500 万吨左右的废钢铁、20 多万吨的废有色金属、1400万吨的废纸及大量的废塑料、废玻璃等没有回收利用，废旧家电、电脑及其他电子废弃物的回收处理还尚未走上法治化的轨道。

发展再生资源的回收利用，有助于缓解和最终解决我国的资源短缺问题，有利于保护生态环境，促进经济的可持续发展，意义十分重大。利用再生资源进行生产，不仅可以节约自然资源，遏止废弃物泛滥，而且具有比利用原生资源生产消耗低、污染物排放少的特点。据测算，回收1吨废钢铁，可炼钢0.8吨，节约铁矿石2~3吨，节约焦炭1吨、石灰石0.5吨；回收1吨废铜，可炼电解铜0.85吨，节约铜矿石1500吨、电能260度；回收1吨废旧易拉罐，可炼铝镁合金0.85吨；回收1吨废塑料，可炼700公斤汽油，经加工可得0.7吨塑料颗粒；回收利用1吨废纸，相当于节约木材4立方米，相对于木浆造纸节约纯碱40公斤，节约电能512度，节约水47立方米。

再生资源行业肩负着节约资源、改善环境和保护人类生存条件三大任务，也可以为城市下岗职工和农村剩余劳动力提供广阔的就业机会，是一项利在当代、功在千秋的社会公益事业。因此，我呼吁在本次论坛中，大家可以就以下问题进行充分的讨论。

第一，树立科学发展观，转变传统的线性经济增长模式为循环经济模式。

第二，借鉴发达国家的经验教训，尽快推动我国再生资源利用与发展循环经济的立法工作。

第三，充分发挥再生资源行业协会的协调与行业自律作用，制定行业标准，开展行业调查、行业统计、行业资质评定等工作。

第四，提出有针对性的国家扶持再生资源行业发展的政策建议。

第五，做好节约资源和加强再生资源回收利用的宣传工作，形成社会共识，推动公众参与。

多方协作，共同努力，
促进"三农"保险市场快速健康发展*

（2005 年 1 月 14 日）

2005 年元旦前，中央召开了农村工作会议，对 2005 年的农业和农村工作进行了全面部署。会议提出要全面落实科学发展观，贯彻统筹城乡发展的方略，对农村坚持"多予、少取、放活"的方针。会议还提出了"工业反哺农业、城市支持农村两个趋向"的重要论断。这对于保险业科学认识和把握经济社会发展规律、落实统筹城乡发展方略、切实服务好新阶段"三农"工作，具有重要的指导意义。

按照中央的决策部署，各级政府、各行各业都应当合理地调整资源配置格局，迈出工业反哺农业、城市支持农村的实质性步伐，努力消除妨碍城乡协调发展的体制性障碍。正是在这样良好的大环境下，保监会和农业部高度重视农业和农村保险问题，充分发挥保险业经济补偿、资金融通和社会管理的功能，把解决好"三农"问题作为行业发展的重要社会责任，在努力推动建立城乡经济社会相互促进、良性互动的有效体制方面，运用"三农"保险不可替代的作用，迈出新的步伐。

下面，我结合论坛主题谈三个方面的问题。

※ 这是蒋正华同志在第二届中国保险业创新与发展论坛上的讲话。

一、大力培育和发展"三农"保险市场的紧迫性

我国是一个自然灾害频发的国家，每年都要遭受不同程度的水旱灾、地震、台风、海啸、冰雹、泥石流、山洪、病虫害等袭扰，严重影响农村经济、农业生产的发展，对农民生活造成了极大的困难。据统计，全国每年平均有3亿亩农作物、2亿多农村人口不同程度受到各种灾害影响，财产损失在600亿元以上。1998年长江、松花江、嫩江流域的特大洪涝灾害，使农村财产损失近3000亿元。2003年非典疾病的流行，使得400多万农民工直接损失了1个月的经济收入。全国每年因疫病造成畜禽死亡的直接经济损失达到238亿元。2004年年初的禽流感疫情，给内地养禽业生产带来的直接经济损失高达180亿元。20世纪，世界生态环境发生重大变化，我国近50年来自然灾害的发生频率增多：20世纪50年代发生过1次大灾，90年代则出现了5次大灾、2次特大灾害，这些自然灾害给农村经济发展带来了巨大的破坏。在扶贫工作中，我们发现60%的农民脱贫后又返贫是因病、因灾。疾病和灾害是影响农民脱贫致富的主要障碍，是压在贫困农民头上的两座大山。因此，繁荣农村经济，发展农业生产，保障农民生活，十分需要尽快建立起"三农"保障体系，充分发挥保险业的重要支柱作用。中央高度重视"三农"问题，2004年、2005年的中央1号文件都是专讲发展农业，帮助农民致富。国务院出台了"两减免，三补贴"等政策。全国人大常委会在2004年进行了规模最大的一次执法检查，有5位副委员长带队进行"三农"问题调查。在调查中，我们了解到农民对金融系统支农的迫切要求，其中也包括保险事业；同时也了解到，我国当前发展已进入一个新时期，具备了发展农村保险的条

件。我认为，大力培育和发展"三农"保险市场有 5 个方面的迫切需要。

第一，增强农业抗御灾害能力、巩固国民经济基础的迫切需要。农业大国没有规模性的"三农"保险市场，这是与农业在国民经济和社会发展中的基础地位极不相称的。农业生产具有自然再生产和经济再生产相交织的特点，面临多重风险，在国民经济各部门中是周期长、风险大、经济效益较低的产业，比一般的产业更加需要保险事业的支持。

第二，确保农村经济结构调整和健康发展、增加农民收入的迫切需要。近些年来，我国农村经济结构发生了急剧的变化，规模农业、高附加值农业发展明显加快，随之而来的高风险又成为制约农业结构调整的重要因素。农村经济除面临自然灾害风险之外，更要面临市场风险、技术风险以及生产、加工、销售环节的风险。有效地预防和化解这些风险，稳步增加农民家庭的经济收入，尽快发展农村保险市场，已经成为农村经济社会发展的重要保证。

第三，世界贸易组织框架下国家支持农业发展、保护农民利益的迫切需要。按照世界贸易组织的要求，今后一个时期，各国对农业的直接补贴将逐步减少。及时建立我国政策性的农业保险市场，用部分财政资金调动大量社会资金投入农业发展，形成符合现代风险管理理念和方式的补偿机制，建立起属于"绿箱"政策范畴的农业保险市场，可以为国家支持农业发展、保护农民利益开辟出一条新路。

第四，完善农村社会保障体系、提高农民生活质量的迫切需要。我国有 8 亿人口居住在农村，他们对养老、医疗及抵御意外伤害风险等全面保障的需求与日俱增，而城乡二元化的经济结构，使得大部分农民游离在社会保障体系之外。特别是随着农村家庭结构的小型化发展，靠子女养老的难度越来越大，农民的养老、医疗保障已经成为社会关注的热点问题。与此同时，上亿农民进入城镇打工，他们所面临的人身意外伤害风险也大大增加。因此，大力培育和发展农民的养老、医疗保险市场，有助于完善农村人口的社会保障制度，形成逐步提高农民生活质量的长效机制。

第五，促进社会发展、全面建设农村和谐小康社会的迫切需要。中共十六大报告指出，建设现代农业，发展农村经济，增加农民收入，是全面建设小康社会的重大任务。"三农"保险市场的建立与农村全面建设小康社会密切相关，运用保险服务的各项基本功能，可以使保险基金实现社会再分配，逐步消除城乡发展差距，化解农村中的不安定因素，发挥社会稳定器的作用。

综上所述，保持农村经济社会的快速发展，需要建立与之相适应的保障体系，可以从政策性的"三农"保险和商业性的"三农"保险相结合上寻求破解之道。这是因为两者所具备的优势，能够相互补充、相互促进。政策性的"三农"保险具有政府参与经营，能够用一定的财政资金调动大量社会资金的特点。商业性的"三农"保险具有产品灵活多样、选择范围广、投保自愿等特点，可以为农民提供多层次的保障服务，减轻政府在社会保障方面的压力。"三农"保险市场的不断开拓和健康发展，将会直接促进农村经济社会的现代化发展。

二、当前我国发展"三农"保险市场面临难得的机遇

我国"三农"保险业务从 1982 年恢复以来，进行了一些探索，经历了各种困难，发展比较迟缓。农业保险收入占总保费收入的比重微乎其微，农民医疗、养老保险的水平比城镇人口相差

其多。总体上看，我国"三农"保险市场的经营主体少，除了两家国有产险和寿险股份公司在县镇农村有机构网点外，其他保险公司的机构网络大多集中在地市和省会城市中。同时，适合"三农"需求的保险产品太少，无法满足农村保险市场的需求，中西部经济不发达地区的"三农"保险市场基本处于拓荒状态。2003年，我国在上海、吉林和黑龙江试点建立了三家农业保险公司，发挥了一定的示范效应，但是与"三农"保险的市场需求相比仍有较大的差距。要解决好这些问题，需要以发展的眼光分析中国"三农"保险市场的前景和潜在的机遇。

一般而论，保险业的发展受制于两大因素：一是经济发展水平，二是人口数量规模。尽管当前我国"三农"保险的深度和密度指标明显偏低，但是随着农村经济的快速发展，农村保险市场将会成为保险业未来发展的重要舞台。我认为，"三农"保险市场发展正在出现三个令人鼓舞的新趋势。

第一，"三农"保险发展已具备了大面积起步的经济条件。随着我国农村地区改革开放的不断深入，农村经济不断繁荣，农民收入稳步提高，农民的保险消费能力也不断增强。据有关调查，2004年我国农民人均现金收入有望超过3500元，增幅达500元，创历史最高。部分沿海发达地区的农民收入已经相当于1997年、1998年全国城镇居民的水平，而那一时期正是城镇保险市场的起飞时期。农村经济的持续快速发展，使得中国"三农"保险市场快速发展的条件开始成熟。

第二，潜在的"三农"保险需求逐步释放出来。我国农村人口规模庞大，广大农民可以通过保险化解生、老、病、死、残、伤等各种风险，提高其生存质量和生活水平。随着保险公司在农村进行登门入户的宣传，农民的保险意识不断增强，潜在的保险需求能够逐步转化为现实的有效需求，一些地区的先行者已经取得成功的经验，甚至在经济较落后的地区，"三农"保险的投保率也达到90％以上，"三农"保险业务的发展将会逐步成为保险业务新的增长点。

第三，"三农"保险市场的发展环境越来越优化。中央和地方政府对"三农"工作高度重视，社会各界更加关注，相应的政策倾斜和资金支持越来越多，并逐步形成制度化，为"三农"保险的发展不断创造良好的政策环境。吉林、安徽等省都有很好的经验。

我们应该紧紧抓住这些难得的发展机遇，把具有中国特色的"三农"保险市场发展和培育好，为消除制约农业和农村经济发展的一些深层次矛盾创造条件。

三、促进"三农"保险市场发展需要多方协作、形成合力

当前，我国总体上已进入以工促农、以城带乡的发展阶段。尽管农民群体规模大，农村经济发展水平有限，但是集中一定的财力，为"三农"提供一定程度的支持，为农民办一些实事，还是应该和能做得到的。我认为，中央提出的"多予、少取、放活"六字方针，对保险业发展"三农"业务同样适用。各级政府、监管部门、保险经营主体都应当将其作为指导思想，更新观念、创新机制、通力协作、形成合力，加大对"三农"保险的支持力度，切实发挥保险业在促进农村经济发展和社会稳定中的作用。为此，我提出四点建议。

（一）对发展"三农"保险给予必要的政策扶助

"三农"保险市场的发展需要得到各级政府及职能部门的关心，特别需要财政、税收、银行等涉农部门的支持。各级政府、

有关部门要通过政策倾斜，支持农村保险打下深厚的基础。当前，一是可以采取财政支持政策，运用财政资金补贴农村保险业务费率或直接补贴经营主体；二是可以给予税收支持，如减免特定项目的税收；三是可以考虑给予一定的金融和费用支持。例如，当出现因经营农业保险造成亏损时，应在政策上允许经营主体申请一定额度的银行无息或低息贷款；在遭受连年自然灾害损失时，国家财政应给予农村保险业以资金支持等。总之，各级政府应该按照世界贸易组织规则所允许的"绿箱"政策，通过政策倾斜使得农业保险实现自我积累、自主发展，从而推动农业增产、农民增收和农村经济发展。

（二）为"三农"保险运行提供完备的法律保障

"三农"保险作为发展农村经济、推动农业生产、保护农民利益的一项制度安排，需要有相关的法律法规保障。从国外农业保险立法、农村保险制度变迁乃至农业经济发展的历史视角考察，其立法的作用和影响远超出一般的商业规范性法律制度。社会保障和商业保险有机结合，可以达到多方受益的目的，可以充分发挥我国社会主义制度的优越性。法律部门、监管部门要强化"三农"保险的法制建设，规范"三农"保险的经营行为。不规范的经营行为可能损害农民的利益，不规范的管理方式将带来经营风险。同时，要确保支持"三农"保险业务发展的政策措施落实到位，需要用法律形式明确"三农"保险各类业务的政策属性、各级政府的管理职能和支持作用、保险费率形成机制、经营主体享有的政策支持、保险业务补偿机制、再保险的风险防范制度，通过法制、体制、机制建设，避免政府在扶持"三农"保险发展中出现随意性。此外，监管部门还要在借鉴外国先进经验的基础上，着手起草制定农业保险法等法律法规，规范必须实行的法定保险业务，从而强化农民的保险意识，加快农村保险业的发展步伐。

（三）努力引导培育"三农"保险市场的经营主体

我国已经有 60 多家保险公司。目前，大部分保险公司把经营重点放在城市，特别是大中城市，其营业机构一般都远离农村和农民。监管部门要加大引导力度，鼓励各保险公司逐步向农村延伸触角，瞄准农村广阔市场，发展农村营销服务网点和代理人队伍，入乡进户开展业务。除此以外，监管部门还应根据自己掌握的丰富信息，为保险公司拓展"三农"保险业务和制定发展战略提供决策指导。我国保险市场应该有计划地增加新的中资"三农"保险主体，鼓励具有成功经营农业保险经验的国外保险企业在华设立机构。只有"三农"保险市场的经营主体增多了，业务发展的步伐加快了，才能为农村经济发展提供更多的保障服务。

（四）按照"三农"保险市场的需求开发适销对路产品

各保险经营主体在拓展"三农"业务上，要增强机遇意识，克服畏难情绪，树立发展信心。要正确判断农村经济和"三农"保险市场的变化，不应用传统眼光把农村看成是一个可有可无的低效益保险市场，应将其定位成与城市市场互补的新兴市场，并积极适应这种变化，主动研究和开拓这个市场。特别是要深入、系统地研究农村经济状况、农业生产特点、农民可支配收入水平及保险需求情况，提出切合农村实际的保险有效供给的思路、方法和服务措施。在农村保险产品开发上，要采取有别于城镇业务的险种设计，针对农业生产对自然灾害的防范，农民急需解决的养老、大病医疗、意外伤害等保障需求，开发出灵活多样、选择范围广泛的适销对路产品，为广大农民提供全方位、宽领域、多层次的保险服务。

20 世纪 90 年代初期，胡锦涛同志主持西藏工作时，在与当地保险工作者的谈话中指出：保险事业能否迅速发展起来，就要看我们是否树立围绕着经济建设办保险的指导思想，办一些经济建设、人民群众急需我们办的业务，开辟这样一些保险种类，保险事业就肯定发展得快。他还说，农牧业在西藏地区的国民经济中占很大比重，把保险事业扩展到农牧区去，为发展西藏的农牧业服务，这是一个重要课题。如果在这个问题上有所突破、有所开拓、有所前进，保险部门对西藏经济建设就会作出更大贡献，西藏的保险事业也会有更大的发展。他的讲话很具前瞻性，不仅适用于西藏，也适合全国的情况，应该成为保险业发展"三农"保险业务的指导思想。做好"三农"保险工作是保险业贯彻科学发展观、统筹城乡发展、建设和谐社会的需要，更是保险业应该承担的光荣的社会责任。

新医药科学与中医药科学

（2005 年 5 月 10 日）

当前，知识经济正在迅猛发展，中医药迎来了与国际上的医药科学同步发展的机遇。国际医学界对健康理念的转变促进了医药观念的转变，追求人与自然相协调、强调整体观念，成为主流医学的发展方向。中医药的理论与实践符合这种发展趋势，这为其在新时期的自主发展奠定了坚实的基础。

发展中医药，应当首先改变中医药不科学的陈旧观念。整个 20 世纪，中医药一直被这种观念束缚起来，不能发挥应有的作用，从而使得很多研究中医的同志感到寒心。直到现在，在全国人大科教文卫委员会里面，中医药界的声音还十分微弱，几乎没有对决策产生任何影响。但是，随着众多的医学难题不断被中医药解决，世界正逐渐认识到中医药的特点和优点。改革开放以来，随着我国国际地位的不断提高，世界人民要求认识中国的愿望也更加强烈。这样的环境给中医药的蓬勃发展带来机遇。但是，我们也应该看到，中药的很多成果都被国外盗窃了，技术、人才流失的现象也很严重。这说明中医药既面临发展的机遇，同时也受到严峻的挑战。

鉴于以上机遇和挑战并存的情况，政府和社会各界应当审时度势，从战略高度关心并制定有关中医药发展的方针和政策。这就要求决策者对中医药有一个全面的认识，明确其优势与弱势，为战略决策打下坚实的基础。

一、中医药科学的发展

中医药是我国重要的传统科技资源，是与现代科技性质不同的科学。承认中医药是科学，这是现代科学观念一个很重要的进步。很多人还没有这个觉悟，不能从整体论的高度分析当代科学发展的方向。

中医药科学在近年来有很大的发展，这些发展大致表现在以下五个方面。

（一）中医药行业管理不断规范

在中医现代化、整治执业标准以及中医药的产业化方面，国家中医药管理局、卫生部、科技部和农业部等政府部门做了大量的工作。中医药行业的各个方面，比如规范化生产，工艺、原料、产地的保护以及制作等，都有很大的发展。工业上有ISO9000 和 ISO14000 这样的标准。在农业上，特别是加入世贸组织以后，对我国产品进入世界市场的检测要求越来越严，检测指标增加数倍，具体标准也大幅收紧。目前，欧盟对从我国进口的动物源性产品兽药残留限量的检测指标为 128 项，对茶叶农药残留限量的检测指标为 153 项，对梨果类农药残留限量的检测指标为 124 项；日本对输日大米也设定了 129 项农药残留限量检测指标。对中医药也是如此，尽管一些国家已经开始加强植物药的应用，但对中药仍沿用西药的标准，水与土壤污染等现象也对中药质量造成威胁。抓好规范管理工作，因应外部形势的发展，是中医药发展的基础。

（二）中医药的理论与时俱进

中医的系统理论是从《黄帝内经》开始的，与阴阳、五行这些概念有关。中医药理论讲究达到天人合一，其解释自成系统，有它自己的科学性。但是，它的这种解释方式是外界很难理解的，所以这些年来，各个方面的人员参与中医药的研究，提出了很多符合现代医药科学认识规律的解释方式。西医的还原论、分解论有它的特点，应当吸收它的观念，跟中医传统的系统观念结合起来，使得中医药理论更好地为大家所认识。

中医理论符合辩证唯物观点，也符合系统观念。现代中药研究吸收了基因图谱等现代科技手段，使中医药的成分、药效能够更好地为大家所认识。上述理论解释方面的与时俱进，是这些年来中医药重大的发展。

（三）中医药的技术兼收并蓄

中医药吸收了很多现代科技的新产物，在表达手段上有所改进。很多老中医的技术很高明，治疗效果也很好。但也有些老中医的观念有点保守，他们觉得看病只能诊脉，只能望闻问切，假如用了别的设备就不叫中医了。这些观念值得商榷。西医对其他的医药科学并没有排斥，所以才能不断发展。西医并没有自称西方医学，而是称医药科学，这是观念上的开放。前些年，美国有家公司生产的一种新药很好卖，其基本技术原来是南美洲丛林部落里面的传统药方，虽然存在知识产权方面的纠纷，但其发展意识是值得借鉴的。西医在发展中不断占领市场的原因就是思想不保守。这些年来，中医药在吸收新方法方面有很大的发展，创新意识得到增强。

中医诊脉的人工智能系统就是一个例子，该系统由计算机人工智能专家、中医专家、西医专家合作研制。有很多老中医技术很好，但是诊脉技术很难传给别人。请中医把诊脉的感受与脉搏的波动状态输入到计算机里，同时用其他现代仪器测量人体究竟有什么样的变化。然后再请中医对脉象按医理作出解释，双方结合起来，通过科学的办法再现中医的诊脉技术。因此，利用人工智能，有可能使中医脉诊形象、直观地让人们明白，同时也能使中医脉象等理论，与人体的器质性变化直接挂起钩来，这是中医药不断开拓创新的一个表现。要充分利用现代科技的手段，解释中医理论，为中医理论的发展服务。

（四）国际医学界逐步认同

国际医学界正在逐步认同中医药的成效。这一方面是因为国际医学界在医学研究中，不断发现很多从解剖学、分解观点都不能够认识的问题，比如人体微循环系统对人体健康的作用、癌症发展的机理等。从西医来看，对癌症可以有一些办法治疗，但是到现在还不能解释为什么会发生癌症，其致病机理还不能解释。这些都使得国际医学界逐步认识到，医学还有另外一个方面，把人作为一个整体的系统来认识、作为一个整体来调动免疫机能等等。从这些方面来治疗是治本而不是治标，认识到这个方面是很大的进步。

另一方面，中药也有很大的进步。美国食品和药物管理局现在已经通过了有关植物药的标准，针灸的医疗执业也在美国以及欧洲很多国家得到法律允许。在非典流行期间，中药对治疗非典的显著功效得到了世界医学界的首肯。一些资料表明，凡是用中药治疗的非典病人的病死率只有用西药的 1/5、1/4。同时，用中药治愈的非典病人患股骨头坏死的极少，不到西医治愈病人的1/10。现在，世界卫生组织已经承认了中医中药治疗非典的功效，加大了推广的力度。

除了非典之外，还有很多疾病，比如治疗肝炎，中医药的疗效也很显著。但是，中药不符合美国食品和药物管理局的标准，没有一定要提取有效成分的观念。复方的作用也与有效成分的作用不同，这说明西药的标准与中医药不同。现在已经证明了，把有的中药的有效成分分析清楚，提出两种有效成分，结果是把这两个有效成分分开使用治疗，药效都不大；只有把两种有效成分结合在一起，药效才能提高；而用原来的复方，药效就更高。完全用西药的标准判断中药，不符合中医药本身的规律。这说明中医药本身还有更多的奥秘需要深入研究，究竟应该采用什么样的标准，不能草率决定。尽管中医药还有许多需要研究的东西，但是在许多方面已经取得了很大的成就，不断获得进展，获得了国际上的共识。

（五）法制建设逐步推进

过去在制定医药法律的时候，很少考虑中医药的特点。在1982年全国人口普查的时候，发现一个很奇怪的现象：教授里有的是文盲或者是小学水平。怎么当了教授，还是文盲或者是小学水平呢？经过调查发现，这种现象只存在于两个行业里：一个是体育界，另一个就是中医、藏医界。这些教授虽然没有文凭，其实，他们的知识很渊博。在人口普查的时候发现中医药行业有这样的特点，所以在法制建设方面，应该充分考虑到中医药的特色。

20世纪50年代提出中西医并重，这是三大卫生政策之一。2003年4月7日，全国人大通过中医药条例并实施，还在研究制定中医师法和中药法，以及其他相应的法律法规，有关部门也在积极准备。全国人大正在积极协调各个方面的关系，意见还不太统一。中医药界应当积极提出建议，为相关法律法规的制定与完善发挥关键作用。

总的来说，在这几年来，中医药的发展势头很好，迎来了一个黄金发展时期。

二、中医药的特点

中医药有什么特点，各方就应当按照这些特点，采取措施支持中医药的发展。我认为，概括起来，中医药的特点表现在以下六个方面。

（一）系统性

中医药是系统医学，应用整体方法分析问题和解决问题。这在性质上与西医药的还原论完全不同。中医药天人合一的理念与系统性密切相关。

（二）综合性

中医药治疗很大的特点就是不针对某一个病，而是针对整个症状，对症下药而不是对病下药。西医的特点是对病，头痛医头，脚痛医脚；中医则要辨证施治，全面分析。正因为这样，对中医药不能够完全按照西药 GMP 的管理模式来管理，它有本身的特点。

（三）长效性

中药见效可能比较慢一点，不过，它确实可以保证患者长期得到调整，从根本上解决疾病的根源。中医药也能够治疗急症，只是治疗机理与西医不同，更加重视正本清源。

（四）实践性

西药的特点是在化学实验室里做出来的，这个成分能够杀死某种细菌、病毒，所以就对病下药，哪一类病毒、细菌致病就用哪类药治。中医药很难有这样的实验结果，但其实践性很强，几千年来用中药方子治好了不知多少病人。中药可能杀不死乙肝病毒，但是服了以后可以治疗乙肝，这个是很有意思的现象，所以，中医药的实践性是非常突出的。

（五）特异性

所谓特异性，就是中医药的治疗不是千人一方。即使是不同的人得了同样的病，也可能用完全不同的药方。西药最多讲到小孩减量、减半服，或者孕妇不能服用，这是很粗略的特异性。中医药能够做到因人制宜，这既是它的特点，也是中医药科学性的表现。

（六）普适性

中医药的特点就是简便、有效、低廉，所以，它普遍适用于各个层次。有很多老中医给高层领导做保健医，很多高层领导信服中药的滋补作用和治疗作用，这是很高的层次。过去，我国的赤脚医生用一把中草药就可以治疗疾病，使广大群众普遍受益，迅速提高了中国人口的平均期望寿命，得到了世界赞誉。所以，普适性也是中医药很重要的一个特点。

三、中医药的弱点

中医药有上述很多特点，但也相应存在一些弱点。我们应当知己知彼，不能只看到长处，看不见问题。中医药的特点与弱点相辅相成，大致包括下述三个方面。

（一）玄妙性

中医传统理论很玄妙，许多解释不被人理解。八卦、五行，大部分人望而却步，普及遇到障碍，既妨碍了它走向市场，也妨碍了患者对病症的了解。怎样看待这个问题，涉及当代科学与人文科学的关系。中医药与中国文化密切相关，我们既要保存和发扬优秀传统文化，又要不断与时俱进，利用现代科学发展，适应时代进步，对此应当有正确的认识。

（二）经验性

中医的经验只能师徒相传。现在提倡中医带徒弟，这个很有必要，但是也很无奈。很多中医的经验不通过带徒弟的方式，只上课讲，无法真正学到其精髓，更不要说通过网络远程教育传授。只可意会不能言传，是它经验性的典型表现。

（三）保守性

少数中医还是有保守观念，反映在很多不同的方面，比如一些秘方传子不传女的现象到现在还存在。在市场经济的条件下，保守不利于将中医药的成果更好地推向市场。一些中医、藏医和其他民族医有很好的药方，做的成药也很好，但是由于销售渠道有限、营销手段落后，并不能有效组织市场推广。投资商愿意投资，但是有的传统医学传承人认为投资商占了很多股份，家传的知识成果就被侵占了。缺乏进取与合作的观念，这不利于中医药业务和市场的发展。不去进取，不发展新观念，不采用新模式，中医药就永远发展不到一个新的层次，更难以适应市场化与国际化的要求。

四、中医药需要四个平台支持

中医药的继承、发展和创新现已到了关键时期，需要从战略的高度建立四个平台。这些平台至关重要，它们是中医药继续保持其生机活力的基础。

（一）资源保护平台

中医药与资源密切相关。同样一个三七，出在南方和北方的质量完全不同。很多药都跟原产地的气候、环境条件，跟种植的过程有密切关系。杜仲、人参等许多珍贵药材需要几年的时间才能长成。资源匮乏，中医药的发展就难免力不从心。保障中医药资源的可持续利用，保证资源的质量，这是第一个要建立的支持平台的目的。

（二）专利保护平台

专利保护平台也叫知识保护平台。中医药有很多好的知识，但这些知识产权的保护不完善。现在的法律法规跟我们的中医药知识产权的保护标准不完全适合，所以要积极研究，在知识保护、专利保护这方面要建立起适合中医药特性的保护平台。

（三）标准保护平台

中医药有自己不同的特点，不能以西药的标准加以保护。用美国食品和药物管理局批准的标准来衡量，现在只有两个中药品种被美国批准进入二期临床，没有一种中药进入到市场。怎么样建立我们的标准，而且使得这个标准为国际所认识，对我国保证中医药的发展至关重要。

（四）文化保护平台

中医药不单单是医药科学，也是中华文化的有机组成部分。全国人大刚刚批准我国加入《非物质文化遗产保护条约》，我国是世界上第 8 个批准这个条约的国家。到有 30 个国家加入这个条约，就要成立一个国际委员会制定标准。我们较早地批准，就是希望今后在国际委员会中参与标准的制定。中医药在非物质文化遗产保护国际委员会中，应该打主动仗。我国加入世贸组织吃了很大的亏，人家早就制定了标准，我们只有跟着这个标准走。多哈会议召开之际，很多小国家希望中国参加谈判，因为它们国家小，拿了大国的贷款、援助就不敢讲话。国家的力量决定了在世界上的地位，决定了在国际会议上说话的分量。中国现在已经是一个世界大国了，也是联合国安全理事会的常任理事国，一方面要有大国的意识和世界的意识，要有兼容并包的雅量；另一方面，在世界事务上要有自己的准备，要提出自己的意见。所以，中医药以后要成为非物质文化遗产保护的对象，最好是第一个申请，以便加强保护工作。文化保护平台包括人、财、物、技术、法律以及管理体系等等，需要认真、深入的研究。

五、中医药的亮点

中医药有很多的亮点，这些亮点决定了它的发展潜力。有关官、产、学方面的有识之士应该齐心协力，使中医药工作借此亮点，见到更大的起色。

（一）中草药符合人与自然和谐的观念

这种观念与当代生态学的观念相符合，也与健康的根本原理相一致。中医药学以此为基础，应当在保障全民健康、增加绿色GDP方面发挥主导作用。

（二）中医药的系统论为近代医药科学发展所认同

人体和人的生命是复杂巨系统，中医药在系统把握其生命规律方面有独到之处。当代生命科学的发展需要掌握系统的方法论，从普遍联系与发展的角度看待生命、健康和疾病现象，中医药在这方面奠定了深厚的基础。

（三）中医药的特殊疗效为许多国家所认同

中医药治疗非典的效果已显示其在防治现代新发传染病方面的作用，它的理论在防治艾滋病方面也初步崭露效果。另外，中医药在治疗一些急性病及当代生活方式病方面蕴藏着巨大的潜力。其特殊疗效将有可能带动医疗模式的转变，促生新的产业链的形成。

（四）国际对医药发展的方向很明确，中医药符合国际医学科学的发展观念

支持发展中国家降低医药费用，支持贫困地区提高生存力、

提高健康水平，这是国际医药科学发展的方向。中医药在这方面有很大的潜力，可以发挥很好的作用，为我国的外交工作添彩，增强我国的软实力。

六、中医药的前景

中医药的发展前景应该是乐观的。医药科学要不断发展，就应当遵照"和而不同"的原则。中医药的发展跟传统西医的发展是两个不同的层次，应该构成现代医学很大、很强的两个支柱，应该在世界医药科学发展中发扬光大中医药，发挥它的作用。

西医应当叫作近代医药科学，它的发展要比中医晚得多，是在近代才不断完善的。以前，西医里面也有一点巫术的成分，经过不断发展才形成科学化的传统。当前，中医药科学与近代科学正在互相推动、互相融合，这有可能创造面向未来的、现代化的医药科学。在中医药科学跟近代医药科学两只轮子的推动下，现代医药科学的体系正呈现取长补短、多元融合趋势。中医药科学应该在新的科学观念变革的转型期间，成为推动21世纪世界新医药科学体系发展、建设的重要力量。

当然，从决策的高度看待中医药的作用和发展问题，应该首先着眼实际，加强中医药的立法工作，为中医药的长远发展创造一个宽松的环境。全国人大在今后中医药的立法以及执法过程中，离不开各界的支持。希望大家都按照"千里之行，始于足下"的精神，一起做好这项功德无量的大事业！

依靠科技发展，建设先进农业*

(2005 年 9 月 6 日)

一、农业的现状、问题与发展方向

农业是人类发展最早的产业，农业技术是科学技术发展最早的部门。中国自古以来就将江山社稷作为国家的根本。江山泛指疆域，社稷即是土地与粮食，这是对农业重要性的最集中的概括。历史上无数次农业歉收，成为触发社会动乱甚至改朝换代的直接导火线。在很长时期内，农业也是国家税收的主要来源。工业革命以后，农业在经济上的重要性下降了，但是其支撑经济发展、维护社会稳定、保证人民生活的基础作用丝毫没有减少。20世纪80年代，我国从实践中总结了"无农不稳、无工不富、无商不活"的发展之道，通俗易懂，寓意深远。

长期的人类历史中，粮食生产与人口增长形成了多次循环周期。农业技术的提高增加了供给能力，促进人口数量快速增长，其结果是达到一个农业不能支持的破裂点，回到周期的新原点。每个周期都比上一次的生产水平更高，却无法摆脱大循环的格局。只是到了近代，人类学会了控制自身的增长，农业也进入到

＊ 这是蒋正华同志在 2005 中国黑龙江国际农业生物技术峰会上的主旨演讲。

新的阶段，我们才看到了可持续农业的前景。

　　与其他产业一样，农业的发展取决于四个生产要素：自然资源、劳动、资本与科技。作为中国农业自然资源中最重要的土地资源，其稀缺程度大大高于世界绝大多数国家。农业劳动力的富余，大大降低了农业生产效率。农村的资本在很长时期内不是注入，而是外流，外流率可能达到 25% 左右。近年，国家大力增加对农业、农村的投入，减免各种税收，增加专项补贴，资金投入情况有所改善。但是，基本的经济规律是资金将自动注入效益高的部门，农业暂时仍处在弱势地位。在资金注入不足的情况下，农产品的生产成本却在不断升高。按照 20 世纪 90 年代的调查资料，粮食生产费用提高最快的依次为机械作业、农药、排灌和化肥，而农家肥的费用则大大下降了。中国人均耕地只有 0.11 公顷，不到世界平均数的一半，不到美国人均的 1/6，不到澳大利亚的 1/26。拜控制人口数量之赐，农业生产必需的水资源，中国的人均量约为世界的 1/3，比 20 世纪 80 年代的 1/4 略有提高，但是没有根本改变。正如邓小平同志所指出的：人口多、土地少、资源相对缺乏是我们必须面对的长期基本国情。从生产要素看，最有潜力、最有活力，也是农业综合竞争力最重要的核心是科技。

　　从中国农业的比较优势看，与世界各国相比，土地资源密集型产品如粮食、油料等，显然处于不利地位。但是，13 亿人口之需，也不能依靠在国际市场上采购。全球粮食市场的年供应量不过 2 亿多吨，不足中国一半之需，中国增加采购量就将刺激粮价迅速高涨，对任何一方都不利。基本自给是我们必须坚持的基本方针，多方面研究也说明，我们可以做到这一点。目前，我国粮价虽略高于世界市场，但加上运费等开支，种粮仍有经济意义。劳动密集型产品如畜产品、水产品、水果等经济作物无疑是中国有优势的方面，但是需要适应国际市场的需求，实行工业化生产，严格标准，提高质量，减少污染，创造品牌。科技在这方面大有用武之地。技术密集型产品如花卉、药材及高技术、高附加值经济作物正是科技起主导作用的领域，也是中国农业大有可为的领域，亟待从政策支持、组织管理、科技投入等各个方面给予帮助，使之迅速发展壮大成为强大的产业部门。21世纪的农业，应当是全面发展、高产优质、高效安全、节约资源、生态环保、可持续、科技含量高的现代农业。

二、农业与生物技术的发展前瞻

20世纪的后50年是世界农业与生物技术发展最快的时期，也是世界人口增长最快的时期。地球究竟能养活多少人是长期争论不休的问题。乐观者认为，世界可以承载500亿甚至1000亿以上的人口；但是一些生物学家则认为，要达到欧洲人的生活标准而不牺牲长远的生态环境质量，我们星球的总人数应降到20多亿。不同领域的研究人员对问题的认识角度不同、标准不同，结果也大相径庭。大部分人的认识则更加实际：人口增长和生活水平提高都要求提供更多的农产品。1946年10月16日，44个国家合作创建了联合国粮农组织，希望解决粮食问题，但是50年后，全球仍有8亿人口营养不良。被称为"绿色革命之父"的诺曼在1970年接受诺贝尔奖时的答词中也警告说：绿色革命没有解决人口吃饭问题，只是为解决这个问题争取了30年时间。粮食和其他农产品的生产都需要先进科学技术的支持。

世纪之交，各国纷纷拟定了面向未来的科技发展战略，农业和生物技术成为国际关注的一个重点。美国国家科技委员会提出应用现代生物技术手段解决农业问题的建议。我国的香山科学会议专题讨论了植物发育调控的分子机制，根据农业对中国的特殊重要地位，提出以植物的生殖发育为核心，开展 8 个课题的研究：

（1）开花诱导；

（2）同源异形基因对花器官特征的控制；

（3）自交不亲和性；

（4）雄性不育和性别分化；

（5）胚胎发育中的图式形成；

（6）植物激素在植物发育调控中的作用；

（7）离体培养条件下细胞的全能性；

（8）光温等环境因子对发育过程的调控机制。

这些方面的研究成果将对我国建设现代农业发挥巨大作用。为了实现科研的突破和成果的转化，需要遗传学、分子生物学、物理学、数学、化学等多种学科科学家的共同努力，需要电子计算机、先进仪器设备等的技术支撑，也需要管理体制、耕作模式等实践环节的改革创新。

农业生物技术在世界粮食第一大出口国美国发展得最早。从20 世纪 80 年代起，美国首先培育出抗病虫害及耐除草剂的新作物品种；之后，又将转基因技术用于提高作物品质。1973 年，美国的玉米因病虫害减产 15%。1996 年，抗欧洲玉米螟的转基因玉米获准上市。同年，耐除草剂的油料作物大豆进行商业性栽培，抗虫棉也于同一时期推广种植。1996 年，中国农业大学农业生物技术国家重点实验室利用基因工程，提高玉米蛋白质、赖氨酸以及油分的含量，全面提高玉米的营养品质，现已育成 5 个好的自杂系和 1 个好的杂交系。该实验室研究员敖光明称，在研究中将调控发育、赖氨酸含量最高的基因（SB401）与只有玉米种子才驱动基因工作的启动子（19Z 启动子）重组，构建了可用于玉米遗传转化的表达载体，获得成功。

从全局看，我国农业科技事业发展很快，对国计民生发挥了重大作用。1978 年，中共中央召开全国科学大会，新中国成立以后的 381 项重大农林牧渔科技成果受到奖励。1979 年到 2003 年，获得国家级奖励的农业科技成果猛增到 1600 多项，获得部级奖励的更达到 6692 项。这些成果分布在各个领域，如农作物种质资源的征集、引进、建库、研究，作物遗传育种，土壤资源研究与科学施肥，农田灌溉与节水技术，作物病虫害及草原鼠害防治，耕种制度与栽培技术，农业机械化及设施工程技术，畜禽品种研究及改良技术，草地改良及饲料生产，特种经济动物繁育和饲养技术，兽医药科学技术，水生种质资源与渔业生物资源研究及利用，水产养殖技术，水产品生产、保鲜技术，相关领域的生态环境与工程技术等。许多高新技术在这些领域获得应用并处于国际先进水平，如在单倍体育种方面，已建立了水稻、小麦、高粱、甜菜、烟草、苹果、柑橘、番茄、草莓等 60 多种植物的花培、组培成株技术。组培快繁和脱毒技术已用于生产，黑龙江等地的马铃薯原种场采用茎尖脱毒组培技术解决了土豆退化问题，已向全国提供脱毒种薯，增产 50% 以上。广东省、甘肃省分别建立了香蕉无毒苗快繁地和兰花快繁生产线。许多果品的无毒种苗基地已实现了商业化、产业化生产。原生质体培养和体细胞杂交研究也已接近或达到世界先进水平，许多作物的原生质体培养成株均为世界上首先报道。

当前，许多高新技术在农业方面迅速推广应用，并通过学科间的交叉激励产生了大量新的成果。基因工程技术在传统农业、畜牧业、渔业等领域取得显著成绩。水稻基因物理全图已经绘制成功，处在世界先进水平。转基因抗虫棉、抗黄矮病小麦、抗青枯病马铃薯、抗白叶枯病水稻、厚皮耐贮西红柿、耐盐碱作物等研制成功，还研究开发了将蔬菜基因引入桑蚕的彩色蚕丝、将兔毛基因引入棉花的转基因棉花等。近年成功地使用了以精子为载体的胚胎注射法，使外源基因嵌合到染色体上，获得了转基因猪，其遗传转化率达到 2.98%，高于国外同类试验 1% 左右的水平。转基因镜鱼、鲫鱼、团头鲂、鲤鱼等都已培育成功，有些已用于生产。出于安全、商业利益等方面的考虑，目前各国对转基因产品（GMO）的大量生产、销售还有争论，但是，基因突变、遗传或淘汰在生物发展中是经常发生的现象，过分的疑虑甚至排斥将会影响科技的发展、人类的福祉。只要区别各个应用领域的敏感程度和危险水平，让消费者享有充分的知情权和选择权，促进基因工程技术在农业中的应用，将是 21 世纪先进农业构建中的强大动力。

信息技术在农业中应用广泛、效果明显。除了利用数据库技术提高农林牧渔业科学研究的起点，利用各种计算机工具加速研究进程、提高研究质量外，信息技术也直接应用于生产。宏观生产指导上，可应用 GPS 等手段实现农业的精细生产和管理，国际上称这种机制为"数字农业"。农业专家系统可以加速新品种选育和新技术推广，使广大农民直接得到水平最高、领域最广、服务最快的大批专家的技术指导。对交通不便的边远地区，这样的服务显得尤其宝贵。目前在我国农村科技网络受到严重破坏的情况下，信息系统可以较低的成本、稳定的运作方式、便于管理的体制发挥重要作用。

其他先进技术在农业中也有重大影响。如同位素和射线诱变技术与育种技术相结合，已培育出 30 种植物、300 多个品种，推广种植数亿亩。中国加入世贸组织以后，面临着国际对植物体内农药残留、重金属含量要求不断提高的压力。同位素示踪技术可用来研究植物营养代谢情况，从而找出降低农药、重金属等物质含量的途径。农产品防腐保鲜、防治害虫等许多领域都可应用辐射技术。我国的航天飞船已多次装载作物种子上天，开辟了一条利用辐射技术的新途径。

基因工程技术在医药领域已经取得许多成果。例如，应用生物反应器大量生产珍贵药物、生产基因工程疫苗、开发基因医疗技术等，其中许多已用于实际工作，也有许多仍在研究之中，类似的成果也可用于畜牧业、家禽业。近年来，人畜、人禽共患疫病增多，引起各方面关注，基因工程技术在防治这些疾病方面有很大的拓展空间。

由于我国体制的影响，林业与农业的发展分别规划、管理。林业在上述各个技术领域也有许多重要的进展，这些技术的应用在保护和发展我国林业资源、科学利用林业资源发展相关产业、保护和恢复良好的生态等方面，发挥了巨大的作用。

邓小平同志提出，科学技术也是生产力，而且是第一生产力。多年来，中央对农业发展高度重视，早在20世纪50年代就进行了农业区划工作。改革开放以来，进行了大规模、系统的多学科调研，80年代分10个课题提出了中国农业发展战略报告。中国共产党第十六次全国代表大会提出到2020年全面建设小康社会的宏伟目标。近年来，以胡锦涛同志为总书记的中共中央进一步提出统筹城乡发展、统筹地区发展和工业反哺农业、城市支持农村的方针，农业、农村正处在一个重要的发展机遇期，广大农业科研人员正遇到了难得的用武之时。各方面应当团结协作，共同努力，使科学技术为农业、农村的发展，为农民的致富作出更大的贡献。

三、生物质能源资源的开发

随着近代科技的迅猛发展与经济的快速增长，许多在过去被认为取之不竭的自然资源发生了枯竭的迹象。化石能源，即石油、天然气、煤炭是经济发展的主要能源。尤其是石油，全球资源大约只能再开采 40 多年。2005 年年初以来，石油涨价之势有增无减。近日，美国纽约石油期货价格已接近每桶 70 美元。就是在美国发动伊拉克战争时，也没有人预料到石油会出现这样的天价。但是现在，国际上已有不少专家预测，石油期货价格将于近年内超过每桶 100 美元，有个别人甚至预测将上涨到每桶 300 美元，这意味着世界经济将受到巨大冲击。即使以每桶 100 美元，我国每年进口石油也将为此多支出数百亿美元，外贸的顺差可能被"石油黑洞"吞没。2005 年上半年，我国经济增长率达到 9.5%，石油上游企业利润猛增，中石油中期业绩报告，销售收入增长 41.5%，经营利润增加 33.1%。而其他企业的利润增长率比 2004 年同期下降 22.5 个百分点，亏损企业的亏损额上升 59.3%。"石油风暴"已经对我国的经济发展带来了不小的影响。

为了应对可能发生的石油危机，争夺石油资源的斗争，在各地都在展开，各国科技界也在积极寻找替代能源。目前可供选择的其他能源有：太阳能、水能、核能、风能、氢能、可燃冰、地热能以及生物质能。这些能源中，有些开发利用的价格昂贵，有些技术尚不成熟，但都在石油稀缺的推动下获得加快发展的强劲动力。其中，生物质能源受到许多部门的重视。

生物质能源是可再生的，许多是传统的能源，如林木、农作物秸秆，过去只直接作为燃料使用，大大浪费了资源，同时也对环境产生严重的破坏作用。埃及的历史学家曾感叹：埃及 400 年的文明带来了 2000 年的沙漠化。就是指大量砍伐森林的严重后果。两河文明的衰落也与大规模毁林有着密切关联。近年来，沼气技术的进步为秸秆等生物质能源的科学利用提供了条件。生物质现代燃烧技术，如层燃、流化床、悬浮燃烧、热电联产、生物质燃烧发电等，大大提高了资源利用效率，扩大了应用范围。还有生物质热解、液化、气化、压缩成型等技术，可以使生物质能源转变为接近化石能源的性状。但是，这些技术目前有的价格尚不具有竞争力，有的还存在性能上的缺陷，有待进一步研究、提高。

近年来，生物燃料引起了许多国家的关注，生物燃料乙醇、甲醇、生物柴油已在一些国家中推广应用。有的国家为了在全国推广生物燃料，还设计改造了汽油发动机。乙醇的生产有发酵法和化学合成法两类；其中，发酵法利用发酵作用，将生物质原料中的糖分及淀粉转化为乙醇。巴西是甘蔗生产大国，因此以甘蔗为原料；北美则使用谷物和玉米；法国采用谷物、甜菜。我国吉林省应用玉米为原料，已经成功地实现了商业化的燃料乙醇生产。使用乙醇燃料的优点是燃烧过程比汽油更完全，因而，废气排放对大气的污染减少，同时还可消除火花塞等部位积炭的形成，从而减少故障、延长寿命。使用燃料乙醇可能对橡胶部件产生腐蚀，这种燃料对含水量要求严格，又可能被不法之徒用以制造毒酒，需要建立特别的管理制度。

生物柴油除热值外，冷滤点、闪点、燃烧功效、含硫量、含氧量等指标均优于普通柴油，其他指标也大体相当，近来特别得到科技界、产业界的青睐。生物柴油的原料是油菜、大豆、向日葵等，将植物油与甲醇或乙醇在一定温度下通过催化剂的催化作用进行酯化反应，生成生物柴油，即脂肪酸甲酯或乙酯，同时得到甘油。生物柴油闪点较高，便于储存和运输。它因为不含芳香族烃成分，含硫量也远低于柴油，因此对环境保护非常有利。生物柴油还有降解速度快、低温流动性好、含氧量高等许多优点，可以减轻意外泄漏造成的污染，有利于扩大使用范围。其缺点是可以腐蚀橡胶和塑料，需要增加一些防护设计。油菜、大豆等均是我国的强势农作物，转基因作物用于生产生物柴油完全不会触发某些人对转基因产品安全性的担忧，在这一领域探索、开拓，可以在解决能源这样的战略性物资供给方面为国家作出贡献。

四、农业发展与农村建设促进农民致富

中国的 13 亿人口中有 8 亿是农民，要实现全面小康必须实现农村的现代化和农民的现代化，这两个现代化的基础是农业的发展和农业的现代化。改革开放以来，我国农民的人均纯收入迅速增加，1978 年到 1984 年的平均年增长率达到 17.7%。以后因各种原因，农民收入增长减慢。"八五"期间，农民人均纯收入年增 4.3%，"九五"期间为 4.7%。近年，中央采取了各种措施，2004 年实际增长率达到 6.8%。但从总体来看，农业仍是弱势产业，农民收入的增长速度仍然低于城镇，城乡差距有扩大之势。中共中央高度重视"三农"问题，明确提出工业反哺农业、城市支持农村的方针，不断加强对农业发展、农村建设和农民增收的支持力度。

农业发展的根本在于提高农业的综合竞争能力，实现农业结构调整，加强农业发展的基础建设，加快建设现代农业。现代农业要求将现代科学技术和中国农业优秀传统相结合，实现工业化的农业生产，发展先进灌溉系统，提高土壤肥力，采用适用的耕作方法，建设优势产业链，实行现代化经营管理制度。中国的土

地资源稀缺，因此，国家正在稳步推进沃土工程，推广测土配方施肥，增加灌溉面积，改造中低产田，提高耕地质量，充分用好现有资源。通过优质粮食产业工程、大型商品粮基地、种养业良种工程、科技入户示范工程等重点项目，提高农业生产的技术含量。为了提高经济效益，拉长产业链，大力建设现代饲料产业、农产品加工业、现代食品产业、农用资料产业，并与畜牧业结合起来，发展以龙头企业为带动的高档次皮革加工、皮革制品等行业。这些都将大大提高传统农业的水平。

21 世纪的国际趋势是重视可持续发展和生态环境建设，许多新型产业将应运而生。因此，发展节水型农业，利用微生物工程实现工厂化生产，培育非绿色植物、不污染环境的新型农业，开发可替代塑料等工业原料的、快速生长的长纤维素作物，建设单细胞蛋白工业、藻类生物技术产业等，都是有良好前景的新型产业。面向 21 世纪，逐步建设循环经济型、资源节约型、环境友好型、科学技术型的现代农业，应当是我们共同的目标。

中国农村的大量富余劳动力是影响农业发展、农民致富的一个问题，在建设现代农业过程中可以吸收大量劳动力。农村经济发展过程中，还应当相应地发展第三产业。金融、信息、交通运输、市场建设等，都是提高农业经济效率所必需的支持平台。近年来，我国农村的市场化程度比 20 世纪末略有下降。国务院已经决定，2005 年下半年，将在农村环境建设、文化、教育等方面加大投入力度，各地应当趁势而上，在发展生产的同时促进消费，使生产与消费互相推动。在农村经济发展的基础上，加强城镇化工作，使小城镇成为生产、消费、服务、市场的中心，进一步带动农村、农业的发展，为农民提供更好的生活条件。社会保障体制的建设为经济发展、社会稳定提供有力的支撑，农村的社会保障正在探索之中，比较明确的是新型合作医疗制度、大病救助制度、最低生活保障制度的建设。这些制度的建立已在各地试点过程中取得许多经验，必将惠及全部农村。中共十六届三中全会提出统筹城乡发展的指导方针，连续两年的中央一号文件以"三农"工作为中心，国务院作出了许多支农的重大决定，农业产业一定能更快发展，农村面貌一定能更快改变，农民生活水平一定能更快提高。

实施可持续发展战略，
促进城市经济健康发展[*]

（2005 年 9 月 19 日）

　　世界经济正在经历着重大转变，人口、资源、环境等问题日益成为关系到人类经济发展和社会文明进程的重大因素。可持续发展问题已被提到了世界各国首脑的桌前，并成为影响国家战略决策的基本要素。可持续发展的核心是发展，但在 21 世纪，更加迫切地要求严格控制人口、提高人口素质、保护生态环境、实现资源永续利用。近年来，中共中央高瞻远瞩，提出了构建社会主义和谐社会、发展节约型经济等一系列重大发展战略。在这样的大背景下，营造健康城市、促进城市经济健康发展，是实现可持续发展战略、构建社会主义和谐社会的重要工作内容。

　　可持续发展思想由环境问题而提出，见诸国际文件则自 1972 年斯德哥尔摩世界环境大会始。国际上关于可持续发展的定义甚多，至今尚无一致公认的界定。1987 年，世界环境与发展委员会发布的长篇报告《我们共同的未来》中，作出的解释是，可持续发展为"既满足当代人需要，又不对后代人满足其需要的能力构成危害的发展"。这一定义的内容比较含糊，各方面可以按自己的认识加以解释，被各界广泛引用。一般认为，可持续发展意味着社会、经济、资源和环境保护协调发展，既要达到发展经济的目的，又要保护好人类赖以生存的大气、淡水、海

---

　　[*] 这是蒋正华同志在今日中国论坛·中国市长论坛上的讲话。

洋、土地和森林等自然资源和环境，使子孙后代能够永续发展和安居乐业。

我国对可持续发展问题极为重视。早在 20 世纪 70 年代，我们党和政府就从人口多，耕地少，人均资源短缺，地区发展不平衡，经济、技术基础比较薄弱，面临资源、环境和人口等多重压力的具体国情出发，制定了计划生育和保护环境、促进经济与环境协调发展的基本国策，并取得了显著成效。1992 年世界环发大会后，国务院环保委员会会同各部门从我国国情出发，编制了《中国 21 世纪议程——世纪人口、环境与发展白皮书》，阐述了中国人口、经济、社会、资源和环境保护等相结合的可持续发展战略、政策和行动纲领。后经国务院常务会议讨论，通过了体现我国可持续发展道路的《中国 21 世纪议程》，并按各国首脑讨论的协议送交联合国，在联合国各成员国中第一个递交国家报告。

在可持续发展理论系统中，有两个核心内容：一是保护自然资源，二是保护生态环境。营建健康城市是保护资源、保护环境的有效措施，也是发展节约型经济、推动城市经济社会健康发展的重要战略举措。城市化是各国发展的总趋势，是社会生产力发展的客观要求和必然结果。历史上，城市起源于战争的需要，以后发展成为政治、文化、经济和社会的中心。城市的发展给人类的生活、工作带来很大方便，促进了世界经济的快速发展和社会的惊人变化。据统计，全球已有 50% 的人口居住在城市化的人造空间里。然而，高速发展的城市建设，尤其是工业化的城市面临着社会、资源、卫生、生态等方面的诸多问题，人口密度高、交通拥堵、住房紧张、资源耗竭、污染严重、暴力伤害等社会问题，正逐渐成为威胁人类健康、妨碍社会可持续发展的重要因素，被称为普遍存在的"城市病"。营造健康城市，有效利用城市的资源、能源，优化配置城市资源，是推动城市经济健康发展的前提，也是落实可持续发展战略的基础工作之一。可以说，没有健康的城市，就没有健康的城市经济，可持续发展就会成为一句空话。

实施可持续发展战略，首先要保护自然资源，保护生态环境，促进节约型经济发展，创建健康城市。自然资源是国家的宝贵财富，是我国实施可持续发展、改善人民生活、进行国际交流的重要物质保证，是进行社会主义现代化建设、不断增强综合国力、保证国家安全的重要条件。具有自然资源优势的城市在经济学上被称为需求型城市，可以利用外界对本地资源的需求吸引发展要素。但是，如果依仗资源优势不作长期发展规划，也可能在资源枯竭后陷入绝境。因此，即使资源丰富的城市也要调整产业结构，优化资源配置，走可持续发展的节约型经济道路。发展节约型经济，就是要努力改变高投入、高消耗、高污染、低效率的粗放型增长方式，实现集约型增长，合理利用能源、资源，走可持续发展的生态经济和循环经济道路，实现人与人、人与社会、人与自然和谐发展。在生产建设活动中，用尽可能少的资源、能源，创造尽可能多的财富，最大限度地充分回收、利用各种废弃物，不盲目生产，不重复建设。城市不是片面追求经济增长效率的经济实体，应该是能够改善人类生活环境、提高居民生活质量的理想环境，应被看作一个有生命、能呼吸、能生长和不断变化的有机体。健康城市的概念应该是由健康的人群、健康的环境和健康的社会有机结合发展的一个整体，通过和谐发展，不断扩大资源，使城市居民统一认识、协调行为，互相帮助、互相支持，发挥城市的最大潜能。

实施可持续发展战略，需要保护生态环境，推动城市生态经济建设。进入 21 世纪以来，人口、资源、环境等问题对人类生存与发展的压力不断加大。环境尤其是城市环境，是人类生存和发展的基本条件，是经济和社会发展的基础，是建设中国特色社会主义事业的重要组成部分，是人类社会永续发展的保障。当今社会，工业化、城市化进程加快，人口日益增多，对自然资源的开发利用强度加大，生态破坏、环境污染问题日趋严重。生态环境问题就是资源的滥用、不合理利用和各方面短期行为造成的。我们要保护好环境，在城市经济发展进程中要建立科学的发展目标，创造良好的生态环境，有效、合理地利用资源，减少污染，走可持续发展的生态经济、循环经济、绿色经济道路。营造健康城市、推动城市生态循环，是保护城市生态环境最有效的措施，也是必须做的基础工作。

发展是硬道理，只有发展才能推动社会持续前进。实施可持续发展战略，建设健康城市，推动城市经济健康发展，对构建和谐社会、节约型社会有重要的战略意义，也是加强城市精神文明建设，塑造人文、生态、文明城市的战略要求。应该全民动员，提倡节约、反对浪费，推动整个社会走上生产发展、生活富裕、资源高效利用、生态环境良好的文明发展道路。

技术标准是国家经济
安全的前沿防线

（2005 年 11 月 20 日）

中共十六届五中全会，是在完成"十五"计划、改革开放和现代化建设进入关键时期召开的一次十分重要的会议。会议全面深刻分析了当前和今后一个时期面临的形势，明确了下一个 5 年经济社会发展的指导方针、奋斗目标、主要任务和重大举措。会议指出，要大力发展自主创新的技术基础，大力开发对经济社会发展具有重大带动作用的高新技术，制定重要的技术标准，提高我国产业的技术水平，推进产业结构的优化，从而带动整个国民经济的协调、可持续发展。

改革开放以来，中国经济发展迅猛，同时，在科技进步等方面都取得了很大进展。但在发展中仍存在很多隐忧，最突出的就是自主创新能力不足。在核心竞争力和国际竞争力的评估当中，我们的得分比较低，在国际竞争方面也遇到了新问题。我们在利用技术标准提升核心竞争力，利用两种资源、两个市场的开放战略方面，可以发挥很重要的作用。

这几年，外贸对国内生产总值的贡献率每年都超过 3 个百分点。但由于技术标准问题，尽管出口量在增加，效益却很低。商务部公布的数据表明，我国企业生产一双鞋、一件衣服，利润是很微薄的。尽管我们的出口总量在增加，但利润并不是我们的。

比如在机电出口方面，一半多利润都是外资企业的，外资企业出口80%甚至90%以上的利润都归了国外跨国公司。但这种情况又造成贸易摩擦不断升级，这些年来，中国已经连续11年在反倾销的控诉案中世界排名第一。加入世贸组织对中国是一个必然的选择。加入世贸组织之前，中国的外贸只占到世界外贸的10%多一点，甚至连10%还不到，而当时全世界的外贸总额大约85%都在世贸组织的这些国家范围之内进行，只有15%是在圈子之外。所以，中国外贸量不断增大，必然要求进入世贸组织的圈子，否则，就置身于世界经济发展的主流之外了。

一、安全意识和技术标准的重大意义

（一）安全的内涵和关系

自古至今，安全是一个国家、一个群体或者是个人非常关注的一件事情。现代国家的安全有四大支柱，就是政治安全、军事安全、经济安全和信息安全。政治安全和军事安全，从国家安全的角度来讲，称为传统安全，因为这两个"安全"自古以来就是任何一个国家都要关心的问题。但国家的经济安全与信息安全这两个方面的重要性日益突出，而且近年来也发生了很多的事情，很值得我们深思。

近些年，许多国家经历了剧烈的震动。如南美的阿根廷，在20世纪初是世界上的一个经济大国，到现在为止，还是世界五大农业出口国之一。在20世纪初的时候，它的经济总量在全世界排到第八位，农业经济非常强，但在20世纪这100年中，大大落后了。20世纪末期，阿根廷发生了非常严重的经济危机，在半个月内就换了5任总统，没有一个总统能够把问题解决好，主要由于金融方面出了问题，最后引发了全国性的政治危机。

经济安全跟政治安全之间有着非常密切的关系，而且，两者之间互相转化，政治安全可以影响经济安全，经济安全也可以扩大波及政治安全。所以，现代国家安全的四大支柱是密切相关的，总结成四句话就是：经济安全是基础，政治安全是根本，信息安全是关键，军事安全是保障。

（二）政治安全是根本

在很多国际会议上，中国很受关注。欧洲和南美洲一些国家都非常关心中国是怎样发展的，它们把中国发展的过程称为"中国现象""中国模式"，希望从中学到一些经验。东北亚的一些国家希望研究"北京共识"的问题。"北京共识"的提法是亚洲一些国家仿照"华盛顿共识"提出来的。20世纪八九十年代，美国很希望向全世界推行它的经济模式，搞了一个所谓"华盛顿共识"，结果，连它最亲密的盟友欧洲都不买账。欧洲探索了"瑞典模式""芬兰模式"等许多不同的经济发展方式。对中国的发展道路，美国的不少经济学家都是承认的，包括一些获得诺贝尔奖的经济学家，他们很早就在讲中国模式问题。而且，有的经济学家讲过，邓小平应该得诺贝尔经济学奖。

国际关系就是竞争关系。世界上没有永久的朋友，国家之间也没有永久的敌人，都是从国家和民族利益出发考虑问题的。即使对最反感的人、事和国家，也还是要从我们的整体和全局来考虑问题，包括战争也是如此。我们古代就有一句话："主不可因怒而兴师，将不可因愠而致战，合于利则动，不合于利则止，此安国全军之道也。"就是说，作为一国之主，不可以一怒就兴师作战；作为一军之帅，不可以不高兴了就打一仗；合于利则动，不合于利则止，完全要从利益来考虑，只有这样才能安国全军。为保证国家的安全、民族的发展，要非常冷静地看待这些利弊关系。

安全问题不能简单地看成不是安全就是不安全，它不是一个安全不安全的两位制问题。影响安全的因素非常多，而且，这些因素之间的相互作用也非常复杂。这些因素的互相作用和组合，可能是在某一方面的安全形式，从一个非常稳定的状态到发生风险，从低风险发展到高风险，以至于最后逐步形成危机。安全问题是一个发展过程，它的状态也不是一个两位制的状态，中间有一个灰色地带。所以，我们要居安思危，不能够陶醉在成绩当中，要经常看到我们的问题，科学地评估中国的安全形势，及时地采取相应的对策。否则，安全问题就可能在一日之内爆发。

（三）信息安全是关键

信息安全现在非常突出。在"9·11"事件之前，美国中央情报局的前局长讲到美国中央情报局的工作时认为，应该从过去的重点转移到以新经济信息为主。后来，"9·11"事件发生了，世界的关注点有所转移。现在大家认为，影响世界的威胁因素，一是恐怖分子的恐怖活动，另一个是分裂主义，还有一个是原教旨主义，叫作世界三大危险力量。前段时间，欧洲对美国利用卫星技术、通信技术等窃取了欧洲很多经济情报，都提出反对。所以，安全问题即使在盟国之间也存在。

（四）经济安全是基础

当前，经济安全至少有以下五个方面显得比较突出。

1. 生产安全

在经济安全当中，有很多领域都需要关注。煤矿生产中发生了很多事故，有很多与技术标准有关。过去，矿工带一只小鸟下矿井，煤气多了，小鸟死了，他就上来，比较容易做到。现在，技术标准有很多先进的技术，包括矿井必须两头通气、里面的支架应该怎样布置、煤矿的瓦斯残余量等等，有一系列的技术标准，但还是发生了很多安全问题。

2. 贸易安全

在我国加入世贸组织前，欧盟对于我国进入欧盟市场的农产品的平均监测指标有 16 项。我国加入世贸组织后，对我国各个农产品的控制指标数，最多的有 260 多项，少的也有 60 多项；而且，控制的标准大大地提高，包括一些农药的残余量等。如果按照欧盟的标准，以我国现在的检测技术，有些还检测不出来。由于乌拉圭回合谈判以后，国际间制定并达成了《农业的协议》，规定除了关税外，不能采取其他非关税壁垒的措施来阻止农产品交易，所以，技术壁垒开始广泛使用。

3. 金融安全

世界上已多次发生金融安全问题，而且影响很大。国际上有个《巴塞尔协议》。近年来，国际上普遍感觉，它不能适应现代金融发展的需要，特别是虚拟经济的发展、网上银行的发展、电子支付等手段的产生。欧洲在搞电子货币，第一次的电子货币发行工作没有成功，现在开始考虑第二次电子货币发行工作，提出了很多安全方面的问题。《新巴塞尔协议》生效后，我国还没有完全实施。《新巴塞尔协议》当中最主要的有两个核心：第一个是提高了自有资本的比例；第二个是改变了银行五期分类的体系，提高了短期贷款权重系数，加强了经营风险防范。

4. 行业安全

行业在很大程度上和安全、技术标准有密切的联系。一项技术标准的出台、执行可以带起一个行业，也可以使很多企业不适应而退出市场。

5. 产品安全

"苏丹红""孔雀绿"事件，还有汽车产品召回制度等，向我们提出了问题，很多产品现在还没有技术标准。一些有了技术标准的，但由于各部门的技术标准不一致，企业无所适从。还有的技术标准本身比较好，但执行得不好、监管不力。全国人大通过了食品安全法，最近正在审议农产品质量安全法，都是从法制的角度来约束。

（五）技术标准是企业的生命线

中国加入世贸组织后，技术标准问题非常突出，也日益引起我们的重视。对于一个企业来说，技术标准非常重要。甚至可以说，技术标准是企业的生命线，技术标准可以决定一个企业的生死存亡。企业界流行一句话：三流企业卖产品，二流企业卖技术，一流企业卖专利，龙头企业卖标准。

生产产品必须有技术，自己没有技术就得买技术，要卖技术就要有自己的专利，没有专利就赚不了钱。由 CD 到 VCD，再由 VCD 到 DVD，这一系列技术的发展包含了很多专利。最近，6C 联盟就要对中国生产 DVD 的厂家索取专利费，大概每台 DVD 要收 20 美元专利费。而现在一台 DVD 的最大利润只有 30 美元左右，由此可以看到专利十分重要，尤其是核心技术的专利。国际电联接受的第三代移动通信有三个标准：美国标准 CDMA2000、欧洲标准 WCDMA、中国标准 TD-SCDMA，这三个标准的核心编码技术全部是美国高通公司的。这三项标准中的任何一项成立，高通公司都坐收其利。我国在前几年搞了一个标准叫 LASCD-MA，最大的特点就是其编码技术是我们自己做的，是我们的自有知识产权。而且从理论上证明，这个编码技术的使用可以消除高通公司的技术产生的误差，完全可以做到理论上的无误差传输。

一项技术的成功与否有很多因素，如前期基础、市场状况、企业的支持以及相关技术的支持。微软的 WINDOWS 是大家都在使用的平台。苹果公司的 UNIX 的效率是 WINDOWS 的 4 倍，但为什么还是微软的 WINDOWS 占领了市场？就是因为微软公司争取了很多软件公司的合作，在市场上占据了优势。第三代移动通信也是如此。从总体来说，中国在过去丢失了一个发展的时期。在此期间，人家已经上去了。我们落后半步，就在很多方面处于被动，标准就很难推出。无线局域网的标准是个很典型的例子。2003年开始宣布后，在国际上掀起轩然大波，以美国为首的一些电信联盟马上来跟中国交涉，如果不马上停止，就会一起抵制中国的产品。后来就宣布停止实施直到现在，里面牵涉到很多利益问题。

（六）技术标准影响农产品贸易

技术标准对贸易的影响，表现最为突出的是在农业方面。在世贸组织谈判的几个回合当中，肯尼迪回合、东京回合中，农业问题一直都没有达成协议。欧洲对农业的补贴最高，支持农业的总补贴达到了农产品总产值的63%；日本的支持力度排世界第二，达到40%；美国的支持是27%。这对很多发展中国家极为不利。最后一轮是乌拉圭回合，一共谈了8年，最终达成一项农产品贸易协议。多哈回合中，农业问题又遇到了很多障碍。最近一轮谈判的最大障碍是巴西和欧盟。以前是美国跟欧盟有一些斗争，因为美国的转基因农产品给欧盟的农产品制造了很多麻烦。现在，巴西在这方面挑头与经济发达国家较量。原来我们提出，对中国的限制是20%，但欧盟、美国都把中国出口补贴限制的比例压到6%甚至更低。最后谈判的结果是8%，但是相比欧盟的63%、美国的27%，还是相当低的。

（七）技术标准与知识产权保护

关于知识产权的保护，全国人大正在考虑制定反垄断法，我希望该法能包括反知识垄断。反垄断应当既符合国际规则，又适应我国目前的情况。国际上知识产权的保障，是有利于发达国家的。中药是我们国家的国粹，世界中药市场一年几百亿美元的规模，而中国仅占3%的份额。很多药是中国的。日本把我国的六神丸拿去，稍微作了一些调整改造叫"救心丹"，一年的销售产值大概有六七亿美元。美国拿了南美洲一个国家的丛林部落的一种药，稍微改造，就成了美国的专利。然而，这些都是中国和很多发展中国家长期的知识积累，一下子却变成了别人的财富，你想要销售，还要向它们交专利费。原因就在于，世界经济的游戏规则是由发达国家制定，有利于发达国家。

二、技术标准的历史机遇和挑战

（一）技术标准的历史机遇

在高技术产业迅猛发展的今天，技术标准的作用和地位已经发生了根本的变化。每一个标准的后面，都是一批专利、一条产业链、一组企业群。一个技术标准不是单纯纸上写的标准，而是要有专利的支持，要有企业群的支持，当然更要有政府的支持。技术标准一方面要在市场上争取主动；另一方面，要促进技术进步，要使企业能够不断地优胜劣汰，能够真正促进我国的发展。我国有些技术很好，而且已经达到了可以打进欧美市场的水平，也符合生态、环保等现代观念，但是在制定标准时，遇到了很大的障碍即行业的障碍。其他的一些同行业企业都没有掌握这样的技术，它们不愿意制定高标准，制定高标准后，就会面临很大的生存问题。我们需要权衡和解决这个问题：一方面要促进技术的发展；另一方面，又不得不考虑当前的生产技术和企业的现状。技术标准不能光从技术一个角度出发，什么技术最高就定什么技术标准，这是不行的，这样就会把我们的企业搞垮；但也不能迁就落后，否则永远是个落后标准。科技部在2002年提出中国科技的三大战略，就是人才战略、专利战略和技术标准战略，这确实是我们当前一项非常重要的工作。

（二）技术标准工作的挑战

面对激烈的国际竞争和挑战，我们的技术标准工作任重道远。全球市场份额的扩张，已经演变成以产品为载体的产品专利与技术标准的扩张。发达国家在国际机构中争夺国际标准起草权、参与权和领导权的竞争也随之展开，其白热化程度同商品市场相比毫不逊色。标准控制已成为国际竞争最强有力的武器，掌控标准的国家将是经济的领跑者。

许多发达国家的政府都对重要标准的制定进行干预和控制。2005年11月16日至18日，在突尼斯召开信息社会世界高峰会议，主要议题是数字鸿沟问题和互联网的国际管理。互联网的国际管理一直是由美国商务部下属的一个机构在实施，操纵了这个管理权以后就控制了一系列的技术标准，所以很多国家主张，国际互联网应该移交给联合国的世界电信联盟来管理，但美国坚决拒绝。2002年，全世界大概有1.8万项标准，中国主导起草的主要有15项，万分之一还不到，而且我们起草的还是一些非观念性的标准，所以在高新技术层面，我们的声音微弱。国际标准组织ISO和IEC的500多个机构和分支机构当中，中国只承担了其中一个机构的秘书处和五个分支机构的工作。我们全国现在有2万多项国家标准，平均标龄超过10年，标龄在5年以上的占到了总量的72.73%，很多都是老标准了，并且大大落后于实际需求。

影响技术标准的六个关系是：

第一，技术标准与经济安全的关系。我们的最终目的，是把现在世界到处能看到的"中国制造"变为"中国创造"。

第二，技术创新与技术标准的关系。技术标准应该推动技术创新，技术创新又要成为技术标准的基础。

第三，技术标准与专利的关系。从性质上讲，技术标准与专利是不一样的。技术标准是社会化的，能够为大家所享用；而专利一开始是一个私有产品，所以，专利是要有偿地获得经济利益的。由于技术发展水平不断提高，两者之间从过去的矛盾关系逐步变为互相依存，通过相互推动和斗争，不断地协调。

第四，技术标准和经济全球化的关系。技术标准既要考虑中国的发展，同时也要考虑经济全球化。考虑到中国在世界上影响扩大的现实，要采用有技术法规标准及合格评定程序设计的技术性贸易措施，强化国家的国际竞争地位；同时，还要面对各个国家纷纷出台国家标准的情况，提出相应的对策。

第五，技术标准战略中，政府行业协会和企业的关系。要协调好政府内部的关系。政府各个部门对同样一个产品有不同的标准，实施很困难，管理也很困难。对企业来说，在生产中就会无所适从。在政府内部协调好的情况下，要充分发挥行业协会和企业的作用，搞好标准的制定。

第六，技术标准与法制、道德环境的关系。在制定技术标准的同时，还要考虑国际性的以及中国的法律、道德、伦理环境等因素。比如说基因技术的应用，会碰到很多伦理学的问题。什么样的情况下基因技术是可以用的、什么情况下是不可以用的，这是有很大争论的。

战略机遇期的风险防范[*]

（2005 年 12 月 2 日）

国家安全是古今中外关心的问题。现代国家安全主要包括经济安全、政治安全、信息安全、军事安全四个方面。其中，政治安全和军事安全属于传统安全范畴；经济安全和信息安全则是现代经济社会发展，网络技术、空间技术等现代技术发展产生的新的安全问题。这四种安全问题相互作用，需要我们高度关注。下面，我就战略机遇期的风险防范问题，谈几点意见。

一、战略机遇期对中国崛起的历史意义

中华民族的复兴是几代人为之奋斗的宏伟目标。今天，我们确实感受到中国正在世界范围内重新崛起。中共十六大报告提出："21 世纪头 20 年，对我国来说，是一个必须紧紧抓住并且可以大有作为的重要战略机遇期。"这是中共中央站在历史和时代的高度，科学分析和准确把握国际国内形势的新变化及未来社会发展的基本走向，得出的正确结论。什么是一个国家的战略机遇期？就是指一个国家处在国际国内各种因素综合作用所形成的、比较有利的发展环境中，处在能为其经济社会发展提供良好机会并对其世界地位产生全局性、长远性、决定性积极影响的特定历史时期。

---

[*] 这是蒋正华同志在第四届中国国家安全论坛上的讲话。

对一个国家来说，在其发展过程中会遇到一些难得的机遇。在 20 世纪 60 年代，"亚洲四小龙"抓住了世界经济结构发生大调整的机遇，利用当时亚洲的特殊环境，及时推行产业结构升级，创造了经济奇迹，也提高了在世界上的整体地位。从一些国家的经验看，对一个国家来说，是否处在战略机遇期，至少必须具备以下几个特性：第一是全局性。战略机遇期事关国家、民族的历史命运及其世界历史地位。战略机遇期是世界范围矛盾运动发展变化的结果，是人类社会发展规律在当今时代的展现，是国际国内各种因素综合作用所形成的机会和境遇，因此，其影响具有全局性。第二是长远性。战略机遇期是一个长达 10 年以上乃至数十年的历史时期。数年、数月、数日的机遇也要抓住，但不能起战略性作用。第三是决定性。在世界历史的长河中，强国的崛起、民族的振兴，都与抓住某一重要战略机遇期密切相关。对我国这样的社会主义大国，抓住并用好战略机遇期，就能跻身世界强国行列；抓不住，坐失良机，将为其他国家所乘，我国就有可能像毛主席所说的存在"被开除球籍"的危险。古人说："天予不取，反受其咎"，就是这个道理。一念之差会影响上百年国家、民族的兴衰存亡，这是既光荣又沉重的历史重任。

从以往的国际经验看，人均国内生产总值达到 1000 美元是一个国家经济起飞的重要起点，我国正处在这个具有战略意义的起点上。只要我们抓住这个机遇期不错过，把经济起飞势头持续到 2020 年以后，中国的综合国力完全有可能跃上一个新台阶。具体来说，如果中国的经济增长速度总体上保持在 7% 以上，部分年份达到 8%、9% 的话，15 年后，我国国内生产总值按 2000 年可比价格计算，即使考虑汇率的变化，也将会达到 4 万亿美元以上，仅次于美国、日本，居世界第三位，那时的人均国内生产总值也将达到 3000 美元以上；人民币将成为亚洲乃至世界的一种主要货币；许多重要产品的产量居世界前列；社会主义市场经济体制将更加健全与成熟，整个社会也将更加和谐、进步。按购买力平价法计算，我国的实际综合国力还将大大高于上述水平，可以为世界的和平合作、中国的繁荣昌盛做更多的事。

二、我国在战略机遇期存在的主要风险

改革开放 20 余年来，特别是中共十六大以来，我国经济社会发展取得了举世瞩目的巨大成就。国内生产总值以年均 9% 的速度递增，人民生活有了很大改善，综合国力大大增强，国际地位明显提高。另外，也要清醒地认识到我们尚有不足，在发展过程中还有许多困难和风险需要克服和战胜。不能满足于已有的成就，还要居安思危，有忧患意识，才能防患于未然。

谈战略机遇期，并不是说在战略机遇期不存在风险，自然而然，一帆风顺。机遇不是从天而降的馅饼，那样的幸运在国家发展中从未出现。机遇和风险是对立的统一，大的机遇中也包含着大的风险。机遇的出现是一个复杂的动态过程，大的战略机遇期也往往是各方面力量争相发展、世界形势剧烈变动的时期。在这个时期，我们处理得好，机遇就将带来成功；处理得不好，机遇也可能向反面转化。但是，畏缩不前、不敢拼搏，机遇必然丧失，反而在大动荡、大分化、大重组中被边缘化。

那么，有哪些可能危及全局的战略性风险呢？我认为，风险主要来自九个方面。

（一）大国关系存在着较大的变数

稳定的大国关系，是战略机遇期最重要的国际环境保障。经过长期的努力，我们已经与世界主要大国建立了较为良好的关系，奠定了战略机遇期的有利基础。但是，我们与世界大国的关

系仍然存在较大变数，有一定的不确定性，甚至与某些国家的关系存在恶化的可能。从目前的情况分析，这方面的风险主要体现在两个方面：第一是中国与美国的关系。中美关系被小布什总统称为"最复杂"的关系。美国政府各部门也各有判断。五角大楼 2005 年的《中国军力报告》称中国站在"战略十字路口"，与美国的关系存在"对手""伙伴""亦敌亦友"等三种前景。五角大楼对中美关系的判断比较悲观。2005 年 9 月 21 日，美国副国务卿佐立克在美国美中关系全国委员会发表题为《从成员到责任：中国向何处去？》的演讲。他提出，今后美国需要思考的问题是：如何让一个已经融入世界的中国在国际体系内承担责任。他认为，美国可以接纳中国的崛起，但前提是让现有规则改变中国，而不让中国改变现有规则。尽管美国国务院对中美关系走向的结论要积极一些，但目前的局势仍不明朗。美国国内对中美两国的贸易逆差、纺织品配额、汇率调整等问题的争论很多。从中海油收购尤尼克公司事件的情况看，中美关系的矛盾有从经济领域向政治领域扩散的迹象。特别是马上要到美国的选举年，中国问题又可能成为选举中的热点议题。中美关系近年发展得比较平稳，但是分歧点也不少，关系时好时坏，一段时间宽松些，一段时间紧张些，经常要有各种准备。第二是中国与日本的关系。近年来，中日关系变得很紧张。例如，小泉坚持参拜靖国神社的错误立场，在东海油气田问题上大做文章。日本政府基本被右翼分子所控制，日本青年对历史了解不多，加上长期经济低迷，迫切希望改变现状、扩张活动空间，因此，日本政治有向右转的趋势。中日关系在短期内可能会麻烦不断。

（二）执政能力面临严峻的考验

胡锦涛同志指出，加强党的执政能力建设，是关系到全面建设小康社会进程、关系到社会主义事业兴衰成败、关系到党和国家长治久安的重大课题。2004 年 9 月召开的中共十六届四中全会通过了《中共中央关于加强党的执政能力建设的决定》，提出了加强执政能力建设的总体目标和五项任务。我们要在落实过程中就执政理念、执政基础、执政方略、执政体制、执政方式、执政资源等诸多方面不断探索，群众反映比较强烈的腐败问题也还需要加大力度治理。这些问题处理不好，都会威胁到我们执政基础的稳定。

（三）社会差距扩大

目前，我国社会贫富差距严重，基尼系数超过 0.4，已经达到世界公认的警戒线，引发了许多社会矛盾。东部发达地区与西部贫困地区存在明显的反差。有研究报告指出，我国大陆区域经济发展差距有四个层次。第一层次是上海、北京、深圳等高收入发达地区，约占全国总人口的 2.2%；第二层次是大中城市和沿海地区中等收入地区，如天津、广东、浙江、江苏、福建等，约占全国总人口的 21.8%；第三层次是中下等收入地区，如河北、东北、华中中部地区等，约占全国总人口的 26%；第四层次是中西部贫困地区、少数民族地区、边远地区、低收入地区，约占全国总人口的 50%。各区域之间的差距还在继续拉大，"三农"问题还远未解决，农民工的问题又突出起来，被有的学者称为"四农"问题。这些问题的本质是社会结构的重组，多层次分化造成了利益冲突，摩擦增加，影响社会的和谐。

（四）转变增长模式困难较大

我国现在的增长主要靠投资和外贸拉动，内需不旺。生产的特点是高耗能、高耗资源、高污染，难以保持可持续发展。我国对国际市场过于依赖，对外贸易依存度已经达到了 60% 以上，世界经济一有风吹草动，我国经济的基本面就会受到强烈冲击。国内市场的需求不足。据商务部统计，2005 年上半年在 507 种主要工业消费品中，供求基本平衡的商品占17.0%，而供过于求的商品已占到83.0%；我国在2003～2007年的投资额累计可能高达35万亿元，相当于从1985年的"七五"计划至2002年的总和。所以到2007年，可能会出现前所未有的生产能力集中释放。中国工业消费品的供求，将逐步呈现出全面生产过剩的情况。

（五）资源短期正在构成对发展与安全的瓶颈

我国处在经济高速发展的时期，又处在主要以加工业为主向重化工发展的时期，资源需求强烈。据中国地质科学研究院《矿产资源与中国经济发展报告》提供的资料，除煤炭外，我国主要矿产资源都已告急。油气资源现有储量不足10年的消费，最终储量勉强可维持30年的消费。到2020年，中国将进口石油5亿吨、天然气1000亿立方米，对外依存度分别为70%和50%。未来20年里，铁矿石缺口30亿吨，铜矿石缺口5000万吨，铝矿石缺口1亿吨。他们的结论是，未来20～30年，中国现有资源将不可持续。当然，有一系列对策可以缓解或解决这些问题，例如采用先进生产技术、发展替代能源等，但这些措施都需要相当长的时间和相当大的投入。

（六）祖国统一任重道远

自泛蓝政党相继访问大陆，"台独"势力受到一定的遏制。两岸现在只是维持现状，离和平统一还有很长的路要走。西方反华势力和"台独"分裂势力希望肢解中国，日本一些人和李登辉之流就提出"七块论"，他们认为只有分裂的中国对世界才是安全的。恐怖主义、分裂主义、原教旨主义是影响世界稳定的主要因素，这方面的斗争还将长期存在。

（七）金融领域蕴藏着较大风险

国外要求人民币升值的压力很大，汇率的变化对经济发展影响巨大。20 世纪 80 年代，日元在美国的压力下大幅升值，导致日本经济的 10 年停滞。我国金融机构的呆坏账比例较高，离开安全线 3% 的标准很远，一直被国际金融界视为存在着高风险。在近 3 年的贷款增量中，非国有部分占了 42%，大约为 2.7 万亿元，是目前中国银行业核心资本的 2 倍以上。如果大批非国有企业因投资项目失败而倒闭，国有银行就会产生大量坏账，银行业的资本充足率就会显著下降，就可能引发银行业的系统性风险。由于中国的外汇储备以美元为主，如果美元泡沫崩溃，美元泡沫就会导致人民币泡沫，中国的通货膨胀就会难以抑制，国际金融与货币风暴就会对中国经济的稳定产生强烈冲击。这是我们现在就必须高度警惕的，防患于未然。

（八）中华文化和基本价值观受到强烈冲击

在全球化时代，如何保持中华传统文化和中国人的基本价值观是一个重大课题。中央将经济建设、政治建设、文化建设、社会建设列为四位一体的目标，意义深远。美国的一些战略研究学者认为，世界今后发生危及全球的战争主要就是源于文化冲突。世界五大古文明中从未中断的只有中华文明，可见中华文明具有强大的力量。但在现代媒体利用网络、卫星等工具铺天盖地的压制下，中华文化和基本价值观受到西方文化的强烈冲击，特别是对年轻一代。我们必须从全面建设小康社会的全局和实现中华民族伟大复兴的高度，深刻认识加强文化建设的战略意义，在推进社会主义物质文明和政治文明建设的同时，更加自觉地推进社会主义文化建设。要善于在更加开放的环境中建设中国特色社会主义文化，否则，难以抵御被约瑟夫·奈等人所宣称的西方"软实力"的攻击。

（九）非传统安全的威胁

从非典开始，我们已经知道了非传统威胁的严重性和破坏力。它的出现不仅是对个体生命的威胁，也考验着各级政府处理危机的能力，处理不好就可能引发社会的不稳定。现在，全世界正在防止禽流感的传播。世界卫生组织的专家认为，它可能危及过亿人的生命。也许，这有些夸大其词，但我们需要注意的是这类非传统威胁，正像恐怖主义威胁那样，更加频繁地危及我们的安全。还有利用基因技术制造生物武器，专门针对某种族进行侵害；制造计算机超级病毒，进行无线植入、利用卫星植入等许多应用新技术的破坏活动，都可能危及发展。我们要像抗击非典那样，重视各类非传统威胁，充分动员全社会的力量粉碎各种不安全、不稳定因素，不使其危及战略机遇期的延续。

我谈到的上述九个方面的问题，只是现在所能看到的一些风险。由于战略机遇期是一个不断发展的过程，有许多问题与风险要随实践的展开才能显现出来。"凡事预则立，不预则废。"我们对战略机遇期可能遇到的各种风险，务必保持高度的警觉，预作防范。

三、要以战略思维防范与应对风险

通过上面的分析，可以清楚地认识到，危及战略机遇期的诸多风险都是战略性风险。要防范和应对战略风险，需要有战略思维。所谓战略思维，就是善于着眼全局和长远来观察、思考和处理问题。中共十六大报告提出，各级领导干部要"以宽广的眼界观察世界，正确把握时代发展的要求，善于应用理论思维和战略思维，不断提高科学判断形势的能力"。胡锦涛同志指出："各级领导干部都要加强学习，努力培养自己的世界眼光，正确把握世界和中国的发展趋势，增强分析复杂形势的战略思维能力。"只有培养起我们的战略思维和战略决策能力，才能化解和处理好战略机遇期的各种风险。

我认为，要提高战略思维能力，关键在于形成并坚持四种意识。

一是国家利益意识。讲国家利益是最高原则。邓小平同志说过："考虑国与国的关系主要应该从国家自身的战略利益出发……不去计较历史的恩怨，不去计较社会制度和意识形态的差别。""以自己的国家利益为最高原则来谈问题和处理问题。"面对复杂多变的国际局势，有了国家利益的意识，就能坚持国家利益的原则，才能在复杂的国际斗争中立于主动、游刃有余、进退有据。

二是国情意识。讲国情就是要实事求是，一切从实际出发。中国是个正在崛起的大国，也是个发展中的穷国。大国加穷国，就是中国的基本国情。在一个穷国中能否保持社会稳定，关键在于协调发展。中央提出构建社会主义和谐社会的设想，就是要坚持把最广大人民的根本利益作为党和国家一切工作的根本出发点和落脚点，进一步增强决策的科学性、全面性、系统性，善于正确反映和兼顾不同方面的利益，努力使全体人民共享改革发展的成果，朝着共同富裕的方向不断前进。这样做，化风险于无形，消除了最大的内忧隐患。作为大国，中国在地区乃至世界事务上都有一定影响力。在世界舞台上，应该把韬光养晦与有所作为有机地结合起来，要认识自身的局限，不能忘乎所以；但也要树立大国意识，勇于承担地区事务的责任。这有利于降低我国周边地区的安全风险。

三是科学意识。中共十六届三中全会提出的科学发展观，是在总结过去20多年发展中出现的种种失调、失衡问题基础上提出的新的发展理念。科学发展观的提出从思想上解决了发展模式的问题，大大降低了盲目发展所造成的风险。科学发展观的思想内核是科学意识，有科学精神、相信科学，才能提出并执行科学发展观。胡锦涛同志在谈到我国经济社会发展战略的若干问题时强调，我们要在改革发展的关键时期实现经济社会又快又好发展，就必须切实把科学发展观贯穿于经济社会发展的全过程、落实到经济社会发展的各个环节。我国目前许多产业处于世界产业链的低端，我们生产一件衬衫只能拿 10% 的加工费，30% 的利润是品牌所有者的，另外 40% 的利润被零售商、批发商拿去了。要改变这种不公平的局面，关键是充分发挥科技进步和创新在经济社会发展中的巨大作用，瞄准世界科技发展的前沿，加快国家创新体系建设，加强原始创新能力和集成创新能力。从历史上看，新技术革命与国家发展的机遇期紧密相连。第一次科技革命从英国发端，英国成为当时最强大的国家；第二次和第三次科技革命从美国发端，美国成为 20 世纪最为强大的国家；由于"亚洲四小龙"承接了发达国家的产业传递，这些国家和地区也迅速地提高了综合实力。我们要坚持以科学发展观统领经济社会发展全局，推动经济社会发展转入科学发展的轨道。目前，以信息技术为先导并由此带动的能源革命、微型技术、生物技术、材料技术、海洋技术等新的科技革命已初露端倪，必将在不远的将来形成新科技革命浪潮。科技革命必然带来产业革命，而每一次产业革命都是一次全球范围内各国综合实力的重新整合。这就为我国实现技术的跨越式发展和缩短与发达国家的差距、实现产业结构升级，提供良好的机遇。可以通过科技创新，突破发展中的资源、能源等瓶颈，缓解矛盾，为我国的超越式发展奠定物质基础。

四是全球意识。随着我国全方位开放日益发展，特别是在加入世界贸易组织后的新形势下，我国国内市场和国际市场的联系日益紧密，国内经济和国际经济的互动明显增强。在这种情势下，我们要以更加积极的姿态走向世界，充分利用国际国内两个市场、两种资源。例如，面对资源紧张的困局，可以利用积累的大量外汇储备，成立海外资源收购公司，到海外去收购油田、矿山甚至农地等资源，从源头获得这些资源，再将收购的资源以股份形式向国内企业转让。此外，由于中国已在国际初级产品市场上占有10%左右的份额，并在国际金属矿产品市场上占有20%左右的份额，应当充分利用这个优势把中国的期货市场做大做强，形成对国际期货市场足够的控制力与影响力。总之，要坚持用全球战略眼光谋划国内发展和对外开放，进一步树立全球意识，扬长补短，努力实现我国经济社会又快又好的发展。在今天的形势下，中国不能关起门搞建设，也不能关起门来求安全，必须具备全球眼光，搞和平发展、开放发展、合作发展，做到以发展保安全、以安全促发展，才能趋利避害、化解风险。

在21世纪头20年，全面建设惠及十几亿人口的、更高水平的小康社会，这是历史性的宏伟目标。只要牢牢把握战略机遇期，有力地防范与控制战略风险，我们一定能够实现这一目标。

在首届中国城市发展与规划
国际年会上的讲话

(2006 年 6 月 14 日)

自 1978 年改革开放以来的 20 多年中，中国城市迅速发展，小城镇迅速崛起。在此期间，中国城市化的发展速度是同期世界城市化平均速度的 2 倍左右。中国政府已将城市化战略列入发展规划，作为 21 世纪中国迈向现代化第三步目标的重大措施之一。未来 20 年是中国社会经济发展的关键战略机遇期。随着国民经济持续增长、国家综合实力加强、国民经济总量增大、产业结构升级、科技水平提高、国际竞争力增强和信息化的实现，中国城市快速扩展和城市促进现代化的进程也将保持强劲的势头。在中华人民共和国走过的 50 多年中，我国社会典型的二元结构对于社会经济发展有重要的影响。中国人口多、土地少、资源相对缺乏，要实现突破性的发展，就必须按照邓小平同志提出的战略思想，使一部分地区先发展起来、一部分人先富裕起来，带动全国的全面发展和社会的共同富裕。工业与农业互相支持，城市与农村互相支持，才能实现全面建设小康社会的奋斗目标。

在 21 世纪的前半叶，中国城市化进程将不可避免地遭遇到一系列重大挑战。要实现经济发展的各项指标，并在 2050 年之前使中国的城市化率从现在的 36% 提高到 70% 左右，就意味着每年城市化率平均增加近 1 个百分点（即每年约 1200 万人从乡村转移到城市）。国家为此将付出巨大的城市化成本，经济形态和社会结构也将受到巨大的影响。在加速推进的中国城市化过程中，以下挑战是我们必须面对的。

——人口三大高峰（即人口总量、劳动就业人口总量、老龄人口总量）相继来临对中国城市化的压力：城市的发展环境，就业机会的增加，社会保障体系的完善，老龄化社会引发的一系列社会、经济问题，以及人的素质和创造能力的提高等，都是我们面临的复杂任务。

——能源和自然资源的超常规利用对中国城市化的压力：从现在起到2050年，中国城市要全面达到资源消耗"零增长"和能源消耗"负增长"的要求，实现联合国提出的城市"四倍跃进"的目标（即能源消费总量在2000年的水平上降低一半，而国内生产总值在2000年的基础上增加1倍），对城市管理水平、科技发展、决策能力提出更高的要求。

——加速城市生态环境"倒U形曲线"的右侧逆转：中国城市的生态环境（大气环境、水环境、固体废弃物环境、社区环境和居室环境），目前仍然处于局部改善、整体恶化的状态。在21世纪，必须迅速扭转城市仍然处于"环境库兹涅茨倒U形曲线"的左侧态势，加速通过临界顶点，并转向生态环境总体变优的右侧。

——提高城市基础设施建设的速度和质量对中国城市化的压力：城市化是经济、社会、发展的结合，也将促进经济社会发展。城市政府的重要责任之一就是建设好发展环境。经济全球化趋势与科技迅猛发展的形势，加强了对城市基础设施的要求。只有基础设施健全与完善，城市才能成为国家新一轮财富集聚的经济增长点。

——加速国家不同地区城乡之间的共同富裕：我国城市化的基本内容之一，应当是促进实现社会公平。在21世纪中叶，如何实现区域之间和城乡之间平衡发展，最终达到改变社会的二元结构、实现国家全体公民的共同富裕，是一项艰巨而重大的任务。

——国家信息化进程的急速推进和国际竞争力的培育：在经济全球化的浪潮下，城市的信息化水平是其综合实力和国际竞争力的基本标志。目前，中国城市的信息化水平只是发达国家的8%~10%左右，距离现代化的要求尚远，因此在21世纪，迅速提升城市信息化与数字化程度、缩小数字鸿沟，是摆在我们面前的又一严峻任务。

所有这些挑战都是城市化过程中必然发生的，也只能在实现城市现代化的进程中采取相应的对策，才能有效地加以克服。

与国际上已有的经历相对照：美国的国内生产总值总量在20世纪60年代达到1万亿美元，在其后的10年中，国内生产总值总量达到2.7万亿美元；日本的国内生产总值总量在20世纪80年代初达到了1万亿美元，在其后的10年中，国内生产总值总量达到2.4万亿美元；中国的国内生产总值总量在2000年超过了1万亿美元，依照国家规划，在其后的10年（即到2010年），预计国内生产总值再翻一番。美国用了10年的时间使得国内生产总值增长了1.7万亿美元，日本增长了1.4万亿美元。计划中，我国经济的增长量略低于美日两国，除了计划留有余地外，还考虑到许多其他因素，原因是多方面的。20世纪50年代到70年代，处于资源供给充裕、金融环境稳定、经济发展顺利的黄金时期。近年来，许多条件已经改变。我国在世界局势风云变幻、经济金融跌宕起伏的复杂环境下，实现全面、协调、可持续发展，很不容易。但是，如果注意到美国当时的城市化率超过80%，日本的城市化率超过65%，而中国在2000年的城市化率仅为36%，就可以更深一层地认识，城市化率的不同所导致的社会财富集聚能力的差异，这也是一个重要因素。因此，在21世纪之初，要完成全面建设小康社会、加快推进社会主义现代化的伟大战略任务，加快中国的城市化进程是发挥城市中心作用、提高经济效率的必由之路，也是消除二元结构、实现社会公平的必由之路。2001年度诺贝尔经济学奖获得者之一斯蒂格列茨认为，21世纪对于中国有三大挑战，居于首位的就是中国的城市化。他提出"中国的城市化将是区域经济增长的火车头，并产生最重要的经济利益"，这种认识是符合实际的。与发达国家相比，目前，中国的城市化程度仍然落后。据世界银行统计，1995年，高收入国家的城市化水平为75%，中等收入国家为60%，低收入国家只有28%。同期，中国的城市化水平为30%，与低收入国家相近，低于中等收入国家30个百分点，与高收入国家的水平相差更远。城市化与工业化相互促进、协调发展，是世界上许多国家实现现代化的基本经验。工业化与城市化的这种相关性，在工业化由初期向中期迈进的加速时期，表现得尤为明显。据统计，1965年到2000年，中国工业化的提升幅度是中等收入国家的2.5倍，而城市化的提升幅度仅为这些国家的46%。可见，中国的城市化水平确实滞后于工业化水平的提高。要把中国这样一个农村人口占多数的国家建设成为现代化强国，没有城市化的大发展，是不可想象的。城市化水平的提高，应该是中国第三步战略目标的重要内容之一。同时，城市化的推进，可以为产业结构的调整升级创造广阔的发展空间，成为国家经济全面、协调、可持续发展的一大动力。

中国的城市化不能照搬别国的模式，必须从自己的国情出发，走中国特色的城镇化道路。现阶段，我国城市化的政策是"严格控制大城市的发展，适度发展中等城市，积极发展小城镇"。21世纪的头5年，尤其是近三四年，中国经济发展进入新的景气上升周期，增长速度大大超过计划。随着形势的发展，实践中有许多地区已经在突破设想的城市化框架。新世纪新阶段，城市发展要有新思路，城市改革要有新突破，城市开放要有新局面，城市建设要有新措施，城市现代化建设要迈上新台阶，城市建设还要与社会主义新农村建设互相促进。中国作为世界上最大的发展中国家，城市化潜力长期受到压抑，没有得到充分开发，要抓住机遇，充分利用世界的资源、资金、人才。加强信息技术交流，加快中国的城市化、城乡一体化进程；利用国际产业结构大调整的时机，加快我国城乡的产业结构调整和产业升级换代；加强地区性产业结构调整并提升整体水平，促进我国综合国力的不断提高和经济社会的持续发展。

在中国城镇化的进程中，要充分借鉴国外城市化进程中的经验教训。既要汲取一些国家城市蔓延，在资源和环境上付出巨大代价，一些国家过度城市化引发一系列经济和社会问题，一些国家大量的失地农民涌入城市、形成大片城市贫民区等深刻教训，少走弯路；又要学习一些国家针对问题，适时实施以城乡规划为主题的公共干预政策，一些国家以都市圈为核心的空间聚集发展，一些国家注重缓解大都市地区过度集聚、消除城乡差距和促进区域协调发展等成功做法，科学确定中国的城镇化方针和道路。我相信，在以胡锦涛同志为总书记的中共中央正确方针指导下，中国一定能够实现建成富强、民主、文明的社会主义国家的宏伟目标。未来相应的中国城市化目标的成功实现，是确定无疑的。

开放背景下的中国金融法制建设[*]

（2006 年 9 月 14 日）

第三届国际金融论坛年会今天将圆满闭幕。来自各国的贵宾与中国的金融领袖和专家学者们，就共同关心的议题进行了深入的交流、热烈的讨论。各位精彩的演讲和真知灼见，令人印象深刻。两天的议程非常紧凑，会议富有成效，达到了预期目的，非常成功！

对外开放是中国一项长期的基本国策。改革开放以来，正是因为始终高举这面旗帜，中国经济才获得了长足的发展，并取得了举世瞩目的成就。现在，中国的国内生产总值列世界第四位，2006 年进出口总量预计将超过 1 万亿美元，对世界经济稳定和发展发挥了积极作用。中国不断深化改革以适应发展的需要，金融领域的改革被放在一个重要位置。

历经 15 年的艰辛谈判，2001 年 12 月 11 日，中国正式加入世贸组织。在中国加入世贸组织议定书中，金融服务贸易被写上了浓墨重彩的一笔。中国金融与国际合作不断加深，中国金融业全方位开放已经开始。

中国加入世贸组织，使中国经济更加开放。中国金融市场的开放进程加快。国与国之间的经济联系日益紧密、相互影响越来越大。中国经济已经融入世界经济的大潮之中，中国金融也在融

＊ 这是蒋正华同志在第三届国际金融论坛年会闭幕式上的讲话。

入金融全球化趋势。

金融业对外开放，增强了我国金融业的整体实力，促进了国内金融市场的发展，提升了金融体系优化资源配置的功能，推动了金融业乃至国民经济的快速发展。但是，我们同样要注意，金融业对外开放，要同我国的经济发展水平和金融业发展水平、经济改革和金融改革深化程度、宏观调控能力和监管能力等相适应。这些方面的任何超越或严重滞后，都不利于我国经济和金融业的发展。

中国已参加了国际货币基金组织、国际清算银行等国际性的金融组织。中国金融业逐渐融入世界金融市场，并加强与各国金融监管当局的合作与交流。这既给中国带来了机遇，也向我们提出了挑战。这种情况对维护我国金融业的安全稳健运行具有积极意义。但是，由于金融业渗透到社会经济生活的各个领域，是一个特殊的高风险行业，一旦金融机构出现危机，很容易在整个金融体系中引起连锁反应，可能引发全局性、系统性的金融风波，后果远超出对金融业自身的影响，会殃及整个社会经济生活，导致经济秩序混乱，甚至引发严重的政治、经济危机以至地区性和世界性的动荡。国家利益需要有一个安全与稳定的金融体系。安全与稳定的金融体系，需要建立健全的金融实体及其监管法律制度作保障。在经济与金融全球化及加入世贸组织的背景下，中国的金融法制建设领域有许多新的法律问题需要深入研究和探索。对金融法制建设的研究和探索，对于中国的金融创新和金融法律的构建意义深远。同时，中国金融体制改革及金融法律制度建设走向深入，也将面临诸多的严峻考验。就金融法制建设，我想讲四点意见，与大家共同讨论。

一、中国金融法制正在不断完善

截至 2006 年 8 月 27 日，由全国人民代表大会及其常委会通过的有效法律共计 221 件，分为 7 类，即：宪法及宪法相关法，民法、商法，行政法，经济法，社会法，刑法，诉讼与非诉讼法。其中金融领域的法律 10 件，分别为：宪法及宪法相关法 1 件（外国中央银行财产司法强制措施豁免法），民法、商法 7 件（商业银行法、票据法、担保法、保险法、证券法、信托法、证券投资基金法），经济法 2 件（中国人民银行法、银行业监督管理法）。此外，在刑法中有 1 个专门针对金融问题的决定，即 1998 年通过的《全国人民代表大会常务委员会关于惩治骗购外汇、逃汇和非法买卖外汇犯罪的决定》。这些法律基本上覆盖了金融各领域，规范了金融活动，加强了监管力度，起到了促进发展、防范风险的作用。由于金融问题的复杂性，许多其他法律中还有专门的金融条款。例如，最近审议的企业破产法中就因避免金融风险扩大，设置了专门的条款：在金融机构或其债权人都不主动提出破产申请的情况下，为避免风险扩大，由金融监管机构向法院提出破产申请，并可申请暂时中止涉及该金融机构的民事诉讼和执行程序，以免一些债权人抢先取得金融机构财产，影响接管、托管等措施的实施。这样的条款充分反映了金融企业的特殊性。国务院及有关部门根据这些法律的规定和授权，出台了大量法规、规章，确立了科学管理的理念，细化了金融运行的规范。这些法律、法规、规章是科学发展观在金融领域的体现，保障了中国金融业的健康发展。

二、经济发展要求不断强化我国的金融法制建设

在经济不断开放的背景下，竞争将在更大范围展开并日趋激烈。这促使金融法律和法规在我国法律体系中的地位和作用日渐凸显。金融法律体系是否完善，已经成为衡量我国经济环境优劣的重要标志，也成为国家法律、文化乃至社会文明程度的重要标准。

金融是经济的核心，它的发展在很大程度上影响着经济运行的效率，也改变着传统的法律观念和制度设计理念。现代的金融法制重视维护货币资金的使用权，重视鼓励和保障金融资产的跨国流动，重视营建信用环境、契约环境、产权环境和会计环境等金融业发展的必要环境。因此，在对外开放条件下，强化金融法制建设对于提高我国经济的整体竞争力，对于提升金融在国民经济中的地位，对于促成新的法律制度，都是十分必要的。

"十一五"规划提出从四个方面加快金融体制改革，即：深化金融企业改革，加快发展直接融资，健全金融调控机制和完善金融监管机制。这些都向金融法制建设提出了新的要求。多种所有制金融企业的发展，多层次资本市场体系的建立，金融调控政策的协调，风险识别、预警和控制体系的建设，将在金融法制建设中占有重要位置。《中华人民共和国证券法》于1998年通过，已经两次修改，2004年第一次修改后，2005年再次修改，可见形势改变之迅速、对法制建设要求之迫切。

金融对外开放的进程，会引发金融关系的更加多样化和复杂化，跨国银行及各类涉外金融机构必将迅速发展。在发达国家，由于本土银行的强大竞争力，并且对外资银行准入进行严格控制，因而，外资银行所占比例并不高；而一些新兴经济体国家

中，外资银行均占有较高的比例。国际信贷和国际证券融资的规模持续扩大，金融市场、金融工具和金融服务方式依照国际惯例不断创新，这些变化在客观上要求我国的金融法律必须扩大调整范围、完善调整方法。金融监管立法要由全局性管制为主向日常性监督为主转变，由定性金融控制机制向定性与定量相结合的金融控制机制转变，由事后监管向涵盖事前、事中和事后的全程监管转变，由针对个案的被动性业务监管向系统性、主动性的全面风险管理转变，等等。因此，开放的金融，要求有与之相匹配的、全新的金融法律体系，这也成为改革现行金融法律制度的重要推动力。

电子金融业务的范围及规模日益扩大，为金融活动开拓了更大空间，也带来新的风险。有关法律迄今在全国人大通过的，只有《中华人民共和国电子签名法》一件。而电子交易日益增加，对电子支付、电子汇兑等业务需求量很大，电子犯罪也在滋生，迫切需要就电子金融加强立法、执法。

三、金融开放要求金融法律法规 更加适应国际合作的环境

开放的金融体系所带来的金融业务的规模化与国际化、金融市场的全球化和资本流动的自由化，必然会对过去的金融法律制度形成冲击，从而推动我国金融政策和法制与国际法则接轨。自21世纪初以来，我国为了履行加入世贸组织的承诺，适应金融逐步开放的要求，制定和修改了大量的法律、法规及规范性文件。如中国人民银行法、商业银行法、外资金融机构管理条例实施细则、外国保险机构驻华代表机构管理办法的修订，以及境外金融机构投资入股中资金融机构管理办法、外资保险公司管理条

例实施细则等法律法规的制定和出台，都是金融不断开放的产物。

开放的金融体系不仅意味着金融交易量增多，而且更意味着金融领域的不确定性增多和风险扩大。为了保障金融交易的有序和安全，防范金融风险的发生和扩大，同样需要加快金融法制建设，并在积极参与国际金融合作与交流的实践过程中，促进金融法律更加适应国际环境。银监会以银行业监督管理法为基础，初步形成以加强风险管理为核心的银行业审慎监管制度框架；证券市场落实《关于推进资本市场改革开放和稳定发展的若干意见》，进行金融制度建设和体制创新，逐步完善资本市场监管制度，构建上市公司诚信体系，对广大投资者特别是中小投资者的利益进一步加强保护；保险行业为迎接全面开放，也作了适当调整和充分准备；信托行业加强了对信托公司和信托业务的监管和规范，集中出台了一系列的规范性文件，有效地防范了经营风险。与此同时，面对日益激烈的全球金融竞争，我国在金融实践中还积极移植和引进他国的先进立法，采用通行的金融惯例和规则，以改善我国的金融投资环境。这个建立在实践和借鉴基础上的法制建设过程，直接促进了我国金融制度与国际惯例接轨。

四、强化金融法制建设也是打击金融犯罪的需要

随着经济全球化和金融国际化进程的加快，金融业作为高风险行业，由于诸多原因，日益成为经济犯罪的首选目标。我国的金融犯罪目前体现出如下 4 个突出特点：其一，犯罪案件正在逐年递增。其二，金融大案、要案频出，并形成金融领域多个行业的交叉犯罪。其三，金融违法犯罪案件的复杂程度也在不断加剧。其四，境内外犯罪组织和个人相互勾结。金融安全、稳定，

事关我国经济发展和社会稳定大局，必须强化法制，有效地预防和查处犯罪。

从立法进程看，我国金融法制建设与金融体制改革和金融业的发展同步进行。近些年金融法制建设的最大成就是，为整个金融业的发展提供了一个基本的法律框架，建立了比较完善的金融行政、刑事法律体系，实现了由无法可依到基本有法可依的重大转变。但是，随着我国金融改革的深化，金融市场化和国际化加深，金融风险的表现形式不断变化，新的法律问题将会越来越多。建立一个良好的金融法制环境，仍然是紧迫的任务和长期的使命。一个全面的金融法律制度包括三个方面，即维系金融市场正常运作的金融监管法律规范、各种民商事法律规范和打击金融犯罪的刑事法律规范。后两者是金融部门赖以生存和发展的外部环境，在一定程度上决定了金融法治的持续性和有效性。全国人大常委会已经审议了反洗钱法草案，还在研究外汇法、期货交易法等法律，这些都与金融开放密切相关。

亚洲金融危机后，许多国家纷纷加强金融立法以保障金融安全。我国加入世贸组织后，及时对金融立法、监管立法进行修订完善，建立健全适应世贸组织要求，又符合我国社会主义市场经济目标的金融和金融监管法律制度，是我国金融法制建设的一项迫切任务。

纵观世界各国，金融风险、金融危机并不纯粹是金融问题，它往往是一国经济、社会、法律乃至政治问题的综合反映。因此，对金融业的整改，需要行政、经济和法律等手段的综合运用。从发展趋势看，各国政府越来越注重运用法律手段防范金融风险、保障金融安全。各国的金融实践证明：要保障金融安全，不深化金融改革、不从根本上消除金融安全的体制性障碍，再好的调控手段都不起作用；没有法律规范，不依法进行有力的金融监管，也不会有良好的金融秩序和金融安全。因而，我国迫切需要建立健全的金融和金融监管法律制度。

各位来宾，国际金融论坛从创立到现在已经 4 年了。4 年来，我们努力将论坛打造成为以金融为核心议题的全球高级别论坛，致力于使之成为具有独特中国视点的，推动全球金融界进一步交流、促进和发展的沟通平台，并建立了国际金融论坛理事会，定期召开年会。

国际金融论坛的创立和举办加强了各国金融界的联系，加强了中国和世界的联系，加强了政府、学术界和金融界的联系。这是一个非常好的平台。我建议，会后把论坛中嘉宾们的精彩演讲和评论编纂成册，让更多的人分享大会的成果。

在整体论与未来科学技术发展
论坛上的讲话

（2006 年 10 月 15 日）

今天，整体论与未来科学技术发展论坛在北京举行。来自国内的专家学者济济一堂，共同探讨整体论的内涵及其对未来科学技术发展的影响。就这次论坛的主题来分析，整体论应当是关于整体的思想、学说和方法，比较偏重于人文方面。探讨它与未来科技发展的关系问题，实际上反映了我们这个时代要求科技与人文融合的大趋势。

从一般学术思想发展的历史来看，整体论在中外传统的思想资源里都有非常丰富的论述。今天，把这个老问题提出来加以讨论，初看起来似乎有些怀旧情结在里面，因为无论在东方还是在西方，整体论都是近代科技建立和发展之前的传统思维方式。在科技占据优势地位之后，这个传统基本上被新兴的观念代替和放逐了。主流科学界倾向于认为整体论可能只具有科技思想史的价值，很难再对已经打破的整体论有过多的兴趣。只是世事难料，在当代科技创新需要取得更大突破的今天，人们发现"整体"问题竟然成为制约科技进步的一个基本问题，各个自然科学的学科发展都不约而同地要与"整体"打交道，物理学也好，生命科学也好，对"整体"的研究都已经成为前沿领域的基础课题。在"整体"问题上，老传统和新传统不期而遇、殊途同归，为了一个共同的目标又重新携起手来。与此相联系，不仅传统的整体论显现出自己的现实意义和价值，而且，有待建构的科学整体论也呼之欲出，显示出整体论对当代自然科学发展的双重意义：一是提升当代自然科学研究的境界，使科技更加人性化；二是改变当代自然科学发展的方向和路径，建立更新的科学范式。这两重意义都将对未来科学技术的发展产生深远的影响。因此，今天这个论坛的举办既具有前瞻性和战略性，同时对我们中国来说也具有非常重要的现实意义。这种意义的表现是：在当代科技发展的转型面前，依靠科技发展的综合基础和传统人文的丰厚底蕴，中国的科技界有可能开创未来科技创新的大局面，实现中国科学技术的崛起。

一、中国科学技术的崛起是支撑中国发展的需要

当前，中国的和平发展与崛起作为一个大趋势，已经很少有人怀疑。通过卓有成效的沟通，除少数国家外，世界上的大部分国家都在认真考虑如何利用中国发展所带来的机遇。在这个大局面前，中国的科技界也应当认真考虑我国科学技术的崛起问题，研究中国崛起和科技崛起之间的整体关系。从更长远、更宏观、更本质的角度来看，中国崛起需要科技崛起的支撑；而科技崛起需要中国崛起所创造的有利外部环境，并积极寻找自己崛起的内在动力。曾经有人跟我说，中国目前的发展主要是靠学习西方科学技术取得的，这样的发展实际上还是根基不稳。这个说法看起来有道理，但我看还是忽略了中国发展的关键原因。我认为，中国之所以取得这样大的发展成就，根本原因是中国人为振兴中华民族所作出的锲而不舍的努力。在这种努力下，科学技术经过人而有了一个转换，从而把科学技术发展的基础扎根在我们自己的心里。事实上，中国的崛起是中国人主导自己发展命运的必然结

果。这是一笔巨大的精神财富，并使我们有信心促进中国科技的崛起。从总体来看，我们应当抓住两个历史机遇来促进中国科学技术的崛起：一个是中华民族崛起的机遇，这是内因；另一个是当今人类文明处于转型时期的历史机遇，这是外缘。前者所带动的中华文明的复兴使我们自己不再看不起自己的文化，并从中重新发现促进科技创新的思想资源；后者所带来的则是使我们看到，中华文明及其科学技术在整体上具有促进这种转型的潜力，通过走有自己特色的整体发展道路，发挥引领这种转型的优势，将为中国的未来发展创造巨大的空间和平台，从而使科技崛起与中国崛起相得益彰。因此，我认为这次论坛是我们中国学者立足现在、把握和引领未来的思想盛会，表明我们有能力、有智慧通过集体精神的充分展现，并特别通过我们对整体论的认识，为中华民族的和平发展与崛起既作出自己的思想贡献，同时又整装待发，准备去推动并赢得关系人类发展前景的思想解放运动。

二、重视多样性思想是整体把握时代特征的需要

这场以推进人类文明转型为特征的思想解放运动肇始于西方近现代文明形成的初端，本质上是文化的再启蒙运动。我们知道，西方的强盛起源于走出中世纪的文化复兴运动，在人们打破了神权的统治之后，理性的张扬改变了人类自己发展的历史。到了16世纪，近代科学开始发端，并逐渐形成了以新工具和新方法为手段的科技体系。这种体系的迅猛发展给人类生活带来前所未有的变化，引起了全球范围的现代化浪潮。但是，由于方法和手段本身的缺陷，在科技取得主导性地位以后，传统文化的作用渐渐从人们的思想视野里消失，并造成科技发展与人文精神的对立。1959年，英国剑桥大学的斯诺教授发表了题为《两种文化

和科学革命》的论文，认为 20 世纪的学术文化形成了"人文的"和"科学的"两个世界。这两种文化的分裂和对抗，使西方人丧失了关于整体的文化观，以至于思想界既不能对"过去"作出正确的解释，也不能对"现在"作出合理的判断，同时也不能对"未来"有所憧憬和展望。斯诺教授关于"两种文化"的思想使学术界受到极大震撼，根本改变当代科技与人文的分裂状态就成为思想界的时代使命。这种分裂现象的出现，一方面说明了科技在深刻改变人类对自然和自身认识的基础上，成为引领一个时代经济社会发展的主导因素；另一方面，也说明了科技仍然有改善的可能性，使科技真正成为人性化的科技是最有潜力的发展方向。只有做到这一点，那场引起人类生活发生根本变化的启蒙运动才称得上实现了自己的目的。我们今天在这里之所以重新重视和研究整体论，是因为这个目的还没有实现；并且从性质来看，当代科技必须挣破自己所熟悉的方法的束缚才能实现自己的理想。因此可以说，正在发生的文明转型本质上是科技方法论的整体论转型，两者在最基础的意义上是一致的。

受这次文明转型的影响，我们在认识上也逐渐走出了西方中心论，在文化自觉和文化多样性的基础上开始真正着眼于自己的文明建设和科技建设。我们知道，"多样性"的思想是近年来在国际学术界和相关领域非常受重视并付诸实践的思想，是实现经济社会和环境可持续发展思想的核心内容。如今，保持生物多样性已经成为世界环境发展政策的主要理论基础和实践目标。而2005 年由联合国教科文组织第 33 届大会通过的《保护文化内容和艺术表现形式多样性公约》，也旨在通过保护地域性文化的生存，为未来世界的发展储备创新的基础。这种全球发展的最新趋势说明，由"多样性"思想指导的"多样化"实践已经开始。但是，在推动全球走向一体化的科技大本营里，"多样性"的思想还基本局限于"非共识"的范围之内，人们还没有能够从整个世界科技发展的未来趋势方面重视这一思想，更没有将之在实践中"化"出来。而从历史来看，依靠"多样性"而实现原创性既是以往科技发展的一般规律，也是创新文化的基本内涵。2005 年，第 22 届国际科技史大会在北京召开，"全球化与多样性——历史上科学与技术的传播"成为大会主题。大家关注的焦点是历史上不同文化间科学与技术的传播及其对世界的影响，同时涉及人类文明发展的前景。在会上通过的题为《全球化与多样性》的宣言中，保护文化与科学的多样性成为受到一致认同的科学理念。以这种科学理念为基础，我们看到，中华文明及其科技既是世界文化与科学多样性的一种表现，同时由于自身理论和实践的特征，其在整体的意义上也成为促进当代科技创新和文明转型的重要资源。这是一个关乎时代发展的大命题，这个命题在理论的意义上与今天论坛的主题密切相关。我们知道，著名科技史专家李约瑟博士的《中国科学技术史》曾经带给我们极大的信心，他那出色的研究工作打破了西方中心论者关于中国没有科技的论断。不过，著名的"李约瑟难题"似乎提示人们，中国科学技术的当代创新处于两难之中，一方面是中国古代科技成就的辉煌，另一方面则是中国现代科技的落后，如何达到"综合创新"仍然有待研究。多年来的实践证明，如果没有明确的思想方法的引领，我国科技崛起的"可能性"只能流于文化潜意识的层次，不能真正成为创新文化的核心方略。如今，随着科技本身的发展，科技转型成为焦点问题。在如何促进科技转型方面，"多样性"思想浮出水面。从一定意义上讲，这种思想就是一种革命性的思想，并且就蕴含在整体论思想之中。阐明这种思想，论述整体性与多样性之间的辩证关系和逻辑关系，对我国制定自己的科技崛起战略将具有基础性的指导意义。

三、自主创新是我国科技崛起的基础路径

2006 年 3 月，全国科技大会在北京隆重召开。在这次大会上，中共中央和国务院向全国科技界发出了新时期的动员令，加强自主创新、建设创新型国家，成为我国未来科技发展的基本目标和任务。我们看到，在自主创新精神的指导和鼓舞下，以"十一五"规划的具体实施为依托，我国各行业、各部门和各地区正在制定积极措施，把调整经济结构、改变增长方式和提高核心竞争力的基点逐步放在自主创新的战略上，自主立国已经慢慢成为大家的共识。

仔细回顾和认真总结这段刚刚发生的历史，我们感到这个共识来之不易。根据我的了解，在科技部具体组织制定国家中长期科学和技术发展规划的过程中，有关专家对于是否要把自主创新作为今后科技发展的指导方针有不同的看法，争论很激烈。争论的焦点最后集中在如何看待自主创新和改革开放的关系方面，新国策和一直实行的国策是否存在抵触。理顺这个关系很关键，而要真正厘清它，不仅需要准确把握当代科技发展的一般趋势，更需要科技之外的历史眼光，把科技发展与国家利益、国家安全和中华民族的伟大复兴等联系在一起，加以综合，整体地分析判断。正是由于应用了联系、发展和变化的整体思维来看待问题，有关争论所要得出的结论才渐渐明朗化。大家认识到，无论是自主创新也好，改革开放也好，其基本出发点都是为中华民族的整体利益服务的，改革开放从来就没有否定自主创新的意义，反之亦然。而现实中之所以会出现两者相抵触的认识，一方面是因为对改革开放的机械和片面的理解造成的，没有看到其中的深意。而在经过 20 多年的实践后，这种深意正逐渐显露出来，归结到

一点上就是：我们引进和吸收外来文化、科技、经济、管理等多方面知识的真实目的，是促进中华民族的自强和复兴。另一方面是因为在这 20 多年中，国际环境和国内基础都已经发生了变化。特别是作为时代特征的全球化本身也发生了变化，文化多样性的存在浮出水面，并且正在促使全球化改变自己的路径，使其成为下一轮科技、经济和社会创新发展的基础。从这个意义来说，在自主创新方针指导下的"多样化"实践，就为我国原创科技的发展创造了原动力和重要机遇。

通过上述分析，我们看到，在全球文明转型和国内自主创新的现实基础上，我国科技崛起的路径已经非常清晰。加强自主创新，特别是加强中国科技的原始性创新，成为我们的历史性任务。完成这个任务，从根本上弥补我国原创性科技的不足，对整体论的研究是关键。因此我认为，如果说加强自主创新是我们中国崛起的路径，那么，在整体论的指导下加强我国科技的原始性创新，就是中国科技崛起的路径。今天在座的科技部徐冠华部长多次提出科技创新的路径选择问题，认为在我国建设创新型国家的基础条件中，除了我国已经建成了世界上为数不多的国家才具备的、完整的科学技术体系，有充足的科技人力资源，已经具备了比较强的科技实力之外，中华民族悠久的历史文化传统，重视教育、辩证思维、集体主义精神和丰厚的文化积累，都为未来的创新创造了多样化的路径选择。在座的朱清时教授在 2004 年出版了《东方科学文化的复兴》这本书，我在拜读之后也有同感。该书的基本思想建立在当代科学技术的发展需要方法创新的认识之上，具体说来就是分析还原的方法正在制约科技本身的发展，在寻求新的研究方法时，人们需要从中国传统科学技术的整体论方法中汲取智慧和经验，特别是中医药学的存在具有非常基础性的启迪意义。今天在座的也有不少中医药的专家，整体论是中医药的优势和特色，也许从根本上促进中医药的继承、创新和发展，就在于紧紧抓住和充分发挥这个特色。因此，从哲学的角度来看，整体论给我们提供了一个理解"传统"的有利工具，认识到"传统"之所以成为"传统"，是因为这样的"传统"丢之不得，它能够为现代的科技和文化研究者走向未来提供丰富的精神资源和创新灵感。

要全面理解这种思想的价值，并不是轻而易举的事情。不过，我们从全国科技大奖得主的科研路径上能够看到思想的真实性。吴文俊院士受中国古算天元术与四元术的启发，将几何的代数化思想与数学机械化研究相结合，创造了数学领域的世界水平。也许是基于自身的真切体验，吴文俊院士在为《东方科学文化的复兴》所作的序里面，非常赞同朱清时教授的说法："中国在古代辉煌的'科学'在一度衰退后不仅要'复兴'，还要取当代的'西方科学'而代之，中国将成为世界'科学'的中心。"我相信，每一个中国人都会从这样的论断中受到鼓舞，这也是我们积极举办这次论坛的重要原因。希望借助于论坛的形式，一方面能够更多地领会这种思想的价值；另一方面，能够将中央提出的科教兴国战略和人才强国战略与自主创新精神深入结合起来，推进创新型国家的建设进程。

当然，中国要成为世界科学的中心必须具备多种条件，其中不可缺少的必要性条件是，首先要有原创性科学的出现和建设。从历史规律来看，只有走科学中心转移这条道路，从科学技术的上游和源头出发，才能彻底打破技术中心转移的下游劣势。问题在于，很多人对我国是否已经存在未来科学原创的基础仍然存有疑虑。受整体论和"多样性"思想的启发，我们对"中国科学技术"的字面意义将会有更深的理解。分开来讲，这个概念可以理解为"中国的科学技术"或"科学技术在中国"，属于引进、模仿、吸收的意义，其中缺少原创性的成分。整体来讲，"中国科学技术"可以作为一个原创性的概念存在，即指由中国人创造的科学技术体系，包括集成创新的意义。这样一来，自主创新的"多样性"就显示出时代气息和时代精神，其中既包括对中国传统科学技术体系的继承，同时也包括在继承基础上的当代创新和发展，并且使"中国科学技术"这个概念成为兼容并蓄的大科学概念。从这个概念的支撑基础分析，居于内核且占主导地位的应属于对整体的把握和应用。也正是由于整体观的建立，"中国科学技术"才能够代表中国原创性创新和集成创新的优秀成果，并具体以整体性科学的形式表现出来。我们可以大胆预测，一旦整体性科学在我国得以建立和普遍应用，那么，现代科学技术体系也将成为"传统"，下一步就要展开对这种"传统"的改造和提升。到那个时候，中国科技的崛起发展战略才能真正见到实效，"中国科学学派"也将跻身于世界科学之林，成为引领中华民族全面走向复兴的基础支撑。

四、促进新科技文明建设是整体论的历史使命

我们记得，在我国刚刚实行改革开放政策的初期，应运而生的《走向未来丛书》为新科技思想的传播发挥了开创性的作用。当时，美国粒子物理学家卡普拉的著作《物理学之道》就是通过这套丛书进入了我们的思想世界。他在这本书的结尾处写道："我深信，现代物理学所暗示的世界观与我们现在的社会不一致，我们现在的社会没有反映我们在自然界中所观察到的那种和谐关系。要实现这样一种动态平衡的状态，必须有一种根本不同的社会的和经济的结构，要进行一场真正世界意义的文化革命。我们整个文明的生存可能依赖于我们是否能够使这种变化发

生。"当然，卡普拉所指的"整个文明"当属西方文明，不是指原本就以追求和谐为目的的、包括中国文明在内的东方文明。后来，卡普拉又出版了《转折点：科学、社会和兴起的文化》，并亲自致力于建立东西方文化平衡的世界文化模式。事实上，如果我们从理论上分析他的思想，所谓"平衡"就是以中国和东方擅长的整体观去消除西方物质文化带来的弊端。就目前我国的现实情况来看，虽然我们在西方式的科学技术方面还没有达到登峰造极的地步，但是中央关于建设和谐社会的思想和方略说明，我们的文化传统本身的自省意识能够使我们的发展道路避免遭遇不必要的陷阱和挫折，从而体现出鲜明的中国特色。从精神的相通性来看，如今的自主创新其实与中国传统的自强不息精神是一脉相承的；而从整个人类社会的发展历史来看，科技治理并不比社会治理更复杂。已经有学者指出，和谐社会建设在性质上是向传统中国更高层次的回归，昭示出今日中国整体上的文化自觉和自主转型特色。因此，从更根本的意义上来认识，所谓中国转型的文化成本太大的论调其实是片面的，没有看到中国的传统文化对于建设未来中国的积极内容。自古以来，科技从来就没有游离于文化和社会之外，正是文化与社会的多样性使得科学实际上也是多样性的存在。相对于西方科学和技术，中国科学技术本来就具有革命的意义和价值。而这样一条多样化的发展路径，确实为今日中国科学技术的发展提供了崛起的坚实基础。

当前，全面落实科学发展观成为促进我国经济和社会全面、协调、可持续发展的基本措施。我们看到，坚持以人为本是科学发展观的核心，从理论意义上分析，这个核心也正是整体论的核心和精髓所在。因此，科学发展观本质上是一种整体观，既重视自然、社会和人类之间的协调发展，同时也重视人类社会自身的和谐发展，从而最终实现主客统一、"物""我"两利的共同发展。坚持这种整体发展的观点，必将促进以物为本的旧科学观的根本转变，依靠充分发挥人自身的智慧，使以人为本直接成为自主创新、"体""用"一贯的新科学观，从而促生与和谐社会建设相一致的先进科学技术体系，引发中国成为新科学、新技术和新经济的原创国，在实现科学技术崛起的基础上，促进中华民族的伟大复兴。

人类文明史的研究表明，科技发展既是文明发展的重要推动力，其本身也作为文明的重要组成部分，与物质文明、政治文明和精神文明建设存在不可分割的相互促进关系，从而使人的全面、自由发展成为科技发展的崇高目标与核心价值。按照整体发展的路径，必将促进新科技文明的建设，在充分发挥科技对经济和社会发展的促进功能基础上，建立整体的"兼善天下"的科技利益共享机制，并在进一步解决贫困、疾病、冲突和社会边缘化等传统问题的基础上，促进富于同情心的、公正的、和平的、可持续的和谐世界建设。因此，我们今天举办的这个论坛，本质上是为解决科学技术自身的发展困境提出社会理想方案的论坛，必将深入推进科学技术与生生不息的中国人文精神的创造性相融合，开创当代科技事业和中华文明共同发展的新局面。

经济全球化条件下的
中国制造业发展[*]

（2006 年 12 月 7 日）

各位来宾、女士们、先生们：

很高兴来参加由中华全国工商业联合会联合日本、韩国、新加坡等亚洲工商团体共同发起主办的亚洲制造业论坛的闭幕式。此次论坛是在世界制造业正在向亚洲转移、亚洲及中国制造业面临升级的大背景下，召开的一次相互促进、相互了解和相互合作的会议，可以帮助亚洲国家相互借鉴经验，共同探讨经济全球化条件下的制造业发展战略。

一、制造业在世界和亚洲经济中的地位

工业革命以来的经济发展史表明，制造业的发展及其内部结构升级是经济结构转型的基础，没有制造业的强力支撑，任何国家都不可能完成从经济落后的农业国向发达的工业国转变。从这个意义上说，制造业的发展对于提高一个国家的综合国力起着不可替代的重要作用。

20 世纪 80 年代以来，随着服务业的崛起，制造业创造的增加值占全球生产总值的比重有所下降，但制造业增加值在各国经济中仍然占有十分重要的地位。目前，制造业依然是全球的

＊ 这是蒋正华同志在亚洲制造业论坛闭幕式上的演讲。

"首席产业"，在各国的国民经济中居于重要地位，是国家竞争力的基础。从发展中国家来看，制造业在国民经济中的地位正日益提升。发达国家的制造业尽管在国内生产总值中所占比重总体有逐步下降的趋势，但仍然起到至关重要的作用。美国商务部秘书在宣传小布什总统的实现制造业复苏计划时说，制造业不仅仅是增长的引擎，而且对所有的美国人来说，还意味着研究与创新，意味着高收入和生活品质的改善；实现制造业的复苏，对于实现经济的持续、强劲增长至关重要，对于提高所有美国人的生活水平至关重要。目前，发展中国家在世界制造业中的地位相对提高，但发达国家仍起支配作用，新的制造业国际分工模式开始形成；美、日等制造业强国均以装备制造业为制造业的核心支柱，并且在 2~3 个产业中占有较大的比较优势。例如瑞典的工程机械，日本的电气机械，德国的运输机械，美国的飞机制造、集成电路生产，都具有较强的竞争优势，掌握了大量核心技术，成为世界的龙头。发达国家非常重视发展高新技术产业和先进制造技术，以技术优势创造竞争优势。

目前，世界制造业发展出现了如下趋势：一是制造业的全球化趋势，表现为企业在全球范围布局产业链，形成新的国际分工，世界制造业出现梯度转移，中国将成为世界重要的制造业基地；二是先进制造技术的广泛采用，例如并行设计技术、智能数控技术、可重组制造系统（RMS，Reconfigurable Manufacturing System）、网络化制造技术、柔性生产技术等；三是制造的绿色化，绿色制造将成为 21 世纪制造业发展的主要方向，绿色竞争力将成为制造业竞争力的重要组成部分；四是产业的融合化，发生在产业边界和交叉处的技术融合，改变了原有产业的产品特征和市场需求，导致产业的企业之间的竞争合作关系发生改变，必将导致产业发展基础、产业之间的关联、产业结构及组织形态、产业的空间布局等方面的根本变化，对经济和社会产生深刻影响。一些新的产品、新的服务会随之出现，为企业扩大规模、扩展事业范围提供新的商机。

二、中国制造业与世界和亚洲制造业合作共赢

目前，我国在规模和总量上成为仅次于美、日的世界第三大制造国，成为世界制造业一支举足轻重的力量，引起各国的广泛关注；制造业结构调整取得成效，高新技术产业的比重明显提高，部分传统产业的比重持续下降；产业集中度有所提高，规模经济有了长足发展；跨国公司的制造环节，以惊人的规模和速度向我国转移；区域性产业集聚已成趋势，特别是珠江三角洲和长江三角洲两大经济圈已经成为我国制造业的重要增长极。

随着制造业的高度增长和工业品出口总量的扩大，中国已经逐步确立了世界制成品贸易大国的地位。1980 年，我国工业制成品出口额在世界出口总额中所占比重仅为 0.8%；2005 年，这一比重增至 9.6%，在世界制成品出口额排名中的位次由 1980 年的第 26 位跃居第 3 位。2000 年至 2005 年，中国制成品出口年平均增长率达到 26%，远远高于同期欧盟的 10%、日本的 4%，也高于中国最主要的竞争对手印度的 15%。可以说，中国是 20 世纪 90 年代以来世界制成品出口增长最快的国家，在国际分工格局中逐步确立了工业制成品生产和出口大国的新形象。中国经济的发展，也促进了世界经济特别是邻国经济的增长。据世界银行估计，2004 年，中国经济增长占世界经济增长的 13%，更带动了一些国家的经济复苏和振兴。

中国制造业发展也还存在诸多的问题：一是制造业存在明显的粗放型发展特点，有些低端产品供大于求，而技术含量高的设

备大量依赖进口，往往还供不应求；二是装备制造业发展严重落后，与经济发展水平不相称；三是部分行业的生产能力严重过剩，资源环境压力和贸易环境恶化；四是制造业的技术和产品开发能力不足，企业满足于加工、组装，创新意识不强，研发能力差，关键技术受制于人；五是世界知名品牌不多，销售能力薄弱。这些问题也是许多发展中国家共同的问题。我们愿与世界各国特别是亚洲邻国共同努力，在发展中解决好这些矛盾和问题。

三、中国制造业今后的发展展望

根据"十一五"规划，我们预期中国制造业将在以下几个方面进一步发展：一是从一定时期看，劳动密集型产业仍会成为中国制造业增长的重要支撑，但这类产业的发展也应该在工人待遇、生产条件、技术含量等方面实现全方位的提升；二是国内巨大的市场和工业化发展的阶段性，决定了在未来时期，中国的能源、原材料和机电工业等重工业将得到进一步发展；三是在经济全球化的大背景下，我国制造业将继续通过国际贸易和国际资本流动获得新的增长机会；四是遵循科学发展观，推行绿色生产、循环经济，走新型工业化道路，将成为未来我国制造业的主要发展方向。

今后相当长的时期内，资源与环境约束将成为我国制造业发展的主要制约因素之一，主要原因有三：第一，中国已经成为石油、铁矿石等能源和矿产资源最大的进口国之一，国际能源和矿石价格的波动将直接影响到国内相关产业的成本与竞争力。第二，国家对能源消耗与环境保护提出了更高的要求。中共中央关于制定"十一五"规划的建议提出，"十一五"期间，"单位国内生产总值能源消耗比'十五'期末降低20%左右，生态环境恶化趋势基本遏制"。第三，随着生活水平提高，公众的环境意识不断增强，对生态环境的破坏将面临越来越大的公众压力。中国决心在能源、资源等方面做到基本自给，在生态环境保护方面取得显著进展，实现全面、协调、可持续发展。

在全球化条件下，中国制造业领域要全方位提高对外开放水平。我国是一个后起的对外经济开放大国，只有进一步扩大开放、加速开放，才能赶上发达国家工业化和现代化的潮流。为提升我国在国际分工中的地位，加强能力建设、改变吸引外资的模式变得格外重要。在吸引外资的同时，注意引进先进适用技术，并注意消化、吸收，增强自主开发能力，营造自主创新的技术平台，改变对国外技术依赖度过高的现状，使我们在国际产业分工中的地位，由垂直分工走向水平分工，由优惠吸引外资模式向战略合作伙伴关系过渡，进一步加强、加深与各国的互惠合作。

到 2020 年，中国要成为世界制造业强国，将实施有所为有所不为的方针，选择发展制造业的战略重点。中国不断加大研发投入力度，2006 年的研发投入可能超过日本，占世界第二位。要组织好一些重大专项技术攻关，掌握核心技术，创造有自主知识产权的品牌。创新的重点是技术集成和关键技术，在此基础上通过全球化的合作，实现产品的系统集成和组装。到 2020 年，中国制造业占国内生产总值的比例将达到 37.6%；产品结构中，要努力减少或避免与其他国家特别是发展中国家不必要的重复竞争，轻纺等产品的比例要下降，机电制造业的比例则要达到 40% 以上。此外，中国还要有一批强大的制造业集团，形成若干个类似硅谷的，有特色、有国际知名度的制造业集中地，例如将长江三角洲地区发展成为世界级电子产品制造业集中地。

中共中央、国务院作出的建设创新型国家的决策，必将深刻影响中国制造业的未来发展。建设创新型国家，核心就是把增强自主创新能力作为发展科学技术的战略基点，走出中国特色的自主创新道路，推动科学技术的跨越式发展；就是把增强自主创新能力作为调整产业结构、转变增长方式的中心环节，建设资源节约型、环境友好型社会，推动国民经济又快又好发展；就是把增强自主创新能力作为国家战略，贯穿到现代化建设各个方面，激发全民族的创新精神，培养高水平创新人才，形成有利于自主创新的体制机制，大力推进理论创新、制度创新、科技创新，不断巩固和发展中国特色社会主义伟大事业。

提高自主创新能力，
改变经济增长方式

（2007 年 5 月 25 日）

创新自古以来就是人类社会发展的源泉。把自主创新作为发展战略，是党中央统揽全局、着眼未来作出的重大决策，也是对我们国家 20 多年改革开放经验教训的一个总结。

我国经济社会发展取得了显著成就，国内生产总值在世界排名第四，对外贸易总额居世界第三，外汇储备已经超过 1.2 万亿美元，我国的经济、社会力量已经具有比较好的基础。同时，有一大批企业具备了较强的竞争力，很多企业拥有自己的品牌和技术。据统计，最近几年来，中国人、中国企业申请的发明专利、实用新型专利、外观设计专利总数已经超过外国企业在华申请专利的总数，而且在这三种专利当中，发明专利的比例不断提高，说明我国在 21 世纪已经具备了走向世界、与世界共同发展的良好基础。

还有一个明显的标志，是我国已经提出了一批自己的标准。一项标准的提出，需要有大量专利的支持，特别是关键技术和核心技术专利的取得，代表着一个企业的力量，现在有一些企业在这方面作出了很大成绩。如第三代移动通信的标准，每一个第三代移动通信标准的后面都需要近 2000 件专利的支持，大唐电信已经提出了 TD-SCDMA 技术标准，这背后做了大量的工作。还有其他一些企业也在各个领域提出了一些标准。但总体来说，我们在这方面还比较薄弱，包括已经建立起标准的企业，有很多核心技术还掌握在外国人手中。比如 TD-SCDMA，尽管我们有自己的标准，并被国际电联接受作为世界三大标准之一，但这一标准所采用的编码技术还是美国高通公司拥有的专利技术，而编码技术恰恰是第三代移动通信最核心的技术。现在，中国制造的商品在世界各地随处可见，但中国还只是一个制造大国，而不是一个创造大国。希望在不久的将来能看到有很多企业在这方面不懈努力，使我们的产品从中国制造转变为中国创造，到那时才能说明我们真正具备了自主创新的能力。

现在我国的对外技术依存度超过了 50%，这些年工业产品新开发的技术有 70% 属于外援性技术。2006 年全国人大组织的专利法执法检查中发现，尽管我们在专利申请上已经取得了很大进步，但还有 99% 的企业连一件专利都没有，大量的企业还是依靠利用外国技术或我国其他企业开发的技术。自主知识产权的取得，在国内越来越成为一个严峻的问题。很明显，没有自主创新能力的明显增强，就不可能在优化结构、提高效益、降低消耗的基础上实现 2010 年人均国内生产总值翻一番的目标，也不能做到单位国内生产总值能源消耗的大幅度降低，国际竞争力很强的优势企业也难以脱颖而出。虽然我国经济建设取得了很大成绩，但国际上有一个说法，即全世界矿石生产增长量中的 80% 都卖给了中国。当然，这对世界经济也是一个带动，现在有不少国家的经济增长与中国的需求密切相关。但就长远而言，我们不能总靠大量的资源消耗维持经济快速发展，现在利润高的很多产业都是资源型产业或垄断产业。垄断产业今后要不断扩大开放，不断放开准入，垄断的优势会不断减少，以至失去垄断优势。对于资源型产业而言，人口多、土地少、资源相对缺乏的基本国情，决定了我们不能总依靠大量的资源消耗来实现经济快速增长。现在由于技术水平等所限，我国用同样的能源和原材料消耗生产出来的产品价值量只有经济发达国家的 1/4 到 1/6，效益比较低。同时，这种粗放型的经济增长方式是以生态和环境为代价的。"十五"期间，我们取得了很多成绩，最近连续 4 年，国内生产总值年增长率超过 10%。2007 年第一季度的经济增长率达到 11.1%，但是有两项指标没有完成，即能源消耗的降低和污染物的减排。"十五"期间也是这两个指标没有完成，这是一个很严峻的现实。

从消费的角度来看，长期困扰我们的一个问题是投资率高、消费率低。经济增长有三个比较大的拉动力，一是内需，一是投资，另外一个是进出口贸易。我国近几年主要依靠投资和进出口贸易，内需增长则一直不理想，而内需恰恰是一个国家发展的最根本动力。现在，投资在一些地方已经形成了生产能力的结构性失衡，有一些部门特别是资源消耗型的部门投资过热，问题比较严重。从进出口贸易来讲，科技含量高的产品进口多，而资源型产品出口多，这是不合理的，与我们的国情不相适应。如果在国际竞争中长期处于这样一种地位，会对我们的可持续发展带来很不利的影响。

如今，技术进步对经济发展的制约越来越突出。要转变经济增长方式，首要的瓶颈就是缺乏具有自主知识产权的技术，究其原因：

第一，企业科技开发的投入过低。国家统计局的资料显示：我国 2/3 的大中型企业没有自己的研发机构（也有一些发展较快的企业做得比较好，有的建立了研究院，有的建立了博士后流动站等），3/4 的企业没有科研开发活动，完全依靠照抄或模仿别人的产品。发达国家大企业的研发费用一般不低于销售收入的 5%，有一些发展快的企业，比如微软、爱立信等企业的研发投入占到销售收入的 10% 以上，最高时达到 19%。我国对研发比较重视的大型企业，如部分中央直属企业的研发费用也只占销售收入的 1.5%。另外一个重要的问题是消化、吸收的经费严重不足。我国工业企业引进技术和消化、吸收费用的比例是 1:0.06，而韩国、日本企业的这一比例则是 1:5 到 1:8。这说明引进技术还要依靠自己消化、吸收，才能真正形成自己的生产能力和竞争力。

第二，科技资源配置不合理。科技资源的配置有很多地方需要进一步改善，科技资源的重复分配、资源不能共享、分工不明确等，都使得整体优势难以很好地发挥。我国现在的科技投入用于企业的比例比较低，经济发达国家的科技投入大约有 30% 用于扶持企业，我国的科技投入有 90% 以上用于科研单位和大专院校。这也有中国自己的特殊情况，应该形成以企业为主体、以市场为导向、独立自主的研发体制，但现在主要依靠教学、科研单位与企业合作，通过联合来实现企业发展。

第三，企业的自主创新机制不健全。一方面，从自主创新的主体来说，现在用人制度、激励制度不健全，缺乏发展的战略意识，很多企业尚未根据自己的战略定位和发展规划制定中长期科技发展目标，没有真正将自主创新摆在很重要的位置。另一方面是风险投资的机制还不太成熟。高新技术产业的很多企业规模都比较小，需要资本支持，但现在还是以间接融资为主，直接融资的渠道比较少，特别是风险投资资金缺乏。而风险投资缺乏的一个很重要原因，是风险投资退出机制不健全。风险投资在国际上成功率也很低，成功率约有 10% ~ 15%，但投资成功后会有很高的回报，这主要靠完善高效的退出机制。在国际上，比如美国的纳斯达克交易市场，风险投资成功后就可以上市，上市以后风险投资就可以退出，然后再进行新的投资。现在，深圳已经有了中小企业板，但这还不是典型意义上的二板市场。我国目前正在积极筹备开拓二板市场，并且已有很大进展，二板市场必将是我国多层次资本市场的一个重要组成部分。

第四，国家鼓励技术开发投入的政策不配套、不完善。从国家引导的角度来看，国家如何更好地制定技术开发配套完善的政策体系也是非常重要的。各有关部门要在这些方面不断研究、不断完善，如研究税收制度上怎样对企业新增开发投资采取抵扣政策等，鼓励企业加大开发投资力度。

总体来看，我国目前实现自主开发的条件已经日趋成熟。我国的经济规模、出口能力已经位居世界前列，沿海地区人均地区生产总值达到 3000 美元，部分地区超过了 5000 美元，已经具备了充分的实力来增加技术开发投入；从人才储备方面来看，现在有大量留学回国的技术人才，另外通过引进国外技术等也培养了大批的本土科技人才。同时，国内也涌现了一批通过自主开发在市场竞争中迅速发展壮大的企业的典范，如华为、奇瑞、海尔等树立了榜样。

创新本身不是目的，最终的目标是要通过创新实现高质量的发展，提高我们的综合竞争力。为此，要落实以企业为主体、市场为导向、产学研结合的技术创新体系，包括原始创新、系统集成创新和引进、消化、吸收基础上的创新。为此，要有从研究、产品开发、产能形成、市场开发到知识产权保护等的创新链条支持政策体制。企业可以通过很多渠道加快发展，可以在引进、消化、吸收的基础上进一步创新，也可以通过国际并购等办法来提高技术水平，还可以正确利用政府采购等一些渠道来推动企业的技术创新。不管采取哪种方式，归根到底是要提高企业的创新能力，企业自己的技术积累是根本。

技术创新也需要企业和政府互动。各个国家在技术创新发展过程中有不同的做法，比较典型的有以下三种：第一种是通过对军工科技的支持和军工技术转向民用，来带动技术进步和高技术产业的发展。如美国在第二次世界大战以后，将大批的军工技术转向民用，带动了高科技企业的发展，同时也带动了科学理论的创新。第二种是政府直接兴办一些对科技进步和经济发展有重大带动意义的工程。如日本的很多重大项目都由政府和大企业合作完成。第三种是政府运用财税、金融等政策支持科技进步。如芬兰的诺基亚在 20 世纪 80 年代之前是生产塑料与家具产品的，曾经濒临倒闭，芬兰政府支持其利用自身良好的销售渠道和健全的管理体系转向信息行业，后来一直发展得很好。政府可以运用各种手段帮助一些有条件的企业发展壮大，如政府采购，可在招标中提出国产化率要求和技术要求等。

综上所述，要增强自主创新能力，就要求加快体制改革，尽快建立鼓励企业增加技术开发投入的政策环境，加大对企业技术开发投入的支持力度，并加快企业改革，完善企业的决策机制，建立现代企业制度，形成科学的治理结构。同时，还要建立和完善二板市场和风险投资机制等，形成一批技术成果孵化器，使自主创新能力从研究走向应用，从应用形成生产能力，从生产能力走向市场，最后形成一个完整的产业链，这样才能使自主创新真正成为中国发展的强大动力。我相信，在方方面面的共同努力下，自主创新必定能够取得长足发展，为建设创新型国家奠定良好的基础，为企业发展带来更加美好的明天。

关于发展我国公司债券市场的建议

(2007 年 11 月 8 日)

一、我国公司债券市场的现状和问题

国际上，按发债主体的不同，债券可分为政府债券和非政府债券。在成熟的市场国家，政府债券和非政府债券协调发展。非政府债券，主要是公司债券，更是成为企业融资的最主要渠道之一。根据世界银行 2003 年年度报告的数据，多数成熟市场国家的公司债与国内生产总值的比例在 50% 至 100% 之间，即使是全球新兴市场国家（包括东欧和东南亚），这一比例平均也达到了 20%。在我国，银行贷款一直是企业最主要的融资形式，债券市场的品种以国债、政策性金融债等依赖政府信用的债券为主。2005 年年底，非政府信用的债券余额不足债券总余额的 5%，企业债券发行量约为国内生产总值总量的 1%，大大低于其他国家的水平。2006 年，我国企业债的发行筹资额为 1030 亿元，同期股票发行筹资额为 2423 亿元，企业债仅为股票的 43%。而美国 2005 年公司债的筹资总额是股票筹资的 6.5 倍。

在我国，公司债券市场发展滞后，带来了一系列的问题：一是金融结构不合理。间接融资比例过高，企业融资过度依赖银行贷款，风险在银行体系聚集，将对国家金融安全和经济安全带来不利影响。二是企业融资结构不合理。由于公司债券市场不发达，发行的额度管理审批环节多、发债周期长，发债十分困难，企业难以通过发行债获得稳定的融资。目前，企业债的发行利率一般在 3% ~6% 之间，低于同期商业银行贷款利率，但由于管理体制和市场不发达等制约，企业无法通过发债筹资，融资成本难以降低，融资结构难以优化。三是影响了投资结构的改善。由于公司债券市场的规模小，难以成为投资者的主流投资工具，居民储蓄只能以银行储蓄为主，保险公司等机构投资者也难将公司债券纳入其投资组合，投资结构单一的问题长期存在，投资结构难以改善、投资风险难以分散。

影响我国公司债券发展的原因是多方面的，主要有以下几个方面：第一，没有真正建立起以公司法人财产为偿债基础的市场化运行机制。20 世纪 80 年代，建立非政府部门发行债券之初，只有全民所有制企业可以发债。在没有建立真正的偿债机制和破产机制的情况下，这些企业发行的企业债一旦出现兑付风险，就由政府出面解决，企业发债对政府信用的依赖就此形成。后来，企业债又演变为筹集基本建设项目资金的渠道，都要求国有银行担保，使企业债成为"准国债"，以企业法人财产为偿债基础的债券市场没有得到较好的发展。第二，企业债管理体制僵化。具体体现在：一是实行额度审批制，发行额度由政府逐级分配，国家分配到省一级，然后再逐级分配；二是筹资主体严格限制为国家或地方政府重点建设项目，发债目的是提供项目配套资金，数量不超过固定资产投资总额的20%（技改项目为30%）；三是利率管制，发行利率的上限不得超过同期银行存款利率的40%。第三，监管法规混乱，管理体制不明确。从本质上看，目前我国债券市场已有的债券品种中，除了国债，商业银行次级债、短期融资券、可转换公司债、证券公司债和绝大多数企业债的发行主体都是公司，按照公司法的规定，都属于公司债的范畴。但由于历史的原因和金融分业监管，这些债券的发行分别由人民银行、银监会、证监会和国家发改委等部门负责。各部门由于管理目标不统一，政出多门，监管规则和标准存在较大差异，市场被人为地分割，监管重叠与监管缺位的问题并存，难以形成发展债券市场的合力。加之多头管理增加了协调难度，债券市场的发展缺少统筹规划，致使一些明显制约债券市场发展的关键性问题长期悬而未决，阻碍了债券市场发展的步伐。

二、发展我国公司债券市场的建议

中共中央、国务院已经充分认识到发展债券市场的重要性和紧迫性。中共十六届三中全会明确提出了"积极拓展债券市场，完善和规范发行程序，扩大公司债券发行规模"的战略任务，《国务院关于推进资本市场改革开放和稳定发展的若干意见》明确作出了关于改变债券融资发展相对滞后状况的一系列具体部署。2007 年召开的中央金融工作会议，将公司债作为发展债券市场的重点方向。要发展公司债，需要着力解决好以下几方面的问题。

（一）建立公司债券法规体系

目前，公司已经成为我国占据绝对主导地位的企业组织形式，并将成为除政府以外最主要的发债主体。这就需要在公司法和证券法原则框架下，制定并发布《公司债券管理条例》，将公司法人发行的金融债、商业银行次级债、可转换公司债、证券公司债、短期融资券等纳入《公司债券管理条例》的框架之中，为建立统一的监管体制奠定法规基础。

（二）建立统一的公司债管理体制

按照公司法和证券法，在《公司债券管理条例》中明确国务院证券监督管理部门统一负责公司债的监管，由该部门根据《公司债券管理条例》，制定公司债的发行、信息披露、交易结算等监管制度，负责对发债主体、相关中介机构等进行统一的监管，维护市场秩序，保护债券持有人的权益。

（三）建立市场化的公司债券市场制度体系

按照市场化的要求，建立公司债券发行核准制度，凡是符合法律规定条件的公司均可自愿申请发债，发债主体由承销商自主推荐。债券发行利率、期限、担保、品种设计等均由发债主体自主选择。各类投资者，包括商业银行、保险公司等都可以依法选择自己的投资产品。债券发行后，由发债主体自行选择上市或挂牌场所，证券登记结算机构要提供相应的登记、托管和结算服务，便利各类投资机构的跨市场交易，推动统一互联债券市场的建设。

（四）建立全方位的公司债券发行人约束机制

要贯彻落实破产法，增强公司债券发行人的自我约束；要试行债券托管制度和债权人会议制度，强化持有人对公司的约束；还要发挥市场、中介机构等的力量，加强对发债公司的监督，建立全方位的监督约束机制，建立良好的公司债券市场环境。

（五）大力发展其他固定收益类证券

在发展公司债的同时，还要大力推动其他形式的非政府的固定收益类证券的发展，大力发展资产支持证券，对于基本建设的债券筹资，可以通过发行项目债的形式进行。

统筹城乡发展,
加快推进城乡一体化进程[*]

(2008 年 2 月 19 日)

中共十七大报告明确提出:"要建立以工促农、以城带乡的长效机制,形成城乡经济社会发展一体化新格局。"这是中共中央在新的发展形势下对统筹城乡发展提出的新方针和新要求,是打破城乡二元结构、加快农业和农村发展、促进农民富裕的根本途径,为进一步加快推进城乡一体化进程指明了方向。

城乡一体化建设主要有以下几方面的内容:一是统筹城乡发展空间,实现城乡规划布局一体化;二是统筹城乡经济发展,实现产业分工合作一体化;三是统筹城乡基础设施建设,实现城乡服务功能一体化;四是统筹城乡社会事业发展,实现城乡就业、教育、卫生和社会保障一体化;五是统筹城乡两个文明建设,实现城乡全面发展内涵一体化。在我国走"以城带乡、以乡保城、城乡结合、优势互补、共同发展"的城乡一体化道路,是全面建设小康社会、实现城乡和谐发展的有效途径,是社会主义新农村建设的根本方向。下面,我谈几点认识,供同志们参考。

一、充分认识城乡一体化建设的重要意义

城乡一体化发展是世界现代化的大趋势,也是我国经济社会

---

[*] 这是蒋正华同志在城乡一体化建设论坛上的讲话。

发展的必然趋势。改革开放以来，随着我国经济社会的发展、产业分工格局的改变和产业结构的不断升级，进一步强化了产业间的融合，从而促进了资源的合理流动，使城市经济与农村经济的关联性加强。特别是随着大工业进入农业以及现代科学技术对农业的武装，加速了农业产业化进程，促进了产业间的融合。随着产业链加长，进一步模糊了工业与农业的产业边界，也使得城市人口和农村人口的界限不再那样泾渭分明。因此，城乡一体化是随着生产力的发展而促进城乡居民生产方式、生活方式和居住方式变化的过程，是城乡人口、技术、资本、资源等要素相互融合，互为资源，互为市场，互相服务，逐步达到城乡之间在经济、社会、文化、生态上协调发展的过程。

我国已经进入工业化和城市化加速发展阶段，农村城镇化、农业产业化、农民居民化趋势明显，城乡一体化已成为我国城乡协调发展的迫切需要。早在 20 世纪 90 年代，珠江三角洲、长江三角洲、北京等经济发达地区以及内地一些经济发展领先的城市，已经开展了城乡一体化问题的研究和实践，形成了许多富有启示性的理论和实践成果。因此，我们要把这项工作作为带动经济社会发展、建设社会主义新农村、构建和谐社会的一项重大战略，摆在突出位置，强化工作措施，不断总结和研究城乡一体化建设中出现的新情况和新问题，推动这项工作不断前进。

二、因地制宜，统筹兼顾，量力而行，不断推进城乡一体化建设进程

近年来，随着中央一系列支农惠农政策的贯彻实施，我国农村得到了较快发展。但由于长期以来我们对农村的投入不足，目前城乡基础建设和公共服务水平仍然有较大差距，特别是教育、

医疗卫生、文化、社会保障等方面的差距更为明显。要推进城乡基础设施建设一体化，缩小城乡之间公共服务和基础建设的差距，必须坚持"以城带乡、以工促农"的战略部署，同时要因地制宜，统筹兼顾，量力而行，切不可搞"一刀切、大呼隆"，盲目追求加快城市化而损害了农民的利益。要有计划、有步骤地做好城乡发展的长期规划，稳步推进城乡一体化建设进程。坚持把农业、农村发展放到突出位置，坚持新增投资重点转向农村，采取有力措施支持农业产业化、农村城市化，这样才能加快城乡统筹发展的步伐，促进形成城乡经济社会发展一体化的新格局。

三、进一步深化改革，消除城乡二元体制结构

今年恰逢我国改革开放 30 周年，我们要以此为契机，认真总结我国改革开放 30 年的成功经验，尤其是要结合我国城乡发展的实际，认真研究深化改革开放的战略步骤，为推进城乡一体化建设提供科学的决策依据。城乡分割的体制和政策，以及由此形成的城乡在体制、机制和发展水平方面的巨大差距，是制约我国推进城乡一体化、加快建设社会主义新农村的重要因素。无论是刺激需求的短期政策，还是确保增长的长期战略，都必须着眼于调整城乡关系，消除二元经济社会结构，实现农村市场化、工业化、城市化和现代化。为此，必须构建城乡统一的大市场，实施城乡一体化战略。在农业和农村发展滞后的情况下，要推进城乡一体化，建设社会主义新农村，只靠农民自己的努力不行，仅靠农业自身的积累不行，单靠市场配置资源也不行，需要政府主导和制度创新，按照科学发展观的要求，彻底转变工农分割、城乡分治的二元经济社会结构，统筹城乡经济与社会发展。

统筹城乡经济和社会发展，应该作为国家的一种政策导向和

政府调控手段，它是针对城乡在社会经济发展过程中存在的二元分隔状况提出来的。城乡一体化建设不能以减缓城市发展速度、降低城市发展层次为代价。城乡一体化的关键在于完善城乡关系，其目的在于实现共同繁荣和发展。其宗旨和目标是使城乡经济、社会、文化协调发展，最终实现城乡一体化，从而使全地区、全国达到更高的发展阶段。因此，在发展战略上，要站在国民经济和社会发展全局的宏观高度，在经济建设、居民就业、教育文化、社会保障等各领域进行全面统筹协调，要建立城乡统筹发展的制度创新机制、劳动力流动与人力资源优化配置机制、财政投入平衡机制、宏观协调机制、立法与政策保障机制，并制定有针对性的保障措施与具体对策。

全面贯彻科学发展观，
促进我国金融业稳健发展

（2008 年 4 月 20 日）

一、如何看待当前国内外经济金融形势及新一轮宏观调控

宏观经济背景是决定金融调控和金融企业经营状况最重要的外生变量之一。总的来看，中国的经济运行是健康平稳的，但是投资和贸易顺差增长过快，节能减排形势严峻，近来通货膨胀压力加大等矛盾和问题日显突出。另外，国际环境对中国金融的影响也日益加大。关于次贷危机发展到何时、何种程度，是否会引起美国乃至全球经济衰退，目前，仍难以得出确切的结论。但可以肯定的是，在次贷危机的影响之下，2008 年全球经济走势将面临较大的不确定性。受其影响，当前和今后一个时期，我国宏观经济的形势会更加复杂多变。

当前，中国经济运行中的不确定性仍然较为突出：受企业盈利增长和地方政府换届等多种因素的推动，2008 年固定资产投资会继续增长；2007 年下半年以来，货币、信贷过快增长的态势依然存在；物价上升的压力增大；2007 年国家出台的一系列结构调整政策，在今年需要继续深化。还有，如果美元贬值加快，对于世界物价的压力、对于中美贸易摩擦的压力，以及中国

物价自身的改革，都会给中国经济带来更多的复杂因素和不确定性。因此，我们需要继续推进适度从紧的货币政策，需要进一步加强经济金融的宏观调控，当前的调控重点是"防止经济增长由偏快转为过热、防止物价由结构性上涨演变为明显通货膨胀"。

另外，现在我们国有银行的股份制改革进展顺利，四大国有商业银行中已经有三家完成了改革，这是非常好的发展时机。我们现在的经济实际上还处于上升的阶段，而不是限制经济的发展。所以，希望我们的银行要进一步拓展国际视野，在站稳脚以后，应配合中国的崛起，逐渐做强做大，真正成为具有国际水准的大银行。

二、如何进一步推动我国资本市场快速发展

中共十六大以来的 5 年，按照国务院的部署，国有商业银行积极稳妥地进行股份制改革，同时大力发展资本市场。到 2007 年年底，我国沪深市场总市值超过 32 万亿元人民币，流通市值超过 9 万亿元，沪深两市投资者账户总数已达 1.39 亿户。在支持国民经济建设和企业发展的同时，市场配置资源的功能进一步发挥。期货市场也取得了快速发展，新品种上市步伐明显加快。2007 年国内期货市场累计成交金额 40.972 万亿元，成交量 72842 万手，创造了新的历史纪录。

今后 5 年，是全面建设小康社会的关键时期，也是大力发展资本市场的一个重要机遇期。我们要以科学发展观为指导，坚持不断深化对我国资本市场发展规律和阶段性特征的认识，全面把握我国资本市场改革发展的内外部环境，把握规律性，提高预见性，增强科学性。

三、我国金融业应以科学发展观为指导，加强银行风险管理，实现可持续发展

国内金融企业尤其是上市银行，目前在风险管理方面的差距，并不在于不良率等显性的指标，而在于全面风险管理体系还不够完善，先进的风险管理文化还没有全面形成，国际上成熟的风险技术还没有得到全面应用。风险管理，特别是近年来形成的信贷资产的质量，尚未经受过经济周期的考验。在金融市场上的风险控制方面，还缺乏高素质的人才。近年来，一些国际大银行爆发了次贷危机，这样的复杂性、风险性考验着各家银行。我们的商业银行还与这些国际大银行有着较大的差距，我们要以科学发展观为指导，进一步树立符合现代商业银行发展规律的经营管理理念，坚持稳中求进地发展。

具体来讲，一是必须把可持续的价值增长作为发展的根本目的。二是必须把提高质量效益作为发展的本质要求。三是必须把转变增长方式作为发展的主要途径。四是必须把改善服务作为发展的主要举措。五是必须把改革创新作为发展的内在动力。六是必须把队伍素质的提高作为发展的重要保证。七是应当在制定银行发展战略过程中，深入贯彻落实科学发展观的要求。

谱写海峡两岸经济合作的新篇章[*]

(2008 年 5 月 17 日)

很荣幸与诸位在风景秀丽的榕城相聚，参加海峡两岸经济发展论坛。这次论坛虽然与去年在香港召开的首次海峡两岸经济发展论坛相隔只有一年，但形势发展很快，台海局势发生了积极变化，两岸经济交流合作也出现了重要的历史性机遇。为了促进两岸经济的共同繁荣，共创中华民族美好未来，以下就进一步推动两岸经济合作不断向前发展谈几点个人的看法。

一、两岸经济合作面临的新形势

海峡两岸经济合作是两岸关系的重要组成部分。2005 年 4 ~ 5 月，胡锦涛总书记分别邀请中国国民党主席连战先生、亲民党主席宋楚瑜先生来访，发表了新闻公报和会谈公报，宣示了双方促进两岸关系和平发展的共同愿景。近两年来，大陆有关方面累计出台了将近 60 项有利于扩大两岸交流、惠及广大台湾同胞的政策措施，包括便利台湾同胞往来大陆及在大陆居留、就业、就学、就医，提供台湾农、渔民向大陆销售部分水果、蔬菜、水产品的优惠，扩大两岸农业交流，缓解台资企业融资困难，以及宣布开放大陆居民赴台旅游、大陆同胞向台湾同胞赠送大熊猫等。同时，积极支持、促成两岸民间行业团体开展技术性、业务性磋

---

[*] 这是蒋正华同志在海峡两岸经济发展论坛上的讲话。

商。迄今为止，两岸通过民间行业组织协商的方式，已实现了5次台商春节包机、数次节日包机、数项专案货运包机和多次医疗救助包机。2006年6月公布的两岸客运包机节日化和专案包机框架安排，使两岸直航包机又取得了新的进展。目前，两岸民间航空行业组织就客运包机周末化、常态化以及货运便捷化的技术性、业务性问题多次沟通和协商，已取得初步结果。福建沿海地区与金门、马祖、澎湖的海上直接往来也不断扩大。在开放大陆民众赴台观光旅游方面，两岸民间旅游组织也进行了5次技术磋商，达成了诸多共识。以上一些政策措施，不仅饱含着祖国大陆同胞对台湾同胞的深情厚谊，而且对促进两岸的经贸交流、推动两岸关系的和平发展、实现互利双赢，也有着极为重要的作用，理所当然地受到台湾同胞的普遍欢迎。

多年来，无论政治风云如何变幻，两岸同胞"求和平、求稳定、求发展"的强烈愿望，始终是推动两岸关系在曲折中不断向前发展的重要动力。随着两岸经济合作不断密切，两岸民众对改善和发展两岸关系的愿望更加强烈。特别是台湾民众在经历了8年陈水扁当局操弄"独统"议题、恶化两岸关系、制造族群矛盾、撕裂台湾社会种种乱象之后，摒弃了"台独"执政者，两岸关系发展出现了新的形势。2008年3月18日，温家宝总理在北京表示，大陆将继续扩大同台湾经贸交流的范围，包括投资、贸易、旅游、金融，提高合作的层次；并指出，加强两岸经贸关系，可以用八个字来概括，就是"加强合作、互利共赢"，这是一条根本原则。2008年4月12日，胡锦涛总书记在博鳌论坛会见由萧万长先生率领的台湾两岸共同市场基金会代表团时强调，当前，两岸经济交流合作面临着重要的历史机遇，需要双方共同努力、大力推进。在新的形势下，我们将继续推动两岸经济文化等各领域的交流合作，继续推动两岸周末包机和大陆居民赴台湾旅游的磋商，继续关心台湾同胞福祉，并切实维护台湾同胞的正当权益，继续促进恢复两岸协商谈判。2008 年 4 月 29 日，胡锦涛总书记在北京会见中国国民党荣誉主席连战等人一行时指出，当前，两岸局势发生了积极变化，两岸关系呈现良好发展势头。两岸双方应共同努力，建立互信、搁置争议、求同存异、共创双赢，切实为两岸同胞谋福祉、为台海地区谋和平，开创两岸关系和平发展新局面。这充分体现了中国共产党对中华民族整体利益的高度责任感、对实现两岸关系和平发展的强烈愿望、对重启两岸协商谈判的诚意与善意、对 2300 万台湾同胞的真切关怀。抓住当前的有利条件和机遇，改善和发展两岸关系，继续扩大和深化两岸经贸合作，是两岸同胞的共同责任。

二、构建海峡两岸长期稳定的经贸合作机制

在过去 20 多年中，两岸经济合作呈现自发性、单向性的基本特征。在台湾当局对两岸经贸采取限制性政策的背景下，台商在市场和利益的引导下来大陆投资，而大陆则通过台湾同胞投资保护法等一系列单方面制定的法律法规来引导、保护台商投资。两岸官方一直无法通过直接接触与协调而建立起两岸经济合作机制。

随着两岸经贸往来的日益密切，台商投资大陆的模式正从早期中小企业单独投资为主，逐步转向以一家或数家大企业投资带动形成上下游集聚区的产业链模式；台商投资的领域从传统产业向高技术产业转移，并从为跨国公司加工转为加工与开拓大陆内销市场并重。大企业出现的长期化、内向化的特点，使得两岸建立经贸合作机制成为迫切的客观要求。

与此同时，两岸经贸发展日益突出的不平衡性，要求台湾当局进一步开放岛内市场并允许大陆企业赴台投资，使两岸互利互

补格局得以长久延续。而在大陆的台商也面临重塑竞争力的战略性挑战，同样需要两岸政府今后就双方投资的保护和优惠作出鼓励性的机制安排。

构建海峡两岸经贸合作机制，应遵循"双向互惠、共同繁荣、先易后难、逐步深化"的原则，采取务实、弹性的思维，构建民间层次和官方层次互动的机制。

从民间层面的合作机制来看，可先通过设立两岸经济论坛，发挥沟通、交流、建立互信的作用。针对两岸经贸发展过程中的重点问题，由两岸学者进行研究探讨，扮演咨询角色，以求拓展解决问题的思路，创新切实可行的措施。在此基础上，由民间自发形成的经济力量，以"行业对行业、协会为主体"的接触方式，相互磋商和灵活处理有关经贸合作事宜，探索建立互惠互利的两岸经贸合作交流机制。

从官方层面的合作机制来看，在"九二共识"的政治基础上逐步建立制度化的协商管道，从开展经济性、事务性商谈入手，发展到开展直接对话和协商机制，重点协商和解决两岸海空运直航机制、两岸投资保护机制、避免双重课税机制、金融往来监管和清算合作机制、两岸劳务合作机制、两岸动植物防疫合作机制、知识产权保护机制、争端解决机制，以及共同打击经济犯罪等。

从官方层面与民间层面相结合看，可采取"政府授权、民间磋商"的方式，即由官方授权特定的民间机构，平等地就相关问题进行磋商，达成共识和具体操作规程；也可采取"民间磋商、官方认可"的方式，如按上述"行业对行业、协会为主体"的原则，达成共识后，官方部门予以认可，并进行相关法规和政策的调整。从目前看，官方层面上的合作机制也要依靠民间层面合作机制来推动，通过建立稳定的间接对话和协商机制，实现两岸经贸合作交流的制度化、规范化和便利化。当前，应以恢复海基会与海协会的会谈为契机，通过成立专门的工作小组或两岸经济合作理事会，构建两岸经贸合作的长效机制。

三、推进海峡两岸共同市场建设

建设两岸共同市场是 2000 年 9 月由时任台湾中华经济研究院董事长的萧万长先生首次提出的，并于 2001 年 3 月筹组成立了两岸共同市场基金会。2005 年 4 月 29 日，胡锦涛总书记与台湾国民党主席连战共同发布的两岸和平发展共同愿景，提出了促进恢复两岸协商后优先讨论两岸共同市场问题。建立两岸共同市场，既是应对经济全球化与区域经济一体化的需要，也是促进两岸双向贸易与投资发展的需要。当前，时机正在成熟，应当大力推进相应的实质性工作。

（一）深化对两岸共同市场的认识

纵观当今世界，经济全球化与区域经济一体化已成为世界经济发展的两大趋势。随着经济全球化的深入发展，为了提高资源配置的效率和寻求最佳的配置方式，生产要素在国际间的自由流动和产业转移步伐加快，并促进了贸易自由化、金融国际化和生产一体化的发展，导致世界各国、各地区经济相互依存、相互融合、相互影响和相互制约达到前所未有的水平。为了维护共同的经济利益和加强经济联合，区域经济集团化进一步加强，各个地区相继建立了一系列超国家的制度性组织机构。通过逐步消除成员国（地区）间的贸易与非贸易壁垒，形成一个跨国家和地区的商品、资本、人员和劳务自由流通的统一经济区域，并进而制定和推行统一的对内对外政策。其目的一方面是为了推进区域成员之间的分工协作，更有效地利用各成员的资源，获取国际分工利益，促进各成员经济的共同发展与繁荣；另一方面，也是为了更加有效地规避经济全球化风险。20世纪90年代以来，世界范围内区域经济一体化有了长足的发展。据英国《经济学杂志》2005年公布的数字，目前世界上有109个区域和次区域经济合作组织，其中最著名的有：欧盟、亚太经合组织、北美自由贸易区、海湾合作委员会、东南亚国家联盟和非洲联盟组织等。近年来，许多区域经济合作组织在不断扩大规模和影响力（如欧盟东扩、东盟"10＋3"等）的同时，正在加快推进市场、经济和社会一体化进程。

区域经济一体化进程可分为自由贸易区、关税同盟、共同市场、经济联盟和完全的经济一体化。其中，共同市场是比自由贸易区和关税同盟更深层次的经济一体化形式。在共同市场内，不仅商品和服务在成员国之间可自由流动，还包括劳动和资本等生产要素的自由流动。

两岸共同市场是区域经济一体化在大陆和台湾的具体实践，台湾可因此避免在经济全球化和区域经济一体化的大潮中被孤立和边缘化，大陆也可以在深化经贸合作中加快经济的转型升级。建立两岸共同市场将有利于深化和扩大两岸经贸合作交流，有利于两岸资源整合、产业整合，有利于两岸经济的长期繁荣。无论是大陆还是台湾，都会从中获益良多。

（二）完善海峡两岸建设共同市场的条件

自1979年年初祖国大陆提出"三通"倡议以后，海峡两岸经贸合作取得了长足发展，两岸贸易总额从1979年的0.46亿美元增长到2007年的超过1200亿美元，年增长率为31.2%。截至2007年9月，大陆累计批准台商投资项目74327项，台商实际投资450.9亿美元，如果再加上通过第三地进入大陆的投资金额则超过700多亿美元。两岸累计贸易总额6933亿美元，台湾获得的贸易顺差累计 4541 亿美元，大陆已成为台湾最大的出口市场和贸易顺差来源地。据统计，台湾对大陆贸易的依存度已从 1995 年的 14.6% 提高到 2006 年的 25.2%，而同期台湾对大陆的出口依存度更从 23.7% 提高到 39.8%。两岸经济互补互利格局已初步形成，效益愈益显现，经济联系也愈益紧密。

通过 20 多年的交流，两岸同胞不仅增强了了解沟通，增进了共同利益，结成了实实在在的利益共同体，而且通过产业分工，形成了两岸的跨界生产网络，塑造了新的区域生产模式和产业集群，为两岸共同市场的建设打下了良好基础。总结多年经验，加强制度建设，可以为推进共同市场的建立和发展提供稳定的法制保障。

（三）共同市场建设的初步构想

根据欧共体的经验，共同市场建设必须包括以下内容：①取消商品进出口方面的关税和配额限制及同等的其他措施；②对第三方实行共同关税及贸易政策；③成员之间废除影响人员、劳务和资本流动障碍；④农业领域实行共同政策；⑤运输领域实行共同政策；⑥保证竞争在共同市场不受破坏；⑦协调各成员的经济政策和纠正国际或地区间收支不平衡；⑧在正常运转所要求的范围内，成员的贸易和投资方面的法律趋于接近；⑨成立投资银行，开辟新的财源来促进共同体的扩展；⑩与其他国家和地区建立联系，以期增加贸易和共同促进经济与社会的发展。

两岸共同市场的建设应具有渐进性特点，根据大陆与台湾的实际情况，大体包括以下五个阶段：第一阶段，应促进两岸关系正常化，加强官方层面的合作机制；第二阶段，实现货物贸易、服务贸易的自由化及投资的便利化；第三阶段，两岸统一关税，进行经济政策的协调与统一，实现"关税同盟"；第四阶段，实现资金、技术以及人员等生产要素的流动自由化；第五阶段，在经济政策、市场规则、宏观经济、货币政策等方面进行协调并制定统一政策。

建立海峡两岸共同市场，在空间战略上应选择区位交通优越、台商集聚程度较高的区域作为先行区，通过试点逐步推开。而与台湾岛一衣带水的福建，具有地缘相近、血缘相亲、文缘相承、商缘相连的突出优势，闽台两地自古便形成了一种互利互补的经贸关系。近年来，闽台经贸发展迅速，投资和经济技术合作规模不断扩大，先后建成了马尾、海沧、集美、杏林4个台商投资区。截至2006年，台商在福建的累计投资（包括经第三地转投福建的台资）已接近200亿美元。目前，台湾已成为福建的第二大外资来源地、第一大进口来源地和第三大贸易伙伴。福建在资源、劳动力等方面的优势与台湾在资本、技术、管理等方面的优势相结合，以及闽台经济的互补性，是建立闽台共同市场的重要基础。闽台共同市场建设，要以闽台产业分工协作为基础，在制造业、农业和基础设施等领域重点推进，以福州、厦门、泉州、台北、高雄五大城市为重要支点，通过实施类似于大陆和香港之间的CEPA政策，推动闽台经贸合作向前发展。

深化两岸经济合作，是推动两岸关系和平发展的重要组成部分，也是两岸民众的共同愿望，更是中华民族的整体利益所在。当前，各方形势的发展为两岸关系缓和与经济合作的进一步发展创造了有利条件。抓住机遇，改善和发展两岸关系是两岸同胞的共同责任。尽管两岸关系中还存在分歧，还会有阻力，但只要两岸双方有共同的基础，有彼此互信的诚意，求同存异，相信海峡两岸的中华儿女有智慧、有能力，一定能开创两岸关系和平发展的新局面。

在"中国森林资源对全球影响"
合作项目研讨会上的讲话

(2008 年 9 月 18 日)

一、林业发展关系经济社会发展全局，开展林业问题
研究意义重大

1992 年的联合国环境与发展大会，特别是 2002 年的约翰内斯堡世界峰会以来，林业问题被纳入国际社会政治议程，得到国际社会和各国政府的高度重视。从中国和各国的实践来看，林业发展的重要性体现在以下几个方面。

一是关系生态安全。生态安全关系着地球的前途和人类的命运，关系着国家长远发展和战略全局，已经成为中国乃至全球共同面临的战略问题。国际著名科学家指出，由于大量森林被毁，地球出现了比任何问题都难以对付的严重生态危机，生态危机将有可能取代核战争成为人类面临的最大威胁。

二是关系气候安全。增加生物固碳是抑制气候变暖最有效的途径之一，森林每生长 1 立方米的蓄积，约吸收 1.83 吨二氧化碳，释放 1.62 吨氧气。中国正在处于经济高速发展阶段，直接减排压力大，保护发展森林资源的迫切性尤为突出。

三是关系淡水安全。中国正常年份的缺水量约 400 亿立方米，人均水资源量只有世界平均值的 1/4，水质污染也相当严

重，被联合国列为世界 13 个人均水资源最贫乏的国家之一。森林对净化水质有着明显作用，解决缺水问题必须加强林业建设，恢复良好的森林生态系统和湿地生态系统。

四是关系物种安全。物种是最珍贵的自然遗产和人类未来的财富，森林是世界上最丰富的生物基因资源库，地球 50% 以上的生物在森林中栖息，保存着地球生命系统中最丰富的遗传基因。保护森林资源，维护物种安全，对于保护好珍贵的物种资源具有重要意义。

五是关系能源安全。中国是能源消耗大国，今后 20 年对能源的需求仍处于高增长期。生物质能是仅次于煤、石油、天然气的第四大能源，全国有 900 多万公顷木本油料林和薪炭林，林业对发展生物质能源具有很大的潜力和优势，具有开发可再生能源的广阔前景。

六是关系木材安全。木材是支撑经济发展的重要原材料。中国木材资源十分短缺，木材进口量连续多年超过国内木材消费量的 40%，越过了国家木材安全警戒线。解决好森林资源不足和经济社会发展刚性需求的矛盾，必须立足提高国内 43 亿亩林地的生产力，这是根本选择。

七是关系粮食安全。满足未来粮食需要，必须着眼于整个国土资源，特别是要在广阔的山地和林地上做文章。中国目前共有木本粮油植物 100 多种，总面积接近 1 亿亩，还有适宜栽植木本粮油树种的土地约 2 亿亩，具有很大的发展空间，对于保障粮食安全具有重要作用。

八是关系社会就业与和谐稳定。中国山区人口达 5.6 亿，解决山区人口就业，提高山区农民收入，是建设小康社会的难点和重点。林业产业链条长，市场空间广，就业容量大，是解决山区群众就业、发展山区经济的希望所在、潜力所在。

总之，林业发展关系着国家的国土安全、经济安全、社会安全和政治安全，没有林业可持续发展，就没有人与自然的和谐，就没有人类社会的可持续发展。我们开展林业问题研究，具有重要意义。

二、中国长期致力于发展林业，取得显著成效，研究中国林业发展对全球有借鉴意义

长期以来，中国政府不断探索符合国情林情的发展道路，努力构建林业生态体系、林业产业体系和生态文化体系，取得了举世瞩目的成就，使森林资源实现了持续增长。

（一）全面构建林业生态体系，为维护国家和全球生态安全作出了重大贡献

新中国成立以来，特别是改革开放以来，中国政府采取一系列有效措施，全面加强林业生态体系建设，努力强化中华民族生存根基，维护全球生态安全。

——建设和保护森林生态系统，使我国成为世界上森林资源增长最快的国家。一是大力发展人工林。人工林保存面积达到5300多万公顷，占世界人工林总面积的近1/3，居世界首位。二是大力保护天然林。通过实施天然林资源保护工程，全面禁止或调减天然林采伐量，有效地保护了9930万公顷森林。三是大力实施退耕还林。占国土面积82%的工程区森林覆盖率提高了2个多百分点。四是大力建设长江、珠江、沿海等防护林体系。中国的森林覆盖率从1981年的12%增加到18.21%，森林蓄积量达到124.56亿立方米。

——治理和改善荒漠生态系统，初步遏制了沙化扩展的趋势。一是从1978年开始实施"三北"防护林体系建设工程。目

前已累计造林保存面积 2374 万公顷，黄土高原 40% 的水土流失面积得到治理。二是实施京津风沙源治理工程。在北京等 5 省区市的 75 个县（旗）采取治理、禁牧和生态移民等多种措施，使工程区林草植被覆盖率平均提高 10%～20.4%。三是实施农田防护林体系建设工程。通过科学防治、综合防治、依法防治，全国土地沙化总体上实现了从扩展到缩减的历史性转变。

——保护和恢复湿地生态系统，不断增强湿地生态功能。目前已审批实施近 200 个项目，建立国家湿地公园 18 处，建立湿地自然保护区 470 多处，使 1742 万公顷、近 45% 的现有自然湿地得到有效保护。中国政府先后获得"献给地球的礼物特别奖""全球湿地保护与合理利用杰出成就奖""湿地保护科学奖""自然保护杰出领导奖"等国际荣誉。

——全面保护生物多样性，使国家最珍贵的自然遗产得到有效保护。通过颁布野生动物保护法、自然保护区条例等法律法规，建立各类自然保护区，已初步形成了类型齐全、功能完备的自然保护区网络体系。目前，已建立各类自然保护区 2395 处，覆盖了 15% 以上的陆地国土面积。

（二）加快建设林业产业体系，为国民经济发展和农民增收发挥了重要作用

一是产业规模迅速扩大。过去的 30 年中，我国林业产业不断调整结构布局，取得了长足的发展。近几年来，林业产业总产值以每年两位数的速度递增，2007 年达到 1.25 万亿元，是 1978年的 69.6 倍。二是林业新兴产业蓬勃发展。在人造板、松香、家具等传统产业继续巩固，竹藤花卉、森林旅游等非木质产业迅速增长的同时，野生动植物繁育利用、生物质能源、生物质材料等一批新兴产业迅速发展。三是林业特色产业不断壮大。各地已经建立了一批各具特色的支柱产业，有力地促进了区域经济发

展、农民增收和社会就业。陕西省继苹果形成支柱产业后，花椒产业成为新的经济增长点，韩城市的花椒产值占林业总产值的95%以上，有 11 万农民靠花椒实现脱贫致富。

（三）大力发展生态文化体系，全社会的生态文明观念不断强化

一是生态教育成为全民教育的重要内容。发布了《关于加强未成年人生态道德教育的实施意见》。坚持每年开展"关注森林""保护母亲河"和"爱鸟周"等行动，在植树节、国际湿地日、防治荒漠化和干旱日等重要生态纪念日，深入开展宣传教育活动。二是生态文化产品不断丰富。举办了创建国家森林城市等各种文化活动，开展了全国野生动植物保护成果展、绿色财富论坛、生态摄影展及绿化、花卉、森林旅游等专类博览会等活动。三是生态文化基础建设得到加强。建立国家级森林公园 660 处，确立了上百处国家生态文化教育基地。四是生态文化传播力度明显加大。开通了国家生态网，创办了森林文化节、湿地文化节、竹文化节、观鸟节等活动，传播各具特色的生态文化。

中国经过多年来的探索，已经走出了具有鲜明特色的林业发展道路，无论对于发展林业、改善生态，还是促进国民经济社会发展、解决农民生计和贫困问题，都有很多成功的经验和做法，当然，也有许多教训。通过研究，可以为全球林业发展提供宝贵的经验，也有利于进一步推进中国和全球的林业可持续发展。

三、拟开展"中国森林资源对全球影响"研究的主要内容及其准备情况

中国由于人口多，经济发展处于爬坡阶段。在经济高速发展的同时，对资源的消耗和对生态环境的破坏也是不可忽视的。中

国的木材需求呈现刚性增长，由于国内供给不足，大量进口木材已引起国际社会的关注。在新的历史条件下，贯彻落实科学发展观，全面转变发展理念和发展模式，建设生态文明，需要对我国林业发展现状、林业保护与发展政策、中国森林资源对全球的影响等进行客观的评价，为进一步发展林业，提供重要的宏观决策依据。

（一）拟研究的主要内容

"中国森林资源对全球影响"研究要客观评价中国林业发展状况，为进一步完善国家的公共政策提供相关理论依据和决策参考，为认识中国森林资源保护与发展对全球经济、社会和生态影响提供参考。

1. 客观认识我国森林生态系统现状。随着我国经济的快速发展，对森林资源的需求量越来越大，导致我国森林生态系统整体功能急剧下降，森林质量不高，草地退化，湿地减少，土壤退化和沙化、荒漠化、盐碱化日趋严重，土地功能衰退，水生态环境恶化；有害外来物种入侵，生物多样性锐减，遗传资源丧失，生物资源破坏形势严重；生态安全受到威胁。森林生态环境的恶化，成为制约我国经济可持续发展、影响社会稳定的一个重要因素。

2. 评价我国森林生态系统价值。森林生态系统同时具有生态效益、社会效益和经济效益，然而，人们在衡量森林生态系统的成本及收益的时候，只衡量森林的"市场价值"即木材的价格，而忽视森林对水量控制、气候调节及旅游的巨大贡献。因此，在进行相关决策时不仅要考虑森林生态系统的经济价值，更应考虑到森林生态系统服务功能的"机会成本"价值，将包含"机会成本"价值的自然服务的真正成本反映到"森林生态价格"中。

3. 客观评估我国实施的系列国家林业重点工程效益。20 世纪 90 年代后期以来，我国先后启动了"三北"和长江防护林、天然林资源保护工程、退耕还林、重点地区速生丰产林基地建设等六大国家林业重点工程，力图改善我国的森林资源状况。目前，这些工程保护和发展起来的森林资源的生态、经济和社会效益如何，工程下一步将如何调整等一系列问题需要回答，本研究需要为此提供科学参考。

4. 系统研究和分析中国森林资源对全球经济、社会和生态环境的影响。林业是全球性的事业，在全球政治议程、区域合作、应对气候变化、重要外交活动中成为国际社会关注的焦点问题之一。全球森林资源规模仍呈下降趋势，目前全球年均下降约 0.20%，而中国的森林资源年均增长 2.2%。因此，很有必要了解中国森林资源对全球应对气候变化、防止荒漠化、保护生物多样性、缓解水资源危机、减少贫困等方面的全球价值和贡献，希望中国的经验和做法可以为全球所借鉴。

5. 社会影响。一是消除贫困的影响。森林为区域居民提供包括木材、燃料、水果、生存环境等一系列的产品及服务，有益于帮助消除贫困。二是提供农村能源。森林是区域农村社区重要的生活能源来源。三是解决农民就业问题。中国近 2 倍于耕地的集体林地是农民耕作收获的重要生产资料。

6. 中国森林管理法律及制度。中国已经形成了一套相对完备的林业法律体系，但是随着改革开放和经济社会的不断发展，立法需要与时俱进、不断改进，人们的法律意识和执法队伍素质亟待提高。在制度变迁方面，以集体所有为基础的林权系统正在逐步转变为农户拥有使用权，国有林改革也在不断推进。对改革的走向需要进行监测评估，以引导政府的政策调整。

7. 国际环境与林业相关公约及治理体系。除了国内的相关林业法律法规与制度外，国际环境治理体系也对中国的林业发展产生影响。中国已经签署了几乎所有与林业相关的国际公约，包括联合国防治荒漠化公约（UNCCD）、气候变化框架公约（UNFCCC）、生物多样性保护公约（CBD）、国际濒危野生动植物贸易公约（CITES）等。近年来，中国政府履行国际相关协定和公约，在推进森林保护和改善全球环境方面起着积极的作用。

根据以上要求，本研究力图分析中国森林在全球化与国内制度变迁的大背景下对全球森林资源的影响。具体研究目标包括：

——构建一套科学而适用的森林生态系统贡献力指标体系，包括经济价值、社会价值和生态价值的贡献，并结合相关指标数据，对我国的森林生态系统贡献力进行分析，探讨我国的森林生态系统贡献力；

——确定中国森林资源对国际贸易和全球环境影响的大小和范围，包括中国森林资源与全球林业发展、木材供需及国际林产品贸易等；

——分析并预测在全球化和国内制度变迁条件下中国森林资源及其管理的变化趋势；

——发展政策工具，应对中国森林管理与贸易对全球经济和生态可持续性所产生的影响。

（二）准备工作情况

为了更好地开展该研究，工作组已做了大量的基础工作。

1. 制定了项目建议书。2008年3月，制定了《中国森林资源对全球影响》的项目建议书，并同时向国家自然科学基金委员会递交了国际（地区）合作交流项目申请书。

2. 拟定了研究的主要任务。根据研究的问题和目标，确定研究工作涵盖的森林类型、管理实践和制度安排，并且评价不同层次制度安排对森林经营实践的影响，评价不同经营措施的生态绩效和利益相关者的行为。研究包括从自然因素到宏观经济和政策等多种因素，共分为三个部分：一是生物物理影响评价，二是经济和制度分析，三是政策方案分析。每个部分将包括不同的研究策略。

3. 组建了研究团队。组建了由四个方面的专家学者组成的强大的研究团队。

北京师范大学管理学院具有较强的教学、科研实力，拥有一批在国内外有一定影响的学者，并承担着包括国家自然科学基金、国家社会科学基金等在内的各种科研项目 10 多项，并可充分利用国家图书馆、北京师范大学图书馆的纸质及数字文献资料。

国家林业局经济发展研究中心直属于国家林业局，是为林业宏观决策服务的政策法律研究和咨询机构，在林业技术经济、政策分析、林业体制改革、发展战略等方面具有很强的实力和独特的优势。

国际应用系统分析研究院（IIASA），它的倡导和积极支持为我们开展这项研究增强了力量。特别是该研究院协调的综合碳汇评估项目，在欧盟 25 个成员国运用分析评估工具，分析经济和温室气体排放对农地和林地的影响的研究，将会在森林应对气候变化的共享中发挥更好的作用。

北京大学环境学院具有环境科学、自然地理和人文地理多学科的整体综合优势，拥有一批在科学研究方面取得许多具有重要影响成果的知名专家教授和青年骨干，具备条件完善的研究基地。

4. 确定了案例点。中国的森林经历了数千年历史变迁和自然演替，逐步形成了与自然地理条件、社会经济发展状况密切相关的，具有区域特征的 5 个主要森林区域。本研究根据不同的森林类型、环境服务类型、地理位置、社会经济条件，选择 4 个具有典型代表性的森林区域案例点。

——福建：南方集体林产权制度改革和商品林管理案例；

——黑龙江伊春：国有林管理体制改革和用材林管理案例；

——青海藏北地区：影响国内外重要水源地保护和发展案例；

——陕西：严重水土流失地区生态恢复案例。

5. 相关的数据资料。项目组将采用不同的方法，搜集研究中需要的充足数据和信息，反映研究中使用的相关变量。通过政府（例如国家林业局、水利部、农业部等）、研究机构（例如中国林业科学研究院、北京大学、生态环境科学研究中心等）和国际组织（IIASA，森林趋势、国际林业研究中心等），获得相关研究信息。同时，采用相关机构的遥感数据，补充和校正现有森林统计系统获得的数据。此外，案例研究将在不同层次开展结构性和半结构性问卷调查和实地调查，搜集本地和跨区域的信息，掌握森林经营实践和利益相关者的有关信息。

6. 研究基础。学术团队已经开展了大量相关研究工作，如"以人口自身发展为中心的可持续发展研究""中国人口发展战略""生态型农业发展问题""北京市公共环境体系建设方案""森林资源评价与核算""国家林业重点生态工程社会经济效益监测与评价""中国森林碳汇现状及前景展望""从基本林业生产者角度研究中国木材供给——黑龙江案例""中国西北省区土地可持续利用项目""林产品供需与贸易""FLGE 进程与中国案例研究"等方面的研究，这些研究成果为本研究奠定了坚实的基础。

　　为了更好地开展"中国森林资源对全球影响"的研究，今天，参与项目研究的专家学者相聚一堂，为项目的实施献策献力。希望各方专家各抒己见，群策群力，共同实现预期目标；特别希望国际应用系统分析研究院的专家，能在构建模型分析政策和经济问题上提供技术方法的支持。

做大军工资本市场，
推进国防现代化建设[*]

（2008 年 10 月 25 日）

我国军工行业长期以来对国家的发展作出了重要贡献，但由于其特殊性，一个时期内，在体制改革方面相对滞后。胡锦涛同志在中共十七大报告中，再次着重强调深化国防科技工业体制改革的重要性。之后，国家主管部门陆续推出了国防科技工业领域两项重大改革措施。一是由国防科工委正式公布的《非公有制经济参与国防科技工业建设指南》，二是由国防科工委、国家发改委、国务院国资委联合制定的《关于推进军工企业股份制改造的指导意见》（以下简称"两指"）。"两指"的公开发布，表明政府将大力推进国防科技工业的产业市场化和企业市场主体化（以下简称"两化"），态度坚定，措施有力。军工产业与军工企业已经推进到一个新的历史发展阶段。

在当前全球金融海啸的背景下，中国国防科技工业企业协会举办这次论坛，服务于军工企业改制工作，讨论促进民营资本参与国防科技工业建设，很及时。我借此机会讲几点意见，与各位朋友们共同商讨。

＊ 这是蒋正华同志在 2008 中国军工资本论坛上的讲话。

一、军工企业实施资本市场化运营，充分利用金融资本势在必行

改革开放 30 年来，我国资本市场不断发展，融资手段不断增加，管理水平不断提高，多种经济成分都得到快速成长。

国际上，经济发达国家中，军工企业长期以来就有多种成分的资本介入，有的国家的军工与民用企业合二为一，全部为民营。印度在 2001 年就允许本土私人资本 100% 控股国防企业，并允许外国在特定领域企业的直接投资达到 26%。印度的采购程序与基础设施的改革政策都大力鼓励外国投资，以便最终实现军工生产自力更生。印度在 2007 年通过补偿和投资规定，鼓励军工企业与国际制造商合作研发与生产。印度不少公司与国外军工巨头签订了高技术合作协议，对印度的国防工业项目竞标。近年来，印度的国防工业发展很快，与其军工企业投资市场化的政策有着直接的关系。

当前，我国不少军工企业效益不高。解决这个问题，一方面要从技术层面上调整产品结构、产业结构、市场结构；另一方面，要在体制改革方面下大力气，充分、有效利用各种资本，改进管理模式，优化资源配置，充分发挥军工企业的作用。

军工企业过去所处市场环境相对封闭和垄断，受传统计划经济思想影响较为严重，以致军工企业应对市场竞争的能力不足。多年来，国防科技工业逐步引入竞争机制，吸引非公经济参与国防建设，深化改革使军工企业面临来自其他所有制企业的竞争，在经营管理上要由粗放型向效益型转变。借助资产重组、并购等资本运营手段，调整产权结构和产业结构，可大大增强军工企业的竞争力。

随着经济全球化，国际化的并购与战略联盟活动使内外资混合并轨的步伐加快；各产业集中化速度提升，集中幅度增大；民间资本迅速崛起（仅江浙一带，游资就在 2 万亿元左右）；在全球金融风暴环境下，大量外资也力图投资中国。今年在天津举办的第二届夏季达沃斯论坛上，作了一次民意测验，其中一个题目是"如果你有一笔钱，最愿在哪里投资"。180 多人中，有 110 多人回答是中国。其原因是，他们认为中国政治稳定，在国际金融海啸中的政策措施正确、有力等。在这样的投资环境下，军工企业集团既有需要，也有条件加快改革步伐。

二、抓好股份制改造，做强做大军工企业

军工企业资本市场化要通过适当的途径来实现，股份制改造是非常关键、重要的途径之一。随着国有企业改革的深入和资本市场的发展，我国军工企业股份制改造应扩大范围，加大力度，注重实效，可借鉴国外军工企业股份制的成熟经验，结合实际情况，区别情况，落实相应措施。

国外军工企业按所有制可分为三大类：第一类是私有军工企业，第二类是国有私营军工企业，第三类是国有国营军工企业。其中，第一类和第二类大多是股份制企业，第三类是国家独资企业。国有私营军工企业一般是国家控制部分或全部股份，由私人经营，又称作国家控股公司；私有军工企业则是由法人机构或个人持股的股份有限公司或有限责任公司。有的国家在部分私有军工企业中参入少量国家股，以表示对这些军工企业的支持。

从股权结构看，美国、日本、西欧的股份制军工企业归纳起来有四种：国家股、机构股（法人股）、公众股和职工股。美国军工企业的股份有限公司以分散持股占主导地位，机构投资者以

及约60%的公民直接或间接地持有这些公司的股票。由于股权极为分散，除极少数公司外，一个股东持有公司1%的股份，就堪称该公司的大股东了。美国的投资者主要是依靠在股票市场上大量买进或大量卖出该公司的股票来影响公司的运营策略，政府对军工发展通过多种渠道进行严格管理。

美国大部分军工股份公司保持着较好效益和良好的发展势头。英国的一批国有军工企业通过股份制改造，效益大有改观，例如英国罗·罗公司10年间的收益增加了150%。法国正在将国有控股军工企业变为国家不控股企业。这些说明，股份制改造是搞好军工企业，特别是国有军工企业的一条有效途径。我国军工企业应抓住时机，大胆探索建立股份制公司之路。国家独资军工公司不利于企业在市场经济条件下寻求更快的发展，容易束缚企业活力，容易回到行政指令管理的老路上去，应该严格限制这类公司的数量。军工行业中更多的企业应该变革为真正意义上的股份制公司，实现投资主体的多元化，形成公司决策、计划、发展的多元制衡机制，促进民主管理、科学决策、多方参与、共担风险。

目前，我国各大军工行业总公司都带有较浓的行政管理色彩，与国外实行多元化投资的集团公司相比，在机制上存在着很大的局限性。第一，政企很难分开。由于是国有独资，企业又承担着特殊任务，主管部门和总公司往往会过多地去干预企业的经营管理。第二，国有独资这种产权组织形式使得企业经营的透明度很低，很难对其进行监督。第三，缺乏对下属经营管理者灵活的激励机制。这些都使得大型军工总公司按照现在的模式很难搞活。解决这些问题的办法是借鉴国外军工集团大多采用多元化投资的母子型集团的做法，将各大军工行业总公司改造为控股集团公司，在母公司的控制下形成层次控股的结构。在国外，军工行业中的国有控股公司已越来越少，而我国则可根据实际情况把各大军工总公司先改组为国有控股集团，根据发展情况再进一步调整产权结构。原因有三：一是这些军工集团规模庞大，拥有巨额资产，尖端军工产品的研制也需要巨大的投入，就我国企业目前的情况来看，能够有资本实力对军工集团进行控股的大企业十分少，即使允许它们控股，也会力不从心；二是我国企业股份制改造工作尚处于起步和摸索经验阶段，如果国家放弃对军工集团的控股权，可能会造成某些方面的失控和混乱；三是我国军工企业历史包袱较重，与西方国家的军工企业相比，目前更多地需要国家的支持和扶持。鉴于上述三个原因，当前国家保持在军工集团中的控股权是必要的。军工核心企业应通过结构调整，集军工产业、贸易、金融为一体，并在海外设立专门贸易机构，进行军工企业的跨国经营，大力向国际化方向发展。同时，积极准备条件，加快推进和完善军工产业的深化改革。

三、传统军工企业在改革中完成历史重任，将焕发出新的光辉

国防科技工业作为关乎国家安全的战略性产业，历来在体制改革问题上谨慎运行；军工企业作为关乎我军武器装备建设的主要力量，历来在承担军品科研生产任务方面独占鳌头。为什么政府近期连续出台政策，推动国防科技工业产业化和军工企业股份制改造？传统军工企业，尤其是市场化进程相对滞后的企业，在深化国防科技工业的体制改革中，无疑会感受到强烈冲击和震动。如果说我国的国防科技工业改革从此走上了一条崭新的路，那么，传统军工企业将"浴火重生"，成为真正的社会主义市场经济主体。在政府的管理与指导下，通过资本运作，重塑军工企

业的社会形象，重建军工企业的运行基础，激发企业的内在动力和创新活力，使军工企业成为真正的市场主体，为我国的国防现代化建设和国民经济建设作出更大的贡献。

落实科学发展观，
稳步推进医药卫生体制改革

（2008 年 11 月 6 日）

　　社会保障是实现社会和谐的重要支柱。我曾进行过建立社会保障决策支持系统的研究，也曾去一些地区就社会保障的改革与发展等课题进行过调研和考察。目前，我国社会保障体系最受各方关注的热点是医疗保障，而这也是今后政府投入的重点领域。最近，国家发展和改革委员会公布了《关于深化医药卫生体制改革的意见（征求意见稿）》，并向社会公开征求意见，引起了社会各界的普遍关注。我认为，改革的核心是制度创新。深化医药卫生体制改革，关键在制度设计。

　　第一，医药卫生体制改革要坚持科学发展观。当前，我国医药卫生事业的发展水平既与经济社会协调发展的需求不相适应，也与人民群众的健康需求不相适应。群众不满意，政府不满意，医药机构也不满意。卫生事业发展的体制性、机制性、结构性矛盾比较突出。医疗服务的公平性不足，卫生投入的宏观效率低下，医患纠纷时有发生。医疗卫生投入不足，体制改革滞后，医药服务经营机制不健全，这是老百姓"看病难""看病贵"的重要原因。医药卫生体制改革的出发点和落脚点，必须是坚持科学发展观，坚持以人为本，全面提升服务全民的医疗保障能力，既要实现卫生事业与经济社会的协调发展，也要实现城乡之间、区域之间的协调发展，还要实现卫生体系内部预防与医疗、中医与西医、医疗服务与社区卫生服务的协调发展。只有这样，才能将上面说的"三不满意"通过深化改革转化为"三满意"。

第二，健康权是基本人权。基本健康保障作为一项公共产品和公民的基本权利，必须得到最低水平的公共供给。实现全民享有基本健康保障，是发展医疗卫生事业的基本目标。基本的健康保障应当覆盖社会所有人群，让每一个人都享有基本的健康保障权利，这是以人为本的本质要求。政府应当从设计制度、优化方案、保证投入、组织实施方面，确保公民这一权利的实现。在政府资源稀缺的条件下，应当尽可能将资源更多地分配给困难群体，以保障其基本的生存权利。人人享有基本的健康保障，既是构建和谐社会的重要制度保障，也是提高风险分担的有效途径。

第三，医药卫生体制改革要贯彻全面协调原则。这主要体现在三个方面：一是体系的协调。医药卫生体制改革不能单兵突进，应该建立覆盖城乡居民的公共卫生服务体系、医疗服务体系、医疗保障体系、药品供应保障体系四位一体的基本医疗卫生制度。这四大体系相辅相成，配套建设，协调发展。二是管理的协调。医药卫生体制改革涉及多个不同部门，医疗保障在各种社会保障制度中是最复杂、最难操作的，被称为"白色迷宫"。其根本原因就是医疗保障供应对每个人的一生需要多次提供，医疗保障资源需要多方提供，医疗保障对象千差万别，管理方面更应当强调多部门之间的协调。医药卫生体制改革应当超越部门利益，方案的执行也需要各个部门之间的协调与合作。三是服务的协调。医药卫生体系的服务有预防、初级保健、基本医疗保障、药物供应、个性化服务要求等各个方面，全面协调才能使服务达到最大限度的满意。

第四，要合理界定政府在医药卫生政策中的角色。一方面，政府在公民基本医疗卫生需求方面负有供给的责任，即政府或者举办公益性医疗机构，或者通过其他方式向社会公众尤其是低收入群体、贫困人群和特殊人群提供基本医疗卫生服务，其运行成本主要由政府承担；另一方面，政府要强化自身对卫生行业的指导、规制与监管责任，而相应地应当逐渐淡化作为医疗机构行政主管的角色。为此，政府要在充分发挥市场机制作用的基础上，通过综合运用经济、法律、行政等手段，来实现医疗资源的最佳配置。医药卫生管理体制改革的关键，是要实现筹资方式、分配方式和资源运用方式上的调整。为逐步缩小地区间的差别，中央政府在公共卫生和基本医疗领域应居主导地位；应规范政府层级间卫生事权的分担体制与机制，合理划分中央和地方的卫生事权和财务责任；地区间财政能力的差异性较大，各级政府应通过加大转移支付力度，协力逐级解决贫困地区的卫生投入不足问题。

第五，要注重发挥市场机制的作用，促进有序竞争机制的形成。深化医药卫生体制改革在坚持公共医疗卫生公益性的同时，也要遵循经济规律，注重发挥市场机制的作用。这主要体现在两个方面：一是在推动建立一个普遍覆盖的基本健康保障体系的同时，也要充分利用市场机制满足民众的差异化健康保障需求。医学科学的进步为21世纪的医疗扩大了个性化服务的空间，多元化服务的提供需要良好的市场环境，政府的责任就在于提供这样的环境。二是为营利性医院的发展创造良好的政策环境。我们强调政府在医药卫生体制改革中的作用，但并不意味着政府包办医疗卫生服务。政府的主要责任是营造一个有利于优质服务实现的良好环境，医疗资源不应该存在国家所有和控制的垄断，而应该允许在不同的所有制形式和协调机制之间存在竞争。在这个意义上，营利性医院参与医疗市场竞争有助于提高医疗服务的效率，降低服务成本。因此，政府应制定相应政策，使得营利性医院与非营利性医院在相同环境中共存互补。

　　医疗保障体制建设是一项困难的工作，世界各国对自己的制度都不完全满意，都在不断进行改革。我们应当积极行动，努力创造一个最适合中国国情的医疗保障制度，同时也要注意不断总结经验教训，不断创新，不断完善。

在第五届中国教育家
大会开幕式上的讲话

（2008 年 11 月 16 日）

今年是我国改革开放 30 周年。30 年来，中国经济社会发生了翻天覆地的变革，取得了举世瞩目的成就。回首改革开放 30 年来中国教育的改革与发展历程，无论是教育体制改革，还是在实施"两基"攻坚计划、改革高等教育、实施素质教育、培养创新人才、推进教育公平、促进均衡发展、加强教师教育、扩大教育国际交流等方面，中国教育所作出的一系列战略决策，都在我国的改革与发展过程中彰显突出的成果，体现了教育所独有的基础性、先导性、全局性的地位和作用。可以说，教育为我国的现代化建设、为我国经济社会发展作出了不可磨灭的贡献。

教育家大会以"办人民满意的教育，做社会尊敬的教师——聚焦课堂教学，关注教师成长"为主题，并将改革开放 30 年间中国教育改革与发展作为一个重要的议题来探讨，很有现实意义和历史意义。教育是国家的前途和社会的基石，教师是办好教育的关键要素。有了一支宏大的优秀教师队伍，才能培养大批青出于蓝而胜于蓝的优秀人才。第二次世界大战后，一些国家在收回被侵占领土后做的第一件事就是派遣教师进去恢复教育工作。凡有远见的国家都把教育作为立国之本。

中共十七大明确提出，优先发展教育，建设人力资源强国。这是中共中央着眼于我国经济社会发展的新要求，进一步实施科教兴国战略和人才强国战略提出的新的重大战略任务。20 世纪 100 年间人类获得的知识为此前人类历史上全部知识的总和，而 21 世纪头 10 年新知识的总和将是 20 世纪 100 年知识的总和。21 世纪是知识时代、科技时代、需要多支宏大的高素质人才队伍来开拓各领域的发展。优先发展教育是中共中央提出并长期坚持的一条战略方针。我们必须高举中国特色社会主义伟大旗帜，全面实施科教兴国战略和人才强国战略，继续坚持好、落实好把教育摆在优先发展的战略地位的方针，大力倡导尊师重教，大力发展教育事业，大力提高全民族素质，为全面建设小康社会、加快推进社会主义现代化、实现中华民族伟大复兴提供强大的人才和人力资源保证。在我国发展的新时期，要坚持教育的科学发展道路，着力把握教育发展规律、创新教育发展理念、转变教育发展方式、破解教育发展难题，提高教育发展质量，促进教育事业全面协调可持续发展。面对新的形势，中国教育事业迎来了新的发展机遇和挑战。借此机会，我谈几点看法，供大家参考。

一、优先发展教育，建设人力资源强国，教育工作者任重道远

改革开放以来，我国经济快速增长，综合国力和国际地位都有了显著的提高。这些成就的取得都是与教育紧密相关的，得益于这些年来我国教育事业培养了大量的高素质劳动者和各类优秀人才。

优先发展教育，建设人力资源强国，是我国又一新的重大战略。实现建设人力资源强国的重大转变，是关系中华民族前途命运的一次伟大的历史性跨越，同样离不开教育。邓小平同志在 20 世纪 80 年代就说过，人口多、土地少、资源相对缺乏是我国

的基本国情。13 亿人口，素质低，就是沉重的人口负担；素质高，就是巨大的人力资源优势。外国的一些专家曾断言，中国解决不了那么多人的吃饭问题，全国将缺粮 3 亿吨。但是，我们依靠科技、依靠创新解决了这个问题。优先发展教育，是把沉重的人口负担转化为巨大的人力资源优势的根本途径。建设人力资源强国是一项长期的历史任务。相比教育以往取得的成就而言，要把我国这样的发展中人口大国建设成为人力资源强国，面临的挑战更加复杂，任务将更为艰巨。要着力把握教育发展规律、创新教育发展理念、转变教育发展方式、破解教育发展难题，提高教育发展质量和效益。要加快建立健全保障教育优先发展的机制和制度。要进一步优化教育结构，促进各级各类教育协调发展。要坚持教育的公益性，促进教育公平，等等。所有这些，都要求包括在座的各位教育工作者，在新的历史进程中作出新的贡献。

二、创新教育模式，创新教育机制，为建设创新型国家提供坚强的基础支持

建设创新型国家，是中共中央、国务院在新的历史时期作出的重大战略决策。建设创新型国家，核心就是把增强自主创新能力作为发展科学技术的战略基点，走中国特色自主创新道路，推动科学技术的跨越式发展。胡锦涛总书记指出："世界范围的综合国力竞争，归根到底是人才特别是创新人才的竞争。谁能够培养、吸引、凝聚、用好人才特别是创新型人才，谁就抓住了在激烈的国际竞争中掌握战略主动、实现发展目标的第一资源。"历史上有无数事实说明，一项创新、一项突破可能带来科学技术越上一个新台阶。这些创新，特别是现代科学技术的创新都需要大量优秀人才的协同努力。在这样的时期，教育必然成为建设创新

型国家的基础。科教兴国，基础在教育。教育直接担负着培养创新型人才的重任。源源不断地培养大量高素质的、具有蓬勃创新精神的科技人才，是教育光荣而又崇高的责任。推进教育体制改革，创新教育模式，创新教育机制，培养学生的创新能力，是我们教育工作者在建设创新型国家过程中，应着重关注的要点。

三、进一步推进农村教育事业优先发展、科学发展

中共十七届三中全会通过的《中共中央关于推进农村改革发展若干重大问题的决定》提出了实现"农村人人享有接受良好教育的机会"的历史性任务，对 21 世纪新阶段农村教育工作进行了全面部署，充分体现了中共中央坚持优先发展教育、建设人力资源强国的意志和决心，为农村教育事业的改革和发展指明了前进方向。

大力办好农村教育事业是建设社会主义新农村的迫切需要。教育公平是社会公平的重要基础，教育是社会主义新农村建设的基石。没有农村的全面小康，就不可能实现国家的全面小康；没有农村教育事业的加快发展，就不可能建成社会主义新农村，就不可能实现农村的全面小康。要从根本上改变农村落后的局面，确保社会主义新农村建设美好蓝图和我国农村全面建设小康社会奋斗目标的实现，就必须继续贯彻工业反哺农业、城市支持农村的方针，以更多的精力、更大的财力，进一步加快农村教育发展步伐。大力办好农村教育事业，关系到各级各类人才的培养，关系到整个教育事业的持续协调健康发展，关系到全民族素质的提高和建设人力资源强国的全局，在构建中国特色社会主义教育体系中具有十分重要的地位。希望这次会议着重对推进农村教育事业，多探讨、多交流。

同志们，教育是人类最崇高、最神圣的事业。新中国成立以来，特别是改革开放以来，我国教育事业取得了巨大的成就。在新的历史阶段，教育事业担负着更加神圣的历史使命和重任。让我们深入贯彻落实科学发展观，坚持教育优先发展，推进教育科学发展，努力办好人民满意的教育，为把我国建设成为人力资源强国而奋斗。

在"非传统安全——世界与中国"
论坛上的讲话

（2008 年 11 月 21 日）

第二次世界大战以后，由于科学技术迅猛发展，经济全球化日益深入，人类对自然界的影响不断加大，政治、经济、社会、文化等一些传统的安全因素在新的环境下呈现出一些新的特点，安全问题也产生了与过去完全不同的一些特征。尤其是近二三十年来，这些特征的影响不断扩大，引起了普遍关注，大家把这些称为非传统安全问题。而实际上，传统安全、非传统安全不能截然分割开来。非传统安全当然有一些自身的特点，但有很多方面是和传统安全问题交织在一起的；同时，互相之间又有深刻的联系和影响。迄今为止，对非传统安全还没有一个大家共同接受的定义。就像"可持续发展"一样，虽然已经有了很多定义，但是最后能为大家所普遍接受的，是一个最含糊、最概括、最不清晰的定义。非传统安全现在虽然没有为大家所共同接受的一个定义，但对它的内容和特征作一些深入分析，对于认识这个问题更为有利。

我认为，以下五种性质的安全问题属于非传统安全问题。

第一个是具有全球性。现在的一些非传统安全问题的影响往往不是局部的，它们可能发生在一个局部，但是很快会扩散到全球，像这次的国际金融危机、上次的东南亚金融风波等，都是这样的问题。作为这次国际金融危机开始的次贷危机，实际上只是一个很局部的问题，但它现在的影响非常大。

第二个是具有长期性。非传统安全问题往往不是一天时间能产生的。这里，要把非传统安全问题和突发事件区分开来，非传统安全问题逐步积累，可能以一次突发事件表现出来，但不是所有的突发事件都是非传统安全问题，两者有很大的区别。比如说非典，从一个角度来讲，它是非传统安全问题，因为非典的病毒是新的；但是从另一个角度来讲，它又不是非传统安全问题，因为流感病毒的变异和传播是医学界长期关注的题目。鼠疫病在中世纪欧洲的暴发，比非典的影响不知要大多少，当时全欧洲几乎1/4 的人口死于鼠疫病。应该讲，非传统安全问题存在一个长期酝酿、不断存在、不断发展的过程，最后可能一下子爆发出来。又如这次的国际金融危机。在第二次世界大战以后，布雷顿森林会议建立了世界金融秩序，这一金融体系发生空前未有的危机是酝酿了很长时间的。20 世纪 70 年代，美国已经支持不住货币双挂钩的责任，宣布放弃美元跟黄金挂钩。到了 80 年代，美国从一个纯债权国变成了纯债务国。之后，多次发生地区性和全球性危机，一直发展到现在。大家都认为，世界的金融体系发生了问题，要建立一个新的金融体系。最近，二十国集团开会，又提出这个问题。所以，这个问题的爆发是突然的，但它的酝酿是一个非常长的时期。

第三个是具有复杂性。非传统安全问题的内涵非常复杂。例如，金融问题就不能光从金融一个角度去解释，它还牵涉到政治、经济等其他方面，甚至包括公平等社会问题。在国际货币基金组织，只有美国、英国等一些国家有否决权，发展中国家除了个别的有部分否决权外，都没有否决权。这些非传统安全问题的内部关系是非常复杂的，不能单单从一个方面来解释、来认识。

第四个是具有综合性。一个非传统安全问题往往牵扯到很多方面。这些方面要解决的时候也不能单从一个角度来解决，需要采取一些综合的措施来协调解决。

最后一个特性是具有交叉性。非传统安全问题互相之间可能还会有交叉。像生物技术的发展，其影响可以很容易地超出本领域。利用基因技术，可以创造出针对具有特定基因的特定民族的病毒，或者其他有害的生物。这就是一种基因武器，与军事安全又密切地联系在一起。所以，它是交叉性的，这也是过去的传统安全问题不具备的。

分析非传统安全问题产生的根本原因，研究怎么解决它的办法，是我们关心的焦点。产生非传统安全问题的一个根本原因是，科技迅猛发展，生产力空前增长，这样就使得很多传统安全因素的作用极度扩大。一方面，有一些因素过去是传统安全问题。像金融危机就是一个传统安全问题，但是通过经济全球化这样一个特征，它的影响就极度地扩大了，使得它危及全球，这是过去从来没有碰到过的问题。另一方面，科技空前发展，生产力空前增长，本身也产生了一些新的不安全因素，或者是安全因素，如环境、气候变化等。我觉得，这两方面实际上是交织在一起的。产生不安全因素的同时，要解决它，也要通过同样的渠道。网络是一个典型的例子。由于网络的发展，一个谣言可以在很短的时间内，通过网络散布到一个非常大的范围当中，产生难以预料的结果。这当然是一个不安全的因素，但是要解决它，也要通过网络提供的手段，通过通信技术的手段，等等。所以，它既是一个影响安全的因素，同时也潜藏着解决问题的办法。我认为，现在影响非传统安全问题的主要是九大科学技术，是自20世纪后期开始到2030年之前起着决定性作用的九大科学技术。第一个是核技术。一些未来学家认为，500年以后就是一个核技术的世界，由核技术来解决很多问题。当然，现在还没有到这么一个程度，可控的核聚变技术问题也还没有很好地解决，但它的发展速度还是很快的。第二个就是航空航天技术。我们可以越来越清楚地看到，航空航天技术将成为世界争夺的一个高地，美国已经有航天部队了，所以，这个技术的影响是很大的。第三个是信息技术。这是从 20 世纪 50 年代开始迅速发展的，现在在网络等方面都有很多影响。第四个是生物技术。生物技术很可能在 21 世纪最近的二三十年里有极大的发展，而且产生的影响会越来越大。第五个是新材料技术。它将产生很多现在难以预料的后果。像现在已经看到的，有弹性的、很细腻的、很薄的、强度和韧性很大的新材料等，在以后会对很多方面产生很多影响。第六个是新能源技术。我认为在安全排序中，新能源技术应排在很靠前面的位置。新能源技术现在有很多，除了已经知道得比较多的像氢技术以外，最近几年还有新发展的，像通过提炼海藻制造石油等，有各种各样的新能源技术。第七个是纳米及其加工技术，包括激光技术等。第八个就是海洋技术。有人把 21 世纪称为海洋的世纪，认为可以从海洋当中获取很多的资源，同时，通过海洋技术扩大国家的影响等。最后一个是环境保护技术。我觉得这是一项新兴的技术，它既可以形成很大的产业，本身也包含很高的科技含量。这些技术已经产生，并且还将进一步产生巨大的生产力。它们也产生了很多非传统安全问题，而且也会帮助我们解决非传统安全问题。

我认为，非传统安全的排列次序，主要根据以下三个因素：一是轻重缓急，二是发生的概率，三是影响的范围。从这三个角度来确定非传统安全的排列次序，主要有八个方面。我认为，这八个方面的非传统安全问题是到 21 世纪中叶以前的一些最重要的非传统安全问题。

第一个是环境安全。之所以把它放到最前面，是因为解决环境安全问题的很多措施跟经济发展有一定的矛盾。虽然大多数国家口头上都表示很重视环境问题，但是没有很好地采取有力措施来解决这个问题，所以，我把环境安全放在首位。环境问题有很多，其中包括环境污染、生物灭绝、气候变化等。

第二个是资源安全，包括能源安全、粮食安全及矿产安全等。

第三个是人口安全。20 世纪 60 年代，国际上很多研究未来的学者，把人口问题放在第一位，把能源问题放在第二位。经过这些年来大家的共同努力，人口问题现在可以降到能源问题以下，但还是必须排在很前面。其中，包括人口本身的一些安全问题以及文化问题。

第四个是信息安全。我觉得信息安全的面很广，包括网络安全、通信安全、新闻安全等很多方面，内容很丰富。有些国家已经开始讨论制定一些国际协议，比如控制和管理网络协议等。

第五个是军事安全。军事安全有很多非传统安全问题，但我认为，目前至少在近年来，发生直接军事冲突的危险并没有其他一些问题那么迫切，所以，我把它排在第五位。并不是说它的重要性不够，军事上的安全问题一旦爆发，那就是头等重要的问题。只是最近一段时间内，它爆发的概率相对来说比较小一点，其中包括太空军事安全、海洋军事安全、信息军事安全、基因生物军事安全等方面。

第六个是生物安全。现在，世界物种的灭绝速度大约是 20 世纪以前的 50 倍。物种以这样一个速度灭绝，很多地方的生物安全受到了威胁。另外，还产生基因安全等一些新的安全问题，在给人类带来利益的同时，也有带来危险的。

第七个是经济安全。经济安全是一个传统安全问题，但是现在有一些非传统的因素对经济安全造成了影响，其中包括全球化的崩溃。全球化的崩溃以后，到底会产生什么样的后果，难以想象。对于全球化，每年的世界经济高峰论坛上都有大批的人在会议所在地抗议，还有人针锋相对地举办世界社会发展论坛，宣传社会安宁，反对全球化。另外，还有像贫富差距扩大、权利的不平等，等等，这些都是在经济方面产生的一些新问题。当前国际上的贫富差别，是在不断地扩大，而不是在缩小。

第八个是社会安全。它包括很多内容，比如犯罪形式增多、新闻误导、突发事件增加、恐怖活动流行、宗教极端势力的影响等等。这些问题很普遍，也是长期存在的，但很可能以突发的形式表现出来。

这八个方面都有很丰富的内容。这次会议的提纲，绝大部分都有很多专家来专门论述。我只就人口安全方面再来讲几点意见。从我国的决策层来说，近年来对于人口问题的关注程度有所下降。我觉得，这个问题还是应该引起我们国家决策层的高度关注。

自古以来，人口就是国家安全关注的重要因素。古代只要人多，就能够生产得多，所以，古代没有其他的人口政策，就是鼓励多生，鼓励迁入。"远人不服，则修德以来之，既来之，则安之"，这是古代普遍的人口政策。到工业化时期，产生了新的人口问题，即劳动力大量失业。这一现象引起经济学家的讨论，部分经济学家认为劳动力大量失业就是人口过剩的一个标志。20世纪60年代以后，有很多学者把人口过剩列为影响世界安全的第一大因素。其原因是第二次世界大战以后，出现"婴儿热"。当时，每对夫妇平均生6个孩子，所以，世界人口增长呈现爆炸的形势，有人把它称为人口爆炸。1974年以后，这个问题得到各个国家越来越多的关注。

现在，人口数量过快增长的趋势已经有所缓和，特别是在中国，普遍认为中国人口爆炸的引信已经拆除了。假如我国人口按照"婴儿热"时期的速度发展的话，现在中国的人口就可能接近 20 亿。即使是考虑到经济增长、社会发展等会使得人们自动减少一些生育，现在中国的人口也会超过 17 亿。但实际上，现在我国人口只有 13 亿多。这说明，中国在这方面确实取得了很多成就，但现在随着社会发展，又产生了很多新的问题。

一个问题就是人口老龄化。公平地讲，在亚洲地区，中国人口的老龄化速度只能排到大概第 6 位或第 7 位，有很多国家人口的老龄化速度要比中国快得多，特别是日本等一些国家，早就进入人口严重老龄化的过程。中国人口的老龄化过程在 2025～2030 年，将会以非常快的速度上升，估计中国的老年人口最高可以超过 4 亿，这一数字相当于一个较大的国家。由于一位老人消耗的费用大概是一个孩子的 2～3 倍，所以，中国到那个时候，经济负担将会很重，而届时又是中国劳动力相对比较少的时候。因此，我认为应该采取以下四方面的措施：第一是提高人口素质，提高人口生产能力，变人口数量大国为人力资源强国；第二是加强社会建设，适应老人的生活需要，为未来老龄化社会做好准备；第三是调整政策，提高老人的保障水平，可以视当时情况采取推迟退休年龄等措施；第四是完善制度建设，从政府、社会、家庭三个方面加强养老保障的协调，适应不同层次的要求。要未雨绸缪，从这四个方面来解决问题。

另一个需要我们注意的问题，就是出生婴儿性别比失调。这一问题近年来已引起了社会的广泛关注。究其原因，主要有两个：一是部分人群对生育男孩抱有十分强烈的偏好；二是 B 超这一先进技术普遍流行，使得鉴别胎儿性别非常容易，直接导致出生婴儿性别比失调成为目前较为突出的问题，甚至可能在未来会造成婚姻等方面一系列的严重问题。

就这方面而言，我认为对于城市来说，出生婴儿性别比并不会成为问题。很典型的是上海。自20世纪80年代起，上海就已经是人口负增长，但最近几年，人口反而成为正增长。这是因为城市可以吸引大量的人口流入，特别是妇女的流入，可以解决许多社会问题。相对而言，人口流出地区大多是贫困地区。以后，问题往往会发生在这些地区。假如按照现在的预测计算，我认为到21世纪20年代以后，全国婚姻失配的人数可能达到4000万。假如这么大的一个婚姻失配人群主要集中在贫困地区，就可能会引起一些不可预料的社会问题、安全问题。所以，我觉得要解决这个问题，应采取以下几条措施。第一是通过各种政策，使妇女在经济、政治、文化等方面享有同等权益，比如土地权、城市的同等报酬权、就业权等。第二是大力发展社会性生产能力建设，减少对男劳力的依赖。一些生产力水平高的地区普遍实行机械化，农村对男劳力的需求大大减少，科学种田则使人口素质提高，有利于女性发挥作用。第三是在人口政策方面，对于生育女孩的家庭给予经济、社会等方面的支持，这方面有很多具体措施可以采取。第四是大力开展文化、道德等方面的教育，从认识上解决问题，转变生活方式，从观念上发生根本变化。第五是对各地计划生育政策实施分类指导的微调，使我们的政策更加接近发展的需要，这需要经过深入研究、逐步试点、采取行动的过程。

但最根本的是，经济以及其他各方面的政策都要相互协调。有一个很简单的例子，在三峡移民的时候，对于农民户的补贴按人头计算，结果就使得一些只生一个孩子的家庭受到了经济损失，反而是生了很多孩子的家庭占了便宜。像这些政策性的协调问题还有很多。

人口安全的另外一个问题是人口数量和质量的关系。这还涉及以后的劳动政策怎样逐步调整。现在，我国劳动力廉价这样一个优势正在逐步丧失，今后应该在大力加强职业教育、加强人口素质提高等方面采取有力措施。在经济发达国家的工人当中，简单劳动工人只占到10%～15%，绝大部分工人具有很高的素质，而其中50%～60%的工人达到技师这样一个水平。从我国目前的状况来看，加强这方面的工作是非常重要的。

胡锦涛总书记在中共十七大报告中明确提出，科学发展观的第一要义是发展，核心是以人为本；发展是实现社会进步的充分条件。而对人口安全的维护，是实现社会稳步健康和谐发展的重要条件，尤其对我们这样一个人口大国来说，人口带来的诸多问题已经潜在地威胁到社会的各个方面，不能适应社会经济发展的更高层次要求。所以说，以人为本面临的重大挑战之一，就是人口安全问题。另外，人口方面如文化等，存在着一些安全问题。尽管在维护人口安全的道路上任重而道远，但是通过深入研究、各界参与、共同努力，我相信我国的非传统安全和人口发展研究一定会获得丰硕的成果。

金融危机下应对气候变化和
能源问题的新态势

（2009 年 3 月 11 日）

当前，整个世界都笼罩在国际金融危机的阴影之中。应对国际金融危机带来的巨大冲击，努力使自己国家的经济能够尽快地摆脱国际金融危机的影响，成为各国政治家或领导者当前最为紧迫的任务。这次论坛不应该而且也不可能不在这样的背景下去讨论气候变化和能源问题，因此，我就这方面提出一些认识和看法，与大家共同讨论。

首先，国际金融危机会不会降低气候与能源问题的紧迫感？

在回应这个问题之前，请让我引用温家宝总理在十一届全国人民代表大会二次会议上所作《政府工作报告》中，就气候变化和能源问题谈到中国的态度与作为时，明确地传递出的信息。

在谈到中国节能减排和生态保护工作的状况与成绩时，温家宝总理这样说：

"我们坚持不懈地推动节能减排和生态环境保护。中央财政安排 423 亿元资金，支持十大重点节能工程和环保设施等项目建设。"

"全国新增城市污水日处理能力 1149 万吨，新增燃煤脱硫机组容量 9712 万千瓦。单位国内生产总值能耗比上年下降 4.59%，化学需氧量、二氧化硫排放量分别减少 4.42% 和 5.95%。"

"继续淘汰落后产能，全年关停小火电1669万千瓦，关闭小煤矿1054处。加大基础设施和基础产业投资力度，在能源、交通、水利等方面建成和开工一批重大项目。扎实推进区域发展总体战略，区域经济发展协调性增强。"

"近三年累计单位国内生产总值能耗下降10.08%，化学需氧量、二氧化硫排放量分别减少6.61%和8.95%。巩固退耕还林还草成果，推进天然林、青海三江源等生态保护和建设工程。实施重点流域、区域水污染防治规划。"

在谈到应对气候变化和能源问题挑战的态度时，温家宝总理提出：

"大力发展循环经济和清洁能源。坚持节能节水节地。积极发展核电、风电、太阳能发电等清洁能源。推进洁净煤技术产业化。严格执行能耗和环保国家标准，加大节能技术和产品推广应用力度，加强资源综合利用。"

"健全节能环保各项政策，按照节能减排指标体系、考核体系、监测体系，狠抓落实。"

"开展全国节能减排行动，国家机关、公共企事业单位要发挥表率作用。"

"继续强化重点流域、区域污染防治，加强石漠化、荒漠化治理，实施重点防护林、天然林保护和京津风沙源治理等生态建设工程，保护水、森林、草原、湿地等生态环境。推进农村环境综合整治。整顿规范矿产资源开发秩序。合理开发利用海洋资源。"

"实施应对气候变化国家方案，提高应对气候变化能力。加强气象、地震、防灾减灾、测绘基础研究和能力建设。"

在座的同人兴许了解，中国的这次会议之所以成为世界舆论的焦点，是因为世界都在睁大眼睛看着中国，看着中国应对国际金融危机的所作所为。上面的事实表明，即便在国际金融危机凶猛袭来的紧迫形势下，中国并没有减弱在应对气候变化和能源挑战方面的行动。毫无疑问，国际金融危机、气候变化和能源挑战都是非常紧迫的问题，都是"to be or not to be"这类大问题。然而，它们在形式上和时间尺度上所表现出的紧迫感有着很大的差异。国际金融危机属于"黑云压城城欲摧"这类的紧迫，气候变化与能源问题却属于"You snooze, you lose"这类的紧迫。因此，解决国际金融危机会显得更加紧迫。然而，对于有远见卓识的领导者、政治家以及科学家来说，并不会因为国际金融危机紧迫，而对气候变化与能源问题有所怠慢，因为怠慢后者的结果，同样是非常严重的。

在当前国际金融危机的严峻形势下，我们这次论坛不仅要以科学家的严谨学识去探索气候变化和能源问题带来的、通常意义的各种挑战，同时也应该以科学家特有的责任感，去分析和探究在当前国际金融危机面前，可能会产生的若干新问题和新挑战。

对于这些问题，我用抛砖引玉的态度谈谈一些看法。

第一，国际金融危机让能源秩序"变脸"。兴许大家对中国四川戏曲中的"变脸"表演有所了解，演员只要摇晃一下头，脸上的面具就换成了另一个样子。这场国际金融危机的到来，在短短的若干个月内，就让世界能源的秩序改观了许多，来了一场颇大的"变脸"。

这主要表现在，国际金融危机已经对传统能源格局和能源秩序造成了很大的冲击，加之地缘政治、金融炒作以及投机者的恐惧和贪婪等因素，使得当前的国际油价在经历了由低到高、一路疯狂飙升之后，又急转直下，一路走低。这种飘忽不定、震荡极大的走势，扑朔迷离，令人难以捉摸。尽管欧佩克采取了一系列减产行动，仍不能止住油价的跌势。一方面，从整体来看，欧佩克和美国对能源的影响表现出走弱的趋势；另一方面，非欧佩克能源输出国和新兴经济体对能源的作用则日益凸显，国际能源格局正逐渐地由两极结构——生产国集团和消费国集团——向多极结构转变。或者说，世界能源秩序这个"面具"的"色彩"已不那么单一了，变得更加多元了，更加多色彩了。

基于这种变化，让我们来看一看中国所处的地位。中国在世界石油市场上的需求份额大约是 9% 左右，这是从总量上来说的。如果从增量的变化来看，仅按 2000 ~ 2005 年的数据，中国几乎占了世界能源消耗增长的一半。按照国际能源署《世界能源展望 2007》的说法："中国的人口数是美国的 4 倍，2010 年以后将很快超过美国而成为世界最大的能源消费国。"另外，就在前不久，我国与俄罗斯签订贷款购买石油协议，本质上属于用"非美元"结算的石油交易，这是对传统石油交易方式的突破。

如果将能源秩序这种多元态势的趋势与全球应对气候变化所面临的态势进行比较的话，就不难发现，它们在多元色彩上的类同性加大了。我们知道，气候变化这个重大问题的有效解决，绝对离不开地球家园的所有成员，至少是主要成员相互合作和共同行动。大约在两年前，英国提出的《英国气候变化战略框架》中有这样的断语："我们面临的主要障碍是如何推进全球范围内的共同行动。"这个判断是颇为中肯的。对此，Sir David King 按照人们的作为与态度，把全球的人分为四类，最差的是"为所欲为"的第一类，最好的就是"让全球齐心协力控制气候变暖"的第四类。我们知道，要增加第四类的分量，必须首先树立起具有同一个世界这样的理念，然后在这个理念的基础上，进一步在一定范围内形成一种凝聚力。这就是克服上述主要障碍的力量。然而，不幸的是，国际金融危机的来势太凶猛了。世界大家庭在过去若干年经历了许多艰辛，很多志士仁人做了大量的工作，才得以逐渐形成一种凝聚力和理念，却在国际金融危机的冲击下摇摇晃晃，经历着很严峻的考验。

让我们暂时把时间坐标往前推放若干年，那时世界的整体走向，最为主导者莫过于"全球经济一体化"的发展趋势。我们记得，美国专栏作家 Thomas L. Friedman 以"The World Is Flat"命名的一本书，曾是那样的风靡全球。这个事实正是说明这种态势的最好佐证。然而，国际金融危机现在清楚地告诉人们："全球经济一体化"不仅会带来红利，同时也会带来风险和危机。红利需辛辛苦苦地、一点一点地积攒，积攒的结果却很可能失之于一旦。对于后起的发展中国家来说，眼见在国际金融危机之中暴涨的保护主义浪潮，会很自然地陷于沉思并发问：那些在世贸组织谈判中给它们上课的"老师"们，当年滔滔不绝地讲解自由市场经济的那种劲头为什么现在却不见了呢？为什么甚至反其道而行，要立下"Buy goods made by their own country"这样的保护主义条款呢？因此，我想提醒的是，在国际金融危机下冒出来的保护主义，无疑会是同一个世界这个理念的销蚀剂，而且是副作用很大的销蚀剂。如果沿着这个方向走下去的话，必然会给应对全球气候变化带来更大的难度。这些迹象会让人们怀疑，将在2009 年 12 月于哥本哈根召开的应对全球气候变化大会能有多少积极的成果。对此，我们都要有清醒的认识。

又例如，就拿我们论坛所在的欧盟来说吧，可以说它是单一市场最成功的标本。然而，在这场国际金融危机面前，且不说"同一个世界"，暂且就只说"同一个欧盟"，其凝聚力不也正在经历它成立 10 多年来最严峻的考验吗？不管是此前的法国汽车保护主义风波，还是前不久的东欧贷款计划的流产，这些都向人们清楚地表明了这一点。

十几年来，为取得世界范围内的共同行动，我们已具备了诸如《联合国气候变化框架公约》和"巴厘岛行动路线图"等这些得之不易的成果，这是我们继续前行的基础。我们不希望看到这些成果在国际金融危机面前，丧失其立身之地。冲出国际金融危机的阴霾，将之继续发扬光大，这是我们论坛责无旁贷的使命。

第二，国际金融危机会带动能源战略的新思维。金融与能源的联系可以说是盘根错节，相互融合，相互渗透，相互关联。石油的价格在 2008 年 7 月 11 日，曾创下每桶 147.27 美元的历史最高价。国际金融危机以来，只经过短短的数月后，就滑落到当今的每桶 40 美元左右，下滑速度之快有如迪士尼乐园里的"过山车"。我们知道，在世界能源中，石油资源占有极其重要的主导地位，既紧密关联着起支柱产业作用的实体经济（如汽车工业等），又紧密关联着金融市场的衍生形态；既是一种战略资源，又与民众的生活息息相关。而且，从竞争博弈的观点来看，它带有很强烈的"零和博弈"属性。因此，可以肯定的是，国际金融危机给各国带来的如此重大的冲击，必然会引发和带动在能源战略上的新思维。这个新思维，会带来什么新的科学考量、新的论据和新的课题呢？

首先，这种能源战略上的新思维，既包含了给新能源与可再生能源的开发和利用提供契机，也包含了对原有的一些新能源研究方向作出新的考量。

例如，关于生物燃料的研发与应用，它的前景原本一直被人们看好，尤其在油价高企的时期。生物燃料开拓了另一类获取能源的新途径，有助于摆脱对传统化石能源的依赖，还能减少温室气体排放，社会有关各方似乎都能得利：科学家可以得到研究经费，风险资本家能赚到钱财，环保人士也拍手称快，这样的好事何乐而不为？然而，在国际金融危机和气候变化的双重打压下，粮食问题的严重性变得更加突出了。这对于发展中国家来说更是如此。由于生物燃料的发展，需要消耗一定量的农作物，这就势必产生燃料作物与粮食作物相互争土地的矛盾。在这种情况下，在发展生物燃料的考量中平添了一种新的瓶颈：在吃饱肚子和满足能源需求之间要作出恰当选择，变得越来越难。我们中国有一句话这样说："民以食为天。"它说明了粮食问题的重要程度。最近，国际农业研究磋商组织以及联合国粮农组织均发出警告说，生物燃料生产今后如果继续扩大，将使世界粮食价格上涨问题进一步恶化。对于这些看法，政治家可以不以为然，但是作为严肃的学者，就不能不认真对待。

其次，当人们在忙于应对国际金融危机的时候，已经有人在考量这样的问题：这样的危机会不会重复再来？它是不是周期性的？可不可以提前加以预防？为了从根本上避免国际金融危机再次席卷而来，就很有必要从本质上去分析这次国际金融危机的成因。这固然不是我们论坛要讨论的问题，但是从国际金融危机与世界支柱能源生产消费的关系上去探索前者的成因本质，就不能说与我们论坛无关了。在这方面所展露的粗略图景业已在告诫世人：以石油—美元作支撑的世界性的生产—消费链条是不可持续的。只要石油—美元的霸权秩序不被打破，国际金融危机将会不断地轮回，新一场金融危机就逃不出旧一场金融危机的死穴。这样的分析，定然会给发展可再生能源提供更大的推力。

就以我们中国来说，当前，中国能源战略的两大重点是能源供应安全和环境、气候安全。在保障能源供应安全方面，主要是向保障运输安全、来源多元化、应对价格剧烈波动等方向努力；在环境和气候安全方面，主要是向安全排放、节能、降耗、减排，以及参与全球能源、环境和气候治理等方向努力。基于发展可再生能源的重要战略意义，我国已经从政策法规、资金投入等方面给予了大力支持，引导国内企业树立科学的能源消费观，并取得了卓有成效的进展。从历史上来看，主导能源的转换是必然的；从人类应对能源、环境和气候安全的挑战来看，逐步摆脱对化石燃料的依赖也是必然的。

2006年，我国施行了可再生能源法。随后，《可再生能源中长期发展规划》《可再生能源发展"十一五"规划》等相关配套政策法规陆续出台，在规划中提出，到2010年，使可再生能源消费量达到能源消费总量的10%，到2020年达到15%。2007年，我国在新能源与可再生能源项目中投资120亿美元，投资总额名列世界第二，排名仅次于德国。在国际金融危机的冲击下，石油价格下降，这在一定程度上缓解了石油带来的压力，也给发展新能源和可再生能源提供了绝好的时机。在这次应对国际金融危机过程中，中国政府毅然决然地特别追加4万亿元人民币投入，其中就有多达3500亿元人民币投向生态环境这方面，当中也包含了节能减排和新的可再生能源等领域。

我们知道，新能源与可再生能源是新兴的高新技术行业，也是很多学科综合的复杂行业，它的发展必须仰仗于广泛的、有深度的、有成效的国际合作。在这方面，德国具有很好的新技术和经验，中国又具有巨大的需求，这就为我们的合作提供了广泛的空间。我坚信，我们这个论坛的有效推进，必然会给我们两个国家的科技合作，继而为产业合作进行良好的铺垫。

这场国际金融危机对于世界来说，有如"覆巢之下，焉有完卵"，中国也难于幸免。在这些重大损失面前，中国有一句古话："塞翁失马，焉知祸福？"利用我们的远见卓识、深思熟虑、知识与技术、真诚合作，努力地把"祸"变为"福"，在"危"中找到"机"，这是每位科学家的责任，也是这个论坛的责任。

"危"中求"机"，
积极实施国际金融中心战略

（2009 年 3 月 27 日）

2007 年，因监管不力，放纵的华尔街引起了金融海啸，冲击世界各国，以汹涌之势摧毁了财富，湮灭了泡沫，破坏了原本的经济、金融秩序。据不完全统计，全球金融机构到 2009 年 3 月 20 日，累计亏损达到 12552 亿美元，其中美国和欧洲的金融机构占到约 67%，并已裁员 28 万人。在全球排名前 25 位的大银行中，已有 1 家倒闭（美联银行）。2008 年，有 6 家银行的亏损超过了 1000 亿美元。据报道，美国家庭财富在 2008 年缩水 11.2 万亿美元，4 年的积累化为乌有。一些国际组织对 2009 年世界经济增长率的预测不断向下调整。3 月 19 日，国际货币金融组织预测全球经济在 2009 年将遭遇 60 年来首次收缩。虽然迄今为止，此次经济危机的严重程度尚不及 20 世纪 30 年代的经济大萧条，但已使国际金融格局发生了重大变化。

此次国际金融危机之所以波及范围如此广泛、影响产业如此深入，主要是世界政治、经济、文化的联系越来越紧密，全球化使各国的发展联系在一起，使经济、社会的各领域联系在一起，牵一发而动全身。始于次贷问题的金融海啸造成了一次全面的结构性和制度性危机。长久以来，虚拟经济与实体经济的不对称发展，盲目追求高风险、高回报与缺乏监督的体制性缺陷，以及欧美的高消费、亚洲的高储蓄，导致了世界产业结构和经济发展的不平衡；而已经不合时宜的、以美元为主的世界货币体系，无疑更加促进了这种全球结构失衡局面的形成。

国际金融危机的冲击是巨大的，但也使我国金融发展面临新的机遇。当前与未来，我国实施国际金融中心战略应当特别重视4项建设。

（一）加强国际金融中心领导力与执行力建设

国际经验表明：每一场金融危机都有一些金融中心出局，而另外有一些金融中心成功。

应当看到，由美国次贷危机引发的金融海啸，是对全球国际金融中心布局的重新洗牌，也是上海国际金融中心建设难得的挑战与机遇。应当加强在危机中做好国际金融中心工作的领导力建设，切实把握机遇，抓好金融风险市场建设以及国际金融中心与国际航运中心的互动建设。最近，国务院已确定关于上海"两个中心"建设的配套政策，这是一个良好的机遇。要增强机遇感与使命感，趁势而上，排除困难，把上海国际金融中心建设得更好。

中国经济、金融在国际上的地位不断提高，亚洲地区尤其是东亚的地区性结合程度更加紧密，应对金融海啸处于有利位置。占有全球经济制高点的中国，一定能赢得机遇，获得成功。

（二）加强地方立法，完善上海国际金融中心的政策环境与服务环境

2001年，我在第三届国际金融中心研讨会上就提到过，加强国际金融中心建设，应当重点加强法制建设和道德建设。经历了8年多的发展，上海在法制建设方面做了很多工作。2009年2月23日，上海市人大常委会审议通过了《上海市推进国际金融中心建设条例》。同时，上海市政府公布的2009年22项重点工

作中，把"大力推进上海国际金融中心建设"作为重中之重。上海正以破竹之势在"危"中求"机"，抢抓国际金融中心建设的新机遇。

当然，地方促进法的完善，尤其是相关法律体系的建设、立法后的配套服务提供等，是一项系统工程，需要逐步完善。

（三）加强道德建设，杜绝华尔街丑剧重演

这次国际金融危机给我们最大的启示，就是道德的重要性。

在2001年第三届国际金融中心研讨会上，我特别强调了道德建设是国际金融中心建设中亟待解决的问题。自律是道德建设的基础，而金融从业人员的自律是控制风险的基础。从华尔街精英一手炮制的次贷危机泡沫开始，到马多夫的巨额"庞式骗局"，以至今天AIG从政府救助资金中拿出1.65亿美元奖励中高层的一系列金融界丑闻，已经演变成了必须由美国政府出面谴责、美国国会众议院通过特别法案要求征收重税的经济和政治事件。在今后经济全球化的发展过程中，商业伦理与道德建设必须成为重要组成部分。而中国在国际金融中心建设过程中一定要吸取这次全世界的教训，创造出系统性的、健康的、良好的金融道德和金融文化。

（四）加强对金融人才培育之道的探索

国际金融中心需要大批国际水平的金融人才。加强业务水平高、道德品质好、工作作风严谨、社会责任意识强的金融人才队伍建设，善于在激烈的竞争中明辨方向、趋利避害、不断创新、谨慎经营，既对本企业负责，又对社会负责，既要赢利，又顾大局，这是国际金融中心立于不败之地的关键。

次贷危机表明：美国商学院模式是导致本次危机全球化的重要因素。哈佛大学教案中有句名言，即用别人的钱来为自己赚钱。这次危机正是这种商业伦理的全面暴露。传统的MBA教育，被视为此次国际金融危机很重要的引发原因之一。英国克兰菲尔德管理学院院长表示："这有点表面化，但（这种指责）确实存在。""是的，商学院应该对我们最近看到的一些企业领导犯下的一些错误负责。"剑桥大学佳奇管理学院院长阿尔努德梅耶尔表示："我们可能确实应承担部分责任。"所以，在金融人才教育，尤其是金融人才培养方面，除了要提升金融人才的专业精神以外，还要对美国商学院培育金融人才的模式进行反思，加强我们自己经验的总结，从职业道德、社会责任等方面加强规范化建设，培养真正德才兼备的高素质金融人才。

面对这次国际金融危机，中国积极应对，采取了一系列有效措施，实现了经济的平稳较快增长，增强了人民的信心。经过19年的探索发展，我国金融市场的改革开放，以健康的发展取得了令人瞩目的成就：市场规模不断扩大，市场结构逐步优化，市场监管进一步加强，市场开放水平显著提升，金融市场为国民经济和社会发展全局服务的功能得到进一步发挥。当前，虽然困难重重，不确定的因素很多，但我们已做好了应对各种意外事件的准备。2009年中国经济继续保持稳定的增长态势，是完全可以预期的。

不久前在伦敦举办的 G20 高峰论坛，是改造全球旧金融秩序与建立新金融体系的讨论平台，中国在其中发挥了重要作用。努力建立新的国际金融体系，有利于世界稳定发展，有利于各国共同进步，有利于人类共享文明，有利于进一步发展中国，有利于中国金融市场进一步成长。这次的金融海啸为控制市场风险提供了一个活的教材，也为中国作为全球金融中心重要地位的建立提供了良好的契机。全球性的危机需要全球性的合作来应对。我们愿与各国、各地区的国际金融中心建立良好的协作关系，协调共同的立场，共克时艰，更好更快地终结这场严酷的经济衰退。

中国金融发展前景[*]

（2009 年 4 月 11 日）

一、总结金融海啸教训，面对国际金融变革

此次由次贷到次债，以至资产泡沫破灭而形成的经济、金融危机远未结束。全面总结教训、完善国际金融系统，需要国际合作持续努力。美国多年国内生产总值的增长中，工业只占 1/5，农业更是只占了略高于 1%。虚拟经济高速、不成比例的发展在 20 世纪 90 年代形成了网络泡沫，在发展经济的压力下，21 世纪初又形成资产泡沫，没有实体支持的金融资产引发危机只是时间的问题。美联储长期的低利率政策引导了高消费，消费支出占国内生产总值的比例高达 72%，再加上金融衍生工具的过度创新，多次打包，结构复杂，透明度很低，各种债券的杠杆率达到数十倍以上百倍。风险构成机制复杂，监管手段、工具落后；指导思想上认为"政府介入是坏事，市场自我管理是好事"，政府更是主动放弃监管。这次危机已经充分暴露了金融自由主义的失败，就连一向尊崇美国经济模式的澳大利亚等国家也丧失了对"华盛顿共识"的信心。最近，澳大利亚总理陆克文在澳《月刊》杂志上撰文提出："新自由主义是全球金融危机的祸首"，

---

[*]　这是蒋正华同志在第五届中国金融（专家）年会上的讲话。

"社会民主派应当同自由派的极端主义断绝关系"。这是很大一部分国际思潮的反映。

现在，一些经济发达国家的经济、金融形势仍无起色。有许多突出的案例表明，情况还在恶化中。最近的一个案例是花旗银行。尽管从2008年10月起，美国政府已向花旗银行大量注资，但仍难挽颓势。截止到2008年年底的15个月中，花旗银行累计亏损375亿美元；2009年3月初，股价最低跌到0.97美元。通用汽车的股价也跌至1.86美元。坏消息不断，信心低落，危机正在深化中。

亚洲开发银行估计，2008年全球金融资产缩水超过50万亿美元；不包括日本，亚洲在2008年资本损失9.625万亿美元，为国内生产总值的109%，日本的股市跌到26年新低。

G20伦敦峰会取得了一些成果，尤其是将此次会议与20世纪30年代经济危机时期的伦敦会议相比：上一次会议，各国从会议一开始就争吵不休，结果是不欢而散；此次会议，世界各国都认识到，合作、协商是解决问题的唯一道路。胡锦涛主席在峰会上的讲话受到与会者一致的欢迎，各国都赞成作出更大的协同努力。胡锦涛主席在会上提出："全力恢复世界经济增长，防止其陷入严重衰退；反对各种形式的保护主义，维护开放自由的贸易投资环境；加快推进相关改革，重建国际金融秩序。"这三条正是世界未来努力的方向。

我认为，今后在重建国际金融秩序过程中有四方面的工作要做，即：重整国际金融市场，重定国际金融规则，重组国际金融中心，重构国际金融管理。这四方面的工作互相联系、互相推动，将在一个相当长的时间内影响不同国家、地区的发展，需要我们密切关注、大力推动，在发展过程中既承担起我国作为大国的国际责任，同时也努力维护我们的国家利益。这是一个事关全局的大问题，政府和民间、业者、学术界高度关注，群策群力，将会产生许多新的经济、金融思想。

二、努力把握机遇，谨防祸起萧墙

现在，世界性经济、金融危机仍未见底，虽然从各种条件来看，此次危机应当不至于陷入 20 世纪 30 年代那样的大萧条，但其严重程度及今后的不确定风险仍不可低估。我们既要争取最好的结果，也要准备应对更大的风波。最近，英国《金融时报》记者与专栏作家联合撰文预测："2009 年，英国、美国、西班牙、爱尔兰仍陷经济衰退，欧洲其他国家和日本可能在 2009 年为衰退画上句号。"比这乐观或悲观的预测很多，我很希望乐观的预测能够成真；但是同时，我们也看到，美国的信用卡泡沫有可能破灭，东欧的金融问题严重，产生第二波金融、经济危机也有可能。世事难料。冰岛在世界竞争力排名中多年名列前十名，却一朝崩溃，成为第一个国家破产者。未雨绸缪，方是上策。

总的说来，此次金融海啸对中国的金融业特别是银行业冲击有限，受影响更多的是实体经济。其根本原因是，我国自改革开放以来对金融系统进行了深入的改革，从体制、机制、法制建设方面不断完善。尤其是 20 世纪 90 年代和 21 世纪初开始的深化改革，使对于银行、证券市场、保险市场的监督日益改善，银行的不良贷款总额和不良贷款率都降到较好水平，资本市场不断发展，保险业管理不断规范，为抵御危机打下了基础。从客观环境看，中国的资本项目尚未完全开放，虽然降低了金融效益，但国际金融风险也得到有效的隔离。

如何利用好这次全球性金融、经济危机的环境，进一步推动我国金融发展，是大家都在探索的大课题。金融自由主义已经失败，无论是20世纪80年代所谓"南锥体国家试验"的教训，还是鼓吹金融自由主义国家最近的碰壁，都付出了惨重的代价。但是，因此而不敢介入国际竞争，畏缩不前，故步自封，则会丧失大好的发展机遇，将会追悔莫及。当前，我们应当抓紧机会，从体制、机制、法制三方面大力推进现代金融体系的建设。这一建设应当适应经济全球化的趋势，适应我国经济发展的需要，适应世界和地区结构调整的动向，适应我国经济、金融以及人才的能力。

G20伦敦高峰会议上的共识之一，就是必须改革目前的金融体系，加强监管，调动资源，阻止危机的进一步扩散，还要改革国际货币基金组织等国际金融机构。这些措施虽然还不足以解决问题，但将对全球经济、金融产生良性刺激作用。我国经济在中央果断采取强有力的财政、货币刺激政策以后，逐渐显现效果，最近出现经济回暖迹象，制造业采购经理指数连续4个月回升，2009年3月份上升到52.4%；新发布的2008年银行业统计数据也令人鼓舞，不良贷款与不良贷款率持续双降，资本充足率不断提高，利润总额、利润增长及资本回报率等指标均位列世界第一。2009年第一季度，A股的涨幅达30.28%，为全球第一，创7个月来新高。期货市场发展迅速，经营水平不断提高。在这样的环境下，创业板即将开盘，这说明大家对中国未来经济、金融的光明前景充满信心。可以说，中国的金融状况达到了改革开放以来最好的水平。

在看到成绩、提高信心的同时，也要看到，许多指标的世界第一是因为其他国家深陷困境。我国的内需疲软问题没有解决，金融方面长期存在的各种问题依然存在，切不可丧失忧患意识。当前中国金融的隐忧不在于外，而在于内，我们应当慎防祸起萧墙。金融各领域都有自己的问题。

银行业的第一位隐忧仍是不良贷款。2009 年第一季度，银行发放了大量贷款，国家发改委以超常的速度批准了大批项目。全国两会期间，不少全国人大代表、全国政协委员提出忧虑，担心产生许多无效项目和不良资产。这些忧虑很有根据。日本"失落的 10 年"提供了不少这样的案例，其中有些至今成为日本人中广泛流传的笑话。我国政府已就此作出部署，增强了项目监督。银行在扩大业务、支持经济增长的同时，仍应坚持谨慎经营，吸取巴塞尔协议等国际成功经验，不断加强风险防范和处置工作。

银行业的第二隐忧是管理水平不高，效率较低。随着我国金融业不断加大开放力度，中外银行的竞争将会加剧，我国银行业的经营能力、创造能力、拓展业务的能力将受到严重挑战。过去，我国金融业采取分业经营的方针，避免了局部风险的扩大，但付出了资源不能充分利用的代价。在竞争不断加剧的形势下，走向混业经营是必然趋势。各种金融衍生工具产生的原意是对冲风险、提高效率，但我国远远没有发挥其作用，非但不能因噎废食，更应加强研究、开发、利用。这些对我们的监管、运营都提出了新的课题。

资本市场的全面发展中有许多问题需要解决，例如上市公司质量的提高、债券市场和场外交易的规范、资本市场内控能力的加强、运行模式的进一步完善等。在这方面要做的工作很多，应当有步骤地进行。

三、积极把握时机，稳步走向世界

任何一次大危机都带来大洗牌，世界经济、金融格局发生重大变动，这次也不例外。

二十国伦敦峰会上，各国同意提供超过 1.1 万亿美元的资金帮助世界渡过难关；同时也表明，要建立新的金融监管和沟通机制，稳定世界金融。现在看来，由美、英等西方经济发达国家主导国际金融秩序的局面尚难很快改变，但我们应努力推动变革。其中之一是随着经济、金融力量对比不断发生变化，国际金融中心进一步多元化，加快国际金融中心建设。早在中共十四大召开时，中央就提出了将上海建成国际金融中心的目标，2009 年 3 月 25 日，国务院常务会议通过了支持上海建成"两个国际中心"的决定，在上海多年工作的基础上，进一步推动金融走向世界。

这些年来，中国与世界的联系更加紧密，欧盟和美国成为中国最大的贸易伙伴，东亚"10 + 1""10 + 3"的格局逐渐形成，中国与俄罗斯的战略伙伴关系不断在具体项目中推进，澳大利亚等许多国家也与中国建立了密切的合作关系。中国的影响正在不断扩大。中国的货币在许多国家受到重视，甚至作为准储蓄货币。当然，不管从规模、水平、影响或其他指标看，纽约和伦敦在目前和将来相当长时期内仍将名列全球性国际金融中心的首位，但是，我们应当树立长期目标，走向世界。建设国际金融中心既是经济、金融成长的结果，也将促进国家经济、金融的进一步发展。上海最有条件发展成为国际金融中心。北京具有总部经济的特点，多年来也在金融建设方面投入了很大力量，金融街聚集了一批有重要影响的金融机构。上海、北京合力，应当能够在一定时间内建立起国际金融中心。香港作为一个已取得国际金融中心地位的城市，与上海、北京互相支持，将使中国金融在国际上的作用和地位进一步提升。

发展国际金融中心需要解决的问题很多，但中国人从来都是迎难而上，各方面的积极性都很高。可以预期，中国金融在危机后将发展得更快。进取的目标还需要谨慎的措施来达到。在中国金融走向世界的过程中，可以通过发展离岸中心，推行贸易以本国货币结算，进一步到以人民币结算，加快放开资本项目，使人民币最终走向可自由兑换等步骤，适时加紧步伐。与此同时，我们应加大自身内部建设的力度，从体制、机制、法制三方面为走向世界做好准备。在软件建设方面，还需大力加强通晓国际情况、富有创造能力的金融人才建设，包括综合型和专门型的金融人才建设。

全球金融、经济危机及中国

（2009 年 4 月 24 日）

2008 年爆发的金融海啸席卷全球，至今尚未见底。这场危机是如何产生的？有什么影响？未来前景如何？中国怎样应对？对这些问题，大家都很关心，我来讲几点自己的看法。

一、20 世纪 30 年代经济大萧条以来的国际经济危机

（1）20 世纪 30 年代的经济危机起自 1928 年美国农产品价格下跌。1929 年夏秋之交，经济陷入困境，连续 3 个月，生产、价格下降。1929 年 10 月 29 日，大量股票突然抛售，纽约股市崩盘。危机导致经济增长观念的变化。

（2）20 世纪 70 年代"石油危机"的直接起因是阿以战争，但是矛盾早已存在，1960 年 9 月 9 日，沙特阿拉伯、委内瑞拉、伊拉克、科威特和伊朗在巴格达召开秘密会议，成立欧佩克组织，已从组织上做好准备，用石油为武器与西方国家斗争。1979 年的伊朗革命、1980 年的两伊战争推动油价长期走高，直到 40 美元/桶，结果是长期的世界经济滞胀。危机导致对资源的重视，引起产业结构的调整。

（3）1997 年的亚洲金融危机起于泰国货币贬值，蔓延至其他地区。真正原因在于过度依靠外资发展经济和金融投机活动猖獗。危机引起国际上对结构性改革的重视和对金融风险防范的

加强。

（4）2000 年的网络泡沫破灭、2001 年的"9·11"事件，对股市造成巨大冲击，导致美联储连续下调利率并宣布将长期保持低利率。此次危机暴露了虚拟经济的脆弱。

（5）2008 年的国际金融、经济危机，从金融开始，扩散到实体经济，有许多问题需要总结。

表1　美国经济：国内生产总值及其构成增长率 （%）

年		季	国内生产总值	个人消费	政府支出	私人固定资本形成	出口	进口
同比	2007	3	2.8	2.9	2.6	-2.3	11.7	2.2
		4	2.3	2.2	2.4	-1.9	8.9	1.1
	2008	1	2.5	1.5	2.6	-2.5	10.1	-1.0
		2	2.1	1.3	2.6	-3.6	11.0	-1.9
		3	0.7	-0.2	3.1	-4.7	6.1	-3.5
		4	-0.2	-1.3	3.4	-8.5	0.6	-7.0
环比	2007	3	4.8	2.0	3.8	-0.9	23.0	3.0
		4	-0.2	1.0	0.8	-6.2	4.4	-2.3
	2008	1	0.9	0.9	1.9	-5.6	5.1	-0.8
		2	2.8	1.2	3.9	-1.7	12.3	-7.3
		3	-0.5	-3.8	5.8	-5.3	3.0	-3.5
		4	-3.8	-3.5	1.9	-20.1	-19.7	-15.7

资料来源：美国商务部经济分析局。

先从本次危机产生的源头讲起。"9·11"事件以后，美国迫切希望促进消费、振兴经济，一方面保持低利率，另一方面扩大信贷，双管齐下。美国的住房消费在很大程度上依靠信贷推动。历史上，主营住房贷款的机构住房抵押贷款占贷款总量的

40%左右，大量资金被占用，流动性不足，于是采取证券化手段，以本机构所发放的贷款为担保，发行可转让证券，以增加流动性。住房抵押贷款的一级市场由美国的多家官方机构控制，另设联邦家庭住房抵押贷款公司管理二级市场，还成立了全国房地产抵押贷款协会，对此类证券给予政府担保。这一结构的设计有一定合理性，因此推广到许多产业领域，在正常情况下提高了资产运营的效率，而一旦产生违约，风险也将放大。

"9·11"事件后，为推动消费，一些金融机构向无担保、无抵押、无稳定收入的美国人发出次级贷款。这些贷款风险较高，于是，投资银行就采取打包的手段将各种债权资产组合起来形成金融包裹，称为 CDO（债务抵押债券，Collateralized Debt Obligations），并按风险大小，分割成不同层次的产品，交由信用评级公司评级，一些高级的 CDO 获得 AAA 的评级。到此为止，可供销售的产品已经生成，但生产这些产品的投行知道其风险性，因此，希望尽快脱手卖出，而又要回避风险爆发后对自己的伤害。为此，投行在"避税天堂"开曼群岛注册成立一个 SPV（特定目的载体，Special Purpose Vehicle），由载体出面卖出这些高级的 CDO，由此逃避了法律监督。一些质量差、风险大的 CDO 不能获得评级机构的认可，投行采取了另一套手法：先成立一个独立的对冲基金，高价买入这些债券，这样就抬高了债券的价格，同时推出信用违约掉期。最终，投资者只要承担 CDO 的违约风险，就可获得分期支付的保险金。由于债券风险暴露需要一定时间，许多投资者忽视了 CDO 的潜在问题而上钩，其中包括许多著名的商业银行。

通过上面的剖析，我们可以理解为何此次次贷危机如此迅速地扩张为次债危机。这些次债的杠杆率很高，许多为数十倍以至数百倍，从而严重地冲击了世界金融市场，由次贷、次债发展为资产危机。美国金融风险造成的影响，可从世界经济数据中略见其大概（见表2）。

表2 世界经济状况

年	月	①工业生产指数同比增长率（%）			②JP 摩根全球制造业采购经理指数		
		世界	发达国家	发展中国家	全球 PMI	产出指数	新订单指数
2008	1	5.0	2.9	10.5	52.3	54.4	52.4
	2	4.8	2.7	9.9	51.1	52.4	51.4
	3	3.9	1.6	9.1	50.7	50.9	50.0
	4	3.9	1.9	9.6	50.2	51.1	48.9
	5	3.1	0.9	8.2	50.4	51.2	49.7
	6	2.8	0.2	8.4	49.5	49.8	48.3
	7	2.4	0.1	7.9	49.0	49.4	46.0
	8	0.8	−1.6	6.4	48.6	48.5	46.8
	9	−0.5	−3.2	5.8	44.2	42.7	40.8
	10	−3.8	−4.9	2.9	41.0	39.1	36.2
	11	−8.8	−9.9	—	36.5	33.1	29.8
	12	—	−10.7	—	33.7	29.3	25.8
2009	1	—	—	—	34.9	36.6	30.0

资料来源：①世界银行数据库；②美国供应管理协会。

此次金融海啸发生的原因是三个失衡：

（1）虚拟经济与实体经济发展失衡；

（2）金融创新与监管制度制约失衡；

（3）过度消费与持续发展关系失衡。

其特点是：

（1）规模空前，全球无幸免者；

（2）损失空前，经济损失，信心损失；

（3）影响空前，金融自由主义失败，金融秩序重组。

金融是经济的衍生品，皮之不存，毛将焉附。金融衍生品又是传统金融的扩展，这三者应当保持一定的平衡关系。

消费是经济发展的推动力，但在当今资源匮乏、生产力空前提高的情况下，必须受可持续发展能力的制约。

二、全球金融海啸对中国经济的影响

此次金融海啸对我国金融业影响不大，主要原因有三：

（1）20世纪90年代及21世纪初的两次金融深化改革取得重要成果，巩固了金融业特别是银行业的基础；

（2）资本市场开放程度较低，成为金融风暴中的避风港；

（3）金融创新不足，因祸得福，未曾卷入虚拟经济盲目发展的误区。

但是，中国实体经济受到严重影响，充分暴露了长期存在的内需疲软、储蓄率过高的问题。自20世纪90年代以来，我国储蓄率长期在40%以上，在21世纪初进一步增长到超过50%，远远高于世界20%的平均储蓄率。美国的储蓄率更是长期在8%左右，1992年以后迅速下滑，到20世纪末只有2%，进入21世纪更不断下跌，甚至达到-1%以下，成为全社会负债消费的典型。负债消费当然不能持久，但过高的储蓄率严重影响消费，同样阻碍经济增长。在一个开放的经济体中，总需求与总供给得以平衡的条件是：

$$S = I + (G - T) + (X - M)$$

式中，S 为总储蓄，I 为总投资，G 为财政支出，T 为财政收入，X 为出口，M 为进口。可见，储蓄率过高，必须由高投资、财政赤字和高出口加以平衡。这三方面都有各自的弊端,造成经济发展中的不均衡,引起政治、经济、资源、环境等方面的冲突,最终影响实体经济的全面、协调、可持续发展。此次金融海啸从外贸方面打乱了中国经济,其影响可从采购经理指数看出(见表3、表4、表5、表6)。

表3 中国制造业采购经理指数

年	月	PI	生产	新订单	新出口订单	积压订单	产成品库存	采购量	进口	购进价格	原材料库存	从业人员	供应商配送时间
2008	1	53.0	56.1	55.2	49.0	48.6	48.4	56.9	51.3	67.7	49.2	49.7	49.7
	2	53.4	55.4	56.9	51.3	50.9	47.3	54.6	50.7	70.1	45.1	49.8	46.5
	3	58.4	64.1	63.8	59.1	54.6	47.3	64.0	57.5	74.6	50.8	53.4	50.5
	4	59.2	66.5	65.0	58.9	53.4	47.2	64.6	56.1	75.1	51.2	52.9	51.0
	5	53.3	55.7	55.4	53.4	49.3	48.7	53.7	50.3	73.9	48.1	51.2	48.8
	6	52.0	54.2	52.6	50.2	47.1	49.5	53.5	50.9	75.7	47.8	50.3	47.8
	7	48.4	47.4	46.2	46.7	45.4	47.8	47.1	45.4	71.3	48.0	50.6	48.5
	8	48.4	48.7	46.0	48.4	45.4	49.0	46.9	45.3	57.8	46.8	50.7	49.5
	9	51.2	54.6	51.3	48.8	47.3	50.5	50.8	46.4	44.7	47.5	50.3	49.5
	10	44.6	44.3	41.7	41.4	40.7	51.4	42.4	39.4	32.3	42.6	47.0	50.8
	11	38.8	35.5	32.3	29.0	36.0	50.8	34.2	32.2	26.6	39.5	44.3	50.7
	12	41.2	39.4	37.3	30.7	35.8	44.7	36.2	33.3	32.7	40.6	43.3	50.4
2009	1	45.3	45.5	45.0	33.7	39.2	43.5	44.3	39.9	41.5	43.9	43.0	50.6
	2	49.0											
	3	52.4											

资料来源:国家统计局。

表4　中国进出口总值　　　　　　　（亿美元）

年	月	进出口总值	出口总值	进口总值	进出口差额
2007	1－12	21738.3	12180.1	9558.2	2622.0
2008	1	1998.1	1095.8	902.3	193.5
	1－2	3462.7	1969.1	1493.6	475.5
	1－3	5709.9	3058.3	2651.6	406.7
	1－4	7921.5	4246.0	3675.5	570.5
	1－5	10134.8	5451.6	4683.2	768.4
	1－6	12351.1	6663.3	5687.8	975.5
	1－7	14831.9	8029.7	6802.2	1227.5
	1－8	17740.6	9878.3	7862.3	2016.0
	1－9	19673.6	10741.8	8931.8	1810.0
	1－10	21885.1	12024.1	9861.0	2163.1
	1－11	23783.0	13173.9	10609.1	2564.9
	1－12	25616.4	14285.5	11330.9	2954.6
2009	1	1418.0	904.5	513.4	391.1

资料来源：海关总署。

2009 年的《政府工作报告》第一次将"扩内需、保增长"作为经济增长的主要目标和措施，进行了全面、系统的论述。扩大内需的四个主要方面是：

（1）扩大消费尤其是居民消费，措施是：调整收入分配，培育消费热点；加快万村千乡市场建设，做好产品下乡。

表5　中国进出口总值增长率　　　　（%）

年	月	进出口总值	出口总值	进口总值
2007	1 – 12	23.5	25.7	20.7
2008	1	27.0	26.5	27.6
	2	18.5	6.3	35.6
	3	27.7	30.3	24.9
	4	24.1	21.8	26.8
	5	33.6	28.2	40.7
	6	23.2	17.2	31.4
	7	29.8	26.7	33.7
	8	21.9	21.0	23.0
	9	21.3	21.4	21.2
	10	17.5	19.0	15.4
	11	– 9.1	– 2.2	– 18.0
	12	– 11.1	– 2.8	– 21.3
2009	1	– 29.0	– 17.5	– 43.1

资料来源：海关总署。

（2）保持投资较快增长，优化投资结构。2009年，中央投资9080亿元，主要用于民生工程、节能环保、生态建设、技改创新、重点基础建设及地震灾后恢复重建；同时，出台引导社会投资的优惠政策。

（3）促进房产市场稳定、健康发展。用3年解决750万户城市低收入家庭，240万户林区、垦区、煤矿等棚户区居民住房问题；对符合条件的第二套普通自住房购买者实施优惠政策；继续整顿房地产市场秩序。

表6　中国国内生产总值

年	季	国内生产总值（亿元）			
		GDP	第一产业	第二产业	第三产业
2007	1	53058.2	3654.0	26464.6	22939.6
	1－2	112458.3	9283.3	57614.5	45560.5
	1－3	174427.6	17936.8	86404.8	70086.0
	1－4	257305.6	28627.0	124799.0	103879.6
2008	1	63474.5	4720.0	31657.8	27096.7
	1－2	134725.8	11800.0	69329.6	53596.2
	1－3	208025.2	22062.3	103974.5	81988.6
	1－4	300670.0	34000.0	146183.4	120486.6

比上年同期增长（％）

年	季	GDP	第一产业	第二产业	第三产业
2007	1	13.0	4.4	14.6	12.7
	1－2	13.4	4.0	15.0	13.5
	1－3	13.4	4.3	14.8	14.0
	1－4	13.0	3.7	14.7	13.8
2008	1	10.6	2.8	11.5	10.9
	1－2	10.4	3.5	11.3	10.7
	1－3	9.9	4.5	10.6	10.5
	1－4	9.0	5.5	9.3	9.5

资料来源：国家统计局。

（4）加快推进地震灾区恢复重建。抓紧全面实施灾后恢复重建总体规划，中央财政在2009年再安排1300亿元灾后重建资金；继续推进交通、通信、能源、水利等基础设施恢复重建；结合实施重点产业调整振兴规划，加快灾区产业重建与发展。

为保证资金，实施了宽松的财政政策，中央财政赤字预算为7500亿元，3年来第一次赤字增加（2007年减少650亿元，

2008 年减少 500 亿元，2009 年增加 5700 亿元），还发行地方债券 2000 亿元。实施适度宽松的货币政策，改善金融调控，优化信贷结构，理顺货币政策传导机制，加强和改进金融监管。

我国的宏观调控迅速、有力。2009 年第一季度，国民经济统计指标出现积极变化：

（1）采购经理指数连续 4 个月上升，3 月为 52.4，突破标志经济扩张与收缩的临界线；

（2）发电量降幅明显收窄，3 月全国的发电量为 2867.29 亿千瓦时，同比下降 0.71%，日均发电量较 1 ~ 2 月环比增长 10.38%；

（3）房地产销售回暖，汽车销售量创历史新高，表明消费者的信心恢复；

（4）企业家信心指数上升为 101.1，比 2008 年第四季度提高了 6.5；

（5）民航经营情况全面转好，港口货物吞吐量止跌反弹。

这些都是积极的信号，但仍应密切观察今后的变化。

三、全球金融海啸与中国经济的发展前景观察

未来全球金融危机将如何变化为大家所关切，近几个月，坏消息接踵而来。各方面比较一致的看法是：美国经济难以在短时间内复苏，最乐观的预测也是到 2009 年年底、2010 年年初才能见底。2009 年第一季度末，美国出现了一些经济好转的迹象，但大家还担心次债危机是否会进一步扩大为其他衍生品的危机，这是因为设计这些衍生品的环境已有很大变化，其风险也在加大。欧洲银行业的传统是谨慎经营、趋于保守，但此次也受到极大拖累，当前另一大担心是东欧是否会出现严重危机，拖累欧

盟。日本在最近的一年内，工业产值猛跌 38%，为 1983 年以来最低水平。经合组织预测，日本 2009 年的国内生产总值将下降 6.6%，失去第二个 10 年。全球各地传来大量悲观的信息。在这样的环境下，G20 伦敦峰会召开。会上，胡锦涛主席的讲话获得各国赞同。他提出，当前最迫切的任务是：

（1）全力恢复世界经济增长，防止其陷入严重衰退；

（2）反对各种形式的保护主义，维护开放、自由的贸易投资环境；

（3）加快推进相关改革，重建国际金融秩序。

这三条抓住了当前全球经济、金融问题的关键。

G20 伦敦峰会总体而言取得了一定成就，但许多诺言有待于今后实现。此次峰会体现了各国认识到在经济全球化的今天，只有各国合作，才能共渡难关。同时，大家也认识到，旧的金融秩序再也不能维持下去，现在已经到了一个制度改革的转折点，布雷顿森林体系必须重新设计。G20 峰会达成的共识是：

（1）为国际货币基金组织及世界银行等多边金融机构提供 1.1 万亿美元。将国际货币基金组织的资金规模从 2500 亿美元增加到 7500 亿美元。国际货币基金组织增发 2500 亿美元特别提款权。

（2）未来两年内，提供 2500 亿美元用于贸易融资。

（3）为区域性多边发展银行提供至少 1000 亿美元的贷款支持。

（4）对所有具有系统性影响的金融机构、金融产品和金融市场实施监管和监督。首次将对冲基金置于金融监管下。

（5）重申抵制保护主义。

（6）新建一个金融稳定委员会，取代现有的金融稳定论坛。

（7）致力于实现联合国千年发展目标，信守对发展中国家的援助承诺。

（8）重申解决气候变化的威胁。

这些措施有待落实，其效果有待观察。

中国经济经过 30 年的发展，已经有了深厚的基础。根据世界银行的数据，按汇率法计算，2007 年中国的国内生产总值总量为 32801 亿美元，列在美国（138112 亿美元）、日本（43767 亿美元）和德国（32972 亿美元）之后，居世界第四位。2008 年，中国的国内生产总值总量可能已超过德国，居世界第三位。表 7 列出了国内生产总值总量在 1 万亿美元以上国家的历年数据。

表 7　国内生产总值　　　　　　　　　　　　　　　（亿美元）

年份 国家	1990	2000	2004	2005	2006	2007
世界总计	218773	319492	417324	450539	486267	543470
中国	3476	11985	19316	22439	26579	32801
巴西	4620	6445	6638	8825	10678	13142
加拿大	5827	7249	9922	11317	12716	13264
法国	12445	13280	20613	21365	22481	25623
德国	17145	19002	27405	27870	28969	32972
日本	30183	46674	46059	45491	43684	43767
俄罗斯	5168	2597	5917	7645	9906	12910
英国	9911	14423	21540	22319	23770	27278
美国	57572	97648	116573	123979	131639	138112
印度	3175	4602	7009	8087	9163	11710
意大利	11334	10973	17265	17697	18510	21075
西班牙	5210	5807	10431	11260	12247	14292

资料来源：世界银行数据库。

中国未来的经济发展前景如何，可以从许多因素的变化情况进行观察。一般说来，经济的景气情况取决于以下 8 个方面的因素：

（1）需求动向：国内生产总值变动，个人、政府、企业的动向；

（2）供给动向：工业、制造、建筑生产指数，订单变化等；

（3）供需差：进出口、结汇、供需缺口等；

（4）物价动向；

（5）所得动向；

（6）金融动向：货币供给、储蓄、贷款、票据交换、退票率等；

（7）心理状态：厂商预期、企业家信心、消费心理、股市心理等；

（8）发展环境：能源和矿物等资源供需、全球发展状况、污染及环境状况。

从 2009 年第一季度的情况看，中央实施的一系列"保增长、扩内需、调结构"措施已经开始显现作用，但仍有许多不确定因素可能影响今后的发展。上述 8 个影响经济景气的方面中，有许多积极信息：

（1）经济连续多年高速增长，综合国力不断增强，各种经济指标长期比较均衡，基础比较牢固，不会轻易动摇。

（2）金融机制比较健全，严格依法分业经营和分业管理，有效地抵制了风险，由中国人民银行、银监会、中央财政和地方政府组成的银行改革重组、危机处置配合机制已经形成，证券业和保险业的制度建设不断完善。

（3）财政赤字较小，债务总额占国内生产总值的比例在十分安全的区域内，资金供应充分，实施积极的财政政策和比较宽松的货币政策尚有充分空间。

（4）社会主义市场经济体制的优势充分显现，科学决策，有效实施，社会高度信任政府，使政府能够最大限度地发挥作用。

（5）危中有机，充分把握机会可以产生新的突破。例如国际货币基金组织中的权力分配机制酝酿多年、议而不决，国际金融体制长期由经济发达国家把持等问题，可能更快地找到解决方案，有利于改善全球发展的国际环境。

（6）国有企业和各种所有制企业在多年改革过程中应对市场变化的能力增强，更可以利用机会转变生产方式、提高技术水平，加快向全球化的方向发展。

金融海啸带来的负面影响当然也不容忽视，影响 2009 年经济增长的负面信息有：

（1）部分企业经营困难，一些行业的产能过剩现象充分暴露；

（2）就业形势更加紧张，农民工和新增劳动力就业将面临更加严峻的局面；

（3）财政收入减少，既受到减税等增加收入的税收政策影响，也受到进出口下降等税源减少的影响；

（4）内需增长的速度还不能抵销外需减少的幅度，增内需尚待更多有效措施的出台；

（5）国际贸易环境变差，各国虽然在会议上都赞成反对贸易保护政策，但不少国家、地区或明或暗地采取贸易保护政策。

但总的说来，有利因素多于不利因素。我们有充分的信心认为，中国将在全球率先实现经济复苏，2009 年下半年很可能就有明显的反弹。

世界各国对金融、经济应对措施的认识差别明显，从 G20 峰会上的议题支持方分布可见一斑：支持加强金融监管的最多，有中国、美国、欧盟、英国、法国、德国、意大利、日本、巴西、阿根廷、加拿大；支持反对贸易保护主义的，有中国、加拿大、韩国、日本、印度、巴西、土耳其；支持国际货币基金组织改革的，有中国、欧盟、英国、俄罗斯、加拿大、墨西哥、印度尼西亚、沙特阿拉伯；支持提升发展中国家地位的，有中国、俄罗斯、巴西、阿根廷、印度、印度尼西亚、南非、土耳其、墨西哥；支持取消避税天堂的，有美国、英国、法国、阿根廷；支持加强经济刺激计划的，有美国、英国、日本、土耳其。这个名单明显反映了各国的利益状况。一些经济发达国家对金融体制改革热情不高。只要看一看国际货币基金组织中主要国家表决权的分配就可看出，这些国家不愿意放弃垄断地位（见表8）。

表8 主要国家在国际货币基金组织中的表决权

国家	表决权
美国	16.77%
日本	6.02%
德国	5.88%
英国	4.86%
法国	4.86%
中国	3.66%

国际货币基金组织通过决定需要85%的支持票，因此，美国拥有实际的否决权。国际金融秩序的革新，肯定将是一个长期而曲折的过程。总的来说，此次国际金融海啸对世界经济的影响将不致达到20世纪30年代经济大萧条的水平，但经济复苏将是长期的任务，未来仍有可能发生意外事件。中国可以管好自己的事，我们尽一个世界大国的责任帮助世界，但我们担不起拯救世界的任务。世界必须在发展观念、生产方式、生活方式、经济和金融发展模式等方面有一个彻底的变化，才能从根本上摆脱数十年发生一次的危机袭扰。

环境保护何去何从[*]

（2009 年 4 月 28 日）

一个月前，G20 伦敦高峰会议讨论了全球合作应对金融海啸的紧迫课题，许多关心气候变暖和环境保护的人在忧心于拯救经济的同时，也在担心环境保护是否会被搁置一旁。按照巴厘行动计划，2009 年年末的联合国气候谈判，应就 2012 年以后的气候协议达成新一轮共识，在当前的经济、金融形势下，哥本哈根谈判是否会陷入僵局？伦敦峰会传达的消息使我们一则以喜，一则以忧。峰会最后的决定中虽然提到了继续致力于解决环境问题，但没有多少实际的内容。在这样的情况下，各界加强研究、提出建议、高声呼吁、共谋出路，就显得更为必要。我就此谈三点认识和意见，与各位共同探讨。

一、世界关注环境，危机推动变革

要使世界认识到，在国际金融危机中，不但不应搁置环境问题，回复到历史上曾经发生过的只要经济增长，不顾环境破坏、资源枯竭的老路上去，反而要让更多的人认清，目前的危机正是增长方式不可持续所制造的恶果。经济发达国家历史上长期对世界环境造成的破坏已经积累起来，达到了接近临界点的水平；发

＊ 这是蒋正华同志在第二届中德气候变化与能源论坛上的演讲。

展中国家致力于发展，不可避免地产生新的环境压力。现在，许多国家的生产能力已经过剩，提高经济效益，改变增长方式，努力建设低碳经济、零污染经济是唯一正确的出路。这次金融、经济危机的发生原因就是找错了出路，片面强调虚拟经济的发展而与实体经济增长失衡，片面强调市场调节的作用而放弃政府监管、引导，片面强调高消费而浪费了大量能源、资源。如果这种状况得不到改变，即使勉强渡过了这次危机，下一次很可能在短时期内爆发更加猛烈的全面危机。我这样讲绝不是危言耸听。许多迹象表明，地球的环境、资源问题正在日益逼近临界点，工业革命以来最大的一次发展模式的变化已经迫在眉睫，如果我们不能及时采取应对措施，将会付出更大的代价。

历史有时会惊人地相似，只不过扮演的角色不同而已。八九年前，气候变化的紧迫性碰到了恐怖主义的挑战。当时，应对全球气候变化的积极鼓动者和行动者、原英国首相的科学顾问、著名的化学家 David King 爵士，曾专程跑到美国，力图说服小布什总统改变在对待恐怖主义和全球气候变化这两个大问题上的不同态度。虽说 David King 并没有达到目的，但让世人看到一位科学家的大智大勇。

我们应当以同样的魄力，在严谨的科学研究支持下，对全世界发出呼吁。我建议，本论坛应当发出科学家的联合倡议，号召政治家们拿出勇气和良知，同全人类一道来推动社会增长方式、生活方式的改变，共同努力，把我们共同的地球家园变得更加美好。

二、既要坐而论道，更需身体力行

正确的决策，需要可靠的数据、严谨的分析和科学的理论支持。就科学研究而言，气候变化、环境变迁还有许多未解之谜。许多专家的研究结果也不尽相同，有不少论据还是针锋相对的。2008 年 12 月的波兹南会议没有能够取得实质性的突破。虽然此次会议本身并非谈判会议，可以将它看成从巴厘会议到哥本哈根会议之间的一个过渡，不能要求过高，但是，发展中国家在会上的表现十分突出，许多国家就资金、技术转让、能力建设等提出了具体的建议。中国学术代表团成员潘家华在会上提出了"碳预算"方案，这只是一项学术研究的结果，方案提出的意见也是部分专家的认识，但研究中建立起来的"人均碳排放""人均积累碳排放"等概念，都是当前讨论中的热点话题，值得大家关注。我认为，只有保持坦诚的讨论，努力求同存异，逐步增加共识，与此同时，不断加快各国自身可持续发展的建设步伐，才能使问题最终得到解决。

此次金融风暴估计已使全球金融资产在一年中缩水 50 万亿美元，有些国家濒临破产，有些国家的股市跌到数十年来最低。这说明，只有扎扎实实地以人类的需要为本，以社会的长期繁荣、可持续发展为本，才能使世界持久繁荣。中国政府从 21 世纪之初就大力倡导以科学发展观指导发展，建设环境保护型、资源节约型的经济体，以人为本，实现全面、协调、可持续的发展。20 世纪 90 年代，中国政府第一个向联合国递交了《21 世纪议程》，提出了保护环境和节约资源的目标。从 20 世纪末到 21 世纪初，中国的能源弹性系数平均低于 0.6，在保持高速、稳定增长的同时，节约了大量能源，保护了环境。由于中国仍在快速发展中，能源消费的增加不可避免。目前，中国在世界石油市场上的需求份额约占 9%，而增长量在 21 世纪初占世界石油消耗增量的近一半。国际能源署的《世界能源展望2007》预测："中国人口数是美国的 4 倍，2010 年以后将很快超过美国而成为世界最大的能源消费国。"我国高度重视这一问题，尽管中国人均能源消费水平还很低，但已在消费模式、生产技术、经济结构、国际合作等许多方面作出很大努力。进入 21 世纪以来，我国坚持提高准入标准、淘汰落后产能。仅 2008 年一年，就关停小火电 1669 万千瓦，关闭小煤矿 1054 处，提高部分高耗能生产部门的技术水平，单位国内生产总值能耗比 2007 年下降 4.59%，化学需氧量、二氧化硫排放量分别减少 4.42% 和 5.95%。2009 年的《政府工作报告》说："近 3 年累计，单位国内生产总值能耗下降 10.08%，化学需氧量、二氧化硫排放量分别减少 6.61% 和 8.95%。"我们还在大力发展循环经济和清洁能源，积极发展核电、风电、太阳能发电，并通过了清洁生产法、循环经济法等法律，依法不断推进这些工作。通过体制、机制、法制的建设，中国的环境保护和节能措施得到了有力的保障。欧盟各国在这方面有许多成功的经验，正在作出不懈的努力推进各国的合作，我们愿与欧盟各国、与德国互相协作，分享我们的技术与成果。

三、加强科学研究，推进合作创新

虽然大家都很关心气候变暖及其影响的问题，但至今人们的认识还很不一致。对于人类活动的影响，更是仁者见仁、智者见智。其原因既有认识深化的障碍，也有利益冲突的考量。在这样的背景下，哥本哈根气候谈判能否突破僵局，产生积极的、实质性的突破成为我们关注的焦点。

此次会议处在一个非常特殊的环境中，将面临政治、经济和自然三大挑战，需要参与者表现出极大的政治智慧和严谨的科学态度。为此我认为，科学家们应推动政府从以下几个方向促进谈判取得好的效果。

（一）将恢复经济与保护环境结合起来

恢复经济是各国政府当前的关注焦点。我们应以各种手段、通过各种渠道，使政府在恢复经济的努力中站得更高一些，从危机以后更快更好发展的角度，考虑未来气候变化、能源枯竭的形势，作出相应的投资决策，建立相应的经济体系。

（二）将多边与双边磋商结合起来

经济、金融发展中，变数很多。各国之间在经济全球化大趋势下，有各种原因需要加强双边和多边的合作。我认为，任何正确的步骤都需要先行者作出示范性的行动。为此，希望科学家们推动本国政府通过多种形式，创造性地工作，在金融风暴后的世界金融、经济秩序重建工作中，建立新机制，创造新经验，由点到面，由地区到全球，从经济利益、政治考量、法制约束等多方面逐步完善并推广。

（三）将政府间谈判与非政府组织交流结合起来

非政府组织既关心世界和国家的利益，又相对独立于行政责任。非政府组织的密切交流，可以有效地帮助政府采取更加明智的政策。中德科学家的交流已有多年，这次召开的是第二届论坛，希望论坛能持续下去、越办越好；同时，也希望在论坛的基础上，扩大交流的范围，加强合作的力度，深化研究的内容。

（四）将排放目标的谈判与技术转移的协商结合起来

排放目标与实现机制是密切相关的两个方面。我认为，技术转移是当前比较容易入手的切入点，可以在互相可接受的基础上，从原则到实施方案多加讨论，逐步接近，从而使排放目标谈判的难点适度分散，最终达到各方都比较满意的结果。

国际金融危机使大家同受其害，但危机是辩证的，危中有机。希望大家同心协力，利用我们的知识与技术，真诚合作，为世界作出贡献，为人类作出贡献。

振兴物流产业，促进经济增长[*]

（2009 年 5 月 21 日）

国务院于 2009 年 3 月 10 日印发了《物流业调整和振兴规划》，从 6 个方面全面分析了我国物流业发展现状、存在问题及因应当前全球经济状况、发展物流业的对策，并提出了 9 项重点工程，为振兴物流产业创造了空前未有的良机。

物流是 20 世纪初才出现的一个名词，而流通则古今中外早已存在。流通是活跃经济、促进消费、提高效率、发展生产的关键环节。流通推动了社会的分工，流通激励了技术的提高，流通改进了资源的配置，流通是社会经济生活中的润滑剂和发展的触媒。但是，在以自给自足为主的农业经济社会中，流通的作用十分有限。只是到了现代工业化时期尤其是经济全球化时期，流通的功能才得以充分发挥。出现物流产业，是流通发展到了一个崭新阶段的标志。

迄今为止，物流还没有一个国际统一的定义，这反映了该产业正处在不断发展中的现状。我国对物流的国家标准定义为："物品从供应地向接收地的实物流动过程。根据需要，将运输、储存、装卸、搬运、包装、流通加工、配送、信息处理等基本功能实施有机结合。"美国物流管理协会则将其定义为供应链管理

---

[*] 这是蒋正华同志在第三届中国北京流通现代化论坛物流产业振兴战略高层峰会上的主旨演讲。

的一部分。从产业发展的角度来看，我国的定义似乎更有利于行业管理。

任何一个现代社会要保持正常的运行，都需要资金流、物资流和信息流"三流"有机协同工作。物流是社会经济活动的载体，资金流是社会经济活动的工具，信息流则是现代社会经济活动的触媒。物流的能力决定了商品流动的顺畅程度与效率高低。物流在经济社会生活中的重要性日益为大众所认识，近20多年来在中国得到了迅速的发展。但与经济发达国家相比，我国的物流业还处在初级阶段。在制造业中，我国物流费用占成本的比例大约比经济发达国家高1倍，物流各方面的技术和管理水平都有待提高，物流业的高端人才亟待大量补充，物流企业在规模、能力、整合程度、服务水平等方面都亟待提到一个新的高度。

此次物流业被中央列入十大调整振兴产业之内，出乎许多人的意料，表现出中央的高瞻远瞩和深谋远虑。我认为，主要有三方面的重要意义。

（一）物流是促进内需的有力支柱

物流是经济社会活动的载体。我国在发展中不断加强内需的推动力量是一项长期的方针，但面对外贸下滑、部分生产能力闲置的状况，加强物流业建设既可以为改善民生创造条件，又可以直接带动地区经济增长，推动服务业发展和经济结构调整，可谓一举多得。

（二）配合并推动经济全球化浪潮中增长方式的转变

现代化生产需要现代化物流来配合，现代化的物流则可进一步推动经济社会活动进入一个新的层次。

物流业的发展可以有力地推动我国经济效益的提高，以及经济全球化过程中竞争能力的提高，在最近20年内尤其如此。美国记者托马斯·弗里德曼（Thomas L. Friedman）在2005年出版了一本很畅销的书——《世界是平的》（*The Worldis Flat*）。"世界是平的"是经济全球化的另外一种说法，是指当今世界，每一个地方所能够创造的机会都是更加均等的，工作能力也都可以更加充分地发挥出来，可以通过远隔千里的配合，一起完成某些工作。书中形象地将近年来10项影响世界发展模式的重大事件、创新或趋势，称为抹平世界的10台推土机。它们依次是：围墙倒下、视窗（Windows）开启、网景（Netscape）上市、工作流程的电脑化管理、源代码开放、外包、全球化生产、供应链优化、内包、全球资讯搜索。这十大"推土机"全部与物流业密切相关：前四项奠定了现代物流业的工作基础，为现代物流业提供了有力的工具；第五到第九项则是物流业大展身手的领域；最后一项为现代物流业的持续发展提供了推动力。众所周知，网景公司使网络充分地发挥了作用，因此1995年，网景公司在美国上市第一天，股价就涨到了50多美元，比原来的预期涨了1倍多。类固醇是一种激素，用来比喻高新科技的产生可以对经济社会实体产生一种类似激素的刺激作用，从而使之发生量和质的变化。

物流业的现代化涉及许多领域，如交通运输、仓储、装卸搬运、配送、包装、流通、信息技术、系统规划、管理与预测等。这些领域的发展推动物流业改造和供应链管理优化，也推动了各部门与物流业互相呼应、互相配合，提高我国经济的整体水平。

（三）面向世界金融和经济危机后的发展需要

此次源于美国的世界性金融、经济危机将产生深刻影响，经济全球化过程不会有实质性变化，但其格局将会有重大调整。新兴国家特别是我国的国际地位进一步提高，发言权更充分，作用发挥更为明显。

现在，我们的眼光要看得远一些，要用发展的眼光看问题。

目前，世界经济、金融正处于低谷。2009 年第一季度，日本经济下滑最严重。美国经济也在持续下滑，最近虽然有一些向好的迹象，但还远远不能说已经开始恢复。要看到，这次危机会使世界的金融和经济格局发生很大变化。利用这个机会，在世界范围内更好地发挥作用来取得我们国家的利益，使我们国家的利益最大化，物流业是很重要的一个方面。有很多物流企业在进入全球市场的过程中，由于不熟悉国际物流规则，吃了不少亏。在后危机时期，我国的物流产业界必须适应这种变化，积极地加强自身建设，向全球发挥影响。在这种形势下，物流业界承担着沉重的任务，也面临着大好机遇。我殷切地企盼着出现一个物流产业大发展的、前所未有的高潮，在国际舞台上出现一个崭新的中国物流业。

中国有句古话：凡事预则立，不预则废。为了振兴物流业，我认为应当做好以下工作。

（一）做好规划，落实措施

中央提出的 9 项重点工程全面覆盖了当前主导物流业发展的各个方面，有关部门、地区应当抓紧做好具体的实施规划，并落实到各个项目。相关的企业应当做好相应的准备，全力实施好项目，在实施规划过程中进一步明确自己的发展方向，在这一产业中做强做大。

（二）加强人才队伍建设，提高物流产业整体水平

物流业整体水平的提高关键在于人才。当前，资金、设备、技术都处在有利于我国使用、引进的状态，但迫切需要懂管理、懂信息技术、懂服务对象业务、善于整合物流管理链的人才。这些人才中，专攻一方面的可以通过加强定向培养等方式加以补充，知识全面、经验丰富的高级人才却非一时能培养出来。通过常年工作，我国已经有了一些这样的人才，但还不够，还应在全

球范围内物色、引进。特别是当前世界经济不景气，许多华人失业，我国留学生毕业后就业困难，正可借机物色合适的人才，为我所用。

（三）加强对国际和世界各国经济社会状况及法律的研究

在近年"走出去"的我国企业中，有一些成功的案例，如华为、海尔等，但也有不少企业铩羽而归。究其原因，成功者熟知投入所在国的情况，善于运用当地法律和规章，能与当地人密切结合。物流产业走向世界将会遇到更多的问题。与制造业相比，物流业接触的面更加广泛，涉及的领域也更多。国家应当在现有基础上加强信息平台的建设，加大法律等方面的支持力度，物流企业也应当具备运用现代信息资源的能力，提高运用信息技术的水平，加强运用信息工具的技巧，将自身建设成为现代化的企业。

我国的大方针是把信息业和制造业很好地结合起来，形成强大的、现代化的制造业。物流业也应如此，要与信息业很好地结合起来，成为现代化、国际化、全球化的大产业。

留学事业对中国发展的意义

（2009 年 6 月 21 日）

　　自古以来，中国就与世界有广泛的交流，但留学作为一项事业有组织、有目的地开展，还是近代的事。这项事业的开始、发展，与中国的经济社会发展和现代化过程密切联系在一起。

　　在中国近代史上，19 世纪末到 20 世纪中叶是不堪回首而又必须审视的一个历史阶段。

　　直到 19 世纪初，中国还曾是世界上经济最发达的国家。经济史学家麦迪森在他的《世界经济二百年回顾》一书中，计算了那一时期的经济数据。据他估计，按 1990 年的美元价计，1820 年，中国国内生产总值的总量为 1992 亿美元，为世界第一；印度 1109 亿美元，排名第二；第三位是法国的 373 亿美元；英国以 348 亿美元占世界第四位。当时，闭目塞听、狂妄自大的清政府自以为是天朝大国，不屑与外国交往。而正是 17 ~18 世纪以后，工业化迅速改变着世界面貌。其实，就是在 1882 年，按人均国内生产总值计，英国已增长到 1756 美元，稳坐世界第一的位置；中国为 525 美元，只有全球平均水平的 89%。漠视正在渐渐落后的趋势，终于招致以后近 100 年落后挨打的痛苦经历。

　　19 世纪末期，形势迫使清政府不得不作出改变，办学堂、组织留学等活动开始启动。更有一大批忧国忧民的先行者，为强国富民作出了不懈的努力，留学事业成为他们优先关注的事。

　　回首历史，从 1847 年容闳赴美国留学算起，中国近现代的留学史迄今已达 160 余年。在近现代中国历史的不同时期，留学的几个阶段可以看得很清楚。

第一阶段，从容闳到他发起的中国最早的官派留学生、赴欧洲的船政留学生，以及甲午战争后的赴日留学生。这个阶段的留学生身历清末，在政治上大多追求改良，不少人投身国防、军事工业。他们中出现了中国第一位铁路总工程师詹天佑和翻译了《天演论》的严复等人，对中国人的思想起到了很大的启迪作用。

第二阶段，从辛亥革命到新中国成立。这个阶段的留学生在政治上是推翻帝制的主力，同时对中国共产党的建立和发展产生了重要影响；在文化上是新文化运动的中坚，促进了废除科举、建立现代科学研究和教育制度；在伟大的抗日战争和解放战争中，也发挥了重要作用。

第三阶段，从新中国成立到改革开放。新中国成立之初，一方面，大批新中国成立前留学的海外学子纷纷回到祖国；另一方面，国家向苏联和东欧国家派遣了不同类别的留学生和实习人员 1.8 万多名，他们学成后全部回国。在 1955 年的中国科学院首届学部委员中，留学回国的学者占到 92%；在 1999 年获得"两弹一星功勋奖章"的 23 人中，属于那个时期的留学回国学者就有 21 人。

第四阶段，从 1978 年到现在。随着我国进入改革开放和社会主义现代化建设新时期，留学事业也进入了新的发展阶段，我国历史上规模最大、领域最多、范围最广的出国留学潮逐步形成。这个阶段，广大留学回国人员在国家政治、经济、国防、教育、科技、卫生、体育等各个领域的作用都十分突出。据有关部门统计（2008 年 3 月），改革开放以来出国留学总数达 121.17 万人，回国者有 31.97 万人。

可以说，中国的留学史，也是中国人民追求民族解放和国家独立、追求现代化的一个缩影。无论是第一代留学生的富国强兵梦，还是第二代留学生热血理想，第三代留学生科技救国的热忱，第四代留学生建设祖国、创业立业的抱负，都是和国家的发展分不开的。

留学生可以在四个方面发挥作用。

（一）留学生是认识世界的尖兵

在当今信息工具发达的时代，有多种渠道可以接触外界，但直接生活在一个外国的环境中，仍是最深刻了解世界的、不可缺少的环节。我多年在国外学习、工作，对此深有体会。单从语言来说，同一意思的有些话在学生中和教授中说得就不同，深层次问题更是如此。在美国有不少20世纪50年代去的老华侨，他们做生意很成功，但纳税等事务就要请在美国出生的子女帮忙。前几年，我国一家企业在欧洲收购了一家公司，签约后很不愿意地请了一位要价100多万美元的律师看合同。该律师指出，约定中关于全部设备装上船后所有权即属中方一条对我方不利，因设备所有方要交离岸税，修改后改为船离开对方海域后所有权方属中方，几字之差节省了600万美元。可见，真正认识世界很不容易。现代化的特点之一是"open to new experience"，培养这种意识、锻炼这种能力，比学一门技术更重要，影响也更深远。留学生要做这方面的先锋。

（二）留学生是传递信息的桥梁

留学生与所在国的朋友生活在一起，能够从各个方面了解信息，正面、负面的都是最真实的。还有公众情绪、国民特性等信息，都只有直接生活在一起才能深切体验。我在美国斯坦福大学时经常与一批教授共进午餐，其间讨论到宗教问题，我的一句"superstition"引发了大批人的讨论。我也切实体会到即使在基督教徒中，不同人对基督教的认识也千差万别。这在任何书上都读不到。

（三）留学生是交流友谊的使者

中国发展很快，世界上的朋友不断增加，有的将中国的发展之路称为"北京共识"，有的称之为"中国模式"，但也有一些存在不少误解。加拿大的《环球邮报》在 2008 年 12 月 13 日，刊登了一个长期在中国生活的加拿大人的文章，用许多事实说明：中国的大门已敞开 30 年，但世界上对中国仍存在偏见。我记得 20 世纪 90 年代，欧洲有一家报纸刊登了一张中国老人打太极拳的照片，所附的说明是"中国全民皆兵，连老人都军训"。中国人也可能对外国产生种种误解，留学生可以有效地对外国加深了解。

（四）留学生是促进发展的动力

当前是知识经济时代，正在第六次技术革命的前期。邓小平同志曾说过：科技是第一生产力；他又说：金融是现代经济的核心。我们的发展需要吸取人类一切优秀的成果，广大留学生可以在各个领域充分发挥优势。今天在座的，许多是在不同专业作出突出贡献的留学归国人员，我们期望更多的人加入这支队伍。

留学生要充分发挥作用还应深刻了解国情，将世界的先进成果与中国实际结合起来。随着国家的发展、进步，留学生将有更大的用武空间。20 世纪 90 年代初，国家提出"支持留学、鼓励回国、来去自由"的政策，建立回国留学基金，支持出国留学人员回国后的科研、创业，并为他们创办企业提供优惠条件。这些办法实施以来，国家公派人员按期回国率达到 90% 以上。深圳等许多地方也为出国留学人员制定了许多特殊的支持政策，提供科研启动经费、建设专门的企业园区等。现在，一大批留学回国人员正在各条战线上发挥着积极作用，还有不少留学人员短期回国参加学术会议、讲学，开展科研合作或帮助国内学术部门建立各领域的前沿研究机构，培养国内的人才。

当前，从美国开始的全球性金融、经济危机仍在继续。中国在应对此次危机过程中，充分显示了我国的政治优势、经济实力和国际地位日益提高，也为留学人员提供了大展身手的天地。我衷心祝愿留学事业不断发展，留学生发挥更大作用。

经济、金融形势与发展

（2009 年 8 月 5 日）

当前，全球正处在百年不遇的世界性经济、金融危机之中，各国都在采取有力的措施，但迄今，危机仍在低谷中。为了解当前形势和未来走势，我想介绍五个方面的情况。

一、抵押贷款证券化的由来

事从根脚起，水自源处流。危机由次债而起，我们要彻底了解其性质、影响，不能不对美国的房贷及抵押贷款证券化有一个比较深入的了解，才可明白次贷证券为何使那么多人上当、影响为何那么大。

住房是每个人的需求。美国有一套贷款、保险、抵押贷款证券化的一级市场支持的住房政策。

历届美国政府都追求"让人人都有自己的住房"，以各项政策推动国家、私人投资住宅建设。多年来，美国的住宅投资占国内生产总值的 4% ~ 7%，占私人投资的 30% 强！"9·11"事件前，约七成美国人依靠信贷拥有了自己的住宅，早在 1831 年就有了第一笔住宅抵押信贷，历史悠久。

住宅抵押信贷发展迅速，规模越来越大。美国全社会的未清偿债务中，联邦政府债务居第一位。第二位就是住宅抵押贷款债务，为全部未清偿债务的 1/4 左右，约占美国国内生产总值的七成。

大量住宅抵押信贷对金融机构的资金形成沉重压力，这种贷款有三大特点。

（1）住宅抵押贷款规模大，其中一大部分信誉高、风险小，贷款种类相似并能形成稳定的收入流，可能成为证券的抵押品。

（2）住宅抵押贷款共性多，规律强，例如贷款期限、利率及浮动规律、贷款与房产价值比、贷款种类（独户或多户贷款）、分期付款方式等均有规律，有利于金融资产分解、重组、定价、确定风险与收益。

（3）住宅抵押贷款违约率低、安全性高。

美国对该项贷款有严格的信用风险管理制度、标准化抵押合约、健全的个人资信审查网络系统，有政府发起的住宅抵押信贷担保和私营抵押保险制度保障，可以分散信贷风险。

美国政府的住宅抵押保险由联邦住宅管理局（FHA）及退伍军人管理局（VA）提供，并有《1934 年联邦住宅法》为依据。前者为中低收入家庭提供 100% 的保险，后者为退伍军人及其遗孀提供部分贷款保险，两者均有详细的条件、规则。

私营抵押保险公司不能从事其他保险，完全市场化运作，保险部分为抵押款额的 20%～30%，可为各类房屋抵押款提供保险，也有详尽的规则。

除了住宅贷款本身的特点有利于证券化之外，美国有三项制度用以支撑证券化。

（1）信用评级制度。穆迪、标准普尔等信用评级公司经多年实践，建立了规范的评估系统，可以较准确地评估各种风险。

（2）第三方担保制度。证券发行公司按照评级公司评定的亏损补偿率，向第三方购买信用保险。

（3）风险准备金和现金担保制度。它由证券发行机构建立，预防本金和利息支付风险。

发行证券对各方都有利。由于证券化打破了地域、机构限制，金融机构可以增加稳定的现金流并增加盈利。购房者则可以获得成本较低的住宅，并更容易获得贷款。据 Cotteman 和 Pearce 的研究结果，在证券化程度较高的住宅抵押贷款市场上，贷款利率低于大额抵押贷款利率约 25～50 个基点（0.25%～0.50%），仅此一项，每年美国购房者就节约上百亿美元。美国联邦住宅与城市发展部的研究表明：住房抵押贷款利率每降低 0.50%，住宅自有率可提高 1.14%。因此，住宅抵押贷款证券化是一项多赢的制度：对政府有利于实现人人有住宅的目标，企业可扩大经营范围、增加赢利空间，消费者可以降低购房支出、容易获得贷款。

制度设计得似乎完美无缺，问题出在哪里？

二、经济周期与"9·11"事件

经济发展史上多次出现经济周期，有短、中、长各种周期，发生原因各不相同。20 世纪最严重的两次经济低谷，出现在 30 年代和 80 年代。第一次的结果是美国崛起；第二次使国际货币体系遭到严重打击，美国开始走下坡路。美日间的广场协议使日本经济走入"失落的 10 年"。

20 世纪 30 年代的危机最终以战争结束，80 年代的则由撒切尔、里根等人主张经济、金融自由主义作为解决的方针。克林顿执政 8 年间的持续繁荣，被作为其突出成绩而总结成"华盛顿共识"。从经济周期的角度看，石油时代的黄金时光已经过去，被信息经济取而代之。1993 年，第一家网络公司上市，纳斯达克指数从当时的 600 多点开始，3 年左右的时间飙升到 5000 点以上，但网络泡沫迅速破灭，世界经济趋于恶化。

全球经济衰退的基本原因是：

（1）高科技产业的泡沫破灭。

（2）能源价格不断上涨。

（3）20 世纪 80 年代衰退的趋势仍在。美国找不到长期发展方向，日本"失落的 10 年"继续，欧洲内需不足，新兴国家的出口急剧下降。美国在 20 世纪 70 年代放弃美元与黄金挂钩，在 1986 年成为纯债务国；日本多年经济零增长或负增长；欧洲低增长、高失业；世界贸易增长率猛跌。

"9·11"事件使全球经济雪上加霜，其结果是：

（1）证券业受到重大打击，财富缩水；

（2）油价上升，影响企业利润和经济增长；

（3）全球需求下降，经济活动减慢，通货紧缩；

（4）国际贸易成本上升，受恐怖主义威胁，航运、通关等领域的成本均上升；

（5）资源配置向国防倾斜，影响其他产业发展；

（6）经济、金融全球化受到影响，各国趋向保守；

（7）美国走向发动战争，带来一系列政治、经济、社会后果。

所有这些因素均使美国经济受到重创，因此，迟早将走入新的经济低谷，但从金融领域开始有其特殊原因："9·11"事件后，美国为提振经济，鼓励扩大次贷，并因其金融制度引发世界性危机。

因此，经济危机已经隐然可见。哈佛大学法学院破产问题专家 Elizabeth Warren 与商业咨询师 Amlia Warren Tyagi，研究美国的破产情况后发现：2005 年破产的家庭数量是 20 世纪 80 年代初的 5 倍，主要原因是购房及过度消费负债。许多人购房的目的是为下一代进入好的学校、为下一代创造更好的发展机会，因此购入价格较高的房产，超出自己的偿还能力。

三、次贷危机的发生与发展

金融衍生品是福也是祸。从 1971 年第一个金融衍生品产生以来，至少产生了 5000 多种金融衍生品。国际清算银行统计，2006 年年末，全球场外衍生品市场名义本金余额 415.2 万亿美元，为国内生产总值的 10 倍以上，比 2005 年增长 39.5%；全球场内衍生品本金余额 70.44 万亿美元，较 2005 年增长 21.9%。场外衍生品中，利率合约占 70%；场内金融期货合约中，利率期货占 95.3%；场内金融期权合约中，利率期权占 85.2%。信用衍生品在场外市场发展很快，2004 年年末，占场外衍生品市场余额的 2.5%；到 2006 年年末上升至 7%，上升 3 倍，其中一种称为信用违约合约。

据 BIS Quartly Review，信用违约合约在 2004 年年末的余额为 6.4 万亿美元，占比为 2.48%；2006 年年末为 28.84 万亿美元，占比为 6.95%。场外衍生品交易四成在英国，二成四在美国，一成在法国。衍生品引起金融业如此关注，其原因在于高利润。

哈佛大学商学院等国际知名学院的根本原则是："用别人的钱来为自己赚钱。"

金融衍生品最好地满足了这个要求。

用别人钱能力的标志是杠杆率，即用 1 元本钱可以运作多少钱的比率。比率越高，融资的能力越强，利益越大，但风险也越大。

与金融衍生品的发展相比，监管却薄弱无力。

（1）以格林斯潘为代表的美国金融监管部门的指导思想是，市场会自动实现管理，监管是坏事，市场是好事。从管理思想上放弃了监督。

（2）1999年，美国废除《格拉斯—斯蒂格尔法案》，拆除了金融行业间的防火墙，实行混业经营，使金融风险在不同领域扩散。

（3）华尔街的投机势力买通国会议员，或国会议员与华尔街的利益相通，阻止金融监管法律通过。

结果是：商业银行的杠杆率上升到10～12，投资银行的杠杆率为25～40。房利美、房地美有美国政府支持，杠杆率一度超过25，以800多亿美元自有资金运行了近5万亿美元资本，放大62.5倍，风险不断增大。

衍生工具的运行方式（以由2002年起的房贷为例）：

银行将应收贷款本息打包卖给投资银行或贷款机构（中间机构SPV Special Purpose Vehicle，专用法律实体）；

投行等发行债券MDS（房屋贷款证券化），购买者在贷款到期这个时期内逐年获得利息；

投行进一步证券化，形成CDO（债务抵押券）；

按风险分类打包，同时发行CDS（信用违约掉期）；

从2006年下半年起，购房者开始付不出钱。

2008年的三件事破坏了银行信用：①美国五大证券公司之一的美林证券被美洲银行收购；②美国五大证券公司之一的雷曼兄弟宣布破产；③美国最大的保险公司——美国国际集团（AIG）紧急向美国政府申请500亿美元救助，因为要支付CDS。

实际贷款债务约1万亿美元，CDO为10余万亿美元，CDS可能超过30多万亿美元（数据未公开）。

华尔街运作 CDO 程序：

（1）将"垃圾债券"分为高、中、低等级包装；

（2）请穆迪、标准普尔等信用评级公司评级，多为 AAA 级；

（3）在开曼公司成立 SPV；

（4）处理"中级""次级"品，先成立独立的对冲基金并以高价买入，作为"进入价格"，又买下 CDS，为将来违约买下保险。顾客购买衍生品时，可免费获得分期支付的保险费，但也承担了风险。

CDO 极不透明，流动性差，发生问题时，投资人赎回→CDO 报价下挫→信贷市场紧缩→投行流动性危机→暂停赎回或宣布破产（待价格低时购入）→民众财富缩水、资产价格跳水（估计全球损失 50 万亿美元）、消费缩减、融资困难→"经济珍珠港事件"（2008 年 9 月 24 日，沃伦·巴菲特语）。

因此，次贷违约造成整体的金融问题。住房贷款违约的主要是两部分人：①低收入、信用差者；②贷款与房屋价值比高者，引起连锁反应。

四、世界应对空前的经济和金融危机

2009 年 6 月 24 日，联合国世界金融和经济危机及其对发展的影响高级别会议，对于此次国际金融和经济危机的认识，可以联合国秘书长潘基文为代表。

潘基文说："世界正面对联合国成立 60 多年来最严重的一场全球性金融和经济危机……这场危机的影响可能会延续几年之久。"在会议的讨论中，大家认为发展中国家受到严重影响：新增 5500 万 ~ 9000 万赤贫人口，饥饿人口从 8.5 亿增加到 10 亿。

世界银行预计，新兴经济体的金融缺口将达 7000 亿美元。国际金融协会预测，2009 年流入新兴经济体的私人资本将比 2007 年下降 82%。全球形成了四大金融问题：①过分迷信市场的作用；②监管体制落后于实践；③国际监管体系尚未形成；④金融道德伦理问题严重。

联合国于 2009 年 5 月 27 日公布的题为《2009 年世界经济形势和前景》的报告提供了以下数据。

2009 年，世界经济下滑 2.6%，2010 年增长 0.2%～2.3%。预测欧元区经济下滑 3.7%，2010 年零增长或下降 0.1%。拉美、加勒比地区的国内生产总值下降 1.9%，南美下降 0.9%，墨西哥、中美下降 4.3%，加勒比地区下降 3.2%。

OECD（经合发展组织）提供了以下数据：2009 年第一季度，30 个成员国的国内生产总值比上季度下降 2.1%，为 1960 年有记录以来最大跌幅，与 2008 年第一季度比，下降 4.2%，美国占 0.9 个百分点，日本占 1 个百分点，欧元区 13 国占 1.3 个百分点。

ILO（国际劳工组织）预测，2009 年，全球有 2.39 亿人失业，失业率为 7.4%，失业率到 2010 年年底或 2011 年年初仍将升高，就业危机将持续 6～8 年。

全球经济、金融危机对中国的影响是：

（1）外贸需求大幅减少，对制造业影响严重。中国经济出口依存度多年来在 35% 以上，欧美市场占出口的六成，欧美经济下降，严重影响中国出口。沿海外向型经济从 2008 年年初开始就感受到寒意，年中进一步扩散。

（2）中国金融系统实行分业经营，总体而言，受金融海啸冲击不大，但部分行业仍存在泡沫。突出的是股市、房市，泡沫挤出是一个痛苦的过程，股票总价值跌去一半以上，资本市场动荡不安。

（3）部分企业资金链断裂，其影响传导至关联企业、金融机构，部分地区外资逃跑，留下三角债、劳务费等，拖累地方经济发展，影响社会安定。

（4）城镇就业压力沉重，农民工遭受直接冲击。其中，珠江三角洲受到的影响最为严重。各部门的统计数字不一，估计有2000万左右农民工因全球经济危机失去工作。城镇待就业的劳动力中，2009年，大专毕业生610万人、2008年未就业的150万人、下岗失业的830万人，总计1500多万人。

（5）在我国经济周期性调整中形成双重压力。

中国改革开放以来大的周期性经济调整有过3次，小的有5次。国内生产总值增长率数据如下。

波峰：1978年为11.7%，1984年为15.2%，1992年为14.2%，2007年为13%。

波谷：1981年为5.2%，1990年为3.8%，1999年为7.6%。

经济周期的长度大多为6年左右。进入21世纪后，是时间长、幅度高的一个经济上升期。正式进入调整阶段，加重了全球经济、金融危机的压力。

除了不利影响之外，全球经济、金融危机也给中国带来了机遇。

（1）有利于中国在海外投资。资源、装备、技术等生产要素的价格在危机中急剧下降，带来投资机会。

（2）有利于提升中国的话语权。世界经济活动规则原来由经济发达国家制定，有许多不合理之处，影响我国更好地发展。此次危机使过去的"中国破产论""中国威胁论"等声音减弱，与中国合作的热情大大增强。在多次国际会议上，中国成为关注的中心，有利于我国在国际金融、经济秩序重组过程中发挥更重要的作用。

（3）有利于中国企业做强做大，走向国际。国际跨国公司是现代经济的重要支柱，中国的发展需要加快建立国际化大企业。

（4）有利于中国吸引高级人才。中国 120 多万留学生，回国的只有 1/4，危机使大量人才流回国内，外国人才也走向中国，有利于中国经济长期发展。

总的来说，中国仍处在重要的发展机遇期。

五、中国经济增长与世界经济前景

近年来，我国经济进入新的景气上升期，国内生产总值增长率在 2003 年为 10.1%，2004 年为 10.4%，2005 年为 11.5%，2006 年为 11.4%，2007 年为 11.9%，2008 年为 9%。

2008 年上半年，原是采取紧缩的货币政策。当时考虑，主要是应对高物价的压力，虽然部分地区已经感受到世界经济危机的影响，但尚未引起高度关注。2008 年下半年，物价指数迅速下滑，11 月的居民消费价格指数为 2.4%，工业品出厂价格指数为 2.0%，并呈继续下滑之势。宏观调控的重点也从下半年转向保增长、保就业，实施积极的财政政策和宽松的货币政策，宣布了 4 万亿元人民币的投资计划。以后，各省份纷纷加码，总计已达到 22 万亿元的空前水平。为了用好这些投资，制定了重点产业振兴规划，这些项目有多方面的目的：一是保经济增长，二是促进地区经济均衡发展，三是促进经济结构调整，四是促进社会建设加快发展，五是保就业与民生。

货币政策也采取了相应措施，财政、货币政策双松是应对非常情况的特殊措施。

2008 年 9 月 16 日至 11 月，3 次下调一年期贷款基准利率，2 次下调存款基准利率，每次下调 0.27 个百分点。2008 年 11 月底，中国人民银行将一年期人民币存、贷款基准利率下调 108 个基准点，为 10 年间最大降幅。2008 年全年，5 次加息、5 次减息，一年期贷款利率从 7.47% 降到 5.31%，累计下降 216 个基准点；一年期存款利率从 4.14% 降到 2.25%，下降 189 个基准点。

与此同时，为鼓励银行放贷，存款准备金率下调 0.27 个百分点，中小银行的存款准备金率下调 2 个百分点。

这些政策刺激下，2009 年第一季度的贷款总量就接近全年原计划的贷款总量。

与此同时，各地纷纷出台扩大投资、支持企业、增加内需、促进就业等措施，效果明显。2009 年第二季度，全国经济企稳回升。

中国 2009 年上半年的经济特点是：

（一）经济增长企稳回升

2008 年第三季度以来，增长率从 10.1%、9.0%、6.8% 到 6.1%，持续下降。2009 年第二季度为 7.9%，上半年同比增长 7.1%。2008 年 9 月决定大幅度投入，在年底实施，6~8 个月见效。积极的财政政策和适度宽松的货币政策开始见效，财政、货币政策的落实情况好于预期，扩大政府投资规模、转型增值税、提高出口退税率、降低行政性收费、提高居民收入、实行消费补贴等措施，估计可拉动国内生产总值增长 3 个百分点以上。

（二）经济结构不断优化

低端工业增长减速，单位能耗下降，高新技术与高端制造业投资加快，中西部发展加快，城乡居民收入稳定增长，装备制造业加快恢复。2009 年 1 月、2 月，规模以上工业增长 3.8%，3

月起逐步增长，至 6 月达到 10.7%。上半年，轻、重工业分别增长 8.2%、8.6%。

（三）社会建设加快发展

医疗体制改革获得大力推动，经济适用房、廉租房建设加快，城乡一体化有力推进，社会保障体系加速建立健全。低保支出在城乡分别增长 49.9%、140%。

（四）内需开始启动

开工项目多，1～5 月份的开工项目增长 95.8%，上半年的城镇固定资产投资同比增长 33.5%，比 2008 年同期加快 7.2 个百分点，社会消费品零售总额增长 15.0%，城镇居民可支配收入增长 9.8%，农村居民人均现金收入增长 8.1%。钢材等需求强劲，消费品工业、电子制造业、汽车、房地产等行业需求旺盛。

（五）外贸开始显示稳定的趋势

部分地区的外贸企业在危机中加强了力量，中国企业在国际上的地位提升，世界 500 强成员大幅增加。

（六）资本市场发展势头强劲

沪深两地股指迅速攀升，人气恢复。2008 年，上海证交所股指下跌 65%，2009 年上升 80%。6 月重启新股发行，超级大盘中国建筑上市，融资反应热烈；创业板开盘，工商银行、建设银行、中国银行名列世界三甲。

（七）粮食连续 6 年增产，与世界饥民增加形成鲜明对比

这一时期中国的经济数据如下：

（1）发电量增加；

（2）财政收入增长 19.6%；

（3）采购经理人指数 5 个月超过 50；

（4）市场信心充足。

这些数据充分印证了经济景气的态势。

中国经济半年报发表后的国际反应都是正面的。摩根大通将2009 年的中国国内生产总值增长率预期由 7.8% 修正为 8.4%，将 2010 年的中国国内生产总值增长率预期由 8.5% 修正为 9.0%。摩根士丹利将 2009 年的中国国内生产总值增长率预期由 7% 修正为 9%，将 2010 年的中国国内生产总值增长率预期由 8% 修正为 10%。瑞银证券将 2009 年的中国国内生产总值增长率上调为 8.2%，将 2010 年的上调为 8.5%。汇丰银行将 2009 年的中国国内生产总值增长率上调为 8.1%，将 2010 年的上调为 9.5%。苏格兰皇家银行将 2009 年的中国国内生产总值增长率上调为 8%。巴黎银行经济学家将 2009 年的中国国内生产总值增长率上调为 8.2%，将 2010 年的上调为 9.5%。巴克莱资本将 2009 年的中国国内生产总值增长率上调为 7.8%，将 2010 年的上调为 9.6%。

2009 年 7 月 27～28 日，在华盛顿举行了首届中美战略与经济对话，认为当前"国际金融市场依然面临挑战，世界局势发生复杂深刻变化"，确切地说明了世界经济、金融的问题和走向。

（1）美国、欧盟、日本仍然深陷经济衰退。

（2）部分国家的财政可能崩溃。

（3）世界货币制度面临改革，美元有大幅贬值的危险，布雷顿森林体系之后将是多元体系或世界体系。

（4）国际金融中心将重组，国际金融规则将重定，国际金融管理将重构，国际金融市场将重整。

（5）世界经济发展模式将发生重大转变，世界经济地理版图将发生重大改变。目前，世界国内生产总值约 60 万亿美元，美国占 24%，在 21 世纪将发生新的变化。

中国金融改革取得重大成功，但仍有许多问题。

中国人民银行对 2001 年、2002 年的不良金融资产进行分析后认为：计划与行政干预形成的占 30%，国有企业违约的占 30%，结构性调整（关、停、并、转）的占 10%，商行内部管理不善的占 20%，需要制度性改革。

当前的金融风险是：

（1）银行风险高度集中：2009 年的银行贷款发放速度惊人；

（2）政府债务存在风险：地方政府债务总额超过 1 万亿元；

（3）非正规金融无序运行："地下金融"估计达到正规金融的 1/3；

（4）存在资金外逃风险：假外资问题值得重视；

（5）存在房地产泡沫风险：央行的《中国房地产金融报告 2004》称，截至 2004 年，银行 17 万亿元信贷资产中，约一半与房地产直接有关。近年，房地产投资占 20% 左右，经济增长占 5% 左右。

其他的，有利率风险、人民币汇率导致的经济不稳定风险、资本市场发展滞后导致的优质公司境外上市失利等风险。

中国金融参与国际竞争的能力仍然较弱。石油企业在期货对峙中失利，中投公司在黑石、摩根士丹利的投资亏损都是突出案例。

金融衍生品是一把双刃剑，我国应充分把握，趋利避害。20 世纪 70 年代，出现金融衍生工具。2002 年，其总值为 109 万亿美元；此次危机前，达 531 万亿美元，约为全球国内生产总值的 9 倍，成为美国向全世界"剪羊毛"的利器。我们不可不深入了解，并加以利用。

始于金融系统的危机将终于全球性金融制度改革，并将深刻地改变世界的未来。总结金融海啸的教训，要实现 3 个均衡：

（1）虚拟经济与实体经济必须均衡发展。

美国的国内生产总值中，工业只占 19.8%，农业占 1.2%。虚拟经济与实体经济高度失衡是不稳定之源。

（2）消费与储蓄必须均衡。

21 世纪初，美国的居民储蓄为零，甚至为负。今后，对信用消费必须适当控制。

（3）市场创新与政府监管必须均衡。

资本主义长期奉行"政府介入是坏事，市场自律是好事"的铁律。在此次危机中证明，这并不可靠，金融自由主义已经破产。世界需要许多年，来建立起新的秩序。

着力产业转型升级，
实现企业健康发展[*]

（2009 年 10 月 25 日）

从 2008 年起，中国企业在全球金融危机的冲击下，经受了严峻的考验，2008 年的利润总额减少了两成以上。在国家强有力的支持下，2009 年，形势不断好转，超过预期，国内生产总值增长率逐季度上升，全年可以超过年初提出的 8% 的目标。民营企业的状况也在改善，但国际经济危机尚未结束，需要加倍努力。现存的民营企业，一部分通过产业升级正转危为安，另一部分陷于青黄不接的转型泥沼中，还有一部分则随波逐流、前景不明。一些企业在危机中暴露出的问题和失败的"切肤之痛"，使越来越多的企业和企业家深刻认识到实现产业升级转型的紧迫性和重要性。大部分民营企业的困难和挑战主要表现在三个方面：一是缺乏核心技术和自主品牌，在剧烈波动的市场环境中缺乏竞争力；二是处于产业价值链末端，明显受制于人；三是企业管理水平不高，在复杂的经济环境下缺乏应变能力。经过与危机抗争寻求生存的过程，企业主终于明白了一个道理：不变不行，当然，变不一定行；但不变一定不行。只有具备了核心竞争力，在危机中加速转型升级，提高自身创新能力和市场竞争力的企业，才能成为市场的"领跑者"。

---

[*] 这是蒋正华同志在企业转型升级战略研讨会上的讲话。

当前，我国大多民营企业的转型主要是属于企业战略转型。"转型大师"拉里·博西迪和拉姆·查兰曾预言："现在，到了我们彻底改变企业思维的时候了，要么转型，要么破产。"企业主动预见未来，实行战略转型，确是明智之举；但是从另一角度看，也是无奈之举。因此，企业分析、预见和控制转型风险，对于转型能否成功至关重要。战略转型需要从宏观上看，对于自20世纪中期开始的能源资源和生态环境危机，至今世界上尚未达成一致的认识，利益冲突十分激烈。从企业的微观层次看，进一步发展、做强做大是必须跨出的一步。

通常，民营企业转型失败就在于，它试图找到转型的方向、创建起一套崭新的经营管理模式的时候，未能建立起一套新的文化哲学和价值观念，并在此基础上建立起一套新的管理方式，而是仍然用旧式的思想观念和管理模式去操作一场新的管理革命。结果，管理变革不伦不类，最终归于失败。实践证明，企业主的素养是中小企业转型的关键！推动企业转型，企业家通过学习，提高驾驭企业、驾驭变革的素质和能力。

民营企业产业升级与转型是一个系统的思考和实施过程，科学的决策、合理的取舍、资源的重整、风险的控制、机遇的把握，综合在一起形成了可持续战略。一个企业在确定战略时需要考虑以下几个问题：为什么要升级、要转型？如何处理产业的稳定、发展、转型与升级的关系？企业未来的发展方向是什么？企业的业务重点在哪里？企业新的增长机会在哪里？如何竞争？凭什么去竞争？有哪些主、客观条件可以利用？只有通过系统的思考、严密的推理、科学的决策，才能为企业的顺利转型和升级提供有力的支持。

要解决好这些问题，首先要从经营思路上进行改变；其次要坚持稳健经营、控制风险的原则；再次要突破执行的难点，要保证转型战略决策的落实，要有一套细致严密的目标跟踪与业绩考核体系，以及内部资源的整合管理。总之，转型或者升级后，一定要站稳脚跟，实现可持续发展，这才是成功的转型和升级。

目前，中国民企战略转型要关注五个方面：①从"朝阳产业"向"战略产业"整合调整发展转型；②从"多元化经营"向"归核化经营"转型；③从"跳跃式战略"向"可持续发展战略"转型；④从"低成本战略"向"差异化战略"转型；⑤从"弱、小、散"向"提高产业集中度战略"转型，取得国际上的话语权。另外，还有几项策略特别值得注意：第一项策略是，确立清晰、远大的变革目标。第二项策略是，在变革中充分调动企业的积极性，与职工充分沟通，让职工主动参与。第三项策略是，成功的公司更倾向于以一种积极、有效的方式就变革需求进行沟通，鼓励员工在成功的基础上再接再厉，而不会将目光仅仅集中在解决某个特定问题上。这些原则说起来容易做起来难，失败的企业有各种失败的原因，而成功的企业则有一个共同点：他们有一个善于学习、团结奋斗、领导坚强的核心团队。民营企业一定要高度重视建设这样一个核心。有许多典型的例子，衷心希望民营企业家们深入研究这些案例，为本企业发展找对方向。

2010年对中国经济来讲，是更为关键的一年。民营企业一方面要树立信心，积极应对挑战；另一方面，要抢抓机遇，在困难的形势下实现新的发展。在新的转型升级阶段，民营企业一是要密切关注国际国内经济形势的变化，保持政策的敏感性，紧跟国家政策措施的调整步伐；二是要大力加强企业间的互助合作，彼此帮衬，实现共赢；三是要认真反思自身存在的不足，调整发展战略，转变发展方式，改善产品结构，提高企业的管理水平和创新能力；四是要努力处理好劳资关系，在保证企业正常生产经营的情况下，尽量不裁员或少裁员，积极履行企业的社会责任。

政府已经并还将出台各种措施支持民营企业的进一步发展，我们要齐心协力，共渡难关。我相信，只要中国民企在转型实施过程中用科学的理论武装企业，用正确的舆论引导企业，用优秀的转型案例源激励企业，不断调整，不断改进，就一定会成为成功的转型升级者，确保可持续发展，最终实现发展目标。

华侨总部经济与中国经济发展

（2009 年 11 月 21 日）

一、总部经济及华侨总部经济的发展

总部经济现象在 20 世纪五六十年代就已经开始出现。一些企业为获取优势资源而将总部迁移到中心城市，这些区域由于特有的优势资源吸引企业总部集群布局，形成总部集聚效应，并通过"总部—制造基地"功能链条，辐射、带动生产制造基地所在区域发展，由此实现不同区域分工协作、资源优化配置。随着知识经济、信息网络技术的快速发展，总部经济现象日益普遍。总部经济作为国际产业分工体系中的高端环节，具有知识含量高、产业关联度强、集聚带动作用大等显著特点。总部经济是实现产业升级和城市功能提升的重要战略选择，已成为城市竞争力和现代化水平的重要标志。总部经济对于加快我国的产业升级、提升我国的自主创新能力、增强我国经济的国际竞争能力，具有重要意义。我国政府高度重视发展总部经济的战略性，积极培育并发展总部经济，采取各项优惠政策吸引跨国公司将总部安家中国，初步形成了一批大中城市的总部经济集群。与此同时，总部经济也是我国企业"走出去"在海外投资建立生产体系、取得全球资源配置效益的重要模式。随着我国经济的不断发展，越来

越多本土企业的自身实力不断增强，具备了"走出去"参与全球资源配置的能力。

在我国总部经济的发展过程中，华人、华侨发挥了重要作用，形成了一定规模的华侨总部经济。发展华侨总部经济最关键的是将境内外的华商资金转化为产业资本，依托高智能、高集约化，发挥产业的乘数效应，推动产业转型升级。当前，由美国次贷危机引发的全球金融危机对全球实体经济产生严重冲击，波及广、影响大，使世界经济陷入了严重衰退。国际金融危机对我国经济也产生了较大的影响。面对严峻的国际经济形势，我国提出了"保增长、扩内需、调结构"的政策措施，以有效应对全球金融危机的冲击。在全球经济衰退的大背景下，坚持科学发展观，积极转变经济发展方式、提高自主创新能力、促进区域协调发展，成为我国当前和今后一个时期面临的一项重要而紧迫的任务。对于对中国经济作出巨大贡献的华人、华侨，我国引导侨商把总部设在中国，通过整合、优化资源配置，让以往擅长于"单兵作战"的侨资企业以"抱团"形式进军市场，大力发展华侨总部经济。

二、青田华侨在国外发展及其在国内创业的情况

浙江省丽水市青田县是全国著名的侨乡，有着300多年的华侨历史，现有23万青田华侨分布于120多个国家和地区，其中以西欧居多。从事的行业已经从当初的行商小贩、小餐馆业逐步向大型商场、现代物流、国际贸易等多元化发展，资产总额超过100亿美元，其中5万多人从事国际贸易，年贸易额达到100亿美元。在国内，青田也有10万贸易大军，创造了引人注目的华侨经济。青田华侨有着浓厚的爱国情操。广大青田华侨虽身在海

外，但与祖国同呼吸共命运，早在辛亥革命、抗日救亡运动等时期就有着非凡的表现。而近年来，青田华侨更是活跃在国际舞台上，开展"反独促统"等活动，为促进祖国和平统一发挥积极的作用。20 世纪 90 年代中后期，大量青田侨胞有计划地回国创业，在中国 20 多个省区市中，或独自或合资兴办各类工业企业，开发房地产或矿产，建设小型水电站，逐渐形成了内外联动的青田华侨经济新格局；在国际贸易行业采取"内厂外店"的经营模式，利用国内的丰富资源，海内联动，开展国际贸易，是青田华侨经济的显著特征。青田华侨也有着深沉的家乡情结，大量侨胞投资青田。近年来，广大华侨更是积极响应并支持青田县委、县政府实施"华侨要素回流工程"，每年都有众多的华侨回乡探亲、投资，形成了人才、资金等要素回流，极大地驱动了消费和投资的增长，推进青田城市化和新农村等各方面建设。截至 2009 年上半年，青田全县共有 18 家侨资企业把总部搬回家乡，累计引进侨资达 22 亿元，年产值达 57.3 亿元，涉及服装、房地产、金融、机械制造等行业。

三、中国华侨总部经济的发展方向

当前，我国处于经济社会转型时期，正从劳动密集型向集约型转变，从资源消耗型向资源节能型转变，从世界加工厂向拥有自主知识产权的创新型国家转变。总部经济作为知识经济时代产生和发展的一种新的经济形态，能对经济发展产生明显的推动作用。我国应积极把握并继续保持总部经济发展的良好态势，提升自主创新能力。对于中国华侨总部经济未来的发展方向，我提出两点要求与期望。

第一，积极鼓励发达地区的中小城市大力发展总部经济，实现产业升级的跨越式发展。当前，我国部分大中城市已经形成了一定规模的总部经济集群，对未来东南沿海地区一些经济发达的中小城市也应大力鼓励、培育与引导总部经济。发达地区的中小城市不可回避区域发展空间狭小、资源匮乏、发展后劲不足的现实，在新一轮跨越竞争中，面临经济转型带来的巨大压力和挑战。这些地区要逐步走出制造业基地的困境，破解发达地区不愿把企业送出去的狭隘思路，探索通过吸引外出创业者回乡、制造业转移和吸引相关产业，培育和发展总部经济，形成螺旋式上升的发展格局。对于发达地区的中小城市大力发展总部经济的发展模式，青田县作出了良好的典范：以举办中国·青田华侨总部经济发展论坛为载体，以建设总部经济大楼为依托，出台华侨总部经济实施方案，制定入驻企业优惠政策，促进投融资型、贸易型华侨总部经济发展；吸引侨资投资旅游、餐饮、教育、医疗等产业，形成华侨与青田经济共赢的局面；发展电子商务，加强信息化服务建设，建立符合总部经济发展的电子商务平台。同时，以特色教育基地为中心，整合教育资源，鼓励兴办国际化教育培训平台、基础教育和职业学校，发展侨乡特色教育；针对归侨、侨眷休闲养老的需求，积极研究制定相关产业的发展趋势和政策措施，建设高档次的国际养老中心，鼓励发展针对老年人的家政服务业、医疗保健服务业、旅游和娱乐业等老龄产业。青田县的这一系列举措为发达地区的中小城市大力发展总部经济，提供了良好的示范与借鉴作用。

第二，大力发挥华侨总部经济在产业转型中的优势与胜势。中国作为发展中大国，由于经济发展的历史背景与结构制约，在很长一个历史时期内，出口产品不可避免地大多是低科技含量、低经济附加值、低层次、低价格的能源消耗性产品。这一产品出口、扩大外需模式严重消耗了我国的物质资源，引发了能源枯竭、环境污染、温室效应等一系列非传统安全问题，并在很大程度上致使我国在国际竞争中遭遇"倾销"、碳排放超标等国际争议，在国际贸易中处于一定的被动地位。中国作为负责任大国，将大力鼓励支持清洁能源的发展，加快产业结构调整与升级的步伐，大力推进"中国制造"向"中国创造"的转变。实现中国产品的高科技含量、高经济附加值、高层次、高价格的转变，需要积极发挥总部经济的引擎作用，需要充分挖掘与发挥华人、华侨的产业资本与人力资源优势。青田侨胞作为华人、华侨的优秀代表，更是在长期的"海外炼狱"中走上了市场化、规模化、集约化的发展道路，曾在华侨经济的中餐业、服装加工、皮革乃至国际贸易等产业的发展中起到开创性的作用。发挥华侨总部经济在产业转型中的优势与胜势，同样需要发挥青田侨胞的聪明才智和开创性精神，加强华侨总部经济向高端制造业、现代服务业的发展，从而积极推动我国第三产业的发展，助推产业结构的转型升级。

总之，中国的华人、华侨有着强烈的爱国热情与悠久的海外创业史，积累了丰厚的创业资本，熟悉国内外环境，精通国际贸易规则，是中国经济实现产业转型升级、有效开展国际贸易、增强国际竞争能力的宝贵资源，更是在知识经济时代，我国大力发展总部经济的主要依靠力量之一。希望各位华人、华侨能够继续发扬高度的爱国热情，积极投身于祖国的总部经济建设之中，为中华民族的伟大复兴出力献策，不断进取！

在中国医疗器械产业科学发展
高层峰会上的讲话

（2009 年 11 月 28 日）

医疗卫生事业深化改革是全社会关注的热点，也是中央关心的重点。今年年初，中共中央、国务院下发了《关于深化医药卫生体制改革的意见》，为包括医疗器械产业在内的医药卫生事业的发展指明了方向，使我国医疗器械产业迎来了重要的发展机遇。今天，医疗器械产业有关管理部门的领导、专家学者、企业家和媒体界的同志们在这次峰会上共聚一堂，共谋我国医疗器械产业的科学发展之道，对于增强我国医疗器械企业的核心竞争力、提高广大人民群众的医疗保健水平，具有很强的现实意义。

据有关方面统计，2008 年的全球医疗器械销售额已达到 3000 亿美元左右，成为发展最快、贸易往来最为活跃的工业门类之一。近年来，我国医疗器械发展的速度也非常快，医疗器械在医疗体系中占有越来越重要的地位。我国的医疗器械工业总产值自 20 世纪 90 年代以来一直保持快速增长，平均增幅一直保持在 12% ～ 15% 的水平。医疗器械行业"十一五"规划预计，2010 年，我国医疗器械行业总产值将达到 1000 亿元。科技迅猛发展，使医疗器械不断更新，再加上社会无尽的需求，使这一行业成了长春产业。

我国医疗器械产业在发展迅速的同时，也存在着许多问题。

与一些技术发达国家相比，我国医疗器械产业的规模依然较小，出口仍以技术含量低的中小型产品为主；关键零部件仍主要依赖进口，高端产品仍以仿制、改进为主；生产企业数量不断增加，但技术、规模、品牌的竞争力还相对较弱。医疗器械工业的销售额在世界医疗器械销售额中所占比例仅为2%，而美国产品的占比高达42%，日本占14%。目前，高技术医疗设备市场主要被美、日、德等少数国家的几个跨国公司垄断，大型设备的核心技术主要掌握在国外大公司手里。国内大型医疗设备生产型公司由于资金、高级研发人才以及精通各领域科技、有强大市场开拓能力的综合性人才等资源缺乏，很难形成自主创新的品牌，不能支撑国产大型医疗设备市场的需求。我国医疗器械行业80%是中小型企业，企业规模小，技术力量薄弱，创新能力不强，自主研发能力差，我国医疗器械行业的产品总体上在国际分工中处于低端领域。另外，我国医疗器械制造商除了实力不够，还存在科研与生产脱节的弊病，要缩小与发达国家的差距，还有很长的一段路要走。

现代医学对疾病的预防和治疗，在很大程度上依赖于先进医疗设备的诊断结果。在发达国家，医疗设备与器械产业和制药业的产值大体相当。而在我国，前者的产值只是后者的1/5，这种比例的严重失调预示着医疗设备与器械产业在我国还有巨大的发展空间。随着人民生活水平的提高、我国人口进入老龄化，以及人们对养生保健方面的需求增加，医药、生物科学技术的进一步发展，对医疗器械不断提出新的要求，我国医疗器械产业未来将得到飞速发展。新医改将显著地使医疗器械行业受惠，而基础医疗器械，高科技化、人性化和微型化的医疗器械，又将是医疗器械行业受益最大的品种。新医改方案指出，2009~2011年，各级政府预计投入8500亿元用于保障五项基本改革。大量投资将推动医疗器械行业更快地发展，医疗器械行业将率先受惠于新医改。由于我国对医疗器械产品的需求日益增大，预计未来几年内，我国的医疗器械行业将迎来一个景气高峰。

我国的医疗器械行业如何抓住当前的良好机遇做强做大，从而在激烈的全球化市场竞争中立于不败之地，已经成为摆在主管部门和企业家面前的一项紧迫任务。下面，我讲几点意见，供大家参考。

一、我国医疗器械行业的发展要紧跟当今现代医学科技进步的方向，不断提高自主创新能力

在技术上，科技部对医疗器械产业提出的任务是，通过实施"十一五"规划，力争突破 20 ~ 30 项关键技术及核心工艺技术，推出 10 ~ 15 个高技术、高质量、低价格的常规装备产品及核心部件，形成产业规模；争取 3 ~ 5 个具有完全自主知识产权、掌握核心技术的重大专利产品进入国内外市场；培养技术创新人才，建立创新团队，培育 10 个以上具有较强自主创新能力的骨干企业，全面提升医疗器械领域的技术创新能力和持续发展能力。各方面要呼应国家的导向，争取国家的支持，加强行业的协作，形成合力，尽快取得突破。与此同时，要结合我国传统中医药学优势，运用现代科学技术方法和手段，积极开发中国传统的中医、天然治理及家庭医疗保健器械，并实现产业化。医药科技水平的提高推动医疗器械发展，医疗器械发展又将促进医药科技水平的提高。

二、企业要加大资金投入

俗话说"巧妇难为无米之炊"。在国外，医疗器械新品开发投入的资金一般要占到销售额的 10% 左右，而我国的医疗器械企业新品开发资金只占销售额的 1% 左右；而且，由于很多企业的销售长期处于低迷状态，生产不景气，往往连这个比例都难以保证，形成恶性循环。政府也要加大对医疗器械研发的支持。一些拥有高新、独特技术的小企业，往往因资金不足、市场渗透力不强，潜力不能发挥，政府应该帮助这些小企业采取与大企业实现对接等方式互相合作，实现共赢。小企业也要解放思想，破除保守观念，接受现代经营模式，与时代共进。

三、加快医疗器械市场化进程，实行优胜劣汰

拥有自主知识产权、技术优势并形成标准，这是实现可持续发展的根本之道。产品、技术、专利、标准形成实现价值的金字塔。三类企业卖产品，二类企业卖技术，一类企业卖专利，龙头企业卖标准，这是各行业的普遍规律，发展的层面无法跨越。我们必须胸怀大志，脚踏实地，瞄准长远目标，一步一个脚印地前进，逐步形成我国医疗器械业的特色和优势，并将技术优势产业化，为企业带来收益，为社会创造价值，实现我国医疗器械事业的持续发展，为更好地保障人民身体健康和构建社会主义和谐社会服务。

让长江经济带领跑中国新一轮发展*

（2009 年 12 月 19 日）

纵观人类文明发展史，大江大河一直是孕育人类社会经济、文化发展的发源地和生命线，大江大河的流域经济都成为一个国家经济和跨国经济的主干。例如：德国的莱茵河，全长虽然只有 1400 多公里，却是世界上经济最发达的经济带；密西西比河、泰晤士河、伏尔加河等大江大河的流域经济，都带动着沿岸国家和城市经济的发展。同时，大江大河的流域文化也都成为许多民族文化的母体。例如我们的华夏文明，以及巴比伦文明、埃及文明和印度文明，都是江河流域文明的集中体现。可见，世界经济、文化的发展始终离不开大江大河流域经济、文化的发展。

回首我们的神州大地，5000 多年的华夏文明也是源于黄河、长江、珠江等几大江河流域文明的集大成，而这几大江河的流域经济也构成了我国经济发展的主骨架，共同撑起了中华民族经济、文化的繁荣。在这几大江河中，长江是我国第一大河、世界第三长河，干流全长 6300 公里，自西向东横贯我国中部，流经 9 省 2 市。经过几千年的开发建设，长江流域现已成为我国农业、工业、经济、文化、教育和科学技术等方面最发达的地区之一，而且具有十分突出的发展综合优势和巨大潜力。

＊ 这是蒋正华同志在 2009 长江经济带生产力发展（武汉）论坛上的致辞。

关于长江流域经济、文化发展在我国的重要战略地位，在2006 年的南京论坛上，我就讲过：长江在中国经济社会发展中的地位与作用是无可替代的，长江肩负着中华民族复兴的伟大使命与责任。其实，这一观点是大家早已形成的共识。在诸多中国经济发展的战略模式中。例如弓箭形、T 形、山字形等发展模式都肯定了长江经济带的战略优势。其中，我比较认同弓箭形的看法，因为它既形象地反映了我们的华夏文化，更符合我国的发展国情。鉴于国家稳步发展的需要，改革开放 30 年我国沿海地区开发开放的成功，确实让中国拉满了"沿海这张弓"，同时也锻造了"沿江几支箭"。当前，我国步入新一轮经济发展的新时期，率先射出长江这支"箭"，已成为我国推进改革开放深入发展的首要选择。当然，其他的"沿江几支箭"也要射出，同时射出会更好。

过去的 3 年中，我们欣喜地看到，不仅国家把长江流域的发展纳入了国家战略，而且，沿江的各省市也把激活沿岸经济提到了新高度。我认为，这是长江沿岸人民和华夏民族的一件幸事。特别是 2009 年以来，地处长江中游的湖北省顺时应势，率先掀起了长江经济带新一轮开发开放建设的高潮，让在国际金融危机中跋涉的人们为之一振，也让更多的目光聚焦在长江经济带的新一轮发展上。今天，又有这么多的专家学者、部门领导和相关人士汇聚于武汉，共商长江经济带新一轮发展大计，加上国家的大力扶持和沿江 9 省 2 市的共同努力，一定可以为长江经济带新一轮发展提供更多智力支持。我有充分理由坚信，长江这支"箭"一定可以有力地射出；长江经济带一定可以成为中国经济新一轮发展的领跑者，一定可以带动沿江及内陆腹地的重大崛起。

在推进长江经济带新一轮开发开放的工作中，我认为，湖北省委、省政府"明确的三大目标、坚持的六项原则、实行的八大举措、出台的八项政策"是大手笔,值得沿江各省市借鉴,尤其是处在长江中游的省份也要积极地协同行动起来。关于推进长江经济带的新一轮发展和沿江省市的协同发展问题,希望大家能在以下 5 个方面给予重视和讨论。

1. 长三角地区应以共建上海"两个国际中心"为突破,在努力实现长三角一体化新发展的同时,着力带动泛长三角地区协同发展。这是中共中央、国务院批准上海建设"两个国际中心"和把长三角一体化发展战略上升为国家战略的客观需要,也是长三角地区在高起点上争创新优势、实现新跨越的迫切需要,更是泛长三角地区多年来积极融入长三角一体化发展的期盼和渴望。希望长三角地区在新一轮发展中在这方面能有突破,为全国其他地区的区域协作发展提供更多有益的经验和借鉴。

2. 长江中游地区应以试点全国资源节约型和环境友好型社会建设综合配套改革试验区为突破,充分发挥武汉大都市圈、长株潭城市群的辐射带动功能,着力实现发展层次整体提升。在这一区域内,要坚决打破行政壁垒,着力解决好政府主导的重复建设和产业同构问题,抓住国家加快发展现代服务业和先进制造业的契机,加强产业协作,通过跨区域功能区再造,努力实现区域内产业协同发展。同时,要继续抓好沿江的生态环境建设和污染治理,努力作好生产力发展的科学布局。

3. 长江中游地区应以深入抓好成渝全国统筹城乡综合配套改革试验区试点为突破,充分利用已形成的统筹城乡发展的新体制、新机制,在成渝都市圈尽快实现城乡经济社会协调发展。当前推进新一轮发展时,必须清楚在推进城乡统筹协调发展和全面建设小康社会过程中,其重点、难点还在广大农村,必须看到仍有许多地方处在相对落后的状态,必须增强紧迫感、责任感,必须联系城市发展探索解决"三农"问题的新办法,从农村发展上寻求解决城市问题的新途径，努力为全国作出榜样。

4. 长江经济带在新一轮开发开放发展中，应高度重视文化在现代化进程中的助力与阻力、亲和力与排斥力的作用，不仅要在经济发展方面迈上新高度，也应在流域文化发展上取得新突破。长江流域文化作为华夏文明的发源地之一，有着极大的辐射影响力、亲和力和融合力。一定要把这一中华民族优秀文化加以创新和发展，并通过"黄金水道"的优势，走向海洋，主动吸取优秀的外来文化，丰富长江文化的内涵并积极辐射内陆，率先把长江流域带入一个高度发达的文明社会，为和谐社会构建作出贡献。

5. 我注意到大家所谈的长江经济带，其范围大多是指包括浙江在内的 7 省 2 市，而把青海、西藏和云南 3 省区排斥在外。我认为，既然目前我们在谋划长江经济是一体化发展和协同发展问题，就应该让长江经济带的新一轮开发开放逆流而上，辐射和带动这 3 个省区的发展也应成为沿江其他省市的重要使命。同时，三江源头地区的生态保护和环境治理工作，多年来一直是国家的主要工作，沿江的发达省市也应为国家分担一些责任才好。否则，我们推动的长江流域经济、文化的协同发展就会有些缺陷。

同志们，自 1992 年中共十四大以来，国家出台的一系列促进长江流域经济发展的举措，都明确指出"建设沿江地区经济带，带动整个长江流域地区经济新飞跃"。为此，让我们携起手来，全力推进整个长江流域地区经济社会的新发展、文化的新繁荣，为实现区域经济协调发展、全面建设小康社会而努力奋斗。

后危机时代：
城市更要坚持科学发展*

（2009 年 12 月 22 日）

回首新中国成立 60 年，特别是改革开放 30 年来，华夏大地发生了翻天覆地的历史巨变，中国的城市也在 60 年风雨洗礼中获得了蓬勃发展。一座座新城崛起，一个个城市群形成，日益繁荣的城市经济更成为我国经济社会发展的重要动力和发展的一个重要标志。中国城市的数量由 20 世纪 50 年代初的 150 座增至现在的 655 座，城市人口占全国总人口的比例由 14% 增至 47%，城市化水平由 12.5% 增至 45.7%，不到国土面积 1/10 的城市群创造了全国 1/2 以上的国内生产总值。这些数据的变化足以让我们为中国城市的发展感到骄傲，并让世人叹服。

可是，中国作为世界上最大的发展中国家，城市化迅速发展在给我国经济带来巨大活力，并使工业飞速发展、国内生产总值总量保持高速增长的同时，也给城市环境、经济和社会发展带来许多困难。过大的城市人口密度、粗放的经济增长方式、偏低的劳动生产率、能源资源的压力、贫富差距的拉大、城乡发展的失衡，以及教育、医疗、就业、养老、住房等民生问题的凸显，都成为中国城市在进一步发展中面临的挑战。而优化城市发展环境、实现科学发展、应对一系列社会经济问题，成为中国城市进

---

* 这是蒋正华同志在中国城市经济科学发展（耒阳）论坛上的致辞。

一步发展面临的复杂问题。

同时，在经济全球化深入发展和世界局势风云变幻的复杂情况下，应看到，要想实现中国城市的全面协调可持续发展是很不容易的。尤其是这场来势凶猛、阴霾还未散尽的国际金融危机的冲击，以及近来争论激烈的哥本哈根"后京都时代"谈判，让我们更加清醒地意识到：经济发展和生态环境保护之间是唇齿相依的，经济是机体，环境是根基。经济和环境作为发展的两个方面，对推动我国经济发展、提高城市经济核心竞争力具有非常重要的意义。现在已进入后危机时代，在这个阶段的城市经济发展当中，产业结构重组调整、经济发展方式转变、生产力要素重构、生态优化、文化发展，都应成为城市发展的主要推动力。这也正是今天我要明确的主题：后危机时代，城市更要坚持科学发展。

关于中国城市的科学发展问题，各地市对于经济和环境两方面影响的高度重合没有回避，而是"危"中求"机"，认识到这场危机给传统经济增长方式布下的难以生存的危局，以科学发展观为指导，进行大力度的调整，在环境突变中努力加快各自转型的速度，全力推进经济发展模式的根本转变。这是一个良好的开端，希望各城市能继续坚持好这一实现城市科学发展的前提，同时，在以下几个方面也要给予重视。

第一，城市发展的核心目标是提升城市竞争力，城市竞争力的提升则依赖于城市转型后城市化水平的提升和综合实力的加强，而城市战略的制定和实施是重中之重。在推进城市科学发展和转型中，必须明确转型是过程，战略是根本，只有实施各种有效战略，城市才能在经济全球化和区域一体化大背景下实现快速发展。同时，我们不但要了解城市的历史、现状、经验、模式和规律，更要把它置身于国际国内城市发展和转型的主流中去，从城市发展和转型的内部外部去寻求各种有利条件和因素，更要从路径选择和战略方案上去寻求新的契机。

第二，未来的城市发展将向城市经济群和城市经济带延伸，中国必将坚持发展组团式城市群，才能使之成为国家新一轮财富聚集的战略平台。而在城市群形成过程中，继续淡化行政区划色彩，打破部门、地域界限，本着"互惠互利、优势互补、结构优化、效益优先"原则，通过深化改革、优化政府职能、整合区域资源，努力实现区域内各城市融合互动、协同发展，走共同繁荣的路子，应成为新一轮城市科学发展的主流。

第三，与发达国家相比，目前中国的城市化程度仍然落后，城市化的潜力依然很大。但是，中国的城市化绝不能照搬别国的模式，必须从我们的国情出发，继续走中国特色的城镇化道路。这条道路依然是今后中国提升城市化水平的核心任务与基本要求，只有将大中小城市和小城镇作为一个自上而下的系统整体，充分发挥结构有序、功能优化、共生共补、和谐高效的城镇体系优势，才是提高经济效率、消除城乡二元结构、实现城乡统筹协调、科学发展的必由之路。

第四，在未来 10～20 年中，我国将遭遇人口三大高峰：第一个是中国人口总量，大约到 2030 年前后达到 15 亿人左右的高峰；第二个是劳动就业人口总量，这几年来每年基本新增的就业劳动力大约是 1000 万人左右，但今后这个数量只会增加，短期内不会减少；第三个是我国人口老龄化程度达到顶峰，大约到 2030 年前后，60 岁以上的老龄人口预计将增至 4 亿左右，对于中国的城市化将会有很大的压力。这三大高峰对国家、城市和经济社会发展的要求、就业的要求，以及对社会抚养方面的要求，都应是当前中国城市科学发展中要未雨绸缪的问题。

第五，中国城市在推进科学发展中，应高度重视城市文化在城市化、现代化、市场化、人文化、国际化进程中的重要作用，不仅要在经济发展方面迈上新高度，也应在城市主题文化的建设和发展上取得新突破。这是因为，随着城市化进程普遍推进，城市间的竞争必将是城市文化的竞争。城市作为文明发展的产物，经济体现了现代城市的力量，市政建设体现了现代城市的形象，文化则是现代城市的灵魂。有城市而无文化的城市是一个死的躯壳。只有既有丰富多彩文化，又有强大经济力量的城市，才能成为有魅力的城市，才能带动城市文化产业的发展，建设文化城市的意义是非常重大。

第六，今天这次会议的首要主题是"关注中部城市的新发展"，我认为这个选题很好，中部城市的发展确实需要社会各界合力推进。中部城市作为全国重要的交通要地、客货运输集散地和中转中心，区位优势十分明显，有着承东启西、接南进北、吸引四面、辐射八方的作用，是东西部经济合作的桥梁与枢纽，在我国经济发展中起着不可替代的作用。中部崛起的核心在于中部城市的崛起。目前，中部城市的数目虽逐步增加，但发展速度还不快，整体规模偏小，城市化水平较低，直接影响了城市功能的发挥。为此，希望中部城市一定要抓住国家在湖南、湖北设立全国资源节约型和环境友好型社会建设综合配套改革试验区的契机，进一步创新发展思路，推进科学发展。

共同推进中国—东盟合作迈向新阶段[*]

（2010 年 1 月 7 日）

当今世界，经济全球化和区域经济一体化两大趋势不断发展、深化，对世界各国产生巨大而深刻的影响。特别是近 10 年来，区域经济合作在全球范围内蓬勃发展、方兴未艾。各国在相关区域内通过合作建设自由贸易区、相互降低和取消关税、相互开放服务贸易和投资市场，创造更多贸易和投资机会，加强经济联系，有效实现了互利共赢和共同发展。截至 2008 年年底，已经向世贸组织通报并且仍然有效的区域贸易安排一共有 421 个，其中 90% 以上是自由贸易区，绝大多数世贸组织成员参与一个或者多个区域贸易安排。参与自由贸易区建设也是中国新时期对外开放的重要内容，我们已对外签署了 8 个自贸协定，涉及 16 个国家和地区，包括与东盟、智利、巴基斯坦、新西兰、新加坡和秘鲁的自贸协定，亚太自由贸易协定以及与香港、澳门的更紧密经贸关系安排，上述协定涵盖我国 2008 年对外贸易总额的 1/5。

2002 年，中国与东盟领导人签署《中国与东盟全面经济合作框架协议》，正式开始了中国—东盟自由贸易区建设进程。中国—东盟自由贸易区是我国对外商谈的第一个自由贸易区，也是东盟作为整体对外商谈的第一个自贸区。该自贸区从开始磋商到

---

* 这是蒋正华同志在中国—东盟自由贸易区论坛上的演讲。

顺利建成，在不到 10 年时间里，双方取得了丰硕成果。2010 年，中国与东南亚各国正式启动了世界上最大的自贸区，19 亿的人口数量超过北美及欧盟两个自贸区的总和，贸易量与它们相当，其发展前途无可限量。

一是货物贸易快速增长，贸易结构不断优化。中国与东盟的双边贸易从 2003 年的 782.5 亿美元增长到 2008 年的 2311.1 亿美元，年均增长 24.2%。初级资源性产品贸易额由 2003 年的 20.9% 降至 2007 年的 16.8%，工业制成品贸易额由 2003 年的 79.1% 增至 2007 年的 83.2%，机电产品和高新技术产品贸易额分别由 2003 年的 42.5%、21.9% 上升至 2008 年的 57.5% 和 38.8%。商品结构的优化，意味着双方更好地利用了各自的比较优势，发挥了自贸区分工协作的功能。

二是服务贸易发展迅速，合作层次不断提高。2007 年 1 月，中国与东盟签署《服务贸易协议》，宣布相互开放服务贸易市场。2008 年，中国与东盟的服务贸易进出口总额达 233.6 亿美元，同比增长 30.4%。目前，东盟已成为中国第五大服务贸易出口市场和进口来源地；东盟在海运、航运、金融服务、建筑工程服务等领域的对华合作，已成为中国服务贸易进口的重要组成部分。

三是双向投资态势良好，合作潜力巨大。2008 年，中国吸引东盟投资 54.6 亿美元，同比增长 25%；中国对东盟投资 21.8 亿美元，同比增长 125%。随着《投资协议》实施后，双方进一步开放市场、改善投资环境、降低投资壁垒，双方投资合作将面临更大的发展空间和潜力。

中国—东盟自贸区构想酝酿于亚洲金融危机，完成于全球金融危机。2008 年以来，全球金融危机给世界各国经济造成严重冲击。中国及时、果断地调整宏观经济政策，实施积极的财政政策和适度宽松的货币政策，迅速出台促进经济平稳较快发展的一揽子计划。东盟国家也采取相应的各种政府救助和干预措施。中国和东盟通过相互帮助、加强合作，在携手应对挑战中实现了自贸区建设的预定目标。当前，尽管世界经济出现企稳回升的积极迹象，但国际金融危机的深层次影响依然存在，世界经济形势好转的基础并不牢固，推动世界经济全面恢复增长还面临诸多不确定、不稳定因素。中国和东盟应以自由贸易区建成为契机，积极拓宽合作领域，充实合作内容，提高合作层次，共同促进本地区的和谐、稳定和繁荣发展。下面，我就促进中国—东盟全面合作问题谈三点意见。

第一，充分发挥好自贸区作用。中国和东盟是世界上经济增长最为迅速的经济体之一，在大力发展外向型经济的同时，与欧美等发达国家的货物和服务市场形成了复杂的联系。在国际金融危机使得发达经济体的市场需求疲软和投资能力下降的条件下，中国和东盟双方应充分发挥自贸区的关税降低、市场开放和贸易投资便利化等作用，扩大区域贸易规模，培育和壮大投资市场，提高区域内贸易投资水平，减轻对少数发达国家等外部市场的依赖，增强区域内各国经济的抗风险能力和可持续发展能力。

第二，突出重点领域合作。在推进全面合作的同时，中国和东盟双方应以规划和落实重大项目为落脚点，突出一些重点领域合作。一是加强交通物流合作。尽快落实《大湄公河次区域便利货物及人员跨境运输协定》《中国—东盟海运协定》和《中国—东盟航空合作框架协议》等有关协定，充分利用好中国设立的100亿美元中国—东盟投资合作基金和150亿美元信贷资金，积极加快南宁—新加坡经济走廊和泛亚铁路东线建设，尽快形成南北贯通的交通物流大通道，并通过交通走廊带动沿线物流基地、商贸市场、产业园区等的建设，促进沿线地区的经济发展。

二是加强农业开发合作。民以食为天。农业在中国和多数东盟国家的经济中占有重要位置。农业问题不仅关系国计民生，也关系区域稳定。在当前世界粮食问题突出的大背景下，双方应共同制定粮食增产行动计划，深化农业技术开发推广和农产品加工合作，共同建设农业技术示范中心、农产品加工和原料基地，为实现粮食稳定供应共同努力。三是加强次区域开发合作。加强次区域合作，有利于进一步挖掘利益交汇点，促进有条件的地区率先发展，形成新的增长极。泛北部湾合作是中国—东盟全面经济合作框架下新的次区域合作，各方应尽快成立泛北部湾合作跨国协调组织，设计泛北部湾合作的框架路径、实施步骤和行动计划，在交通基础设施、港口物流、农业、旅游等领域实施一批重点项目，推进区域合作不断向前发展。

第三，促进自贸区进一步发展。区域经济一体化能最大限度地促进区域内各国实现资源优化配置，结构加强协调，从而实现共同的利益最大化。这是一个逐步拓展与深化的过程，在不断完善的各阶段有不同的内容。当前，一些国家之间自由贸易区的协作领域已经从贸易、投资，向竞争政策、政府采购、环境保护、知识产权等领域延伸。中国—东盟自由贸易区应积极借鉴这些成功经验，根据区域内各国经济社会发展水平，探索在部分条件成熟的国家先行先试，建立单一关税区、单一投资区、单一市场、单一货币区等，推动自贸区不断向更成熟、更深入的阶段发展。

后危机时期的中国经济

（2010 年 1 月 10 日）

2009 年刚刚过去，给全球的人们留下了深刻的印象。现在，危机尚未过去，但已出现缓慢复苏的迹象，正确把握国际经济发展形势，可以为中国经济带来新的机遇。

一、经济形势的总体估计

由次贷危机开始的金融、经济危机在 2008 年席卷全球。2008 年 11 月，世界经济展望预测，2009 年全球经济增长按购买力平价法计算将降到 2.25%。两个月之后，这项预测进一步下调至 0.5%，以市场汇率计算，增长率将为负。许多独立的国际金融、经济机构也作出了类似的估计。

由于各国认识到问题的严重性，各自采取了救济措施，没有出现最坏的情况，与 1929～1935 年的经济危机相比，世界各国吸取了教训。2009 年年末，一些国际组织估计，美国经济在 2009 年可能萎缩 2% 以上，但 2010 年可能恢复低速增长。日本 2009 年的国内生产总值将下降 6% 左右，如果措施得当，2010 年可能恢复增长，但仍将在低水平徘徊。日本经济学家预计，2010 年上半年，日本经济将为负增长。许多人认为，日本经济要到 2010 年下半年才能复苏。2009 年下半年起，欧盟的经济增长率开始回升，但部分国家债务沉重，随时有发生债务危机的可能。总体而言，世界经济已脱离最危险的状况，但复苏的基础不牢固。美国 140 家银行倒闭，民生银行入股的联合银行亏损 8.24 亿元。全球监管委组织——巴塞尔银行监理委员会要求银行提高素质，使银行受到压力。哥本哈根会议未取得有法律约束力的成果，仅有领导人的"改革协议"；多哈谈判失败；美、欧、日三大气候债务国分别欠 880 亿美元、440 亿美元、240 亿美元气候债务，都不愿出钱；主权债务危机升级，希腊最重，奥地利次之，还有爱尔兰、西班牙等国；美国的豪宅违约率增高；2009 年 12 月，标准普尔调低希腊信用为 BBB +。这些都是复苏的障碍。

世界经济好转的迹象也不少：企业信心增强；一些金融机构开始归还政府借款，希望摆脱控制（花旗银行筹了 205 亿美元）；美元转强；外贸降幅逐步收窄（出口：2009 年 1 ~ 6 月为 −32.2%，10 月为 − 10.1%；进口：1 ~ 6 月为 − 31.5%，10 月为 − 14.9%）；失业率从 10.2% 降到 10%；美国在 2010 年的加息机会从 2009 年 11 月底的七成八，上升到 12 月底的八成八。

复苏还面临多重挑战：失业率高企；通胀普遍发生；贸易保护主义盛行；新的金融风险仍然存在；全球经济失衡；初级产品，特别是石油的价格风险依然存在；信用风险可能带来严重后果，其影响有很大的不确定性。

二、全球金融、经济危机的教训

此次全球金融、经济危机反映出世界发展的深层次矛盾。

（一）触发危机的直接导火索

（1）金融衍生品的滥用和缺乏监督。

（2）金融界从业人员的道德操守低下。

（二）危机扩大的深层次原因

大风起于青萍之末，早有预兆：

（1）虚拟经济与实体经济失衡，风险大大增加。早在 20 世纪末，亚洲金融危机中对冲基金的投机活动就造成巨大危害，已为我们敲响了警钟。在实体经济运行良好、劳动效率不断提高、资源配置不断优化的情况下，虚拟经济的发展失衡依然对实体经济产生了巨大的冲击。

（2）世界供需严重失衡。最突出的现象是美国的储蓄率降到零，中国的消费率只有 35%。

（3）国际金融、经济体制严重不适应世界的现实需要。

（4）全球格局已经发生变化，治理框架不能适应要求。多哈谈判破裂、哥本哈根等谈判先定框架，会议冲突激烈。

（5）西方强制推行自己的民主观、人权观和制度，造成广泛的激烈冲突。但经济全球化的进程仍在前进，全世界的外贸依存度不断上升，中国和世界谁也离不开谁。

三、2009 年的中国经济

2009 年，中央及时提出保增长、扩内需、调结构、惠民生的指导方针，实施了积极的财政政策和适度宽松的货币政策，落实了一揽子刺激经济增长和扩张内需的措施，发展态势良好。4 个季度，国内生产总值的增长率逐季度上升，各项经济指标良好，采购经理人指数、企业家信心指数等不断上升，进出口下降的幅度不断收窄（全年约为 -13%），这些成绩对国际经济作出巨大贡献。据分析，中国对 2009 年国际经济增长的贡献超过 50%。美国《时代》周刊将中国人民评为年度人物，反映了国际舆论的导向。欧洲也在开始转变对中国的看法。

2009年，中国经济表现突出。央企全年的营业额达12万亿元，税金增长7%；民营企业复苏迅速。中国见事早、决策快、行动有力，充分发挥了制度的优势。世界各国和国际金融机构，普遍高度评价中国在应对全球金融危机中的表现和对世界经济复苏所作出的贡献。

中国经济增长对地区经济产生重大推动作用，韩国在2009年12月对华出口增长94%，马来西亚在2009年11月增长52.9%，同时对美出口下降。中国—东盟自贸区启动，有19亿人口，贸易额与北美、欧盟自贸区相当。在繁荣的外贸中，中国开始掌握价格主导权。

中国股市在2009年表现良好，效益为世界第一。A股在2009年年初为1849点，8月达最高3478点，总体运行平稳。在发展的同时，消化了1848亿元解禁股的压力。10月27日，工商银行2360亿解禁股释放，股指岿然不动，反映出上市公司质量提高，制度不断完善，监管水平不断提高，股民更加成熟，机构投资者的作用不断加强。

WIND资讯：220只股票型基金的净值平均增长71.73%，最差的也增长31.52%，最好的超过100%。其他各类基金也有良好表现。

房地产对经济、民生的影响巨大：

（1）对国内生产总值增长贡献近50%；

（2）成为拉动经济增长的重要动力；

（3）为游资创造投资渠道。

对房地产业不能打压，而要引导，当前和今后一个时期应当适当调整。

（1）加大力度，投资建设廉租房、经济适用房；

（2）增大投资性购房成本，利用税收等工具及时调节；

（3）加强土地管理，加大闲置土地的成本；

（4）适时开征不动产税。

对房地产的管理应确定适度目标：

全面做到居者有其屋，即使在发达国家也做不到，但可以逐步做到居者适其屋、业者有所获。

四、展望后危机时期

当前，世界热议 21 世纪的世界经济走向，由哪些国家领跑，热点之一是中国。这与 20 世纪初相似。当时议论的中心是美国和阿根廷，最后的结果是美国上去了，阿根廷下来了。这段历史值得研究。

15 年前苏联解体、东欧剧变之时，世界上兴起"中国崩溃论"，我们冷静应对。以后变成了"中国威胁论"，我们仍是冷静应对。现在是"中国责任论"，我们更要冷静应对，不要落入陷阱。现在是全球处于大变革、大调整时期，要从世界高度看中国经济、从历史深度为发展定位。人家说坏话，我们不动摇；人家说好话，我们不浮躁。

从长远看，对 21 世纪四方面的革命，谁早有准备、深入分析、科学决策、及时行动，就可以走在前面。19 世纪初，中国经济居世界第一，但当时故步自封，妄自尊大，错失了机遇。乾隆皇帝拒绝与英国通商是典型的例子。当前，世界正处在一个大变革、大调整的时期，中国成为热议的焦点。正确地分析形势、科学地制定对策、坚定地付诸行动，是成功的关键。因此，战略上树立雄心大志，战术上谨慎踏实，着眼长远，立足现实，要看到成绩、鼓舞信心，更要看到问题、深入研究，吸收一切好的经验，实现全面、协调、可持续发展。

我认为，在全球大变革、大调整时期要取得主动，必须在四个方面的全球性革命中采取正确的对策和行动。

（一）科技革命

世界已经历了三次科技革命，每次都创造了一个新的历史时期。现在正处在第四次科技革命中，其核心是信息、生物、航天、材料和纳米技术。有人认为技术可以买来，但经验告诉我们，关键技术、核心技术、前沿技术是买不来的。买技术的工作要做，但这是战术性的。战略上要根据中国的情况大力培养创新能力，也只有自己具备某个领域的技术创新能力，才能买到更高层次的技术。当前，我们不要把目标放在获得诺贝尔奖上，而要着眼国家需要、企业需要、民众需要，瞄准 21 世纪的发展方向。

（二）能源革命

化石能源在一个时期仍是经济效益最好的能源，但其问题也显而易见。应当在战略上高度重视新能源，大力发展新技术，在战术上因时制宜，适应经济发展规律，有计划、有序地推进新能源的应用。

（三）增长模式革命

增长模式包含三个方面：第一个方面是产业结构及应用技术的革命。改变增长方式，实现低消耗、低污染、高效率增长。第二个方面是体制、机制革命。实现公平与效率的统一，有许多问题要深入讨论。例如，最近"国进民退"的议论颇多。我认为，这种说法把问题过于简单化，不符合事实。在增长的目的、增长的途径、增长的方式、增长的评估等许多方面，应当作深入的探讨。第三个方面是虚拟经济与实体经济的协调发展、金融监管与创新的协调发展。这次危机凸显了许多问题，需要进一步探索。

（四）生命科学革命

人类寿命不断延长，是 19 世纪中期以来的一个长期趋势。在 100 年左右的时间内，人类平均寿命延长了约 20 岁。在 20 世纪初，一些学者还把 50 岁作为老年的标准；现在，60 岁退休在国际上被普遍认为过早。生命科学、基因技术的进步使我们有理由相信：21 世纪，人类平均寿命再延长 20 岁、身体更加健康，完全不是过分乐观，甚至是保守的估计。这将对社会经济生活的各个方面产生深刻影响，必须深入加以研究。我不赞成将中国经济发展的原因归为"人口红利"，这将误导我们的政策取向。我希望对这个问题从各学科领域出发全面研究，提出科学的对策。

当前，我国在国际地位不断提高时应特别注意吸取一些国家的经验与教训。金融国际化过程中，要深入分析日本的教训。

日本"失落的 10 年"的成因是：

（1）日元盲目国际化，失去金融控制。1983 年 11 月，里根访日时提出日元国际化，开放资本市场，成立日元美元委员会，允许外资自由进出日本。1986 年年底，日元兑换余额、对外证券投资规模超过经常性收支顺差总额，形成风险。

1985 年 9 月，美国主导《广场协议》，日元一年升值约 100 日元，为遏制升值连降利率。1987 年 2 月，日本央行贴现率降至 2.5% 的历史最低点。日元虽未再升值，但要找出路，投入资产市场，形成"土地不倒""股价不败"的神话。

（2）泡沫破灭，不良债权暴露，金融系统出现信用危机，经济全面衰退，导致房地产下跌，抵押资产缩水，波及信贷额度，形成坏账。

（3）日本金融的结构问题暴露。

日本金融的结构问题是：

（1）银企缺乏信用机制，只愿担保资产，故而，银企同时卷入不动产泡沫危机。

（2）保险公司受不良债务拖累，债务沉重。

（3）保险公司与银行相互持股、互相影响，日本人称之为"两个病人相互扶持"。

我国经济已有相当雄厚的基础，2009 年的国内生产总值可达 5 万亿美元，超过日本，但人均水平仍很低。既要看到成绩，满怀信心，也要看到问题，迎难而上。只要胸怀大志，脚踏实地，科学决策，团结奋斗，一定能实现民族复兴、国家富强、人民幸福的目标。

走出国际金融危机阴影，加大中小企业扶持力度[*]

（2010 年 4 月 23 日）

我很高兴来参加今年的中国金融（专家）年会，有机会与各位专家一道研讨当前的金融和经济问题。今天，我想重点谈一下如何扶持我国中小企业尽快走出国际金融危机阴影的问题。

目前，我国经济正处在一个关键时期，中小企业的发展对拉动我国的经济增长格外重要。当前中国的企业中 99% 是中小企业，这些中小企业对国内生产总值的贡献超过 60%，对税收的贡献超过 50%，同时提供了 80% 的城镇就业以及 82% 的新产品开发。虽然随着各种救市政策的出台、国际金融危机影响的逐步消退，我国中小企业资金困难的局面有所缓解，但此次国际金融危机集中暴露出了中小企业资金链极其脆弱的问题，因此，帮助它们缓解融资难的问题是当务之急。

据统计，我国新增就业岗位的大部分是由职工人数在 300 人以下的小企业提供的，大中型企业仅提供了不到 10% 的新增就业岗位，却拿走了 91.5% 的新增贷款，这也就是多年来国家不断出台对中小企业优惠政策的主要原因。然而，加大给中小企业贷款并不是没有风险的。尤其是在全球经济、金融危机时期，给中小企业贷款的风险很大，完全用市场化的手段，可能效果不是

＊　这是蒋正华同志在第六届中国金融（专家）年会上的讲话。

很好。最近，即使是崇尚市场经济的美国，也宣布了国家向小企业和小银行提供更多信贷支持的计划。

因此，中小企业融资难是一个世界性的话题。首先，中小企业本身底子薄、信用低，这是一个先天的缺陷；其次，中小企业影响小，对市场介入的深度还不够，受银行关注的程度低，这是市场选择问题。

中小企业融资一直是困扰金融行业的难题，抵押物不足、担保难找、信息不透明、抗风险能力弱等问题一直得不到有效解决。现有多种融资措施往往也是隔靴搔痒，落不到实处，无法从根本上满足中小企业需求。中小企业融资也成为从中央到地方各级金融机构的重要攻关课题。

为鼓励银行多向中小企业贷款，2009年颁布的《国务院关于进一步促进中小企业发展的若干意见》第6条提出，商业银行都要建立为中小企业提供金融服务的专营机构，逐步提高中小企业中长期贷款的规模和比重。我国各级政府有关部门也应加快建立中小企业贷款风险补偿基金制度，制定风险补偿发放的规则，减少银行的后顾之忧。

除了正规的金融机构外，也不能忽略非正规金融机构在中小企业融资中的作用。它们在市场上起到了非常大的作用，对正规金融机构的职能进行了补充，特别是对低端市场起到了非常重要的作用。有关部门正在研究通过贷款人条例来松绑民间借贷。在这个条例指导下，企业与个人均可成为放贷人，让"地下钱庄"浮出水面，让民间借贷走上正轨。

要长期解决中小企业融资难的问题，除了政策上的倾斜和制度上的支持外，大力倡导诚信教育、培育社会资本、增进社会中人与人之间的信任，也是至关重要的。温家宝总理于2009年2月在英国剑桥大学的演讲中深刻地指出："道德缺失是导致金融危机的一个深层次原因。"由次贷危机引发的国际金融危机，实际上是一场道德危机、信任危机。为此，通过政府的政策支持和舆论引导提高我国的社会资本水平，加强以社会互信、社会公德等为主要内容的社会精神文明建设，是从根本上解决中小企业融资难的有效措施之一。需要政府积极地介入推动，以弥补市场的缺陷。社会资本的潜在功能，是作为一种文化的内驱力，在无形的积累、运作和交换中发挥经济效益的。小心维护并积极增进社会资本，将是我国中小企业摆脱融资约束、得到可持续健康发展的重要保障。

创新决定未来*

（2010 年 11 月 21 日）

2009 年是世界各国在经济危机中合作的一年。中国的积极作用受到各国广泛推崇，中国的率先复苏带动了许多国家走出困境。2010 年是世界各国在缓慢复苏中竞争的一年，每个国家都力图在复苏中取得优势。今后将是世界大动荡、大变革、大调整的时期，各国在这一时期的表现将决定 21 世纪全球的新格局。许多国家都推出了自己的战略计划，其中最突出的字眼就是创新。

创新是在 19 世纪与 20 世纪之交出现的一个名词。当时，数学、物理、化学、生物等领域一系列重要科学发现为技术创新奠定了知识基础，工业革命为技术创新筑就了物质平台，随之而来的是电气、航空、汽车等多个领域的革命性发明，推动世界经济发展到空前水平。与技术创新相适应的是制度创新和管理创新，这两方面的创新与技术创新相互推动，基本上形成了今天的秩序。

当前，我们正处在一个新的转折时期。全球性的生态环境问题、传统产业生产能力过剩问题、贫富差距扩大问题、人口快速增长问题、资源供给紧张问题、老龄化发展问题等，都促使世界各国寻找新的增长点。第二次世界大战以后建立起来的布雷顿森

＊ 这是蒋正华同志在中国企业创新论坛年会上的讲话。

林体系，被美国在 1971 年单方面宣布美元停止与黄金挂钩而废止，标志着旧的国际金融、经济秩序已濒临崩溃。随之而来的，是 20 世纪 70 年代的"石油危机"、80 年代的世界性经济滞胀、90 年代网络股的泡沫破灭和一系列金融危机。2007 年，美国次贷危机开始发酵，直至爆发为全球前所未有的大规模经济、金融危机，造成了世界经济的大动荡。实施根本性的变革，对国际秩序、经济增长、金融运行实行大调整，势在必行。变革、调整的核心就是创新。

从唯物观点看，经济、技术无疑是发展的基础。20 世纪是知识爆炸的 100 年，这个世纪积累的知识总量是人类有史以来知识量的总和。21 世纪前 10 年积累的知识总和又是 20 世纪知识量的总和，这为 21 世纪的技术革命打下了牢固的智慧基础。生产力的空前发展使我们必须科学地控制发展方向，理性地使用人类力量。19 世纪创新发明的特点是以个人及其创立的小型实验室为主体，爱迪生一个人及其数十人的小团队仅发明就有 1093 项。20 世纪，开始建立公司实验室，依靠团队的力量创造了大量发明和专利。当前的技术更进一步发展，表现为三个特点：一是科学与技术互相融合，科学发现迅速转化为技术发明，技术发明在短期内形成生产能力，有时甚至难以区分科学发现与技术发明。这与 19 世纪到 20 世纪，科学发现需要 60 年左右才能用于技术的情况有很大的不同。二是多学科融合、多学科交叉的科学技术迸发出巨大的潜力。纳米技术与生物科学结合、信息技术与生物技术结合、微电子技术与许多技术结合、新材料与多种学科结合等，产生了许多新的边缘学科、创新产品。三是高投入与高产出，需要各方面的支持。许多新的发明需要大量人力、物力，既要有领军人物，又要有杰出团队；既要国家支持，也要社会合作；既要研究部门努力，也要生产企业主导。研究与生产形成更加紧密的关系。

创新是一个国家能够领先于其他国家的最宝贵力量。一些技术可以通过兼并、重组、购买等方式取得，但核心、关键技术必须靠自己。美国总统奥巴马在 2010 年年初访问中国时提出，中美合作的路线就是：美国创新，成果交中国生产，产品收益存到美国，由美国进一步创新。这样，中国就永远成为打工仔。我们当然不能走这条路。中央早就将科教兴国、自主创新定为国家的根本战略方针，很有远见。

在技术创新推动发展过程中有许多问题需要妥善处理。例如"加速化陷阱"，加大研发的投入以促进生产，发展生产以后进一步加大投入，如此循环，产品周期不断缩短，竞争加大了开发费用，缩短了产品赢利周期，寻求最优策略需要管理创新和组织创新，加速了技术创新和管理创新。相对应的，还有"创新疲劳"问题，消费者对不断快速推出新产品感到厌倦等一些问题也需要解决。

创新的各个方面需要互相配合，不同方面需要考虑不同因素。我认为，有以下几点原则应当注意。

技术创新应由市场导向。技术与科学不同。科学创新在很长时间内是由求知的欲望驱动，只是在近年才与技术结合得更加紧密，而成功的技术则生来就应与市场结合。爱迪生曾说："我从来不发明市场上卖不出去的东西。"技术工作者应当深入研究市场，既要适应市场需求，又要创造市场需求。技术创新应与营销创新相互结合。

管理创新应当与时俱进。最优的管理策略、管理模式没有最终答案。历史上，企业管理就经过机器人、经济人、社会人等不同观念指导下的模式变化。平时管理与战时不同，景气时期管理与危机时期不同，各个行业在不同发展阶段也会有管理模式的差异，必须与时俱进。

制度创新必须因地制宜。一个国家的国情、历史、发展阶段对制度有重要影响，文化、地域不同，制度也应有所变化。大企业和小企业、高科技与传统产业的情况各不相同，都需因地制宜，进行适度创新。

我国在企业创新方面已经取得很大成绩，这次获奖的单位、个人就是很好的范例。中国的专利数已名列世界第二，很快就可以提高到世界第一位。与 10 年前相比，发明专利的比例大大提高，进步很快。但是，我国专利转化为生产力的比例较低，发明专利中非职务发明、个人发明的比例偏高，发明的水平有待提高。企业应当发挥优势，主导创新活动，使职务发明的比例稳步提高，专利质量实现飞跃，尤其是在核心专利、关键技术方面大力突破，使创新成为企业发展强有力的火车头。中国作为一个制造大国，面对新的激烈竞争，我们应当奋发图强，共同努力，实现由中国制造向中国创造的转变。

城市发展的新动向[*]

（2011 年 1 月 6 日）

2010 年刚刚过去，全球经济正在缓慢复苏之中，虽然还有许多隐忧，但是发展势头比年初的估计更好。在这一时期，各方面人士共聚北京，讨论今后城市的发展，具有重要意义。

城市化与工业化是现代社会腾飞的两翼，它们互相推动，互相支持，创造了人类历史上经济增长最快的奇迹。在我们开会的这段时间，全球已有一半人口居住在城市中。预测未来，到 21 世纪末，这个比例很可能达到 70%，其中发展中国家将占 80%，这也是有史以来的最高纪录。因此，城市未来的发展将极大地影响人类的生活、生产及社会活动。改善城市状况、实现城市可持续发展，需要全社会共同关注。

城市发展的历史过程中，曾积累了许多经验与教训。考古发现，最早的城市出现在 8000 多年之前，这些城市是因战争的需要而产生的。农业经济的发展产生了第一批大城市，中国是全球最早出现 50 万人口及 100 万人口大城市的国家。城市成为商业中心、政治中心、文化中心，也是生活水平最高的地区。工业化时期出现了一批新型的城市，以经济活动为这些城市的中心。在工业化初期，这些城市曾经历过居住条件恶劣、生产环境严酷、死亡率极高的艰苦时期。个别工业城市里，大批童工在艰苦条件

---

* 这是蒋正华同志在国际城市发展论坛上的讲话。

下工作，悲惨地死去，平均寿命只有 18 岁。经济发展、科技发展与社会文明程度的提高逐渐改变了这种状况，城市扩张的代价逐步降低，城市化成为社会发展的强大体制支柱。城市发展的模式是扩大规模，首先形成吸引力强大的中心城市，由此发展为沿交通线分布的线状结构城市带，以后发展为大片的城市群区，充分发挥城市的集成功能，推动经济社会加快发展。当时许多专家认为，最小的城市带、区规模应达到 2500 万人，没有上限。

20 世纪 50 年代以后，全球出现了著名的十大公害事件，引起国际社会的强烈震动。20 世纪 70 年代的国际性"石油危机"和粮食危机，引发了各方面人士对可持续发展的关注。在这场危机之前不久，欧洲的罗马俱乐部发表了《增长的极限》，其中许多悲观的论点在危机后引起了广泛的重视。1972 年，国际社会召开斯德哥尔摩会议，大声疾呼"只有一个地球"。1986 年，联合国在巴塞罗那召开第一次全球大城市市长会议。在会上，许多市长和专家研讨了"城市病"的症状：交通拥堵、大气污染、环境受损、垃圾堆积、供水困难等。大家认为，城市人口在 200 万左右是经济发展和居住环境得以兼顾的最佳规模。城市规模过小将不利于资源的集成，也不利于发展的需求。一个城市能实现良性运行的下限，大体上为 25 万到 30 万人之间。在此之后曾经流行过"新城市主义"，其中包括"紧凑城市""光明城市"等概念，还有体现古代哲学思想的"田园城市""广亩城市"等设想，世界上在城市化的同时也出现了逆城市化的现象。

由于城市有经济、社会各方面的多种功能，未来人们对城市发展的要求也将是多元化的。不同功能组合起来，将更好地满足不同人群的需求。在通信、交通发达的今天，还可同时满足个人不同的需求。今后，可能有以下几种不同城市。

（一）中心城市或龙头城市

这些城市在全球、全国、地区经济、国民经济乃至世界经济的分工和竞争中，占据产业结构和价值链的高端。一个城市要增强自身的可持续发展能力，并在带动周边区域可持续发展上发挥更大作用，必须加快经济结构优化升级和发展方式转变，调整改造和转移替代传统制造业，大力发展高新技术产业和先进制造业，加快培育现代新兴服务业，完善城市服务业体系，重点强化外向化服务功能。具备条件的大中城市、区域中心城市，要率先形成服务业占主体、外向化服务产业和功能比较完备的高端化、服务化城市经济结构。

（二）低碳城市或节能城市

低碳城市是指全面采取低能耗、低排放、低污染的低碳经济模式和低碳生活方式的城市。低碳经济的核心是能源技术和减排技术创新、产业结构和制度创新以及人类生存发展观念的根本性转变，并通过技术创新、产业调整、制度完善、观念引导等措施，集中解决好降低碳排放这个控制全球气候变化、保持人类社会可持续发展基础条件的关键问题。中国正在新疆建设一座低碳示范城市，采用新能源及多种节能建筑思想，欢迎各位参观。建设低碳城市与建设资源节约型和环境友好型社会在本质上是一致的，是实践科学发展观的具体体现，将有效提高城市的竞争力和可持续发展能力，应成为我国城市转型发展的重要战略选择。

（三）生态城市或绿色城市

生态城市就是从系统的角度运用生态学原理进行城市设计，建立高效、和谐、健康、可持续发展的人类聚居环境。生态城市中的"生态"，已不再是过去所指的纯自然生态，而是一个蕴含社会、经济、文化、自然等复合内容的综合概念。一些专家认为，21世纪是生态世纪，即人类社会将从工业化社会逐步迈向生态化社会。城市生态环境正日益成为城市竞争力的重要组成部分。哪个城市生态环境好，就能更好地吸引人才、资金和物资，处于竞争的有利地位。建设生态城市也越来越成为城市竞争的焦点。我国许多城市把建设生态城市、园林城市、山水城市、森林城市作为主要目标和发展模式，提出了林包城、城中林，山水与城市融为一体等概念。2004 年，中国公布了生态园林城市创建标准及评审方法，标志着我国生态城市建设进入了一个新的阶段。因此，在推进现代城市可持续发展的过程中，要把建设生态城市作为工作切入点，使之成为解决城市发展与生态环境矛盾的重要抓手，成为全民参与并惠及全民的重要行动。

（四）创新城市或变革城市

任何城市都要创新、变革，有些城市在这方面特别突出，可以说是因创新、变革而生，形成了生机勃勃的新兴城市。许多国家都有这样的生物谷、光谷、电脑城等新型城市。创新型城市主要依靠科技、知识、人力、文化、体制等创新要素驱动发展。建设创新型城市，是建设创新型国家的重要战略支撑点。建设创新型城市，既要紧紧把握科技创新这个核心环节，又要积极推动思想观念创新、发展模式创新、机制体制创新以及企业管理创新和城市管理创新等方面的系统创新。创新是发展的不竭动力。建设创新型城市、全面提升自主创新能力，是把城市导入可持续发展轨道的根本途径。

（五）特色文化城市或人文城市

文化是城市之魂，特色是城市之根。一座城市的文化特色往往是经历漫长岁月逐步发展而成的，它是城市最为宝贵、最为独特的优势所在。没有文化特色的城市，徒具躯壳，缺少灵魂，人心难以凝聚，发展缺乏遵循。一个城市的繁荣与发展，也是其城市特色文化弘扬和再创造的过程。城市特色文化既外在表现为城市的品牌形象，又内在构成了城市可持续发展的价值取向。因此，必须站在 5000 年中华文明积淀的物质和精神文化的高度，理解、尊重和传承文化遗产，积极挖掘与认知城市文化传统，重塑城市特色文化。只有这样，才能提升城市的综合竞争力，实现城市在精神文明方面的可持续发展。

（六）数字城市或信息城市

自 1998 年美国提出"数字地球"的概念后，"数字城市"迅速成为一个热门话题。国内许多城市在"十五"计划中就提出了建设"数字城市"的目标和措施。所谓"数字城市"，是指把数字技术及信息技术、网络技术渗透到城市生活的各个方面，成为城市运行和发展的基础性技术平台和普遍性技术手段。城市的高度信息化和数字化，将会极大地改变、优化人们的思维方式、学习方式、工作方式、交往方式以及整个城市的生产、生活方式和管理方式，对于城市加强对内对外的信息处理、过程控制、系统集成以及提高效率、降低消耗，具有重大意义和作用。建设数字城市，是推进城市现代化、实现城市可持续发展的必然选择。

总之，城市是一个复杂的大系统。城市的良性发展有四大要素：经济发展是城市的力量，社会和谐是城市的机体，环境优美是城市的形象，文化积淀是城市的灵魂。只有在这四方面达到完美的境界，才能建成一个和谐、健康、兴盛、美丽、富裕、生机勃勃而且可持续发展的城市。中国热诚希望与世界各国朋友携手合作，共同在全球建设和谐城市，进而实现和谐世界。

世界性调整中的中国发展

（2011 年 5 月 6 日）

当前，世界正处在一个大震荡、大变革、大调整的时期，为我们的发展带来难得的机遇。正确认识形势、及时把握机会，中国一定能在 21 世纪实现无数志士仁人多年来的强国富民、振兴中华的梦想。

一、世界发展大势

世界经济态势在不断轮回之中。经济学中有短周期、中周期和长周期，各国的地位起起落落、不断变化。亨廷顿在《文明的冲突与世界秩序的重建》一书中写道，1750 年，整个西方在世界制造业中只占 18.2%，1800 年上升到 23.3%，1830 年占 31.1%；同期清朝，中国制造业占全球的份额分别为 32.8%、33.3%、29.8%。中国在历史上曾是全球第一的富国，但到 1860 年，制造业产出占世界的比重降为 19.7%。

在西方发展过程中领先的国家也在不断变化，从 16 世纪的西班牙、葡萄牙依靠横行海上致富，到 17 世纪的荷兰做"世界马车夫"发家；18 至 19 世纪的工业革命中，英国崛起；20 世纪初，英国明显衰落，世界各国热议这 100 年的领先国家，被看好的国家是美国、阿根廷，最后的结果是美国胜出。美国远离世界动乱中心，资源丰富的环境起了作用，但最根本的还是美国的开放、创新，发挥了强大的推动力量。在几个关键时刻，美国抓住了机遇，阿根廷则因循守旧，一胜一败，有丰富的内容供我们研究。英国因英镑升值而遭遇外资抽出时，美国及时吸收外国资金共享繁荣；1929 年股市崩盘后，罗斯福新政建立了一个健全的金融、经济体制；第二次世界大战期间适时介入，确立了美国在战后的霸权地位。

以史为鉴可以知兴替，以史为鉴可以察方向，以史为鉴可以定战略。20 世纪与 21 世纪之交又出现了难得的机遇，全球正在热议谁将在 21 世纪领先。

当前的形势有些什么特点，哪些力量将推动世界发展，这是中国确定自己行动的基准点。当前形势的特点可以概括为：

（一）美、欧、日自世纪之交起同时陷入衰落或疲软，21 世纪前景不明，各国竞争激烈、各争先机

近年的全球性金融危机不是偶然的，而是美、欧、日同时衰落的必然结果。发生时机有偶然，事件产生有必然。从 20 世纪 70 年代起，美国放弃汇率双挂钩的货币制度，以后，又从债权国转变为债务国。历史上未闻一个国家、一个民族可依靠借债而长期称霸者，这可以看作美国由盛至衰的先兆。

最近 3 年，国际形势跌宕起伏，大致可以描述为：

2009 年，世界在危机中合作；2010 年，世界在复苏中摩擦；2011 年，世界在调整中震荡。经济问题尖锐到极点就会发生战争。当前立即发生世界大战的几率不大，但局部战争不断、摩擦频繁则将成为常态。

（二）新一轮技术革命正在启动，自主创新能力将成为国家综合实力的核心

迄今发生过多少次技术革命或产业革命，说法不一，有的认

为是 5 次，有的认为是 3 次，其出发点各有不同。我认为，从推动历史性社会经济变革而言，有 4 次产业技术大革命，各使世界面貌发生本质性的变化：农业革命使人类脱离史前社会，建立起人类文明；工业革命使人类脱离靠天吃饭，进入现代社会；电子革命使人类摆脱繁重劳动，极大地提高了劳动生产率；信息革命使世界缩短了距离，推进了全球化进程。

当前，我们正在进入第五次产业技术革命，这将是集成革命。以信息技术为基础，促使生物、材料、加工、海洋、空间技术互相渗透、交叉互动，推动人类向更广大的空间、以更多样的方式、由更深入的程度认识、利用世界以至宇宙。

也许在 200 年到 300 年内还会出现一次能源革命，产生可永久替续使用的能源。届时，人类有可能突破地球的约束。

（三）经济全球化继续发展，全球的规则与制度将会重组

决定世界的力量从一霸到多极，从 G7 到 G20，最近可能出现 G0 的现象，没有人或一个集团可以完全控制世界秩序。

（四）经济发展模式发生变化

金融自由主义在危机中失败。

美国经济模式"华盛顿共识"受到挑战。一向竭力推崇资本主义经济、政治制度的专家福山认为："这场危机凸显了资本主义制度的内在不稳定性。"小政府、取消管制、私有制和低税收的模式受到批判，越来越多的各界人士认识到需要改革。

（五）多元文化正在突破"白色安格鲁主义"模式

中国在国际上的作用不断提高。

中国领导人在国际上提出建设和谐世界，在联合国大会上受到欢迎。

当前世界关注的焦点问题是：

（1）生态环境危机。气候变暖、赤道扩大等现象引起全球

关心，有些岛国甚至担心自己完全消失。

（2）贫富差距扩大的现象在国家之间及一国之内，都有愈演愈烈之势。

（3）淡水资源紧缺。中国人均淡水资源为世界平均数的1/4，按当前消耗水平计，到人均国内生产总值达1万美元时，将耗净全部地表水。

（4）粮食供给失衡。世界粮食生产、供给、分配及土地储备都存在许多问题。从20世纪70年代以来，世界粮食储备已多次跌落到安全线以下。

（5）能源危机逼近。按紧急程度排序，石油、天然气、煤炭都存在问题。一些未来学家认为，二三百年后，这个问题才能由可控核聚变技术彻底解决。

（6）战争威胁不断，还有亚战争：网络、基因等技术被错误使用的危险。

（7）恐怖主义猖獗，反恐与恐怖主义扩大的斗争持续不断。

（8）流行疾病重来并发展，新生疾病及已消灭的疾病的发生给许多国家、地区带来严重困扰。

（9）人口问题深化，包括老龄化成为常态、民主参与、秩序调整、社会安定等问题形成新的人口热点。

（10）国际贸易矛盾频频发生，摩擦增加，贸易保护主义与全球化同时发展，关于建立新的贸易秩序迟迟不能达成国际共识。

（11）世界金融秩序、货币体系的调整中，竞争激烈，中国的影响正在逐步显现。

这些问题当中，许多可以靠国际合作缓解或解决，许多则有赖于世界格局的大变革、大调整，在这个过程中必然发生大震荡。

二、中国发展战略

我国改革开放以来，国内生产总值平均年增约 10%，历时 30 年，史无前例。国内外许多专家、机构对中国未来的发展进行了预测。

总体看来，外国人对中国经济发展的估计比中国人乐观。例如，美国投资专家罗杰斯预言，中国的经济总量在 2025 年将超过美国；美国高盛公司首席经济师奥尔尼称，中国在 2027 年可挑战美国的世界老大地位。

中国当前发展要抓住两大关键要素。

（一）加快经济转型，从耗能、污染、劳动密集型生产方式转向节能、环保、提高产出的知识型新模式

我国已在一些战略性新兴产业中具有一定优势。

（1）节能与新能源汽车：动力电池取得突破，方向是：镍氢电池、锂电池等绿色电池。

（2）光伏发电、光热发电、风力发电。太阳能电池的产量年增 30% ~60%。日照好的地区，光伏发电价为 2.4 元／度。

（3）集成电路及高性能计算机。中国已生产出全球运算速度最快的计算机。

（4）第三代移动通信。中国已有自己的标准，进一步发展方向是三网融合：电信、互联、广播电视的高层次业务融合。近来，物联网发展迅速，将是未来进一步融合的内容。

（5）高速铁路装备技术及产业化。高铁应用世界领先，装备技术有强大竞争力。

（6）装备制造业。石油、农业、建筑等（如全面掘进机等）。

（7）高产粮食及安全技术。袁隆平获联合国大奖，并获国际高度评价。

（8）基于纳米材料的新一代制版技术产业化。继王选因计算机排版技术获奖，该领域专家又开发出我国新的 CTP 系统，用纳米材料制成亲水版材，直接用计算机制版，成本低、无污染。

（二）加强自主创新

中国从 2000 年以后，科研论文在国际科学期刊上的发表数及发明专利登记数不断迅速增加。英国、法国媒体报道，中国的科研论文发表数已超日、英，占世界第二位。中国的专利登记数也列世界第二位。预计这两项指标在 3 年左右的时间内，均可跃居世界第一位。问题在于专利质量及其应用。

当前世界自主创新的方向主要为八类。

（1）能源技术：传统能源高效利用，新能源开发，最终是热核聚变。

（2）信息技术：微电子、多媒体、网络、通信、智能计算机等。

（3）新材料技术：新金属、高分子聚合物、新陶瓷、高温超导材料、复合材料等。有时，一种新材料可以改变一个新行业的面貌。

（4）生命科学技术：基因技术、蛋白质工程技术、新医疗技术、新农业技术等，正在不断重整某些产业部门并创造新的产业。

（5）先进制造技术：纳米技术、3D 打印、机器人技术正在发挥越来越大的作用。

（6）空间技术：航天、航空、多种技术结合、太空资源利用等越来越受到各方关注，发展迅速。

（7）海洋技术：海洋资源开发有巨大空间，涉及国家安全及海洋产业发展，都是国家的核心利益，相关技术不断取得新进展。

（8）环保技术：污染处理、废物利用、生态修复、节水节能、环保装备等越来越为各方所重视，投入不断增加。

在技术创新方面，原始创新、集成创新是核心。中国近年来专利数量呈几何级数增长，但核心专利、关键技术偏少，成果转化率低，论文引用率低，核心、关键技术突破需要各方面共同努力，特别是企业应发挥主体作用。为此，企业应在以下四方面加强。

（1）加强自主创新能力建设。提高员工素质，可以采取引进来、送出去相结合的办法，建立博士后流动站，办培训班，多方合作，充分利用国内外智力。

（2）加快研发新产品。努力做到生产一代、储备一代、研发一代。有四类产品值得注意：高科技产品，要发挥优势，创造特色；换代升级产品，要紧跟发展，抓住趋势；长春产品，例如食品、药物等永远有需求的产品，要了解顾客，加强服务；新领域产品，包括创意领域、老年人领域等，要关注时代特征，创新观念。

（3）提高管理水平。当前，世界管理方式不断随时代进步而变化，最突出的是从多层递阶管理走向扁平直接管理，高层直接联系基层，提高了效率；另一类是从过去着重规模效应，大鱼吃小鱼，走向着重灵活反应，快鱼吃慢鱼。这两个特点对企业管理有很大影响。此外，在企业走向世界的过程中要重视本行业的内部合作，组织起来对抗国际上的贸易保护主义。业务发展的过程中，中国企业还应增强社会责任感，将企业的利益更密切地与所在地区和社区的利益结合起来，成为社会主义文明企业的典范。

（4）加强服务。现代企业应当高度关注产品销售、消费全过程的服务，只有高水平的服务才能树立起企业的信用，信用是企业的生命。对现代企业而言，个性化服务是时代特征，全程化服务是企业责任。只有这样，我们的企业才能在世界上打造过硬的中国品牌。

在当前的世界大调整时期，中国获得突破的良机。古语曰："天与不取，反受其咎；时至不进，反受其害。"为此，需要全国各界共同努力，在各自的领域，不断创新，不断前进，为中华民族复兴作出贡献。

海峡两岸清洁能源合作研究*

（2011 年 10 月 22 日）

一、能源全球化中的环境保护

随着经济发展，能源全球化已呈不可阻挡之势，随之而来的是气候变化、灾害频发以及资源环境的多重压力，人类社会传统的高消耗、高排放发展模式已经难以为继。在多次关于气候变化的国际会议上，就全球变暖的原因及责任争论不休。中国以积极的态度应对，"十二五"规划中提出构建资源节约型、环境友好型的低碳社会。政府把资源利用效率显著提高作为经济和社会发展的主要目标之一，《中国应对气候变化国家方案》明确了中国应对气候变化的具体目标及政策措施。

2009 年，中国大陆能源消费总量为 31 亿吨标准煤，能源生产总量为 28 亿吨标准煤。煤炭、石油、天然气在中国能源消费结构中的比重分别为 69.6%、19.2% 和 3.8%，石油、天然气合计在中国能源消费结构中的比重仅为 23%。由于中国大陆人口众多，尽管人均能源消费不高，但总量已居世界前列。中国人均能源消费量约为美国的 1/4 强，总量却已相当。中国大陆的经济发展立足于境内能源，能源消费对外依存度仅为 9.67%。与经

＊ 这是蒋正华同志在浙江大学第四届海峡两岸能源经济研讨会上的讲话。

济发达国家相比，美国的能源消费对外依存度为 26.76%，整个 OECD 国家的能源消费对外依存度为 32.06%，两者都远高于中国，但未来中国的能源依赖度仍将攀升，节能低碳经济的发展已引起国家的高度重视。

台湾的能源结构比较单一，进口能源依赖度达 91%，能源进口值占岛内地区生产总值的比率，在 2008 年跃升至 14.2%。2000 年至 2008 年，岛内的最终能源消耗增加了 40.4%；2006 年，平均每个人消耗的能源是全世界平均值的 2.6 倍。同时，二氧化碳排放量也在急剧增加。台湾人口占全球人口的 3‰，但二氧化碳排放总量在 2006 年约占全球排放总量的 9.7‰，在全球排名第 22 位，人均排放量居世界第 16 位。按照《联合国气候变化框架公约》及《京都议定书》，台湾不需承担强制减排的责任。但台湾是一个受气候变化影响显著的海岛，根据联合国国际减灾战略组织在 2009 年发布的报告，台湾与全球各国和各地区相比较，在受台风、泥石流等灾害的影响排名中排第 5，而经济受泥石流影响更是全球第一，台湾无法在气候变化威胁下置身事外。

中国大陆与台湾都有发展低碳经济的迫切需求，正在并将进一步采取有力措施，通过技术创新、制度创新、产业转型、清洁能源开发等多种手段，尽可能地减少煤炭、石油等高碳能源消耗，减少温室气体排放，达到经济社会发展与生态环境保护双赢。发展低碳经济的一个重要方面是提高传统能源的利用效率，积极开发清洁能源。在这方面，两岸各有优势，具有较大的合作潜力。

二、两岸清洁能源的开发现状

（一）大陆的清洁能源开发现状

中国作为世界上人口最多的发展中大国，无论是从经济发展还是从改善人民生活的角度，能源消费量持续增加都是必然的。中国一直认真、严肃地对待快速增长的能源消费问题，将其视作经济社会发展的挑战。一方面，中国将能源供应主体放在国内，立足本国资源满足基本需求；另一方面，中国正在坚定不移地推进节能减排，积极改善能源消费结构，大力提高能源消费效率，多方倡导节约利用能源。中国大陆立足于资源结构的特点，解决自身的能源需求问题，承担了更多环境压力，实际上为全世界的能源安全作出了贡献。在清洁能源发展方面，中国拥有四个全球第一：水电装机全球第一、太阳能热水器利用规模全球第一、核电在建规模全球第一、风电装机增速全球第一。

中国大陆地区的水能资源理论蕴藏量有 6.78 亿千瓦，居世界第一位，技术可开发量为 5.42 亿千瓦，是仅次于煤炭的第二大常规能源。目前，美国、加拿大、巴西、日本、挪威已开发的水电占技术可开发水能资源的 50% 以上，而中国已开发的水电占技术可开发水能资源的 31.5%，仍有巨大的发展潜力。

核电方面，截至 2010 年年底，中国大陆已投运 13 台核电机组，容量超过 1000 万千瓦，还有近 30 个电站、上百台机组在进行前期筹划。日本福岛的核泄漏危机，会对中国大陆核电的发展速度有一定影响，并使中国大陆核电企业更加重视安全问题，但中国大陆发展核电的决心和发展核电的安排不会改变。

进入 21 世纪之后，中国大陆的风电装机容量持续高速增长。截至 2009 年年底，中国大陆风电累计发电量约为 516 亿千瓦时，按照发电标煤煤耗每千瓦时 350 克计算，可节约标煤 1806 万吨，减少二氧化碳排放 5562 万吨，减少二氧化硫排放 28 万吨。2010年，中国大陆风电新增装机超过 1600 万千瓦，累计超过 4000 万千瓦，居世界第一。通过一系列国家支持计划、科技攻关和技术引进，中国大陆基本掌握了兆瓦级风电机组制造技术，国产设备市场占有率达到了 69%，初步形成了生产叶片、齿轮箱、发电机和控制系统等主要部件的产业链。虽然 2011 年以来风电发展受到上网等因素影响，速度放慢，但前景依然光明，特别是超导技术的发展，可能会推动新的风电发展浪潮。

中国大陆的太阳能资源相当丰富，绝大多数地区年平均日辐射量在 4 千瓦时/平方米以上，西藏最高，达 7 千瓦时/平方米。目前，中国大陆的太阳能产业规模已位居世界第一，是全球太阳能热水器生产量和使用量最大的国家，以及重要的太阳能光伏电池生产国。2008 年，中国已成为世界第一大太阳能电池生产国，然而国内光伏市场迟迟没有启动，目前面临着"两头在外，利润最低"的局面。中国的硅料 39% 进口自美国，18% 来自欧洲，只有 18% 产自中国。在销售方面，98% 的产品销往国外，仅有 2% 左右的产品留在国内，造成产业与市场脱节。2011 年，光伏产业在技术进步的鼓舞下高速发展，成本下降，前景乐观。

（二）台湾的清洁能源开发

在发展核电方面，虽然相对于传统能源，核电更加清洁、安全、环保，但由于台湾地区面积狭小，核废料的储存问题难以解决，民间反对发展核电的呼声较强，核四电厂一度因为当局迎合民间的反对力量而关闭。台湾应逐步实现"非核家园"的目标，从长期来看，核电中现有采用裂变技术的电站最终可能会全部关闭。不过，因为台湾的温室气体排放快速增长，加上国际温室气体减量的压力，核能仍将成为台湾从高碳走向低碳社会过渡时期的选项。

　　台湾沿海地区的风能资源较为丰富，具有良好的开发前景。据台湾工研院统计，台湾西海岸的风力资源世界排名第三，每年平均有效风力发电时间有 2500 小时，是丹麦、德国等风电高密度国家（平均有 1500 小时）的 1.7 倍，如同坐拥一座无形的绿色金矿。台湾行政部门已经确定了到 2025 年，15%（8450 兆瓦）的台湾电力来自于可再生能源的目标。据估计，海上风力是实现这一目标的最快方式，海上风电潜能将至少增长 3000 兆瓦。

　　台湾在清洁能源领域拥有一定的技术储备。以氢燃料电池为例，目前台湾地区已有 30 多家相关研发机构投入氢燃料电池技术开发，也具有分工雏形并形成产业价值链，包括系统应用、关键零组件等。燃料电池产业链从上游到下游，包括贵金属触媒、质子交换膜、燃料电池组及其零组件、控制系统与周边零组件、定置型发电系统、便携式电源产品、交通运输工具等。除了上游的原材料技术外，台湾地区产业界拥有丰富的量产经验与成本优势，切入中下游产品市场具有相对优势，且台湾地区在发电机、电子信息与机车等产业已有良好基础，引入燃料技术后，具有能源效率与环保的特色，产品将更具国际竞争力。

三、两岸能源合作开发展望

　　2010 年 6 月 29 日，两岸海协会、海基会签订《海峡两岸经济合作框架协议》（ECFA），一致同意逐步减少或消除海峡两岸之间货物贸易的关税和非关税壁垒；逐步减少或消除海峡两岸之间服务贸易的限制性措施；提供投资保护，促进双向投资；为两岸贸易投资便利化和产业交流与合作开拓广阔的空间。

　　中国大陆与台湾的合作至今仍以经贸领域为主，以台商在大陆投资制造业企业为主要形式。在投资结构上，以生产性项目为主，以服务业为辅；在生产性项目内部，以劳动密集型产业为主，技术密集型产业的投资项目很少。在清洁能源开发领域，两岸的合作还很少。就两岸充分优势互补、合作共赢的目标而言，鼓励、引导台资向技术密集型、资源节约型、环境友好型的产业转移成为当务之急。

新能源产业是两岸合作有较大潜力的领域。光伏电池、LED等制造产业已成为台商在大陆投资的新热点，大陆的多晶硅、电池片已销往台湾地区。但从全局来看，两岸在世界清洁能源产业链上仍处于低端，与国际先进水平有很大差距。两岸在进行新能源产业合作时，需要跳出既有的代工模式，转向核心技术的研发与自主品牌的营销，这样才能站在产业发展"微笑曲线"的两端，创造出高附加值的新能源产品。

四、能源经济技术合作探讨

在全球应对气候变化的背景下，中国大陆与台湾都面临着向低碳社会转型的任务，双方在新能源开发领域的合作可以实现更多的经济效益、社会效益与环境效益。

（一）建立信息沟通和磋商机制

两岸新能源合作需建立常态化的信息沟通和磋商机制。在能源需求、价格、风险防范方面，两岸都需要建立完整的能源信息体系。台湾现有 3 座核电厂，核四厂也已接近完工阶段；大陆有 6 座核电厂、13 部机组在运转，还有 12 座核电厂、24 部机组正在兴建，多集中在广东、福建、浙江沿海一带，与台湾一水之隔。因此，两岸核能安全的合作格外重要。中国大陆的核电厂扩充迅速，对兴建、营运管理及监督的人才及经验均有大量需求。

台湾可以在核能资讯、人员供给及经验交流上，提供给大陆必要的支持，并在大陆核电建设中拓展自身的能力。通过双方互利互补，共同建构核能安全网，才能强化两岸人民对核能安全的信心。

（二）合作成立共同研发新能源技术的研究机构

由于新能源技术的开发投资大、周期长且存在一定商业风险，两岸主管部门可考虑合作建立非营利性的研发机构，有效组织两岸的科研力量共同开发。

从台湾新能源产业的发展前景来看，要确保产业继续发展，岛内产业必须升级，向高附加值方向发展，而大陆广阔的市场、充沛的高素质人才成为台湾产业迈向国际化的最佳目标。大陆可以通过与台湾的合作，获得相关的技术，加快科技成果的转化与推广应用，推动节能减排工作的进行和向低碳社会的转型。因此，加强两岸的科技合作，为两岸在新能源领域的研究开发、成果转化和产业发展活动提供良好环境和条件，对两岸的科技和经济发展有深远的影响。

以光伏产业为例，目前，大陆与台湾的光伏产业在国际市场上均占有重要的地位。大陆的多晶硅产业快速发展，但有些地区采用的仍然是粗放式的经营方式，用多晶硅生产的太阳能电池98%出口国外。受国际金融危机影响，欧美市场的需求大幅下降，国内光伏企业也饱受挫伤。

与大陆企业相比，台湾的光伏产业占据了产业链的高端。凭借其在半导体制造领域的优势，台湾地区已经形成了较为完整的光伏产业链。2007年，太阳能电池产量占全球的12.74%。台湾地区汇集了光伏产业链上、中、下游的众多企业。台湾地区光伏产业的最大优势在于技术方面已十分成熟，瓶颈则在于上游原料的取得较为困难，以及岛内市场容量有限。渴求资源和市场的台湾光伏产业此时前来大陆投资，将实现双赢的局面。

（三）合作开发燃料电池机动车

2010 年，中国大陆的汽车产销均突破 1800 万辆，同比增长 32%，并打破美国此前创下的 1700 万辆最高销售纪录。然而，由此带来的石油供应与环境污染问题，将严重影响大陆经济的健康、可持续发展。开发新能源汽车，是应对这一问题的必然选择。2010 年 9 月份公布的《节能与新能源汽车产业规划（草案）》，确定了国家对节能减排和培育战略性新兴产业的总体要求。补贴政策亦在上海、长春、深圳、杭州、合肥 5 个城市试点启动。2010 年，在新能源政策的鼓励下，各大车企几乎都将更多的精力投入到电动车的研发与推广上，已取得显著成绩。

台湾具有机动车与电子产品的生产技术优势，在推动燃料电池应用方面，积极投入小型质子交换膜燃料电池发电系统的研发，目前已建立 1 千瓦移动式燃料电池发电系统、3 千瓦及 5 千瓦多重进料重组器的热电共生燃料电池发电系统。在燃料电池机车研发阶段，把资金投入研发及相关基础设施建设，带动相关产业链的发展，并带动燃料电池汽车、氢能及相关产业水平的提升。

汽车是燃料电池系统最具挑战性的应用领域。台湾在电动自行车、电动机车、电动轮椅与电动代步车方面，技术与产销都已有优异的表现，同时，燃料电池系统与储氢罐等产品也有相当的实力，是具有发展优势的燃料电池产业。经由示范运行，开发燃料周边系统、验证长期使用的性能表现、鼓励车辆厂商投入共同开发、建立法规标准等，将是未来发展的目标。两岸相关企业如果合作开发生产燃料电池，抢占行业先机，市场空间将极其广阔。

（四）两岸合作开发海洋油气资源

海洋油气资源丰富，但海上石油开采是一个高风险、高技术、高投入的产业。据测算，每钻井 1 米耗资约 1 万元人民币，而海上钢结构平台每平方米的造价就高达 2 万美元。如此算来，建设一个中型的海上油田，投资将在 3 亿到 6 亿美元之间，而一个大型油田的总投资将高达 20 亿～30 亿美元。在这种情况下，中国大陆方面可以邀请台湾的石油企业加入合作开发行列，实现风险分担和利益共享。

事实上，两岸企业界早在几年前就考虑到相关问题，并在合作开发海上石油资源方面作出尝试。海峡两岸都有强大的研发能力，应积极推动两岸油气研究、开发部门加强合作，加强海洋资源开发利用。

推动中国经济的绿色转型*

（2011 年 11 月 18 日）

今年会议的主题是"中国经济绿色转型"，这是一个十分重要的话题，对中国经济社会发展意义重大，得到政府和社会的高度关注。绿色给我们的感觉是和谐、自然、悠远。经济绿色转型，是落实科学发展观、转变经济发展方式和调整产业结构的核心内容。传统的经济增长模式，主要依靠增加要素投入、消耗自然资源、追求数量扩张来实现。随着资源环境矛盾日益突出，这种粗放型的经济增长模式越来越难以为继，因此，必须加快经济发展方式的转变，推动经济社会发展的绿色转型。

半个世纪以前，经济学界就曾以"太空船式"经济和"牧童式"经济，形象地表明高消耗经济的不可持续性和实现自我循环的可再生经济模式的必要性。今天，由于世界经济高速发展，资源能源稀缺，生态环境破坏的问题更显得尖锐、突出。中国政府和社会各界很早就提出发展绿色经济的概念，近年还举办了全球绿色智库峰会。两天前，联合国环境规划署在北京向全球发布了绿色经济报告，全世界已经取得共识。经济的绿色转型，更是我国资源禀赋、发展阶段所决定的必然要求。中国是世界上人口最多的国家，人均占有的资源和能源比较少，而能源结构也是以煤为主，对环境污染严重。同时，我国还处于快速发展的工

＊ 这是蒋正华同志在第十四次高级政策顾问委员会会议上的讲话。

业化和城市化的进程之中，对资源和能源的需求还在增长，给环境带来的压力也越来越大。走发达国家走过的工业化和城市化老路，将可能面临巨大的资源环境制约。实现经济的绿色转型，坚持走适合中国国情的、资源节约型和环境友好型的工业化和城市化道路，是我们的正确选择。

经济的绿色转型，也是提高发展质量、提高人民群众生活水平和福利水准的要求。将关注民生放在突出位置是中国发展的根本目的，包括让人民群众拥有清洁的空气、清洁的水，并生活在生态优美、健康宜居的环境中。这些都离不开经济的绿色转型。

经济的绿色转型也是中国作为一个负责任大国的体现，我们将与世界各国一起应对全球气候变化的重大挑战。

推动经济的绿色转型是一项长期、艰巨的任务，需要开展大量的工作。我认为，当前我们特别需要加强以下工作。

第一，切实实现"十二五"节能减排目标，把实现节能减排目标作为推动经济绿色转型的主要抓手。"十一五"期间，我们基本实现了节能减排的目标，万元国内生产总值能耗下降19.1%，二氧化硫和化学需氧量都超额完成减排目标。2011 年发布的国民经济社会发展"十二五"规划又为下一个 5 年提出了新的目标，包括在 2010 年的基础上，继续降低万元国内生产总值能源消耗强度 16%，降低万元国内生产总值碳排放强度17%，减排四种主要污染物——二氧化硫、氮氧化物、化学需氧量、氨氮8% ~10%。采取各种政策措施实现这些目标，将大力推动经济的绿色转型。

第二，逐步调整能源结构，构建经济绿色转型的基础。2010 年，我国能源总消费量为32.4 亿吨标准煤，其中，煤炭、石油、天然气分别占70.9%、16.5%和4.3%。我国经济快速发展是基于以煤为主的能源结构的支撑，带来了很大的环境压力和温室气体排放量。逐步改善现有的能源结构，是实现经济绿色转型的基础。应该再进一步加大对风能、太阳能、生物质能等可再生能源发展的支持力度，大力发展天然气，在保障安全的基础上发展核电。同时，我们也要意识到，我国以煤为主的能源结构在短期内是很难改变的，因此也要特别加强煤炭的清洁、高效利用。

第三，调整产业结构。我国的产业结构还是以第二产业为主，在第二产业中，较重的工业又占了很大比例。在整个产业结构中加大第三产业的发展和比重，在第二产业中，淘汰落后产能，抑制高耗能行业过快增长，发展节能、环保的现代工业体系，这些都对推动经济的绿色转型有至关重要的作用。2011 年，我国原定的各高耗能行业淘汰落后产能计划均已超额完成，这充分表明了政府的决心。扶植节能环保、新能源等战略性新兴产业，培育以低耗能和低排放为特征的新的经济增长点的工作，也在加快进行。

第四，调整完善有利于经济绿色转型和整体经济健康发展的税制体系。税制的调整与改革可以发挥有力的导向作用。推进税制改革，将结构性减税与资源税费和环境税费改革结合起来，一方面能通过结构性减税推动经济的进一步发展和平抑物价；另一方面，通过增加资源税和环境税费，促进资源能源节约和环境保护，使资源性产品的价格更好地反映其稀缺性和环境外部成本，更好地发挥市场配置资源的作用。

第五，加大能源科技投入和协调力度。我国的新能源发展应当适应国际产业变化。在新能源的产业链中确立适当位置，根据各区域情况全面、科学地规划产业分布，并确定适当的支持政策，以期最大限度实现可持续能源的优化配置。

最后，再谈一下建设可持续发展的城市在整个经济绿色转型中的重要性。众所周知，中国正在经历人类历史上最快的城市化进程，在未来25年里，将有3亿人从农村进入城市，这相当于整个美国的人口。未来城市建设中，规划设计能否遵循绿色转型的思想，城市中的交通体系能否绿色、高效，城市中的建筑是否节能，城市的能源体系是否合理，能否妥善管理城市的空气质量、水资源、垃圾等环境公共事务，将决定着中国未来的城市是低碳、绿色、宜居的城市，还是落入困扰世界各国大城市的高碳、污染、拥堵等"城市病"的陷阱之中。这在很大程度上，也决定着经济绿色转型能否成功。

推动经济的绿色转型不是一朝一夕的事情，也不是某个部门能够独立完成的，需要政府各部门之间共同合作、政府与社会各界通力合作，也需要科技界加强关注。2011年10月10日，我国首个能源领域国家实验室成立，这是一个很好的平台。

美国能源基金会中国可持续能源项目在过去10多年里围绕着能源可持续发展，在电力、可再生能源、工业节能、建筑节能、交通、低碳发展、环境管理，以及可持续发展的城市等领域开展了大量工作，与各级政府部门及相关机构建立了良好的合作关系，在配合中国政府推动节能减排的政策制定和实施以及国际经验交流方面发挥了积极的作用，为中国经济的绿色转型做了一定工作。高级政策顾问委员会在帮助美国能源基金会中国可持续能源项目关于工作方向的确定、政策指导和项目规划等方面，发挥了至关重要的作用。希望通过这次会议，很好地讨论下一步工作的重点领域和重点方向，更好地发挥美国能源基金会的作用，为中国的节能减排、应对气候变化以及中国经济的绿色转型作出更大的贡献！

开展军民融合调研的报告

（2011 年 12 月 28 日）

军工单位在国家政策支持下，在各级组织的大力支持和协调下，坚持了军民结合、军民融合的发展方向，通过不断的探索和调整改革，科研生产能力、经济结构、体制、机制等方面都发生了巨大变化，服务国防和服务国民经济建设两个方面的能力显著增强，取得了辉煌成就，总体上实现了由单一军品结构向军民结合型结构的转变，对地方经济社会发展的辐射带动作用正在凸显。但要走出一条中国特色军民融合式发展路子，还存在不少困难和差距，尤其在军地工作的协调与组织、军工自身建设与全局发展、军民良性互动的环境建设等方面还存在不少问题，需要各方面不懈努力，把工作进一步推向深入。

这些问题可归纳为以下五个方面。

（一）部分地区、单位缺乏大局意识

1. 地方有关部门在推进军民融合中更多的是考虑在经济建设中如何更多地发挥军工优势，而对于如何结合国防建设需要统筹军民融合考虑不足，甚至完全没有考虑。

2. 主动性差，潜力发挥得不够。军工自成体系、自我协调和自我供养等观念还具有较深影响，尤其是军品任务重、国家投入强度大的单位，将军用技术转民用的积极性不高。尽管地方政府制定了不少感召政策，但仍然过分强调任务的特殊性，很难融入地区经济共同发展。

3. 军品的科研生产配套工作一般都在本行业内进行, 甚至军用技术转民用也仅限在本系统、本单位内部进行。对民用资源在不同程度上存在不认可和不信任, 利用民用资源进行武器装备科研生产的动力显著不足。

4. 政策支持不对等。现行军品税收政策对军工企事业单位和民营企业实行"双轨制"。军工企业生产的军品 (包括总承和配套产品) 均享受增值税、土地使用税等减免优惠政策, 而民营企业生产的军品, 只对特定产品, 在总装环节免征增值税。此外, 部分民营企业虽然按规定可以享受军品免税政策, 但退税周期过长。

(二) 缺乏统一指导

1. 职能不到位。国家相关文件对推进地方军民融合发挥了重要作用, 但目前许多工作在顶层没有落实, 有关职能分散在国务院各部委和军队。它们都有自身的管理线路, 虽然说建立了顶层工作协调机制, 但受其主要职能影响, 协调推进军民融合发展的责任主体仍然不清晰, 地方政府也不知道这项工作该和哪一家对接。

2. 具体工作牵扯部门多、头绪多, 协调难。地方政府的工作目前多限于对国防科技工业的军民结合产业发展中遇到的问题进行尽可能的疏导, 很难进行统筹协调。

3. 政策缺口大。军用装备科研生产垄断, 有进一步加剧的态势。民营企业进入军品市场需要获得国防科工局和总装备部的双重准入许可, 不仅增加了头绪和门槛, 也由于政府设置的相关办事机构多头管理, 加剧了管理不规范、混乱和资源浪费。

4. 促进军民融合的相关国家标准、行业标准和军用标准不协调, 诸多标准不能适应统筹国防建设和国民经济建设形势发展的迫切需要。

5. 过分强调特殊性、保密性，或者以保密为借口，把民营企业阻隔在军品市场门口之外。政府管理部门和装备使用部门在选择军品科研生产单位过程中，对民营企业在安全保密、装备供应保障的可持续性、科研生产队伍的稳定性、产品质量和售后服务等方面存在较大顾虑，使民营企业参与国防建设的困难增大。

（三）缺乏信息沟通

由于缺乏有效的信息沟通平台，国家有关部门和地方对国防建设和军工科研生产的需求、军队和军工单位对地方的供给能力和科技水平都存在了解不够或把握不准的问题，军品的采购方和研制方也无法有效掌握民营企业的技术能力和水平。民营企业缺乏规范的军品需求信息来源渠道，无法有准备地参与竞争。

（四）缺乏推动手段

军地经济发展相互衔接不够，军民科技资源互动融合不足，优势资源尚未得到充分利用，军工对地方经济的辐射带动作用弱。其主要原因是地方政府手段弱。在推动军品任务重，而科技实力雄厚的军工科研单位中，在推动一些技术优势雄厚、市场风险大的产业发展中，在推动市场影响力大、运行成本偏高的高端项目中，地方政府的手段和条件明显不足，缺乏必要的资金支持和协调能力。

（五）缺乏服务平台支撑

军民融合工作非常繁重，中介服务机构的支撑作用发挥得不明显。一方面是长期以来政府对中介服务机构的培养、支持不够，缺乏长期任务委托。另一方面，中介机构能力弱，人才匮乏，在技术市场、成果推广转化、组织协调、信息传递、政策解读等方面，不能独当一面和发挥好助手作用。

为推动军民融合工作发展的几点建议是：

（一）尽快建立并完善顶层与地方政府间的管理协调机制

实施军民融合发展战略，需要加强政府与军队间、政府与政府间、政府与军工集团公司间的协商机制，形成由中共中央、国务院、中央军委统一领导的综合性协调管理机构。要明确相关职能部门承担军民融合发展的总体协调和制定政策工作。国家发改委、财政部、工信部、科技部、国务院国资委和解放军有关总部等军地职能部门，建立部级常态定期联席会议制度，研究决策层面上的问题，落实工作部署，加强各类军民科技计划、重大建设项目、重大政策等的协调和衔接，统筹部署和安排国家与地方政府提出的基础性、战略性、前瞻性重大科技项目实施和平台建设，做到统一思想、统一部署、统一行动。

（二）采取有力措施，落实好总体规划

军民融合发展战略已纳入我国国民经济和社会发展第十二个五年规划和国家中长期科技规划，地方政府也编制了专项规划。国家主管部门要尽快组织有关部门和专家进行全面、综合的研究论证，抓紧制定军民融合发展总体规划的实施细则，加强规划衔接、供需对接和资源共享，抓好突破口、结合点。支持地方政府选择的一批具有军民两用性质的重大项目，采取国家与地方政府共同扶持的政策，促进地区军民融合全面发展。

（三）创新政策法规环境

结合军民融合发展的需要，进一步研究分析现有相关政策法规的适应性，及时进行修订完善。例如合同法中未设军品合同的内容，对军品订货如何订立合同，连原则性规定都没有。要组织研究并补充完善缺失的政策法规。例如在武器装备科研生产方面，制定《军民通用标准管理办法》《民营企业参与国防建设条例》《军品市场准入与退出管理办法》等，建立推动军民融合发展的政策体系，鼓励改革、技术转化、产业发展和市场规范等。

（四）清除军民融合的制度桎梏

一是加快推进武器装备采购制度和定价制度改革。发挥装备采购制度改革的牵引作用和军方在军民融合、寓军于民武器装备科研生产体系建设中的主导作用，大力推行竞争性采购，完善装备市场准入制度，加快军民融合、寓军于民建设的步伐。

二是完善管理制度。完善装备承研承制承修单位资格审查制度，不断充实合格的竞争主体。要打破封闭建设的格局，把符合条件的民营科研院所和民营企业纳入装备科研采购市场，为有效推行竞争性装备采购、增强国防科技工业活力提供制度保障。

三是进一步加强国防科技工业能力结构调整。按照建立军民结合、寓军于民武器装备科研生产体系的要求，尽快形成基于国民经济基础的大协作体系。

四是加快军工科研院所改革，在保军的前提下，尽快将一部分产品研究所，按照产品相同、设施相近的企业，通过联合重组改造，形成一批专业化、产业化发展的新型企业集团，在市场中发挥主体作用。

五是跳出传统的管理体制，建立军地经济融合机制。政府支持军工集团与地方部门携手，大力推动军民两用性强、军工具有比较优势的高技术实现产业化发展。加快军地资源重组，提升产业的国际竞争力、规模和效益。把军工新的经济增长点衔接在区域经济发展计划的链条上，实现资源良性互动和协调发展。

（五）建立公共信息平台

整合军民、军地共用信息平台和数据基础设施，建立以国家公信力支撑的分层资源共享机制，提高信息资源的可靠性和利用率。

建立和完善军地信息共享机制。依托政府和军队信息网络基础设施，统筹规划建设信息共享平台，建立军品需求信息披露制度。

建立装备采购信息发布制度。根据承研承制承修单位的专业领域和涉密等级，定期、定向发布装备科研采购信息及相关政策法规、标准和工作程序等。

（六）发挥社会中介机构的职能

军民融合是促进整个社会发展的一项重要工作。在推进军民融合发展中，要落实国务院关于社团建设的文件精神，研究军民融合支撑平台建设，把军民融合的具体工作委托给中介服务机构承担。一是在相关法律法规、宏观调控和产业政策的研究、制定，行业标准和行业发展规划、行业准入条件、完善行业管理、促进行业发展方面。二是在决策支撑、问题研究、市场调研、成果展览展示、技术培训、技术推广、技术服务、技术评估、技术交流方面。三是在依托优势社团建立军民融合产业基金，集聚社会资金发展高科技产业方面。四是在信息咨询、信息传递和信息发布等方面，依托中介机构，发挥它们在政府、企业、市场间的沟通协调功能与助手、桥梁和纽带作用。

发展文化产业，服务公众需求

（2012 年 5 月 9 日）

文化产业在中国突破观念、体制、组织、人才等各方面的约束，正在走向发展的现阶段，亟待全面总结、完善。

一、文化概念的发展

"文化"的词源来自《易经》："观乎天文，以察时变；观乎人文，以化成天下。"文是状态，化是运动，就是要观察自然与社会现象，研究天地万物运动规律并加以利用。因此，文化在最初是属于上层建筑的。

英语 Culture 源于拉丁文 cultura，其词意包括农牧活动、神明祭拜及精神修养，既有上层建筑的成分，也有古代主导的农牧生产活动。

文化的概念在社会经济发展过程中不断扩展，内容不断丰富。从不同角度出发，现代中外学者对文化的概念提出了许多界定。总结起来，中国学者认为：

1. 文化是道德、价值、民俗风情、知识观念、思想方式等内容的总和，反映了人群的精神面貌特征。

2. 文化是人类在创造精神文明的同时对人的教化过程。这一定义符合文化的词意，但更强调"化"的方面。

3. 文化是人类创造的物质财富与精神财富的总和，强调了文化活动的成果。

4. 文化是人类在创造物质与精神财富的同时受到精神力量的影响，强调的是这一教化过程。

这四大类定义可以在不同情况下适用，并不排斥，而是反映了文化的复杂内涵，适应不同的需要。

外国学者对文化的讨论较早，形成了许多学派。这些学者对文化的理解更是莫衷一是，大体上认为，文化是：一个民族生活方式的总和，一种思维、情感和信仰的方式，对社会、自然现象标准化的认识，对行为规范性调控的标准与机制，调整人与外部环境及其他人群关系的技术，知识的总和，历史的积淀，人类的遗产等。对这些定义的了解，有助于研究文化产业的发展。

文化产业的产生基于对文化认识的扩展和深化，也基于现代经济社会的发展、消费模式和水平的变化，并与现代科学技术的发展，尤其是信息技术的迅猛进步有着密切的关联。

二、文化产业的形成及影响

文化产业在 20 世纪急剧兴起，已经成为国家硬实力、软实力的重要组成部分。文化产业的发展可以分成四个阶段。

1. 精英文化时期：文化产品被认为是被上层垄断的高雅事业。这从西方歌剧院的观众被要求衣冠楚楚以及严格的演出秩序可以看出。

2. 大众文化形成时期：20 世纪二三十年代，因留声机、收音机等的发展，文艺作品可以大批复制，为大众所享用，形成大众文化。但部分精英认为，艺术的特点及价值在于个性化及不可复制性，大批生产的不是艺术，甚至是"反文化"。然而，这股声音终究阻挡不了时代潮流，大众文化逐渐形成。

3. 文化产业形成时期：20 世纪 50 年代信息技术的发展及 70 年代"石油危机"的压力，促进了文化产业的形成与发展。电影业的高速发展是这一时期的特点。好莱坞及其他一批电影企业获得了丰厚的回报，造就了一批又一批富豪。

4. 现代文化产业或网络文化产业时期：21 世纪，网络技术发展到成熟阶段，为文化产业的发展准备了市场与技术条件。年轻一代及未来的社会中，网络将在生活中无处不在，文化产业趁势发展。据统计，美国音像业在出口中占第二位，仅次于航天工业。美国最富有的 400 家企业中有 72 家是文化企业，在发展经济和扩大就业方面发挥了重要作用。

中国的文化产业从 20 世纪 80 年代开始起步，自 1979 年的第一家茶座起，逐步发展。1992 年，国务院办公厅发布《重大战略决策——加快发展第三产业》，正式使用了文化产业一词；1998 年，在国家精简机构的环境下，文化部增设文化产业司；从 1999 年起，文化产业正式列入国家发展规划；自此以后，中央主要领导人多次提出要重视发展文化产业；自 21 世纪初，国务院各部门出台了许多政策，支持文化产业的成长。

三、文化产业的特征及内容

文化产业属于第三产业或服务业，与其他产业相比，有显著的特征：

1. 教育性质（传播精神文明）；
2. 娱乐性质（娱乐与教化的结合）；
3. 政治性质（全球化与多极化的影响）；
4. 经济性质（对市场的占领与管理）。

对文化产业在各国有不同的界定，就是在中国，各地的规定也有差别。北京市在文化产业与对策研究中将文化产业分为17个门类，上海市在《发展上海文化产业研究报告》中则将文化产业分为20个行业。我国在2002年10月实施的《国民经济行业分类GB/T 4754—2002》的标准，按文化产品生产、流通、服务3个环节，将其划分为7方面内容：

1. 新闻出版业；
2. 广播、电视、电影和音像业；
3. 文艺娱乐演出业；
4. 文化用品制造、印刷、批发、零售业；
5. 图书信息网络文化业；
6. 文化旅游休闲业；
7. 教育培训业。

四、中国文化产业的发展潜力问题及对策

中国的文化产业具有巨大的发展潜力，在供给与需求两方面都有积极的推动力量。

（一）发展文化产业是调整经济结构的需要

传统产业的产能过剩，产业升级是形势所迫，中国服务业的比例远低于同等发展水平国家，文化产业带动就业的能力是制造业的4倍。

（二）发展文化产业是适应消费能力提升的需要

2020年，中国将实现全面小康。在消费结构正在转变的关键阶段，休闲、娱乐将越来越成为重要的消费内容。

（三）发展文化产业是提升中国软实力的需要

文化产品在意识形态、价值取向的传播中具有无可替代的作

用。美国一些政界人士就曾说，美国最重要的出口产品是美国文化。

（四）中国深厚的文化底蕴是文化产业的丰富资源和宝藏

中国 5000 年的文明留下了无数宝贵的遗产，善于把握利用，可以产生不可估量的精神和物质价值。

中国不断完善的文化产业政策，推动文化产业不断发展。中国的文化产业起步晚，但在有利的政策环境下发展很快，已经形成了许多亮点，前途无限。

全球化与多极化的国际环境为文化产业发展提供了巨大市场，注入了创新的力量。尤其是先进的科技和表现手段，可以推动、刺激文化产业的跨越式发展。

当前，中国的文化产业发展还有一些困难，主要是人才不足、社会氛围有待营造、营销及管理水平有待提高，需要采取针对性的措施。

建设生态文明、
转变经济发展方式与资本市场*

（2012 年 11 月 16 日）

谈一谈建设生态文明、转变经济发展方式与资本市场这三者之间的关系。

第一，生态文明建设对经济发展提出了更高要求。

生态文明的理念是在中共十七大报告中提出的。通过 5 年的思考与实践，中共十八大报告首次系统化、完整化、理论化地提出了建设生态文明的战略任务。需要注意的是，生态文明是人类社会文明的高级形态，不是单纯的节能减排、保护环境问题，而是要融入经济建设、政治建设、文化建设、社会建设各方面和全过程。

从经济角度讲，推进生态文明建设，才能保持经济持续健康发展。我国经济发展面临越来越严重的资源环境制约，突出表现在资源约束趋紧、环境污染严重、生态系统退化。这有我国国情、发展阶段的原因，有体制机制方面的原因，还有需求结构、产业结构、要素投入结构等发展方式的原因。从源头上、根本上跨过资源环境这道坎，不仅要加快转变经济发展方式，还必须大力推进生态文明建设。

大力推进生态文明建设需要坚持节约资源和保护环境的基本国策，坚持节约优先、保护优先、自然恢复为主的方针，着力推

---

* 这是蒋正华同志在第八届中国证券市场年会上的讲话。

进绿色发展、循环发展、低碳发展，形成节约资源和保护环境的空间格局、产业结构、生产方式、生活方式，从源头上扭转生态环境恶化的趋势。

生态文明建设的目标，是转变经济发展方式、调整产业结构在更高层次上的表现。

第二，经济发展转方式、调结构是建设生态文明的重要一极。

经济发展转方式、调结构不仅仅是经济领域的一场变革，它也是社会各方面建设在经济上的反映。生态文明建设与经济转方式、调结构一样，都要做"加减法"。"加法"包括实施生态环境保护工程，污水、垃圾处理工程，增强清洁能源的开发利用力度，对生产力空间布局重新进行调整和优化，促进产业走上可持续发展之路，增加第三产业在国民经济中的比重。"减法"就是要坚决淘汰落后产能，坚决不上"两高一剩"项目。这个"加减法"，是实现中共十八大报告提出的"加快建立生态文明制度，健全国土开发、资源节约、生态环境保护的体制机制，推动形成人与自然和谐发展现代化建设新格局"的重要手段。

2011 年，在我国国内生产总值构成中，第三产业增加值占比为 43.1%，不仅低于发达国家如美国的 78.4%，也低于发展中国家如印度的 54.7%。第三产业的内部结构也不尽合理：流通业占据首位；房地产业和金融业占比仅次于流通业，但均受制于宏观经济周期；科技服务业占比不到 4%，信息服务业占比仅略高于 5%。而发达国家的第三产业主要以科技、信息等新兴产业为主。

目前，我国正处于人口结构和收入分配的拐点，有利于第三产业发展。2011 年，我国人口抚养比开始由 2010 年的低点回升，收入分配也倾向于居民。2012 年上半年，城镇居民人均可支配收入和农村人均现金纯收入实际增速分别为 9.7%、12.4%，均快于同期国内生产总值 7.8% 的增速。因此，应抓住有利时机发展第三产业。不仅要提高第三产业占国内生产总值的比重，更要优化第三产业的结构，更好地服务于居民生产和生活。这是生态文明建设的要求。

第三，资本市场是实现生态文明的重要平台。

资本市场作为优化资源配置的重要平台，对于引导投资、促进经济发展方式转变具有不可替代的积极作用，尤其在推动经济转型和新兴产业发展过程中起着至关重要的作用。

从世界发达国家的发展轨迹来看，经济发达的国家，第三产业一般都很发达，在国内生产总值中的占比最大（大多会超过50%），第一产业占比最小，合理排序应为"三、二、一"。在发展第三产业的过程中，已经形成多层次市场体系的资本市场可以大有作为。

资本市场可以有效引导各种生产要素、经济资源向核心区域和政策扶持区域集聚，实现制度优势、人才优势、政策优势和经济资源等在资本聚集区域全面有机结合，形成资源协同效应，有助于实现企业兼并重组，推动企业向区域化、国际化发展，进而促进产业结构调整，实现资源的优化配置。

据统计，股权分置改革之后的 2006 年至 2011 年，共有 143 家上市公司实施了行业整合类的重大资产重组，累计交易金额达 7570 亿元。特别是在 2011 年，中国并购市场共完成 1157 起并购交易，披露价格的 985 起并购交易总金额达到 669.18 亿美元。与 2010 年相比，案例数增长 86.0%，并购金额增长 92.3%。这些并购活动对改造和淘汰落后产能、引导产业有序转移发挥了重要作用，有力地促进了行业整合与产业升级。

资本市场也是培育战略性新兴产业的重要平台。资本市场能够筹集高新技术产业化所需的发展资金，实现科技成果向现实生产力的转化。目前，中小企业板上市交易企业共有 701 家，中小板公司上市后，研发费用平均增长近五成；挂牌交易的创业板上市公司共有 355 家，其中高新技术企业占大部分。而随着"新三板"的推出，第三产业将会迎来一个高速发展的时期。

因此，资本市场是实现经济转方式、调结构的一个重要场所、一股重要推动力量，同时也是建设生态文明的一种重要手段。

抓住机遇，抓住关键

（2012 年 12 月 16 日）

中共十八大报告全面、深刻地阐述了建设中国特色社会主义的理论、道路、体制，提出了"两个一百年"的奋斗目标和两个"五位一体"的党和国家战略新布局，对今后的工作高瞻远瞩，作出了全面部署。一系列的新思想、新观念、新举措指明了方向，使我们受到极大鼓舞。

一、形势

2012 年以来，国际国内经济形势都发生了深刻、复杂的变化，各方面有许多不同的认识。有的人提出"中国经济到了最危险的时候"。我认为，准确地说，应当是到了最关键的时候。

我国 30 多年的改革开放取得巨大成就。2012 年，世界经济状况不好。最新统计表明：美国跌下财政悬崖的不确定性加大，欧、日都陷入经济衰退或危机。五大难题困扰着这些国家：经济增长乏力，失业率持续高企，财政赤字加大，国家债务增多，民众普遍不满。

当前的很多情况与 20 世纪 80 年代类似，又有其特点。下表中的数据充分体现了国际经济的现状。

表1　世界主要经济体数据（2012 年）

国家（地区）	国内生产总值增长率（最近季度）	国内生产总值增长率（与上近季度比）	失业率（%）	10 年期国债利率（%）
中国	7.4	9.1	4.1	3.25（5 年期）
美国	2.3	2.0	7.9	1.59
日本	0.1	− 3.5	4.2	0.75
欧洲	− 0.4	− 0.7	2.5	1.33
德国	1.0	1.1	6.9	1.33
法国	0.3	− 0.1	10.8	2.11
希腊	− 7.2	−	25.4	17.66
西班牙	− 1.6	1.2	25.8	5.91
意大利	− 2.5	− 3.0	10.8	4.96
印度	5.5	0.1	9.8	8.21
俄罗斯	2.9	——	5.2	7.7

摘自：Haver Analytics。

　　日本在战后"10 年生聚，10 年发展"，取得飞速发展，到 20 世纪 80 年代，经济直追美国。从初期的劳动密集型产业起飞，大力调整产业结构，汽车、电子等产业发展迅速。其经验是政府主导、企业合作。但到 80 年代后，主导产业未跟上信息产业，又因《广场协议》，银企合作过于密切，房地产泡沫破灭，终于陷入"10 年失落"，以后又是亚洲金融危机，陷入新的"10 年失落"，至今未摆脱阴影。日本的缺点就在于缺少创造性。

　　80 年代初，日本人如日中天，当时对美国有的专家说："过去 10 年，美国学法律的人增加 1 倍，学工程的人减少，而日本的工程师大量增加。律师研究的是怎样分配"蛋糕"，工程师研究的是怎样做大"蛋糕"，因此，日本会超过美国。"此言十分形象，也反映了竞争双方不同的策略。多年来，各国间竞争激烈。1964 年，召开七十七国不结盟国家首脑会议，发表国际经济新秩序宣言"*New International Economic Order*"，要求在生产、消费、贸易格局三方面，改变发达国家与发展中国家的不平等关系。20 世纪 70 年代的石油革命冲击了原有的经济分工。

20 世纪 80 年代初，美国的畅销书"*The Red World War*"反映了美国经济受到沉重压力。该书认为，中东、墨西哥等石油生产国将成为发展迅速的国家，占据主导地位，只附带提到：也许还有中国。当时，美国采取的对策是：发展信息产业，打击威胁美国地位的日本，其主要的手段是《广场协议》；强迫日本开放市场；至 90 年代后，形成高科技及金融产业为主导的经济结构。

中国的迅速发展出乎许多人的预料。20 世纪 90 年代，国际上许多人从鼓吹"中国经济沙滩论"转变到宣扬"中国威胁论"，近年来则流行"中国责任论"。中国改革开放，与时俱进，克服了许多障碍。30 多年来，经济平均增长率接近 10%，超过了日本的增长速度。许多国家将中国的快速发展称为"中国模式""北京共识"或"中国现象"。中共十八大将其总结为"中国特色社会主义道路"。道路的提法更为科学、全面，内涵更丰富，包括政治、经济、社会、文化、生态等各个方面；跨度更宽广，既有历史过程的总结，也有未来的发展；"八个必须坚持"深化了我们对建设中国特色社会主义的认识。

国际上对中国的发展高度赞赏。最近，美国有一本书"*Future - cast*"畅销全球，作者是美国高官、美国商务部副部长罗伯特。书中写道："当今时代，中国和美国是世界上积极奉行、实行实用主义的两个主要国家，日本和欧洲则紧抱固有想法不变，严重制约了其应变能力。"这反映了许多人的看法。

中国的优势：理论、道路、制度提供了根本性的优势，与时俱进提供了不断前进的潜力，大量工程师、熟练工人提供了人才优势，广大的市场提供了不竭的需求。

美国的优势：创新精神、应变能力是美国的精神优势。金融权力，国际规则是美国的历史优势。

中美成为未来的两极是多数人的观点，为多次民意调查所证实。

中国企业在长期发展中积累了强大的力量，这从世界财富500强的排名变化可以看出：中国企业列入世界财富500强的数量不断增多，排位不断提前。以下是2012年世界财富500强前7位排名。

表2　《财富》2012年世界500强

序号	500强	赢利能力最强
1	荷兰皇家壳牌石油公司	俄罗斯天然气工业公司
2	埃克森美孚	埃克森美孚
3	沃尔玛	中国工商银行
4	英国石油公司	荷兰皇家壳牌石油公司
5	中国石油化工集团公司	雪佛龙
6	中国石油天然气集团公司	中国建设银行
7	中国国家电网公司	苹果公司

总计：美国132家上榜，占第一。中国79家上榜，列第二。2012年，中国13家企业首次列入世界财富500强。2012年的入围门槛为全年营业收入超过220.06亿美元，比2011年提高25.2亿美元；总收入为29.5万亿美元，比2011年增长13%。

从国际贸易可以看出国家经济力量的变化：2006年，美国是127个国家的最大贸易伙伴，中国是70个国家的最大贸易伙伴；2011年，中国是124个国家的最大贸易伙伴，美国是76个国家的最大贸易伙伴。

当前国际关系中最为重要的是中美关系，经济关系中最重要的仍然是中美关系。

经济方面，美国在获得世界货币的铸币税之后，逃不过"特里芬悖论"的魔咒，因而必须有美元回流的来源。中国是美国国债的主要债主，但中国需要美国的农产品和高科技产品。这在经济学中称为镜像互补。但是，无论政治、军事、经济、价值观等方面，中美都有巨大的距离。中美产生摩擦的关键因素，是美国的霸权主义以及处理世界性事务时的双重标准。中美关系是合作中有斗争，合作不可能无缝，斗争不可能破裂。第二次世界大战发生的根源，是第一次世界大战后未对大普鲁士主义彻底清算。第二次世界大战后，产生了大美国主义，只有解决了这个问题，才能建立起健康的世界秩序。多极化可以遏制大美国主义的霸权，全球化解决世界经济平衡的问题，为此，要改革全球的货币体系、贸易体系，完善规划，建立更公平、合理的发展环境（如《巴塞尔协议》、国际货币基金组织的投票权等）。世界秩序必将重组，新的框架正在浮现。

二、未来

历史上有许多关键时期，这期间，抓住了机遇、抓住了关键的国家，就将在一个时期内领先世界，否则就将落后。正如习近平总书记所说："落后就要挨打"，"人无远虑，必有近忧"，"天与不取，反受其咎；时至不进，反受其害"。这些都是数千年历史经验的总结。

2008 年的全球经济、金融危机以来，各国的发展态势逐年变化，可以简单归结为：2009 年，危机中的合作；2010 年，复苏中的摩擦；2011 年，困境中的竞争；2012 年后，面向未来定位的全面博弈。

相应的，各国的对策也可简单归结为：

美国：新型工业化、再工业化、新能源战略以及地区重点向亚洲转移；欧盟：加强一体化及"脱欧"博弈；日本：转向需求引导型增长模式，加强所谓"正常国家"的发展；韩国：实施"绿色增长战略"；新兴国家：数量不断增加，追赶势头迅猛；非洲：正在觉醒之中。

当前世界，由能源、水资源引发局部冲突甚至战争的事件及危险增加，地球的环境问题日益引起重视，新的一次技术革命来临。人们对此有不同的认识，一种认识是：前四次技术革命分别是蒸汽革命——脱离靠天吃饭，电气革命——进入全新世界，电子革命——脱离繁重劳动，网络革命——缩短世界距离。此次工业革命使世界进入可持续发展阶段，形成新的经济形态。另一种认识是：当前进入第三次工业革命。2011 年，Jerremy Rifkin 写的《第三次工业革命——新经济模式如何改变世界》一书认为，第一次工业革命在英国兴起，由纺织业开始，以机器生产代替手工业。第二次工业革命由美国发端，20 世纪初，第一条生产流水线开启了大规模生产方式。第三次工业革命的象征，是在德国法兰克福举办的大型贸易展——欧洲国际模具展览会。馆前展出的 21 米高的动态塑像"持锤人"，手持大锤不断打击一块金属，表示传统的生产方式；馆内全自动的生产装备与传统的生产方式形成鲜明对比。机器人、三维打印机等将替代传统的生产方式，与知识经济异曲同工。

21 世纪，全球经济发展将发生六大变化：

1. 生产要素从资源、劳动力、资本转向知识，包括数据、信息、创意、文化等，相应地产生许多先导性产业。

2. 竞争优势从资本占有转向创新能力。企业间的竞争不是"大鱼吃小鱼"，而是"聪明鱼吃笨鱼"。

3. 生产方式由批量化转向多样化、少量化，从而对生产技能的要求大大提高。

4. 基础设施从交通扩展到网络，"要致富，先修路"要修改为"要致富，上网络"。

5. 规模经济转向速度经济，生产周期不断缩短，企业间形成"快鱼吃慢鱼"的形势。

6. 管理形式由金字塔型转向平面型，政府各层级间、政企间、政民间、企业与消费者间更紧密地接触。

20世纪80年代以来，世界对中国的态度经历了从"中国崩溃论""中国威胁论"到"中国责任论"的转变。我们没有因"崩溃论"而沮丧，没有因"威胁论"而孤立，也不会因"责任论"而麻痹。我们已经取得很大成绩，但是还有许多问题，不少问题还是深层次的。我们有理、有利、有节地应对敌视我们的力量，张开双臂热情地欢迎友好力量的合作，脚踏实地、埋头苦干数十年，一定能够实现国家富强、民族复兴、人民幸福的发展目标。

蒋正华文集

议政卷

人民出版社

责任编辑:侯　春
特约编辑:孙　钢　吴雪生　王秋海
装帧设计:肖　辉　姚　菲

图书在版编目(CIP)数据

蒋正华文集/蒋正华 著. —北京:人民出版社,2018.6
ISBN 978－7－01－017852－3

Ⅰ.①蒋…　Ⅱ.①蒋…　Ⅲ.①人口学-中国-文集
　Ⅳ.①C924.24－53

中国版本图书馆 CIP 数据核字(2017)第 147394 号

蒋正华文集

JIANGZHENGHUA WENJI

蒋正华　著

人民出版社 出版发行
(100706　北京市东城区隆福寺街 99 号)

北京新华印刷有限公司印刷　新华书店经销

2018 年 6 月第 1 版　2018 年 6 月北京第 1 次印刷
开本:635 毫米×927 毫米 1/16　印张:123　插页:4
字数:1480 千字

ISBN 978－7－01－017852－3　定价:450.00 元(全四卷)

邮购地址 100706　北京市东城区隆福寺街 99 号
人民东方图书销售中心　电话 (010)65250042　65289539

全国人大常委会原副委员长、中国农工民主党中央原主席、人口学家蒋正华同志

2012 年，蒋正华同志在贵州省黔东南苗族侗族自治州调研

目 录

在中外记者见面会上的讲话

（1998 年 3 月 6 日）

　　中国农工民主党成员以医药卫生界中高级知识分子为主，还包括从事科技、教育、文艺和其他工作的知识分子。本党于 1930 年由著名爱国人士邓演达先生等创建，时称中国国民党临时行动委员会，抗日战争初期改称中华民族解放行动委员会，1947 年改为现名。在民主革命和抗日战争时期，本党始终坚持抗战、民主、团结的政治主张，与中国共产党合作，反对蒋介石反人民的内战、独裁政策；积极参与筹建新中国，并接受中国共产党的领导。新中国成立后，作为中国共产党领导下的参政党，在政治协商、民主监督、参政议政等方面充分发挥本党优势，为"四化"建设服务，并在海外联谊及自身建设方面都取得显著成绩。本党现有党员 6.6 万人，其中医药卫生界成员占总数的 62.83％，文教界、科技界成员占 30％。除西藏、台湾、香港和澳门外，全国 30 个省、自治区、直辖市都有我们的地方组织。

　　历年来，农工民主党的成员就经济的宏观调控、文化、教育、卫生、科技事业发展提出决策建议，就社会热点问题进行调查咨询，并在为群众切身利益办实事等方面做了大量工作。如提出打击血头血霸和禁毒禁赌的建议，提出重视人口问题、实施可持续发展战略的建议，提出规范药品管理的意见，为区域性社会经济发展战略提供咨询等，都受到有关方面的重视。

　　当前，我国社会经济总体发展形势很好，但也存在不少隐患，我党正在组织部分专家并与有关部门合作，进行经济、金融、社会保障、可持续发展等方面的研究。我们认为，我国资源有限，在快速发展中必须充分注意协调各方面的政策。世界实际的经济总量在 20 世纪以来增长了数十以至上百倍，石油等资源消耗增长倍数还更高，化石燃料消耗的增长量中，3/4 是在 20世纪 50 年代以后，造成了今天全球性严重的资源紧张和环境污染问题。我们必须汲取国际社会的历史教训，更加重视可持续发展。然而，目前各方面的利益和政策不尽一致，有时会发生长期与短期目标、全局与局部利益的冲突，亟待国家宏观协调。我们建议：第一，要加强综合性的系统研究；第二，建立可持续发展的实用指标体系；第三，采取相应的立法措施；第四，适当调整有关部门职能，加强协调、监督、执法的力度。我们认为，只有实现了可持续发展，中国的经济增长才更加实在，人民也将获得更多的实际利益。农工民主党将就这些意见提出更详细的建议。我们还建立了农村初级保健基金会，发挥我党医卫专家多的优势，与有关部门合作，努力为农村发展和人人享有初级卫生保健等多做实事。希望得到社会各界的支持。

加强学习，加强修养，统一思想，凝聚力量，搞好政治交接，担起历史责任*

（1998 年 7 月 7 日）

中国农工民主党第十二届中央常务委员会第二次全体会议已经胜利地完成了全部的会议议程。会议期间，同志们认真学习了江泽民总书记同各民主党派中央、全国工商联新老领导人座谈时的重要讲话，学习了《中共中央关于在全党深入学习邓小平理论的通知》和有关的文件、材料，对我党的政治交接工作进行了研讨，取得了共识，并且提出了许多好的意见和建议。

大家一致认为，这次常委会主题鲜明，重点突出，对推动我党政治交接工作的开展有很强的现实意义和指导作用。我党中央关于搞好政治交接的意见（草案）还要进一步修改，争取在年末的中央全会上通过，但搞好政治交接的工作不能等，也不需要等。中央和地方从换届以来都在做这项工作，我们要边工作边研究，不断总结经验。下面，我就做好政治交接工作讲几点认识，供大家在工作中参考。

---

* 这是蒋正华同志在中国农工民主党第十二届中央常务委员会第二次全体会议上的讲话。

一、加强学习，统一思想，担起历史责任

近年来，我党中央和各级地方组织认真贯彻换届工作的指导思想和基本方针，紧紧地依靠中共党委的领导，在中共党委统战部的指导和全体同志的努力下，特别是老同志的支持、帮助下，顺利地完成了组织上跨世纪新老交替的历史任务，搞好政治交接已经成为我党当前和今后一段时期自身建设的首要任务。

中共十一届三中全会开辟了改革开放和集中力量进行社会主义现代化建设的历史新时期，取得了举世瞩目的成就。以邓小平同志南方谈话和中国共产党十四大为标志，改革开放和现代化建设进入了一个新的阶段，制定了要抓住机遇、加快发展的方针，明确了建立社会主义市场经济体制的目标，确立了邓小平建设有中国特色社会主义理论的指导地位。中共十五大承前启后，继往开来，高举邓小平理论伟大旗帜，把建设有中国特色社会主义事业全面推向 21 世纪。从现在起到 2010 年，我们要建立起比较完善的社会主义市场机制，继续推进政治体制的改革，加强社会主义精神文明建设，推进祖国统一大业，任务十分繁重。当前，我国的社会主义现代化建设进入了改革的攻坚阶段，发展的关键时期，许多深层次的改革措施都要在这一时期出台落实，困难和阻力都会增加。

在国际上，风云变幻，政治多极化和经济全球化的趋势明显，形势发展迅速，科学技术日新月异，为我们带来了良好机遇，同时也使我们面临着严峻的挑战。即使以汇率法计算，现在中国的国内生产总值也已经居于世界第七位，许多产品的产值居于世界之首。然而，在另外一些很重要领域内，我们又相当落后。钢铁生产是衡量工业化水平的指标。近年来，中国的钢铁年

产量约为9200万吨，美国年产量约为9100万吨，中国已经超过了美国；但从另一方面来讲，作为现代化信息产业发展一个重要指标的计算机应用，美国全国的计算机数量是7100万台，中国现在计算机的数量只有100万台，是美国的1/71。特别是知识创新转化为生产力的比例，在经济发达国家现在达到50%，我国只有6%～8%，落后不少。这说明我们的技术与先进水平的差距还有进一步拉大的危险。所以一方面看到我们的成绩非常引人瞩目，但另一方面还存在值得我们重视的一些问题。现在发展中国家正在争取平等的发展权利，而西方的发达国家却竭力利用其资金、信息、全球商业网络和科技的优势，想要迫使发展中国家在不公平的历史条件下开放市场，以便扼杀发展中国家的一些幼稚工业，谋取垄断地位，永远在世界上称王称霸。经济斗争加上政治因素，国际竞争空前剧烈。在政治上，一些西方国家从来就没有停止过"西化""分化"的阴谋，千方百计按照他们所讲的"自由化"，要把西方的一套多党制、议会制等等推销给中国。前两个月，我接待了一个美国青年政治家领袖代表团，是民主党跟共和党两党年轻人组成的，他们问了我很多问题。其中有一个问题，第一句话就说："我们认为美国的民主制度是世界上最好的。"然后就问："我们对中国的村级自治组织的选举很感兴趣，中国的村级自治选举会不会推广到全国，什么时候推广？"我回答的第一句话是："我们认为社会主义的民主是世界上最好的民主制度。"我们的社会主义民主体现在很多方面，是真正为广大人民所享有，而不是为有钱人专用的。现在我们还处在社会主义的初级阶段，社会主义民主还要不断地发展、完善。但是，怎么样发展，怎么样完善，要根据我国社会经济发展的情况来决定，社会主义民主从本质上来讲肯定比资本主义的民主要好得多。这次克林顿来我国访问，从总体上说，有利于中美互相了解，对我们的发展有好处。但很明显，他还是到处讲美国、西方的那一套价值观念。我们在电视上看到，他在北京大学讲话结束后，北大学生提出一些很好的问题，很多都是针锋相对的，外国有很多评论，可以看出两种价值观念的冲突。前天，左焕琛同志在小组讨论时说，克林顿到上海以后，不去看上海浦东发展，也不去看我们的一些好的企业，他就指定看教堂，或看美国什么时候在上海办的学校等，在中国到处鼓吹他那一套，鼓励中国往这个方向发展，政治上的斗争非常激烈。我们从切身的经历体会到，中国要在21世纪实现国家富强、民族振兴、人民幸福的目标，就必须在中国共产党的领导下，凝聚全国人民的力量，充分发挥社会主义的优越性，集中力量办大事，团结奋斗，同心同德把经济建设搞上去。现在经济全球化趋势非常明显，背景是运输和通信的费用下降，信息的传播空前未有地加速发展，广泛迅速，遍及世界每个角落。从1930年到1990年，按照1990年的美元计算，每英里空运的平均收入是从68美分降到只有11美分；纽约和伦敦之间3分钟的电话费1930年是244.65美元，1990年只有3.32美元，降到1/74。根据多边贸易谈判的乌拉圭回合结束时达成的协议，先进国家对进口制成品的平均关税要降到4%以下。发展中国家的关税从1984年的34%降到1987年的13%。出口对全球产出的比率在1913年是9%，在1950年是7%，在1973年是11%，在80年代初是14%，出口占全球的产值的比例在不断地增加。1996年全球国外直接投资股票的价值为3.2万亿美元，这个价值就差不多等于美国国内生产总值的一半，到1995年28家国外分公司创造了7万亿美元，超过美国全国的国内生产总值数。根据世界银行的统计，跨国分公司在全世界产出的比率从1970年的4.5%猛增到1995年的7.5%，经济全球化的趋势发展非常迅速，所以很多的地区都在加强自己的力量，应对这种激烈的竞争。欧盟的统一货币欧元最近就要投入运行了，东南亚也有地区性联盟。激烈的经济上的竞争在世界上迫使每一个国家都要拿出全部的力量来应对，经济力量弱的就联合起来，争取在世界上站住脚。更何况对于我们来说，除了经济上竞争之外，还有非常剧烈的政治斗争。我的很多美国朋友对美国的传媒、媒介有偏见的宣传也不满意，他们说《纽约时报》对于中国的报道从来不说好的，报道中国经济发展快，后面还要带点尾巴，讲一点坏话。

这次克林顿访华以后，美国媒介态度有所转变，还要看以后怎样。我们处在非常剧烈的竞争环境之下，如果不是在中国共产党的领导下，凝聚全国人民的力量来发挥我们社会主义的优越性，那是根本无法应付的。社会主义的优越性，就是小平同志一再讲的，可以集中力量办大事。如果不是社会主义制度，中国共产党坚强的领导的话，很多改革开放的措施根本就无法通过。让一些地区先富起来，拿到美国的国会，其他的州能答应吗？美国的参议院，每一个州是两个参议员，要哪一个州先富起来，其他那 49 个州的参议员能答应吗？改革开放的措施很多都牵涉到利益的重新分配，格局的重新调整，没有一个有高度权威的集中领导，根本没办法顺利地实施。纵观当今世界各国，落后就要挨打的规律并没有改变。中国已经受了 100 多年外国侵略者的欺凌、压迫，又经过了 100 多年先烈前仆后继的斗争才获得了今天的自由和发展，今后的 100 年，我们要建成一个富强、民主、文明的社会主义现代化国家。这个崇高的历史责任就落到了我们的肩上，这是我们这一代的光荣，也是我们这一代的幸运；但同时也需要我们这一代的奉献。中国共产党作为执政党，担起了这个崇高的责任。江泽民总书记说："鞠躬尽瘁，死而后已。"他的话代表了中共中央领导的决心。我们农工民主党作为参政党是中国共产党亲密的友党，理所当然地要负起我们的责任，要跟中国共产党同心同德、团结奋斗。在讨论中，有的同志也提到，过去曾经认为社会职务的一些安排是自己在业务上取得成功组织上给予的一种荣誉。有这样想法或有过这种想法的同志可能为数不少。在这样一个继往开来的重要历史关头，增强我们的历史责任感，具有非常重要的意义。我们常说民主党派要与中国共产党风雨同舟，现在就不是普通的风雨，现在实际上是大风雨，有时还有大风暴。费孝通同志说，他是轻舟已过万重山，已经完成了老一代的历史责任。现在就轮到了我们，我们怎样紧紧地团结在以江泽民同志为核心的中共中央周围来过万重山，挑起这副重担，就必须搞好政治交接，学习老一辈在革命、建设中和中国共产党风雨同舟、共同奋斗的传统。中共中央给我党十二大的贺词中指出："我们相信，农工民主党新一届领导班子，一定能够在完成新老交替的基础上搞好政治交接，使农工民主党的政治纲领，农工民主党与中国共产党的亲密合作关系，农工民主党老一代领导人的坚定政治信念、优良品质和优良传统得到延续和发展，一定能够团结农工民主党广大成员和所联系的群众，沿着中国共产党十五大指引的方向，深入学习邓小平理论，切实贯彻社会主义初级阶段的基本路线和基本纲领，为加快改革开放和现代化建设步伐，夺取有中国特色社会主义事业的胜利作出贡献。"江泽民总书记指出，进一步搞好政治交接是民主党派、工商联各级组织当前和今后一个时期自身建设的首要任务。"首要""各级组织"，这两个词把政治交接的重要程度和对象点明了。作为自身建设的首要任务，在当前和今后一个时期，我们要集中主要力量把这件工作抓好。新老交替是长期的过程，所以我们政治交接也是一项长期的任务，在跨世纪的关键时期我们承担着既繁重又崇高的历史任务，政治交接就显得格外重要，需要我们付出特别的努力。我们决不能辜负组织的信任、人民的重托，也不能辜负我们农工党6.7万党员对我们的托付，一定要把政治交接工作搞好。

二、明确目标，落实措施，踏踏实实地做好政治交接工作

江泽民总书记在讲话中明确指出："政治交接的核心是把各民主党派，工商联老一辈在长期革命和建设实践中形成的优良传统和高尚风范一代一代传下去，保证中国共产党领导的多党合作和政治协商制度得到坚持和发展。"老一代的优良传统内容非常丰富，胡锦涛同志讲，主要的就是江泽民总书记总结的四个坚持，即坚持以邓小平理论为指导，坚持社会主义初级阶段党的基本路线和基本纲领，坚持中国共产党领导的多党合作和政治协商制度，坚持"长期共存、互相监督、肝胆相照、荣辱与共"的方针。这些都是中国共产党领导的多党合作多年宝贵经验的总结，我们一定交接好。我跟老一辈农工民主党领导人接触，感到他们有许多方面值得我们很好学习，我粗略地总结了六个方面：

1. 自觉接受中国共产党的领导，与中国共产党风雨同舟，为多党合作、政治协商作出宝贵贡献。农工民主党历史悠久，在抗日和解放战争中，农工民主党烈士们的鲜血和中国共产党烈士的鲜血流在一起，中华人民共和国的红旗上有中国共产党党员、人民解放军的鲜血，也有我们农工民主党先烈的鲜血。还有一些农工党员接到中共地下党组织发来的警报而在敌人的屠刀下幸免于难。过去跟中国共产党在很艰苦的条件下，在敌人的特务监视的环境下，前辈们与中国共产党共同合作、奋斗。建设时期，又共同经历了艰难曲折，走向胜利。这种在战争和建设中建立起来的与中国共产党亲密的合作关系，是牢不可破的，经过考验，有着深厚的基础。新时期不需要流血，但在我们社会主义现代化建

设中，也有很多困难需要我们去克服，有很多艰难险阻需要我们共同奋斗去战胜，需要我们和中国共产党同舟共济、同心同德，真正做到肝胆相照、荣辱与共，当然，到了需要流血的时候也要准备流血牺牲。

2. 坚持学习马列主义、毛泽东思想、邓小平理论，与中国共产党保持高度的一致，保持正确的政治方向、坚定的政治信念。我们许多老同志刻苦学习，有很高的水平。过去，农工党各级组织在历次的风浪中总的来说是安定团结的，老前辈的示范带头起了重要作用。将来发展中仍然会有风浪，我们一定要向老一辈学习，学习他们坚定的政治立场、正确的政治方向。方老那么大年纪，还是非常谦虚，他在这次会议讨论时引用周总理讲的话：活到老，学到老，改造到老。这种精神是非常可贵的。

3. 高举爱国主义、社会主义旗帜，充分利用各种条件，努力团结一切可以团结的力量，为我们社会主义建设事业发挥作用。许多老同志有非常丰富的经历。有的老前辈从建立农工民主党前身"中国国民党临时行动委员会"开始前就已经积极地从事革命工作，与中国共产党第一代、第二代领导人都有亲身的交往，各方面的联系也非常广泛。我们这些老同志努力发挥他们的优势，为国家的发展做了许多有益的工作。

4. 热爱农工民主党，热心党派自身的建设和发展的工作，努力发挥党派优势，在各个历史时期作出了宝贵贡献。老前辈有很多感人的事迹，他们的优秀品质，值得我们学习。革命时期很多烈士为革命牺牲了生命。农工党的创始人邓演达烈士，面对蒋介石的威胁、利诱，大义凛然，坚贞不屈。在农工党很困难的时候，很多老前辈舍家为党，黄琪翔同志自己掏腰包维持党的活动，把农工民主党当成自己的家一样。周谷老请贤为农工党发展呕心沥血。这些精神是非常宝贵的。

5. 识大体，顾大局，重事业兴衰，轻个人进退，奖掖后进的高风亮节。很多老前辈为了事业贡献了一生，做出了很多的成绩。但是，在这次换届中，他们毫不犹豫地为后进的人搭台铺路，做了很多艰苦的工作。很多同志是高票当选，这个结果来之不易。主要是中共中央的方针正确，统战部的指导细致扎实，全党团结。老同志发挥了他们的影响，做了大量的工作。在换届以后，老同志又言传身教，介绍了很多经验，一有情况就及时通气，有什么意见随时沟通，对换届后的工作起了很好的推动作用。

6. 谦虚谨慎，虚怀若谷，仁厚至诚，光明磊落。这 16 个字不知道能不能把老同志的个人品德说出来。我接触的许多老同志确实这样。老前辈的优良品质还很多，我们要在政治交接中认真学习。政治交接是任务，也是一个过程。政治交接有长期性，也有阶段性。新老交替是一个客观规律，总是要不断进行，政治交接也是长期的任务。但是，对于特定的这一次跨世纪的换届，对政治交接也必须提出阶段性的要求，只有这样才能够把我们的政治交接工作做好。

政治交接还是一个综合的政治素质、政治水平的提高和政治上成熟的过程。因此，也必定要采取许多种形式，特别是要在联系实际，加强学习，加强修养上狠下功夫。搞好政治交接既要学习、继承老一辈的优良传统，又要在新的形势下实践、发展、积累、创造新的经验，在继承的基础上创新，在实践的基础上发展。为了有利于搞好政治交接，健全一些制度也是必要的，用制度来促进政治交接，同时在搞好政治交接过程中，不断积累经验，不断完善制度，使得我们的工作做得更好。

三、深入实际，调查研究，有针对性地做好工作

毛主席批评过有些人学了理论不去应用，就像一支好箭只是拿在手里玩赏，不放出去，起不了作用。我们学习理论的目的就在于应用，在于做好工作，也只有在做好工作的过程中才能加深我们对理论的理解。当前，国际风云变幻，我国的社会经济高速发展，情况也在不断地变化。有人研究认为，目前中国有八大阶层数十个群体。这不是最后的结论，但也说明当前有许多问题需要我们深入研究。譬如说，社会各阶层状况的变化对统一战线和民主党派工作有什么影响，经济体制改革和所有制结构变化对我们的工作和成员有什么影响，社会主义民主政治建设和政治体制改革对多党合作提出了什么要求，等等。社会经济状况的变化会不可避免地反映到政治思想领域中来，我们一定要注意深入实际，调查研究。农工民主党85%的成员是在中共十一届三中全会以后入党的，中央主席会议成员1/2是新任现在职务的。我党的省级组织已由原来的15个增至目前的30个，地方组织已由原来的67个增加到目前的241个，基层组织已由原来的919个增至目前的3871个，党员总数由中共十一届三中全会以前的7000多人已增至目前的6.7万多人。总体来讲平均年龄下降了，有高级职务的党员人数大大增加了，增强了我们党的活力。就我们党员的思想状况来说，随着改革开放的不断深入，社会环境呈现出多样化和开放性，我党党员在价值观念、思维方式上也呈现出多样性的趋势。在我党的各级领导中，高级科技人员比例大大提高，担任政府实职的人数也增加了很多。这些成员的增加，当然提高了参政议政的能力，增加了我们党的活力，但也出现了很多新的问题。这次会议讨论中，有的同志提出业务和社会工作的关系。很多同志在

一个学科领域是领先的，是这个领域的带头人，如果要保持他的代表性的话，在这个领域就必须继续努力干下去，否则就保持不住在这个领域学术带头人的位置，代表性也就要削弱，但从党派工作来讲，又需要他承担很多社会工作，这是新的矛盾；还有专职跟兼职的关系，有的同志兼职很多，时间的分配发生一些矛盾；还有个人和组织之间的关系，怎么样互相配合，怎么样更好地发挥作用。这些都是需要解决的问题。很多问题还要根据个人情况来处理。《史记》上有一篇文章写道：子产治郑，民不能欺；子践治单父，民不忍欺；西门豹治邺，民不敢欺。子产、子践、西门豹这三个人都是古代有名的官，他们三个人都把自己的地方治理得很好。三个人有很不一样的特点，有完全不同的治理方法，但是效果都很好。子产仁而且明，故"民不能欺"，子践敦厚至仁，故"民不忍欺"，而西门豹则是威猛果敢，故"民不敢欺"。我们领导班子，各个地方情况不一样，领导班子成员的情况也不一样，不要套用一个模式。可能有的地方"一把手"只是作为旗帜的，不要要求他去做过多的具体工作；有的地方"一把手"就要多过问一点；有的地方"一把手"可能就是几方面都要兼顾。要根据各个地方具体情况处理好，要实事求是。实事求是四个字，说起来很容易，要做到很难。各级组织过去做了大量工作，参政议政、民主监督这些工作都搞得很活跃，总的评价也都很好，还要继续努力。这个世界是个丰富多彩的世界。有一些矛盾是非常正常的，有了矛盾要顾全大局、搞好团结，大家要多看到别人的长处。大家在一起工作，过去的习惯不一样，背景不一样，都以自己的长处看别人的短处，永远团结不好，不要"明察秋毫之末，而不见舆薪"。我们大家都知道有句话叫："水至清则无鱼，人至察则无徒。"不是说不要坚持原则，原则的问题还是要坚持，但是非原则的问题，要灵活，原则性和灵活性要结合，充分地发挥集体的积极性。希望各级组织处理好团结问题。我做民主党派工作时间也很短，要向老前辈学习。怎样加强自身建设做好工作，我总结了六句话叫作：导之以理，服之以德，率之以正，结之以情，令之以信，齐之以纪。第一句叫作导之以理，用理论特别是用邓小平理论来指导工作，来说服人。服之以德，就是自己要有德，才能服众。并不是说你有了个地位，当了个什么官，大家就一定会信服你。古人有句话叫作"公生明，廉生威。"没有私心，出以公心，事情就能够看得清楚。自己很廉洁，自然就有威信。率之以正，是取自孔子说的一句话："政者正也，子率以正，孰敢不正。"我们现在从政、行政，讲到底就是一个正。江泽民总书记提倡正气，自己一身正气，下面谁敢不正。结之以情，是说统一战线工作重点就是做团结人的工作，要有情有义，要关心人，同志有困难的时候要帮助解决。我们收到不少来信，反映具体问题，要尽量通过各种渠道想办法帮助解决。农工民主党作为一个参政党，一方面要发挥我们的参政议政作用；另外一方面，我们要有同志间的感情。令之以信，是讲农工民主党并不是一般社会团体，是参政党，在为建设服务发挥作用中，要做到与中共中央保持高度一致，令行禁止，要做到有信。言而无信，人不知其可也，有信才能使行动协调一致。一个参政党，一个组织必须要有纪律，要使得这个组织，这个队伍有战斗力，所以还要齐之以纪。对于农工党队伍自己的问题，我们绝对不袒护。关心我们的成员，帮助我们的成员解决问题是一个方面；成员有错误、有缺点、有问题要帮助他提高，犯了法也得依法办事，决不包庇。只有这样，我们这支队伍才能有力量，才是真正能为社会主义现代化事业作出贡献的好的队伍。我们农工党成员总的来说素质是好的，认识也很清楚。前一段时间，我们在一部分农工党成员中作了一些调查，99%的被调查者，认为我国的政党制度符合国情，多党合作在我国政治生活中是起了作用的。成员的入党目的一半多是为了政治进步；也有 1/4 多的人是为了发挥个人特长，由于农工党的专家很多，参与到专家的集体中来，可以更好地发挥特长；也有 1/4 多的人为了能够讲心里话，能有一个讲心里话的环境。为了个人目的来入党的人是极少的，只占被调查人数的百分之二三。总的来说，农工党成员的思想是健康的。但也有认为西方多党制对中国现在不适合，将来可以搞；也有人认为"西化""分化"对我们没有危险；也有一部分人对个人和家庭利益关心程度大大压倒对其他问题的关心程度。这些人虽然是少数，但是确实存在。在我们的成员里，思想状态呈现多样性、多变性。在做好政治交接的时候，一定要注意这些情况。一方面，我们不能忽视这些情况的存在，要认真通过思想教育等办法来提高党的整体素质；另外一方面，也要看到事物的发展，世界就是多样的，所以有各种情况也不足为奇。这些情况不单农工党内有，在社会上也存在。有人提出搞"两院制"，搞政治特区（不要中国共产党）、监政会（实际上受"三权分立"影响，脱离现在的政治体制）；有的提出民主党派是独立的政党，为什么要受中国共产党领导；等等。我也收到过来信，要求农工党大力发展农民、工人的成员。各种想法都有，是现在的一个特点。经济基础决定了上层建筑，社会主义市场经济的发展，多种所有制的存在，必然在思想领域有反映。我们要正确认识这些问题，做好工作，这个过程的本身就是在实践中学习、提高的过程。在温室里的花朵禁不起风雨。这个，我很有体会。所以，对现在出现的各种各样情况不要惊慌，这恰恰使我们得到了锻炼和磨炼的机会。我们新一代领导要能够经得起各种考验，在政治上成熟起来，就必须在复杂的环境中锻炼，正确处理各种复杂的情况，只有这样才能不断提高政治素质和业务能力，胜任我们跨世纪的重大责任。我们在政治上必须十分清醒，一定要明确政治体制改革必须有利于增强党和国家的活力，保持和发挥社会主义制度的特色和优势，维护国家统一、民族团结和社会稳定，充分发挥人民群众的积极性，促进生产力的发展和社会进步。政治体制改革要在中国共产党的领导下有步骤地进行，发展社会主义民主一定要与中国的国情相适应，决不能搞西方多党制、议会制，一定要提高抵制"西化""分化"的自觉性。联系实际学习邓小平理论，对于我们农工民主党来说，首先要联系的实际就是中国政党制度的实际，通过深入学习邓小平理论，深刻地认识中国为什么要有中国共产党领导的多党合作制，这个多党合作制是怎么来的，它的历史是怎么发展的，它的优势是什么，它的特点是什么，为什么说它是符合中国国情的。联系实际，从党派工作来说，首先要联系的就是这个实际，要在我们每一个成员的脑子里根深蒂固，能够有很深刻的印象。要做到李瑞环同志提出的政治方向正确、政治立场坚定、政治基础稳固。我们解决认识问题，一不能忽视，二不能急躁，要用说理的办法、引导的办法，要深入基层，了解组织情况，要有的放矢，做好工作。最近许多地方组织正在搞调查，办研讨班、培训班，这些都是很好的办法，这些工作都要有明确的目的，要准备好，使之发挥更好的作用。在工作中要学会听不同的意见，团结和自己意见不同的人。这些对于新任领导工作的同志来说，是很重要的。换届后的一些领导同志原来在政府里工作，政府是行政首长负责制，行政首长决定了，下面就执行。但是党派工作有不同的特点，有不同的历史背景，有复杂的各方面关系，需要我们更谨慎，多协商，多听其他同志的意见，考虑问题周到一些。这一点需要我们在工作中特别注意。只要我们牢牢把握大方向，抓紧学习理论，依靠中共党委领导，坚持党在社会主义初级阶段的基本路线和纲领，按照党的方针政策办事，就一定能够做好工作。今后，我们还要加强农工党中央和各地方组织的联系，农工党上级组织要加强对下级组织的指导，下级组织要经常向上级汇报，特别是大事要及时报告。中国共产党与民主党派团结合作、互相监督、共同奋斗的政治基础就是坚持"一个中心，两个基本点"的基本路线，这一点不能有丝毫的含糊。希望在政治交接中，各级组织深入实际，有针对性地做好工作。

四、严格要求，加强修养，做搞好政治交接的模范和带头人

江泽民同志在中国共产党全国组织工作会议上讲："要巩固和发展好的形势，解决前进路上面临的问题，完成我国跨世纪发展的各项任务，靠的是什么呢？主要有三条：一是正确的理论和路线的指导，二是广大人民群众的团结奋斗，三是党的各级组织坚强有力。这三条中，干部是一个重要的决定因素。正确的路线和政策要靠干部去贯彻落实，人民群众要靠干部去组织和动员，党内和社会上存在的影响凝聚力、战斗力的问题要靠干部去研究和解决。"总书记的这段话对我们也是完全适用的。搞好政治交接的重点在干部，特别是各级领导干部。中央常委会是农工党中央全会闭幕期间我党的最高决策机构，中常委在政治交接中做得怎样，对我们农工党的思想建设、组织建设和作风建设影响极大。我们的中常委也都是各个地方组织的"一把手"，所以对地方组织的发展也是有很大的影响。对中常委应当有更高的要求。

江泽民总书记近年来多次强调对干部的要求。在中共十四届四中全会上，他提出高级干部要努力成为会治党治国的马克思主义的政治家的五项要求；1996年提出做新时期的合格干部应该具备的五项基本素质；中共十五大上，江总书记再次强调要造就高素质的领导班子和干部队伍；十五届一中全会上，对中共中央委

员提出了一系列的要求。我们要认真学习、领会。结合我党的实际，中常委和各省、直辖市、自治区的主要负责人，应当成为四个方面的表率。成为讲学习、讲政治、讲正气的表率。讲学习、讲政治、讲正气是一个互相联系、密不可分的整体。关于"三讲"的重要性，江总书记已经论述得很透彻。胡锦涛同志在听取中央机关党建工作座谈会汇报时讲，中央机关的领导要成为讲学习、讲政治、讲正气的表率；学习是基础，政治是大局，正气是保证。我们的中常委和各省、直辖市、自治区的主要负责人一定要做"三讲"的表率。

只有这样才能带动全党，造成新的气象。成为讲团结、讲奉献的表率。统一战线、民主党派工作的重点是做团结人的工作，要化解矛盾，发挥积极性。我们的经验是哪里的班子团结，哪里的工作就搞得好，工作薄弱的地方，班子团结也往往有这样那样的问题。领导集体要团结，互相尊重、互相支持、互相谅解、取长补短。搞好团结的基础是要有大局观念。我们的团结也不是无原则的团结，无原则的团结就成了一团和气。团结的基础是要有大局观念，要有原则性，这样才能形成一个有战斗力的集体。我们许多同志是兼职，要讲奉献，这是中华民族的美德。成为贯彻民主集中制的表率。民主集中制是党和国家的根本组织制度、领导制度，也是组织原则。我们要在思想上充分认识贯彻民主集中制对建设社会主义民主的重要意义，关系事业兴衰的重要意义，对农工民主党建设的重要意义，影响我党充分发挥参政党作用的重要意义。贯彻民主集中制要有制度的保证。各级组织特别是我们的中常委要接受群众监督，中常委委员们尤其要欢迎监督，主动地把自己置于组织的监督和群众的监督之下，这也是有没有群众观点和群众观点强不强的反映。邓小平同志讲过，人民拥护不拥护、人民赞成不赞成、人民高兴不高兴、人民答应不答应，是对我们的工作根本的衡量尺度。中常委们都兼任着重要的政府、人大或政协的工作，更应加强群众观点，成为继承和发扬农工民主党优良传统、高尚风范的表率。现在正在政治交接的过程中，我们的中常委同各个省、自治区、直辖市的主要负责同志一定要成为继承和发扬农工党光荣传统、高尚风范的表率；实实在在地把政治交接搞好。全党应当认真学习继承农工民主党长期形成的优良传统、老一辈高尚风范，在新形势下加以发扬光大。中常委尤其应当走在前面，通过政治交接使中国共产党领导的多党合作、政治协商制度在实现跨世纪的现代化建设中发挥更大的作用，在促进物质文明和精神文明建设，完成祖国统一大业的宏伟事业中作出新的贡献。这四个表率是对中常委的要求，也是对各省、直辖市、自治区农工民主党主要负责人的要求。

总之，各地农工党组织的主要负责人一定要有坚定的政治信念、清醒的头脑、开阔的眼界、宽阔的胸襟、较强的领导能力、优良的作风，特别是主要负责人更应当胸襟开阔、光明磊落。作为班长，更应当尊重一班人，团结一班人，充分发挥一班人的作用，尽可能团结更多的人共同奋斗。《淮南子》上有一段话："尧有不慈之名，舜有卑父之谤，汤武有放弑之事，五伯有暴乱之谋，是故君子不责备于一人。"圣人尚且不免有为别人所不满意的方面，大家在一起要能够宽宏大量、真诚相待。最近，我还看了柳宗元写的《敌戒》，只有100多字，很短，但言简意赅，很有意义。我给大家读一读："皆知敌之仇，而不知为益之尤；皆知敌之害，而不知为利之大。秦有六国，兢兢以强；六国既除，迤迤乃亡。晋败楚鄢，范文为患；厉之不图，举国造怨。孟孙恶臧，孟死臧恤，药石去矣，吾亡无日。智能知之，犹卒以亡；矧今之人，曾不是思！敌存而惧，敌去而舞；废备自盈，益为愈。敌存灭祸，敌去招过；有能知此，道大名播。惩病克寿，矜壮死暴；纵欲不戒，匪愚伊耄。我作戒诗，思者无咎。"有人讲不同的意见并不是坏事，我们要谨慎，要听不同意见，特别是做民主党派工作要听得进各种不同意见，兼听则明，偏信则暗，主要负责人不可不戒。

主要负责人还要特别注意加强个人修养。古人云：格物、知至、意诚、心正、身修、家齐、国治、天下平。要提高政治素质，丰富知识。个人的修养提高了，才能真正做好参政议政的工作，做好党派的工作。希望我们大家共勉，兢兢业业地把工作做好。

五、提高认识，团结奋斗，在全党兴起学习
邓小平理论的新高潮，做好当前的工作

在全党兴起学习邓小平理论的新高潮，这是在新形势下加强我党自身建设的要求。江泽民同志说："理论上的成熟，是政治上成熟的基础。"他还强调："能不能把理论和实际很好地结合起来是理论上和政治上是否成熟的一个标志。"江泽民总书记把理论上的成熟和政治上的成熟非常密切地联系起来了。中共十五大对邓小平理论作了新的阐述，创造性地运用邓小平理论解决我国政治、经济、文化发展的一系列重大问题，取得了新的成果。深入学习邓小平理论，必须同学习中共十五大精神紧密结合，紧紧围绕中共十五大的主题，在全面、准确领会和掌握邓小平理论科学体系和精神实质上下功夫，在全面、准确领会和掌握中共十五大精神上下功夫，把农工党全党的思想和行动统一到中共十五大精神上来，把农工党员的智慧和力量凝聚到实现中共十五大确定的任务上来。在这里我特别要强调四个字：全面、准确。原来我当教授，看文件、看材料、看报纸上的社论，了解了一个大概的意思也就行了，到了政府机关以后，体会到学习党的方针、政

策、文件和中央领导的讲话要认真仔细，领会精神一要全面，二要准确，这四个字缺一不可，不能自己对什么感兴趣就拿什么，中央的方针政策是一个整体，不能各取所需，也不能只知一个大概，必须要非常准确。中央的重要的方针政策都是字斟句酌的，要不折不扣地贯彻好中央文件，对中央文件就要仔细地深入研究、全面准确地理解，这是非常重要的。在加强自身建设中，要努力营造认真学习的风气，民主讨论的风气，积极探索的风气，求真务实的风气。学习的目的全在于运用，学习的成果要体现在推动我党各项工作的前进上。

邓小平理论不仅是我们改造客观世界的有力武器，也是我们改造主观世界的有力武器。理论联系实际，不仅要联系客观世界的实际，也要联系主观世界的实际。我们各级领导同志要把学习理论同加强思想道德修养结合起来，自觉抵制各种错误思潮和腐朽思想的侵蚀，坚定建设有中国特色社会主义的信念，努力树立马克思主义的世界观、人观生、价值观。要发扬我党重视自我教育的优良传统，紧密结合广大党员的思想实际，通过学习，解决理论上思想上的模糊认识，进一步增强思想上、政治上的一致性，进一步提高全党的政治素质。

各级组织当前还要认真抓好两项具体工作。第一，是国有企业职工下岗分流和再就业工作。中共中央、国务院高度重视这项工作，专门召开会议，发了通知。下岗职工再就业不仅是一个重大的经济问题，也是重大的政治问题。大家应该认识到这个问题的重要性，是关系到维持改革、发展、稳定大局和人民切身利益的大事。这不仅是当前中国共产党和政府的一项重要工作，也是我们民主党派参政议政的一项重要内容。有些地方组织已开始为下岗人员做些实际工作，各地应该为下岗分流再就业工作多做一些实事，帮助他们实现再就业。我党中央已发了通知，要求各级组织一方面要积极参与，为实施再就业工程献计献策；另一方面，要发挥优势，在再就业工作中努力做实事、做好事；再一方面，要认真做好党员的思想工作，保持党员队伍的思想稳定。我们党员也可能会碰到分流、再就业的问题，我们的组织一方面关心他们，帮助他们尽早地实现再就业，同时做好思想工作，把大家的思想统一到中央的认识上来，保持社会的稳定，为发展创造良好的条件和环境。

第二，今年是中共十一届三中全会召开20周年，中共中央已发通知，要隆重纪念。我党中央也已发了通知，各级组织要把纪念活动与学习邓小平理论、贯彻中共十五大精神结合起来，与结合党员思想实际、加强思想政治工作结合起来。这样我们就把贯彻中共中央最近发的四个通知都融会起来了，贯穿起来了。宣传、咨询服务、组织、参政议政等各方面工作都召开了会议或将召开部门工作会议，不召开部门工作会议的，也将通过各种渠道同下面沟通。希望大家共同配合做好工作。

各位常委、各位同志，今年是贯彻落实中共十五大精神的第一年，也是农工党各级换届以后开展工作的第一年。我们一定要担负起历史的重任，统一思想，凝聚力量，通力合作，努力做好工作，实现今年在保证经济效益的情况下经济增长8%、努力扩大出口、保持国际收支平衡、人民币不贬值的目标，在中国共产党领导的多党合作中，作出新的贡献。

认真学习理论，紧密联系实际，
努力提高参政议政水平*

（1998 年 9 月 25 日）

我们这次研讨会，在大家的共同努力下，在中共重庆市委、市政府的大力支持和帮助下，已圆满完成了研讨的各项任务，即将闭幕了。会议期间，大家认真听取了宋金升副主席在开幕式上的讲话、李蒙副主席所作的参政议政工作情况报告、全国政协提案委员会办公室黄国平同志的辅导报告；刚才，丁广茂部长就调研部门的工作作了具体部署。他们的讲话和报告都讲得很好。几天来，通过分组讨论和大会发言，交流了经验，统一了思想，取得了共识。我认为我们这次调研会开得必要，开得成功，将对我党今后的参政议政工作起到促进作用。下面我就如何进一步搞好我党的参政议政工作谈几点意见，供大家参考。

一、学习理论，提高参政议政的质量和水平

高举邓小平理论伟大旗帜，把建设有中国特色社会主义事业全面推向 21 世纪，是当代中国政治、经济和社会发展的主题。学习贯彻中共中央《关于在全党深入学习邓小平理论的通知》

---

* 这是蒋正华同志在中国农工民主党参政议政工作研讨会上的总结讲话。

和江泽民同志在学习邓小平理论工作会议上的重要讲话精神，密切联系我党各项工作的实际，深入学习邓小平理论，对于统一认识，做好参政议政工作具有头等重要的意义。

大家在发言中，畅谈了近几年来开展参政议政工作的主要做法和体会。我认为，其中最重要的一条就是学习邓小平理论，用邓小平理论指导我党参政议政工作。邓小平理论是改革开放20年来，在马克思主义基本原理与中国实际相结合的第二次飞跃中，创立和发展起来的。通过20年来的实践，我们深深体会到，邓小平理论是建设有中国特色社会主义的伟大旗帜，是我们中华民族振兴和发展的强大精神支柱。在当代中国，只有高举邓小平理论伟大旗帜，一个有12亿多人口的大国才会有更加强大的凝聚力；只有高举邓小平理论的伟大旗帜，中华民族才能战胜困难，排除干扰，在社会主义现代化建设中，取得一个又一个的巨大成就。我们农工民主党要进一步发挥参政议政的作用，在改革开放和社会主义现代化建设中有所作为，就必须高举邓小平理论伟大旗帜，深入学习邓小平理论，特别是要学习和掌握邓小平新时期统一战线理论，深刻领会其精神实质，从中汲取智慧和力量。

当前，我国的改革已进入攻坚阶段，发展正处在关键时期，迫切需要加强学习，提高认识，更加紧密地团结在以江泽民同志为核心的中共中央周围，同心同德，克服困难，再创辉煌。我党的首要任务是深入学习邓小平理论，坚持不懈地用邓小平理论武装头脑，搞好政治交接，进一步提高参政议政水平。在我党的各项工作中，要坚持以邓小平理论为指导，坚持把邓小平理论作为我们认识世界和改造世界的强大思想武器，作为把握大局、做好各项工作的根本，要把深入学习邓小平理论与深入学习江泽民同志在中共十五大上的报告结合起来，要把学习邓小平理论与重点学习邓小平统一战线和多党合作理论结合起来，要把学习邓小平理论与运用邓小平理论研究问题、指导工作结合起来。只有这样，我党才能进一步提高参政议政水平，发挥参政党的应有作用。

二、认清形势，保持良好的精神状态

目前，国内国际形势正处在一个重要的历史关头。在国内，20 年来，改革开放事业已进入到关键时刻，我们正在实现从计划经济向社会主义市场经济体制的根本转变，整个经济正进行战略性结构调整，社会既充满了活力，也充分暴露出许多深层次的矛盾和问题。突破前进中遇到的各种矛盾和困难，社会主义现代化建设就能出现新的飞跃。在国际上，世界范围内不同政治力量和经济力量开始新一轮的角逐和重组，呈现政治的多极化和经济的全球化特征。世界科技的迅猛发展和现代生产力的迅猛增长，不同思想文化的相互激荡和交流，都直接影响着历史进程和地区稳定。各级组织和领导干部如何认识形势的发展，能否确立正确的观念和坚定的信心，是关系到能否凝聚和动员广大党员抓住机遇，迎接挑战，为推动经济持续快速健康发展献计出力的大问题，也是关系到我党在国家政治生活中发挥参政议政作用的大问题。

大家在发言中，就我党参政议政工作如何适应形势发展的新要求，畅谈了体会。科学地分析和正确地认识当前国内国际的形势发展，是我们统一思想，搞好参政议政工作的前提。

前些年，改革开放取得很大成绩，相对比较容易的改革都已完成，综合国力大大加强，人民生活水平明显提高，为进一步深化改革创造了条件。现在正在进行的国有企业改革、金融体制改革、政府机构改革、粮食流通体制改革、住房制度改革、医疗体制改革社会保障制度改革等，难度都不小，并与大家的切身利益密切相关，不少人感受到了改革的阵痛。去年以来，国际金融风暴使许多国家的经济陷入困境，给我国也带来一定压力，增加了深化改革的难度。随着市场经济的发展，长期以来一些地区盲目投资、重复建设、经济结构不合理的弊端开始暴露；企业组织结构不尽合理，缺乏活力和竞争力的现象比较突出；产品科技含量不高，低水平竞争加剧，企业盈利空间越来越小，经济效益不断向有实力的大企业集中，一些产品结构单一、技术水平低下的中小企业，路子会越走越窄。这些结构性失调的矛盾，是造成市场疲软、效益下滑、部分企业停产和一部分职工下岗的主要矛盾。这是机制转换、结构调整、资产重组的必然结果，是完成计划经济向市场经济体制过渡所必然经历的过程和所需要付出的代价，同时也提出了使经济发展提高到一个新水平和结构升级的强烈需求。对此，我们一定要有清醒的认识，不经过结构调整这一关，不提高国民经济的整体素质、运行效率和增长质量，要保持经济持续快速健康的发展是根本不可能的，要完成建立社会主义市场经济体制的历史任务也是不可能的。过了这一关，就将是柳暗花明又一村，我们的社会主义现代化建设就会出现一个新的局面。

虽然我们面临的困难很多，有的还可能在一段时期内更加突出，但我们必须看到，随着市场经济的发展，解决困难和问题的有利条件会更多。我国成功地使国民经济实现了"软着陆"，保持了高增长、低膨胀的良好势头；国家外汇储备超过 1400 亿美元，抵御国际金融风险的能力进一步增强；基础工业和基础设施建设取得了巨大成就，经济发展的瓶颈制约得到了缓解；中共十五大在经济理论上的重大突破，必将带来生产力的大解放和大发展。最近以来，在亚洲的金融危机中，我国作为一个负责的世界大国，承诺人民币不贬值，对稳定世界经济作出了很大的贡献。

同时，为确保全年经济增长速度达至8％的目标，我国对宏观经济政策适时适度进行了调整，提出了调低利率、降低关税、加大基础设施投资等一系列政策措施。这些举措必将有效地扩大内需，拉动新一轮的经济发展。可以说，当前的形势是困难与机遇并存，挑战与希望同在。因此，我们一定要增强信心，才能在加快经济发展中大有作为。华山半山腰有块"回心石"，爬不上去的，只能望山兴叹，上去了就别有一番天地。我们只有同心同德、群策群力，深化改革，才能在挑战中登上胜利的顶峰。

建立社会主义市场经济体制，是前无古人的伟大创造，需要有创新精神，需要有风险意识，同时也需要树立坚定的信心：为克服当前的困难，积极参与改革开放和现代化建设，我党各级组织和广大党员都应保持高昂向上的精神状态。越是在困难多、任务重、压力大的情况下，越是要加强学习、加强团结，坚定信念、坚定方向，坚持中国共产党领导的多党合作和政治协商制度，坚持"长期共存、互相监督、肝胆相照、荣辱与共"的方针，越是要解放思想、知难而进、开拓进取，献计出力。一方面，我们要及时反映所代表、所联系人士的具体利益和愿望要求，反映各种社会心理和社会动向，协助中国共产党和政府做好工作，化解矛盾，引导党员和所联系的群众正确认识改革的艰巨性和复杂性，处理好全局与局部的关系，长远利益和眼前利益的关系，为改革开放和现代化建设创造稳定的社会政治环境；另一方面，我们要坚持以经济建设为中心，紧密围绕国家的工作大局。坚持"三个有利于"的标准，形成一种积极参与、勇于探索、履行职责、发挥作用的浓厚氛围。"疾风知劲草，烈火见真金"，经过这一场考验，我相信我们农工民主党一定会更加成熟，我们党员的素质也会更加提高，在我国发展的重要历史关头一定能担负起参政党的责任。

三、联系实际，真正做到理论与实践相结合

我党作为参政党，要在国家政治生活中发挥应有的作用，就必须积极主动地参政议政，认真履行政治协商、民主监督的职能，体现出我党是发展爱国统一战线、维护安定团结和建设有中国特色社会主义的一支重要力量，体现出自身存在的价值。

在参政议政工作中，各级组织特别是各级领导干部必须对我党的实际状况有比较清醒的认识，做到帮忙而不添乱。我党的特点是医药卫生、科学技术和文化教育界以及其他界别中高级知识分子相对集中，优势是人才荟萃、智力密集、联系广泛。我党要发挥参政议政的作用，就必须体现特点，发挥优势，把着力点放在力所能及的宏观层次上，考虑体现特点的全局性问题，集中全党的智慧，提出意见和建议。只有这样，才能在参政议政中发挥更大的作用。

在参政议政工作中，各级组织特别是各级领导干部必须摆正我党在中国共产党领导的多党合作和政治协商总格局的位置，做到尽职而不越位。要明确认识：第一，中国共产党处于领导地位，各民主党派都接受共产党的领导，同时又同共产党互相监督。中国共产党的领导地位是在中国革命长期的斗争中形成的，是各民主党派通过自己所走过的道路作出的选择。中国政党制度有我国的特色，也是我们的优势，既可以充分发扬社会主义民主，又可以有效地化解矛盾，及时作出科学的决策，万众一心地付诸实施。第二，各政党共同致力于社会主义事业，以"一个中心、两个基本点"的基本路线为共同行动指南，实现新时期总任务为共同纲领，把建设有中国特色社会主义作为共同目标。这是多党合作的政治基础。第三，在国家政权中，中国共产党是

社会主义事业的领导核心，是执政党。各民主党派是各自所联系的一部分社会主义劳动者和一部分拥护社会主义的爱国者的政治联盟，是接受中国共产党领导的，同中共通力合作的参政党。民主党派参政的基本点是：参加国家政权，参与国家大政方针和国家领导人选的协商，参与国家事务的管理，参与国家方针、政策、法律、法规的制定执行。第四，实行政治协商和互相监督，明确了政治协商的基本形式和民主党派履行监督职责的总原则。在协商中，既尊重多数人的意愿，又要照顾少数人的合理要求。经过协商，共产党提出的方针政策为民主党派所接受，同时充分听取民主党派的意见和建议，以利于决策的民主化、科学化。互相监督是双向的，既包括民主党派对共产党的监督，也包括共产党对民主党派的监督。第五，中国共产党和各民主党派都以宪法为根本活动准则，负有维护宪法尊严，保证宪法实施的职责。民主党派享有宪法规定的权利和义务范围内的政治民主、组织独立和法律上的平等地位。

在参政议政工作中，各级组织特别是各级领导干部必须真正做到理论与实践相结合，以高度的历史责任感和使命感，积极参与国是讨论，踊跃建言献策，为推动经济发展和社会进步作出贡献。要牢固树立全局观念，顾大局，识大体，自觉维护中共中央的权威，保证各项改革发展目标的实现。要认真学习、正确把握中共中央的方针政策和工作部署。要增进共识，巩固多党合作的政治基础，增强实现共同目标的合力。要牢固树立以经济建设为中心的思想，把中共中央的路线、方针、政策同我党的实际情况结合起来，推动广大党员立足本职岗位，积极投身开创社会主义两个文明建设新局面的热潮中去。要正确认识当前出现的暂时困难，善于站在全局高度思考和处理问题，把履行职能寓于维护中国共产党的领导和支持政府的工作之中，发挥我党的优势，围绕国家的大政方针，围绕经济体制改革和经济发展战略，围绕实施科教兴国战略和可持续发展战略，认真履行职能，贡献力量。

四、加强领导，大兴调查研究之风

在大家的发言中，谈到了如何抓住社会热点和难点问题开展调查研究工作，刚才丁广茂同志就调研部门的工作讲了几点建议。我认为讲得都很好，其中有两点应引起我们的重视，一是要加强对调查研究工作的领导，二是大兴调查研究之风。

领导干部对调查研究工作重视的程度，直接关系到调查研究工作的好坏，关系到参政议政的质量和水平。大家在发言中谈到，有的领导同志亲自带头搞调查研究，取得了比较好的效果，就是充分的例子。我们搞调研的难点就是如何深入实际，了解到真实情况。如果是一般干部下去搞调研，有时候基层不便于接待。而我们地方组织的领导同志多是地方的著名人士，以领导的身份搞调查，事情就好办得多。因此，领导干部要确实加强对调查研究工作的领导，把调研工作作为参政议政的头等大事来抓，要亲自选课题，亲自订计划，亲自深入基层了解情况，把亲自领导贯穿于调研工作的始终。

调查研究是我党参政议政工作的重要内容和途径。中央和各地方组织要大兴调查研究之风，围绕中心工作，精选课题，集中力量，有目的、有计划地组织开展专题调研。比如，如何调整经济结构，如何开拓市场，如何加快国有企业改革和个体私营经济发展，如何依靠科技，如何寻找新的经济增长点，如何搞好下岗位职工再就业工程，如何搞好社会医疗保障，如何实施可持续发展战略，等等。要通过深入细致的调查，在占有大量材料的基础上，进行科学的分析，提出有重要参考价值和指导意义的意见和建议。要提高调研的质量和水平，扩大调研范围，拓展调研思路，对成功的经验进行汇总提炼，对当前问题进行分析研究，对未来发展作出科学预测，不断地研究新情况和新问题，提出新见解。要注意总结调研工作的经验，不断改进调研的方法，促进调研手段的现代化。增强调研工作的科学性和有效性。

各位同志，会议结束后，大家就要返回到各自的工作岗位。希望你们把这次研讨会的精神带回去，贯彻到实际工作中，调动广大党员的积极性，充分发挥我党的整体作用，积极参政议政，认真履行政治协商、民主监督的职责，为建设有中国特色社会主义伟大事业，为实现我国跨世纪的宏伟目标，贡献我们的力量。

搞好政治交接，积极参政议政，努力开创我党工作的新局面*

（1998 年 11 月 22 日）

各位委员、各位同志：

我受第十二届中央常务委员会的委托，向全会作工作报告，请予审议。

一、形势的发展与工作的回顾

1998 年是我国实行改革开放第 20 个年头。20 年前，中国共产党召开了具有伟大历史意义的十一届三中全会，揭开了我国社会主义建设事业的新篇章。20 年来，在邓小平理论和社会主义初级阶段基本路线的指引下，我国先后经受了 1989 年政治风波、东南亚金融危机和自然灾害的严峻考验，取得了一个又一个伟大的胜利，各项改革取得重大进展，社会生产力空前提高，国民经济持续快速健康发展，综合国力显著增强，人民生活水平日益提高，按照"一国两制"的原则，顺利实现香港回归，洗雪了百年耻辱，各项事业都取得了举世瞩目的伟大成就，建设有中国特色社会主义事业显示出蓬勃生机。1998 年是我国经受严峻考验并取得重大

---

* 这是蒋正华同志在中国农工民主党第十二届中央委员会第二次全体会议上的工作报告。

胜利的一年。全国人民在以江泽民同志为核心的中共中央坚强领导下，齐心协力，共同奋斗，同历史上罕见的特大洪水，展开了一场波澜壮阔的斗争，取得了全面胜利。这场斗争将作为人类战胜自然灾害的一个壮举载入史册。在亚洲乃至全球经济动荡中，中共中央审时度势，沉着应对，趋利避害，抓住机遇，及时采取得力措施，成功地经受住一场金融风波的重大考验，继续保持国民经济健康、稳定的发展。历史雄辩地证明，中国共产党是伟大、光荣、正确的党，社会主义制度具有无比的优越性和生命力，以江泽民同志为核心的中共中央坚强有力，具有高度的政治智慧和强大的号召力，中华民族有着无比的凝聚力和创造力，中国人民解放军是社会主义现代化建设的钢铁长城。前不久，中国共产党胜利召开了十五届三中全会，通过了《关于农业和农村工作若干重大问题的决定》，明确了农业和农村工作跨世纪的发展目标和基本方针，对我国农村的经济、政治、文化建设作出了全面部署，推动新一轮经济发展的高潮。我们农工民主党对中共十五届三中全会的《决定》表示完全赞同和衷心拥护，决心以《决定》为指南，积极行动起来，深入学习，坚决贯彻。

一年来，国内外形势的发展，既考验锻炼了我党，也向我党的工作提出了许多新任务和新课题。根据形势发展的要求，中央先后召开了三次常委会，就贯彻落实国家的中心工作和搞好政治交接等重大问题，提出了工作的指导方针和任务。全党按照中央的工作部署和要求，认真贯彻中共十五大和我党十二大精神，以搞好政治交接为自身建设的首要任务，深入学习邓小平理论，进一步开展爱国主义和社会主义教育，大抓领导班子建设、制度建设和机关建设，大抓参政议政能力和机制的建设，围绕经济建设这个中心，积极履行参政党职能，各项工作都取得了可喜的成绩。

（一）把深入学习邓小平理论和中共十五大会议精神作为头等大事来抓，思想建设取得新的成绩

一年来，各级组织把学习邓小平理论同学习贯彻中共十五大精神，学习江泽民同志去年12月在中共中央召开的党外人士座谈会上的重要讲话，学习全国人大、全国政协九届一次会议精神等结合起来。在《中共中央关于在全党深入学习邓小平理论的通知》下发后，我党中央再次发文，要求各级组织认真贯彻落实。各级组织结合自身的实际情况，制订计划，明确重点，采取多种形式推动学习；许多地方组织的领导班子坚持"中心学习组"的学习，进一步提高了政治素质，增强了参政议政的能力。

今年是中共十一届三中全会召开20周年和各民主党派响应中共中央"五一口号"、为建设新中国而奋斗50周年。各级组织把学习基本理论与开展多种形式的纪念活动结合起来，宣传中共十一届三中全会的重大历史意义，宣传邓小平理论的历史地位和改革开放取得的辉煌成就，宣传中共十五大具有重大历史意义的贡献，宣传中国共产党领导的多党合作是历史的必然，进一步加深了广大党员对邓小平理论和社会主义初级阶段基本路线的认识和理解，更加坚定了主动、自觉地接受中国共产党领导，走社会主义道路的信念。中央主要领导人参加了各民主党派纪念响应中共"五一口号"50周年座谈会，受到深刻的教育。中央和部分地方组织还结合纪念周谷城、黄琪翔同志百年诞辰，进行了多党合作优良传统的教育。

各级组织在学习邓小平理论过程中，联系我党的实际，进行调查研究，掌握党员思想动态，有针对性地加强了思想建设。全党加强了社会宣传，仅在中央一级的报刊上发表文章就有百余篇，扩大了我党在社会上的影响。在中共中央统战部和《人民政协报》联合举办的"风雨同舟"征文评比中，我党中央荣获

组织奖，并在全部的三个一等奖中获得一个，五个二等奖中获得两个。为了加强思想教育阵地，中央党刊《前进论坛》不断改进内容和版面，并努力扩大发行，各地方组织积极开展明年的征订工作。据不完全统计，截至10月底，孝感、张家港等市征订率达110%，商丘、洛阳、包头、淮阴、绍兴、黄冈等市达100%，其他省市也在积极努力。

（二）积极参政议政，在国家政治生活中发挥了积极作用

我党十二大以后，中央在参政议政工作会议上明确提出把参政议政工作作为我党今年的主要任务之一。各省级组织加大了工作力度，取得了明显的成效。担任各级人大代表和政府实职的我党党员，认真负责，勤政尽职，履行自己的神圣职责。担任各级政协委员的我党党员，积极参与国是咨询，就一些重大问题提出意见和建议。中央和各地方组织在政协会议上，就国家和地方一些重大问题，积极提意见，献良策。在全国政协九届一次会议上，章师明同志代表我党中央作了题为《贯彻中共十五大精神，积极履行政协职能》的大会发言。我党中央和政协农工组的委员共递交了14篇大会书面发言和86件提案。这些发言和提案都是集体智慧的结晶，抓住了群众关切和急需解决的问题，得到有关部门的重视。在全国政协九届二次、三次常委会上，陈灏珠、宋金升、朱兆良等同志分别就加快科技进步的步伐、农业和农村经济发展等专题作了大会发言，也都产生了良好的社会反映。各地方组织也都努力履行自己的职责。

促进工作，组织调研，提供咨询、建议。在参政议政工作研讨会上，中央对参政议政工作开展比较好的江苏省委会等7个省级组织提出了表扬。我党在努力探索参政议政工作的新渠道和新途径。由中央主要领导人带队，由国家部委有关部门负责人和我党专家组成的专家组，先后到河北唐山和陕西榆林等地进行考

察，对区域性经济发展提供了战略咨询服务，并就其中的重大问题写出书面建议，上报了中共中央、国务院。中央组织调查组就京九沿线经济合作和社会发展问题进行了专题调研，李蒙同志代表我党中央在深圳研讨会上作了题为《关于对京九沿线发展问题的几点思考和建议》的发言。我党中央与中共重庆市委召开了加强协作座谈会，协商确定把重庆市作为我党参政议政工作调研考察、咨询服务的工作点和开展爱国主义传统教育的基地。经我党中央有关领导联系，内蒙古自治区人大、区政府和我党区委会领导向全国人大有关领导汇报了阿拉善盟生态环境治理工作，取得了可喜的成果。我党中央与国家有关部门共同开展的实施医疗保障制度、促进医疗机构配套改革的研究，已列入国家自然科学基金的重大研究课题。中央成立了参政议政工作领导小组，加强协调和领导，并调整成立了以专家学者和工作骨干为主的各专门工作委员会，进一步发挥整体功能。

中央和各地方组织重视调查研究工作，把调查研究作为参政议政工作的基础和重要方式方法，根据我党的特点和优势，调动各方面的积极性，就群众普遍关心的社会热点和难点问题建立课题，开展调查研究，积极提出建议。中央还组织专家分别就科技兴农、医卫人员下岗再就业、社区医疗服务等进行专题调研。中央和地方组织认真做好国家和地方法律法规的征求意见工作，组织党内有关法律专家进行座谈讨论，提出意见和建议。中央和北京市委会联合就村民委员会组织法、土地法等法律修订稿提出了修改建议。

（三）团结一心，全力以赴支援抗洪救灾和重建家园

今年入夏以来，我国长江、嫩江、松花江流域相继发生了历史罕见的特大洪水，我党中央高度关注。为配合中共中央、国务院抗洪救灾的一系列有力措施，我党中央及时下发了《认真贯

彻江泽民同志的重要指示，全力支持防汛抗洪救灾工作的通知》，9月下旬，又下发了《关于继续弘扬抗洪精神，进一步做好灾区卫生防病防疫工作的通知》，要求全党积极行动起来，投入到抗洪救灾斗争中去，为夺取防汛抗洪的伟大胜利作出应有贡献。

受灾地区的我党江西、湖南、湖北、安徽、江苏、黑龙江、内蒙古、吉林等省级组织，带领全省广大党员积极参加抗洪救灾斗争。沿江的地方组织积极组织党员和机关工作人员，踊跃参加当地抗洪抢险突击队；有的组织多次组织抗洪救灾医疗队，奔赴抗洪第一线，为广大军民送医送药。有的党员不顾家中被淹，亲人失散，坚持在抗洪第一线；有的党员在滔滔的洪水中抢救国家的财产和落水的群众；有的党员不怕苦，不怕累，坚持在大堤上抗洪，一干就是两个多月。滔滔洪水，牵动着我党各级组织和几万名党员的心。各级组织广泛开展了向灾区人民捐款捐物献爱心的活动，广大党员踊跃解囊相助。据不完全统计，截至9月10日，我党各地方组织和个人共捐款238.98万元，还捐献了价值6.155万元的药品和5403件衣被。正当灾区饮水遇到困难时，我党主办的中国初级卫生保健基金会，得到我党党员陈良刚同志捐赠的价值160万元的63套净水器。这些净水器通过民政部门送到灾区，解决了30万灾民的饮水问题。

为确保灾后无大疫，中央和基金会联合向江西省九江市和黑龙江省大庆市派出两支卫生防疫队，并向每个队提供了10万元，购买灾区急需的卫生防疫药品。为了弘扬抗洪精神，表彰在支援抗洪抢险救灾工作中涌现出来的我党的先进集体和先进个人，中央决定在这次全会上，对江西省委会等13个先进集体，对陈良刚等15个先进个人提出表彰。我代表我党中央委员会向这些先进集体和先进个人致以崇高的敬意。

（四）发挥优势，面向社会，努力做好咨询服务工作

面向社会，开展咨询服务工作。广大党员在努力做好本职工作的同时，积极参加我党组织的各种社会活动，通过推广科学技术、送医送药、技术培训、咨询服务等活动，扩大了我党在社会上的影响。我党作为"国际科学与和平周"活动的主办单位之一，已连续7年参与这一活动，今年有近30个省、区、市组织在70多个城市开展了大型义诊活动，中央被组委会授予特别贡献奖。中国中医药研究促进会创办的《医药养生保健报》，拟于年底试刊，明年向全国正式发行。

关注再就业工程，积极为国有企业下岗职工办实事。年初，中央下发了《关于协助做好国有企业下岗职工再就业工作的通知》，要求全党提高认识，积极协助政府做好这项工作。在全国咨询服务工作研讨会上，中央号召各级组织的办学机构，举办各类再就业技术培训，尽力帮助下岗职工掌握一技之长。各级组织响应中央的号召，通过技术培训、献爱心、送医、送药、送温暖等活动，努力为国有企业下岗职工实现再就业多做实事。吉林省委员会深入有关企业进行调查研究，提出了"献良策、送温暖、牵线搭桥"的工作思路和行动措施，全省各级组织已协助安置下岗职工270人，培训600多人次。安徽省委会参加"育才关怀行动"，资助今年考取大学的下岗特困职工的子女入学，赢得了社会的赞誉。

支边扶贫，为经济建设服务。支边扶贫工作是我党为经济建设服务的重要内容。中央和地方组织认真抓好各自的扶贫点，在进行实地考察和充分论证的基础上，选定项目，发挥整体优势和智力优势，互相支持，互相配合，取得了较好的社会效益和经济效益。中央定点扶贫的贵州省大方县，于1997年年底实现脱贫。中央本着"脱贫不脱钩"的精神，在科技、经济、卫生、教育

等方面继续给予全力支持：举办后备干部中专班和各类技术培训班，有1万多人受益；引资40万元兴建的实验学校已竣工交付使用，引资20万元兴建的希望小学正在加紧建设。此外，中央还积极参与广西百色和贵州黔西南州的有关扶贫工作。

（五）以政治交接为重点，组织建设取得新进展

一年来，我党按照搞好政治交接必须遵循的基本原则、方针和核心内容，开展了许多工作。中央和各地方组织针对领导班子成员新人多的特点，要求新领导班子认真学习江泽民同志去年12月在中共中央召开的党外人士座谈会上的重要讲话，把进一步搞好政治交接，作为我党当前和今后一个时期自身建设的首要任务。各地方组织通过各类会议和多种形式的进修班、培训班，开展邓小平理论学习，进行我党党史教育和统一战线工作知识培训，开展了讲政治、讲学习、讲正气、讲团结、讲奉献的教育，提高了新领导班子的思想政治素质。许多老同志关心我党的事业，主动地传授经验。许多地区领导班子尊重老同志，注重发挥老同志的作用，改进了我们的工作。中央还召开了新老领导人参加的政治交接工作研讨会，会上讲党史，讲传统，讲老一辈的高尚风范，对我党贯彻落实政治交接的任务起到了重要的推动作用。在中央召开的全国组织工作会议上，提出了在新形势下以政治交接为主线，努力加强组织建设的任务和目标。

组织发展工作是组织建设的一项重要任务。一年来，全党认真贯彻1996年《关于民主党派组织发展若干问题座谈会纪要》的精神，坚持在工作中发展、发展为了工作的原则，发展与巩固相结合，严把政治质量关，在吸收高层次、代表性强的人士方面继续取得进展。一批博士生导师、硕士生导师及博士、硕士参加我党，进一步活跃了基层和地方组织的活动，也为后备干部队伍建设源源不断地输送了新的血液。据统计，截

至 6 月底，我党党员总数为 68698 人，地方组织 290 个，基层组织 3928 个。这就为发挥参政党的作用奠定了组织基础。机关建设是组织建设的一项重要内容。一年来，中央和各地方组织以公务员过渡为契机，对机关工作人员进行一次全面考核，调整充实了机关工作班子，加强了职能部门的工作力度，调动了机关工作人员的积极性。中央机关完成了参照《国家公务员暂行条例》管理入轨阶段的工作，并开办了计算机应用培训班，加快机关办公自动化的进程。

一年来，我党虽然取得了很大的成绩，但也存在一些需要我们进一步解决的问题：少数党员对我国政党制度缺乏了解，认识不足；个别组织发展党员片面追求数量，对发展对象的代表性有所忽视；如何发挥我党的整体作用，还有待进一步研究；为参政议政服务的工作机制尚不健全；规范化、制度化建设还有待于进一步完善。所有这些，都需要我们认真研究，提高认识，统一思想，采取措施，认真改进，以使全党各方面工作迈上一个新的台阶。总结一年来的工作，我们的主要体会有以下几点：

1. 邓小平理论是我党的根本指导思想。邓小平理论是我国改革开放 20 年来，在马克思主义基本原理与中国社会主义建设实际相结合的第二次飞跃中，创立和发展起来的。它是建设有中国特色社会主义事业的伟大旗帜，是中华民族振兴和发展的强大精神支柱。只有高举邓小平理论伟大旗帜，一个 12 亿多人口的大国才会有强大的凝聚力，才能在社会主义建设中战胜任何困难，排除任何干扰，取得一个又一个伟大成就。我党20 年来的实践证明，只有坚持不懈地用邓小平理论武装全党同志的头脑，将邓小平理论作为我们认识世界和改造世界的强大思想武器，作为把握大局，做好各项工作的根本，才能做到提高认识、同心同德、风雨同舟、共创辉煌，才能搞好政治交接，提高参政议政水平，更好地发挥我党在国家政治生活中应有的作用。回顾中共十一届三中全会胜利召开20年的历程，我们豪情满怀，深深地体会到，我国20年来的巨大变化，我们农工民主党20年来的发展，都是与坚持以邓小平理论为指导分不开的。

2. 坚持中国共产党的领导，紧密地团结在以江泽民同志为核心的中共中央周围，是我党坚持正确的政治方向的可靠保证。一年来，我国经历了东南亚金融危机的冲击和抗洪斗争的考验，保持了稳定健康持续的发展，社会安定，经济增长，人民团结。在周边国家处在金融、经济风波的环境中，我国之所以能取得这样良好的发展态势，其根本原因是以江泽民同志为核心的中共中央坚定不移地高举邓小平理论伟大旗帜，善于驾驭各种复杂的局势，冷静分析形势，牢牢把握大局，科学运筹，具有高度的号召力和决战决胜的能力。50年前，我党积极响应中共中央发出的"五一口号"，在历史性的重要关头主动自觉地选择了接受中国共产党的领导，坚定地走上了社会主义的道路。当前，我国处在改革攻关阶段和发展的关键时期，处在重大历史关头，我们农工民主党肩负着新的历史使命，经受着新的考验。我们一定要坚持中国共产党的领导，更加紧密地团结在以江泽民同志为核心的中共中央周围，在政治上自觉地与中共中央保持高度的一致。只有这样，才能坚持正确的政治方向，在建设有中国特色的社会主义事业中，发挥应有的作用。

3. 继承和发扬我党的优良传统，是搞好政治交接的重要内容。我党十二大，完成了组织上跨世纪的新老交替。然而，我党的发展，不仅需要组织上的新老交替，更重要的是要搞好政治上的交接，使我党的优良传统代代相传。通过一年来的工作实践，我们深深地体会到，搞好政治交接，就必须坚持以邓小平理论为指导，坚持社会主义初级阶段的基本路线和基本纲领不动摇，坚持和完善中国共产党领导的多党合作和政治协商制度，坚持"长期共存、互相监督、肝胆相照、荣辱与共"的方针，大力加强自身建设，全面提高整体素质，把我党老一辈在长期革命和建设实践中形成的优良传统和高尚风范一代一代传下去，保证中国共产党领导的多党合作和政治协商制度得到坚持和发展，把我党坚持中国共产党的领导、与中国共产党通力合作的优良传统继承和发扬光大。只有这样，我党才能更好地发挥作用，肩负起跨世纪的政治责任和历史使命。

二、今后工作的指导思想和主要任务

1999年是我国历史发展上的重要一年。我们将同全国人民一道，继续把改革开放和现代化建设向前推进。我们将满怀豪情地迎接新中国成立50周年，纪念《中共中央关于坚持和完善中国共产党领导的多党合作和政治协商制度的意见》发表10周年和五四运动80周年。这一年，我国还将恢复对澳门行使主权。世纪之交，我党正处在承前启后、继往开来的转折点上，要做出新成绩，就必须解放思想，实事求是，适应新形势，树立新观念，提出新思路，在实践中探索，在开拓中进取，在创新中发展。我党今后工作的指导思想和基本任务是：以邓小平理论为指导，高举爱国主义和社会主义两面旗帜，继续深入学习邓小平理论，认真贯彻中共中央十五大和中共十五届三中全会精神，以搞好政治交接为主线，以思想建设为核心，以组织建设为基础，以制度建设为保证，统一思想，凝聚力量，紧密围绕国家的中心工作，积极发挥作用，努力建设面向新世纪的参政党，为把中国共产党领导的多党合作事业推向21世纪作出贡献。

（一）加强思想建设，巩固和发展多党合作的政治基础

思想建设的根本任务是学习邓小平理论，提高广大党员的政治素质，增强对建设有中国特色社会主义的共识，提高坚持和贯彻社会主义初级阶段基本路线和基本纲领的自觉性，深化对参政党地位、性质和历史使命的认识，在重大问题上分清是非，自觉地保持坚定正确的政治方向，为巩固和发展同中国共产党的团结合作，奠定坚实的思想基础。

加强思想建设的重点，是巩固和发展多党合作的政治基础。主要内容和要求是：深入学习邓小平理论，掌握邓小平理论的科学体系和精神实质，重点是学习领会邓小平关于新时期统一战线和多党合作理论，增强走中国特色社会主义道路的共识；开展国情教育和基本路线教育，引导党员正确认识国情，明确走中国特色社会主义道路是唯一正确的道路，自觉贯彻基本路线和基本纲领；开展形势和政策教育，引导党员从大局出发，正确认清形势，正确对待深化改革中出现的矛盾和问题，坚定信心，服务大局；开展热爱中国共产党、热爱祖国、热爱社会主义、热爱人民、热爱人民解放军的"五热爱"教育活动，并把这项活动与弘扬"万众一心、众志成城，不怕困难、顽强拼搏，坚韧不拔、敢于胜利"的伟大抗洪精神结合起来，作为我党明年加强精神文明建设的突出任务，切实抓紧抓好，以抗洪抢险伟大胜利的生动事实和先进人物的模范事迹为教材，教育党员树立正确的人生观、价值观和道德观，抵制拜金主义、享乐主义、极端个人主义和腐败现象的侵蚀，坚定理想和信念，增强实现共同目标的合力；开展多党合作优良传统教育，重点是着手编写我党党史，引导党员学习我党历史和章程，继承和发扬我党的优良传统，划清我国社会主义政党制度与西方政党制度的原则界限，更加自觉地接受共产党的领导。中央拟在适当的时候举行多党合作理论与实

践研讨会，以实际行动迎接建国50周年、《中共中央关于坚持和完善中国共产党领导的多党合作和政治协商制度的意见》发表10周年和五四运动80周年，向我党成立70周年献礼。

加强思想建设，要积极采取措施。各级领导班子要把思想建设摆上重要议事日程，把它作为一项长期的政治任务，经常研究，从全局上考虑加强思想建设的办法和思路。要把握思想建设的重点，从我党政治联盟的性质和特点出发，加强培训、教育，努力造就一支高素质的领导骨干队伍；加强对中青年党员的思想教育，使我党与中国共产党亲密合作的优良传统得到继承和发扬光大。要建立健全思想建设的各项制度，制定不同时期思想建设的规划，确定目标，明确职责，使加强思想建设成为硬任务。要坚持自我教育的优良传统，坚持以正面教育为主。要积极探索加强思想建设的有效途径和方法，使学习理论与参政议政的实践相结合，自我教育与组织培训相结合，深入细致的思想政治工作与解决实际问题相结合，思想教育与多种形式的实践锻炼相结合，努力做到育导结合、情理相济、讲究实效。要办好《前进论坛》和《医药养生保健报》，进一步搞好社会宣传工作。

（二）加强组织建设，进一步搞好政治交接

抓紧以搞好政治交接为首要任务的领导班子建设。要把领导班子建设成为高举邓小平理论伟大旗帜，团结在以江泽民同志为核心的中共中央周围，切实贯彻社会主义初级阶段基本路线和基本纲领，能够团结和带领广大党员走建设有中国特色社会主义道路，把中国共产党领导的多党合作事业不断推向前进，民主、高效的领导集体。领导班子成员要讲学习、讲政治、讲正气，善于从政治上观察问题，判断形势，在事关全局、事关政治方向、事关根本原则问题上，是非分明，头脑清楚。领导班子要求实务实、开拓进取，努力掌握我党工作的规律和程序，不断提高领导水平和参政水平。后备干部队伍建设是领导班子建设的基础，要常抓不懈，健全培养机制，使跟踪考察、培养锻炼、选拔安排等工作制度化、规范化。在本次全会上，我们将审议通过《关于进一步搞好政治交接，加强自身建设的意见》。这个文件是我党今后自身建设的指导性文件，各级组织和广大党员要认真学习，深刻领会精神，制定具体措施贯彻落实。

抓紧以民主集中制建设为中心的各项制度建设。民主集中制是我党的组织原则，也是重要的工作方法。从我党领导班子成员专、兼职结合的特点出发，通过贯彻民主集中制，实行充分发扬民主基础上的有效集中，才能保证决策的民主化和科学化，保证领导班子的团结和稳定，提高工作效率和质量。完善集体领导与个人分工负责相结合的制度，重点是在总结经验的基础上，制定领导班子成员和秘书长的工作规程，建立岗位责任制。一把手要当好"班长"，班子成员要分工负责，相互配合，重要问题必须经过集体讨论决定，既要防止"一言堂"，又要防止遇事推诿、互相扯皮和无人负责等现象出现。要建立领导班子议事决策规则、民主生活制度、谈心制度、社情民意收集制度、考核制度、接受群众监督制度，通过民主生活会、年终评议和届中述职等办法，保障民主集中制的贯彻落实。

抓好组织发展工作。要继续贯彻1996年《关于民主党派组织发展若干问题座谈会纪要》的精神，认真贯彻"坚持三个为主、注重政治素质、发展与巩固相结合、有计划稳步发展"的方针，坚持"发展是为了工作和在工作中发展"的原则，正确处理数量与质量、发展与巩固、重点与非重点、发展骨干党员与一般党员的关系。中央明年要研究制定组织发展工作规范和年度发展计划，从宏观上把握年净增率5%左右的发展速度。要注意防止片面追求党员年轻化的倾向，重点发展中青年有代表性的人士，保证党员总体上较为合理的年龄结构。

要努力发展一批政治素质好、参政议政能力强、有一定代表性、在社会上有一定影响的党员，与我党后备干部队伍建设相结合，以满足加强自身建设和发挥参政党作用的需要。抓紧机关建设。要通过抓思想，抓作风，抓制度，抓管理，建立一个高效、文明、团结、务实的机关工作班子。要采取内部选拔、外部引进等途径，多渠道选配一批政治素质好，有一定组织领导能力的同志，配备好机关工作班子，特别是要注意配备好秘书长。要参照执行国家公务员管理办法，建立健全以岗位责任制为核心的工作制度和管理制度，引进竞争机制和激励机制，明确各部门、各个岗位干部的职责、任务和要求，加强对干部的述职、评议和考核工作。要疏通渠道，解决干部进出难的问题。要加强培训，提高机关干部的政治水平和工作水平。

抓紧基层组织建设，增强组织的活力。要加强基层组织领导班子建设，注意选拔熟悉统一战线理论和方针政策，热心我党工作，有较强的事业心和政治责任感，有较强组织领导能力和一定群众基础的同志，担任负责人。要切实履行工作职责，在中共基层党委的领导下，积极推动党员搞好本职工作和各项社会服务活动。要坚持定期的、健康有效的组织生活，不断提高组织生活的质量和水平，促进组织生活的制度化、形式的多样化。

（三）加强参政议政工作，认真履行参政党职能

我党各级组织要围绕中共十五大和十五届三中全会提出的任务，从加强农业和农村工作、实现经济工作的两个转变、实施科教兴国战略和可持续发展战略的要求出发，找准位置，选好角度，发挥优势，履行职能。农业和农村问题是关系我国改革开放和现代化建设全局的重大问题。在东南亚金融危机中，我国能屹立不动，除了宏观调控有力、社会主义市场经济体制改革成功等

因素之外，农业 3 年大丰收是一个重要的因素。粮食、外汇储备丰富就稳定了物价，稳定了民心。在改革的攻坚阶段，更需要农业的支持。因此，各级组织要把农业和农村工作作为重要课题，组织力量，加强调查研究，进诤言，献良策，为搞好农业和农村工作，发展农村经济，提高农村生产力水平贡献力量。中央拟于明年就黄河流域水资源科学合理利用、社会医疗保障等问题进行较大规模的调查研究，各专门工作委员会和黄河流域各省级组织要积极参与配合，发挥我党的整体作用。

要大力开展参政议政工作，初步形成发挥参政议政全党群体优势的机制。各级组织要围绕搞好参政议政加强自身建设，完善我党的参政议政机制，发挥组织的整体作用，解放思想，转变观念，拓宽工作渠道，改进方式方法，更好地适应当前形势和任务的要求。要坚持实事求是，用改革的精神，进一步探索参政议政的新路子，在解决工作难点中有所突破，在克服困难中继续发展。中央要加强与各地方组织的联系和合作，在发挥调查研究部门和各专门工作委员会作用的同时，要发挥高层次顾问和各省级组织的作用，形成参政议政的合力。在基层组织和党员中要开展"三个一"活动：召开一次座谈会，参加一次调研，提出一项意见和建议，调动起广大党员参政议政的积极性。

（四）发挥智力优势，为社会主义建设事业服务

开展为经济建设服务的活动，已成为我党参政的有机组成部分，不仅极大地开拓了我党政治和社会活动的领域，而且有利于深入了解国情民情，为搞好参政议政、民主监督奠定坚实的基础。其主要内容是：为社会主义物质文明和精神文明建设服务，为巩固和发展安定团结的政治局面服务，为推进"一国两制"、实现祖国统一服务。其主要方面包括：动员广大党员立足本职岗位，积极参加社会主义现代化建设的实践；利用自身的特点和优

势，面向社会开展多种形式的为两个文明建设服务和为促进祖国统一服务的活动；充分发挥团结、教育、协调功能，为改革开放和现代化建设创造良好的社会环境。

中央和各地方组织要把对国家重点经济建设项目和对区域性、专业性经济发展的宏观咨询作为咨询服务工作的重点，抓紧抓好；继续做好智力支边扶贫工作，为《国家"八七"扶贫攻坚计划》的如期完成献计出力；充分发挥中国初级卫生保健基金会的作用，推进实施健康扶贫行动；坚持正确的办学方向，以社会需求为导向，进一步发展我党的办学工作；积极参加社会实践，发挥智力优势，开展医卫、科技、文教等方面的社会服务活动；积极探索，勇于实践，创造条件，发挥优势，为实现再就业工程做贡献。在工作中，既要防止把参政议政与经济建设割裂对立，忽视为经济建设服务的倾向，又要防止在为经济建设服务中单纯强调经济效益指标，把自己等同于经营部门的倾向。在建设有中国特色社会主义实践中，要努力探索把发挥参政党作用与开展为经济建设服务统一起来的新路子。

各位委员，各位同志，我党作为参政党，在实现跨世纪发展宏伟目标的征途中，肩负着重要的历史责任。许多方面还需要更加努力，才能适应形势发展的要求。让我们更加紧密地团结在以江泽民同志为核心的中共中央周围，高举邓小平理论伟大旗帜，统一认识，凝聚力量，知难而进，求真务实，大力加强思想建设、组织建设和作风建设，以崭新的面貌和优异的成绩，迎接新中国成立 50 周年，同全国人民一道，为实现中共十五大确定的各项任务作出更大的贡献。

学习贯彻"三讲"教育精神，
建立健全民主集中制，
进一步加强自身建设[*]

（1999 年 6 月 27 日）

各位常委、各位同志：

根据主席会议的讨论意见，我就这次会议的主要内容，讲几点意见和建议，请大家讨论。

一、国内外形势的发展和我们的历史责任

当今世界，世界多极化和经济全球化是两大趋势。这两大趋势的发展，反映了政治与经济联系的密切，也说明政治是经济的集中体现。经济全球化是科学技术进步、生产能力提高、经济规模扩大、国际交流增强达到一个新的转折时期，生产要素在全球范围内流动和配置的必然结果。第二次世界大战以后，全球进入了一个经济高速增长时期。由于电气技术、机械制造技术、电子技术、石油化工、信息工程、材料工程等方面的进步，许多传统产业得到彻底的改造，生产方式发生了很大的变化，国际贸易迅速扩大，世界性的市场体系逐步形成，投资的国际化与促进全球

＊ 这是蒋正华同志在中国农工民主党第十二届中央常务委员会第五次全体（扩大）会议上的讲话。

经济活动更加紧密地联系起来，跨国公司的迅速发展则为经济全球化建立了组织结构。

经济全球化是不可改变的趋势。近几年来，世界经济增长率只有4%，而国际贸易量年增长率近10%，国际上对外直接投资的年增长速度保持在20%左右。这些数据充分说明了经济全球化的发展势头。这种发展势头，从世界贸易组织的发展过程，也可以清楚看到。世界贸易组织（WTO）的前身是关贸总协定（GATT），于1947～1948年由23个国家发起组织，当时关税总水平为40%，到目前缔约方已扩大到133个国家和地区，发达国家关税总水平已降到4%，发展中国家降到14%。另外还有33个国家和地区正在申请加入。关贸总协定规定互不歧视、关税保护等原则，其具体做法是组织多边贸易谈判，逐步达到国际自由贸易。我国"复关"可以获得许多发展的有利条件，由于我国85%的出口商品输出到世贸组织成员，"复关"对发展外贸具有十分重要的作用，可以取得稳定的国际贸易环境和享受最惠国待遇，同时也有利于促进科技交流、信息交流和扩大对外开放。但是，我国于1986年递交申请，至今已13年，还在审查中，谈判中世贸组织对我国经贸制度问了2000多个问题，在降低关税、开放市场、知识产权、外资准入等方面提出了许多苛刻条件。如果完全满足这些条件，将对我国民族经济产生很大的冲击，所以至今谈判尚未完成。即使参加了世贸组织，也还会对我国一些产业带来很大压力。

经济全球化给我们带来了前所未有机遇，同时也隐含着巨大的风险。可以说，目前是机遇和挑战并存，当然还是机遇大于挑战。迄今为止，经济全球化都是由经济发达国家所主导，所制定的规则都有利于他们。尽管发展中国家平均经济增长率高于发达国家，但由于基数不同，大部分的经济利益落入了发达国家之手，致使发展中国家在现有的国际金融和贸易体制中处于不利地位，世界贫富差距进一步扩大，债务不断增多。1997 年，从泰国开始的国际性金融危机和随之而来的经济危机，就是一个很好的例子。有些西方学者评论，亚洲金融危机的真正凶手是美国的世界战略，美国从自己的利益出发，鼓吹金融自由化，要求让外资自由进入发展中国家的各个部门，压这些国家降低关税，而自己却实行贸易保护主义。因此，许多国家为了保护自己的经济利益联合起来，发展区域经济已成为全球经济化中另一个显著特征。从中可以看出国际竞争的激烈程度。世界多极化是目前人们议论最多的问题之一。冷战结束后，善良的人们曾以为世界人民将有一个更加和平安宁的美好前景，盼望在和平的环境下生存和发展。然而，国际形势虽有趋向缓和的一面，但许多新老矛盾互相激荡，造成地区紧张、动荡的因素继续发展，新的危机还在不断发生；特别是有些人坚持冷战思维，企图将霸权主义和强权政治强加于世界，违背国际关系准则，以种种借口干涉他国内政，天下仍不太平。自北约成立以来，从其不断东扩就能看出称霸欧洲大陆和干涉他国内政的野心。尤其是美国，自第二次世界大战结束以来，更是愈来愈充分地暴露其霸权主义、强权政治的真面目，从朝鲜战争、越南战争，到出兵格林纳达，突袭利比亚，入侵巴拿马，从打响海湾战争，空袭南联盟，将台湾纳入安全防御体系（TMD），订立日美安全防卫条约，直至不顾一切国际公约和外交惯例，野蛮地用导弹袭击我驻南联盟使馆，这一点都暴露得十分清楚。据美国官方自己的统计，在冷战时期，美国对外较大规模军事行动约 125 次，平均每年 2.9 次；而 20 世纪 90 年代以来，美国对外采取较大规模军事行动 40 多次，其中直接使用武力达 13 次，平均每年 5 次以上。这些情况表明，美国口头上说不愿意当世界宪兵，而实质上充当世界霸主的野心日益膨胀。

在国际事务中，美国打着"人权没有国界，人权大于主权"的幌子，推行霸权主义、强权政治，到处插手，横行霸道，动辄就单方面对别国实行制裁、封锁，绕开联合国对一些主权国家大打出手，大发战争横财。所有这些都告诫我们，世界多极化的过程并不顺利，要坚持和平与发展，面临的挑战相当严峻；西方标榜的正义、秩序都是实现强权政治的面具和工具，是为推行他们的"西化""分化"阴谋服务的；当今世界，落后就要挨打的规律并没有过时。只有发展自己，加快经济发展，加强综合国力，才能在剧烈的国际竞争中站稳脚跟。世界形势正在发生深刻变化，世界各国和各地区组织都在研究新世纪的发展战略，以便在21世纪的世界格局中占据有利的地位。中共十五大确定了我国社会主义初级阶段的基本路线、基本纲领，描绘了跨世纪的建设蓝图。中国共产党作为执政党，肩负着领导全国各族人民实现振兴中华、自立于世界民族之林的历史重任。我们农工民主党作为中国共产党的亲密友党，也应肩负起相应的参政党责任。世纪之交正在出现历史性的大转折，我们只有抓住机遇，迎接挑战，积极投身到改革开放和社会主义现代化建设中去，才能为实现国家富强、民族振兴、人民幸福的发展目标贡献力量。1997年换届后，江泽民同志亲切接见了我们，给予了许多鼓励，也提出了明确的要求。当时，费孝通老先生说，他们老一辈是轻舟已过万重山，可以交班了。我当时感受到沉重的压力。我党的代表大会把我们选举出来，我们如何才能不辜负大家的重托和信任，在以后我们交班的时候，能不能怀着完成任务的轻松心情来说这句话呢？江泽民同志在中共十三大以后说："鞠躬尽瘁，死而后已。"这是中共中央领导共同的决心。我认为，我们也要以这种精神，与江泽民同志为核心的中共中央"肝胆相照，荣辱与共"，风雨同舟，共创未来。

以美国为首的北约，使用导弹袭击我驻南联盟使馆，造成重大人员伤亡和财产损失。对此，我国各族人民和海外广大同胞表示了极大愤慨，提出了最强烈的抗议和谴责。以江泽民同志为核心的中共中央处变不惊，运筹帷幄，从容应对，迅速表明了我国政府的严正立场，果断采取了一系列重大决策和措施，充分体现了中国人民维护世界和平、反对霸权主义的坚强意志，完全符合中华民族的利益和人民的要求。我党各级组织和广大党员要把认真学习江泽民同志在欢迎我国驻南斯拉夫联盟共和国工作人员大会上的讲话，深入开展"认清美国霸权主义本质，弘扬爱国主义精神"的教育活动，作为当前思想政治工作的一项重要内容。通过开展这项活动，我们要进一步认清美国所谓"人权高于主权"的霸权主义、强权政治的真面目，认清美国式"民主、自由、人权"的虚伪性，认清美国企图遏制中国、称霸世界的战略野心，认清西方敌对势力对我进行"西化""分化"的政治图谋，把思想统一到中共中央的精神上来，更加自觉地团结在以江泽民同志为核心的中共中央周围，自觉地坚持和完善中国共产党领导的多党合作和政治协商制度，坚持以经济建设为中心的基本路线，认真做好本职工作，进一步增强维护社会稳定的自觉性，为把我国建设成为民主、文明、富强的社会主义现代化强国，作出自己应有的贡献。

二、认真学习"三讲"教育文件，贯彻"三讲"教育精神

今年以来，中国共产党在县级以上党政领导班子、领导干部中开展以"讲学习、讲政治、讲正气"为主要内容的党性党风教育活动。这一活动是在认真总结新时期党建工作的基本经验，全面分析我国跨世纪发展面临的新形势新任务和领导班子、领导

干部现状的基础上作出的一项重大决策，对于我们民主党派的自身建设也至关重要。为此，我们将学习中共中央关于开展"三讲"教育有关文件精神，列为本次常委会的主要议程。希望通过学习，充分认识贯彻"三讲"教育精神的重要意义，统一思想，加强团结，搞好领导班子建设，促进全党自身建设工作的开展。学习贯彻"三讲"教育精神是时代的需要。

在新世纪的征途上，我国将面临着许多复杂的新情况和新问题，任务更加繁重而艰巨，还可能遇到各种风险和困难。新的形势和任务，对参政党的各项工作，对各级领导班子、领导干部学习和运用马克思主义理论正确观察和判断形势，解决现实问题的能力，都提出了新的更高的要求。学习贯彻"三讲"教育精神，是新形势和新任务对领导班子和领导干部提出的迫切要求，是我党加强干部队伍建设、提高领导干部思想政治素质的重要任务，是推动全党深入学习邓小平理论、进一步加强思想政治教育的重要举措，也是在新老交替基础上搞好政治交接的需要。因此，学习"三讲"教育的有关文件，深刻领会精神实质，对于提高我党各级领导班子、领导干部的参政议政水平和领导水平，带领全党同志，抓住机遇，迎接挑战，实现中共十五大提出的宏伟目标和完成我党十二大提出的各项任务，都具有重要的现实意义和深远的历史意义。

中共中央〔1998〕17号文件对深入开展"三讲"教育的指导思想，基本要求，遵循的原则、步骤和方法，以及加强领导等问题作了明确的阐述。作为参政党，我党开展"三讲"教育的要求和做法与中共不同，但目的是一致的。我党中央和省、区、市级组织的主要领导同志，要准确把握"三讲"教育的要求，以"三讲"教育的精神加强自身建设。具体要求和做法：一是认真学习中共中央关于"三讲"教育的有关文件，深刻领会其精神实质，通过"三讲"教育活动，提高政治意识、大局意识、责任意识；二是"三讲"教育要紧密围绕参政议政工作，充分发挥参政党的作用；三是"三讲"教育要紧密结合加强思想政治工作，搞好思想建设；四是积极参与中共各级党委开展的"三讲"教育活动，认真负责，提出批评意见。通过"三讲"教育，我党中央和省、区、市各级组织的负责人，要进一步坚定建设有中国特色社会主义的信念，提高政治敏锐性和政治鉴别力，坚定不移地同以江泽民同志为核心的中共中央保持高度一致；要认真贯彻民主集中制，纠正和防止违反民主集中制的错误思想和行为，加强领导班子团结，自觉接受监督；要努力实践为人民服务的宗旨，密切联系党员，正确行使职权，开展批评与自我批评，解决工作中存在的突出问题，大力弘扬求真务实、言行一致的优良作风，努力做到思想上有明显提高，政治上有明显进步，作风上有明显转变，纪律上有明显增强。

讲学习，首先要学习邓小平理论和中共十五大精神。在学习中要紧紧围绕中共十五大的主题，在全面、准确领会和掌握邓小平理论科学体系和精神实质上下功夫，在全面准确领会和掌握中共十五大精神上下功夫，在理论联系实际上下功夫。领会精神一要全面、二要准确，不能各取所需，更不能只知大概或是想当然。要不折不扣地贯彻中央精神就要下功夫深入研究，细心领会。理论联系实际不但是学风问题，也是重大的政治问题。孔子曰："学而不思则罔，思而不学则殆。"他看到了学和思的重要性，但没有突出联系实际来思考。联系实际就是联系新时期社会主义建设的各种新现象、新情况和新问题，同时还要联系我党自身的实际，把学习理论同加强思想道德修养结合起来，同发扬自我教育的优良传统结合起来，解决思想上存在的一些模糊认识，进一步增强政治上的坚定性、敏感性，自觉抵制各种错误思潮和腐朽思想的侵蚀，坚定信念，坚定立场，努力树立马克思主义的世界观、人生观、价值观。可以说，讲学习是搞好"三讲"教育的基础，也是不断提高我党的整体素质和领导能力的前提。

讲政治，就是要求我们领导干部讲大局、讲方向、讲路线、讲政策、讲纪律，不断在提高政治素质上下功夫。讲学习、讲正气都要落实到讲政治上来。可以说，讲政治是"三讲"教育的核心。讲政治也就是讲大局。当前最大的政治就是贯彻"一个中心、两个基本点"的基本路线，就是贯彻中共十五大精神，这也是多党合作的政治基础。

我党要在政治上与中共中央保持高度一致，就必须坚定不移地把握大局，坚持重大原则，努力为大团结、大联合做好工作，凝聚力量。政党在现代政治中发挥着重要的作用。有人认为，现代政治就是政党政治。这从一个侧面反映了现代政治活动的特点。邓小平同志在 1979 年就说过："在中国共产党领导下，实行多党派的合作，这是我国具体历史条件和现实条件所决定的，也是我国政治制度的一个特点和优点。"经过多年的实践和对国际政党活动的观察，我们有一个共识，我国的政党制度既能充分发扬民主，又能有效地形成统一意志；既能反映各方面的利益，又能形成共同的目标；既能发挥各方面的积极性，又能保持很高的效率。我党绝大多数党员对中国政党制度的特点、优点有明确的认识。我们曾在部分党员中作过调查，调查结果说明，广大党员思想状况是积极、健康的，大家认为我国的政党制度符合国情，发挥了重要作用。但也有极少数新党员对我党发展历史不够熟悉，对中国政党制度的特点、优点认识不够，存在一些模糊认识，有的还提出了一些错误的意见和建议。错误观点虽然只存在于极少数党员之中，但必须引起我们的足够重视。我们要发挥各级组织的自我教育作用，及时地进行正确有效的教育和引导，有的放矢地加以解决。当然，也不需要过分紧张，教育方式要得当。要通过教育，提高认识，加强团结。

讲正气，是讲政治的保证。我们中华民族历来看重正气的修养和地位。孟子提出，人的修养有两个阶段。初级阶段要做到寡欲。古人总结说"有容乃大，无欲则刚"，讲得很精练。高级阶段则是养"浩然之气"。文天祥曾作《正气歌》，而他自己的英勇行为，谱写的就是一首正气歌。随着时代的变化，正气的内容有了新的发展和变化。在建设有中国特色社会主义的伟大事业中，讲正气，就是在贯彻"一个中心、两个基本点"的基本路线、努力做好工作时，要发扬全心全意为人民服务的精神，发扬鲜明炽热的爱国主义精神，矢志不移的艰苦奋斗精神，坚持解放思想、实事求是。领导干部必须以身作则，带头讲正气。古人云："政者正也，子率以正，孰敢不正。"自己做到一身正气，就能不令而行。如果自己说一套，做一套，私心杂念很多，那就不可能团结同志，一道工作。"公生明，廉生威"六个字，简洁地说明了正气的要点和讲正气的巨大威力。领导干部特别要注意认真贯彻民主集中制原则，正确认识和处理上级与下级、个人与组织、"一把手"与领导班子成员之间的关系，能够听取不同意见并善于分析，维护和加强团结，自觉地接受组织和群众的监督，造成全党开展"三讲"教育的环境。

我们民主党派认真学习"三讲"教育有关文件，贯彻"三讲"教育精神，概括起来，就是讲学习、讲政治、讲正气、讲民主集中、讲团结奋斗、讲尽职奉献。在工作中，要努力做到六个要：把握方向要坚定，执行政策要坚决，重大原则要坚持，团结同志要真诚，个人利益要谦让，重大决策要协商。

三、贯彻落实《各民主党派中央关于加强
自身建设若干问题座谈会纪要》

进一步加强自身建设，是坚持和完善中国共产党领导的多党合作和政治协商制度的需要，是在新老交替基础上实现政治交接的需要，是我党同中国共产党面向 21 世纪长期合作的需要，也是我党自身发展的需要。去年下半年，各民主党派中央领导人及机关有关部门负责人就自身建设问题举行了座谈，并在会后形成了《各民主党派中央关于加强自身建设若干问题座谈会纪要》。《纪要》总结了近几年自身建设的基本经验，明确了民主党派工作的重要意义和指导思想，提出了任务和要求，是今后一个时期我党进一步加强自身建设的指导性文件。中央将研究制定贯彻《纪要》的具体实施办法。各地方组织要认真组织学习《纪要》，提高认识，统一思想，做出部署，制定切实可行的规划，认真贯彻执行。要努力做到年初有规划、年中有检查、年末有总结。

贯彻执行《纪要》，要与学习贯彻"三讲"教育精神结合起来。自身建设是伴随着我党发展永无终止的主要任务，包括思想建设、组织建设和制度建设。要使这两项工作有机地结合起来，当前要抓紧"三讲"教育，根据《纪要》的指导思想和具体要求，以搞好政治交接为主线，以思想建设为核心，以组织建设为基础，以制度建设为保证，努力建设面向新世纪的参政党。这里，我着重就组织建设中的组织发展工作和后备干部队伍建设谈几点意见和建议。

1. 关于组织发展工作

中共十一届三中全会以来，我党发展党员的速度很快，从原有的近 7000 人，发展到目前的 71328 人。近 90% 以上的党员是

近 20 年来发展的，他们年龄较轻，精力旺盛，层次较高，进取心较强，为我党增加了活力，促进了工作的开展。我们对党员的思想状况的调查表明，一半多的被调查者加入我党是为了政治进步，1/4 多的为参加到专家集体中更好地发挥作用，1/4 多的为了有一个讲心里话的环境，为个人目的加入组织的只有 2% ~ 3%。从总体看，我党党员的思想是健康向上的。但我们也必须看到，在组织发展工作中还存在一些问题。如：有的地方考虑自身的条件和管理能力不足，发展党员片面追求数量；有的地方对发展对象的代表性重视不够。

组织发展工作，要继续贯彻 1996 年《关于民主党派组织发展若干问题座谈会纪要》的精神，坚持"发展是为了工作和在工作中发展"的原则，认真贯彻"坚持三个为主，注重政治素质，发展与巩固相结合，有计划地稳步发展"的方针，正确处理质量与数量、发展与巩固、重点与非重点、发展骨干党员与发展一般党员的关系。各级组织要订立年度计划，明确组织发展的重点对象和工作程序，保证有计划、有重点地做好组织发展工作。中央正在着手研究制定组织发展工作规范和年度发展计划，从宏观上把握年净增率 5% 左右的发展速度。要注意防止片面追求发展党员年轻化的倾向，重点发展有代表性的中青年人士，保证党员总体上较为合理的年龄结构。要努力发展一批政治素质好、参政议政能力强、有一定代表性、在社会上有一定影响的党员，与我党的后备干部队伍建设相结合，以满足加强自身建设和发挥参政党作用的需要。

2. 关于后备干部队伍建设

1995 年 7 月，在我党十一届八次中央常委会上，讨论通过了《关于加强后备干部队伍建设的决定》。这个文件明确了我党后备干部队伍建设的指导思想、总体目标和基本要求，对人员的来源、工作步骤和选拔程序等都作了规定，至今仍是我们加强后备干部队伍建设的指导性文件。根据形势的发展和情况的变化，这次下发的《纪要》，对后备干部队伍建设作了一些原则规定。我们这次常委会把讨论研究进一步加强后备干部队伍建设问题作为重要议题，将认真研究后备干部队伍建设的现状和存在的问题，总结经验，明确任务，为届中的领导班子调整和我党十三大的换届奠定良好的基础。后备干部队伍建设是组织建设中一项重要工作，责任重大，意义深远，是关系到我党发挥参政党作用、加强自身建设的一件大事，各地都做了不少工作。从形势的发展和任务的要求来看，这项工作仍需抓紧。当前主要的问题是：一是后备干部队伍人数较少，与其他民主党派相比尚有差距；二是有的组织专业干部多，管理干部少（在中央掌握的后备干部中，既懂专业又会管理的干部占总数的51％，他们既是管理干部，又是专业干部，能较好地发挥作用）；三是从界别结构上看经济界人数较少，医卫界年轻的有代表性人物的数量也还有待增加。从年龄结构上看，中央掌握的后备干部平均年龄42.6岁，虽比较合理，但这是就全党而言，有些地方组织目前年轻后备干部队伍还严重不足。这些情况说明，建设一支有一定数量和质量的后备干部队伍，是摆在我党面前的一项十分迫切需要解决的重大战略任务。只有下大决心，采取有力措施，常抓不懈，才能把后备干部队伍建设提高到一个新的水平。

加强后备干部队伍建设的目的，一是为领导班子储备人才，二是为各级人大、政协、政府和司法机关推荐人才。作为参政党，随着时间的推进，其领导成员总是不断地进行新老交替，这一届换届工作的结束，就要为下一届换届物色人才。目前离下一届省级组织换届只有2年的时间，所以我们要尽早做好准备，防止出现换届时没有合适人选、个别地区甚至不得不仓促引进的被动局面。各级组织要加强领导，把后备干部队伍建设放在重要的位置，根据新的情况，不断完善培养选拔工作，在动态管理基础上，制定新的工作目标和规划，既要积极主动地去发现和物色人才，又要积极主动地争取当地中共统战部门的指导和帮助。要健全培养机制，把后备干部的跟踪考察、培养锻炼、选拔安排等各项工作制度化、规范化。要建立后备干部档案，重点是省、区、市级组织要在最近期间内完成建立档案的任务。要加强对后备干部培养和教育，既要对他们进行集中的系统理论学习，进行形势和多党合作优良传统的教育，提高政治和理论素质，又要为后备干部人选搭台阶，把他们放到一定的岗位上去锻炼，加快培养步伐。对素质高的重点对象，要创造条件，小步快走，积极、慎重、稳定地将其提拔到重要岗位上来。

四、搞好以民主集中制为中心的制度建设

制度建设是我党政治、思想、组织、作风建设必不可少的载体，是建立健全我党各项机制的基本条件，与"三讲"教育有着密切的联系，可以说是"三讲"教育的重要环节。要保证我党在政治上、思想上、组织上、行动上与中共中央保持高度一致，完成时代赋予我党的历史使命，不但要有坚强有力的领导班子和干部队伍，还必须依靠制度建设，来保证各项工作的正确性和实施的规范化，这是总结我党自身建设中的经验教训得到的共识。今年上半年，我党中央机关大力加强制度建设，整理了原有的规章制度28项，根据形势发展的要求，保留了18项，修改补充了10项，并制定了8项新的规章制度。制度建设在我党的内部和外部关系中发挥着重要的作用。概括起来，就是用制度指导各级组织的工作，调整党内关系，健全组织生活，规范领导行

为，使组织活动更加符合现代化建设和市场经济规律的要求，保证我党健康顺利的发展。在参加长期的革命和建设实践中，我党积累了许多关于领导方法和工作方法等方面的经验。如"实行集体领导和个人分工负责相结合的制度""走群众路线"等，至今仍然是我们应当继承的宝贵财富，在今天的工作中仍占有极其重要的地位。同时，我们应当看到，在当今社会化大生产中，科学技术突飞猛进，社会活动越来越复杂，我们参政党面临的任务也越来越繁重。我国工作重心的转移，社会主义市场经济的逐步建立，跨世纪宏伟建设蓝图的实施，加之东欧剧变、苏联解体、国内外敌对势力亡我之心不死、国际共产主义运动处于低潮等，对我党的决策科学化提出了更高要求。我党的决策不能仅仅依靠领导者个人的经验和智慧，必须建立和完善科学的领导制度和工作制度，以保证决策的民主化和科学化。

一切重大决策都必须采取科学的方法，按照民主的程序，进行充分的论证，并通过健全的民主集中制，开展广泛的讨论，充分吸收各方面的意见，发挥集体的智慧，只有这样，我们才能较好地作出重大决策，减少和避免出现决策上的失误。因此，搞好以民主集中制为中心的制度建设，是极其重要的。制度建设的中心是民主集中制建设。民主集中制是民主基础上的集中和集中指导下的民主相结合的制度。分别以毛泽东、邓小平、江泽民同志为代表的中共中央三代中央领导集体，都高度重视民主集中制的建设，在理论上和实践上作出了卓越的贡献。毛泽东同志指出，民主是对集中而言，自由是对纪律而言，民主集中制是民主和集中的统一，自由和纪律的统一。民主集中制的原则对于中国各政党来说有着普遍的意义。它不仅是中国共产党的根本组织原则，也是我们农工民主党的根本组织原则。毛泽东同志强调民主与集中的辩证统一，是在民主基础上的集中和集中指导下的民主；强调民主集中制是贯彻"从群众中来，到群众中去"的走群众路线的过程；强调依靠实行民主集中制去发挥广大群众的积极性。邓小平同志也多次强调，民主集中制是我们党和国家的根本制度，也是最便利的制度，最合理的制度，永远不能丢掉。江泽民同志在中共十四大报告中指出，现代化建设和改革开放是极其宏伟艰巨的事业，只有实行民主基础上的集中和集中指导下的民主相结合，才能充分发挥各级党组织和广大党员的积极性、创造性，集中全党智慧，保证党的决策的正确和有效实施，增强党的纪律和战斗力，使我们的事业顺利前进。这些论断，充分说明了坚持和健全民主集中制的重要性，也说明民主集中制是辩证唯物主义和历史唯物主义在政党组织制度建设上的创造性运用，是保证政党团结统一、坚强有力的内在要求。坚持和健全民主集中制是关系到我党发展兴衰成败的大问题。正像邓小平同志告诫我们的："民主集中制执行得不好，党是可以变质的，国家也是可以变质的，社会主义也是可以变质的。"同样，干部也可以变质，党员也可以变质，那样的话，组织就完全失去了力量。这一点对我党也是适用的，历史的经验充分说明，我党什么时候民主集中制搞得好，思想就统一，团结就牢固，组织就蓬勃发展；反之，我党的发展就受到挫折，甚至造成重大损失。只有坚持和健全民主集中制，并严格贯彻执行，才能使我们在事关全局的重大问题上形成共识，达到思想上、政治上的高度一致，才能顾全大局，严守纪律，加强团结，实现组织上、行动上的高度统一，才能密切联系广大党员，保证决策的正确和有效实施。为此，我们要切实抓住以下要点：

1. 贯彻执行民主集中制的目的和必须坚持的原则。贯彻执行民主集中制，就是要把广大党员的意见集中起来，把广大党员的力量组织起来，在党章确定的总目标下求同存异，形成一种既有集中又有民主，既有纪律又有自由，既有统一意志又有个人心情舒畅的政治局面。为此，我认为，贯彻执行民主集中制必须坚持以下八项原则：

（1）认真学习马列主义、毛泽东思想、邓小平理论，深刻领会精神实质，使各级组织和广大党员统一思想，统一意志，统一行动，做到在政治上、思想上和中共中央保持高度的一致，在组织上、行动上形成一个团结战斗的整体，自觉接受中国共产党的领导，维护社会稳定和改革开放的大局。

（2）坚持个人服从组织、少数服从多数、下级服从上级、全党服从中央的组织原则。

（3）从团结的愿望出发，认真开展批评与自我批评。团结是目的，批评与自我批评是方法，通过开展批评与自我批评达到团结。批评者要摆事实、讲道理，以理服人，不要主观武断强加于人；要实事求是，耐心说服，循循善诱，不要夸大事实，无限上纲。被批评者，要虚心听取别人的批评，勇于坚持真理，修正错误，有则改之，无则加勉。

（4）发扬讲真话、不讲假话、言行一致的优良作风，支持和保护党员发表意见和建议，保障党员的民主权利。允许党员依照党章规定的权利，提出意见，进行申辩，实行不抓辫子、不扣帽子、不打棍子。

（5）加强组织纪律性。反对自由主义，反对无组织无纪律、有令不行、有禁不止、各行其是的行为。

（6）实行集体领导和个人分工负责相结合的领导制度。重大问题必须在集体协商和民主讨论后才能作出决定，避免"一言堂"和个人说了算，克服决策中的主观随意性。个人意见可以保留，但必须服从和执行集体的决定。

（7）领导班子内部要互相信任、互相支持、互相谅解，齐心协力做好工作。

（8）领导干部要带头做坚持原则、严守纪律、维护大局、加强团结的模范。

以上八项原则，我们各级领导干部应努力遵守，我愿与大家共勉。

2. 建立和健全以民主集中制为中心的各项制度。建立和健全各项制度，最重要的是要正确处理民主与集中的关系。民主的过程是走群众路线的过程，是"从群众中来，到群众中去""集中起来，坚持下去"；而集中的过程是制度化的过程，是集中体现整体意识的过程。也就是说，贯彻执行民主集中制必须要有各项制度来保障，使民主集中制具体化、制度化，增强其规范性和可操作性，特别是对集中的指向目标、集中的依据、集中的方式、集中的方法、集中的利益指向都要有明确的制度规定。我认为，从制度建设的作用方面分类，主要有工作制度、奖惩制度、监督制度、恳谈制度；从制度的内容方面分类，主要有领导制度、岗位责任制度、会议制度、选举制度、干部选拔制度、组织生活制度、党内监督制度、党员教育管理制度、干部培训制度。制度是在总结以往经验的基础上集中形成的整体共识，具有严肃的法规性和高度的权威性，对每一个组织和个人都具有强制力，不能我行我素，执行不执行都行，不能任意解释和改变，更不能因人废制。对制度的执行情况，要有严格的监督保障和制约机制，坚决纠正有的组织和个人存在的"上宽下严""失之于软"的问题，对违反制度的现象，该批评的要批评，该处理的要处理，真正做到"有章必循、执章必严、违章必究"，逐步形成按制度办事、用制度管人的良好风气。

3. 深入实际进行调查研究。我们常说，没有调查研究就没有发言权。而对于我们领导干部来说，我认为，没有调查研究就没有决策权。在前进的道路上存在着许多亟待解决的问题，我们坐在办公室里是拿不出好办法的，只有深入实际调查研究，把握社情，了解民意，才能取得解决问题的主动权。实践证明，调查研究的关键在深入，我们有时感到很难办的事情，只要到党员和群众中去走一走，看一看，听一听，就容易找到好办法，进而作出合乎实际的决策。我党中央和地方组织要讲究科学的调查研究方法，逐步形成了解民情、充分反映民意、广泛集中民智的决策机制，推进决策的科学化、民主化，提高决策水平和工作效率。一要把决策前的调查研究纳入决策程序，并形成制度规范，坚持做到没有调查研究的题目不议，没有调查研究的事不定，没有调查研究的结论不下。二要在决策的过程中坚持多种方案的比较制度，比较的意义就在于"两刃相割，利钝乃知；两论相订，是非乃见"。没有比较，就没有鉴别。多种方案的比较可以取长补短、优化决策。三要坚持重大决策听取广大党员意见的制度。随着信息时代的到来，科学技术日新月异，信息的传播越来越快，一项不正确的决策，就有可能造成较大的影响。在决策的过程中，听听广大党员的意见，可以丰富知识，开阔思路，提高决策水平，确保决策的正确性。四要坚持对决策的跟踪调研和督导制度，做到落实到位，在实践中对决策进行完善和调整。

以上报告，请中央常务委员会审议。

谢谢大家。

加强学习，加强修养，
努力为中国共产党领导的
多党合作贡献力量*

（1999 年 9 月）

同志们，最近有几件事在国际国内引起了很大的反响。我驻南联盟大使馆在贝尔格莱德时间 5 月 7 日深夜遭到以美国为首的北约的轰炸。这一事件引起了很多方面的反应。以美国为首的北约侵略南联盟的行径不得人心，最近美国有二十几个议员联名控告克林顿，告他没有通过国会，就对南联盟发动了战争，违反了美国宪法。美国还有一个原来参加过纽伦堡审判的国际大法官，在报纸上公开发表文章，声讨美国和北约的这种做法是犯下了战争罪行，跟过去希特勒一样，应该受到国际法庭的审判。还有一些评论甚至于把以美国为首的北约的这种做法，跟第一次世界大战以后国际联盟建立，到第二次世界大战之前国际联盟解体的情况相比。以美国为首的北约的行动绕过了联合国，而且违反了很多国际公约。在第一次世界大战之后成立了国际联盟，第二次世界大战之前，一些法西斯国家破坏了当时的一些国际协定并发动了第二次世界大战。有一些评论把美国和北约的做法，跟这个来相比。

---

* 这是蒋正华同志在中国农工民主党全国宣传思想工作会议上的讲话。

最近，美国国会又公布了考克斯报告，考克斯报告实际上在去年年底已经完成了，但一直没有出笼，原因就是搞报告的这些人，自己都认为这个报告的论据不够充分，就连美国中央情报局的一些人都认为用这个报告的结果来说中国窃取了机密，是非常站不住脚的。考克斯这个人是共和党里偏右的，但还不是极右，是共和党里比较右翼的人，总的说他在过去还是主张和中国保持接触的，当然保持接触的原因很不同。去年年底完成的报告，一直没有拿出来，至今还没有起诉李文和，能源部也认为根本够不上资格起诉，恐怕说他泄露机密都够不上，美国中央情报局也认为根本没有任何证据。美国越来越多的人说这个报告的内容都是些捕风捉影的东西。有的说报告内容令人想起臭名昭著的麦卡锡主义。但是在目前情况下，突然抛出考克斯的这个报告，毒化了中美关系，产生了各方面的反应。特别是轰炸我国驻南联盟大使馆事件，激起了我们全国人民的很大义愤。特别是年轻人，在这次事件中表现出了极大的爱国热情，针对美国的这种做法开展了很多抗议活动，这些都是非常正当的。

抗议之后也留给我们很多思索。以美国为首的北约究竟想干什么？我们在这样复杂的国际形势面前，究竟应该怎么做？当前的世界究竟是一个什么样的形势？我们在跨世纪的这样一个关键时刻，究竟应该怎样认清形势，统一我们的认识，坚定我们的立场，凝聚我们的力量？这是我们当前面临的一个非常重要的问题。特别是对于我们民主党派来说，在这个跨世纪的关键时刻，怎样认清我们的历史责任，搞好党的建设，担起我们的担子，是需要非常慎重考虑的问题。所以我今天着重讲两个问题：一个是社会主义民主，一个是我国的政党制度。

（一）关于社会主义民主

怎样来认识社会主义民主以及怎样来认识西方的民主？美国

有很多报刊说这次中国大学生的表现（指1999年5月美国轰炸我国驻南联盟大使馆，激起我国青年学生极大义愤，他们表现了极大的爱国热情——编者注），跟1989年来比，发生了一个非常大的变化，看出了中国这10年的经济发展非常迅速。这从另一个方面也反映了我们的年轻人在迅速地成熟。尽管这样，还是有很多问题，一些模糊认识在社会上还存在。民主党派的部分成员中也有这种情况。我们农工党也有大量的年轻成员。参加到我们这个组织来的年轻同志一方面热情很高，很有知识，也有比较活跃的思维方式，很愿意来参政议政；但另一方面，也带来一些模糊认识。最近，我们接到一些信，有些人写信问民主，有人写信说，我从小对民主党派感兴趣，农工民主党有"民主"两个字，我很希望了解你们，问怎样才能参加；还有的农民写信说，我是农民，农工民主党的思想应该更放开一点，大量地吸收农民，可以更好地发展；还有的信说，从总的来讲，共产党的领导是必须的，是不是可以搞点试验，搞个政治特区，政治特区搞多党轮流执政，搞一点西方的"三权分立"等。五花八门的想法都有。由于中共中央的方针很正确，党的基本路线、基本纲领深入人心，我们社会主义经济和社会发展很迅速，总的来说形势是很好的，但也应该看到，模糊认识还有不少，所以我首先就来讲讲中国共产党领导的多党合作是有中国特色社会主义民主政治的重要组成部分，是我国政党制度的特点、优点。

发展社会主义民主是中国共产党一贯的政治主张，在新民主主义革命阶段就提出了要建立一个独立、自由、民主、统一和富强的新中国。所以，江泽民总书记在同美国客人谈、跟一些学生谈的时候，以及朱镕基同志前一段时间访问美国的时候，都讲到这个问题，都说我们讲民主的时间比你们早得多。江泽民总书记那次跟学生谈的时候，有些学生讲要民主。江泽民总书记说，我们在五四运动的时候就在要民主，民主是中国共产党在长期以来提出的目标中的一个有机组成部分。中国共产党的三代中央领导人就此作了大量的论述，尤其是从改革开放以来，社会主义民主制度建设无论是理论或实践方面都取得了前所未有的发展，成为邓小平理论的重要组成部分。在新中国成立之初，毛泽东同志就发表了《论人民民主专政》，明确阐述了在人民内部实行民主与对敌人实行专政两者的辩证关系。1980年，邓小平同志提出了政治体制改革的目标和任务，共计三条，即：保持党和国家的活力；克服官僚主义，提高效率；发挥工人、农民和知识分子的积极性。1982年，中国共产党第十二次全国代表大会明确提出要建立社会主义高度民主。中共十三大提出了社会主义民主政治建设的长期目标，共是四句话：高度民主、法制完备、富有效率、充满活力，这就是社会主义民主政治建设的长期目标。这第一句话提的高度民主是我们一向所高度重视的。中共十四大上，江泽民同志阐述了民主是社会主义的本质要求和内在属性，对社会主义和民主之间的关系作了深刻的阐述。李鹏同志在《政府工作报告》中也着重提出："民主是社会主义的本质特征。"1996年，江泽民同志明确提出坚持依法治国的重要思想，进一步明确了在整个社会主义现代化过程中都要加强民主法制建设的方针。他在中共十五大报告中用大量篇幅详细地阐述了推进政治体制改革的目标、任务、原则和前提。报告强调指出"社会主义民主的本质是人民当家作主"，并确定了当前和今后一个时期体制改革的主要任务，即发展民主；加强法制；实行政企分开、精简机构；完善民主监督制度；维护安定团结。这里面有很多的内容，很大的部分都与加强和发展社会主义民主制度建设有关系。

去年，江泽民总书记在抗洪表彰大会上，有很长一段话专门讲了社会主义民主与资本主义民主有什么区别。另外，江泽民总书记讲了发展社会主义民主的目标，这一点也写进了宪法，成为我国的国家意志。下面，我想概括一下中共中央领导人的这些论述，说明社会主义民主与西方议会民主有本质的差别，主要是三个方面：

一是经济、社会基础不同。西方民主建立在生产资料私有制基础上，目的是为了保护资产阶级控制政权、保护私有财产包括生产资料不受侵犯；社会主义民主建立在公有制为主体、多种经济成分共同发展的基础上，社会主义就是要保证大家共同富裕。由于基础的不同，国体、政体也完全不同。我们的国体是人民民主专政，政体是人民代表大会制度。

二是民主的范围不同。由于基础的不同，目的的不同，民主的覆盖面也不同。西方议会民主名义上大家都享有，实际上加了很多附加条件。比如，美国的选举，实际上只有少数人能够享有，由于财产资格、社会地位、教育程度、居住年限等的限制，许多人被排斥在民主之外；社会主义民主则为广大劳动人民所享有，连人数只有千人的民族，在代表大会中也有其代表席位，100 万人以上的少数民族在人大常委会也有席位，对国家大事有发言权。我们的选举投票，没有任何歧视。

三是民主的实质不同。西方议会民主标榜人权、自由，实际上是为少数人服务，竞选一名众议员要花几百万至上千万美元，克林顿、布什竞选总统则花了上亿美元，这种民主实际上是有钱人的玩具，有钱你就来玩，没钱靠边站。他们的民主根本上是争夺政治利益的工具。我国的民主是实实在在地保证人民的社会利益、群众利益，是真正的民主。

（二）关于我国政党制度

相应于我国的社会主义民主，也就有我国的政党制度，这是密切结合的。邓小平同志在 1979 年就说过："在中国共产党领导下，实行多党派的合作，这是我国具体历史条件和现实条件所决定的，也是我国政治制度中的一个特点和优点。"邓小平同志对此是非常重视的。

我国的政治制度最根本的是国体和政体。我国的政治制度还包括：中国共产党领导的多党合作和政治协商制度，这是由宪法规定的我国的基本政治制度；最广泛的爱国统一战线；民族区域自治制度；一整套的基层民主制度，有职工代表大会、居民委员会、村民委员会、士兵委员会等。而中国共产党领导的多党合作制度则是我国基于国情的有中国特色的政党制度。

政党在现代政治中发挥着重要的作用。有人说，现代政治就是政党的政治，这从一个侧面反映了现代政治活动的特点。现代的一些政治活动，是要通过政党这样一个制度来操作、运行的，所以研究政党制度对了解各国的政治制度有很重要的意义。在中国古代，"党"并不是一个很好的字眼，过去不少权臣为了消灭对手就加之以"某某党人"之名，宋、明各朝都有过大规模的党人之禁。"党同伐异"，谋小团体之私利而不顾国家利益就是古代蒙上"党人"罪名者的形象。现代意义上的资产阶级政党始于17世纪70年代的英国，围绕英王詹姆士能否继位，国会分成两派，称辉格党（后为自由党，又其后为工党）和托利党（其后为保守党），实行普选后形成政党。权威的牛津字典解释Party（政党）一词的意思，就是在选举中把自己的候选人推上去的一个组织。西方政党同我们无产阶级政党是完全不同的。无产阶级政党作为无产阶级的先锋队，为人民争取利益，同西方政党性质完全不同。西方的政党实际上成为了一些政客的工具，用以达到做官的目的。英国的短篇小说《格列佛游记》里很形象地描写了一个国家有两个党，一个是大头党，一个是小头党，这实际上是在影射英国的保守党和工党之争。其实，中国也有很多经历。从这些经历中，我们可以体会到资产阶级的那一套在中国行不通。辛亥革命以后，中国出现了一个多党制的时期，当时有100来个党派，这并没有带来任何好处，最后的结果是军阀割据。这个经历表明，多党制是行不通的。多党制之后，中国又经历了蒋介石的一党独裁。我们农工党就是为了反对蒋介石的一党独裁才建立的。蒋介石的一党独裁就是要叛变革命，所以当时，邓演达先生和国民党左派反对蒋介石的一党独裁。我们从自己的切身体会，从自己的经历中也深切体会到，中国只有中国共产党才能起到领导的作用。我们从农工党的历史中也体会到，只有中国共产党才能提出正确的方向，提出正确的路线，才能团结全国人民来达到我们中华民族的共同目标，而且我们在历次革命斗争中也跟中国共产党结下了血肉联系。我们农工党党员在抗日战争、解放战争中和中共党员并肩战斗，共同流血。在长期的斗争中我们认识到，中国的革命必须要有中国共产党的领导，同时也要有多党合作，才能充分发挥各方面的力量。

我国的政党制度既能充分发扬民主，又能有效地形成统一意志；既能反映各方面的利益，又能形成共同的目标；既能发挥各方面的积极性，又能保持很高的效率。邓小平同志指出："社会主义国家有个最大的优越性，就是干一件事情，一下决心，一作决议，就立即执行，不受牵扯。"我们的政党制度既能保证发扬民主，又能保证有很高的效率。当前中国在科技、经济方面比发达国家还落后得较远，所以我们更需要以高效率来调动我们的力量，来实现我们的目标。以美国为首的北约野蛮轰炸我驻南使馆，给我们提供了很好的反面教材。报载，一位大学生说原来看《泰坦尼克号》，认为懂得了人性，看《拯救大兵瑞恩》，认为懂得了人权；现在惊醒了，发现这些全部是虚伪的，都是为达到他们的目的、得到他们所标榜的一些东西打的烟幕弹。我们认识到西方的民主、人权是一些幌子，实质上是强权、霸权，所以我们要抓住形势特点，做好思想政治工作。我们今天开这个会，就是要研究怎么样能够更好地发动大家来做好政治思想工作。

当前国际政治、经济形势复杂多变，给我们带来很多的机遇，掌握得好可以促进我们的经济发展，但是也给我们带来很大的挑战，不会用它，就会给人家欺负。所以，我们需要各方面共同努力。中共中央已经制定了明确的方针、政策、路线、纲领。中央领导在世界上得到的评价是非常高的。最近世界银行的行长答记者问时说，我认为中国现在的领导是世界上最优秀的领导。我们现在已经有了明确的方向，也有了正确的路线、方针、纲领，问题是我们怎样更好地团结在以江泽民同志为核心的中共中央周围，同时提高我们的水平。如果对政治、经济、现代科学知之甚少甚至完全不懂，那怎么参政议政？怎能发挥参政党作用？所以，我们要根据江泽民总书记在前年我们换届后提出的"加强学习，加强修养"的要求（我觉得，我们确确实实有这样一个需要——加强我们自己各方面的学习），搞好政治交接，正确认识中国社会主义政治制度，坚持正确的政治方向、坚定的政治立场，同时也要学习各种知识，使我们在工作中能够更好地发挥作用，承担起历史的责任。做好民主党派工作本身就是与西方的"西化""分化"图谋做斗争的一个方面，就是在发展社会主义民主政治中作出我们的贡献，其意义是很重大的。我们大家要团结奋斗，各尽其职。

回眸 50 年，再创新辉煌

（1999 年 12 月）

今年是国庆 50 周年，澳门即将回归，21 世纪已经临近。在这个特殊时刻，回顾中国农工民主党 69 年来的风雨历程，展望 21 世纪的辉煌前景，对于我们坚持和完善中国共产党领导的多党合作和政治协商制度，更好地履行参政党职能，在国家的政治生活中发挥更大的作用，是一件很有意义的事情。

1930 年，中国农工民主党的前身，国民党特别行动委员会成立，为反对蒋介石独裁统治，争取民族振兴，历经艰难曲折，终于认识到中国革命必须有共产党的领导才能取得胜利。新中国成立后，中国农工民主党第五次全国干部会议于 1949 年 11 月在北京召开。会议明确提出：接受中国共产党的领导，以马列主义、毛泽东思想和无产阶级国际主义思想教育全党，以政协《共同纲领》为党的行动纲领，并表示："在中国共产党领导下"，团结全党同志，"努力于巩固人民民主专政，努力于新民主主义的建设"。按照这次会议精神，农工党积极投身于人民政权的斗争和恢复国民经济的工作中。1950 年 11 月，农工党与其他民主党派发表关于抗美援朝的《各民主党派联合宣言》，号召成员积极参军，捐钱捐物。1950 年 6 月，农工党中央在全国政协一届二次会议上提出的《各民主党派参加土地改革的建议案》获得通过，农工党一大批成员参加了土地改革运动，并在工作中得到了锻炼。1951 年，随着全国镇反运动的展开，农工党中央发出指示，要求各级组织结合整党进行全面清查工作。通过这次运动，广大干部和党员都提高了政治觉悟，分清了敌我界限，同时也纯洁了组织。特别是在这次运动中，将出卖农工党创始人邓演达的叛徒陈敬斋捉拿归案，使其在隐藏 20 年之久后终于受到严惩。农工党还参加了"三反""五反"运动和增产节约运动。

这一时期，农工党积极参加国家政权建设。1954 年 3 月，农工党负责人参加了对《中华人民共和国宪法初稿》的讨论和修改。6 月，中央人民政府公布了《中华人民共和国宪法草案》，农工党负责人章伯钧、彭泽民、黄琪翔等分别发表文章，表示拥护。农工党中央还对地方组织发出指示，布置了对宪法草案的学习讨论。1954 年 9 月，第一届全国人民代表大会第一次会议召开时，农工党负责人章伯钧、彭泽民、季方等 20 人当选为全国人大代表出席大会。彭泽民、季方先后当选第一届人大常委会委员。农工党领导人还直接参加国家政权，如，中华人民共和国中央人民政府成立时，章伯钧任中央人民政府委员会委员、政务院委员、交通部部长，彭泽民任中央人民政府委员会委员、中央人民政府政务院政治法律委员会副主任，黄琪翔任中央人民政府政务院政治法律委员会委员、国防委员会委员、国家体委副主任，季方任交通部副部长等。

1952 年年底，中国共产党按照毛泽东同志的建议，提出了过渡时期的总路线，1953 年 10 月，农工党中央向各地组织发出学习过渡时期总路线的通知。1954 年 2 月，农工党中央再次发出《在总路线的光辉照耀下进一步进行思想改造工作的指示》，要求把学习过渡时期总路线和改造思想，作为 1954 年工作的中心任务。各地农工党组织积极组织成员学习、讨论，并撰写心得体会。

1956 年，我国的社会主义改造取得了决定性的胜利，社会主义制度在我国基本建立。中国共产党在总结我国多党合作经验的基础上，根据民主党派的重要作用和政治上不断进步的实际情况，提出了同民主党派"长期共存、互相监督"的方针。这一方针的提出，使中国共产党领导的多党合作和政治协商制度在社会主义条件下确立起来。同时，中国共产党提出研究和解决知识分子中存在的问题，为民主党派发挥优势和作用创造条件。为响应这一号召，1955 年 12 月，农工党中央向各地组织发出《关于调查研究高级知识分子问题的通知》。北京、上海、浙江、安徽、江西、福建、广西、四川和武汉等地农工党组织成立调查小组，与医卫、文教、科技界成员及所联系的知识分子举行座谈会、谈心会和个别访谈，了解高级知识分子的工作、学习和生活情况，并将调查了解的情况整理成《关于知识分子团结改造问题的几点建议》交中共中央。

从 1957 年反右到"文化大革命"前，农工党基本上停止了发展组织；1966 年 8 月至 1976 年 10 月，组织活动被迫停止长达 10 年之久。

1977 年 12 月，农工党在中国共产党的帮助下正式恢复活动。

1978 年 12 月，中共十一届三中全会全面认真地纠正"左"倾错误，重新确立了马克思主义的思想路线、政治路线和组织路线，作出了把全党工作的重点转移到社会主义现代化建设上来的战略决策，提出了加强社会主义民主和法制建设的任务。我国进入了社会主义发展的新时期，中国共产党领导的多党合作，也进入了一个新的发展阶段。邓小平同志把新时期统一战线发展成为全体社会主义劳动者和拥护社会主义的爱国者的统一战线，并提出中国共产党与各民主党派"长期共存、互相监督、肝胆相照、荣辱与共"的十六字方针。

1979 年 10 月，农工党第八次全国代表大会指出：农工党的"绝大多数成员都已经是为社会主义服务的劳动者，是社会主义的知识分子，是工人阶级的一部分"，"已经成为社会主义知识分子特别是以医药卫生界知识分子为主要成分"的社会主义劳动者和拥护社会主义的爱国者的政治联盟，是中国共产党领导下为社会主义服务的政党。这是对农工党性质的第一次明确限定。农工党八大提出今后一个时期的中心任务是：坚持四项基本原则，维护和发展安定团结的政治局面，把工作重点坚决转移到为社会主义现代化建设服务上来，为实现祖国统一，为加速四化建设，为维护世界和平而奋斗。

1983 年农工党九大以后，全党认真学习贯彻中共十二大精神，思想活跃，工作领域不断扩大，组织和自身建设也得到发展和加强。农工党在参加政治协商、参与国家事务管理、实行民主监督等方面，积极提出意见和建议，面向社会，开展了多领域多渠道多层次的咨询服务，以贵州、内蒙古为重点支援地区，成立了西南"四省五方"和华北五省、区、市两个横联系的咨询服务协作区，并陆续创办了一批大、中专业学校；在"立足国内，面向海外"方针指导下，运用自身条件对"三胞""宣传政策，加强联系，广交朋友，争取人心"，为"三引进"牵线搭桥，做了很多工作；部分领导人参加了全国人大、全国政协访问团或个人应邀出访一些国家，加强了联系，增进了友谊；坚持"巩固与发展相结合"的方针，进行组织建设。

1990 年 2 月，《中共中央关于坚持和完善中国共产党领导的多党合作和政治协商制度的意见》正式发表。《意见》指出："中国共产党领导的多党合作和政治协商制度是我国一项基本政治制度"，"中国共产党是社会主义事业的领导核心，是执政党。各民主党派是各自所联系的一部分社会主义劳动者和一部分拥护社会主义的爱国者的政治联盟，是接受中国共产党领导的，同中共通力合作、共同致力于社会主义事业的亲密友党，是参政党"，并明确规定："民主党派参政的基本点是：参加国家政权，参与国家大政方针和国家领导人选的协商，参与国家事务的管理，参与国家方针、政策、法律、法规的制定执行"。1992 年春天，邓小平同志视察南方并作了重要讲话。10 月间召开的中共十四大，明确提出了邓小平建设有中国特色社会主义理论。12月，农工党召开第十一次全国代表大会。大会以后，农工党积极贯彻中共十四大精神，在《意见》指导下，努力发挥参政党的整体作用，为国家、为社会、为人民又作出了贡献。

1. 参与政治协商，促进决策的民主化科学化。中央和地方组织主要领导人积极参与国家和地方大政方针及重大决策的协商，参加各地中共党委举行的多种形式的协商活动，列席国务院和地方政府的有关会议 1100 余次。其中，农工党中央主要领导人出席中共中央、国务院召开的民主协商会、座谈会 60 余次。分别就国家和地方领导人人选，政府工作及政治、经济、文化、教育和法制等一系列方针，发表意见，为决策的科学化民主化起到了积极作用。

2. 参与国家事务管理。农工党有 180 多位党员担任各级政府部门的领导职务，1450 余位党员担任各级人大代表，6081 位党员担任各级政协委员。中央领导人周谷城、卢嘉锡、蒋正华分别担任第六、七、八、九届全国人大常委会副委员长、全国政协副主席，中央和地方组织的一些负责人还分别担任全国人大、政协常委等职务。他们认真履行自己的神圣职责，尽心尽力。农工党中央领导人应邀多次参加重要国事和外事活动。1997 年 7 月 1日，香港顺利回归，洗雪了我国百年耻辱，是一件举世瞩目的世纪盛事。农工党中央常务副主席方荣欣作为中国政府代表团成员之一，参加了 6 月 30 日在香港举行的中英香港政权交接仪式。

3．参与法律法规的制定、修改，促进民主法制建设。农工党中央先后参与了对教育法、劳动法、反贪污法、行政诉讼法、技术成果转让法、高等教育法等法律草案的修改工作，并对宪法的修改提出了建设性的建议。农工党中央还提出了《加快安全生产立法的建议案》，引起全国政协、劳动部的高度重视，并召开专门座谈会，促进了相关法律的制订。同时，农工党各级地方组织也积极参与了地方法律法规的修改和制订。

4．参与监督检查，发挥民主监督作用。农工党中央和各级地方组织，发挥各自优势，就群众普遍关心的热点问题深入调查研究，向有关部门提出改进建议。农工党中央派员参加了中共中央、国务院反腐败三项规定落实情况的检查，提出的建议得到中共中央纪律检查委员会的肯定和采纳。配合政府开展了对环境保护法、教师法、审计法等法律的执行情况的检查。农工党有环境保护、土地管理和耕地保护等方面执法情况的检查。农工党有千余名党员被聘为各级特约检查员、监察员、审计员和教育督导员。

5．发挥在人民政协中的作用，为经济建设和社会发展进行多层次、多种形式的建言献策工作。在农工党十一大以来的几年中，在各级政协的各次会议上提交的提案达 2.2 万多件，其中有的还被评为优秀提案。提案内容包括医疗卫生改革，振兴祖国传统医药，促进发展农村经济，加强社会治安，搞好国有大中型企业，加强精神文明建设，贯彻科教兴国战略，加强耕地管理，加强文物保护等。

6．参与国是咨询，为宏观决策提供服务。从 1989 年开始，农工党中央主席每年都带队考察咨询，先后到河北省秦唐沧渤海湾开发区、贵州省毕节地区、广西壮族自治区百色地区、陕西省榆林地区、内蒙古自治区包头地区、福建省龙岩地区、河北省廊坊地区，对区域性经济发展提供战略咨询服务，并就有关重大问题整理成书面材料，上报中共中央和国务院。农工党中央驻会副主席先后参加了各民主党派中央和全国工商联领导人赴山东、苏南、浦东地区、京九铁路沿线部分省市以及三峡工程的考察活动。江泽民等中共中央领导人对这些考察十分重视并亲自主持座谈会，对农工党的汇报和建议给予了很高的评价。

7. 发挥自身优势，开展多种为社会服务的活动。农工党中央和各级地方组织先后开办了 80 余所各类学校，注重社会效益，保证教学质量，为发展经济培养了大批有用人才，赢得社会广泛赞誉。一些地方组织还建立了各具特色的门诊部、举办医疗保健讲座、义诊等。农工党作为"国际科学与和平周"的主办单位之一，自 1993 年以来，各级组织以越来越大的规模参加了这一活动，多次受到中国组委会的表彰，1995 年被授予"和平使者"称号，1997 年被授予"特别奖"，1998 年被授予"特别贡献奖。"1977 年，世界卫生组织提出"2000 年人人享有卫生保健"的全球战略目标，1986 年，我国政府对此作出了庄严承诺。农工党中央为协助政府实现这一目标，从 1994 年开始筹建中国初级卫生保健基金会，1997 年 6 月 20 日，该会正式成立，广开集资门路，争取各方面的支持，积极开展健康扶贫工作。近年来，农工党在智力支边，定点扶贫，"三胞"联谊工作以及自身建设方面，也取得了很大的成绩。

50 年的实践使我们深深地体会到，民主党派参政议政的领域是很宽阔的，其中包括政治、经济、文化等各个方面，但归根到底是为发展社会生产力。只有以我们的意见和建议是否有利于增强综合国力、是否有利于提高人民生活水平，作为检验参政议政工作的根本标准，才能在 21 世纪我国的改革开放和社会主义现代化建设事业中作出更大的贡献。

回顾过去，参政议政历经曲折和考验，但越来越表现出旺盛的生命力和巨大的优越性。展望未来，参政议政将大有作为。

1. 在建设社会主义民主政治制度中将继续发挥更大的作用。民主是社会主义本质的要求。一个国家的民主形式、民主进程必须根据国情来决定，离开国情谈民主就不可能实现真正的民主，甚至会造成混乱。在我们这样一个幅员辽阔、人口众多的国家里，对关系到国计民生的重大问题，广泛听取各民主党派、人民团体以及各族各界代表人士的意见，进行充分的政治协商，尽可能就共同性的问题取得一致的意见，集中体现了我国广泛的人民民主。我相信，通过参政议政，集思广益，将切实有效地开辟民主形式，拓宽民主渠道，使民主政治建设从维护社会的安定团结和改革开放、发展经济要求出发，避免或减少决策失误，保证各项方针的贯彻执行，促进决策的民主化、科学化。

2. 在调动一切积极因素、实现宏伟目标中将作出更大的贡献。建立社会主义市场经济体制，完成中共十五大提出的各项任务，实现2010年远景目标规划，是前无古人的开创性事业，也是振兴中华民族的希望所在。实现宏伟目标，必须要有广泛坚实的社会基础，要把一切可以团结的力量都团结起来，要把全民族的智慧都凝聚到实现现代化、振兴中华的总目标上来，才能获得取之不尽的力量源泉，才能无往而不胜。

要实现宏伟目标，民主党派有着不可替代的重要作用，一是与共产党有共同目标的参政党，是改革和建设的可靠政治力量；二是人才荟萃，智力密集，集中了一大批各方面的专家学者，他们有强烈的爱国之情和报国之志；三是有广泛的社会联系。我们相信，民主党派只要紧密围绕经济建设这个中心，把各自所联系群众的积极性、创造性进一步调动起来，各展所长，献计出力，为改革开放和现代化建设服务，做好社会主义市场经济这篇大文章，就一定能为我国实现宏伟目标作出更大贡献。

3. 进一步为改革开放创造稳定的社会政治环境。当前，我国的改革开放正处在经济体制转轨、社会转型的关键时期，在建立社会主义市场经济体制过程中，以公有制为主体，多种经济成分共存；以按劳分配为主体，其他分配方式将长期存在，必然会导致社会出现多种利益群体，也必然需要一定的社会组织来代表反映他们的利益和要求。在今后的参政议政中，民主党派要及时反映所代表、所联系人士的具体利益和愿望要求，协调关系，化解矛盾，正确处理各种社会矛盾，引导成员和所联系的群众正确认识改革的艰巨性和复杂性，处理好全局与局部的利益、长远利益和眼前利益，为改革开放和现代化建设创造稳定的社会政治环境。

综上所述，民主党派参政议政，有利于加强和改善中国共产党的领导，推进社会主义民主政治建设；有利于巩固扩大爱国统一战线，发扬社会主义民主，实行民主监督；有利于团结最大多数人，巩固人民民主专政，反对内外敌对势力的颠覆；有利于推动各界人士贯彻"一国两制"方针，实现祖国和平统一；有利于维护国家和社会稳定，以调动各方面的积极性，集中群众的智慧，建设有中国特色的社会主义。因此，我们可以充满信心地说，民主党派参政议政前景广阔，大有作为。

坚持正确的政治方向，
建设好迈向新世纪的参政党*

（1999 年 12 月 7 日）

各位委员、各位同志：

我受第十二届中央常务委员会的委托，向全会作工作报告，请予审议。

一

今年是新中国成立 50 周年。半个世纪以来，新中国发生了翻天覆地的巨大变化。在中国共产党的领导下，社会主义现代化建设取得了辉煌成就，综合国力显著增强，国际地位空前提高，民族团结、社会稳定，人民生活日益富裕，各项事业欣欣向荣，祖国统一大业不断推进，香港已经回归祖国，再过十几天，澳门也将回归祖国。在中国共产党领导下，50 年谱写了中华民族文明史上最为光辉灿烂的篇章。

1999 年，全国各族人民全面贯彻落实中共十五大精神，改革开放事业进一步向纵深推进。我国政府采取积极措施，应对亚洲金融危机冲击出现的需求不足问题，进一步实施积极的财政政

＊ 这是蒋正华同志在中国农工民主党第十二届中央委员会第三次全体会议上的工作报告。

策，促进国民经济保持良好发展态势，预计能够实现年初确定的7%经济增长目标和其他发展目标。

中共十五届四中全会通过的《中共中央关于国有企业改革和发展若干重大问题的决定》，全面系统地阐明了国有企业改革和发展的重大理论问题，对若干重大问题作出了决定，是全面指导国有企业跨世纪改革和发展的纲领性文件。我党表示完全赞同、衷心拥护。

过去的一年，各级组织以邓小平理论为指导，认真贯彻中共十五大和我党十二大精神，贯彻《各民主党派中央关于加强自身建设若干问题座谈会纪要》精神，以政治交接为主线，加强自身建设，履行参政议政、民主监督职能，各方面工作都取得了新的进展。在三场重大的政治斗争中，我党始终与中共中央和我国政府保持高度一致，坚持了正确的政治立场和政治方向，表现出各级领导班子高度的政治敏感性以及对国家大局的关注，受到中共中央的好评。在以美国为首的北约悍然对我驻南使馆进行导弹袭击，造成我使馆人员伤亡和馆舍严重毁坏的暴力行径发生后，中央立即发表了抗议书，坚决拥护、全力支持我国政府的严正立场，强烈谴责以美国为首的北约对中国人民犯下的野蛮暴行；我党支持和拥护中共中央关于尽快解决和处理"法轮功"问题的决策及采取的措施，中央及时向省级组织发出了《关于农工民主党党员和各级机关工作人员不准修炼法轮大法的通知》；针对李登辉抛出的"两国论"，党的各级组织通过报纸、电视等媒体，揭露、批判李登辉分裂祖国的图谋，拥护在台湾问题上和平统一、"一国两制"的基本方针和江泽民主席的八项主张，为维护民族的尊严和国家的统一，维护社会稳定、推进改革开放和社会主义现代化建设事业作出了积极的贡献。

（一）围绕中心工作参政议政，在国家政治生活中积极发挥作用

参政议政是党的基本政治职能。我党十二大以来，中央先后召开了两次以参政议政为中心议题的专门会议，对参政议政工作进行了新的部署，明确提出"一把手亲自抓、负总责"的原则，中央和省级组织逐步建立和完善了参政议政领导机构和工作班子，初步形成了多层次的参政议政工作体系，并已开始发挥作用，参政议政水平不断提高。担任各级人大代表和政府实职的党员，不负人民重托，勤政尽职。担任各级政协委员的党员，以高度的政治责任感，对国家和地区的改革发展大计提出意见和建议。在全国政协九届二次会议上，中央作了题为《整顿规范农村信用社，积极发展农村金融事业》的大会发言；中央和政协农工组的委员递交会议书面发言5件，提案143件，同往年比较，数量和质量都有新的提高。大会发言和提案涉及的都是改革发展的难点、政府工作的重点以及群众关心的热点问题，引起了各方面的重视。关于农村金融事业的大会发言在全国农村信用社系统反响较大，国家有关部门的负责同志也给予了较高评价。

一年来，中共中央、国务院先后多次召开座谈会、通报会，向民主党派通报情况，共商国是。对《中共中央关于修改宪法部分内容的意见》《政府工作报告》《中共中央关于加快科技体制改革，推动科技创新的决定》《中共中央关于国有企业改革和发展若干重大问题的决定》等有关政治、经济、社会生活的重大事项，中央在掌握有关情况的基础上，遵循"三个有利于"的原则，为科学决策积极建言献策。

中共中央统战部与有关部门合作，就重大社会经济问题组织各民主党派中央、全国工商联进行专题调研。4月份，中共中央统战部与中共中央台办、国务院台办联合组织"推动海峡两岸

政治谈判、经济合作和'三通'问题"的考察团赴沿海省市进行考察、研讨；10月份，中共中央统战部与国土资源部联合组织"保护、合理利用国土资源"考察团赴山东、河北两省进行调研，为我党参政议政提供了条件。中央非常重视，充分发挥积极作用，依据调研掌握的情况，对涉及全局的重大问题提出意见和建议。

我党十二届二中全会上提出的关于黄河流域水资源科学合理利用的调研课题，在省级组织的配合下，中央主要领导同志赴内蒙古、宁夏、甘肃三省区就黄河上游生态环境治理问题进行了考察调研，在综合各方面意见的基础上，向中共中央、国务院提出了《贯彻黄河治理开发的总原则，兴利除害，造福子孙》的建议。

中央根据与中共重庆市委双方协商确定的关于加强协作的《纪要》，邀请国家计委、水利部等部委和科研机构专家赴重庆、四川、湖北等地，对长江上游及三峡库区的水质污染和治理情况进行考察调研，提出《关于在建设三峡水库的同时，抓好长江上游水质污染整治工作的意见》，上报中共中央、国务院，探索围绕中心工作参政议政的新途径。

中央提出把全国政协会议的提案和发言作为调查研究的重点，突出了调研工作的中心，与各级组织一起围绕政协会议提案和发言展开调查研究，取得了积极的效果。全国政协九届二次会议之前，中央收到省级组织上报的提案和发言材料83件，在调研工作中，充分发挥党内专家的特长，加强中央与省级组织的合作，集中全党的智慧。同时加强与政府主管部门的联系，有的问题与政府主管部门联合进行调研，提高了调研工作的针对性和准确性。过去的一年，中央先后组织和参与的调研项目包括防止沙漠化、黄河流域综合治理、医疗体制改革、高中教育改革、国有企业改革与发展等十几个专题。这些专题，有的已经了解得比较透彻，形成了比较成熟的观点，将作为政协会议的提案提出；有的已经掌握了比较丰富的资料，为今后的进一步分析研究打下了基础。

地方各级组织围绕所在地区的改革、发展、稳定中的重大问题积极履行职能，完成了一批很有价值的调研课题，提出了一批优秀提案，为所在地区的重大事项的科学决策作出了积极贡献。

广大党员立足自身岗位，为加快社会经济发展努力工作，同时积极参与中央及地方各级组织的调研活动，为改革发展的大政方针贡献才智。1999年，又有一批党员获得重大奖励和荣誉：卢嘉锡同志荣获何梁何利基金"科学与技术成就奖"；韩伟同志为中法两国在考古和历史方面的交流作出了突出贡献，法国总统希拉克授予他"法国骑士级荣誉勋位"。姚守拙、吴新涛两位同志新近增选为中国科学院院士，使我党的院士人数增加到10名。中国工程院新院士名单尚未公布，预计我党也将有党员入选。以我党中央副主席张大宁同志命名的"张大宁星"标志雕塑在天津科技馆落成。让我们向他们表示最热烈的祝贺。

（二）发挥智力优势支边扶贫，为后进地区贫困群众干实事办好事

一年来，各级组织继续充分发挥人才荟萃、智力密集、社会联系广泛的优势，为贫困地区的发展献计献策、牵线搭桥，开展智力支边；面向群众办医办学，送医送药，改善农村贫困地区的医疗保健卫生条件，示范推广先进实用技术，促进科教兴国。

1998年冬，中央协调有关政府部门和专家赴陕北榆林地区考察，研讨陕北榆林地区的生态环境问题。之后，协助榆林地区向国家计委提出《关于将榆林地区靖边等五县列入国家生态环境建设重点县的建议》。经多方努力，国家计委批准了这项建议，并已安排专项资金用于榆林地区的生态环境建设。

贵州省大方县是中央的定点扶贫县，已于1997年基本解决

了温饱问题。我党中央依照中共中央扶贫工作会议精神，坚持"脱贫不脱钩"，进一步巩固扶贫成果。今年5月份，中央主要领导同志再次赴大方县，与当地干部群众研究如何充分利用和开发资源、以科技促进加快经济发展的问题。经中央努力促成，农业部已将大方县列为"全国秸秆养畜示范县"，安排专项资金用于示范项目。根据生态条件和实际情况，中央帮助引进优良作物品种在大方县示范种植，进行种草养畜生态建设试验，开展人才培训，资助苗族女童上学等，促进大方县经济社会的可持续发展。

此外，中央积极配合科学技术部在贵州黔西南州实施"星火计划、科技扶贫"工作，配合国家民委在广西百色地区开展扶贫工作。

今年1月，中央主管的《医药养生保健报》正式创刊。多年来，部分党员发挥自身优势兴办了一批学校和医疗机构，为人民群众办了不少实事和好事。为了进一步学习国家的方针政策，交流经验，促进办学、办医工作健康发展，中央召开了办学、办医经验交流会，80余名从事社会力量办学、办医工作成效良好的党员参加了会议，会议达到了理清思路、共同前进的目的。

医药卫生界的专家众多是我党的一个优势。一年来，中央及地方各级组织以多种方式为群众和下岗职工送医送药，开展医疗咨询和诊治活动。中央主办的中国初级卫生保健基金会，资助了6个农村卫生合作医疗点和7个初级卫生保健项目。基金会还积极开拓资金来源渠道，与美国爱华协会、台湾眼科专家等分别签订了合作协议和合作意向，由他们资助基金会实施开展助贫送医送药等项目。

我党作为"国际科学与和平周"活动的主办单位之一，已连续8年参与组织工作。第十届"国际科学与和平周"活动期间，24 个省级组织在 70 多个城市举办了医疗保健、卫生教育宣传活动，1000 多名专家、教授走上街头、深入厂矿企业、部队驻地、贫困山乡，为 3 万多人进行义诊、义务咨询服务，得到社会各界的好评。

（三）结合重大事件加强学习，思想建设取得新成效

学习是我党的优良传统，也是加强思想建设的重要途径。中央及大部分省级组织的领导班子建立健全了中心学习组制度，把理论学习和思想建设摆到重要位置。参照《中共中央关于在县级以上党政领导班子和领导干部中深入开展"三讲"教育的意见》的要求，我党十二届五次中常会以开展"三讲"教育为议题进行专门研讨与交流，结合纪念《中共中央关于坚持和完善中国共产党领导的多党合作和政治协商制度的意见》发表 10 周年活动，中央转发了学习《邓小平新时期统一战线理论学习纲要》的通知，同时，在全党开展了"中国共产党领导的多党合作理论与实践"论文征集工作，收到论文近百篇，推动了全党的理论学习。

结合新中国成立 50 周年庆祝活动，各级组织通过发表专文、举办座谈会、报告会、书画展、摄影展、文艺晚会和知识竞赛等形式多样的活动，抒发对社会主义祖国无比热爱的心情，进一步激发了广大党员为振兴中华贡献才智的热情。

在过去的一年里，发生了以美国为首的北约悍然使用导弹袭击我驻南使馆的罪恶暴行、李登辉公开发表分裂祖国言论、"法轮功"练习者聚集围攻中南海等政治事件。这些事件的发生，给予广大党员很大震动，通过学习讨论，认识更加清晰和深刻。超级大国无视第二次世界大战后几十年建立起来的国际关系准则，动辄以所谓的自由、民主、人权为幌子，干涉别国内政，实行强权政治和新"炮舰政策"。实践表明，超级大国所谓的人

权，其实就是霸权；所谓的人道，实质上就是霸道。海峡两岸中国人民的统一问题是中国的内政，祖国统一原本不应成为一个问题，就是因为有国际势力的干扰破坏，拖延了统一的进程。同时，广大党员也深刻地认识到，我们在严厉谴责超级大国的干涉主义、霸权主义暴行的时候，在充分揭露李登辉之流分裂祖国的可耻行为的时候，还要进一步确立"发展才是硬道理"的思想观念，加快发展的步伐，不断增强经济实力和国防实力。必须更加珍惜安定团结的政治局面，崇尚科学，弘扬正气，同各种反科学、反社会、反政府的反动行为做坚决的斗争，树立正确的世界观、人生观、价值观，坚持"一个中心、两个基本点"的社会主义初级阶段的基本路线和基本纲领，致力于发展社会生产力，不断夺取改革、发展的新胜利。

为了了解党员的思想状况，有针对性地开展思想政治工作，中央以问卷方式开展了党员思想状况调查，16个省级组织反馈了调查结果。汇总结果表明，绝大多数党员关心国家大事，拥护我国基本政治制度，对"一国两制"、和平统一中国的前景充满信心，世界观、人生观、价值观的主流是好的。在2000多名回答问卷的党员中，绝大多数对中共十五大制定的方针政策以及我国改革开放和发展的前景持乐观和比较乐观的态度，认为应该坚持和完善中国共产党领导的多党合作和政治协商制度，对"一国两制"、和平统一中国充满信心和有信心，加入我党的动机是做共产党的亲密战友和净友、参政议政、为社会作贡献，认为参加民主党派是政治进步的表现，人生价值就是要对社会作出贡献。从总体上看，党员的思想状况是积极的、健康向上的。

办好党刊、用好党刊是加强思想建设的重要方面。党的宣传工作和党刊《前进论坛》，在错综复杂的国际国内形势下，政治上始终与中共中央保持一致，坚持正确的政治立场和政治方向，发挥了思想政治工作的优势。党刊配合中央的工作部署，坚持正确的舆论导向，在宣传中共中央、国务院的方针政策，深入学习邓小平理论，宣传社会主义初级阶段的基本路线和基本纲领，宣传科学技术是第一生产力，宣传有中国特色的社会主义政党制度，宣传我党与中国共产党亲密合作的优良传统等方面做了很多工作。早在 1998 年 6 月，党刊就发表了何祚庥同志的《打假和假打》一文，旗帜鲜明地反对伪科学。在批判"法轮功"的歪理邪说，揭露批判李登辉"两国论"，抨击超级大国的强权政治等方面发表了一批好文章，歌颂社会主义，弘扬爱国主义，引导广大党员加强学习，加强修养，增强历史责任感，为我国的改革、发展和稳定作出新贡献。

（四）围绕政治交接选拔培养干部，组织建设进一步加强

在新老交替的基础上进一步搞好政治交接，是加强党的自身建设的首要任务。培养一批能把党的优良传统以及老一辈领导人的高尚风范继承下来、保证共产党领导的多党合作和政治协商制度得到坚持和发展的后备干部，是组织建设的头等大事。为了选拔培养后备干部，中央主要领导同志利用专题考察调研的时机，对省级组织以及部分地市组织的情况进行了调查研究，听取各方面的意见，掌握第一手情况。中央组织部根据省级组织推荐的后备干部人选，建立后备干部人才库，从党内选拔培养人才。同时，积极争取中共党委的支持为我党引进新人。中央于 7 月份在北京邀请了中共北京市委统战部、卫生部机关党委等十大机构的中共党委和统战部门的负责人举行座谈会，向他们介绍了我党的基本情况，请他们为我党物色、推荐优秀人才。目前有关部门正在落实座谈意见。

过去的一年里，18 个省级组织依照中央关于进一步搞好政治交接、加强自身建设的方针、原则进行了届中调整，增选、补

选了一批省委副主委、常委和委员，充实、完善了省级组织领导班子的力量和结构。对下一届的换届工作也进行了测算准备，加强了对基层组织的调研。各级组织进一步建立和健全了贯彻民主集中制的工作机制，包括领导班子成员办公会议、全委会议、常委会议和机关办公会议等议事决策的规则和制度，以及领导班子成员的民主生活会、谈心会等制度。重大事项依照集体领导、民主集中、个别酝酿、会议决定的方针办理。实践证明，认真遵循民主集中制的组织原则，实行民主基础上的集中，自觉维护领导班子的团结和集体威信，有利于形成合力，有利于激发全党同志的积极性，做好各项工作。

一年来，各级组织认真贯彻 1996 年《关于民主党派组织发展若干问题座谈会纪要》精神，坚持组织发展以"三个为主"的基本方针，注重新党员的政治素质，严把政治质量关。中央每季度依据地方组织上报的组织发展情况，进行分析汇总，加强对组织发展的指导。截至今年 6 月底，党员总数为 72112 人。从去年年底的统计数字看，高级和中级知识分子占 86.7%。从年龄构成看，年龄在 50 周岁以下的占 43.51%，年龄在 51 周岁至 60 周岁的占 29.7%，年龄在 61 周岁至 70 周岁的占 19.23%，年龄在 71 周岁以上的占 7.56%。

机关各项制度建设得到加强。今年年初，针对机关面临的新情况，中央对机关工作提出了整改要求，包括健全学习委员会和中心学习组制度，建立后勤管理服务制度，完成公务员过渡和机关干部轮岗等 10 项措施，目前，中央机关已经完成了公务员入轨的各项工作，并依照国家公务员暂行条例，从培养干部、提高工作能力的需要出发，对处级干部进行了轮岗。根据工作岗位的需要，选调干部。在全面考核的基础上，晋升了一批干部。制定和完善了机关干部录用、选调、培训、职务任免和人员退休等人事管理制度，以及与工作紧密相关的行政、财务等后勤保障管理制度。在行政经费比较紧张的情况下，严格规范了财务审批制度，加强了计划管理，增添了必要的办公设备，初步建立了计算机网络，开设了电子信箱，保证了机关各项工作的正常运转需要。通过加强机关制度建设和严格的管理，促进了机关工作效率和工作质量的不断提高。

各位委员、各位同志，在过去的一年中，党的各项工作的开展是健康有序的，工作领域拓宽了，工作力度加大了，工作成绩也是显著的。所以能够取得这样的成果，首先是因为有中共中央的正确领导，有中共中央统战部及政府有关部门的协作和社会各界的支持。在此，我代表中央十二届常委会，向所有关心和支持我党工作的同志们、朋友们表示衷心的感谢。一年来各项工作能够取得进展，是同各级组织、全体党员以及全体机关工作人员尽职尽责、辛勤劳动分不开的。我代表中央十二届常委会向大家表示亲切的慰问和崇高的敬意。

在肯定成绩的同时，我们也要看到，在我们的工作中还存在不少问题和不足，在组织建设工作中也还存在一些矛盾和问题，如极少数省级领导班子闹不团结，个别的还比较严重；有些党员对国家政治经济形势存在片面认识，把问题、矛盾看得比较重，信心不足；有的地方对机关建设重视不够；有的基层组织基本上不起作用；有些地方在发展组织工作中，没有坚持把政治素质放在首位，等等，这些方面的问题，需要高度重视，认真研究，不断改进和完善，促使全党工作百尺竿头，更进一步。

近两三个月，广大党员特别是各级组织的领导同志要集中时间，集中精力，围绕全国人大、全国政协两会的召开，积极参政议政，提出一批质量较高的提案。

二

各位委员、各位同志，2000 年是世纪之交的一年。为早日实现中共十五大提出的社会主义现代化建设目标，全国人民正满怀信心地迎接新世纪的到来。在国家工作的总体部署上，将深入贯彻落实中共十五大及十五届四中全会精神，制定国家第十个五年发展计划，实施西部开发战略，继续推进改革开放，促进社会经济的全面繁荣与进步，将一个民族团结、社会稳定、经济繁荣的社会主义中国带入 21 世纪。

2000 年是中国农工民主党建立 70 周年，我们将认真总结我党所走过的历史道路和政治实践，继承和发扬我党的优良传统，高举爱国主义和社会主义两面旗帜，深入学习邓小平理论，继续贯彻《各民主党派中央关于加强自身建设若干问题座谈会纪要》精神，以政治交接为主线进一步搞好思想建设、组织建设、机关建设和领导班子建设，认真学习中共十五大和十五届四中全会文件，服务于国家的中心工作，围绕改革、发展、稳定的重要问题以及祖国统一大业，加强调查研究，积极建言立论，竭智献策，建设好迈向新世纪的参政党。

（一）充分发挥自身优势，做好参政议政工作

参政议政的领域很宽，覆盖社会各个方面。履行参政议政职能，提高参政议政水平，必须充分发挥自身优势，突出自身特色，有所为有所不为。在继续抓紧经济发展、可持续发展等方面课题的同时，要特别重视我党医药卫生领域和其他领域众多的中高级专家、学者、管理人才，这是党的宝贵财富和最大优势。党的参政议政工作要更加充分地依托和发挥这个优势。新中国建立以后，特别是改革开放 20 年来，我国的医药卫生事业取得了巨

大成就，为增进人民健康，促进经济社会的协调发展，作出了积极贡献。随着人民的收入水平和生活水平的不断提高，随着社会主义市场经济体制的逐步建立和完善，社会医药卫生资源与人民群众对医药卫生服务需求的矛盾日益突出，医药卫生服务机构的运行状况与建立社会主义市场经济体制要求的差距仍然很大，还有一系列的政策问题、法律问题以及管理体制问题，需要遵循医药卫生事业的发展规律加以建立和完善，在这方面建言立论，空间是很大的，是能够大有作为的。当前及今后的一个时期，要把关系人民群众切身利益的"社区医疗服务体系建设"和"社会医疗保障体系建设"作为重要的调研内容加以关注，形成一批提案。

明年是完成国家"九五"计划和本世纪末重要奋斗目标的最后一年。前不久召开的中共中央经济工作会议，具体部署了明年的经济工作，包括坚持实行扩大内需、促进发展；推进国有企业改革和发展；实施西部地区大开发战略；加快实施科教兴国战略；制定国家经济与社会发展第十个五年计划等方面，我们要围绕这些方面的重大问题，积极开展调查研究，献计献策。

我国加入世贸组织已近在眼前，针对这一新情况，各级组织要发动有关方面专家，从经济、金融、法制、企业等多方面进行研究，提出充分利用机遇，加快发展，避免损失的对策。

调查研究是提案的基础，没有调查研究就没有参政议政的发言权。要不断总结经验，把专题调研工作提高到一个新水平。树立"精品"意识，突出重点，量力而行，避免出现选题过多、重点不突出及难以深入的问题。调研的组织方面，继续坚持行之有效的做法，组织党内吸收党外等来自不同方面的专家形成合力，中央确定的调研项目，要更多地吸纳地方组织的同志参加。同类的问题，也可以加强省际或区域之间的合作，集中力量，发挥优势，取得更大的成果。要科学评估调研成果，充分利用调研成果，不同的调研成果通过不同的渠道发挥作用。

（二）继续深入学习邓小平理论，提高解决实际问题的能力

邓小平理论是全国各族人民团结奋斗、建设富强民主文明的社会主义现代化中国的根本指导思想，也是多党合作和政治协商制度不断巩固和发展的科学指南。要从我党具有政治联盟性质的特点出发，继续发扬重视自我教育的优良传统，组织多种形式的学习讨论活动，把学习邓小平理论引向深入。要结合中国民主党派发展的历史以及中国国情，重点学好邓小平关于新时期统一战线和多党合作的理论，坚持正确的政治方向。

要把深入学习邓小平理论与学习中共十五大和十五届四中全会的精神结合起来；与学习江泽民同志在庆祝人民政协成立 50 周年大会上的讲话、学习中共中央《关于改进和加强思想政治工作的若干意见》结合起来；与学习现代市场经济知识、科技知识、法律知识、国际政治、外交以及历史知识结合起来。通过学习，增强团结，增进共识，促进多党合作和政治协商制度优越性的进一步发挥，提高参政议政能力，增强在新时期做好参政党工作的责任心和使命感。

（三）开展丰富多彩的活动，纪念中国农工民主党成立 70 周年

我党由革命先烈邓演达等同志于 1930 年 8 月 9 日在上海创建。在民主革命时期，团结爱国知识分子和进步人士，同中共亲密合作，共同奋斗，为争取新民主主义革命的胜利和建立新中国作出了重要贡献。新中国成立后，参加人民政权和人民政协的工作，在巩固人民民主专政、完善和发展社会主义制度、推进改革开放和现代化建设、促进祖国统一大业等方面都发挥了重要的作用。

值此我党成立 70 周年之际，要本着热烈、朴实、节俭的原则举行庆祝活动，总结党的历史经验和优良传统，宣传共产党领导的多党合作和政治协商制度，宣传新时期爱国统一战线的重大作用，对于坚持正确的政治方向，在新老交替的基础上进一步做好政治交接，意义重大。因此，要切实做好庆祝活动的安排组织工作，精心编写出版《中国农工民主党 70 周年》一书；有计划地组织一批专文在党刊及重要的报刊、杂志上发表，通过座谈会、报告会等多种方式，弘扬党的优良传统，加强对青年党员同志的优良传统教育，巩固多党合作的政治基础。

（四）通过各种渠道多做工作，积极促进祖国和平统一大业

按照和平统一、"一国两制"的方针解决台湾问题，实现祖国完全统一，是中华民族的最高利益和共同心愿，也是包括全党同志在内的全体中国人民的重大历史责任。几个月前，李登辉公然抛出了"两国论"，彻底暴露了他破坏两岸关系、企图将台湾从祖国版图中分裂出去的真面目，这是绝对不能允许的。

以邓小平同志为核心的中共中央第二代领导集体，从中华民族的整体利益和前途出发，提出了以"一国两制"实现祖国统一的伟大构想，"一国两制"首先在香港的成功实践，对实现祖国的完全统一有重要意义，说明"一国两制"具有强大的生命力，是完全可行的。两岸骨肉同胞情同手足，以和平方式实现祖国统一，是所有中国人的共同期盼。但是，由于有岛内"台独"分子的活动和外国势力的干涉，中国不承诺放弃使用武力，这不是针对台湾同胞的，而是针对外国的干涉势力和搞"台独"的分裂者。我们担负着祖国完全统一的历史责任，全党同志要高举爱国主义旗帜，发挥我党的优势，通过各种渠道和形式向台湾同胞深入宣传和平统一、"一国两制"的基本方针和江泽民主席的八项主张，坚决维护国家主权和领土完整，粉碎"台独"分子

分裂祖国的图谋，积极促进海内外中华儿女的大团结、大联合，促进祖国和平统一大业。

（五）积极、主动，大力做好后备干部选拔培养工作

1995 年，中央作出了《关于加强后备干部队伍建设的决定》。以后，各级组织有计划有步骤地完成了换届以及领导班子的新老合作与交替。领导班子的新老合作与交替将是一个永无完结的历史过程，后备干部的选拔培养工作关系我党长期发展大局，影响深远，意义重大。对经过物色、考察的后备干部，要加强培养，有计划地选派到社会主义学院培训学习，系统地学习邓小平理论和多党合作理论，进行国情、历史、多党合作优良传统的教育，积极争取当地政府的支持，安排后备干部到基层挂职锻炼，增加阅历、培养对人民群众的深厚感情，锻炼分析问题、处理事务的能力，全面提高后备干部的政治素质、领导水平和参政议政水平。各级组织要积极、主动地为后备干部的成长创造条件，加快后备干部的培养步伐。

（六）加强基层组织建设、充分发挥基层组织作用

基层组织是党的组织基础和工作基础，承担着发展组织、巩固组织的重要作用。基层组织工作做好了，有利于提高党的凝聚力和向心力，提高党的总体素质和参政议政能力，树立党的良好社会形象。因此，全党同志，特别是省委、区委和市委的负责同志，一定要把加强基层组织建设摆在全局工作的重要位置上，努力把基层组织建设好。

搞好基层组织建设，不少地方都有很好的经验。其中最重要的一项工作，就是要选准、选好负责人。从基层组织的性质和作用看，基层组织的负责人至少应具有两个方面的素质：一是热爱党务工作，能够坚持正确的政治方向，在政治上、思想上和行动上与中共中央保持一致，拥护社会主义初级阶段的基本路线和基

本纲领；二是能够团结同志，搞"五湖四海""立党为公"。党的基层组织的负责人搞"五湖四海"，不搞"小圈子"，就能够吸引、凝聚、团结一大批党员同志一道工作，为实现党的奋斗目标而努力。基层组织有这样的负责人掌舵，各项工作就可以搞得更好，更上一层楼。

基层组织建设的目标，就是要把基层组织建成"党员之家"。基层组织一方面要积极推动党员搞好本职工作和其他方面的社会工作，围绕所在单位的中心工作，对国家和地方在改革发展中的大政方针等方面的事务，向中共组织或我党上级组织提出意见和建议；另一方面，要热情关心党员的学习和政治思想进步，倾听和反映他们的意见和要求，关心他们的工作和生活，对他们在工作和生活中遇到的困难，要积极帮助排忧解难，做好有关方面的工作，使党员感到"党员之家"的温暖，得到组织的关爱。

去年，中央曾提出在基层组织和党员中开展"三个一"活动，即：在每个基层组织聘请一位参政议政信息员；组织党员每年至少参加一次参政议政的调研活动；至少提出一项参政议政的意见和建议，积极反映社情民意和社会热点问题。开展"三个一"活动，可以充实基层组织开展活动的内容，可以调动广大党员参政议政的积极性，有的地方已经这样做了，而且做得比较好，希望大家继续努力，把这项活动制度化，不断创造出新经验，持之以恒地搞下去。

（七）建设高素质的机关干部队伍，规范和加强机关枢纽、窗口职能

机关建设是我党自身建设的一个重要组成部分，是履行参政议政职能的组织保证。各级组织的机关干部是从事统一战线工作的国家干部，是国家公务员。中央对机关干部的总要求是：政治

上坚定、理论上成熟、作风上过硬、业务上精通、工作上勤奋、纪律上严明。

为适应履行参政议政职能的需要，全体机关干部都要加强学习，熟知多党合作理论和统一战线理论，精通分管的业务工作，认真履行岗位职责，谦虚谨慎，戒骄戒躁，讲学习、讲政治、讲正气，形成团结向上、朝气蓬勃、互相促进、主动协调的良好氛围。

要依照国家公务员条例的要求，建立健全以岗位责任制为核心的人事管理制度，加强对干部的述职、评议和考核。要引入竞争机制和激励机制，继续采取内部选拔、外部引进等途径，多渠道选配一些政治素质好、有一定组织领导能力的同志，加强机关工作班子。要加强培训工作，提高机关干部的政策水平和工作能力。对确实难以胜任岗位工作要求的，要根据工作能力和岗位要求作适当调整。要进一步做好离退休老同志的服务工作。

各级组织的机关是为我党履行参政议政职能服务的，各项工作都要围绕履行职能的需要进行统一安排，提供保障，并要依据履行职能的需要，不断完善规章制度，把机关管理工作提高到一个新水平，使机关在党的工作中更好地发挥枢纽作用，对外作为窗口，树立良好的形象。

各位委员、各位同志，即将到来的新世纪，机遇与挑战并存，我们要按照江泽民同志提出的"加强学习、加强修养"的要求，以"三讲"教育精神，开展批评与自我批评，提高政治修养，承担起参政党的历史重任，把政治方向正确、政治立场坚定、政治基础稳固的中国农工民主党带入新世纪。全党同志要更加紧密地团结在以江泽民同志为核心的中共中央周围，围绕经济建设中心，搞好政治交接，不断提高参政议政水平，为在21世纪实现中华民族的伟大复兴作出更大的贡献！

在纪念《中共中央关于坚持和完善中国共产党领导的多党合作和政治协商制度的意见》颁发 10 周年大会上的讲话

（1999 年 12 月 10 日）

今年是中华人民共和国建国 50 周年，也是澳门回归，最终清除殖民主义标记的一年。在迈向新世纪、迎接新千年的重要历史时刻，我们集会纪念《中共中央关于坚持和完善中国共产党领导的多党合作和政治协商制度的意见》（即中共中央〔1989〕14 号文件）颁发 10 周年，认真总结 10 年来中国共产党领导的多党合作和政治协商的经验，研讨促进统一战线工作发展的意见，具有重要的意义。

由中共中央主持、在与各民主党派充分协商的基础上共同研究制定的中共中央〔1989〕14 号文件，总结了新中国成立 40 年特别是中共十一届三中全会以来中国共产党领导的多党合作的成功经验和优良传统，并结合新的历史条件进行新的科学概括，使在长期实践中证明行之有效的共产党领导的多党合作和政治协商制度实现了规范化、条理化、制度化。14 号文件阐明了中国共产党领导的多党合作的一系列重要原则，是我国社会主义政党制度的纲领性文件，是我国多党合作发展史上新的里程碑，是我国多党合作发展的新起点，标志着我国的多党合作进入了新的历史阶段。10 年来，通过深入贯彻 14 号文件，我国多党合作有了重大发展：统一战线和多党合作理论、政策进一步深入人心，多党合作政治基础更加巩固；多党合作制度建设取得积极进展；民主党派参政党地位逐步为社会认同，参政议政、民主监督的渠道进一步拓宽；民主党派不断加强自身建设，在国家政治生活、社会生活中的作用逐步增强。

中国共产党领导的多党合作和政治协商制度是我国政治制度的特点和优点，我国的政党制度既不同于西方国家的多党制或两党制，也区别于一些社会主义国家的一党制。我国的政党制度是马克思列宁主义同中国国情相结合的一个创造，也是建设有中国特色的社会主义最鲜明的政治标志之一。农工党 70 年来的实践使我们对此深有体会。农工党自 1930 年建党以来，经历了许多挫折和失败，我们从自己的经历中深切体会到，只有中国共产党才能领导中国革命走向胜利，也只有中国共产党才能团结全国人民，凝聚力量，实现国家富强、民族振兴、人民幸福的发展目标。在中国共产党统一战线政策影响下，农工党与共产党相互支持，并肩战斗，结下了患难与共的深厚情谊。我国的政党制度既能充分发扬民主，又能有效地形成统一意志；既能反映各方面的利益，又能形成共同的目标；既能发挥各方面的积极性，又能保持很高的效率。坚持和完善这一基本政治制度，有利于凝聚人心，维护国家稳定，巩固和发展安定团结的政治局面；有利于集中力量，发挥优势，推进改革开放和现代化建设；有利于广揽人才，合作共事，加强国家的政治建设；有利于调动各方面的积极性，充分发扬民主，推进社会主义民主政治建设和法制建设；有利于促进祖国的和平统一；有利于巩固和发展新时期爱国统一战线。它对于全面推进建设有中国特色的社会主义的伟大事业发挥了重要作用。对我国政党制度的研究，应该紧紧围绕坚持和完善多党合作制度这一重大命题来开展，为我国多党合作制度的完善和发展提供理论支持。

社会主义民主政治建设正在不断发展、前进，把共产党领导的多党合作事业推向 21 世纪，是当前的一项重要任务。进一步提高对多党合作重大意义的认识，进一步加强多党合作的制度化、规范化建设，是不断完善和发展社会主义民主制度的重要内容。我们要进一步加强自身建设，提高理论水平，搞好领导班子的政治交接，适应开放性、多样性的社会环境，加强思想建设，建立、健全参政党的工作机制，为巩固和发展各民主党派同中国共产党面向新世纪的长期合作奠定坚实的政治、思想和组织基础。

世纪之交，我国的改革开放和社会主义现代化建设正处在发展的关键时期。多党合作实践的发展，对多党合作的理论研究提出了新的更高的要求。实践呼唤着理论，实践需要理论的指导。为此，我们年初组织了学习统战理论和征文活动。现在从近百篇论文中选编出版《中国共产党领导的多党合作理论与实践研究文集》，以此纪念 14 号文件颁布 10 周年，并以此作为加强理论研究的初步尝试。当前，实际工作中提出的许多新的课题需要研究，如：中国政党制度的基本理论体系；参政党理论，参政党的内涵、性质、功能、与执政党的关系；参政党建设的指导思想、原则、内容；社会主义市场经济条件下民主党派的社会基础；建立与社会主义市场经济相适应的参政党工作运行机制；民主党派监督的性质、内容、载体；民主党派监督作用的发挥；在开放性、多样性的社会条件下，加强民主党派的思想建设问题，等等。我国多党合作的发展为我们的理论研究提供了广阔的领域和空间，我们要在今年理论研究的基础上，深入实践，不断探索，在多党合作理论研究方面有所贡献、有所前进。

让我们高举邓小平理论伟大旗帜，紧密地团结在以江泽民同志为核心的中共中央周围，为坚持和完善中国共产党领导的多党合作和政治协商制度，努力作出贡献！

在全国政协新年茶话会上的讲话

（2000 年 1 月 1 日）

今天，首都各界人士欢聚一堂，辞旧迎新，共度佳节。在此，我谨代表各民主党派中央、全国工商联和无党派人士，向全国各族人民致以良好的祝愿！向台湾同胞、港澳同胞和海外侨胞致以诚挚的问候！向伟大的中国共产党致以崇高的敬意！

1999 年是人民共和国历史上重要的一年。50 年来，在中国共产党领导下，各族人民团结奋斗，艰苦创业，使我国的面貌发生了翻天覆地的变化。特别是改革开放 20 多年来，在邓小平理论和党的基本路线指导下，我国社会主义现代化建设取得举世瞩目的伟大成就，谱写了中华民族文明史上最为光辉灿烂的篇章。随着我国国际地位的日益提高，祖国统一大业不断推进，10 天以前，我国顺利地对澳门恢复行使主权。这是邓小平同志关于和平统一、"一国两制"伟大构想继香港顺利回归后再一次成功的实践，是我国伟大祖国走向完全统一的重要一步。

在过去的一年里，全国各族人民全面贯彻落实中共十五大精神，改革开放事业进一步深入发展。中共十五届四中全会作出了《关于国有企业改革和发展若干重大问题的决定》，全面系统地阐明了国有企业改革和发展的重大理论问题，确定了推动国企改革和发展的重大方针政策，对若干重大问题作出了决定，是全面指导国有企业改革和发展的纲领性文件。随后召开的中央经济工作会议，全面分析了在国际大环境下我国的经济形势，对 2000 年经济工作作了全面部署，取得这场改革攻坚的胜利对我国跨世纪发展战略目标的实现具有十分重要的意义。

1999 年也是风云变幻的一年，民主党派、工商联在过去的一年里，坚定地与中共中央和我国政府保持高度一致，对以美国为首的北约悍然对我驻南使馆进行导弹袭击，造成我使馆工作人员伤亡和馆舍严重毁坏的野蛮行径表示强烈抗议；坚决支持中共中央关于解决和处理法轮功问题的决策及采取的措施；坚决拥护党和政府在台湾问题上和平统一、"一国两制"的基本方针和江泽民主席的八项主张，对李登辉公然散布"两国论"和分裂祖国的行径进行了揭露和斗争，为维护民族的尊严、社会的稳定和国家的统一，推进社会主义现代化建设事业作出了积极的贡献。

1999 年又是《中共中央关于坚持和完善中国共产党领导的多党合作和政治协商制度的意见》颁布实施 10 周年。各民主党派、工商联通过自身的工作实践，深切地感受到《意见》是建设有中国特色社会主义政党制度的纲领性文件，标志着中国共产党领导的多党合作和政治协商的制度化规范化。这一重要文件，确定了民主党派参政党的性质、地位和任务，增强了民主党派的责任感、使命感和光荣感，各民主党派正以前所未有的新姿态活跃在我国的政治舞台上，在国家政治生活中发挥着越来越大的作用。

1999 年我国在各个领域取得的成就，令我们感到自豪和骄傲，但这已成为昨天。今天，我们和全国各族人民一道，怀着兴奋激动的心情迎来了充满光明，充满希望，充满机遇，也充满挑战的 2000 年。

2000 年，我国将继续深入贯彻中共十五大及十五届四中全会精神，完成"九五"计划和本世纪末重要奋斗目标，制定

"十五"发展计划，继续推进改革开放，促进社会主义经济的全面繁荣与进步，将一个民族团结、社会稳定、经济繁荣的社会主义中国带入 21 世纪。在新的形势下，民主党派和工商联将大有可为。江泽民总书记在全国政协成立 50 周年大会上的讲话，对民主党派、工商联的工作同样具有重要的指导意义，我们所做的工作要围绕团结和民主两大主题来展开。我们要在中国共产党的领导下，继续加强参政议政工作，通过参与重大决策的协商、参与咨询、参与执行，认真履行参政党的职能。围绕今年经济工作的重大问题，在推进国有企业改革和发展，实施西部地区大开发战略，实施科教兴国战略等方面积极开展调查研究，献计出力。我们将充分发挥民主党派、工商联的人才优势、智力优势，为社会主义物质文明和精神文明建设服务。我们要认真贯彻中共中央关于加强和改进思想政治工作的意见，协助党和政府做好协调关系，化解矛盾，解疑释惑，宣传引导工作，正确处理好改革、发展、稳定三者的关系，努力促进经济、社会、环境协调发展，切实维护社会稳定，为改革和发展提供良好的大环境。我们将继续深入贯彻执行中共中央〔1989〕14 号文件精神，进一步加强自身建设，把自己建设成为高素质的参政党，推进有中国特色社会主义民主政治建设。

在迎接新世纪的日子里，我们更加热切地盼望台湾早日回到祖国的怀抱。我们将进一步多做实实在在的工作，积极促进祖国和平统一大业。

我们深信，有邓小平理论的指导，有以江泽民同志为核心的中共中央的领导，有全国各族人民的努力，2000 年的我国社会主义建设各项事业必将再创辉煌。

适应新形势，加强思想建设，巩固发展同中国共产党团结合作的政治基础*

（2000 年 8 月 9 日）

这次中常会将集中讨论关于我党加强思想建设等方面的问题。提交会议审议的《中国农工民主党关于加强思想建设的意见》，是在调查研究的基础上起草的，并多次征求了各方面的意见，请大家审议。现在，我结合个人的理解，谈几个问题。

一、充分认识思想建设面临的新形势，进一步加强思想建设工作

思想建设是党的自身建设中带根本性的建设。《中共中央关于坚持和完善中国共产党领导的多党合作和政治协商制度的意见》颁发以来，党的思想建设取得了明显成效。总体上看，党员的思想状况是积极的、健康向上的，世界观、人生观、价值观的主流是好的，坚持社会主义初级阶段的基本路线和基本纲领，在去年的"三大政治斗争"等重大问题上坚定地与中共中央在政治上和行动上保持高度一致，拥护中国共产党领导的多党合作

---

　　* 这是蒋正华同志在中国农工民主党第十二届中央委员会第八次常务委员会上的讲话。

和政治协商制度，参政议政热情高。思想建设工作在实践中积累了许多好的做法和经验，为我党履行参政议政、民主监督职能提供了重要思想保证。

同时，我们也清醒地看到，从问卷调查的情况看，部分党员对一些社会现象还缺乏正确的认识，在思想的某些观点方面也还有一些模糊的认识。因此，思想建设工作还需要进一步加强。

在新的历史时期，思想建设工作要取得实效，必须增强时代感，加强针对性，必须充分认识思想建设面临的新形势，研究分析由于经济基础、社会条件和外部环境等方面的深刻变化对思想建设提出的新课题。

这些新形势和新课题，从国际方面看，世界政治格局发生了很大变化，全球的社会主义实践目前处于低潮，世界力量对比严重失衡，国外敌对势力加紧对我国实施"西化""分化"战略，通过各种渠道进行政治文化意识形态的渗透，向我国传播有害的政治思想、价值观念和腐朽的生活方式，国际互联网的发达，使这种"渗透"以及虚假的不健康的和反动信息的传播更加方便，而且更加隐蔽。思想政治领域的斗争更加复杂。

从国内方面看，经过20多年的改革与发展，我国进入了改革的攻坚阶段和发展的关键时期，建立社会主义市场经济体制是史无前例的伟大创举，在社会、经济、政治、文化等各个领域，以及人们的工作方式、生活方式、思维方式等各个方面都发生了复杂而深刻的变化，人们的价值取向、道德观念、行为选择等方面趋于多样化，新旧体制交替过程中伴生的社会矛盾不断增加，等等，所有这些，都会直接、间接地对党员的思想产生影响。面对这些新的环境形势、新的社会存在，如果我们不加强学习，对党的历史、国情了解不够，缺乏正确的理论武器，就可能真伪难辨，导致认识模糊。如果我们党的组织对这些模糊认识不加以引导、疏导，就可能引起党员思想的混乱，动摇理想信念的基础，影响到我党作为参政党的职能作用的发挥，这是一个方面。

另一个方面，在即将进入的新世纪，我党要履行参政党在新的历史时期的政治职责，要协助中国共产党把建设有中国特色社会主义继续推向前进，实现中华民族的伟大复兴，这是一项艰巨、复杂的历史任务，在这个过程中，必然会不断遇到种种困难和挑战。我们必须始终保持政治上的清醒和敏锐，必须加大政治引导的力度、强化党的共同政治理念和共同政治目标，进一步提高党员在政治上的自我约束力和免疫力，始终保持党的政治联盟的进步性，作为一个稳定、健康的政治力量，为国家的改革、发展、稳定不断作出新奉献。因此，进一步加强思想建设，从时间上讲已经是非常紧迫，从意义上讲，将影响深远，是坚持完善中国共产党领导的多党合作和政治协商制度的需要，是适应新形势、新任务的要求，是履行参政党职能的需要，是党的各级领导班子在新老合作与交替的基础上进一步搞好政治交接、巩固和发展我党同中国共产党面向 21 世纪团结合作的政治基础的需要。

二、保持清醒的政治头脑，认清形势，分清是非，坚定正确的政治立场和政治方向

思想建设的根本任务：是坚持用邓小平理论指导我们的思想和行动，坚持社会主义初级阶段的基本路线和基本纲领，坚持中国共产党领导的多党合作和政治协商制度，坚持长期共存、互相监督、肝胆相照、荣辱与共的方针，提高对我党参政党地位、性质和历史使命的认识，在重大问题上分清是非、明确方向、振奋精神、增强信心，为巩固发展同中国共产党的团结合作奠定坚实的思想政治基础。

面对国际国内政治经济发展的新特点、新形势，要分清是非、明确方向，必需保持清醒的政治头脑，要有正确的思想方法。这个思想方法，最主要的，我认为有两个：一是发展观，一是国情观。

发展观，就是要从发展的角度去认识问题，从发展的角度寻求解决问题的途径。

邓小平同志教导我们说：发展才是硬道理。以江泽民同志为核心的中共中央第三代领导集体，把"发展"问题作为处理纷繁复杂问题的一个"主心骨"，坚定不移地集中精力把经济建设搞上去，坚定不移地实现社会主义初级阶段的总目标、总任务。发展是中华民族的希望，发展是中国人民挺直腰杆的"支柱"。新中国成立以来，特别是改革开放20多年来，在中国共产党的领导下，在建立起社会主义基本制度的基础上不断探索中国富强、民主、文明的发展道路，经济建设社会发展取得了辉煌成就，综合国力显著增强，国内生产总值占全世界国内生产总值的比例，1950年为5.2%，1978年为5%，1998年上升到12%左右。虽然同最发达的国家相比较我们还有差距，但是，在同类水平的国家中，我们的发展是领先的，我们在高科技的不少领域也处于国际领先水平。外国人都佩服我们，称中国是个奇迹。有不少发展中国家，包括实行资本主义制度的发展中国家，都希望了解、学习中国的经验，因为我们国家在改革、发展、稳定的关系上处理得好，经济持续快速发展，民族团结、社会稳定，说明了坚持中国共产党的领导、坚持社会主义道路的优越性。

随着发展，伴随发展而来的问题也就多了。从国内方面来说，收入分配差距问题、地区发展差距问题、下岗职工问题等问题，只有通过继续发展才能解决。这些方面，中共中央、国务院都有专门部署，将逐步解决这些问题。

现在反映比较强烈的，主要是腐败问题。腐败问题也是伴随着发展而来的现象，绝大多数是由于具体的管理制度建设滞后而萌生的。举个例子来说，比如汽车，20世纪70年代，汽车很少，违规罚款的现象不多。现在发展了，汽车很多了，超过了路面的承载能力，经常发生拥堵现象，违规罚款的现象就比较多了。但是，罚款如何缴、谁执法、谁收款、罚款收入如何使用等，需要有详细的制度规定。如果制度没跟上，一个人既执法，又收款，一些有私心杂念的人就有了中饱私囊的机会，腐败可能由此产生。其他方面，多数也是这种情况。制度的建立和完善，要建立在实践的基础上，要有一个过程。全国人大常委会每年都制定很多法律制度，以适应不断发展的形势的需要。有的人把腐败问题与中国共产党的执政相联系，这是不公平的，也是完全错误的。因此，还是要用发展观来看待这些现象，这才是正确的思想方法。

从国际方面来说，中国发展了、强大了，什么产品都可以自己生产了，必然就要影响到国际市场的调整，影响到国际市场利润的分配。因此，外国敌对势力不愿看到中国的发展和强大，是很自然的事。但是，他们又不明确说明这一点，而是从另一些方面来影响你、削弱你，比如散布什么"中国威胁论"，什么缺乏民主、没有人权，等等，搅乱你的社会，让你陷入种种矛盾之中，不能集中力量解决发展问题，从而放慢发展速度以致走向停滞、后退。外国敌对势力的"西化""分化"图谋，说穿了就是要拖中国发展的后腿，自由、民主、人权等，都只是一个借口而已。他们真的会关心你的人权吗？会关心你的人民的疾苦吗？大家回想一下，1998年我们国家发生了这么大的自然灾害，那么多人受灾、面临生存危险，最终还不是依靠我们自己的力量，依靠中国共产党的领导，战胜洪魔，克服困难。

当然，当今的中国已今非昔比，是不容易被"西化""分化"的。因此，在国际关系中，合作与竞争并存。特别是大国之间的关系，集中表现为包括经济实力、科技实力、国防实力、民族凝聚力等方面的综合国力的较量与竞争。

现在还有一个新的现象，就是在经济全球化趋势不断发展的过程中，随着跨国公司的发展，持有跨国公司股票的跨国公司所在国的居民，与跨国公司的利益日趋一致，这些居民又可以通过选举等方式影响政府的政策。因此，从发展的趋势看，可能出现政府的政策、跨国公司与所在国居民的利益高度一致的状况，这样的话，国际竞争就可能将更多地表现为民族利益的竞争。也就是说，对于一个国家来说，哪个党执政是次要的，关键是利润的流向。

国情观，就是要从国情出发认识问题，以符合国情的实事求是的方式分析和处理问题。

中国革命的实践，曾经走过一段弯路，最后成功了，走的是一条适合国情的道路，农村包围城市的道路。中国的社会主义实践，也曾经历过一些曲折，最后选择了中国特色社会主义道路。我国改革开放 20 多年来，改革、发展、稳定的关系处理得非常好，其中的一个因素，我认为，就是由于中国共产党领导的多党合作和政治协商制度发挥了政治保证作用，这是符合我国国情、有利于维护政治稳定、促进政治发展的中国特色的政党制度。其特色在于：在领导上是一元的——中国共产党居于领导地位；在结构上是多元的——包括我党在内的八个民主党派及无党派人士参与合作和政治协商。尽管各民主党派的人员构成及所联系的阶层、群体有所不同，但都是在中国共产党的领导下，最终的政治目的都是一致的，即把中国建设成为一个现代化的社会主义强国。

世界各国的政党数目很多，性质、形式、组织、大小都不尽相同。但各个国家的政党制度，都是根据本国的历史条件和维护本国政治体制的需要来建立的。各国情况不同，政党制度也不完全一样，没有统一的标准。衡量一种政党制度的优劣，主要看它是否有利于一个国家的政治稳定。如果一种政党制度不利于国家的政治稳定，不能聚合社会各阶层、各政治主体的共识，就无法为一个国家的经济社会发展提供一个稳定、和谐的环境，群众就不会满意，必然的结果是政局动荡不安。

中国共产党领导的多党合作和政治协商制度，从领导党方面来说，中国共产党的性质、作用和力量，能够保证我党等其他民主党派的政治目标一致以及参政议政的有序化、制度化、规范化，促进经济、政治和社会的健康运行和发展。从包括我党在内的参政党方面来说，多党合作能为党的成员及党所联系的群众参政议政提供组织、程序和途径，将意见、建议和要求反映到政治体系、决策体系之中，促进重大事项的科学决策，发挥协调关系、反映情况、化解矛盾、维护社会政治稳定等方面的作用。这表明，我国的政党制度是维护我国社会政治稳定、推动政治发展、实现国家长治久安的根本保证，具有强大的生命力，是符合我国国情要求的中国特色的政党制度。全党同志要坚定不移地坚持这项制度，自觉抵制西方政治文化、意识形态的渗透，维护好安定团结的大局。

三、加强学习，加强团结，加紧培养适应新世纪要求的干部队伍

第一，深入学习邓小平理论，增强责任心和使命感。

部分党员中之所以会有一些片面观点和模糊认识，主要是学

习不够，对实际情况了解不够，对中国共产党针对国际国内变化的新形势所采取的政策措施理解不够。因此，需要加强学习，要跟上时代的步伐，不要因为业务工作忙事务多而放松学习。全党同志要继续不断地深入学习邓小平理论。邓小平理论是全国各族人民团结奋斗、建设富强民主文明的社会主义现代化中国的根本指导思想，也是中国共产党领导的多党合作和政治协商制度不断巩固和发展的指南。要从我党具有政治联盟性质的特点出发，发扬自我教育的优良传统，回顾我党与中国共产党长期合作、患难与共的历史经验，增强在新的历史时期做好参政议政的责任心和使命感。

世纪之交，我国即将加入世界贸易组织，将在更加开放和多样的社会环境中推进社会主义现代化建设。国内的社会生产力水平、供求关系、体制环境、对外经济联系等方面也都发生了重大变化，进一步的发展，需要继续巩固农业基础地位，推进经济结构的战略性调整，实施科技兴国战略和可持续发展战略，搞好西部大开发，建立比较完善的社会主义市场经济体制，应对加入世界贸易组织后面临的机遇和风险，完成祖国统一大业，需要进一步处理好改革、发展、稳定的关系等。

从国际形势看，超级大国凭借强大的经济、科技实力，无视第二次世界大战后建立起来的国际关系准则，动辄以所谓的自由、民主、人权为幌子，干涉别国内政，霸权主义和强权政治又有新的发展，天下仍不太平。经济全球化作为一个客观进程，具有两面性，一方面有利于我们国家引入资金、技术和管理经验，加速发展。但另一方面，世界经济的游戏规则，目前主要是由发达国家制定的，是体现和保护发达国家利益的。西方发达国家力图主导经济全球化，发展中国家总体上处于守势。世界科学技术对经济和社会发展的作用越来越重要和直接，西方发达国家的科技实力明显占优势，发展中国家面临实现技术跨越的机遇，也面临巨大的压力。

面对国际国内的新形势，既要争取一个较为有利的外部环境，坚定地抓住机遇加快发展，朝着确定的目标迈向，又要坚持原则立场，坚决维护国家利益和安全，困难和挑战都是回避不了的。对此，担负重任的中国共产党已经作出了一系列的部署和准备，围绕不断提高领导水平和执政水平，不断增强拒腐防变和抵御风险的能力，加强思想建设、政治建设、组织建设和作风建设，中共中央在县级以上党员领导干部中开展了"三讲"教育。江泽民同志今年2月在广东考察时提出要按照"三个代表"的要求，全面加强和改进中国共产党的建设，作为"立党之本、执政之基、力量之源"。今年6月，江泽民同志在中共全国党校工作会议上发表重要讲话，强调加紧培养造就一大批适应新世纪要求的中青年领导干部，努力培养出一大批政治上坚定、具有抵御各种风险的能力、善于驾驭复杂局面的优秀年轻干部。今年6月28日，江泽民同志在中共中央思想政治工作会议上再次发表重要讲话，强调要适应新形势大力加强和改进思想政治工作，为改革开放和现代化事业提供强大动力与保证等。我们要认真学习江泽民同志的重要讲话，进一步理解中国共产党的性质、宗旨及新时期的历史任务，用以指导我党的工作，加强我党的思想建设、组织建设和制度建设，适应新形势要求，做好各项工作。

第二，树立大局观念，自觉维护领导班子的团结。

团结就是力量，团结是党的战斗力的基础。全党同志都要以党的利益为重，加强团结。各级领导班子要作出表率，做团结的模范。

省市一级的领导班子担负着党在该地区组织的领导工作，直接领导所在地区的党员同志履行参政议政、民主监督的职能，中央的方针、政策的贯彻落实，中国共产党领导的多党合作和政治协商制度的贯彻落实，党的思想建设、组织建设、机关建设等各项工作，都要在所在地的党组织领导班子的组织领导下进行，责任是重大的。领导班子不能团结一致，就无法完成领导一个地区党组织的各项工作任务。

总的看，我党的省、区、市一级的大多数领导班子是团结的，有战斗力的，能胜任领导工作的，但也有一些省、区、市的领导班子，多年来团结的问题没有搞好，严重影响了所在地区党的工作的开展，有的基本上处于无法正常开展工作的状态，这是很不正常的。中国农工民主党是参政党，是有政治纪律的政治组织，党的各级组织都要增强政治意识、大局意识、责任意识，自觉维护党的形象和荣誉。希望这些地区的领导班子好好学习江泽民同志的讲话，明确身上的重任，好好坐下来，谈谈心，理一理到底问题出在哪里，如果是政治观点方面的问题，要以统战政策为准则统一认识；如果是领导方法问题，要通过贯彻落实民主集中制的原则加以解决，如果是具体事务的处理问题，大家要相互让一让，相互支持，相互补台，商议解决。总之，存在的问题是可以解决的，也是必须解决的，不然怎么开展工作。希望通过努力，把问题理顺、解决在班子内部。如果经过努力，内部还是无法解决，中央组织部要及时了解掌握有关情况，把有关问题了解清楚，提出意见，报中央研究解决。

第三，继承优良传统，加紧后备干部队伍建设。

能不能不断培养出优秀的后备干部队伍，将直接关系到我党履行参政议政职能的能力，关系到我党长期发展大局，影响深远，意义重大。1995 年，中央作出《关于加强后备干部队伍建设的决定》以后，各级组织有计划有步骤地完成了换届以及领导班子的新老合作与交替。历史在前进，领导班子的新老合作与交替是一个持续不断的历史过程，因此，不断培养出优秀的后备干部队伍是党的建设的一项战略任务，是把我党建设成为高素质参政党的组织基础和组织保证。

目前，党的后备干部队伍建设，无论在数量方面，还是在素质方面、年龄方面等，都难以满足党的事业发展的需要。如果不能尽快培养出优秀的后备干部队伍，党的领导班子建设，推荐实职安排和政治安排都将缺乏人才基础，将直接影响到党的形象以及参政作用的发挥。党的各级领导同志要从政治的高度来认识和重视党的后备干部队伍建设的重要性及其深远意义。

后备干部的选择培养要适应党的领导班子建设、推荐实职安排和政治安排的要求，要坚持德才兼备的原则。但是，"德"字在前，"才"字在后。"德"就是人格、人缘、形象，就是政治素质。后备干部的选择培养，首先要政治素质好，能够把党的优良传统以及老一辈领导人的高尚风范继承下来，能够坚持和发展中国共产党领导的多党合作和政治协商制度。其次是"才"，是工作成绩、业务能力，具备法律、经济、管理等专业知识，胜任参政议政工作岗位的需要和任职条件。中共中央已经决定进一步深化干部人事制度改革，今后党政干部选拔任用制度改革的方向主要包括：民主推荐、民意测验、民主评议制度，任前公示制，公开选拔制度、选举制度，职务任期制，任职试用期制度，辞职制度，调整不称职、不胜任现职干部的制度和办法，等等。这也对我党的后备干部队伍的建设提出了新的更高的要求，我们要加紧选择、培养一大批优秀的、经得起民主评议、公开选拔、选举等方面考验的后备干部队伍。

参政议政的领域很宽，覆盖社会各个方面。履行参政议政职能，提高参政议政水平，需要多方面的人才。党的后备干部队伍的建设，要特别注意选择培养具有比较深厚的理论功底，善于从中国实际出发研究改革、发展、稳定中的重大问题以及其他带全局性战略问题、具备重大政策研究能力及战略思维能力的中青年骨干力量。

今后两年，要把后备干部队伍建设作为省、区、市委员会的一项重要工作，作为衡量工作成果的主要指标。后备干部队伍的成长，自身努力是一方面，组织培养也是同等重要的一个方面，既要坚持德才兼备，又不要求全责备；既要坚持标准，又要不拘一格；坚持任人唯贤。看准了的，有培养前途的，就要积极培养。要有计划、有组织地对后备干部人选进行多方面的培养锻炼。对建立的后备干部人选，要经常了解，定期跟踪调查研究，听取各方面的评论意见，进行动态观察培养，提高人选的综合素质。对优秀人才，要积极安排使用或推荐使用，在实际工作岗位锻炼成长。各级组织要更加积极主动地为后备干部队伍的成长创造条件，加快后备干部的培养步伐。

各位常委、各位同志：在世纪更替的关键时刻，以江泽民同志为核心的中共中央第三代领导集体高瞻远瞩、总揽全局、审时度势，作出了实施西部大开发战略决策，这对于在新世纪全面推进我国的改革和建设事业、坚持和发展邓小平同志提出的"两个大局"战略构想、逐步缩小地区差距并最终实现共同富裕、加强民族团结、维护祖国统一、增强综合国力、保持国民经济快速健康发展和实现我国现代化建设第三步战略目标等，都具有重要的现实意义和深远的历史意义，是事关中华民族在新世纪实现伟大复兴的大事。积极参与实施西部大开发战略，为西部大开发作贡献，是我党的政治职责。

积极参与西部大开发，是新形势下实现我党同中国共产党团结合作的一个新形式，为我党履行参政议政、民主监督职能，服务国家工作大局提供了新的契机，全党同志通过参与实施西部大开发战略的实践，可以更加深入地了解国情国力，了解群众的需要和愿望，更加系统全面地熟悉国家的改革和发展的方针政策，经受锻炼，增进共识，进一步提高政策理论水平和参政议政能力。

实施西部大开发战略是一项规模宏大的系统工程，也是一项长期艰巨的历史任务。中央已经成立参与西部大开发工作领导小组，统筹部署各项工作。省、区、市一级的组织也要成立参与西部大开发工作的领导机构，有计划地组织好参与西部大开发的工作。积极参与西部大开发，当前最重要的一项工作就是要认真学习、深入理解邓小平同志关于东西部共同富裕的"两个大局"的战略构想，江泽民同志的重要论述，中共中央、国务院的有关政策文件。在学习、理解的基础上，积极开展调查研究，为西部大开发战略的顺利实施献计出力。

党的各级组织和全党同志，要密切关注西部大开发，以各种形式参与西部大开发事业，同心协力，为实施西部大开发战略，为中西部地区的加快发展，多作贡献，建功立业。

在邓小平理论指引下，继承和发扬优良传统，建设面向新世纪的参政党*

（2000 年 8 月 11 日）

今天，我们隆重集会，纪念中国农工民主党成立 70 周年。我谨代表农工党中央向全体党员表示热烈的节日的祝贺，向参加纪念大会的中共中央领导和各兄弟党派的代表表示衷心的感谢。在世纪之交，回顾我党走过的历程，对于继承和发扬优良传统，把中国农工民主党建设成面向新世纪的参政党，为国家和人民作出更多贡献，有重要意义。

1927 年，国民党右派蒋介石、汪精卫相继背叛革命，第一次国共合作所形成的轰轰烈烈的大革命运动失败，国民党左派领导人邓演达等为继承孙中山先生的遗教，坚持"联俄、联共、扶助农工"三大政策，主张建立新的革命政党。1930 年 8 月 9 日，在上海召开了第一次全国干部会议，宣布正式成立中国国民党临时行动委员会，并积极开展反蒋活动。在尖锐的斗争中，邓演达不幸被蒋介石秘密逮捕，在威胁利诱之下，英勇不屈，壮烈牺牲。1931 年九一八事变后，临时行动委员会提出"倒蒋抗日"的政治口号，并参与发动福建事变。1935 年 11 月，临时行动委员会响应中共《八一宣言》，召开了第二次全国干部会议，改党

＊ 这是蒋正华同志在中国农工民主党成立 70 周年纪念大会上的讲话。

名为中华民族解放行动委员会，确定了反蒋、联共、抗日的方针。从此，在中国共产党抗日民族统一战线的旗帜下，走上同中国共产党合作抗日的道路。在抗日战争和解放战争时期，为反对日本帝国主义的侵略，为反对国民党独裁统治，争取人民民主，同全国人民和其他民主党派一道，进行了英勇斗争。1947年2月，在上海召开了第四次全国干部会议，改党名为中国农工民主党，在共产党的帮助和鼓励下，多次发表声明，拒绝参加国民党一手包办的伪国大。1948年5月，我党与其他民主党派和无党派人士响应中共"五一口号"中提出的召开新政治协商会议，讨论成立民主联合政府的号召，积极配合解放战争，为建立新中国作出了贡献。我党历经艰难曲折，终于认识到中国革命必须在中国共产党的领导下才能取得胜利的真理。

新中国成立后，我党于1949年11月在北京召开了第五次全国干部会议。会议明确提出：接受中国共产党的领导，以马列主义、毛泽东思想和无产阶级国际主义思想教育全党，以政协《共同纲领》为党的行动纲领；并表示："在中国共产党领导下"，"团结全党同志"，"努力巩固人民民主专政，努力于新民主主义的建设"。随后，我党积极投身于巩固人民政权的斗争和恢复国民经济的工作中，先后参加了土地改革、抗美援朝和镇压反革命运动，并参加了"三反""五反"和增产节约运动。这一时期，我党积极参与国家政权的建设，参加了对中华人民共和国宪法初稿的讨论和修改，一些负责人还在中央人民政府中担任领导职务。

1956年，我国的社会主义改造基本完成，标志着社会主义制度在我国的确立。中国共产党在总结我国多党合作经验的基础上，根据民主党派的重要作用和在政治上不断进步的实际情况，提出了同民主党派"长期共存、互相监督"的方针。同时，中国共产党提出研究和解决知识分子中存在的问题，为民主党派发挥优势、多作贡献创造条件。为响应这一号召，我党组织成立了调查小组，了解高级知识分子的工作、学习和生活情况，并将调查了解的情况整理成《关于知识分子团结改造问题的几点建议》提交中共中央。在以后的年代中，我党与中国共产党一道前进，也共同接受了严峻的考验。不管遇到什么样的政治风浪，始终没有动摇接受共产党领导的坚定信念。

1978年12月，中共十一届三中全会纠正"左"倾错误，重新确立了马克思主义的思想路线、政治路线和组织路线，作出了把全党的工作重点转移到社会主义现代化建设上来的战略决策，提出了加强社会主义民主和法制建设的任务。我国从此进入了社会主义新的历史时期。中国共产党领导的多党合作，也进入了一个新的发展阶段。邓小平同志发展了统一战线理论，作出了新时期统一战线是包括全体社会主义劳动者、拥护社会主义的爱国者和拥护祖国统一的爱国者在内的最广泛的政治联盟的正确论断。中共十二大提出与各民主党派"长期共存、互相监督、肝胆相照、荣辱与共"的十六字方针，为坚持和完善中国共产党领导的多党合作和政治协商制度奠定了新的基础。

1979年10月，我党第八次全国代表大会指出：农工党的"绝大多数成员都已经是为社会主义服务的劳动者，是社会主义的知识分子，是工人阶级的一部分"，农工党"已经成为社会主义知识分子特别是以医药卫生界知识分子为主要成分"的社会主义劳动者和拥护社会主义的爱国者的政治联盟，是在中国共产党领导下为社会主义服务的政党。这是在社会主义建设新时期对农工党性质的明确界定。农工党八大提出，今后一个时期的中心任务是：坚持四项基本原则，维护和发展安定团结的政治局面，把工作重点坚决转移到为社会主义现代化建设服务上来，为实现祖国统一，为加速"四化"建设，为维护世界和平而奋斗，为新时期我党发挥作用指明了方向。

1990 年 2 月，《中共中央关于坚持和完善中国共产党领导的多党合作和政治协商制度的意见》正式发表。《意见》总结了建国 40 年特别是中共十一届三中全会以来中国共产党领导的多党合作的成功经验和优良传统，并结合新的历史条件进行新的科学概括，进一步阐明了中国共产党领导的多党合作的一系列重要原则，明确了民主党派的参政党地位和在国家政治生活中的重要作用。这是我国社会主义政党制度的纲领性文件，也是抵御西方多党制的有力武器，标志着我国多党合作进入了新的历史阶段。

1992 年春天，邓小平同志南方谈话发表。10 月召开的中共十四大明确提出邓小平建设有中国特色社会主义理论。我党积极贯彻中共十四大精神，在《意见》的指导下，努力发挥参政党的整体作用，为国家、为社会、为人民作出贡献。

我党中央和地方组织的主要领导人积极参与国家和地方大政方针和重大决策的协商，参加多种形式的协商活动，列席国务院和地方政府的有关会议 1100 余次。其中，农工党中央主要领导人出席中共中央、国务院召开的民主协商会、座谈会和情况通报会 120 多次。分别就国家和地方领导人人选、政府工作及政治、经济、文化、教育和法制建设等一系列方针，发表意见，为决策的科学化、民主化发挥了积极作用。

农工民主党目前有 180 多位党员担任各级政府部门的领导职务，1450 余位担任各级人大代表，6080 余位担任各级政协委员。农工党中央的主要领导人分别担任了第六、七、八、九届全国人大常委会副委员长、全国政协副主席，中央和地方组织的一些负责人还分别担任全国人大、全国政协常委等职务，直接参与国家事务的管理。农工党中央领导人应邀多次参加重要国事和外事活动。1997 年 7 月 1 日，香港顺利回归，洗雪了我国百年耻辱；

1999 年 12 月 20 日澳门回归祖国，是"一国两制"伟大构想的又一次成功实践。农工党中央的领导人作为中国政府代表团成员，参加了这两次盛大的政权交接仪式。许多农工党成员在各级政府担任高级职务，直接负责行政事务。

农工党先后参与了对教育法、劳动法、反贪污法、行政诉讼法、技术成果转让法、高等教育法等多项法律草案的修改工作，并对宪法的修改提出了建设性的建议。我党中央还提出了《加快安全生产立法的建议案》，引起全国政协、劳动部的高度重视，并召开专门座谈会，促进了这项法律的制订。同时，农工党各级地方组织也积极参与了地方法律法规的修改和制定。

发挥民主监督作用是民主党派的又一项重要工作。农工党中央和各级地方组织，发挥各自优势，就群众普遍关心的热点问题深入调查研究，向有关部门提出改进建议。我党中央派员参加了中共中央、国务院反腐败三项规定落实情况的检查，根据检查结果提出的建议得到中共中央纪律检查委员会的肯定和采纳。配合政府开展了对环境保护法、教师法、审计法等法律的执行情况的检查，参加了财政、物价、环境保护、土地管理和耕地保护等方面执法情况的检查。我党有千余名党员被聘为各级特约检查员、监察员、审计员和教育督导员。

在人民政协中，农工民主党积极发挥作用，为经济建设和社会发展在多层次、以多种形式建言献策。近 10 年来，农工党在各级政协的各次会议上提交的提案达 2.2 万多件，其中有的还被评为优秀提案。提案内容包括医疗卫生改革、振兴祖国传统医药、促进发展农村经济、加强社会治安、搞好国有大中型企业、加强精神文明建设、贯彻科教兴国战略、加强耕地管理、加强文物保护及参与实施西部开发战略，等等。

农工民主党努力参与国是咨询，为宏观决策提供服务。从

1989 年开始，农工党中央主要领导人每年都要带队考察咨询。先后到河北省秦皇岛、唐山、沧州渤海湾开发区，贵州省毕节地区，广西壮族自治区的百色地区，陕西省的榆林地区，内蒙古自治区的包头地区，福建省的龙岩地区，河北省的廊坊地区等，为区域性经济发展提供战略咨询服务，并就有关重大问题整理成书面材料，提出建议，上报中共中央和国务院。我党的领导人还先后参加了各民主党派中央和全国工商联领导人赴山东、苏南、浦东地区，京九沿线部分省市，以及三峡工程的考察活动。江泽民等中共中央领导人对这些考察十分重视并亲自主持座谈会，对我党的汇报和建议给予了很高的评价。

农工党中央和各级地方组织发挥自身优势，开展多种为社会服务的活动。先后开办了 80 余所各类学校，注重社会效益，保证教学质量，为发展经济培养了大批有用人才，赢得社会的广泛赞誉。一些地方组织还建立了各具特色的门诊部，举办医疗保健讲座、义诊等。农工党作为"国际科学与和平周"的主办单位之一，自 1993 年以来，各级组织以越来越大的规模参加了这一活动，多次受到中国组委会的表彰，1995 年被授予"和平使者"称号，1997 年被授予"特别奖"，1998 年被授予"特别贡献奖"。1977 年，世界卫生组织提出"2000 年人人享有卫生保健"的全球战略目标，1986 年，我国政府对此作出了庄严承诺。我党中央为协助政府实现这一目标，从 1994 年开始筹建中国初级卫生保健基金会。1997 年 6 月，该会正式成立后，广开集资门路，争取各方面的支持，积极开展健康扶贫工作。

通过实践，我们深深体会到，民主党派参政议政的领域是广阔的，包括政治、经济、文化等各个方面，但归根结底是为发展社会生产力多做工作。只有以我们的意见和建议是否有利于增强综合国力、是否有利于提高人民生活水平，作为检验参政议政工作的根本标准，才能不断提高我们的参政议政能力，在 21 世纪我国的改革开放和社会主义现代化建设事业中作出更大的贡献。

进入新的历史时期，农工党吸收了大量高、中级知识分子，增强了党的活力。截至 1999 年年底，我党在全国 30 个省、自治区、直辖市都建立了地方组织，党员总数达到 73802 人。近年来，我党抓紧后备干部队伍的建设，不断引进新人，大大推进了领导班子的自身建设。1992 年以来，通过两次换届，实现了领导班子由老一代向新一代过渡。1997 年 10 月召开的农工党第十二次全国代表大会，平稳顺利地实现了历史性的新老交替，建立起了跨世纪的领导班子。新领导班子主要由改革开放以来涌现出来的年富力强有代表性的人士组成，年龄明显降低，整体素质显著提高，体现了知识层次高、代表性强的特点。加强领导班子和干部队伍建设，不仅有利于我党健全参政党体制，也有利于干部队伍整体活力的提高。

江泽民总书记在最近的一次讲话中说："历史和现实都表明，一个政党，一个国家，能不能不断培养出优秀的领导人才，在很大程度上决定着这个政党、这个国家的兴衰存亡。"这给了我们很深刻的教育。执政党需要一大批优秀的领导人才，参政党也同样需要一大批优秀的领导人才。我们要从保证社会主义的中国在未来激烈的国际竞争中始终强盛不衰这样一个政治高度、长远观点，来认识培养优秀中青年领导干部的意义；要从巩固和发展广泛的爱国统一战线、坚持和完善中国共产党领导的多党合作和政治协商制度的高度，来认识领导班子的新老交替和政治交接的意义。要明确这项工作既是当前的紧迫任务，又是 21 世纪的一项长期发展战略。我们要努力提高中央和各级地方组织领导干部的政治素质，特别是要努力提高中青年领导干部的思想政治素质，使之成为具有一定马列主义、毛泽东思想和邓小平理论水平，坚持走有中国特色社会主义道路，善于带领广大党员参政议政的民主党派的领导人。这就要求各级干部加强学习，拓宽视野，能够和善于观察世界大势和正确把握时代要求；还要培养战略思维能力和创造能力，善于从实际出发不断研究和解决多党合作和政治协商中的一些重大问题。选拔和任用干部，要坚持德才兼备的原则，既要看本人素质，更要看工作实绩。坚持任人唯贤，反对任人唯亲；既要德才兼备，又不求全责备；既要坚持标准，又要不拘一格。要不断深化干部人事制度的改革，形成干部能上能下的机制，为优秀青年干部脱颖而出健康成长创造良好的环境和条件。

在同中国共产党的长期合作中，民主党派在许多基本原则和重大方针方面与中国共产党形成了广泛共识。坚持以邓小平理论为指导，坚持社会主义初级阶段的基本路线和基本纲领，坚持共产党领导的多党合作和政治协商制度，坚持"长期共存、互相监督、肝胆相照、荣辱与共"的方针，是对多党合作成功经验的科学总结，我们全党同志必须始终不渝地加以遵循。

我们不仅要搞好以新老交替和政治交接为中心的组织建设，还要抓紧抓好思想政治工作。要按照江泽民同志关于加强思想政治工作讲话的精神和今年多次提出的"三个代表"的要求，结合我党实际，加强和改进我党的思想工作。第一，要紧密结合我国社会主义改革和建设、国际形势发展变化的实际，以及我国多党合作和政治协商的实践，加强对马克思主义的宣传，不断增强马克思主义理论的说服力和战斗力；第二，要紧密结合广大党员和干部在思想认识和工作、生活中产生的新问题，突出加强信念教育，不断增强全体党员的凝聚力；第三，要紧密结合社会主义市场经济的发展，努力加强社会主义道德教育，不断提高全体党员的思想道德素质；第四，要紧密结合社会精神文化生活的发展，努力探索出一套行之有效的方式、方法、手段和机制，不断提高思想政治工作的感召力和渗透力。思想政治工作，全党都要做。中央要做，各级地方组织也要做；宣传部门要做，其他部门也要做；领导干部要做，一般党员也要做。要在全党形成一种人人都做思想政治工作、人人会做思想政治工作、人人愿做思想政治工作的氛围。思想政治工作要扎扎实实，注重实效，避免喊口号，走过场，凑热闹，搞华而不实的东西。要通过思想政治工作，真正搞通一些理论问题，真正解决一些广大党员和所联系群众的思想认识问题和实际问题。

我们还要加强机关建设，将机关干部队伍建设成坚强、高效的战斗集体，团结、和谐的工作班子，使机关成为反映参政党形象的窗口和联系党员群众、开展工作的枢纽。为此，第一，要参照国家公务员管理条例的要求，选拔和配备好机关各部门的干部，择优录取，量才使用，充分发挥每个人的优势和特长；第二，要增强机关干部的责任感，培养团队意识，形成强大的凝聚力；第三，要建立健全各项规章制度，做到有章可循，有法可依，使机关工作井然有序。总之，机关建设的根本目标是提高办事效率，保证全党各项工作高效、正常运行，保证我党更好地发挥参政党作用。

同志们，20世纪就要过去，21世纪即将来临。我们一定要继承和发扬多党合作的优良传统，丰富和发展政治交接成果，保持团结稳定，进一步优化领导班子结构，并按照干部人事制度改革的方针，健全干部物色、培养、选拔机制。坚持以邓小平理论为指导，按照基本路线和基本纲领，坚持和完善中国共产党领导的多党合作和政治协商制度，围绕改革、发展和稳定大局更好地发挥参政党作用，始终坚持正确的政治方向，努力形成在21世纪与建设有中国特色社会主义相适应的政治纲领、组织制度和领导机制，把我党真正建设成一个崭新的、面向21世纪的参政党。

在纪念农工民主党成立 70 周年之际，我们再次强调继承并发扬我党爱国革命的光荣传统，概括起来主要有四条：第一，爱国主义的传统。爱国是我党建党时期的思想基础和政治基础。新中国成立后，我党走上了社会主义道路，爱国主义、社会主义两面大旗团结了最大多数的有志之士，也是农工民主党的重要基础。第二，自觉接受中国共产党的领导，坚持与中国共产党亲密合作。我党在历史发展的各个关键时刻，都是在中国共产党的指引、帮助和领导下坚持了正确的政治方向。我党能够在中国革命和建设中作出贡献，都是与中国共产党亲密合作、风雨同舟、荣辱与共、团结奋斗的结果。没有中国共产党的领导，就没有我党的今天。自觉接受中国共产党的领导，坚持与中国共产党亲密合作，永远是我党的立党之本。第三，紧密围绕中国共产党和国家的中心任务开展工作。我党的全部工作和活动只有坚持围绕中心、服务大局，才能充分体现我党存在的价值，才会对社会作出应有贡献。第四，自觉学习和运用马列主义、毛泽东思想和邓小平理论，坚持自我教育，发展自我教育的优良传统。

今年是世纪交替之年。我国在工作的总体部署上，将深入贯彻中共十五大及十五届四中全会精神，制定第十个五年发展计划，实施西部大开发战略，继续推进改革开放，促进社会经济的全面繁荣与进步。在即将到来的 21 世纪，机遇与挑战并存。我们要按照江泽民同志提出的"加强学习，加强修养"的要求，以"三讲"教育精神，提高政治修养，承担起历史赋予我们的重任，紧密团结在以江泽民同志为核心的中共中央周围，高举邓小平理论伟大旗帜，围绕经济建设中心，服务于改革、发展、稳定的大局，加强自身建设，搞好政治交接，不断提高参政议政水平，为实现中华民族在 21 世纪的伟大复兴，为实现祖国统一作出更大贡献。

在中国农工民主党第十二届中央委员会
第四次全体会议闭幕式上的讲话（摘要）

（2000 年 12 月 14 日）

一、学习贯彻中共中央一系列重要会议精神，找准
位置，认真履行参政议政、民主监督的职能

今年是世纪之交的一年，又是"九五"计划最后一年，中共中央召开一系列会议从战略高度部署跨世纪的中国发展工作。中共十五届五中全会关于制定"十五"计划的建议明确指出，新世纪初，发展是主题，结构调整是主线，改革开放和科技进步是动力，提高人民生活水平是最根本的出发点。发展是硬道理。"九五"期间，我国的改革和建设，任务之艰巨，情况之复杂，成就之巨大，是历史上少有的。在中国共产党的正确领导下，全国人民共同努力，提前实现了现代化建设的第二步战略目标，人均国民生产总值翻两番；基本消除贫困现象，人民生活达到小康水平；加快了现代企业制度建设，初步建立起社会主义市场经济体制。历史的经验证明，凝聚力量、克服困难，把我们的事业不断推向前进，归根结底要靠发展。我们的根本任务是发展生产力，发展经济，这是大局，所有工作都要服从这个大局；改革不断深化，会遇到各种矛盾和问题，要从根本上解决，还是靠发展。只有坚持以经济建设为中心，抓住机遇，加快发展，才能在

错综复杂的国际国内环境中立于不败之地。

当前，世界正在发生巨大的变化，总的来说，这种变化有利于我国的发展，但是也同样带来了严峻的挑战。世界政治多极化的趋势不可逆转，经济全球化加速发展，综合国力的竞争更加激烈。国内的经济结构调整进入关键时期，改革处于攻坚阶段，种种深层次的矛盾暴露得更加突出，迫切需要解决，加入世贸组织使我们面临许多新的问题，各方面的任务繁重。同时我们还应警惕新形势下各种形式的尖锐斗争仍然存在，国际上西方敌对势力不愿看到中国的发展，一些人正在加紧对我国实施"西化""分化"的阴谋，通过各种渠道进行政治文化、意识形态的渗透，国际互联网的发展使得这种"渗透"更加方便、更加隐蔽。20年的改革开放除了促使我国加快发展之外，也对我们的价值取向、道德观念和行为选择产生了深刻的多元化影响，新旧体制交替的过程中伴生的各种社会矛盾不断增加，造成部分人认识模糊。面对这种错综复杂的形势，我们要按照小平同志留给我们的政治遗嘱所讲的"沉着应付"。"沉着应付"并不是无所作为，我们一方面要坚持以经济建设为中心，加快发展壮大自己，在发展中解决问题。假如说改革开放初期，我们打开了窗户放进来新鲜空气，难免会有苍蝇飞进来的话，下一步深化改革、扩大开放，就可以说把大门都打开了。

大变革时期有许多需要回答的问题，情况变化也很快。从一个角度来讲，这是对我们的挑战，我们过去不熟悉的一些东西强迫我们要去熟悉、要去研究；但是从另外一个角度来讲，也是一个机遇，就是为我们在理论上去发展、创造提供了一个非常好的实践的环境、研究的环境。如果总是原来的老环境，理论的发展、创造就失去源泉，没有推动力了。所以，任何事情都有两面性，这是辩证法。从消极的角度去看问题，只能看到面临挑战的方面；从积极的意义来看，就能够更多地看到变化中的机遇，能够创造经验，能够在理论上有所发展、有所前进。我们在这样充满活力的新时期一定要有勇气做民主党派思想政治工作的开拓者，要争取有所发明、有所创造、有所前进。身处变革时期，也是难得的机会。建立和完善社会主义市场机制的时期，要全面实现小康的时期，有很多新的内容值得我们研究。

新世纪，我国将要进入全面建设小康社会、加快推进现代化的新的发展阶段，社会主义民主政治建设也在有领导、有步骤地不断推进，中共中央十分重视民主党派作用的发挥。在新的发展阶段中，民主党派也要担起参政党新的责任。我党要在新世纪发挥参政党的应有作用，全党同志就必须反复认真学习中共十五大、十五届五中全会、统战工作会议等一系列重要会议有关文件，深刻领会精神实质，牢牢把握发展的主题，以经济建设作为全党的工作中心，自觉地服务和服从于这个中心，在深入贯彻中共中央方针、政策精神上下功夫。我党要在新世纪发挥参政党的应有作用，既要充分考虑我国的国情，又要结合我党自身的特点和优势，把着力点放在力所能及的宏观层次和微观层次上，考虑体现特点的全局性和局部性的问题。要充分发挥人才荟萃的优势，动员广大党员积极主动地参与"十五"计划的贯彻实施；要充分发挥智力密集的优势，协助做好人才的培养和引进工作，帮助改善有利于人才发挥作用的环境和机制；要充分发挥联系广泛的优势，做好对外开放中的牵线搭桥工作，协助国家加大外引内联的力度；要充分发挥渠道畅通的优势，加强调查研究，及时反映社情民意，提出切实可行的意见和建议，为政府制定符合实际的方针政策提供可靠依据；要发挥我党协调关系、化解矛盾的作用，调动一切积极因素，积极参与"十五"计划的实施。在工作中，既要围绕经济建设中心，拓宽领域，也要注意发挥农工民主党成员的特长。总之，就是要把全党的意志、智慧和力量都凝聚起来，以求实、创新的精神，把履行职能寓于为经济建设服务之中，在贯彻"十五"计划中大显身手，为推动经济发展和社会进步作出贡献，为"十五"计划的顺利实现提供强有力的支持。

二、学习贯彻全国统战工作会议精神，坚持和完善共产党领导的多党合作和政治协商制度

本月初，中共中央召开了全国统战工作会议，这是一次统战工作历史上具有里程碑意义的重要会议，江泽民同志和李瑞环同志在会上发表了重要讲话，王兆国同志作了工作报告。会议回顾总结了统一战线的成绩和经验，明确了新世纪统一战线的地位和作用，明确了统一战线的形势和任务，是一次承前启后、继往开来的会议，是统一战线继承 80 年辉煌、再创新世纪伟业的会议，必将对新世纪的统战工作产生深远的影响。江泽民同志的讲话全面、深刻地阐述和发展了新时期统战工作理论，是新世纪指导统战工作的纲领性文件，我们要组织全党反复学习、深入领会、认真贯彻。

学习贯彻全国统战工作会议精神，对于我党工作首先要把握两点。一是牢牢把握统一战线工作的根本任务和基本要求。统一战线工作的根本任务就是争取人心、凝聚力量，为实现国家的宏伟目标而团结奋斗。基本要求就是：高举爱国主义、社会主义旗帜，团结一切可以团结的力量，调动一切积极因素，化消极因素为积极因素，为建设有中国特色社会主义的经济、政治、文化服务，为维护安定团结的政治局面服务，为实现祖国完全统一服务，为维护世界和平与促进共同发展服务。二是充分认识民主党

派进步性和广泛性相统一的特点，坚持和完善中国共产党领导的多党合作和政治协商制度。充分认识这项基本政治制度的优越性，不断巩固多党合作的政治基础，同时还要保持宽松稳定、团结和谐的环境，使全党同志心情舒畅，形成强大的合力。在新世纪，我国社会经济和民主政治、法制建设将不断发展，我党在两个文明建设各个领域的参政议政、民主监督作用将不断得到更大的发挥，参与国家政治、经济和社会生活的广度和深度将日益拓展，履行参政党职能和义务的责任将不断加重。为适应形势发展的要求，摆在我党面前的重要任务就是：深入贯彻中共中央〔1989〕14号文件和即将颁布的《决定》中的各项规定，充分发挥参政党作用，继续大力加强自身建设，搞好调查研究，做好广大党员的思想政治工作，培养和造就一批与共产党亲密合作、具有较强参政议政能力、并能经受各种政治考验的新一代领导骨干，从整体上不断提高参政议政的水平，更好地履行民主监督的职责，完成我党的崇高的历史使命。

统一战线是中国共产党领导中国革命和建设的三大法宝之一，在中国革命和建设的各个时期都发挥了非常重要的作用。但在"文化大革命"期间，由于受到极左思潮的干扰，加之"四人帮"的破坏活动，包括统一战线在内的正常工作受到严重损失。中共十一届三中全会以后，中共中央拨乱反正，使统一战线重新焕发了生机。邓小平同志坚持马克思主义实事求是的思想路线，正确分析了我国阶级状况的根本变化，将民主党派的性质从阶级联盟重新确定为政治联盟，统一战线的组成发展成为包括全体社会主义劳动者、拥护社会主义的爱国者和拥护祖国统一的爱国者，主要任务从为阶级斗争服务转移到为经济建设这个中心服务。这是一个历史性的转变，超越了社会制度和意识形态，最大限度地团结一切可以团结的力量，使统一战线空前发展，生机勃勃。

改革开放以来，中国共产党领导的多党合作有了巨大发展，取得了显著成绩。中共十二大把与民主党派合作的"长期共存、互相监督"的方针发展成为"长期共存、互相监督、肝胆相照、荣辱与共"的十六字方针，反映了新时期共产党和民主党派在根本利益一致基础上结成的诤友关系。特别是1990年2月，中共中央〔1989〕14号文件正式发表，谱写了多党合作的新篇章，标志着中国共产党领导的多党合作和政治协商制度发展到一个新阶段。14号文件把民主党派明确为参政党，这是一个历史性的定位。1993年3月，全国人大八届一次会议把"中国共产党领导的多党合作和政治协商制度将长期存在和发展"庄严地写入宪法，把坚持这项制度上升为国家意志，将这项制度作为国家政治制度的重要组成部分确定下来，使多党合作走上了规范化和法制化的轨道。14号文件发表以来，中共中央领导人主持或委托有关部门召开的协商会、座谈会、谈心会、情况通报会等共152次，江泽民总书记亲自主持的就有42次，平均每年约14次，大大超过以前各个时期的次数。多党合作、政治协商在我国决策的科学化、民主化中，发挥了重要作用。

在中国共产党领导的多党合作、政治协商制度中，共产党是执政党；各民主党派参政，是友党，是参政党。这是我国政党制度的特点，也是我国政党制度的优点。确立什么样的政党制度，对于国家的经济发展、社会进步、政治稳定具有重要的意义。中国共产党领导的多党合作和政治协商制度是我国的基本政治制度，也是符合我国国情的先进的政党制度。它是中国共产党运用马克思主义政党学说，从我国国情出发，深刻总结历史经验，在长期的革命和建设实践中，同各民主党派共同创立和发展起来的，是历史发展的结果，也是中国人民政治经验、政治智慧的结晶。江泽民同志的重要讲话就这项制度的特征、衡量政党制度的标准、民主党派进步性与广泛性的内涵、多党合作政治原则、互相监督五个方面进一步深入阐述，使我们更加认识到共产党与各民主党派在国家重大问题上进行民主协商、科学决策，集中力量办大事；共产党与各民主党派的互相监督是建设性的，能够促进共产党领导的改善和参政党建设的加强。这是适合中国国情的最好的中国政党制度。各国的社会基础、历史传统和发展程度各不相同，政党制度也必然各不相同。世界上没有也不可能有适用于所有国家的政党制度。企图照搬西方政党制度模式来代替我国的政党制度，在理论上、政治上是极端错误的，在实践上必然造成灾难性后果。

在新世纪里，我党要履行参政党在新的历史时期的政治职责，要协助中国共产党把建设有中国特色社会主义事业继续推向前进，实现中华民族的伟大复兴。这是一项艰巨、复杂的历史任务，要求我们必须始终保持政治上的清醒和敏锐，必须加大政治引导的力度、强化党的共同政治理念和共同的政治目标，进一步提高党员在政治上的坚定性、敏锐性、识别力和免疫力，始终保持党的政治联盟的进步性，作为一支稳定、健康的政治力量，为国家的改革、发展和稳定不断作出贡献。民主党派的组织现在发展得很快，我们农工党现在已经有 7.5 万多人了，假如每年增加5%，14 年党员的数量就要翻一番，大批的新党员形成了与过去完全不同的结构。现在我党的党员里面，约有 95% 的人是 20 世纪 80 年代以后入党的。这些新党员年龄轻、学历高、思想活跃、工作积极、经历比较单纯，这是我们新党员的一个共同特点。农工党的老一辈党员都有与中国共产党长期合作的经验，就是 60岁上下的人，也经历过许多政治活动，60 岁上下甚至 65 到 70多岁的老同志都下过乡、到过农村、到过工厂，对中国的国情、发展的历史有比较真切的认识。但是在近年加入组织的一些同志在这些方面还缺乏锻炼。就是 60 岁上下的，也有不少人，包括我自己在内，过去也还是搞科学技术多，搞业务工作多，做政治工作比较少，做党派工作的经验就更少，所以，必须加强学习、加强磨炼，使自己更好地适应工作的需要。我们都要按照江泽民同志提出的要求，加强学习，加强修养。当前着重要加强学习邓小平理论、江泽民同志的讲话，学习统战工作方针政策，学习现代科技，适应工作要求。

三、以"三个代表"为指导，搞好 2002 年换届的准备工作

《关于 2002 年中央和省级组织换届工作的决定》（以下简称《换届工作的决定》），已在中常会上审议通过。《换届工作的决定》指出，我党将于 2002 年第四季度召开第十三次全国代表大会，各省级组织也将于 2002 年开始陆续召开代表大会进行换届。这次换届是新世纪我党的第一次换届，对于我党加强自身建设，特别是加强领导班子建设，进一步提高参政议政、民主监督的能力，保证新世纪共产党领导的多党合作制度的巩固和发展，具有重要的意义。做好 2002 年中央和省级组织换届工作，是我党明后两年的重要任务，中央和各省级组织要从讲政治的高度统一认识，以"三个代表"重要思想为指导，加强领导，贯彻政策，认真准备，扎实工作，保证换届工作平稳、顺利地完成。

江泽民同志关于"三个代表"的重要思想，是站在世纪之交的历史高度，着眼于我国改革开放和现代化建设全局，运用马克思主义的立场、观点和方法，总结历史，分析国内国际社会主义运动的现实得出的科学思想，是对马克思主义建党学说的新发展，是理论与实践相结合的典范。这一重要理论成果，对于我们

参政党的领导干部来说，也是十分适用的。民主党派的先进性在领导干部身上应当表现得更加鲜明，领导干部能否坚持代表先进生产力的发展要求、先进文化的前进方向、广大人民群众的根本利益的而努力提高水平，做好工作，直接关系到我党自身建设，关系到我党在国家政治生活中发挥作用的大小，关系到我党在人民群众心目中的形象，同时也关系到我党的前途与命运。因此，领导干部必须按照"三个代表"的要求，提高思想政治素质，提高领导水平和参政议政水平。建设一支高素质的领导干部队伍，造就一批与共产党亲密合作、具有较强参政议政能力、并能经受各种政治考验的新一代领导骨干，是我党换届工作的重点，也是我党始终保持正确的政治方向的关键。要达到这一点，就必须按照"三个代表"的要求，加强后备干部队伍建设，培养和选拔好接班人，努力形成与新形势新任务要求相适应的领导班子。

《换届工作的决定》明确了换届的指导思想、基本方针和具体政策，对代表大会代表的产生、换届时间安排、换届筹备工作都提出了要求。2002 年换届要以政治交接为主线，以思想建设为核心，以建设面向新世纪高素质的参政党为目标，着眼于坚持完善共产党领导的多党合作和政治协商制度，着眼于继承和发扬我党的优良传统。中央和省级组织，特别是担负主要领导责任的同志要按照《换届工作的决定》，亲自动手，通过调查研究，分析测算和充分酝酿，制定出换届的工作方案，深入细致地做好思想政治工作，积极稳妥地解决好换届中出现的问题和矛盾。"翠竹节节发新枝，全凭老干来扶植。"这次换届。我们在座的中委将有相当一部分退下来，希望退下来的同志重事业兴旺，轻个人进退，积极物色和培养接班人，做好传、帮、带，把符合条件的人选引进到领导班子，使我党的事业后继有人。

四、研究思想政治工作的方式方法，巩固和发展思想政治工作的成果

思想政治工作是做人的工作，属于精神世界的问题。我们在加强思想政治工作中，一定要有的放矢，加强针对性。改革开放以来，我国的社会生活发生了广泛而深刻的变化，各种经济成分、组织形式、利益分配和就业方式等多样化，必然给我们的政治、经济、文化和社会生活带来深刻的影响，向我党参政和参与各项事业提出新的更高的要求，同时又使我党党员的思想认识和价值观念出现多样性、复杂性。因此，我们要通过思想政治工作，通过思想的接触、疏导，化解疑惑，消除矛盾，帮助党员树立正确的世界观、人生观和价值观，以积极向上的姿态，投入社会主义现代化建设。

江泽民同志在中共中央思想政治工作会议上的讲话中，提出了需要深入研究的"四个认识"问题：如何认识社会主义发展的历史进程，如何认识资本主义发展的历史进程，如何认识我国社会主义改革实践过程对人们思想的影响，如何认识当今国际环境和国际政治斗争带来的影响。这四个问题提得非常深刻，有很强的针对性。这些问题不仅中共党内要深入研究，我们民主党派也应当认真地思考研究。要把学习邓小平理论，加强理想信念教育，加强社会主义道德教育，坚持爱国主义、集体主义、社会主义教育和研究实际问题结合起来。社会不断发展，人们思想意识多样化的发展是自然的趋势，但是在原则问题上要取得一致。

20世纪90年代初，苏联解体、东欧剧变，在有一部分人当中曾经引起了困惑和迷惘。在这次剧变当中，很多国家通过实践受到了一次深刻的教训，西方的模式并不是保证发展的好样板。

从历史的发展来看，东欧剧变、苏联解体确实是社会主义运动当中的一个曲折，但是远远没有当初表面上看起来那么严重，社会主义在这些国家还是有很强大的力量，还是能够得到很多人的支持。另外一个很突出的例子是古巴在美国的无理的封锁下，还是继续存在，并且不断地前进。美国的无理封锁已经越来越受到各方面的批评、指责，拉丁美洲的国家早就把古巴吸收到拉丁美洲的组织中，古巴的很多方面，如教育、卫生保健等在拉丁美洲都是做得最好的。连现在美国国内也有不少人认为美国单方面的制裁缺乏法理的根据，应当取消。即使看这样一些国家的话，社会主义的生命力还是依然很旺盛。

中国社会主义市场经济的发展，更是令世人折服。近年来，有许多外国客人来访，都对我们国家这些年来的经济发展表示钦佩，并且希望要学习我们的经验。台湾地区来的人更多。不久前，有一个台湾人投资办的小学开学，来了40多位台湾地区所谓"立法机构"成员。有时，台湾"立法机构"开会，到的人都没有那么多。很多人对中国的发展都很钦佩，对中国的未来有很高的信心。

有的人以为资本主义国家现在很发达，社会主义国家不行。我们对比看一看资本主义国家的发展过程，就可以进一步地认识到社会主义的优越性。学术界把资本主义分成四个阶段。第一个阶段是15世纪初到18世纪中叶。这300年是资本主义孕育、直到取代封建主义的发育阶段。资本主义发育就用了300年的时间，才能够完全地取代封建主义，能够站住脚。从这以后到20世纪初，资本主义经历了150年的自由竞争时期。在资本主义发展阶段，产生了很多问题。它的发展后期，矛盾无法化解，发生了两次世界大战，也发生了空前未有的经济危机。发展到垄断资本主义时期，大约是50年的时间。1929年开始的经济大危机一连 8 年，使世界经济陷入到全球性的萧条状态。最后经过非常艰苦的恢复过程，美国在第二次世界大战中凭借其特殊地位才使经济复苏。资本主义那么长的发展过程中，经常不断经历一个兴旺时期，然后是萧条时期，再复苏、再萧条，不断地经历着曲折的过程。资本主义的经济学，有很多的所谓经济周期，有短周期，有中周期，也有长周期，很多理论就是专门讲经济萧条和复苏的。这说明，资本主义内部有很多固有的问题，内部一直在不断地调整、改变。一直到现在，资本主义也还没有找到理想的模式。

美国在 20 世纪 80 年代很狂妄，曾把自己的社会模式称为"华盛顿共识"，向全球推行。但是，美国这种资本主义模式，连资本主义社会都不认为它是理想的。1996 年 6 月 15 日，有 30 万德国人走上波恩街头示威游行，他们呼的一个口号叫作"反对德国社会美国化"。这次示威有一个特点，就是大批中产阶级第一次走上街头，喊的口号就是"反对美国化"。从经济的角度讲，过去有过所谓瑞典的模式、联邦德国的模式、芬兰的模式，最近还在提出一种荷兰的模式。不要认为美国的资本主义发展是很美丽的一个模式。其实，假如我们真正了解经济发展、经济学知识的话，知道一点国外情况的话，就可以知道，连资本主义社会都认为美国的模式有很多的弊病，在不断地改革，许多时候吸收了社会主义的思路。与资本主义几百年的发展历史来比，社会主义还是在一个发展的初级阶段。苏联由于当时的历史条件，在管理等等方面有一些弊病，但是，苏联经过 70 年的发展，就能够跟美国并驾齐驱、能够互相抗衡，这是一个很不简单的事情。在这么短的一个发展阶段，取得了跟当年资本主义发展相当的成就，存在一些问题，那是毫不足怪的。历史地来看，用历史唯物主义的观点来看，社会主义制度有着巨大的优越性。我们不断地探索、不断地前进，社会主义一定能够越来越完善。对于这一点，我们应该充满信心。

我们还应该对中国的政党制度有一个很明确的认识。以政党的形式来开展政治活动是现代政治生活当中的重要特点，这是非常重要的一个特征。中国的历史上，"党"这个词不是一个好名词。中国历史上"朋党""结党营私"等用词，里面的"党"字都含有贬义。现代各个国家的政党制度的形成，都与本国的历史发展有密切的关系。世界上最早有正式政党制度的是英国。英国产生政党的原因就是由于当时老国王去世，王子要继位，在英国贵族里面分成两大派，一派是支持新王的，另一派是反对新王的，在议会中激烈斗争。这样，以后就形成了保守党和工党两大党。而美国的两党制则起源于南北战争。一部分人代表了南方大地主的利益、奴隶主的利益；另一部分人代表了北方工商业者的利益，要解放黑奴。这样，逐步形成了民主党与共和党。英美同是两党制，但是运行方式完全不同。在美国，一个政党竞选获得胜利以后，这个党并不一定能够执政，它所推举的总统候选人可能上了台，而党的组织并不一定控制国会，所以，国会和政府之间的矛盾经常发生。美国有一段时间，国会不批准政府的预算，政府关门，大使馆都关门，在我们看来简直是个笑话。英国的政党制度也是两党制，但是有一个英皇作为国家的名义上的元首。政党获得执政的地位，在议会中居于多数后，也获得政府的权力，这样就避免了首相跟议会之间的矛盾。日本政党制度的形成也跟它的背景有关。美国占领日本时，麦克阿瑟的权力很大，是日本的"太上皇"。他想在日本推行美国的政党制度，但是，日本过去政治的背景是幕府制，军阀林立，加上天皇制，这样的历史背景就形成了政党林立、一党独大的政党结构，实际上反映了过去日本政治力量的分布。所以，一个国家的政党制度怎么样，并不是哪些人的主观意志所能决定的，而是要根据这个国家历史的发展、政治的状况、具体的国情这些方面来决定。

建立符合中国国情的政党制度，也曾经有很多先行者进行过痛苦的探索。1905 年，孙中山建立了中国第一个政党，叫中国同盟会。但是，由于这个政党本身的软弱性，推翻了封建帝制以后，国家的实权落到了袁世凯的手中。袁世凯玩弄了很多政治手腕，一开始为了削弱孙中山所领导的中国同盟会的力量，在中国过去军阀林立的背景下鼓动推行多党制。多党制搞起来以后，中国同盟会就改组成国民党。这个时候，袁世凯挑动另外两个比较大的党，三个党联合起来跟国民党进行对抗；又派军警包围了所谓国民大会，三次投票，最后强行把他选上了大总统的宝座。袁世凯登上大总统的宝座以后，就觉得这些政党失去了利用价值，于是强制解散了政党，圆了他的"皇帝"黄粱梦。所以，中国的多党制度是一种完全失败的尝试。当时，袁世凯喊的口号也很漂亮，叫作"革命军起，革命党消"，通过这么一个漂亮的口号来削弱革命的力量，然后进一步实现他个人的独裁梦。国共合作促进了北伐的成功，但蒋介石、汪精卫的叛变又葬送了革命的成果，蒋介石实行一党独裁。蒋介石的一党独裁也有个名字，叫"一党训政"。一党独裁的结果是什么呢？我们大家也很清楚：一党独裁造成了经济上官僚买办资产阶级垄断中国的经济命脉，政治上排斥异己，贪污腐败横行，甚至把屠刀架到了人民的头上。我党的创始人邓演达烈士也在国民党、蒋介石一党独裁下壮烈牺牲。经过痛苦的探索，民主党派人士才认识到必须与共产党合作，在共产党的领导下共同奋斗。中国的基本政治制度、中国共产党领导的多党合作与政治协商制度，是在这样复杂、长期的斗争过程中形成的。我们一定要百倍珍惜这一无数人流血牺牲换来的宝贵经验，兢兢业业做好工作。

风雨同舟，再创辉煌

(2001 年 7 月)

7 月 1 日，我们迎来中国共产党 80 华诞。中国共产党成立 80 年来，在新民主主义革命时期，带领全国人民反帝反封建，前赴后继，浴血奋斗，建立了新中国；在社会主义建设时期和新的历史时期，带领全国人民进行现代化建设和推进改革开放，取得举世瞩目的成就。半个世纪前积贫积弱、满目疮痍的中国，如今外汇储备位居世界第二，经济总量位居世界第七，进出口贸易总额位居世界第七；香港、澳门相继回归，洗雪百年国耻，繁荣昌盛的社会主义中国以前所未有的蓬勃生机和活力迈入 21 世纪。生活在日益富强的社会主义祖国，我们充满喜悦和自豪。在中国共产党的生日之际，由衷地向中国共产党表示崇高的敬意和热烈的祝贺！

一

回顾中国农工民主党建党 71 年来与中国共产党风雨同舟的岁月，我们深刻地认识到，农工民主党在历史发展的各个关键时刻，都是在中国共产党的引导、支持和帮助下坚持了正确的政治方向；农工民主党的每一个进步，都与中国共产党的正确领导分不开。没有共产党就没有新中国，没有共产党也就没有农工党的今天。坚持中国共产党的领导是农工民主党最根本的历史经验和光荣传统，是农工党的立党之本，也是今后农工党与中国共产党

"长期共存、互相监督、肝胆相照、荣辱与共"的根本前提。农工民主党只有接受中国共产党的领导，只有在中国共产党领导的多党合作的政党制度下，才能更好地发挥作用。

1927年，蒋介石、汪精卫相继背叛革命。国民党左派领导人邓演达等为继承孙中山先生的革命三民主义，坚持"联俄、联共，扶助农工"三大政策，主张建立新的革命政党。1930年，创立了农工民主党的前身——中国国民党临时行动委员会，提出了反帝反封建的纲领，并积极开展反蒋活动。在尖锐的斗争中，邓演达不幸被蒋介石逮捕，壮烈牺牲。在中国共产党统一战线政策影响下，临时行动委员会的同志们继承了邓演达烈士的革命精神，前赴后继，积极投入了民族解放和人民革命的斗争。1931年九一八事变后，临时行动委员会提出"倒蒋抗日"的政治口号和行动纲领，积极投入反蒋抗日的重大政治军事运动。如：1932年一·二八淞沪抗战中，临时行动委员会寄希望于第十九路军，组织了义勇团和后援队参加抗战；1933年5月，冯玉祥在张家口成立察绥民众抗日同盟军，与日本侵略军浴血苦战，临时行动委员会又寄希望于冯玉祥，派出一批成员前去参加抗日；1933年1月，临时行动委员会积极参与发动福建事变，成立了人民政府，确定了国号和国旗，但都失败了。而中国共产党及其领导的红军，通过遵义会议，奇迹般地取得了二万五千里长征的伟大胜利。这些历史事实，促使农工党在探索民族解放的道路上不断总结经验、不断加深认识。经过多次的失败与挫折，农工党认识到"共产党是革命的主力"，是中国革命胜利的保证，"要革命必须与红军取得联系"。1935年，农工党第二次全国干部会议决议"同共产党合作，以马列主义作为党的思想武器"，就是在上述认识的基础上作出的。这里所提出的"合作"有其特定的含义，就是在中国共产党的影响、帮助和指导下，政治上同中国共产党保持一致，斗争中同中国共产党站在一边。正是有了这样一种合作，农工党自第二次全国干部会议起，尽管仍然遭到国民党的不断压制和打击，却不断地得到巩固和发展。

1935 年 11 月，临时行动委员会率先响应中共《八一宣言》，并改党名为中华民族解放行动委员会，确定了"反蒋联共抗日"的方针。从此，在中国共产党抗日民族统一战线的旗帜下，走上了同中国共产党合作抗日的道路。卢沟桥事变后，中共发出《为日军进攻卢沟桥通电》，号召全国团结起来，抵抗日本的侵略。中华民族解放行动委员会提出"八项政治主张"，以具体的要求同中共的《通电》相配合。不少党员参加了八一三淞沪之役，与日寇浴血奋战。在上海、北平、广东、武汉等省市成立了工农青妇各种群众团体，积极开展宣传和支援抗日救亡的活动。在冀南豫北地区、安徽和广东，先后建立了抗日游击队。在日寇的刑场上和华东、华北、华南、西南的战场上，都洒下了解放行动委员会烈士的鲜血。在这期间，解放行动委员会和中共为加强合作，在武汉举行两党会谈。一致表示今后要密切合作、共同战斗。随着抗日救亡运动的发展，解放行动委员会同中国共产党的关系进一步密切。1941 年 3 月，解放行动委员会参与发起组织中国民主政团同盟，与盟内的爱国民主力量一道，坚持争取民主宪政和抗日救亡等斗争。对待国民党的反共反人民的分裂投降政策，中国共产党采取了"坚持抗战，争取多数，孤立少数，各个击破"的策略，接着又提出了"利用矛盾，反对投降，坚持团结，反对分裂，坚持进步，反对倒退"的口号，随后又制定了"发展进步势力，争取中间势力，孤立顽固势力"的策略总方针。中国共产党这一系列的正确方针策略，有效地克服了几次濒于全面分裂的危险，也为解放行动委员会指明了斗争的方向，鼓舞了斗争的勇气，增强了斗争的信心。1941 年春季，解放行动委员会同周恩来等在重庆正式举行会谈，向中国共产党表示了合作的诚意，要求中国共产党对我党的纲领、组织和宣传，以及经济上给予切实的援助。中共代表表示"极端赞同"，答应"给予种种支援"。从此，我党更加密切了同中国共产党的关系。抗日战争胜利后，解放行动委员会参加了争取和平民主、反对内战独裁的爱国民主运动，坚决反对并拒绝参加国民党包办的"国民大会"。1947年2月，改党名为中国农工民主党，重申决心继续接受中国共产党的领导。

1948年5月，农工党与其他民主党派和无党派人士响应中共提出的召开新政治协商会议，讨论并成立民主联合政府的"五一口号"。之后，农工党积极配合解放战争，遵照由"中共战友统一指挥"的原则，从4个方面开展了军事运动。（1）组织武装斗争。在中共金萧支队和浙东第六支队的领导帮助下，农工党建立了东磐大队，解放了磐安县城；在江西九江、德安等10余县建立了有4000余人的部队，解放了修水、九江县城，全歼九江县的国民党武装，活捉县长和警察局局长；在湘西建立了溆沅辰人民解放总队共3000余人，在共产党直接帮助和指挥下，同国民党军队经大小战斗10余次，解放了湘西各县；广东有5支游击队3000余人，与中共地方游击队密切配合，直到广东解放；在四川建立川北农民自卫军，缴获逃窜的国民党军步枪千余支、大炮10门和大批军用物资。（2）进行策反工作。从1948到1949年，农工党运用各种社会关系穿针引线进行策反，取得成效的自团长、县长以至军长、省主席共20多人。（3）破坏蒋军作战。农工党员隐蔽在国民党统治区，利用各种关系破坏国民党军的战斗力。如吸收江苏江湖要塞炮台台长加入农工党，在解放军渡江的关键时刻率部起义。农工党员担任国民党重庆行营代秘书长，与二野司令部保持着密切的联系，为一举全歼国民党留在大陆的残部作出了贡献，刘伯承司令员嘉奖他为"解放西南第一功"。（4）收集军事情报。农工党隐蔽在国民党军事部门的党员收集了大量重要军事情报，如"广州绥署"的兵力部署情况和作战计划、"国防部"的作战计划、长江江防工事和兵力部署情报等，都及时地转报共产党。此外，农工党在第二条战线发挥了自己的特点和优势。各地组织大力开展城市组织工作和民主运动；掌握地方人民武装；策反国民党军人起义；扩大宣传，安定人心，保护一切地方公物、资产、财物；组织城乡人民迎接解放军。江南和沿海各省市组织普遍开展了"三护"（护厂、护仓、护校）、"三保"（保住公共设施、公共资材、公共财物）、"三支"（为解放军修桥修路、筹粮筹草、送鞋送伞）、"三劝"（劝工商业者不去香港、国民党官员不逃台湾、公务人员坚守岗位）活动，为解放战争的胜利作出了显著成绩。

在民主革命时期的各个阶段，为坚持革命，很多农工党员颠沛流离，长期经受着政治上和精神上的双重压迫；许多党员遭到国民党和日本侵略者的逮捕、监禁和残酷迫害；还有不少党员在反蒋斗争、抗日战争、解放战争以及解放后的剿匪反霸中献出了生命。为求得民族独立和国家富强，先后有100多位农工党员英勇捐躯。农工党员的鲜血与共产党人的鲜血流在了一起。

在民主革命时期，农工党同中国共产党的合作关系是在革命斗争实践中逐步加深的：由提出同中国共产党联合到实现同中国共产党合作，到进一步靠拢中国共产党，到接受中国共产党的领导。农工党历经艰难曲折，终于认识到中国革命必须在中国共产党的领导下才能取得胜利。民主党派只有在中国共产党的领导下，同中国共产党通力合作，才能得到生存和发展，才能在长期的革命斗争中发挥自己的作用，作出应有的贡献。

二

新中国成立以后，农工民主党同中国共产党的合作发展到了一个新的阶段。1949 年 11 月，农工党召开第五次全国干部会议，决定在共产党领导下，以马列主义、毛泽东思想教育全党，以《共同纲领》为行动纲领，制定为社会主义服务的总路线。作为一个参政党，农工党积极参政议政，为坚持共产党领导的多党合作，加强全国人民的大团结，巩固人民民主专政，建设社会主义作出了积极贡献。

在新的历史时期，农工党的组织发展很快，吸收了大量高、中级知识分子，增强了党的活力。农工党目前有 180 多位党员担任各级政府部门的领导职务，1450 余位担任各级人大代表，6080 余位担任各级政协委员。他们在各自的岗位上，勤政尽职，认真履行自己的神圣职责，为我国改革开放和社会主义现代化建设作出了积极贡献。农工党中央的主要领导人分别担任了第六、七、八、九届全国人大常委会副委员长、全国政协副主席，中央和地方组织的一些负责人还分别担任全国人大、全国政协常委和中央、地方各级政府、地方各级人大、政协的领导职务，直接参加国家事务的管理。农工党中央领导人应邀多次参加重要国事和外事活动。作为中国政府代表团成员，出席了我国政府对香港和澳门行使主权的政权交接仪式。许多农工党员在各级政府担任高级职务，直接负责行政事务。

农工党中央和各地方组织积极参与国家和地方有关法律法规草案的协商讨论，为促进民主政治建设，作出了一定贡献。农工党中央先后参与了对教育法、劳动法、反贪污法、行政诉讼法、技术成果转让法、高等教育法等多项法律草案的修改工作，并对宪法的修改提出了建设性的意见。农工党中央还提出了《加快安全生产立法的建议案》，引起全国政协、劳动部的高度重视，并召开专门座谈会，促进了这项法律的制定。同时，农工党各级地方组织也积极参与了地方法律法规的修改和制定。农工党积极履行民主监督职责。农工党中央和各级地方组织，发挥各自优势，就群众普遍关心的热点和社会、经济发展的重点问题深入调查研究，向有关部门提出建议。派员参加了中共中央、国务院反腐败三项规定落实情况的检查。配合政府开展了对环境保护法、教师法、审计法等法律执行情况的检查，参加了财政、物价、环境保护、土地管理和耕地保护等方面执法情况的检查。有千余名农工党员被聘为各级特约检查员、监察员、审计员和教育督导员。

在人民政协中农工民主党积极发挥作用，为经济建设和社会发展在多层次、以多种形式建议献言献策。近 10 年来，农工党在各级政协的各级会议上提交的提案达 2.2 万多件，其中有的被评为优秀提案。提案内容包括医疗卫生改革、振兴祖国传统医药，促进发展农村经济，加强社会治安，搞好国有大中型企业，加强精神文明建设，贯彻科教兴国战略，加强耕地管理，加强文物保护及参与实施西部开发战略等，许多提案切中了社会弊端的要害，如社会保障、禁毒、禁赌、打击血头血霸、解决婴儿性别比例失调问题等，都得到中共中央、国务院以及中共地方组织和政府的高度重视，在改革开放和现代化建设中发挥了较好作用，产生了良好的社会效益。

农工党努力参与国是咨询，为宏观决策提供服务。从 1989 年开始，农工党中央主要领导人每年都要带队考察咨询。先后到河北秦唐沧渤海湾开发区、贵州毕节地区、广西百色地区、陕西榆林地区、内蒙古包头地区、福建龙岩地区、河北廊坊地区等，对区域性经济发展提供战略咨询服务，并就有关重大问题整理成书面材料，提出建议，上报中共中央和国务院。农工党领导人还参加了各民主党派和全国工商联领导人赴山东、苏南、浦东地区，京九沿线部分省市、三峡工程和西部地区大开发的考察活动，还分别就河北黄骅港建设、解决当前我国高等院校师资队伍问题、人口与经济发展、卫生改革、京唐港建设、陕西榆林生态环境、浙江温州等地民营经济的发展、长江上游水质污染治理、黄河流域水资源合理开发和利用等问题，进行专题调查，分别写出调查报告，提交中共中央和国务院。

农工党中央和各级地方组织发挥自身优势，开展多种为社会服务的活动。先后开办了 119 所各类学校，累计培养毕业生超过 154 万人；兴办医院和门诊部等医疗机构 74 所，举办医疗保健讲座、义诊等，为基层群众和下岗职工送医送药，得到群众的赞扬。农工党作为"国际科学与和平周"的主办单位之一，自 1993 年以来，各级组织以越来越大的规模参加了这一活动，多次受到中国组委会的表彰，被授予"和平使者"称号以及"特别奖""特别贡献奖"。我国政府对世界卫生组织提出的"2000年人人享有卫生保健"作出庄严承诺，农工党协助政府实现这一目标，成立中国初级卫生保健基金会，积极开展健康扶贫工作。与卫生部合作，在贫困地区启动农村合作医疗试点，先后支持了 11 个贫困乡的合作医疗和 7 个初保项目。1998 年的抗洪救灾工作中，捐赠了 63 套价值 160 多万元的野外净水设备，解决了 30 多万灾民饮用安全卫生水的问题；灾情过后，基金会根据中共中央加强卫生防疫工作的指示精神，拨款 20 万元，在两省组建卫生防疫队，配合当地部门控制血吸虫和出血热病的发生和蔓延。

积极参与中共中央统战部、国家民委、科技部组织的中央智力支边扶贫工作，定点扶贫贵州省大方县。为了大方县早日摆脱贫困，在中科院、中国社科院专家的参与下，帮助大方县制定发展规划，循序渐进地开展脱贫工作。为提高乡村干部的管理水平，举办了乡镇长培训班、村级后备干部中专班和在职村干部短训班，全县 36 个乡镇、499 个村的 1600 名干部接受培训，毕业学员在带领农民脱贫致富中发挥了重要作用。农工党主办了大方县前进技术培训学校，有 23400 多人在这里学习了发家致富的本领。为支持该县的教育事业，联系引资修建了三所"希望小学"和一所民族中学，并捐赠了教学设备和学习用品。设立了苗族女童教育基金，资助失学儿童完成小学学业。

在长期建设有中国特色社会主义的实践中，农工党在许多基本原则和重大方针政策方面与中国共产党形成了广泛共识。坚持以邓小平理论为指导，坚持社会主义初级阶段的基本路线和基本纲领，坚持共产党领导的多党合作和政治协商制度，坚持"长期共存、互相监督、肝胆相照、荣辱与共"的方针，是几十年多党合作历史经验的科学总结，也是农工党始终遵循的方针原则。

三

回首波澜壮阔的中国革命和建设史，我们深刻地认识到：只有中国共产党，才始终代表着中国先进社会生产力的发展要求，代表着中国先进文化的前进方向，代表着中国最广大人民的根本利益，才是建设有中国特色社会主义事业最坚强的领导核心，是解放中国、发展中国、带领中国各族人民与时俱进的中流砥柱；以"共产党领导、多党派合作，共产党执政、多党派参政"为显著特征的我国政党制度，符合中国国情，有利于促进社会生产力的持续发展和社会全面进步，有利于实现和发展人民民主，增强国家的活力，保持和发挥社会主义制度的特点与优势，有利于保持国家政局的稳定和社会的安定团结，有利于实现和维护最广大人民的根本利益；农工党只有坚定不移地接受中国共产党的领导，坚持以邓小平理论为指导，坚持社会主义初级阶段的基本路线和纲领，坚持共产党领导的多党合作和政治协商制度，充分发挥自身优势，紧紧围绕国家经济建设的中心积极开展工作，献策出力，才能不辱历史使命，不负人民厚望。

中华民族已经开始了伟大复兴的进程，面临着千载难逢的历史机遇。展望 21 世纪，和平与发展仍然是时代的主题，政治多极化、经济全球化的进程进一步加快，科学技术的突飞猛进对人类社会发展的影响更加广泛和深刻。这对我们争取一个和平的国际环境，充分吸收和利用世界先进科学技术，形成后发优势，实现跨越式发展提供了有利的条件。但是世界并不太平，全球范围内综合国力的较量和竞争更加激烈，霸权主义、强权政治依然存在并有新的发展，西方敌对势力加紧对我国实施"西化""分化"的政治图谋。只有不断增强综合国力、科技水平和军事力量，才能实现民族振兴、国家富强、人民幸福的发展目标。展望中国的 21 世纪，将是多党合作大有作为的 21 世纪。农工党将一如既往支持和拥护中国共产党的领导，在继承优良传统的基础上，加强农工党的自身建设，健全参政党机制，承担起参政党的历史重任，紧密团结在以江泽民同志为核心的中共中央周围，始终坚持正确的政治方向，努力形成在 21 世纪与建设有中国特色社会主义相适应的政治纲领、组织制度和领导机制，为实现 21 世纪中华民族的伟大复兴，为实现有中国特色的社会主义现代化事业作出新的贡献。

极目神州，前程似锦。我们坚信，在 21 世纪，伟大的中国共产党必将带领全国人民再创新的辉煌！

在中国农工民主党第十二届
中央常务委员会第十一次（扩大）
会议上的讲话

（2001 年 7 月 9 日）

一、民主党派面临的新形势、新课题和新挑战

当前，世界正在发生大变化，国际共产主义运动出现大曲折，中国正经历着大变革，这些国际国内的大背景确实对民主党派带来了深刻的影响和严峻的挑战，对此，我们要保持清醒的认识。

（一）国际政治斗争带来的新课题和新挑战

从国际上看，一方面，和平与发展仍然是时代的主题，世界多极化在曲折中发展。最近成立的上海合作组织，必将对推动世界多极化发展产生深远的影响。经济全球化加速进行，科技进步突飞猛进。但是另一方面，霸权主义和强权政治依然存在并有新的发展，特别是美国小布什上台后，极力推行单极世界，霸权主义的真面目暴露无遗。全球范围内综合国力的较量和竞争更加激烈，在西方国家主导经济全球化进程的条件下，发展中国家维护国家主权和安全的问题更加突出，建立公正合理的国际政治经济新秩序还要经历一个艰难的过程。特别是西方敌对势力不愿意看到社会主义中国的统一和强大，利用所谓民主、人权、民族、宗

教等问题，加紧对我国实施"西化""分化"的政治战略，企图以多党制取代我国多党合作制，把参政党改变为反对党。在西方反华、反共势力的支持操纵下，境内外的民运分子，成立了所谓"中国民主党""中国统一民主党"。这些非法政治组织，力图建立公开或隐蔽的、合法或非法的反对党和政治反对派，最终达到推翻共产党的领导，改变社会主义制度的目的。可以肯定地说，在建设有中国特色社会主义过程中，只要世界上还存在不同的社会制度，只要西方一些人不肯放弃强权政治和对我国的敌视态度，我们同西方敌对势力的较量就决不会停止，对此我们要有足够的认识。

（二）实现三大任务带来的新课题和新挑战

迈进新世纪，我国进入全面建设小康社会、加快推进社会主义现代化建设的新阶段。今后 5 至 10 年，是我国经济和社会发展的重要时期，是进行经济结构的战略性调整时期，也是完善社会主义经济体制和扩大开放的重要时期。在建立和完善社会主义市场经济体制的过程中，以公有制为主体、多种经济成分长期存在和经济体制的转轨、分配结构和分配方式的变化，导致社会结构的变动，出现新的利益群体。随着一些高难度、高风险的改革相继进入实质性阶段，在相当广泛的程度触及到社会各方面深层次的利益结构，人民内部矛盾有增加和突出的趋势。我们不能因为有矛盾、有问题就停止改革的步伐，也不能因为要深化改革，就对存在的矛盾、问题掉以轻心，必须审时度势，总揽全局，既要坚定不移推进改革，又要妥善处理人民内部矛盾。因此，统一战线和民主党派在协调关系、化解矛盾方面的任务将日益繁重和突出。我们必须进一步做好理顺情绪、清除疑虑、增进理解、化解矛盾的工作，为改革开放提供助力，减少阻力，创造良好的社会环境。

解决台湾问题，实现祖国完全统一，是新世纪三大任务之一，是大势所趋、人心所向。但是，"台独"理念根深蒂固的陈水扁上台一年多来，企图强化美台军事同盟，大肆购买先进武器，举行"汉光十七号演习"，向祖国大陆示威，最近又发表"新五不"政策，拒不接受一个中国的原则。特别是在近日台独意识强烈的"北社"成立会上，李登辉与陈水扁公开联手。因此，反对"台独"、反对分裂、实现祖国完全统一的任务十分艰巨。我们要按照和平统一、"一国两制"的方针，团结海内外一切可以团结的力量，批判"台独"分子分裂祖国的言行，打击"台独"势力的嚣张气焰，为促进祖国完全统一，发挥应有的作用。

（三）社会的开放性、多样性带来的新课题和新挑战

随着改革开放的不断深化，我国社会经济、政治、文化及社会生活发生着深刻而复杂的变化，出现了经济成分和经济利益多样化、社会生活方式多样化，社会组织形式多样化、就业岗位和就业方式多样化。经济的多样性必然会对思想意识产生影响。在社会主义市场经济条件下，人们的自主意识、平等意识、竞争意识不断增强，政治思想、价值观念和道德观念的差异性在发展。特别是在现代信息社会，因特网作为一种新的传播媒介，使思想文化传播进入一个全新的时代。西方敌对势力利用其在信息传媒上的优势，有组织地实施政治宣传和价值观念的输出，加紧意识形态领域的渗透。网络的迅速扩张，使国际间的意识形态斗争更趋直接，使国内舆论导向的控制管理难度加大，这对我们现有的思想政治教育工作从观念、方式和方法上提出了新的挑战。

（四）民主党派成员新一代的特点带来新课题和新挑战

统一战线成员在整体上处于新老交替的重要时期。就我们农工党来说，成员的数量在原有基础上有了较大的发展。新中国成

立初期，农工党只有 1661 人，1979 年恢复活动时也才有 5390 人。而目前，我们党的党员已经达到近 8 万人，其中新时期以后加入的成员占 95%，我们党基本上已是由一代新人组成的政党。总的来说，他们思想活跃敏捷，容易接受新的思想和观念，知识层次和业务水平较高，是社会主义现代化建设的积极力量。但是由于历史条件和成长环境的不同，他们缺少同中国共产党长期合作、患难与共的阅历和体验，对多党合作的历史传统缺乏深刻、系统的了解，对中国国情和传统文化缺乏足够的认识。在商品经济大潮的牵动下，一些中青年成员在价值观念、行为方式、思维方式和政治理论方面发生着变化。这些对开展思想政治工作提出了新的课题和挑战。

根据这样的形势和挑战，当前我党的主要任务是：以江泽民同志的两个重要讲话精神为指导，以贯彻落实全国统战工作会议精神为主线，围绕 2002 年换届工作，进一步搞好政治交接，切实加强我党领导班子建设和后备干部队伍建设，加强思想政治工作，努力建设高素质的合格参政党，开创新世纪我党工作的新局面。

二、认真学习、深刻领会江泽民同志"七一"重要讲话和全国统战工作会议精神

江泽民同志在庆祝中国共产党成立 80 周年大会上的重要讲话，是一篇马克思主义的纲领性文献。这篇讲话，高屋建瓴，总揽全局，气势磅礴，闪耀着辩证唯物主义和历史唯物主义的光芒，贯穿着解放思想、实事求是的思想路线，凝结着时代精神和全党智慧，体现了马克思主义深邃的历史眼光和宽阔的世界眼光，展示了中国共产党与时俱进的思想品格和尊重实践、尊重群

众的科学精神。这篇讲话内涵丰富，思想深刻，在一系列重大问题上创造性地提出了许多重要的新思想、新观点、新论断。这一重要讲话顺应时代潮流，把握发展先机，开辟了新的思想境界，达到了新的理论高度，是一篇划时代的马克思主义纲领性文献，是中国共产党面向新世纪的宣言书，是党领导中国人民实现新世纪三大任务的动员令。认真学习这一重要讲话，对于我们更好地适应新形势新任务的要求，进一步加强参政党的建设，进一步做好各项工作具有重大而深远的指导意义。

——讲话回顾过去，着眼现在，前瞻未来，通过中国共产党成立前后两个80年的鲜明对比，对中国共产党80年的奋斗历程和基本经验作了全面和系统的总结，从而得出了最基本最重要的结论：没有共产党，就没有新中国；有了共产党，中国的面貌就焕然一新。

——讲话从历史发展规律和时代进步要求的高度，对"三个代表"重要思想的科学内涵作了全面、深入的阐述，进一步解决了在充满希望和挑战的新的历史条件下建设一个什么样的党、怎样建设党的问题，回答了这些年来在思想、组织、作风建设上的许多重要认识问题和实际问题，集中体现了中国共产党第三代中央领导集体进行理论创新的最新成果，是对马克思主义政党学说的丰富和发展。

——讲话特别强调必须始终依靠人民群众，诚心诚意为人民谋利益，提出了"三个不能"："在任何时候任何情况下，与人民群众同呼吸共命运的立场不能变，全心全意为人民服务的宗旨不能忘，坚持群众是真正英雄的历史唯物主义观不能丢。"这是中国共产党80年历史发展的一条基本经验。

——贯彻"三个代表"的要求，讲话强调"五个必须"：必须坚持党的解放思想、实事求是的思想路线；必须坚持党的工人阶级先锋队的性质，始终保持党的先进性；必须坚持民主集中制，建立健全科学的领导体制和工作机制；必须全面贯彻干部队伍革命化、年轻化、知识化、专业化的方针和德才兼备的原则；必须坚持党要管党的原则和从严治党的方针。

——讲话在强调坚持共产党工人阶级先锋队性质，保持党的先进性的同时，还特别指出随着改革开放和现代化建设的发展，社会成分日益呈现多样性、多重性、多变性，工人阶级队伍不断壮大，工人阶级的先进性也在发展，"知识分子作为工人阶级的一部分，大大增强了工人阶级的科技文化素质"。这个论断是对马克思主义的发展，对知识分子是巨大的鼓舞和鞭策。我们农工党作为一个知识分子政党，要充分发挥"知识密集""人才荟萃"的作用，进一步密切同知识分子的关系，支持他们在自己的专业领域和社会上发挥更大的作用。

——讲话理论联系实际，实事求是地分析了中国社会处于社会主义初级阶段的状况，论述了党的最高纲领和最低纲领的辩证关系，既向我们展示了共产主义社会的光明未来，更强调共产主义的实现是一个非常漫长的历史过程，必须脚踏实地地为实现党在现阶段的基本纲领和历史任务而奋斗。这对我们坚持共产党的基本路线不动摇，立足国情，大力推进人类最壮丽的伟大事业，具有重要的现实意义和深远的历史意义。

中国农工民主党具有光荣历史和优良传统，同中国共产党是长期合作的亲密友党，70余年来，风雨同舟、患难与共，从亲身经历中感到中国共产党的光荣、伟大和正确。我党各级组织要认真学习江泽民同志的重要讲话，要把认真学习、深刻领会江泽民同志的讲话精神作为当前和今后一个时期的首要任务。学习江泽民同志的重要讲话，要在全面理解、深刻领会基本观点和精神实质上下功夫，着重引导广大党员，进一步认识中国共产党领导中国革命和建设的奋斗业绩和基本经验，增进对中国共产党的热爱和敬仰；要深入学习和领会"三个代表"重要思想的深刻内涵，明确"三个代表"是立党之本、执政之基、力量之源，是全面推进中国共产党的建设，不断夺取建设有中国特色社会主义事业新胜利的根本要求，引导广大党员充分认识只有中国共产党始终代表中国先进生产力的发展要求，代表中国文化的前进方向，代表中国最广大人民的根本利益，提高坚持中国共产党领导、坚持共产党的基本路线和基本纲领的自觉性；要把学习江泽民同志的"七一"讲话和学习江泽民同志在全国统战工作会议上的讲话结合起来，自觉坚持中国共产党领导的多党合作和政治协商制度，更加深刻地认识和发挥参政党的作用，积极投身于有中国特色社会主义现代化建设的伟大事业，为维护改革、发展、稳定的大局服务，为实现 21 世纪中华民族的伟大复兴和祖国完全统一作出应有的贡献。

为了认真学习领会和贯彻落实全国统战工作会议精神，我党及时组织编写了《全国统战工作会议文件资料汇编暨有关多党合作理论政策学习讲话》，分 14 讲系统介绍和阐释了全国统战工作会议有关多党合作的理论观点和政策思想。该书已于 4 月下旬出版发行，并得到了中共中央统战部一局和王兆国同志、刘延东同志的支持和肯定。中央有关领导同志和中央宣传部以及有关省的理论骨干为本书编写出版做了大量工作，中央表示感谢。6 月初，中央宣传部已将本书发送各省级组织，并由各地发放到全国各基层组织（各 2 至 3 本）和省级组织主副委、中央委员以上人手一册。希望各地以本书为辅导材料，掀起学习贯彻全国统战工作会议精神的热潮。下面，就如何学习领会这次全国统战工作会议的主要精神，谈几点认识。

（一）正确认识统一战线在新世纪的重要地位和作用

正确认识统一战线的重要地位和作用，是开创统战工作新局面的前提，也是我们学习领会全国统战工作会议精神的首要任务。着重掌握以下三点：

1. 巩固和壮大最广泛的统一战线是"一个硬道理"。江泽民同志在讲话中引用了毛泽东同志在西北野战军前委扩大会议上的讲话："有了全民族的统一战线，就有了胜利。我们的势力越大，胜利的把握就越大，这是很硬的道理。"可以说，这是中国共产党在革命、建设和改革实践中得出的一条重要结论。统一战线历来是为党的总路线总任务服务的，它的根本任务就是争取人心、凝聚力量，通过实行最广泛的大团结大联合，调动一切积极因素，化消极因素为积极因素，组成浩浩荡荡的革命和建设大军，为全面实现党在不同历史时期的各项任务提供强大的力量支持和保证。回顾中国共产党80年来波澜壮阔、艰苦卓绝的奋斗历史可以看出，只要重视和运用统一战线这个重要法宝，依靠和发挥统一战线的优势和威力，就能够争取民心、凝聚民力，战胜各种困难和风险，不断发展和壮大自己的力量，并最终实现自己的奋斗目标。

2. 统一战线在新的历史条件下的重要地位和作用体现为"四个离不开"。在新的历史条件下，要面对新的机遇和挑战，中国共产党提出必须继续推进社会主义现代化建设，完成祖国统一大业，维护世界和平与促进共同发展，把我国建设成为富强、民主、文明、统一的现代化国家。要全面完成这三大历史任务，对统战工作提出了新的更高的要求。江泽民同志对新世纪统一战线在党和国家工作全局中重要地位和作用的深刻论述，就是围绕"富强、民主、文明、统一"的宏伟目标来展开的，其主要精神概括起来就是"四个离不开"：实现第三步战略目标离不开统一战线，发展社会主义民主政治离不开统一战线，繁荣有中国特色社会主义文化离不开统一战线，实现祖国的完全统一离不开统一战线。

3. 在新世纪重视统战工作要做到"三个绝不能"。江泽民同志在讲话中郑重指出：在新的世纪里，"统一战线作为党的一个重要法宝，绝不能丢掉；作为党的一个政治优势，绝不能削弱；作为党的一项长期方针，绝不能动摇"。这一重要观点充分表明，过去中国共产党力量弱小时需要统一战线，现在作为一个拥有 6000 多万党员的大党，仍然需要统一战线；过去中国共产党不是执政党时需要统一战线，现在成为执政党，并且已经具有 50 多年执政经验，仍然需要统一战线；过去进行革命斗争时需要统一战线，现在进行改革开放和社会主义现代化建设，仍然需要统一战线。

（二）深刻理解我国政党制度的优越性和先进性

政党制度在现代政治中占有十分重要的地位。确立和实行适合本国国情的政党制度，对一个国家的发展和稳定具有极为重要的意义。因此，江泽民同志在讲话中专门把坚持和完善中国共产党领导的多党合作和政治协商制度单独作为一个部分，对我国政党制度的优越性、先进性作了系统而深刻的论述，提出了许多新的理论观点，为马克思主义的政党理论注入了新的内容。

1. 阐述了"共产党领导、多党派合作，共产党执政、多党派参政"是我国多党合作制度的显著特征。这一特征说明，在我国政党制度中，共产党的领导是基本前提，也是各民主党派的自觉选择。半个多世纪的历史实践证明，只有坚持中国共产党的领导，才能保持多党合作正确的政治方向，才能使各民主党派在与共产党的团结合作中不断取得历史性的进步，才能同心协力地把共同事业不断推向前进。这一特征还说明，团结合作是实质，各民主党派不是在野党、反对党，而是作为参政党与执政的中国共产党共同致力于建设有中国特色社会主义事业。在中国共产党执政的半个世纪中，各民主党派作为参政党，参与国家政权，参与国家大政方针和国家领导人选的协商，参与国家事务管理，参与国家方针、政策、法律、法规的制定执行，积极发挥参政议政和民主监督作用。实践证明，中国共产党领导的多党派合作和政治协商制度，既有利于在共同政治基础上加强团结合作，通过平等协商形成科学决策，集中力量办大事；又有利于避免多党竞争、互相倾轧造成的政治动荡和一党专制、缺少监督造成的种种弊端。这正是其他政党制度所没有的，是具有中国特色政党制度的一个创造，也是我国政党制度的巨大优势和旺盛生命力之所在。

2. 提出了衡量我国政党制度的四条标准。江泽民同志在这次讲话中，根据马克思主义基本原理和毛泽东同志、邓小平同志的论述，根据我国政党制度的性质和特点，第一次系统、完整地提出了衡量我国政治制度和政党制度的基本标准。他指出："衡量中国的政治制度和政党制度，最根本的是要从中国的国情出发，从中国革命、建设和改革实践的效果着眼，一是看能否促进社会主义生产力的持续发展和社会全面进步；二是看能否实现和发展人民民主，增强党和国家的活力，保持和发挥社会主义制度的特点和优势；三是看能否保持国家政局的稳定和社会安定团结；四是看能否实现和维护最广大人民的根本利益。"

这四条标准是一个互相联系的整体。社会生产力是人类社会发展的最终决定力量，任何一种社会政治制度和政党制度，最终都体现在对社会生产力的促进上。人民民主是社会主义国家的本质特点，也是社会主义现代化建设的根本要求。团结稳定是一个国家经济发展和社会进步的基本前提，社会动荡不安、冲突不断，就无法搞建设，什么事也干不成。实现和维护最广大人民群众的利益，是中国共产党执政的宗旨和目的，也是共产党领导的多党合作的根本出发点和落脚点。在这些标准中，最根本的是要从我国的国情出发，从革命、建设和改革的实践效果着眼。这一标准的提出，为正确认识我国政党制度的优越性、先进性提供了判断的依据，对于人们澄清疑惑、明辨是非，自觉抵御西方的多党制、议会制，坚持和完善中国共产党领导的多党合作和政治协商制度，具有重大的理论意义和实践意义。

3. 阐明了民主党派进步性与广泛性的内涵。江泽民同志明确指出："在同中国共产党长期合作的历史进程中，各民主党派作为具有政治联盟性质的政党，一直具有进步性与广泛性相统一的特点。在新的历史时期也是这样。""民主党派的进步性，集中体现在各民主党派同我们党通力合作，共同致力于建设有中国特色社会主义事业。民主党派的广泛性，是同其社会基础及自身特点联系在一起的。各民主党派的成员来自不同的社会阶层和群体，负有更多地反映和代表它们所联系的各部分群众的具体利益与要求的责任。"

民主党派进步性与广泛性的特点，是与其政治联盟的政党性质紧密联系的。各民主党派自产生之日起，就是具有阶级联盟性质的政党。在人员构成上不仅包括民族资产阶级和上层小资产阶级及其知识分子，还包括其他爱国民主人士和少数共产党员，从而形成了民主党派的广泛性特点。在中国共产党统一战线政策的影响下，各民主党派逐步走上与中国共产党合作的道路，为新民主主义革命的胜利和建立新中国作出重要贡献，从而形成了民主党派进步性的特点。在社会主义建设时期，各民主党派与中国共产党团结合作，为社会主义事业而共同奋斗，在实践中坚持和发展了民主党派的进步性；同时，由于阶级关系的根本变化，各民主党派已经成为一部分社会主义劳动者和拥护社会主义的爱国者，并积极代表、反映他们的利益、愿望和要求，在新的历史条件下，继续保持了民主党派的广泛性特点。民主党派的进步性和广泛性是高度统一的，这种统一性体现在民主党派能够广泛联系一部分社会群众，并在共产党的领导下，带领这部分群众走向进步。坚持进步性与广泛性的统一，民主党派才能始终坚持正确的政治方向，并有效地发挥其独特的作用。

4. 强调保持宽松稳定、团结和谐的政治环境，是多党合作的一条重要原则。江泽民同志在讲话中指出："保持宽松稳定、团结和谐的政治环境，是我们在多党合作中的一项重要原则。"这是对多党合作制度半个世纪实践经验的深刻总结，也是正确认识和处理多党合作中存在的差异和分歧的基本准则。统一战线是同和异的统一体，在多党合作中坚持求同存异、体谅包容的原则，实行团结—批评—团结的方针，这是保证多党合作健康发展的一个基本条件。保持宽松稳定、团结和谐的政治局面，有利于民主党派建言献策，更好地履行参政议政的职能；有利于共产党接受来自党外的批评和监督；有利于共产党同党外人士合作共事，形成亲密、团结、共同奋斗的政治局面，保持社会政治的稳定。

（三）认真学习统一战线各领域的方针政策

江泽民同志的重要讲话和中共中央的《决定》，不仅明确提出了统一战线的根本任务和基本要求，而且进一步明确了统一战线各领域的工作任务，提出了一系列新的理论观点和方针政策。

——知识分子问题是关系我国社会主义现代化建设事业兴衰成败的大问题。江泽民同志在深刻分析了全球范围内人才争夺日益激烈的基础上，进一步明确指出，新世纪知识分子工作的核心问题是人才问题，要"培养人才、用好人才、吸引人才"。这一政策思想的提出，是对党的知识分子政策的重大丰富和发展，必将进一步密切党同知识分子的关系，极大地激发广大知识分子在实施科教兴国战略中的积极性、主动性和创造性。

——我国是一个统一的多民族国家，民族问题始终是关系国家团结、稳定和统一的重大问题。江泽民同志对民族地区的发展和稳定问题的阐述中，特别强调要在西部大开发中处理好民族问题。明确指出实施西部大开发战略，必须把巩固和发展平等、团结、互助的社会主义民族关系摆在十分重要的位置，坚决维护民族团结和社会稳定的大局。

——正确认识和处理我国的宗教问题，巩固同宗教界的爱国统一战线，对于维护改革、发展、稳定的大局意义重大。江泽民同志在讲话中深刻指出，宗教界人士和信教群众要遵守国家的法律、法规和方针政策；宗教活动要服从和服务于国家的最高利益与民族的整体利益，宗教界人士要努力挖掘和发挥宗教中的积极因素，为国家的统一、民族的团结和社会的发展多作贡献。江泽民同志的重要论述，反映了宗教发展的基本规律，明确了宗教工作的基本方向。

——随着非公有制经济的发展，非公有制经济人士作为一个新的社会群体逐步形成。如何正确认识这个群体，既是一个重大的理论问题，也是一个重大的实践问题。江泽民同志在讲话中既肯定了非公有制经济人士的积极作用，同时也指出他们中存在着缺点、弱点和某些不法行为，必须继续加强团结、帮助、引导和教育。江泽民同志在"七一"重要讲话中进一步指出："他们也是有中国特色社会主义事业的建设者。"江泽民同志的这个重要评价，是中共十五大以来党对非公有制经济及其群体认识的进一步深化，第一次对非公有制经济人士作出的全面、准确的评价。

——早日解决台湾问题，实现祖国完全统一，是包括广大台

湾同胞在内的全体中华儿女的根本利益所在。江泽民同志要求全
党要进一步调动和发挥统一战线各阶层、各党派、各团体和各界
人士的爱国热情，强调只要坚持一个中国原则，拥护祖国统一，
不论什么阶层、什么党派、什么团体、什么人，我们都要团结，
从而形成全体中华儿女共同致力于实现祖国完全统一的政治
局面。

这次全国统战工作会议提出的一系列重要理论观点和政策思
想，具有鲜明时代特征，对新世纪民主党派工作具有重要的指导
意义。江泽民同志曾指出："决策的制定和实施方案的部署，事
情还只是进行了一半，还有更重要的一半就是要确保决策和部署
的贯彻落实。"落实是一切工作的归宿。实践证明，我们什么时
候把中共中央的路线、方针、政策、规划落实得好，什么时候我
们的工作就发展得快、发展得好。因此，认真学习、宣传和贯彻
落实全国统战工作会议精神，是我党当前和今后一个时期的主要
任务。

三、提高认识，统一思想，以高度的政治责任感做好换届工作

中共中央召开的全国统战工作会议为新世纪多党合作事业的
发展指明了方向，也为我们搞好换届工作提供了重要的保证和有
利的条件。2002 年中央和省级组织的换届，是民主党派进入新
世纪的第一次换届，关系到我党在 21 世纪的面貌和形象，关系
到共产党领导的多党合作和政治协商制度的长期存在与发展，意
义重大、要求很高。因此，加强领导、精心部署，切实做好
2002 年的换届工作，对于在新的历史条件下建设能够经受各种
政治风浪考验的高素质参政党，对于进一步巩固和发展与中国共

产党风雨同舟、荣辱与共的团结合作关系，对于坚持和完善中国特色的社会主义政党制度，推进社会主义民主政治建设，具有重大的意义，这是我们当前的一项重要政治任务。

中央关于2002年换届工作的决定，去年年底通过后已经下发到各省份。从目前的总体情况看，各地在组织学习，领会精神，研究政策，落实任务等方面做了许多工作。一些省级组织按照换届的指导思想和政策界限，积极对领导班子的进退幅度、结构组成进行分析测算，在后备干部建设方面加大力度，抓紧人才的物色和培养。还有一些省级组织适时对领导班子进行届中调整。特别值得指出的是，有一些担任主要职务的老同志在进退问题上表现出高风亮节，他们重事业兴衰，轻个人进退，根据全局工作需要，换届前就主动提出退出领导职务，这样的精神境界令人敬佩。但是，换届准备工作在总体上还不平衡，有些地方在思想准备、工作准备上没完全到位，对换届缺乏紧迫感；也还有一些同志眼光仍停留在换届的年龄杠子上，忽视把换届工作同加强领导班子建设、提高整体素质、深化政治交接任务有机地结合起来；特别是对这次换届是在复杂的国际国内环境这一大背景下进行的，处于开放性、多样性的社会条件下，各种心态都可能在换届过程中表现出来，对思想政治工作的复杂性和难度估计不足。此外，这次换届调整的幅度比较大，后备干部力量不足的矛盾依然比较突出，对换届任务的艰巨性也要有足够的思想准备。我们要进一步学习换届文件，全面领会换届工作的指导思想、基本方针和政策原则，抓住主要矛盾，找出关键环节，解决突出问题，切实掌握工作的主动权，以高度的政治责任感和历史使命感组织好换届工作。

（一）进一步认识换届的指导思想和政治意义

这次换届的指导思想是：以邓小平理论为指导，遵循中国共产党的基本路线、基本纲领，贯彻中共十五大、十六大精神，着眼于坚持和完善共产党领导的多党合作和政治协商制度，着眼于我党更好地围绕大局发挥参政党作用，着眼于继续发扬我党优良传统，始终保持正确的政治方向，努力形成与新的形势和任务要求相适应的政治纲领、组织制度、领导机构，为把共产党领导的多党合作事业全面推向21世纪奠定坚实的基础。中央要求各级组织和各级领导干部切实把思想统一到换届的指导思想上来，牢牢把握换届的政治方向，并以此来推动换届工作的开展和各项方针政策的贯彻落实。

我们要从讲政治的高度，从坚持和完善我国政治制度和政党制度的角度来深刻认识搞好这次换届的政治意义。这次换届要认真总结我党同中国共产党长期团结合作的基本经验，制定和形成与新的形势和任务所提出的要求相适应的政治纲领、组织制度、领导机构，为把共产党领导的多党合作事业全面推向21世纪奠定坚实的政治思想基础和组织基础。换届工作要同参政党的建设和多党合作的长远发展结合起来考虑，着眼于巩固和发展政治交接的成果，着眼于围绕国家改革、发展、稳定的大局更好地发挥参政党的作用，着眼于多党合作事业在新世纪的坚持、完善和发展。

（二）进一步明确换届的方针和政策

关于这次换届的方针、政策，是经过各民主党派中央反复酝酿协商后取得的一致意见。它既反映出我们当前自身建设的实际需要，又反映了形势、任务对民主党派提出的更高要求。为了搞好这次换届，我们必须认真贯彻执行这些方针政策，确保政治路线、组织路线的正确方向，进一步巩固和发展政治交接成果。为此，我想着重强调以下几点。

1. 要把搞好政治交接始终作为换届工作的主线。换届在我党发展进程中是一项重要的阶段性工作，通过领导班子成员的新老交替，保持旺盛的生命力和朝气；而搞好政治交接则是保证新的领导集体在任何时候、任何情况下坚持正确的政治方向不动摇。因此，要把巩固和发展政治交接成果的要求，始终摆到最突出的中心位置，作为贯穿于换届过程的一条主线。从建设高素质参政党的要求出发，把政治交接的内容贯穿于自身建设和发挥参政党作用的各个环节和各项工作中，使新的领导集体将坚持中国共产党领导，坚持社会主义方向的光荣传统继承和发扬下去，巩固发展政治交接的成果。明年的换届将为实现政治交接提供重要契机，我们一定要抓住机会，为我们党在新世纪的建设与发展打下坚实的基础。

2. 以换届为契机，进一步加强领导班子建设。选拔好我党新一代代表人物和各级领导骨干，对于农工民主党在新世纪的建设和发展，对于多党合作的健康发展至关重要。"政治路线确定之后，干部就是决定的因素"。面临新的形势和新的任务，能不能始终保持坚定正确的政治方向，经受任何风浪的考验；能不能实现广泛团结，服从和服务于国家改革、发展、稳定的大局，更好地发挥参政党的作用；能不能全面落实建设高素质参政党的各项任务，关键在于领导班子建设。1997 年的换届，我们在领导班子建设方面有了很大的变化。但是，我们在年龄结构、人才结构、整体素质等方面与形势和任务的要求还存在不相适应的问题，特别是懂经济、懂法律、懂管理方面的人才还十分缺少，专职党务领导干部在一些地方出现青黄不接现象，对参政议政水平的发挥，加强自身建设都有一定影响。

选拔新一代代表人物和领导骨干必须坚持德才兼备，政治素质是第一位的。衡量一个人的政治素质，不能凭一时的印象，要注重全面而不是片面地考查他在执行党的基本路线中的政治立场、政治观点、政治态度，看他在社会主义建设和改革开放事业中的政治责任感和表现。对一些新发现的好苗子，要抓紧培养教育，尽快使他们在政治上成熟起来。选拔代表性人物和领导骨干，还要从综合素质上加以考查，从加强领导班子的整体素质、改善知识结构、提高参政议政水平等多方面统筹考虑。要根据工作需要，进一步改善各级领导班子的年龄结构和人才结构，充实骨干力量，形成配置合理、优势互补，提高整体素质。为了同我们的成员队伍所发生的变化相适应，同时为了有利于培养年轻一代的领导骨干，形成合理的年龄梯次，要以 50 多岁的同志为主体，同时每个班子都要至少配上一名 50 岁以下的同志。班子中，既要有各方面的代表性人物，也要有专职的党务工作者，还要注意体现出自身的特色。班子的形成要有利于工作，一把手不仅是代表人物，而且应当是领导集体的"班长"，能够切实发挥核心作用，团结一班人共同前进。

3. 以改革的精神，逐步建立领导干部选拔机制。我们正处在一个改革和创新的时代，民主党派也必须通过改革获得朝气，通过创新推动工作发展。1997 年的换届，各民主党派取消了领导干部终身制，实现了跨世纪的新老交替，以新的面貌迈入了21 世纪。这次换届，必须逐步推行改革的办法，形成择优选拔、能上能下的新机制。我们的章程中规定，任何领导职务都不是终身的。据此，对于工作不称职或没有履行应尽职责的，可以作必要的调整，即使未到退的年龄，由于工作需要或本人条件的变化，可以不再提名。换届人事酝酿中要贯彻民主集中制原则，坚持群众路线，可以在一定范围内采用民主评议、民主推荐的办法，适当增强透明度，扩大参与。这样做既有利于拓宽视野，发现人才，也使人选能有比较好的群众基础。要转变观念，包括在选人的问题上要打破论资排辈、求全责备的陈旧观念。同时，更要在制度上加以保障，严格按组织程序选拔干部，确保改革措施的成功。

4. 坚持两点论，防止片面性和绝对化。换届的各项政策是一个相互联系的整体，必须全面加以领会，全面把握，全面贯彻。要坚持两点论，不能只强调一面而忽视另一面，更不能以偏概全，顾此失彼。既要维护政策的严肃性，同时又要注意根据实际情况，坚持实事求是的原则。关于这次换届的年龄界限问题，中央只对省级组织副主委以上作规定。对此，各地的反映也不尽相同。有的地方认为，这样有利于贯彻改革措施，能够在人才不足的情况下保留急需的骨干，也可以让不宜继续留下的同志退出领导班子，使领导班子的年龄结构、知识结构更趋合理。有一些地方的同志反映：不明确年龄杠杆，我们就无法操作，容易产生矛盾，如果各省份定的界限不同，会产生攀比。我们认为，从各省份的情况看，委员会的年龄、人才结构、凝聚力、参政议政能力不尽相同，情况各异。如果由中央规定一个年龄界限，很难适应全国各省份的具体情况，效果也不一定会好。各省级组织可以根据各自的实际情况，通过测算分析，制定一个合理的年龄界限，并与本省份中共党委统战部门沟通协商后，付诸实施。我们还是强调要从政治上，从形势和任务的要求上，从发挥参政党职能这些重大问题上把握换届政策，才能眼界开阔，有针对性地做好工作。

（三）坚定信心，克服困难，做好深入细致的思想政治工作

对这次换届工作中存在的困难我们要有清醒的认识，任何的盲目乐观都可能给工作造成失误，因此，同志们要对困难和问题进行充分的估计，决不能掉以轻心。谈到困难和问题我想大致有这样几个方面：一是这次换届将有一大批老同志退下来，工作难度很大。二是这次换届要贯彻改革精神，取消当然代表，这给工

作增加了一些不确定因素和操作上的困难。三是这次换届要逐步形成能上能下的干部机制，不以年龄界限为唯一标准，究竟如何正确把握也有待进一步研究。四是还有个别地方，领导班子不够团结，思想认识难以统一，等等。另外，随着改革的深化、社会主义民主政治建设的不断发展，一些中青年党员对于民主程序的认识相比过去发生了新的变化和要求，也可能会给换届带来新的影响，引出一些新的问题和情况。对待诸如此类的问题，我们的领导班子都要有充分的思想准备，要认真进行分析，通过深入细致的思想政治工作加以解决。

各地的工作基础不同，出现的困难和问题的形式也会各式各样。解决问题的方式方法也不尽相同。但是其中最根本的也是最重要的，就是加强思想政治工作。思想政治工作不单纯做到领导班子成员中，还要做到基层并深入到广大党员中。要通过思想政治工作使每一个同志能从讲政治、讲大局、讲团结出发，从我党的建设和发展出发，深化对换届重要意义的理解。我们的常委、主委和各级领导同志都应该成为思想政治工作者，在加强学习提高自身思想政治水平、政策水平的同时，担当起带领、推动各级组织和广大党员共同开展理论学习，特别是全国统战工作会议精神的学习，把换届的指导思想，方针、政策落到实处，用集体的智慧共同做好换届工作。

（四）加强领导、精心部署，切实做好各项准备工作

换届的时间越来越近，有大量的准备工作等待我们完成。因此各地应从政治上着眼，从选拔合格人才上着力，完善换届领导机构，加紧酝酿准备，制定倒计时的工作计划、工作程序和各项进度，保证工作有条不紊地进行。领导成员要明确职责，分工负责。各省工作班子和组织部门的同志要积极主动地做好工作，当好领导班子的助手和参谋，认真做好各类会议文件、会务的准

备，齐心协力把每项工作准备好，落实好。现在一些地方正在积极准备，希望工作没有完全到位的地方加快步伐，特别是对后备干部的考查、培训方面积极取得成效。各级主要领导同志要当好"班长"，做到思想到位，工作到位，对全局性工作要真正负起责任，对局部性工作要经常检查，对换届中可能出现的情况要深入思考，做到心中有数。同时要注意协调好领导班子成员间的关系，领导班子和工作班子、部门间的关系，加大各项工作的力度，最大限度地调动和发挥所有同志的积极性，齐心协力，共同做好换届的各项准备工作。

这次换届，既是一项例行程序，又在一定程度上带有改革的意义。我们要在换届工作中坚持改革、创新，正确地贯彻换届的方针政策，解决处理好工作中的问题和矛盾，这是对我们各级领导班子的一个检验。只要我们加强调查研究，坚持实事求是，坚持从政治上着眼，从大局出发，我们就一定会摸索出新的经验，取得换届的成功。

四、适应新世纪形势和任务的要求，全面加强我党的自身建设

民主党派加强自身建设，是贯彻全国统战工作会议精神，坚持和完善中国共产党领导的多党合作和政治协商制度的需要；是适应新世纪形势与任务的要求，更好地履行参政党职责的需要；是搞好政治交接，巩固和发展同中国共产党长期亲密合作的需要；是提高成员素质，建设合格参政党的需要。进入新世纪，我们必须开拓创新，锐意进取，振奋精神，扎实工作，全面加强我党的自身建设。当前，我们要认真学习贯彻中共中央《关于加强和改进思想政治工作的若干意见》，继续贯彻执行《各民主党

派中央关于加强自身建设若干问题座谈会纪要》和贯彻落实我党去年下发的《关于加强思想建设的若干意见》。下面，结合我党实际，就自身建设的几个问题谈点意见。

（一）关于加强思想建设

思想建设是民主党派自身建设中带有根本性的建设，是自身建设的中心环节。进入新世纪，面临开放性、多样性的社会环境和西方政治意识形态的影响和渗透，面临改革开放和新旧体制交替过程中伴生的各种社会矛盾的增加和观念、意识的变化，面临民主党派成员结构变化的情况，民主党派加强思想建设，日益显得重要和迫切。思想建设的根本任务，是坚持用邓小平理论武装头脑，提高成员的政治素质和思想道德水平，增强对建设有中国特色社会主义的共识，提高接受中国共产党的领导，贯彻党的基本路线和基本纲领的自觉性，深化对参政党地位、性质作用的认识，始终保持坚定正确的政治方向，为巩固和发展同中国共产党的团结合作，奠定坚实的思想基础。

在新的历史条件下，思想建设必须进一步创新，思想政治工作的方式方法必须进一步改进。当前，着重要抓好以下三个方面：

1. 加强理论武装。江泽民同志指出："政治上的成熟，首先是理论上的成熟。"加强理论武装是一个参政党在政治上成熟起来的重要基础。理论武装的重要任务，就是要用邓小平理论武装头脑，把学习邓小平理论同学习江泽民同志"七一"重要讲话和在全国统战工作会议上的重要讲话结合起来，坚持和巩固多党合作的思想理论基础。最近，中央宣传部在银川举办了全国宣传部长和骨干培训班，请了中联部、中共中央统战部和我们中央的领导和专家上课，进行了系统的统一战线和政党理论的培训学习，办得比较成功、效果比较好。有条件的省、区、市可以举办类似理论培训班和专题研讨会，进一步活跃理论研究的气氛，加强我党的理论建设。

2. 开展思想教育。思想教育是思想建设的中心内容，主要包括：开展理想信念教育，引导党员进一步正确认识国情，认识社会主义制度的优越性，坚定建设有中国特色社会主义的理想和信念；开展形势任务教育，引导党员从大局出发，正确认识形势，正确对待深化改革中出现的矛盾和困难，自觉维护安定团结的大好局面；开展爱国主义教育，激发党员的爱国热情，维护国家主权完整，为完成祖国统一大业贡献力量；开展多党合作的优良传统教育，组织党员学习我党的发展史，继承和发扬老一代领导人与中国共产党风雨同舟、团结合作的优良传统；开展社会主义道德教育，引导党员发扬中华民族的传统美德，树立科学的世界观、人生观、价值观，加强思想道德修养，自觉抵制一切错误的、落后的、腐朽的思想文化的影响和侵蚀。

3. 加强和改进思想政治工作。加强和改进思想政治工作，要结合本党的实际，不断总结经验和进行创新。要与参政议政相结合，增强思想政治工作的主动性；要与党员的思想实际相结合，增强思想政治工作的针对性；要与帮助解决实际问题相结合，增强思想政治工作的实效性。对有缺点的同志，要真诚帮助；对于不正确的观点，要注意引导，加以纠正；对于个别的错误倾向，要旗帜鲜明，敢于批评。批评要出以公心，要与人为善，要团结鼓劲，调动积极性。总之，要从巩固和发展同中国共产党在新世纪长期合作的战略高度，把加强和改进思想政治工作，作为当前的一项重要任务。

（二）关于加强后备干部队伍建设

加强后备干部队伍建设，建立一支高素质的民主党派干部队伍，是新世纪坚持和完善多党合作的需要；是民主党派更好地发挥参政议政和民主监督作用，进一步提高参政党水平的需要；也是多党合作事业长期存在和发展的需要。作为参政党要在新世纪长期存在并不断发展，就必须后继有人。要始终有一批能继承老一辈事业，与共产党亲密合作，政治素质较高、有一定社会影响的后备干部队伍。当前，要着重抓好四个环节：一是明确标准，二是健全机制，三是铺设台阶，四是突出重点。在后备干部队伍建设中，既要重视选拔，更要重视培养。要避免坐等人才自然成长的倾向，也要避免盲目追求数量和年轻化的倾向。要将选拔和培养结合起来，为他们创造锻炼的机会，丰富其政治阅历。要加强同统战部门和所在单位党委的联系，争取他们的支持和帮助。我党的各级领导班子要高度重视后备干部队伍的建设，形成后备干部队伍的选拔机制，加大培训工作的力度；要把培训工作制度化和规范化，纳入后备干部培养的整体规划中；要通过培训和实践锻炼，切实提高后备干部队伍的政治把握能力、参政议政能力、组织领导能力和合作共事能力，努力建设一支真正与共产党亲密合作、具有较高政治素质的干部队伍，保证多党合作事业长期存在和不断发展。

（三）关于加强基层组织建设

基层组织是党的组织基础和细胞，基层组织建设是参政党的基础性工作，承担着发展组织、团结党员、开展活动、塑造形象、扩大影响的重要作用。近年来，中央和地方组织依据新的形势和要求，有针对性地加强了建设，中央颁布了《基层组织工作条例》，各地方组织创造性地贯彻执行，已经在领导班子建设、履行工作职责，组织生活制度化、活动形式的多样化等方面都取得了积极成效。有的基层组织从实际出发，开拓创新，探索出了一些新的模式，取得了十分宝贵的经验。今年中央组织部对基层组织建设开展了调研，从我们了解的情况看，加强我党基层组织建设，必须努力做到以下四条：一是要有一个好的领导班子和好的领头人。二是要有好的活动内容和形式。三是要有一套好的制度。四是要得到中共党组织的支持。

各基层组织不仅是党的组织的细胞和网络，也是中央联系广大党员的桥梁和纽带。党的各级组织要高度重视党的基层组织建设工作，尤其要研究探索当前形势下，基层组织面临的新问题、新情况、新特点，要开展深入的调查研究，重点放在如何解决基层组织建设中的困难和问题上，找到新的思路。今年11月，中央计划召开一次全国基层组织建设工作经验交流会，并对一些做得好的基层组织进行表彰。希望各级组织认真总结经验，为加强我党基层组织建设作出贡献。

（四）关于加强机关建设

机关是我党各项工作有效运转的枢纽，对外是窗口，是我党形象的代表，人们要了解我党，往往是从机关看整体。对内则起着参谋、联络、协调和服务的作用。近几年来，我们参照公务员管理，下力量狠抓了机关建设，取得了一定成效。但与形势发展和所承担任务的要求，还存在一定的差距。我认为，加强机关建设要从"软""硬"件相结合上下功夫，防止出现只抓"硬"件而忽视"软"件的倾向。"硬"件上要抓规章制度的建立健全，工作程序的改进和完善，工作人员的选配和管理，重点解决机构不够健全、规章制度不够完备、人员安排不够配套、纵向横向联系不够畅通等问题。要规范机关干部人事管理，推进干部人事制度改革，参照国家公务员制度进行管理。要增加干部选拔任用工作的公开性和透明度，加强干部的群众监督和考核评议，推行机关干部竞争上岗，推进干部交流，进一步提高干部素质。"软"件上要抓机关作风建设，提倡"严""细""深""实"的工作作风。严，政治上要严肃，工作中要严格，组织纪律要严守；细，工作要细致、谨慎，遇事要多方考虑，多谋善断，敢于负责；深，工作要深入，有质量，不做表面文章，讲究目的性、预见性和系统性；实，要办实事、讲实效、看实绩。同时，我们要关心干部、爱护干部、进一步做好后勤保障工作，坚持多办实事。对广大干部要做到政治上关心、思想上爱护、生活上照顾；对各方面的人才，要尽量留住，现在进好的人才不容易，要用感情留人，用工作留人，用待遇留人。总之，我们要努力营造一个团结、民主、活跃和积极向上的机关氛围，使我党的各级机关更具有凝聚力和向心力，树立良好的机关形象，促进我党的事业向前发展。

各位常委、各位同志：我们正处在一个继往开来的重要时期。继承我党的优良传统，再创新世纪的光辉业绩，是我们全体党员特别是各级领导干部义不容辞的职责。让我们高举邓小平理论伟大旗帜，紧密团结在以江泽民同志为核心的中共中央周围，以江泽民同志"七一"讲话和在全国统战工作会议上的讲话为指导，为开创新世纪多党合作和我党工作的新局面而努力奋斗。

在中国农工民主党第十二届中央委员会
第五次全体会议上的闭幕讲话（摘要）

（2001 年 11 月 29 日）

一、提高认识，统一思想，始终在思想上、政治上、行动上与中共中央保持高度一致

今年，我国喜事多，形势好。北京获得奥运会主办权，上海成功举办 APEC 会议，中国加入世界贸易组织，国民经济继续保持良好的发展势头，经济繁荣、民族团结、社会安定，处在全面发展的重要时期。

承办奥运会，一方面有利于促进我国经济增长；另一方面，有利于扩大我国的国际影响，提高我国的国际地位。北京申办 2008 年奥运会成功，是世界对中国发展充满信心的反映，也使人们对未来 7 年的中国经济增长保持了良好的预期。从奥运会的历史来看，自 1984 年洛杉矶奥运会引入商业运作机制后，历届奥运会的主办国不但都通过举办奥运会获得了盈利，而且还促进了主办国基础设施建设，带动建筑业、旅游业等相关产业的发展，创造新的就业机会。北京将投入 2800 亿元用于基础设施建设、场馆建设和环境保护等，全国经济和社会的发展都将因此受益。

10 月份，APEC 会议在上海成功举办，展示了我国改革开放

以来国内建设所取得的成就，使世界更深入地了解了中国，提高了我国的国际地位。在会上，江泽民同志郑重宣布：中国开发的"人力资源能力建设促进项目"，将在 3 年内为 APEC 成员免费培训 1500 名网络技术高级人才；中国政府出资设立的"亚太经合组织金融与发展项目"，将帮助 APEC 成员培训金融领域的人才。中国在促进经济技术合作、加强能力建设等方面显示出的诚意，得到了广泛称赞。

11 月份，世界贸易组织（WTO）第四次部长级会议作出决定，接纳中国加入世贸组织，我国的对外开放进入了一个全新的阶段。我国还与东盟就今后的 10 年内缔结自由贸易协定达成了协议，积极推进地区经济一体化发展进程。

在世界经济增长明显减缓的环境下，中国经济上半年增长7.9%，全年将超过 7%，继续在快增长、高效益、低通胀的良性循环轨道上前进。美国"9·11"事件之前，据世界银行对2001 年各国经济增长的预测：中国 7.1%，泰国 1.6%，韩国2.4%，欧盟 2.6%，美国 2.5%，日本不到 1%。实际上从近几个月的情况看，我国今年国内生产总值增长可达 7.3%，欧美增长率在 2% 以下，日本则为负增长，连亚洲四小龙之一新加坡也将是零增长或负增长。今年以来，国际货币基金组织已连续下调了对美欧和世界经济和增长的估计，中国成为世界经济唯一亮点，东南亚国家都希望中国代替日本成为拉动亚洲经济的火车头。经过 20 多年的改革开放，中国经济实力和综合国力显著提高，经济总量和进出口总值跃居世界第 7 位，国际各方面专家估计，数年之内可上升到第 5 或第 4 位。外汇储备目前超过 2000亿美元，吸收外资连续 8 年居发展中国家之首，在世界经济舞台上已占据了举足轻重的地位。尽管我们确实还存在许多困难，甚至是棘手的问题，但这些都是发展过程中的伴生问题，不会改变中国经济发展的大趋势。国家经济在蒸蒸日上的新的历史起点上，必将以雄健的步伐，走向更加开放和繁荣。

这些成就是邓小平理论实践的伟大成果，是以江泽民同志为核心的中共中央第三代领导集体，审时度势，驾驭全局，实施正确的战略策略和方针政策，全国人民团结奋斗的丰硕成果。

改革开放 20 多年来，指引国家发展航向最重要的、起决定作用的，主要是两个方面：一是确立了正确的指导理论，二是实施了正确的战略策略和方针政策。

我国改革开放进程启动之后的 20 世纪 80 年代中期，一些国际上的友好人士就曾提出一个问题，说中国的改革缺乏理论指导。原有的理论已难以适应指导改革、开放的实践需要，新的理论又还没有建立。不改革开放，中国就没有希望。以邓小平同志为核心的中共中央第二代领导集体把马克思主义基本原理与中国实际相结合，创立了建设有中国特色社会主义的理论，回答了中国这样的经济文化比较落后的国家如何建设社会主义、如何巩固和发展社会主义等一系列理论问题，用新的思想、观点，继承、丰富和发展了毛泽东思想，成为发展社会主义事业的伟大旗帜，成为民族振兴和发展的强大精神支柱。全国人民高举这面旗帜，依靠这个精神支柱，克服困难，排除干扰，稳步走上了社会主义现代化建设的正确轨道，取得了举世瞩目的伟大成就。

中国能够完成加入世贸组织的谈判，首先是以邓小平理论为指导的结果。中国的"复关"和"入世"谈判，持续了 15 年，其中关于"市场经济"四个字，就谈了 6 年。1947 年，中国是关贸总协定的创始国之一，1986 年重新开始"复关"的谈判过程，在 1995 年成立世贸组织以后改为"入世"的谈判。"复关"和"入世"要经过三个阶段，第一阶段是审议经济贸易体制，第二阶段是市场准入的双边谈判，第三阶段是完成审批程序。我国从 1987 年开始的第一阶段，由于当时我们还没有明确实行市场经济，这一阶段多年没能通过。一直到 1992 年，邓小平同志南方谈话提出：在社会主义条件下也可以搞市场经济。1992 年 9 月，中共十四大正式提出中国经济体制改革的目标是建立社会主义市场经济。这一重大的理论创新，结束了中国"复关"和"入世"的第一阶段工作。可以设想，如果没有邓小平理论的指导，恐怕中国的"复关"和"入世"谈判至今还会停滞不前。

江泽民同志在"七一"讲话中指出：邓小平理论为"我们开创中国社会主义事业的崭新局面作出了重大贡献"。这个评价，是实事求是的。以江泽民同志为核心的中共中央始终高举邓小平理论伟大旗帜。1997 年 2 月，邓小平同志逝世，以江泽民同志为核心的中共中央第三代领导集体就明确要求必须始终坚持邓小平理论。中共十五大又提出高举邓小平理论伟大旗帜，并在实践中继续丰富和创造性地发展这个理论。江泽民同志的"七一"讲话，全面阐述了"三个代表"重要思想的科学内涵及其相互关系，回答了在新的历史条件下建设一个什么样的中国共产党和怎么样建设中国共产党这一重大理论问题，继承、丰富和发展了邓小平理论。"三个代表"重要思想的提出，标志着中国共产党建设理论思维的成熟，体现了中国共产党的先进性，体现了中国共产党全面地、创造性地推进建设有中国特色社会主义伟大事业的卓越的领导能力和领导水平。

近几年，国际经济环境复杂多变，中国经济也历经了严峻考验。抵御 1997 年发生的亚洲金融危机，中国起到了中流砥柱的作用，为国际组织所肯定。为抵御金融危机的冲击，以江泽民同志为核心的中共中央从容驾驭全局，及时采取了一系列的有效的政策措施：立足于扩大内需，承诺人民币不贬值，实施积极的财政政策和稳健的货币政策，并始终保持政策的连续性和必要的力度；实施西部大开发，重点加强基础设施建设；增加科技、教育、环保等投入；提高城乡居民特别是中低收入者的收入；等等。同时，加快产业结构调整和国有企业改革改组步伐，采取多种措施鼓励出口，实施"走出去"的战略。实践证明，这些政策措施都是完全正确的，对促进国民经济的健康发展发挥了重要作用，并仍将继续发挥作用。

中国申办奥运会经过了多年努力，"复关"和"入世"谈判几经周折。奥委会是国际体育组织，世贸组织是国际经济组织，但在复杂多变的国际环境中，往往被政治化，演变成为政治、外交的重大课题。加入世贸组织的中美谈判，当两国的关系趋于缓和时，谈判就进行得比较顺利，反之，就很困难甚至中断。对华最惠国待遇问题是中美谈判多年的症结，美国国会也不时制造事端，使谈判更加政治化。在谈判陷入僵局的时候，政治力量、外交努力往往起到决定性的作用。江泽民同志亲自给中国加入世贸组织的谈判确定了三条原则：（1）世贸组织没有中国参与是不完整的；（2）中国必须作为发展中国家加入；（3）坚持权利和义务的平衡。朱镕基等同志在中美最后一轮的谈判中，亲临现场，坐镇指挥。中美两国能够达成双边协议，使谈判走向双赢，很大程度上是两国领导人从战略高度作出的重大决策。

国家的各项建设事业正处在关键时期，适应国内外形势和改革开放的新要求，全党同志要进一步加强对邓小平理论的学习，进一步提高对中国共产党先进性的认识，巩固中国共产党领导的多党合作和政治协商制度，把思想统一到中共中央的路线方针政策上来，自觉维护中国共产党的领导核心地位，始终在思想上、政治上和行动上与江泽民同志为核心的中共中央保持高度一致。

二、努力适应形势发展的新要求，积极履行参政议政职能

加入世贸组织，是中共中央从我国社会生产力发展要求、国家和人民整体利益出发作出的重大决策，表明了我国政府和人民积极参与经济全球化进程、主动融入世界经济主流的决心，体现了坚持改革、扩大开放、与时俱进的坚定信心。

世界贸易组织与世界银行、国际货币基金组织并列为全球最具广泛性的三大国际经济组织之一，主要职能包括制定并监督执行国际经贸规则，组织各成员进行开放市场的谈判和建立成员间的贸易争端解决机制。近 20 年来，特别是冷战结束以后，经济全球化进程加快，逐渐成为世界经济发展的主流，虽然社会制度、意识形态、发展水平不同，但绝大多数国家都相继选定了市场经济之路，纷纷投身于新技术革命。20 世纪 80 年代中期以来，是否参加关贸总协定和世贸组织为基础的多边贸易体制，已成为衡量一个国家是否负责任地加入国际社会、本国经济是否与世界经济相衔接的重要尺度。中国需要世贸组织。邓小平同志指出："中国的发展离不开世界"，"关起门来搞建设是不能成功的"。经济全球化对发达国家和发展中国家在收益和风险上是不均等的，但发展中国家想要加快发展，就必须顺应潮流，积极融入经济全球化进程。目前，我国经济实力明显增强，在诸多领域已具备了参与国际分工与竞争的能力，但因长期被排斥在世界多边贸易体系之外，不得不主要依靠双边磋商和协议来协调对外经贸关系，使国内企业和产品在进入国际市场时受到了许多歧视性或不公正待遇，成为世界上受反倾销危害最深的国家之一。

世贸组织需要中国。作为世界上最大的发展中国家，中国拥有占世界 1/5 多的人口，经济总量和进出口总值均跃居世界第 7

位，与世贸组织成员间的贸易额占外贸总额的90%，来华落户的跨国公司主要来自于世贸组织成员。没有中国加入，世贸组织不能真正体现其世界性。"入世"后，中国巨大的需求潜力将转化为现实的购买力，为全球提供一个最诱人的大市场，这是中国将要对国际社会作出的突出贡献。

世贸组织是我国加入的最后一个重要国际组织，是中华民族自立于世界民族之林的重大政治经济行动，也是我们全面迈向国际经济舞台的显著标志。加入世贸组织，第一，将为我国经济发展赢得更好的国际环境。资料表明，世贸组织成员的贸易和投资总额占到全球的95%，是名副其实的"经济联合国"。获得世贸组织席位，等于拿到了国际市场的多张通行证。在世贸组织成员提供的多边、稳定、无条件的最惠国待遇原则下进行国际贸易和经济合作，有利于我国在一个相对公开、公平的机制下解决与成员国和独立关税区之间的贸易争端，减少政治因素的干扰，使我国利益得到更好维护、比较优势得到更好发挥，可以进一步开拓国际市场。第二，将增强我国在国际经济事务方面的发言权。世界上的经济政治事务，如果不参与其中，就会处于被动地位。"规则的制定者，注定是规则的受益者"。加入世贸组织之后，就可以参加新一轮的多边贸易谈判，在多边贸易体制中维护我国的经济利益，全面参与制定21世纪的竞争规则。第三，将促进加快完善我国社会主义市场经济体制的步伐，加快经济体制改革和经济结构战略性调整的进程，提高我国企业参与国际竞争的能力。

加入世贸组织，标志着我国的改革开放进入了一个全新的阶段，改革开放的格局将出现三大转折：（1）由有限范围、有限领域的对外开放，转变为全方位、宽领域、多层次的对外开放；（2）由试点型、政府主导的政策性对外开放，转变为以市场经济、企业为主体、在法律框架下面可预见的对外开放；（3）由按自己时间表单方面自我对外开放，转变为与世贸组织成员之间双向的、相互的开放。

加入世贸组织，意味着国家发展战略性的重大突破。经济全球化使世界经济以全球为版图配置资源，世界正在经历前所未有的大规模重新分工。通过国际贸易的增长，使参与国际分工的经济规模迅速扩大。同时，国际分工的模式出现了新的特点，从不同产业的全球分工，到产业内全球分工，又发展到企业内的全球分工。以跨国公司为载体，资金、人才、技术的全球流动急速地改变着世界经济格局，各国都在争夺国际分工中的有利地位，以推动本国的经济增长和国家经济实力的增强。以往维护国家经济利益，政府主要依靠设立关税壁垒、配额限制、行政审批等手段，扶持本国企业占领市场，同时保护本国企业免受外来冲击。加入世贸组织之后，政府将主要通过培育一个有效率的市场和良好的投资环境，鼓励企业充分利用国内和国际资源，在市场竞争中提高竞争力。

世贸组织是一个竞争的大舞台，机遇和挑战都在这个舞台上。20多年国家改革开放的实践证明，只有勇敢地应对挑战才能获得发展的机遇。经济全球化是不可改变的趋势。近年来，世界经济的年增长率只有4%，而国际贸易量的年增长率近10%，国际上对外直接投资的年增长率则保持在20%左右。这些数据充分说明了经济全球化的势头，是我们必须面对的实际。

经济全球化是科学技术进步、生产能力提高、经济规模扩大、国际交流增强达到了一个新的转折时期的必然结果。第二次世界大战以后，世界的国内生产总值增加了近10倍，全球进入一个经济高速增长时期。由于电气技术、机械制造技术、电子技术、石油化工、信息工程、材料工程等方面的进步，许多传统产业得到彻底的改造，生产方式也发生了很大的变化，国际贸易迅速扩大，世界性的市场体系逐渐形成，投资的国际化促进全球经济活动更加紧密地联系起来。从 1930 年到 1990 年以美元不变价计算，平均每英里的空运费用从 68 美分降到 11 美分；纽约、伦敦之间的 3 分钟通话费从 44.65 美元降到 3.32 美元；20 世纪 90 年代，网络技术迅速发展，国际交流不断扩大，现在全球每天外汇市场平均交易量达到 1.5 万亿美元，全年外汇交易量达到世界全年国民生产总值的 12 倍以上；借助于信息系统，现在几分钟之内就可实现跨洲调动数十亿美元的资金。世贸组织的前身关贸总协定是 1947 年至 1948 年由 23 国发起的，1947 年第一次在日内瓦谈判时确定的关税总水平为 40%。经过 8 轮谈判，目前，发达国家关税总水平已降到 4%，发展中国家为 14%。这些信息都告诉我们，经济全球化给我们带来了前所未有的机遇。但与此同时，这种环境也隐含着巨大的挑战。这是因为，迄今为止，经济全球化都是由经济发达国家所主导，所制定的规则都是有利于他们的。尽管发展中国家平均经济增长率高于发达国家，但由于基数不同，绝对增长数和大部分的经济利益落入了发达国家之手。1997 年从泰国开始的金融危机以及随之而来的经济危机，就是一个例子。有些西方学者认为，这场危机真正的祸源是某些经济发达国家的世界战略。有的经济发达国家从自己的利益出发，鼓吹金融自由化，要求让外资自由进入发展中国家的各个部门，强压这些国家降低关税，而自己却借技术优势实行贸易保护主义。因此，许多国家为了保护自己的利益联合起来，发展区域经济。从经济全球化与区域经济发展并存，以及不断采取种种手段以获得有利地位，可以看出国际竞争的激烈程度。

国际格局的多极化，也与经济全球化和区域经济的发展有着密切的联系。政治是经济的集中反映，在这个问题上得到充分的体现。第二次世界大战以后布雷顿森林会议确定的双挂钩国际货币兑换制度，使美国长期从经济上主导世界。1986年，美国从债权国变成纯债务国，布雷顿森林体系也早已维持不下去了。从20世纪70年代起，双挂钩的货币兑换制度就由实行浮动汇率制的牙买加体系取而代之。在一段时间内，美国以较多的力量转入国内的经济结构调整。同时，许多国家经济迅速发展，力量增强，世界多极化不断发展，这种趋势将是长期起作用的。美国口头上说不愿当"世界宪兵"，但又坚持要领导世界，并提出人权没有国界、高于主权，实际上是推行霸权主义。当然，要实现霸权也不那么容易。今年，美国失去了在联合国人权委员会的席位，就很能说明问题。

要在国际竞争中加快发展经济，关键在于创新。在新世纪，生物工程、信息工程、材料工程将成为推动经济发展的重要源泉。这些方面我国都已取得很大进步，应用生物工程培育出两系法杂交水稻、抗虫棉等作物，用基因技术、酶工程、蛋白工程、细菌工程生产了干扰素等许多药品。信息系统在金融、税收、商务、管理等许多方面发挥了作用。全国光缆铺设超过100万公里，移动通信技术标准获国际组织承认。新材料研究也都有显著成就。我国制成世界最长的纳米碳管。但是，许多方面离国际先进水平还有相当大的差距，困难也还很多。

我国已具备了相当的物质、技术基础，我们有邓小平理论指导，有以江泽民同志为核心的坚强的领导核心，有中国共产党正确的路线纲领，有鼓舞人心的国家发展目标。新世纪之初，我国的中心工作就是以发展为主线，不断提高综合国力，这就是最大的政治。我党的参政议政、民主监督要围绕这个中心来积极发挥作用，坚持"一个中心、两个基本点"的基本路线，与中国共产党同心同德、风雨同舟。邓小平同志多次说过，社会主义最大的优越性就是能够集中力量办大事。中国经受了 100 多年外国侵略者的欺凌、压迫，被污蔑为"东亚病夫""一盘散沙"。经过 100 多年先烈前仆后继的英勇斗争，才在中国共产党的领导下取得了胜利，争得了搞建设、求发展的权利。为完成新世纪的三大任务，中国共产党已经担起了执政党的崇高而又沉重的责任。我党作为亲密友党、参政党，也应当担起我们相应的历史责任。

加入世贸组织以后，政府职能和政府对经济的管理方式也将发生重大的变化。世贸组织的主要规则条款大部分是规范政府行为的，对政府提出了许多要求。我们要努力适应扩大开放形势下的新要求，加强学习，不断吸收新知识，努力发挥组织整体作用，积极履行参政议政、民主监督职能，在增强国家竞争力和综合国力，在促进政府职能转变，促进决策科学化、民主化、制度化，促进宏观调控体系的完备和有关法律体系的健全，促进社会主义市场经济体制和法律体制的完善等方面，作出新的更大的贡献。

三、以建设高素质的参政党为目标，进一步加强后备干部队伍建设

近年来，我党各级组织按照《各民主党派中央关于加强自身建设若干问题座谈会纪要》精神，把加强自身建设作为实现政治交接的重要措施，进行了深入的调查研究，在思想建设、组织建设和制度建设方面，做了大量的工作，党的自身建设取得了积极的成果。

我党的自身建设所要达到的总要求是：思想正确，组织健全，制度规范，作风严谨，在理论建设方面也要不断成熟。我们要努力形成团结奋斗的组织系统，以民主集中制为中心的制度体系，必要的监督保证、考核评估体系。

党的自身建设中的一项很重要的工作，就是人才的培养、后备干部队伍的建设，这是党的自身建设的一项战略任务。毛泽东同志曾经说过：在世间一切事物中，人是第一宝贵的。在长期的参政议政、民主监督的实践中，我们深刻地认识到，民主党派履行参政党职能需要高层次的合格人才，作用的发挥不在于人数的多少，而取决于成员的素质和代表性。能否吸收水平高、代表性强的优秀人才加入党内、培养一大批优秀的后备干部队伍，不仅关系到党的自身建设成果的巩固，也关系到我党履行参政议政、民主监督职能的能力，关系到新世纪我党与中国共产党团结合作的大局。当前，党的后备干部队伍，无论在数量方面，还是在素质方面，都难以满足党的工作和多党合作事业发展的要求。党的后备干部队伍的建设，在党的自身建设中仍然是需要加强的重要环节。

进一步加强党的后备干部队伍的建设，要坚持解放思想、实事求是的思想作风和工作作风，要从参政党的性质、地位出发，特别注意选拔、培养具有比较深厚的理论修养，有比较高的政策分析和研究水平，有比较强的社会活动能力的中青年骨干人才。履行参政议政、民主监督职能，"建言立论"是重要的方面。因此，在后备干部队伍建设中，在组织发展方面，要处理好具有专业知识的人才与能够建言立论的人才的关系；在机关工作人员的分工方面，要处理好为行政工作服务的管理人才与为参政议政服务的专业人才的关系；在领导班子配备、推荐实职安排和政治安排方面，要处理好政治素质与业务能力的关系。要立足于培养一大批政治素质好，能够坚持和发展中国共产党领导的多党合作和政治协商制度，能够把党的优良传统以及老一辈领导人的高尚风范继承下来并发扬光大的后备干部。

有不少地方反映，后备干部来源短缺，尤其是党的专职领导干部，在政府中担任实职的同志不愿来；40 多岁、50 多岁有业务专长的同志正在出成果的时候，要放弃业务专门从事党务又很可惜；太年轻的干部还缺乏实际岗位锻炼，放到较高的位置还不适合等。参政党干部的培养与执政党比较，有自己的特殊性。执政党有整齐的梯队层次，参政党要依据自身的特点，探索后备干部培养的有效方式，在这方面，许多省、自治区、直辖市作了有益的探索。如重庆市委会总结他们的做法是"六个结合"：

一是将后备干部队伍建设与组织的发展、巩固相结合。注意从组织发展入手物色高素质的有代表性人物。不坐等人才的自然成长。

二是将后备干部队伍建设与当前长远需要相结合。既重视当前的选拔，又重视长远的培养。根据重庆市三级组织的特点，从基层支部入手，将优秀骨干及时选配到支部，使支部成为后备干部的培养点。区委则是市委后备干部的"孵化器"，市委是后备干部进一步成长的基地。通过逐层选拔，逐层培养，逐层提高，让后备干部在实践中锻炼成长。

三是将后备干部队伍建设与教育和提高相结合。重庆市委会通过将素质好的成员选送到中共党校、社会主义学院，下派挂职锻炼，出国研修，积极鼓励支持党员参加市、区政府部门面向社会的公开招聘领导干部的竞争等多种形式，引导后备干部提高政治素质和思想道德水平。同时，他们还为后备干部提供各种形式的参政议政的机会，引导他们积极参与调研和面向社会的活动，鼓励他们向着成为社会活动家、专家型的党务活动家方向发展。

四是将后备干部队伍建设与安排使用相结合。明确选拔培养后备干部的目标：一是为我党各级组织储备干部。二是向政府和司法机关推荐人选。在安排使用方面，尤其要注意与后备干部所在单位的中共组织部、统战部加强联系和沟通。对经过培养、锻炼与考核已符合条件的后备干部，及时作出安排和推荐，对特别优秀的干部结合工作需要破格提拔。重庆市委会已形成一个届中增补的不成文制度，让条件成熟的后备干部，及早在实践中锻炼成长。

五是将后备干部队伍建设与完善参政党机制相结合。建立市、区两级后备人才库，实行动态管理，上下结合、分级负责，做到优存劣汰，进退有序，备用结合。

六是后备干部队伍建设始终坚持德才兼备原则和干部的"四化"标准。注重后备干部队伍的政治把握能力、参政议政能力、组织领导能力和合作共事能力，并坚持德才兼备、以德为先的原则，努力建设政治方向正确、政治立场坚定、政治基础稳固的后备干部队伍。

履行民主监督职能，
促进民主政治建设

（2002 年 3 月 27 日）

古语云："亢则害，承乃制，制则生化。"这句话揭示了事物发展的规律，说明了制约机制在事物发生、发展过程中所起到的重要作用。作为一个国家、一个政党而言，同样也需要监督制约机制，没有了监督，就会产生懈怠。

中国共产党历来十分重视监督问题。毛泽东同志、周恩来同志在新中国成立之初曾大力劝止民主党派提出的"光荣结束"，就是因为"身边需要听到不同的声音"，就是要同民主党派"长期共存、互相监督"。江泽民总书记在 2000 年 12 月全国统战工作会议上指出："要完善民主监督机制"，"加大民主监督力度"，"主要是民主党派监督共产党"。这些论述都表明了这样一个观点：民主党派的监督是重要的，不是可有可无的。民主党派认真履行监督职能，对于发扬社会主义民主、坚持和发展共产党领导的多党合作制度，具有重要意义。

准确把握民主监督的含义，是民主党派履行民主监督职能的前提。概括起来讲，民主党派的监督是我国社会主义政党体制内，在团结合作的政党关系基础上，通过民主的方式对执政党所实行的一种政治监督。这一表述包含三层含义：（1）民主党派的监督，是在我国政党体制内的一种政治监督。这种监督是在接受中国共产党领导的前提下，建立在共同的奋斗目标、共同的政治基础之上，本着"肝胆相照、荣辱与共"的精神，为改进工作、纠正错误所实行的监督，这与西方政党制度中反对党与执政党彼此对立的权力制衡、利益冲突关系有着本质的区别。（2）民主党派的监督，是采取民主的方式，是团结合作的政党关系的具体体现。这种监督不同于国家权力机关的监督和行政、司法监督，不具备国家权力性质和法律的强制性，而是友党之间通过提意见、提建议、作批评的方式来实行监督。（3）民主党派的监督，其目的是为了维护和巩固执政党的领导。这种监督是建立在与共产党根本利益相一致的基础上，完全是以支持和帮助共产党把各项工作做得更好为出发点和归宿的监督。

当前，民主党派要有效地做好民主监督工作，应该正确认识和处理好以下几个关系：

1. 正确认识"参政议政"和"民主监督"的关系。参政议政和民主监督是民主党派的基本职能。虽然概念不同，但二者常常是相互渗透和相互关联的。在参政议政中，往往包含着民主监督。那种认为民主党派参政议政"强"、民主监督"弱"的看法，存在着一定的片面性。

2. 要摆正"参政党"与"执政党"的关系。民主党派在履行监督职能中，一定要摆正自己的位置，坚定不移地坚持共产党的领导，自觉维护改革、发展、稳定的大局，努力做到献策而不决策，出力而不代办，尽职而不越位，帮忙而不添乱，切实而不表面，使监督起到实实在在的效果。

3. 要处理好"解放思想"与"实事求是"的关系。我们在履行监督职能中，既要解放思想，敢于对不正之风和错误倾向提意见，又要实事求是，用事实说话，不能一叶障目、以偏概全。反映社情民意是履行监督职能的重要方面，尤其要注意深入调查研究，抓住本质的东西。

4. 要处理好"局部利益"与"整体利益"的关系。改革开放以来，人民生活水平大幅提高。但在新旧体制转轨过程中，也难免一些职工下岗，给少数人生活带来一些困难。基于这些情况，我们在履行监督职能时要顾全大局，一方面，针对改革中存在的问题，向党和政府建言献策；另一方面，要用改革取得的巨大成绩，宣传党的方针政策，化解社会矛盾，协调党内外关系，维护社会政治稳定。

中国共产党和民主党派的合作[*]

（2002 年 7 月 19 日）

中国共产党与民主党派的合作，经历了两个时期、六个阶段的历史发展过程。这两个时期是：民主革命时期和社会主义建设时期。这六个阶段分别是：

第一，孕育阶段，即在革命斗争中的合作阶段。我国的各民主党派是在抗日战争和反对国民党反动统治的斗争中，逐步形成、发展起来的。中国共产党根据马克思主义关于无产阶级必须尽可能地争取、联合其他可能联合的阶级和政党，建立广泛统一战线的原理，在革命斗争中与各民主党派建立合作关系，并在共同的斗争中不断发展了这种关系。农工党总结了建党以来斗争的经验教训，于 1935 年 11 月响应中共《八一宣言》，确立了反蒋、联共、抗日的方针。

第二，初步确立阶段。1948 年 5 月，农工党和其他党派经过长期与共产党合作，认识到只有共产党才能救中国，积极响应中共"五一口号"，参加新政协，接受中国共产党的领导。中国人民政治协商会议第一届全体会议的召开和《共同纲领》的制定，标志着中国共产党领导的多党合作和政治协商制度初步确

＊ 这是蒋正华同志在中国农工民主党第十二届中央常务委员会第十四次会议闭幕式上讲话的摘要。

立。中国共产党与民主党派的合作，从革命斗争时期的政权外的合作，发展成为在国家政权中的合作。

第三，进一步确立阶段。1956年对资本主义工商业的社会主义改造基本完成后，中国共产党提出了与各民主党派"长期共存、互相监督"的八字方针。中国共产党领导的多党合作和政治协商制度进一步确立。

第四，曲折阶段。1957年下半年至"文化大革命"期间，多党合作经历了曲折。中国共产党与民主党派的合作关系受到严重破坏。

第五，规范化、制度化阶段。中国共产党十一届三中全会以后，在邓小平理论的指引下对统一战线工作进行拨乱反正，提出了与各民主党派"长期共存、互相监督、肝胆相照、荣辱与共"的十六字方针。中共中央以邓小平同志为核心的第二代领导集体和以江泽民同志为核心的第三代领导集体，深刻总结与民主党派合作的历史经验，制定了《中共中央关于坚持和完善中国共产党领导的多党合作和政治协商制度的意见》，确立中国共产党领导的多党合作和政治协商制度是我国的一项基本政治制度。明确了民主党派在国家政权中的参政党地位。多党合作和政治协商制度进入了规范化和制度化的新阶段。

第六，规范化、制度化进一步加强阶段。1992年，中共十四大把完善中国共产党领导的多党合作和政治协商制度，作为建设有中国特色社会主义理论的主要内容之一。1993年，八届全国人大一次会议通过的宪法修正案，将"中国共产党领导的多党合作和政治协商制度将长期存在和发展"载入宪法，中国共产党领导的多党合作和政治协商制度上升为国家意志。1997年，中共十五大把坚持和完善共产党领导的多党合作和政治协商制度列入社会主义初级阶段的基本纲领，作为社会主义民主政治建设的基本内容之一。2000年12月，全国统战工作会议召开，制定了《中共中央关于加强统一战线工作的决定》，进一步加强了多党合作和政治协商制度的规范化、制度化。

中国共产党领导的多党合作制度的孕育和形成，是中国共产党和各民主党派，在中国革命和建设的长期实践中共同确立和发展起来的，是符合中国国情的一项基本政治制度。

在新的历史时期，中国共产党领导的多党合作事业呈现出蓬勃发展的新局面。农工党作为多党合作事业的组成部分，要进一步围绕把农工党建设成为与中国共产党亲密合作、致力于建设有中国特色社会主义事业的高素质参政党的目标，不断加强自身建设，坚持做好以下五个方面的工作：

第一，继承和发扬与中国共产党长期亲密合作的优良传统，坚定不移地接受中国共产党的领导，与中国共产党在政治上保持一致，坚决抵制"政治多元化""政党轮替"等错误思潮的影响，抵制西方敌对势力"西化""分化"的战略图谋，建立稳固的多党合作的政治基础。

第二，坚持社会主义方向，致力于建设有中国特色的社会主义，围绕经济建设的中心，服务国家改革、发展、稳定的大局，把农工党全体同志的智慧和力量凝聚到实现第三步发展战略目标的伟大实践中，不断为建设有中国特色社会主义作出新的更大贡献。

第三，以与时俱进的精神，适应时代发展的新要求，加快培养一支知识丰富、领域宽广、多专多能的高素质的参政议政队伍，不断提高参政议政的能力和民主监督的水平。

第四，牢记政治责任，以高度的政治责任感和使命感，与中国共产党"肝胆相照、荣辱与共"，风雨同舟，同心同德，共同经受各种困难和风险的考验，始终作为一支健康稳定、积极向上的力量，成为安定团结政治局面的坚定维护者。

第五，坚持进步性与广泛性的统一，广泛团结和引导全体农工党员以及联系的群众，多做协调关系、化解矛盾、理顺情绪的工作，努力为完成新世纪的三大任务增加助力，减少阻力，形成合力，为创造良好的社会政治环境作出一份贡献。

我真切地感受到共产党执政为民

（2002 年 10 月 7 日）

2000 年年初，我从报纸上看到江泽民同志提出"三个代表"重要思想；后来，又从"7·1"讲话和"5·31"讲话中认识到这一重要思想的深刻内涵。联系实际反复学习，深感这是中国共产党顺应时代发展的进步潮流，保持先进性，领导全国人民不断前进的实践经验的深刻总结和理论上的升华。我是从大学的讲台走上领导岗位的，对于江泽民同志强调的贯彻"三个代表"重要思想，本质在坚持执政为民这一点，体会尤其深刻。

我 1958 年在西安交大留校任教，从事过核反应堆、彩色电视机显像管生产线和炼油生产自动化、化工生产自动化、经济、社会、生态、环境、人口以及可持续发展等问题的研究和教学工作，1991 年调入国家计划生育委员会任副主任，1998 年当选为第九届全国人民代表大会常务委员会副委员长。我记得，20 世纪 80 年代，我担任全国政协委员、常委时，常常感到许多工作有缺点。到政府部门工作后，我才知道中央的决策过程十分科学、严谨，每一项政策的制定都反复进行调查研究、广泛听取各方面意见，慎重权衡各种利弊和各方面的得失，使人民群众的利益在党的政策中得到最大限度的体现。

其实，像我这样的知识分子能够进入政府部门担任领导工作，直至被选为国家领导人，这件事本身就说明中国共产党是真心实意领导和支持人民当家作主的。邓小平同志在 1989 年曾批示要专门拟定民主党派成员参政和履行监督职责的方案。当年 12 月 30 日，以江泽民同志为核心的中共中央就发出了《关于坚持和完善中国共产党领导的多党合作和政治协商制度的意见》。这个文件在 1990 年公布，全国有 14 位非中共人士担任省部级政府领导职务。我当时是无党派人士，1991 年从大学进入政府机关担任领导职务，在政府工作期间，有职有权，受到充分尊重，直接感受到了共产党的民主精神。

从学者到官员，对于共产党始终代表中国最广大人民的根本利益这一点，体会更深。2000 年，我率考察团去西藏调研，所到之处都亲眼看到中国共产党深受少数民族人民的拥护和爱戴。听说是从北京来的代表团，老百姓自动来欢迎，一些地方万人空巷。车队在辽阔无垠的山区、草原行驶很久，才偶尔见到一两个放牧牦牛、羊群的牧民。他们一看见我们的车队，就不住地挥手欢迎。在山南地区一个昔日的贵族庄园旁，我们见到了一位翻身农奴。西藏和平解放前，他们一家和很多农奴一样在死亡线上极其悲惨地挣扎，农奴全家住的土窟最多四五米见方，只有一米多高，人在里面不论做什么只能弯着腰。今天，他不仅当了村长，而且和广大翻身农奴一样，迁进了宽敞漂亮的楼房。我也看到了昔日农奴主豪华的庄园、奢侈的用具，还有对农奴用刑的刑具、蝎子窟。今昔对比，西藏的翻身农奴对共产党感情特别深。

在西藏调研期间，藏民向我们反映，希望听到中共中央的声音。他们要求我们的广播电台、电视台加大功率。我返回北京后，向江泽民主席等党和国家领导人汇报了这个情况。中央高度重视西藏人民的要求，江泽民主席很快就作了批示，拨出大批专款实施"西新工程"，现在，第一阶段已经完工。

在我国，对于民主党派的意见，中共中央特别重视。每个党派、每个组织、每个方面都有自己反映意见的渠道。我讲学或访问，到过六七十个国家，也在美国的斯坦福、哈佛等大学和法国巴黎政治学院、印度国际经济研究中心讲学，很了解国外的民主制度。在与外国朋友的交流中，有些美国朋友对中国的决策机制，尤其是对政府倾听和采纳专家的建议很感兴趣。他们说："从表面上看美国的研究费用很高，但我们的研究成果不过是发表几篇文章，没有人理会。"

民主党派作为参政党，及时反映社情民意，提出建议，能够帮助执政党做好工作。1999 年 7 月，我们去内蒙古阿拉善盟进行生态环境恶化状况的调研。这个地区主要的水源是黑河，流入内蒙古最西部的额济纳旗境内，被称为额济纳河。由于缺乏全流域用水的协调，多年来流入阿拉善的水量不断减少，近 400 平方公里面积的东、西居延海干涸见底，湖底龟裂，连沙漠中生命力最顽强的植物胡杨都大片死亡，严重影响当地人民的生活。2000 年春天，北京连遭 8 次沙尘暴袭击。气象专家说，风沙的源头之一就是阿拉善地区。

我们以农工民主党的名义向中共中央报告了黑河流域的问题，引起中共中央的高度重视。2000 年，黑河流域实现首次分水成功，使额济纳旗各族人民看到了希望。2001 年 2 月，朱镕基总理主持召开第 94 次总理办公会议，研究黑河治理问题。目前，黑河流域综合治理，已经被纳入实施西部大开发战略的重点工程。在第九届全国人民代表大会第四次会议上，黑河流域综合治理工作被纳入会议通过的《国民经济和社会发展第十个五年计划纲要》和《关于 2000 年国民经济和社会发展计划执行情况与 2001 年国民经济和社会发展计划》。

在实践中，我还深切地感受到，中国共产党代表最广大人民的根本利益，不仅靠政策、靠作风，而且靠制度来保障。比如，中国有 50 多个民族，有的民族只有 1000 多人，但每一个民族都有全国人大代表。每个有 100 万人口的民族在全国人大常委会都有席位，充分保障了少数民族的声音能够直达最高权力机构。我应法国教育部邀请去巴黎政治学院国际班讲课，其中一个题目是中国的民族政策。一位北美的学者听完课找到我说："中国的民族政策好，50 多个民族搞得那么好。我们国家只有十几个民族，但一直冲突不断。"可见，我们的制度符合中国国情，成效显著。

江泽民同志说，坚持"三个代表"必须执政为民。在共产党执政为民的思想感召下，我们应该更好地为实现中华民族的伟大复兴而奋斗。我国进入 21 世纪后，要全面建设小康社会，加快实现社会主义现代化。为了实现这个奋斗目标，我们可做的事很多。近年来，我在人口、经济、资源、生态、环境等可持续发展方面进行了多项国际、国内的科研、学术交流和实地考察活动，并指导 16 名在学博士生从信息科学、人口、经济、金融、环境等方面进行研究。我愿尽自己的绵薄之力，为中国的可持续发展作出自己应有的贡献。

在中共中央举行的
党外人士迎春座谈会上的发言

（2003 年 1 月 26 日）

在新春佳节到来之际，我谨代表农工民主党的同志向胡锦涛总书记，向中共中央各位领导、各位同志致以节日的良好祝愿！向伟大的中国共产党表示崇高的敬意！

2002 年是我国发展史上具有重要意义的一年。在中国共产党的领导下，国家经济实力、科技实力、民族凝集力等进一步增强。全国社会稳定，民族团结，政通人和，欣欣向荣，经济建设和社会发展的各个方面都取得了显著成绩。中国共产党胜利召开了第十六次全国代表大会，对全面推进改革开放和现代化建设做出了新的战略部署，中共十六大报告与时俱进、振奋人心，进一步激发了全国各族人民团结奋斗、努力开创中国特色社会主义事业新局面的热情。

过去的一年，农工民主党的全体同志高举邓小平理论伟大旗帜，学习实践"三个代表"重要思想，切实履行参政党职能，遵循中国共产党领导的多党合作和政治协商制度，积极为国家的经济发展、社会进步和促进祖国完全统一作贡献。适应建设中国特色社会主义事业的要求，积极探索参政党建设的特点和规律，加强思想建设、组织建设和作风建设，坚持正确的政治立场和政治方向，始终在政治上、思想上和行动上与江泽民同志为核心的中共中央保持高度一致。

中共十六大闭幕不久，胡锦涛总书记、贾庆林、曾庆红等中共中央领导同志走访农工民主党中央，与农工民主党中央新老领导人进行座谈，并看望机关工作人员。中共中央的亲切关怀，给农工民主党广大成员以极大的鼓舞。中国共产党领导的多党合作和政治协商制度是我国的一项基本政治制度，也是我国社会主义政治制度的特有优势。中共十六大把统一战线和多党合作制度写入了中国共产党领导人民建设中国特色社会主义必须坚持的基本经验，表明了中国共产党巩固和发展最广泛的爱国统一战线、坚持和完善多党合作制度的不可动摇的决心。在新世纪新阶段，农工民主党的同志有一个共同的心愿，就是要坚定不移地坚持和发扬与中国共产党在长期的团结奋斗中形成的亲密合作的优良传统，更好地发挥我国社会主义政党制度的特点和优势，深入学习贯彻中共十六大精神，把学习中共十六大精神同加强自身建设结合起来，延续和发展与中国共产党团结合作的政治纲领和政治路线，继承和发扬同中国共产党亲密合作的优良传统，把农工民主党建设成为始终坚持同中国共产党亲密合作、能够经受住各种困难和风险的考验、致力于建设中国特色社会主义事业的参政党，在中国共产党领导的多党合作道路上不断前进。

当前，国际局势正在发生深刻的变化，国家的发展正面临着难得的机遇，也面临着各种挑战。中国共产党站在时代潮流的前头，领导全国人民推进现代化建设、完成祖国统一、维护世界和平与促进共同发展的三大历史任务。中共十六大确定的奋斗目标和任务，也是农工民主党全体同志的共同目标和任务。农工民主党的同志决心紧密地团结在以胡锦涛同志为总书记的中共中央周围，进一步发挥参政党作用，以中共十六大精神统一思想，把实现中共十六大作出的战略部署作为参政议政的中心任务，牢固树立中国特色社会主义共同理想，弘扬爱国主义精神，更广泛地凝聚、团结全体同志以及所联系的群众，与时俱进，奋发有为，坚持围绕发展主题开展工作，自觉坚持和完善共产党领导的多党合作和政治协商制度，始终不渝地同中国共产党亲密合作，为实现中共十六大提出的宏伟目标贡献力量。同心同德地为实现全面建设小康社会的宏伟目标作出新的贡献。

几点建议：

（一）关于中药产业发展的建议

中国医药市场潜力很大，发达国家人均每年药费300至500美元，中等发达国家50至60美元，我国不足10美元。随着经济、社会的发展，市场将不断扩大。"入世"后，一些仿制药品不能再生产。长期应根据国家力量有所为有所不为，重点支持基因技术、生物反应品生产技术等发展，近期建议抓专利即将到期医品仿制、手性药品技术开发、中药开发提高3项。20世纪30至50年代，世界药品更新80%，许多药品专利已经或即将到期，择优仿制见效很快。手性药物投入小、利益大、疗效好。中医药是一座宝库，我国已利用中药传统处方开发出许多药物，我国在世界中药市场上只占3%的份额，至今未有一种中药在美国市场销售，原因很多，迫切需要支持。建议：

1. 建立专项基金：由科技部、国家中医药局协力制定规划，有计划地加快开发著名验方。

2. 技术支持：用色谱、光谱、基因图谱等鉴定中药，制定种植、采摘、炮制等环节的标准。

3. 法律支持：从专利、分销、原产地等方面加强法律、法规的完善。

4. 加强国际交流：许多国家已开始重视植物药（即中草药）的作用，美国、欧盟等已将部分中草药列入药典，但有许多限制，尚须加强工作，特别是争取世界卫生组织的支持。

（二）关于加强金融工具创新工作的建议

金融是经济的核心。加入世界贸易组织后，外国金融业已纷纷探索中国市场，申请金融专利件数飞速上升，据说已达上百件。我国多年累计有金融专利的仅 10 余件，而且大多水平低。世界金融衍生工具已有 3000 余种，管理方法也不断创新、提高。我国若不能适应这些变化，将在竞争中处于危险的地位。去年期货市场发展势头很好，说明市场有需要。建议：

1. 成立专题研究组，对各种金融产品的管理制度加强研究，提出方案。

2. 针对外国金融机构动作很快的现状，亟须研究紧急情况应变对策的备用方案。

3. 考虑在严格监管下，有计划地加快发展地方金融。

人口与人才战略问题[*]

（2003 年 4 月 8 日）

我们农工民主党去年考察的课题是"人口与人才战略问题"，并在国务院有关部委和有关地方党委、政府的大力帮助下，于七八月间赴重庆、广西进行了考察。通过考察了解到，改革开放以来，我国在实施人口和人才战略方面，已经取得了举世瞩目的成就。在人口方面，经过近 30 年艰苦努力，有效地控制了人口的过快增长，使生育水平下降到更替水平以下，实现了人口再生产类的历史性转变，走出了一条有中国特色的综合治理人口问题的道路。在人才方面，各级人事部门紧紧围绕经济建设中心，坚持以人才战略为总揽，锐意改革，努力工作，推动了人才队伍建设迅速发展。根据考察了解和平时掌握的情况，经研究，我们提出以下建议：

（一）切实加强对独生子女问题的研究

在我国，城市中的家庭规模基本上是一对夫妇和一个孩子。由于大多数家庭对自己的独生子女都视为掌上明珠，他们从小就娇生惯养，过着衣来伸手、饭来张口的优越生活，造成他们性格

＊ 这是蒋正华同志在中共中央组织部召开的"经济、社会与人口、资源、环境可持续发展"座谈会上的发言。

孤僻、自私，缺乏团队精神，自立能力很差。目前，独生子女已开始陆续走向社会，他们的一些弱点正在逐步显现出来，势必要造成一定的社会问题。我们建议，一是政府要组织人口、统计、公安等有关部门，有步骤、有计划地开展对独生子女问题的研究，对独生子女未来的素质进行预测，提出相应的措施，缓解独生子女带来的社会问题。二是要在一定范围内对各种可能的策略进行深入的研究，在稳定现行生育政策的前提下，为不同情况准备对策，并可根据实际需要，对有的政策进行适度微调。进行微调时，可在条件比较好的京、津、沪等地进行试点，然后向符合条件的地区推广，使生育控制在一个比较理想的限度。

（二）实施出生人口性别比干预工程

自 20 世纪 80 年代中期以来，我国出生人口性别比持续升高并呈蔓延趋势。1982 年第三次人口普查为 108.5，1990 年第四次人口普查为 111.3，2000 年第五次人口普查已达到 116.9，严重地高于国际公认的正常值（103～107）。主要原因是女婴受到歧视，"五普"中女婴死亡率较男婴高 1/3，就是一个明证。我们建议，国家实施出生人口性别比干预工程，制定具体的目标，设计可行的、可操作的方案，建立项目机构负责协调、指导、检查和评估。各级政府要把治理出生人口性别比作为一项系统工程摆在重要的议事日程，由政府主管领导亲自抓，计划生育和卫生两个部门共同负责，其他有关部门密切配合，齐抓共管。要采取有效措施，疏堵结合，奖惩结合，建立健全有利于控制出生人口性别比升高的利益导向机制。要加强对 B 超使用、实施中期以上人工终止妊娠手术的管理，完善法律法规，严厉打击非法实施胎儿性别鉴定和选择性别终止妊娠手术的违法行为。要把农村作为治理的重点，根据不同情况，对症下药，切实加大有效治理力度。

（三）实施出生缺陷人口救治工程

目前，我国面临着规模较大的出生缺陷人口的负担。根据有关部门调查推算，我国每年实际出生缺陷人口大约有 50 万~60 万。如此逐年积累，后果十分惊人。我们建议，国家实施出生缺陷人口救治工程，充分利用多学科的优势，将社会干预、技术干预、政策干预和法律干预结合在一起，减轻出生人口质量低下对社会经济和家庭造成的压力。出生缺陷救治工程发展方向是在国家有关方针政策的指导下，结合国情，形成我国出生缺陷救治的框架，以社区参与、干预技术和措施、信息传播和优生教育为手段，以服务网络为载体，以法规、规范为保障，以经济发展和科技进步为动力，建设我国出生缺陷救治体系。

（四）加快人口系统信息化建设

当前，政府各部门的内部信息网络都比较好，而各部门之间的信息不能在网络上转换，主要是技术平台不统一。在人口方面，公安、统计、计生部门都是各自进行统计。由于统计口径方法不一，所得出的数字有很大的差异，浪费了人力和资金。我们建议，要在各部门不同的平台基础上，由政府建成统一的上一层平台，把所有的信息在这个平台上进行整合，实现计算机网络传输，加强信息交流，达到资源共享。另外政府应将信息化建设列入社会发展计划和年度财政预算，加强组织和领导，建立完善管理体制，加快人才培养，建设一支既懂业务又掌握信息技术的队伍。

（五）切实加强农村基础教育

2000 年，我国基本实现了普及九年义务教育。但在广大农村，义务教育的基础十分脆弱，教学设施落后，师资水平滞后，学生流失严重。我们建议，加大中央财政对农村基础教育的转移支付力度，调整教育内部的投资结构与比例，将资金重点倾斜于农村基础教育。大力推进国家助学贷款法制化建设，完善国家和地方的奖学金制度，建立和完善中小学的助学金制度，对家庭收入低于生活保障线的学生，减免杂费，或实行专项补助，保障受义务教育学生的合法权益。借目前城市中小学在校生人数减少、一些学校正在进行合并的机会，推行教师定期轮换制度，将城市中富余的师资力量有计划地安排到农村学校任教。从严治教，坚决纠正基础教育领域的不正之风，下大力气抓好教师队伍的道德建设。

（六）积极参与国际人才竞争，在留住人才、吸引人才上下功夫

我国加入世界贸易组织后，人才面临着第三次外流高峰，如不及时扭转这种局面，我国高科技产业就不能摆脱受制于人的窘境。我们建议，要加大对培养高科技人才投入的力度，在发挥市场机制对专业技术人员基础性配置作用的同时，建立和完善人才安全机制，高度重视关系国家安全、经济安全、国防建设、重大科技发明创造人才的保护问题。应尽快制定一整套吸引人才的政策和措施，想方设法吸引大量留学国外尚未归国的高科技人才，以事业、感情和待遇引进和留住人才；同时坚持回国服务与为国工作并举的方针，采取多种形式，努力开发国外人才资源。应建立与人才贡献相适应的收入分配和激励保障机制，将其报酬与本人的能力水平、所创造经济社会效益挂钩，对高科技人才的任职条件、工资津贴水平、科研经费资助以及住房、保险、家属就业、子女入学等方面提供比较优惠的政策。重视离退休老专家的作用，对高级知识分子的退休应采取区别对待的办法，对工作确有需要，技术确有专长者，可以延迟退休甚至不退休。

（七）发挥比较优势，努力扩大就业

目前，我国进入大规模的产业结构调整时期。建立什么样的

产业结构，既能符合我国国情，发挥比较优势，又能促进经济发展，是摆在我们面前的突出问题。我们建议，在产业结构调整中，政府应制定促进就业的经济发展战略，以政策支持、小额贷款等形式，扶持就业容量大、安置成本低的劳动密集型企业的发展。应大力发展交通运输、商贸、旅游、金融保险、社区服务、中介服务等为重点的第三产业，将第三产业作为吸纳劳动力灵活就业形式的主要方法。应进一步拓宽社区服务的领域，开展适应经济发展和居民生活需要的卫生、教育、文化、信息等各项工作，开展弹性大、灵活性高和多样化的就业形式。

（八）发展非农产业，切实解决农村富余劳动力转移问题

我们认为，解决"三农"问题的关键是解决好农村富余劳动力转移问题，而转移劳动力又要把重点放在大力发展非农产业和推进城市化上。我们建议，农业生产要进一步实现由产供销向贸工农的转变，把推进农业产业化经营同发展乡镇企业、发展农产品深加工结合起来，健全以信息、技术推广、农机为重点的社会化服务体系，加快培育产业化龙头企业，促进农村劳动力的充分就业。政府应在信贷上给予扶持，在技术、管理、信息上给予支持指导，引导乡镇企业适应市场需要，调整产品结构，实现产业升级，通过发展乡镇企业，吸纳农村剩余劳动力就业。应发展农村服务业，发展农产品集贸市场、小商品市场、城乡商品交换、农机具和家电维修等，扩大有效就业。应建立城乡统一的劳动力市场，形成省、市、县、乡四级劳动就业服务网络，发布劳务信息，搞好农民工的技术培训，取消对农民工的各种不合理限制和收费，组织和引导农民工有序流动。西部地区要培育劳动力输出方面的中介组织，使之发挥更大的作用，组织劳动力向东部地区进行劳务输出，有条件的地方要积极开展向国外的劳务输出。

（九）适时推进农村社会保障体系建设

作为全面建设小康社会的重要内容，社会保障体系建设在我国已取得了重大进展。但在广大农村，社会保障体系建设严重滞后，阻碍了农村经济的发展和农村社会的进步。我们建议，国家要适时推进农村社会保障体系建设，坚持实事求是、因地制宜、分类实施、量力而行的原则，在条件比较好的农村进行医疗保险、养老保险、最低生活保障试点，取得经验后再逐步推广。要多种形式筹措社保资金，建立国家、地方和个人三位一体的投资结构，建立健全财务核算、审计、监督等制度，加强农村社会保障资金的管理和保值增值。

（十）从农村政治体制改革入手，切实解决"三农"问题

目前，"三农"问题已成为政府和人们普遍关注的热点问题。我们认为，其主要难点，一是由于农村社会的组织化程度低，市场经济条件下的小农经济根本无法应对资本的垄断，造成农业生产不能适应产业化发展的要求；二是农村富余劳动力转移与城市职工下岗再就业交织，就业竞争更加激烈；三是乡镇政府用行政手段来对待市场经济规则，财权与事权不对称，造成农民的自主性差、负担过重。

我们建议，从农村政治体制改革入手，在村民自治的基础上，稳步推进乡镇自治，进行直接选举乡镇长和乡镇自治的改革，按照胡锦涛总书记"权为民所用"的指示，将乡村社会公共事务的决策权、管理权逐步过渡给村民自治组织，扩大农民的自主权。乡镇政府应根据当地实际情况和广大农民的要求来进行构建，规范职能，落实机构改革政策，精兵简政，对阻碍农村社会生产力发展要求的机构和部门，对损害广大农民群众利益的一切特权，都必须有计划地主动退出，使乡镇政府与上级政府的关系成为法定的不同层次上政府之间的权利义务关系。

我们还建议，在坚持家庭承包责任制的基础上，结合农村基层党组织建设和村民自治组织建设，坚持"民办、民营、民受益"的原则，积极引导农民成立自己的合作经济组织，逐步给农民与城市居民同等的待遇，稳步提高乡村社会的组织化程度，把千家万户的小生产与千变万化的大市场连接起来，让农民自己管理自己的事，达到真正意义上的自治。乡镇政府要扶持农民自己的民间组织，要把农产品行业协会作为扶持重点，让他们行使目前政府的一些管理职能，使政府腾出身来集中精力抓发展。国家要弱化土地的生产功能，明确土地的社会保障性质，通过减免税费等方式，从根本上调整城乡利益分配格局，实现乡村社会的良性运转。

（十一）切实加强西部地区专业技术人员队伍建设

人才问题是影响西部大开发的制约因素。由于经济发展水平和自然、历史等方面的原因，在相当长的一个时期内，西部地区在人才竞争中面临的压力会更大。我们建议，要进一步调动西部地区现有人才的积极性和创造性，充分发挥他们的作用。西部地区一些大中城市和大批原来的三线企业集聚了许多管理人才和科技人才，这方面的潜力要大力挖掘。应从实际情况出发，树立正确的用人观念，创造良好的用人环境，采取灵活的人才政策，建立科学的用人机制，留住现有人才，引进和用好各方面人才。应建立与西部地区经济社会发展相协调、与人才队伍发展相适应的人才引进机制和自主用人机制，完善人才政策体系，形成一整套人才工作的制度，吸引和鼓励国内外各类优秀人才到西部地区施展才华，创业奋斗。

（十二）建立合理的人才结构

抓人才队伍建设，调整结构是关键。我们建议，人才队伍建设，要从改革入手，根据我国加入世界贸易组织的发展趋势和产业结构调整的要求，调整人才队伍结构，提高人才队伍的整体水平。政府应从国家需要和公共利益出发，整体规划人才队伍建设与发展，既要下大力气抓好以学术技术带头人为代表的高层次人才队伍建设，又要抓好以各类急需紧缺人才和实用人才为代表的整体队伍建设，培养同现代化要求相适应的数以千万计的专门人才，使两者相互促进，共同发展。应完善人才市场体系，充分运用市场导向和政策导向，引导人才合理流动，保障人才自主择业。应扶持人才开发服务机构，特别是民间的机构，支持这些机构，让他们去做发现人才的工作，允许他们进行市场运作，根据不同的领域选择不同的人才，发挥他们的作用。

抓住机遇，取得主动[*]

（2003 年 4 月 11 日）

今年以来，国民经济运行状况，从统计数字看，仍然继续保持了较好的势头。但是，面临的新情况可能对国家经济产生负面影响，一是伊拉克战争的影响，二是非典型肺炎的影响。影响将集中在旅游业和外来投资以及出口等方面，保持全年国民经济持续较快增长和提高人民收入水平面临新的考验。今明两年，将是伊战后世界经济调整的关键时期，抓住机遇可以取得主动。为此建议：

第一，继续实施积极财政政策。

1998 年以来，我国经济的发展在总量关系上从短缺转变为相对过剩。供大于求的失衡成为供求关系的常态。经济发展的主要障碍从生产领域、供给领域转移到了需求领域、消费领域。这种变化是国家经济进入新阶段的表现。1999 年，中央作出了短缺已经过去的明确判断。2001 年年末召开的中央经济工作会议再次提出，扩大内需应当成为一项需要长期坚持的战略方针。近几年实施的积极财政政策促进了经济稳定较快增长。当前，经济发展的主要障碍仍然在扩大需求，不宜采取"淡出"或实际上"淡出"、实施积极财政政策的措施。

第二，明确 IT 产业技术政策。

美国 IT 业低迷，正是我国的发展良机。

＊ 这是蒋正华同志在国务院举行的党外人士座谈会上的发言。

1. 移动通信方面。第三代移动通信标志亟待完善，将大唐与 LAS、CDMA 技术结合可使编码的核心技术避免为高通公司控制，造成近年 DVD 专利问题上的被动状况。

2. 计算机软件技术。微软至今只将 WINDOWS 的源代码有条件地让我国政府使用，与对欧政策比较，严重歧视我国。自由软件开发的政策亟待明确，是否能形成与 WINDOWS 抗衡的力量，需要对成本效益、市场前景、技术难点等作全面分析，建议迅速组织专家论证，形成明确意见，制定实施方案。

3. 信息化平台建设。我国各地方、各产业的信息化平台不统一，严重影响效益、浪费投资。即将开展的信用系统等若缺少统一平台的支持，更是不能充分发挥作用，信息平台建设混乱的情况仍在继续。建议迅速决策，加强国务院信息办作用，统一规划。

4. 信息产业亟待立法。明确电子合同、电子货币、电子支付、电子签名等的法律地位，保证系统安全，规范网络运行，推动产业发展。

第三，进一步加大对农业的支持力度。

去年，很多人担心的我国"入世"之后的农业问题没有发生。一是国际主要产粮大国由于旱灾普遍减产，粮食价格上升，而我国的粮食总量略有增加，增长 1%，价格仍然较低；二是对出口粮食实行了出口退税的政策。然而，农业问题、农民收入问题仍然很突出。

农民收入难增加，难在来自农业生产方面的收入难增加。一是农产品供过于求，价格下跌；二是城市居民收入提高后，消费结构变化，对农产品的需求下降。目前的城乡人口比例是，生产农产品的人口多，消费农产品的人口少。

对待转基因农产品的问题，欧洲过于保守，美国过于放纵，这两种做法都不可取。我们需要有一个比较明确的政策，要慎重处理转基因产品安全性问题，积极研究转基因技术及应用，大力推广安全的转基因产品。

加大对农业的支持，一方面继续推进农村税费改革，保护农民的合法收益，减轻农民负担，积极加大"绿箱"投入，如减免教育费用等。另一方面，通过实施积极的财政政策，支持农村的基础设施建设和城镇建设，通过这些建设增加农民的非农业收入，拓宽农民在非农产业区域生活和就业的渠道，分流数量过多的农业人口。对某些特定农产品给予"黄箱""蓝箱"的资金支持。

第四，加强金融工具创新工作。

我国加入世贸组织后，外国金融业纷纷探索中国市场，申请金融专利件数飞速上升，据说已达上百件。而我国多年累计有金融专利的仅 10 余件，而且多为低水平的。世界金融衍生工具已有 3000 余种，管理方法也不断创新、提高。若不能适应这些变化，我国将在竞争中处于不利地位。去年期货市场发展势头很好，说明市场有需要。需要成立专题研究组，对各种金融产品管理制度加强研究，提出方案；针对外国金融机构动作很快，亟应研究紧急情况应变对策的备用方案；考虑在严格监管下，有计划地加快发展我国地方金融体系。

此外，去年七八月间，在国务院有关部委和有关地方党委、政府的支持下，农工党中央就人口与人才战略问题赴重庆、广西进行了调研考察。我们了解到，国家实施的人口和人才战略取得了很大成就，在人口和人才工作方面走出了具有中国特色的道路。同时，我们也了解到一些应早日采取措施解决的问题：一是独生子女的健康成长问题，二是人口性别比持续升高问题，三是缺陷人口的负担问题。

在我国，城市中的家庭规模基本上是一对夫妇和一个孩子。由于大多数家庭对自己的独生子女都视为掌上明珠，加强了教育，素质良好。但也有一些家庭对独生子女从小就娇生惯养，以致孩子长大后性格孤僻，缺乏团队精神，自立能力差。

自 20 世纪 80 年代中期以来，我国出生人口性别比持续升高并呈蔓延趋势。1982 年全国第三次人口普查为 108.5，1990 年第四次人口普查为 111.3，2000 年第五次人口普查已达到 116.9，严重地高于国际公认的正常值（103～107）。主要原因是一些地区女婴受到歧视，"五普"中女婴死亡率较男婴高出 1/3。

根据有关部门调查推算，我国每年实际出生缺陷人口大约有 50 万～60 万。如此逐年积累，后果十分惊人，面临着规模较大的出生缺陷人口的负担。

建议加强对独生子女问题的研究，对独生子女未来的素质进行预测，提出相应的措施；以农村为重点，实施保护女婴工程；充分利用多学科的优势，将社会干预、技术干预、政策干预和法律干预结合在一起，保护女婴权利。积极推进农村社会保障体系的建设。有的部门实施"出生性别干预工程"，初衷很好，但易为国际社会所误解，建议改名。

加快组建国家级感染性疾病
医疗研究机构*

（2003 年 4 月 30 日）

人类与疾病的斗争永无止境，传染病的发生与流行，也会经常出现。

即使在科技发达的今天，各种危险疾病仍然威胁着人类，疟疾、霍乱、结核病、登革热、埃博拉热、艾滋病等仍在全球许多地区肆虐。近几年多次在非洲爆发的埃博拉出血热，患者的死亡率接近 50%；2002 年，全世界有 900 万人感染肺结核，造成 200多万人死亡；艾滋病造成的死亡数字更大。

随着科技的发展，人类与病魔的斗争不断取得进展。20 世纪 80 年代在英国首次发现疯牛病，当时曾有一些专家预计，英国经由疯牛病感染新型克雅氏症的人数可能高达 50 万，引起多年恐慌。然而由于基因技术的运用，病因很快被确定，各国在采取了必要措施后，这种病很快就得到了控制。20 世纪末，英国实际确诊的新型克雅氏症患者只有 55 人。非典疫情出现后，中国、美国和加拿大等国的科研人员在很短的时间就确定和破译了非典病毒的基因图谱，研究出了一些检测方法。我们对战胜非典有充分的信心。

---

* 这是蒋正华同志在全国政协召开的党外人士座谈会上的发言。

由于我国多年未发生传染病流行，缺乏相应的处理机制和手段。此次突如其来的重大灾害提示我们，需要加强群众的防护意识、疫情监控、紧急救治、基础研究等方面的工作，建立和完善必要的体制。

初步研究结果显示，引起非典的冠状病毒具有较强的变异性，这可能给免疫预防带来较大的困难。同时，急性期非典病人免疫功能严重受到抑制，病人自身特异性免疫保护能力及防护程度尚有待进一步研究与评价。当前，根据广东省和北京市治疗非典的经验，临床上采取多种的综合性支持治疗措施是提高非典救治率和降低病死率最有效的办法，依法严格采取预防措施则是制止疾病进一步加速扩散的关键。在这些方面，政府和卫生部门已经采取了一些有力的措施，这些措施是正确的。

在紧急救治方面，现有的传染病医院数量少，规模有限，科研力量薄弱，临床与科研结合不密切。比如，北京仅有两家地方医院——地坛医院和佑安医院，一家军方医院——309医院。这些医院都位于市区，增加了疫情进一步传播的可能性。位于市区甚至闹市区的综合性医院或专科医院也入住非典病人或疑似病人，这些医院的医护人员一般缺乏处理传染病的专业知识与经验，增加了医护人员感染的机会。地坛医院和佑安医院的科研力量薄弱，在非典防治的过程中，无法通过有效的科研来及时认识非典的发病和流行规律，及时地指导预防和治疗。北京众多的科研单位由于系统上与医疗单位互不相关，不能发挥协同攻关作用，反映了我国医疗体制上的缺陷。

中国医学科学院采取院所合一的体制，临床与科研密切结合，如北京协和医院——临床医学研究所、肿瘤医院——肿瘤研究所、阜外心血管医院——心血管研究所、血液医院——血液病研究所等。这一体制有利于加速科研成果的及时转化，有利于应对非典等突发传染病带来的挑战。北京协和医院的传染科和急诊科也入住了一定数量的非典病人，在高峰期甚至在急诊室走廊上也有非典疑似病人暂时留住。尽管该院传染科规模较小，但协和医院整体的医疗诊治和科研水平较高，呼吸科、急诊科和传染科的临床专家成立了专家组，根据非典病人病情变化及时调整优化的治疗方案和医护人员的预防措施，取得了较理想的病人救治效果和医护人员预防效果。临床实验研究的进展结果，也有力地指导了医疗工作。传染科的李太生教授发现，发热期非典病人的 T 淋巴细胞数量极低，甚至在肺脏 X 光检测正常时，T 淋巴细胞就已有发生数量降低的表现。外周血 T 细胞数量的变化，可能作为非典早期诊断的指标之一。这一发现为临床治疗提供了有效的理论指导。

总的说来，我国在公共卫生的基础研究工作仍很薄弱，直接影响了对突发烈性传染病的防治。建议加快组建国家级感染性疾病医疗研究机构——国家级感染性疾病医院和病原学研究所。

目前，按照科技部、卫生部有关科技体制改革工作部署，正在筹建病原学研究所，以应对严重和新型传染病对人类健康的威胁。建议将此项工作进一步扩充，在中国医学科学院、中国协和医科大学北京协和医院传染科的基础上，联合中国科学院、军事医学科学院、北京大学、中国疾控中心、北京市传染病院等国内优势单位，组建国家级感染性疾病医疗研究机构——国家级感染性疾病医院和病原学研究所。实行院所合一，医疗、科研、教学一体化，以利于基础医学与临床医学的密切结合，加速基础研究和应用基础研究成果在临床应用的转化。国家级感染性疾病医院和病原学研究所，以感染性疾病的诊断、预防和治疗为工作目标，以此为中心，形成具有国际医疗、科研和教育水准、较强快速反应能力的人才队伍，承担我国感染性疾病的诊断、预防和治疗的难题攻关、技术指导和人才培训任务。

国家已采取了许多有效措施，建议当前还要抓好几项具体工作：

1. 切实做好综合预防工作。鉴于当前尚无疫苗，要加强综合预防的科学指导，注意预防的科学性、有效性，既要重视，又不恐慌。

2. 加强医务人员的防护。医务人员感染机会多，感染后影响也大，部分医院的行政领导对此至今重视不够，一线医护人员反映强烈。少数医院院长既不能亲临一线，还不重视为一线医护人员配发隔离衣等用具，对派出的医疗队关心不够，应当引起我们的高度关注。

3. 掌握舆论导向。既要实事求是地报道，也不要过分强调非典的危险性。统计上，非典的死亡率远远小于许多烈性传染病；现在已有多例医愈出院者，有不少在家庭中接触密切的家人无一人感染。这些好的事例，应当作为经验多予报道。

4. 严格法制观念。明确作为法定传染病，社会各界有法律义务予以配合，并明确有关方面可以采取强制措施，以利疾病的控制。

5. 动员社会力量。合力打胜防治非典这一硬仗，通过防治非典，充分显示我国社会主义制度的优越性，不断提高各方面的社会责任意识。

巩固防治非典成果，
促进经济健康发展[*]

（2003 年 7 月 11 日）

  今年上半年，全国上下经历了一场突发非典疫情的考验。中央新一届领导班子上任之初就遭遇如此严峻的疫情，为新中国建立以来所仅见，国家经济、社会和对外交往也受到影响。但是，全国人民看到了中央新一届领导班子勤政、亲民、务实、革新的政治新风。胡锦涛总书记在非典猖獗时亲赴广东视察，各位中共中央政治局常委都前往疫区调研。中央采取了一系列果断措施，在最短的时间里控制了疫情，生产秩序、生活秩序、社会秩序迅速恢复正常，国民经济仍然保持了良好的发展势头，取得了抗击非典和发展经济的双胜利。在这场考验中，我们看到，党的领导坚强、正确、有力，全国政令畅通，各级政府、各个部门协调配合，人民军队在最困难的时候战斗在第一线，圆满地完成了任务，中华民族再一次展现了和衷共济、共渡难关的凝聚力，社会主义制度再一次展现了无比的优越性。

  通过抗击非典疫情的实践，也提高了整个国民经济体系在扩大开放条件下抵抗风险、应对危机、减少损失的能力。农工党的同志完全拥护中共中央、国务院在防治非典和促进经济发展方面

---

  * 这是蒋正华同志在党外人士座谈会上的发言。

所采取的政策措施，并将继续为夺取抗击非典和经济发展的双胜利积极作出贡献。

农工党的医药卫生界成员比较多，我们认真贯彻落实中共中央关于抗击非典的一系列重大决策，先后有 1 万多名农工党员参加了与抗击非典相关的门诊、救治、护理、科研、咨询、宣传等工作，3400 多名成员战斗在抗击非典第一线，有的不幸感染疾病，一人因公殉职。

由于非典的烈性传染性，不少人的心理负担还比较重。尽快走出非典阴影，避免非典影响长期化，将有利于巩固防治非典的成果，有利于促进经济的健康发展。为此提出几点建议，供研究参考：

第一，组织专家对非典疫情进行分析，冷静地提出对策，既要避免放松警惕，在可能的非典反复或其他传染病发生时准备不足，又要防止过度反应，浪费资源。这两种现象都已有表现。建议有效地整合资源，建立国家级科研、治疗一体化的应急中心，省、直辖市、自治区视条件建立可用于多种目的的传染病院，各市更不必普遍建专门的传染病院，一般可在大医院内设立可隔离的传染病区，平日可供其他医疗之用。

与此同时，要继续加强对非典康复者的跟踪调查，消除社会公众对非典康复者的排斥现象。

具体的措施，建议如下：

1. 中央和省级财政列入突发事件的专项资金，或适当增加中央和省级的后备资金，以应付公共卫生或其他方面突然事件之需。

2. 建立公共卫生突发事件病例首诊责任人制度，加强相应能力培训及信息沟通能力。

3. 制定公共卫生及医疗应急预案，根据财政能力，建立适度药品及物品储备制度，完善突发事件信息传播制度，既保护公众的知情权，也防止造成社会混乱。

4. 加快组建国家级感染性疾病医院和病原学研究所，以筹建中的中国医学科学院病原学研究所、中国医学科学院、中国协和医科大学北京协和医院传染科为基础，联合中科院、军事医学科学院、中国疾控中心、北京市传染病院等优势单位，组建国家级感染性疾病医疗研究机构，院所合一，医疗、科研、教学一体化，由国家公共卫生突发事件领导组织直接指挥，为处理突发公共卫生事件提出处理方案。

5. 筹建国家卫生研究院。当前，生命科学发展迅速，医学模式正在转变，我国公民健康卫生需求提高，生物恐怖武器威胁加大。建议筹建国家卫生研究院，整合全国研究力量，优化资金资源利用，设立中国医学科学研究基金重点投入急需项目，鼓励社会资金注入。

6. 加大对中医药研究、开发、应用的支持力度。此次防治非典充分反映了中西医结合的优势，中西医结合大大缩短了疗程、降低了病死率，在国际上赢得赞誉。应借此良机，从制度、资金、法规等各方面加强对中医药的支持，使中医药产业尽快发展壮大。

7. 在警察队伍中培训具有专业水平的卫生防疫队伍。在突发公共卫生事件中有时需要强制执法，执法队伍需有专业知识。因面向公众，不宜由军队执行任务，建议在公安部门设立专门的应急队伍，急需时可由这支队伍作为核心，组织公安力量执法。

8. 采取有力措施防止医疗垃圾污染。我国的《国家危险废物名录》将医疗垃圾列为 1 号危险废物，但防止其污染的措施不落实，除国家环保局和建设部颁布的《医疗垃圾焚烧标准》外，在医疗垃圾收集、贮存、运输、处理和标识的系统管理方面无法可依，亟待加强研究，尽快出台相应法律、法规。

第二，经济工作。由于中共中央、国务院采取了有力措施，非典迅速得到控制，国民经济也继续顺利发展，受非典影响的产业部门已开始恢复，制造业仍然强劲增长，全年最终消费估计可能少增加 1800 亿元左右。我们认为，我国经济进入上升运行周期的大趋势不会受到很大影响。非典的不利影响在下半年可能表现得更为明显，今年的经济增长率可能出现前高后低现象，为此提出以下建议：

1. 继续保持适度积极的财政政策和稳健的货币政策，保持政府支出，扩大有效需求。除了发行国债外，还可考虑结合金融体制改革，允许商业银行进入利率市场化改革，对地方商业银行的政策也可适当放宽，以利中小企业融资困难的问题得到有效化解。对农村信用社的支持力度也亟待增加，有些业务应当放到农村信用社，例如学生贷款，虽然国家有支持，但申请者众、发放额少，已发放的贷款还贷率低。建议将此项贷款改为由学生原户籍所在地农村信用社发放，国家支持政策不变。这样实施的结果既可使学生的信用易于考察，也可使农信社获得支持。此类业务不少，建议由各有关方面共同研究决定。

2. 充分运用税收杠杆激活经济。政府已采取的减免税措施对有关行业已产生了有力的支持作用，现在形势比较明朗，建议进一步研究各行业受非典影响程度确定减免税政策。各地区所受影响不同，应当作细致分析、分类指导。在减免税的同时，应加紧税收改革，推出所得税率征收新标准、严格财经纪律、强化征收系统等措施，以保证财政收入。

3. 优先解决出口退税的欠税问题。出口退税的欠退已达 2400 亿元，但其中大部分为转库，欠企业的部分约为 1000 亿元。及时解决这部分资金，可使外贸企业得到有力的支持。建议将今年预算外收入重点用于清偿出口退税中的退税，同时，抓紧研究适当的退税率，既使企业出口得到支持，同时也在财政能够承受的水平以内，保证今后不再出现新的欠退税。

4. 加强信用系统建设。信用缺失成为我国经济发展中的一个重要问题，据各方面分析每年导致数千亿元损失，已引起许多地区的重视。不少地区近年建立了企业、个人、法人等信用系统，但这些系统标准不一、互不联通，大大影响了系统作用的发挥。建议中央采取行政措施进行协调，统一规划、分头实施。这方面的立法也亟待加快，以利于市场秩序的规范，提高经济运行效率。

5. 鼓励民间投资，激活民间资本。目前，民间游资数量不小，但缺少投资渠道，形成"地下金融"等种种问题。建议进一步降低民间资本进入有关产业的门槛，加强市场管理，鼓励民间资本参与汽车、通信、金融、电子等产业的市场竞争，并打破一些行业的垄断现象，增强经济活力。

6. 培育新的消费热点和经济增长点。为此，要抓紧清理抑制消费的不合理政策，出台适当政策，鼓励绿色消费和环保消费，推动改善公共卫生的投资和消费，建立完备的物流体系和网上支付系统，鼓励有自主知识产权的产品，调整房地产业结构，加强拓展电子商务的技术和法制建设，完善汽车产业政策和消费政策。

在中国农工民主党第十三届中央
常务委员会第三次会议上
的讲话（摘要）

（2003 年 7 月 13 日）

一、关于国际国内形势

准确分析形势是把握工作大局的前提。中共十六大提出，综观全局，21 世纪的头 20 年，对我国来说，是一个必须紧紧抓住并且可以大有作为的重要战略机遇期。这是中共中央在深刻分析国内外形势的基础上作出的一个重大战略判断，是关系我国发展大局的重要判断。

今年以来，国际形势出现局部紧张的态势，美国发动对伊拉克战争，朝鲜核问题引起美朝严重对峙，中东和平进程困难重重。围绕这些问题，几乎整个世界都卷入了激烈的争论和角逐。当前，国际形势仍处在复杂、深刻的变动之中，世界多极化和经济全球化趋势在曲折中发展，以经济为基础、以科技为先导的综合国力竞争更为激烈。总体上，虽然霸权主义和强权政治有新的表现，但和平与发展仍是当今时代的主题，维护世界和平、促进共同发展依然是各国人民的共同愿望。国际形势对我国总体有利的格局没有改变，中共中央提出战略机遇期的判断完全正确。

第一，伊拉克战争没有改变世界格局，和平与发展仍然是当今时代的主题。

今年上半年发生的伊拉克战争中，一个超级大国用武力改变了一个主权国家的政权，但国际形势总体缓和、稳定的基本态势没有因伊拉克战争而发生根本性逆转。对伊战争已在国际上引发了许多争论，仅就战争本身而言，也只是一场规模有限的局部战争，未引起国际政治的根本性改变。在国际关系方面，一些国家尽管对美国的单边主义、霸权主义政策十分不满，但不愿与美国发生正面冲突。美国也从全球战略的需要出发，避免同世界主要力量直接对抗，寻求合作的基础。

伊拉克战争的最直接结果是改变了中东的政治格局，这是与美国的全球战略密切相关的。美国全球战略的推进带来了全球性的影响，从而引起国际关系和全球政治的相应变化。就世界总格局来说，伊拉克战争虽然表明美国的霸权战略在向前推进，显示了美国现代化的军事力量，但"一超多强"的格局没有因为"倒萨"而根本改变，"多强"的综合实力仍然在原有的基础上继续发展。就国际安全形势来说，世界面临着传统安全与非传统安全两方面的威胁，两方面因素相互交织，恐怖主义的危害上升。全球化趋势的不断发展，刺激了诸如恐怖主义活动增加、大规模杀伤性武器扩散等全球性问题的增多和恶化，也扩大了各国、各地区之间的经济、文化和人员交往，增强了世界各国之间的共同利益，加深了各国之间的相互联系性，有利于国际合作维护世界和平、促进共同发展。美国发动的对伊战争遭到世界多数国家的反对，引发了规模空前的世界反战浪潮，表明求和平、谋发展已经成为各国人民的普遍愿望。这种愿望，将转变成为世界多数国家谋求发展本国经济、维护世界和平与发展主题的强大动力。

第二，我国坚持与邻为善、以邻为伴的睦邻友好政策，周边环境仍处于新中国成立以来较好的时期。我国同广大发展中国家的友好合作不断加强，在国际事务中相互支持、相互配合。

6月28日，十届全国人大常委会第三次会议经过表决，全票通过，决定加入《东南亚友好合作条约》及其两个修改议定书。这有利于进一步促进我国与东盟关系的全面发展。

《东南亚友好合作条约》的宗旨是："促进该地区各国人民间的永久和平、友好和合作，以加强他们的实力、团结和密切关系"。缔约各方在处理相互间关系时将遵循以下基本原则：一是相互尊重独立、主权、平等、领土完整和各国的民族特性；二是任何国家都有免受外来干涉、颠覆和制裁，保持其民族生存的权利；三是互不干涉内政；四是和平解决分歧或争端；五是反对诉诸武力或以武力相威胁；六是缔约各国间进行有效合作。

该条约规定缔约各方应当通过友好谈判，解决彼此间出现的争端；并规定在通过友好谈判无法解决争端时，将由缔约各方成立一个由部长级代表组成的高级理事会关注和处理争端或局势。该条约还规定，缔约一方不应当以任何方式，参加旨在对另一方的政治经济稳定、主权和领土完整构成威胁的任何活动；缔约各方应当努力发展和加强睦邻合作关系，并应当促进经济、社会、技术、科学和行政管理领域的积极合作。

我国成为东南亚地区以外第一个加入《东南亚友好合作条约》的大国，将使我国与东盟各国的友好合作关系得到进一步提升，我国和平与稳定的周边关系将得以进一步巩固。

第三，国际的大国关系总体上进入以磋商、协调、合作为主的发展阶段。我国奉行独立自主的和平外交政策，尊重世界的多样性，促进国际关系民主化，坚持原则、伸张正义，不处于任何重大冲突的漩涡之中。各大国都看重我国的国际地位和国际影响，我国在大国关系的新一轮调整中继续处于主动有利的地位。

从 5 月 26 日至 6 月 5 日，胡锦涛同志任国家主席后第一次外交出访，在短短的 11 天里，访问了俄罗斯，出席了上海合作组织领导人第三次会议，参加了圣彼得堡建城 300 周年庆典，参加了南北领导人非正式会谈，访问了哈萨克斯坦和蒙古，取得了巨大的成功，充分显示了我国国际地位日益提高、国际影响不断扩大。

俄罗斯非常重视胡锦涛主席的访问。普京总统下令，胡锦涛主席对俄罗斯的访问，从 5 月 26 日至 30 日，即包括 29 日、30 日参加上海合作组织峰会的两天，都作为国事访问，在礼宾安排、接待规格上与其他四国元首有所不同。普京还在胡锦涛主席抵达俄罗斯的当天晚上，为胡锦涛主席举行了家庭晚宴。胡锦涛主席出访俄罗斯，加强了中俄关系，增进了中俄两国元首的相互了解和信任，为两国关系在新世纪的长期发展奠定了坚实的基础。双方还在涉及双方国家主权、领土完整和民族尊严问题上相互支持：俄方在台湾问题、西藏问题上的认识有了进一步的提高。胡锦涛主席首次正式向俄方提出了"东突"问题。中方支持俄罗斯打击车臣分裂主义，同时希望俄支持中方打击东突恐怖主义组织，并加强双方在这一问题上的合作。在经贸合作中，经过商谈，俄方同意修建从俄境内石油产地到大庆的石油管道，并签署了两个关于修建石油管道方面的合作文件，中俄未来的原油贸易额将达到 1500 亿美元，这对双方的经济发展都有重要作用。

5 月 29 日至 30 日，胡锦涛主席出席上海合作组织第三次元首峰会。这次峰会是在伊拉克战争对俄罗斯和中亚国家产生很大影响的情况下召开的。会议通过了 10 个相关法律文件，进一步完善了上海合作组织的法制化建设；启动了常设机构时间表，2003 年 11 月 1 日，上海合作组织秘书处将在北京正式开始工作，标志着上海合作组织站稳了脚跟，基础更加牢固；关于上海合作组织的主要任务——安全和经贸合作方面，商定于 2003 年在中哈边境举行有五国参加的反恐军事演习，这对"三股势力"将产生很强的震慑作用；决定 2003 年在北京召开第二次总理会晤，规划今后经贸合作的方向及具体内容。会议宣告上海合作组织初创阶段结束，开始了一个以务实为中心的全面发展时期。六国在国际问题上也进一步协调了立场。

5 月 30 日至 31 日，胡锦涛主席在出席俄罗斯圣彼得堡市建市 300 周年庆典期间，分别会见了日本首相小泉纯一郎、印度总理瓦杰帕伊、加拿大总理克雷蒂安、欧盟轮值主席希腊总理和波兰总统等领导人。会议期间，胡锦涛主席也同其他国家元首和首脑进行了广泛的接触，触及了双边和多边关系中最核心的实质性内容。

5 月 31 日，胡锦涛主席会见了日本首相小泉与印度总理瓦杰帕伊。会见都是应对方要求举行。日本、印度是我们最大的两个邻国。目前，我们与两国的关系都存在不同程度的困难，与日本是历史问题，与印度是边界问题。胡锦涛主席在与两国领导人分别会见时，一方面对友好谈得深刻、透彻，另一方面对问题谈得直截了当、一针见血。与小泉会谈时，胡锦涛主席把中日关系摆在国际与地区都在发生深刻变化这个大的历史背景下来分析，提出领导人要从战略高度来紧紧把握两国关系的大方向，继续发展睦邻友好关系。同时，也态度鲜明地谈到历史问题与台湾问题，希望小泉能妥善处理这两个问题，并希望小泉不要再做伤害对方国民感情的事情。与瓦杰帕伊会谈时，胡锦涛主席明确表达了愿意同印度发展友好关系的愿望，也坦诚谈到边界问题，提出本着平等协商、互谅互让、相互调整的原则解决边界问题。瓦杰帕伊也有所回应，希望找到公平合理、双方接受的解决办法。这两次会见，气氛都非常友好。小泉在会见结束、站起身告辞的时候，提出希望到中国来访问，并希望胡锦涛主席能够访问日本。

6月1日，胡锦涛主席应法国总统希拉克的邀请，赴法国小城埃维昂参加南北领导人对话。八国领导人与发展中国家的对话，过去几年已经有过。但此次无论从形式上还是内容上都有突破，特别是在规模上，八国集团突破了主要与非洲国家对话的模式，邀请了中国、印度、巴西、南非等主要的发展中大国，议题涉及当前世界经济增长、可持续发展、环境保护等一系列热点问题，引起世界的广泛关注。人们都在关注美国、英国与法国、德国等国家，能否利用这个机会摒弃伊拉克战争中意见分歧的前嫌；美、欧、日三大经济板块持续低迷，中国是否能给整个世界经济的增长带来积极因素；伊拉克战后，八国集团是否会取代联合国成为在国际事务中起主导作用的国际组织；等等。

胡锦涛主席参加了此次会议的所有活动。与会的24位领导人，胡锦涛主席几乎与所有人都进行了交谈，与美国、法国的领导人举行了双边会见，参加了午餐会以及正式会谈。胡锦涛主席介绍了中国对重大国际政治经济问题的看法，展示了我国对国际事务积极的和建设性的态度，扩大了我国的影响。

西方各国领导人和各国媒体，对中国新任国家主席出席这次会议寄以非常高的期待。胡锦涛主席是首位抵达埃维昂的国家元首，希拉克总统亲自到码头迎接。对话会上，他又亲自安排胡锦涛主席首先发言。各国领导人对胡锦涛主席的到场表示欢迎，主动、热情地打招呼。胡锦涛主席的讲话也得到了大家广泛的响应。希拉克就胡锦涛主席的讲话评论说："胡锦涛主席的讲话对会议有很好的引导作用。"一些发展中国家在自己的发言中也纷纷引述胡锦涛主席的讲话。在这样的场合，中国被放在了一个突出和主导的位置上，被看作世界经济和政治生活中的主导力量之一。

　　这次会议也为我国今后发展与八国集团的关系作了很好的铺垫。当前，八国集团面临着新的发展与变革，完全靠自身潜能维持在国际政治经济事务中的主导地位面临困难，出路就是扩大与发展中国家的合作，在合作中增加自身发展的潜能和动力。而对于我国长远的发展来看，发展与八国集团的关系符合我们自身的需要，因此，适时地参与八国集团的事务，为我们发展国际关系找到了一个很好的契机和切入点。

　　在南北领导人非正式对话之前，举行了中法两国元首的会晤。两国领导人一致认为，要进一步深化中法全面伙伴关系。双方扩大了对当前国际形势和重大国际问题的共识。双方都表示，两国作为世界上最有影响的国家，在国际事务中应该发挥特殊的作用，应该进一步深化在联合国内部的磋商与合作。在会谈中，胡锦涛主席还希望法国推动欧盟尽早地解除 1989 年制定的中欧军工合作禁令。希拉克总统表示赞同胡锦涛主席的看法，承诺将积极地在欧盟内部发挥推动作用。

　　中法两国还就高层互访和举行中法文化年活动达成共识。原计划今年 10 月份在法国举行中国文化年开幕式，但由于发生了非典，所以商定移到明年 1 月份——我国春节和中法建交 40 周年之际举行。届时，希拉克总统邀请胡锦涛主席对法国进行国事访问，两国元首在埃菲尔铁塔下举行庆祝活动。胡锦涛主席愉快地接受了邀请。胡锦涛主席也邀请希拉克总统明年 10 月份访华，出席法国在华的文化年开幕式。

　　6 月 1 日，中美举行元首会晤。会晤的大背景是，中美关系总的来说比较稳定，有发展也面临着改善的机遇。这是胡锦涛主席与布什总统的第三次见面，也是他作为国家主席第一次与布什见面。胡锦涛主席从战略的高度，阐明了两国关系和发展关系的重要意义。布什总统明确表示非常希望发展良好的美中关系，与中国保持密切的关系，对美国来说很重要。布什总统邀请胡锦涛主席今年年底或明年年初访美。胡锦涛主席表示感谢，并将在适当的时候访问美国。胡锦涛主席也邀请布什再次访华。双方还确定了两军的交往。谈到反恐问题，胡锦涛主席说我们愿同美方进行合作，同时也强调，希望美国支持我们打击东突恐怖主义，希望把"东突解放组织"列入联合国恐怖主义组织名单。在台湾问题上，布什表示，基于中美三个联合公报和一个中国政策，反对"台湾独立"，但还要执行《与台湾关系法》。布什反复表明，只要他当总统，反对"台湾独立"的政策就不会改变。

布什感谢中方在朝核问题上发挥的领导作用，特别是就此问题组织了北京会谈。美方对朝鲜可能研发核武器产生的后果表示担忧，希望美中共同说服朝鲜不能研发、部署核武器。胡锦涛主席希望美方在多边框架内实现美朝直接接触，采取灵活的态度。布什同意胡锦涛主席的看法，愿在多边框架内直接接触，向朝方表明看法，听取朝方意见；同时再次重申，美方无意进攻朝鲜。总的来说，中美举行元首会晤，达到了两国元首增进相互了解、进一步推动中美关系的目标。

哈萨克斯坦、蒙古是我国的重要邻国。胡锦涛主席访问哈萨克斯坦时签署了中哈联合声明。在联合声明中，双方表示要合作打击包括东突伊斯兰运动在内的"三股势力"。访问还推动了两国能源合作，双方签署了共同开发、分阶段建设中哈石油管道项目投资论证研究的协定和另一个开展石油合作的协定，对我国实现能源进口多元化有重要意义。蒙古地广人稀，只有我国与俄罗斯两个邻国。它与我国的边界线有 4670 公里，位于我国正北，战略位置非常重要。在 20 世纪 70 年代，苏联利用蒙古在军事上对我国构成严重威胁。冷战后，西方国家尤其是美国大力在蒙古开展活动。鉴于蒙古重要的战略地位，我国重视中蒙关系。胡锦涛主席提出给予蒙古 2000 万元人民币的无偿援助。两国确定把基础设施和资源开发作为经贸合作的重点，为此，我国政府决定向蒙古提供 3 亿美元的优惠贷款。蒙方对胡锦涛主席来访非常重视，对我方提出的建立睦邻互信关系完全赞同，对我方在经济合作上的积极意愿表示非常感谢。访问达到了增进中蒙之间的信任与深化互利合作的目的。

总的来说，改革开放以来，由于我们找到了一条符合我国国情的正确的发展道路，并取得了巨大的成就，国际上看好我国的发展前景，看重我国的市场潜力，重视发展同我国的经贸技术合作，国际形势对我国来说，总体有利于发展的格局没有改变。中共中央高瞻远瞩，对战略机遇期的判断完全正确。我国的对外交往，基于对 21 世纪头 20 年的战略机遇期的科学判断，立足于抓住机遇而不可丧失机遇，致力于利用好这个战略机遇期，并努力维护和发展这个战略机遇期的有利条件，趋利避害，实施"引进来"和"走出去"相结合的开放战略，利用两个市场、两种资源，拓宽发展空间，促进我国的更快发展。我国的外交工作取得巨大成功，塑造了良好的国际形象。

国内形势也很好。2002 年，我国国内生产总值增长 8%，首次突破 10 万亿元大关，外贸进出口总值增长 21.8%，达到 6200 多亿美元。实际吸收外商投资达到 520 多亿美元，在外国直接投资方面首次超过美国，居世界第一。在世界经济持续低迷的情况下，我国经济继续保持持续快速健康发展的势头。社会主义政治文明建设、各项事业的建设都取得了新的成绩。特别是中共十六大的胜利召开及其在思想上、政治上、组织上取得的丰硕成果，极大地增强了全国各族人民夺取中国特色社会主义建设的新胜利的决心。

今年上半年受非典疫情影响，国民经济增速有所趋缓。但在中共中央、国务院的坚强领导下，各地区、各部门一手抓抗非典，一手抓经济建设，既有效控制了疫情，又保证了国民经济持续较快增长，保持了社会稳定。同时，非典时期还出现一些新的经济亮点。我国经济内在上升动力强劲，经济快速发展的基本趋势没有改变。

从上半年经济运行的实际表现看，非典疫情冲击虽然使我国经济蒙受了不小损失，但并没有改变经济持续快速发展的基本格局。

第一，中共中央、国务院采取果断措施控制疫情，并对受冲击较重的行业实施支持政策，减轻了非典的不利影响。非典疫情发生后，中共中央、国务院高度重视，从容应对，采取果断措施，及时提出一手抓防治非典这件大事不放松、一手抓经济建设这个中心不动摇的正确方针。措施得力，全国同心，抗击非典工作迅速扭转了被动局面，疫情较快得到控制。中央主要领导人在抗击非典期间多次到疫区视察，慰问一线医护人员，关心病人抢救工作，深得民心。中央及时出台各项援救政策，支持受疫情影响较大的行业促进经济继续健康成长。总体上，疫情发生后，国内经济社会保持稳定，工农业生产基本上顺利运转。上半年工业增加值同比增长仍然高达15%左右，比2002年同期高出4个百分点，占国内生产总值一半以上的第二产业增加值仍然处于高速增长区间。我国政府应对危机的能力得到国际社会肯定，绝大多数跨国公司和著名投资银行对我国经济前景保持乐观预期。

第二，我国经济当前处于扩张期，强劲的经济内在上升动力部分抵消了非典疫情冲击的负面影响。1997年亚洲金融危机冲击来临时，正值我国经济开始进入收缩期，经济增长自身存在内生性减速趋势，对外来冲击的抵抗能力较弱。从2002年开始，我国进入新一轮经济快速增长的扩张期，内需、外需增长率逐季度提高，现实经济增长率逐步向潜在增长率水平靠拢。特别是今年第一季度，国内生产总值增长9.9%，增幅达到近6年来的最高水平。已达10万亿元经济总量的巨大扩张惯性，能够抵抗较大的外来冲击。较高的外汇储备水平使我国应对国际油价波动及其他因素冲击的能力增强，充足的产业供给能力和雄厚的财政实力也为抗击非典提供了坚实的物质、资金保障，因而，非典疫情冲击未能改变我国经济快速增长的基本态势。

第三，社会投资全面复苏，投资增长的动力机制开始转换。我国政府连续实行6年的积极的财政政策对经济自主性增长机制的引导已见成效，累积政策效应释放在今年更加明显。从投资来源看，前几年一直是国家预算内投资增幅高于社会投资总额增幅。今年出现变化，国家预算内投资的增长低于社会投资总额的增长。其中，自筹资金、国内贷款和外商直接投资增长均明显高于政府投资增幅，投资增长的动力机制已经开始从政府投资为主转向企业投资为主。我国社会投资自主性增长机制的初步形成，成为我国抵御非典疫情冲击的重要有利因素。

第四，虽然居民消费需求受到非典强烈的直接冲击，但消费结构升级仍是我国国内支柱产业高速增长的最大动力。2002年以来，我国城镇居民住房、汽车、旅游、消费类电子通信产品、教育和文化体育休闲等主要消费热点持续升温，消费结构升级的长期趋势逐步确立，引导房地产、汽车、电子、通信、旅游等行业增速加快，并带动机电、化工、冶金、建材、交通运输、电力等一大批关联产业走出低谷。消费结构升级，成为拉动我国经济保持快速增长的、持久性的根本动力。非典对消费需求的负面影响是暂时的、有限的，支撑居民消费结构升级的基本因素没有改变。今年上半年，全国轿车销售同比增长80%左右，私人购车比重明显上升。即使在非典疫情影响较大的5月份，全国限额以上批发零售企业的汽车和电子通信器材等商品销售继续保持高速增长，分别为 61.6% 和 63.3%。1 至 4 月份，商品房销售额增长 46.6%，房地产开发投资同比增长 33.5%，销售增幅高于投资增幅 13.1 个百分点。

上述情况表明，非典给国民经济发展带来了不利影响，但从全局看，在中共中央、国务院的坚强领导下，各地区、各部门认真贯彻"两手抓"的方针，努力工作，有效地实施了国家一系列政策措施，在各个领域仍然取得了显著成绩，全年经济增长预计可实现原定的 7% 的目标，仍然是一个高速增长的年份。

二、关于参与抗击非典斗争

今年上半年，全国上下经历了一场突发非典疫情的考验。各级组织和全党同志认真贯彻中共中央、国务院的统一部署，积极参与了抗击非典的斗争。

4 月 21 日，农工党中央传达了中共中央政治局常委、全国政协主席贾庆林和中共中央统战部部长刘延东关于"统一战线要为抗击非典作贡献"的要求，成立了农工党中央预防非典工作领导小组。4 月 22 日，农工党中央发出《关于积极做好非典型肺炎防治工作的通知》，要求各级组织和全体党员，按照中共中央、国务院的统一部署，把防治非典作为当前的一项重大政治任务抓紧抓好，要求各级地方组织建立领导责任制，切实加强领导，要高度重视，把工作落到实处，全力支持本党医药卫生界成员，在抗击非典斗争中发挥积极作用，努力探索防治方法，结合防治工作实际，反映社情民意、积极建言献策。

在抗击非典的战斗中，农工党许多同志战斗在抗击非典的第一线，为战胜这场突如其来的重大灾害作出了积极的贡献。

农工党成员中的医务工作者、疾病预防控制专业技术人员和卫生行政工作者，在这场抗击非典的战斗中，冲锋在前，不惧风险，共有11233名成员参加了抗击非典的组织领导、科研，以及门诊、救治、护理等各项工作，其中有246人担任省市级领导小组和专家组成员，农工党广东省委员会副主委、省卫生厅副厅长王智琼等同志，直接负责一线组织指挥工作；有3374名成员战斗在抗击非典的第一线。广东、北京、天津有10名成员先后在救治患者过程中受到病毒感染。农工党员、天津市肺科医院麻醉科副主任医师马宝璋同志光荣殉职。

一些德高望重、医术高超的老农工党成员，也纷纷主动请战。农工党成员、88岁的老中医、著名温病学家刘仕昌同志，运用岭南温病理论辨证施治，对广东省部分地区疫情的有效控制作出了突出贡献。农工党成员、上海市著名老中医颜德馨应广东中医院之邀远程会诊，该院用中药治疗了130多例非典患者，得到了世界卫生组织专家的肯定。

不能亲临一线的农工党成员，也发挥专业优势，通过各种形式开展科学防治非典的宣传和咨询工作。有的与新闻媒体联合举办防治知识讲座，或开通非典防治咨询热线，有的印发科学防治宣传资料，有的举办广场咨询等活动，以各种形式向群众宣传科学防治知识，消除恐慌情绪，维护社会的安定局面。各级组织主办的医院、门诊部等机构，积极为防治非典组织防护药品、提供咨询等。有的已经退休的老同志也参加防治非典的咨询工作，有的将自己长期在实践中治疗高烧不退、咳嗽的十分有效的中药处方捐献出来，为战胜非典贡献力量。

各级组织和广大成员深入开展调查研究，积极反映社情民意，先后提出了关于"加强医药市场监管，维护医药市场秩序""传染性非典型肺炎的中医辨证论治治疗方案"等几十项建议，及时呈交有关部门，为党和政府的科学决策提供了参考。其中，很多建议受到高度评价并被有关部门采纳。

我党发扬团结互助、和衷共济的中华民族精神，捐款捐物，以各种形式慰问奋战在一线的医护人员。据统计，农工党各级组织和个人为抗击非典捐款 164 万元人民币，捐物折合人民币 1941 万元，两项合计 2106 万元。上海市委员会与有关部门合作，向抗击非典一线的数百名医务人员赠送保险总额为 1000 万元人民币、为期一年的人寿保险。

许多农工党员在抗击非典战斗中表现突出，受到党和政府表彰。一大批农工党员被授予全国和省级"三八"红旗手、"抗非典先进工作者"、"五一"劳动奖章、"五四"奖章、"防治非典型肺炎优秀医务工作者"以及"新长征突击手"等荣誉称号，立功受奖。

抗击非典的斗争，发扬了农工党与中国共产党患难与共、同心同德的优良传统，体现了中国共产党领导的爱国统一战线的强大凝聚力。

三、关于开展"三增强""四热爱"教育活动

5月初，胡锦涛同志通过中共中央统战部对各民主党派在抗击非典斗争中作出的贡献给予充分肯定，对在抗击非典斗争和经济工作中更好地发挥统一战线的作用作了重要指示。为贯彻落实好胡锦涛同志的指示，我党中央决定：在我党广大成员中开展"三增强""四热爱"教育活动（"三增强"即：增强对"三个代表"重要思想的认识、增强对社会主义制度优越性的认识、增强中华民族凝聚力；"四热爱"即：热爱中国共产党、热爱祖国、热爱社会主义、热爱人民），进一步组织和动员广大成员充

分认识一手抓防治非典、一手抓促进发展的极端重要性，万众一心抗非典，迎难而上促发展，为夺取防治疫病和经济建设双胜利作出积极贡献。

5月16日，农工党中央发出《关于开展"三增强""四热爱"教育活动，为夺取防治疫情和经济建设双胜利作贡献的通知》。农工党中央着重做了四项工作：

一是组织中央理论学习中心组专题学习。6月4日，农工党中央理论学习中心组围绕非典疫情发生以来中共中央所采取的一系列正确决策和果断措施，深入学习"三个代表"重要思想和中共中央关于一手抓防治非典、一手抓经济建设的方针，座谈讨论如何充分认识中国共产党的先进性和社会主义制度的优越性，全面落实"三增强""四热爱"的要求，增强接受中国共产党领导的自觉性，努力为夺取防治疫情和经济建设双胜利作出更大贡献。

二是召开医卫专家专题研讨会。6月10日，召开了我党医卫专家专题研讨会，重点围绕如何应对突发疫情，建立和完善公共卫生安全体系、推进医疗体制改革、做好2008年北京奥运会的卫生安全工作等课题进行专题研讨，提出意见和建议。

三是召开经济专家专题研讨会。6月11日，召开了经济专家专题研讨会，重点围绕如何减小非典疫情对我国经济建设的影响，一手抓防治非典、一手抓促进发展，夺取防治疫病和经济建设双胜利，提出意见和建议。

四是《前进论坛》增印一期《特刊》。《特刊》重点宣传党和政府抗击非典的决策和措施，报道我党中央、地方各级组织和广大党员为抗击非典作出的贡献，歌颂战斗在防治工作一线的我党成员的先进事迹；交流我党中央和地方各级组织开展"三增强""四热爱"教育活动的做法；刊登我党各级组织和专家学者结合防治非典工作，为夺取防治疫病和经济建设双胜利的建言献策。

地方各级组织根据自身情况开展了形式多样的"三增强""四热爱"教育活动，也取得了积极的成果。

关于调整消费结构、
拓宽国内市场考察情况

（2003 年 9 月）

7 月 19 日至 25 日，由中共中央统战部组织，全国人大常委会副委员长、农工党中央主席蒋正华，全国政协副主席、农工党中央常务副主席李蒙率农工党中央专家考察团，在上海就"调整消费结构、拓宽国内市场"进行了专题调研。考察团听取了中共上海市委、市政府等有关领导的情况介绍，走访和实地考察了上汽集团、百联集团和徐汇区、卢湾区、闵行区的消费市场，了解了上海市民消费变化和汽车、房地产、商业、旅游业等行业的情况，并同经济界部分专家进行了座谈研讨。

我们看到，上海坚定不移地贯彻中央关于扩大内需的方针，地区生产总值一直保持两位数的高速增长，产业结构不断优化，发展质量不断提高。在促进消费结构调整方面，上海充分发挥市场机制的基础性作用，为全国的发展提供了宝贵的经验。

上海城市居民的消费结构不断升级，消费热点由"衣、食"转向"住、行"，消费方式灵活多样。从全国来看，消费结构的变化也是相同趋势，居民住房、汽车消费普遍呈现快速增长势头，形成新的经济增长点，健康、旅游、信息、文化教育和网络等消费热点也在逐步形成。据有关方面调查分析，目前高达 10 万亿元人民币的居民储蓄总额中，43% 是准备用于购买住宅、汽车和其他耐用消费品的。这是拉动经济进入新一轮高涨的重要力量。

同时，我们也了解到，进一步扩大内需的任务仍然较重。当前，制约消费水平提高和消费结构调整的主要问题是：

1. 农民收入水平较低和收入分配差距较大，是影响消费需求的最重要因素。

2. 供给结构不合理，制约消费需求的扩大。产业结构和产品结构雷同，重复投资形成的无效供给，从供给方面影响消费需求的扩大。

3. 经济结构转型与经济体制改革中，社会保障制度不够完善，居民对未来的收入预期信心不足，支出预期成刚性上升。居民采取了"自我保障"的方式，从需求方面影响消费需求的扩大。

4. 在许多方面还存在限制消费的政策和地方法规，这在住房、汽车等消费领域比较突出，从管理方面影响了消费需求的扩大。

为进一步落实好中央扩大内需的方针，培育消费热点，优化消费环境，更好地满足人们日益增长的消费需要，促进社会经济的发展，提出以下几点建议供参考：

第一，以确保生存型消费，鼓励发展型消费，引导享受型消费，作为今后消费政策的目标。

对于收入增长缓慢的农民，要继续落实好减负的政策措施。建立城乡一体化的劳动就业管理体制，及时调整农民进城就业的政策，使农民在农副业之外的收入有较大的增长。同时，针对农村的消费需求，开发农村市场。

对于低收入群体，要支持其优先就业，对自谋职业者采取更有力的鼓励政策。建立和完善社会救助制度。可以考虑以税收和补贴方式调整收入分配，增加直接补贴。

对于中等收入群体，要引导其消费预期，引导增加即期消费。应将医疗、住房、教育、社会保障等改革措施明晰化、具体化。

对于高收入群体，可调整税收政策，创造投资环境，加以引导。提高个人所得税起征点势在必行，适时开征遗产税和赠予税，防止个人财富不合法转移。同时，针对目前民间资本难以启动的特点，应放宽、放开行业准入条件，提高高收入群体的投资倾向，增加社会消费需求。

从目前的消费现状来看，在确保生存型消费的同时，城市大多数居民已处在享受消费层次上，由于注重物质方面的消费，忽视精神方面的消费，消费层次还相对较低。因而，要促进消费结构的升级和优化，特别是要提高精神文化消费的比重。对高层次的精神文化产品和消费活动，要采取倾斜政策。消费中的文化含量提高，有利于促进人的全面发展。

第二，培育消费热点，研究制定鼓励和引导住行消费的政策措施。

在市场经济条件下，消费热点是消费需求增长的发动机，扩大居民消费需求要有消费热点做支撑。住房、汽车等大额消费需求已成为新的消费热点，抓住居民消费结构升级的重要时机，发挥房地产、汽车等产业链条长、关联带动作用强的特点，完全有可能形成一些与之相关的高增长产业群，拉动国民经济保持较长时期的高增长。

发展住房消费，当前要着重解决投资风险明显增加及住房售价偏离多数居民购买力实际的矛盾。建议：一要完善市场体系，更大程度地发挥市场机制在资源配置中的基础性作用。大力发展经济适用房和安居工程，建立和完善廉租住房制度，控制高档商品住房建设，研究加快放开二级市场的配套政策。二要改进规划管理，调控土地供应，增强经济发展的前瞻性。三要强化金融的间接调控作用，切实加强房地产贷款监管，完善个人住房贷款担保机制，同时，加大对普通商品住房和经济适用住房的支持力度。四要建立健全房地产市场信息系统和预警预报体系，完善市场监管制度，提高市场监管水平。

目前，我国快速增长中的汽车消费市场，还处在汽车进入家庭的导入初期。针对未来十几年中国将成为世界的汽车消费大国，也很有可能成为汽车生产大国的趋势，建议着力解决如下六个方面的问题：一是国家应加强研究汽车工业对国民经济发展的战略影响，从宏观经济角度规划汽车工业及相关产业链的发展，分析高速增长的汽车市场对城市规划、公路建设、交通管理、能源供给等领域的影响；二是加快车辆管理基本法的立法进程，避免车辆管理多头立法、管理无序的状态，与国际惯例接轨；三是为汽车消费创造好的环境，制定汽车消费政策，并体现鼓励购买、合理限制使用的原则；四是政府应加大对企业开展研发工作的支持力度，对自主开发的新产品在税费上给予优惠，国家对专项技术研究给予经费支持；五是国家组织专门人员研究、出台相关政策，鼓励节能、安全、环保的微型车发展；六是转变政府行业管理职能，简化项目审批，加强社会性管制，并限制地方政府利用财政资金进入汽车的生产制造领域。

第三，全面创新，不断创造有效需求，实现供给与需求的良性互动。

我国由卖方市场逐步转变为买方市场，宏观调控的主要任务已不是控制需求问题，而是解决如何刺激、引导和创造新的有效需求，拓宽新的消费领域，实现供给与需求的良性互动、良性反馈，促进国民经济的良性循环。有针对性地制定相关产品的质量标准，加大打击假冒伪劣产品的力度，优化产品，净化市场，创造一个鼓励消费、放心消费的好环境，是非常重要的一个方面。与此同时，决策部门应考虑充分发挥需求的导向作用，引导企业加强研发、全面创新，提供更多更好的、适合消费需求的产品，延长消费链条，培育和形成新的消费热点。

第四，发展新型商业业态，增强消费欲望。

在增强消费方面，应该把发展新型商业业态更加突出出来。商业业态的改革深化可促进消费实现。商业竞争的加剧，使商业企业面临经营理念创新的压力。商业部门应根据人口、资源、消费者需求心理等状况，对消费群体进行细分，加强对市场的调查和预测，了解消费需求和需求结构的变化，并根据这些变化，组织消费品供应，发展新型商业业态，开展特色经营，使消费者从有消费能力、产生消费愿望到消费实现的每一个环节都获得最大限度的满足，不断增强消费者的消费欲望，最大限度地促进消费的发展。

第五，建立适合中国国情的消费文化。

文化是发展的摇篮，是一个民族的重要标志，是民族凝聚力和向心力的体现。我们必须用先进文化来引导我们的消费。我国正日益融入整个世界经济与文化的大循环，其他国家的消费方式不可避免地影响我国消费方式的发展和我国居民对消费方式的选择。我们必须始终站在世界文化发展的前沿，弘扬民族文化的优秀传统。建议有关部门制定方略，在引进国外先进经营理念的同时，应结合我国特有的价值观念和这种价值观念所依存的悠久文化传统，矫正不良消费习惯，优化社会消费风气，建立适合中国国情的，文明、健康、科学的消费文化。

第六，完善消费信贷政策，加强社会信用体系建设。

由于缺乏社会信用体系，商业银行面临较大的经营风险，消费者获得消费信贷的成本和门槛也大大提高。

当务之急要建立和完善失信的惩罚机制，严格执法，做到"失信者处处受阻，守信者处处畅通"，加大失信者的成本。各金融机构应联网，建立银行个人账户体系，以及个人、企业信用状况征信、查询系统。在此基础上建立社会信用管理机构，在保护个人隐私权的前提下，机构和个人可以向该机构征询某一经济主体的信用情况。同时，加强诚信理念的宣传教育，营造良好的社会诚信环境。

第七，在拓展国内市场、保持经济持续快速健康发展过程中，要正确处理好以下三个关系：

1. 高科技与产业化的关系。为了防止大量高科技成果被束之高阁，在科技创新与科技投入方面，应考虑如何使之产业化的问题。要坚持企业是技术创新的主体，彻底解决我国科技和经济脱节的问题。

2. 引进技术合作与自主知识产权的关系。应有具体的税收和研发补贴政策，鼓励企业以市场为导向进行产品和技术的研究开发，获得有经济效益的自主知识产权。政府要保证投入，并加强研究承担机构的绩效评估。同时，也要考虑如何利用加入世贸组织的条件，充分利用外部资源，助我发展。

3. 鼓励民营企业发展与促进国有企业做强做大的关系。应强调国有企业做强是基础、做大是力量，同时要鼓励民营企业的发展，效果不仅仅在于民营企业本身为经济发展作出的贡献，更在于来自民营企业的有益竞争和有效合作。当务之急是要把政府职能转变到宏观调控、市场监督、社会管理、营造经济发展的优良环境上来，使政府从"行政管理型"转为"高效服务型"。政府培育市场，市场解放政府；政府解放企业，企业解放生产力。

由于考察的时间短，对全面促进消费情况的了解还比较粗浅，而且重点考察的上海发展速度较快，都市消费特点鲜明，以上建议仅供参考。

关于农工民主党宣传思想工作和
理论建设的意见 *

一、进一步提高对宣传思想工作重要性的认识

宣传思想工作是民主党派自身建设的重要环节，是建设适应新世纪要求的高素质参政党的基础和保障。我们要从思想上高度重视，在实践中切实抓好宣传思想工作。

1. 加强宣传思想工作的重要意义。当前，我国进入了全面建设小康社会的历史新阶段。面对建立和完善社会主义市场经济体制的形势和要求，面对加快推进社会主义物质文明、政治文明和精神文明建设的繁重任务，面对我们党派成员结构发生新的变化，面对社会环境开放性和多样性对成员的影响，面对国际国内一些人对我国政党制度还不够了解的情况，民主党派广泛深入地开展宣传思想工作，有利于坚持和完善共产党领导的多党合作和政治协商制度，巩固中国共产党的执政地位；有利于发扬和发展社会主义民主，加强社会主义政治文明建设；有利于加强参政党建设和发挥民主党派作用，促进社会进步和维护团结稳定；有利于增进社会各方面对我国政党制度的了解，为推进我国改革开放和现代化建设事业创造良好的外部环境；有利于广大党员提高认

---

* 这是蒋正华同志在中国农工民主党全国宣传思想工作会议上的讲话摘要。

识，增进共识，增强信心，为实现全面建设小康社会而努力奋斗。

2. 宣传思想工作是抵御西方多党制、议会制影响的重要阵地。在建设中国特色社会主义的进程中，我们始终面临着西方敌对势力对我国进行"西化""分化"的挑战。在政党制度上破坏我国共产党领导的多党合作的政治格局，就是西方敌对势力对我国实行"西化"战略的突破口之一。它们利用各种形式宣传西方的资本主义民主，宣扬西方的多党制、议会制和人权观、民主观。开放性、多样化的社会环境必然会使这些活动反映到我们民主党派内部，对党派成员的思想观念产生一定影响。能否有效地抵御国际敌对势力"西化""分化"图谋，关系到国家的前途和命运。增强我们党员抵制西方敌对势力渗透的影响的自觉性、提高对西方资产阶级民主观的免疫力，是坚持和完善我国多党合作制度的独特需要，是民主党派宣传思想工作的重要任务。我们要充分发挥宣传思想这个阵地的作用，理直气壮，大力宣传我国的政治制度和政党制度，为促进我国社会主义物质文明、政治文明和精神文明全面协调发展而努力。

3. 宣传思想工作的指导思想和主要任务。高举邓小平理论伟大旗帜，用"三个代表"重要思想统领宣传思想工作；坚持中国共产党的基本理论、基本路线、基本纲领和基本经验；认真学习、宣传、贯彻中共十六大精神和"三个代表"重要思想，围绕中心，服务大局，解放思想、实事求是，与时俱进、开拓创新；以科学的理论武装人，以正确的舆论引导人，以高尚的精神塑造人，以优秀的作品鼓舞人；把握坚持中国共产党领导、发扬社会主义民主两条主线；高举爱国主义、社会主义两面旗帜；贯彻"长期共存、互相监督、肝胆相照、荣辱与共"的方针；把思想和行动统一到"三个代表"重要思想上来，把智慧和力量凝聚到完成中共十六大确定的任务上来；为进一步巩固和完善共产党领导的多党合作和政治协商制度服务，为全面建设小康社会服务，为实现祖国完全统一大业服务。

二、牢牢把握宣传思想工作的几个原则

宣传思想工作是一项政治性、政策性很强的重要工作，要保持正确的方向，圆满地完成各项任务，就必须始终坚持和准确把握这样几条原则：

1. 必须坚持正确的舆论导向。正确的舆论导向，是统一思想、提高认识、争取人心、凝聚力量的重要保证，是宣传思想工作的生命线。在宣传思想工作中坚持正确的舆论导向，总的要求是坚持团结、稳定、鼓劲和正面宣传教育为主的方针，以是否有利于坚持共产党的领导和执政地位，是否有利于坚持邓小平理论和"三个代表"重要思想的指导地位，是否有利于促进国家统一、民族团结、经济发展、社会进步为尺度，明确提倡什么、反对什么，允许什么、限制什么，绝不给错误的东西提供传播渠道。作为参政党，要特别注意从坚持和维护我国的政治制度和政党制度着眼，突出宣传我国实行共产党领导的多党合作取得的新成就和新进展，宣传中国农工民主党同中国共产党亲密合作的关系，充分展示参政党的重要作用和形象。

2. 必须坚持围绕中心、服务大局。宣传思想工作作为参政党工作的重要组成部分，必须着眼大局，围绕中心，突出重点，搞好服务。离开了国家工作大局，离开了统一战线的中心工作，离开了党派中心工作，宣传思想工作就成了无源之水、无本之木，就失去了存在的价值和理由。从根本上讲，为中心工作服务的程度大小和贡献多少，决定着宣传思想工作的效果和党派在多

党合作中的地位。近年来，我党宣传思想工作着眼改革发展稳定的大局，围绕中共十六大、全国统战工作会议、中共建党80周年以及我党开展的考察调研、抗击非典等活动进行学习、宣传报道，起到了很好的效果。今后，宣传思想工作要继续坚持以经济建设为中心，广泛深入地宣传全面建设小康社会的奋斗目标，宣传社会主义物质文明、政治文明和精神文明建设，再创新佳绩、再上新台阶。

3. 必须坚持一致性和多样性相统一。民主党派历来具有联盟性质，过去是阶级联盟，现在是政治联盟。这种性质和特点，决定了民主党派在政治方向和重大方针原则上同中国共产党是一致的，具有一致性；同时，也决定了民主党派成员在思想认识上存在着多样性和一定程度上的差异性。参政党的这种性质和特点，在当前形势错综复杂、人们思想更趋活跃和多样的情况下，可能更为明显。宣传思想工作要充分考虑这一特点，坚持这一基本原则，既要充分认识民主党派思想政治工作的特殊性、复杂性和长期性，又要保持宽松和谐的环境，在发扬民主的基础上坚持原则，积极引导，做好工作。

4. 必须坚持贴近实际、贴近生活、贴近群众。"三贴近"是中共中央领导同志对新形势下加强和改进宣传思想工作的最新要求。贴近实际，就是立足于社会主义初级阶段这个最大的实际，从实际出发部署工作，按实际需要推进工作，以实际效果检验工作，使宣传思想工作更加具体实在、扎实深入。贴近生活，就是深入到火热的现实生活中去，深入到社会政治、经济、文化生活和我们党员群众的日常生活中去，反映客观现实，把握社会主流，解决具体矛盾，更好地融入生活、服务生活，使宣传思想工作更加入情入理，充满生活色彩、更有生活气息。贴近群众，就是深深扎根于群众之中，想群众之所想，急群众之所急，充分体现群众意愿，把握群众脉搏，说群众想说的话，做群众想干的事，为群众提供想看爱看、健康向上的精神文化产品。"三贴近"是用"三个代表"重要思想统领宣传思想工作的必然要求，是新世纪新阶段加强和改进宣传思想工作的重要突破口，是宣传思想工作增强针对性、实效性和吸引力、感染力的根本途径，因此，我们要把"三贴近"作为宣传思想工作的重要原则，认真贯彻落实。

三、充分认识参政党理论建设的必要性和重要性

第一，理论建设是坚持和完善我国社会主义政党制度的需要。进入新世纪，我国改革开放和社会主义现代化建设进入了新的发展阶段，随着我国政治制度的不断发展，我国社会主义政党制度也在实践中发展，政党制度理论体系还不完备，一些人往往用西方政治制度、政党制度的理论体系作为参照系，来看待和评价我国社会主义政党制度。但西方的政治理论和政党理论从本质上看，对我国社会主义政治体系而言，是一种异质的政治文化，用这种异质的政治文化来研究和评价社会主义政党制度，必然会对我国多党合作的实践造成根本性的危害。因此，从巩固和发展我国多党合作事业的战略要求出发，研究建立完整的、系统的、科学的社会主义政党制度的理论体系，是政党理论建设面临的一个重大课题。我们要在"三个代表"重要思想的指导下，加强对我国政治制度的基础理论研究，在认真总结鲜活的、丰富的实践经验的基础上，形成科学的概念、范畴和原理，为多党合作的发展完善奠定坚实的理论基础。第二，理论建设是建设适应新世纪要求的合格参政党的需要。建设合格的参政党，是新世纪多党合作长期存在和发展的要求。而理论建设是参政党保持理论上清

醒,政治上坚定,不断增强活力和凝聚力的重要保证。进入新世纪以来,国际国内形势的深刻变化对参政党建设提出了更高要求,而在参政党建设过程中,又面临许多重大的理论问题和实践问题,迫切需要进行理论上的研究和概括。实际上,我们的理论建设滞后于实践的发展,还不能完全适应新世纪参政党建设的要求,必须引起全党的高度重视,切实把理论建设作为我党自身建设的一件大事抓紧抓好。理论建设是参政党建设的根本,理论成熟是参政党成熟的标志。只有正确的理论,才能保证参政党始终坚持正确的政治方向、坚定的政治立场,从本质上认识世界、改造世界。第三,理论建设是研究新情况、解决新问题,使我党工作不断开拓创新、与时俱进的需要。我国社会主义市场经济体制的建立和完善,将促使人们形成新的思想观念,培育出符合现代社会需要的素质和品格,有力推动社会主义政治文明建设。这同样将给民主党派注入新的活力,为多党合作开辟更为广阔的活动空间和领域。但同时,由于社会的深刻变化,各民主党派面临许多新课题。解决这些课题,不能靠本本,也不能凭经验,而是要靠理论上的探索、工作上的创新、实践上的发展。理论来源于实践,是对实践的系统化的理性认识;但又高于实践、指导实践、进一步深化对实践的认识,使我们准确地把握民主党派工作的特点和规律,不断研究新情况、解决新问题,实现以理论创新推动工作创新,从而推动多党合作事业的不断发展。

四、参政党理论建设的基本原则

有人说共产党的党建理论就是民主党派的党建理论,也有人说民主党派要建立自己独立的理论体系。这两种说法都是不够准确的。参政党的理论建设是以执政党的理论为指导,着眼于进一步提高参政议政、民主监督水平，更好地履行参政党职能；着眼于建设社会主义政治文明，坚持和完善共产党领导的多党合作和政治协商制度，研究探索全面建设小康社会阶段参政党建设的特点和规律，研究探索为建设中国特色社会主义服务的规律和创新实践，把我国政党制度的优势发挥出来。参政党理论建设必须遵循以下几个原则：

1. 坚持邓小平理论和"三个代表"重要思想为指导。邓小平理论和"三个代表"重要思想是马克思主义基本原理同中国具体实际相结合的产物，是当代中国的马克思主义，是中国特色社会主义的科学理论体系，是新世纪新阶段党和国家各项工作的根本指针，是包括民主党派在内的全国人民共同的思想基础。参政党理论建设只有坚持以邓小平理论和"三个代表"重要思想为指导，才能确保理论研究的正确方向和丰富的内涵。这是参政党理论建设首的和基本的原则，不能有半点偏离和动摇。

2. 坚持共产党领导的多党合作和政治协商制度。共产党领导的多党合作和政治协商制度是我国的基本政治制度，在新中国成立 50 年的实践中取得了巨大成功，是被实践证明了的完全符合中国国情的社会主义政党制度。民主党派是多党合作的主体，是这一制度的共同创造者，更有责任坚持好、维护好、完善好这一政党制度。参政党理论建设的目标和任务就是坚持共产党的领导，巩固多党合作的格局，维护团结稳定的大局，抵御西方多党制和议会制的影响。

3. 坚持进步性与广泛性相统一。民主党派具有进步性与广泛性相统一的特点。现阶段，进步性集中体现在与共产党通力合作，共同致力于中国特色社会主义事业；广泛性则体现在其成员来自不同的社会阶层和群体，反映和代表着所联系的各部分群众的具体利益和要求。有了进步性才能凝聚广泛性，而有了广泛性才能实现进步性。没有进步性的广泛性是一盘散沙，就没有号召力、凝聚力；而没有广泛性的进步性则是孤家寡人，就不能大团结、大联合。理论建设要坚持进步性与广泛性的统一。

4. 坚持政治联盟的性质。在新时期，民主党派是各自所联系的一部分社会主义劳动者和拥护社会主义爱国者的政治联盟。因而，民主党派要在一致性不断增强的前提下，具有一定的包容性和多样性。在参政党理论建设中，既要不断巩固同共产党合作的思想基础，又要求同存异，不搞清一色、一种声音。统一战线是一致性和多样性的结合，我们要用一致性来约束和引导这种多样性，不断增加同的部分、减少异的部分，逐步达到长同消异，在大的原则上保持一致。

完善公共管理艺术，
服务广大人民群众

——为公共管理丛书出版而作

（2003 年 11 月 1 日）

　　现代公共管理是近年的一个热门课题，其重要特征之一就是将协商、沟通、对话的活动，贯穿于政治、法律、经济、社会和文化教育各个领域的公共事务工作之中。可以说，现代公共管理就是协商沟通对话的管理。在公共领域的得与失，基本上都是协商、沟通、对话是否通畅和到位的反映。现代行政领导面临的是一个公共管理的新时代。这一时代对行政领导的要求越来越高，政府工作需要大量地运用现代管理手段来完成。不仅政府与公民、企业和社会团体间的许多关系要依靠公共管理来协调和解决，而且，政府与政府之间、政府各部门之间、领导与下属之间的许多关系也要借助于公共管理得到调整和改善。

　　公共管理需要行使公共权力。政府是权力核心。除了政府，非营利组织和企业也有公共管理问题。企业运营中，经常会涉及社区管理、政策评估、人力资源开发。非营利性组织如残疾人联合会、红十字会、消费者协会、中华体育总会、轻工业协会、纺织协会等，本身就属于公共管理组织。公共行政改革和公共服务市场化，也要求各级领导尽快学会运用沟通手段和掌握谈判艺术，要努力提高管理者的公共管理能力和处理社会突发事件的能力。例如，政府部门和公共事业在电、气、煤、水、通信等各服务领域的供给方面需要引进竞争机制，加强公私合作与合同管理。公私合作与合同管理的过程，实际上就由一系列公共管理组合而成。

在政府政策的制定过程中，增强公开性和透明度的改革、提高公民参与的改革，也不断要求有关领导学会通过公共咨询等各种管理方式调整政策方案和进行科学决策。例如，加速转型期的社会发展、加入世贸组织后的政策调整、提高消费品价格、城市交通规划等问题，实际上是各种利益团体同有关政府部门的协调管理问题，可以采取听证会、座谈会、论证会、走访等多种方式得到更加妥善的处理。对垄断性行业如何建立起一套适合我国国情的政府管制制度，主要包括完善管制立法、建立规范的管制机构、构建新的管制机构体系、出台新的管制办法及重塑管制对象，也都需要各方面的有效沟通。

新公共管理体制和制度的推行都要求有关部门的公务人员学习新的管理思想，习惯新的管理方式和管理方法，学会通过公共管理来改进政策的制定与公共监督，提高公共服务质量。管理活动将行政部门带进与服务和管理对象共同决策的舞台。如果说公共管理活动也属于行政管理活动的范畴，那么，公开对话的大量出现，将促使行政管理关系乃至传统行政管理的概念发生重大变化。这种变化至少表现在两方面：一方面，逐渐改变行政领导的传统管理观念，促使领导者更多地关心如何满足双方利益和进行共同决策。领导管理活动给传统的行政管理带来了民主和平等的新风气，它将使公共行政发生更加重视民主参与的实质性的变革。另一方面，意味着行政活动增加了新的职能。不同行政部门发生纠纷时，过去主要依靠上级领导出面解决，现在更多地要通过管理途径来同对方协调。在协调同外部关系的过程中，管理活动赋予行政领导以新的职能。行政领导不仅要善于运用管理手段处理同对方的关系，而且要善于运用管理手段更广泛地处理和开发同外部的关系。

公共管理是个大题目，涉及面广，难度大，涉及人们政治经济和社会生活的方方面面。21 世纪是一个大变革的时代，是一个产生奇迹的时代，也是一个公共管理精英辈出的新时代。在深刻的社会变革中，各行各业人们的思想空前活跃，思想观念、价值取向和思维方式呈现出多元化、多层次的特点。各种思想文化的相互渗透，加剧了我国社会变革工作的复杂性和艰巨性。无论是对于一个国家，还是对于一个企业，都迎来了数不清的、大大小小的新机遇和新挑战，都必须认真进行思考，勇于创新，开拓前进，确定正确的发展道路和策略。

对 2004 年工作的几点建议*

(2003 年 11 月 18 日)

当前，宏观经济形势运行良好。经济发展中存在的一些难题，主要通过落实十六届三中全会的决定，把市场经济制度的细节问题解决好。对 2004 年工作提出几点建议：

第一，把增加就业作为今后几年宏观调控的主要目标。

从前三季度城市居民家庭收支的情况看，城市居民 20% 最高收入与 20% 最低收入的差距为 5.4 倍，呈继续扩大趋势。同时，城市居民家庭的消费倾向呈下降趋势。前三季度，农民现金收入增长 3.8%，增速虽然提高了，但仍然较慢。这对消费市场的扩大会有影响。

城乡居民家庭的收入与就业直接相关。中央和地方各级政府采取了许多措施和政策促进增加就业。就业问题是我国的一个长期问题，据测算，今后 5 年，仅城市这一块每年就业供大于求的缺口在 1400 万～1500 万，农村剩余劳动力数以亿计。进一步增加就业，建议市县一级地方政府把增加就业列为政府工作的首要目标；通过法律、法规的规范，开发更多的就业岗位；充分发挥社区在促进就业方面的功能作用；地方政府安排专项资金，引导、鼓励待业人员创业。有的地方政府实施"小老板"工程，支持一个"小老板"创业，带动了几个人就业，效果不错。现

---

*　这是蒋正华同志在党外人士座谈会上的发言摘要。

在，很多地方在城镇建设方面花了很多钱，有的是锦上添花的项目，完全有条件减少一些这样的项目，挤出一些资金支持就业培训和创业资助工作。建议设置一个全国性的劳动就业促进机构，对城乡就业形势进行跟踪分析，为政府制定就业政策提供咨询服务。

第二，鼓励社会力量参与建立新型农村合作医疗制度。

除增加国家财政支持外，通过政策引导，鼓励社会力量参与发展农村合作医疗事业。农村合作医疗不宜有全国统一模式，要考虑当地经济实际和乡土社会特点，按照"自愿量力、因地制宜、民办公助、共同受益"的原则建立。农村合作医疗的难点在中西部贫困地区，要像对口扶贫那样，开展东、西部地区对口医疗扶贫工作，重点解决农民"看病难"问题，建立农民重大疾病救助制度，扶持保险公司开办农民医疗保险业务。探索国内的大型中药制造企业参与乡村医疗机构建设的政策措施，由大型中药制造企业投资建设具有连锁经营性质的乡村医疗机构，既促进中医药产业的发展，又为农村提供费用较低的医疗服务。

第三，完善科技工作评价制度。

载人航天工程取得的伟大成就，是众多科技工作者合作攻关作出的贡献。在科研院所体制改革中，科研人员反映，现在对科技工作的评价，过分强调个人的作用，鼓励"短、平、快"的项目。除了国家组织的协作项目外，科研协作的范围越来越小。重视年轻人、从国外回来的人，缺乏老中青的结合。科研工作中，不允许有价值的失败，科研人员两年没有成果出来，就要面临"吃饭"问题。科研人员的报酬，工资单上只发一部分，其余部分从课题费中提取。而从课题费中提取，财政部门、审计部门都认定为违反财经纪律的。建议完善科技工作评价制度，研究制定"国家研究开发评价统一大纲"，把科研单位的整体作为科技评价主体而不是以每个个人来评价，变纯成果评价为科技活动全过程评价，以鼓励跨学科、长期的科研活动。同时，加快科技评价专门人才队伍的建设。建议在大学开设评价学课程，有条件的还可以设立科技评价研究室及科技管理研究生。

学习宪法和政协章程

（2004 年 3 月 16 日）

　　十届全国人大二次会议和全国政协十届二次会议分别审议通过的《中华人民共和国宪法（修正案）》《中国人民政治协商会议章程（修正案）》，以邓小平理论和"三个代表"重要思想为指导，坚持了科学发展观，贯彻了执政为民的要求，体现了中共十六大精神，总结了成熟的实践经验，反映了全国各族人民的共同意愿。宪法修正案立意高远、内涵深刻，是中国宪政史上的一座新的里程碑。政协章程修正案与时俱进，适应了新时期对人民政协工作的新要求。我们完全赞成和拥护。

　　现行宪法是一部符合我国国情的好宪法，总体上是适应改革开放和现代化建设需要的，应该保持稳定。同时，为了更好地发挥宪法作为国家根本大法的作用，适应客观情况的变化，对现行宪法作适当的修改和补充，使宪法更加适应全面建设小康社会的需要、更加适应加快推进社会主义现代化的需要，也非常必要。宪法修正案体现了宪法稳定性与适应性的统一、党的主张与人民意志的统一、讲法与讲政治的统一、充分发扬民主与严格依法办事的统一。

　　宪法修正案，确立了"三个代表"重要思想在国家政治和社会生活中的指导地位，为全国各族人民在新世纪全面建设小康社会提供了共同的思想基础，为加快推进社会主义现代化建设事业提供了理论武器和思想保证。

　　继物质文明、精神文明之后，把政治文明载入国家根本大法，是国家指导思想的丰富和发展，反映了对执政规律、社会主义建设规律和人类社会发展规律认识的深化，意义深远。

　　宪法修正案，坚持了以人为本，把维护公民权益提到了前所未有的高度，贯彻了执政为民的理念。

　　新中国的宪法历来对保护人权的各个方面都有具体的规定，此次修改明确写上"国家尊重和保障人权"，更进一步表明国家对人权问题的高度重视。其他修改的条款也有多处涉及公民基本权益的保护，例如：征地补偿表明对农民切身利益和对农民土地权利保护的高度重视；私有财产保护解决了市场经济中最敏感、最复杂的财产关系和产权制度问题，是顺应社会主义市场经济体制发展的一项重要条款，有利于充分调动各方面的积极性；增加关于建立健全社会保障制度、尊重和保障人权的规定等，反映了人民群众的愿望，也是落实科学发展观的需要。

　　这次宪法修改，采取"自下而上""两下两上"的方式广泛征求意见，提出的每一条意见都经过反复研究、多次讨论、仔细斟酌，条条修改都顺乎民心。宪法修改历时一年，集中了民意，凝聚了全国人民的集体智慧，既增强了干部群众的宪法意识和法治观念，也有利于新宪法颁布后的实施。我们直接参与宪法修改工作，从中受到深刻教育。大会以高票通过宪法修正案，说明这项工作完成得十分圆满。

　　修订后的政协章程，规范了关于基本政治制度、政协性质、政协职能、政协两大主题的表述，清楚地说明了新时期人民政协的性质和作用，意义重大。

　　政协章程增写了"中国共产党领导的多党合作和政治协商制度是我国的一项基本政治制度"，"促进参加中国人民政治协商会议的各党派、无党派人士的团结合作，充分体现和发挥我国社会主义政党制度的特点和优势"的内容，这有利于更好地坚持和完善这一基本政治制度，切实发挥政协作为实行这一基本政治制度的重要组织形式的作用，促进参加政协各党派、无党派人士的团结合作，充分体现和发挥中国社会主义政党制度的特点和优势。

明确团结和民主是人民政协的两大主题并写入政协章程，是新时期人民政协理论和实践的重大发展。人民政协是中国人民最广泛的爱国统一战线组织，实行的是大团结、大联合，团结一切可以团结的力量，调动一切可以调动的积极因素，为实现小康社会的目标，为建设中国特色的社会主义、为中华民族的伟大复兴共同奋斗。

政协章程修正案规范了政协性质和政协职能的表述，有利于正确理解政协的政治协商、民主监督、参政议政三项主要职能，更好地发挥人民政协作为多党合作和政治协商的重要机构的作用，更好地发挥人民政协作为国家政治生活中发扬民主、协商议政的场所和渠道的作用。

我们建议要在全社会广泛开展学习宪法、遵守宪法的宣传教育活动，党政机关尤其应带头学习、带头宣传、带头落实、带头执行。行政法规和行为中有与宪法不相适应的应抓紧纠正。宪法涉及社会、经济、国防、外事、人民生活等各个领域，应当及时制定相应的下位法律，以保证宪法实施的落实。

在今后的一个时期，农工党将把学习宪法修正案和政协章程修正案作为一项重要工作抓紧抓好，深入学习，深刻领会，用于指导民主党派的参政议政工作，在中国共产党领导的多党合作事业中，积极发挥作用。

政府职能转变的新飞跃

（2004 年 4 月 8 日）

　　当今世界各国都在进行行政管理方面的变革。从大的趋势来说，有人把这种变革的特点归纳成为"五化"，即所谓行政职能市场化、权力分散化、公共服务社会化、政府理念企业化、政府治理电子化。这种总结虽然不是很准确，但大体上可以看到国际上行政管理方面变革的大趋势。

　　其实，一个国家行政治理的模式和它的实施方式，从来没有一个理论上所谓最好的模式。过去，美国曾经有些人极力想推行美国的制度，当时曾经有所谓的华盛顿共识，其内容不仅仅包括政府的管理，还包括市场的管理、国家的体制等等。但就是与美国关系最密切的欧洲盟友都不买账，认为美国的模式并不适用于欧洲，所以，欧洲产生了很多自己的模式，有所谓的德国模式、瑞典模式、芬兰模式等等。这些国家，都是结合本国的实际情况提出了不同的模式。中国也是在长期的实践中探索适合中国国情的行政管理的模式，当然，这个模式本身也不是固定不变的。因为行政管理的模式、实际操作的程序等都要与社会经济发展相适应，都要跟本国的历史文化背景相适应，也要善于利用技术发展以及各个方面环境改善所带来的条件，所以，只要有行政管理，只要有社会发展、经济发展，行政管理的变革必然是持续不断的。既有一些基本的原则，也要与时俱进，不断适应情况的变化。

为了讲中国的行政体制和行政管理发展、变革，让我们先回顾一下我们国家在这些方面的历史和探索当中得到的主要经验、教训，并且讨论我们现在对这些问题的考虑。

我希望这个报告不要光是报告人讲。我在很多国家讲过课，各个国家讲课各有优缺点。美国大学的优点，就是讲的人和听的人可以有很密切的交流。今天谁觉得我讲的哪个观点有问题，有不同的看法，你可以打断我，我们可以即时交流，这样可以使问题讨论得更加深入，我很欢迎大家这样做。当然，另外一种办法是讲到最后，大家统一提一点问题。

我想问大家，我们中国共产党领导下建立的第一个政府、政权是什么时候、在什么地方？中国共产党领导下的第一个政府，是在秋收起义失败以后，毛泽东同志带领部队进入井冈山，1927年11月在茶陵县成立的工农兵民主政府，从时间上来算，这是最早成立的中国共产党领导下的政府。1928年，在遂川宁冈县，也成立了工农兵民主政府。以后，就有不少的地方政府纷纷成立。1928年5月，湘赣边界工农兵苏维埃政府成立，这是一个比较大的、跨地区的政府，并选举出政府主席袁文才。在1928年到1929年之间，成立了很多地方政府，其中包括毛泽东、朱德成立的赣南闽西苏维埃政权，方志敏成立的赣东北政权，周逸群、贺龙成立的洪湖与湘鄂西政权，邓小平、张云逸成立的左右江政权，曹学凯等成立的鄂豫边政权等。1929年5月5日，在共产国际的帮助下，全国苏维埃区域代表大会召开，这次代表大会的召开标志着将要成立全国性的政权机构。1931年11月7日，在瑞金召开了中华苏维埃第一次全国代表大会，成立了中华苏维埃共和国临时中央政府。在这次会议上，第一次正式通过了《土地法》《劳动法》、"红军问题"以及"经济政策"等法律和法规文件。从那时起，就已经开始探索中国共产党领导下的政权机构的结构、行政方式等方面的问题。1934 年 1 月 22 日，在瑞金沙洲坝召开了中华苏维埃共和国第二次全国代表大会。这次代表大会原来计划要召开得更早一些，但是由于当时在白色恐怖的威胁之下，推迟了两次。这次会议上通过了《中华苏维埃共和国宪法大纲》，假如从中国共产党领导的政权开始算的话，这是我们国家的第一部宪法。现在，我们通常讲，中华人民共和国成立以来有过四部宪法，即 1954 年、1975 年、1978 年和 1982 年的宪法。其中，1975 年和 1978 年的宪法受到"左"的思想影响比较严重，问题比较多。1954 年和 1982 年的宪法都是很好的宪法。1982 年宪法在形式上采取修改 1978 年宪法的形式，但实际上是在 1954 年宪法的基础上重新制定的。当时，在邓小平同志提出的宪法要坚持四项基本原则这个总的指导思想下，由彭真同志主持制定。如果从时间上来讲，新中国成立之初还有一个政治协商会议通过的《共同纲领》，有时也叫作临时宪法。但是，《中华苏维埃共和国宪法大纲》可以说是中国共产党领导革命、探索依法治国的重要标志，说明我们党、我们国家，从一开始就非常重视法制建设、非常重视政权的建设以及政权运作的不断完善。在这部宪法大纲当中，规定了中华苏维埃中央政权由四个部分组成。第一部分是中华苏维埃代表大会。第二部分是中华苏维埃执行委员会。在代表大会闭幕期间，由执行委员会实施、执行代表大会的职权，所以，执行委员会就相当于我们现在的全国人大常务委员会。第三部分是人民委员会。人民委员会实际上就是政府，相当于现在的国务院。第四部分是最高人民法院。分工、结构非常明确。在中华苏维埃执行委员会与人民委员会之间又设立了一个机构，叫作中华苏维埃中央执行委员会主席团。人民委员会有主席、副主席，还有人民委员。这些人民委员的权力比较大，一个委员管几个部，人民委员会下设各部。这是我们国家一开始建立的政权的雏形。这一雏形的思路非常清晰，体现了关于现代政权结构的思想，包括各种权力互相制约、民主决策以及提高政府效率等观念。以后，由于中央苏区第五次反"围剿"失败，中华苏维埃共和国代表大会没有继续召开。主力红军向陕北撤退。

1937 年以后，在抗日的环境中，中共中央召开了有名的瓦窑堡会议。这次会议确定了团结抗日的方针，也决定了接受中华民国军队的番号等，同时成立了陕甘宁边区政府。实际上，在 1937 年 9 月，还没有宣布团结抗日的时候，就已经成立了陕甘宁边区政府，当时由西北办事处（1935 年 11 月成立）负责行政管理。西北办事处管辖的范围包括陕甘宁、陕北两省，另外包括关中、神府和三边三个特区。特区这个名字从 1935 年就有了。在西北办事处的组织结构中，最高领导是主席，下面有主席团，主席团的下面有行政机构，平行的有刚才讲的两省、三个特区地方政府。主席团的行政机构包括财政部、粮食部、土地部、国民经济部、教育部、司法内务部、劳动部、外交部、工农检察局，一共八部一局。实际上，有些部没有成立。可见一开始，我们的政权机构是比较精练的，体现了当时战争环境的特点。1935 年 12 月 17 日，瓦窑堡会议把工农共和国的名字改成人民共和国，这是一个重大改变。1936 年，中共中央发出"停战、议和、一致抗日"的通电。1937 年，开始筹建陕甘宁边区政府，边区政府在原来西北办事处的基础上"更名、改制"。"更名"就是从西北办事处改称为陕甘宁边区政府，"改制"就是从工农民主制、苏维埃制，改变成为普选的民主共和制。革命事业发展过程中，在 1937 年已经形成了很明确的思想：我们要建立一个人民共和国，要建立一个法制国家。1937 年 9 月 2 日，由于当时团结抗日的需要，陕甘宁边区政府成立，全名为中华民国陕甘宁边区政府。边区政府的组成包括三个部分：第一部分是边区参议会，第二部分是政府机关，第三部分是司法机关。毛主席有两篇文章，集中地阐述了当时陕甘宁边区政府和团结抗日中重要的政策思想。1942 年，在陕甘宁边区政府成立 5 年后进行了一次调整。大家都记得，当时有一位民主人士提出"精兵简政"的建议，得到了毛主席的高度赞扬，他专门写了一篇文章讲这件事。边区政府刚刚成立了 5 年，八个部一个局就很快膨胀起来，要实行调整。调整以后，有些厅局合并，有些撤销，也有一些转制。比如，原来的贸易局就合并到光华商店，抗属工业社也取消了，很多厅局都合并了。精兵简政的目的很清楚。1943 年 3 月 3 日发布的《陕甘宁边区简政实施纲要》提出，精兵简政的目的是达到精简、统一、效能、节约和反对官僚主义五大目的。一直到现在，世界各国政府机构调整的目标恐怕还跑不出这五个方面。

　　1949 年 9 月 21 日，中国人民政治协商会议第一次全体会议开幕。会议通过了《中国人民政治协商会议共同纲领》，也被大家称为临时宪法。《共同纲领》确定了 1949 年到 1954 年中央国家机关的结构，最高机构是中国人民政治协商会议全体会议，在全体会议下有中央人民政府委员会。中央人民政府委员会下面平行的有 4 个机构：第一个是人民革命军事委员会；第二个机构是政务院，政务院下面有各个部委；第三个机构是最高人民法院；第四个机构是最高人民检察院。政务院作为国家最高的行政机关，下设 4 个委员会，这个结构与现在的国务院有所不同，国务院下面直接是各个部委，政务院下面有 4 个高于部委的委员会和一个平行的机构——秘书厅，这"四委一厅"高于其他职能部门。"四委"是：政法委、中央财经委员会、文化科技委员会、人民监察委员会。"四委"下面又设置了 30 个部委，除此之外还有一些临时的机构。这就是《共同纲领》设置的政府机构。

从 1949 年新中国成立到 1954 年，国家主要的任务是实现社会安定、经济恢复，所以，当时的政务院具有比较强的行政管理色彩。到 1954 年，过渡时期的很多任务都已经完成，国家经济也从战争的破坏当中恢复过来。因此，1954 年召开了全国第一届人民代表大会，制定了我国第一部宪法。这部宪法确定国家最高权力机构是全国人民代表大会。在全国人民代表大会之下，有两个平行的层次：一个是全国人大常委会，在代表大会闭幕期间行使代表大会的职权；另外一个是中华人民共和国主席，由全国人民代表大会选举产生。全国人大常委会通过的法律，必须由中华人民共和国主席签署发布。中华人民共和国主席对外作为国家的元首，代表国家接受外国使节递交的国书，根据全国人大常委会的决定派遣和召回驻外全权代表，批准和废除同外国缔结的条约和重要协定。今年的宪法修正草案在国家主席的职权中增加了一项国事活动，这是因为现代很多重要的外交事务是通过元首外交来实现的，元首外交可以起到一般外交活动所不能起的作用。很多难办的事情、敏感的事情，通过元首之间互访、元首之间的热线联系可以比较恰当地得到解决。在全国人大常委会下面有 3 个机构，一个是最高人民法院，一个是国务院，另外一个是最高人民检察院。国务院下面有各个部委。与 1949 年到 1954 年政务院的结构最大的不同在于，政务院在各个大区有派出机构。这是由于新中国成立之初，地方需要有权力比较集中、权力比较强大的机构，来保证地方的安全、稳定，尽快地恢复经济。到 1954 年，社会稳定、经济恢复等工作取得了很大的成绩，国务院撤销了各个地方的政务院的派出机构，也撤销了 4 个委员会，国务院下面就直接设各个部委。同时，成立了国务院办公室，协助总理协调各方面的工作。

由于 20 世纪 50 年代中国经济建设和社会事业的快速发展，到 50 年代后期，在一部分同志中产生了急躁、冒进的思想，所以，就有了"大跃进"这样一个时期。"大跃进"时期，急于求成的思想同时也反映到了政府机构和权力分配的结构上来。"大跃进"的思想对于行政管理改革的探索，主要内容就是大规模"放权"。当时认为，由于我们国家已经有了很好的基础，很快就可以"超英赶美"。各个地区对于发展的要求都非常迫切。中央向地方下放了很多权力：第一，把部属的企业下放给地方；第二，下放了计划管辖权；第三，下放了基建项目的审批权；第四，下放了财权和税收权；第五，下放了劳动管理权，还有商业银行管理权、教育管理权等很多社会事业的管理权也下放了。这种权力结构跟当时的实际情况脱节。中央有很多领导同志提出了不同的意见，但是由于当时"左"的思想占了主导地位，没有得到接受，相反，有不少同志被戴上了"右倾机会主义"的帽子。在这个时期，政府权力结构跟实际情况的不协调造成了很大破坏，造成了重复建设、经济结构失调、物价上涨等。最突出的表现是 50 年代末 60 年代初，当时全国的银行收不回来的贷款总额已经达到 100 多亿元人民币，这都要靠政府税收给予冲销。由于这样一个实际的教训，当时经济上迅速实行了调整的方针，即"调整、巩固、充实、提高"八字方针。同时，在政府管理上，也实施了一系列改革、调整。第一是计划统一集中管理，第二是基建集中统一管理，第三是上收一批企业，第四是财政信贷加强集中统一管理，第五是收回部分物资管理权。很多变革都是在走螺旋式上升的道路。从政府的权力分配来说，有几个核心问题：一是中央机关和地方的分权，到底应该是集中好，还是分散好？这里有一个不断分散、集中的螺旋式的上升，我们取得了很多的经验教训。二是管理的体制、管理的方式等。改革一直围绕着这些焦点力图取得突破，不断地碰到问题后再调整。

"文化大革命"中，政府的行政体制走入歧途，当时成立了革命委员会。革命委员会一开始，只有几个机构，一般的设置有办事组、政治工作组、生产组、保卫组 4 个组，下面再设若干小组。很明显，这种结构不适应现代国家管理的需要，经济、社会秩序陷入混乱之中，造成了很大的损失。

在行政管理改革的探索中有两个非常重要的阶段：一是中华苏维埃政权阶段，二是抗日时期的边区政府阶段。它们的形式有明显不同。在苏维埃阶段，是工农共和国的形式；在边区政府阶段，是民主共和国的形式，政府实行所谓的"三三制"结构。在新中国成立以后，就是中华人民共和国这样一种形式。

中共十一届三中全会对行政体制、管理改革来说，是一个非常重要的转折点。这次全会提出，我们经济管理体制的一个严重缺点是权力过于集中。当时，邓小平同志有一系列的论述，精辟地分析了中国行政体制的问题。权力过于集中，大体上有三个方面的表现：第一个方面是党和政权的关系，权力过分集中于各级党委。邓小平同志当时有一段讲话："加强党的领导变成了党去包办一切、干预一切，实行一元化领导变成了党政不分、以党代政。"这就是党政关系当中，党的权力过于集中的表现。第二个方面是党内的关系，权力过分集中于少数甚至个别领导人手中。邓小平同志也有很透彻的认识，他讲："党内确实存在权力过分集中的官僚主义，许多重大问题往往是一两个人说了算，党委的权力往往又集中于几个书记，特别是集中于第一书记，什么事都要第一书记挂帅、拍板。党的一元化领导往往因此变成了个人领导。"这就是第二方面的集中。第三个方面是中央和地方的关系，权力过分集中于中央，许多地方的同志有切身感受。

中共十一届三中全会对行政体制改革作出了一些重要的决

定。中共十三大对于政治体制改革的推进发挥了非常关键的作用。中共十三大作了一些很重要的决定：第一，对行政主体的一元性作了一些原则性的决定。分解党政职能，实施行政首长负责制。中共十三大提出了党的五项职责，大体上讲，第一项是执行中共中央和上级党委的指示，第二项是保证国务院和上级政府的指示在本地区实施，第三项是对地方性的重大问题作出决策，第四项是向地方国家机关推荐重要干部，第五项是协调本地区各级组织的关系。基层党组织、基层企事业单位的党组织主要就是起监督和保障作用。第二，中共十三大提出实施分权式的行政体系。地方可以有更多的权限来决定本地的发展。财权原则上是随事权转，事权到哪里，财权也到哪里。另外，企业实施了所有权和经营权的分离，企事业单位总体上实行自主经营和自主管理的原则。第三，行政机构实行职能式的机构设置。目的就是走出新中国成立以后，三次机构改革一直没有走出的精简—膨胀—再精简—再膨胀的怪圈。职能化的行政机构设置，是中共十三大作出的一个非常重要的决定。先把政府的职能确定了，这样就从源头上铲除了机构膨胀的根子。此外，还有很多具体的内容。比如，在改革机构、转变职能的同时进行干部人事制度的改革，政府行政管理的法制化等。精简、统一、效能的原则在中共十三大后也进一步具体化，提出领导统一原则、精简合理原则、职权依次原则这三大原则等。运行机制方面，中共十三大提出了法制化的要求，进行行政立法、行政诉讼立法，对行政机构用行政组织法加以规范，用法律预算手段来控制编制，实施岗位责任制等。这些年来，历届全国人大都在这方面做了大量的工作。行政立法方面、预算决算的审查方面等，都不断地在前进。九届全国人大在机关编制中增设预算工作委员会，这是专业委员会里面没有的。财政部也在不断细化财政预算，预算送人大审查时要细化到部门，以后进一步细化到项目。决算也相应地不断细化，财政管理要实行"一库制"。这些都是根据中共十三大的精神不断发展的。另外，中共十三大决定了行政人事的考聘制，作出了一些重要的决定，比如对于国家干部要合理分界。过去我们长期的观念就是，教师都叫干部。在中共十三大以后，就把教师、企事业单位的管理人员、国家干部、公务员都分开，变革单一模式的管理体制，干部人事要依法管理、公开监督。中共十三大的重要决定，在七届全国人大一次会议通过的改革方案当中有切实的体现。

中共十三大以后，历次中共全国代表大会和历届全国人大都在政府改革方面不断地与时俱进。中共十四大提出，下决心进行行政体制和机构改革，切实贯彻"转变职能、理顺关系、精兵简政、提高效率"这十六字方针。在中共十四大上，第一次提出了行政管理体制和机构改革。我们注意到，中共十四大以前，一直提行政机构改革，但是在中共十四大上，第一次提出了行政体制的改革。中共十六大则第一次提出了司法体制改革。这些都体现了国家制度改革方面在不断前进。中共十四大，还具体提出了经济工作部门转向宏观调控、严格地定编定员、加快劳动人事制度改革、尽快推行公务员制度这四个方面重大的改革措施。

中共十四大还有一项很重要的决定，对政府职能转变有着重大影响，即公开地以文件的形式提出中国实施社会主义市场经济体制。我们知道，在中共十四大以前，我国不断地进行经济体制改革的探索，先提商品经济，以后提计划为主、市场调节为辅，有计划的商品经济等，但始终没有明确实行市场经济体制。这对于我们进行加入世贸组织的谈判有很大影响。1986年，我国申请恢复关贸总协定缔约方的地位，以后又提出加入世贸组织的申请。不管关贸总协定也好，世贸组织也好，都有一条要求，即缔约方实行的都是市场经济体制。中共十四大以前，参加谈判的代表作了很多解释，说明我们国家在实施市场调节，但是不能明确讲我们实行市场经济体制。所以，关贸总协定与后来的世贸组织派了很多专家到中国来调查，就是要了解中国实行的到底是不是市场经济体制。他们问了几千个问题，就是想从各个侧面来了解中国的经济体制。有些问题在我们看来是很可笑的，譬如到企业里就问：企业里面是厂长说了算还是党委书记说了算。这些专家认为，党委书记说了算是计划经济的表现，厂长说了算就是市场经济的表现。在我们了解情况的人看来，这根本就是与经济体制完全不相关的事。中共十四大正式确认我们国家实行的是社会主义市场经济体制。在这以后，我国加入关贸总协定的谈判就有了很快的进展。另外，这也对政府职能提出了很多新的要求。计划经济为主的体制下，中央集权、部门集权，"大跃进"中刚把权一放，各个地方马上就冒进、重复建设，产生了大量的问题，以至于以后出现巨额的银行不良贷款。一放就乱、一管就死，成为顽症。明确实行社会主义市场经济体制，对于政府职能转变有很重大的影响。

中共十五大进一步决定，从一般性的改革进入到所有制的改革。当时碰到的问题主要包括：首先，农村经济发展的高潮已经过去。20 世纪 90 年代，农民人均收入增长一直处在停滞阶段。1982 年到 1986 年，连续 5 年，中共中央的一号文件都是有关农村问题的。1982 年的中共中央一号文件讲的是农村"双包"，肯定了"双包"属于社会主义性质。1983 年的中共中央一号文件肯定了农村的家庭联产承包责任制，这是农民的一个创造，是符合改革的方向的。1986 年第五个中共中央有关农村问题的一号文件，针对当时一部分人对家庭联产承包责任制有不同的认识、不同的看法，肯定了家庭联产承包责任制是社会主义性质的。中共中央这五个一号文件，在80年代极大地推动了农村、农业工作的发展，促使农民致富。今年的中共中央一号文件又专讲农民问题、农民增收问题，这充分反映了中共中央对于农民增收问题的重视。农民收入增长缓慢这个问题，实际上在中共十五大后已经比较明显了。另外，在中共十五大期间已经比较明显的是，国有企业的经济效益持续下滑。这也是过去长期存在的问题。落后的行政体制阻碍了经济的发展。当时有一些很突出的例子：企业在工商部门登记要盖70多个图章。我看到的一个最突出的例子是，有一个企业在本企业内部要盖一个厕所，审批过程中盖了96个章。这说明，当时的行政体制严重阻碍了经济发展。还有一点就是财政负担沉重。中国的部门领导与下属的比例，在世界各国当中是非常突出的。我看到一个调查统计，中国的部门领导与下属的比例是1：0.84，领导层是1，部属、下属是0.84。国外这个比例最好的是日本，日本部门领导与下属的比例是1：3.6，就是1个领导、3.6个下层。美国的比例是1：1.7。中国的比例是官多兵少。在政府工作的很多同志有这个体会，有的部门里面处长一大堆，处员没几个，这是一个很突出的问题。当时的环境，对我们进一步实施体制改革的压力是非常突出的。一是经济全球化席卷全球，要求国家有更强的竞争力，对突发事件要能够更迅速地反应。还有一个是中国的民营企业迅速增长。民营企业在20世纪90年代特别是1993年以后，每年以百分之二十几的速度增长，大大超过了国有企业的增长速度。这些都对行政体制改革提出了强烈的要求。九届全国人大一次会议作出决定，其中之一就是打破公务员的"铁饭碗"，公务员也要实行聘任制。中共十六大提出了全面建设小康社会的目标，中共十六届三中全会提出了一系列深化改革的措施，十届全国人大也作出一些重大决定。体制改革方面的重要决定，像成立国有资产管理委员会，计委、经贸委、体改办等合并成立发改委，内、外贸部以及其他一些部门合并成立商务部等。十届全国人大二次会议通过的宪法修正案中，把"三个代表"重要思想列入宪法，与马克思主义、列宁主义、毛泽东思想、邓小平理论并列，作为我们国家的指导思想。另外，明确写入了国家尊重和保障私有财产权。过去，我们一直讲，保护的是消费资料、个人的私有财产，但这次把尊重、保护扩大到财产权，包括生产资料。此外，明确写进了尊重和保护人权，以及把"三个文明"的建设写入宪法，把保障民营经济的发展写入宪法等。这些都对政府职能转变提出了新的要求。温家宝同志也多次讲这个问题，他很明确地讲到，在政府的宏观调节、市场监管、社会管理、公共服务四个方面，过去在宏观调节、市场监管这两方面做得比较多，当然还有很多问题要解决，但总的来讲，这两个方面取得的进展比较大，但是在社会管理、公共服务这两方面比较薄弱。所以，温家宝总理一再强调，在政府职能转变中，要突出加强公共管理和社会服务这两方面职能。去年突如其来的非典疫情，也给我们很多有益的启示。通过非典，我们进一步认识到"以人为本、全面协调可持续发展"的重要性，认识到政府要加强社会管理、公共服务，提高对紧急事件反应、管理、控制能力的重要性，突出强调了政府要公开、透明，要加强政府和公众的关系。国际上称之为无缝隙政府，就是政府跟民众之间要非常紧密地接触。同时也要看到新技术对政府管理的促进，比如网络技术、计算机技术等。对行政管理改革的要素，我想总结一下，大体上以下几点是有共同性的：第一点，公众参与意识的增强；第二点，战后经济重建的需要；第三点，国际竞争激烈；第四点，管理理论和实践的发展；第五点，社会发展大的趋势；第六点，技术提供了必要的支持。这些方面都在促使公共管理、行政管理不断发展。总的来说，政府的结构趋向于扁平型、反馈型，有利于迅速收集到基层的情况，对突发事件作出反应。从政府管理方面来讲，从过去的过程管理趋向于过程与结果结合的管理，有很多从绩效评估转向绩效管理，绩效评估跟绩效管理从管理内容上说有很多不同。最近，我国很多地方在进行关于绩效评估的讨论。浙江的湖州市已经有很多年对政府绩效评估的内容不断调整，把地区生产总值增长在评估中所占的比重不断地降低。从组织结构来说，要建立一些更加协调的、复合型的行政机构，把政府机构跟非政府机构的一些职能，以及社会媒介、中介机构的职能等有机地结合起来。另外，跨省份的组织协调必须加强。实际工作中发现很多问题，比如流域治理问题，由于省域的分割，流域的资源不能得到很好的利用等。另外，还有学习型政府的建设。强调知识的建设、能力的建设，这对于政府管理来讲是不可缺少的。国家管理的总体思想，就是贯彻以人为本、全面协调可持续的科学发展观，政府的管理要更加重视社会管理和公共服务，要更加重视政府和民众之间关系的互动、政府组织和非政府组织以及其他组织之间的协调。现在，政府职能的改革已经开始真正触及一些核心问题。经过这样一次改革，中国能够实现新的腾飞。目前，国外对我们的改革有很多评论。像美国、英国等国家的评论，认为中国这样一次改革可以使得政府机构浴火重生，再次推动中国实现新的飞跃。这是一次非常重要的改革。希望大家共同努力，深入领会中央精神，积极参与到改革当中来，为完成中共十六大提出的任务、为实现跨世纪的宏伟目标，贡献我们的力量。

关于提高中共执政能力的几点建议*

(2004 年 4 月 21 日)

第一，完善中央与地方的行政分工体系，在制度上保证政令统一、保证中央的权威。

改革开放以来的一条重要经验就是赋予地方必要的权力，实行权力下放，地方的积极性得到了充分发挥，有力地推动了改革和发展，增强了经济社会的生机和活力。当前，地方与中央的关系中，政治思想上是保持一致的，但在改革、发展进程中对具体问题的处理多有不协调之处。有的地方和部门过多地考虑本地区、本部门的局部利益，甚至出现了上有政策、下有对策，有令不行、有禁不止的现象，阻碍了全国统一市场的发展。有的问题处理不当，造成群众不满、生态环境破坏等影响长远的恶果，危害了国家的全局和战略利益。在全面建设小康社会、完善社会主义市场经济体制的新形势下，需要进一步理顺和规范中央和地方的行政分工体系，科学划分中央与地方的职责权限，不仅要有制度规范，还需要有专门机构进行日常监督，以避免形成既成事实，造成无法挽回的影响和损失。

第二，发挥农村基层党组织的作用，完善村民自治组织。

农村的发展与稳定至关重要。目前，农村中党的基层组织体系基本上还是健全的，村一级都有党支部，关键是如何更好地发

＊ 这是蒋正华同志在党外人士座谈会上的发言摘要。

挥作用。总体来看，农村基层党组织作用的发挥很不平衡，有些地方因为没有经费发挥不了作用，有的地方因为没有党员愿意履行职能发挥不了作用。同时，农村中的封建迷信、宗族势力、宗教势力甚至黑恶势力等又在争夺群众。村民委员会实行普选后，问题浮出表面，使得农村基层党组织如何在广大农民群众中更好地发挥作用显得尤为迫切。具体而言，一方面要有保障措施，有条件、有能力发挥作用；另一方面要加大责任，农村基层党组织要承担起团结、引导农村各种社会力量的责任，培养和支持多种形式的经济、技术、教育等组织，服务于党和国家改革、发展、稳定的大局。村民自治组织的选举办法、候选人条件，村民自治组织的权利、义务等也应进一步细化，防止坏人掌权，损害我国的政权基础，切实保障村民权益和国家政令畅通。

第三，建立和完善领导干部的考核评价机制。

考核领导干部，需要强调处理好"政治信仰"与"工作成果"，"工作成果"与"国家利益""群众利益"的关系，从制度上保证忠诚于党的路线和纲领、具有较高思想政治素质和业务能力的干部分布在各级领导岗位。要通过多种方式和渠道了解和考核党的领导干部的政治思想、工作作风等方面的情况，以科学发展观评价干部业绩，避免片面理解"发展"成果，片面地把经济增长速度作为"发展"的唯一标准。考核工作应该由结果考核转变到结果、过程考核相结合，统计数字与社会群众反映相结合。对侵犯群众利益、危害国家利益的工作"成果"，不但不能作为政绩，还应给予纠正。

第四，行政系统内部的权力制约机制建设。

权力过分集中是腐败滋生的重要原因。行政、监督、统计、考察等职能，不宜集中在一个部门甚至一人之手。

适应新世纪多党合作要求，
切实加强参政党理论建设[*]

（2004 年 6 月 4 日）

中央专门召开理论建设工作会议，在我党的历史上是第一次。开好这次会议，认真深入研究我党面临的重大理论和实际问题，总结交流近年来理论建设工作的经验体会，研讨制定关于加强理论建设的意见，明确今后一个时期我党理论建设的目标方向和工作任务，对于在新世纪新阶段坚持和发展中国共产党领导的多党合作和政治协商制度，把农工党建设成为与时俱进、奋发有为的参政党，具有特别重要的意义。下面，我谈几点意见，供同志们参考。

一、从战略高度，充分认识和深刻理解加强参政党理论建设的重要性和紧迫性

思想理论建设是参政党建设的根本。进入新世纪以来，世界政治、经济、文化、科技等领域出现了一系列的新变化、新矛盾、新问题，我国的改革发展也提出了一系列的新目标、新任务、新课题。中国特色政治制度和政党制度对社会主义市场经济

＊ 这是蒋正华同志在中国农工民主党全国理论建设工作会议上的主题报告。

建设取得的历史性成就起着关键的作用，从理论上总结并指导这场史无前例的伟大实践具有重要意义。中国共产党从执政党的角度不断深化理论建设，参政党也应作出与其地位和作用相适应的理论贡献。我们要在中国共产党的领导下，同心同德为全面建设小康社会作出更大贡献，就必须通过加强理论建设，进一步厘清我们所面临的重大理论和实践问题，担负起时代赋予我党的历史使命。因此，理论建设是关系到我党长远发展的战略任务，意义深远，任务艰巨。全党同志要以高度的责任感和使命感，充分认识和深刻理解加强参政党理论建设的重要性和紧迫性，以理论创新推动工作创新，开创我党工作的新局面。

第一，加强参政党理论建设，是团结全党、凝聚力量、为全面建设小康社会服务的需要。

中共十六大确定了紧紧抓住 21 世纪头 20 年的重要战略机遇期，集中力量，全面建设小康社会的奋斗目标。这个宏伟目标，是使"经济更加发展、民主更加健全、科教更加进步、文化更加繁荣、社会更加和谐、人民生活更加殷实"，届时就将有十几亿人口进入全面小康社会，进而在 21 世纪中叶基本实现现代化。这是一项极其艰巨、复杂的任务，在中国和世界历史上都将是一个空前的创举。

纵观世界发展历史可以看出，一个国家的强盛，关键在于解决好发展道路问题。发展道路正确，国民经济就能较快发展，实现经济腾飞；发展道路错误，国民经济就会很快衰败，陷入深刻危机。例如，第二次世界大战期间，日本的钢铁工业、汽车工业被美国的轰炸所摧毁，加上自然资源极其贫乏，日本人几乎陷入了绝望的境地。经过 20 世纪 40 年代末 50 年代初的变革，日本找到了适合自己的发展道路，从 1956 年经济开始起飞，创造了连续 30 年快速发展的神话，成为仅次于美国的第二大经济强国。

与此相反，阿根廷具有得天独厚的经济资源，早在20世纪初，已是世界第八大经济强国，素有拉美"经济奇迹"之称。但是由于后来不顾国情，在经济上实行新自由主义政策，在政治上照搬西方的多党制，结果导致了21世纪初政治、经济和社会的全面危机，不仅在全世界的经济排名跌至80多位，因无力偿还高达1500亿美元的外债不得不公开宣布国家破产，而且引发了大范围的社会骚乱和剧烈的政局动荡。

从我国的近现代历史上看，鸦片战争后，西方列强接踵而至、鲸吞蚕食，我国逐步沦为半殖民地半封建社会，面临着"数千年未有之变局"，许多仁人志士和政治力量都在探索救国救民的道路。从太平天国到洋务运动、从变法维新到辛亥革命，走过了曲折的道路。直到中国共产党诞生，才开辟了中国社会发展的新纪元。后来，经过艰苦卓绝的革命斗争，终于建立了社会主义新中国，实现了民族独立。但是在面对"什么是社会主义、怎样建设社会主义"这一重大历史课题时，又经过了长期的探索。过去，理论界的不少人一直怀疑社会主义能不能搞市场经济，一直认为市场经济就是资本主义的特点，是资本主义所固有的。直到邓小平同志提出"计划经济不等于社会主义，资本主义也有计划；市场经济不等于资本主义，社会主义也有市场。计划和市场都是经济手段"，才把大家的思想解放出来，进一步开辟了社会主义发展的新境界，由此可见理论的巨大威力。中共十一届三中全会坚持解放思想、实事求是的思想路线，实现全党工作中心向经济建设的全面转移，进行改革开放，找到了一条符合中国国情的发展道路。特别是中共十三届四中全会以来，我国的综合国力大幅度跃升，国际影响显著扩大，民族凝聚力大为增强，社会安定团结，呈现出蓬勃的生机与活力。

胡锦涛总书记在"七一"讲话中指出，在实现全面建设小康社会奋斗目标的征程中，要科学判断和全面把握国际形势的发展变化，科学判断和全面把握我国将长期处于社会主义初级阶段的基本国情，科学判断和全面把握中国共产党所处的历史方位和肩负的历史使命。农工民主党作为与中国共产党亲密合作、共同致力于中国特色社会主义事业的参政党，也要从理论高度认真思考这三个"科学判断和全面把握"。如果在理论上不清醒，对什么是社会主义、怎样建设社会主义这样一系列重大问题认识不清，如果在理论上不坚定，对坚持中国特色社会主义道路的长期性、艰巨性思想准备不足，就难以用科学理论团结和凝聚全党的思想和力量，难以在实践中正确履行自身职能、发挥应有的作用。因此，我们要通过扎实有效的理论建设，努力提高全党对中国共产党基本理论、基本路线、基本纲领和基本经验的共识，不断坚定走中国特色社会主义道路的理想信念，把广大党员的思想和行动统一到中国特色社会主义事业上来，把智慧和力量凝聚到全面建设小康社会上来。

第二，加强参政党理论建设，是统一思想、提高认识、坚持和发展中国共产党领导的多党合作和政治协商制度的需要。

20世纪80年代末90年代初，东欧剧变、苏联解体后，世界社会主义运动进入低潮。作为世界上最大的社会主义国家，我国坚持走社会主义道路，坚持中国特色的政治制度和政党制度，努力实现和平发展，面临着严峻的考验和挑战。

从国际看，世界范围内社会主义和资本主义在意识形态领域的斗争和较量将是长期和复杂的，有时甚至是非常尖锐的。西方敌对势力把中国作为意识形态的主要对手，对我实施"西化""分化"的政治图谋不会改变。最近，围绕台湾地区领导人选举和香港政制发展问题所进行的一系列政治斗争，再次证明了这一事实。他们不希望看到一个强大的社会主义中国出现在世界的东方，把共产党领导的社会主义中国视为其称霸世界的最大障碍，公开表示要"与中共打一场没有硝烟的战争，最终摧毁中共政权，在世界上彻底消灭共产主义制度"。他们千方百计地利用各种渠道对我国进行思想文化渗透，尤其是以网络化、数字化技术为依托的信息化迅猛发展，使西方意识形态和文化输入前所未有地便捷。据有关学者的不完全统计，美国控制了世界上75%的电视节目和60%以上广播节目的生产和制作，其文化产品的出口已经取代航空行业，成为美国第一大出口产品，占国际文化市场的40%以上。正如美国一位政界人士所说，通过世贸组织，"美国最大的出口不再是地里的农作物，也不再是工厂里的产品，而是大批量生产的美国文化"。西方敌对势力在推行"西化"图谋和进行思想文化渗透时，把矛头突出指向我国的多党合作制度，企图用西方的多党制、议会制取代我国的多党合作制度和人民代表大会制度，取消中国共产党的领导核心地位，改变中国共产党领导的多党合作政治格局，颠覆我国人民民主专政的国家政权。

从国内看，随着社会主义市场经济的发展和对外开放的扩大，社会经济成分、组织形式、经营方式、利益关系和分配方式多种多样，人们的就业方式、活动方式、思维方式、价值取向、道德标准、政治信仰日益多样化，人们思想活动的独立性、多变性、自主性和差异性明显增强。这种变化趋势总体上是积极的，是符合时代发展的。但在这个过程中，在"西化"思潮的影响下，非马克思主义的意识形态有所滋长，多党制、两党制、议会制、"三权分立"等西方政治观念也在一些社会成员中找到了市场。有些人错误地认为，政党都应以夺取政权为目标，不以此为目标的政党就不是真正意义上的政党；还有一些人认为，在经济全球化进程中，政治领域也要与国际"接轨"，全面接受西方的政治制度和政党制度。因此，我们参政党的理论建设必须跟上时代前进的步伐，加强对重大课题的研究，加强对核心问题的分析，加强宣传教育的说服力。当前，个别民主党派成员忽视政治理论学习，缺乏马克思主义理论素养，在重大政治问题上存在模糊认识。我们自己的调查也显示，尽管绝大多数农工党党员认同和拥护共产党领导的多党合作和政治协商制度，但是也有极少数党员政治意识淡薄，对意识形态领域斗争的长期性、复杂性缺乏清醒认识，对境内外敌对势力的政治图谋缺乏应有警惕，对错误言论的识别和抵制能力还不够强。

事实说明，在新世纪新阶段，社会主义与资本主义两种社会制度在意识形态领域的较量和斗争依然是长期和复杂的，有时甚至是非常尖锐的，坚持和完善中国共产党领导的多党合作和政治协商制度的任务更加艰巨和紧迫。作为多党合作的重要成员，我们农工民主党必须与中国共产党共同承担起维护这一政治格局的责任。通过切实有力的理论建设，可以使广大党员对我国政党制度的显著特征、衡量标准等重大理论政策问题有更加深刻的认识；通过切实有力的理论建设，可以更加坚定地用邓小平理论和"三个代表"重要思想武装头脑和指导实践，保证广大党员理论上的清醒和政治上的坚定，为坚持和发展中国共产党领导的多党合作和政治协商制度作出更大的贡献。

第三，加强参政党理论建设，是提高参政能力、建设适应新世纪要求参政党的需要。

近年来，随着"三个代表"重要思想学习实践活动的深入进行，我们对这一科学理论的认识也在不断深化。"三个代表"重要思想的形成和发展过程给我们以深刻的启迪。中国共产党作为一个拥有6600多万党员的大党、具备80多年建党历史和50多年执政经验的老党，已经取得了举世公认的辉煌业绩，但她并没有因循守旧、裹足不前、自我陶醉。党的领导人反复强调，要把创新作为永葆生机的源泉，要以理论创新作为引导社会前进的强大力量。全党上下孜孜以求，不断提高执政能力和领导水平，不断增强拒腐防变和抵御风险能力。正是有了这样的忧患意识和创新意识，以江泽民同志为主要代表的中共中央第三代领导集体，以马克思主义的巨大政治勇气和理论勇气，准确把握时代特征，集中全党智慧，逐步形成了"三个代表"重要思想这一系统的科学理论；以胡锦涛同志为总书记的新一届中共中央领导集体，以"三个代表"重要思想指导新的实践，求真务实，坚持理论创新，提出以人为本，树立全面协调可持续的科学发展观。

作为亲密友党，我们为中国共产党指导思想的与时俱进深受鼓舞，对中国共产党党的建设的伟大工程取得更大成就信心倍增，同时也深感自己肩头责任的重大。民主党派与中国共产党处于同一个历史方位中，坚持多党合作，既要加强执政党建设，也要加强参政党建设，两者都要与时俱进，才能更好地合作。现在，中国共产党在理论和实践上都有很大的发展和突破，执政能力和执政水平不断提高，对我们民主党派发挥作用寄予厚望；全面建设小康社会、开创中国特色社会主义事业新局面的伟大实践，也为我们民主党派履行职能提供了广阔的空间。在这样的历史条件下，认真总结工作经验、努力提高参政能力显得更加必要和紧迫。因此，农工民主党只有以邓小平理论和"三个代表"重要思想为指导，加强理论建设，以理论创新推动工作创新，才能不断提高参政议政、民主监督的能力和工作水平，在国家政治生活和社会进步中发挥更大的作用。

进入新时期以来，经过20多年的发展，农工民主党的性质、地位和作用都发生了深刻的变化，自身结构呈现出以下特点：一是新时期以来加入我党的新党员大量增加，已经占到党员总数

8.75 万人的 95% 以上，年龄结构趋向年轻，学历层次和业务水平明显提高，就业领域更加广泛。二是广大农工党员在价值观念和思维方式等方面的多样性特征更加明显。大多数党员关心政治，有较高的参政热情，积极进取，思想活跃，容易接受新思想新理论。三是经过新老交替，新一代代表人士已经成为各级领导班子的主体。他们年富力强、充满朝气，视野广阔、思维敏锐，富有开拓精神，具备较强的参政能力和参政热情。但也应当看到，由于历史条件和成长环境不同，他们没有老一代那样长期与共产党风雨同舟、患难与共的经历，有些同志对多党合作的历史传统缺乏深刻、系统的了解；不少同志在担任领导职务前长期从事专业技术和学术研究工作，缺乏实践锻炼，政治经验欠缺，政治鉴别力、政治把握能力和个人威信都有待提高。

因此，参政党的思想建设、组织建设和制度建设都面临着一系列新的挑战。建设一个什么样的参政党、怎样建设参政党，是我们当前面临的重大历史性课题，也是参政党理论建设的重大课题。解决好这个重大课题，没有本本可依，没有先例可循，必须靠理论上的探索、工作上的创新、实践上的发展。而实际上，我们的理论建设总体上滞后于实践的发展，还不能适应参政党建设的需要，必须引起全党的高度重视。

二、回顾近年来我党理论建设工作的情况，总结参政党理论建设的经验

近年来，我党高度重视参政党理论建设，采取了一些行之有效的办法，取得了一定的成绩。回顾、总结我党理论建设的基本情况和基本经验，有利于进一步推进我党理论建设工作。希望同志们充分利用这次会议的机会，集思广益，畅所欲言，联系实

际，深入研讨，特别是要围绕中央提出的《关于加强理论建设的意见（讨论稿）》认真讨论并完善修改，争取提交今年7月召开的中常会通过实施。回顾我党近年来理论建设工作的情况，主要有以下几点体会：

（一）坚持以学习实践"三个代表"重要思想为重点，才能不断巩固多党合作的思想基础

"三个代表"重要思想是马克思主义中国化的崭新成果、新世纪新阶段全国人民团结奋斗的共同思想基础，也是推进多党合作事业不断发展的强大理论武器。在不久前结束的全国两会上，"三个代表"重要思想已经写入宪法和全国政协章程，上升为国家意志和全国各族人民的共同意志，成为爱国统一战线的思想政治基础。因此，参政党理论建设既要以"三个代表"重要思想为指导，又要把学习实践"三个代表"重要思想作为工作重点。

2001年，江泽民同志发表"七一"重要讲话后不久，我党中央组织党内专家学者围绕深入学习宣传贯彻讲话精神座谈，研讨撰写了《学习江泽民"七一"重要讲话辅导纲要》。《纲要》结合党派实际，提出农工党要深刻认识中国共产党的先进性，始终坚持民主党派的进步性，增强接受中国共产党领导的自觉性，抵制西方多党制思想的渗透和影响，积极履行自身职能。2003年胡锦涛同志的"七一"讲话发表后，我党中央研究认为，民主党派学习实践"三个代表"重要思想的重要意义，表现为"五个有助于"，即有助于进一步提高对中国共产党先进性和执政必然性的认识，有助于更加坚定地走中国特色社会主义道路的信心，有助于增强坚持中国共产党领导的多党合作和政治协商制度的自觉性，有助于提高对加强参政党自身建设重要性的认识，有助于增强历史责任感和使命感。对于如何联系工作实际、改革学习形式、创新学习方法，我们提出了"四个融入"，即把学习

"三个代表"重要思想融入到当前开展的"三增强""四热爱"教育活动中，不断提高广大党员的思想觉悟；融入到履行参政议政、民主监督的职能中，不断提高参政党的能力和水平；融入到广大党员立足本职工作、努力建功立业的实践中，不断创造新的工作业绩和作出新的贡献；融入到理论学习和研究中，不断推动参政党理论建设和理论创新。提出这些具有参政党特色的鲜明观点，在我党反响较大、效果很好，有力地推动了广大党员学习领会"三个代表"重要思想的科学内涵和精神实质，从而在参政议政和民主监督的实践中深入贯彻"三个代表"重要思想。

近年来，各省、自治区、直辖市委员会先后召开了学习"三个代表"重要思想报告会、研讨会和经验交流会，研讨交流学习经验和收获体会，收到了较好的效果。在此基础上，于2003年7月召开的我党十三届三次中常会，专题总结交流学习"三个代表"重要思想的经验体会，进一步推动了全党兴起学习实践"三个代表"重要思想的新高潮。为进一步巩固多党合作的思想基础，中央已经决定，将在今年适当时候组织开展"三个代表"重要思想的宣讲活动。

（二）坚持领导带头与党员参与相结合，才能形成重视理论建设的共识

理论上的成熟，是政治上成熟的表现。我党中央十分重视参政党理论建设工作，把它列入工作的议事日程，立课题，定计划，深入实际进行调查研究，有力地推动了理论建设工作的开展。中央主要领导同志积极倡导、身体力行，带头研究理论、运用理论，始终坚持把理论学习作为自我教育的主要内容，带动全党理论建设取得了可喜进展，在全党形成了重视理论建设的共识。

理论建设是领导班子建设的重要内容。中央理论学习中心组

不断健全制度、丰富内容。在"三个代表"重要思想的学习实践活动中，多次召开专题学习会议，畅谈交流学习体会，收到了较好的效果。中央主要领导同志亲自指导撰写理论文章，在《光明日报》《人民政协报》《中国统一战线》《中国政协》等报刊发表，对于推动全党的理论学习具有重要的指导意义。

同时，我们十分重视发挥地方组织的作用，努力调动各级地方组织的积极性，使我们的理论建设工作基础更扎实、队伍更壮大、内容更丰富、形式更多样、效果更显著。近年来，北京、上海、江苏、浙江、湖南、广东、广西、重庆等省、自治区、直辖市级组织和吉林长春、白城，安徽宿州，江西南昌，河南郑州等市级组织高度重视、积极配合，先后召开了理论研讨会，编印出版了理论研究优秀论文集，对理论工作先进个人进行了表彰奖励。上海、重庆市委会还成立了理论研究指导小组，充分调动了广大党员参与理论学习、宣传和研究的积极性。地方组织的许多主要领导同志也大力支持，积极参与，亲自带队调研，指导撰写了一批质量较高的理论学习文章。

参政党理论建设，党员参与是基础，领导带头是关键。领导同志只有提高对参政党理论建设工作重要性的认识，把它列入重要议事日程，才能抓住重点、抓出实效，才能调动广大党员的积极性，达成重视理论建设的共识，形成全党参与理论建设的局面。

（三）坚持学习理论与指导实践相结合，才能取得重要理论研究成果

参政党的理论建设是一项开拓性的工作，必须贯彻"解放思想、实事求是、与时俱进"的思想路线，坚持学习理论与指导实践相结合，鼓励广大理论工作者勇于创新，才能结出丰硕的理论成果。

近年来，中央每年都制定下发《理论研究课题计划》，各级地方组织积极响应，根据自己的实际情况确定重点研究课题进行研究。很多省级组织还由主委挂帅，成立课题研究小组，召开论证研讨会，组织力量集体攻关，产生了一批理论成果。有些研究，如参政党能力建设、参政党运行机制建设、后备干部队伍建设、基层组织建设、思想和作风建设、政治文明研究等，与工作实际结合紧密，有独到的见解，质量普遍较高。其中，陕西、福建、云南、内蒙古、贵州等省（区）委会的理论研究成果在相关报刊发表，天津、上海、重庆、广东、江苏、辽宁、黑龙江等省（市）委会的研究成果受到有关方面的表彰。陈宗兴副主席的论文《应对 WTO 挑战，加快发展农业高新技术产业》，在《求是》杂志发表；四川省委会刘晓峰主委的论文《深刻认识执政党的先进性，努力建设适应多党合作要求的参政党》，在《人民政协报》发表，都产生了广泛的影响。特别是我党辽宁省委会副主委沈殿忠同志的论文《论党外知识分子的阶级属性和社会属性》和《在政治文明建设中坚持和完善我国多党合作的政党制度》，连续两年荣获中共中央统战部全国统战理论研究成果一等奖。在此，我们向获奖的组织和同志们表示祝贺！

（四）坚持深入研究与宣传普及相结合，才能推动全党理论素养的提高

理论学习研究的目的是指导实践。恩格斯在论述科学发展的动力时，说过一段富有哲理的话：社会一旦有了对科学的需要，就能比 10 所大学更能推动科学的进步。同样，参政党建设一旦有了对理论的需要，就能赋予理论建设以巨大的动力和不竭的源泉。因此，我党在深入开展研究活动的同时，加强理论的宣传普及，努力在全党营造学习理论、研究理论和运用理论的良好氛围，推动全党理论素养的提高，是理论建设取得成效的根本

标识。

2000 年年底，第十九次全国统战工作会议召开后，我们组织党内专家学者，精心编写了《全国统战工作会议文件资料汇编暨多党合作理论政策学习讲话》一书，比较系统地阐释了全国统战工作会议有关多党合作的精神，特别是从民主党派的角度，学习、介绍了这次会议提出的有关多党合作新的理论观点、政策思想和具体措施，充分吸收了社会各界关于多党合作和民主党派工作的调研成果。该书印发到每个基层组织和省级委员以上广大党员干部，对会议精神的宣传贯彻落实起到了重要作用。为了给基层党员提供生动的自我教育和理论学习素材，我党中央正在组织编写《农工民主党党员读本》，拟在今年"十一"，即新中国成立 55 周年前发到党员手中。

充分发挥宣传载体的作用、积极推广理论研究成果，有助于广大农工党员理论素养的提高。我们充分利用《光明日报》《人民政协报》等大众媒体，宣传报道我党的理论学习活动和理论研究成果。在"三个代表"重要思想的学习实践活动中，党刊《前进论坛》连续刊登了一批质量较高的理论学习文章，受到广大党员读者的欢迎。为了给我党理论研究搭建平台，提供理论探讨的园地，中央创办了《理论研究参考》，至今已经出版了 15 期，刊出理论研究论文 60 余篇。一些地方组织也在党刊辟出专栏刊登理论文章，受到党员的欢迎。

在肯定上述成绩的同时，我们也应看到，新的形势和任务对参政党的理论建设提出了新的更高的要求。目前，我党的理论建设基础相对薄弱，机制不够健全，一些地方组织对此仍然重视不够，理论队伍还在发展和提高之中。对此，全党必须有清醒的认识，采取切实措施加以改进。

三、当前和今后一个时期我党理论建设的主要工作任务

参政党的理论建设是一项长期的战略任务。在新世纪新阶段，我党的理论建设必须坚持以邓小平理论和"三个代表"重要思想为指导，确保理论建设的正确方向；必须坚持中国共产党领导的多党合作格局，维护安定团结的政治局面；必须坚持解放思想、实事求是、与时俱进的思想路线，不断创新和丰富参政党理论；必须坚持理论联系实际的优良学风，以理论创新推动工作创新。要通过全党上下的不懈努力，使我党的理论建设工作迈上一个新的台阶。当前和今后一个时期，我党理论建设应着重抓好以下几项工作：

（一）健全学习制度，提高理论素养

重视理论学习运用，坚持自我教育，是参政党理论建设的重要内容，也是我党长期以来形成的优良传统和有效做法。做好新世纪新阶段的参政党工作，涉及很多深层次的理论和实际问题。必须加强理论学习，运用理论指导实践，回答和解决实际问题。要通过认真学习邓小平理论和"三个代表"重要思想，不断加深对中国共产党基本理论、基本路线、基本纲领和基本经验的认识，提高坚持和贯彻的自觉性。还要提倡博览群书，尽可能多地学习哲学、经济学、政治学、法律学、历史学、社会学、管理学以及现代科技等基础知识，不断更新和丰富我们的知识面，才能使我们的各项工作体现时代性、把握规律性、富于创造性。

思想理论素质是领导干部素质的灵魂。各级领导班子成员特别是主要领导同志，不仅要在学术上具备较高造诣，还要高度重视自身理论素质的提高，努力成为政治家。要通过坚持不懈的理

论学习，坚定理想信念，提高思想水平，加强道德修养，牢固树立政治意识、大局意识、忧患意识和参政意识；要带头参与理论研究，善于从工作实践中发现新问题，主动向理论工作者提出新问题，注意把理论成果运用于各项决策中；要在搞好自学和独立思考的同时，提倡相互切磋、集思广益、相互交流；要努力成为勤奋学习、勤于思考的模范，解放思想、与时俱进的模范，勇于实践、锐意创新的模范。希望同志们在理论建设工作中带头学习，带头研究，带头实践，作出表率，推动理论建设工作的深入开展，在全党形成一个认真学习理论、自觉运用理论的浓厚氛围。

当前的学习重点，是深入贯彻"三个代表"重要思想，树立和落实科学发展观。中共十六届三中全会明确提出，要以人为本，树立全面协调可持续的发展观，促进经济社会和人的全面发展。这是发展观跨时代的重大飞跃，是在国民经济多年持续快速健康发展、经济效益不断提高、经济结构调整取得成效的基础上，加强城乡、地区、经济社会协调发展，落实全面建设小康社会宏伟目标的重大决策，也是贯彻落实"三个代表"重要思想、坚持理论创新的典范。我党把发展作为参政议政的第一要务，就要把认识和行动统一到科学发展观上来，按照科学发展观的要求，做好我们的各项工作。要认真学习和掌握科学发展观的主要内涵和基本要求，按照"五个统筹""五个坚持"的原则，不断提高参政议政、社会服务水平，为促进社会主义物质文明、政治文明、精神文明的协调发展作出更大贡献。

（二）加强组织领导，完善研究机制

参政党理论建设有其特殊的规律和方法，既不能揠苗助长、一蹴而就，也不能放任自流、不闻不问，必须着眼长远、循序渐进，有领导、有组织、有计划地推动这项工作健康开展。各级组织要努力把握参政党理论建设规律，改进领导方式，提高领导水平，力争在夯实理论基础、解决突出问题、切实推动工作上取得实实在在的成效。中央和地方组织要进一步提高对新世纪新阶段加强参政党理论建设重要性的认识，把它作为一项战略任务列入重要的议事日程，高度重视，加强领导，统筹规划，精心组织，突出重点，合理安排，做到目标清晰、责任明确，确保研究有指导、成果有检查、经费有保障。中央要制定理论研究的中长期规划，明确研究重点，指导和推动全党理论研究工作的开展。中央在适当的时候成立理论研究中心，有条件的地方组织也可建立理论研究小组，制定理论研讨工作计划，定出理论研究课题，进行深入调研。中央还将确定一些理论研究基地，逐步形成以点带面、点面结合、特色鲜明、联系密切的理论研究网络。

要善于总结概括长期以来我党理论建设的成果经验，上升到理论高度，使之成为指导我们工作的规章和制度，逐步形成制度化、规范化、程序化的工作机制。可试行理论课题招标制度，由中央每年确定重点研究课题进行招标；建立理论研究激励制度，由中央和各级地方组织对优秀理论成果进行评比和表彰；建立理论研究经费支持制度，在经费上保证重大理论课题的研究；等等。中央和地方各级组织要结合工作实际，认真贯彻落实《意见》要求，在实践中不断发展完善。

（三）营造宽松氛围，树立良好学风

树立良好的学风，营造宽松的理论研究氛围至关重要。在新的历史条件下加强参政党理论建设，必须大力弘扬求真务实的精神，牢固树立一切从实际出发、理论联系实际的良好学风，这是关系我党理论建设工作成败的重大问题。

理论与实践相统一是马克思主义的根本要求，同时，理论与实践的统一不是静止的，而是在动态中实现的。人们对客观规律的认识不可能一劳永逸。时代条件发生了变化，客观实际发生了变化，我们的思想认识就必须与时俱进，根据新的实践进行新的理论探索和概括。我们参政党理论建设，只有与参政党建设的实践紧密结合起来，把研究的重点放在我党履行职能和自身建设的实践上来，从不断发展的参政党建设实践中汲取丰富的营养，从中找观点、找方法、找规律，把丰富的实践提高到理论程度，才能有不竭的生命力和广泛的影响力，才能实现自身存在和发展的价值。希望同志们塌下心来，扑下身子，深入到基层组织和普通党员当中，有的放矢地研究、深入浅出地回答广大党员关心的理论和实际问题，澄清各种模糊认识和错误观念，在学习理论的同时发展理论。实践是检验真理的唯一标准，只有真正做到"贴近基层、贴近生活、贴近党员"，理论才能赢得广大党员的欢迎。

理论的价值在于指导实践，学习的目的在于运用。正确判断形势，深刻分析问题，科学制定决策，从根本上讲，都取决于我们运用科学理论去认识和把握实践的能力。"蜘蛛的活动与纺织工人的活动相似，蜜蜂建筑蜂房的本领使人间许多建筑师感到惭愧。但是，最蹩脚的建筑师从一开始就比最灵巧的蜜蜂高明的地方，是他在用蜂蜡建筑蜂房以前，已经在头脑中把它完成了。"这段饶有风趣的话，出自马克思的名著《资本论》，它说明了人的自觉能动性的重要。同理，能不能做好理论成果转化工作，能不能运用科学理论来指导实践、解决问题、推动工作，是我们在理论上和政治上是否成熟的一个根本标志。不善于运用理论指导实践，就难以干好工作；不善于在实践中总结经验并上升到理论，再反过来更好地指导实践，也难以干好工作。倡导理论联系实际的学风，不仅要求理论来源于实践，更要求我们主动学习和运用科学理论指导实践，做到学以致用、用有所成。

开展理论研究，既要解放思想、大胆探索，又要切合实际、发扬民主。在坚持正确政治方向的前提下，要保持参政党进步性与广泛性相统一的特点，坚持百花齐放、百家争鸣的方针，坚决贯彻不抓辫子、不扣帽子、不打棍子的原则，大力倡导求真务实的精神和追求真理的勇气，鼓励大家畅所欲言，多讲真话，少讲套话，不讲假话，提倡敞开思想，各抒己见，为理论研究和理论创新营造宽松的学术氛围。同时，要注意把握学术研究和宣传报道的界限，做到研究无禁区、宣传有纪律。

（四）建设骨干队伍，培养理论人才

"济济多士，乃成大业"，人才是最宝贵的资源，人才资源也是最重要的战略资源。"楚汉相争"的历史故事，大家都很熟悉。力量比较弱小的刘邦经过艰苦的征战，最终打败了力量强大的项羽，建立起西汉王朝。胜利后的刘邦在总结经验教训时，说了这样一段发人深省的话：运筹帷幄、决胜千里，我不如张良；筹集粮草、保证运输畅通，我不如萧何；挥师百万，战必胜、攻必取，我不如韩信。这三个人都是人才，我能够得到他们、起用他们，所以赢得胜利。而项羽虽然有一个优秀人才范增，却不重视他的意见，所以被我打败。可以看出刘邦之所以成功，就在于拥有和使用人才。当今世界，人才资源的作用已经成为经济增长的重要因素，也是做好任何领域包括思想理论领域工作的重要因素。

参政党理论建设具有很强的政治性、思想性、创造性，同样需要有一批有志于参政党理论研究的骨干力量，以高度的责任感、使命感投身这项工作。由于客观原因，我们党专职从事理论研究工作的同志很少，除了我党各级组织专职工作同志外，许多都是高等院校、科研院所的研究人员，而绝大多数同志都是在完成本职工作的同时开展理论学习和研究的。从事文字工作和理论工作的同志，责任很重，难度很大，可以说有"三苦"：辛苦、心苦和薪苦。这就要求同志们要树立正确的成才观、政绩观和得失观，坚持严谨治学、实事求是、科学民主的学风，要切戒浮躁，耐得住寂寞，实现做人、做事和做学问相统一。中央和地方各级组织也要体谅、关心他们，为他们创造必要的工作条件。我们要努力整合理论研究工作的人才资源，组织协调好理论工作者与广大党员、专职人员与兼职人员、中青年与老同志等各方面的力量，着力造就一支政治方向正确、理论功底扎实、勇于开拓创新、善于联系实际的学术带头人和理论研究骨干，推动理论建设工作不断向更深层次发展。

各级组织和领导干部要注重现有理论研究人才的使用和锻炼，对有突出贡献的，要特别爱护和珍惜；同时，也要注重在实践中发现人才和培养人才，努力形成优秀人才脱颖而出、人尽其才的良好机制。要密切同理论工作者的联系，与他们互通信息、交流工作，对他们既严格要求，又不求全责备；既关心爱护，又放手使用，使他们真正施展出理论才华。要从政治上、思想上、工作上、生活上关心、理解、信赖他们，满腔热情地帮助他们加强学习，总结经验，提高水平，充分发挥他们的积极性、主动性和创造性，引导他们始终坚持正确的政治方向，激励他们不断提高理论研究水平。

同志们：

参政党理论建设使命神圣、任务艰巨，我们要以高度的政治责任感全力以赴，用强烈的事业进取心取得实效。古人讲："凡百事之成也，必在敬之；其败也，必在慢之。"我们所处的时代，是一个需要推进马克思主义理论中国化的时代，是一个呼唤理论发展创新的时代。让我们以"三个代表"重要思想为指导，大兴求真务实之风，与时俱进，奋发有为，通过全党上下的不懈努力，开创农工党理论建设工作的新局面！

在中俄经贸合作高层论坛上的致辞（摘要）

（2004 年 6 月 14 日）

中国实行改革开放已经 25 年。25 年来，中国的面貌发生了深刻的变化。社会主义市场经济体制初步建立，社会生产力和综合国力大幅度跃升，人民生活水平总体上实现了由温饱到小康的历史性跨越。25 年来，中国经济保持了年均增长 9.4% 的速度。国内生产总值由 1978 年的 1473 亿美元，提高到去年的 1.4 万亿美元。外贸进出口总额由 1978 年的 206 亿美元，提高到去年的8512 亿美元。外汇储备由 1978 年 1.67 亿美元，提高到去年的4033 亿美元。实际利用外资累计达近 6800 亿美元。中国改革开放 25 年给人民带来了实实在在的利益。贫困人口由 2.5 亿人减少到不足 3000 万人，城乡居民年均收入扣除物价上涨因素实际增长了 4 倍多，平均寿命由新中国成立前的 35 岁上升到71.8 岁。

中国的发展离不开世界，世界的繁荣也需要中国。中国的发展，不仅造福于全体中国人民，也是对世界和平与发展的重大贡献。中国的发展给世界各国特别是周边国家的发展带来重要机遇。中国稳定和谐的政治社会环境、丰富优秀的劳动力资源和潜力巨大的市场，为与世界各国尤其是周边国家开展互利互惠的经贸合作提供了理想的场所。

女士们、先生们，朋友们：

中俄两国山水相连，传统友谊源远流长。10 多年来，中俄两国秉承友好传统，总结历史经验，适应新的形势，谱写了中俄睦邻友好的新篇章。特别是 2001 年江泽民主席和普京总统签署的《中俄睦邻友好合作条约》，将两国和两国人民世代友好、永不为敌的和平思想用法律形式固定下来，确立了中俄关系的基本原则，明确了长期协作的方向，为中俄两国永远做好邻居、好伙伴、好朋友提供了有力的法律保障，将中俄战略伙伴关系推向更加巩固、更为成熟的新的发展阶段。

中国新一届中央领导集体高度重视发展对俄关系。去年 5 月，中国国家主席胡锦涛成功对俄罗斯进行了国事访问。两国元首一致表示，无论国际风云如何变幻，深化中俄睦邻友好、互利合作和战略协作伙伴关系，始终是两国外交政策的战略优先方向。我们愿与俄方一道，承前启后，继往开来，全面落实《中俄睦邻友好合作条约》，增进互信，扩大共识，积极推动两国在政治、经济、科学、文化和国际事务等诸领域的全面战略协作，努力开创中俄关系发展的新局面。

经贸合作是中俄睦邻友好关系的物质基础，是中俄战略协作伙伴关系题中应有之义，也是使两国关系持续充满活力的重要保证。近些年来，在双方的共同努力下，中俄经贸合作取得长足发展。双边贸易额连续 4 年大幅增长，去年达到 157.6 亿美元，今年前 4 个月同比增长 36.8%，有望实现两国领导人确定的 200 亿美元的目标。但是，中俄经贸合作与两国战略协作伙伴关系发展的要求还不相适应，与两国经济实力和水平很不相称，两国经贸合作的潜力还远远没有发挥出来。

加强和扩大中俄经贸合作具有得天独厚的条件。两国政治稳定、社会和谐，经济高速增长，在技术、投资、资源、商品等领域互有需求，又互为最大的邻国，具有毗邻的地缘优势和友好交往的传统。更为重要的是，双方都有加强互利合作、提升合作质量和水平的强烈愿望。双方应抓住机遇，本着积极、务实的精神，扩大合作的领域，拓宽合作方式，充实合作内容，提升合作层次，使两国经贸合作实现跨越性的发展。

第一，改善贸易结构，扩大投资规模。长期以来，在中俄双边贸易中，中方出口商品主要是轻纺产品和食品，机电产品比例较低；在自俄罗斯进口的商品中，原材料和能源产品占较大比重，机电产品比重低。在投资和承包工程方面，双方企业缺少在大项目上的合作。而从双方的潜力看，双方不但具备扩大机电产品及其他高附加值、高科技含量产品的贸易、改善贸易结构的条件，而且随着经济的发展，两国对上述产品的需求呈日益扩大的趋势，改善双边贸易结构、促进经贸合作向多元化方向发展有着现实的基础和条件。中俄双方应共同努力，双向互动，以积极进取的方式，改善和优化双边贸易结构，即：不是减少资源性产品的贸易量，而是要提高机电产品和高附加值产品在贸易中的比例，提高在资源合作中深加工的比重，实现双边贸易的积极平衡；要鼓励和推动中方企业在俄罗斯特别是俄远东地区开展能源、矿产资源、森林、农业、机械加工、家电、通信、纺织服装和交通运输等领域的投资合作。要鼓励和支持俄罗斯企业参与中国西部大开发和东北老工业基地的改造。以投资带动贸易，促进结构优化，丰富经贸合作内容，推动中俄经贸合作向更高水平发展。

第二，规范经贸合作秩序和企业经营行为，保持中俄经贸合作健康发展。要正确认识目前中俄经贸合作中一些贸易方式产生的历史背景，客观评价其历史作用，正视存在的不足与问题。针对目前中俄经贸合作中存在的某些方面经营秩序比较混乱和企业经营行为不规范的问题，要加大管理、引导和宣传教育的力度，制止无序竞争，抑制过度竞争，维护良好的经营秩序。双方应采取有效措施共同治理双边贸易中存在的"灰色通关"等问题，保障中俄经贸合作健康发展。在此期间要注意维护这些企业和经营者的合法权益，实现平稳过渡。

第三，推动有实力的大企业积极参与，促成一批大项目，提升经贸合作档次。中国欢迎俄罗斯企业积极参与中国的西部大开发和东北老工业基地的改造。同时，中国政府鼓励和支持有实力的各种所有制企业采取各种有效的方式与俄罗斯企业开展合作，积极参与俄罗斯远东地区和西伯利亚地区的建设。以单独的方式或联合本地区企业，或以跨地区联合的方式"走出去"到俄罗斯开展合作，中国的边境地区和城市与国内沿海地区与城市建立合作关系，形成优势互补，联合同俄罗斯开展经贸合作等，都可以尝试。黑龙江省正在实施的"南联北开"战略以及与浙江省联手开展对俄经贸合作的"两江联合"，就是很好的方式和具有远见的举措。这样做，可以将黑龙江省与俄罗斯远东地区在地缘、人缘方面的优势与南方省市及企业在资金、技术、管理等方面的优势结合起来，扬长避短，搞好与俄罗斯经贸合作。同时，中俄双方政府都应采取有效措施，鼓励和推动双方有实力的大企业开展合作，积极促成一批大项目，使这些大企业和大项目成为双方经贸合作的"脊梁"，起到骨干和导向的作用，提高双方经贸合作的档次。

第四，加快贸易与投资便利化进程，为中俄双方企业开展经贸合作创造更便利的条件。中国是世界贸易组织成员，中国的进口关税已平均降低到 10% 以下。在减少非关税措施方面，中国正在按世界贸易组织的原则和"入世"谈判时确定的时间表积极向前推进，中国的投资环境将更加完善。我们欢迎各国企业来中国进行合作，更欢迎近邻俄罗斯的企业来合作。中国政府及有关方面在努力为中外企业的合作创造愈来愈便利的条件。俄罗斯是即将加入世界贸易组织的国家，俄罗斯政府在减少贸易壁垒、清除投资障碍方面作了很大的努力，贸易与投资便利化取得了积极的进展。中国企业到俄罗斯开展经贸合作所遇到的一些问题正在得到解决，有越来越多的中国企业把关注的目光投向俄罗斯，越来越多的中国企业愿意到俄罗斯开展合作。有了贸易与投资便利化，中俄经贸合作就可以坐上"快车"，加速前进。

在中国农工民主党第十三届
中央常务委员会第六次会议
上的讲话（摘要）

（2004 年 7 月 2 日）

一、当前的国家经济形势

我国经济形势发展势头良好，向我们提出了新的、更高的要求。改革开放以来，我国成功地实现了由贫困到温饱、又由温饱到总体小康的两个历史性跨越，现代化建设的前两步战略目标已经完成。新世纪头 20 年是我国迈向第三步战略目标的关键时期，国家经济社会进入全面发展和加速转型期。2003 年，我国国内生产总值超过 11 万亿元人民币，约合 1.4 万亿美元，占到世界国内生产总值的 3.9%，比 1978 年的 1.8% 提高了 2.1 个百分点。各种经济指标都处在有利于发展的区间内，我国经济进入了新一轮景气周期。

今年第一季度，经济高速增长，工业增加值、财政收入、进出口贸易等全面加速，城镇固定资产投资率高达 46%，部分行业产生了过度投资现象，但是整体经济态势仍然良好，各行业也是有热有冷。一些问题引起中央高度重视：一是农民收入增长缓慢。二是部分行业的生产能力过度扩张，明显超过了预期的市场需求。三是就业压力加大。近年来，服务业、中小企业发展滞后，经济增长每增加一个百分点所提供的就业岗位减少，失业率上升。四是城镇建设用地需求大幅度增长，不合理占用耕地问题严重，粮食大幅度减产。2003 年，全国粮食生产量 4.3 亿吨，是多年来最低的。五是资源约束增强。2003 年以来，煤、电、油、交通运输的瓶颈制约再度出现，原材料供应十分紧张，铁矿石、石油、铜、氧化铝等产品的进口数量大幅度增长，国际市场价格显著上涨。六是环境污染加剧。生态环境局部改善、总体恶化的趋势仍未得到扭转。

针对这些问题，中共中央和国务院见事早、行动快。从 2003 年下半年开始，就不断采取有力措施，实施了加强农业，支持粮食生产，清理整顿开发区，加强土地管理，控制信贷过快增长，制止钢铁、电解铝、水泥等行业盲目投资等一系列政策措施。今年 4 月 11 日，中国人民银行宣布存款准备金率上调 0.5 个百分点。4 月 13 日，银监会派出检查组对部分地区银行业金融机构贷款情况进行检查。4 月 25 日，国务院决定提高钢铁、电解铝、水泥、房地产开发固定资产投资资本金比率。4 月下旬，国务院办公厅又连续发出通知，要求清理固定资产投资项目、深入开展土地市场治理整顿、严格土地管理等。这些措施的目标就是要把住信贷投放、土地供给两个闸门，以有效控制投资规模。为加强农业和支持粮食生产，中共中央 2004 年 1 号文件确定了多项政策措施，包括向粮食主产区粮农提供 100 亿元的粮食直接补贴、5 亿元的良种补贴，以及大型农机具的购置补贴、减免农业税，增加对农村五保户和特困户的救助等。此外，有关部门调整国债项目使用方向，加大了对农村基础设施建设的投资力度。

目前，宏观调控各项措施的效应逐步显现，国民经济继续保持了良好的发展态势：一是经济继续保持快速增长，经济运行中的不健康因素得到抑制。第一季度，国内生产总值增长 9.8%，四五月份逐步回稳，部分过热行业增速明显回落。二是农业生产开局好，农民种粮积极性明显上升，农业投入增加，粮食播种面积增加，夏粮增产 3%，出现了近年来少有的好形势。三是消费需求稳健增长。1～4 月，社会消费品零售总额实际增长 9.6%。5 月份，部分产品价格下降，市场物价基本稳定。四是对外贸易增势强劲。1～4 月累计进出口总额 3362 亿美元，增长 38.0%；其中，出口 1627 亿美元，增长 33.5%。5 月份，外贸自今年以来首次出现顺差。五是国家、企业、居民的收入都增长较快。第一季度，城镇居民人均可支配收入实际增长 9.8%，农村居民人均现金收入实际增长 9.2%，比物价上涨幅度高出 1 倍以上。前 4 个月，全国财政收入增长 34.8%，规模以上工业实现利润同比增长 45.7%。六是居民消费价格指数处于正常范围。1～4 月，居民消费价格指数累计上涨 3.0%；5 月份，全国消费价格总水平比 4 月份下降 0.1%。七是投资者继续看好中国投资环境。第一季度，中国企业家信心指数为 138.8，比 2003 年同期提高 6.3 点。1～4 月，外商直接投资合同金额 470 亿美元，同比增长 54%；实际使用金额 196 亿美元，增长 10.1%。以上数据表明，中共中央和国务院采取的宏观调控措施是恰当、有力的，国家经济将继续保持良好的发展趋势。

认识当前的国家经济形势，还要注意到以下三个情况。

第一，世界石油价格对我国经济的影响。今年以来，世界石油价格持续快速攀升，其中的原因很多。有石油需求增加、原油库存减少、石油输出国组织限产保价、地缘政治因素及国际石油市场的投机行为等等，但最为重要的是，控制世界大部分石油资源的国际垄断资本操纵价格，以及国际投机资本的兴风作浪。在 20 世纪五六十年代，原油的价格只是 2～3 美元一桶；到了 70

年代中期以后，从 12 美元一桶涨到 20 多美元一桶，1983 年是最高值，涨到 34 美元一桶；以后由于世界经济疲软，出现"滞胀"，石油价格下降了。90 年代以来的很长时间内，大都维持在 18～20 美元一桶。由于各种原因，最近国际石油价格最高时达到 43 美元一桶，对世界经济发展产生深刻影响。

从 1993 年起，我国开始成为石油净进口国，现在一年的石油进口量约 1 亿吨，约合 7 亿桶。假如石油价格每桶提高 10 美元，一年就要多支出 70 亿美元。油价上涨对我国经济的影响今后将会日益增大，但就目前来说，国际油价飙升对我国的经济和个人生活的影响还不是很直接。一是因为我国能源结构以煤为主，虽然我国油气供应对外依存度比较高，但总的能源供应对外依存度还不是很高。在总的能源消费量中，进口石油只占 10% 左右。二是我国石油主要消费在工业和交通运输业，农业、商业以及生活消费等所占的比重不大。与发达欧美国家相比，我国人均石油消费量不足美国的 1/20，日本、欧洲的 1/15，对个人影响不大。三是我国国内石油的定价未与国际市场完全接轨，原油基准价格由国家有关部门依据一定的规则确定，国际油价上涨不会立即反映到国内经济各个方面。

能源安全将成为国家现代化进程中的重要问题。有专家认为，当一国的石油进口超过 5000 万吨时，国际市场的行情变化就会影响该国的国民经济运行；进口量超过 1 亿吨以后，就要考虑采取外交、经济、军事措施以保证石油供应安全。据有关部门预测，到 2020 年，我国石油缺口预计达到 2.4 亿吨至 2.95 亿吨。近几年，国家已采取多种措施，通过全方位参与国际市场竞争，促进能源进口多元化、开发替代石油的新能源、建立石油储备等，以避免国际石油供应和价格的波动对我国经济和人民生活产生大的影响和冲击。

第二，"市场经济地位"对我国经济的影响。我国在市场经济待遇问题上与发达国家的争议由来已久。我国的改革开放和市场经济体制建设取得了有目共睹的巨大成就，但是，欧盟、美国等一直不承认中国的"市场经济地位"。2001 年我国加入世界贸易组织时，欧盟、美国等主要贸易伙伴以"非市场经济地位"为由，坚持加入了几项对我国贸易不利的条款，即有效期为 12 年的"特定产品过渡性保障机制"条款、持续 15 年的"确定补贴和倾销时的价格可比性条款"以及到 2008 年年底终止的"纺织品特别限制措施"。这些条款意味着，最迟在 2016 年之前，世界贸易组织的其他成员对中国实行"非市场经济"待遇，在进行反倾销、反补贴措施时可以使用这些"非市场经济条款"。

"非市场经济"最主要的影响在于，反倾销案件处理中的成本价值"替代国"问题。按照世界贸易组织的规定，如果是非市场经济国家，调查"倾销"时将引用与出口国经济发展水平大致相当的市场经济国家作为替代国来确定倾销幅度。在对华反倾销中，西方国家通常选择新加坡、印度、墨西哥等国为替代国来计算成本，而这些国家在许多方面的成本都远高于我国，对我国企业极为不利。在前不久结束的美国对华彩电反倾销案中，中方企业败诉的最主要原因，就是美国未承认中国的市场经济地位。

据商务部统计，截至 2003 年 10 月，全球对我国发起的反倾销案件有 540 多起，直接影响出口 160 亿美元。截至 2004 年 2 月，我国遭受的外国反倾销案件已经超过 600 起，为全球之最。更为甚者，我国参与积极应诉的胜诉率只有 35.5%，低胜诉率在客观上又会鼓励别国以反倾销手段对付中国的出口产品。

中央政府高度重视这个问题，积极采取应对措施，今年以来获得了一系列进展：4 月 14 日，新西兰率先承认我国为市场经济国家；以后，新加坡和泰国也决定承认我国为市场经济国家；与欧盟、美国关于市场经济地位待遇问题的谈判也在进行之中。在今年4月举行的中美商贸联委会上，中美达成协议，双方联合成立一个关于中国市场经济地位的工作组，推进这一工作的进行。美国商务部在5月份就"中国的市场经济地位"举行听证会，我国商务部派出4位代表在听证会上为中国的市场经济程度进行抗辩。在世界贸易组织内，我国的市场经济待遇问题能够早日解决，对维护国家利益、促进国家经济发展都有重要意义，社会各界都应积极支持政府的行动。

第三，"北京共识"对我国经济的影响。最近，一些国家的经济专家兴起了一个新名词，叫"北京共识"，或称为"中国模式"。概括来说，就是中国实行改革开放政策以来20年的发展经验。外国经济专家给"北京共识"的定义是：（1）坚决进行革新和实验，如设立深圳等经济特区；（2）积极维护国家版图完整和利益，如坚持台湾统一；（3）不断精心积累具有不对称力量的工具，如拥有4000多亿美元的外汇储备。"北京共识"的目标是：在保持独立的同时实现增长。核心是：按照自己的国情，走自己的发展之路。

在过去的很长时间内，美国一直向世界推行自己的模式，即所谓"华盛顿共识"。美国是世界上实行私有制最彻底的国家，除了邮电部门之外，其他都是私有的。它认为只有这种模式才是最好的，希望其他国家跟着它走。但实际上，就是它的盟友——欧盟，对这种模式也不以为然。欧盟在最近二三十年来，经过探索产生了很多模式，最早的有"瑞典模式"，以后有"德国模式""芬兰模式"等，这些国家都在根据自己国家的特点探索自己的发展道路。

很多发展中国家对本国经济得不到发展、民生得不到改善一直忧心忡忡，苦于找不到好的发展道路。很多国家也在尝试"华盛顿共识"，但大多以失败告终。不仅民主制度没有建立起来，反而导致政治失序、经济落后、民生维艰。他们认为，经过20多年的改革发展，中国迅速崛起，这种发展经验对发展中国家来说至少提供了一个有别于西方民主的成功发展模式。最近，包括埃及在内的一些发展中国家正式使用"中国模式"的概念。

"北京共识"这一概念，已由经济专家向政治人物和决策者流行。中国的发展很早就引起美国经济学界的重视。美国一些著名的经济学家在20世纪80年代就认为：中国的经验是一种很成功的"中国模式"。当时，还有一些美国经济学家曾经提出要推荐邓小平同志获诺贝尔经济学奖。虽然美国学者对"中国模式"早有议论，但政界人物不以为然。现在，美国的一些政界人物开始对"中国模式"另眼相看，又出现了担心"中国模式"将取代"华盛顿模式"的新版"中国威胁论"。

苏联解体以后，美国一些政界人物希望接下来的就会是中国，有一些人把摧毁中国作为己任。所以，从20世纪90年代初期开始，美国就有一波接着一波的"中国威胁论"及其孪生体"围堵中国论"的出现。但是，"中国模式"历时二十几年不倒，不但看不到衰落的迹象，而且蒸蒸日上，吸引了世界的目光，美国政界开始重新评估"中国模式"。美国一些政界人物担心，如果"中国模式"是可持续的，那么，在不远的将来对"美国模式"可以构成威胁。第二次世界大战结束以来，美国在全球范围内推行美国式的民主制度不遗余力，花费了庞大的人力、物力和财力，但结果不佳。很多人对在中东地区建立民主制度的努力的前景也不乐观。一些发展中国家转向重视国情的"中国模式"。国际上提出"北京共识"，从另一个角度说明中国特色社会主义道路是完全正确的。

当前是我国可以大有作为的战略机遇期，全党要加强学习、加深认识，团结奋斗，做好工作。

二、关于宪法和全国政协章程的学习

十届全国人大二次会议和全国政协十届二次会议，分别通过了《中华人民共和国宪法修正案》和《中国人民政治协商会议章程修正案》。这是我国政治生活中的一件大事，对于我国改革开放和现代化建设事业、巩固和发展新世纪新阶段爱国统一战线、巩固和发展中国共产党领导的多党合作和政治协商制度，都具有重大的意义。要把动员全党认真学习、贯彻实施宪法和政协章程，在21世纪发展新阶段更好地履行参政党职能放在我党工作的重要位置，精心组织抓好落实。

宪法是国家的根本大法，是治国安邦的总章程，是保持国家统一、民族团结、经济发展、社会进步和长治久安的法律基础，是中国共产党执政兴国、团结带领全国各族人民建设中国特色社会主义的法制保证。这次修改宪法，坚持中共中央提出的切实加强党的领导、充分发扬民主、广泛听取各方面意见、严格依法办事的原则，体现了宪法的稳定性和适应性的统一、党的主张和人民意志的统一、讲政治和讲法制的统一。经过这次修改，我国宪法更加完善，更加符合国情，更加反映时代精神，更加适应全面建设小康社会、开创中国特色社会主义事业新局面的要求，必将更好地发挥国家根本大法的作用。

政协章程是参加人民政协的各党派团体、各族各界人士和各级政协组织共同的行为规范。第一部政协章程是1954年制定的。以后经过1978年、1982年、1994年和2000年四次修改。这次政协章程修正案，把中共十六大确立的"三个代表"重要思想的历史地位以及重大理论观点和重大方针政策写入了章程。原有的政协章程没有在文字上明确指导思想，只明确了人民政协的政治基础。这次修正案，把马克思列宁主义、毛泽东思想、邓小平理论和"三个代表"重要思想确定为人民政协的指导思想，从根本上保证了政协工作坚定正确的政治方向，贯彻了中共十六大精神，与宪法修正案相衔接，适应了新形势新任务对人民政协工作的新要求，反映了政协工作实践的成熟经验和成果，推进了政协履行职能的制度化、规范化和程序化。经过这次修改，政协章程更加完善，更加符合中国特色社会主义事业发展的要求，更加适应人民政协事业发展的需要。

认真学习宪法修正案和政协章程修正案，是全党同志当前的一项重要政治任务，要把学习宪法和政协章程同学习贯彻"三个代表"重要思想和中共十六大精神结合起来，同巩固和发展中国共产党领导的多党合作和政治协商制度结合起来，同更好地履行参政党的职能结合起来，切实把宪法和政协章程学习好、宣传好、贯彻好，把思想和行动统一到中央精神上来，把智慧和力量凝聚到全面建设小康社会的奋斗目标上来。要在全面学习的基础上，全面准确地领会和把握这次宪法修正案和政协章程修正案的精神实质，以更好地贯彻实施宪法和政协章程。

1. 全面准确领会和把握"三个代表"重要思想在国家政治和社会生活中的指导地位。把"三个代表"重要思想写入宪法和政协章程，标志着"三个代表"重要思想已经由中国共产党的指导思想，上升为国家意志和全国各族人民的共同意志，并成为统一战线中各党派、各团体和各界人士共同的思想政治基础。坚持以"三个代表"重要思想为指导，既是维护宪法尊严、遵守政协章程的要求，也是公民守法意识的体现。

2. 全面准确地领会和把握推动物质文明、政治文明和精神文明协调发展的科学内涵。宪法和政协章程修正案中增加了"不断促进社会主义物质文明、政治文明和精神文明的协调发展"的内容，既是对社会主义文明内涵的极大丰富，又是对社会主义现代化建设理论的重大发展。这就要求我们要按照推动社会主义物质文明、政治文明和精神文明协调发展的规律和要求，牢固树立和认真落实科学的发展观，不断为发展社会主义市场经济、社会主义民主政治和社会主义先进文化作出贡献。

3. 全面准确地领会和把握在统一战线的表述中增加"社会主义事业的建设者"的重要意义。中共十六大提出，在社会变革中出现的新的社会阶层"都是中国特色社会主义事业的建设者"。宪法修正案和政协章程修正案关于统一战线的表述中都增加了"社会主义事业的建设者"的内容，使统一战线内部构成的表述由"三者"变成了"四者"，这是新世纪新阶段统一战线理论的又一重大创新，体现了对新的社会阶层重要作用的充分肯定。

4. 全面准确地领会和把握国家对发展非公有制经济的方针政策。根据中共十六大和十六届三中全会精神，宪法修正案进一步明确了国家对发展非公有制经济的方针。毫不动摇地巩固和发展公有制经济，毫不动摇地鼓励、支持和引导非公有制经济的发展，促进各种所有制经济在市场竞争中充分发挥各自优势，相互促进，共同发展。

5. 全面准确地领会和把握保护公民的合法的私有财产权和继承权的科学内涵。随着经济发展和人民生活水平的提高，公民拥有的私人财产都有不同程度的增加。随着非公有制经济的发展，越来越多的公民拥有私人生产资料。宪法修正案规定了公民合法的私有财产权和继承权不受侵犯，使公民拥有的合法私有财产与公共财产一样都得到法律的保护。同时，国家在依法征收或征用私有合法财产时，要予以补偿，为正确处理私有财产保护和公共利益需要的关系提供了法律依据。

6. 全面准确地领会和把握国家尊重和保障人权的科学内涵。宪法修正案在"公民的基本权利和义务"中增加了"国家尊重和保障人权"的规定，首次将"人权"概念引入宪法。这是社会主义人权发展的重大突破，标志着尊重和保障人权由党和政府文件的政策性规定，上升为国家根本大法的一项原则，体现了社会主义制度的本质要求，有利于宣传我国关于人权、民主、自由的观点，维护人民群众的经济、政治、文化权益，不断推动我国社会主义人权事业的发展，有利于我们在国际人权事业中进行交流和合作。

7. 全面准确地领会和把握中国共产党领导的多党合作和政治协商制度是我国的一项基本政治制度。《中共中央关于坚持和完善中国共产党领导的多党合作和政治协商制度的意见》（中发〔1989〕14号文件）确定：中国共产党领导的多党合作和政治协商制度是我国的一项基本政治制度；中共十四大把完善中国共产党领导的多党合作和政治协商制度，作为建设有中国特色社会主义理论的主要内容之一；八届全国人大一次会议通过的宪法修正案，将"中国共产党领导的多党合作和政治协商制度将长期存在和发展"载入宪法，多党合作制度上升为国家意志；中共十五大把坚持和完善共产党领导的多党合作和政治协商制度列入社会主义初级阶段的基本纲领，作为社会主义民主政治建设的基本内容之一；中共十六大强调坚持和完善共产党领导的多党合作和政治协商制度。政协章程修正案列入了"中国共产党领导的多党合作和政治协商制度是我国的一项基本政治制度"的内容，进一步明确了多党合作在国家政治制度中的地位和作用。

8. 全面准确地领会和把握政协章程中关于人民政协的性质、

工作主题、主要职能的科学内涵，以及政协委员条件、义务、责任等方面的规定。政协章程修正案增加了人民政协"是我国政治生活中发扬社会主义民主的重要形式"的内容，使政协性质的表述更加完善；增加了"团结和民主是中国人民政治协商会议的两大主题"，明确了政协工作的方向和使命；把"政治协商、民主监督、参政议政"确定为政协的主要职能，并提出了参政议政的内涵，使政协职能的表述更加完整。对政协履行职能的制度和程序作了进一步的完善和规范，规定了政协换届大会预备会议的程序，对政协界别和委员产生的程序也作了规定和补充，使政协章程更具有实际的操作性。增加了关于委员应具备的基本条件和对委员的基本要求的规定。政协委员在我国的政治生活中享有很高的政治地位，肩负着重大责任。政协委员"应热爱祖国，拥护中国共产党的领导和社会主义事业，维护民族团结和国家统一，遵守国家的宪法和法律，在本界别中有代表性，有社会影响和参政议政能力"，强调政协委员要"密切联系群众，了解和反映他们的愿望和要求，参加本会组织的会议和活动"。这说明政协委员不仅仅是一种荣誉，更是一种社会责任，要求政协委员必须认真履行职责，积极发挥作用，切实为统一战线和人民政协事业的发展作出贡献。

三、关于理论建设和思想政治建设

今年1月，中共中央颁发了《关于进一步繁荣发展哲学社会科学的意见》。《意见》强调繁荣发展哲学社会科学的极端重要性，提出了繁荣发展哲学社会科学的指导方针、总体目标和具体任务，是指导我国新世纪哲学社会科学繁荣发展的纲领性文件。

中共中央以文件形式提出繁荣发展哲学社会科学的一系列重

要问题，体现了党在新时期对哲学社会科学发展的殷切期望，也标志着我国哲学社会科学进入了一个新的发展阶段，必将对我国哲学社会科学的发展起到巨大的推动作用。繁荣发展哲学社会科学的总体目标是：努力建设面向现代化、面向世界、面向未来，具有中国特色的哲学社会科学。计划用 10 年左右的时间，形成结构合理、门类齐全的学科体系，形成人尽其才、人才辈出的人才培养选拔和管理机制，充分发挥中国哲学社会科学在认识世界、传承文明、创新理论、咨政育人、服务社会的重要作用。

4 月份，中共中央召开了实施马克思主义理论研究和建设工程工作会议。胡锦涛同志接见了与会代表并作了重要讲话。中共中央政治局常委李长春同志对实施马克思主义理论研究和建设工程提出了具体要求。他强调：实施马克思主义理论研究和建设工程，是以胡锦涛同志为总书记的中共中央作出的一项战略决策，是不断开辟马克思主义发展新境界的必然要求，是巩固马克思主义在意识形态领域指导地位的重大举措，是全面建设小康社会、不断开创中国特色社会主义事业新局面的迫切需要，是加强党的理论建设、保持党的先进性、巩固党的执政地位的重要保证。实施马克思主义理论研究和建设工程具有很强的政治性、思想性、理论性，要着眼世界变化，立足新的实践，加强对邓小平理论和"三个代表"重要思想的研究，加强对马克思主义经典著作的编译和研究，回答哪些是必须长期坚持的马克思主义基本原理、哪些是需要结合新的实际加以丰富发展的理论判断、哪些是必须破除的对马克思主义的教条式的理解、哪些是必须澄清的附加在马克思主义名下的错误观点，用科学的态度对待马克思主义；要建设具有时代特征的马克思主义理论的学科体系，编写充分反映毛泽东思想、邓小平理论和"三个代表"重要思想的哲学、政治经济学和科学社会主义的马克思主义基础理论教材，以及政治学、社会学、法学、史学、新闻学、文学等哲学社会科学重点学科教材；要解放思想、实事求是、与时俱进，大力推动理论创新，弘扬求真务实的精神，坚持严谨的治学态度，树立精品意识，推出更多符合时代要求、经得起实践和历史检验的理论成果。

参政党理论建设属于哲学社会科学的研究内容。在参政党理论建设工作中，我们要认真学习深刻领会和贯彻中共中央《关于进一步繁荣发展哲学社会科学的意见》和实施马克思主义理论研究和建设工程工作会议的精神，把思想统一到中共中央的重大决策部署上来，坚持正确的政治方向、理论方向和科研方向，为繁荣中国特色哲学社会科学作出贡献。

加强参政党理论建设，是建立中国政党制度理论体系的客观要求，是建设一个始终坚持与中国共产党亲密合作的参政党的重要任务。江泽民同志指出："无论对党还是对党的干部来说，理论上的成熟都是政治上成熟的基础。"坚定正确的政治方向，需要正确的理论指导；做好参政议政工作，也需要正确的理论指导。我党十三大提出了自身建设的目标和原则，在这个目标和原则下，如何搞好参政党的思想建设、组织建设和制度建设，如何履行好参政党职能、发挥参政党作用等，都需要在总结经验的基础上，从理论上论述和阐明，以指导实践。

参政党理论建设，是中国共产党领导的多党合作制度理论建设的重要组成部分，要以邓小平理论和"三个代表"重要思想为指导，在多党合作制度的框架内进行。要从参政党的性质、地位、特点出发，对参政党的自身建设、履行职能进行理论研究，形成规律性的认识，建立健全参政党自身建设、履行职能的制度化、规范化、程序化的工作机制，提高各级领导班子成员的政治把握能力、参政议政能力、组织领导能力、合作共事能力，为维护多党合作的政治格局，为国家发展献智出力、多作贡献。

今年是《中共中央关于坚持和完善中国共产党领导的多党合作和政治协商制度的意见》（中发〔1989〕14号文件）颁发15周年。中共中央统战部正在组织开展调研，总结15年的经验。3月下旬，根据中共中央统战部关于开展"多党合作制度化、规范化、程序化"课题调研的工作部署，我党中央成立了以李蒙同志任组长、陈宗兴同志为副组长的调研工作领导小组，制定了课题调研工作方案，向省级组织发出了通知。根据工作方案，李蒙同志、陈宗兴同志先后主持召开了中央老同志座谈会、中央机关部门负责人座谈会、在中央社会主义学院参加"三个代表"重要思想学习研讨班的部分省级组织副主委座谈会。在上海、贵州，分别召开了华东和西部部分省级组织的负责人和老同志等参加的座谈会。其他省级组织也在充分调研的基础上提交了调研报告。调研情况经我党中央汇总后，已于6月初报中共中央统战部。

6月上旬，我党中央宣传部在北京召开了全国理论建设工作会议。会议总结交流了我党理论建设工作的基本经验，安排了我党今后一段时间的理论建设任务和措施。中共中央统战部非常重视参政党的理论建设工作，楼志豪副部长专程到会作了重要讲话。这是我党召开的第一次全国理论建设工作会议，会议取得了积极的成果。希望以此为开端，切实加强理论建设工作，形成一批理论建设成果。

新世纪新阶段，和平与发展仍然是当今时代的主题。但天下仍然很不太平，国际上各种力量争夺战略要地、战略资源、战略主导权的斗争此起彼伏，地缘、宗教、文化等冲突同政治经济矛盾相互作用，重大事件不断发生，不稳定、不确定、不安全因素增加。国际敌对势力把中国的崛起视为其称霸世界的最大障碍，公开表示要"与中共打一场没有硝烟的战争，最终摧毁中共政权，在世界上彻底消灭共产主义制度"。国际敌对势力的"西化""分化"图谋和思想文化渗透，有一整套的计划和措施，从未间断，尤其是信息技术的迅猛发展，使渗透更加便捷，矛头突出指向我国的多党合作制度，企图以西方的多党制替代共产党领导的多党合作的政治格局，取消中国共产党的领导核心地位，颠覆人民民主专政的国家政权。因此，思想政治建设一刻也不能放松。

全党同志要保持高度的政治警觉，坚持正确的政治方向，严格遵守政治纪律，要坚决拥护党和国家的重大决策和部署，在思想上、政治上、行动上同中共中央保持一致；要提高政治鉴别力和政治敏锐性，不参与、不支持各种形式的非法宗教组织和非法活动，防范和制止有害政治信息的传播；要善于从政治上观察形势、考虑问题，防止和排除各种错误思想的干扰，在任何时候都要始终坚持和维护中国共产党的领导，始终坚持和维护共产党领导的多党合作格局，坚定不移地走中国特色社会主义道路。

四、关于深刻领会科学发展观，加强参政议政能力建设

在我国经济工作中实现"五个统筹""五个坚持"，坚持以人为本的全面协调可持续发展的科学发展观，是以胡锦涛同志为总书记的中共中央领导集体，在中共十六届三中全会上作出的重大战略决策。科学发展观是在坚持毛泽东、邓小平和江泽民同志关于发展的重要思想基础上，从国情出发，总结新中国成立以来特别是改革开放 20 多年来的实践经验，以及抗击非典疫情得出的重要启示，针对解决当前发展中存在的突出问题，汲取人类关于发展的有益成果，适应全面建设小康社会的需要提出来的，对

于更好地坚持"发展才是硬道理"的战略思想具有重大意义。

以经济建设为中心、发展是硬道理、发展是共产党执政兴国的第一要务，这些重要观念已经深入人心。因此，"要不要发展"的问题已经解决了。在新世纪新阶段，需要在这个基础上，进一步解决"如何发展得更好"的问题。科学发展观就是关于这个重大问题的理论方针的集中体现。科学发展观的提出，解决了如何认识发展、怎样领导发展的世界观和方法论问题。科学发展观丰富了发展内涵、创新了发展观念、开拓了发展思路，有助于破解进一步发展的难题，是中国共产党对社会主义市场经济条件下的发展规律在认识上的重要升华，是执政理念的一个飞跃。

胡锦涛同志在中央经济工作会议上指出，贯彻2004年经济工作的总体要求，重要的是牢固确立和认真落实全面协调可持续的发展观。确立科学发展观，对于提高中国共产党领导经济工作的水平和驾驭全局的能力、实现全面建设小康社会的宏伟目标至关重要。这既是我国经济工作必须长期坚持的重要指导思想，也是解决当前我国经济社会发展中诸多矛盾和问题必须遵循的基本原则。这是对科学发展观的深刻阐述和明确定位。

中共十六大提出，要紧紧抓住21世纪头20年的重要战略机遇期，全面建设惠及十几亿人口的更高水平的小康社会，使经济更加发展、民主更加健全、科教更加进步、文化更加繁荣、社会更加和谐、人民生活更加殷实。这是一个经济、政治、文化、社会、生态和人的全面发展的系统集成的目标体系，体现了科学发展观的重要内涵。

科学发展观的特点，一是更加注重发展的人文特征，强调发展的宗旨和目的是为了满足人的全面发展的需要；二是更加注重发展的整体协调，强调充分发挥发展主体的积极性，加强发展要素的有效整合，促进经济与社会的协调发展；三是更加注重发展的永续持久，强调发展要泽被子孙，建立长效机制；四是更加注重发展的多样性，强调求真务实，从实际出发，务发展实效。

树立和落实科学发展观，是继续保持国家经济持续快速协调健康发展的要求。按照世界银行的分类和国际经验，我国正处在从低收入国家向中等收入国家迈进的时期，即人均国内生产总值从1000美元到3000美元的时期。这个时期可能出现两种前途：一种是进入"黄金发展时期"，另一种是进入"矛盾凸显时期"。引导得好，各方面关系处理得好，发展就顺利。如果处理不当，矛盾激化，经济社会发展将停滞不前，甚至引发社会动荡。一些拉美国家在工业化、现代化的道路上就出现了剧烈的社会冲突。目前，我国的经济增长方式主要还是外延式的。从增量资本产出率看，即每增加若干元的投资所增加的国内生产总值产出，发达市场经济国家一般在1~2元的投入产生1元国内生产总值。我国在20世纪的90年代初期，也在2元左右。1995年以后上升很快，最近几年提高到5~7元之间，即新增加5~7元投资才能增加1元的国内生产总值产出。这表明经济增长还是粗放型的，要靠大量的投资推动，综合投资效率有所下降。经济增长需要依靠投资、消费、出口"三驾马车"推动，投资增长过快、消费增长太慢，将引发一系列的结构矛盾和问题，加剧国内人口、资源、环境等方面的矛盾。粗放型经济在国际上没有竞争力，难以持久。近些年来，单纯追求经济增长的做法已不被国际社会所赞同。我们强调增长不等于发展、经济发展不等于社会进步、发展不能以牺牲生态环境为代价，强调经济、环境、社会的一体性。这就充分体现了中共中央提出的科学发展观和科学政绩观的重大意义。

科学发展观为我们履行职能提出了新要求。我们要把思想统一到科学发展观上来，在参政议政工作中贯彻落实科学发展观，不断提高参政议政的能力和水平。

我党十三届二中全会提出，把 2004 年作为"调查研究年"，进一步发挥全党的整体优势加强调研工作。今年以来，我党中央的重大调研活动主要有：一是关于支持天津市实施滨海新区发展战略的调研，二是关于三峡库区生态环境保护的调研，三是关于资源型城市现状及转型对策考察。第三项考察活动是由中共中央统战部组织的重大考察调研活动。为配合中共中央实施振兴东北老工业基地的决策，资源型城市的转型也是振兴东北老工业基地的重要环节。考察地点选在黑龙江，我党辽宁、吉林、黑龙江三省的主委参加了考察活动。受我党中央委托，我党河南、云南、四川、甘肃省委会也组织开展了调研。以上调研工作都得到当地中共党委和政府的积极支持，取得很好的效果。今年 4 月发生了非典病毒从实验室扩散的事件后，我党中央科技工作委员会组织多位院士专家进行专题分析，以我党中央名义向中共中央、国务院提出了关于加强我国生物安全实验室管理工作的建议。为配合国家"十一五"计划的制定，我党中央正组织开展有关国家医药卫生体制改革的调研，力争为国家制定的"十一五"计划中关于医药卫生体制改革和发展方面的政策措施提出一些可行的建议。

近几年，我党的参政议政工作在原有的基础上有了新的发展和进步，参政议政的工作基础更实了、渠道更宽了、方法更多了、能力更强了、积累的经验更多了、发挥的作用更大了，这是需要充分肯定的。同时也要看到，在全面建设小康社会、完善社会主义市场经济体制的过程中，还有很多工作要做，还要进一步加强参政议政能力建设。我们要紧密围绕中共十六大确定的战略部署以及中共十六届三中全会提出的完善市场经济体制的目标和任务，围绕党和国家的中心工作，深入调研，建言献策，努力在参与重大决策中发挥作用，在决策实施过程中多作贡献。根据新世纪新阶段的新任务和新要求，进一步加强参政议政能力建设需要处理好以下几个关系：

第一，政治和经济的关系。参政党的参政议政工作不能仅在经济发展方面建言献策。发展是共产党执政兴国的第一要务，我们要紧密围绕党和国家的中心工作参政议政，必然要把发展作为参政议政的第一要务，这是毫无疑问的。同时，作为参政党，作为共产党领导的多党合作政治格局的一个部分，我们也要把为巩固执政党的执政地位、巩固共产党领导的多党合作制度献计出力，作为一项重要的工作任务。

第二，数量和质量的关系。总的来说，我们提出的提案、意见和建议，在数量方面不算少，高质量的也不少。但相对于数量而言，质量方面还是有些差距。参政党的参政议政，一定要有好的"产品"。要树立质量第一的观念，提倡根据自身条件选择几个问题进行深入、全面的调研，逐步形成自己的"强项"和"品牌"。

第三，"特点"和"热点"的关系。以医药卫生界的中高级知识分子为主是我党的特点，参政议政工作要体现这个特点。对医药卫生的改革与发展问题，要提出我们的意见和建议，也要反映医药卫生界人员的合理要求。对其他方面的热点问题，如经济、社会发展中的突出问题，关系群众切身利益的问题，香港、澳门的长期繁荣发展，祖国的完全统一等问题，也要多做工作，积极提出意见和建议。

第四，"集中"和"分散"的关系。目前，我们提出的意见和建议，绝大多数在全国两会期间以提案形式提出。提案提出之后，经由政协提案办公室审查，然后分发到有关部门办理，有关部门给提案人书面答复。由于提案提出的时间很集中，有的部门在全国两会后受理的提案达到五六百件，办理的难度可以想象。应提倡把提案提出的时间分散开来。除了两会期间的提案之外，要把政协提案工作经常化。我们的意见和建议还可以通过中共统战部门专报中共党委和政府，或通过政协的社情民意信息渠道专报。

第五，"自力"和"借力"的关系。不少地方感到，现在对参政议政工作的要求越来越高，在市场经济体制、加入世贸组织的条件下，经济社会问题的产生和解决也比较复杂，参政议政水平与掌握的专业知识和信息量密切相关。因此，参政议政工作中，我们一方面要支持鼓励机关干部加强学习、提高能力；另一方面，要研究"借用智力"服务我党参政议政工作的方式和途径。通过组织论坛、设立课题组、设计招标课题，以及建立专家咨询研究机构和网络等，加强与政府部门及研究部门专家的联系，争取他们对我党参政议政工作的支持。

认真贯彻科学发展观，
促进资源型城市转型[*]

（2004 年 9 月 6 日）

今年 6 月中旬，我党中央到伊春、鹤岗、大庆三市，就"资源型城市现状及转型对策研究"进行专题考察。同时，我党部分省级组织分别对舞阳、焦作、攀枝花、铜川、个旧、东川、金昌、白银等不同类型的资源型城市进行同步调研。我们通过考察深切感到，中共中央、国务院以科学发展观统筹经济社会的各项工作，是十分正确的；国家实施宏观调控政策，对促进资源型城市转型起到了有力的推动作用；黑龙江等资源大省在促进资源型城市转型方面做了大量工作，取得了很大成绩，但依然面临许多困难和问题。

一、当前资源型城市迫切希望中央尽快出台支持转型的系列化政策和法规

我国资源型城市曾经并仍然为社会主义建设事业作出巨大贡献，但今日面临种种困难，其中有相当一部分是由长期实行计划经济体制造成的。从这个意义来讲，国家一方面应该为资源型城市转型支付改革成本；另一方面，还应出台支持资源型城市转型

＊ 这是蒋正华同志在中共中央召开的党外人士座谈会上的发言。

的系列化政策和法规。例如，在实施振兴东北等老工业基地战略过程中，国家应为资源型城市单列专项资金，扶持转型项目。

促进资源型城市转型是一个复杂的系统工程，因此，应区别各类资源型城市的不同情况，实施分类调控和差异性反哺机制的政策；鼓励发展接续、替代产业，扶持并促进非资源性中小企业快速发展，以缓解资源型城市在转型过程中出现的各种矛盾；对于已进入衰竭期的资源型城市，可以考虑设立衰老报废矿山转产基金和技术改造专项基金，提高单一资源型城市的财政转移支付比例，下大力气提高就业水平，加快社会保障体系建设；对于资源比较丰富可以在较长时期内持续开发的城市，应从上缴中央财政的部分提留出一定比例给资源型城市，专项用于完善城市功能、优化产业结构、增加可持续发展能力。

二、促进资源型城市转型，当务之急是妥善解决 "政企不分" 的难题

"政企不分" 的管理体制，不仅造成政府管理缺位、错位、越位现象时常发生，而且还严重阻碍各经济主体特别是资源性企业建立和完善现代企业制度。过去 10 年间，中央和地方曾两次试图解决伊春 "政企不分" 的难题，都因难度太大而搁置未动。我们建议，对伊春这样的林业资源型城市，应该下决心考虑在 "合并县级行政区划，减少行政职数" 的基础上实施 "政企分离"；同时，对 "无岗可就" 的富余管理人员采取 "老人老办法" 的优惠政策，由国家养起来。这样做，能以较小代价换取较大成果，既有利于经济发展，又有利于社会稳定。当地党政干部对深化改革，积极性很高，群众也逐渐认同，条件已经成熟。

三、帮助资源型城市减轻"企业办社会"的沉重负担，是各级政府的应尽之责

建议选择以下两种方式解决这一难题：

1. 通过增加地方税收留成比例，向地方提供解决企业办社会问题的起步资金，让地方政府以该项资金接收从企业剥离的社会负担。到若干年后，费用全部由地方政府承担。

2. 由中央政府、地方政府和企业各拿出一部分经费，解决剥离企业办社会的起步资金问题，可以由中央财政拿大头。以后，逐年减少企业和中央政府的负担比重；直到若干年后，费用完全由地方政府负担。

四、彻底解决混岗职工的生活出路，有利于资源型城市的长治久安和健康发展

实施"天保工程"后，国家对森工企业的正式职工与混岗集体职工采取了不同政策，造成全国有46万混岗集体职工生活十分艰难。其中，黑龙江省的森工企业共有混岗集体职工18.9万人，占职工总数的35%。从伊春市的情况看，这些混岗和顶岗人员长期在森工企业工作，曾为林区建设作出过巨大贡献。他们早已成为与企业共命运的、事实上的企业职工。当前，企业面临转制，而这些大多四五十岁的混岗、顶岗人员却不能像正式职工那样，享受国家的一次性安置政策。为了解决生计问题，他们多次集体上访，情绪十分激烈。如果这一问题再拖延下去，很可能酿成更大规模的集体上访，局势将难以控制。"混岗现象"在国有煤矿和其他类别的国有矿也普遍存在。希望国家能统筹解决这些历史遗留问题。

五、资源型城市的经济社会发展，必须做好依托资源这篇大文章

通过延长产业链条、发展相关产业，可以为资源型城市的产业结构调整和多元化发展，提供相对充裕的转型时间和资金。

1. 建议国家每年给大庆增加 1000 万吨的原油加工量，用以发展精细化工。这样做，可以年增利税 107 亿元，新增工业增加值 117 亿元，提供 10 万个以上的就业岗位；同时，制定特殊优惠政策，鼓励大庆开发低产、低渗、低效、低丰度油田。

2. 我国的石油资源日渐紧缺，而煤炭资源却相对丰富。目前，鹤岗正在筹建年产 120 万吨的甲醇燃料项目。开发煤制甲醇技术，不仅经济效益十分可观，而且社会效益和生态效益也很显著。希望国家尽快出台甲醇燃料使用标准及相关政策，鼓励甲醇在汽车运输业中广泛应用，支持甲醇制造业的快速发展。

3. 当前，全国电力供求形势严峻，而黑龙江全省总装机大约有 200 万千瓦的富余量，"窝电"现象十分严重。为了促进黑龙江东部煤炭基地的一次能源向二次能源转化，国家应在加快电厂建设的同时，加快黑龙江省 500 千伏主网架建设，提高龙电的外送能力。

六、制定全国矿业发展总体规划，是实现资源型城市全面协调可持续发展的根本保证

长期以来，我国缺乏一套科学的全国矿业发展总体规划，既不利于我国充分利用国内国外两种资源、两个市场，又不利于资源型城市的健康发展。为了我国的经济安全，我们必须打破条条

分割、条块分割的管理体制，在注重体制创新、政策创新的基础上，尽快制定全国矿业发展总体规划。其中应该包括：

1. 把矿业权拿到资本市场上运作。在充分论证的基础上，以资源开采权拍卖、资源开采企业股权出让、资源探矿权出让等形式吸引外资和民营企业加入，并以此为契机推进资源性企业建立现代企业制度。

2. 无论是国有老矿的解困，还是新矿的上马，都应注重发挥市场机制的主导作用。

3. 以往"一矿一企业"的办矿模式具有明显的局限性和风险性。应推动企业联合，形成资本技术密集、经济实力雄厚、能够自担矿业风险的矿业集团公司；通过打造现代矿业"大船"，实现资源型城市政府职能的根本性转变。

4. 最近 20 年，国家地质勘查投入严重不足，商业性矿产勘查机制的建立严重滞后。按照国际上通行的做法，在需要进行地质勘查的地区，首先由政府出资进行地质普查——搭建好公益性地质平台，然后在详查和精查阶段，进行商业化运作。我们认为，我国应进一步加大国家投入，搭建好公益性地质平台；同时，应加大对商业性矿产勘查的引导，创造有国际竞争力的投资环境；国家应设立新井建设资本金和矿业勘查风险基金专项，用来启动新井建设，寻找新矿源；特别是要重点扶持大中型资源枯竭矿山的后备资源勘查工作。

七、建设哈大经济带，是一个既有客观基础，又有现实需要的战略构想

从哈尔滨到大庆，沿途两侧多是辽阔而平坦的盐碱地。这些自古就被闲置的盐碱地，如果用来发展农、林、牧、渔，代价极

大、收效甚微；但是，如果在科学论证的基础上，逐步有计划地在哈大沿线建设一些经济园区，然后带动附近的居民点逐步发展为中小城镇，就可以形成具有强大带动作用的经济带。哈尔滨、大庆两市，具有明显的土地、产业、原材料、能源、资金、人才、基础设施等比较优势，经济互补性强，带动辐射能力强。哈大经济带的辐射半径，可以大大超过哈尔滨和大庆在原来孤立状态下的辐射半径。建议国务院和黑龙江省政府通盘考虑，及早规划，并在政策、资金和项目摆放上给予特殊政策和重点倾斜，促进两市的经济融合，打造对黑龙江省乃至对整个东北地区有重大影响的新发展极和经济增长点。

在党外人士座谈会上的发言（摘要）

（2004 年 11 月 8 日）

市场经济条件下，宏观调控是有必要的。这次宏观调控突出的特点就是决策早、行动快、措施得力、效果显著。与前几次宏观调控比较，这次情况较为复杂，也没有更多的经验可借鉴。中央果断决策，主动调控，突出重点，区别对待，注意适时适度。这样既有效缓解了经济活动中的突出矛盾，又避免了经济的大起大落，在较短时间内取得了明显的效果。政府宏观调控的经验日益丰富，逐步建立健全了适应社会主义市场经济要求的宏观调控体系，下一步应在保持政策基本稳定的前提下，更多地运用经济手段和法律手段，更加注重通过改革解决制约经济发展的深层次体制和机制问题，延长经济增长周期，促进国民经济持续快速协调健康发展和社会全面进步。

目前，宏观调控仍处于关键时刻，还面临许多不确定因素，应予以关注。

一是不少企业运行难度加大，经济持续发展能力下降。有的地方政府和部门在调控中存在着工作简单甚至是一刀切的现象，以致不少企业资金吃紧，企业相互拖欠明显增加，新的三角债正在形成。今年上半年，我国规模以上工业应收账款净额突破 2 万亿元，同比增长 18.7%，增幅比 2003 年同期上升 9 个百分点。如果这种状况持续下去，将造成企业效益下降、关闭破产企业增多、工人失业增加，并会导致财政收入减少。

二是金融风险上升。目前，银行信贷总规模下降比较明显，但主要是流动资金贷款迅速萎缩，中长期信贷仍居高不下，信贷控制结构不尽合理，可能造成银行不良贷款继续增加，加剧经济运行的深层次矛盾。存款增幅放缓，1~9月，人民币各项存款增加2.7万亿元，同比少增4990亿元。民间金融又趋活跃，监管缺乏手段，如果居民将手中资金大量用于民间集资、进行"体外循环"，可能加大金融风险，增加社会不稳定因素。

三是消费增长缓慢。投资与消费比例失衡以及消费内部结构失衡仍然比较明显，表现在：投资率上升、消费率下降，政府消费上升、居民消费下降，城市消费上升、农村消费下降。今年1~9月，社会消费品零售总额同比增长13%，是近年来较好的。但如果去掉价格上涨和去年受非典影响基数低等因素，增幅提高并不大，仍远低于投资增速。消费上不去，经济增长就无法摆脱依赖投资拉动的模式，宏观调控的成果很难保持。

对明年的经济工作提几点建议，供参考。

（一）继续关注"三农"问题，增加农民收入

中共中央、国务院把"三农"问题摆在重要位置，采取了很多措施促进农民增收，体现了党和政府的关怀，安定了农民的心，农民得到了实惠，积极性提高。但"三农"问题形势依然严峻，还需全面认真落实中央关于"三农"的各项政策措施，进一步深化农村改革，建立促进农民收入稳定增长的长效机制。据有关方面调查，当前农民借贷资金约2/3来自民间，甚至是高利贷，农民增收的大部分被高额利息抵消。需要下决心解决"三农"融资问题。农村税费改革后，很多县乡特别是西部地区的县乡财政困难，建议加大对县乡财政的转移支付，并帮助县乡创造新的财政收入来源，防止出现新的乱收费。在财政向中央、省两级集中的同时，应及早确定公共管理费用的支出新体制。

（二）深化银行改革，防范金融风险

目前，资本市场尚未发展成熟，银行体系事实上最终承担着经济波动的大部分风险。商业银行的信贷投放，对宏观经济的周期性变化缺乏有效的传导机制。从某种意义上可以说，几个行业投资过热是由信贷失控引发的。应进一步改善央行宏观调控的传导机制及其他金融监管机构的有效监管，完善商业银行贷款审批制度，建立各类业务尽职和问责制度，健全风险防范和预警机制，通过合理的信贷投放，有效调节经济。

（三）统筹规划，着眼长远，解决能源供求矛盾

2003 年以来，许多地方电力供应紧张，新批了许多电力建设项目。大批项目上马以后，将引起煤炭生产、运输等一系列问题。而风力发电等绿色环保能源项目得不到有力的政策支持，发展缓慢。国际油价不断上涨，运输安全状况也有隐忧。建议将新能源问题在"十一五"规划中作为重点，组织各方面力量根据经济社会发展需要，以科学发展观为指导，作出全面的中长期规划，下大决心落实。

（四）继续支持"走出去"，充分利用两个市场

实施"走出去"战略，积极参与国际资源的开发与利用，要充分考虑到会涉及的困难和问题。建议加强对"走出去"战略的统筹协调和分类指导，制定相应的政策，尤其是建立金融支持体系和协调机制，避免我国企业在国际市场上的无序竞争，积极应对国际市场风险和技术风险，以及当地政治因素带来的企业经营和人身安全风险。

在前进发展论坛上的讲话

（2004 年 11 月 10 日）

中小企业在我们国家发挥着重要的作用。目前，全国共有 3000 多万家中小企业，平均 40 多人就有一家中小企业。从经济方面来说，中小企业对国内生产总值的贡献约占 50% 以上，对税收的贡献也在 40% 以上；同时，中小企业解决了大量的劳动力就业问题，为就业作出了巨大的贡献。我国的中小企业还有很大的发展潜力，将在国家的经济生活中发挥越来越重要的作用。大家熟悉的微软和苹果公司，能达到今天的规模固然不容易，但在创业之初，它们都是从小型作坊式的工厂里发展起来的。国内的海尔是颇具代表性的，海尔现在国外已有 13 家分公司，从一个小型的乡镇企业走向了国际。在浙江也有许多这样的企业，有大量的规模在 500 万元以下的民间小企业，经过几年的发展，已经形成了拥有几亿元或十几亿元总资产的规模，成长非常迅速。因此，国家一向关注中小企业的发展，并给予了支持和帮助，政府有关部门做了大量的工作。

今年以来，中小企业遇到了一些突出的问题。从 2002 年下半年开始，我国经济进入了一个新的景气周期，现正处于景气循环周期的上升阶段。今年第一季度，国内生产总值增长率达到 9.9%。在经济高增长的同时，我们也发现了其中存在的隐忧：部分行业和产业出现了过度投资的现象。第一季度，我国城市固定资产投资率增长达到了 43%。中央及时察觉了这一问题，采取了有力的、有针对性的宏观调控措施。在整个宏观调控中，主要采用经济和法律的手段，辅以行政的手段。同时，在局部产业投资过度的同时，还有一部分行业、产业有投资不足的现象，可以说是有冷有热。因此，针对这一局面，中央采取的不是全面压缩，而是实行了有压有保的政策。重点对贷款和土地批租这两项进行了比较严格的控制，贷款和土地批租这两方面对各个地区产生了不同程度的影响，中央的措施是非常正确和必要的。反观国际的教训，我们可以发现，我国在今年年初和2003年下半年的情况和日本在十几年前的情形相类似。但日本当时没有采取有力的措施，也没及时发现这一问题，放纵了一些企业和金融机构的盲目扩张行为，银企一体现象日趋严重，最后造成了国内连续多年的经济疲软。所以，对我国而言，采取宏观调控就是为了避免有些瓶颈环节拉得过紧；如果不及时采取宏观调控措施抑制某些瓶颈的断裂，那就会造成整个经济的大起大落，影响全局。现在看来，宏观调控取得了很明显的成效。固定资产投资的增长率已经从43%下降到26%左右，在此基础上，经济保持着稳定的增长。今年前三季度，经济增长率平均达到9.5%，第三季度达到9.1%，经济增长平稳。另外，今年我国的农业也实现了增产。据估计，今年全年粮食可达到年初确定的4550亿公斤的预期目标。同时，使我们感到欣慰的是，我国农民的增收今年达到了两位数，这也是我们多年来孜孜以求的目标。当然，在粮食增长和农民增收这两点上还有一些不可比的因素：一是2003年的基数比较低，二是今年粮食价格上涨，对农民增收也有一定的影响。"三农"问题仍然需要我们高度关注，绝不能盲目乐观。在外贸方面，今年也取得了很好的成绩。现在估计全年出口外贸增长率可达到30%，甚至更高。截至现在，我国外贸总量已超过8200亿美元，全年估计可超过1.1万亿美元。2003年我国吸收的外商直接投资是 535 亿美元，排名世界第一；今年的外商直接投资估计可超过 600 亿美元。所以，现今的局面都充分体现了宏观调控的成果，也可以看到中央把握宏观经济的高超领导艺术。

今天的主题是关于中小企业的信用担保。我认为，今年宏观调控中对贷款进行控制是必要的，目的在于控制投资过度的产业和局部过热的现象。现在看来，这还是起了很好的作用，达到了目标，但也存在着一定的副作用。因为从银行的角度来说，对短期的贷款容易控制，而在控制部分中长期贷款时，就存在着一定的障碍，对已开工的中长期投资项目后期贷款的收缩，势必会造成坏账增加等一系列的问题。在我看来，要完善中小企业的信用担保机制，需要解决许多问题，这些问题的核心是金融体制和机制的改革。最近召开的全国人大常委会通过了一项决定，对八届全国人大通过的专门向四大商行发行的特别国债付息政策作了调整。当时，按照巴塞尔协议的要求，银行的资本充足率必须达到 6%（现在已提高到 8%），所以，我国就向四大国有商业银行发行了特别国债，用以补充其自由资本金。当时，商业银行没有出资来买国债，而是降低了在中央银行的储备金率来买这些国债，利息在每年年底由财政部付给四大行，同时，四大行将利息收入等额上缴财政部作为利润。整个过程的运作都是为了达到巴塞尔协议的规定，提高商业银行的信誉。时过境迁，财政部对特别国债不实付利息的做法，如今已难以适应四大商行股份制改造的需要。2003 年，国家拨了 450 亿美元的外汇给中国银行和中国建设银行，充实其自有资本金，支持其改制上市，而如果按原来的方式来运作，特别国债不付利息就要作为坏账来处理。因此，这次全国人大常委会作出决定，为使四大国有商业银行顺利进行股份制改造，对特别国债的付息政策作出了调整。今年 3 月，我国成立了银监会，对国有商业银行法等法律作出了新的规范，今后对金融体制改革还要进行进一步的法制化和规范化。同时，法制化、规范化的过程还需要实际工作部门提供其在经济社会生活中实际运行的经验和问题，也需要相关领域的专家学者提出各自的真知灼见。

发展地方金融也有许多要研究的课题，特别是非银行的金融机构作用问题，在美国把这类金融称为"非正规金融"，而我国则称之为"地下金融"。我认为，在我国把"地下金融"转到"地上"来，才是我们要努力的方向。当然，现今在中国，"地下金融"确实存在着许多问题，例如很多资金的非法流出、大量外汇热钱的流进。2003 年，热钱有一大部分是由地下钱庄等机构流进来的，对这样的问题当然要严加管理。以前，我曾接触过一些发展良好的地方金融机构，比如一些城市信用社，其不良资产率只占到 0.114% 。原因在于，它们在给企业放贷款的时候，根本不需要任何的信用审查，信用审查的成本非常低，是完全建立在一种互相信任和了解的基础之上，实际上蕴含着一种无形的信用机制。当前，我国正规的信用体制也正处于建设当中，包括企业信用体制、个人和政府信用体制等。我以为，政府的信用是最重要的。只有政府树立信用，才能带动整个社会、企业和个人讲究信用。同时，我们还要根据目前形势的不断发展来逐步完善体制和机制。在体制还未完全完善时，要有适应当前情况的具体过渡的做法或措施。比如，原来我们想在深圳搞二板，由于当时条件不成熟，现在搞了中小企业板，并取得了一定的发展经验。在体制逐步完善的过程中，通过法制建设互相推动。法制、机制和体制是要互相配合的，法制是规范，体制是组织结构，机制则是各方面的关联。这"三制"有机配合，才能使经济运行有一个完善的环境和有力的保证。当然，有了法律约束，还要有道德约束。中共十六大提出全面建设小康社会的目标，中共十六届三中全会提出坚持以人为本、全面协调可持续的发展观。从企业发展来说，我们同样需要贯彻以人为本的指导思想。我认为，发展地方金融，除了存在很多政策因素外，还必须具备两个条件，一是要有一个比较健康的民间金融机构基础，二是要有素质较高的金融管理人才。发展地方金融，要处理好很多问题，包括法制、体制和机制的健全。除此之外，还有很多其他的环境因素都需要予以很好地解决，需要不断地积累经验，完善管理体制。另外，也要和全球体制、机制的发展紧密联系起来。我觉得，中小型企业遇到发展的困难，有一批甚至大批企业关闭，这些都是很正常的现象。中小企业大批关闭又大批产生，这是一个新陈代谢的健康过程。美国在一个时期，每年小企业新注册的有几十万家，同时，倒闭的也有几十万家。我相信，今后我国对中小企业的管理也会不断地与时俱进。

面向未来，在进一步深化改革的进程中，需要研究怎样对中小企业进行管理和支持、怎么帮助中小企业更好地发展。我希望大家能够交流经验，提出问题，特别是需要国家来解决的问题，从而为进一步完善中小企业信用担保机制提供决策依据，使国家更好地制定符合实际情况的政策措施。

多党合作高歌猛进的 15 年

——纪念《中共中央关于坚持和完善中国共产党领导的多党合作和政治协商制度的意见》颁发 15 周年

今年是《中共中央关于坚持和完善中国共产党领导的多党合作和政治协商制度的意见》颁发 15 周年。认真总结 15 年来多党合作的实践经验，进一步推进中国共产党领导的多党合作和政治协商制度的制度化、规范化、程序化建设，对于在新世纪新阶段更好地发展多党合作事业，具有十分重要的意义。

一

中国共产党领导的多党合作和政治协商制度是我国的一项基本政治制度。分别以毛泽东、邓小平、江泽民同志为核心的三代中共中央领导集体和以胡锦涛同志为总书记的中共中央，都为这一制度的形成、巩固和发展作出了重要贡献。

1989 年 12 月，中共中央在与各民主党派充分协商的基础上，制定并颁发了《中共中央关于坚持和完善中国共产党领导的多党合作和政治协商制度的意见》。《意见》是马克思主义政党学说与中国政党制度建设实际相结合的产物，是指导共产党领导的多党合作和政治协商制度的纲领性文件，在我国多党合作事业发展历史上具有重要的理论和实践意义：一是明确指出中国共产党领导的多党合作和政治协商制度是我国一项基本政治制度，成为对我国政党制度性质最为权威的理论表述；二是提出了"参政党"的概念，确立了民主党派在国家政权中的参政党地位，有力地回击了西方敌对势力对我国政党制度的攻击，并消除了国内一部分人包括一部分民主党派成员的疑惑；三是进一步明确了民主党派参政的基本点和发挥监督作用的总原则，这既是对我国多党合作制度历史经验的总结，又体现出鲜明的时代精神；四是提出并明确了多党合作和政治协商制度各方面的政策措施；五是对支持和帮助民主党派加强自身建设提出了明确要求，其内容包括支持民主党派加强思想建设、组织建设、领导班子建设、机关建设及宣传教育等，为民主党派加强自身建设指明了方向。

二

贯彻实施《意见》15 年来，在以江泽民同志为核心和以胡锦涛同志为总书记的中共中央高度重视和率先垂范下，在各级地方党委和统战部门积极推动、各民主党派共同努力下，多党合作事业取得了蓬勃发展，多党合作制度在实践中得到不断发展和完善。

1992 年，中共十四大把完善多党合作和政治协商制度列入中国特色社会主义事业的重要内容；1993 年，将多党合作的长期存在和发展写入宪法，使这项制度成为国家意志；1997 年，中共十五大把多党合作作为社会主义初级阶段的基本纲领；2002 年，中共十六大把多党合作思想理论归结为"三个代表"重要思想的组成部分，成为全党全国各族人民的指导思想。这表明多党合作制度在党和国家政治生活中的地位更加重要，作用进一步加强。

15 年来，中国共产党和各民主党派合作共事更加密切，多党合作呈现民主、团结、稳定、活跃的大好局面。多党合作在实践发展的基础上，理论方面不断创新：明确了多党合作的政治准则，概括了我国多党合作的显著特征，提出了衡量中国政治制度和政党制度的四条标准，进一步明确了民主党派进步性和广泛性的特点及其内涵，提出了保持宽松稳定、团结和谐的政治环境，是多党合作的一条重要原则等等。15 年来，多党合作和政治协商的制度化、规范化不断推进，民主党派自身建设得到进一步加强，参政议政、民主监督作用进一步发挥。以农工党为例，组织发展进入有计划稳步发展的正常轨道，成员由 4.48 万发展到 8.75 万；领导班子经过三次换届，完成了跨世纪的新老交替和政治交接；思想理论建设、机关制度建设不断深化，学习邓小平理论和"三个代表"重要思想不断深入，广大成员的思想觉悟和政治素质明显提高；先后有一大批政治素质好，有代表性的成员担任各级人大代表、政协委员和各级政府部门领导职务，并发挥了很好的作用；特别是这些年来就重大社会问题开展调查研究，建言献策，为地方经济、社会发展作出了积极贡献。

三

过去 15 年的实践经验对于我们来说弥足珍贵。进入新世纪，展望多党合作事业的辉煌前景，我们民主党派要为推进多党合作和政治协商制度的制度化、规范化、程序化建设作贡献，努力发挥参政党作用。

1. 坚持和完善多党合作和政治协商制度，始终不渝地坚持中国共产党的领导。我国的多党合作制度是以坚持中国共产党的领导为前提的。邓小平同志多次指出："从根本上说，没有共产党的领导，就没有现代中国的一切。"中国共产党的领导地位，是由共产党的性质和特点决定的，是在长期的中国革命和建设的实践中形成的。各民主党派从长期革命斗争的经验和教训中，从受国民党打压迫害以及与共产党团结合作的鲜明对比中，从共产党的正确主张和模范行为中，选择了中国共产党领导，与共产党形成了风雨同舟、通力合作的关系。新中国多党合作55年的实践证明，只有始终坚持中国共产党的领导，才能有效抵御西方资本主义国家两党制、多党制的影响和干扰，保证多党合作的正确方向。对于这一符合中国国情的政党制度，我们任何时候都不能含糊，不能动摇，不能削弱。

2. 坚持和完善多党合作和政治协商制度，积极推进社会主义民主政治建设。中共十六届四中全会，把推进社会主义民主的制度化、规范化和程序化，发展社会主义民主政治、保证人民当家作主，作为提高党的执政能力建设的战略任务提了出来。而坚持和完善中国共产党领导的多党合作和政治协商制度，巩固和发展最广泛的爱国统一战线，是建设社会主义民主政治、保证人民当家作主的重要内容。

发展社会主义民主政治，建设社会主义政治文明，最根本的就是要保证人民当家作主。新中国成立以来，共产党在探索领导、支持和保证人民当家作主的实践中，建立了人民代表大会制度、共产党领导的多党合作和政治协商制度等，奠定了社会主义政治文明的政治基础。人民代表大会制度是实现我国人民当家作主的根本政治制度，共产党领导的多党合作和政治协商制度是实现我国人民当家作主的基本政治制度。因此，发展社会主义民主政治，建设社会主义政治文明，保证人民当家作主，最重要的是要坚持和完善中国共产党领导的多党合作和政治协商制度。民主党派作为参政党，要适应新形势、新任务的要求，充分发挥知识、智力和人才优势，积极投身于社会主义精神文明、物质文明和政治文明建设，为发展社会主义民主政治作出应有的贡献。我们要在认真总结《意见》颁布 15 年来多党合作经验的基础上，把长期形成的行之有效的多党合作、政治协商、参政议政、民主监督和自身建设的好形式、好内容、好做法固定下来，确立起来，推广开来，进一步推进中国共产党领导的多党合作和政治协商制度的制度化、规范化和程序化建设，切实把这一中国特色社会主义政党制度坚持好、发展好、完善好。

3. 坚持和完善多党合作和政治协商制度，努力加强参政党自身建设。民主党派加强自身建设是多党合作制度长期存在和发展的必然要求。进入新世纪，多党合作面临新的形势和任务，这就给民主党派自身建设提出了许多新的课题，民主党派自身建设显得日趋重要而紧迫。中共十六届四中全会，提出了加强党的执政能力建设、全面推进党的建设新的伟大工程。中国共产党作为执政党要加强执政能力建设，民主党派作为参政党也要加强参政能力建设，这两种能力都要强，才能共同推进中国特色社会主义事业向前发展。

我们要结合民主党派实际，认真学习中共十六届四中全会精神，在充分认识加强执政党执政能力建设的重要意义和目标任务的基础上，为适应时代发展的要求，更好地履行参政党职能，必须努力加强参政能力建设。我们要着眼于国际国内形势的变化，自觉坚持以邓小平理论和"三个代表"重要思想为指导，不断提高政治把握能力；要着眼于国家和社会经济的发展，坚持把促进发展作为参政议政的第一要务，巩固树立和切实落实科学发展观，认真开展调查研究，不断提高建言献策能力；要着眼于多党合作政治格局的巩固，以高度的政治责任感和历史使命感与共产党同心同德、和衷共济，不断提高合作共事能力；要着眼于推进社会主义民主的制度化、规范化、程序化建设的要求，遵循民主监督的原则，不断提高民主监督能力；要着眼于参政党人才优势的发挥，进一步加强领导班子建设，增强各级组织的团结，协调好成员之间的关系，不断提高组织协调能力。

《意见》颁布实施以来的 15 年，是多党合作事业高歌猛进的 15 年。在新世纪新阶段，让我们更加紧密地团结在以胡锦涛同志为总书记的中共中央周围，更好地坚持和发展中国共产党领导的多党合作和政治协商制度，同舟共济、奋发努力，谱写多党合作事业的新篇章。

关于司法体制改革的几个问题*

（2004 年 11 月 29 日）

中共十六大报告提出，要"按照公正司法和严格执法的要求，完善司法机关的机构设置、职权划分和管理制度，进一步健全权责明确、相互配合、相互制约、高效运行的司法体制。从制度上保证审判机关和检察机关依法独立公正地行使审判权与检察权"，明确提出了我国司法体制改革的任务，也为我国的司法体制改革指明了目标和方向。根据这一精神，我国司法体制改革的基本内容应该是：在我国宪法的框架内，以人民代表大会制度为基础，以公平效率为目标，实现我国司法体制的自我完善。但是，司法体制改革涉及我国的政治体制、国家体制等重大问题，改革内容、改革方式、改革时间表的确定必须经过缜密、科学的论证。

2003 年年初，农工党中央组织了关于中国司法体制改革的调研，成立了中国司法体制改革方案研究课题组，制定计划开展了各种形式的调研活动，召开了法官、检察官、律师以及人大代表、政协委员和法学专家座谈会。通过调查分析，对于我国司法体制改革提出以下意见和建议，供决策时参考。

我国现行宪法为我国司法体制改革提供了充分的依据。新修订的宪法明确规定了"三个代表"重要思想的指导地位、"物质

＊ 这是蒋正华同志在党外人士座谈会上的发言。

文明、政治文明和精神文明协调发展”的目标，这是我国司法体制改革的宪法依据。“三个代表”重要思想是我国司法体制改革的根本保障，但是，司法体制改革是一项系统工程，它至少涉及重新配置司法权力和相关资源，法官、检察官制度改革，审判制度改革，司法保障体制改革，执行制度的改革，司法监督机制的改革等多方面的内容。这些改革中的任何一项都包括十分丰富的内容，具有相当的难度，绝不可一蹴而就。因此，对改革的深度、广度与难度要有充分的认识，对其风险性也要有充分的预测，只有在此基础上运筹帷幄、稳步推进，才可能实现预期的目标，否则，可能会付出巨大的代价。

我们认为，司法体制改革的总体思路可以确定为：从中国的国体、政体及政党制度出发，坚持司法机关由人大产生、司法活动接受党的领导的基本原则，围绕更充分、更有效维护社会正义的要求，合理界定司法机构与其他相关主体的权力范围及相互关系，逐步形成现代化的适应中国国情的司法体制。

一、为了保证总体设想的实现，应该在改革中把握好以下策略，推动改革循序渐进、卓有成效地进行

1. 必须明确司法体制改革的“自上而下”路径。司法体制改革作为政治体制改革的一部分，涉及的关系复杂、问题广泛、任务艰巨，是一个长期的系统工程，应当采用“自上而下”的改革路径。改革必须由中央统一领导，禁止任何地方、任何单位“创造”司法体制改革的“经验”，各自为战。

2. 司法体制改革应分阶段、分步骤地有序进行。应充分认识我国现行司法体制的历史与现实，看到长期积淀下来的诸多问题、矛盾与缺陷需要有一个逐渐减少、缓解与消除的过程，尤其

是体制改革涉及文化传统、利益调整、机构变化、人事变动等一系列重大问题，需要采取渐进的方式稳步推进。应在对改革方案全面、科学论证的基础上，制定分阶段、分步骤实施的具体计划，预设选择方案，并根据实际情况适时进行调整、补充和完善，以保证改革目标的顺利实现。

3. 系统研究相关法律的修改问题。司法体制改革必然关系到从宪法到组织法、从实体法到程序法等一系列法律的修改。对此，应在中央司法体制改革委员会下设专门的法律研究机构，负责审查相关法律，提出所有与司法体制改革有关的法律修改意见，并经中央司法体制改革委员会报请全国人大或全国人大常委会审议通过。所有的改革措施都应先行修改法律后才能实施。

4. 建立司法体制改革评估机制。司法体制改革是一项长期的系统工程，有必要对司法体制改革的各项措施及其效果进行评估，以期实现司法的价值目标和整体效应，从而为司法制度的进一步改革和良性运行奠定基础。

二、针对当前人民群众普遍关心的热点、难点问题，结合我国已经制定的有关法律，着手从如下方面进行改革

1. 恢复 1954 年宪法作出的"人民法院依法独立行使审判权，只服从法律"和"人民检察院依法独立行使检察权，只服从法律"的规定，因为法律是中国共产党的意志和人民意志的集中表现，服从法律就是服从中国共产党的意志和人民的意志。这是确保司法机关独立行使司法权，特别是恰当界定司法机构与其他相关主体之间权力关系的关键所在。

2. 修改人大组织法以及法院组织法、检察院组织法、法官

法、检察官法，实现省高院的法官由全国人大常委会任命、下级法官由上级提名，实行法官的垂直管理；建立司法经费中的法官、检察官工资及办案经费由中央、省级财政统一拨付，建设经费由中央、省级和所在地财政共同负担的司法经费保障体制，以解决司法的地方保护主义问题。

3. 落实刑事诉讼法规定的死刑复核制度，将死刑复核权归位于最高人民法院，取消省级法院的死刑复核资格。

4. 落实两审终审的宪法制度，改革再审制度，明确限定再审案件的范围，明确再审时限与程序，以解决判而不决、审而不终的问题，保证司法判决的权威性。再审不能发回，应由上级法院再审，否则就失去了再审的意义。对再审不能解决的问题，可采取其他法律或行政救济办法。

5. 落实全国人大常委会通过的关于实行人民陪审员制度的决定，进一步完善人民陪审员制度，增强司法的民主性、透明度，提高司法的公信力。

6. 进一步规范新闻媒体的行为，正确处理新闻监督与维护司法权威的关系，客观认识新闻报道对司法活动的正面与负面影响，科学界定新闻媒体的权利与责任，既保证新闻媒体正确的社会监督作用的发挥，也不因新闻媒体的放大效应及片面报道对司法的公信力产生过度的负面影响，以维护和提升人民对国家的信心、对法律的信心、对执政党的信心。

以上思考与建议不一定正确和准确。我们衷心希望，在中共中央的领导下，司法体制改革能够得到稳步推进，通过改革不断完善司法在社会主义市场经济体制中的功能，通过树立司法权威，体现法律的权威、国家的权威与执政党的权威。

在党外人士迎春座谈会上
的发言（摘要）

（2005 年 2 月 4 日）

信息贫困是当前"三农"问题中的大问题。当前，我国农村信息化的进展明显滞后于城市的信息化。虽然涉农网站已有6000 余个，但在中西部地区，大多数行政村连一台电脑都没有，几乎没有农民使用互联网获取信息，解决农村信息"最后一公里"的任务仍然十分艰巨。建议国家制定农村信息化发展规划，加大农村信息化投入，加快建设省市县乡四级农村信息网络，健全农业信息服务体系。同时，充分利用现有的信息网络资源，多途径、多方式为"三农"提供信息服务，例如开办全国统一号码的农技服务电话、利用城市退役的寻呼机网发布农业信息。大力发展远程教育系统，全面提高农村人口素质。

在当前对台工作的新形势下，加快福建港口发展，繁荣以福建为主体的海峡西岸经济区，有利于充分发挥该地区的区位优势、人文优势和政策优势，实现加快经济发展与促进祖国统一的有机结合。建议将海峡西岸港口群列入国家沿海港口发展规划，将厦门湾、福州港、湄洲湾、三都澳港列为国家主要港口，逐步发展建设海峡西岸区域性航运中心。宁德市三都澳港是世界少有的良港，主航道水深 30 ~115 米，30 万吨级巨轮不用候潮，可随时航行和停泊，具备建成特大型深水港的区位和自然条件。建议从长远发展的角度，将三都澳港湾列入国家战略资源进口的重要港址，布点建设大型原油等国家级战略资源储备基地。

进一步落实西部大开发战略，加快制定促进军工企业开发民品、与地方发展实现互动的具体措施，完善资源开发补偿和生态环境建设补偿机制，进一步协调地区经济发展中的矛盾，使历史上三线建设的资源得到充分利用、积累的问题逐步化解。今后，农工党拟就此项专题提出报告和意见。

在党外人士座谈会上的发言

（2005 年 2 月 22 日）

提出三点建议供研究参考：

第一，设计建立国家、社会、家庭和个人相互协调统一的价值观、价值体系。现在的情况往往是，马克思主义、理想信念、奉献精神等，在单位上讲得多，表态时讲得多，在社会、家庭中讲得少，在涉及个人利益时讲得少。封建社会的"三纲五常"，不说其内容，但就其形式来说，它体现了社会价值观与家庭价值观的一致性，提倡"修身、齐家、治国、平天下"。共产党员在国家的总人口中占少部分，他们的先进性如果没有社会大环境的支持，如果没有家庭的支持，很难始终一贯地保持。仅有宣传是不够的，还要建立相应的机制、制度。形成国家、社会、家庭和个人相互协调统一的价值观、价值体系，也就形成了共识，就能够形成和谐家庭、和谐社会的思想基础。这一体系应体现优秀传统文化、多元文化的包含与社会主义理想的结合，是一项宏大的文化系统工程。也应从各方面的行为准则中完整、和谐地体现出来，从幼儿教育开始贯穿始终。例如将传统节日列为法定节日，增强民族凝聚力，将教师节改在 9 月 28 日孔子诞辰日，清明、端午、中秋、重阳，各依习俗定为注入现代意义的节日。编写高质量的幼儿读本。鼓励推出优秀国产电子游戏、儿童读物等。

第二，加强对行政权力运行的制度规范和建设。现在，各种社会矛盾比较多，解决和协调这些社会矛盾，主要依靠各级政府的干部。在当前的行政权力运行中，对"行政乱作为"的处理比较坚决，比如乱收费等侵害群众利益的行为等。但对"行政不作为"的现象还重视不够，更多的只是把它看作是"工作作风"问题，而没有把它看作是"未履行法定职责"的失职问题。在纪律方面，对干部的个人行为的要求比较多，特别是对共产党员的要求更多，例如"几不准"等，但对行政权力运行提出的要求比较少，或者没有提出要求；在行政监察方面，主要是对违反财经纪律的行为进行监察，很少或者没有对"未履行法定职责"的失职行为进行监察，很少或者没有对"有禁不止、有令不行"的行为进行监察。此外，对一些地方"有令不行、有禁不止"的行为，也应当加大对地方领导者追究责任的力度。作为一个方面的领导人，不仅应当为官一任、造福一方，还应当胸怀大志、放眼全局。这样的要求不能只靠讲，还应有组织和行政制度保证。

目前，在对于行政机关及公务人员的相关规定中，还没有贯穿"权力即责任"的基本原则与理念。一些公务人员对自己的要求很简单："只要在位期间不犯错误就行。""行政不作为"现象是权力与责任脱节的一种表现，丧失了行政机关为群众服务的"政府信用"，损害了人民群众的切身利益，损害了党和政府的形象，往往激化党群、干群矛盾，影响社会稳定。要建立责任行政机制，研究行政过程和行政规律，对行政机关及其工作人员的权责进行界定，建立起完善的行政程序制度，并加强内部监察和外部监督。

第三，加强贯彻落实科学发展观的思想、制度、能力建设。中共十六届三中全会提出的科学发展观是发展观上的一次飞跃，具有深远的意义，但各方面对科学发展观的落实还有许多工作要做。在认识上，有的将以人为本混同于西方的人本主义。在行动上，有的受局部利益影响，说得多做得少。在措施方面，有的想做而做不了，在一些涉及长远发展和群众利益的问题上都有反映。例如在生态建设、环境保护工作中，不少地方行动不力，个别的甚至在执法检查前为违规企业通风报信。政府职能的转变、监督力度的加强，需要制度和技术支持。煤矿爆炸是影响矿工生命安全的大事，我国已经规定的或国际上已经有的许多安全措施都很有效，例如矿井必须符合通风要求，有条件的在采煤前先抽出煤层气等，这些都要有制度支持。建议在落实科学发展观的过程中，要以科学的观念认识科学发展观，以科学的方法落实科学发展观，使科学发展观更有力地推动我国社会主义建设事业向前发展，早日完成跨世纪的三大历史任务。

关于节水防污型社会建设情况的反映[*]

(2005 年 3 月 6 日)

3月1日至2日，我到苏州、张家港了解了一些节约用水和水环境治理的情况。这些地区在经济和社会发展的同时，在资源节约和高效利用、有效控制污染方面取得了不小的成绩，当地政府通过实践切实感受到科学发展观和宏观调控对经济和社会的可持续发展起到了积极作用。

在张家港，我考察了当地的节水型社会建设，看了水系整治、分质供水、工业企业节水等工程，了解了取水许可、用水总量控制和定额管理等立足于我国基本国情的水资源管理制度的实施情况。张家港市从制定科学的水资源规划入手，加强用水管理，推行"一证、一表、一账、一卡"的管理模式，发挥价格对资源的调节作用，取得了较好的节水防污效果。在全市经济总量高速增长的同时，水资源利用效率和效益提高，排污量减少，水质明显改善。通过调研，我看到开展节水防污型社会建设确实起到了促进水资源可持续利用和经济社会可持续发展的作用，印象十分深刻。

目前，我国许多地区水资源短缺问题非常突出，由于水资源供需矛盾的加剧，直接导致工农业争水、城乡争水、地区间争水

＊ 这是蒋正华同志写给当时任中共中央政治局常委、国务院总理温家宝同志的信。

矛盾突出，生态用水被挤占，部分地区地下水超采严重。水污染形势也十分严峻，已明显地呈现出从支流向干流延伸、从城市向农村蔓延、从地表向地下渗透、从陆域向海域发展的趋势。从整体上看，我国人均水资源占有量少的国情不会变，水资源对经济增长的制约程度和人民群众对生态与环境质量的要求却越来越高。节水防污型社会建设是解决我国水资源短缺和水污染问题的最根本、最有效的战略措施之一，应在全国积极推广和实施。

我国从 20 世纪五六十年代就开展研究农业节水灌溉技术，70 年代末 80 年代初开始工业和城市生活节水工作，但现在的节水水平仍然与水资源形势很不相称。究其原因，除投入不足外，主要是传统的依靠行政措施推动节水的做法已不适应形势的要求。新形势下，节水防污型社会建设必须按照我国社会主义市场经济建设的要求，建立以水权、水市场理论为基础的水资源管理体制，充分发挥市场在水资源配置中的作用，形成以经济手段为主的节水机制。张家港在节水型社会建设中的经验，证明了新机制的生命力。

目前，我国经济社会发展正处在一个关键时期，稀缺资源对发展的制约越来越明显，靠简单的扩张型发展已不能维持下去。节水型社会建设是实现可持续发展的必然要求。同时，节水防污也是文明社会的重要标志。社会主义精神文明应该提倡水的文明使用。中国要建立起文明的生产、生活和消费模式。像苏州和张家港这样，既节了水，又恢复和建设了很多很好的人文景观，体现了节水型社会"人水和谐"的理念。

在考察过程中，看到了成绩，但也感觉到节水防污型社会建设尚需中央、地方各级政府更有力的支持和推动。主要应该加强以下几个方面工作。一是国家应该有一个节水防污型社会建设的规划或指导性文件。目前的节水型社会建设工作由水利部推动，国家尚未对全国节水型社会建设工作作出全局性、战略性的总体部署，各地对节水型社会建设工作的重视程度参差不齐，节水工作大多处于小规模的分散状态，不利于节水型社会建设在全国的推广。二是应该从政策法规上保障节水型社会建设。建议国务院出台节水条例，同时，全国人大也可同时开展节水法的立法前期工作。三是加大对节水型社会建设的投入。以前，我们对水工程建设投入的资金很多，但对制度建设、体制改革的投入资金很少。节水型社会建设，规划是基础，制度是保证，管理是关键。中央财政可否在这些方面出台一些政策，建立专项资金，使这项工作能够深入开展下去。四是建议加强对节水防污型社会建设工作的组织领导。节水防污型社会建设是涉及各行各业、千家万户的系统工程，需要强有力的组织和领导，现在负责此项工作的全国节约用水办公室（设在水利部）在有效发挥全面协调节水工作的职能上存在一定体制性困难。能否仿照国家防汛办模式成立一定形式的协调机制或组织机构，各部门分工合作，通力推动节水防污型社会建设。

深入学习贯彻反分裂国家法

（2005 年 3 月 21 日）

    制定反分裂国家法，是国家审时度势作出的重大决策和战略部署，也是本次全国人大会议的一项重要议程。3 月 14 日上午，十届全国人大三次会议以 2896 票赞成、2 票弃权的表决结果，高票通过了这部法律，胡锦涛主席随即签署主席令颁布实施，充分体现了国家的意志和人民的愿望。中国农工民主党对此完全赞同、坚决拥护、竭诚支持。

    中国人民具有悠久的反对分裂、维护祖国统一与领土完整的光荣传统。中华古代，各地文化相同，经济相连，人民相通，不断融合。中央王朝的首领来自华夏各地，数千年前就有"舜，西夷之人也；文王，东夷之人也"的不分地域均为华夏子孙的思想。自公元前的秦朝起，中国就是一个统一的多民族国家。在 2000 多年的历史长河中，离散只是短暂的，统一始终是主流，"大一统"的观念深入人心，浸入民族血脉，成为历代有抱负、有作为的政治家治国安邦的基本理念。近代著名维新派代表康有为大声疾呼："中国只有一个，万无分立之理。"民主革命的先行者孙中山先生也坚定地指出："统一是中国全体国民的希望，民之所欲，天地从之。""鸿雁飞南北，关河隔弟兄。"台湾与大陆地脉相连、语言相同，早在东汉年间，已有中国军队巡弋防察，属于中国行政管辖已有千余年的历史，大多数居民均由沿海福建等省移居，人文风俗、宗教信仰等均为一体，台湾与大陆各方面的交流对双方都有利。目前两岸尚未统一的状况，是 20 世纪 40 年代后期中国内战的遗留问题。但是，两岸同属一个中国的事实从未改变，台湾人民与大陆人民同根同祖、唇齿相依、骨肉相连、情谊深厚。

台湾问题所涉及的不是国家的一般利益、局部利益、暂时利益，而是全球化时代中华民族生存与发展的全局利益、核心利益、最高利益。为了发展两岸关系、促进祖国和平统一，我们作出了不懈努力。但是，一个时期以来，"台独"分裂势力加紧推行"去中国化"等一系列分裂活动，使台海局势日趋严重。参照国际通行做法，积极制定相关法律，是我们遏制"台独"分裂势力及其活动、促进祖国和平统一进程的重要方面。反分裂国家法向世人昭示了中国人民反对分裂国家、维护祖国统一的坚定意志和强大民意，法理斗争击中了"台独"的要害。所以，"台独"势力惶恐万状，不择手段地歪曲基本事实，恶意污蔑攻击反分裂国家法，误导、欺骗台湾同胞，煽动敌视大陆的情绪，甚至鼓动采取大规模的对抗，企图再次挑起两岸对立，对两岸关系造成新的破坏。

以最大诚意、尽最大努力，争取两岸的和平统一，坚决反对和遏制"台独"势力分裂国家的活动，坚定维护国家主权和领土完整，这是包括台湾同胞在内的全体中国人民的共同意志。反分裂国家法正是这样一部加强和推进两岸关系的法，是一部和平统一的法。这部法律篇幅不长，只有 10 条；但重点突出，就是以最大的诚意，尽最大的努力，以和平方式实现国家统一。该法庄重宣告："以和平方式实现祖国统一，最符合两岸同胞的根本利益。"提出"维护台海地区和平稳定、发展两岸关系"方面采取的措施，即第六条的"五个鼓励和推动"。主张"台湾海峡两岸平等的协商和谈判"，"协商和谈判可以有步骤、分阶段进行"，

"方式可以灵活多样"，并具体提出平等协商和谈判的"六大议题"。这些内容都体现了国家的最大诚意和对台湾同胞的真心关爱。非和平的条款反复表明只要有一线希望，我们就要作百倍的努力，争取和平统一。非和平方式解决台湾问题，是我们最不愿意采取的步骤。我们农工民主党和全国人民一样，希望台湾同胞能够客观、理性地理解国家的立法宗旨，感受到我们维护台海和平、改善两岸关系、维护两岸同胞利益的真诚意愿。

海峡两岸合则两利、分则两伤，是一个越来越明白的事实。2004 年 11 月，我率农工党中央考察团对福建加快港口建设、推进海峡西岸经济区建设进行了考察，更加真切地感受到了这一点。在两岸同胞的共同努力下，两岸经济交流与合作取得了长足发展。2003 年，两岸的贸易额是 586 亿美元，而 2004 年两岸的民间贸易额猛增到 783 亿美元。其中，大陆向台湾出口是 130 亿美元，台湾向大陆出口 650 亿美元。也就是说，2004 年，台湾从大陆通过两岸民间贸易，获取了 520 亿美元的贸易顺差。目前，祖国大陆是台湾第一大出口市场和最大贸易顺差来源地，台湾是祖国大陆的第二大进口市场。两岸经济交流与合作的历程表明，两岸经济存在互补互利的关系：台湾在资金、技术、管理和营销方面有优势，大陆在科技人才、劳动力、土地、市场方面具有明显的比较优势。台湾的一些岛屿更是直接从大陆获得淡水等补给。国际上某些反华势力不愿看到中国的繁荣、民族的振兴，歪曲事实，颠倒黑白，制造谎言，希望两岸长期保持分离分治的局面，从中取利，我们切不可为其所惑。

贯彻反分裂国家法的要求，促进两岸经济、文化的持续交流，是我们参政党义不容辞的责任。我们全党要认真学习和深刻领会胡锦涛主席 3 月 4 日关于新形势下发展两岸关系的四点意见，广泛宣传反分裂国家法的立法宗旨和真实内涵。各级组织和广大农工党员要发挥参政党联系广泛、地位超脱的优势，通过经济合作、学术交流、文化联谊、亲友往来等各种形式和渠道，积极加强同台湾同胞的联系和沟通，增进了解、增强互信，使台湾同胞充分理解我们争取和平统一的最大诚意，听取和反映台湾同胞的意见、建议，帮助国家推进两岸交流，增进两岸人民的相互理解。希望全党同志把实现国家统一的强大意愿转化为建设国家的不竭动力，立足岗位，敬业奉献，埋头苦干，加快建设中国特色社会主义伟大事业，为实现中华民族的伟大复兴努力奋斗。

树立科学发展观，
促进资源型城市转型

（2005 年 4 月 1 日）

资源型城市转型是一个世界性的难题，在我国也是一个带有一定普遍性的课题。

我国共有资源型城市 118 个，约占全国城市数量的 18%，总人口达 1.54 亿。这些资源型城市大多是在新中国成立后，随着我国工业特别是重工业的发展而兴起并逐步壮大的。作为基础能源和原材料的供应地，资源型城市在其发展的不同时期，均为国民经济和社会发展作出了重大贡献。但由于长期集中于发展单一的资源型产业，财政上由国家统收统支，在向市场经济转轨过程中，一系列深层次矛盾和问题逐渐暴露出来，主要表现为一些城市主体资源衰减、经济结构失衡、职工生活困难、就业压力不断增大、生态环境破坏严重等。据统计，我国在 20 世纪中期建设的国有矿山，有 2/3 已进入"老年期"，440 座矿山即将闭坑，390 座矿城中有 50 座城市资源衰竭，300 万下岗职工、1000 万职工家属的生活受到影响。许多因资源而建的城市，随着资源逐渐枯竭，生产难以为继，负担日益加重，财政日益陷入困境。促进资源型城市转型，已经成为事关维护社会稳定、促进社会协调发展、实现全面建设小康社会宏伟目标的重要战略问题。

一些发达国家资源型城市的转型为我们提供了成功的思路：一是建立全新产业，实现结构转型。例如，日本将九州煤炭工业区成功改造为高新技术产业区。二是延伸产业链，带动相关产业，实行开拓转型。例如，美国的休斯敦由石油开采城变成石油研发城，带动相关的机械、水泥、钢铁、电力、粮食及交通运输业发展，又进而借国家布点宇航中心之机，带动为其服务的电子、仪表、精密仪器产业的发展。德国的鲁尔、法国的洛林等资源型城市类似的转型也已经进行了30多年，并取得了显著成效。这些成功经验都值得我们认真学习、研究借鉴。同时，从这些发达国家资源型城市的转型实践看，它们有着巨大的财力支持，成功转型也需要几十年的努力。而对于中国，资源型城市转型尚无足够的实践经验，同时，财力较为紧张。这就要求资源型城市以"三个代表"重要思想为指导，全面贯彻中共十六大和十六届三中、四中全会精神，牢固树立和认真落实科学发展观，充分利用国家提供的各种政策、财政、智力、行政支持条件，以加快发展为主题，以经济结构的战略性调整为主线，以发展接续产业为主攻方向，以体制创新和科技创新为动力，使产业由资源导向型向市场导向型转变，由一元化结构向多元化结构转变，走一条具有鲜明自身特色的可持续发展之路。

资源型城市在国家经济、社会发展中具有重要地位。支持以资源开采为主的城市和地区发展接续产业，是中共中央在我国进入现代化建设新的发展阶段后贯彻以人为本的科学发展观作出的重大战略部署。作为参政党，农工党将继续围绕党和国家这一重要工作进行调查研究，提出意见、建议，为推动社会主义物质文明、政治文明、精神文明建设与和谐社会建设全面发展献计出力。

在中国农工民主党
成立75周年纪念会上的讲话

(2005年7月3日)

今天，我们隆重集会，纪念中国农工民主党成立75周年。在民主党派工作蓬勃发展的今天，回顾我党走过的历程，对于继承和发扬我党优良传统，更好地履行参政党职责，为国家和人民作出更大贡献，有着重要的意义。

1927年，蒋介石、汪精卫相继背叛革命，国民党左派领导人邓演达等为继承孙中山先生的革命三民主义，坚持"联俄、联共、扶助农工"三大政策，主张建立新的革命政党。1930年8月9日，在上海召开第一次全国干部会议，宣告成立中国国民党临时行动委员会，提出了反帝反封建的纲领，并积极开展反蒋活动。在尖锐的斗争中，邓演达不幸被蒋介石逮捕，壮烈牺牲。毛泽东盛赞邓演达烈士"以身殉志，不亦伟乎"！中共中央称邓演达"为国家民族的独立、平等、自由，为中国人民的革命事业，建立了丰功伟绩，不愧为中华民族的一名优秀战士"。

在中国共产党统一战线政策影响下，临时行动委员会的同志们继承邓演达烈士的革命精神，前仆后继，积极投入民族解放和人民革命的斗争。1931年九一八事变后，临时行动委员会提出"倒蒋抗日"的政治口号和行动纲领，积极投入反蒋抗日的重大政治、军事运动。例如：1932年参加一·二八淞沪抗战，1933

年参加张家口的察绥民众抗日同盟军，1933 年参与发动福建事变，但都失败了。而中国共产党及其领导的红军，通过遵义会议，奇迹般地取得了二万五千里长征的伟大胜利。这些历史事实，促使农工党在探索民族解放的道路上不断总结经验、不断加深认识。经过多次失败与挫折，农工党认识到"共产党是革命的主力"，是中国革命胜利的保证，"要革命必须与红军取得联系"。1935 年农工党第二次全国干部会议的决议"同共产党合作，以马列主义作为党的思想武器"，就是在上述认识的基础上作出的。这里所提出的"合作"有其特定的含义，就是在中国共产党的影响、帮助和指导下，政治上同中国共产党保持一致，斗争中同中国共产党站在一边。正是有了这样一种合作，农工党自第二次全国干部会议起，尽管仍然遭到国民党的不断压制和打击，却不断地得到巩固和发展。我党先辈从血与火的斗争中，找到了跟着共产党走、坚持正确路线、不断从胜利走向胜利的光明大道。

1935 年 11 月，临时行动委员会率先响应中共《八一宣言》，并改党名为中华民族解放行动委员会，确定了"反蒋联共抗日"的方针。从此，在中国共产党抗日民族统一战线的旗帜下，走上了同中国共产党合作抗日的道路。1937 年卢沟桥事变后，中共发出《为日军进攻卢沟桥通电》，号召全国团结起来，抵抗日本侵略。中华民族解放行动委员会提出八项政治主张，以具体的要求同中共的《通电》相配合。不少党员参加了八一三淞沪之役，与日寇浴血奋战。在上海、北平、广东、武汉等省市成立了工、农、青、妇等各种群众团体，积极开展宣传和支援抗日救亡的活动。在冀南豫北地区、安徽和广东，先后建立了抗日游击队。在日寇的刑场上和华东、华北、华南、西南的战场上，都洒下了解放行动委员会烈士的鲜血。在这期间，解放行动委员会和中共为加强合作，在武汉举行两党会谈，一致表示今后要密切合作、共同战斗。随着抗日救亡运动的发展，解放行动委员会同中国共产党的关系进一步密切。1941年3月，解放行动委员会参与发起组织中国民主政团同盟，与盟内的爱国民主力量一道，坚持争取民主宪政和抗日救亡等斗争。中国共产党采取的一系列正确方针策略，有效地克服了几次濒于全面分裂的危险，也为解放行动委员会指明了斗争的方向，鼓舞了斗争的勇气，增强了斗争的信心。1941年春季，解放行动委员会同周恩来等在重庆正式举行会谈，向中国共产党表示了合作的诚意，要求中国共产党对我党的纲领、组织和宣传，以及经济上给予切实的援助。中共代表表示"极端赞同"，答应"给予种种支援"。从此，我党更加密切了同中国共产党的关系。抗日战争胜利后，解放行动委员会参加了争取和平民主、反对内战独裁的爱国民主运动，坚决反对并拒绝参加国民党包办的"国民大会"。1947年2月，改党名为中国农工民主党，重申决心继续接受中国共产党的领导。

1948年5月，农工党与其他民主党派和无党派人士响应中共提出的召开新政治协商会议、讨论并成立民主联合政府的"五一口号"。在中国共产党的领导下，积极参加了新政协的筹备和新中国的筹建工作。农工党积极配合解放战争，遵照由"中共战友统一指挥"的原则，从组织武装斗争、进行策反工作、破坏蒋军作战、收集军事情报四个方面开展了军事运动。此外，在第二条战线发挥自身特点和优势，大力开展城市组织工作和民主运动，掌握地方人民武装，策反国民党军人起义，保护地方公物、资产、财物，组织城乡人民迎接解放军等等，为解放战争的胜利作出了显著成绩。

1949年1月22日，各民主党派、无党派民主人士联合发表《我们对时局的意见》，宣布接受中国共产党的领导，中国共产党领导的多党合作的格局开始形成。

新中国成立后，共产党领导的多党合作进入了一个新的发展阶段。"长期共存、互相监督、肝胆相照、荣辱与共"的十六字方针，为坚持和完善中国共产党领导的多党合作和政治协商制度奠定了新的基础。1989 年，中共中央颁布了《中共中央关于坚持和完善中国共产党领导的多党合作和政治协商制度的意见》，总结了新中国成立 40 年特别是中共十一届三中全会以来中国共产党领导的多党合作的成功经验和优良传统，并结合新的历史条件进行新的历史概括，进一步阐明了中国共产党领导的多党合作的一系列重要原则，明确了民主党派的参政党地位和在国家政治生活中的重要作用。这是我国社会主义政党制度的纲领性文件，标志着我国多党合作进入了新的历史阶段。"共产党领导、多党派合作，共产党执政、多党派参政"是我国多党合作制度的显著特征。中国共产党领导的多党合作的政治思想基础更加巩固，民主党派参政议政、民主监督的作用进一步发挥，多党合作事业蓬勃发展。参政议政是民主党派的基本职能，也是民主党派在国家政治生活中发挥作用的重要方式。从 1989 年开始，农工党中央主要领导人每年都要带队考察咨询，对区域性经济发展提供战略咨询服务。近年来，更是坚持把发展作为参政议政的第一要务，树立和落实科学发展观，围绕西部大开发、"三农"问题、可持续发展、区域经济发展、医疗卫生体制改革等一系列重大问题深入调研，积极向中共中央和国务院建言献策，支持、协助中国共产党和政府民主决策、科学决策。我党在西藏考察时，藏民们反映，希望我们的广播电台、电视台加大功率，使他们能够听到中共中央的声音。在充分调研的基础上，我党中央向中共中央提交了《关于西藏考察情况的汇报》，并在随后召开的党外人士关于西部大开发战略意见和建议座谈会上，提出加强西藏等西部地区广播覆盖能力等建议。江泽民等中共中央领导同志非常重视，很快作出批示。国家有关部门拨出专款，迅速启动实施了新中国成立以来规模最大的广播电视覆盖工程——西藏、新疆等边远省区广播电视覆盖工程，即"西新工程"。一条建议促成一项顺民心、暖民心、得民心、稳民心的德政工程，"西新工程"被称为民主党派参与国家政治生活、参与国是咨询、为宏观决策提供服务的成功范例。

中共十六大以来，以胡锦涛为总书记的中共中央继往开来、与时俱进，从发展社会主义民主政治、建设社会主义政治文明的战略高度，进一步推进多党合作和政治协商的制度化、规范化和程序化建设，为民主党派履行职能、发挥作用提供了广阔的舞台。中共中央努力营造宽松稳定、团结和谐的政治环境，坚持把政治协商纳入决策程序，就重大问题在决策前和决策执行中进行协商。我党就经济宏观调控、社会保障制度、生态环境建设、医疗体制改革、解决"三农"问题、区域和流域发展等许多问题进行了调研，提出了意见、建议。

在认真总结贯彻《中共中央关于坚持和完善中国共产党领导的多党合作和政治协商制度的意见》的实践经验和成功做法的基础上，中共中央制定下发了《关于进一步加强中国共产党领导的多党合作和政治协商制度建设的意见》。《意见》以"三个代表"重要思想为指导，充分体现了中国共产党三代中央领导集体和以胡锦涛为总书记的中共中央关于多党合作和政治协商的重要理论观点和政策思想，体现了科学执政、民主执政、依法执政的要求，体现了中国共产党和各民主党派、无党派人士的共同愿望。这两个文件相互衔接，保持了各项方针政策的连续性和稳定性；同时，也根据社会主义市场经济和社会主义民主政治发展的实际，对 15 年来中国共产党和各民主党派在多党合作实践中共同创造的大量积极有益的新鲜经验和成功做法，进行了全面总结，进一步完善了政治协商的原则、内容、形式和程序。例如，对民主党派在人大、政府、政协和司法机关担任领导职务提出了具体要求，对支持民主党派就全局性、战略性问题进行有组织的考察调研等事项作出了规定。这些重要内容为我们民主党派切实履行参政党职能、充分发挥参政议政作用，提供了强大的制度保障和政策支持。

回顾农工党 75 年来所走过的道路，农工党同中国共产党的关系，是在革命斗争实践中逐步加深的：由提出同中国共产党联合到实现同中国共产党合作，到进一步靠拢中国共产党，再到接受中国共产党的领导。农工党在长期斗争实践中，努力探索富国兴邦的道路，历经艰难曲折，终于认识到中国革命必须在中国共产党的领导下才能取得胜利。民主党派只有在中国共产党的领导下，同中国共产党通力合作，才能得到生存和发展，才能在长期的革命斗争中发挥自己的作用，作出应有的贡献。这是农工党最可珍视的宝贵政治经验，是农工党代代相传的光荣传统。

农工党 75 年来所走过的道路，是从同共产党合作到逐步接受共产党领导的正确道路；是从发扬爱国主义到为社会主义服务，在共产党领导下团结合作、不断前进的道路。农工党走上这条道路不是偶然的，是由中国的具体历史条件决定的。确立和实行共产党领导的多党合作和政治协商制度，是中国社会历史发展的必然选择，也是中国共产党和中国人民政治经验和政治智慧的结晶。

胡锦涛总书记在主持中共中央政治局第九次集体学习时强调："在全面建设小康社会、加快推进社会主义现代化的新形势下，在深刻变化的国际环境中，我们要更加重视学习历史知识，善于从中外历史上的成功失败、经验教训中进一步认识和把握历史发展和社会进步的规律，认识和把握时代发展大势。"他指出："在新形势下，我们要更加重视学习历史知识，更加注重用中国历史特别是中国革命史来教育党员干部和人民。"统一战线是中国革命的三大法宝之一，民主党派是爱国统一战线的重要组成部分，因此，民主党派史也是中国革命史的组成部分。在民主革命时期，为坚持革命，很多农工党员颠沛流离，长期经受着政治上和精神上的双重压迫；许多党员遭到国民党和日本侵略者的逮捕、监禁和残酷迫害；还有不少党员在反蒋斗争、抗日战争、解放战争以及解放后的剿匪反霸中献出了生命。为求得民族独立和国家富强，先后有百多位农工党员英勇捐躯，农工党员的鲜血与共产党人的鲜血流在了一起。值此农工党建党 75 周年之际，我党编写、出版了《中国农工民主党烈士传》。通过这本传记，我们看到：为了中华民族的解放事业，为了建设新中国，中华儿女挺身而出，义无反顾，不惜牺牲生命。其中，就有农工党员的身影。正如中共中央致我党十三大的贺词中所说："中国农工民主党具有光荣的爱国革命传统。自 1930 年成立以来，在血与火的考验中，农工民主党同我们党建立了互相信任、互相支持的亲密关系，为新民主主义革命的胜利和新中国的建立作出了重要贡献。"我们还看到：书中每一位烈士与中国共产党都有很深的渊源，或与中共党组织有合作，或直接接受中共的领导，或在思想上受到马列主义影响，或与中共党员的个人友谊深厚，其中许多烈士本身就是农工党与中共的交叉党员。烈士的人生轨迹不尽相同，但共同展示了中国农工民主党与中国共产党在战斗中结下了深厚的情谊。中国农工民主党接受中国共产党的领导，是历史的选择。今后，我们还要加强这方面的工作，要立足于发掘和宣传农工党与中国共产党风雨同舟、并肩战斗的光荣传统，既要注意宣传对农工党的创立与发展作出重要贡献的人物，更要重视发掘整理新中国成立前一些农工党地方组织与中共并肩战斗、浴血牺牲的组织活动史，使党史研究工作在广度和深度上都有新的突破。

在纪念农工党成立 75 周年之际，我们再次强调继承和发扬我党爱国革命的光荣传统，概括起来主要有四条：第一，爱国主义的优良传统。爱国是我党建党时期的思想基础和政治基础。新中国成立后，我党走上了社会主义道路，爱国主义、社会主义两面大旗团结了最大多数的有志之士，也是农工民主党的重要基础。第二，自觉接受中国共产党的领导，坚持与中国共产党亲密合作的优良传统。我党在历史发展的各个关键时刻，都是在中国共产党的指引、帮助和领导下坚持了正确的政治方向。我党能够在中国革命和建设中作出贡献，都是与中国共产党亲密合作、风雨同舟、荣辱与共、团结奋斗的结果。没有中国共产党的领导，就没有我党的今天。自觉接受中国共产党的领导，坚持与中国共产党亲密合作，永远是我党的立党之本。第三，紧密围绕中国共产党和国家的中心任务开展工作的优良传统。我党的全部工作和活动只有坚持围绕中心、服务大局，才能充分体现我党存在的价值，才会对社会作出应有的贡献。第四，自觉学习和运用马列主义、毛泽东思想和邓小平理论、"三个代表"重要思想，坚持自我教育，发展自我教育的优良传统。政党的成熟必须有理论上的成熟。我党要在新世纪新时期作为参政党有所作为，就必须始终坚持自身建设，首先是思想建设，要有正确的指导思想、坚定的政治立场、科学的思维方法。

我们要继承和发扬农工党的爱国革命传统，学习贯彻胡锦涛同志在 2005 年新春座谈会上提出的关于进一步加强中国共产党领导的多党合作和政治协商的五点要求：坚持走中国特色社会主义政治发展路线；坚持中国共产党的领导，充分发扬社会主义民主；坚持把发展作为多党合作和政治协商的根本任务；坚持推进多党合作和政治协商的制度化、规范化、程序化；坚持执政党建设和参政党建设相互促进，为全面建设小康社会发挥积极作用，作出更大贡献。

我们要紧密地团结在以胡锦涛同志为总书记的中共中央周围，同心协力，坚持不懈地推进中国共产党领导的多党合作和政治协商制度建设，为建设中国特色社会主义，为实现中华民族的伟大复兴，谱写出新的光辉篇章！

在银监会座谈会上的讲话

（2005 年 7 月 19 日）

银监会自成立以来，比照国际规范，结合我国国情，做了大量踏实有效的工作，在促进我国银行改革方面取得了较大的进展。

银行业的发展与宏观经济走势密切相关，因此，银行从业人员和监管部门必须紧密跟踪经济形势的发展。从当前经济指标来看，上半年的经济运行总体上是健康的，第三、四季度的经济增长可能会下降一些，但全年国内生产总值增长率仍将保持在 9% 或略高一些的水平。总体来说，今年全年的宏观经济不会遇到特别严重的困难，但对于明年经济发展的预测，有很多迹象值得我们重视。需要从今年下半年起，及时对宏观调控的力度、重点、方式作进一步调整，以保持国民经济的持续快速协调健康发展。

在推动我国经济增长的三大因素中，消费一直处于疲软状态，尽管采取了很多措施，效果仍不明显，这是一个综合性的问题，需要各方面、各部门更大力度的协同行动。对于银行业来说，应该及早研究、调整消费信贷方面的方针、政策。在投资方面，尽管采取了一系列调控措施，但部分行业投资降温还不到位，投资反弹的压力继续存在。出口方面，随着出口连续 3 年超过 20% 的高速增长，我国的对外贸易依存度已达 70%。今年上半年，顺差更是创纪录地达到 390 亿美元，各种贸易摩擦不断，增加了我国对世界经济的依赖程度，加大了经济波动的风险，不利于国家经济安全，必须引起我们高度重视。

当前，国际环境有三大不确定因素值得我们关注：

一是石油价格的波动。3 年前，如果有人说石油要涨到 50 美元一桶，可能太悲观了。现在，国际上的专家预测，可能 10 年之内会涨到 100 美元一桶，个别专家甚至认为涨到 200 美元一桶以上也有可能。其影响范围广泛，在这方面，我们将面临很大的压力。

二是贸易摩擦。中国的经济总量越来越大，贸易摩擦将不可避免。虽然我们与美国、欧盟在谈判，但贸易摩擦不可能完全通过谈判解决，这将是一个常态。我们如何应对？我觉得，我们必须加大力度支持企业"走出去"，这一点意义重大。目前，我国已成为"世界工厂"，大量元器件进口，组装后销售到美国、欧盟，利润大部分被他人占有，但矛盾集中在我们这里，因此，我们在机制上要作一些调整。从银行的角度来看，应该有更大的支持力度，认真研究如何鼓励和引导中国企业"走出去"。对于监管而言，要分层次对银行加以管理。支持企业"走出去"，一个比较大的风险在于我们对国外的经营环境不了解。比如，欧盟对劳动者的保护制度很严，要聘请一个工人容易，要解雇就很难，有的地方已为此付出代价。银行应该好好研究一下，已经"走出去"的企业，哪些成功了？成功在哪里？哪些失败了？失败又在哪里？银行有效地支持企业"走出去"，是解决贸易摩擦的重要手段之一。

三是反恐形势不容乐观。反恐也是对经济产生很大影响的问题，尤其对投资环境有重要影响，这方面需要采取很多预防措施。

提几条意见，供参考：

1. 银行改革的一个关键问题是，要在各类商业银行建立起完善的公司治理结构。但是，一个突出的问题值得我们关注：目前，金融机构党委的职能定位还不很明确。外资进入时，党委的作用与现代公司治理如何有效衔接，银监会需要加强与有关部门的沟通，做好这方面的研究。

2. 进入我国的外资银行已为数不少，但近两年进入的速度并不如我们想象的突然加速。我认为，现在处于外资银行观察与部署的阶段。目前，他们最感兴趣的是并购地方性银行，这是因为国有商业银行的决策在上头，对于他们来说机会不多。汇丰银行就在大力宣传"国际的机制，地方的智慧"。发达国家对外资银行已经建立了一套较为系统的管理制度，区分不同类别，进行有针对性的、精细化的管理。尽管我们在外资银行管理方面也已经初步建立了分档管理的模式，但银监会需要进一步借鉴发达国家的有益经验，加强研究，提出更为完善的方案。

3. 银监会要大力支持地方金融的发展。我一直很关注地方金融的发展，曾多次调研过江浙一带的城市信用社和城市商业银行。很多经营良好的地方金融机构具有这样的特点：它们对当地企业的情况很了解，放贷决策快，不良资产率低。个中原因在于它们的机制、机构与人才优势，并且与当地的金融界、企业界及行政监管部门建立了长期的联系，主要负责人有地方性的特殊信用、人际关系，素质较高。银监会应该加大对地方金融发展的支持力度，允许部分地方性非金融机构发展"只贷不存"业务，不断启动民间金融的潜力。

在党外人士座谈会上的发言

（2005 年 7 月 26 日）

从上半年的经济运行情况看，宏观调控政策的效应进一步显现，经济运行总体上保持了平稳较快的增长态势。实践证明，中共中央、国务院关于 2005 年经济社会发展的各项政策措施是正确的、有效的。

总体上看，下半年经济发展的基本面不会改变，今年全年国内生产总值增长率保持在 9% 或略高一些的水平，是完全可以实现的。但在发展中，有些问题应引起高度重视。

一是国内消费乏力。从发达国家的发展来看，一个大国的经济发展，消费应该占主导地位。而在我国，外贸依存度年年攀高，贸易顺差成为当前经济增长的主要推动力。今年上半年，我国贸易顺差达到 396.5 亿美元，超过 2004 年全年的总额。在国内生产总值增长率 9.5% 中，贸易顺差的贡献至少有 3%。与此同时，当前我国的内需较弱，消费对拉动经济增长的作用远低于发达国家水平，一旦外需出现波动，就将使经济出现问题。

二是能源资源紧缺。当前，煤、电、油、运总体形势仍然紧张，而且在协调发展上的矛盾依然突出。全国发电量的 70% 是火力发电。据估计，今年发电能力可能要增加 7000 万千瓦，需要多耗 1 亿多吨的煤。这样发展下去，能源资源紧缺的压力会进一步加大，包括运输的压力也会越来越大。即使煤炭供给充足，也没有如此大的运力。

三是贸易摩擦增加。现在，我国逐步成为"世界工厂"，大量元器件进口，组装后销售到美国、欧盟，利润大部分被他人占有，但矛盾集中在我们这里，逆差全部算到中国的头上。随着我国经济总量越来越大，贸易摩擦将不可避免，这将是一个常态。这需要我们在机制上作一些调整，妥善应对。

对2005年下半年和2006年的工作，提几点建议，供参考：

（一）加快金融体制改革

对人民币汇率形成机制进行改革，是中国经济和人民币走向国际化的重要一步，也将对中国经济发展带来深远的影响。人民币汇率形成机制改革后，金融体制改革成为当前和将来一段时间改革的重点和难点。一是应进一步对进入我国的外资银行进行规范、管理。我国在外资银行管理方面也已经初步建立了分档管理的模式，但还需进一步借鉴发达国家的有益经验，加强研究，提出更为完善的方案。二是应大力支持地方金融的发展。应该充分发挥地方金融机构具有的了解当地企业的情况、放贷决策快、不良资产率低等特点，加大对地方金融发展的支持力度，允许部分地方性非金融机构发展"只贷不存"业务，不断启动民间金融的潜力。三是一些发达国家，25%的金融资产掌握在很少数的人手中，这25%金融资产的动向甚至能影响整个金融系统的安全和稳定。我国目前也已经开始出现一些控制很大比例金融资产的所谓"金融寡头"及许多民间游资，对于他们的动向，应该加强研究，掌握情况，制定相应对策和应急机制，未雨绸缪。

（二）优化消费环境，扩大内需

内需不振，将制约经济持续发展。应该拿出比较大的力量投入培育内需。一是加快分配制度改革，使分配更加合理、公平，不断增加城乡居民收入，扩大消费需求。二是努力扩大社会保障覆盖面。消费需求不振，是因为人民群众有很多后顾之忧。因此，在政府的职能转变当中，应该把建立、完善社会保障制度作为重要内容。三是改善农村流通和消费环境，进一步推进农村基础设施建设和居住环境改善，为农村居民提供便利、低廉和优质的水、电、路、医疗、教育、环境、信息等方面的公共设施和公共服务，提高农村消费对经济增长的拉动作用。

（三）结合制定"十一五"规划，发展节约型经济

现在，各个地方提了很多发展的思路。有的发展循环经济，有的发展清洁生产，还有的发展节约型经济。需要结合国家和地方"十一五"规划的制定，对地方经济的发展思路进行有效指导。比如，有的地方搞循环经济，规划很好，但实际上是借着循环经济的名，使本来的一个经济项目扩大到很多项目，满足自己扩张投资的需要。从中国现在的情况看，更应该强调节约型经济的发展。节约型经济可以培养企业和社会节约的经济观念。这个观念，有利于以后更好的其他经济模式的实施。

对"十一五"规划建议稿的
几点建议*

(2005 年 8 月 16 日)

一、进一步完善城乡医疗保障

建议稿提出，要"完善城镇职工的基本医疗保险制度"，"基本建立新型农村合作医疗制度"。我们认为，完善城乡医疗保障，是全面建设小康社会进程中提高人民群众健康素质的需要。

当前，城乡医疗保障还存在一些问题，主要有：一是医疗体制定位不明确，从根本上影响了医疗制度改革。二是投入总体水平较低，我国人均卫生经费在世界各国排序中持续偏后。三是覆盖面小，保障水平低。到 2004 年，城镇职工覆盖率为 44.4%，农民覆盖率仅为 9.1%。四是现有城乡医疗保障制度设计过于强调"保大病"，未纳入防病支出项目，限制了门诊和常见病、多发病（小病）的基本医疗。而许多大病正是由于小病未能有效治疗而转变的。为此建议：

1. 加大投入，建立城乡医疗保障资金筹集的动态增长机制。"十一五"期间，国家按 1% 国内生产总值的水平对城乡医疗保障体系建设进行投入。在投入方式上，结合实际，分类指导，逐

---

* 这是蒋正华同志在党外人士座谈会上的发言摘要。

步建立资金筹集的动态增长机制。例如，对公务员、事业单位职工，可随工资增长而增长，将工资增长部分按一定比例投入到医疗保险中；对城镇企业职工，可按照一定比例从企业纳税额中直接转入职工医保账户，形成企业实现利税与职工保险投入相关联的动态增长机制。

2. 调整城乡医疗保障定位。将城乡医疗保障定位为"预防保健与基本医疗为主，兼顾大病"的保障原则，扩大参保受益面。

3. 逐步建立融社会保障、商业保险、医疗救助、居民最低生活保障等政策为一体的综合保障机制，加强制度衔接，统筹相关政策，提高保障水平。

二、加强流域规划

建议稿特别强调加强区域规划，促进区域协调发展。我们认为，流域规划也非常重要。目前我国的流域规划，不能完全适应流域性问题的变化以及社会经济发展的需求，在上下游、左右岸、各行业之间存在着局部与整体的协调平衡问题。建议在制定"十一五"规划时，进一步加强流域规划，理顺流域规划与区域规划的关系，形成合理的流域开发格局，建立健全流域内区域之间、行业之间的协调互动机制。可选择影响较大、条件比较成熟的流域（如长江），或协调难度较小的流域（如渭河），建立流域综合规划的试点，并适时将试点经验向其他河流推广。

此外，针对流域性生态退化和环境污染日趋严重的现实，在产业结构调整、重大工程立项时，应把对流域环境的影响作为评价决策的重要前提条件，建立切实可操作的流域生态补偿机制。

三、推进建立军民结合新机制

建议稿提出，要"坚持军民结合、寓军于民，健全军民互动合作的协调机制"。我们认为，应顺应科技发展和产业结构调整，鼓励包括民营企业在内的民用优势企业参与国防科技开发和军品采购，以减少军工重复建设，加快形成军品市场有序竞争的局面，推动寓军于民的新体制建设。建议：

1. 设立军民结合工作的协调机制和工作部门，建立集中统一的管理体制，制定军民科技的发展方针政策，协调军民科技及军民两用技术的发展战略和规划，统筹重大军民结合项目的实施。

2. 制定国防科研生产和军品采购方面的相关法律法规，建立军民共用信息平台，鼓励有条件的民用企业逐步进入军品市场。

3. "十一五"期间，在卫星通信、飞机、船舶、核电等产业，安排若干个重大军民结合项目。既可以推动国民经济建设，增强我国综合竞争力，也可以寓军于民，增强平战转换能力。

4. 导弹等重要军品可研究利用市场上民用零部件构建组装的技术，以备在战时军品供应链产生缺口时应急生产。

四、加快海峡西岸经济区建设

建议稿提出，要"支持东南沿海等台商投资相对集中地区的经济发展"，"促进建立稳定的两岸经贸合作机制"。我们认为，加快以福建为主体的海峡西岸经济区建设，与珠三角、长三角连片发展，有利于进一步发挥区位优势、人文优势和政策优势，建成促进祖国统一的前沿平台，推动区域经济协调发展。建议把海峡西岸经济区列入国家"十一五"规划重点发展区域，进一步明确其在区域经济布局和推进祖国统一进程中的重要作用，并给予适当的优惠政策。建议：

1. 在中央的指导下，在福建设立与台湾的零关税贸易区，建立两岸贸易便利和自由化的相关机制。

2. 按照"同等优先，适当放宽"的原则，促进福建在加快闽台经贸合作、促进两岸直接"三通"、推动旅游双向对接、加强农业全面合作、促进文化深入交流等方面发挥更大的作用。

3. 充分发挥福建 20 万吨级以上的深水岸线资源优势，推动海峡两岸港口集群建设。例如，宁德市三都澳港是世界少有的良港，30 万吨级巨轮不用候潮，具备建成特大型深水港的区位和自然条件。建议将三都澳港列入国家主要港口，加强规划，合理布局。

五、在构建和谐社会中发挥民主党派作用

建议稿用专门的篇幅规划了"推进社会主义和谐社会建设"，我们衷心拥护。各民主党派作为同中国共产党长期风雨同舟、患难与共的亲密友党，在协助中共各级党委和政府了解民情、反映民意、协调关系、维护大局等方面有独特的优势，可以在构建社会主义和谐社会进程中发挥更加积极的作用。建议稿在规划政治文明建设时强调了社会主义政治制度，建议加上"坚持中国特色的社会主义政治发展道路，巩固和发展爱国统一战线"的内容。

我们相信，在以胡锦涛同志为总书记的中共中央坚强领导下，我们一定能制定并落实好"十一五"规划，开创社会主义

经济建设、政治建设、文化建设、社会建设的新局面，为实现全面建设小康社会的宏伟目标打下坚实的基础。

发挥民主党派作用，
为和谐社会建设贡献力量

（2005 年 8 月 17 日）

各民主党派在构建社会主义和谐社会中具有独特的优势和作用。应进一步坚持和完善中国共产党领导的多党合作和政治协商制度，为构建和谐社会奠定坚实的政治基础；把发展作为参政议政的第一要务，为构建和谐社会创造雄厚的物质基础；积极协助中共各级党委和政府了解民情、反映民意，为构建和谐社会打牢广泛的民意基础；大力弘扬先进文化，激发社会创造活力，为构建和谐社会构筑强大的精神支柱；努力协调关系，维护社会稳定，为构建和谐社会营造安定团结的社会环境。

古往今来，实现社会和谐、建设美好社会，始终是人类孜孜以求的理想；热爱和平、崇尚和美、追求和谐，更是中华民族的优良传统和高尚品德。以胡锦涛同志为总书记的中共中央顺应历史发展的要求，总结国内外正反两方面的经验，从开创中国特色社会主义事业新局面的全局出发，提出构建社会主义和谐社会的重大战略任务，系统论述了构建社会主义和谐社会的战略思想，深刻阐明了构建社会主义和谐社会的重大意义、科学内涵、基本特征、重要原则和主要任务。这是对中国特色社会主义事业总体布局认识的深化和拓展，是对社会主义建设规律认识的新飞跃，体现了中国共产党作为马克思主义执政党与时俱进、求真务实的作风和品格，表明了中国共产党正视现实、面向未来的勇气和智慧，也反映了广大人民群众的根本利益和共同愿望。

各民主党派作为同中国共产党长期风雨同舟、患难与共的亲密友党，作为我国社会政治生活中的一支重要力量，在构建社会主义和谐社会中具有独特的优势和作用，可以大有作为。我们应进一步提高认识，不断领会和把握新形势下构建社会主义和谐社会的内涵和规律，明确为构建社会主义和谐社会服务的任务和途径，积极探索为构建社会主义和谐社会服务的方式和方法，为构建社会主义和谐社会贡献力量。

一、进一步坚持和完善中国共产党领导的多党合作和政治协商制度

发展社会主义民主、建设社会主义政治文明，是构建社会主义和谐社会的重要内容，也是多党合作的题中应有之义。中国共产党领导的多党合作和政治协商制度，是我国现行的一项基本政治制度。这项制度的特征是"共产党领导、多党派合作，共产党执政、多党派参政"。它以协商合作代替竞争冲突，以集中力量办大事代替牵扯倾轧，对于维护国家政局的稳定、促进经济社会的发展，具有重要的保障作用。回顾民主党派所走过的发展道路，我们在历史的各个关键时刻，都是在中国共产党的指引、帮助和领导下，坚持了正确的政治方向；我们能够在中国革命、建设和改革中作出贡献，都是与中国共产党亲密合作、风雨同舟、荣辱与共、团结奋斗的结果。历史经验使我们深刻认识到：坚持中国共产党的领导，始终同中国共产党亲密合作，是民主党派的立党之本；坚持和完善中国共产党领导的多党合作和政治协商制度，走中国特色政治发展道路，是发展社会主义民主、建设社会主义政治文明的政治保障。

当前，我国既面临着发达国家在经济、科技等方面占优势的压力，又面临着敌对势力实施"西化""分化"政治图谋的挑战。而政党制度往往成为敌对势力推行西方民主、实行"西化"的突破口。在这样的历史条件下，我们必须进一步坚持和完善中国共产党领导的多党合作和政治协商制度，从理论和实践上充分认识这一制度的特点和优势，自觉抵御西方多党制、两党制和议会制的影响，坚定不移地走中国特色政治发展道路。我国各民主党派同中国共产党一道创立了多党合作和政治协商制度，是多党合作和政治协商制度的缔造者和实践者，也一定能够同中国共产党一起，坚持好、建设好、完善好这一基本政治制度。当前，我们要认真学习贯彻《中共中央关于进一步加强中国共产党领导的多党合作和政治协商制度建设的意见》，按照"长期共存、互相监督、肝胆相照、荣辱与共"的方针，不断推进政党之间的合作与和谐，更好地发挥我国政党制度的特点和优势，从而为构建社会主义和谐社会奠定坚实的政治基础。

二、把发展作为参政议政的第一要务

构建社会主义和谐社会的基础是发展，是生产力水平的不断提高和社会物质财富的日益丰厚。古人云："天下顺治在民富"，"天下可忧在民穷"。没有经济发展来支撑，和谐社会犹如无源之水、无本之木。发展是硬道理。构建社会主义和谐社会，就必须团结和动员更多社会力量，以科学发展观为指导，以经济建设为中心，聚精会神搞建设，一心一意谋发展，推动我国经济社会实现全面协调可持续发展。

发展是中国共产党执政兴国的第一要务，也是民主党派参政议政的第一要务。改革开放以来，民主党派紧扣发展主题，认真履行参政议政职能，就我国经济和社会发展中的一些重大问题提出很多战略性、前瞻性、科学性的建议，为我国的改革发展稳定作出了重要贡献。新世纪新阶段，民主党派应继续牢牢把握发展这个根本任务和主题，树立和落实科学发展观，紧紧围绕经济建设这个中心，自觉服从和服务于改革发展稳定的大局，把各方面的智慧和力量凝聚到实现全面建设小康社会的奋斗目标上来，促进社会主义物质文明、政治文明、精神文明的协调发展和人的全面发展；要继续发挥人才荟萃、联系广泛、智力密集的优势，把工作视野拓展到经济、政治、社会、文化等各个方面，运用法律、政策等多种手段，本着以发展增和谐、以改革促和谐、以公平求和谐、以稳定保和谐的精神，协助统筹各种社会资源，促进社会协调发展；要发挥整体功能和组织优势，选择综合性、战略性、前瞻性，党和政府决策迫切需要研究的重大问题，进行深入调研，积极建言献策，为国民经济持续快速协调健康发展和社会全面进步提供更多的智力支持，为构建和谐社会创造雄厚的物质基础。

三、积极协助中共各级党委和政府了解民情、反映民意

坚持以人为本，充分关注民生、了解民情、集中民智、反映民意，兼顾不同社会阶层、不同方面群众的利益，重视人的全面发展，是构建社会主义和谐社会的内在要求。中国共产党代表着中国先进生产力的发展要求、中国先进文化的前进方向、中国最广大人民的根本利益，具有广泛的群众基础和民意基础；民主党派作为各自所联系的一部分社会主义劳动者、社会主义事业的建设者和拥护社会主义的爱国者的政治联盟，具有进步性和广泛性

相统一的特点，负有更多地反映和代表各自所联系成员和群众的具体利益的责任。

反映社情民意是民主党派参政议政的重要内容，也是民主党派发挥作用的重要渠道。随着我国社会主义市场经济体制的进一步完善，经济基础和社会结构的变化形成了不同利益群体和利益诉求。民主党派应协助党和政府疏通社情民意的反映渠道，引导群众以理性、合理的形式表达利益需求；继续发挥位置超脱、渠道畅通的优势，广泛联系社会各界人士，及时掌握社会舆情，如实反映广大成员和所联系群众的意见、建议和要求，协助中共各级党委和政府广开言路、广求良策、广谋善举，促进决策的民主化、科学化。同时，作为民主党派成员，我们都应从自我做起，多说和谐之话，多做和谐之事，多谋和谐之策，为构建社会主义和谐社会打牢广泛的民意基础。

四、大力弘扬先进文化，激发社会创造活力

文化是民族精神的重要象征，是维系社会和谐的精神纽带。历史经验表明，一个国家要长治久安，一个社会要和谐发展，就必须继承和发扬民族传统文化的精华，借鉴和吸收人类先进文化的积极因素，形成共同的理想信念和精神支柱。文化维系和谐，和谐孕育活力。充分尊重劳动、尊重知识、尊重人才、尊重创造，放手让一切劳动、知识、技术、管理和资本的活力竞相迸发，让一切创造社会财富的源泉充分涌流，社会必定更加发展与和谐。

民主党派成员主要是中高级知识分子，他们本身就是各个领域中先进文化的创造者和传播者，因此，民主党派在发展社会主义先进文化方面具有独特的优势。我们要充分调动、发挥各级组

织和广大成员的积极性、主动性和创造性，大力弘扬以爱国主义为核心的民族精神和以改革创新为核心的时代精神，宣传集体主义、社会主义和马克思主义思想，巩固全社会的共同理想，捍卫国家的基本价值观念；发挥优势，积极推进健康向上的文艺作品的繁荣和发展，为人民群众提供更多更好的文化产品和精神食粮；传承中华民族崇尚和谐的优秀文化传统，宣传爱国守法、明礼诚信、团结友善、勤俭自强、敬业奉献的基本道德规范，促进诚信友爱、融洽和谐的社会环境的进一步形成，为构建和谐社会构筑强大的精神支柱。当前，我们还应以共同的文化传统为纽带，通过经济合作、学术交流、文化联谊、亲友往来等各种形式和渠道，大力推进同台湾同胞的联系和沟通，加强海峡两岸的交流与合作，增进两岸人民的理解与共识，为祖国统一作贡献。

五、努力协调关系，维护社会稳定

和谐需要稳定，稳定才能和谐。社会生活的和谐，必须有稳定安宁的社会政治环境和有条不紊的社会生活秩序。当前，我国改革发展已进入关键时期，这是"发展黄金期"，也是"矛盾凸显期"。妥善处理人民内部矛盾、维护社会安定团结，是构建社会主义和谐社会的基础工程和关键环节。

维护社会稳定是民主党派的重要职责，也是一项优良传统。新中国成立以来，民主党派和中国共产党一道经受了各种风险的严峻考验和锻炼，为维护社会稳定发挥了应有的作用，已成为维护社会稳定的一支重要力量。发展是民主党派参政议政的"第一要务"，维护稳定是民主党派的"第一责任"。我们应充分认识稳定是国家和人民的最高利益，尽快适应社会阶层结构出现的新变化和社会利益主体多元化的新形势，高度重视做好维护稳定的工作，从着眼于国家长治久安的高度，倍加顾全大局、倍加珍视团结、倍加维护稳定；应针对影响社会稳定的各种社会矛盾纠纷和各种紧急状态进行调研，提出有价值的意见、建议，协助国家建立健全各种社会矛盾纠纷调处机制和紧急状态预警机制；应积极协助中共各级党委和政府做好协调关系、化解矛盾、理顺情绪的工作，坚持以人为本，既要以理服人、解决思想问题，又要实实在在帮助广大群众解决工作生活中的实际困难，妥善解决影响社会稳定的突出问题，为构建和谐社会营造安定团结的社会环境。

在纪念邓演达先生
诞辰 110 周年座谈会上的讲话

（2005 年 10 月 10 日）

今天，我们在这里隆重集会，纪念邓演达先生诞辰 110 周年，深切缅怀他为民族独立和人民解放建立的历史功勋，追思和学习他为革命事业不懈奋斗的崇高风范，以进一步激励农工党全党继承邓演达先生遗志，为全面建设小康社会、振兴中华作出贡献。

邓演达先生是农工民主党的创始人，是中国国民党左派领导人之一，是我国伟大的爱国主义者、杰出的民主主义革命家、卓越的政治家和军事家。

110 年前，邓演达先生出生于广东省惠阳县永湖乡鹿颈村。那时，中华民族灾难深重，外有帝国主义侵略，内有封建专制压迫，中国人民和许多志士仁人苦苦寻找救国救民的道路。邓演达先生自幼目睹社会的种种不平，萌发了朴素的爱国情感，立志学习军事报效祖国。他先后进入广东陆军小学、广东陆军速成学校、武昌陆军第二预备学校和保定陆军军官学校学习，接受了系统、正规的军事教育，成绩优异。毕业后，他在第一次国内革命战争的东征、西讨和北伐中建立了赫赫战功。

邓演达先生在学生时代即参加了同盟会，1920 年参加援闽粤军第一师，成为孙中山先生的积极追随者，并受到孙中山先生的器重。在第一次国共合作时期，他竭诚拥护并坚决贯彻孙中山先生"联俄、联共、扶助农工"三大政策。孙中山先生筹办黄埔军官学校时，他受命为七人筹委之一，为建校悉心筹划、不遗余力。黄埔军校成立后，邓演达先生先后担任校训练部副主任和教育长等职，成为优秀的军事教育家。其间，他与共产党人亲密合作，着手进行了一系列改革，例如以政治教育和军事教育并重，首创党代表制度和政治工作制度，为国共两党培养了大批的军事、政治人才。

在北伐战争中，邓演达先生表现了一位杰出的政治工作者和军事指挥家的卓越才华。邓演达先生坚持并发扬黄埔军校的优良传统，积极推行军队政治工作制度和党代表制度，大量任用共产党人，促进了军队的革命化，成为广大官兵浴血奋战的支柱；同时，宣传、组织工农群众积极支持和紧密配合北伐，保证了北伐战争胜利进军。毛泽东同志在抗日战争爆发之初说："国民党的军队本来是大体上相同于今日的八路军的精神的，那就是在1924年到1927年的时代。""那时军队有一种新气象，官兵之间和军民之间大体上是团结的，奋勇向前的革命精神充满了军队。那时军队设立了党代表和政治部，这种制度是中国历史上没有的，靠了这种制度使军队一新其面目。"邓演达先生与共产党人真诚合作，作出了卓有成效的努力并造就了不可磨灭的业绩。邓演达先生还亲任战役指挥，经常参与总司令部的军事工作并与作战部队一起行动，指挥督战。在攻占汀泗桥、贺胜桥等重要战役中，他参与了担任前锋的第四军军部的指挥工作。在武昌城的攻坚战中，他亲临城下指挥，身先士卒，经过40天的艰苦奋战，终于攻克这座华中军事重镇，威震敌胆。

在武汉政府时期，作为国民革命军总司令部武昌行营主任及湖北省政务委员会主任，邓演达先生参与、主持收回了汉口、九江英租界，维护了国家主权，为中国人民反帝斗争史写下了光辉的一页。作为中央农民部部长，邓演达先生积极支持农民运动，与毛泽东同志领导组织了中华全国农民协会临时执行委员会，创办了中央农民运动讲习所，并以百忙之身亲任所长。邓演达先生关于农民问题的理论，和毛泽东同志基本一致。毛泽东同志曾说过："大革命时期搞农民运动，陈独秀、彭述之不与我合作，倒是邓演达肯同我合作。"周恩来同志也说过："当他（指邓演达）从苏联回来，在讨论土地问题时，他和毛泽东同志的意见一致。"武汉政府时期，邓演达先生等国民党左派与中国共产党一道，旗帜鲜明地反对蒋介石的独裁统治。

1927 年，蒋介石和汪精卫先后背叛革命，导致以第一次国共合作为基础的大革命失败。邓演达先生坚持孙中山先生的三大政策，以坚定的国民党左派立场，在莫斯科发表了《对中国及世界革命民众宣言》，严厉抨击国民党右派制造国共分裂，宣告"无论为南京、为武汉，皆窃取中国国民党之旗号，曲解及假托革命的三民主义之内容，其实已为旧势力之化身，军阀之工具，民众之仇敌"，表示要在"伟大的领袖孙中山先生的精神领导底下，去团结领导被压迫被剥削的革命群众，向一切反动仇敌进攻，得到最后的胜利——把三民主义的革命纲领完全实现"，表现了伟大的民主主义革命家的浩然正气。为了探索一条新的革命道路，推翻当时的国民党反动独裁政府，复兴中国革命，邓演达先生于 1930 年 8 月领导成立了中国国民党临时行动委员会，即中国农工民主党前身。通过了《中国国民党临时行动委员会政治主张》等一系列重要文件，提出反对帝国主义，肃清封建势力，推翻南京反动统治，建立以农工为重心的平民政权，实行耕者有其田，通过国家资本主义过渡到社会主义。这个纲领，按邓演达先生的高度概括，就是"解放中国民族，建立平民政权，实现社会主义"，这是邓演达先生民主革命思想的集中体现。

1931年8月，因叛徒出卖，邓演达先生不幸被捕。蒋介石多次派人劝降，软硬兼施，许以高官厚禄，劝他解散组织，放弃政治主张，均被严词拒绝。他说："政治斗争是为国为民，绝无个人私利存乎其间，我们的政治主张决不变更，个人更不苟且求活。"邓演达先生用碧血为自己革命的一生写下了更加光辉的最后一页，以身殉志，年仅36岁。先生高风亮节，求仁得仁，"坚贞不屈，献身民主。碧血丹心，照耀千古"！

邓演达先生的一生，是革命的一生、战斗的一生、伟大的一生。他为反帝、反封建、反蒋进行了艰苦卓绝的斗争，为第一次国共合作作出了不可磨灭的贡献，为中国人民的革命事业建立了不朽的功勋。他矢志不渝、奋斗不息的革命精神，他不怕吃苦、不怕牺牲、勤于学习、忠于信仰的崇高献身精神，永远值得我们景仰和学习。他的伟大功绩永远是中国革命史册上光辉的一页。

邓演达先生离开我们已经74年了。如今，可以告慰先生英灵的是，先生毕生追求的理想已经实现。中国共产党带领全国人民，团结一心，艰苦奋斗，终于推翻三座大山，取得了新民主主义革命的伟大胜利，建立了中华人民共和国。经过半个世纪的改革和发展，新中国发生了翻天覆地的巨大变化，社会主义现代化建设取得了辉煌成就。在长期斗争实践中，农工党努力探索富国兴邦的道路，为求得民族独立和国家富强，先后有百余位农工党员英勇捐躯，农工党员的鲜血与共产党人的鲜血流在了一起。正如李瑞环同志在庆祝农工民主党建党60周年大会上致贺词所说："在中国共产党统一战线政策影响下，农工民主党的同志们继承了邓演达烈士的革命精神，前赴后继，积极投入了民族解放和人民革命的斗争，和我们党相互支持，并肩战斗，结下了患难与共、兄弟般的深厚情谊，为新民主主义革命的胜利和创建新中国作出了重要贡献。"农工党历经艰难曲折，终于认识到中国革命必须在中国共产党的领导下才能取得胜利，只有在中国共产党的领导下，同中国共产党通力合作，才能得到生存和发展，才能在长期的革命斗争中发挥作用、作出贡献。

如今，邓演达先生亲手缔造的农工党已发展为拥有 9 万多党员的参政党，活跃在中国共产党领导的多党合作的政治舞台上。农工党中央和各地方组织积极参与国家和地方有关法律法规草案的协商讨论，为促进民主政治建设，作出了一定贡献。近年来，更是坚持把发展作为参政议政的第一要务，树立和落实科学发展观，围绕西部大开发、"三农"问题、可持续发展、区域经济发展、医疗卫生体制改革等一系列重大问题深入调研，积极向中共中央和国务院建言献策，支持、协助中国共产党和政府民主决策、科学决策。

值此纪念邓演达先生诞辰 110 周年之际，我们再次强调继承和发扬农工党爱国革命的光荣传统，概括起来主要有四条：第一，爱国主义的优良传统。爱国是农工党建党时期的思想基础和政治基础。新中国成立后，农工党走上了社会主义道路。爱国主义、社会主义两面大旗团结了最大多数的有志之士，也是农工民主党的重要基础。第二，自觉接受中国共产党的领导、坚持与中国共产党亲密合作的优良传统。农工党在历史发展的各个关键时刻，都是在中国共产党的指引、帮助和领导下坚持了正确的政治方向。农工党能够在中国革命和建设中作出贡献，都是与中国共产党亲密合作、风雨同舟、荣辱与共、团结奋斗的结果。没有中国共产党的领导，就没有农工党的今天。自觉接受中国共产党的领导，坚持与中国共产党亲密合作，永远是农工党的立党之本。第三，紧密围绕中国共产党和国家的中心任务开展工作的优良传统。农工党的全部工作和活动只有坚持围绕中心、服务大局，才能充分体现自身存在价值，才会对社会作出应有的贡献。第四，自觉学习和运用马列主义、毛泽东思想和邓小平理论、"三个代表"重要思想，坚持自我教育，发展自我教育的优良传统。政党的成熟必须有理论上的成熟。农工党要在新世纪新时期作为参政党有所作为，就必须始终坚持自身建设，首先是思想建设，要有正确的指导思想、坚定的政治立场、科学的思维方法。

各位来宾，同志们：

当前，我国改革发展进入了关键时期。在中国共产党的领导下，全国人民正按照中共十六大描绘的蓝图，聚精会神搞建设，一心一意谋发展，意气风发地推进全面建设小康社会的伟大进程。我们要认真学习中共中央《关于进一步加强中国共产党领导的多党合作和政治协商制度建设的意见》，切实履行参政党职能，充分发挥参政议政作用。我们要认真学习贯彻胡锦涛同志在2005年新春座谈会上提出的关于进一步加强中国共产党领导的多党合作和政治协商的五点要求：坚持走中国特色社会主义政治发展路线；坚持中国共产党的领导，充分发扬社会主义民主；坚持把发展作为多党合作和政治协商的根本任务；坚持推进多党合作和政治协商的制度化、规范化、程序化；坚持执政党建设和参政党建设相互促进，为全面建设小康社会发挥积极作用，作出更大贡献。

认真学习贯彻《意见》精神，努力开创农工民主党宣传思想工作新局面*

（2005 年 10 月 14 日）

今年 2 月 18 日，中共中央颁布了〔2005〕5 号文件——《关于进一步加强中国共产党领导的多党合作和政治协商制度建设的意见》。这是以胡锦涛同志为总书记的中共中央坚持和完善中国共产党领导的多党合作和政治协商制度的一项重大举措，是我国政治生活和多党合作中的一件大事。农工党中央对此高度重视，十三届九次常委会专题组织学习，并且下发了通知，要求全党各级组织把认真学习、广泛宣传和贯彻落实《意见》精神，作为当前和今后工作的一项重要政治任务，切实抓紧抓好。今天，我们在这里继续深入学习《意见》精神，总结部署我党的宣传思想工作，对加强新时期参政党建设，具有十分重要的意义。

下面，我谈几点意见，供同志们参考。

---

* 这是蒋正华同志在中国农工民主党全国宣传思想工作会议上的主题讲话。

一、深刻领会《意见》的重大意义，充分认识加强农工党宣传思想工作的极端重要性

进入新世纪新阶段，国际国内形势发生重大而深刻的变化。《意见》的颁布实施，是指导新世纪新阶段我国多党合作事业的纲领性文件，是发展社会主义民主政治、建设社会主义政治文明的重要步骤，是落实科学发展观、全面建设小康社会的客观需要，是维护社会政治稳定、构建社会主义和谐社会的有力保障，是抵御国际敌对势力"西化""分化"图谋、发挥我国政治制度和政党制度优势的战略举措，具有重大而深远的意义。

面对新形势新任务，全党同志必须从推进社会主义政治文明建设的全局和坚持走中国特色政治发展道路的战略高度，深刻领会《意见》的重大意义，充分认识切实加强我党宣传思想工作的极端重要性。

第一，切实加强我党的宣传思想工作，着力于团结动员广大农工党员，积极行动起来，适应我国经济社会快速发展要求，为全面建设小康社会作出更大贡献。

中共十六大以来，中共中央、国务院坚持以科学发展观统领经济社会发展全局，成效显著。今年上半年，国民经济宏观调控成果得到巩固和发展，总体运行态势良好，呈现出八个亮点：

一是国民经济平稳较快增长。初步核算，上半年国内生产总值同比增长 9.5%。二是农业生产形势较好，夏粮又获丰收。据初步统计，夏粮总产达到 10627 万吨，增产 5.1%。三是工业生产较快增长。上半年，全国规模以上工业完成增加值 32274 亿元，同比增长 16.4%。四是固定资产投资增长相对平稳。上半年，全社会固定资产投资 32895 亿元，同比增长 25.4%，增速比

2004 年同期回落 3.2 个百分点。投资结构的调整取得明显成效。五是消费需求增长加快。上半年，社会消费品零售总额为 29610 亿元，同比增长 13.2%，扣除价格因素，实际增长 12.0%。六是市场价格上涨比较温和。上半年，居民消费价格总水平上涨 2.3%，低于 2004 年同期 3.6% 的水平，继续处于温和上涨的状态。七是外贸高出低进。上半年，进出口总额达 6450 亿美元，同比增长 23.2%，比 2004 年同期减慢 15.9 个百分点。其中，出口 3423 亿美元，增长 32.7%，减慢 3 个百分点；进口 3027 亿美元，增长 14.0%，减慢 28.6 个百分点。6 月末，国家外汇储备为 7110 亿美元，比年初增加 1011 亿美元。八是城乡居民收入继续较快增长。上半年，全国城镇居民人均可支配收入为 5374 元，同比实际增长（扣除价格因素）9.5%；农民人均现金收入为 1586 元，实际增长（扣除价格因素）12.5%。增速分别比 2004 年同期加快 0.8 个和 1.6 个百分点。

可以说，我国今年上半年的宏观经济基本上按一种合理轨迹在运行：在国民经济保持平稳较快增长的同时，物价上涨比较温和，实现了高增长、低通胀。经济学界对延长本轮经济景气周期普遍充满信心：从短期看，下半年消费、投资、进出口"三驾马车"依然动力强劲，可以拉动中国经济较快发展；从长期看，因为这次宏观调控在各方面的力度把握得比较到位，这一轮经济景气周期有希望比历史上任何一轮景气周期都长。

我们相信，只要坚定不移地落实科学发展观，把握好"稳定政策、分类指导、调整结构、深化改革、协调发展"的原则，切实把工作的着力点放在调整经济结构、转变增长方式、深化体制改革、促进协调发展上，认真解决经济运行中存在的突出矛盾和问题，就一定能够实现全年经济社会发展的预期目标，为"十一五"时期的发展奠定坚实基础。同时也要清醒地看到，在我们这样一个大国，要用短短 20 年的时间，建设惠及十几亿人的更高水平的小康社会，使经济更加发展、民主更加健全、科技更加进步、文化更加繁荣、社会更加和谐、人民生活更加殷实，其难度可想而知，今后还将遇到很多可以预见的和难以预见的困难与挑战。我们既要看到我国经济社会发展取得的辉煌成就，对全面建设小康社会宏伟事业满怀信心，又要对可能出现的困难与挑战有充分的思想准备，从而做到冷静观察、正确应对。"忧劳可以兴国，逸豫可以亡身"。全党同志一定要居安思危，增强忧患意识，弘扬民族精神，积极进取，全力支持、配合、帮助执政党和政府贯彻、落实好中共中央一系列重大决策，趋利避害，紧紧抓住并切实用好重要战略机遇期，不断提高我国的综合国力。

"十一五"时期是全面建设小康社会的关键时期。刚刚闭幕的中共十六届五中全会制定的"十一五"规划建议，坚持以邓小平理论和"三个代表"重要思想为指导，坚持以科学发展观统领经济社会发展全局，深入分析了国内外发展大势，围绕实现好、维护好、发展好最广大人民根本利益和推动社会主义经济建设、政治建设、文化建设、社会建设全面发展的根本要求，立足科学发展，着力自主创新，完善体制机制，促进社会和谐，明确了未来我国经济社会发展的指导方针，提出了符合我国国情、顺应时代要求、反映人民意愿的发展目标和总体部署。因此，切实加强我党的宣传思想工作，就是要把全党的思想和认识统一到中央的各项方针政策上来，把全党的力量和行动凝聚到全面建设小康社会上来，继续保持昂扬向上的精神状态和求真务实的科学态度，聚精会神地谋划发展大计，万众一心地实现我们的宏伟目标。

第二，切实加强我党的宣传思想工作，着力于提高广大农工党员的政治敏锐性，自觉抵御西方敌对势力"分化""西化"图谋，巩固和发展中国共产党领导的多党合作和政治协商制度。

中国共产党十一届三中全会以来，我国以经济建设为中心，实行改革开放的基本国策，走上了一条和平崛起的发展道路。虽然这一时期国际形势风云变幻，国内政治环境却保持了相对的和谐稳定。然而一个时期以来，有些同志忙于业务工作，忽视政治理论学习，缺乏马克思主义理论素养，政治意识淡薄，对意识形态领域斗争的长期性、复杂性缺乏清醒认识，对境内外敌对势力的政治图谋缺乏应有警惕，对错误言论的识别和抵制能力还不够强。

事实上，"树欲静而风不止"。西方一些国家在竭力保持其经济、军事上强势扩张的同时，不间断地向全世界传播它们的价值观念和政治制度。2003 年以来，格鲁吉亚、乌克兰和吉尔吉斯斯坦等独联体国家先后发生了"颜色革命"，在很短时间内便实现了政权更替，引起了世人的广泛关注。这一系列所谓"颜色革命"的爆发，原因是多方面的，既有"内忧"也有"外患"。从自身原因看，照搬西方政治模式并没有解决那些积重难返的问题，许多深层次的矛盾依然存在甚至更加激化，多党之间倾轧致使政局不稳、社会动荡。同时，人们也注意到，在这些国家发生的"颜色革命"背后，一直有一只若隐若现、忽明忽暗的"黑手"，那就是以美国为首的西方敌对势力在发挥着作用。

由于独联体国家拥有特殊的地缘政治优势，拥有丰富的石油、天然气等能源资源，直接关系到以美国为首的西方国家的重要战略利益，一些利益集团一直努力企图渗入和控制这个地区。长期以来，美国等西方势力通过各种手段培养反对派，扶持和发展了大量的反政府组织。正是在以美国为首的西方势力积极干预下，反对派才能够不断坐大，事态也才能不断朝着有利于反对派的方向发展，最终实现政权更替。

我国和独联体国家都处于深刻的社会转型期，认真分析这些国家爆发"颜色革命"的原因，我们可以从中获得深刻的启示。作为当今世界最大的社会主义国家，中国一直被西方敌对势力视为其在世界上推行资本主义制度和价值观念的重大障碍，千方百计地对我实施"西化""分化"。美国前总统尼克松的专著憧憬在战略上要谋求"不战而胜"，在战术上要"寄希望于第三、四代人身上"。西方敌对势力从政治、经济、文化、教育、宗教等各个领域，利用一切可以利用的机会，有计划、有步骤地开展活动。而共产党领导的多党合作和政治协商制度，被它们视为主要突破口。

新世纪新阶段，坚持和完善中国共产党领导的多党合作和政治协商制度的任务将更加艰巨和紧迫。作为与中国共产党长期合作的亲密友党和参政党，我们农工民主党必须与中国共产党共同承担起维护这一政治格局的神圣责任。贯彻落实《意见》精神，就是要通过切实有力的宣传思想工作，使广大农工党员对我国政党制度的特点和优点有更加深刻的认识，使广大农工党员更加坚定地用邓小平理论和"三个代表"重要思想武装头脑和指导实践，从而保证广大党员始终保持理论上的清醒和政治上的坚定，为坚持和完善中国共产党领导的多党合作和政治协商制度作出更大的贡献。

第三，切实加强我党的宣传思想工作，着力于增强全党的政治责任感、使命感，不断加强参政党自身建设，更好地履行参政议政、民主监督的基本职能。

时代背景的深刻变化和全面建设小康社会的伟大实践，为参政党发挥作用提供了广阔的空间，同时也对我们提高参政能力和水平提出了更高的要求。《意见》的颁布实施，推动我国民主政治建设进入新的历史时期，民主党派面临着难得的发展机遇。在中国共产党不断总结执政规律、不断提高执政能力和执政水平的背景下，在共产党拥有丰富的执政资源、人才资源和信息资源的环境中，参政党要在国家政治生活和社会进步中发挥更大的作用，就必须适应时代发展的要求，根据坚持中国共产党的领导、发扬社会主义民主、体现政治联盟特点、体现进步性和广泛性相统一的原则，全面加强思想建设、组织建设和制度建设，不断提高政治把握能力、参政议政能力、合作共事能力和组织协调能力，才能在更高水平上与执政党进行合作，才能同中国共产党一道，把多党合作事业进一步推向前进。

我们党历来重视宣传思想工作。做好新形势下的宣传思想工作，是加强参政党自身建设的重要内容，也是提高参政能力和水平的必然要求。目前，我们全党的思想状况整体上是健康稳定的，主流是积极向上的，主要体现在：一是对邓小平理论、"三个代表"重要思想、科学发展观的认同感增强；二是对以胡锦涛同志为总书记的中共中央的信赖感增强；三是团结合作、全面建设小康社会的自觉性增强；四是坚持和完善共产党领导的多党合作和政治协商制度的责任感增强，主人翁意识和荣辱与共的合作意识得到强化；五是参政议政、民主监督的积极性不断高涨。

同时，我们也要看到，随着改革开放和社会主义市场经济的发展，我们农工党的社会基础、成员结构和党员的政治理念、价值观念、思想方法、行为方式也发生了重大变化。一是党员规模有较大发展，党员结构发生新的变化。截至2004年年底，党员总数已达9.1万，平均年龄50.6岁，大专文化程度以上党员比例为78.4%，具有中高级职称的党员比例为90.4%。经过两次新老交替，各级组织的领导层基本上由新一代代表性人士组成。新党员特别是新一代领导成员的思想基础和政治素质好，知识层次高，年富力强，但政治经验、政治阅历和政治把握能力以及个人威望略显不足，尤其需要在政治思想、参政能力等方面加强锤炼。二是在多样性变革社会中成长起来的新党员的个体自主性不断增强，对于知识的接受和事物的评判有自己的思考，特别是大量的外来文化和信息使他们的思维更加活跃，权利意识、自我观念极大增强。但是，西方的意识形态、价值观念也会对他们产生潜移默化的影响，多党制、三权分立等政治观念也会影响他们对多党合作制度的认识。在我党中央宣传部于 2002 年和 2005 年进行的抽样问卷调查中，有 2.8% 的党员认为多党合作制度"不适合中国国情"，有 3% 的党员认为西方的议会制、多党制"基本适合中国国情"。这些都给我们加强自身建设、履行基本职能、搞好政治交接带来了一些新情况、新问题和新挑战。同志们要认清自己肩负的重任，增强光荣感、责任感和使命感，奋发进取，真抓实干，创造性地做好我党的宣传思想工作。

二、认真领会《意见》的精神实质，坚定不移地走中国特色政治发展道路

《意见》适应了新形势新任务的要求，体现了中国共产党和各民主党派、无党派人士的共同意愿，可以说是历史经验的总结、政治协商的成果、团结合作的体现、集体智慧的结晶，也是指导我党各项工作的依据和指南。

《意见》的重点是加强制度建设，实质是推进社会主义政治文明建设，核心是坚持走中国特色社会主义政治发展道路。这是理解和把握《意见》的关键。今天，我着重谈谈坚持走中国特色社会主义政治发展道路的问题。

第一，中国人民在积极探索中国特色社会主义过程中，创立了与我国国情相适应的社会主义政治制度，开拓了具有中国特色

的政治发展道路。

政治制度是国家制度的重要方面。我国实行的政治制度主要是：人民代表大会制度、共产党领导的多党合作和政治协商制度、民族区域自治制度。这是我国社会主义建设事业不断取得辉煌成就的政治保障。

新中国建立以来逐渐发展完善的中国特色政治发展道路，具有这样几个特点：（1）坚持走自己的路的战略原则。强调政治发展要从本国的基本国情出发，坚持中国共产党的领导，坚持中国特色社会主义的基本经济制度、政治制度；强调政治发展要有利于生产力的进步、社会的安定团结和人民生活水平的普遍提高。（2）采取循序渐进、制度创新、逐步深入的战略方针，维护了改革发展稳定的大局，确保了政治发展的有序、稳妥、持久，取得了显著成效。（3）实行以发展社会主义民主政治为核心内容的战略要求，持之以恒地推进社会主义民主政治制度化、规范化、程序化，从而实现和维护了中国人民的根本利益。（4）发挥我国社会主义政治制度的突出特点和战略优势，保证了政治发展的正确方向。我国政治制度的本质要求是，既能体现国家权力统一、由多数人行使权力、国家机关分工制约与合作协调相结合的优点，又能避免个人集权独断专行、"三权对立"彼此扯皮、多党争权相互倾轧的弊端。坚持走中国特色社会主义政治发展道路，是我国革命、建设和改革事业取得成功的重要保障，也是我国民主政治建设必须坚持的重要原则。

政党制度是一个国家政治制度的核心，是民主政治建设的重要体现和实现形式。在一个国家的政治发展中，政党制度的形成和发展深刻体现着这个国家的国情和发展道路。可以说，政党制度建设的方向在一定条件下决定了政治发展的方向。《意见》深刻揭示了我国政党制度与政治制度、政治发展之间的关系："我国是人民民主专政的社会主义国家，同这种国体相适应的政权组织形式是人民代表大会制度，同这种国体相适应的政党制度是中国共产党领导的多党合作和政治协商制度。""在新的历史条件下，发展社会主义民主政治、建设社会主义政治文明，其中一个重要方面就是坚持和完善中国共产党领导的多党合作和政治协商制度，扩大各界人士有序的政治参与，拓宽社会利益表达渠道，促进社会和谐发展，实现中国共产党的领导、人民当家作主和依法治国的有机统一。"

第二，中国共产党领导的多党合作和政治协商制度产生、发展和完善的伟大实践，集中体现了中国人民对中国特色政治发展道路的探索。

回顾我国政党制度形成和发展的历史过程可以看出，建立和实行中国共产党领导的多党合作和政治协商制度，并非某个领导人、某个政党一时的心血来潮、人为安排，而是中国社会历史发展的必然选择，是中国共产党和中国人民政治智慧的结晶。

以政党形式开展政治活动是现代政治生活的重要特点，但是，现代政党制度对于中国来说，是一个地地道道的"舶来品"。我国是一个具有 2000 多年封建君主专制历史的国家，一直存在着"君子不党"的传统观念。鸦片战争后，许多仁人志士和政治力量日益认识到，分散的、自发的抗争不能实现救亡图存的目标，学习西方的政治制度才能使国家强盛，因而，日益重视模仿和借鉴西方的民主政治、政党模式，为此进行了艰难曲折的探索。

辛亥革命后，一度效仿西方的多党制。一时间，政党林立，最多时达到 300 多个。有人描述说，当时"集会结社，犹如疯狂，而政党之名，如春草怒生"。以至于陌生人相见，除了要请教尊姓大名之外，还要请教人家的党籍。中华民国第一届国会选举时，由中国第一个现代意义政党——同盟会演化而来的国民党赢得国会多数，成为国会第一大党。然而，在封建军阀袁世凯的指使下，国民党领袖宋教仁被暗杀于游说途中，国民党被强行解散，袁世凯复辟帝制，中国第一次政党政治实践就此夭折。

从 1922 年起，孙中山接受共产国际和中国共产党的帮助，着手改组国民党，实现第一次国共合作，有力地推动了国民革命的进展。1927 年后，蒋介石、汪精卫等背叛和践踏孙中山亲手开创的国共合作事业，建立了"一党训政"的南京国民政府，推行"党外无党"的独裁统治，不允许任何政党合法、公开存在。特别是抗战胜利后，蒋介石继续其一党专政的独裁统治，悍然发动内战，实行所谓的"戡乱总动员"，宣布民盟等民主党派为"非法组织"，密令对民主党派的上层人士"暂且容忍敷衍"，对下层则"格杀勿论"，疯狂镇压各进步力量，最终导致其经济上迅速崩溃、政治上完全孤立、军事上彻底失败。

由此可以看出，西方多党制和一党制的政党制度简单嫁接到中国的土壤上，都患上了"水土不服"的毛病，是注定要失败的。而我国共产党领导的多党合作和政治协商制度的确立，却是迥然不同的"中国制造"，具有明显的中国特色和中国气派。

各民主党派从成立起就相继与中国共产党建立了不同程度的合作关系，一些民主党派及其主要领导人逐步放弃了"中间路线"，选择了接受中国共产党的领导。新中国成立前后，对于实行什么样的政党制度，并不是一开始就意见统一的。当时，我国的政治、经济制度主要学习借鉴苏联，所以，不少人主张也像苏联和东欧一些国家那样，采取单一政党执政的政党体制。一些民主党派人士同样认为：民主革命的目标已经实现，民主党派就没有必要存在下去。1949 年 11 月，我们农工党在北京召开"五干"会议。会上，一些人就主张"光荣结束"。12 月，以沈钧儒为首的中国人民救国会率先采取了自行解散的行动。

在这一重要的历史关头，中国共产党站在中国民主政治长远发展的高度，主动选择了多党合作的政治格局。毛泽东同志对此有一段生动形象的阐述。他说，从前有句话叫"飞鸟尽，良弓藏"，现在应该改作"飞鸟尽，良弓转"——转向更好、更进步的方面去。他比喻说，新中国的建立，如"大厦将建，独木难支"，不能光靠一个党派，需要多党派齐心努力、共建大厦。后来，他还在党与非党的关系方面，提出"两个万岁"的思想：一个是共产党万岁，另一个是民主党派万岁。就这样，中国共产党执政后，鼓励其他党派继续存在、合作参政，创立了世界政党制度的崭新模式。

第三，中国共产党领导的多党合作和政治协商制度反映了人民当家作主的社会主义民主的本质，体现了我国政治制度的特点和优势，具有巨大的优越性和强大的生命力。

邓小平同志曾经深刻地指出："在中国共产党的领导下，实行多党派的合作，这是我国具体历史条件和现实条件所决定的，也是我国政治制度中的一个特点和优点。"

这一政党制度的"特点"体现在：首先，它不同于西方资本主义国家的多党制或两党制。这种多党制或两党制使国家的力量不可能完全集中起来，很大一部分力量互相牵制和抵消。而我国的民主党派接受共产党领导，同共产党通力合作、团结一致。其次，它不同于苏联式的一党制，允许多党合法存在。我国各民主党派都是受宪法承认和保护的合法政党，是中国共产党的亲密友党，是参政党。中国共产党与各民主党派之间，坚持"长期共存、互相监督、肝胆相照、荣辱与共"的基本方针，保持"宽松稳定、团结和谐"的政治环境。

这一政党制度的"优点"体现在：第一，既有坚强的领导核心，又有充分的政治支持和广泛的社会基础。第二，既有集中，又有民主。在共产党领导下，各民主党派与共产党团结合作、互相监督，既有利于共产党与各民主党派在共同政治基础上加强合作，又有利于避免多党互相倾轧造成的政治动荡和一党制造成的高度集权、破坏民主等种种弊端。第三，既维护人民的根本利益，又照顾不同阶层、群体的具体利益，体现了一致性与多样性的统一。第四，既有共同的政治基础，又"和而不同"。各民主党派作为各自所联系的一部分社会主义劳动者、社会主义事业建设者和拥护社会主义的爱国者的政治联盟，始终保持进步性与广泛性相统一的特点。

我国政党制度最大的优点是既能充分发扬民主，发展各界力量；又能迅速集中民智，作出重大决策，立即付诸行动。这在当今形势瞬息万变、竞争激烈的环境下，对于实现振兴中华的宏大目标有着决定性的意义。我国经济社会发展的成就，充分彰显出我国政党制度的这一优越性。2004 年，我国国内生产总值达到13.65 万亿元，人均国内生产总值超过 1 万元。综合国力大幅度提升，人民生活水平总体上达到小康，正在向经济更加富裕，发展更加全面、更加均衡的全面小康社会迈进。今年 9 月 16 日，经济合作及发展组织发布最新报告预测，中国可在 5 年内超越英、法、意 3 国，成为全球第四大经济体系。世界银行的专家也评价说，中国只用一代人的时间，就取得了世界其他国家用了几个世纪才取得的成就。这虽然是一家之言，但也从一个侧面反映了社会主义中国在世界的东方创造了人间奇迹。

第四，我们需要借鉴人类政治文明的有益成果，但绝不照搬西方政治制度的模式。

在政治体制改革和政治文明建设这个问题上，我们有的同志受西方政治观念影响，并且没有独立思考而形成了一种思维定势，就是认为只有西方国家的政治制度才是现代意义的政治制度，发展中国家在现代化进程中要实现政治现代化，就必须照搬西方的政治制度。这是一种认识上的误区。实际上，西方国家在20世纪的经济社会发展过程中，也曾经吸收和借鉴了马克思主义的思想和社会主义的建设经验，不断地进行调整。

多样性是宇宙普遍适用的自然法则。在丰富多彩的世界里，文明的多样性不仅造就了不同的种族和文化，而且造就了不同的社会制度和政治发展模式。世界范围内，从政党制度的类型与模式上，可划分为"一党制""两党制""多党制"以及"一党领导多党合作制"等。其中在"一党制"中，可分为法西斯主义的、民族主义的、苏联的等不同类型；"两党制"则分为英国、美国、澳大利亚以及加拿大等不同国家的制度模式；至于"多党制"，则意大利、法国、德国和日本均有自己不同的特点；中国实行的是共产党领导的多党合作制度。

世界政党制度这样一个多样性的现实，是在不同历史文化基础上发展起来的政治文明的具体体现。西方的政党制度是由西方的经济和社会发展、西方的历史背景和文化传统决定的。事实上，如果没有基督教的文化传统，没有古希腊亚里士多德的政治学思想，没有后来的孟德斯鸠等人的法学理念，没有近现代以来西方经济社会发展的基础，就很难想象西方三权鼎立的政治架构，也很难想象西方政党及政党制度的建立与发展。同样，我国社会主义政党制度的建立和发展，不仅渗透了中国"大一统"思想以及"和合"哲学理念的影响，而且是在马列主义、毛泽东思想、邓小平理论和"三个代表"重要思想指导下，把世界上"一党制"和"多党制"中某些合理的因素融入并吸收到这个制度中来。我们可以自豪地说，中国共产党领导的多党合作和政治协商制度，既是中国人民的伟大创造，也是对人类政治文明的重大创新和贡献。

历史经验证明，照搬别国的政治制度和发展模式，从来不能得到成功。这一点，除了刚才我讲到的独联体国家发生"颜色革命"的问题外，"拉美现象"也能给我们以深刻的启示。由于盲目照搬西方的发展模式，阿根廷等一些拉美国家，丧失了大好发展局面，出现了贫富差距加大、社会矛盾激化、经济萧条、政局动荡等问题，值得我们引以为鉴。就是在经济发达的西方国家中，政党、政治制度也各不相同，并经常互相批判。

可见，世界各国国情不同，根本不存在放之四海而皆准的"民主模式"。胡锦涛同志深刻指出："发展社会主义民主政治，要积极借鉴人类政治文明的有益成果，但绝不照搬照抄别国的政治制度模式。"具有中国特色的社会主义政治发展道路，深深根植于中国的土壤中，具有强大的生命力，符合全国各族人民的意愿和根本利益。"咬定青山不放松，任尔东西南北风。"在日趋激烈的国际竞争和纷繁多变的时代风云中，我们必须敞开胸怀，积极吸收人类社会的一切优秀文明成果，同时也要更加坚定地走自己的路。切实加强我党的宣传思想工作，就是要认真学习贯彻《意见》精神，教育、引导广大农工党员深刻认识进一步加强我国政治制度和政党制度建设的必然性和重要性，把中国共产党领导的多党合作和政治协商制度坚持好、完善好、发展好，坚定不移地走中国特色社会主义政治发展道路。

三、贯彻落实《意见》的各项要求，大力加强农工党宣传思想工作

宣传思想工作是提升人的精神状态和政治行为的重要途径。由于它通过政治宣传来教育人、鼓舞人和激励人，因此，政治学

家称其为"直接政治社会化过程",具有不可替代的重要作用。做好新形势下我党的宣传思想工作,必须在继承和发扬优良传统和成功经验的基础上,贯彻落实《意见》中对参政党的各项要求,用时代的要求来审视宣传思想工作,用发展的眼光来研究宣传思想工作,以改革的精神来推动宣传思想工作,科学地认识和把握新形势下宣传思想工作的特点和规律,形成新思路,探索新办法,开辟新途径,取得新成效。

当前和今后一个时期,我党宣传思想工作的主要任务是:

(一)坚持以人为本,努力增强思想建设的主动性和针对性,夯实多党合作的共同思想基础

思想建设是参政党自身建设的核心。要以邓小平理论和"三个代表"重要思想为指导,认真学习贯彻《意见》精神,深入学习以胡锦涛同志为总书记的中共中央关于治国理政的一系列重要论述,围绕实现全面建设小康社会、落实科学发展观和构建社会主义和谐社会的要求,提高广大农工党员的政治素质和思想道德水平,增强对建设中国特色社会主义的共识,深化对参政党地位、性质和历史使命的认识,遵循多党合作的基本政治准则,发扬求真务实的思想作风,牢固树立立党为公的观点,为巩固和发展同中国共产党的长期合作奠定坚实的思想基础。

做好广大农工党员的思想政治工作,要坚持以人为本的原则,认真研究、努力遵循在新形势下民主党派思想建设的客观规律。首先,要高度重视思想建设,建立健全定期研究分析党员思想态势的机制,及时把握党员的思想脉搏,做到有的放矢、对症下药,掌握思想建设的主动权。其次,要努力做到"四个结合":一是把思想建设与履行参政党职能结合起来,引导动员党员积极参与政治生活、社会实践,在合作共事中增强共识。二是把思想建设与参政党理论建设结合起来,就党员中普遍存在的重

大认识问题，从理论高度加以研究，不断增强理论的说服力，高屋建瓴地做好思想建设工作。三是把思想建设与基层组织建设结合起来，切实加强基层组织建设，活跃基层组织生活，使思想建设落到实处，增强基层组织的活力和凝聚力。四是把思想建设与维护党员的合法权益结合起来。党员中的许多思想问题，都是由改革中的利益调整引起的。我们要主动关心党员的思想、生活，协助其解决实际困难，寓思想教育于办实事之中，通过解决现实问题引导党员提高精神境界，增强党员对中国共产党和人民政府的信任。此外，还要讲究方式方法，努力做到春风化雨、润物无声。要特别警惕和防止形式主义，不讲究方式方法，不区分场合对象，照本宣科，生搬硬套，老生常谈，空话套话连篇，不仅党员反感，也起不到好的效果。

当前，我们要妥善处理好进步性与广泛性的关系。在长期的历史进程中，民主党派作为政治联盟性质的政党，一直具有进步性与广泛性相统一的特点。民主党派的进步性，现阶段集中体现在同中国共产党通力合作，共同致力于建设中国特色社会主义事业。民主党派的广泛性，是指其成员来自不同的社会阶层和群体，是同其社会基础及自身特点联系在一起的。这种进步性和广泛性，正是各民主党派长期存在的理由，也是多党合作的基础，二者缺一不可、不能偏废。2004年，适应形势发展，宪法修正案把新的社会阶层作为社会主义事业建设者纳入统一战线内部构成。现在，《意见》也将"社会主义事业建设者"写入对民主党派性质的表述中，使得民主党派的社会基础更加广泛。因此，我们农工党在思想建设中既要不断巩固和增强进步性的特点，也要继续保持和发挥广泛性的特点，才能团结、联合更多的党员群众，才能更好地坚持和完善多党合作制度。

（二）围绕发展主题，深入动员广大农工党员献计出力，焕

发多党合作的强大精神动力

　　发展是中国共产党执政兴国的第一要务，也是各民主党派参政议政的第一要务。《意见》强调，多党合作和政治协商要牢牢把握发展这个根本任务，树立和落实科学发展观，紧紧围绕经济建设这个中心，自觉服务于改革发展稳定的大局，把各方面的智慧和力量凝聚到实现全面建设小康社会的奋斗目标上来，促进社会主义物质文明、政治文明、精神文明的协调发展和人的全面发展，实现中华民族的伟大复兴。

　　围绕经济建设这个中心，服从服务于改革发展稳定的大局，是我们农工党宣传思想工作的重要任务。要紧紧抓住发展这个主题，把中国共产党关于经济建设和改革开放的重大决策、重要部署宣传清楚、解释明白，积极引导广大党员增强抓住机遇、加快发展的紧迫感、责任感和使命感，增强投身改革开放和现代化建设的积极性、主动性和创造性。对于社会主义市场经济在发展过程中出现的很多新情况新问题，要积极引导广大党员从发展的观点出发，解放思想、实事求是、与时俱进，努力形成促进社会主义市场经济健康发展的思想观念和价值取向；积极引导广大党员正确对待改革中利益关系的调整，自觉维护安定团结的大局。要通过我们扎扎实实的工作，使全面建设小康社会的宏伟目标深入人心，使促进社会主义经济建设、政治建设、文化建设与和谐社会建设全面发展的思想深入人心，使以人为本、全面协调可持续发展的观念深入人心，使实现社会全面进步和人的全面发展的观念深入人心。要通过我们的不懈努力，把广大农工党员对社会主义祖国的无限忠诚、对中国共产党的无限热爱，转化为建设中国特色社会主义事业、实现中华民族伟大复兴的强大精神动力。

　　我们要妥善处理好履行职能与自身建设的关系。当前，在一些同志看来：发展是我们民主党派的第一要务，参政议政才是我们工作的"真家伙""硬任务"；至于思想建设或者自身建设，则可强可弱甚至可有可无。受这种看法影响，工作中不同程度地存在着"一手硬""一手软"的现象。事实上，作为参政党，我们跟共产党处于同一历史方位中，同样面临着两大历史性课题：一是如何适应全面建设小康社会的历史任务，努力提高参政能力和水平，更好地发挥参政党的作用；二是如何继承和发扬优良传统，保证在任何情况下，尤其是在发生复杂政治风浪的情况下经受住考验，始终坚持正确的政治方向。这两大历史性课题，从另一个角度说，就是发挥参政党作用与加强参政党建设。这是一个问题的两个方面，只有加强自身建设，才能更好地发挥参政党作用。加强民主党派自身建设，既是多党合作事业巩固和发展的重要基础，也是决定参政党素质和作用发挥的重要因素。重视宣传思想工作是我们农工党的政治优势和优良传统，任何时候任何情况下都不能忽视或者削弱。

（三）勇于开拓创新，坚持理论学习与指导实践相结合，构筑多党合作的坚实理论根基

理论来源于实践，实践呼唤着理论。从确定多党合作的政党格局，到多党合作事业的蓬勃发展，具有中国特色的社会主义政党制度只有短短50多年的历史。它在中国的土壤上产生，是不同于世界上任何一个国家的独特的政党制度：既克服了西方政党制度的弊端，又吸收借鉴了其中的合理因素；既是历史形成的，又具有强大的现实必要性。支撑和指导这样一种政党制度，没有现成的理论体系可以照搬。因此，参政党理论的创新显得尤为迫切和重要。我们要以"三个代表"重要思想为指导，认真把握新情况，深入研究新问题，不断进行理论创新，为构筑多党合作理论大厦添砖加瓦。

理论建设是一个政党建设的关键，理论上的成熟是政治上清

醒和坚定的前提。我们要从多党合作的战略高度，充分认识和深刻理解加强参政党理论建设的重要性和紧迫性。在新世纪新阶段，我党理论建设必须坚持以邓小平理论和"三个代表"重要思想为指导，确保理论建设的正确方向；必须坚持中国共产党领导的多党合作格局，维护安定团结的政治局面；必须坚持解放思想、实事求是、与时俱进的思想路线，不断创新和丰富参政党理论；必须坚持理论联系实际的优良作风，以理论创新推动工作创新。要通过全党上下的不懈努力，把农工党建设成为始终与中国共产党亲密合作、适应新世纪新阶段多党合作要求的参政党，为实现全面建设小康社会、为巩固和发展中国共产党领导的多党合作和政治协商制度作出更大贡献。

要妥善处理好建立长效研究机制与解决当前实际理论问题的关系。参政党理论建设有其特殊的规律和方法，必须着眼长远、循序渐进，有领导、有组织、有计划地推动这项工作健康开展。要按照我党中央《关于加强参政党理论建设的意见》要求，制定落实理论研究的中长期规划，明确理论研究的重点课题，建立理论研究基地，培养理论研究骨干队伍，指导和推动全党理论研究工作扎实有序开展。同时，我们也要着眼当前，紧密联系工作实际，把解决当前面临的实际问题作为理论研究工作的出发点和内在动力，紧紧围绕履行职能和自身建设中亟待解决的重大问题，有的放矢地提出对策措施，不断提高理论研究成果的科学含量和应用价值，不断鼓舞和调动广大党员学习理论、运用理论的热情。

（四）完善工作机制，不断巩固和拓宽社会宣传的渠道，营造多党合作的良好舆论环境

宣传舆论在现代社会的影响力越来越大。通过各种新闻舆论工具和宣传手段，及时、准确、全面、深入、生动地宣传农工党

的各项工作，是宣传中国共产党领导的多党合作和政治协商制度的重要组成部分，也是我们农工党发挥参政党作用、展示参政党形象的重要途径。做好这项工作，不仅有利于调动全党的积极性，促进全党的各项工作，也有利于增强社会各界坚持走中国特色政治发展道路的信心，有利于增进国际社会对我国政治制度和政党制度的了解，为中国共产党领导的多党合作和政治协商制度的发展完善创造良好的舆论环境。

要大力拓展我党社会宣传工作的力度、深度和广度，努力实现我党社会宣传工作的经常化、制度化和规范化。当前，各种新闻媒体发展迅速，纷纷加大对多党合作事业的报道力度，为我们拓宽宣传渠道提供了有利条件；我党各项事业蓬勃发展，典型人物、生动事例不断涌现，为我们深化宣传内容提供了丰富素材。因此，在坚持做好常规性会议、活动报道的同时，要进一步解放思想，开动脑筋，完善工作机制，健全队伍网络，不断巩固和发展宣传渠道，努力探索和创新宣传形式。要紧紧围绕我党的各项工作，特别是参政议政、民主监督、社会服务、自身建设工作的新进展，从不同侧面和不同层次做好深度报道、专题宣传，扩大社会影响，取得更好的宣传效果。

充分发挥党报党刊和网站的宣传作用。我党中央主办的《前进论坛》和各级地方组织的报刊，是我们进行社会宣传和自我教育的重要平台，要进一步办好。要继续坚持正确的舆论导向，遵守中国共产党和国家的出版方针、政策及法规，充分利用我党人才荟萃、智力密集、联系广泛的优势，努力增强宣传教育的感染力、吸引力和说服力，大力宣传中国共产党的理论、路线、方针、政策，热情讴歌中国共产党领导的多党合作和政治协商制度，积极报道我党中央的重大活动，广泛交流我党各级组织的工作经验，全面展示我党优秀党员的风采，充分发挥党报党刊的导向作用、桥梁作用、平台作用。

要加强宣传干部队伍建设，妥善处理好建立专业队伍和动员全党力量的关系。民主党派的宣传思想工作是一项政治性、专业性很强的工作。它要求从事这项工作的同志具有较高的思想政治素质，热爱多党合作事业，熟悉我党的奋斗历史，具备相当的统一战线理论素养，能够熟练掌握和运用新闻写作、编辑、摄影摄像等知识技能。只有拥有这样一支专业化的宣传干部队伍，我们的各项宣传任务才能落到实处。各级组织对此要继续高度重视，选配和培养一支政治可靠、业务熟悉、作风过硬的宣传骨干队伍，充分发挥他们的作用。同时也要看到，随着多党合作事业的深入发展，对提高参政党社会宣传工作水平的要求也在不断提高。面对新的形势和任务，必须动员全党的力量，调动各级组织和机关各个部门的力量，建立健全运行机制，强化宣传观念，主动配合宣传部门和新闻媒体，积极提供新闻线索和宣传素材，才能使我们的宣传力量更加壮大、宣传内容更加广泛深入，才能真正形成万马奔腾、春色满园的生动局面。

在国家医药卫生体制改革
研讨会上的致辞

（2005 年 10 月 18 日）

研讨会的召开正逢其时。一是中共十六届五中全会刚刚闭幕。五中全会提出了第十一个五年规划建议，为我国经济社会发展转入全面协调可持续发展的轨道指明了方向。五中全会特别强调，必须坚持和谐社会建设，更加注重经济社会协调发展，更加注重社会公平，更加注重民主法制建设，认真解决关系人民群众切身利益的现实问题。这次研讨会就是要学习、落实中共十六届五中全会精神。二是医疗卫生体制中的许多矛盾日益突出，各方面都有许多意见，都不满意现状，正在深入进行如何深化医药卫生体制改革的大讨论。深化医药卫生体制改革，事关人民群众的切身利益，事关改革大业的整体推进，事关社会、经济的统筹发展，事关和谐社会的全面建设。开展这样的大讨论，可以集思广益，有助于党和政府为深化改革进一步完善方案设计。农工党成员以医药卫生界专家为主体，面对医药卫生体制改革的重大问题，理所当然地要集中全党和各方面的智慧，为民解难、为党分忧、为国出力。

经过 20 多年的改革开放，我国的社会主义建设取得了举世瞩目的成就，实现了现代化建设"三步走"战略的前两步目标，正进入全面建设小康社会、加快推进社会主义现代化建设的发展新阶段。当前，我国经济持续高速增长，面临着难得的发展机遇。但必须看到，我国经济的高速增长，多半是在"高投入、高消耗、高排放、不协调、低效率"的状态下实现的。人口多、底子薄、资源贫乏，依然是我国的基本国情。我国人均能源占有量不到世界平均水平的一半。新中国成立 50 多年来，我国的国内生产总值增长了 10 倍，但矿产资源消耗增长了 40 倍；单位产出的能耗和资源消耗水平，明显高于国际先进水平；第二产业的劳动生产率只相当于美国的 1/30、日本的 1/18 和韩国的 1/7；资源产出率大大低于国际先进水平，每吨标准煤的产出效率相当于美国的 28.6%、日本的 10.3%。产出率低固然与经济结构有关，但即使在相同的高能耗产业部门中，我国的能源消耗也比先进水平高 1/3 左右。

医疗保障是各国政府的难题。欧美发达国家的医疗卫生费用，平均占国内生产总值的 10%，其中 80% 由政府负担。在医疗高度市场化的美国，2003 年的政府卫生支出，占整个社会医疗卫生支出的 45.6%；综合国力远不如我国的泰国和墨西哥，政府卫生投入的比例也分别达到社会医卫总支出的 56.3% 和 33%。即使如此，医疗卫生仍是各方面意见最多的部门。我国医疗卫生投入不足，体制改革滞后，医药服务经营机制不健全，是老百姓"看病难""看病贵"的重要原因。

当前，我国正处在人均国内生产总值从 1000 美元向 3000 美元跨越的关键时期。这一时期，既是"黄金发展期"，又是"矛盾凸显期"。各方面可以预见和难以预见的矛盾和问题相互交织，错综复杂。全面建设小康社会需要我们对一些深层次的矛盾尖锐、利益冲突、认识分歧、涉及全局的重大问题采取有力的改革措施。这一时期，保持快速发展的难度在加大，深化改革的阻力在增大，对外开放的风险在扩大，资源环境的制约在趋紧，各种利益关系更复杂，维护稳定的任务更艰巨。

在这样的背景下推进和谐社会的建设，就格外需要以极大的热情和空前的政策力度，关注民生、扶弱济困、舒解矛盾。中共中央、国务院的一系列举措，无不以此为目标。现在，卫生事业发展的体制性、机制性、结构性矛盾非常突出；不适当的、过度的市场化、商业化，造成了医疗服务的公平性下降和卫生投入的宏观效率低下；人民群众不满意，社会不满意，医疗机构不满意，管理部门也不满意。中共中央、国务院多次进行深入研究，全国人大的代表们和有关委员会提出许多议案、建议，全国政协和社会各界有许多提案、意见，社会上的议论也很多。

落实科学发展观，稳步推进医药卫生体制改革，是构建社会主义和谐社会的重要保障。因此，医改的出发点和落脚点，应该坚持以人为本，全面提升服务全民的医疗保障能力，既要实现卫生事业与经济社会的协调发展，也要实现城乡之间、区域之间的协调发展，还要实现卫生体系内部的预防与医疗、中医与西医、医疗服务与社区卫生服务的协调发展。

深化医药卫生体制改革，关键在制度设计；没有好的发展思路，就很难有好的制度设计。我认为，下一步医改的制度设计，首先应该明确三条原则：

第一，必须明确：医药卫生体制改革，是我国整个改革大业的重要组成部分，应当充分体现中国特色社会主义的特点，适应当前的发展水平。医疗行业，既是社会劳动力再生产的重要环节，也是社会财富再分配的重要环节。医疗卫生事业的发展水平，是一个国家文明进步程度的重要标志之一。医药卫生体制改革和其他领域的改革，相辅相成，互为依托。没有医药卫生体制改革的成功，就很难有中国改革大业的整体成功。为全民提供基本医疗保障，有助于消除贫困，有利于经济的持续发展和社会的长期稳定。

第二，必须明确：健康权是基本人权。保障全民享有基本医疗，是发展医疗卫生事业的基本目标。理由大致有以下三点：（1）这是任何一个现代文明国家都必须忠实履行的职能。国家在社会财富再分配中，理应留足用于医疗卫生事业的财政支出份额。（2）我国现有的医疗资源，是多年来全体公民共同积累的财富，全体公民有享用这些公共资源的平等权利。（3）保障全民享有基本医疗保障，是构建和谐社会、实现社会公平的最基本要求。

第三，必须明确：按照我国国情，新的医药卫生体制，应该是"政府主导与市场机制相结合"的新体制。（1）只有以政府为主导，才能从人权的高度实现公平。政府在充分发挥市场机制作用的基础上，通过综合运用经济、法律、行政等手段，可以实现医疗资源的最佳配置。医药卫生体制改革的实质，是要进行筹资方式、分配方式和资源运用方式上的调整，因此，应该恢复中央政府在公共卫生和基本医疗领域的主导地位；应该规范政府层级间卫生事权的分担体制与机制，合理划分中央和地方的卫生事权和财务责任；地区间财政能力的差异性较大，各级政府应通过加大转移支付力度，协力逐级解决贫困地区的卫生投入不足问题。（2）我们要用大约占世界3%的医疗资源，解决占世界22%人口的健康问题，必须找到一种适合国情的卫生发展模式。当前，除了基本医疗保障之外，其余的医疗需求，政府不可能也不应该全包下来。选择"低水平、广覆盖、高效率、可持续"的模式，比较符合现阶段的中国国情。

科技兴农，增加农民收入

（2005 年 10 月 26 日）

记者：这是全国人大常委会第七次开展农业法执法检查，对一部法律进行这么多次执法检查在人大监督史上还是第一次，为什么？

蒋正华：农业问题是很重要的问题，也是很复杂的问题。从全世界的情况来看，农业属于一个弱势的产业，因为农业是向自然资源直接收取回报，农业生产面临着很多资源紧缺的威胁。同时，农业又是人类生存不可缺少的一部分，是经济发展和社会稳定的基础。

我国农业问题有其特殊的复杂性，农业发展历史悠久，是整个社会经济的基础。党和国家一直高度重视农业和农村的发展。现在，中国经济发展取得很大成就，已经具备了工业反哺农业、城市支持农村的财力和条件。

另外，多年来我国经济保持9%以上的平均年增长率。近年来，3 个多百分点是靠政府投入，3 个多百分点靠外贸，靠内需拉动的只有两个多百分点。而在带动经济增长的"三驾马车"当中，内需是最根本的。我国外贸的依存度已经很高，如果不能扩大内需，以后对产品需求增长乏力，经济增长率就会下滑。而内需中非常重要的一部分就是启动有 8 亿多人口的农村市场。从经济发展的角度来讲，也需要关注"三农"问题，关注农村消费市场环境。

当前，虽然大家都认识到农业的重要性，但是因为农业的比较效益低，农业问题在具体工作中往往被忽视。因此从这个角度来讲，农业需要国家给予特殊的关注。

记者：农业保险是降低农业风险的重要途径之一。执法检查中发现，福建虽是自然灾害多发地区，农业保险的现状却不容乐观。如何使农业保险真正成为农业支持保护体系的重要组成部分？

蒋正华：保险业本身具有很强的商业性，一个保险公司愿不愿意介入某个领域，取决于其对于这个领域的熟悉程度及对风险的把握等因素。农业从小规模的一家一户的经营发展到大规模的机械化经营，在这个发展过程中，风险到底有什么样的变化不得而知。目前，我国的保险业对涉足农业保险还没有做好准备。从农民方面来讲，长期存在的一个思想就是依赖政府，他们认为即使真的发生了什么灾害，政府不会放手不管，于是，农民就不愿意自己花钱来投保。然而，从市场经济的角度来说，小农户恰恰是最需要保险的。

2004 年，全国 9 个省区市的农业保险试点工作已经全面启动并取得了初步成果，受到了参保农户的欢迎，但大规模推广农业保险的时机还未成熟。从目前来讲，农业保险重点做的是以种养两业为主，首先保障农业生产稳定，使农民不至于出现"三年致富，一灾致贫"现象。我们要通过这些试点来探索政策性农业保险的规律，逐步建立适合我国农村和农业发展的保险模式。

记者：执法检查中发现，农村金融信贷服务存在着一些问题。一方面，农业和农村发展需要资金支持；另一方面，农村资金外流现象严重。如何解决这个矛盾？

蒋正华： 农业发展资金匮乏，一直是制约农村经济发展的瓶颈。尤其是在传统农业向现代农业转变的时期，农业和农村的发展更加离不开信贷资金的支持。然而目前，农村金融信贷服务体系存在着一些问题。

信用问题是制约农村金融信贷服务的最大因素。不良贷款率偏高严重影响了金融机构信贷投放的积极性，致使金融机构抬高贷款门槛，贷款条件越来越严格，手续越来越烦琐，人为增大了交易成本。目前，银监会正在采取措施，实现不良贷款率和不良贷款余额持续"双降"。也要用政策鼓励金融机构向农民放贷，克服贷款中抵押担保的一些具体障碍。此外，加强地方金融机构建设，对民间借贷行为加以规范，也是改变目前农村金融信贷困境的有效途径。

记者： 农技推广体系应确立一种什么样的模式？在实践中如何处理经营性和公益性的关系？

蒋正华： 人口多、土地少、资源相对缺乏，这是我国的基本国情。在这种情况下，加强农业科技的创新、推广和应用，提高农业综合生产能力，显得尤为重要。近年来已经取得许多成绩。

目前，在我国农业科技发展中存在着这样一种现象：一方面，农业科技成果的总量很大；另一方面，真正运用于生产取得实际经济效益的科技成果又较少。加强农业科研和技术推广任重道远，其中最主要、最有效的方式莫过于农业科技推广机构的建设和农业科技人员与农民面对面的沟通交流。2005年的中央一号文件指出："要按照强化公益性职能、放活经营性服务的要求，加大农业技术推广体系的改革力度"，"对公益性技术推广工作，各级财政要在经费上予以保证。同时，积极稳妥地将一般性技术推广和经营性服务分离出去，按照市场化方式运作"。

执法检查中发现，在农技推广得比较好的地方，往往是采取经营性和公益性相结合的模式，经营性服务取得的收益也能为公益性技术推广工作提供有力支持。实践是检验真理的唯一标准。公益性服务与经营性服务是否分离，并不是最重要的，关键是农技推广机构有没有很好地承担其公益性的职责。

构建和谐社会，
发展新型农村合作医疗

（2005 年 11 月 22 日）

今年6月，农工党中央赴江西省进行了"构建和谐社会，发展新型农村合作医疗"的专题考察。从江西等省的实践看，试点工作进展顺利，取得了"政府得民心、百姓得实惠、卫生得发展"的阶段性成果。当前，新型农村合作医疗制度建设正处于一个关键时期，我们建议：

一是应规范试点方案。当前试点是"一县一策"，不同县之间差距较大，不利于制度的全面推行。应组织对各地试点工作的系统评估，在继续鼓励各地因地制宜、积极探索的同时，对试点过程中认识比较一致、效果比较好、农民满意度比较高的经验和做法进行归纳，形成两三种相对统一的试点模式，并保持其稳定性，做到制度统一、分类实施。

二是应统筹各项制度的衔接。中央财政提高了合作医疗的补助额度，但筹资水平仍然很低，光靠合作医疗还不可能根本解决农民因病致贫、返贫的问题。在目前情况下，新型农村合作医疗制度似仍宜兼顾大病救助与门诊医疗两个方面。应进一步统筹新型农村合作医疗制度与医疗救助制度、最低生活保障制度等相关制度的衔接，稳步发展农村商业医疗保险，逐步建立多层次、多

﹡ 这是蒋正华同志在党外人士座谈会上的发言摘要。

形式的农村医疗保障制度。

三是应创新管理模式。对合作医疗的基金管理，大部分地区是政府成立经办机构，安排人员，购买设备，落实经费。这种组织形式在试点中发挥了很大作用，但也存在管理成本较高、安全性较差等问题。应鼓励各地结合实际，积极探索其他有效的管理形式。例如，可利用保险公司等参与合作医疗基金管理，发挥社会组织的作用，减少政府的事务性工作，用更多精力研究政策、加强监管。

对 2006 年的工作，提几点建议，供参考。

1. "三农"工作的成效好于各方面预期，但仍需国家大力支持。一是农业投入保障机制有待完善。许多地方将水库建设资金等全部计入农业投入，一些急需的农业基础建设、农业科技推广等项目的资金仍待落实，建议细化农业投入项目资金预算，确保农业投入。二是加快建立适应现代农业要求的研发、推广体系，建设符合国际市场标准的农业生产技术体系，提高农产品的科技含量，增强我国农业的国际竞争力。三是大力推进"数字农业"，整合涉农网络，建立和完善农业综合信息服务体系，使广大农民直接得到水平高、领域广、服务快的专业技术指导。四是农资管理制度有待进一步完善。今年，我们到各地调查时发现，普遍对农民种田成本提高反应强烈，认为国家的支农政策只肥了相关的组织或企业，但在一些管理严格、合作经济组织健全的地方，政策落实较好，农民比较满意。

2. 结合"十一五"规划的制订，加快推动建立军民结合、军地结合的新机制十分必要。一是在制订"十一五"规划时，统筹协调军工、民品发展规划与地方区域经济发展规划，发挥军工企业对区域发展的带动作用和区域经济对军工企业发展的支持作用；二是深化改革军工集团对军工企业的条条管理体制，以军工集团与省（市）合作、地方企业部分参股军工企业民品生产等方式，实现军工与地方、国有与民营、军品与民品的协调发展；三是在现有按型号任务下拨国防预先研究经费的基础上，将一部分预研经费投入国防工业重点领域的基础性研究和技术创新，以国防科技进步带动我国整体科技水平的进步；四是充分利用现有地区军工企业优势，统筹规划、优化配置、突出重点、形成特色，构建起全国协调的布局，避免各地争上项目，浪费资金，降低效率。

3. 积极推进能源安全战略。一是在实施"走出去"战略过程中，优先发展与周边国家的能源合作，支持联合采购，逐步建立安全、稳定、多元的周边国家能源供给长效机制；二是大力发展替代能源，除煤炭液化外，还应重视生物质能源如生物柴油等。生物能源的原料往往可以在不利于农业生产的山区种植，既可发展替代能源，又可促进贫困山区农民增收，应尽快明确这一产业的扶持、投资与推广政策，利用我国企业自主技术形成石油替代产业。

4. 重视利用外资的质量。现在有的外资项目，产业先进，引进的环节却是一般技术。如 IT 产业在很多地方引进的只是封装部分，技术含量低，占地面积大，除了增加国内生产总值外，大部分利润都被外国拿走了。应建立综合评估机制和科学、透明、公开的管理机制，逐步使外资引进规范化、程序化。

5. 整顿股市十分必要，应当坚持下去，继续解决好股权分置等关键问题，只要在 2006 年上半年形成一个健康的股市，就是很大成绩。从 2006 年起，建议进一步整顿上市公司，恢复投资者信心，吸纳优质企业上市。

6. 流动人口是一个巨大的群体，其结构、利益、需求有许多特殊性，其管理涉及许多部门，协调困难。建议结合普查中的大型抽样调查，组织专题调研，充分利用现有各部门资源，建立流动人口信息系统，以利于对流动人口的管理、服务，解决好流动人口子女入学、医疗保障、劳动权益等问题。

构建和谐社会的重要价值理念

——学习胡锦涛同志关于社会主义荣辱观的讲话

（2006 年 4 月 4 日）

社会主义和谐社会的基本特征，是实现社会的民主法治、公平正义、诚信友爱、充满活力、安定有序、人与自然和谐相处。和谐社会需要整个社会建立良好的伦理秩序，使人们具备良好的道德素质。

胡锦涛同志关于社会主义荣辱观的重要讲话，精辟概括了社会主义社会的主导价值体系，集中体现了社会主义基本道德规范的本质要求，体现了依法治国同以德治国相统一的治国方略，是中华民族传统美德、优秀革命道德与时代精神的完美结合，具有很强的思想性、指导性和现实针对性，对于构建社会主义和谐社会具有重要而深远的意义。

荣辱观是世界观、人生观、价值观的重要内容，是一个社会的基本价值导向，是道德在社会生活中的具体体现。任何民族、任何国家、任何社会都需要通过明确的荣辱观来维系基本的文化价值，引导社会的行为取向。当前，我国正处于改革发展的关键时期，各种思想文化相互激荡，对人们的生活方式和观念意识产生多方面的影响，人们思想活动的独立性、选择性、多变性、差异性明显增强，迫切需要建立与社会主义市场经济体制相适应的、正确的社会主导价值观。我们必须旗帜鲜明地指出，在社会主义社会里，什么是真善美，什么是假恶丑，应该坚持什么、反对什么，提倡什么、抵制什么，使社会生活有一个共同的规范，去规范人们的行为，为人与人之间的相互关系提供正面的价值导向和道德支持，使整个社会生活和谐有序。

社会主义荣辱观是构建和谐社会的重要价值理念。如果说社会主义主导价值体系中，"八荣"更多的是培育人的道德品格、陶冶人的道德情操、充实人的道德情感、提升人的道德水平，从正面建构良好的社会风气，那么"八耻"的提出，就是为了最大限度地化解社会矛盾，以维护社会安定团结的大局，促进社会的和谐发展。我们树立和坚持社会主义荣辱观有助于人们明辨是非真假、善恶美丑，也有助于形成良好的道德风尚和社会风气，从而为构建社会主义和谐社会创造必要条件。

学习以"八荣八耻"为主要内容的社会主义荣辱观，核心是牢固树立爱国主义、集体主义、社会主义观念。与中国共产党长期亲密合作的农工党要认真学习胡锦涛同志重要讲话精神，深入开展社会主义荣辱观教育，使广大党员特别是领导干部充分认识树立社会主义荣辱观的重要意义，树立正确的世界观、人生观、价值观，增强爱国主义、集体主义精神，坚定走中国特色社会主义道路的理念。要继承农工党的优良革命传统，始终坚持立党为公、参政为民，紧紧围绕"十一五"规划的实施，紧紧围绕中国共产党和政府关心、涉及人民群众切身利益的重大问题，进一步开展调查研究，积极建言献策。广大党员特别是领导干部要按照社会主义荣辱观的要求规范自己的行为，形成知荣辱、树新风、促和谐的文明风尚，以实际行动共同推动倡导和实践"八荣八耻"的荣辱观，使之在全社会蔚然成风，为促进改革发展、维护社会稳定、构建和谐社会作出积极的贡献。

共谱多党合作事业的新篇章*

（2006 年 4 月 21 日）

在这春暖花开的美好季节，我们隆重集会，共同纪念"长期共存、互相监督"八字方针发表 50 周年，深入学习贯彻《中共中央关于进一步加强中国共产党领导的多党合作和政治协商制度建设的意见》（中发〔2005〕5 号）和《中共中央关于加强人民政协工作的意见》（中发〔2006〕5 号）（以下简称"中共中央两个 5 号文件"）精神，具有特别重要的意义。

50 年弹指一挥间。回首八字方针发表以来多党合作走过的峥嵘岁月，我们不禁感慨万千。新中国建立后，在探索如何以苏联为鉴戒，寻找一条适合中国国情的社会主义道路这个历史性课题中，毛泽东同志集中全党智慧，提出了调动一切积极因素为社会主义事业服务的基本方针。1956 年 4 月 25 日，毛泽东同志在中共中央政治局扩大会议上发表了题为《论十大关系》的重要讲话，明确提出："究竟是一个党好，还是几个党好？现在看来，恐怕是几个党好。不但过去如此，而且将来也可以如此，就是长期共存，互相监督。"这一方针的提出，使得各民主党派和无党派民主人士如逢甘雨、如沐春风、深受鼓舞，极大地调动了他们为社会主义服务的积极性；这一方针的提出，标志着中国共

＊ 这是蒋正华同志在学习贯彻中共中央两个 5 号文件精神座谈会上的发言。

产党领导的多党合作制度在社会主义条件下得到确立，为在社会主义整个历史阶段实现中国共产党同民主党派长期合作共事奠定了理论基础。进入社会主义改革开放的新时期后，中共中央进一步将八字方针深化和发展为"长期共存、互相监督、肝胆相照、荣辱与共"的十六字方针，成为中国共产党同各民主党派合作的基本方针。50 年的实践充分证明，正是在这一方针的指导下，多党合作的政治格局不断健全巩固，多党合作事业取得了长足的发展进步。

进入新世纪新阶段，国际国内形势发生重大而深刻的变化。为了适应新形势和新任务的要求，推进中国特色社会主义伟大事业，以胡锦涛同志为总书记的中共中央认真总结多党合作和人民政协实践的好经验好做法，着眼于推进社会主义政治文明建设，相继颁发了两个 5 号文件。认真学习贯彻这两个重要文件的精神，农工党各级组织和广大成员深受鼓舞，更加坚定了我们坚持多党合作的信心和决心，更加坚定了我们为中国特色社会主义伟大事业再立新功的信心和决心。

为了学习贯彻好中共中央两个 5 号文件，我们要始终不渝地坚持"长期共存、互相监督、肝胆相照、荣辱与共"的方针。"长期共存、互相监督"深刻体现了中国共产党同各民主党派长期合作的思想，"肝胆相照、荣辱与共"生动表述了中国共产党同各民主党派之间彼此信任、真诚合作的关系。新的历史条件下，十六字方针历久弥新，仍然是我们多党合作的根本方针，对此，中共中央两个 5 号文件都作了明确的论述。一方面，我们农工党要深入细致地做好成员的思想政治工作，以生动的历史事实教育引导他们，以宏伟的共同事业团结凝聚他们，不断提高他们接受中国共产党领导的自觉性。另一方面，我们也要充分发扬民主，把为国家实施"十一五"规划作贡献、积极参与构建社会主义和谐社会，作为所有工作的重中之重，树立和落实科学发展观，紧紧围绕中国共产党和国家的中心工作，深入开展调查研究，更加注重对问题的全局性、战略性、前瞻性、系统性的思考和研究，从机制、体制、制度、方针策略、政策措施等方面，建嘉言、献良策，作出应有的贡献。

为了学习贯彻好中共中央两个5号文件，我们要坚定不移地走中国特色社会主义政治发展道路。农工党作为在国内最早成立的民主党派，与中国共产党长期合作、风雨同舟、共同奋斗，对此有着尤为深刻的体会。事实上，近现代有识之士从未停止过对中国政治发展道路的探索，但照抄照搬西方政治制度的结果，却是屡遭挫折和失败。只有在中国共产党的领导下，坚持从中国国情出发，走中国特色社会主义政治发展道路，我们才取得了今天的辉煌成就。八字方针本身，就是中国共产党在吸收借鉴苏联等社会主义国家政党制度经验教训、总结我国政党历史发展经验教训的基础上，独立自主走中国特色政治发展道路的政治智慧和伟大创新，至今仍然具有深刻的启迪意义。因此，在日趋激烈的国际竞争和纷繁多变的时代风云中，我们必须敞开胸怀，积极吸收借鉴人类社会的一切优秀文明成果，同时也要"咬定青山不放松"，继承民族传统，扎根中国土壤，才能走出一条中国特色社会主义政治发展道路。要教育引导我们的成员特别是年轻成员，深刻认识坚持和完善我国政治制度和政党制度的历史必然性和现实必要性，团结一致、万众一心地把我国的多党合作制度坚持好、完善好、发展好。

为了学习贯彻好中共中央两个5号文件，我们还要坚持不懈地加强参政党建设，为构建社会主义和谐社会凝聚更大力量。中共中央两个5号文件的相继颁发，为民主党派履行职能创造了前所未有的良好条件，同时也提出了更高的要求。但是，目前我们的队伍状况、机关建设还难以承担起更加重要的参政议政任务。能不能大力加强民主党派的自身建设，已经成为影响多党合作实际效果的重要因素。因此，我们要在中国共产党的领导下，特别是在各级统战部门的支持和帮助下，按照制度化、规范化、程序化的要求，切实加强自身建设。首先，我们要大力物色、引进、选拔和培养更多更优秀的代表人物，不断提高广大成员的政治素质和思想道德水平，提高领导班子成员的政治把握能力、参政议政能力、组织领导能力和合作共事能力。其次，要重点加强机关建设，健全完善管理制度，通过教育培训、轮岗交流、挂职锻炼等途径，大力加强对机关干部的培养，切实提高开展各项工作的能力和水平。

在纪念八字方针发表 50 周年之际，面对新形势、新任务，让我们紧密地团结在以胡锦涛同志为总书记的中共中央周围，肝胆相照、携手并肩、戮力同心，在建设中国特色社会主义伟大事业中，共同谱写中国共产党与民主党派团结合作的新篇章！

在中国农工民主党第十三届
中央常务委员会第十二次
会议上的讲话（摘要）

（2006 年 7 月 8 日）

今年是实施国家"十一五"规划的第一年。围绕"十一五"规划的实施，履行参政议政职能，是我们党的重要工作。因此，我们要深刻理解"十一五"规划的指导思想、发展目标、政策取向、重点任务等。"十一五"时期是全面建设小康社会的关键时期，既面临难得机遇，也存在严峻挑战，具有承前启后的历史地位。"十一五"规划特别强调的战略思想，可以归纳为"实现科学发展、增强自主创新、完善体制机制、构建和谐社会"四句话。以科学发展观统领经济社会发展全局，是"十一五"规划最鲜明的特点，是贯穿于"十一五"规划的一条红线，主要内容包括"三个六"：（1）确定了"六个必须"的指导原则：必须保持经济平稳较快发展、必须加快转变经济增长方式、必须提高自主创新能力、必须促进城乡区域协调发展、必须加强和谐社会建设、必须不断深化改革开放；（2）明确了"六个立足"的政策导向：立足扩大国内需求推动发展、立足优化产业结构推动发展、立足节约资源保护环境推动发展、立足增强自主创新能力推动发展、立足深化改革开放推动发展、立足以人为本推动发展；（3）提出了"六项"主要战略任务，包括建设社会主义新农村、推进经济结构调整和经济增长方式转变、促进区域协调发展、增强自主创新能力和加快科技教育发展、深化体制改革和提高对外开放水平、加强和谐社会建设。

"十一五"时期的任务十分繁重和艰巨，有许多两难的棘手问题需要解决。温家宝总理在他所作的关于"十一五"规划的说明中，特别提到要注意处理好五个重大关系：一是内需和外需的关系，二是市场机制和宏观调控的关系，三是中央和地方的关系，四是经济发展和社会发展的关系，五是改革、发展、稳定的关系。

围绕"十一五"规划的实施参政议政，可以做的事情很多。今年以来，我党中央认真学习中共十六届五中全会精神，学习贯彻全国两会精神，落实我党十三届四中全会确定的 2006 年工作任务，主要开展了以下工作：

一是在全国政协会议上积极建言。我党是人民政协的组成单位，在政协会议上发挥作用，是履行职能的主要方式。全国政协十届四次会议期间，我党中央提交大会发言 11 件（口头发言和书面发言）、提案 25 件，内容包括群众"看病难、看病贵"问题、"三农"问题、构建和谐社会等方面，反映了关系广大群众切身利益的热点和难点问题。其中，《关于完善农业生产资料价格体系的建议》的提案，被全国政协列为重点办理的提案，全国政协提案委组织召开了提案办理协商会。《关于建议国家制定〈丹江口库区经济社会发展规划〉》的提案，被全国政协作为重要提案报送中共中央、国务院有关领导。其他方面的提案，有关部门正在办理中。

二是服务于社会主义新农村建设。国家"十一五"规划明确提出建设社会主义新农村的重大历史任务。为此，国务院制定出台了相关政策，中共中央统战部发出了通知。我党中央积极响应，努力争取为社会主义新农村的建设作出贡献。今年 5 月上旬，李蒙同志率领我党中央办公厅、参政议政部、社会服务部、宣传部和中国初级卫生保健基金会等部门的负责同志，赴河北调研，主题是社会主义新农村建设与县域经济信息化。我党中央主办的中国初级卫生保健基金会向河北省的沧州、邢台、衡水三个市捐赠了价值 4300 多万元的扶贫物资，包括安全饮水主体设备、电脑等教学设备、疾病普查药具等。此外，根据调研情况，向中共中央、国务院报送了《关于进一步推进社会主义新农村建设的建议》，反映了农村发展中的一些情况，提出了新农村建设中的一些问题，包括农村金融政策问题，农业税取消以后的乡、镇基层政权的财力保障问题，乡村债务问题，农村的基础设施、医疗、教育问题等等，温家宝总理等国务院领导同志作了重要批示。京外的我党中央副主席，围绕国家"十一五"规划提出的目标，围绕新农村建设问题，深入基层，组织开展调研活动。阎洪臣同志对基层人民调解工作等有关构建和谐社会问题开展调研；左焕琛同志对乡村医生人才队伍建设等有关农村卫生事业发展问题开展调研；王宁生同志对医疗部门和老百姓共同关注的热点问题——中药的不良反应等问题开展调研；陈勋儒同志对关系人民群众切身利益的问题，如行政立法、小城镇建设、农村食品安全等问题开展调研；等等。

中国初级卫生保健基金会积极支持农村发展医疗卫生事业，今年 4 月中旬，向黑龙江省鸡西市的 120 急救中心和 39 家乡镇卫生院捐赠了价值 1200 多万元的救护车、医疗设备等，并组织专家帮助鸡西市制订医疗卫生保健发展规划。我党中央社会服务部与一些省级组织合作，探索开展构建和谐社会联系点活动等等。各省级组织也以多种方式，积极为构建和谐社会、建设社会主义新农村作贡献。

三是组织开展优化医疗执业环境考察。我党中央今年大考察的题目是优化医疗执业环境，地点选在四川省。北京、上海、广东、云南、安徽等省级组织根据我党中央的要求，开展了同步调研。从5月31日至6月6日，考察团赴成都、广安、遂宁、绵阳、德阳等地，听取了四川省有关医疗执业环境的情况介绍，实地考察了一些城镇医院、社区卫生服务中心、乡镇卫生院和村卫生室，听取了卫生行政部门的领导同志、基层医护人员的意见，并和一些就诊患者进行了交谈。考察团的同志都感到，调研优化医疗执业环境，得到了卫生主管部门、医务工作者和患者的普遍赞同和积极参与。他们敢讲实话，有的发言相当激烈，说明当前各个方面对医疗执业环境都不太满意。从调研了解的情况看，医疗执业环境涉及方方面面，医患矛盾的成因也比较复杂，既有体制、机制、法制方面的问题，也有思想观念方面的问题，还有管理、监督方面的问题等等。例如，医疗纠纷案件中的赔偿机制不健全，加剧了医患关系紧张；举证倒置不利于医疗机构和医务人员开展正常的诊疗活动，也不利于促进医患双方互信合作、不利于维护医患双方的合法权益；医疗事故鉴定与司法鉴定职责不清，容易误导患者，加剧医患矛盾；医疗风险分担机制不健全，医疗机构和医务人员压力很大；卫生事业投入不足与卫生资源配置不当、卫生资源浪费同时存在；医疗广告的审批与管理脱节，虚假的疗效广告误导患者对疾病治疗的期望值；对非法行医的法律界定不太明确；执业医师法中的有些规定与实际情况有距离，执行起来也比较困难，情况比较复杂。但我们也从调研中了解到，在国家没有新的政策的情况下，四川的一些地方从自身实际出发，采取了一些措施，有效地解决了部分问题，说明智慧来自群众、办法来自实践，深入调研很有必要。通过调研，总结基层的成功做法和实践，将它们上升到政策层面，有助于尽快解决存在的问题。

近年来，我党中央和地方组织的参政议政工作都有新的发展、新的成果。我党中央每年选择一些关系国家发展大局、群众切身利益的问题，与地方农工党组织合作，开展专题调研，提出意见和建议，引起高层领导的重视，为促进问题的尽快解决发挥了积极作用，效果是比较好的。2004年11月，我党中央领导赴福建调研海峡西岸经济发展问题，向中共中央、国务院提出了关于海峡西岸经济发展及加快福建港口建设的建议。国务院领导同志高度重视，由国家发展和改革委员会研究后，将福建的港口列为优先发展和重点支持的项目。在今年的全国政协会议期间，吴邦国同志到农工组和九三组看望委员、参加讨论。他在讲话中说：中共中央在起草关于"十一五"规划建议的时候，对海峡西岸经济区建设的问题曾反复讨论到底要不要写，最后写上了，很重要的一个原因是农工党提出了这个建议。又如，关于天津滨海新区的发展建设问题，2004年年初，我党中央领导赴天津作专题调研，向中共中央、国务院提出了《关于支持天津市实施滨海新区发展战略的建议》。在2004年3月召开的全国政协会议上，我党中央代表以此为题作了大会发言。全国政协会议期间，曾庆红同志到农工组和九三组看望委员、参加讨论，在听了张大宁同志建议中央支持天津实施滨海新区发展战略的发言之后，给予充分肯定。天津市、国家发展和改革委员会等有关部门做了大量工作。今年6月5日，国务院在《关于推进天津滨海新区开发开放有关问题的意见》中，明确了近期推进天津滨海新区发展的工作重点，其中包括给予四项政策支持：第一，鼓励天津滨海新区进行金融改革和创新。金融企业、金融业务、金融市场和金融开放等方面的重大改革，原则上可安排在天津滨海新区先行先试。天津滨海新区可在产业投资基金、创业风险投资、金融业综合经营、多种所有制金融企业、外汇管理政策、离岸金融业务等方面进行改革试验。第二，支持天津滨海新区进行土地管理改革，包括优化土地利用结构、创新土地管理方式等改革。第三，推动天津滨海新区进一步扩大开放，设立天津东疆保税港区。第四，国家将给予天津滨海新区一定的财政税收政策扶持。这些政策的实施，必将促进天津滨海新区加快发展，也将促进环渤海经济区的建设和发展。

这些例子说明，我们在参政议政方面，是可以有所作为的。中共中央、国务院对我们提出的意见和建议，是很重视的。这也对我们的工作提出了更高的要求。国家"十一五"规划提出的目标和任务，是我党履行参政议政职能的新舞台，我们要有新的作为。我们的参政议政工作要围绕以下重点内容来开展：一是国家"十一五"规划提出的主要任务；二是国家经济社会发展的一些长期性、战略性的重大问题，如国家经济安全、能源安全、金融安全等方面的重大问题等；三是关系群众切身利益的重要问题；四是与发挥我党界别特点和人才优势相关的问题，如医药卫生体制改革、城乡居民医疗保障、贫困人口医疗救助问题等等。

共建合作平台，
共谋协同发展，共绘美好新篇[*]

（2006 年 7 月 20 日）

加强区域合作，推进区域经济一体化，依靠地区优势提高国际竞争力，已经成为当前世界经济发展的一个重要趋势。在今天这样一个人流、物流、资金流、信息流全球化的时代，任何一个国家或地区要真正迈向现代化，都必须在参与全球产业分工和市场竞争中，捕捉发展机遇，拓展发展空间，打造核心竞争力，从而实现社会进步和国家（地区）的繁荣兴盛。

中国—东盟自由贸易区是中国与东盟在经济全球化、区域经济一体化浪潮下，应对国际经济新形势所作出的重要战略选择，在中国与东盟关系史上具有里程碑意义。它不仅有利于推进中国与东盟更紧密的合作，为中国和东盟的经济发展创造互惠双赢的局面，而且对于促进彼此之间的繁荣与发展，对于维护该地区的安全与稳定，对于提高亚洲国家在国际上的政治地位也具有积极的作用。

自从中国与东盟签订《中国与东盟全面经济合作框架协议》以来，双方采取了许多措施来促进彼此的合作，例如中国方面实施"早期收获"计划、举办中国—东盟博览会、推进"两廊一圈"合作、参与湄公河次区域合作等。北部湾地处这些发展中的次区域联结部，具有明显的地缘优势。北部湾地区资源丰富，

＊ 这是蒋正华同志在首届环北部湾经济合作论坛开幕式上的致辞。

交通便利，气候宜人，环境优美，有深厚的人文、社会、经济基础，有强大的发展潜力。本次论坛把地处华南经济圈和东盟经济圈接合部、亚洲最具发展潜力与活力的环北部湾经济区域合作作为主题，意味着中国与东盟的全面合作关系又从实施的层次上大大推进了一步。

女士们、先生们，自古以来的对外开放史，实际上就是一部海洋经济史。历史证明，凡对外开放率先发展起来的国家和地区，几乎都是占有海洋区位优势的国家和这些国家的沿海地区。环北部湾背靠中国大西南地区，面向东南亚国家，是中国西南地区连接东盟国家的重要海上交通枢纽。全力推进环北部湾区域经济合作，打造"海上东盟"新平台，不仅有利于从海路上更加便捷地实现经济高速增长的中国泛珠三角地区与迅猛发展的东盟东部地区的相互连接，从而加速推进中国—东盟自由贸易区进程，同时也有利于进一步拓宽中国与东盟国家经贸合作的渠道，加强这个地区的经济联系，提高相关各国的经济活力和效益。因此，推进环北部湾区域经济合作不仅是中国大西南振兴、繁荣和中国西部大开发经济发展战略的需要，也是中国与东盟共同繁荣、共同发展的题中之意。有鉴于此，我们认为，环北部湾区域经济的合作与开发不仅应该成为中国及地方政府发展战略的重点，而且也应该成为相关国家发展战略的重心所在。完全应该将环北部湾经济区域的合作开发，纳入中国与东盟建立自贸区的总体战略和规划中，使之成为中国—东盟"10＋1"框架下又一个次区域合作新平台！

广西地处中国华南经济圈、西南经济圈与东盟经济圈的接合部，其沿海地区处在环北部湾经济区域的中心位置，对内是西南地区最便捷的出海大通道，对外是促进中国—东盟全面合作的重要基地，是我国唯一与东盟既有陆地接壤又有海上通道的省份，区位优势明显，战略地位突出，开发潜力巨大，发展势头迅猛。中国—东盟博览会的成功举办极大地提升了广西的国际影响力和国际知名度，极大地促进了广西的对外开放和加快发展。广西由此成为促进中国与东盟全方位开放与全面合作的重要平台，成为外来投资的热土。希望广西以举办环北部湾区域经济合作论坛为契机，充分挖掘自身潜力，加快该区域全面开放开发，在环北部湾经济合作中发挥积极的作用。

继续加强和改善宏观调控[*]

（2006 年 7 月 21 日）

从总体上看，全年经济保持平稳快速增长的大势已经确定，但在发展中还有些问题应引起高度重视。除了大家普遍关注的固定资产投资增长过快、贸易顺差增加过多、外汇储备大幅度增加、银行信贷扩张势头过猛等问题外，还有几点应引起注意：一是根据"十一五"规划纲要，单位国内生产总值能耗 5 年内降低 20% 左右，今年要降低 4% 左右。但上半年，能源消费增长速度快于经济增长速度，实现全年节能目标面临很大压力。二是粮食丰收，但农资价格过快上涨，影响农民增收。在个别没有实行夏粮"托市"收购的省份，甚至出现了"种一年麦不如做 10 天工"的状况。应进一步采取措施，避免出现"谷贱伤农"，保护种粮农民的积极性。三是金融领域存在潜在风险。按照我国加入世贸组织的承诺，进一步开放金融行业需要深入研究各种前景，有针对性地提出预案，做好充分准备。四是外国资本进入我国，兼并国有企业势头凶猛，应当明确思路、厘清对策。

对下半年工作，提几点建议，供参考：

第一，继续加强和改善宏观调控。近年来，中央宏观调控的经验日益丰富，逐步建立健全了适应社会主义市场经济要求的宏观调控政策体系，成效明显。下半年应保持政策的平稳性和连续性，更多地借助市场的、经济的、法律的手段，适时、适度，更

---

[*] 这是蒋正华同志在党外人士座谈会上的发言。

加有针对性地进行科学调控。一是今年是"十一五"规划的开局之年,同时,地方党政机关面临换届,通过投资加快地方经济发展的趋势比较明显。上半年,地方项目投资增速比中央项目投资增速高近10个百分点,有10多个省份投资增速超过35%。如何健全投资宏观调控体系,逐步建立投资调控的长效机制,防止盲目投资和低水平重复建设出现反弹,应成为下一步宏观调控的重点之一。二是现在不少地方的节能降耗工作停留在口号上,缺少具体可行的措施。建议将能源资源消耗作为宏观调控的重点,制定实现降低能耗的具体行动计划,明确调控目标和具体措施,切切实实地把能耗降下来。三是今年以来,货币信贷投放呈现加速扩张的趋势,这与全社会固定资产投资增长过快有直接关系。上半年,新增贷款2.15万亿元,占央行全年信贷目标的85.7%。央行出台了一系列调控措施,6月份,我国货币、信贷增速比5月均有所下降,但依然在高位运行。下半年的宏观调控,还需要在货币政策上有一些新的措施,一方面抑制货币供应的过快增长,另一方面避免人民币的升值压力。

第二,深化金融领域改革,加快发展资本市场。金融体系中资本市场比例偏低是我国潜在金融风险的根本性问题,今年上半年股市走势强劲与股权分置改革成功有直接联系,但我国上市公司效益低下,违规现象仍然严重。下一步应当加强交易所的管理权限,加快优质公司上市,加速表现不好企业退市,加大引入私人股权基金、对冲基金、投行及其他机构投资人的力度,从根本上改革金融体系。

第三,加大"走出去"、引进来的力度。外资并购国企引起了争论。我认为,应当放开思路,不因我国企业在国外并购遇到了一些问题而影响我们的开放。外资控制某些非关键性企业有利于在全球配置资源,提高企业活力与效益。但是,应当严格并购程序，使之公开、透明，获得最大效益，使并购过程为我所控制。

第四，以县域经济信息化推进社会主义新农村建设。县域经济信息化是推进社会主义新农村建设的一种有效途径，可以有效解决基层农产品市场信息不畅通、基层农户和农协不能够有效进行信息交流的问题，使得基层的农产品能够快速进入市场。县域经济信息化贴近基层，贴近当地农业、农村实际，信息准确，传达及时，在农民增收方面可以起到直接的作用和良好的效果。建议有计划地开展一批县域经济信息化试点，根据各地农业生产的特点，推进县域特色网站建设，引导和扶植特色农副产品生产和销售，通过信息化促进农业和农村的跨越式发展，有效地推动社会主义新农村建设。在推进农业和农村信息化的过程中应注意加强"七化"，即推进办法要多样化、推进主体要多元化、资金渠道要广泛化、运营模式要市场化、信息使用成本要低廉化、信息资源要本地化、网络建设要农民化。

第五，优化医疗执业环境，构建和谐医患关系。当前，医患之间的矛盾有进一步加剧趋势。如果医患矛盾得不到妥善解决，使得医患矛盾激化、医疗执业环境恶化，最终受害的是广大群众，影响的是社会和谐稳定。为此，应从政策、法律、投资、舆论、监管等环节入手，进一步优化医疗执业环境，构建和谐医患关系，推进卫生事业健康发展。其中，法制建设至关重要。当前，卫生法制体系缺失、超前、滞后并存，既缺少卫生基本法，在现有的法律法规之间又存在协调不畅甚至相互冲突的问题，直接影响到医患矛盾的合理解决。建议尽快制定、颁布卫生母法——卫生法。同时，组织对相关的法律、法规和规章进行认真梳理，结合实际修订完善，营造良好的医疗执业法制环境。

关于构建社会主义和谐社会的
几点建议*

（2006 年 8 月 14 日）

农工党中央在京负责人对《中共中央关于构建社会主义和谐社会若干重大问题的决定》（征求意见稿）进行了学习和讨论。我们认为，《决定》（征求意见稿）坚持以邓小平理论和"三个代表"重要思想为指导，全面贯彻落实科学发展观，制定的目标和总体部署符合我国国情及发展要求，反映了各族人民的意愿，不仅有很强的现实针对性，而且具有长远的指导意义。我们对文件表示赞同。

提几点建议，供参考：

第一，构建和谐社会应更加重视人口问题。当前，我国人口在数量、素质、结构、分布等方面的问题仍很突出。与构建和谐社会密切相关的社会失业下岗人员增多、流动人口规模庞大等问题，都可以从过去和现在的人口发展中找到人口学的原因。我国人口老龄化加速、出生人口性别比偏高等问题，在今后相当长时间内都可能是影响社会和谐的隐患，但部分同志继续抓紧人口工作的思想有所松懈，社会上也有对稳定低生育水平的误解。为此，建议在《决定》中增加"高度重视人口问题，确立科学的人口发展战略，实现人口与资源环境、经济社会协调发展，为全面构建社会主义和谐社会创造良好的人口环境"等内容。

----

* 这是蒋正华同志在党外人士座谈会上的发言。

第二，和谐社会需要有和谐的医患关系。当前，医患之间的矛盾有进一步激化趋势。如果医患矛盾得不到妥善解决，最终受害的是广大人民群众，影响的是社会和谐稳定。从我们调研了解的情况看，医患矛盾的成因比较复杂，既有体制、机制、法制方面的问题，也有思想观念方面的问题，还有管理、监督方面的问题等等。建议在《决定》中明确"优化医疗执业环境，完善相关法律法规，构建和谐医患关系"。

第三，现在医院使用的很多药品都是进口或中外合资药厂生产的，重要的医疗设备基本靠进口，费用都比较高，增加了人民群众就医的经济负担，这也是造成"看病贵"的原因之一。虽然近期个别药厂的产品出现问题，但从保障人民群众的健康需要来看，还是应进一步鼓励支持民族医药产业的健康发展。建议在《决定》中增加"支持民族医药工业和医疗器械产业的健康发展，保障人民群众用医用药安全有效"。

第四，应注意统筹产业政策与就业政策的协调。既要从促进就业的角度，大力发展就业容量大的劳动密集型产业、中小企业等；又要与国家调整产业结构的总体部署相统一，防止一些高能耗、高污染企业借促进就业之名而盲目扩张。建议将《决定》中相关内容修改为"大力发展符合国家产业政策的劳动密集型产业、中小企业"。

第五，研究制定安置复转军人的相关政策。安置好复转军人，对于加强军队建设、维护社会稳定、调动广大青年参军积极性、激励现役军人安心服役至关重要。当前，复转军人的安置工作难度较大，也有一些遗留问题，有的地方还出现了矛盾冲突。建议在《决定》中明确"研究制定相关政策，努力做好复员转业军人的安置就业工作"的内容。

第六，金融的运行不仅直接影响着经济发展，而且在相当大的程度上影响到社会的和谐稳定。金融活,社会才活;金融乱,则社会乱。如果有一个金融企业出现破产倒闭,其造成的社会动荡是不可估量的。应有进一步的措施,深化金融领域改革,加快发展资本市场,积极防范金融风险,促进我国金融业健康有序地发展。

第七,粮食安全是保障经济发展和社会和谐的重要基础。长期以来,国家对粮食安全问题一直给予了高度关注,取得了举世瞩目的成就。但是,我国人多地少的根本矛盾并没有完全解决,近年来人增地减的矛盾更日趋尖锐,粮食的增产更多依靠大量使用化肥提高单产,给生态环境带来了更大的压力。建议在《决定》中进一步明确保障国家粮食安全的重要意义,责成有关部门制定切实可行的措施。

第八,《决定》(征求意见稿)提出要"完善民主权利保障制度,巩固人民当家作主的政治地位",并制定了很多可行的措施。我们完全赞同。我们认为,还应该通过网络、民意调查等一些新的方法和手段,建立起现代的公众广泛参与机制,广开言路,多方听取对经济社会发展的意见建议。

构建社会主义和谐社会不仅是中国共产党的历史使命,也是包括参政党在内的全社会的共同责任。我们将进一步统一思想,深入学习和领会中共中央的方针政策,努力为构建社会主义和谐社会贡献力量。

关于优化医疗执业环境的若干建议

（2006 年 8 月 21 日）

在四川调研时，我们看到，四川省各级政府积极推进医疗卫生体制改革，逐年加大卫生投入，建立了比较完善的公共卫生体系，大力发展社区卫生服务和新型农村合作医疗，着力解决民族地区、贫困山区和城市低收入群体"看病难""看病贵"的问题，狠抓卫生行风建设，优化医疗执业环境，都取得了较大成绩。

近年来，我国医疗卫生的服务规模、服务条件、服务水平有了很大改善和提高，但医疗执业环境很不令人满意，主要表现在医患之间缺乏互信、医患矛盾日益突出、矛盾解决机制不完善。优化医疗执业环境，不是一般的行业性或专业性问题，而是一个事关全局、影响深远、值得高度关注的综合性社会问题。

我们认为，优化医疗执业环境，根本目的是稳步推进医疗卫生体制改革、确保卫生事业健康发展、满足广大群众的医疗需求。优化医疗执业环境和加强医院内部管理同等重要，二者都是确保卫生事业健康发展的基础和条件；优化医疗执业环境，应坚持以病人为中心，提供人性化的优质服务，使政府、医务工作者、广大患者及家属三方满意；优化医疗执业环境，必须同步优化法律环境、政策环境、投资环境、舆论环境、监管环境和社会环境。因此，我们应站在实践"三个代表"重要思想、落实科学发展观、构建和谐社会的高度，科学分析社会转型期的现状和问题，探寻出优化医疗执业环境的新思路、新举措和新途径。为此，我们建议：

一、尽快制定、颁布卫生母法——卫生法

截至 2005 年年底，我国已颁布有关医疗卫生的单行法 10 部、法规 28 个、规章 208 个、其他规范性文件近 500 个，但还缺少一部统领各项法律法规的母法——卫生法。由于母法缺位，现行的卫生法律体系缺乏完整性和统一性，法与法之间缺乏协调，甚至相互矛盾、冲突。卫生领域的一些原则性、基础性、方向性问题，亟待以行业母法的形式加以明确。有了卫生法，就可"以法的形式"对医疗卫生给予准确定位，也便于明确医疗卫生体制改革的大方向。当前最重要的，是尽快制定卫生法，明确卫生事业的公益性质，明确适合我国国情的卫生事业发展模式，明确各级政府承担公共卫生和提供基本医疗服务的职责，明确各级各类医疗机构及从业人员的基本权利、主要义务和法律责任。出台卫生法，是建设法治国家的必然要求和深化医疗卫生体制改革的重要保障。医疗执业环境，也需要在卫生法的总体框架下进行优化和改善。

起草卫生法绝不仅仅是卫生部门的事。医疗卫生事业的很多重大原则问题，需要在不断总结我国经验并借鉴他国经验的基础上进行充分论证，由中央制定大的原则框架。

二、优化医疗执业环境，必须完善医疗损害纠纷处理机制

目前，全国医疗损害纠纷呈上升态势，"闹医"事件普遍存在。某大城市每年的医疗损害纠纷多达 6000～7000 件，86.5%

的医院经常发生各类医疗损害纠纷，70％以上的医院遭到过聚众围攻，医务人员中有 62％ 被骂过、17％ 被打过。每年冲击卫生行政机关、滞留过夜、群访群闹的事件多达 100 余次，滞留过夜最长达 40～50 天。一些医疗损害纠纷虽已进入司法程序或已司法审结，但当事人依然以各种理由进行上访或信访，最终不得不采取"行政介入"，不但损害了司法权威，而且增加了行政成本。各方普遍认为，建立解决医疗损害纠纷的有效机制，已成为优化医疗执业环境的当务之急。

1. 提供构建和谐医患关系、净化医疗环境的法律保障。国家应组织有关部门和专家，在深入调研和广泛征求意见的基础上，将《医疗事故处理条例》修改完善成《医疗损害处理条例》，并使之与《民法通则》中的有关规定相协调。待时机成熟后，将《医疗损害处理条例》上升为法律；从医学专业角度和社会学角度处理医疗损害，明确医疗损害纠纷的法律适用对象；构成医疗损害的，明确当事人责任程度的大小与承担赔偿额度的比例；对非事故性医疗损害，也要制定相应的处理办法和程序。

2. 废除"二元化"的赔偿机制。目前，构成医疗事故的，适用《医疗事故处理条例》，判决赔偿金额较低；不构成医疗事故的，反而适用《民法通则》和《最高人民法院关于审理人身损害赔偿案件适用法律若干问题的解释》，判决赔偿数额很高，造成了在司法实践中法律适用的冲突，形成了"二元化"的鉴定体制和赔偿标准。这是导致目前医疗赔偿案件难以处理的核心问题。因此，应进一步明确医疗损害的范围并不断完善医疗损害鉴定制度，树立医疗损害鉴定的权威性；理顺司法鉴定和医学鉴定的关系；排除卫生行政部门对医学会鉴定的干预，维护医疗损害鉴定的独立性；同时，应尽快统一两套赔偿标准，适当调整医疗损害赔偿标准，增加死亡赔偿金。

3. 拓宽医疗损害纠纷处理渠道。（1）建立医疗事故仲裁制度。目前，"仲裁"尚未作为处理医疗损害纠纷的法定方式。解决医疗损害纠纷只有和解、行政调解和诉讼三种方式，其中以当事人"自行和解纠纷"数量最大，但部分和解是在非自愿和巨大压力下被迫进行的；行政调解的成功率比较低；诉讼解决虽然公平，但在司法鉴定和医学鉴定关系未能理顺的情况下，常常导致诉讼时间较长，上诉率较高。而医事仲裁则不必委托作专门的医疗损害鉴定即可直接作出裁决，节约了医患双方的时间成本和经济成本，比较容易为医患双方所接受。因此，建议修改仲裁法，或者制定专门的医疗损害纠纷仲裁法，明确医事仲裁的法律地位，在仲裁机构内设立医事仲裁庭。仲裁员可以由知名医学专家、法学专家、行政管理专家等公信度高的专业人士担任。（2）建议中级以上人民法院设立医事法庭，专门审理医疗损害纠纷案件。医事法庭法官应熟悉医学知识，或实行有医学专家参加的陪审团制度。

4. 必须正确认识医疗侵权的"举证责任倒置"。一些媒体对"举证责任倒置"的片面宣传，给广大医务人员造成了极大的心理压力。90%的医疗机构和医务人员认为，在"举证责任倒置"的情况下，有必要加强医生的自我保护，把本来无须做的检查全部做完。由于医患间缺乏互信，很多医生只想当"太平医生"。因此，我们认为，在涉医报道中应使用科学、严谨的"法言法语"，引导公众正确认识医疗侵权的举证责任分配。确切地说，所谓"举证责任倒置"实际上只是患方先承担证明请求权成立的初步举证责任，对其与医疗机构间存在医疗服务关系、其受到损害等举证后，举证责任自然而然向医疗机构转移。如果患方的举证成立，则医方再举证证明其"医疗行为与损害结果之间不存在因果关系"或者其"医疗行为没有过错"。如果患方不能初步举证，则医方不必承担进一步的举证责任。可见，"医疗侵权"的举证责任并非倒置，而是举证责任转移的法律后果。此种举证责任分配原则对医疗机构而言并没有过分加重其负担，也谈不上所谓"举证责任之所在，即败诉之所在"的责任分配风险。所以，我们不赞成在医疗侵权举证责任分配问题上，过分夸大"举证责任倒置"的作用。

5. 全面建立医疗损害风险保险。临床医学是一项高科技、高风险的工作。古今中外，医疗意外都是难以完全避免的，但赔付风险可以在一定条件下进行分担和化解。推行医疗损害风险保险，建立合理的风险社会分担机制，有利于提高单个医疗机构和单个医务人员的抗风险能力，使他们专心致志地提高医疗技术和服务水平。

医院虽普遍认同设立医疗损害风险保险的必要性，但又普遍抱有"不入保险的赔付金额有可能低于保险成本"的侥幸心理。因此，只有科学设计理赔制度，才能顺利推广这一新的风险分担机制：（1）医疗损害风险保险涉及保险公司、医疗机构、医务人员和患者等各方利益，必须对方案的可操作性和各方的接受度进行充分调研和评估，科学测算保险限额和费率，制定一个社会各方均能基本接受的稳妥方案。（2）在基本框架确定后，对被选保险公司进行综合评估，也是保险运作前必需的关键一环；医疗损害的处理是一项专业性、技术性很强的工作，为提高效率，保险公司应成立一个医疗损害处理机构，专门承担定损、定责和理赔工作。（3）医疗损害风险保险是社会保障制度体系的一个有机组成部分。为确保医疗机构的参保率和保险机构的良性运行，必须建立"政府推动、市场运作"的保险机制。（4）待时机成熟后，应以立法形式，使医疗损害风险保险成为强制险。

三、优化医疗执业环境，必须维护医疗机构的正常工作秩序

我党的问卷调查结果显示，有 72.8% 的医务人员认为在受到不法侵害时，没有得到公安部门的有效保护；有 90% 的医务工作者不愿让自己的子女再从事医疗职业。公安机关的不作为或处置不力，是各地"闹医"事件频发的主要原因之一。世界上任何一个国家，无论在和平时期还是在动荡年代，医院和医生都属于重点保护对象。医务人员和广大患者具有根本利益的高度一致性，因此，维护医务人员的正当权益，就是维护最广大人民群众的根本利益。

医师法规定，医师在执业活动中"人格尊严、人身安全不受侵犯"，但对于违反此规定的当事人，只是作了"依照治安管理处罚条例的规定处罚；构成犯罪的，依法追究刑事责任"的原则性规定，导致司法和公安机关对医院和医务人员的保护乏力。因此，我们建议在刑法中制定具体的"破坏医务工作秩序罪"，并制定相应的实施细则，增强可操作性。

公安机关未能提供有效保护的体制原因是，医院被公安机关划为文保系统，而不属于治安系统，影响了对医院突发治安案件的及时处置。建议公安部门出台相应的整改措施，切实担负起维护医院正常秩序、及时处置突发事件的职责，确保在任何情况下医院不受冲击、医务人员的人格和人身安全不受侵害。医院一旦发生治安案件，无论起因如何，公安、司法机关都应果断处置，惩戒违法者，防止事态扩大，引导敦促各方依法解决。

四、优化医疗执业环境，必须坚持客观、公正的舆论导向

我党对某市医务人员的问卷调查结果表明，因舆论导向不正确而导致医疗纠纷上升或医患关系紧张，分别占73%和56.7%。有些新闻媒体对未经专家鉴定和司法审理的医疗损害纠纷案件，草率发表带有倾向性的意见，片面夸大了医疗机构的过失，忽视了医疗行业的特殊性；每次出现媒体对卫生界的集中负面报道，都会引发新一轮信访、上访事件的大量增加；过于集中的舆论曝光使人们易产生"现在的医院一团漆黑"的错觉，1篇负面报道往往能抵消100篇正面报道的宣传效应，而不负责的失真报道更具有令人始料不及的杀伤力。我们建议：

1. 坚持涉医报道的正确舆论导向。在"黄金机遇期"和"矛盾凸显期"并存的特殊时期，有关部门应充分认识舆论的"双刃剑"作用，趋利避害，抓好对舆论监督的正确引导。为了推动社会进步，对社会的负面现象应给予必要的曝光，但一定要控制曝光的密度和频率。新闻媒体对卫生行业的报道，应坚持客观公正的原则，绝不能片面追求新闻的"轰动效应"，忽略了媒体的社会责任；新闻媒体应聘请权威的医疗专家组成专家组对重大涉医报道进行专业审核，凡专业审核未通过的一律不得见报；中共中央宣传部对"因严重失实而造成恶劣社会影响"的涉医报道，应设立责任追究制度。

2. 新闻媒体要宣传卫生界的主流现象和主流思想。从总体来看，我国目前的医患关系是基本和谐之中存在着局部的不和谐，大的和谐之中存在着小的不和谐。新闻媒体应着力宣传医德高尚、医术精湛的正面典型，提高医疗机构的美誉度，增强医患之间的信任感，营造构建和谐医患关系的社会氛围。弘扬正气，

其实就是遏制歪风。10 年来，新闻媒体相继推出了吴登云、王忠诚、华益慰等卫生界的先进典型。我们认为，这样的宣传不是太多了而是太少了。希望新闻记者继续深入挖掘卫生界的真善美，有计划地推出更多的典型。宣传正面典型，同样需要客观公正，切忌人为拔高。另外，卫生界普遍缺乏"变被动宣传为主动宣传"的新闻意识。长期以来，卫生界甘于默默奉献，既是优点，也是弱点。很多感人的事例，卫生界并没有主动、及时地向新闻界提供报道线索。新闻界和卫生界没有形成良性互动机制，卫生界也有责任。因此，卫生行政部门和医院应主动与新闻媒体建立经常性的联系机制，及时提供正面报道的新闻线索。卫生界各级党委应该把做好宣传工作列入重要职责，把抓好正面宣传作为开展医德医风教育、构建和谐医患关系的重要手段之一。

3. 新闻媒体应承担起医学科普教育责任，倡导理性对待医疗损害纠纷。现代医学目前对人体的研究还有 70% 的未知领域。新闻媒体应客观宣传医学科学的特殊性和高风险性，使群众充分认识医学科学规律和生命自然规律，充分认识发展到现阶段的医学科学并非能够治愈所有疾病。一旦发生医疗损害纠纷，应当依法解决，杜绝过激或违法行为的发生。

4. 严格把握医疗、药品、保健品等广告的审批权。医药广告应由卫生行政部门组建一个专业审查委员会予以审查，其审批权最好也归口卫生行政部门；对医药广告必须加强日常监管，发现违法违规广告要严厉打击。

五、优化医疗执业环境，必须加大对医疗卫生事业的财政保障力度

1. 加大政府对基本医疗的财政投入。近几年，党和政府对

公共卫生、农村卫生的投入倾斜已初见成效，但总体上政府对公立医疗机构的投入逐年减少，加之从上至下逐级打折扣，有些基层医院几乎没有得到政府投入。医疗机构以追求经济效益为目的，势必造成"看病难""看病贵"的问题，这已经成为社会焦点。所以，国家应在明确基本医疗范畴的基础上，确保对基本医疗服务需求的充足财政投入，并以制度或法规的形式明确各级政府对医疗机构及其人员的投资责任和比例，逐年增加对医疗卫生的投入，增长幅度应不低于财政支出的增长幅度。

2. 为了扩大医保覆盖面，提高医保资金扶持水平，国家应加大投入，创新融资机制。特别是要加快医疗救助制度的健全与完善，大力扶助那些确有困难的群体享受平等的基本医疗服务，提高全民的医疗保障水平。

3. 建立科学的救助机制和经济补偿机制。近几年，由于解决医疗欠费的政策没有延续，各地医疗欠费逐年增加。截至 2004 年年底，全国医疗卫生机构医疗欠费达 56 亿元以上，主要原因是：（1）"三无"人员或五保户就医后找不到缴费的亲属；（2）突发事件发生后被紧急抢救的伤病员，有的未参加保险，有的无能力支付医疗费用；（3）贫困人员、残疾人等弱势群体就医后，交不起医疗费用；（4）部分患者恶意欠费。政府明确规定各医院"不能见死不救"，但解决救治之后的欠费成了一大难题。为了确保公益性医院的可持续发展，政府应建立法定救助机制和经济补偿机制。建议政府在综合测算后，确定设立解决医疗欠费的专项资金，并制定相应的使用、管理、调控、审计办法，对确因无支付能力而拖欠的，用专项资金予以解决；政府在进一步完善医疗救助制度的同时，还应制定医疗欠费的收缴规定，重点制约恶意拖欠行为，对有能力支付而无故拖欠的，明确规定补交时限及违规处罚措施，直至强制执行；对异地实施医疗

救助，民政部门应建立科学、合理的救助拨款方式，不能形成
"两不管"。

六、优化医疗执业环境，必须为医院创造规范而宽松的监管环境

1. 加强政府对医院的统一管理。现在，工商、物价、财政、药监、技监、税务、劳动和社保、审计、安监、保险等部门，经常到医疗机构进行名目繁多的执法检查；有些检查的目的，就是为了对医疗机构乱收费、乱罚款。卫生行政主管部门和医疗机构因此苦不堪言，不得不将大部分精力用在应付检查上。北京某医院去年接受大大小小的检查多达 120 次，平均 3 天就有一次。这种现象在其他地方也普遍存在，多头管理导致医疗行业准入和行业自律出现了扭曲。希望政府各职能部门对医疗机构的监管"到位而不越位"，使医院的领导腾出更多的精力用在加强内部管理、提高医疗服务水平的主业上。

2. 打击"商业贿赂"，重在源头治理。打击医药流通领域的"商业贿赂"是完全正确和必要的，但应把工作重点放在机制、体制和法制的源头建设上；否则，头痛医头、脚痛医脚，不会产生明显实效。"打击极少数，教育大多数"，应成为打击医药流通领域"商业贿赂"专项活动的重要原则。应建立长效工作机制，不搞一阵风。在办案过程中应坚持实事求是，不可随意扩大化。如果出现分配"办案指标"现象，应立即予以纠正。

3. 现代中医多是中西医结合的复合型人才，应放宽对中医执业医师执业范围的限制；允许不同类别执业医师通过资格考试，取得其他类别执业医师资格。

4. 加大对非法行医的打击力度。非法行医现象屡禁不止，

社会危害极大，群众反映强烈。全国在 2004 年取缔非法行医 5.4 万户次，2005 年取缔 9.5 万户次。海南的一个非法诊所被取缔了 56 次却依然存在。非法行医屡禁不止的重要原因，就是法制不健全。刑法第 336 条虽作了相应规定，但条款内容过于简单，对"情节严重的"没有具体的量化标准，没有可操作性，造成了非法行医"打而不死""死而复生""屡禁不绝"。我们建议，最高人民法院将"非法行医收入""非法行医被取缔次数"等作为量化标准，对刑法第 336 条作出详细的司法解释，以增强打击非法行医的执法可操作性。

七、优化医疗执业环境，必须鼓励和引导民营医院加快发展

处理好公益性非营利性医院和民营营利医院的关系，形成公平竞争、共同发展的格局，不但可以满足社会的不同医疗服务需求，而且有利于解决"看病难""看病贵"问题。

1. 各级政府要重点鼓励、扶持民营医院的发展。在区域卫生规划和医疗机构设点布局中，对民营医院要留有足够的空间。引导投资者以社会需求为导向，设置具有市场竞争力和自身发展潜力的特色专科医院，与公立大医院形成"错位竞争"、良性发展的格局。

2. 各级政府应制定优惠政策，积极鼓励引导民营医院投资者通过并购、重组等方式，对现有部分公立医院注入社会资本，建立现代管理机制，激活能量、盘活存量、优化增量。

3. 成立促进民营医院发展的自律组织。成立民营医疗机构协会，通过组织形式向政府和有关部门反映民营医院的意见和建议，研讨民营医院自身发展问题，加强行业自律，处理好行政监

督与行业自律的关系。

4. 尽快健全和完善民营医院的相关法规和政策，使民营医院享有平等的国民待遇。剔除在医疗保险定点医疗机构资格、税收、财务管理、土地征用等方面的歧视政策；剔除带有计划经济痕迹的规定，重新修订和制定医疗机构管理法规和医疗机构设置标准、技术准入标准。同时，要尽快出台医师多地点执业注册的规定，使民营医院合理有序地利用某些相对富余的医学专家资源，促进区域内人才合理流动。

八、优化医疗执业环境，应营造关心医务人员心理健康的社会环境

目前，医务人员这一特殊群体正承受着来自方方面面的压力，很多人出现了不同程度的心理不适，主要表现为工作倦怠、身心透支、情感疏远和成就感缺失。在被调查者中，每天工作10小时以上的占47.6%，节假日经常加班的占67.7%，睡眠不好的占61.7%，经常感觉疲劳或非常疲劳的占92%，表示比过去容易发脾气或经常发脾气的占67.5%。有23.6%的医务工作者认为，社会对医疗行业的评价不客观。有42.4%的医务人员表示，如果有更好的机会，就离开现在的岗位。很多医学院校毕业生不愿去高风险的科室。

我们认为，尽管个别医院和少数医生存在着开大处方、收红包、拿回扣等现象，但全社会还是应该对卫生界给予正面的整体评价。今天，医疗执业环境不佳，医务工作者感觉压抑，党和政府应给予他们更多的理解和关怀。只有把心理压力降到最低程度，医务工作者才能最大限度地施展医学技能，毫无顾虑地创新医学科学；改善医患关系应该首先从医务人员做起，只有将医务

人员的心态调整到最佳状态，才能充分发挥他们在改善医患关系中的主动性和创造性，时时处处体现对患者的爱心、关心、细心和耐心。

因此，政府一方面要逐步改善医务人员的生活、工作和学习条件，另一方面要特别关怀医务人员群体的心理健康。实施"心理关怀"，最主要的是尽快扭转医院和医务人员在遭受不法侵害时既无奈又无助的尴尬局面，还之以人格尊严，还之以执业安全；心理学家应开展关怀医务人员心理健康的专题研究，摸清这一群体的共性心理特征和心理不适，有的放矢地进行心理疏导（群体疏导与个体疏导相结合），并为政府实施"心理关怀"提供对策建议；各地可以借鉴四川德阳的经验，在实施定向心理疏导的同时，以培训的方式提高医务人员的社会适应能力、心理自我调节能力和人际沟通能力；同时，应紧紧抓住广泛开展社会主义荣辱观教育的契机，着力营造"尊重医生人格、尊重医生劳动"的良好社会风气。

对经济工作的几点建议[*]

(2006 年 11 月 13 日)

从各项统计数据看，国民经济继续朝着宏观调控的预期方向健康发展，国家经济社会各项事业取得了新成就，完全有把握实现"十一五"规划的良好开局。实践证明，中共中央、国务院的各项工作部署是正确、有效的。

今年以来的宏观调控，坚持多重用力、边看边调、微量频调，既有效缓解了经济活动中的突出矛盾，又避免了经济的大起大落，取得了明显的效果。当前，农业特别是粮食生产形势稳定，煤电油运支撑条件得到改善，工业结构调整有了新进展，体制改革进一步深化，社会事业加快发展，表明政府宏观调控的经验日益丰富，基本建立了适应社会主义市场经济要求的宏观调控体系，为进一步解决制约经济发展的深层次体制和机制问题、延长经济增长周期、促进经济社会全面发展，奠定了坚实的基础。

总体上看，我国经济保持平稳较快增长的态势不会改变，但在发展中还有些问题应引起重视：一是投资消费结构仍需调整。当前，消费对经济增长的贡献率比投资低近 15 个百分点，消费对经济增长的拉动作用仍然偏弱。二是金融领域的结构性问题依然存在。一方面还需严控信贷闸门，巩固宏观调控成果；另一方面，农村金融发展滞后，"三农"融资仍然困难。三是落后产能的退出机制还不完善，部分行业的产能过剩压力较大，企业利润

---

[*] 这是蒋正华同志在党外人士座谈会上的发言。

下降。对产业结构的调整，应进一步明确思路、厘清对策。

对明年的经济工作提几点建议，供参考。

一、继续加强和改善宏观调控

在市场经济条件下，宏观调控是解决市场"失灵"的长期重要手段。应保持政策的平稳、连续，更加重视结构性矛盾，有针对性地进行科学调控。一是虽然投资过快增长的势头得到遏制，但在去年同期的高位上又增长了27.3%，投资反弹的压力并未根本解除。在明年中央政府适当增加建设投资的情况下，如何防止部分地方盲目投资和低水平重复建设出现反弹，仍然是宏观调控的重要任务之一。二是完成今年降低国内生产总值能耗4%的难度很大，完成明年乃至"十一五"确定的能耗目标任务也相当艰巨。建议将降低能源资源消耗作为宏观调控的重点，更加细致地分析能耗的产业差别，做好降低能耗的成本效益分析，有区别地制定产业标准，从调整结构、提高技术、加强管理三方面有针对性地提出有效措施，推动经济可持续发展。三是财政收入大幅增长，贸易顺差持续扩大，外汇储备明显增加，既增强了国家的综合国力，也提高了处理国际事务的能力。应利用我国外汇优势，加大"走出去"力度，推动国内产业向国外转移，消化过剩产能，优化产业结构。同时，加快内外资企业所得税"两法合并"立法工作，合理确定企业所得税统一征收标准，提高国内企业效益，增强发展后劲。四是现在的宏观调控受地方干扰较大。在市场经济体制还不完善的条件下，经济发展不能完全依靠市场调节，宏观调控需要更多使用经济手段和法律手段，也应有一些必要的行政措施。特别是针对地方政府投资居高不下等顽症，要有明确的调控目标，对违反政令的行为要有必要的行政手段，切实把中央的各项政策措施落到实处。

二、继续重视"三农"问题

中共中央、国务院作出建设社会主义新农村的重大部署，采取了很多措施，2006 年的"三农"工作成效好于各方面预期，但"三农"工作基础仍然薄弱，还需国家大力支持。一是国有商业银行从县域城乡大规模撤出后，各种名目的合作社、基金会、钱庄等地下金融组织纷纷出现，很多带有高利贷性质，引发了一些负面效应和社会矛盾。需要下决心解决农村金融问题，以法律和行政手段阻止资金从农村流出，发展农村小型金融机构，激活县域城乡民间资本，为"三农"服务。二是农村保险业起步晚、基础差。有的保险公司恶性开发农村市场，缺乏诚信，误导农民甚至实施保险欺诈。应进一步整顿、规范农村保险市场，保护农民权益，促进农村保险业健康发展。三是当前粮食主产区库容趋紧，尤其是麦稻兼作区的矛盾更为突出，需要加强粮食产销衔接、信息交流，充分发挥储备粮轮换吞吐和进出口等措施的调控作用，引导和稳定各方的价格预期，避免粮价回落。

三、推动扩大消费

随着宏观调控成效的进一步显现，投资和出口增幅将逐步放缓，经济增长更加需要消费来拉动。今年，国家在收入分配等方面出台了一系列措施，促进了消费的平稳增长。应进一步深化扩大消费的政策措施，推动经济持续增长。一是挖掘农村消费潜力，提高农村消费对经济增长的拉动作用。促进农村消费快速增长，关键在于不断增加农民收入，提高农民的社会保障水平。同时，政府也应着力营造农村的消费环境和消费市场。县乡财政的转移支付，应重点用于农村人居环境建设，为农村居民提供便利、低廉、优质的基础设施和公共服务，改善农村流通和消费环境。二是大力发展服务业，带动扩大消费。"十一五"规划提出服务业比重到 2010 年要达到 43.3%，但目前服务业的比重由去年年底的 40.3% 降至 39.2%。需要从准入、税收等制度上，制定落实加快服务业发展的有效措施。

四、重视海洋法制建设

开发利用海洋、发展海洋经济，在国家经济社会发展全局中占有十分重要的战略地位。目前，我国的海洋开发秩序有待进一步规范，海洋污染的治理、海洋资源的利用、各部门间的协调等问题不少，海岛开发利用存在着无序和无度等问题，损害了我国的海岛生态系统，并威胁到国家海洋主权。建议大力加强海洋工作，特别是应从立法、执法的角度，推动海洋法制建设，促进我国海洋事业的全面、协调、快速发展。

切实加强参政党理论建设

（2006 年 12 月 9 日）

思想理论建设是新世纪新阶段参政党建设的根本。进入 21 世纪，参政党的思想建设、组织建设和制度建设都面临着一系列新的挑战。建设一个什么样的参政党、怎样建设参政党，是我们当前面临的重大历史性课题，也是参政党理论建设的重大课题。解决好这个重大课题，没有本本可依，没有先例可循，必须依靠理论的探索、工作的创新、实践的发展。

高度重视并切实加强参政党理论建设，以正确的理论指导实践，在新的历史条件下坚持和发展中国共产党领导的多党合作和政治协商制度，坚持民主党派章程中的目标和原则，把民主党派建设成为始终与中国共产党亲密合作、适应新世纪要求的参政党具有十分重要的意义。参政党理论建设是中国共产党领导的多党合作制度理论建设的重要组成部分，其内容包含：理论的学习运用，理论的宣传教育，理论的研究创新，理论的成果转化。中国共产党领导的多党合作制度理论体系的学习运用是基础，学习的目的在于运用，学习运用是提高认识、坚定方向的前提；理论宣传教育是手段，是开展思想理论建设、普及提高的必要措施；理论研究创新是重点，是研究新情况、解决新问题、与时俱进的必然要求；理论成果转化是关键，是指导实践、推动工作的具体体现。

参政党理论建设必须坚持以邓小平理论和"三个代表"重

要思想为指导，全面贯彻落实科学发展观，着眼于中国共产党基本理论、基本路线、基本纲领和基本经验的学习贯彻，特别是统一战线和多党合作基本理论政策的学习和运用；着眼于研究回答参政党为全面建设小康社会服务，为国家经济和社会发展服务的重大理论和实际问题；着眼于坚持和完善中国共产党领导的多党合作和政治协商制度，保持和促进我国政党关系和谐；着眼于加强多党合作和民主党派新的实践和新的发展。参政党理论建设的重点，是学习宣传邓小平理论和"三个代表"重要思想，全面贯彻落实科学发展观；参政党理论建设的关键，是维护和发展中国共产党领导的多党合作制度；参政党理论建设的落脚点，是提高政治素质，发挥参政党作用。

近年来，农工党高度重视参政党理论建设，采取了一些行之有效的办法，取得了一定成绩。我们坚持以学习实践"三个代表"重要思想为重点，不断巩固多党合作的思想基础；坚持领导带头与党员参与相结合，取得了丰硕的理论研究成果；坚持深入研究与宣传普及相结合，推动了全党理论素养的提高。

参政党的理论建设是一项长期的战略任务，当前和今后一个时期，应在学习运用、研究创新、宣传教育、成果转化四个方面提高到一个新水平，作出新成绩，总结出新经验，登上一个新台阶；要健全学习制度，提高理论素养；要加强组织领导，完善研究机制；要营造宽松氛围，树立良好学风；要建设骨干队伍，培养理论人才。通过切实有效的参政党理论建设，不断提高广大农工党党员的思想政治素质，增强运用理论解决实际问题的能力，以理论创新推动工作创新，坚持把发展作为参政议政的第一要务，树立和落实科学发展观，为构建社会主义和谐社会、全面建设小康社会作出更大贡献。

在党外人士座谈会上的发言

（2007 年 1 月 4 日）

中共十六大作出了 21 世纪的头 20 年是我国的重要战略机遇期的重大战略判断。中共十六大以来，以胡锦涛同志为总书记的中共中央，着眼于紧紧抓住和用好战略机遇期，在国际上，积极营造更加有利的外部环境，维护国家安全和国家利益；在国内，坚持以经济建设为中心，以发展为执政兴国的第一要务，用发展和改革的办法解决前进中的问题，在重大理论问题上提出了许多新思想，决策上有许多新思路，政策上有许多新措施。确立科学发展观，引导发展思想的与时俱进，并以科学发展观为指导制定了国家"十一五"规划；提出建设和谐社会的目标，推动经济建设、政治建设、文化建设与社会建设全面发展；取消了在我国延续 2600 多年的农业税，大力统筹城乡协调发展，扎实推进惠及亿万农民的社会主义新农村建设；着眼可持续发展，提出建设资源节约型、环境友好型社会；提出社会主义荣辱观，倡导社会主义新风尚；采取了一系列惠及台湾同胞的政策措施，同国民党、亲民党和新党进行了卓有成效的交流对话，扩大了遏制"台独"的战略优势；提出加强执政能力建设，着力解决经济运行中的突出矛盾和问题，进一步加强和改善宏观调控，国民经济和社会事业发展取得了巨大成就，国家的发展进入了全新的阶段。

经济体制深刻变革，社会结构深刻变动，利益格局深刻调整，思想观念深刻变化，既给我国发展进步带来了巨大活力，同时也带来了一些矛盾和问题。对这些矛盾和问题，中共中央高度重视，高瞻远瞩，采取了一系列应对措施，中共十六届三中、四中、五中、六中全会都分别作出了重大部署。继续落实这些重大部署，是今后 5 年促进我国经济社会协调发展、实现全面建设小康社会宏伟目标的关键。为此，就今后工作提出六点意见。

第一，进一步确立科学发展观在全局工作中的指导地位。

尽管我国近年采取了一系列措施来加快经济结构调整、促进经济增长方式转变，但总体上，我国经济增长方式并未实现根本转变，以"高投入、高消耗、高排放和低效率"为特征的粗放型经济增长格局还在继续。持续发生的煤矿安全事故、重大污染事故等，经济发展与教育、卫生等社会发展"一条腿长，一条腿短"的不协调现象尚未完全改变，科学发展观还没有得到全面贯彻，需要进一步确立科学发展观在全局工作中的指导地位，需要以制度保障落实科学发展的思想，需要以机制建设落实中央提出的一系列方针政策。

第二，进一步优化行政管理机构设置和分工，建立和谐的行政管理关系。

现在的行政管理机构的设置和分工，有的事务由多个行政部门管理，或是各管一段、互相脱节，形不成合力；或是管理思想、目标不一，互相矛盾。这两种情况都使事务整体得不到有效治理，治水、食品管理等都是如此。在实际工作中，地方对中央的政策，经常出现的情况是"上有政策、下有对策"。对重大政策，中央不得不派出检查组去检查落实情况。我们国家地域广，各地情况不同。在经济规模不断扩大、社会结构日益复杂、国际局势多变、利益格局多元的情况下，我国 13 亿多人口的超大型社会，这么多的事务都从中央到地方按照"系统"管理，中央政府的工作量巨大。是否可以研究将一些不影响国家全局的事务，实行地方"分层"管理，建立更加严密的问责制，中央实施"监督"。这样，中央政府能腾出时间应对国内外的全局事务。

需要进一步畅通百姓利益诉求渠道，及时化解人民内部矛盾。充分发挥居民组织和其他社会组织在建立健全社会利益沟通渠道和协调机制方面的作用，引导各个利益群体以理性、合法的形式表达利益诉求，平衡不同阶层、不同方面群众的利益，照顾经济社会地位下降明显的群体，使他们的生活得到保障、生产得到发展。在强调政府依法行政的同时，也要强调全社会依法办事、依法行事，不断培育、加强全社会的法治、法制观念。

第三，继续改革收入分配制度和规范收入分配秩序，健全社会保障体系。

近年来，城乡居民收入在稳步增长的同时，城乡、地区、行业之间的收入差距呈拉大趋势，一些行业收入水平过高，分配秩序比较混乱，已引起中共中央、国务院高度重视。今年5月，中共中央政治局召开了会议，专题研究改革收入分配制度和规范收入分配秩序问题。现在，"不患寡而患不均"的思想已经没有市场，而更多的是"不患不均而患不公"。这些"不公"的表现，主要是由于占有和使用公共资源不同而产生的收入差距，比如一些垄断行业的高收入、一些利用手中职权谋取的高收入等。目前，地区之间和部分社会成员之间的收入差距，已经逐步转向"生产资料占有的差距"。一些社会成员在出租物业、投资企业和股市等方面的"投资性收入"，高于一些低收入者的全部收入。要缩小"生产资料占有的差距"是很困难的。因此，在措施方面，一方面需要改革收入分配制度和规范收入分配秩序，坚持和完善按劳分配为主体、多种分配方式并存的分配制度，坚持各种生产要素按贡献参与分配，建立科学合理、公平公正的社会收入分配体系；另一方面，需要健全社会保障体系，为城乡低收入社会成员的生活、居住、就医等生存问题提供保障。此外，还需要采取一些实际措施缩小"生产资料占有的差距"，加强中央和地方政府的定向投资建设，资助低收入者获得住房、投资创业等。

第四，坚持从国情实际出发，加强法制建设。

中共十六大以来，根据经济社会发展的要求，全国人大及其常委会审议通过了一批重要法律。一些法律的审议经历了很长的时间。其中，各级人民代表大会常务委员会监督法从 1986 年起草，经历了 20 年，是集思广益、充分酝酿、平衡各方利益的结果，体现了民主立法、科学立法的进步。

正在审议中的物权法草案，在中共十六大提出要完善保护私人财产的法律制度后的一个月，九届全国人大常委会就对物权法草案进行了初次审议，到今年十届全国人大常委会第二十五次会议，已经进行了 7 次审议，成为国家立法史上至今审议次数最多的法律草案。对物权法的审议，既体现了我国的基本经济制度，也体现了对国家财产、集体财产和私有财产平等保护的原则，坚持了正确的政治方向，坚持从国情出发，以宪法为依据，体现中国社会主义基本经济制度，遵循平等保护物权的原则，维护了最广大人民的根本利益，重点解决了现实生活中迫切需要规范的问题。

随着我国国际地位不断提高，立法应加强前瞻意识。跨国就业、创业、投资等情况增多，互联网等技术迅速发展，亟待加快相关法制建设，既要在规范成熟时立法，也要对影响未来发展的问题立法引导。

第五，高度重视金融工作。

金融是国家经济的命脉，近年来在深化体制改革方面取得重大进展，但是问题仍然很多，不可乐观。第一是需要落实自我约束机制。许多金融大案说明，内控机制在不少地方流于形式，国有银行股份制后要做的事很多。有的人提出，要尽快实行职工持股和管理层股权激励机制。在当前金融系统报酬偏高的情况下，对这些做法应慎重研究。第二是引进战略投资者有利有弊，不可只见其利，而对可能发生的安全等问题缺乏应有的警惕。第三，加入世贸组织过渡期后，外资银行大量涌入。从加深体制改革、加强金融创新等方面应对外资银行的竞争值得重视。此外，外国对中国国有银行进入的限制很多，一些准入标准很不透明，我们也应有相应措施。金融方面的问题还有很多，中央的方针政策都很正确，需要根据中国国情提出具体措施。建议要吸收熟悉中国国情和基层运作的同志参加，建立既懂理论又懂实际的金融研究机构，为领导决策提供咨询意见。

第六，坚持走中国特色政治发展道路。

中国共产党领导的多党合作和政治协商制度，在实践中发挥了积极作用，是适合国情的制度。这一制度，凝聚了中华民族的精英，团结了各界爱国力量，保障了国家的政治稳定、民族团结、社会和谐，成为重要的综合国力要素。为加强多党合作和政治协商制度的制度化建设，中共中央先后在 2005 年和 2006 年颁布两个 5 号文件。发展社会主义民主政治，建设社会主义政治文明，必须坚持党的领导、人民当家作主和依法治国的有机统一，积极稳妥地扩大社会主义民主，建设社会主义法治国家，保证人民依法实行民主选举、民主决策、民主管理、民主监督，推进社会主义民主政治制度化、规范化、程序化。农工党的同志将遵照多党合作和政治协商制度的要求，努力履行好参政党的职能。

关于金融改革和发展[*]

（2007 年 1 月 5 日）

近年来，我国金融体制改革进一步深化，金融在优化社会资源配置、促进经济又好又快发展中发挥着越来越重要的作用。当前，银行、证券、保险等金融行业改革全面提速，特别是国有商业银行股份制改革、汇率形成机制改革和农村信用社改革等酝酿多年、难度很大的重点领域和关键环节的改革取得重要进展，农村金融稳步推进，金融立法、金融信息化、社会信用体系建设步伐加快，金融监管得到改进和加强，我国金融工作整体进入了一个新的阶段。

即将召开的全国金融工作会议，是在我国金融业全面对外开放、金融改革进入关键时期召开的一次重要会议。会议将制定有关文件，全面总结近年来金融改革和发展取得的重要成果，对今后一个时期的金融工作作出重要部署，必将对我国金融事业的健康发展产生积极而深远的影响。

提几点建议，供参考。

一、高度重视外汇储备问题，优化结构，合理运用，防范风险

目前，我国外汇储备已经超过 1 万亿美元，居全球之首。这既体现了综合国力的提高，也有利于维护金融安全并更好地服务

于国家发展战略和外交工作。但是，从长远来看，还需进一步研究外汇储备的适度规模及合理结构等问题，以防范风险。一是我国外汇储备中美元所占比例偏大，如果美元贬值，可能导致很大损失，应兼顾国际贸易构成和汇率风险，逐步实现外汇储备币种结构的多元化、合理化。建议将欧元储备视发展情况逐步扩大至占25%左右，日元及其他币种占15%左右。这样既可保障国际收支稳定，又可减少风险。二是外汇储备投资效益较低，亟须加强管理，拓宽投资渠道，在保证安全性和流动性的基础上提高效益。建议利用我国外汇储备比较充裕和人民币升值的时机，从保证国家能源和战略资源安全出发，加大"走出去"的力度，积极投资非洲、拉美和中亚等地区的能源、资源性项目；同时，适当扩大进口，在国际商品市场上采购我国短缺的大宗商品，如石油、有色金属、黄金、铂等稀贵金属和天然橡胶等，逐步建立起与我国经济规模相适应的石油等战略资源储备和大宗商品期货市场，为此需要加强相应的法律等支撑体系建设。三是支持财政部发行特别国债购入部分外汇，主要用于支持中西部发展和支柱产业建设，同时以相应的财力用于增强社会保障体系。

二、进一步深化银行改革，加快培育能够适应和参与国际竞争的金融机构

当前，国有商业银行股份制改革已迈出重要步伐，但同时也要清醒地看到，所取得的成效仍属于初步的、阶段性的，要做的事还很多。近年来的许多金融大案说明，内控机制在不少地方流于形式。当前在内控机制建设方面最薄弱的不是规范制度，而是加大透明度，尽快完善信用体系，加强监督制约能力。许多违规大额贷款程序上完全合法，就是明证。

工商银行、中国银行、建设银行在成功上市后，要继续完善公司治理，深化内部改革，加快转变经营机制，强化内部控制和风险防范机制，保持资产质量和赢利能力的稳步提高，按照公众对上市公司的要求完善现代银行制度，致力于建设成为具有国际竞争力的大型商业银行。职工持股及管理层股权激励机制建设应缓行，在金融文化建设基础稳固后再实施。

农业银行由于特殊的历史原因，形成了高额不良贷款余额，目前已高达 7000 多亿元，不良贷款率为 25.1％，改革、转型成本负担沉重，是四大国有商业银行中唯一尚未进行改制的银行。建议在推进农行改革时首先要明确其市场定位，否则仅靠政府注资、冲销呆坏账，仍以目前介于城乡之间没有核心赢利模式的状态，很难使改革成效得以持续。要合理确定目标市场和客户，变劣势为优势，强化传统特色和为"三农"服务的市场定位，更好地服务于"三农"和县域经济。只有发挥比较优势，才能形成核心竞争力。目前，农行整体上市的时机尚不成熟，应当以健全企业治理结构为中心，完善为"三农"服务的体系建设，落实风险防范措施。

邮政储蓄长期以来依附于邮政企业经营管理，只能经营有限的金融业务。目前，其营业网点超过 3.7 万个，其中县及县以下农村网点占到 2/3 以上，是我国连接城乡的最大金融网点，有突出的优势。2006 年 12 月 31 日，中国邮政储蓄银行已经获准开业，但其内部管理机制建设薄弱，以地方支局负责人为主的案件迭出。建议尽快按照公司治理结构和商业银行管理要求，建立相应的内部控制和风险管理体系，充分发挥网点优势，面向普通大众特别是城市社区和广大农村地区群众提供基础金融服务，支持社会主义新农村建设。

对于国家开发银行、进出口银行、农业发展银行三家政策性银行，建议不能完全按商业银行方向进行改革，也不宜对其市场业务和开发性业务简单分拆。应针对各自特点，逐步调整定位、拓展功能、完善治理结构、分步推进改革。改革目标应是既能按照市场规律有效发挥政策性开发功能，又不与其他商业银行产生重复竞争。特别是国家开发银行有其特殊性，发放了大量 10 年、20 年以上期限的贷款，风险潜伏时间长，对其改革应适时谨慎操作。

三、加强金融监管，形成维护国家金融安全的保障机制

当前，金融业对外开放加快，引起了金融效率、安全与公平等问题的争论。我们要处理好开放水平与金融改革、金融监管之间的协调关系，切实维护我国金融安全。一是引进战略投资者有利有弊，不可只见其利，而对可能发生的安全问题缺乏应有警惕。在引进外资战略投资者的过程中，应继续保持国有金融机构绝对控股。二是金融业对外开放，并不意味着要放松资本管制，降低审慎监管标准。相反，只有加强对资本流出入的管制，提高审慎监管能力，严格准入制度，金融业才有可能更大程度地开放，资本市场才能得到更大发展。三是加强不同金融监管部门的协调。目前，已经出现部分外资金融集团分别进入银行、保险、证券等行业，国内也出现了不少金融控股集团。在我国尚未建立兼业或综合经营监管、监管协调程度较低的情况下，应有切实措施，预防可能的潜在风险；同时，不论采取何种具体形式，要尽快建立一行三会之间完善的监管协调机制，避免政出多门和相互掣肘。建议在国务院建立金融协调委员会，逐步过渡到金融业统一监管。四是经营和监管是两回事，既可以有分业监管下的综合

经营，也可以有综合监管下的分业经营或兼业经营。关键不在于机构设置的分合，而在于人才、技能和理念。因此，应早下功夫，培养适应综合业务的监管人才。

四、发挥金融在促进城乡统筹发展中的作用，支持社会主义新农村建设

近年来，国家大力推进农村金融改革，金融机构在农业增产、农民增收和农村发展方面发挥了积极作用。但是，农村金融与解决"三农"问题的需求还有相当大的差距。当前的主要问题是银行等金融机构在农村的网点比较少、覆盖程度比较低，由此造成了农村资金大量外流、农民贷款难等问题无法得到根本解决。

对于农村金融的发展，建议采取政府主导和市场化机制相结合的方式。要加大政府对农村金融服务的扶持力度，提供优惠利率等特殊的政策支持；同时，也要引入市场化机制，在考虑到农民实际承受能力和规范农村民间借贷的基础上，适当放宽小额贷款利率限制，才能使小额信贷、互助金融的发展具有可持续性。

针对不同的农村金融需求，建议加快完善多层次的农村金融服务体系。政府要采取优惠措施，吸引各类金融机构进入中西部尤其是中西部农村地区；同时，继续深化农村信用社改革，发挥农业银行、农业发展银行和邮政储蓄银行在服务"三农"方面的传统优势，大力发展农业保险、农产品期货和订单农业等其他农村金融服务形式。

五、正确认识股市运行情况，着力构建多层次资本市场体系

今年以来，在股权分置改革稳步推进、宏观经济平稳快速增长、人民币升值等因素的推动下，我国股市运行相对前几年发生了转折性变化，投资者的信心稳步回升，股指快速上涨。2006年最后一个交易日，上证综指以2675.47点创出全年收盘新高，同时也是股市收盘历史新高，全年涨幅高达130.43%。但是，我们必须清醒地看到，我国资本市场稳定发展的基础仍然薄弱，市场的深层次矛盾和结构性问题尚未得到根本解决。建议必须未雨绸缪，谨防推出股指期货、限制流通股集中上市和境内外游资炒作等因素可能引起的股市大幅波动。必须着力于提高上市公司质量、加强市场监管，努力夯实市场健康运行的各项基础，推进创业板市场和场外交易市场建设，规范发展国债和公司债等非政府债市场，构建多层次的资本市场体系。目前最薄弱的是债券市场建设，其原因在于多头管理、政令不一和法制落后、无法可依。债券目前有五家管，只有20世纪80年代的国库券条例和1990年公布的企业债条例为依据，早就不适应发展的需要，大量融资券无法归还，亟待国务院加强行政协调，加快法制建设，加大支持力度。

目前急需将或有经验、或知国情、或懂理论的人才相对集中，使之相互补充，不宜偏信国外经验。国际上，金融文化经上百年时间才逐渐形成。我国不能照搬这些国家的做法，必须形成适应我国现状的金融体系。

在党外人士座谈会上的发言

(2007 年 2 月 14 日)

一、加强协调机制

当前突出的问题是资源消耗严重、生态环境恶化。问题的根子是各方面利益不同，一些调控手段效果不大，上有政策，下有对策。即使是在负有行政责任的各部门间，也互相牵掣，这在环境保护、生态治理、食品卫生、结构调整等方面都表现得十分明显。建议一要适当调整中央机构，加大综合管理能力，可考虑建立能源部、生态环境委员会，使管理综合性问题的部门具备综合协调的能力。二要加大省级政府责任。上述问题多发生在地方，依靠中央直接监控事倍功半，疲于奔命，应当使省级政府负起更大责任。三要加大综合性软科学研究，对各领域各地方的降耗、减污等目标，生态建设及补偿机制等问题，进行深入细致的分析，务使目标合理、管理科学，最大限度地减少行政主观性。

二、大力发展公司债券市场

与股票市场取得的进展相比，债券市场的问题更加突出，严重影响资本市场建设。中央金融工作会议已经明确，将公司债券作为发展债券市场的重点方向。应抓住当前国民经济发展的良好形势，加快发展公司债券市场。一是建立并完善公司债券法规体系。在公司法和证券法的原则框架下，制定《公司债券管理条例》，将公司法人发行的金融债、商业银行次级债、可转换公司债、证券公司债、短期融资券等纳入其中，为发展公司债券市场提供法规基础。二是建立统一的公司债管理体制。制定公司债的发行、信息披露、交易结算等监管制度，明确国务院证券监督管理部门负责对发债主体、相关中介机构等进行统一监管。三是建立公司债发行人约束机制。这包括：依法建立公司债发行人的自我约束机制；试行债券托管制度和债券人会议制度，强化持有人对公司的约束；发挥市场、中介机构等各方力量，加强对发债公司的监督等。

三、加强食品安全工作

食品安全关系到人民群众身体健康和生命安全，是当前社会关注的焦点，影响到经济健康发展和社会和谐稳定。国家采取了一系列措施，食品安全工作取得了令人瞩目的成就。但假冒伪劣食品仍屡禁不止，重大食品安全事故仍时有发生，需要进一步加强食品安全工作。一是完善法律法规。食品卫生法是在 1995 年制定的，其规定的食品种类、农药种类和残留标准等，远低于《国际食品法典》的规定。近年来，食品安全又出现了一些新情况、新问题，有必要修订完善食品卫生法，制定食品安全法，完善食品安全法律法规体系。二是健全食品监管体制机制。我国的食品安全是分段监管，其管理权限分属食品药品监督管理、农业、卫生、质检、商务、工商、科技、环保等多个部门，多头执法和监管真空并存。应建立健全食品安全管理的专门机构，理顺行政、监督、检验三个系统之间的关系，建立食品安全监管的长效机制。

四、加快北部湾开放开发，推进泛北部湾经济合作

北部湾是中国与东盟合作、中越"两廊一圈"、泛北部湾、泛珠三角等多区域合作的交会点。由于长期固守边防，北部湾尤其是广西沿海地区错过了许多发展机会。去年，广西成立了北部湾（广西）经济区，实行统一规划、统一建设和管理。北部湾的开放开发步伐明显加快，泛北部湾合作取得了初步进展。建议把加快北部湾的全方位开放开发、推进泛北部湾国家和地区的经济合作，作为国家重要发展战略。一是在国家层面成立泛北部湾工作委员会或由国家有关部门与广西等联合成立部省（区）工作组，统筹推进战略的实施。二是将北部湾（广西）经济区列为国家区域开放合作综合改革试验区。广西沿海地区是我国唯一的沿江、沿边、沿海地区，也是西部欠发达地区和少数民族地区。广西作为多重区域合作优势和多重政策共同发挥作用的地区，客观上需要通过在土地管理、金融合作、海关特殊监管等多方面进行综合改革试验，为推动区域开放合作探索新的体制机制。三是充分发挥广西沿海的区域优势和资源优势，支持广西沿海基础设施建设和石化、钢铁、造纸、修造船等工业布局。国内外有关机构和专家论证，防城港市的企沙是国内不可多得的、布局大型钢铁项目的选址之一。武钢和柳钢拟合资建设千万吨级钢铁厂，打造我国西部第一个宽带钢精品和宽厚板精品钢铁基地。该项目符合国家调整和改善钢铁产业布局的要求，各项准备工作进展顺利，建议国家给予支持。

做好政治交接*

(2007 年 3 月 27 日)

一、充分认识政治交接的重大意义

政治交接是各民主党派中央在酝酿 1997 年换届有关政策过程中提出来的。经过 10 年的探索与努力，我党的政治交接工作取得了一定的成绩，实现了领导班子的平稳过渡，与中国共产党合作的政治基础更加巩固，自身建设不断加强，在物质文明、政治文明、精神文明建设中的作用得到了切实加强。但是，我们必须清醒地认识到，新世纪新阶段，我党面临着搞好政治交接、加强自身建设和提高履行职能、发挥作用的能力两大历史性课题。能否解决好这两大课题，直接关系到我党在新世纪新阶段的政治面貌，关系到我党如何继承和发扬与中国共产党亲密合作的优良传统，关系到我党如何应对国内外政治风浪的挑战，关系到多党合作和政治协商制度的长期存在与发展，关系到我国社会主义民主政治的建设和国家的长治久安。可以说，搞好新老交替基础上的政治交接，任务更加突出，意义更加重大。

坚持走中国特色政治发展道路，是我党加强自身建设的一项长期战略任务，是思想建设的核心内容。开展政治交接学习教育活动、推进开展政治交接，是我党贯彻落实科学发展观、全面建设小康社会和构建社会主义和谐社会的必然要求，是发展社会主

＊ 这是蒋正华同志在中国农工民主党中央理论学习中心组开展政治交接学习教育活动座谈会上的讲话。

义民主政治、建设社会主义政治文明的必然要求，是实现新世纪新阶段多党合作事业可持续发展的必然要求，也是我党适应时代发展、切实加强自身建设的必然要求。搞好这次学习教育活动，有利于进一步坚定我党各级领导干部及广大党员坚持走中国特色政治发展道路的信念，有利于坚持和完善中国共产党领导的多党合作和政治协商制度，有利于我党在完成领导班子新老交替的同时，不断巩固多党合作的政治基础。

贯彻落实科学发展观，全面建设小康社会，加快建设社会主义和谐社会，是中共中央着眼新世纪新阶段我国经济社会发展面临的新形势，提出的重大战略思想、战略目标和战略任务；发展社会主义民主政治，建设社会主义政治文明，是中国特色社会主义事业的重要内容和政治保证。农工党作为与中国共产党共同致力于中国特色社会主义事业的参政党，责任重大，使命光荣。只有从坚持走中国特色社会主义政治发展道路的高度，不断推进政治交接，才能切实增强政治鉴别力和政治敏锐性，坚决抵御西方两党制、多党制和议会制的影响，巩固和发展我国和谐的社会主义政党关系；只有从时代发展和战略全局的高度，不断推进政治交接，才能进一步增强对建设中国特色社会主义的共识，增强围绕中心、服务大局的意识，提高参政议政、民主监督的水平，为促进经济社会健康稳定发展、巩固和谐的社会局面作出新的更大贡献。

二、深刻领会和全面把握政治交接的丰富内涵

政治交接是一项事关全局、意义深远的根本性任务，是我党遵循自身建设的客观规律、传承自身政治理念和优良传统、增强参政党的生命力、实现参政党价值的强基固本之举。政治交接的

内涵丰富，涵盖参政党政治建设、思想建设、组织建设、作风建设、制度建设等各个方面。其特定的内涵，包括政治纲领、政治原则、政治立场、政治品质、政治态度、政治经验以及优良传统和高尚风范的交接。经过 10 年的发展变化，政治交接的内涵概括起来就是：重点是继承和发扬我党老一辈长期与中国共产党团结合作形成的政治信念、优良传统和高尚风范；关键是增强接受中国共产党领导的自觉性和坚定性；核心是坚持走中国特色社会主义政治发展道路；目的是巩固多党合作和政治协商的政治基础和组织基础，推动和实现我国多党合作事业的可持续发展。

开展政治交接学习教育活动的指导思想是：以马克思列宁主义、毛泽东思想、邓小平理论和"三个代表"重要思想为指导，全面贯彻落实科学发展观，深入领会中共十六大以来中共中央一系列治国理政的重大战略思想，认真贯彻中共中央两个 5 号文件和〔2006〕15 号文件精神，努力把农工党建设成为理论上清醒、政治上坚定、组织上巩固、机制上健全和充满活力的，致力于建设中国特色社会主义事业的参政党。通过开展政治交接学习教育活动，不断增进对中国共产党的基本理论、基本路线的共识，增进对巩固和发展多党合作制度的共识，坚定不移地走中国特色的社会主义道路，使农工党与中国共产党肝胆相照、荣辱与共的亲密友党关系更好地延续和发展，使农工党的政治纲领和政治路线更好地延续和发展，使农工党老一代领导人坚定的政治方向、高尚的思想品德、朴实的工作作风、与时俱进的革命精神更好地延续和发展，使中国共产党领导的多党合作和政治协商制度更好地延续、完善和发展。

开展政治交接学习教育活动，要牢牢把握走中国特色政治发展道路这个主题。政治发展道路对一个国家的民主政治建设、政治制度的发展起着方向性、规定性的作用。农工党坚持走中国特色社会主义政治发展道路，是经过艰辛探索、反复实践，最终选择的一条正确道路，是几十年来在与中国共产党风雨同舟、患难与共的历程中，取得的最基本、最广泛、最深刻的共识。从根本上说，推进政治交接就是解决走什么样的政治发展道路的问题。因此，必须把坚持走中国特色的政治发展道路作为根本出发点和落脚点，教育引导广大党员充分认识到，一个国家的政治制度和政党制度必须与本国的国情和历史文化传统相适应，充分认识到我国的人民代表大会制度、中国共产党领导的多党合作和政治协商制度以及民族区域自治制度具有历史的必然性、伟大的独创性和巨大的优越性，同时要清醒地认识到西方民主和政治制度模式的本质，不能盲目相信、照抄照搬，从而进一步增强走中国特色社会主义政治发展道路的坚定性。

三、把开展政治交接学习教育活动与我党工作实际结合起来

政治交接是我党政治建设的重要内容，它与自身建设有着内在的联系，两者在本质上是一致的。开展好以坚持走中国特色政治发展道路为主题的政治交接学习教育活动，为加强自身建设提供了一个有效载体和广阔平台。各级组织要认真学习贯彻我党《关于在全党开展以坚持走中国特色政治发展道路为主题的政治交接学习教育活动的通知》和总体方案，结合自身的实际情况，研究部署开展政治交接学习教育活动的具体措施，坚持以领导班子和领导成员为主，以正面教育、自我教育为主，既要紧密结合这次换届来进行，又要作为一项长期的战略任务；既要把学习教育活动抓好，又要靠实践锻炼来深化；既要靠我们自身的努力，又要靠中共党委和统战部的支持和帮助。要把开展学习教育活动

与自身建设各项工作结合起来，把指导实践、解决问题、推动工作，作为衡量学习教育活动成效的重要标准，努力做到有部署、有落实、有检查，把学习教育活动深入地开展下去。

1. 把理论学习放在突出的位置，贯穿于学习教育活动始终。政治交接学习教育活动政治性很强，必须加强理论学习，从理论和实践的结合上真正学懂弄通。要深入学习中共十一届三中全会以来的路线、方针、政策，学习统一战线和多党合作的理论政策，特别是要学习中共中央〔1989〕14 号文件、中共中央两个 5 号文件、第 20 次全国统战工作会议精神和〔2006〕15 号文件，学习江泽民同志和胡锦涛同志关于政治交接的重要论述，运用这些重大理论思想中所蕴含的立场、观点和方法来把握政治交接的内在规律，丰富学习教育活动的内容，创新学习教育活动的方法和途径，使学习教育活动的努力方向和检验标准更加明确，各项工作更加深入有效。通过学习，深刻理解走中国特色政治发展道路的内涵和重要意义，提高对我国政治体制和政党制度的认同。

2. 加强思想建设，要在政治交接上下功夫。民主党派存在和发展，就要不断地吸收新鲜血液，就要进行新老交替，进行政治交接，这是一个普遍的规律。政治交接存在着"交"什么、"接"什么、为什么交接、怎样交接的问题，存在着退下去的领导与新上来的领导互动的过程，存在着重叠和交替的过程。要把开展政治交接学习教育活动与思想建设结合起来，继承自我教育的优良传统。在学习活动中，除了开展马列主义基本理论教育，基本国情和基本路线教育，多党合作优良传统教育，形势教育，政策和任务教育，爱国主义、社会主义和集体主义教育外，还要特别加强对多党合作历史和我党优良传统的教育，要整理总结我党老一辈领导人的优良传统和有关论述，邀请我党的老同志和即将退任的、现任的领导同志畅谈自己与中国共产党团结合作的经验与体会，对新进领导班子的成员和年轻同志言传身教。

3. 加强组织建设，要以政治交接为主线。加强组织建设，就是要提高民主党派的整体素质，从组织上保证参政党新老交替、政治交接、发挥作用的需要。要把政治交接这条主线贯穿于组织建设工作的各个环节，增强组织功能，为更好地履行参政党职能提供组织保证。要丰富基层组织活动内容和方式，增强凝聚力和感召力，组织党员围绕参政党的中心工作开展活动，献计出力。要通过开展政治交接教育活动，加强领导班子建设，坚持和完善民主集中制，完善集体领导和个人分工负责相结合的制度，提高领导班子成员的政治把握能力、参政议政能力、组织领导能力和合作共事能力，使其成为贯彻基本路线和基本纲领，把多党合作事业不断推向前进的民主、高效的领导集体。抓好后备干部队伍建设是深化政治交接的基础。要从战略的高度，充分认识加强后备干部队伍建设的重要性，真正把这项工作列入议事日程，并持之以恒地抓好落实。要切实把好政治关，选拔那些政治立场坚定、拥护中国共产党的基本路线、能够与中国共产党亲密合作的同志作为培养对象。要建立和完善后备干部选拔、培养和使用的机制，加大对后备干部培养的力度，同时要多给后备干部提供实际锻炼的机会，在实践中不断增强他们的综合素质和才干。

4. 政治交接要始终围绕履行参政党职能来开展。在围绕中心、服务大局中履行参政议政、民主监督的职能，是我党推进政治交接的重要着眼点。开展学习教育活动，要同参政党履行职能、发挥作用有机结合起来，以活动的开展推动职能更好履行，以作用的发挥来体现活动的效果。要把发展是参政党的第一要务，作为学习教育活动的一项重要内容，围绕社会主义经济建设、政治建设、文化建设和社会建设的全面推进，积极探索新规律和新模式，切实把广大党员和所联系群众的积极性调动起来，把他们的智慧集中起来，不断提高履行职能的水平，使我党的各项工作体现时代性、把握规律性、富于创造性，不断推进理论创新、制度创新和工作方式上的创新，用学习教育活动的成果推进作用的发挥，用作用的发挥体现学习教育活动的成果。

贯彻物权法，保护企业权益[*]

（2007 年 7 月 1 日）

一、物权法的立法背景和指导思想

物权法是民商法中支架性的重要法律，也是社会主义市场经济法律体系中的基础性组成部分，其起草工作始于 1993 年，属于民（商）法典。2002 年 12 月，九届全国人大常委会对民法草案的物权法编进行了初次审议。2005 年 7 月，物权法第四次审议草案向社会全文公布。在充分听取全国人大代表、基层群众、专家学者、中央有关部门等各方面意见基础上，全国人大常委会先后对草案进行了 6 次审议，每一次都进行了较大的内容调整，审议和修改次数之多在我国立法史上是空前的，充分体现了立法机关对物权法的高度重视。在物权法制定和审议的过程中，社会上曾就草案规定的很多内容发生了激烈争论，其中包括对物权法的立法指导思想、物权法的合宪性的质疑。立法机关慎重地研究了来自各个方面对物权法的意见，围绕着作为争议焦点的物权法合宪性、物权法的私法性质、物权法有关规则的由来和社会功能、物权法理论与社会实践的结合和互动、物权法规则本土化和吸收外国先进立法经验等多方面的问题，进行了研究和阐发。这场争论澄清了有关民事立法活动的很多问题，社会各方面对物权法和民法功能、作用和特点的认识得到了进一步深化，为物权法

---

[*] 这是蒋正华同志在物权法与企业权益保护论坛上的讲话。

的完善和普及起到了积极的作用。

今年 3 月 16 日，十届全国人大五次会议高票通过了《中华人民共和国物权法》，该法将自 10 月 1 日起正式施行。

我国立法机关制定物权法的指导思想或原则可以概括为：以邓小平理论、"三个代表"重要思想和科学发展观为指导，全面准确地体现和坚持社会主义基本政治、经济、文化制度；依据宪法和法律规定，对国家、集体和私人的物权实行平等保护；针对现实生活中存在的一些突出问题，有针对性地维护城乡弱势群体在财产归属和利用方面的切身利益，加强对国有财产的保护，统筹协调各种利益关系；立足本土，兼收并蓄，从我国的国情和实际出发借鉴各国法律制度的经验，重视法律专家和实务界人士的合理意见。

二、物权法的重要法律地位和对我国经济社会发展的重大意义

物权法的制定，填补了我国法律体系中的一大空白，使我国民事立法朝着科学化、体系化的方向迈进了一大步，为将来民法典的制定打下了坚实的基础。物权法作为民法的一个子部门，它的出台，为贯彻物权和债权的严格、科学区分奠定了基础。一方面，在民事财产权体系中，物权是与债权相并列的一大类权利，物权规则与合同法、侵权法等的债权规则处于并峙而立的地位，共同构成了民事财产法乃至整个民法的基本支柱。另一方面，物权法在民事法律体系中的基础性作用是合同法、侵权法等无法替代的。没有物权法，合同交易就没有确定的标的，没有稳固的基础；没有物权法，侵权规则就失去了处理侵权纠纷的根本依据，作为侵权法根本问题的损害和过错的认定、责任范围的确定就没

有最根本的标准。因此，物权法的制定和出台将有效地纠正司法实务中用合同法、侵权法规则处理物权问题的倾向，使法律规则各归其位，真正起到相互配合、协同解决民事争端的作用。

物权法的出台对促进我国的经济社会发展具有重要意义。物权法把坚持国家基本经济制度作为基本原则，在第三条明确规定："国家在社会主义初级阶段，坚持公有制为主体、多种所有制经济共同发展的基本经济制度。国家巩固和发展公有制经济，鼓励、支持和引导非公有制经济的发展。国家实行社会主义市场经济，保障一切市场主体的平等法律地位和发展权利。"第四条规定："国家、集体、私人的物权和其他权利人的物权受法律保护，任何单位和个人不得侵犯。"这就确立了维护公有制为主体、多种所有制经济共同发展的基本经济制度与国家、集体、私人财产受到物权法平等保护两项基本原则。这两项原则作为物权法的核心，贯穿并体现在整部物权法的始终。物权法一方面在第五章对国家、集体、私人所有权的范围、内容、行使方式等作出了明确规定，尤其是针对国有财产的流失问题专门规定了国有财产监管机构、人员的责任；另一方面，对私人所有权作出了各种保护性规定，尤其是在第四十二条对土地的征收补偿问题作出了专门规定。这样的规定，对保护不同所有制经济、不同经济成分的企业的利益具有重大意义。而且，物权法还在我国法律中首次对各种用益物权和担保物权的类型作了系统化的规定。这体现了现代社会物的利用形态多样化、所有权和其他物权并重的总体趋势，有利于充分发挥物的效用、维护市场交易秩序、促进经济发展。

三、物权法对依法保障企业权益的重要作用

物权法的制定，对企业合法权益的保障也具有极其重要的意义。首先，物权法开宗明义，在第三条中重申了我国宪法所规定的公有制为主体、多种所有制经济共同发展的基本经济制度，确认了一切市场主体权益平等保护的基本原则，这无疑给对国家经济政策动向十分敏感的企业界尤其是私营企业界吃下了"定心丸"。其次，物权法在第二编"所有权"中对集体、私人所有的财产征收问题作出了明确的规定，进一步明确了国家、集体和私人财产的界限，对各种财产实行平等保护，尤其是在第六十八条专门规定了企业法人的财产权及其保护。这有利于稳定企业产权关系，充分保障企业投资者和经营者的合法权益。另外，物权法在第一百零六条规定了不动产和动产的善意取得制度，有利于保证企业在正常生产经营过程中的交易安全。再者，物权法对各种他物权制度作出了系统、明确的规定。尤其是物权法第一百八十条对抵押权客体进行了大幅度扩张，并引进了国外的浮动抵押制度，从而扩张了企业的融资空间，有利于企业充分发挥融资潜力。针对最高额抵押在担保法中规定得不系统、不完备的情况，物权法还对最高额抵押权进行了专节规定，进一步完善了这一在现实经济生活中很有潜力的担保制度。物权法的诸多规定，都必将起到进一步保护企业合法权益、鼓励企业充分创造财富的社会作用。

总之，学好物权法，不仅有助于解决与合同、侵权等领域相关的一些疑难问题，而且有助于加深对民法一般原理、一般制度的理解，促进民法研究的体系化、科学化，也有利于稳定企业产权关系，充分保障企业投资者和经营者的合法权益。

希望与会的专家学者和企业家们围绕物权法与企业保护这一会议主题展开深入的探讨交流，多建有用之言，多献可行之策，为政府有关部门提供决策参考，为广大企业提供有益借鉴。

与美国耶鲁大学百名师生代表
访华团部分成员座谈的记录

蒋正华： 非常欢迎各位！各位这次到我们中国农工民主党中央委员会驻地来访问，主要是想了解关于中国政党制度方面的情况。中国农工民主党是中国在国内成立最早的一个民主党派，跟中国共产党也有非常密切的合作关系，所以，了解中国农工民主党的一些情况，可能对于了解中国的政党关系是一个很好的代表。

孙中山领导的辛亥革命在 1911 年推翻清封建王朝以后，在中国出现了很多党派，其中最大的党派是国民党。但是，国民党在以后的发展中，由于路线上的分歧，特别是以蒋介石为代表的右翼背叛了原来孙中山领导革命的初衷。所以，国民党的左翼在 1930 年 8 月 9 日另外成立了一个党，就是我们现在这个党——中国农工民主党。中国农工民主党的最初目标就是在中国建立一个由工农大众作主的民主政府，能够领导中国走向富强；而国民党右翼则把工农大众排斥在政府之外——这是我们在政治路线上的根本分歧。

1931 年 9 月 18 日，日本发动九一八事变，入侵中国。从此以后，又有非常鲜明的不同路线：蒋介石当时提出"不抵抗主义"，放弃了中国的大片领土；而中国共产党和我们都坚决主张抵抗日本的侵略。这样，我们跟中国共产党就建立了更加紧密的合作关系。在这些斗争过程中，中国农工民主党建立了自己的军队，和中国共产党的军队肩并肩战斗。包括在以后的解放战争中，中国农工民主党的军队和中国共产党的军队都是友军，都是合作的，我们的鲜血都流在一起。中国农工民主党在长期和中国共产党的共同斗争过程中，结成了亲密的友党关系。我们在斗争中也认识到，只有中国共产党才能够提出正确的方针、政策、战略，所以，我们也逐渐接受了中国共产党的领导。

1949年，中国共产党邀请各民主党派共同召开了新政治协商会议，建立了新中国，成立了新中国政府，中国共产党和各民主党派的关系进入了一个新的时期。当时，中国农工民主党认为，我们提出的建立新政权的目标已经达到，所以就解散了军队，把军队交给了国家。

从中华人民共和国建立起，政体就是人民代表大会制度，这是我们的一项根本政治制度。另外还有两项基本政治制度，一项是共产党领导的多党合作和政治协商制度，另外一项是民族区域自治制度，这是中国的两项基本政治制度。我们政党制度的核心内容是：共产党领导、多党派合作，共产党执政、多党派参政。这种方式完全不同于外国的执政党和反对党、执政党和在野党的关系，而是一种崭新的执政党和参政党的关系，这是完全由中国的历史发展所形成和决定的。

参政党发挥作用可以从很多方面体现出来。首先，参政党包括中国农工民主党有很多成员直接参与政权，包括在全国人民代表大会和各级人民代表大会、各级政府、各级政治协商会议中都有大量民主党派成员。全国人民代表大会是国家最高权力机关，其运作根据这样一个原则，就是党的领导、人民当家作主和依法治国有机统一。中国共产党的领导和执政，也不是一党独裁、一党专政，而是科学执政、民主执政和依法执政，这是它执政的特点。所以，每次在国家有非常重要的决定作出之前，都要由中国共产党或者政府向各个方面征求意见。包括胡锦涛总书记、温家宝总理等主要领导人，每年都要有 10 多次和我们一起对国家最重大的问题进行商讨，甚至包括一些非常重大的人事变动也会预先与我们协商。

以中国农工民主党为例，我们现在有大约 10 万名成员，在 30 个省、自治区、直辖市设有省级组织，另外还有很多地方组织。其中，每 1 万名成员中大约有 1000 多名成员参加各级人民代表大会和各级政协；另外，还有一部分成员直接参与政府工作。在中央部级机关，我们有 2 名部长级成员，另外在一些省份还有副省长级别的成员。

通过这些，中国共产党和各民主党派共同对国家的一些重大事务作出决定。中国共产党和各民主党派之间还实行互相监督，特别是民主党派对于作为执政党的中国共产党的监督，格外受到重视。

另外，民主党派的一个重大活动是利用专家多、学者多、知识分子多的特点，围绕国家的重大问题进行调查研究，对中共中央、国务院以及其他有关部门提出意见建议。这些意见建议都能够受到重视，发挥很好的作用。在包括长江三峡的建设、西藏的建设、内蒙古沙漠地区的建设、渤海湾地区的建设等很多国家重大项目的建设中，中国农工民主党都作了很多的调查。再过一两个星期，我们就要到海南去，就怎么样开发海洋资源、发展海洋经济作一次专门的调查。每一年，我们都根据不同的情况，组织若干次对重大问题的调研。

各民主党派参与协商的另外一个非常重要的渠道是中国人民政治协商会议。中国人民政治协商会议是中国几个最重要的政治组织之一，是我们很重要的一个政治组织。中国政治协商会议与人民代表大会的组织形式是不一样的：人民代表大会是按照地区、按照人口的比例组成的，中国人民政治协商会议是按照界别来组成的。所以，每一个党派在政协中都有一个或两个组，包括中国共产党和各民主党派都有自己的组。另外，政协中还有各个专业的组，比如科学技术组、文艺组等，是按照界别来划分的，目的是通过另外一个角度，反映各个界别的要求。

我先简单介绍这些内容。我在美国生活多年，美国朋友们喜欢交流，所以，我想把更多的时间留给大家提出问题，我们进行一些讨论。特别是我的老朋友理查德·莱文先生来了，我也希望听听美国朋友对哪些方面感兴趣，我们可以更有针对性地作些介绍。特别是我看到，你们这次来的各方面的学生很多，有法学院的、神学院的、经济学院的等，我也很愿意在各个方面开展交流。

理查德·莱文校长：首先，我提个问题，把开放的讨论话题打开。刚才，蒋主席介绍了一些我原来不了解的情况，比如民主党派在国家重大决策的调研方面发挥了重要作用。而且，我还知道，很多民主党派的领导人也是中国学术界的领袖。所以，我想问的是：中国的民主党派是不是跟美国的智囊团有类似的地方？在美国，很多智囊团能够独立于政府和政党对政策进行研究。在中国，民主党派是不是相当于这样的智囊团，或者说在中国有没有这样的智囊团？

蒋正华：实际上，我们的很多研究是完全独立的。首先，从选择题目来说，我们当然要考虑到国家的需要，考虑到国家最重要的问题，但是，政府从来没有干预或影响我们的决定。此外，我们很多人包括我自己，除了在政府或人大担任职务之外，还有很多其他的活动，有很多其他的联系。比如我本人，就是各位即将要去的两个学校——西安交通大学和复旦大学——的长期兼职教授。而且在西安交通大学，我还担任公共管理学院院长；在北京师范大学，我是管理学院院长。在中国科学院和中国社会科学院，我都有博士生，现在在学的还有 10 多名博士生。另外，还有一批学者跟我一起工作，其中很多是中国科学院院士或中国工程院院士。我们经常在一起讨论，提出一些课题。

比如，我们最近正在研究一个课题。这个课题，政府还没有提出来，但是，我觉得很重要。我想提出一个关于亚洲的污染模型，研究经济发展对于环境的影响。这是为以后做准备，可以根据各个国家的污染情况，要求它们在消除污染方面承担多少责任。我想通过做数学模型的方法，做一些准备工作。当然，这项工作在资金上要获得国家自然科学基金——他们已经同意对我们这项研究提供资助，另外，也可能会争取其他有关部门的支持。但是，这个问题不是他们提出来的，而且，他们现在还没有真正想到这个问题，虽然我认为这个问题不想是不行的。

可是，与美国学者的研究有一点不同，我们的研究成果更有保证让国家领导人了解到，因为我们有制度的保证。对于一些特别重要的事情，各民主党派可以以民主党派中央的名义，向中共中央提出建议；而且从制度上讲，中共中央一定会进行认真研究，一定会答复的。所以，我们这些研究成果更有保证会发挥作用。

学生 A：您是如何开始您的政治生涯的？自从您开始政治生涯以后，中国发生了什么样的变化？

蒋正华：我本人很长时期都是搞技术工作，1958 年开始从事导弹研究，当时搞自动控制系统，以后又作了很多民用自动控制系统的研究，包括炼油、化工、炼钢的自动控制系统等。1960 年前后，我和我的同事还制造了一台当时中国比较早的计算机。所以说，我的背景其实是非常技术性的。到了 20 世纪 70 年代，由于国家经济发展的需要，包括国家计委等一些部门提出来，希望我帮助它们做经济模型、做经济规划，所以，我开始了一些经济方面的研究。当然，从我本人来说，在大学时期虽然学的是工程，但是对社会经济问题非常感兴趣，曾经学习过一些东西。所以在那个时期，我做了很多这方面的工作，同时还接触到人口方面的问题。20 世纪 80 年代，我作了很多有关人口和经济方面的研究，参与了联合国的一些项目。

从 1990 年开始，政府希望我到政府来工作，所以，我被调到政府——从原来当教授，突然一下子成为副部长，这就是我的政治生涯的开始，可以说是非常突然的。

我加入农工民主党是在 1992 年。当时，农工民主党中央主席卢嘉锡是中国科学院的院长，我们从学术角度互相了解。1997 年，我被选为农工民主党中央主席；1998 年，我被选为全国人大常委会副委员长。从此，我比较多地从事政治活动。

我的第一个研究项目跟现在的活动差别很大，但是一直以来，不管从事什么样的社会活动和政治活动，我都没有放弃在学术方面的研究。我们的环境还是很宽松的，允许我们做很多工作。同时，一些学术活动是可以与国务活动结合起来的。我也把一些重要的国家经济社会发展问题，提交给我在学术界的朋友或者我的学生进行研究，他们有更多的时间。我有一些想法，他们可以具体做工作，大家都可以从中获益。

今年年底，我还要到欧洲参加一个学术研究会，讨论他们未来的发展方向，这次还可能会访问联合国能源组织等国际组织。通过这些活动，我跟很多国际组织保持着联系。

学生 B：非常感谢您刚才的介绍，非常有趣。我很感兴趣的是你们党未来的发展走向。同时，我还了解到，中国全国人大有"三三制"的原则，有 1/3 的全国人大代表来自民主党派。这种代表性在未来有没有什么变化？这种变化是自上而下，还是自下而上的？

蒋正华：全国人大跟政治协商会议的组成不同。政治协商会议是按照党派来组织的，所以，中国农工民主党是以党派的名义参加政治协商会议；全国人民代表大会的代表是选举产生的，我们被选入全国人民代表大会跟党派没有关系，不是以党派名义被选入全国人民代表大会。我们都是通过地区选举，像我的选区是在陕西省，其他民主党派的代表也都分散在各个选区。

所以，我们要在人民代表大会中有更多代表的话，就需要做更多的努力。只有做更多的工作，被人民所认可了，才会有更多的代表。今后，中国农工民主党也会继续发展党员，特别是发展更多的优秀的中青年党员；同时，也要在为社会服务、参政议政、民主监督等方面做更多的工作。希望通过这些，能够在人民代表大会中更多地发挥我们的作用。

学生 C：非常感谢您坦诚、详尽的介绍。刚才从您的讲话中了解到，中国的民主党派在调研、咨询、参政议政等方面有很大的作用。我想问的是，您能否就民主党派的监督职能作更多的介绍？第二个问题是美国是否有相关的组织、机构或学者，为你们提出更多的建议，使民主党派更好地履行监督职能？

蒋正华：民主党派的监督职能通过几种不同的渠道来履行。一个方面，在我们和中共中央领导人对话时，有很多机会互相讨论。对于一些问题，我们就直接提出批评意见。比如对股票市场的运作，或者某些官员的腐败问题，我们就经常提出意见、批评。另一方面，我们的很多成员直接参加基层部门的监督工作。我国很多部门都有负责监督的专门成员，比如司法部门有监察员，有一些地方还有巡视员，等等。他们不是政府机构的成员，而是从社会上聘请来帮助监督的。这些人里面就有很多是民主党派成员，他们可以直接听取群众的意见。

另外，我们也经常收到下面的来信，有些来信，我们自己就直接处理了，这种例子很多。例如，我收到一封陕西的来信，是一位老工人写来的，说他前一段时间下岗了，没有工作。因为他的工龄很长，国家应该帮助他。我提出建议转给西安市市长，后来帮助那位老工人在下岗以后开了一家小商店，开辟了新的生活。像这种事情，我们处理过很多，这也是我们做的一些具体的事情。当然，我们还有一些在司法部门工作的成员，包括在各级法院、检察院担任领导职务的成员。

我也处理过一些外国的来信。我在斯坦福大学的时间很长，所以，曾经处理过斯坦福大学一些外国朋友的问题，最后答复都是很详细，而且是很认真负责的。我们很愿意跟外国朋友一起来合作、沟通。

中国的制度是司法独立，跟政府是两个系统。政府这里有监察部，是管监察、反贪污的，但是涉及法律的，就要由司法系统来管辖。另外，政府还有司法部，管律师等方面的工作。在中国，司法独立是一个原则。

学生 D（中国留学生）：蒋主席您好，我是在耶鲁大学留学的中国留学生。我想问的是，从您的角度来看，中国未来20～30年最需要的是什么样的人才，以及您对我们这些在海外留学的中国留学生有什么期望？

蒋正华：中国在未来对人才的需求是非常迫切的。我们知道，21世纪的一个特点是知识的积累和发展非常快。科学界原来的估计是，20世纪积累的知识的总和，等于人类历史上所有知识总量的总和；而21世纪前10年知识总量的总和，将等于20世纪知识量的总和。所以，现在知识的爆炸式发展，使得我们对于高知识人才的需求非常迫切。

在21世纪前一段时期，至少在2020年前，中国的发展主要还是依靠信息科学、微电子技术、纳米技术、生物技术等新技术的交叉。所以，从技术的角度来看，我们还需要大量的计算机、微电子、纳米技术、生物工程等方面的专家，而且，数量是很大的。另外，除了生产部门之外，在现代的经济体系中，第三产业也是非常重要的一部分。而且从总量来看，经济发达国家的第三产业都超过了第二产业。所以，我们除了关注技术人才以外，还关注国际经济、金融等方面的人才，特别是既熟悉中国的国情，又能够懂得国际规则的人才，我们现在还是很缺乏的。拿金融系统来讲，中国资本市场的发展还是非常薄弱的。最近，我们的股票市场好了一些，中国有很多人入市了，但是依我的看法，我们的股票市场还是在逐渐发展成熟的阶段，远远没有达到很发达的程度。全世界的金融衍生工具现在已经有近 4000 种，中国的金融衍生工具还只有 100 种左右。从这样的标准来看，我们与世界还差得很远。我们的资本市场、债券市场还根本没有发展起来。就股票市场来说，三板也没有发展，所以，中国现在有些风险投资没有发展，原因就是没有三板，没有退出机制，风险投资就没有可能继续扩大。这些方面的人才，我们都非常需要。当然，既懂得技术，又懂得管理的综合性人才对我们来说，任何时候都是迫切需要的。

许田教授：我是耶鲁大学遗传学教授许田，同时，也和复旦大学有一些合作项目。中国科技部部长万钢是民主党派人士，也是多年来首个任政府部委一把手的民主党派成员。这是不是中国政府的一个新趋势？另外，万钢部长的主要研究领域是替代能源，中国政府这种任命是不是在能源方面有新的考虑？

蒋正华：在政治体制改革方面不断取得进展，是中国的一项既定方针。我们的建设包括经济建设、文化建设、社会建设、政治建设等各个方面，所以，中国共产党和中国政府一直不断推进政治体制改革。但是，政治体制改革必须有步骤地进行。我们也知道，民主党派在"文化大革命"当中受到很大的冲击，20世纪80年代初才开始恢复。刚开始恢复时，力量还比较弱小，不可能有很多有能力承担非常重要工作的成员。但是这些年来，民主党派在不断发展，中国的政治、经济、文化等各方面也都在迅速发展，现在已经具备了条件可以有更多的民主党派成员担任重要职务。所以，万钢这次担任正部长只是个开始，以后还会在这个方面进一步推进。

教授F：在美国，虽然人口不是很多，但是也面临着健康、卫生、医疗保险方面的问题。中国人口众多，在这样的条件下，如何开展医疗保健、医疗卫生方面的服务？民主党派在这方面提出建议、参政议政，能够发挥的作用是什么？

蒋正华：医疗卫生是一个非常重要的系统，但也是一个非常复杂的系统。所以在国际上，把医疗保险称为"白色迷宫"，在很多国家都碰到了困难，我们同样也碰到了这些困难。

长期以来，中国政府非常重视普遍的医疗保障。大家知道，从20世纪50年代到60年代，中国推行过赤脚医生制度，给广大农村提供最基本的医疗条件。但是在"文化大革命"当中，赤脚医生制度遭受破坏。另外，随着经济社会的发展，大家的要求也不同了。所以，中国政府现在正在努力重组医疗保障制度，大概今年下半年就会拿出一个新的方案。我们在这方面也作了很多调查，提出很多建议。

在农村，我们现在总的办法是建立基本的医疗保障体系。这个体系要能够保证最基本的需要，就是在每个村有个卫生室，在每个乡有个卫生院，同时建立一套政府和地方共同出资的保险保障制度。另外还有大病救助制度，一旦农民得了大病，医疗费用很高的时候，可以利用这套制度给予特别的救济。

在城市里面，除了办好现有医院、允许民营医院进入之外，我们要着力抓好社区医院建设，使更多的人在他的社区里面就能得到及时的医疗保障。

由于我国现在经济发展水平有限，中国的人均国内生产总值跟美国还差得非常远，所以，我们现在的这些保障还只是最基本的。同时，我们也呼吁社会各个方面来共同关心。农工民主党有一个基金，叫作初级保健基金，就是专门为贫困人群提供医疗保健的，通过培训乡村医生，以及为一些专门的疾病提供资金来帮助他们。

学生 G（女）：非常感谢您的谈话。我想问的是妇女在中国政党政治以及社会生活中发挥什么样的作用？这种现象有没有发生什么变化？

蒋正华：中国对于妇女作用的发挥非常重视。我们有一些具体的规定，比如在省级政府的省长、副省长当中，必须至少有一名妇女；在全国人民代表大会的代表当中，也规定了妇女代表的比例，而且必须逐年有所增加，现在是20%多一点。同时，在我们民主党派中，以农工民主党为例，我们有8个专门工作委员会，其中有一个专门工作委员会就是妇女工作委员会，专门来研究开展妇女工作；在我们的中央领导班子中，也专门研究了要有合适数量的女副主席。在全国还有专门的组织，就是全国妇女联合会，在每一个城市都有组织，一直到村，村里都有一个妇女主任。各级政府中，也都有妇女代表维护她们的权益。全国人民代表大会最近刚刚修改了妇女儿童权益保护法，更进一步加强了保护的力度。

学生 H：非常感谢您的讲话。我来自耶鲁大学建筑学院，想问一下中国的市政建设问题。现在，中国城市里有很多的农民工，从农村转移到城市，他们面临着各种各样的问题。农工民主党有没有这方面相关的议题或调研？

蒋正华：中国的城市现在发展很快。当然，有一个特点是，20 世纪 50 年代、60 年代一直到 70 年代，发展得很慢。50 年代初的时候，中国的城市化率大概是 10%；一直到 70 年代末，城市化率也只有 13% 多一点。但是改革开放以来，城市发展得非常迅速。所以，在城市发展过程当中，我们也在不断加强规范化、法制化。最近，全国人大常委会正在审议城乡规划法。关于中国的城市规划，只有在 1989 年有一部法律，叫作城市规划法。这部法律现在来看已经非常落后，不符合现在的要求。所以，我们现在制定的新的法律叫城乡规划法，把乡村的规划也包括进去。同时，在城市的规划当中，也考虑到逐步取消城乡户籍分割的状态，使得人口可以更加自由地流动。

对于农民工问题，我们高度重视。一方面，高度重视保护农民工的权益；另外一方面，我们也希望逐步推进户籍制度改革，使得农民工更加自由地流动，成为城市的一分子。明年 1 月份，要进行新的全国人大代表的选举。我们也特别提出，农民工有权利参加当地人民代表大会代表的选举，而且在人民代表大会里应该有他们的代表。现在，这一点在有一些地方已经实现了。

对经济工作的几点建议*

(2007 年 7 月 25 日)

　　总体上看，今年下半年经济发展的基本面不会变，预计全年国内生产总值增长速度仍保持在 10% 以上的水平，如果稳健调控，达到 11% 以上也不会发生问题。中共中央、国务院对外贸顺差持续扩大、固定资产投资反弹、流动性过剩等问题高度重视，已经制定了相应的措施，必将进一步有效调控和引导国民经济健康发展。

　　对于当前经济是否过热，存在不同看法。从资源供给情况看，国际国内资源市场和价格保持稳定，石油价格也稳定，资源的供给没有出现大的问题；企业订货稳定，产品销售也比较好；美国、欧盟、日本三大经济体都是增长的，国际贸易保护主义对我国进出口的压力并未明显加大。我国装备制造业的比重继续增加，高耗能、高污染的中小企业得到有效遏制，产业结构调整取得明显成效，企业利润大幅度增加。这些表明，国民经济总体运行良好，国际国内形势仍然有利于我国抓住机遇、加快发展。对 11% 到 12% 的经济增长速度，没有必要过分担心。但要高度关注发展态势，加强分析，继续稳定、完善和落实宏观调控的各项政策措施，使经济保持又好又快发展。

　　对下半年的经济工作提几点建议，供参考。

---

　　* 这是蒋正华同志在党外人士座谈会上的发言。

一、推动资本市场稳定发展

去年全国金融工作会议以来，我国资本市场的改革和发展稳步推进，资本市场总体运行平稳。但一些深层次问题和结构性矛盾尚未根本解决，仍需密切关注、积极应对。一是研究改革证券市场投资收益模式。我国多数 A 股上市公司从股市融资多、分红少，现行政策是对股东红利收入征收所得税，对股票买卖差价收益免征资本利得税。因此，通过股票买卖差价获得投资回报成为多数股民的最主要获利模式，造成股市换手率过高，股价炒作成风。建议统筹考虑红利所得税、资本利得税和印花税综合改革方案，明确鼓励长期投资、抑制短期投机的政策导向。对上市公司，应严格规定正常现金分红才能再融资，尽快改变我国 A 股上市公司现金分红过少的状态。二是加快多层次资本市场体系建设，扩大证券资产供给。我国债券市场尤其是公司债券市场发展明显滞后，投资者缺乏更多的投资渠道，只能被动地选择风险较高的股市投资。应尽快启动公司债券试点工作，及时扩大包括可转换债、可分离债在内的债券发行规模，引导部分资金从股市分流到债券市场。同时，应加大力度，继续吸引在海外上市的大型企业到 A 股市场发行上市，加快创业板市场和场外交易市场建设步伐，降低公司公开发行股票和上市交易的准入门槛，建立多层次资本市场体系，为投资者提供风险各异的产品。

二、完善生态补偿机制

我国建立生态补偿机制尚处于起步阶段，目前实施的一些措施多着眼解决短期紧迫困难问题，生态补偿效果不明显，对主要行为人的行为方式影响不大。建议：一是完善生态补偿的法律和政策依据。各地的生态补偿实践，大多是不同利益主体之间协商的结果，缺乏统一、规范的管理体系、谈判机制和有效的监督激励制度。亟须尽快总结各地、各部门的实践经验，在国家层面制定建立生态补偿机制的指导性原则，逐步完善相应的政策、法规。二是结合国土主体功能区划建立健全协作机制。应抓紧制定优化开发、重点开发、限制开发和禁止开发四大主体功能区的划分标准，国家统一规划，整体布局，建立生态补偿整体框架，对限制开发和禁止开发地区给予整体补偿，引导生态环境保护和建设受益地区与生态环境脆弱地区开展有效合作，给予必要扶持。建议吸收国际上对碳排放和吸收全面管理的经验，建立各省区市间碳排放额度的市场交易制度，促进地区间的功能互补。三是完善管理体制。应从国家层面，加快协调落实国家发改委办公厅根据国务院批复精神下发的《关于建立和完善生态补偿机制的部门分工意见的通知》，各部门形成合力，共同推进建立规范、长效的生态补偿机制。在此基础上，考虑建立统一的生态补偿基金，加强监管，科学评价，避免部门分割和重复投资。

三、促进海洋经济又好又快发展

海洋是人类实现可持续发展的资源富集区。中共十六大以来，我国海洋经济发展势头很好，战略地位进一步突出。实施海洋开发，应以科学发展观为指导，坚持海陆统筹。南海是我国面积最大的海域，在发展海洋经济、维护国家主权和海洋权益方面具有特殊地位和作用，应更加重视南海的开发利用。一是支持南海深水油气资源开发。深水勘探开发是国际公认的高风险、高投入、高技术领域，对南海深水油气资源勘探开发，应实行矿区使用费减免和税务减免政策，取消进口物资免税额度制度。二是支持南沙渔业发展。南海开发，渔业先行。应加快推进永兴岛渔业综合补给基地建设，为我国渔民提供生产、生活补给，降低南沙渔业生产成本。同时，应加大南沙渔业柴油补贴和涉外风险补贴力度，对南沙渔船更新改造给予财政支持。三是支持海南建设国际旅游岛。旅游业是我国发展海洋经济具有较大潜力和国际竞争力的产业。建议在海南实行更加开放、便利的出入境政策和航权政策，探索新的旅游管理体制机制，为推进我国旅游国际化进行积极试验。

四、加快社会基础建设

目前，资金充裕，环境宽松，建议利用有利时机加强社会基础建设。一是加快信用系统建设步伐。信用缺失已造成经济、社会巨大损失，建立全国统一的信用系统多年来成效不显著，部门、地区间缺少协调统一的动力，各自为政，投入高，见效少。亟待加大行政措施力度，在中央级统一信用管理，推动信用应用，从根本上完善市场秩序。二是加快全国统一的信息系统建设。各地对此呼声很高，但"信息孤岛"现象仍是解决无门。要下决心限期建立通用的信息平台，完善信息管理法制，改进网络经济运行环境，推动电子商务发展，为转变经济结构、提高经济效益创造良好的环境。

对经济工作的建议*

（2007 年 11 月 23 日）

对明年的经济工作提几点建议，供参考。

1. 继续加强和改善宏观调控。一是实施稳健的财政政策和适度从紧的货币政策。我国财政收入连续 3 年保持 20% 以上的快速增长，为进一步加强宏观调控、加快社会基础设施建设提供了强大的财政支持。应通过财政政策差别设计，实现财政"补短"，着力促进经济结构调整和区域协调发展，着力解决事关人民群众切身利益的民生问题。继续调整优化财政支出结构，着力推进基本公共服务均等化，加快修订预算法，促进事权与财力相匹配；加快完善我国现行财政转移支付制度，进一步明确转移支付资金规模的计算方法和拨付规则，向困难群体和不发达地区倾斜；全面推行政府绿色采购、建立相关产业引导基金，加大对可再生能源、新能源开发和节能新技术利用的支持；加快财税体制改革，实现以间接税为主体向直接税为主体的转变；鉴于当前货币数量仍然偏多，货币流动性仍然较强，价格上涨压力加大，通胀压力仍存，应实施适度从紧的货币政策，防止经济增长由偏快转向过热。二是以调控要素价格为重点，控制投资过快增长。我国投资需求居高不下的深层次原因，在于生产力要素价格被低估，包括土地、能源、劳动力和资金等要素。这导致了企业的运营成本偏低，投资需求难以遏制，通货膨胀压力逐年增大。应理顺土地、能源等自然资源的价格形成机制，打破资源的垄断经营

＊ 这是蒋正华同志在党外人士座谈会上的发言。

模式，尽快实现政府角色转换，真正实现市场自由配置资源；进一步强调企业责任，使企业承担起职工养老、失业和工伤等方面应承担的责任；综合运用利率、汇率等政策工具，适当提高投资的资金成本。

2. 为促进生态文明建设提供体制保障。一要高度重视我国贸易顺差和环境资源逆差并存的严重性。在科学发展观指导下，全面转变贸易增长方式，以环境优化促进贸易增长，把贸易作为环境管理的新手段，将贸易的环境管理效果通过市场价格机制传递到生产与消费环节，引导改变不可持续的生产和消费方式，促进环境与贸易相协调，同时减少贸易顺差和资源环境逆差。二要健全体制机制，实现节能减排目标。改革资源产权管理制度、资源定价制度和排污收费制度。提高资源使用税费，建立并完善资源初始产权有偿分配和使用权交易制度。根据资源稀缺程度、供求关系和环境成本制定资源价格。激励和强制手段并用，增大企业实现节能减排目标的动力和压力；提高污染物排放与违法成本，促使企业规范行为，自觉承担企业的社会责任。

3. 大力推进医疗卫生体制改革。一要加大对医疗卫生体制改革的政策设计的投入力度，遵循"公共医疗政府埋单、基本医疗社会埋单、高端医疗个人埋单"的原则，坚持"小病小保、自保为主""大病大保、社保为主"，尽快制定适合我国国情的、适合经济社会发展的医改方案。二要做好"医疗资源向社区医院和乡镇卫生院倾斜"的政策设计。畅通社区医院和乡镇卫生院的医生晋升渠道，实现城市医院带动乡镇医院、大医院带动社区医院的良性互动，使轮岗成为医生晋级的优先条件。三要在经过专家充分论证、科学比选的基础上，择机向社会公示相对成熟的医改方案。"问计专家"与"问计百姓"相结合，进一步完善医改方案。

4. 继续重点关注民生问题。一要建立与经济社会发展相适应的计划生育政策，引导群众自愿实行计划生育。目前，经济社会相关政策与计划生育基本国策不衔接，多数计划生育户不能实现"少生快富"。应在建立农村养老保障体系时，使计划生育家庭充分享受优先优惠。二要建立有效的房地产综合调控政策体系。2008 年宏观调控的关键在于抑制资产价格膨胀，尤其要对房地产价格进行重点调控。应强化落实住房基本政策，通过税收、信贷、产业政策组合拳的调控，抑制投资、投机性购房。依法开征财产税，严厉打击房地产业惜售、囤地现象。要加快研究制定有利于保障性住房建设的政策，切实让真正困难的家庭能享受到保障性住房。

政府机构改革与职能转变

（2008 年 4 月）

一、历史回顾

（一）新中国成立前

1. 苏维埃时期

1927 年 11 月，第一个革命政权——茶陵县工农兵民主政府成立。以后，赣南、闽西、左右江、鄂豫边、赣东北、洪湖、湘西南等地相继建立苏维埃政府。

1931 年的《中华苏维埃共和国宪法草案》写道："人民委员苏维埃为中央执行和行政机关"，设 15 名人民委员，人民委员会主席毛泽东，副主席项英、张国焘，下设 9 个人民委员会（外交、军事、劳动、财政、教育、内务、司法、工农检察、经济），第四次反"围剿"开始后，增设劳动与战争委员会。不久，将人民委员会改为人民委员部，增设土地人民委员部。

因国民党反动派加强经济封锁，1933 年 2 月 26 日，中华苏维埃共和国临时中央政府决定增设国民经济人民委员部。

2. 长征胜利，中共中央到达陕北

行政机构：西北办事处。

设主席 1 人，下设主席团，主席团下设的行政机构为 8 部 1 局（财政部、粮食部、土地部、国民经济部、教育部、司法内务部、劳动部、外交部，工农检察局）。

3．抗日战争时期

1935 年 8 月，中共中央发表《八一宣言》，号召团结抗日。12 月 17 日，中共中央政治局会议（瓦窑堡会议）决定，为使抗日民族统一战线获得更强有力的基础，将工农共和国改为人民共和国。

1936 年 8 月 25 日，中共中央发表《中国共产党致中国国民党书》，宣布赞助建立全国统一的民主共和国，并由普选成立国会。

1937 年 9 月 6 日，国共双方达成协议，宣布"取消苏维埃政府及其制度，现在红军驻在地改为陕甘宁边区"。

同时，将工农民主制（苏维埃制）改为普选的民主共和国制，并制定了《陕甘宁边区选举条例》及《陕甘宁边区议会与行政组织纲要》。

边区政治制度为议会民主制，议会为最高权力机关。

1937 年 9 月 20 日，中华民国陕甘宁边区政府成立。边区政府主席团 9 人，主席林伯渠，副主席张国焘。行政机构改名为厅、处，设秘书处、民政厅、财政厅、教育厅、保安司令部、边区最高法院、军事工业局等 1 处 3 厅，以及多个处、局、委员会。

1941 年 2 月至 1944 年 1 月，陕甘宁边区政府进行三次简政运动。1 处 3 厅合署办公，总称边区政府。设建设厅，下设农业、工业、林务、合作指导 4 科，分别称第 1、2、3、4 科，同时，保留了卫生处、粮食局、税务局、禁烟督察处、交际处、保安处、高等法院等。

（二）新中国的政府机构

1．新中国成立初期

1949 年 9 月 21 日，中国人民政治协商会议第一次会议通过

《共同纲领》及《中华人民共和国中央人民政府组织法》，规定：

中央人民政府委员会对外代表国家，对内领导国家政权，负责筹备并召开全国人民代表大会。

中央人民政府委员会组织政务院，作为国家政务的最高执行机关。

1949 年至 1954 年的国家机关结构为：

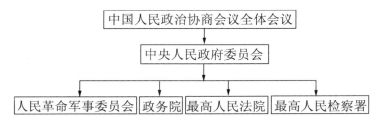

政务院设总理 1 人，副总理、秘书长、政务委员若干人。

新中国成立之初，政务院设 4 个委员会、1 个秘书厅、30 个职能部门，即：政治法律委员会、财政经济委员会、文化教育委员会、人民监察委员会，下设部、会、院、署、行等。带有战争时期的痕迹，而且变动频繁。

2. 当代行政管理制度的建立

1954 年 9 月 15 日，第一届全国人民代表大会第一次会议召开，通过《中华人民共和国宪法》，规定了如下图所示的国家权力机构：

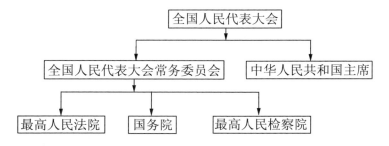

自此，中央人民政府指国务院，人民革命军事委员会、最高人民法院、最高人民检察院不再是中央人民政府的组成部分。

1954 年 9 月 21 日，第一届全国人民代表大会第一次会议通过《中华人民共和国国务院组织法》，规定国务院设 35 个部委，并规定国务院可按需要设立、合并或撤销直属机构。这些部委有：内务部、外交部、国防部、公安部、司法部、监察部、国家计划委员会、国家建设委员会、财政部、粮食部、商业部、对外贸易部、重工业部、第一机械工业部、燃料工业部、地质部、建筑工程部、纺织工业部、轻工业部、地方工业部、铁道部、交通部、邮电部、农业部、林业部、水利部、劳动部、文化部、高等教育部、教育部、卫生部、体育运动委员会、民族事务委员会、华侨事务委员会。

以后，因农业合作化及资本主义工商业社会主义改造的需要，加大了工业发展的推动力度。部门有较大调整，撤销重工业部、燃料工业部，设冶金工业部、化学工业部、建筑材料工业部、煤炭工业部、电力工业部、石油工业部、森林工业部、第二机械工业部等能源、原材料工业。组建城市建设部和城市服务部，并增设了多个工业生产部门和直属机构。到 1956 年年底，国务院有 48 个部委、1 个办公厅、8 个办公室、24 个直属机构。其中，经济管理部门由 35 个增至 50 个。

3. "大跃进"时期的政府机构

1956 年，针对机构庞大、权力集中的情况，毛泽东提出："我建议党政机构进行大精简，砍掉它三分之二"。1956 年 10 月 30 日，中共中央、国务院联合下发《国务院关于改进国家行政体制的决议（草案）》，决定改进 18 个方面的体制。1957 年 11 月 14 日，全国人大常委会原则批准国务院关于改进工业、商业、财政管理体制的三个规定。

从 1958 年起，此项改革受到了"大跃进"的影响，盲目放权，造成混乱，各部所属企业几乎全部下放地方。管理权主要有"四个下放"：下放计划管理权，下放基本建设项目审批权，下放财权和税收权，下放商业银行管理权。其他的，还下放了劳动、教育等方面的管理权。

为了纠正混乱状况，1961 年 1 月，中共中央召开八届九中全会，提出为保证经济调整方针的贯彻执行，必须加强集中统一领导，批准设立中共中央的代表机关（华东局、中南局、东北局、西南局、西北局、华北局），迅速扭转了局面。

4. "文化大革命"时期的行政管理

10 年"文化大革命"造成巨大损失，行政管理陷入混乱，国务院各部委的正常工作中断。从 1967 年起，各地成立革命委员会。这一组织没有法律依据，也没有严格程序，机构简陋，职能不全。

1970 年，国务院所属部门由 79 个减为 32 个。

1971 年九一三事件后，周恩来得到毛泽东支持，主持中央日常工作，调整、恢复政府机构。国务院坚持统一计划、加强管理。

1975 年 1 月，第四届全国人民代表大会第一次会议召开，周恩来的《政府工作报告》重申在 20 世纪末实现农业、工业、国防和科学技术现代化。会后，邓小平主持中央党政日常工作，调整、恢复国务院机构，加强国家对经济活动的集中统一领导。

到 1975 年年底，国务院有 29 个部委、19 个直属机构、4 个办公机构，共 52 个单位。当年的工农业总产值比 1974 年增长 11.9%；其中，农业增长 4.6%，工业增长 15.1%。

1975 年 11 月，"四人帮"发起"批邓、反击右倾翻案风"运动。行政管理体制再次陷入混乱，经济受到了极大破坏。

二、改革开放以来的行政制度

中共十一届三中全会拨乱反正，开辟了中国发展的新纪元，行政体制也相应调整、改革。

1980 年 8 月 18 日，邓小平在题为《党和国家领导制度的改革》的重要讲话中指出，权力过分集中是造成机构臃肿、人浮于事的总病根。他提出，要明确划分党政职权，建立从国务院到地方的强有力的工作系统。

从 1982 年起，不断对行政机构进行改革。

（一）1982 年，进行了邓小平所说第一步改革，即调整班子，提拔了大批中青年干部，成为以后实行改革开放的重要力量。但因经济体制尚不十分明确，争论很多，此后又出现机构臃肿、人浮于事、效率低下、职能重叠等问题。

1982 年，国务院所属部委由 52 个减为 43 个，直属机构由 43 个减为 15 个，办公机构由 5 个减为 2 个，另设办公厅，并实行了党政分开。

（二）1988 年，七届全国人大一次会议通过机构改革方案。

目标是，建立适应经济体制、政治体制改革的行政管理体制，理顺四个关系：党的工作机构和政府工作机构的关系，政府与企事业单位和人民团体、群众组织的关系，中央政府与地方政府的关系，政府各部门之间的关系。实现这个大目标不可能一蹴而就，调整结果是：

国务院部委由 45 个调整为 41 个；其中，撤销 12 个，新组建 9 个，保留 32 个，转为事业单位 1 个。调整后，实行了"三定"，严格了编制管理。

此次改革取得了阶段性成果。

（三）1993 年的行政管理体制与机构改革

中共十四大提出："下决心进行行政管理体制和机构改革，切实做到转变职能，理顺关系，精兵简政，提高效率。"深化了机构改革的内涵，涉及权力结构及运转方式，强调：

1. 经济工作转到加强宏观调控。

2. 人事劳动制度要建立科学分类管理及激励机制。

根据中共十四大精神，1993 年 3 月，八届全国人大一次会议通过机构改革方案，并提出实施公务员制度。

1. 加强综合经济部门，除保留国家计委、财政部、中国人民银行外，组建国家经济贸易委员会。

2. 专业经济部门分为三类，即：经济实体、行业总会、行政部门。

3. 对直属机构、办事机构作了大幅度调整。

结果，国务院组成部门为 41 个，直属机构和办事机构有 18 个。

（四）1998 年的行政管理体制改革

经过 20 年改革开放的实践，中国特色社会主义积累了丰富经验，改革开放日益深入，但经济增长遇到的体制障碍日益突出，政企不分、政事不分等现象严重阻碍发展，权钱交易等为社会所深恶痛绝，食之者众，财政负担沉重。

1998 年的行政管理体制改革目标是：建立办事高效、运转协调、行为规范的行政管理体制，完善公务员制度，实现政企分开，明确部门分工，实行精兵简政，加强法制建设。

结果，国务院组成部门减少到 29 个，另设 15 个直属机构、6 个办事机构。

（五）2003 年的行政管理体制改革

进入 21 世纪以来，以人为本、全面协调可持续的科学发展观成为发展的指导思想，相应地实行了行政管理体制改革。

九届全国人大一次会议制定的 2003 年行政体制改革主要目标是：实现政府职能转变。政府职能确定为经济调节、市场监管、社会管理、公共服务四个方面。

2003 年的行政管理体制改革，强调深化企业改革、健全金融监管、改革流通体制、加强公共服务。

此次改革在中国加入世贸组织的大背景下，使中国经济进一步与国际经济结合起来，政府清理了大量法规、规章。

2003 年政府机构调整的目标是：行为规范、运转协调、公正透明、廉洁高效。

行政管理体制改革方案提出，决策、执行、监督三权相协调。

国务院组成部门由 29 个减为 28 个。国家经贸委和外经贸部不再保留，职能并入商务部；国家计委改组为国家发展改革委；设立国务院国资委、中国银监会；国家计生委更名为国家人口和计划生育委员会。

三、2008 年的行政管理体制改革

中共十七大提出：要加快行政管理体制改革，抓紧制定行政管理体制改革总体方案。这是深入改革政治体制和经济体制的必然要求。

此次改革的主要任务是："转变政府职能，理顺部门职责，探索实行职能有机统一的大部门体制，合理调配宏观调控职能部门，加强能源环境管理机构，整合完善工业和信息化、交通运输行业管理体制，以改善民生为重点加强与整合社会管理和公共服务部门"。

引人注目的三点是：

大部门体制，

能源环境管理，

改善民生。

（一）大部门结构是市场经济管理模式的趋势

经济发达国家的政府机构为：

——内阁部门一般为 12 至 20 个，集中于 12～15 个之间，日本 12 个，德国 14 个，新加坡 15 个，美国 15 个，韩国 18 个，法国 18 个，英国 19 个。

——总统或首相的办事机构，一般少于 5 个：

日本 5 个，德国 2 个，美国 4 个。

——其他法定机构，视需要而设：

日本 31 个，美国 42 个，英国 99 个。

多年来，各国多次根据需要调整政府部门及人员。

（二）重视民生和公共服务，是新世纪我国贯彻科学发展观的必然要求

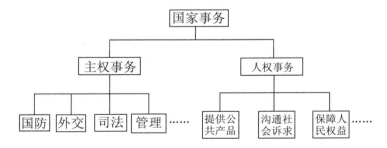

政府职责是：

国内：

——创造市场健康有序运行的环境，

——提供公共产品及公共服务，

——实行社会管理，维护和谐安定，

——保障人民权利，协调利益关系，

——保护环境安全，防止污染，

——进行宏观调控，促进经济社会发展，

——发展人力资源，增强竞争能力。

国际：

——保障国家安全，

——维护国家权益，

——促进国际合作，

——创造和谐世界。

（三）进一步改革的要求

十届全国人大五次会议在审议《政府工作报告》时认为，政府自身建设已取得明显成效，总体上适应经济社会发展要求，但也有不适应新形势、新要求之处：

1. 政府的四项职能中，社会管理、公共服务有待加强；

2. 政府机构重叠、职能交叉，降低了行政效率；

3. 权力过分集中，缺乏有效监督；

4. 中央与地方权、责、利的分配有待完善；

5. 以权谋私、贪污腐败现象依然存在；

6. 政府部门仍存在对微观经济活动干预过多现象。

今后进一步改革的目标是：

1. 地方政府的配套改革；

2. 法制建设的完善；

3. 适应经济社会进一步发展的机构改革；

4. 推进政府决策、执行、监督相互制约机制的建立；

5. 推进事业、社会中介机构等相应的配套改革。

中共中央重视民主党派的意见

（2008 年 11 月 24 日）

记者： 改革开放 30 年来，我国民主党派成员、无党派人士中的人大代表、政协委员，以及担任政府部门领导人员的数量不断增加，达到了历史最高水平。您认为改革开放 30 年来，我国多党合作事业取得了怎样的发展？特别是以医药界为主的农工民主党，改革开放 30 年来，参政议政的领域和作用有怎样的变化？

蒋正华： 我想强调一点，民主党派是作为一个政党参政，至于成员是哪一个界别，当然会对他的参政议政工作有一定影响，但从根本上来说，还是从一个政党这个角度参政的；否则的话，就成为一个专业委员会了，而不是一个政党。

农工民主党从 20 世纪 80 年代开始恢复活动以来，参政议政的范围是非常广泛的，其中包括医药方面，但并不是以医药作为唯一的方向参政议政。在实际工作中，农工民主党因为具有以医药卫生界人士为主要成员的特点，参政议政、服务社会时，在医疗卫生方面做了比较多的工作，对国家医疗保障体制改革、药业改革和发展都提出了一些意见和建议。我们还围绕国家大政方针，对重要的经济、社会、政治甚至国际等各个方面的问题都提出了意见建议。

记者： 农工民主党每年都会提交很多提案和建议，这些提案和建议很多受到中共中央和国务院的重视。您认为民主党派的提案、建议，为什么能受到中共中央、国务院的高度重视？民主党派应该怎样发挥好自己的作用？

蒋正华：首先，民主党派的工作一直受到中共中央的高度重视，我们在工作中对这个问题有着越来越深刻的认识和体会。

中国共产党在中国的政治体制中起着领导作用，这是毫无异议的，但是，中国共产党这样一个领导也需要吸收全国各界各个方面的智慧，来实现民主决策、科学决策，实现法治，因此，需要听取各方面的意见，发挥各方面的积极作用。民主党派作为民主决策、科学决策、法治建设很重要的一个方面，作为中国共产党领导的参政党，当然在参政议政与发挥作用方面受到中共中央的高度重视。

就民主党派来说，从20世纪80年代以来，自身也得到了很大的发展。在80年代刚刚开始恢复活动的时候，所有的民主党派成员加起来也不过3000多人，以后逐渐发展。现在，每个民主党派都拥有几万人、十几万人，最多的有二十几万人。目前，民主党派人士的总数加起来已经接近100万人，可以说是百万大军的规模，而成员包括各个方面、各个领域的杰出人才。这些杰出人才可以为国家作贡献，更重要的是可以提出很有见地的意见，对国家发展起到积极的作用。另外，民主党派跟一般的智库又有不同。它是一个有组织的政党，可以更进一步发挥把这些杰出人士组织起来的政党作用，可以集中很多优秀人才的智力优势，通过调查研究、更加深入、全面地从各方面提出意见建议。这就形成良性循环：一方面是中共中央和政府很重视民主党派的作用；另一方面，民主党派也确实能够提出对国家发展有用的、很有远见的意见。这是两方面作用的结果。

记者：农工民主党中央的调研有很多是您亲自带队的，有什么提案或者调研给您的印象比较深刻？您怎么评价农工民主党过去30年的工作？

蒋正华：农工民主党这些年的调查提案有一些影响比较大。比如 2000 年，我们去西藏考察，回来后将考察情况向中共中央报告，推动了西新工程的开展。中共中央在西藏做了很多工作，西藏也受到国家、各地区、各民族的大力支持，所以，西藏人民对于中央政府、对于国内其他兄弟民族都怀着很深厚的感情。我们不管到哪里，路上碰到藏族同胞，很多都主动地向我们挥手致意、问候，非常热情。但我们也发现，由于西藏地域辽阔、人口稀少，在藏北以及一些偏远的地区，很难及时直接听到中央政府的声音，而周围一些干扰的声音反而非常强烈。我们回来以后就向中共中央提出建议，要加强这方面的建设。时任中共中央总书记的江泽民同志非常重视，在听取汇报的时候，当场仔细询问情况，作了长时间的讲话。之后，他又作了 1000 多字的批示。不久，国家开展了投入几十亿元的西新工程，能够及时地传播国家建设成就等各个方面的信息，使得偏远地区的广大群众都能及时听到中央政府的声音，在团结振奋各民族人心等方面发挥了很大的作用。今年拉萨的打砸抢烧事件中，也是通过西新工程建设的设施，使一些偏远地区的广大群众能够很快了解真实情况和中央政府的方针政策，从而有力地协助很快稳定局势，平定了这次打砸抢烧事件。我在这几年到一些地方去调研，仍不时听到当地讲起西新工程的工作。可见，它还是影响比较大的一件事情。

另外在很多地区，我们为当地的发展建设向中共中央提了一些建议，也发挥了积极的作用，在这些地区产生了良好影响，现在还经常听到这些地区说起这些事。像我们在河北省曹妃甸的考察和调研，以及后来给中共中央的报告，推动了曹妃甸的建设和发展。河北省为此专门向我们表示感谢，并给我们有关部门予以表彰。

我们还在很多地区做了大量类似的工作。像我们在北部湾的一些调研引起了全国政协的重视，在我们调查结束给中央政府提出建议后，全国政协贾庆林主席亲自带队作专门考察，大大地推动了北部湾的建设和发展；另外，像黑龙江的哈大齐走廊建设、福建的海峡西岸地区建设、西部大开发、天津滨海新区的发展，还有最近我们在吉林图们江流域的考察和研究，都对这些地区的发展作出了积极贡献。通过这些工作，各个地区和我们也有了比较深厚的感情，建立了更加密切的联系。我们还跟重庆、黑龙江签订了合作协议，每年都去就某一专题展开调研，通过调研，对三峡建设、黑龙江林权改革等提出了不少具体建议。

另外，给我留下比较深刻印象的，就是我们到偏远、贫困、艰苦地区调查，让我自己进一步了解国情，受到很深刻的教育。有一年，我们到内蒙古额济纳旗作关于水源问题的调研。额济纳旗原来有两个湖泊，一个叫东居延海，另一个叫西居延海，过去曾经是一个水草丰沃的地方，但后来，水源逐渐枯竭了。我们了解到，它的水源是从甘肃流下来的黑河，黑河大概有 16 亿立方米的水，过去由于甘肃用水少，下游水源充沛。以后，甘肃发展粮食生产，用水量大大增加，使得下游的额济纳旗缺水，东、西居延海完全干涸。我们就与国家发改委等有关部门联系，最后帮助解决了黑河的分水问题。额济纳旗为此还专门给我们写来了感谢信。

到偏远地区去看看，我觉得确实对我们国家人口多、土地少、资源相对缺乏这样一个基本国情有了更深刻的认识。在内蒙古阿拉善盟，许多地方黄沙一片，三大沙漠逐渐交融，给我们很大震撼。我们在沙漠里走了一个礼拜。那一个礼拜，车队就坏了 26 条轮胎，那里真是寸草不生的地方。有一年，我到广西。有的石山里面，一亩地的算法是种 6600 棵玉米；而且，一亩地是很多很小的地块加起来计算的。当地人讲了一个笑话，有一亩地是由 76 小块地拼起来的。有一次，一个土地管理人员进山去丈量土地，数来数去这亩地只剩下 75 块，最后要走了，把草帽拿起来，发现草帽底下还盖了一块地。贵州也有一些这样的地方。去这些地方调研，可以使我们对中国的国情、对我们脆弱的环境有更加深刻、实际的理解，促使我们为国家、为发展更加奋发努力。

记者：作为农工党的领导人，您多次参与国家重大方针决策和国家重要事务的民主协商。回顾这些往事，什么让您特别难忘？

蒋正华：针对这些重大方针政策的决策，基本上每年都要举行 10 多次、有的时候达 20 多次座谈会。协商讨论当中，我觉得最突出的印象就是，中央领导对我们国家的情况了解得非常清楚，对大政方针把握得非常准确，措施及时、有力。可以说，我们有一个非常了解情况、作风很民主、善于科学决策、有高超领导能力的中央领导集体，这给我留下非常突出的印象。

第二个印象就是中央对于听取民主党派的意见非常重视，非常专注地了解这些议案、意见各方面的每一个细节。像我刚才讲到的那次西藏考察，考察后，我向中央汇报的西藏问题很多，其中关于广播这个方面仅是一段。那段讲过后，我已经开始讲其他的问题，江泽民同志突然插话，进一步询问广播的问题，问得非常细致。

在其他参与国家重大方针决策和国家重要事务民主协商的时候，胡锦涛总书记、温家宝总理多次在听我们汇报过程中，当认为某一问题非常重要的时候，就和我们对话，大家一起讨论。我的感觉就是，中共中央领导人在认真听取我们的意见，不是敷衍，不是为了履行程序，而是确实希望通过民主党派提出的这些意见，围绕我们国家的重大方针政策解决问题。这也使得我们更感到自己的责任非常重大，进一步促使我们更加努力地加强自身修养，提高各方面的能力，更加努力为中央的科学决策提供好的建议。

记者：随着改革开放的进一步推进，您认为我国多党合作事业以及民主党派的发展会怎样？您对农工民主党未来的发展有什么样的期待？

蒋正华：民主党派在改革开放30年来，经历三个阶段，先是20世纪80年代经历了一个恢复、复苏的过程。这是第一阶段。第二阶段是在中共中央《关于坚持和完善中国共产党领导的多党合作和政治协商制度的意见》印发之后，多党合作呈现出良好的发展局面，多党合作制度逐步得以规范化、制度化、程序化，民主党派参政议政水平得以进一步提高，民主党派成员实职安排取得新进展，政府相关部门与民主党派的联系进一步加强，民主监督工作不断取得进展，民主党派自身建设得到加强。第三阶段就是继续发展壮大的阶段。这个阶段，各民主党派积极参与政治协商、深入开展调研，为国家的现代化建设建言献策，履行了参政党的职能，发挥了民主党派的政党作用。

新世纪新阶段，多党合作面临新的形势和任务，给民主党派自身建设提出了许多新的课题，民主党派自身建设显得更加重要而紧迫。和谐的政党关系需要中国共产党作为执政党要加强执政能力建设，民主党派作为参政党也要加强参政能力建设。这两种能力都要强，才能共同推进中国特色社会主义事业向前发展。

全面加强自身建设，努力提高各领域代表人士、各级领导干部的综合素质和农工民主党的整体素质。现在，我们党派机关人员也是归属于公务员的编制，享受公务员的待遇，这就需要严格按照公务员法要求我们的机关干部。为了使我们民主党派成为理论成熟、政治合格、作风过硬、思想坚强、有团结合作精神、严肃、活泼、创新、和谐的集体，要着眼于推进社会主义民主的制度化、规范化、程序化建设的要求，遵循民主监督的原则，不断提高民主监督能力；要着眼于参政党人才优势的发挥，进一步加强领导班子建设，增强各级组织的团结，协调好成员之间的关系，不断提高组织协调能力。只有这样，才能够充分发挥民主党派在全面建设小康社会中的优势和作用，更好地承担起新世纪新阶段统一战线赋予民主党派的基本任务和历史使命，才能够充分发挥民主党派的政党作用。